제9판

韓國經濟通史

李憲昶 著

해남

이헌창(李憲昶)

서울대학교 경제학박사
경제사학회, 한국고문서학회 회장 지냄
현재 고려대학교 정경대학 경제학과 명예교수

저서
『民籍統計表의 해설과 이용방법』 고려대 민족문화연구소, 1997
『조선시대 최고의 경제발전안을 제시한 박제가』 민속원, 2011
『경제·경제학』 小花, 2015
『김육 평전』 민음사, 2020

편저
『화폐와 경제활동의 이중주』 두산동아, 2006
『韓國儒學思想大系 經濟思想編』 한국국학진흥원, 2007
『조선후기 재정과 시장』 서울대학교출판문화원, 2010 등

논문
「제한된 합리적 선택으로서 조선시대 유교」
「20世紀朝鮮史の国際環境」
"The Political Economy of Pre-Industrial Korean Trade" 등 다수

제9판 한국경제통사

1999년 3월 30일 초판1쇄 발행
2003년 2월 20일 제2판1쇄 발행
2006년 3월 15일 제3판1쇄 발행
2011년 3월 4일 제4판1쇄 발행
2012년 2월 29일 제5판1쇄 발행
2014년 2월 25일 제6판1쇄 발행
2016년 2월 25일 제7판1쇄 발행
2018년 2월 28일 제8판1쇄 발행
2021년 2월 22일 제9판1쇄 인쇄
2021년 2월 28일 제9판1쇄 발행

저 자 이헌창
발행인 노현철
발행처 도서출판 해남
서울특별시 마포구 마포대로8길 9 영명빌딩 405호
전 화 739-4822 팩스 720-4823
e-mail haenamin30@naver.com
homepage www.hpub.co.kr
등록 1995. 5. 10 제 1-1885호

정 가 30,000원

ISBN 978-89-6238-152-8 93320

제9판의 머리말

이 책은 고려대학교 경제학과의 한국경제사와 한국현대경제사 강좌의 산물이다. 개인적으로 듣고 보고 체험한 것도 반영하며, 가설(假說)이 많다. 저자는 2020년 8월 정년을 맞아, 이 9판이 마지막일지도 모른다. 먼저 그동안 저자의 부족한 강의를 수강해 준 학생들, 이 책에 따뜻한 격려를 주신 분들, 그리고 이 책을 교재로 채택한 분들에게 감사드린다. 해남에서 낸 4판 이하의 서문을 삭제하였는데, 4판에서 적었듯이 "전남대를 퇴직한 박광순 선생님, 숙명여대를 퇴직한 이경의 선생님, 그리고 서울대를 퇴직한 이승훈 선생님은 이 책에 대한 격려와 아울러 문제점을 지적해주셨다." 수강생들의 지적은 책 개선을 도왔다.

9판까지 내게 된 것은 애초 공부가 부족한 상태에서 저술되었고 수정·보완에 충분한 시간을 들이지 못했기 때문이다. 게다가 문장력도 부족하였다. 새 판을 가지고 처음 강의한 학기마다 수정할 곳이 도처에 보여 곤혹스러웠다. 변명하자면, 저자는 초판을 낸 다음해 복막염을 심하게 앓았고 그 후 위장이 약화 추세여서 공부 시간이 줄었다. 오류가 적잖은 졸저의 독자들에게 미안하고 고맙다. 대폭 수정, 보완한 제9판은 오류가 적기를 바랄 뿐이다.

4판에서 재수록하고 싶은 글은 다음이다. "인문학적 역사관과 사회과학적 역사관의 조화를 추구하고 한국사에 대한 다양한 시각을 용해한 역사상을 모색하는 저자의 지향은 변함이 없다. 일제시대, 박정희 대통령 및 재벌을 비판적으로 성찰하려는 입장은 바뀌지 않았지만, 판을 거듭하면서 비판의 강도가 조금씩 더 약화되었다. 역사의 본령은 사실(史實)의 긍정적 또는 부정적 평가라기보다 비판적 성찰이라고 생각된다."

출판사를 해남으로 바꾼 이유는 위장이 약해진 저자가 편하게 도움을 청할 수 있고 판을 자주 바꾸고 싶었기 때문이다. 수정·보완 사항이 도처에 발견된 저서로 강의하고 싶지 않았던 것이다. 그럼에도 불구하고 법문사는 제3판의 남은 인세를 정산해주어 감사드린다. 해남의 노현철 사장은 판을 수시로 교체하고 정가를 3만 원으로 고정하는 요청을 이행해주고 제9판의 교정을 도와주어 감사드린다. 계속 편집을 맡아준 김태임 실장께도 감사드린다. 박이택 교수는 〈표 11-27〉 등에서 도왔다. 4판 이후 부표 등의 보완을 도운 고려대 대학원생은 어승섭 군, 김형종 군, 이경록 군, 류재린 군 및 최은철 군인데, 모두 경제학 석·박사가 되었다.

2021년 1월

제3판의 머리말

제2판을 내놓은 후에 수정, 보완할 부분이 적지 않게 발견되어 마음이 편치 않던 차에, 재고가 바닥이 나서 판을 바꿀 기회를 잡게 되었다. 제3판에서는 목차가 변하지 않았으나, 도처에 수정·보완이 이루어졌다.

한자 읽기의 편의를 제공하는 시대의 추세에 순응하기 위해, 초교가 나온 상태에서 한글의 병기를 추진하였다. 한편으로는 한자 때문에 제1·2판을 읽는 데에 힘든 독자들이 적지 않았으리라고 생각하면서도, 다른 한편으로는 한자 교육에 대한 걱정을 떨칠 수가 없다. 조선시대 전공자가 현대 부분을 보완하는 작업은 늘 힘들었다. 부표의 보완은 한국은행 조사부 박정룡 부국장의 도움을 받았다. 고려대학교 경제학과 박사과정의 高法珠 군은 초교를 정독하고 유익한 조언들을 주었다. 최문용 과장은 제1판부터 변함없이 책의 편집을 성실하게 담당해주셨다. 저자의 성가신 책값 요구를 수용해주고자 노력해주신 법문사에 감사드린다.

2006년 정월

제2판의 머리말

애초에 '한국경제사 試論'이란 서명을 희망하였으나, '試論'을 누가 사볼 것인가라는 법문사측의 반론에 굴복하여 '韓國經濟通史'라는 거창한 이름을 내걸었다. 출간 후 불안하던 마음은 고문서학회 朴秉濠 전 회장님, 李成茂 국사편찬위원장님, 서울대학교 梁東烋 교수님 등 여러 분의 따뜻한 격려로 어느 정도 녹일 수 있었다. 변변찮은 책을 찾아 읽어주시고 격려해주신 분들게 감사드린다.

특히, 기쁜 일은 이 책이 橫浜國立大學 須川英德 교수님, 東京大學의 六反田豊 교수님, 그리고 須川 교수님의 지도를 받은 연구자분들의 협력 사업으로 번역되어, 日韓文化交流基金의 지원으로 法政大學出版部에서 출간되기로 결정된 일이다. 초판 내용의 수정에 시간이 지체되어 번역은 2002년 10월에 마무리되었다.

서울대학교 李根 교수님은 매일경제신문 1999년 12월 28일자에다 이 책이 지난 천년간 한국경제의 주요 쟁점 네 가지를 일관되게 다루었다고 평가하셨다. 한국고문서학회 鄭求福 회장님은『韓國史硏究』107호(1999. 12)에다 경제사 논리로 체계화되고 현대사를 상술한 통사라는 점에서 평가해주셨다. 정 선생님께서 고대사가 소략한 점 등을 비판하셨는데, 지면의 제약과 지식의 부족으로 제2판에서 고대사를 약간 보충하는 데에 그쳤다. 동아대학교 李勛相 교수님, 인제대학교 박섭 교수님, 그리고 부산외국어대학교 朴永九 교수님은『經濟史學』27호(1999. 12)에 실린 합동 서평을 통해 새로운 사론에 입각한 최초의 통사라고 평가해주시면서 재분배체계, 미시적 일상생활, 식민지성, 3차 산업 등에 관한 설명의 불충분, 정부측 자료의 무비판적 이용 등등의 많은 문제점을 지적해주셨다. 이러한 서평들에서 제기된 문제점의 대부분을 받아들이면서도 공부의 부족으로 제2판에서도 제대로 반영하지 못하여서 송구하다.

서평들을 받고 또한 강의를 하면서 초판에서 잘못되거나 엄밀하지 못한 표현을 적지 않게 발견하여 이번에 수정하였다. 또한 초판에서 놓쳤거나 최근에 나온 연구 성과를 반영하고자 하였다. 그런데 여전히 읽지 않았거나 읽고도 반영하지 못한 중요한 성과가 적지 않을 것이라는 우려를 떨칠 수 없고, 참고문헌과 주의 취사선택에 여전히 확고한 기준을 마련하지 못하였다. 그리고 책의 체제와 서술방식이 근본적으로 바뀐 것은 아니어서, 초판의 기본 한계는 극복되지 못하였다. 더욱 분석적이면서 생동감 있게 서술하고 싶은 바람은 앞으로의 과제로 남겨둔다.

제2판에서의 가장 큰 변화는 남한의 1960~80년대를 한 장에 포괄하고, 1990년대 이후로 현대로 설정하여 제4부에 수록하고, 북한 사회주의경제의 전개를 '보론'으로서가 아니라 近代產業國家의 확립을 다룬 제3부에 편입한 것이다. 이러한 새로운 구성에 대한 설명은 서장 제5절에 제시되어 있다. 그리고 20세기 말 경제위기 이후의 변화를 추가하였다.

이번에도 북한경제를 보완하는 데에는 崔信林·李映勳 박사의 도움을 받았다. 부표의 보완을 위해 한국은행의 金璟龍 총무국장께 협조를 구하였다. 한국산업연구원의 張錫仁 박사와 丁銀美 부연구위원로부터 최근 산업동향에 관한 유용한 가르침을 받았다. 한국개발연구원의 연구성과를 李在鎬 전문위원의 도움으로 긴요하게 활용할 수 있었다.

2003년 정월

머리말

학문적으로 미숙하고 변변한 연구성과를 내놓지 못한 주제에 전통 있는 학문분야인 한국경제사를 通觀하는 저서를 내놓게 되어, 송구스럽고 걱정스러운 마음을 떨칠 수 없다. 그 변명으로서 이 책을 내게 된 경위부터 피력하고 싶다.

서울대학교 박사과정의 마지막 학기인 1983년 9월부터 京畿大學校 경제학과에 자리를 잡고, 韓國經濟史 강의를 시작하였다. 한국경제사에 관한 교과서가 몇 종 있었지만, 전공하는 분야라서 그런지 최근의 연구상황을 담지 못한 것 같아 마음이 내키지 않았다. 처음 수년간은 조선후기부터 일제시대까지의 경제사 연구동향을 잘 정리한 논문 여러 편으로 책자를 만들어 학생에게 배포하고 강의하였다. 나를 지도해주신 安秉直 선생님의 대학 강의안을 후배로부터 빌려 강의의 체계를 잡는 데에 긴요하게 참조하였다. 1988년 안 선생님께서는 조선후기만을 다룬『韓國經濟史講義』라는 강의 책자를 만드셨다. 그로부터 저자가 작성한 강의안을 학생에게 배포하기까지는, 조선후기의 강의 교재를 이 책자로 사용하였을 뿐만 아니라 조선후기의 강의체계도 이 책자에 따랐다. 강화도조약 이후의 시기에 관해서는 나름의 강의체계를 다듬어갔는데, 그 내용을 압축하여 邊衡尹 선생님께서 編著하시고 1989년 유풍출판사에서 간행한『韓國經濟論』(제2판)의 첫 논문으로 수록한 바 있다.

경기대학교에서는 韓國經濟論의 강의도 맡아서 해방 후의 경제적 변화 및 현실의 경제구조와 경제문제를 다루었다. 한국경제사 강의에서는 일제시대까지 다룰 수밖에 없었는데, 한국경제론 강의를 통하여 그것을 이어받아 현재까지의 경제적 변화를 살펴볼 수 있었다. 그런 점에서 한국경제론의 강의는 역사적 시야에서 현재를 이해하고 현재적 관점에서 역사를 바라보는 기회를 제공하였다.

1988년 2학기부터 柳漢晟 교수님 덕분에 高麗大學校의 한국경제사 강좌에 출강하였다. 고려대에서는 내가 출강할 무렵부터 한국경제사 강좌가 두 학기로 나누어져, 2학기에는 한국경제사가, 다음 학기에는 한국근대경제사가 개설되고 있었다. 한국경제사 강의가 한 학기로 끝난다면, 조선후기부터 일제말까지를 다루어도 무방하겠으나, 두 학기로 나누어진 만큼 고대로부터 현대까지를 다룰 필요가 있었다. 전공분야를 한층 상세하고 포괄적으로 강의할 수 있었던 것은 행운이었지만, 강의의 범위가 넓어지는 만큼 강의 능력의 한계를 절실히 느끼고 강의 준비에 더 많은 시간을 투입해야 하였다.

고려대에서 일제시대까지의 강의는 경기대에서의 강의를 확충하는 방식으로 그러저럭 꾸려나갔으나, 해방 후의 강의체계를 잡는 일은 한층 힘들었다. 처음에는 까치출판사에서 1987년 출간한 『한국경제론』 등을 활용하면서 내용을 보충하는 수준에 그쳤다.

이처럼 연구성과를 수합한 책자를 활용하고 해마다 조금씩 보충되는 강의노트에 의존하는 방식으로는 강의가 충실해지기 어렵고 강의 수준도 답보 상태에 머물게 된다는 것을 점차 절감하였다. 미리 읽은 논문을 강의에 활용하려고 해도, 대개 정리가 되어 있지 않아 막상 강의할 무렵에는 별 소용이 없었다. 그리고 강의에 보충하려고 강의노트에 틈틈이 메모해둔 것은 한참 후 강의할 시점에 이르면 어디에서 인용하였고 자세한 내용이 무엇인지가 잘 기억나지 않았다. 그래서 해를 거듭하는 가운데서도 강의의 질이 별로 향상하지 못하였다. 말재주가 없는 탓도 있겠지만, 답안을 채점하다 보니 학생에게 말로 전달한 내용이 잘 숙지되지 않거나 잘못 이해되는 일이 허다하였다. 고려대에서 한국경제사를 두 학기에 걸쳐 강의하면서부터 이러한 한계가 더욱 절박하게 다가왔다.

학생에게 더욱 충실한 강의를 제공할 뿐만 아니라 나 자신의 공부를 정리하기 위하여 1992년 2학기부터 한국경제사 강의안을 컴퓨터로 작성하여 학생에게 배포하고 강의하였다. 1992년 2학기와 다음 해 1학기에는 강의안을 만드느라고 무척 힘든 나날을 보냈다. 해방 이후 시기의 강의체계는 워드프로세서로 작성하면서 비로소 갖추어졌다.

1993년 1학기부터는 고려대학교 경제학과로 직장을 옮겨서 두 학기의 한국경제사 강좌를 계속 맡을 수 있었다. 그 이래 해마다 강의를 준비하면서 강의안 중에 부족한 내용을 조금씩 보충하고 서술방식에 문제가 있는 부분은 고쳐나갔다. 해마다 체제에도 조금씩 변화를 가하다 보니, 이 책자의 목차는 1993년의 강의안과 상당히 달라졌다. 1980년대 이래를 별도의 장으로 설정한 것은 1996년부터인 것으로 생각한다. 보론의 북한경제사는 아직까지 강의해본 적이 없고, 종장은 1998년 일부분만 학생에게 선보였다.

강의안을 만들고 개선하면서 나름의 해석과 체계화를 시도하는 가운데, 아마도 1994년경부터 이것을 출간하고 싶은 마음이 싹트기 시작하였던 것 같다. 그렇지만 공부가 부족하여 한국경제사를 체계화할 수 있는 자신감을 가질 수 없었다. 게다가 나보다 뛰어나고 공부를 많이 하신 분들도 한국경제사 교과서를 출간하지 않고 있었다. 그런데 시간이 흐를수록 강의안을 출간하고 싶은 열망은 점차 커져갔다. 강의안을 언제 책으로 출간하려는가라는 학생의 질문 내지 질책이 학기마다 제기되었고, 강의안을 배포하는 이상의 서비스를 학생에게 제공할 필요를 느꼈다. 한국경제사의 훌륭한 교과서가 앞으로 나온다 하더라도 두 학기를 강의할 만한 내용을 담을 것 같지는 않았다. 그리고 저자 나름의 역사적 사실의 해석과 역사의 체계화를 검증받고 싶은 건방진 욕망이 있었음을 부인하고 싶지는 않다. 역사적 좌표상에 현대를 위치지우고 나름의 전망을 하여보았는데, 그것이 현실의 전개와 크게 괴리하지는 않았던 것도 자신감을 보태 주었다. 그래서 1996년경에는 언젠가 강의안을 출간하기로 생각을 굳혔던 것 같다.

한국경제사 槪說書를 출간할 결심을 세우고 보니, 연구해야 할, 그리고 연구하고 싶은 과제가 많아진 시점에서 개설서를 만드는 데에 투입할 시간을 빼낼 일이 문제였다. 1998년 중에 출간하여 1999년의 안식년을 해외에서 견문을 넓힐 기회로 삼는다는 계획을 확정한 것은 1997년도였다. 그래서 1998년 2월부터는 연구를 뒤로 미루고 강의안의 수정·보완에 주력하였다. 이러한 수정·보완 작업은 예상 외로 많은 시간을 요구하여 해를 넘기게 되었다. 그러고도 흡족한 성과를 거두지 못한 것은 저자의 지식과 능력 및 열정이 부족한 탓으로 돌릴 수밖에 없다. 작업의 지연으로 처음 맞이하는 안식년을 국내에서 밀린 과제를 처리하면서 보내야 할 형편이 되었다. 한창 연구해야 할 40대 전반에 개설서의 출간에 허덕이게 된 일에 후회한 적이 여러 번이고, 출간을 눈앞에 둔 이 시점에서도 나의 선택이 옳았는지 확신이 서지 않는다. 어떻게 생각하면, 고려대학교에서 두 학기의 한국경제사 강좌를 맡으면서 이러한 길이 운명적으로 주어졌는지 모른다.

한국경제사를 통관하는 작업은 나에게는 벅찬 일이었다. 조선후기 상업사를 전공한다고 자처하지만, 이 영역에서도 모르는 구석이 많다. 고려시대 이전에 관한 이해 수준은 특히 낮고, 현대경제사에 대한 전문지식이 부족하다. 우리 학계의 연구성과도 수준 높은 통사의 출현에 애로를 주고 있다. 전공하는 조선시대만 보더라도 해명되기를 기다리는 과제가 산적하여 있고, 해방 후의 경제발전과정을 잘 정리한 책이 그렇게 많지 않다는 느낌을 받았다. 게다가 내가 놓쳐버린 중요한 연구성과가 많을 것이다. 내가 잘 모르는 영역의 연구는 얼마나 신뢰할 만한지도 파악하기 어려웠다. 비교적 권위 있는 연구들을 토대로 서술하려고 노력하였지만, 원자료를 다시 확인하는 작업을 충실히 하지 못하였다. 따라서 이 책 중에는 사실을 잘못 파악한 부분이 적지 않을 것이다. 밝혀진 경제사적 사실을 취사선택하고 압축된 내용으로 서술하는 작업도 학문의 원숙한 경지에 이르지 못한 나 같은 사람에게는 벅찬 일이었다. 문장을 해마다 조금씩 개선하여왔는데, 마지막 교정의 단계에도 문법적으로 문제가 있거나 논지가 명료하지 못한 문장이 많이 눈에 띄었다.

본서는 경제사적 사실을 체계적으로 정리, 설명하는 데에 치중하였다. 이러한 작업이 우선적으로 필요한 데다가, 경제이론을 적용하여 그러한 사실을 분석하는 작업은 계량경제사의 소양이 부족한 나로서는 힘들었기 때문이다. 경제사적 사실을 해석하고 체계적으로 관련짓는 과정에서 가설적인 견해와 불확실한 추측을 많이 포함하였음을 밝히고 싶다. 이런저런 부족함 때문에 이 책은 '試論'의 영역에 머물고 있다. 여기서 제기된 假說이 본격적인 연구를 위한 자극제로 작용할 수 있다면, 저자의 보람은 커질 것이다.

저자는 이런 책이 없는 것보다 나으리라는 희망으로 公刊을 시도하였지만, 혹시나 이 책의 독자가 적잖은 돈, 많은 독서시간, 그리고 적잖은 내용의 오류라는 대가를 치른 만큼 보상받지 못하였다고 생각할까 두렵다. 부실한 설명과 오류를 많이 담았겠지만, 앞으로 비판을 수용하면서 점차 오류를 수정하고, 또한 공부를 해가면서 계속 내용을 개선해나갈 수 있을 것이란 점에서 이 책을 넓은 아량으로 받아주기 바라는 마음이 간절하다.

저자의 두 학기 강좌에 사용하기 위해 만든 이 책을 한 학기 동안에 모두 다루기는 힘들 것이다. 대학교재로서 전문성을 갖추면서 쉽게 이해되도록 쓰려고, 그리고 어려운 한자나 전문 학술용어를 쉽게 풀어쓰려고 노력하였지만, 미흡하다고 느끼는 독자가 많을 것이다. 저자는 이 책이 한국경제사의 교양적 지식을 제공하는 데에 그치지 않고 보다 전문적인 공부를 위한 길잡이가 되기를 희망한다. 그래서 참고문헌을 제시하고 각주를 달았는데, 대학교재라는 책의 성격과 분량의 제한으로 인하여 제한된 범위에서 참고문헌과 주를 제시할 수밖에 없었다.

가능한 한 참고문헌과 주의 중복을 피하였다. 충실히 참고문헌을 제시하고 주를 달려면 한정이 없어서, 어느 정도 범위로 국한할 것인가 고민하다가 결국 확고한 기준을 가지지 못한 채 적당한 선에서 마무리하였다. 이 책에 참고문헌이나 주로 제시되지 않으면서 그 집필에 활용된 연구는 방대하며, 여기에 수록된 참고문헌보다 중요한 연구성과도 많을 것이다. 저자가 오래 전에 보았던 논저 중에는 빠진 것이 많다. 주와 참고문헌의 취사선택에 확고한 기준을 가지지 못한 점에 대하여 양해를 구한다.

돌이켜보건대 역사를 바라보고 경제를 이해하고 한국의 현실을 평가하는 저자의 입장은 적지 않은 변화를 경험하였다. 조선시대의 경제적 변화를 높게 평가하던 입장이 1990년대에 점차 소극적으로 변하였고, 아울러 일제시대 경제적 변화의 의미를 재검토하게 되었다. 從屬理論의 영향을 받아 한국경제의 발전전망을 비판적으로 보던 견해를 80년대 후반부터 수정하기 시작하였고, 그에 수반하여 박정희 집권기의 경제정책과 경제적 성과를 비판적으로만 보지 않게 되었다. 종전에는 마르크스주의 경제이론과 역사관에 관심을 가진 적이 있지만, 90년대에 들어와 대학의 강단에서 경제학원론을 수차 강의한 후에야 비로소 主流경제학의 정밀한 체계와 강력한 설명력을 인식하게 되었다. 이러한 인식의 변화는 성장사학에 대한 관심으로 이어졌다. 현실을 바라보는 시각의 변화가 주류경제학과 성장사학에 대한 마음의 문을 열었는지도 모르겠다. 1974년 대학에 입학하면서 70년대 말까지에 걸쳐 형성된 저자의 입장은 지난 십여 년간에 점차 변화하여왔는데, 아직은 종전의 생각을 모조리 버리고 싶지는 않다. 오히려 새로운 공부로 사고의 폭을 넓히고 종전의 공부와 변증법적 종합을 이루고 싶은 포부를 느낀다. 이 책에서는 조선후기·일제시대·박정희 집권기의 평가를 둘러싼 기존의 견해와 새로운 견해의 대립을 절충하려고 노력하였는데, 이러한 시도가 설명을 혼란스럽게 만들지나 않았을까 걱정스럽다.

인간이 사회적 산물이듯이, 이 책이 나의 힘만으로 이루어진 것은 아니다. 대학에서 지도해주신 金宗炫 선생님과 안병직 선생님의 은공을 먼저 들고 싶다. 학문적으로 미숙한 상태에서 개설서를 내는 것이 선생님들의 가르침을 저버리는 것 같아 죄송스럽다. 경제사학회, 낙성대경제연구소 등을 통한 선배·동학·후학과의 학문적 교류는 저자에게 소중한 자극과 많은 가르침을 제공하였다. 한문을 가르쳐주신 靑溟 任昌淳 선생님의 은혜도 잊을 수 없다. 내가 대학에서 강의와 연구에 전념하도록 도와주셨던 京畿大學校와 高麗大學校의 선배·동료교수님들께도 고마움을 표하고 싶다. 특히, 경기대학교에 같이 부임하였던 故 黃玄琪 선배에게 이 책을 직접 전할 수 없는 것이 안타깝다.

저자가 몸담고 있는 고려대학교 경제학과의 선배·동료교수님으로부터는 이 책의 내용에 관련된 귀중한 가르침과 조언을 받았는데, 너무 많은 분이라 일일이 거명함을 생략한다. 고려시대의 의문점은 본교 한국사학과 朴龍雲 교수님께, 국문법의 의문점은 국어국문학과 洪宗善 교수님께 문의드렸다. 수원대학교 金東源 교수님과 충북대학교의 裵永穆 교수님은 최근의 경제사정에 관한 자상한 가르침을 주셨다. 한국산업은행 조사부 경제조사팀장 金靑秀는 산업 관련 자료를 제공하였을 뿐만 아니라 산업에 관련된 제11·12장의 잘못되고 불충분한 설명을 많이 고쳐주었다. 한국은행 조사부 金永伯·朴正龍·林宙煥 과장과 朴相壹 계장으로부터 많은 자문을 구하고 자료의 지원을 받았다. 임 과장은 표의 작성에도 큰 도움을 주었고, 박 계장은 산업별 수입의존도의 통계를 작성해주었다. 한국농촌경제연구원의 朴錫斗·吳乃元 연구원은 현대 농업통계의 조사에 도움을 주었다.

北韓經濟史를 제4부로 설정해야 마땅하지만, 그러기에는 연구성과가 부족하고 저자의 지식이 박약하여, 보론으로 처리하였다. 저자는 북한경제를 정리할 역량을 갖추지 못하여, 한국산업연구원의 崔信林 박사께 집필을 의뢰하였다. 이 초고를 가지고 저자는 본교 경제학과에서 북한경제에 관한 박사논문을 준비하는 李映勳 군의 도움을 받아 내용을 다소 수정, 보완하였다. 또한 저서의 전체 논지를 고려하여 체제와 내용을 보완하고 저자의 견해를 추가하였다. 이 부분의 내용이 훌륭하다고 평가된다면, 그것은 어려운 자료적 제약 속에서 고심하여 좋은 초고를 만들어주신 최 박사와 유능한 조언을 제공한 이군의 덕분이다. 여기에 혹시 문제가 있다면, 최종의 수정과 보완을 맡은 저자의 책임임을 밝힌다.

고려대학교 경제학과 박사과정의 李德載 군은 꼼꼼한 교정에 그치지 않고 내용의 개선에 많은 도움을 주었고, 본과 석사과정의 朴相龍 군은 표·그림의 작성 및 교정을 성실하게 도와주었다. 본과 박사과정의 辛尙勳 군, 석사과정의 金東訓 군 등 여러 대학원생으로부터도 교정 등의 도움을 받았다. 1998년 2학기 한국경제사의 수강생으로부터 받은 지적들도 본서의 개선에 기여하였다. 法門社의 鄭鉉聲 차장, 崔文溶 씨 등의 여러 분은 회사와의 빈번한 연락, 꼼꼼한 편집 등으로 지원해주셨다. 그 밖에도 도움을 주신 밝히지 못한 많은 분께도 감사드린다. 그리고 나의 요령 없는 강의를 열심히 들어주었던 경기대와 고려대의 학생들은 내가 이 벅찬 과업과 씨름할 수 있도록 힘을 불어넣어주었다.

많은 사람에게도 그러하겠지만, 가정은 삶의 활력과 안식을 저자에게 제공하였다. 安分과 정직을 실천해오신 아버님, 그리고 무한한 너그러움과 헌신으로 어려운 가정을 받쳐오신 어머님께 이 책을 바친다. 힘든 직장일을 겸하면서 편안히 공부하도록 뒷바라지해준 처의 정성, 그리고 밝고 건강하게 자라는 文珠·仁珠와 더불어 사는 즐거움은 본서의 집필뿐만 아니라 모든 연구활동을 수행하는 힘의 원천이었다.

1999년 2월 3일
高麗大學校 安岩校舍에서
著者 씀

차례

제3부
근대후기(해방~1980년대): 분단체제 아래 근대산업국가의 수립

제10장 8·15해방 이후 국민경제의 형성(1945~61년)

제11장 고도성장과 근대산업국가의 확립(1960년대~80년대)

서장

한국경제사의 연구 대상과 연구 방법

1. 연구 대상

한국경제사는 한반도를 중심으로 거주한 주민 내지는 민족이 세운 국가가 위치하였던 지역을 대상으로 한다. 한국의 인종은 여러 방향으로 또는 여러 차례 이주해온 지역주민집단이 기원전 1천년기 동안 정리와 통합을 통해 형성되었던 것으로 이해되고 있다. 그 후 영토국가의 출현과 통합 이후 공통의 언어와 문화를 가진 역사적 실체가 존속해오면서 단일민족의식이 서서히 형성되었다. 조선 초에 모두를 국민으로 불렀다. 조선후기에 신분제가 해체되면서 정치공동체 의식이 성장하였다. 그런 기반 위에서 문호개방 후에 근대적 국가·국민관이 도입되면서 평민이 정치 주체로 부상하였다. 나아가 제국주의 침략에 대한 민족적 자의식이 성장하고 시장경제의 성장에 따른 경제적 통합이 진전하면서, 한민족은 본격적으로 성립하였다고 볼 수 있다. 이렇게 성립한 민족의 거국적 운동이 3·1운동이었다. 일제의 지배로부터 벗어난 이후에 민족국가=국민국가를 수립할 수 있었다. 20세기 말 이래의 세계화(globalization)시대에는 민족주의 의식이 약화되는 가운데 국제간 인구 이동과 다문화가족이 급증하고 있다. 폐쇄적 민족주의는 세계사 발전을 저해하였지만, 개방적 민족주의는 세계문화의 다원화에 이바지할 수 있다.

경제사란 경제생활의 역사이며, 역사는 과거를 대상으로 하는 학문이다. 그러므로 한국경제사는 과거 한국인의 경제생활과 한국의 경제제도가 어떠하였고 그것이 어떻게 변화하여 현재에 이르게 되었는가를 고찰한다. 경제생활은 생존하고 나아가 복지를 증진하기 위한 욕구의 충족과정이며, 자원을 적절히 배분하여 재화와 서비스를 생산하는 과정, 그리고 생산물을 분배, 교환하여 소비하는 과정으로 이루어진다. 인간 삶을 개선하려는 목적을 가지는 경제학은 단기적으로 희소한 자원의 효율적 관리를 주요한 연구 과제로 삼는다면, 장기적으로는 생활수준의 지속적 향상을 낳은 경제성장을 주로 고찰하고 그 원인을 탐구한다. 전자는 경제이론의 과제이고, 후자는 경제사의 과제이다.

기술 등의 지식과 자본이 축적되어왔으므로, 경제는 성장하는 추세였다. 경제성장은 국내총생산(GDP)의 증대로 집약되며, 그것은 인구와 1인당 소득의 증가로 분해될 수 있다. 국내총생산, 곧 인간의 욕구를 충족하는 재화와 서비스의 산출이 증대하면, 인구가 증가하거나 생활수준이 향상된다. 전근대의 농경사회에서는 인구가 빠르게 증가하면, 기술 수준이 낮고 그 진보가 느려 식량자원의 제약을 받아 굶어죽는 사람이 많아지는, 이른바 맬서스(T. R. Malthus)의 함정으로부터 벗어나지 못하였다. 그런 상황에서 1인당 소득은 생존비 수준에 머물고 추세적으로 증가하기 어려웠다. 그에 반해 근대에는 기술발전으로 맬서스의 함정에서 벗어나 인구와 1인당 소득이 지속적으로 증가하였다. 근대 전환의 핵심적 의의는 절대빈곤의 시대에서 생활수준이 지속적으로 향상되는 시대로의 전환인 것이다. 쿠즈네츠(S. Kuznets)는 3% 정도 경제성장의 지속을 근대경제성장이라 불렀는데, 1750년대부터 1830년대까지 산업혁명을 처음 수행한 영국의 경험을 보면, 3% 이상의 성장을 지속한 적이 없고 1775년부터 1% 이상 성장을 지속하고 1814~73년간 2% 이상의 성장을 지속하였고 이후 1~2% 내외의 성장을 하였다. 그렇다면 1인당 최저생존비 365달러(1990년 국제물가)의 10배 정도이고 영국이 산업혁명을 완료한 시점에 달성한 4,000달러 정도에 도달할 때까지 1% 이상의 성장을 지속하면 근대경제성장으로 잡도록 하자. 경제가 성숙하면, 1% 이상의 지속적 성장이 어려운 국면을 맞이할 수 있다. 그래서 근대경제는 근대경제성장을 하거나, 그것이 멈추었더라도 1인당 소득이 4,000달러 이상인 경제로 정의한다. 〈표 1〉에 의하면, 19세기에 서유럽 등 서양이 산업혁명을 수행하여 1인당 소득과 수명이 현저히 늘었고, 20세기에 아시아가 이 물결에 뒤따랐다. 인구와 1인당 소득의 추이, 그 결정 요인을 탐구하는 것은 경제사의 기본 과제이다.

토지, 노동력, 자본, 경영능력 등 생산요소의 양적 투입이 증대하거나 기술발전과 경제 효율화로 생산성이 향상하면, 생활수준을 결정하는 생산물은 증대한다. 전근대에는 생산요소의 투입 증대가 산출의 증대를 낳은 주된 요인이었는데, 경제가 성숙할수록 요소생산성 향상의 기여도가 높아졌다. 단기적으로는 투입 증대가, 장기적으로는 기술진보와 제도발전이 생산성 향상을 통해 산출의 증대를 낳은 중요한 요인이었다. 기술발전은 동일한 투입량으로 산출의 증가를 실현할 수 있다. 근대에는 과학지식의 체계적 적용에 의해 기술이 현저히 발달하였다. 시장제도가 근대경제의 높은 성과를

표 1 **세계의 주요 경제 지표**

연도		1	1000	1500	1820	1870	1913	1950	1973	2003
세계인구(100만 명)		226	267	438	1,042	1,272	1,791	2,526	3,916	6,279
1인당 GDP (1990년 달러)	세계	467	450	567	667	873	1,526	2,113	4,091	6,516
	서양	569	426	753	1,202	2,050	3,988	6,297	13,379	23,710
	비서양	453	451	538	580	609	880	1,126	2,379	4,217
	아시아	456	465	568	581	556	696	717	1,718	4,434
경제성장률 (%)	세계		0.01	0.15	0.32	0.94	2.12	1.82	4.90	3.17
	서양		−0.02	0.27	0.42	2.05	2.67	1.95	4.40	2.59
	비서양		0.02	0.13	0.29	0.39	1.60	1.67	5.49	3.69
	아시아		0.01	0.13	0.29	0.06	1.10	1.02	6.09	4.97
기대수명	세계		24		26		31	49		64
	서양		24		36		46	66		76
	비서양		24		24		26	44		63

출전: Angus Maddison, *Contours of the World Economy, 1-2030 AD*, Oxford University Press, 2007, pp. 70~72.

주: 1. 서양(West)은 서유럽과 그 이민이 세운 미국·캐나다·호주·뉴질랜드. 비서양에는 아시아도 포함.
2. 경제성장률의 구간은 전 칸의 연도부터 해당 칸의 연도까지임. 예컨대 −0.02는 1~1000년간 서방의 성장률.
3. 1913년 칸의 기대수명은 1900년도의 것임.
4. 앞선 시기일수록, 그리고 비서양에 관한 추계의 정확성은 떨어진다.

낳았듯이, 인간 행동을 규제하는 게임의 규칙으로 정의될 수 있는 제도는 기술과 더불어 경제의 장기적 성과를 결정하는 기본 요소이다. 유교, 청교도 등의 문화는 직업정신, 노동 의욕, 인적 자본 축적 등을 통해 경제발전에 영향을 미쳤다. 도쿠가와 일본이 중국과 조선보다 직업정신을 발전시킨 것은 경제발전에 유리하게 작용하였다. 문화는 제도에 반영된다. 제도와 문화의 변화와 그 영향은 장구한 시간에 걸쳐 나타나므로, 경제사가 그 이해에 기여할 수 있다. 이상으로 보건대 개간 등을 통한 경지의 증대, 인구증가에 수반한 노동력의 증가, 자본축적, 생산요소 구성의 변화, 기술진보, 제도발전 등에 의한 산출의 증대, 그에 따른 생활수준의 향상은 경제사의 중요한 탐구 대상이다.

경제발전에 수반하여 중심적 생산요소도 변화하였다. 농경사회에서는 토지와 노동력이, 산업사회에서는 자본이 주된 생산요소였다. 농경시대의 초기에는 희소한 노동력의 확보가 관건이었으나, 그 후기로 갈수록 토지가 더욱 희소해지고 농업 기술이 발전하여 토지의 상대적 가치가 높아졌다. 근대경제가 성립하기까지 생산 기술의 발전을 집약적으로 표현하는 것은 구석기→신석기→청동기→철기→기계라는 도구의 발전이다. 이러한 도구의 발전은 산업의 고도화와 밀접히 관련되어 있다. 신석기시대에 정착농경이 성립하였고, 철제농기구의 보급은 농경을 획기적으로 발전시켰고, 기계의 보급은 산업혁명을 일으켜 공업화를 진전시켰다. 기계가 보급되면서 사람이 만든 생산요소인 자본의 투입이 급증하였다. 농경·목축의 개시와 산업사회로의 전환은 인류의 경제생활을 근본적으로 변혁시킨 2대 역사적 사건이다. 토플러(A. Toffler)는 양자를 각각 제1의 물결과 제2의 물결로 불렀다.

근대경제가 성숙할수록 기계·원재료 등의 물적 자본보다 교육·현장훈련 등의 투자를 통해 지식과 기능을 축적한 인적 자본의 경제성장에 대한 기여도가 높아졌다. 오늘날 기술을 중심으로 하는 지식의 창출·확산·활용이 산업의 부가가치 생산과 경쟁력의 중요한 원천이 됨에 따라, 지식기반경제가 성립하였다고 일컫기도 한다. 특히, 정보통신기술의 발전은 정보통신산업의 성장과 경제의 디지털화를 낳았다. 20세기 말에 뚜렷해진 이러한 변화로 지식정보화시대라는 새로운 경제시대가 열렸다는 견해도 있다. 토플러는 그것을 제3의 물결로 불렀다.

경제 성과를 결정하는 핵심적인 제도는 배분체제(配分體制)이다. 수요와 공급의 상호작용을 통해 가격이 형성되는 영역인 시장보다 효율적인 자원배분기구는 아직 없다. 사회주의국가가 시장을 없애고 만든 계획과 지시에 의한 배분기구는 비효율적임이 드러났다. 그런데 전근대에는 자급하는 비중이 매우 높았을 뿐만 아니라, 친족간·공동체 내 재화·서비스의 호혜적(互惠的)인 교환 및 국가 등 지배기구의 재분배(再分配)가 주도적인 배분양식이었다. 재분배란 국가 등이 거둔 잉여물자·노동력의 분배를 말한다. 시장교환은 거래자의 이익 추구라는 동기에 입각하여 가격을 매개로 이루어지는 데에 반해, 호혜적 교환은 친족관계나 공동체 내 유대관계의 형성·유지를 기본 목적으로 삼고 가격이 아니라 관습과 규범에 따른다. 사회 원리로서 경쟁, 협력 및 조직은 각각 시장, 호혜 및 재분배에 대응한다.

오늘날 경제인은 이익의 극대화를 주된 동기로 삼고 그것을 위해 합리적으로 선택하는 데에 근본적 제약을 받지는 않으며, 시장은 이러한 경제인에 상응하는 제도이다. 그런데 굶주림과 적대적 외부 세력의 위협에 항상 시달리는 전근대에는 생존과 안전이 우선 과제였다. 생존과 안전에 대한 위험을 최소화하기 위해 친족·공동체는 호혜를, 국가는 재분배를 발전시켜왔고, 사적 이익의 추구는 호혜·재분배질서를 동요시킬 수 있기 때문에 억제당하는 경향이 있었다. 전근대에는 경제가 호혜·재분배를 중심으로 통합되었고 시장은 그 질서에 종속되어 있었다. 기술과 시장의 발전이 생존의 위협을 크게 해소한 단계에서야 사적 이익의 추구에 대한 윤리적 제약이 크게 완화되었다. 마침내 자동으로 경제 문제를 조정하는 시장사회가 성립하면서 근대로 전환하였다. 그와 더불어 재산권·계약제도가 정비되었다. 오늘날 경제생활에서도 가정의 호혜나 국가의 재분배는 중요한 기능을 하지만, 호혜 영역은 현저히 축소되었고 재정은 시장에 크게 의존하게 되었다. 호혜·재분배·시장이란 세 가지 배분체제의 편성을 통하여 경제가 통합되는 체제 및 그 변화를 탐구하는 것, 그중에도 시장의 형성·발전과정을 구명하는 것은 경제사 연구의 본질적인 영역에 속한다.

희소한 자원의 효율적 배분만큼 중요한 경제적 과제는 소득의 공정하고 형평한 분배이다. 시장은 효율을, 호혜적 공동체는 평등을 추구한다. 헤겔(F. Hegel)은 자유의 신장으로 역사 발전을 평가하였는데, 시장이 지배적 배분기구가 되면서 효율뿐만 아니라 자유도 향상되었다. 근대경제는 자본·임노동의 생산관계를 중심으로 하는 점에서 자본주의라고 불리기도 한다. 자본주의사회는 경제적 번영과 정치적 자유를 실현하였지만 경제적 형평(衡平)을 달성하지 못하여, 마르크스주의 역사가들은 경제적 소외와 불평등의 문제를 다루기 위해 소유·생산관계·분배의 변화를 중시하여왔다. 전근대의 생산관계는 노예제나 농노제처럼 직접적인 지배·예속관계라는 특징을 가지는 반면, 근대의 임노동제(賃勞動制)는 노동력의 자유로운 처분을 전제로 하지만 경제적 불평등과 소외를 낳는다는 것이다. 경제적 소외와 불평등을 분석할 수 있는 이론을 만들어 그 역사적 전개를 탐구하는 것은 중요한 과제라 하겠다.

근대적 변혁을 연구하는 일은 경제사의 핵심 과제에 속한다. 근대적 변혁을 이해하기 위해서는 시장경제화, 공업화, 기계화 등 기술진보, 자본·임노동관계의 일반화, 생활수준의 향상 등을 탐구하여야 한다. 근대에 비로소 시장이 지배적 배분기구로 부상하고 공업이 경제성장을 주도하고 생활수준이 지속적으로 향상된 것이다.

2. 학습 의의

현재를 살아가고 이해하기도 바쁜데, 왜 우리는 아까운 시간을 쏟아서 과거를 대상으로 하는 역사를 공부하는 것일까. 이것은 저자가 자신에게 이따금 던져보는 화두이기도 하다. 역사 공부의 목적이 '인간의 자기인식(自己認識)'이라는 콜링우드(R. G. Collingwood)의 지적은 이러한 의문에 빛을 준다고 생각한다. 독자는 가까운 벗을 더욱 깊이 알고 싶어지고, 심지어 자신이 어떠한 사람인가를 자문하는 상황에 직면해본 적은 없는가. 그럴 때 과거를 되돌아본 경험은 없는가. 인간이 자기를 더욱 잘 알기 위하여 과거를 되돌아보는 것이 바로 역사를 공부하는 의의이다. 인간의 심층적인 의식이나 행동 철학이 하루아침에 이루어지는 것은 아니다. 그것은 시대적인 상황, 자신의 성장환경, 주변의 인물이나 문헌들, 충격적인 사건에 영향을 받으면서 장기간에 걸쳐 서서히 형성된다. 이러한 형성과정과 그 과정에서 영향을 미친 요인들을 파악하지 못하고서는 특정 인간을 심층적으로 이해할 수 없다.

사회과학이 인간과 사회를 분석한다면, 역사학은 그 이해와 통찰에 이바지한다. 인간은 장구한 세월의 진화과정을 거쳐 출현하여 자연에 적응하고 그것을 정복하기도 하면서 사회를 만들었다. 그 과정의 탐구는 인간과 사회의 이해에 이바지한다. 역사와 현실은 보통 사람이 놀랄 정도로 잔인하고 비열한 인간들뿐만 아니라 사랑의 헌신을 실천한 고귀한 인물들도 많이 보여준다. 보통 사람은 기본적으로 이익을 희생하기보다는 추구하면서도, 공정(justice)하게 거래하기를 바라고 공감(sympathy)할 줄 알고 때로는 삶의 의미를 추구하고 이타적으로 행동한다. 호모 사피엔스는 출현할 때부터 공동체를 이루며 살아왔고 그 존속을 위해 이타적 협력을 조장하였다. 그래서 유전적으로 물려받은 동물적 본능에 머물지 않고 이기적 인간이 공존하는 사회의 유지에 필요한 지식인 도덕체계의 문화를 종교·법·규범 등을 통해 발전시켰다. 인류사의 격변 가운데 인간은 뛰어난 적응력을 보여주었고, 정치·사회학은 인간이 교류를 추구하는 사회적 동물로서 공동체를 만들고 권력을 추구하는 존재임을 보여주었고, 경제학은 합리적 선택을 하는 인간관을 가정하고서 경제현상을 설명하는 데에 성과를 거두었다. 역사는 인간의 이러한 다면적인 성향을 구체적이고 종합적으로 보여주고, 과학은 인간성의 본질을 구명한다.

한국경제와 한국인의 경제생활 양식도 장구한 기간에 걸쳐 형성되었고, 이러한 형성과정을 살펴봄으로써 그 내면적 구조와 특질을 보다 심층적으로 이해할 수 있다. 예를 들어보자. 제10장에서 설명하겠는데, 일제시대 공업화의 산물로서 성립한 귀속기업체(歸屬企業體)의 불하방식은 1950년대 대기업체제의 성립에 영향을 미쳤으며, 그것은 박정희집권기에 재벌체제의 성립으로 이어졌다. 한 집안의 남자, 주로 장남이 대대로 총수가 되는 대기업집단의 현저한 소유집중의 재벌체제는 조선시대의 종법(宗法) 가족문화에 영향을 받았다. 1998년의 경제위기는 박정희집권기에 구축된 경제질서에 뿌리를 두고 있으며, 박정희집권기의 경제질서는 일제시대와 1950년대의 유산으로부터 자유롭지 않다. 이런 경로의존성(path dependence)은 이론이 아니라 역사가 해명할 수 있다. 병을 정확히 진단하기 위하여 병력(病歷)을 조사하는 것과 마찬가지로, 오늘날 한국경제의 구조적 문제를 인식하기 위해서는 역사적 접근을 배제할 수 없다.

역사란 과거를 통해서 현재를 더욱 잘 이해하기 위한 것인 만큼, 역사가는 현재의 문제의식에 입각하여, 달리 말해 현대사적인 관점에서 과거를 되돌아보게 된다. 그런 점에서 카(E. H. Carr)는 역사란 현재와 과거의 끊임없는 대화라고 하였다. 역사는 과거부터 현재에 이르는 장구한 흐름을 보여줌으로써 미래의 예측에 이바지할 수 있다는 점에서, 과거와 현재와 미래의 대화이기도 하다. 위대한 경제학자인 케인즈도 5년 후를 예측할 수 없다고 하였던 것처럼, 먼 장래를 예측할 수 있는 이론적 모형을 만드는 것은 지극히 어렵다. 역사는 과거의 풍부한 경험을 제공하고 현재까지의 시대적 흐름을 제시함으로써, 이론적인 엄밀성은 가지지 못하더라도, 미래를 통찰할 수 있는 직관을 제공할 수 있을 것이다. 오늘날 정보화시대를 새로운 차원으로 진전시키는 데에 공헌한 스티브 잡스(Steve Jobs)는 "우리는 앞을 바라보면서 점들을 연결할 수는 없다. 오로지 뒤를 바라볼 때만 우리가 찍어온 점들을 연결할 수 있다."고 하였다.

역사는 이론을 위한 풍부한 소재와 삶의 교훈을 제공한다. 사회과학은 자연과학과 달리 실험이 어려운 분야인데, 경제학의 가설 검증에 사용되는 자료는 대부분 역사적 통계이다. 예를 들어, 국민소득과 소비의 장기적인 추이가 파악됨으로써 양자의 관계를 보여주는 장기소비함수가 도출될 수 있었다. 1930년 세계대공황 전후의 경제정책에 관한 연구는 프리드먼(M. Friedman)의 통화주의 이론의 수립에 이바지하였다. 제2차 세계대전 가운데 영국을 이끈 윈스턴 처칠은 국가를 다스리는 방법(statecraft)의 모든 비밀을 담은 역사를 공부하라고 하였다. 인간이 역사에서 교훈을 얻는 것은 역사가 반복되지 않는 이유 중의 하나이다. 역사의 교훈이란 거창한 의의가 아니더라도, 인류의 장구한 삶을 되돌아보면서 인간은 더욱 겸손해지고 진지해지지 않을까.

3. 연구 방법[1)]

중국의 사마천(司馬遷)이 기원전 91년에 완성한 『사기(史記)』, 그리고 이슬람세계의 이븐 할둔이 1370년대 후반에 집필한 『역사서설』은 각각 당시로서는 세계 최고 수준의

1) 자세한 내용은 이헌창 「경제사의 과학적 인식과 그 한계」(『학문연구의 동향과 쟁점 경제학·경영학』 대한민국학술원, 2012)를 참조하라.

역사서였는데, 과학혁명이 일어난 유럽에서 경제학과 역사학이 근대 학문으로서, 그리고 경제사가 전문 학문 분야로 먼저 성립하였다. 역사학도 경제학처럼 과학을 지향하다가 1970년대부터 그 꿈을 접었지만, 경제사학자들은 일반적으로 경제이론에서 정립된 방법과 개념들을 이용하여 역사 통계를 분석하고 역사적 사실을 논리적으로 설명하는 과학을 지향한다. 경제사에 영향을 준 대표적인 경제이론으로는 독일역사학파이론, 마르크스이론, 그리고 신고전학파이론을 들 수 있다.

고전학파 경제학의 출발을 이룬 애덤 스미스의 『국부론』은 미개사회에서 문명사회로 나아간다는 계몽주의의 진보 사관에 입각하였고, 스미스는 자신의 자유주의 경제 사상을 확립하는 데에 있어서 역사 지식을 광범위하게 활용하였다. 고전학파에 이어 주류(主流)경제학으로 부상한 신고전학파(新古典學派)는 희소(稀少)한 자원을 효율적으로 배분하는 선택행위에 대한 정밀한 분석논리와 이론체계를 수립할 수 있었으나, 순수 과학을 지향한 여파로 고전학파와 달리 역사에 대한 관심이 사라졌다. 그 반면 경제학의 다른 갈래로서 독일역사학파와 마르크스주의는 역사를 중시하였다.

독일역사학파는 각 국민경제를 분석 단위로 삼아 그 불균등 발전을 설명하고 각국의 실정에 맞는 경제정책 과제를 도출하기 위해 경제발전단계론의 수립에 주력하였다. 그래서 경제사학을 전문적인 학문 분야로 확립할 수 있었다. 그런데 발전단계를 설명하는 경제이론의 기초가 약한 데다가 불충분한 사실(史實)로부터 과도하게 일반화하는 문제가 있었기 때문에, 그 영향력은 20세기 후반에 사라졌다. 그렇더라도 경제발전단계에 따라 경제운용원리와 정책적 처방의 차이를 파악하려는 관점은 지금도 음미될 필요가 있다. 리스트(F. List)가 공업화의 초기에 유치산업(幼稚産業)을 보호하기 위한 무역정책을 주장한 것은 오늘날도 지지자를 확보하고 있으며 경쟁우위산업을 창출, 육성하려는 정책론에도 통한다.

역사학파 경제학이 쇠퇴한 이후에도 마르크스이론을 토대로 하는 경제사학은 20세기 중반까지 강한 영향력을 행사하였다. 마르크스이론은 경제를 포함한 사회 전체의 구조와 그 변화를 이해하는 단순명료한 논리를 제공하였다. 마르크스(K. Marx)는 기술적 조건에 규정된 생산력과, 경제생활을 규정하는 사회관계인 생산관계를 생산양식(生産樣式)의 구성요소로 보았다. 생산양식, 곧 경제가 사회 전체의 구조와 성격을 규정하는데, 마르크스는 경제를 하부구조로, 정치·문화 등을 상부구조로 하여 구성되는 사회 전체를 사회구성체(社會構成體)라고 불렀다. 지배적인 생산양식의 교체를 통해 역사가 발전하는데, 그 동인(動因)은 생산력의 발전과 그에 따른 생산력과 생산관계의 조응(照應)·모순관계였다. 이러한 사적 유물론(史的 唯物論)은 사회 전체의 구조와 변화를 단순한 모형으로 도식화한 탁견이지만, 복잡한 역사현실을 이해하는 데에는 마르크스가 상정하였던 변수와 인과관계만으로는 불충분하다. 경제생활은 인간 삶을 유지하기 위한 기초적인 행위로서 여타 측면의 인간생활에 강력한 영향력을 행사하지만, 막스 베버(M. Weber)의 주장처럼 정치·종교·법·문화 등의 여타 생활도 경제에 환원되지 않는 독자적 영역을 가지고 경제생활에 영향을 미치기도 한다. 그리고 마르크스이론은 가치·화폐·자본·자본축적 및 경기순환 등을 분석하는 논리를 갖추고, 이것을 경제사 분석의 이론적 토대로 활용하는 강점을 가졌지만, 그 분석력은 신고전학파에 미치지 못한다.

정태적 분석에 치중하여 역사학에 기여하지 못하던 주류경제학은 제2차 세계대전 후 선진국의 경제재건과 신생독립국의 경제발전이라는 과제에 대처하기 위해 장기 경제성장을 중요한 연구 대상으로 삼게 되었다. 쿠즈네츠(S. Kuznets)는 1인당 소득이 정체하는 시대로부터 지속적으로 성장하는 시대로의 근대적 전환이라는 역사관을 제공함으로써 성장사학을 개척하였다. 나아가 포겔(R. Fogel) 등에 의해 주류경제이론을 적극 활용하고 가설을 검증하기도 하는 신경제사 내지 계량경제사(cliometrics)가 성립하였다.

제도를 주어진 것으로 처리하여 분석의 대상으로 삼지 않던 신고전학파이론의 한계를 돌파하기 위하여 제도사적 접근이 이루어졌다. 신제도학파 경제사의 선구자인 노스(D. C. North)에 의하면, 제도의 진화가 장기간에 걸쳐 점진적으로 이루어지면서 경제의 성과에 근본적인 영향을 미치므로, 경제사학은 그 탐구를 기본 과제로 삼아야 한다. 제도란 법규 등과 같은 공식적 제약뿐만 아니라 관습, 행동지침 등과 같은 비공식적 제약을 포함한다. 거래를 하는 데에는 가치의 측정, 재산권의 보호 및 계약의 강제를 위한 비용이 들기 때문에 제도로써 그것을 보장할 필요가 있다. 근대에서 서유럽의 부상은 거래비용을 줄이는 효율적인 경제제도의 발달에 기인하였다. 영국과 네덜란드는 프랑스 및 스페인과 달리 대의제도(代議制度)의 발달로 재산권을 잘 보장하고, 재산권의 보장은 시장의 거래비용을 절감시켜 시장을 성장시키고, 시장의 성장은 전문화와 분업 및 기술진보를 촉진시켰다는 것이다. 최근 그레이프(A. Greif) 등은 게임이론에 의거하여 시장제도의 형성과 진화를 해명하기도 하였다. 무엇이 어떻게 제도를 결정하는가는 충분히 밝혀지지 못하고 있는데, 지리·문화·권력구조 등이 결정요인으로 거론된다.

20세기 후반 마르크스주의 사학은 별로 발전하지 못한 반면, 주류경제학에 입각한 경제사 연구는 현저하게 발전하였다. 이것은 신고전학파의 분석력이 마르크스이론보다 강력하기 때문이다. 그런데 신고전학파이론은 이익 극대화를 위해 합리적으로 선택하는 '경제인'을 전제하고 시장경제를 분석하는 방법론적 특징으로 인하여, 시장경제가 발달하지 않은 사회와 그 속의 인간행동, 그리고 시장의 형성과정을 설명하는 데에는 한계를 가진다. 전근대에는 시장이 부차적인 배분기구였고, 가족·공동체 내의 호혜와 지배기구에 의한 재분배가 경제를 통합하는 주된 원리였다. 폴라니(K. Polanyi)가 지적하였듯이, 전근대에 경제행위는 공동체 규범 등 사회관계에 포섭되어 있었으므로, 선택의 영역이 좁았다. 게다가 지식 수준과 계산·정보능력이 낮아 합리성에 대한 제한이 더욱 컸고 전통과 관습의 영향력이 강하였다. 주류경제학은 시장 이외의 경제체제에 대한 설명력을 향상시켜왔는데, 호혜·재분배 등 시장이 아닌 질서를 충분히 설명하기 위해서는 정치학·사회학 등 여타 학문의 도움을 필요로 한다.

우리는 경제사학이 역사의 과학적 인식을 향상한 공헌을 평가하면서도 복잡한 동기를 가지고 전략적 사고를 하는 인간의 사회와 역사를 과학적으로 설명하는 데에는 한계가 있음을 자각할 필요가 있다. 게다가 전근대에는 과학적 분석을 위한 통계 등 자료가 부족하여 불완전한 개별 진리만 확인할 수 있을 따름이어서, 그러한 개별 진리들로 이야기(story 또는 narrative)를 구성하여 독자를 설득하는 작업은 불가피하다. 그런 점에서 제도·문화·기술 등을 다루는 현대 경제사학은 직관과 역사적 상상력도 동원한 분석적 서사체(analytical narrative)를 지향하기도 한다. 이 책은 분석적 서사체를 추구한다. 과학을 지향하는 경제사 연구는 자신의 한계를 자각한 위에서 겸허한 자세로 인문학 전통의 역사 연구와 상호보완하면서 역사에 대한 이해와 설명력을 높여야 한다.

경제사는 역사 일반의 연구 방법으로부터 도움받을 수 있다. 애슈톤(T. S. Ashton)의 지적처럼, 경제사는 '역사학과 경제학이라는 두 대륙의 중간에 있는 지협(地峽)'으로서 위대한 두 학문의 자양분을 흡수하고, 또한 그런 이점을 기반으로 두 대륙에 공헌할 수도 있는 것이다. 역사를 연구하는 데에 널리 이용되는 방법으로서 시대구분론과 비교사적 접근이 있다. 시대구분론을 중시한 역사학파 경제학은 영향력을 잃고 마르크스주의 사학은 영향력이 약화되었으나, 역사의 전개를 체계적으로 인식하고 각 시기의 특성을 이해하는 데에는 시대구분이 유용하다. 경제사의 관점에서는 기본적으로 동일한 경제체제가 지속하는 기간을 동시대로 인식할 수 있다. 후자는 대상을 유형화하고 상호 비교함으로써 각 사회의 특성을 이해하는 방법이며 베버(M. Weber), 블로크(M. Bloch) 등에 의해 중시되었다. 양자 모두 유력한 방법이다. 이 두 방법을 병용함으로써 역사인식을 심화시킬 수 있다.

한국경제사 연구에도 20세기 초부터 두 방법이 병용되었는데, 유럽사의 전개가 보편적으로 간주되어 비교의 기준이 된 결과, 아시아사, 그중의 조선사는 특수한 변종(變種)으로 인식되는 문제점이 있었다. 유럽은 세계사의 보편적인 발전법칙에 따라 봉건제에서 자본제로 발전하였음에 반해, 아시아, 그 속의 조선은 봉건제가 없어서 정체하였다는 학설이 위력을 떨친 때가 있다. 그런데 서유럽에서 발전한 봉건제는 일본 등 일부 지역에서만 유사한 형태가 존재하여, 결코 보편적인 현상이 아니었다. 봉건제가 전형적으로 성립된 지역에서 이전에 노예제사회가 반드시 존재한 것도 아니었으며, 봉건제의 내적 필연성에 의거하여 자본주의사회가 성립한 것은 아니었다. 그런 점에서 유럽사와 아시아사의 각각의 독자적 전개를 인정한, 선입견이 없는 비교사적 방법이 요청되며, 각 지역의 다양한 역사를 수용한 세계사의 발전과정을 새롭게 파악해야 한다. 그렇다 해도 근대적 변혁을 설명하기 위해서는 그것을 먼저 성취한 서유럽과 미국의 역사를 준거로 삼지 않을 수 없다.

발전단계론적 시각이나 비교사적 시각을 추구하는 경우에 국제관계사를 항상 염두에 둘 필요가 있다. 자본주의의 성립에서 국제적 계기는 중요한 의미를 가졌다. 발전의 성과가 전파되기도 하고, 특정 나라가 다른 나라의 희생 위에서 발전을 수행할 수도 있다. 예를 들어, 일본이 자주적 근대화에 성공한 반면 조선이 식민지로 전락된 원인을 탐구한다고 하자. 비교사적 관점에서 일본이 조선에 비해 국제적 조건에서 유리하였을 뿐만 아니라 정치적·경제적 대응력이 앞섰던 점은 부인하기 어렵다. 그러나 이러한 단순한 비교로만 끝나서는 곤란하다. 일본이 청일·러일전쟁에서 승리하고 20여 년 늦게 개방된 조선을 지배할 수 있었던 점은 대외종속 위기를 탈피하고 근대화를 수행하는 데에 유리하게 작용하였다.[2)]

근대 학문은 인간생활 이해의 편의를 위해 경제생활, 정치생활, 사회생활, 문화생활 등으로 나누어 파악하고 있지만, 본래의 인간생활이 이렇게 기계적으로 분리될 성질은 아니다. 추상적인 이론을 공부하는 데에는 경제생활만을 분리, 파악하는 것이 필요하고 또한 가능하겠지만, 구체적인 인간생활의 역사를 이해하는 데에는 경제를 정치·사회·문화·사상 등과 유기적으로 관련지으면서 파악할 필요가 있다. 앞서 언급하였듯이, 마르크스이론은 사회 전체의 구조와 변화를 이해하는 단순명료한 도식을 제공하지만, 그것만으로 역사의 복잡하고도 다양한 과정을 충분히 설명하기가 곤란하다.

그런 점에서 인간생활의 전체사(全體史)를 다루려고 시도한 아날학파, 그중에도 대표적인 인물인 브로델(F. Braudel)을 주목할 필요가 있다. 그는 횡으로는 인간의 물질생활과 그 위에 위치한 시장경제와 자본주의뿐만 아니라 인간 행동의 심층에서 작용하는 심성까지도 다루며, 종으로는 단기적인 사건사의 시간뿐만 아니라 장기지속적(長期持續的) 시간을 역사에 도입하였다. 브로델은 사회 전체를 구성하는 부분집합을 경제·사

2) 田中正俊『中國近代經濟史硏究序說』東京大學出版會, 1973, 1편에서는 관계사적 관점을 도입하여 서구 중심적 비교사 방법과 아시아사회정체론을 비판하였다.

회위계(位階)·정치·문화로 나누고 그 상호작용을 탐구하고자 했다. 브로델은 장기지속적 시간 위의 전체사를 구성하는 데에 상당한 성과를 거두었지만, 그것을 분석적인 이론체계로 담아내지는 못하였다.

4. 한국경제사학의 전개과정

한국경제사학의 성립 이래 그 역사상(歷史像)은 여러 번 변하였다. 그것은 새로운 사실의 발굴, 새로운 역사이론과 역사 해석방법의 도입, 그리고 역사가의 관점과 가치판단의 변화에 기인하였다. 예컨대, 식민지근대화론이 식민지수탈사관에 대립하면서 대두하였던 것은 고도성장의 역사적 배경을 탐구하려는 문제의식이 나타난 가운데 성장사학이 도입되어 사료가 발굴 또는 재활용된 결과였다.

우리나라는 삼국시대부터 역사서가 있었다. 현존하는 가장 오래된 역사서인 『삼국사기(三國史記)』는 중국의 선진적인 역사서의 영향을 받아 설화적(說話的) 요소를 배제하고 유교적 합리주의와 대의명분론(大義名分論)에 입각하여 역사를 서술하는 중세사학의 길을 열었다. 고려·조선왕조는 사관(史官)의 기록 등에 근거하여 왕을 중심으로 하는 국가기록을 정리한 실록(實錄)을 작성하였다. 조선후기 실학자는 전통적인 화이관(華夷觀)과 주자학적(朱子學的) 가치체계로부터 벗어나기 시작하여 객관적인 한국사 탐구를 진전시켰다. 조선시대의 사학은 문헌고증(文獻考證)에 충실한 편이었지만 체계적인 사료 비판을 수반하거나 통계를 활용하거나 유교 가치관으로부터 벗어나지는 못하였다.

중국 역사서의 영향으로 경제 분야의 항목을 수록한 역사서도 있다. 『고려사(高麗史)』 식화지(食貨志)에는 고려시대의 토지제도, 호구, 화폐와 시장, 국가재정 등의 항목이 각각 연대순의 편년체로 기술되어 있다. 1770년에 편찬된 『동국문헌비고(東國文獻備考)』는 경제생활의 기록을 『고려사』보다 체계적으로 분류하여 각각 연대순으로 정리하였다.

우리나라에서 근대 사학이 도입되고 경제사가 분화된 때는 일제시대였다. 당시 중심적인 사관은 조선사회가 정상적인 발전을 경험하지 못하였다는 정체론이었다. 조선은 반도라는 지정학적 환경에 의해 대륙 세력과 해양 세력의 영향을 일방적으로 받아왔으며, 노예제와 봉건제라는 보편적인 발전단계를 거치지 못하였기 때문에 정체하였다는 것이다. 조선사회정체론을 처음 제창한 후쿠다 도쿠조(福田德三)는 조선왕조가 중앙집권 군현제(郡縣制)여서 주군(主君)에게 충성하는 대가로 가신(家臣)이 봉토(封土)를 받는 렌(Lehn)제를 결여한 점에서 봉건제가 아니라고 보았다. 그와 달리 모리타니 가쓰미(森谷克己)는 조선에서는 아시아적 생산양식인 농업공동체의 잔재가 남아서 노예제가 성립하지 못한 채 조기(早期)봉건제로 이행하였다고 주장하였다. 경제적인 정체론은 주자학에만 집착하는 '사상적 고착성', '당쟁망국론(黨爭亡國論)'에 관련된다. 정체론은 조선사회가 자력으로 자본주의로 전환할 수 있다는 전망을 부정함으로써, 일본과 같은 나라가 자본주의 문명을 베풀어야 한다는 제국주의 지배를 합리화하는 논리를 제공하였다. 이러한 역사관을 잘 보여주는 견해를 소개하여본다.

> 개항(開港) 당시 조선에서는 자본의 축적도 없고 기업적 정신에 충만한 계급도 없고 대규모 생산을 지탱할 기계도 기술도 없었다. 아니 이러한 것의 존재를 희망하는 사정도, 필연화하는 조건도 구비되지 않았다. 그곳에 존재하던 것은 단순한 쌀·보리의 생산자인 농민, 여가노동에 가까운 수공업과 잉여생산물·사치품의 교통자인 상인, 그리고 이들 위에 서서 모든 권리를 향유하고 모든 잉여를 흡수하는 양반 관료였던 것이다. 자본주의 생성의 조건과는 대체로 정반대의 요소라고 평할 수밖에 없는 것이다. 이에 조선의 자본주의는 그 출발점에서도 또 그 생성과정에서도 외국의 자본과 기술능력에 의뢰할 따름이었다. (四方博「朝鮮に於ける近代資本主義の生成過程: その基礎的考察」『朝鮮社會經濟史研究』京城帝大法文學會 第1部論集 第6册, 1933, 6~7쪽)

시가타 히로시는 일류의 실증사가(實證史家)였지만, 정체론을 실증 연구의 전제로 삼거나 실증에 부합되지 않는 정체론으로 결론을 내리곤 하였다. 그는 대구 호적(戶籍)의 분석을 통하여 조선후기 양반호(兩班戶)의 증가와 노비호(奴婢戶)의 격감을 밝히고서 그것을 사회문란상으로 이해하였다. 해방 이후의 한국사학계는 이러한 현상에 대하여 신분질서의 동요라는 의미를 부여하였다.

일제시대부터 일부 조선인 연구자는 이러한 식민주의사관의 극복을 위하여 노력하였는데, 그러한 과정에서 근대 한국사학의 기틀이 마련되었다. 1930년대에 백남운(白南雲)은 후쿠다 등의 봉건제 결여론과 모리타니 등의 노예제 결여론에 대항하여 한국사에도 세계사의 발전법칙이 예외없이 관철된다는 사론을 전개하였다. 그는 씨족공산제사회가 삼국시대에 노예제사회로 전환하며 통일신라 말부터 조선시대까지의 사회를 아시아적 봉건제라고 규정하였다. 토지국유제를 물질적 기초로 삼고 봉토의 수수(授受)를 통한 위계적 편성을 결여한 중앙집권적 관료국가라는 점은 아시아적 특성으로, 봉건적 대토지소유자인 국가가 소농경영의 농노(農奴)에게 잉여를 수탈하는 생산관계를 가진 점은 봉건제로 간주되었다. 그는 자본주의맹아(資本主義萌芽)의 출현으로 봉건국가가 붕괴를 맞이하게 되었다는 지적도 하였다. 그는 세계사의 일반적 추상적 발전법칙을 구체적 역사발전에 기계적으로 적용하였다는 등의 비판을 받았지만, 마르크스의 유력한 역사이론을 한국사에 본격적으로 적용하여 역사인식을 체계화함으로써 한국경제사학의 한 획을 그었다.

8·15해방 후에 민족적 허무주의의 극복과 자주적 국민국가의 건설을 위한 민족적 역량의 결집이라는 역사적 과제는 식민주의사관의 극복을 요청하였다. 1955년 이후 북한 학계의 논의에서 먼저 토지사유론이 대두하여 아시아의 특수한 생산양식론을 극복하였다. 1958년 최병무는 조선시대 서울의 시전(市廛)상업을 발전론적 시각에서 다루었다. 1961년 출간된 『조선근대혁명운동사』에서 김석형은 조선후기 상품화폐경제가 성장한 위에서 자본주의적 요소가 출현하였다고 주장하였다. 1963년 간행된 『조선통사』(제2판)는 18세기 이후 계급모순의 심화, 실학(實學)사상의 형성, 자본주의맹아의 발생으로 인하여 봉건제가 위기에 처하였다고 보았다. 이렇게 북한 학계의 통설로 자리잡은 자본주의맹아의 핵심 요소는 자본·임노동(賃勞動) 관계의 형성이었다. 남한에서도 1952·3년 천관우(千寬宇)의 유형원(柳馨遠) 연구는 실학을 근대성의 싹으로 보았고, 김용섭(金容燮)은 1963·4년 양안(量案) 연구에서 상층 자소작농인 경영형부농(經營型富農)의 형성을 지적하고 그것을 "봉건제의 해체과정을 의미하는 전환기의 현상"으로 평가하였고, 1966년 김영호(金泳鎬)가 자본주의맹아론을 제기하였고, 1967년 12월에 경제사학회는 한국사학계의 과제인 시대구분 문제를 고대·중세·근대로 나누어 논의한 심포지엄을 개최하였다. 이우성(李佑成)은 『歷史學報』 39(1968)에 실은 글에서 1963~7년간 한국사 연구 동향을 회고하면서 한국사의 "정체성·타율성을 부정하게 되었다"며 "민족의 주체적 내재적(內在的) 발전과정을 법칙에 맞게 파악하려는 노력"을 평가하였다. 1969년 한국사학계는 중고등학교 국사교육의 개선 방향을 "세계사적 시야에서…… 민족사의 전 과정을 내재적 발전 방향으로 파악한다"고 집약하였다. 그 후 이런 학풍은 내재적 발전론으로 불리게 되었다. 그런데 일제시대부터 식민주의사관에 대항하여 내재성과 무관하게 한국사의 발전을 보여주는 연구도 있으므로, '발전적인 한국사상(韓國史像)의 추구'라는 민현구의 정리가 20세기 한국사의 학풍을 더욱 잘 포괄한다.[3)]

조선사회정체론을 극복하는 경제사 연구의 성과를 다음과 같이 정리하여본다. 첫째, 통일신라시대부터 사유지(私有地)가 존재하였음이 실증됨으로써, 토지국유론(土地國有論)이 부정되었다. 토지국유론의 논거가 된 왕토사상(王土思想)은 실체를 결여한 단순한 관념에 불과하다는 것이다. 둘째, 한국사에서도 세계사의 발전법칙이 관철된다는 백남운의 주장이 계승, 발전되었다. 봉건제를 법제적인 개념인 렌제로 보지 말고 대토지소유와 분산적 소경영의 결합 형태로 본다면, 조선의 지주제를 봉건제로 볼 수 있다는 것이다. 백남운은 토지국유제를 물적 기초로 하는 봉건제를 주장하였음에 반하여, 1960년대 이후에는 토지사유제에 기초한 봉건제가 통설로 되었다. 노예제사회의 존재 여부를 둘러싸고 북한 학계에서는 60년대 초에 활발한 논쟁이 벌어졌다. 그리스나 로마에서 발달한 노예제 대경영은 나타나지 않았지만, 고조선·부여·진국은 정복자집단이 피정복자집단을 노예 상태로 지배하였다는 점에서 노예제사회로 보아야 한다는 것으로 논쟁의 결말을 보았다. 30년대 스탈린 사학은 노예제→봉건제→자본제라는 이른바 세계사의 발전법칙을 정립하였는데, 이러한 사론(史論)이 직·간접적으로 한국사 연구에 영향을 주었다. 셋째, 조선후기에 상품화폐경제가 성장하고 자본주의맹아가 출현하였음이 실증됨에 따라, 조선사회는 정체한 것이 아니라 근대로의 발전 추세를 보였다는 주장이 제기되었다. 그 논거는 조선후기 화폐경제의 성장, 지방 장시(場市)의 확산, 도시 상업의 발달, 부농층(富農層)의 성장, 광공업에서 상품생산의 성장과 수공업공장의 출현 등이었다.

식민주의사학의 극복을 위해 한국사의 발전 동인을 내부에서 찾는 경향을 가진 내재적 발전론에 대한 비판은 1970년대부터 나타났다. 그것은 다음과 같이 정리할 수 있다. 첫째, 한국의 고대를 노예제로, 중세를 봉건제로 규정하는 데에 대한 회의가 제기되었다. 고조선과 진국의 농업생산을 담당한 계층을 노예라고 보는 견해는 설득력 있는 논거를 제시하지 못하였다. 조선의 집권국가체제를 봉건제로 보는 데에 대한 반대는 끊이지 않았다. 세계사의 발전법칙이 절대적인 명제로 인식되어 노예제나 봉건제가 존재하지 않으면 비정상적인 사회로 간주되는 상황에서, 노예와 봉건제의 확대 해석을 시도해볼 필요는 있었겠지만, 해방 이후의 경제발전이 조선사회정체론을 역사현실에서 부정하고 그것에 기인한 열등감을 불식하고 있는 마당에서, 논란의 소지가 큰 세계사의 발전법칙을 한국사에 무리하게 적용할 필요는 없다. 오히려 우리나라 고대와 중세의 특징적인 사회구조와 그 속에 나타난 발전 추세를 확인하고 그것을 유럽 등 여타

3) 이헌창 「한국사 파악에서 내재적 발전론의 문제점」 『한국사시민강좌』 40, 2007.

지역의 역사 전개와 비교해보는 작업이 역사 인식의 구체화에 기여할 것이다.

둘째, 1970년부터 자본주의맹아론의 실증적·이론적 한계가 지적되었다. 안병태(安秉珆)는 근대적 내지 근대지향적 요소만을 추출하여 부각하는 '부조적(浮彫的) 방법'을 비판하고 전근대적 요소도 포괄하는 '구조적 파악'을 제창하였다.[4] 자본주의맹아가 경제 전체에서 어떠한 위상을 가지며 그 발전을 저해하던 요인이 무엇이며, 제반 사정을 고려하여 그 발전 전망이 어떠한가에 대한 설명이 필요하다는 것이다. 나아가 조선후기에도 시장과 기술의 발전이 미약하고 농촌공업지대가 없었던 점 등을 논거로 자본주의맹아론을 부정하는 주장도 나타났다.

셋째, 내재적 발전론은 국내적 조건을 위주로 하여 자본주의의 성립을 상정하지만, 국제교류는 어느 시기나 어느 지역에서도 중요한 작용을 하였고 세계시장은 자본주의의 성립을 위한 중요한 계기였다. 유럽은 활발한 국제교류에 힘입어 아시아를 경제적으로 추월할 수 있었고, 세계 최초이기에 자생적(自生的)인 영국 산업혁명도 유럽의 국제환경과 중상주의(重商主義) 세계시장에 힘입은 바가 크며, 구미의 후발국은 모두 영국 산업혁명의 충격을 받으면서 자본주의를 확립하였다. 자본주의의 성립은 국제적 계기를 배제하고 논의될 수 없는 것이다.

1990년대부터 국내·외에서 내재적 발전론을 폐기하자는 주장이 힘을 얻어왔다. 이러한 견해는 조선사회의 성취를 낮게 평가하는 대신에 식민지기의 근대화를 긍정적으로 평가하였다.

내재적 발전론은 해방 후에 식민주의사관인 정체론을 비판하고 민족적 자기모멸감을 극복하기 위하여 요청된 사론으로서, 그러한 역사적 사명을 충실히 수행하였으며, 오늘의 시점에서 본다면 그 사명을 다하였다. 정체론이 오류임은 실증적으로 명백해졌을 뿐만 아니라, 해방 후 한국의 경제·사회·정치의 발전은 현대사적 관점에서 역사를 되돌아볼 때 정체론을 무의미하게 만들었기 때문이다.

내재적 발전론이 그 역사적 사명을 다하였다고 해서, 발전적 조선시대상의 탐구가 무의미한 것은 아니다. 조선시대의 발전상이 다방면으로 밝혀졌고, 그것은 개항 후 가혹한 외압을 극복하고 자주적 근대화에 성공할 정도의 역량에는 못 미쳤더라도 개항기의 근대화, 일제시대와 해방 후의 경제성장을 지원하였다. 그리고 이제 우리는 한국사가 정체하지 않고 발전하였다고 주장하는 데에 머물지 말고, 경제발전의 양상과 비교사적 특성, 성장기와 후퇴기의 경제순환, 그리고 그 요인을 구명하는 데까지 나아가야

4) 安秉珆『朝鮮近代經濟史硏究』日本評論社, 1975, 제1장.

한다. 그래서 한국 전근대 사회의 역사적 도달점이 어떠하며, 그것이 개항 이후의 대응 역량과 사회경제 변화를 어떻게 규정하고, 나아가 이러한 역사적 유산이 오늘날에 어떻게 작용하고 있는가를 냉정하게 고찰할 필요가 있다. 조선사회정체론이 한국사에 대한 모멸감과 외면을 낳았다면, 내재적 발전론은 그에 대한 애정을 불러일으켰다. 이제는 이러한 애정을 바탕에 두면서 객관적인 자기성찰(自己省察)을 이루는 역사관을 확립하여야 한다.

마르크스이론은 1980년대까지 한국경제사학계에 강력한 영향을 미쳐왔다. 조선사회정체론과 자본주의맹아론 모두 마르크스이론에 크게 의존하였다. 그런 가운데 1970년대에 성장사학에 입각한 일제시대 경제성장에 관한 추계가 이루어졌고, 이후 그것은 개선되어왔다. 소련과 동구의 사회주의경제가 해체됨에 따라, 90년대에 마르크스이론의 한국경제사학에 대한 영향력이 약화된 반면, 주류경제학 이론에 입각한 한국경제사 연구가 활성화되었다. 2000년대에는 조선시대 물가사 연구가 큰 성과를 거두었고 인구사 연구가 진전하였으며, 일제시대 국민계정 추계도 진전하였다.[5)] 계량경제사 연구는 조선후기와 일제시대 경제변동에 대한 이해를 높였는데, 자료와 이론의 제약으로 인해 그 설명할 수 있는 역사의 영역은 제한되어 있다. 그런 점에서 인문학적 역사 연구와 사회과학적 역사 연구는 협력하여 한국사의 총체적인 이해를 증진하는 방향으로 나아가야 한다.

5. 한국경제사의 시대구분과 이 책의 구성

인류의 경제생활을 근본적으로 변혁시킨 2대 역사적 사건은 농업혁명과 산업혁명이다. 신석기시대인 기원전 9500년경부터 개시된 농경·목축이 각지로 전파되고, 마침내 기원전 5000년기 이후 한반도로 파급되었다. 농경목축단계(農耕牧畜段階)에 이르러 인류는 규칙적인 경제생활 기반을 확보하였으며, 농업촌락이 형성되어 사회와 경제의 기본 단위가 되고 농업 잉여는 도시를 부양할 수 있게 되었으며, 나아가 문명을 창출하

5) 대표적 성과를 들면 이영훈 편『수량경제사로 다시 본 조선후기』서울대학교출판부, 2004; 김낙년 편『한국의 경제성장 1910-1942』서울대학교출판부, 2006; 차명수『기아와 기적의 기원: 한국경제사, 1710-2010』해남, 2014; 김낙년·박기주·박이택·차명수 편『한국의 장기통계』해남, 2018.

고 고대국가를 건설하였다.

농경시대에 기술이 발전하여갔지만, 자연재해가 수시로 흉작을 초래하여 인간의 생존을 위협하였으며, 맬서스의 인구법칙으로 대중은 절대빈곤에 머물고 생활수준은 향상되지 못하였다. 농업 등 1차산업이 지배적이어서 경제생활은 자연조건의 강한 구속을 받았고 과학적 지식은 생산에 응용되지 못하였다. 계급적 착취가 피지배층의 생활조건을 악화시켰지만, 소득분배가 균등히 이루어졌더라도 굶주림의 위협으로부터 해방되지 못할 터였다.

산업혁명은 공업기술의 집단적 발명과 혁신을 말하며, 그로 인해 공업화가 진전하고 산업사회가 도래하였다. 영국이 1750년대~1830년대에 걸쳐 산업혁명을 수행하였고, 공업화의 물결은 각국에 파급되어왔다. 농경과 목축의 개시가 문명시대를 성립시켰다면, 공업화는 근대를 열었다. 전근대에 제한적인 영역에서 존재하던 시장은 이제 경제를 통합하는 주된 기구가 되었다. 그로 인하여 경제의 효율성이 증대하고 분업과 기술진보가 촉진되었다. 기술진보로 인류는 맬서스의 함정으로부터 탈피할 수 있었고, 지속적 경제성장과 더불어 생활수준은 향상하였다. 산업사회에서는 노동력의 주된 존재형태가 상품화된 임노동(賃勞動)이고 그것을 고용한 기업인 산업자본(産業資本)이 생산의 기본 단위이다. 이러한 자본·임노동간 생산관계의 특성을 중시하여 자본주의사회라고 부르기도 한다.

농경 기술이 전파(傳播)를 통하여 지역적으로 확산되었듯이, 자본주의는 세계체제로서 성립되었다. 16세기 이후 세계시장의 형성은 영국을 선두로 하는 공업화의 중요한 기반이 되었고, 후발국(後發國)은 영국 자본주의를 배우고 그것에 대항하면서 공업화를 수행하였던 것이다. 그런데 한국을 포함한 대부분의 지역은 자력으로 공업화를 달성한 나라의 식민지나 반식민지로 전락되어 근대문명의 충격을 받았다. 식민지 상태에서 경제가 성장하였더라도, 그 기본 동력은 제국주의측으로부터 나왔고 식민지민의 역량은 성장에 제약을 받았다. 이들 후진 지역은 자본주의적 세계시장에 편입되는 시점에서 근대의 기점을 맞이하였지만, 자기 동력에 입각한 근대경제성장의 달성과 산업사회의 확립은 민족해방 후를 기다려야 했다.

농경사회의 성립과 더불어 안정적 생활 기반의 확보와 문명의 성립, 산업혁명 이후 생활수준의 향상, 그것과 관련을 가진 민주국가의 성립은 역사발전을 보여주는 대표적인 사건이다.

이 책의 제1부는 전근대 농경사회를 다룬다. 제1부의 기본 과제는 자본주의적 세계시장에 편입되기 이전 단계 경제의 구조, 발전도 및 변화 방향을 고찰하는 것이다.

제1장에서는 중세경제의 성립과정을 살펴보고 그 기본 구조를 서유럽의 봉건제와 대비하여 설명한다. 한국 중세사회는 서유럽 봉건사회와 소농경영을 생산의 기본 단위로 하는 점에서는 공통적이지만 집권국가(集權國家)를 가진 점에서 달랐으며, 이러한 상부구조의 차이는 경제·사회·문화의 전개에 상당한 영향을 미쳤다. 제2장에서는 중세에 지배적인 산업이면서 경제구조를 기본적으로 규정하는 농업에 대하여 살펴본다. 여기서는 농업 기술의 발전과 농업경영의 변동뿐만 아니라, 농업 잉여의 분배를 둘러싼 계급구조를 고찰하고, 인구동향을 농업변동과 결부하여 설명한다. 제3장은 시장을 다룬다. 시장은 전근대경제를 구성하는 부차적인 요소이지만, 그 성장은 근대경제로의 기반을 닦는다. 제4장은 시장의 성장이 생산에 어떻게 반영되었던가를 고찰하고 아울러 자본주의맹아론을 검토한다. 제5장에서는 제2~4장의 논의를 토대로 개항 전의 변화를 총체적으로 평가하고, 그러한 가운데 근대로의 이행을 위한 선행조건(先行條件)이 어느 정도 마련되었던가를 논한다.

제2·3부는 근대 산업화의 과정과 산업사회의 확립을 다룬다. 이 책은 근대의 기점(起點)을 자본주의적 세계시장으로 편입되는 출발점인 1876년 강화도조약으로 잡는다. 근대경제의 변화 속도는 전근대보다 훨씬 빨랐다. 게다가 역사는 현재의 문제의식에 입각하여 서술되므로, 근대에 훨씬 큰 비중을 부여하였다. 식민지경제로부터 국민경제로의 전환을 낳은 8·15해방을 기점으로 제2부와 제3부를 나눈다.

제6장에서는 문호를 개방한 이후 경제구조의 변동, 그리고 자주적 근대화의 노력과 좌절을 고찰한다. 일제시기의 경제적 변동은 제7~9장에서 다룬다. 제7장은 토지조사사업(土地調査事業) 등 식민지화 기초작업을 다룬다. 제8장은 식민지기 농업정책과 지주제의 전개를, 제9장은 공업화를 통한 식민지자본주의(植民地資本主義)의 전개를 설명한다.

8·15해방부터 6·25전쟁까지 식민지체제가 해체되는 동시에 분단체제가 형성, 고착화되었다. 분단으로 남한과 북한이 서로 다른 경제체제를 수립하였으나, 북한도 남한처럼 공업화를 통한 산업고도화와 인민 생활수준의 향상이라는 근대적 과제에 주력하였다. 그런 점에서 제3부에서는 남·북한을 아울러 다루었다. 제10장은 해방부터 4·19혁명까지 남한에서 국민국가가 수립되고 국민경제가 형성되어가는 국면을 다룬다. 제11장은 국가주도의 대외지향적 개발전략을 추진하여 고도성장을 개시하면서부터 근대산업국가를 확립하기까지의 과정을 다룬다. 공업이 성숙하여 대중의 생활수준이 절대빈곤으로부터 벗어나 빠르게 향상한 1960~80년대의 고도성장기는 한국경제사의 가장 중요한 획기(劃期)로 보인다. 제12장에서는 북한에서 사회주의체제의 성립, 사회

주의적 공업화 및 경제침체에 따른 개혁·개방의 추진을 고찰한다.

1990년대 이후는 새로운 경제시대를 맞이하는 것으로 판단하여, 제4부로 다루었다. 남한에서는 박정희 집권기에 구축되어 80년의 경제위기를 기점으로 수정되던 개발체제는 1997·8년의 외환·경제위기를 계기로 근본적인 변혁을 요구받았다. 박정희 집권기에는 국가가 시장을 '지도'하였는데, 80년과 98년의 두 경제위기 사이를 과도기로 하여 시장이 끌고 나가는 경제가 잘 돌아가도록 국가가 지원하는 체제로 전환하였다. 1990년대에는 정보통신산업 내지 지식기반산업이 경제성장을 주도할 산업으로 부상하면서 지식정보화시대가 개막하는 것으로 보인다. 또한 1990년대에 북한에서는 경제위기로 사회주의체제가 변화하기 시작하였고, 남북간 교류가 진전하여 경제통합을 위한 기반을 닦아왔다. 요컨대, 1990년대부터 자율적인 시장질서와 독자적인 기술 기반을 갖춘 선진 경제로 전환하면서 지식정보화시대를 맞이하고, 나아가 남북통합의 기반을 본격적으로 구축하는 것이 기본 과제로 부상하였다. 경제선진화(經濟先進化)와 남북통합(南北統合)이라는 제4부의 주제는 21세기로 이어지는 과제이다. 21세기에는 잠재성장률이 낮아지는 가운데 저출산·고령화, 소득분배 악화, 그리고 양질 일자리의 감소라는 문제들이 대두하였다. 제13장은 남한을, 제14장은 북한과 남북교류를 다룬다.

한국경제사의 흥미로운 연구 과제는 다음과 같다. 전근대 한국사의 특징은 무엇이며, 한국은 왜 서유럽과 일본에 뒤처지게 되었던가. 강화도조약 이후 근대화를 위한 노력과 성과는 어떠하며, 왜 식민지로 전락되었던가. 식민지화로 종결된 조선왕조시대를 어떻게 평가할 것인가. 일제시대 경제성장을 어떻게 이해할 것인가. 해방 후 고도성장의 의의와 역사적 기반은 무엇인가. 21세기 저성장·고령화·불평등화·고실업은 어떠한 역사적 의미를 가지는가. 과거의 궤적이 한국경제의 현황과 미래 향방을 어떻게 규정하고 있는가. 이러한 과제를 차례대로 다룬다.

제1부

전근대: 중세경제와 그 변화

제1장 중세사회의 성립과정과 기본 구조

제2장 중세 농업·재정과 그 변동

제3장 시장의 성장

제4장 상품생산의 전개

제5장 근대경제성장의 기반형성기로서 조선후기

제1장

중세사회의 성립과정과 기본 구조

1. 한국 전근대사의 시대구분론

한국 근대사학이 성립한 이후 시대구분의 논의는 활발하였다. 초기에는 왕조(王朝)를 주요 지표로 하여 그 원근(遠近)에 따라 시대구분을 하는 것이 일반적이었다. 왕조에 따른 시대구분은 의미 있는 내용을 가지기 어렵고 역사발전의 과정과 계기를 밝힐 수 없다. 독일역사학파와 마르크스의 발전단계론을 적용하면서부터 체계적인 시대구분이 시도되었다. 서장에서 언급한 바와 같이, 일제시대에 조선사회정체론을 주장한 학자들은 노예제 또는 봉건제가 나타나지 않았다고 본 반면, 백남운은 세계사의 발전법칙이 조선사에도 관철된다고 보았다.

해방 후 마르크스의 사적 유물론에 입각한 시대구분론이 활발히 제기되었다. 북한에서는 1950년대 말부터 노예제의 존재 여부를 둘러싸고 활발한 논쟁이 전개되었다. 이 논쟁에서는 그리스와 로마에서 발달하였던, 집단으로 농업·수공업 노동에 종사하는 노동노예제(勞動奴隷制)가 없다는 점에 견해의 일치를 보았지만, 공동체적 관계 위에서 공납(貢納)을 짊어진 하호(下戶) 등 일반 농민의 성격에 대하여는 견해가 엇갈렸다. 결국 이들도 실질적으로 노예와 같은 처지라고 보아서 고조선·부여·진국을 노예제사회로 보는 것으로 결말을 보았다. 일반 농민을 노예로 보는 확대 해석은 논란의 소지가 크지만, 공동체적 관계나 그에 기초한 예속의 특질에 대한 당시의 논의는 음미해 볼 필요가 있다.

경제적 토대를 지표로 하여 우리나라에도 봉건제가 존재하였다고 보는 백남운의 견해는 남·북한 양측에서 점차 주도적인 지위를 차지하였다. 단, 토지국유제(土地國有制)가 부정됨에 따라 토지사유제에 기초한 지주봉건제론(地主封建制論)이 성립하였다.

즉, 지주제가 봉건제의 기본적 생산관계로 파악되고, 유럽의 영주제와 동일한 성격으로 인식되었다. 그런데 지주봉건제론은 아시아 국가의 토지와 인민에 대한 지배력을 어떻게 이해하고 위치지울 것인가라는 난점에 봉착한다. 김홍식은 조선시대의 지배구조가 개별 지주의 사적 관계로서보다 국가의 공적인 형태로 집중되어 나타난 측면이 훨씬 우세하다고 보았다.[1] 나카무라 사토루는 소경영 생산양식론(小經營生産樣式論)과 전근대 토지소유론을 토대로 하여, 유럽에서 나타난 가부장제적 노예제와 봉건적 농노제와는 달리 아시아에서는 국가적 노예제와 국가적 농노제라는 유형이 존재하였다고 인식하였다.[2] 이영훈은 국가적 농노제가 해체된 17세기 후반부터 자립적 생산단위로서의 소농, 관료제, 사적 토지소유와 지주제, 일정 수준의 시장경제를 주요 요소로 하는 후기중세사회인 소농(小農)사회가 성립하였다고 보았다.[3] 소농은 소가족의 노동력에 주로 의존하는 농업경영을 말한다.

강진철에 의하면, 고려시대 노동력 위주의 공적 부담이 조선시대에는 토지를 중심으로 하는 조세 징수 방식으로 변하였다. 이러한 국가지배양식의 변화는 고대사회로부터 중세사회로의 전환을 의미하며, 무신집권기 사적 토지소유의 진전이 이러한 변화를 낳았다.[4] 이런 기준은 중요하지만, 농지 단위 과세로 전환한 획기는 17세기 대동법이었다.

김철준은 철기(鐵器) 사용을 계기로 씨족공동체(氏族共同體)가 친족(親族)공동체로 전환하면서 족장(族長)세력이 대두하고, 족장세력이 결성한 부족국가는 부족연맹의 단계를 거쳐 고대국가로 성장한다고 보았다. 고려 성종 이후 7대조(代祖)를 같이하는 친족집단이 고조(高祖)를 같이하는 8촌까지의 범위로 축소되고 유교적 정치 이념이 도입됨으로써 중세사회로 전환하였다는 것이다.[5] 이러한 설명의 실증적 논거는 취약하지만, 인류학의 이론을 도입하여 고대국가의 형성을 파악하려는 시도는 1970년대 이후 계승, 발전되었다.

이 책에서는 이러한 시대구분론을 비판적으로 계승하여, 다음과 같은 지표를 가지고 한국 전근대사의 전개를 체계적으로 인식하고자 한다.[6] 먼저 마르크스의 지적처럼 기술진보가 역사발전의 동인(動因)이라는 점을 확인하고 싶다. 기술진보의 농업혁명으

1) 金鴻植『朝鮮時代 封建社會의 基本構造』博英社, 1981.
2) 中村哲『奴隷制·農奴制の理論』東京大學出版會, 1977.
3) 李榮薰『韓國 市場經濟와 民主主義의 歷史的 特質』韓國開發硏究院, 2000.
4) 姜晋哲「高麗 田柴科體制下의 農民의 性格」『韓國史時代區分論』乙酉文化社, 1970.
5) 金哲埈「韓國 古代社會의 性格과 羅末·麗初의 轉換期에 대하여」『韓國史時代區分論』.
6) 1990년대에 들어와 시대구분에 관한 논의가 다시 활성화되었는데,『經濟史學』21(1996. 12) 특집: 韓國史時代區分論도 그중에 포함된다.

로 수렵·채집경제가 농경사회로 전환하고, 이어서 산업혁명으로 공업화가 진전되어 중심 산업이 공업인 산업사회가 성립하였다. 이러한 산업 변화가 경제적 시대구분의 기본 지표이다. 농경사회에서 산업사회로의 전환이 경제적 측면의 근대 전환인 것이다. 수렵·채집시대는 20만 년 이상, 농경시대는 약 1만 년 지속되었고, 근대는 200년 남짓에 불과하다. 농경의 성립·발전에 수반하여 공동체가 변모하면서 소농경영이 형성, 성장하고 계급구조가 나타나며, 나아가 지배기구로서 집권(集權)국가가 성립, 발전하였다. 산업구조의 변화와 관련을 맺으면서 경제통합원리가 변하여 수렵·채집경제에서는 호혜가, 농경사회에서는 대개 재분배가, 산업사회에서는 시장이 지배적인 배분기구가 되었다. 이러한 생산조건·통합 형태·사회관계·지배체제의 변화는 심성(心性)과 이데올로기에 영향을 미치고, 거꾸로 그로부터 영향을 받기 마련이다. 이러한 요소들의 총체적인 관련성을 파악한 위에서 각 시대의 구분과 성격 규정이 이루어져야 한다.

한국 전근대사는 경제구조로 보면 소농경영의 형성·성장과정으로, 정치구조로 보면 집권국가의 형성·발전과정으로 집약될 수 있다. 고대의 기점은 고대사학계의 통설에 따라 고대국가체제의 성립으로 잡는다. 중세사회 성립의 기본 지표는 소농의 성장과 국가의 발전에서 찾을 수 있다.

내재적 발전론에서는 조선후기를 봉건사회의 해체기 내지 근대로의 이행기로 보았다. 그 논거로는 경제적으로 시장의 성장과 금속화폐의 보급, 나아가 자본주의맹아의 출현이 거론되고, 사회적으로 노비(奴婢)의 감소와 양반의 증가로 나타나는 신분제의 해체, 그리고 사상적으로 실학사상의 대두가 지적된다. 서장 제4절에서 내재적 발전론의 문제점을 언급한 바 있는데, 이 책에서는 조선시대를 발전적으로 파악하는 사론을 비판적으로 계승한다. 그래서 『경국대전(經國大典)』 등에 드러나는 국가제도의 정비, 대동법의 실시로 인한 조세국가로서의 발전, 시장과 재산권과 계약질서의 성장, 신분제의 변동, 인적 자본의 축적, 실학의 대두 등의 점에서 조선후기는 근세(近世, early modern)에 진입하였다고 보고자 한다. 문호개방 이전에 축적한 역량은 개항 후 제국주의시대에 자주적 근대화를 조속히 성취하기에는 미흡하였으나, 20세기의 따라잡기(catch-up)와 경제발전을 지원한 내적 요인이었다. 경제적 측면에서 근세는 지속적 성장의 기반이 형성되는 시기와 지속적 성장으로 도약하는 시기로 나누어볼 수 있겠다. 18세기 조선은 전자에 해당한다는 주장을 제5장에서 설명한다.[7]

7) 이헌창 「근대경제성장의 기반형성기로서 18세기 조선의 성취와 그 한계」 역사학회 편 『정조와 18세기』 2013, 푸른역사.

2. 인류 문명의 성립과 지리의 영향

우주는 약 137억 년 전에 형성되었고, 약 45억 년 전에 태양과 그 행성인 지구가 생겨났다. 지구에는 약 35억 년 전에 단세포 유기체가, 약 6억 년 전에 다세포 유기체가 출현하였다. 6,500만 년 전에 거대한 용암의 분출에 이은 소행성의 충돌로 2억 년간 지구를 지배하던 공룡이 멸종하여, 포유류가 번식할 수 있었다. 태양의 팽창으로 5억 년 후 지구의 생물체가, 50억 년 후 지구 자체가 사라질 운명이다.

약 600만 년 전에 포유류 중의 한 집단인 영장류에 해당하는 아프리카의 꼬리 없는 원숭이가 돌연변이로 침팬지를 낳았다. 침팬지도 인류처럼 두 발로 걷고 도구를 사용하고 체계적인 사냥 능력을 갖추었다. 네 발로 기고 두 발로 서기도 하는 침팬지와 인류의 과도적 종의 440만 년 전 유적이 발견되었는데, 이들은 환경의 변화에 적응하여 오늘날 인류처럼 숲으로부터 나와 살며 두 발로만 걷게 되었다. 약 250만 년 전 아프리카 동부에 살던 오스트랄로피테쿠스는 유라시아대륙으로 이동하여 여러 종이 생겼다. 아시아 동쪽에는 똑바로 서는 호모 에렉투스가 200만 년 가까이 살았다. 약 200만 년 전 간단한 석기를 제작하는 호모 하빌리스가 등장하여 유라시아 대륙으로 이동하였다. 약 50만 년 전 정교한 석기를 제작할 수 있는 인류가 등장하였다. 그래서 석기로 수렵·채집을 하는 시대가 열렸다. 그 무렵 등장한 네안데르탈인은 유럽과 서부 아시아에 거주하였다. 그 동쪽에는 데니소바인이 거주하였는데, 약 9만 년 전에 이 두 인류 사이에서 태어난 13세의 여자가 시베리아 알타이산맥에 살았던 것이 확인되었다. 인류는 불을 일상적으로 사용하게 된 약 30만 년 전 이후 다른 동물에 대한 우위를 가지게 되었다. 우리의 직계 조상인 호모 사피엔스는 약 25만 년 전에 아프리카에서 출현하였다. 인류는 처음에 먹이 사슬의 중간에 위치하다가 약 40만 년 전부터 네안데르탈인이 대형 먹이감을 정기적으로 사냥하게 되었다. 약 10만 년 전 호모 사피엔스는 먹이 사슬의 최정점에 올랐다.

약 7만 년 전에 호모 사피엔스 150~2,000명의 무리가 동아프리카를 떠나 아라비아 반도로 퍼져나갔고, 거기서 유라시아 전체로 급속히 퍼져 35000년경 전에는 중국과 한국의 북부에도 정착하였다. 약 200만 년 전에 만들어진 주먹도끼는 100만 년 이상 거의 바뀌지 않았으나, 약 30만 년 전부터 수렵·채집의 다양한 기술과 생활방식이 창조되었고, 약 5만 년 전부터 기술진보는 더욱 빨라졌다. 사피엔스는 이동성이 커지던 약 7만 년 전부터 3만 년 전까지 배, 기름 등잔, 활과 화살, 바늘 등의 도구를 발명하였으며 교역하고 종교 등 문화를 가지게 되었다. 당시 종교는 다양한 생물, 자연물, 그리고 자연 현상에 영혼이나 정신이 있어 인간과 소통할 수 있다고 믿는 애니미즘이었다. 사피엔스만이 교역을 하였고 호혜에 입각한 선물 교환이 활발해졌다. 4만~5만 년 전만 해도 지구에는 다양한 종의 인류가 무리를 이루어 사냥·채집을 하고 수확물을 공동으로 소비하면서 살았으나, 사피엔스는 기술진보가 빨라진 시기에 다른 인류를 압도하여 도태시켰다. 네안데르탈인은 사피엔스보다 선천적 지능이 뒤지지 않았고 체력이 더 강하였으나, 사피엔스보다 훨씬 수명이 짧고 더 많은 칼로리를 소모하는 단점도 가졌다. 네안데르탈인은 10~20명의 혈족 단위로 거주하였는데, 사피엔스가 친하게 지낼 수 있는 자연적 집단 규모는 150명 정도였다. 사피엔스는 원시적 종교나 신화의 유대감을 기반으로 그 이상의 집단을 이루었고, 가족과 친족의 결성을 넘어 이웃 집단 사이에 폭넓은 유대관계를 형성하였다. 집단 규모의 차이는 기술혁신의 전파 속도의 차이를 낳아, 호모 사피엔스의 도구가 네안데르탈인보다 훨씬 빠르게 진보하였다. 네안데르탈인의 목구멍이 사피엔스보다 발성에 불리하여 언어의 발달이 늦었고, 네안데르탈인의 뇌가 사회성이 부족한 사람과 비슷하여, 집단 규모가 작았던 것으로 보인다. 이기적 동물성을 물려받은 사피엔스는 규모가 확대되는 집단의 안정과 유지를 위해 도덕을 만들고, 도덕적 요구는 종교에 반영되었다. 추상적 세계를 상상할 수 있는 능력을 형성한 인지혁명 결과 나타난 종교와 신화는 집단 규모를 더욱 크게 만들어, 언어를 발달시켰다. 상징언어의 발달은 세대를 지나면서 집단지식의 축적을 가능하게 하였다. 집단지식의 축적은 자연법칙의 힘을 약화시키고 문화의 영향력을 증대시켰다. 사피엔스가 유라시아에 확산되는 시기에 네안데르탈인은 줄어들고 거듭된 빙하기를 거치면서 4만년 전 절멸하였다. 사피엔스는 55000년경 전에 처음 네안데르탈인을 중동 지방에서 만나 자녀를 낳아서, 오늘날 유라시아인은 모두 1~4%의 네안데르탈인 유전자를 가지고 있다. 데니소바인의 유전자를 가진 유라시아인도 있다.

집단지성과 더불어 도구를 가장 괄목하게 발전시킨 사피엔스만이 먼 바다와 추운 시베리아를 건너 지구 곳곳에 정착할 수 있었다. 약 45000년 전 인도네시아 제도의 사피엔스는 바다를 건너 오스트레일리아에 닿았다. 사피엔스는 기원전 14000년경 걸어서 시베리아를 거쳐 알래스카에 들어왔고 기원전 10000년경 아메리카의 최남단까지 도달하였다.

지난 100만 년간 평균 10만 년 단위로 빙하기가 있었고, 마지막 빙하기는 75000~15000년 전이었다. 마지막 빙하기가 끝나자 인구증가율이 높아진 가운데, 신석기시대에 나일강 유역과 메소포타미아 지역은 지중해성 기후 아래 재배하기 쉬운 작물과 기르기 쉬운 동물이 풍부하여 인구증가율이 특히 빨랐다. 그 인구 압력에 힘입어 기원전 9500년경 이후 농경과 목축이 처음 시작되었다. 여기서 잘 자라는 밀을 채집하여 운반하는 과정에서 밀이 밀집해 자라는 지역을 목격한 이후 그 재배가 시작되었고, 양을 사냥하여 잉여분을 보존하는 가운데 가축으로 만들게 되었다. 재배와 목축의 방법을 알자, 재배 작물과 가축이 늘어났다. 산업혁명과 달리 농업혁명은 여러 지역에서 독자적으로 일어나서 주변 지역에 전파되었다. 기원전 7000년경 중국에서 쌀과 수수를 작물화하고 돼지를 가축화하였다. 중국 북부의 평원은 서아시아와 마찬가지로 고대 농업이 적합한 자연환경을 가졌다. 기원전 3500년경에는 아메리카에서 옥수수·콩·감자가 재배되고 라마가 가축이 되었다. 이 무렵 사피엔스는 오늘날 작물과 가축을 대부분 이용하였다. 기원전 4000년경 가축을 농업, 운송 등 도구로 활용하기 시작하였다. 인지혁명의 기반 위에서 농업혁명이 일어난 것이다.

3만 년 전에 수십만 명에 불과하던 호모 사피엔스가 농경시대가 개시되던 12,000년 전에는 600만 명 정도로 증가한 것으로 추정된다. 그 전에 인류는 1만 년마다 배증하였으나, 농경시대에는 1,400년마다 배증하여 산업혁명이 처음 시작되는 무렵인 1750년경에는 세계 인구가 7.7억 명에 달하였다. 농업혁명으로 인구밀도가 높아진 서아시아, 중국 순으로 노동의 분화, 무역, 도시화 및 국가 형성이 진전되었다. 기원전 5000~4000년간에 농업혁명이 처음 일어난 지역에서 인구 수만 명의 도시들이 출현하였다. 기원전 3300~기원전 3000년간에 수메르인은 관개로 농업생산성을 높여 도시민을 부양할 수 있게 되었고 수공업과 교역을 발전시켰다. 최초의 도시국가를 건설한 수메르인은 처음으로 문자, 그리고 교역의 계약도 포함한 법전을 만들었다. 도시에서 문명이 출현한 것이다. 공동체의 도덕은 정치체제의 법제도로 연결되었다. 기원전 3100년경 이집트에서 최초의 왕국이 생겼다. 기원전 2250년경 메소포타미아를 통합한 아카드 제국이 성립하였다. 그 다음으로 중국에서 왕국, 이어서 제국이 출현하였다. 기원전 15세기에 이미 체계화된 페니키아문자는 지중해에 퍼져 그리스문자로 발전하고, 이어서 라틴문자가 되고, 유럽 문자뿐만 아니라 아랍 문자의 선조도 되었다. 기원전 1200년경 중국에서 문자가 나타났다. 기원전 1000년경 아메리카에서 도시와 국가가 나타나고 문자가 사용되기 시작하였다. 기원전 1750년에 만들어진 함무라비 법전은 정의의 명분 아래 귀족, 평민 및 노예에 차별적으로 적용되는 성문법이었다. 문명이 성립하고 역사의 시대로 진입한 것이다. 메소포타미아의 청동기시대는 기원전 3000~기원전 1200년간, 중국에서는 기원전 2200~기원전 500년간이었다. 그 전은 신석기시대, 그 후는 철기시대였다. 기원후 700년경 아라비아숫자가 탄생하였다. 인류는 문자·인쇄술 등을 발명, 이용하여 집단지성을 향상함으로써 기술과 제도를 발전시켜 경제발전을 실현하였다. 농민은 수렵채집인보다 열심히 일하였으나, 맬서스의 법칙으로 절대빈곤선에 머물러 생활수준이 향상되지는 못하였다.[8)]

기원전 2000년경 이집트·메소포타미아문명과 인도·중국문명을 연결하는 육상 교역 네트워크가 출현하였다. 이어서 계절풍을 이용하여 아프리카 동쪽부터 중국까지 아우르는 해상 교역로도 성립하였다. 교역로를 통해 상품과 정보가 이동할 뿐만 아니라 기술과 제도도 전파되었다. 지중해의 활발한 교류는 그리스·로마문명을 낳았다. 유라시아를 연결하는 육상·해상 교역로는 선사시대부터 한반도까지 이어져 빗살무늬 토기, 고인돌 등을 남겼다. 그 영향은 갈수록 커져 신라의 경주 유적에서 그리스·로마의 물품이 다수 발굴되었다.[9)] 철기시대부터 통일신라까지 유라시아 교역로로 수입된 유리는 18,000여 점 보존되고 있는데, 5·6세기 신라 왕릉에서 발굴된 유리 용기 15점의 산지는 이집트, 중앙아시아, 그리고 시리아·팔레스타인(흑해 연안에서 장식이 추가)으로 밝혀졌다. 명과 조선의 건국 직후 서방과의 교류는 위축되었다.

자연·지리 환경은 장구한 세월에 걸쳐 한국사의 전개에 심층적인 영향을 미쳐왔다. 그것은 기술 수준이 낮은 전근대에 더욱 강한 힘을 발휘하였고, 농경과 문명의 성립 시차를 결정하는 주요한 요인이었다. 경제의 장기적 성과를 규정하는 기본적 요인인 기술과 제도는 내부 요인뿐만 아니라 문명의 전파와 교류에 힘입어 발전하므로, 지리적 위치는 경제발전에 중대한 의의를 가졌다. 전근대의 가장 중요한 기술혁신인 농경과 철기(鐵器)는 전파를 통해서 지역적으로 확산되었던 것이다.

서아시아에 이어서 중국 등에서 먼저 성립한 농경문명은 기후적으로 적응하고 지리적으로 이동하기 쉬운 유라시아 대륙의 동서축 방향으로 먼저 전파되었다. 그래서 유라시아 대륙의 문명이 아프리카, 아메리카 및 오세아니아보다 앞섰다. 16세기 유럽인은 철기, 총, 그리고 집단면역을 가진 세균으로 아메리카 원주민을 궤멸시켰다.[10)] 한국은 그 축에 위치한 지리적 위치 및 거주·농경에 유리한 생태적 환경에 힘입어 일찍부터 농경을 발전시킬 수 있었다. 중세까지 세계 최고의 선진 문명을 달성한 중국의 중심부와 교류가 편리한 지리적 위치에 힘입어 고조선·고구려는 당시로는 선진적인 국가체제를 달성하였다. 한반도로 영토가 국한된 왕조국가가 중국에 사대(事大)외교를 했던 것은 선진강대국인 중국과 국경을 함께 했기 때문이고, 한반도 국가가 사대외교

8) 데이비드 크리스천 『세계사의 새로운 대안, 거대사』 김서형·김용우 옮김, 서해문집, 2009; 유발 하라리 『사피엔스』 조현욱 옮김, 김영사, 2015.
9) 정수일 『우리 안의 실크로드』 창비, 2020.
10) 제레드 다이아몬드 지음, 김진준 옮김 『총, 균, 쇠』 문학사상사, 1998.

를 하면 물산이 풍부한 대국[地大物博]인 중국이 침공하지 않은 것은 지리적 거리·장벽이 있고 물산이 빈약하여 침공·점령 비용이 그 편익보다 컸기 때문이다. 북방 유목국가는 약하면 한반도를 점령할 수 없고, 강성해지면 한반도가 아니라 물산이 훨씬 풍부한 중국을 노렸다. 이런 지리 조건 덕분에 신라·고려·조선왕조가 장수하였고 한국사에서 외국의 지배 기간은 짧은 편이고, 오늘날 한국은 역사적·문화적 정체성이 강한 독립국이 되었다. 15세기 이후 서유럽의 부상에 따라 중국과 더불어 한국의 지위도 하락하였다. 한국은 해로무역에 유리한 반도라는 지리적 이점을 가짐에도 불구하고, 선진 강대국 중국과 국경을 같이하여 중국의 조공·책봉체제에 편입된 결과, 무역을 외교에 종속시켜 해상 진출과 무역 발전에 지장을 받았다. 조선의 시장은 중국보다 훨씬 작았기 때문에, 소극적 대외무역정책의 경제적 타격은 더욱 컸다. 1876년 개항을 기점으로 한국 주위의 국제환경을 주도하는 세력이 대륙국가로부터 해양국가로 바뀜에 따라, 한국은 비로소 반도라는 이점을 무역 발전에 활용하게 되었다. 중국과 국경을 공유하면서 유럽과 멀리 떨어진 지리 환경은 문호개방 이전 구미문명의 수용에 불리하였으나, 중국을 학습하면서 쌓아올린 문명 역량은 그후 근대문명의 수용에 도움을 주었다. 그리고 경제대국인 일본에 인접하고 미국과 태평양을 함께 하는 반도라는 지리적 위치는 20세기 후반의 경제발전에 유리하게 작용하였다. 한국은 지리 환경 덕분에 고조선이 고대국가로 부상한 이후 시기의 대부분 동안 세계 상위의 문명권에 머물 수 있었다.

3. 중세사회의 성립과정

쿠즈네츠(S. Kuznets)는 근대라는 경제시대의 기본 특징인 지속적인 경제성장과 생활수준의 향상이 생산요소 투입의 증가보다는 그 질적인 개선과 과학·기술의 발달, 그리고 제도적 개선에 따른 효율화에 기인한다고 보았다. 그에 반해 전근대에는 경제성장이 완만하게 이루어졌고, 그나마 격심한 기복에 봉착해왔으며, 농지와 노동력의 투입 증가가 경제성장의 중요한 요인이었다. 전근대에는 기술 수준이 낮고 생산수단은 도구(道具)의 단계에 머물러 고정자본이 미약하였기 때문에, 생산성이 낮았고 생산은 자연적 조건에 강하게 제약을 받았다.[11] 전근대 기술은 완만하나마 지속적으로 진보하

11) S. 쿠즈네츠 著, 趙誠煥 譯『近代經濟成長論』乙酉文化社, 1971; C. A. Cipolla, *Before the Industrial*

여왔다. 그것은 도구의 발전에 의해 확인될 수 있으며, 철기가 사용된 이후에는 농법의 발달과 소농경영의 성장으로 나타낼 수 있다.

(1) 농경·목축의 시작과 요하문명권 고조선의 등장

신석기시대에 농경(農耕)이 시작되면서 촌락이 생기고 나아가 부족(部族)이 출현하였다. 부족은 혈연적 질서로 형성된 친족(親族)으로 구성되었다. 기원전 6000년경 몽고·만주에 흐르는 요하(遼河)를 중심으로 다양한 돌 농기구를 사용하고 수수·조·기장·콩 등의 농경을 하는 요하문명이 성립하였다. 개와 돼지, 이어서 염소를 가축으로 길렀다. 기원전 3500~기원전 3000년경 요하문명의 수준은 높았다. 한반도에서는 요하문명과 연계되면서 기원전 6000년경 신석기시대가 시작되고 기원전 5000년경 이후 점차 5곡과 벼가 재배되기에 이르렀다. 한강 하류에서는 기원전 3000~기원전 2000년의 볍씨가 발견되었다. 신석기·청동기시대 한반도의 주거지는 5명 내외가 살 만한 조그만 움집인데, 움집 수 채가 모인 집단이 사회·경제생활의 기본 단위였다. 주민은 가공된 석기나 뼈연모로 식량을 확보하고 토기(土器)로 이를 담거나 조리하였다. 요하문명 가운데 만주·내몽고에 성립한 홍산(紅山)문화는 청구(青丘)를 중심으로 성립한 부족국가가 주도하였다. 청구국에서는 보습과 호미를 사용하는 안정적 정착농경이 성립하였다. 기원전 2600년경 청구국은 중국문명의 원류를 대표하는 황제(黃帝)와의 대결에서 패해 무너졌다.

황제의 청구국 정벌 이후 요하의 동쪽 요동(遼東) 평야를 중심으로 활동한 예족(濊族) 계통인 서자족(庶子族)의 연맹체 국가인 진국(辰國), 그리고 요서 지역의 산림지대에 정착한 맥족(貊族) 계통의 환웅족(桓雄族)의 정치집단이 결합하였다. 북방 알타이어계 종족인 예·맥족은 읍락(邑落)→국읍(國邑)→소국(小國)이라는 단계를 거쳐 연맹체 국가를 결성하였던 것이다. 『위서(魏書)』와 『삼국유사』에 나오는 단군신화는 요하문명권에서 자란 환웅을 우두머리로 하고 하늘[天]을 숭배하는 집단 3,000명 정도가 한반도 북부로 이동하여 곰과 범을 토템신앙으로 삼은 부족 등을 포섭하였고, 그의 아들 단군왕검(檀君王儉)대에 조선을 국호로 하고 평양성을 도읍으로 삼은 역사를 반영한다. 고조선이나 진국의 지배층의 분묘에서 각종 무기와 더불어 제기가 출토되는 것으로 보아, 지배층이 제사장(祭祀長)이라는 종교적인 권위를 바탕으로 세속적인 행정·군사활동까

Revolution, 2nd ed., W. W. Norton & Company, 1980을 참조하라.

지 관장한 신정(神政)정치였다. 단군과 같은 군장(君長)의 출현은 기술발전이 잉여를 낳아 그것을 비축, 재분배하는 활동이 이루어졌고, 또한 전문화와 분업이 나타나는 가운데 지도층으로 권력이 집중된 현상을 보여준다. 이승휴는 『제왕운기(帝王韻紀)』에서 민이 밭을 갈고 샘을 파서 농사하며 국가 법질서를 지키게 하였다고 하였고, 그런 농경공동체와 국가가 지향한 문화를 『삼국유사』에서는 '홍익인간(弘益人間)'이라 표현하였다. 단군조선의 정령과 형벌은 기자조선의 8조 금법(禁法)으로 이어졌다. 단군조선시대 요동의 고인돌무덤 제단은 선사시대에서 역사시대로 전환하는 기념물이었다.

신석기시대에는 화전식 농경방식의 생산력이 낮았기 때문에, 여전히 사냥·어업·채취가 주된 생산활동이었다. 청동기시대는 기원전 20~기원전 15세기에 시작된 것으로 보인다. 청동기는 주로 무기나 공구(工具)로 사용되었다. 청동기 공구로 다양하고 정교한 목제 농기구를 만들 수 있었는데, 철기의 보급 전에는 돌뿐만 아니라 나무도 농기구의 중요한 재료였다. 이 단계에 고랑과 이랑을 갖춘 밭에서 다양한 작물이 재배되었을 뿐만 아니라, 논농사가 본격화되고 관개시설이 마련되었다. 청동기시대와 초기 철기시대에는 정교하고 다양한 나무 농기구를 활용하여 15~40년이 걸리던 휴경(休耕) 기간을 5~10년으로 단축하였다. 그 결과 농경은 주된 생계양식이, 수렵·어로는 부차적 생계양식이 되었다. 청동기시대에 삼베와 비단도 제작되었다.

한반도와 남부 만주에서 청동기문화를 영위한 주된 종족은 예족, 맥족 및 한족(韓族)이었다. 이들이 한민족의 중심을 이룬 종족이었다. 청동기시대에 지배층은 토성(土城)을 쌓고 살면서 성 주위 촌락에 사는 농민을 지배하였다. 이 성읍(城邑)=읍락(邑落)이 삼국시대 초기까지 기본적인 사회집단이었다. 부족이 계급분화를 겪고 지연(地緣)을 중시하게 되면서, 읍락공동체로 전환하였던 것으로 보인다. 한반도의 읍락은 대개 반경 7~13km, 600~1,000호를 포섭하였다. 성읍은 도시와 국가의 최초 형태였다. 기원전 7~기원전 2세기에 축조된 고인돌은 고조선 남쪽에도 시차를 두고 파급된 청동기문명을 토대로 도처에 단군처럼 군장인 지배층이 출현하였음을 드러낸다. 군장사회는 친족 간 위계질서의 형성, 소수 친족에 권력이 집중하는 경향, 제정일치(祭政一致)의 경향 등의 특징을 가진다.

나아가 정치·군사적 권력이 종교적 권위를 압도하고 공식화된 관료제가 성립하면서 고대국가가 출현하였다. 군장제, 이어서 고대국가로 나아가면서 평등사회가 불평등사회로, 호혜로 통합된 경제가 재분배를 중심으로 통합된 경제로 전환하였다. 정치권력의 집중·제도화는 국가적 재분배를 강화하였다. 그와 동시에 토지를 통제하고 호혜활동을 조직하는 친족의 기능은 점차 약화되어갔다.

기원전 4~기원전 3세기경 고조선 남쪽에는 집단 구성원 사이의 경제력 격차가 그리 크지 않으면서 군장이 이끄는 조그만 정치 집단인 성읍공동체에 머물러 있는 곳이 많았다. 기원후 2~3세기경 동예(東濊)에서는 산천을 경계로 읍락의 생활권이 구분되어 있었다. 성읍간 교류가 이루어지면서 여러 읍락이 중심 읍락인 국읍(國邑)을 중심으로 결집하면서 소국(小國) = 성읍국가라는 지배권력이 출현하기에 이르렀다. 소국은 2,000호 내외를 포섭하였다.

읍락에는 정치적 지배력을 가지고 경제적으로 부유한 호민층(豪民層)이 있었으며, 이들은 다수의 노예를 소유하고 농민을 인신적으로 지배하였다. 기원전 3세기경 중국인은 한반도의 농민을 민(民) 또는 하호(下戶)라 불렀다. 하호는 호민에게 식량, 소금, 물고기 등을 공급하였다.

(2) 중국문명의 자극에 따른 제철기술의 도입, 농경의 성숙, 그리고 고대국가의 확립

30만km^{2}의 광대한 화북(華北)평원은 황하(黃河)와 비옥한 황토로 이집트의 나일강 유역처럼 초기 농경에 적합하여 많은 인구를 부양할 수 있었다. 이것은 중국이 동아시아 문명중심지로 부상하고 거대 국가를 수립할 수 있던 경제 기반을 이루었다. 중국문명이 요하문명을 앞선 데에는 유라시아 교역로를 통해 서아시아의 선진적 기술을 수용하기 유리한 위치도 작용하였을 것이다. 황제의 청구국 정복은 중국문명의 우위를 보여준다. 중국문명과 요하문명의 격차가 커질수록, 고조선과 한반도에 대한 중국문명의 영향력은 강해졌다.

중국에서 청동기시대는 하(夏)왕조와 함께 기원전 2200년 시작하였다. 상(商, 은(殷)이라고도 한다)왕조(기원전 1750~기원전 1040년)는 청동기 기술을 발전시켜 주변 문명과의 격차를 벌렸다. 주(周)나라가 상왕조를 멸망시킨 직후 상의 명망가 기자(箕子)가 조선에 와서 8조 금법을 가르쳤다고 조선시대까지 알려져 있지만, 오늘날에는 이 무렵 서자족 진국 집단이 단행한 정권 교체로 보는 학설이 유력하다. 정변 집단은 천군(天君)의 신정정치를 칸들의 합의제 귀족정치로 개혁하였다. 8조 금법은 예(禮)를 행하는 귀족, 군역을 담당한 평민, 그리고 노비(奴婢)라는 신분제를 보여준다. 순장(殉葬) 관행은 인신의 강한 지배를 보여준다. 읍락의 농경공동체에서는 호민이 일반 민을 노예처럼 부렸던 것으로 보인다. 중국 현자인 기자의 명칭을 쓴 것과 주나라가 기자조선을 제후국으로 삼았다는 기록은 중국문명이 본격적으로 영향을 미쳤음을 드러낸다. 기자조선은 중국과 무역 등으로 교류하는 가운데 중국문명을 수용할 기회가 많아졌다. 청동기를 이용한 목제 농기구가 발전하면서 우경(牛耕)이 시작되었고, 소·말·양·돼지 등 목축이 진전하였다.

기원전 722~기원전 221년 동안의 춘추전국시대는 대변혁기여서, 중국은 기원전 6세기 철기시대의 시작 등 경제·사상·국가제도의 발달에 힘입어 동아시아 문명의 중심지로 확고해지고 요하문명권을 압도하였다. 그 결과 한반도는 점차 중국문명권에 편입되었다. 주나라 때에 철산업이 시작되고 춘추전국시대에는 일반 농가도 철제 농기구를 이용하게 되었다. 중국의 철 기술은 요하문명, 그 가운데 고조선에도 전파되었다. 중국의 철기문명이 기원전 4세기 이후 한반도로 들어옴에 따라, 무기와 공구뿐만 아니라 농기구도 점차 철기로 바뀌었다. 대동강 유역에는 기원전 2세기에 본격적으로 철기가 보급되었음이 확인된다. 위만이 연(燕)의 유민을 이끌고 왔다가 기원전 194년 왕위를 찬탈한 사건은 중국문명의 강화된 영향력을 보여준다.

중국 전국시대에 세계 최초의 초기 근대국가로 평가되는 관료제·상비군·조세로 운영되는 영토국가가 성립하였는데, 그런 국가체제를 가장 성공적으로 도입한 나라는 한국이었다. 고조선은 관료와 상비군을 갖춘 고대국가로 성장하였기 때문에, 그 역량을 바탕으로 세계적 대제국인 한나라에 1년 가까이 항전할 수 있었다. 고대국가의 출현 시점을 기원전 2세기 위만조선 단계로 보는 설이 주류지만, 전국(戰國)7웅(雄)에 속하는 연과 대립한 기원전 4세기경으로 보는 설도 있다.

고조선이 쇠망한 후 만주에서 예족과 맥족이 연합한 부여국이 성립하고, 이어서 맥족계가 중심이 되어 고구려를 건국하였다. 고조선의 유민인 진국 집단은 남하하여 삼한(三韓)을 건설하였다. 진국은 중국 군현의 군사적 압박과 재지 국읍 집단의 반발로 사라졌다. 부여의 왕족인 맥족은 백제 건국을 주도하였다. 예족 진한이 남하하면서 건설한 신라가 502년 순장을 금지하고 우경(牛耕)을 시행한 것은 고조선 국가체제를 극복하면서 농업 발전에 힘썼음을 보여준다.

낙랑군 등 한사군(漢四郡)은 중국의 선진 철기문명을 한반도로 전파하는 기지였다. 기원전 1세기부터 주조(鑄造) 철기가 단조(鍛造) 철기로 바뀌면서 자체 생산이 가능해졌다. 고조선의 유민인 진국 집단이 남하하면서 삼한에도 철 기술이 전파되었다. 2~3세기에는 반도 남부에도 철기가 대량 생산되어 청동기를 거의 교체하였다. 이러한 철기문명 위에서 삼국이 고대국가로 발전하였다.

나무와 돌로 만들어진 농기구가 철제(鐵製)로 바뀌면서 농업생산성은 비약적으로 높아지고 농경사회가 성숙하였다. 기원전 1세기경의 유적에서 철로 만들어진 작은 손칼과 도끼가 발굴되었으며, 기원후에는 쇠괭이를 비롯하여 쇠날을 끼운 따비(풀뿌리를 뽑거나 밭을 가는 농기구)가 사용되었다. 4세기 무렵부터는 철제 농기구가 빠른 속도로 보급되었을 뿐만 아니라, 쇠스랑, 살포(논에 물을 댈 때 쓰는 농기구), 낫 등의 효율적인 농기구가 새로이 만들어졌다. 그리하여 오늘날 재래 농기구의 대부분이 6세기경까지 출현하였다. 축력(畜力)을 이용한 농업이 널리 보급되었는데, 신라의 경우 6세기 초에 국가적 차원에서 우경이 적극 장려되었다. 철제 농기구와 우경이 보급됨에 따라, 개간이 쉬워지고 깊이갈이가 이루어져 지력(地力)을 회복하는 기간이 단축되고 김매기가 충실해졌다. 그에 힘입어 1~2년 간격으로 토지를 정기적으로 이용하는 휴한농법(休閑農法)이 성립하였다. 콩과 기장이 주식으로 이용되다가 농업 기술의 발달과 더불어 보리가 콩과 함께 널리 재배되었다. 또한 제방(堤防)에 의한 관개시설이 많이 만들어져 가뭄과 홍수의 피해를 덜 받는 농경지가 늘어났다. 수리시설의 발전에 힘입어 6세기 이후부터 벼의 생산이 확대되었다. 통일신라시대에는 북부에서는 조, 남부에서는 보리, 귀족은 쌀을 주식으로 삼았다. 고려시대로 들어오면서 쌀이 봉급으로 지급되었고, 조선시대에 주곡(主穀)으로서 자리를 굳혔다. 고려시대 쌀, 조, 보리, 콩 순으로 중요한 곡물이었고, 조선시대에는 보리가 조보다 중요해졌다.[12)]

삼한시대에는 2~6기의 움집들이 하나의 저장시설을 갖는 확대가족을 이루는 한편, 움집별로 개별적인 취사가 이루어졌다. 삼국시대에 움집은 초가집과 기와집의 지상 가옥으로 바뀌었다. 삼국시대에 직계 소가족의 존재가 확인되는데, 소가족을 단위로 하는 소농경영이 어느 정도 비중이었는지는 알기 어렵다. 철제 농기구의 이용으로 정기적인 토지이용법인 휴한법이 성립하고 지력 유지를 위한 노동 투입이 증가함에 따라, 생산수단으로서 토지의 중요성이 증대하고 사적 토지소유가 나타나게 되었다. 소가족의 형성은 토지의 정기적이고 개별적인 이용에 힘입었을 것이다.

철기의 보급은 국가권력을 발전시켰다. 농업생산력의 비약적 발전은 관료와 군인을 다수 부양할 수 있는 잉여를 낳았고, 철제 무기는 정복전쟁을 활성화시키고 더욱 강력한 지배력을 성립시켰다. 철기가 보급되고 성읍간 교류가 활발해지면서, 각 읍락의 지배기능이 국읍으로 한층 집중되어 소국(小國)은 통일적인 지배기능을 발휘하였다. 나아가 소국 연맹체의 결성이 진전하였다. 압록강 유역에서는 여러 읍락을 뭉친 소국의 나(那)집단이 성립하고 몇몇 유력한 나집단을 중심으로 정치적 통합을 이루면서 부

12) 이상의 제3절은 국사편찬위원회 『한국사 1: 총설』 2002; 김용섭 『東아시아 역사 속의 한국문명의 전환: 충격, 대응, 통합의 문명으로』(신정·증보판) 지식산업사, 2015; 김용섭 『농업으로 보는 한국통사』 지식산업사, 2017; 전덕재 「4-6세기 농업생산력의 발달과 사회변동」 『역사와 현실』 4호, 1990; 李賢惠 『韓國 古代의 생산과 교역』 一潮閣, 1998; 박용운 『고려시대 사람들의 식음(食飮) 생활』 경인문화사, 2019를 주로 참조하였다.

(部)가 형성되고, 이들 부의 연맹체로서 고구려국가가 성립하였다. 남만주 일대에는 유사한 과정을 거쳐 기원전 2~기원전 1세기에 부여국가가 성립하였다. 한반도 중남부에 위치한 삼한(三韓)에서는 수많은 읍락이 지역별로 뭉쳐서 78개의 소국으로 정리되었다. 삼한의 소국은 한강 유역의 백제국과 경주의 사로국을 중심으로 연맹을 결성하였다.

삼국시대 초기의 지배체제는 정치적 자립성을 갖는 소국의 연합체라는 성격이 강하였다. 성읍연맹국가의 정치적 단위체인 각 부는 내부 문제에 대해 자치권을 갖고 독자적인 관직을 설치하고 있었다. 성읍국가 연맹체는 점차 집권국가로 전환하였는데, 그 과도적인 단계로서 지배공동체가 왕도(王都)에 결집하여 지방의 성읍공동체를 누층적(累層的)으로 지배하는 구조가 존재하였다. 3세기경 고구려의 고국천왕(故國川王)이 남의 자녀와 경지·가옥을 빼앗은 연나부(椽那部)의 귀족을 처벌하려 하자 연나부가 모반을 꾀하였는데, 고국천왕은 이 반란을 진압한 후에 5부족을 행정적 성격의 5부로 개편하였다. 이 사건은 부 집단의 결속력이 여전히 강고하였으나, 왕권이 각 부 집단 내부의 일까지 관여할 정도로 강화되었음을 드러낸다.

고구려에서는 4세기 무렵에 각 부의 정치적 독립성이 약화되어 성읍국가의 지배층이던 가(加)가 점차 중앙의 귀족이 되면서, 성읍국가 연맹체가 중앙집권적 귀족국가이자 영토국가로 전환하였다. 백제와 신라도 유사한 과정을 거쳐 각각 5세기, 6세기 초에 영토국가로 성립하였던 것으로 보인다. 이 단계에서는 중앙 지배층이 복속된 소국·읍락에 여러 등급의 지방 지배단위를 설정하고 지방관을 파견하기도 하여 영역 내의 주민을 국가의 직접적 지배 대상으로 파악하기 시작하였다. 기존의 소국이나 읍락은 정치적 자립성을 상실하고 집권국가의 행정구역 속에 편성되었다. 고구려에서는 4세기 무렵부터 영역을 5부로 나누고 지방의 소국이나 읍락을 성(城)이나 곡(谷)으로 재편하였다. 백제에서는 5세기 후반 무렵부터 옛 소국을 군(郡)으로 재편하고 지방의 주요 거점에 5방(方)을 설치하였다. 신라에서는 6세기 초반에 주군제(州郡制)를 시행하였다. 중국은 집권적 지배체제를 정비하면서, 행정조직이나 인민의 납세 등을 영(令)으로 규정하고 그 위반자에 대한 형벌을 율(律)로 제정한 성문법을 마련하였다. 이 율령제가 373년 고구려에, 520년 신라에 도입되어 국가체제의 정비에 기여하였다. 율령에 의해 신분적으로 예속된 천인(賤人)과 공민(公民)인 양인(良人)으로 나누어 편성하는 양천제라는 신분제가 초보적인 형태로 형성되었다. 신라에서는 지배층의 위계질서로서 골품제(骨品制)도 마련되었다. 고구려는 관등제(官等制) 등을 통해 관료조직을 정비하며, 중앙관료의 양성을 위하여 고등교육기관인 태학(太學)을 두었다. 삼국시대에 보편종교로서의 불교가 도입되어 여러 집단이 가진 다양한 신화적 세계관을 통합함으로써 집권체제의 이데올로기로 기능하였다.

국가체제의 정비는 조세제도를 변혁시켰다. 고구려는 1세기경 동옥저(東沃沮)를 정복한 후, 그 대인(大人)을 사자(使者)로 삼고 그들의 집단에게 매년 일정한 공물을 바치게 하였다. 그러다 가호(家戶)를 단위로 하여 인세(人稅)로 베[布] 5필 및 조[粟]로 보이는 '곡(穀)' 5석을, 그리고 조(租)로 빈부의 차이에 따라 1석, 다음은 7두, 그 다음은 5두의 곡식을 거두는 제도를 시행하게 되었다. 이 조세를 모두 합하면, 약 6석으로 120리터 정도이다. 성읍국가 연맹체를 탈피하지 못한 단계에서는 공납제(貢納制) 국가였다면, 4세기경 영토국가로 전환함과 더불어 조세국가가 성립하였던 것이다.[13] 베와 곡식을 거둔 것은 가호 경영에서 농업과 가내(家內) 직포업이 결합되었음을 말해준다('남경여직(男耕女織)').

성읍국가 연맹체가 중앙집권적 귀족국가로 전환하여갔지만, 삼국시대의 정치구조는 지배공동체의 성읍공동체에 대한 누층적 지배 내지 귀족연합정치라는 성격을 완전히 탈피하지는 못하였다. 이러한 성격은 고구려의 제가회의(諸加會議), 백제의 정사암회의(政事巖會議), 신라의 화백회의(和白會議)라는 귀족관료의 합좌제도(合坐制度)에서 잘 드러나 있다. 고구려의 5부나 백제의 5방, 그리고 신라의 주는 각 영역을 통제하는 중심 거점의 역할을 하는 데에 그쳤고, 지방지배체제는 기존의 소국과 읍락을 단위로 하였다. 지방의 행정 실무는 현지의 유력자가 주로 담당하였다. 신라의 경우 지방의 유력자를 촌주(村主)로 임명하고, 지방관은 이들의 협조를 얻어 조세를 징수하고 노동력을 징발하였다.

국가체제의 정비에 있어서 국제적 계기는 중요하였다. 한사군(漢四郡)의 설치는 고구려국가의 성립을 자극하였고, 고구려의 군사적 압박은 백제와 신라라는 국가의 발전을 촉진하였다. 삼국은 모두 한자문화, 율령 및 그에 수반된 군현제와 양천제, 그리고 유교와 불교를 중국으로부터 적극 받아들여 집권국가체제를 발전시켰다. 한국은 사신의 견문, 서적 등을 통해 중국의 선진 문명을 어느 나라보다도 충실하게 흡수하여 일찍 집권국가를 수립하고 통일된 정치적 실체로서 중국 다음으로 오랜 역사를 가지게 되었다. 그렇지만 고유한 법과 제도를 기초로 하여 필요에 따라 중국의 법령을 받아들였으므로, 관제(官制)는 토착성을 반영하였다. 성읍국가시대의 국(國)·성(城)·촌(村)이 중국의 군현제를 모방하여 주·군·현으로 개편되어갔지만, 원구역(原區域) 그 자체의 분할은 드물었다. 중국의 집권제가 도입되었지만, 토착세력의 영향력은 장기간에 걸쳐 강

13) 전덕재 『한국고대사회경제사』 태학사, 2006, 205~18쪽.

표 1-1 통일신라의 촌락문서(村落文書)에 나타난 농가의 실태

	孔烟數	인구수		丁數		牛數	馬數	공연당 경지면적(結-負-束數)		
		총수	노비수	총수	노비수			밭	논	합계
A촌	11	142	9	69	6	22	25	5-64-5	8-54-7	14-19-2
B촌	15	125	7	79	7	18	30	7-93-7	3-99-8	11-93-5
C촌	8	69	0	33	0	8	19	7-35-0	8-58-3	15-93-3
D촌	10	106	9	53	6	10	18	7-61-9	2-59-9	10-21-8
합계	44	442	25	234	19	58	92			

력하게 살아남았다. 중국문명에 편입된 이후 진행된 중국화는 조선중기 종법제의 확산까지 이어졌으나, 언어·음식·의복 등에서 드러나듯이 고유문화는 소멸하지 않았다. 국가가 존속하였기 때문에, 선진 중국문명을 수용하면서 고유문명과 융합하는 문화가 성숙할 수 있었다.

(3) 고대사회로부터 중세사회로의 전환

신라후기를 거치며 '나'를 중심으로 하는 친속(親屬)관계가 발달하였는데,[14] 소가족의 친족집단으로부터의 자립은 소농경영의 성장을 반영한다. 나말여초에 수도에 집중하여 국가권력을 독점한 골품제가 무너지는 대신에 지방 세력이 대두하여 국가 지배층으로 편입되었다. 나아가 고려 초 과거제의 실시는 귀족제 국가로부터 관료제 국가로 전환하는 중요한 계기를 이루었다. 이상의 사실에 의거하여 신라 말·고려 초에 고대로부터 중세로 전환하였다고 보고자 한다.

통일신라시대에 친족집단의 소가족으로의 분해가 진행되고 철제 농기구가 일반 농민에까지 점차 보급되어감에 따라, 소농층이 성장하여갔다. 통일신라기의 촌락문서로 작성한 〈표 1-1〉을 통하여 농가의 실태를 살펴보자. 그 작성 연대는 755년으로 보인다. '공연(孔烟)'은 평균 10명으로 구성되니, 대규모의 자연호, 그리고 소규모 자연호의 결합으로 보인다. '연'은 414년 세워진 광개토왕비에도 나오는데, 확대가족이 분해된 소가족으로 보인다. 가호를 인구수와 경제력에 따라 9등급으로 나누고, 인구를 나이에 따라 6등급으로 나누었다. 총인구 중 노비의 비중은 6%, 국역(國役)을 부담하는 20~59세

14) 노명호 「가족과 친족관계의 변천」 『한국사특강』(개정신판), 서울대학교출판부, 2008.

의 성인노동력[丁] 중 노비의 비중은 8%였던 것으로 보아, 노비는 노동력의 부차적 형태였다. 따라서 노비노동을 이용한 대경영은 존재하였더라도 제한적인 현상이었을 것이다. 공연 하나당 평균적으로 소나 말이 각각 1두를 넘었던 것으로 보아, 후대에 비하여 호당 가축수가 많았다. 조선시대까지 이어지는 결부제로 농지를 파악하였으니, 농지 측량의 양전(量田)이 이루어졌다. 1결은 1,500평 정도로 추정되는데, 조방적인 휴한 농법을 이용하여 인구밀도가 낮고 초지(草地)가 풍부하여, 가축을 방목할 여력이 컸기 때문일 것이다. 722년부터 국가는 농가에 정전(丁田)을 지급하기도 하였는데, 이것은 촌락문서에 기록된 '공연이 받아 가진 논·밭[烟受有田畓]'에서 드러난다. 촌락을 단위로 조사된 데에서 드러나듯이, 위답(位畓)을 받은 촌주(村主)는 촌의 10개 내외의 공연으로부터 조세를 징수하고 노동력을 부과하여 국가에 바치는 역할을 하였을 것이다. 촌락문서는 국가가 인구, 농지, 가축, 수목 등 국부(國富)를 철저히 파악하였음을 보여준다. 이것은 국가체제의 발전을 보여준다. 조선시대에는 개별호를 단위로 호적이 호구를, 양안(量案)이 농지를 파악하였는데, 신라의 통일문서는 양자를 통합하여 파악하고 농지 외의 국부도 파악한 점에서 오히려 강점을 가졌다.

신라의 통일 이후 골품제에 입각한 귀족제가 존속하는 가운데 왕권이 성장하고 관료제와 군현제가 체계를 갖추어갔다. 진골 귀족세력이 숙청을 통하여 약화되고 육두품(六頭品) 귀족세력이 부상하면서 왕권이 강화되었다. 화백회의의 의장으로서 귀족의 대표자 위치에 있던 상대등(上大等)보다도 왕권의 지배를 받는 행정부의 성격을 가진 집사부(執事部)가 중시되었다. 788년에는 골품이 아닌 유학 지식에 의거한 관리 채용을 위하여 독서삼품과(讀書三品科)를 설정하였다. 그래도 골품제의 한계가 가볍지 않아서, 10년 기간의 국비유학생이 889년 100여 명에 이를 정도였는데도 중국에 유학한 육두품 지식인을 신라사회는 제대로 활용할 수 없었다. 부족적인 전통을 이어받은 군단인 6정(停)에 비해 왕의 직속부대의 지위가 강화되었다. 9주(州) 5소경(小京)하에 117군과 293현이라는 체계적인 군현제가 성립하였다.

신라에서는 토호세력을 귀족이나 관료로서 국가의 지배체제에 편입하면서, 그들의 경제적 기반으로서 귀족에게는 식읍(食邑)을, 관료에게는 녹읍(祿邑)을 지급하였다. 녹읍이나 식읍은 농지세인 전조(田租)를 거둘 수 있는 수조권(收租權)일 뿐만 아니라 공물과 노동력도 징발할 수 있는 일종의 영역적(領域的) 지배였다. 촌주의 위답도 수조지였을 것이다. 그것은 지방공동체의 지배세력이 국가기구로 편입하는 데에 대한 보상이며, 지방 세력을 통한 지배공동체의 농민 지배방식으로부터 집권국가의 직접적 농민 파악방식으로 전환하는 과도기 단계의 산물로 볼 수 있다. 녹읍의 지배권은 집권체제를 위협하지 않도록 원칙적으로 당대에 한하여 인정되었다. 녹읍은 689년 폐지되고, 관료에게 전조의 수취만을 허용한 직전(職田)이 지급되었다. 이것은 식읍·녹읍과는 달리 노역 동원권을 수반하지 않았던 점에서 신분제적 지배의 속성을 완화하였다.

읍락공동체가 해체되어가면서 국가의 농민에 대한 직접적 파악능력은 증대하였지만, 이전과는 다른 방식으로 농민을 지배하는 새로운 중간집단이 성장하였다. 통일을 전후하여 신라의 왕족·귀족·불교사원은 농지 소유를 크게 확대하였다. 이러한 지배층의 대토지는 흔히 전장(田莊)으로 불렸는데, 그 곳에는 장사(莊舍)가 설치되고 지장(知莊) 등의 관리인이 파견되었다. 전장주는 자기 소유의 노비를 사역하여 직영하기도 했으나, 노비가 소수인 것으로 미루어보건대 용작(傭作)에게 용전(傭佃)을 주어 지대를 수취하는 경영이 중심을 이루었을 것이다. 경지와 예속노동력의 집적을 통한 전장은 호민이나 제가(諸加)가 정치적 자립성까지 가진 공동체의 지배층으로서 노비나 하호를 지배, 착취하던 이전 단계와는 질적으로 달랐다.

통일신라 하대(下代)로 접어들면, 귀족이 힘을 합쳐 왕권을 무력화하여 귀족연립(貴族聯立)의 방향으로 나아갔다. 그 결과 직전이 폐지되고 757년에 녹읍제가 부활되었다. 귀족은 녹읍을 통하여 전장을 확장하였을 뿐만 아니라 사병(私兵)을 양성하였다. 지방에서는 해상무역을 통하여 성장한 세력과 군진(軍鎭)세력이 대두하였고, 강력한 촌주(村主)도 세력을 확장하였다. 이들은 무장을 하고 성을 쌓아 성주(城主)라 칭하고 촌락민에게 조세와 노역을 부과하였으며, 상호간 세력의 강약에 따라 주종의 서열관계를 만들어갔으므로, 유럽·일본 중세의 전사계급(戰士階級)과 유사하였다. 이들 지방 세력의 성장이 골품제의 해체와 신라의 멸망을 낳았다.

수도에 집중하여 국가권력을 독점한 골품귀족제가 무너지는 대신에 지방 세력이 성장하여 국가 지배층으로 편입된 것은 나말여초의 중대한 변화였다. 후삼국을 통일한 태조는 개국공신(開國功臣)과 지방 호족을 지배층으로 확정하면서, 중국식 씨성제도(氏姓制度)를 모방하여 이들에게 출신지별로 토성(土姓)을 부여하였다. 이렇게 형성된 각 토성은 수도로 올라가 관료와 귀족이 되거나 본관(本貫)에 머물면서 향리직(鄕吏職)을 맡아 지방의 행정을 장악하였다.[15] 태조는 940년 역분전(役分田)으로 조신(朝臣)과 군인에게 농지를 나누어주었다.

고려 건국 후에도 호족이 전장을 녹읍(祿邑)으로 만들어 인근 농민을 지배하는 관행이 존속하였는데, 광종(光宗)은 956년 노비안검법(奴婢按檢法)을 시행하여 호족이 불

15) 李樹建『韓國中世社會史硏究』一潮閣, 1984; 蔡雄錫『高麗時代의 國家와 地方社會』서울대출판부, 2000.

법적으로 차지한 노비를 양인(良人)으로 되돌렸다. 과거제도와 전시과는 중앙집권제의 정비에 기여하였다. 958년에 도입된 과거제를 통해 선발된 문신 관료가 핵심 정치세력으로 성장하고 나아가 10세기 말의 성종 때에 중국식 중앙집권적 관제가 확립됨에 따라, 귀족제 국가가 관료제 국가로 전환되었다. 공신(功臣)과 5품 이상 고위 관료의 자제에게 관직을 주는 음서제(蔭敍制)는 귀족사회의 잔재를 보여준다. 관료제가 정비되는 가운데 세습적 골품제도에 입각한 귀족이 사라져 양천제가 성립하였으나, 정치적 특권, 경제적 혜택 및 사회적 위세를 대대로 누리는 문벌 관료가 출현하여 새로운 지배세력이 되었다. 한국 영토국가의 군주는 귀족이나 관료제에 의해 제약을 받으면서 주권을 행사한 점에서, 정치체제는 절대군주제(absolutism)였다. 경종(景宗) 치하인 976년에는 지배층의 위계질서와 관료체계에 따라 수조권을 분급하는 전시과(田柴科)가 시행되었다. 998·1033년 전시과가 개정되면서 관직이 없는 지방세력은 제외된 반면, 군인에게 수조지를 지급하였다. 1076년부터 녹봉이 전시과를 보완하면서 지급되었다. 몽고의 침략을 받아 재정이 고갈되자, 1275년 녹봉 대신 녹과전(祿科田) 등의 수조권을 주는 제도로 바뀌었다.

광종 때에 변경이나 요충지로는 군사 지휘관이 파견되었지만, 대부분의 지방에서는 호족이 지배력을 유지하는 가운데 조세 수취를 위한 사행관(使行官)이 파견되는 정도였다. 성종대(981~97)에 지방 호족에게 농정관리권(農政管理權)을 부여하고 그들의 군사력을 중앙으로 집중하는 방식으로 타협을 이루면서, 호족의 전사적 성격이 약화되었다. 지방제도가 정비되면서 지방관이 파견되었지만, 1018년에 전국의 580개 군현 중 지방관이 파견되지 않은 속현(屬縣)은 364개에 달하였다. 중앙정부는 전국에 산재한 호족세력을 통하여 주민을 지배하되 호족 세력의 강약과 신분의 고하를 고려하여 그들의 거주지에 주·부·군·현과 그 밑에 향(鄕)·부곡(部曲) 등의 명칭을 부여하였다. 호장(戶長)을 우두머리로 하는 향리가 장악한 읍사(邑司)는 속현뿐만 아니라 주현(主縣)에도 설치되어 군현의 행정을 담당하면서 지방관의 외관청(外官廳)과 문서를 주고받았다. 주현에는 외관과 읍사라는 두 관부(官府)가 존재하였던 것이다. 중앙정부는 지방에 대한 통제력을 점점 강화하여, 14세기에는 군현에 감무(監務)를 설치하여 주변의 속현을 복속시키고 군현을 병합하고 천민(賤民)이 거주하는 부곡을 해체하였다. 그렇지만 고려 말까지도 속현이 161개 남아 있었다.

1170년 무신의 반란을 계기로 무인정권(武人政權)이 수립되었다. 무인세력과 권문세족(權門世族)은 사전(私田)을 확대하고 농장(農莊)으로 경영하여 그들의 경제적 기반으로 삼았다. 비슷한 시기에 일본에서도 율령제(律令制) 국가가 무너지고 1192년 가마

쿠라막부(鎌倉幕府)라는 무인정권이 탄생하였다. 일본의 무인은 지리적·인적으로 조정(朝廷)으로부터 자립한 권력체를 창출하였던 반면, 고려의 무인은 지방에 일정한 기반을 가지면서도 정방(政房)을 통하여 중앙관료의 인사권을 장악하였다. 무인이 중앙집권관료제가 오랜 전통을 가져 굳건한 고려에서는 그 틀 내에서 대두하였던 반면에, 일본에서는 영주제(領主制)가 제대로 기능하지 못하던 율령제를 잠식하면서 순조롭게 성장할 수 있었다. 몽고 침략 후에 일본에서는 무인정권이 존속한 반면 한반도에서는 집권관료국가체제가 그것을 대체하였는데, 양국간 무인정권 운명의 차이는 집권체제 전통의 강약에 규정된 바 있다.[16] 쿠빌라이가 항복한 고려 왕실을 보호하고 무신을 억압한 점도 집권국가체제의 존속에 유리하게 작용하였다. 한국과 일본 모두 지방 세력의 성장에 따른 분권적 전통이 강한 기반 위에서 중국의 선진적인 집권제도를 도입하였는데, 한국은 일본보다 중국문명의 흡수에 유리한 지리적 위치에 있었다. 또한 일본은 동서가 길고 험준한 산맥이 남북간 장벽을 이룬 데다가 대륙국가의 군사적 압박을 약하게 받았기 때문에, 영토국가로서 순조롭게 발전하지 못하였다. 한국에서도 지방 세력의 영향력이 강하였으므로, 중앙집권제의 완성은 오랜 시간을 필요로 하였다.

(4) 조선왕조국가의 구조와 성격

통일신라와 고려의 왕조 초기에는 집권화를 지향하는 구심력이 강하게 작용하다가, 후기 내지 말기에는 지방 세력의 성장으로 인하여 분권화를 낳는 원심력이 나타났다. 그러한 순환의 가운데 장기적으로는 군주 주권(主權)의 집권관료제국가(集權官僚制國家)를 지향하는 추세가 있었고, 조선 초에 그 완성을 보기에 이르렀다. 무인정권이 문벌 정치를 대체한 이후, 유학 소양뿐만 아니라 행정 역량을 갖춘[能文能吏] 신흥 사대부층(士大夫層)이 형성되었다. 이들은 대개 향리 출신의 중소 지주로서 과거에 합격한 관료였다. 공민왕은 문벌귀족의 영향력을 억제하는 방향으로 과거제를 개혁하였다. 이리하여 성장한 사대부층은 문벌의 권세가에 대항하여 그들의 이해를 대변할 수 있도록 집권관료국가를 정비하였다. 무인정권 이후 장수들이 군사를 사병(私兵)으로 삼았는데, 태조와 태종은 그것을 혁파하여 군사통솔권을 확립하였다. 군현제(郡縣制)와 양천제(良賤制)의 정비는 집권국가의 중요한 제도적 기반을 이루었다.

조선 초에 속현(屬縣)과 향(鄕)·소(所)·부곡(部曲)이 정리되어 소멸하면서 일률적으

16) 荒野泰典 외「時代區分論」『アジアのなかの日本史』東京大學出版會, 1992, 28~9쪽.

로 군현제로 편성되었다. 속현과 향·소·부곡의 정리·소멸은 토성 호족의 지배 기반을 박탈하는 계기가 되었다. 그리하여 호구와 경지의 크기를 참작하여 일원적으로 행정구획화된 모든 군현에 지방관이 파견되었다. 태종 때에는 향리로부터 향촌 지배력을 박탈하고 그들을 지방행정의 실무자로 묶어놓았다.

동아시아 전근대 국가는 천민을 줄이고 천민이 아닌 자를 일률적으로 국가의 공민인 양인(良人)으로 편성하여 동등하게 대우하는 양천제를 이상으로 삼았다. 한국사에서 이 이상에 가장 접근한 때는 조선 초였다. 고려왕조로 바뀌면서 골품제가 붕괴되어 양천제가 성립하였다고 해도, 향리·경군(京軍), 평민층, 그리고 잡척층(雜尺層) 간에는 관직 진출, 공적 부담 등에서 차별이 있었다. 향리의 상층인 호장(戶長)까지가 중앙 관직에 진출할 수 있는 지배층이었다. 고려후기 지배층이 재편되는 가운데 노비가 아닌 자의 신분적 등질화(等質化)가 진전되는 추세를 배경으로 하여, 조선 초에 노비가 아니면 모두 양인으로 삼도록 양천제가 정비되었다. 양인만 과거에 응시하여 관직에 진출할 수 있는 사환권(仕宦權)을 가졌다. 국가는 노비도 국민으로 간주하여 생명과 재산을 보호하였지만, 노비는 주인을 고소할 수 없어서 소유주의 사적 형벌과 재산권 침해에 노출되어 있었다. 양인 남자는 군대 동원의 군역(軍役)을 부담하였음에 반하여, 천민은 천역(賤役)을 부담하였다. 임진왜란 이후 천민도 군역을 부담하고, 나아가 무관직에 진출할 수 있게 되었다. 사대부층은 자신의 경제력과 혈통의 약세를 보완하기 위하여 능력주의에 입각한 관료제를 정비함에 따라, 사환권에 대한 개방도가 높아지고 음서제의 범위와 혜택이 크게 줄어 관직 진출에 대한 과거의 의의가 커졌다.

조선 초에 법제적으로는 양천제였지만, 고려후기에 이미 사대부층이 형성되고 있었고, 조선 초에 유학의 소양을 갖추고 과거를 통하여 관직에 나아갈 여건을 갖춘 양인 상층은 사회통념상 일반 양민과 구분되는 사족(士族)으로 인식되고 있었다. 15세기에 상급 서리(胥吏)와 향리 상층인 호장(戶長)은 대개 사족층으로 진입하였으나, 16세기에는 이족(吏族)과 사족 사이에 신분적 장벽이 공고해졌다. 행정 실무를 담당한 이족은 1445년부터 읍리전(邑吏田)을 박탈당하였을 뿐만 아니라 문과를 통해 고위 관직에 진출하는 기회를 봉쇄당하였다. 이것은 행정의 발달에 불리하게 작용하였다. 첩이 낳은 서얼(庶孼)도 과거에 응시하지 못하게 됨에 따라, 사족층은 유력한 경쟁그룹을 배제하면서 사실상 문관직을 독점할 수 있었다. 국가는 1520년 친가나 외가 한쪽이라도 4조(祖) 내에 문무반 정직 6품 이상에 진출한 관료를 배출한 가문의 후손, 그리고 생원과 진사의 가문을 사족으로 규정하기에 이르렀다. 통일신라기 이후 귀족제의 요소가 약화되는 추세였지만, 1894년 갑오개혁으로 비로소 완전히 청산되었다.

고려는 개별적인 왕법과 관습법에 기반하였다면, 조선은 1397년에 영구히 준행할 법령으로 『경제육전(經濟六典)』을 편찬하였고, 이후 지속적으로 법전을 수정하여 통일 법전인 『경국대전(經國大典)』을 1470년 공포하였으며, 그후 수정, 보완되어 1484년 완성되고 1485년부터 시행하였다. 유교 도덕이 자연법사상을 제공한 성문법전에 입각한 법치가 발달하였으나, 사법부가 독립하지 않고 왕권에 대한 도덕적 구속은 있되 법적 구속이 없고 개인의 기본권 보호가 불완전하고 명분의 예(禮) 이념으로 존비(尊卑)에 따라 형법 적용의 차등을 두는 점에서 법의 지배가 완성되지 못하였다. 그래도 중국처럼 주권자인 군주가 관료와 협력하여 유교·공 이념에 입각하여 법으로 통치하여 15세기에는 근세 유럽에 비견할 만한 선진적 절대군주제(absolutism)가 성립하였다. 과거로 선발되어 법규로 운영되는 관료제, 공(公)이 국왕이 아니라 조정, 나아가 정치공동체에 귀속한다는 이념, 관부가 왕실 재정과 궁궐 사무도 상당한 정도 관장한 사실은 막스 베버의 가산제(家産制)국가론과 달랐다.[17)]

과전법(科田法)에서는 전시과와 달리 대부분의 군역 부담자가 수조지를 받지 못하였으며, 직전법의 시행 즈음에는 군전(軍田)마저도 소멸되고 말았다. 조선 초에는 군액(軍額)이 증가 추세여서 1475년에는 148,449명이었다. 이들이 교대로 복무하였으니, 복무 군인은 1~2만 명 정도였다. 15세기에는 군사력이 강하여 왜구와 여진의 침략에 대해 방어할 수 있었다. 그러나 조선전기 평화의 지속과 더불어 군사직의 사회적 위상이 하락하고 16세기에 군역이 포(布)를 납부하는 제도로 변질되면서, 병적상에는 군사가 있지만 임진왜란에는 동원할 군사가 없는 지경에 이르렀다. 임진왜란을 통해 병농일치제도의 문제점을 절감하여, 1593년 직업군인으로 구성된 훈련도감(訓鍊都監)이 창설되었는데, 재정 부담으로 5,000명 내외였다. 조선후기 훈련도감을 포함하여 복무 군인은 1만 명 정도였다. 이들은 병기가 빈약하고 훈련도 부실하여, 조선후기에도 군사력은 약하였다.

사족층은 군역을 기피하여 마침내 1627년에는 사족을 군인으로 충원하는 정책이 공식적으로 폐기되었다. 양반(兩班)이란 원래 문·무반직(文·武班職)을 가진 사람만을 의미하였지만, 고려후기부터 점차 그 가족이나 가문까지 포괄하는 용례로 전환해가고, 조선중기에는 군역의 부담으로부터 벗어났을 뿐만 아니라 고위 관직을 독점하는 세습적 특권신분층을 지칭하게 되었다. 조선후기에 양반층은 고려에서와 같은 문벌을 이루고 지배집단을 재생산하여, 중국보다 폐쇄적인 신분사회가 형성되었다.

17) 이헌창 「조선왕조의 정치체제: 절대군주제(absolutism)」 『경제사학』 65, 2017; 「조선왕조의 통치원리: 민주국가 수립을 위한 정치사적 유산」 『한국정치연구』 27-1, 2018.

행정실무자인 아전(衙前), 율관(律官)·역관(譯官)·의관(醫官) 등의 기술관, 그리고 양반의 서얼(庶孼)은 중인층(中人層)을 형성하였다. 조선전기에 이처럼 반상제(班常制)가 점차 고착되었을 뿐만 아니라, 천인수가 급증하였다. 특권화된 사족층이 천인을 늘리려는 적극적인 노력을 국가가 저지하는 데에 실패하였던 것이다. 여기에 관해서는 제2장 제5절에서 자세히 다룬다.

유학의 예(禮)와 명분은 군주제와 신분질서를 옹호하는 논리를 제공하였다. 유학은 인간의 도덕성을 신뢰하고 도덕정치의 구현을 목표로 삼는 특성을 가진다. 유학은 도덕적으로 수양한 지식인인 통치자가 인정(仁政)=덕치(德治)의 왕도(王道)정치를 구현하고 삼강오륜(三綱五倫)의 사회 질서를 수립함으로써 정치 이상인 경세제민(經世濟民)을 실현하고자 했다. 이것을 수기치인(修己治人)이라 한다. 유학은 인민이 나라의 근본이라는 민본(民本) 이념을 발전시켰고, 민본의 경세제민을 실현하는 왕도정치의 기본 요건은 식생활의 안정과 적절하고 균등한 조세 징수를 통한 경제안정책이었다. 유학은 개인의 지나친 사리(私利) 추구를, 국가의 적극적 이재(理財) 활동을 경계하고 사회 차원에서는 경쟁보다 협동을 장려한 점에서 도덕경제(moral economy)를 지향했다.

초기 유학은 왕도라는 통치윤리, 충효 등의 생활윤리, 민생(民生) 안정의 정책 이념을 제시하였는데, 중국의 송대(宋代)에 성립한 주자학은 불교·도교와 대결하면서 유학의 철학적 기초를 마련하였다. 주자학은 직관적인 학문방법론에 입각하여 우주의 생성과 변화를 설명하는 기본 원리로서 이기론(理氣論)을 내세우고, 이기론에 바탕하여 인간의 심성을 설명하며, 이러한 성리학(性理學)에 바탕하여 도덕적 수양의 심학(心學), 그리고 예가 구현되는 사회를 만들기 위한 예학(禮學)을 마련하였다. 주자학은 유학을 학문적으로 발전시켰으나, 사적 이익 추구에 대한 억제 관념을 강화하였다.

사대부층은 고려 사회의 정신적 지주인 불교를 배척하고 나아가 신왕조를 건설하는 데에 뒷받침할 이념을 유학, 그중에도 주자학에서 구하였다. 원(元)나라 간섭기 이후 주자학의 수용과 정착에 힘입어, 사대부층의 통치자로서 자부심과 경세제민의 책임의식은 고양되었다. 이것은 조선 초 국가제도의 발달에 이바지하였다. 16세기 이후 주자의 이상을 추구한 유학자 집단인 사림(士林)이 대두하여 학계에서 성리학·심학·예학을 발전시키면서 주도력을 강화하고 정계에서 영향력을 확대하고 선조 때 정국을 주도하게 되어, 주자학은 통치 이념이자 사회윤리로서 확고히 뿌리를 내렸다. 사림은 공론(公論)에 입각하여 군주와 재상의 권한을 견제할 수 있게 되었으나, 명분을 지나치게 강조하여 경제합리주의를 억제하였다. 주자학은 의리명분론을 강화함으로써, 군신간·반상(班常)간·주노(主奴)간의 신분질서, 적장자(適長子) 상속에 입각한 가부장제의 종법

(宗法), 그리고 화이론(華夷論)의 세계관을 지원하였다. 조선중기 주자학은 배타적 지배력을 확립하여 사상과 학문의 다양화와 혁신을 저해하였다. 조선 초에 왕실, 이어서 사대부, 나아가 17·18세기에는 천인도 포함한 민중이 유교 의례와 종법을 수용하였다.

조선국가는 정비된 행정제도와 재정제도에 기초하여 잉여를 집중하고 기근의 구제와 농가의 안정을 위한 재분배망을 확충하였으며, 화폐유통 등의 이권(利權)을 장악하고자 했다. 조선왕조에 들어와 현물재정의 국가재분배체제가 정비되었으며, 그것을 위협할 소지가 있는 상업은 억제되었다.[18] 이런 정책은 국가기구와 농촌사회의 안정에 기여한 반면 사회 변혁과 시장 발달을 제약하였다. 인민의 생명과 재산의 보호, 농업 권장 및 기근 대책이라는 안민(安民)정책은 조선 국가가 제공하는 공공재(公共財)의 중심을 이루었다. 16세기 이후 군사력이 약화되었으나, 외교로 대외적 안전을 확보하였다. 지배층은 적절하고 공평한 과세를 위한 개혁을 지속적으로 추진하였으나, 정비된 과세제도는 쉽게 문란해졌다. 조선 국가는 수리·교통시설 등 경제성장을 위한 사회간접자본을 구축하는 데에 유능하지 못하였다.

해방 후 한국의 역사적 과제가 일본, 나아가 미국을 따라잡아 선진국 대열에 진입하는 것이라면, 1876년 개항 이전에는 문명의 중심지인 중국을 따라잡기(catch-up)가 자명한 목표였다. 조선보다 중국 전근대문명을 잘 배운 왕조나 나라는 없다. 조선이 중국과 국경을 접하고 중국의 수도와 가까운 편이고 중국처럼 농경에 적합한 기후라는 지리적 조건 때문이었다. 15세기 전반에 조선은 국가제도, 정치 및 과학에서 중국과 대등한 수준에 도달하였고, 16세기 후반에는 유학에서도 중국과 대등한 수준에 접근하였다. 중국 전근대문명의 핵심이 유교 도덕을 구현한 왕도정치의 실현이라고 한다면, 조선의 세종은 중국의 어느 왕보다 그 이상에 가까운 정치를 하였고, 조선왕조는 중국의 어느 왕조보다 유학의 이상에 가까운 정치를 구현하였다. 조선은 중국보다 수준 높은 왕조실록을 편찬하였는데, 그것은 왕조 기록문화의 정수였다. 몽고가 창출한 세계제국에 편입되어, 고려는 인적·물적 수탈을 당하였지만, 중국과의 교류가 확대되어 송나라 서적 약 2만 권이 주자학과 더불어 유입하였고 이슬람 역법(曆法), 세계지리 지식, 목화·화약 등이 전래되었다. 원나라에서 공부하여 과거 관료가 된 지식인들이 귀국하고 그중 이색(李穡)이 1367년 성균관을 관장한 이후 인재가 울창해졌다. 이렇게 성장한 지적 역량은 조선 건국기 문명을 발전시켰다.[19]

그런데 조선왕조는 시장이 매우 위축된 상태에서 출발하였다. 조선중기 시장이 성

18) 須川英德「朝鮮初期における經濟構造」『東洋史硏究』58권 4호, 2000.
19) 鄭求福『韓國中世史學史(Ⅰ)』(개정증보) 景仁文化社, 2014, 77~8쪽.

장하였으나, 그 수준은 중국과 일본보다 낮았다. 이것은 조선시대의 경제뿐만 아니라 정치·사회·문화의 발전에도 불리하게 작용하였다. 시장 발달의 낮은 수준에서 정치적 통합이 진전되어 조선전기에 주자학이 영향력을 강화할 수 있었다. 그로 인해 명분론적 화이관이 강화되어 중국 이외 지역에 대한 관심이 줄어든 결과, 조선은 17세기 이후 서양문명의 충격에 유효하게 대응하지 못하였다.

4. 한국 중세사회의 기본 구조 및 유럽 봉건사회와의 대비

중세에 직접생산자의 지배적인 존재 형태는 소농(小農)이었고, 소농이 제공하는 재정과 군사력 위에 국가가 성립하였다. 우리나라 고대·중세의 전기간에 걸쳐 노비는 주가(主家)의 가사노동과 농업노동에 사역당하는 예속노동력으로서 존속하여왔으나, 소경영의 주체일 수도 있었다. 고려시대부터 소가족이 일반적이었으므로, 농가는 일반적으로 소농경영이었을 것이다.

양천제(良賤制)가 정비된 조선 초에도 양인층 내에는 토지와 노비를 다량 소유하고 그러한 경제력을 기반으로 관직에 진출할 여건을 갖춘 사족층이 형성되고 있었다. 15세기까지 이들 중간지배집단의 주된 농업경영방식은 농장(農莊) 내지 그와 유사한 형태로 특징지어진다. 고려후기와 조선전기에 발달한 농장에는 예속노동력을 이용한 직영지(直營地)가 상당한 규모였지만, 중세 농업에는 규모의 경제가 그다지 작용하지 않았으므로 그 확대에는 한계가 있었다. 그래서 소경영에 입각한 작개제(作介制)와 병작제(並作制)가 지배적인 비중을 차지하였다. 병작반수제(並作半收制)는 작인(作人, 오늘날 소작인)이 지주의 땅을 빌려 경작한 후 수확물의 반을 지주에게 납부하는, 토지의 임대차(賃貸借)에 기초한 지대의 수취관계로서 경제적인 성격이 강하다. 작개제에서는 지대가 관행에 의하여 결정되지 않고 인신에 대한 강한 예속과 통제를 통하여 잉여노동력·생산물을 철저히 수탈하는 것이며, 그 대신에 노비의 생계 유지를 위해 사경지(私耕地)가 지급되었다. 여말선초의 농장에서는 직영과 작개의 비중이 컸던 것으로 보이는데, 조선중기에는 그것이 줄어들고 병작제가 확대되었다. 작개제에서 병작제로의 전환은 단순히 농업경영방식의 변화를 나타내는 데에 그치지 않고, 노동력 예속성의 약화와 소농경영의 성장을 반영하고 있다. 조선시대에 소가족층은 한층 두터워졌고, 병작

그림 1-1 한국 중세사회와 유럽 봉건사회의 대비

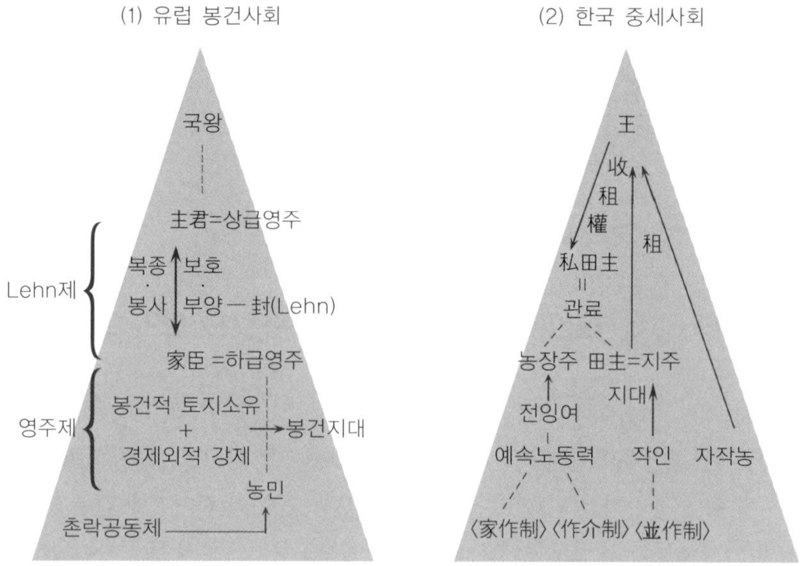

제의 작인은 상당한 경영 자립성을 가진 소농이었다.

전근대국가는 인민의 동의가 없이 과세할 수 있었는데, 농지세를 거두는 권리인 수조권(收租權)을 지배층에게 나누어주기도 하였다. 1391년 제정된 과전법에서는 수조권을 가진 자는 전주(田主), 그 지배를 받는 자는 전객(佃客)으로 불렸다. 그래서 토지생산물을 지배하는 제도는 위로부터 국가의 공적인 부담, 그리고 아래로부터의 사적인 지배력인 농장제와 병작지주제가 중첩되었다. 이상에서 설명한 한국 중세사회의 기본구조를 유럽의 봉건사회와 대비하면서 〈그림 1-1〉로 나타내었다. 이 그림은 복잡한 현실을 단순화한 것이다.

〈그림 1-1〉 등을 통하여, 우리나라 중세사회가 유럽의 봉건사회와 어떤 점에서 같고 어떤 점에서 다른가를 검토한다. 두 사회는 경제적으로 공통점이 많다. 농업이 산업생산의 압도적인 비중을 차지한 농경사회였고, 농업생산의 기본 단위는 소가족의 노동력을 근간으로 하는 소농경영이었다. 도구에 의존하고 고정자본이 미약하고 과학이 거의 응용되지 않는 중세적 기술에 의거하는 점에서도 공통적이었다. 소농경영을 토대로 하는 계급관계로서 유럽의 영주제와 조선의 농장·병작제는, 나름의 토지소유관계나 경제외적 강제를 토대로 하여 잉여생산물의 거의 모두를 지대로 수취한다는 점에서 공

통성을 가졌다. 지주는 작인에 대해 경제외적 강제를 원칙적으로 행사하지 못하였지만 농장주는 그 예속민에 대하여 경제외적 지배력을 행사할 수 있던 점에서, 농장제가 병작제보다 영주제와 더욱 유사하였다. 요컨대, 중세적인 생산력의 조건, 농업생산의 기본 단위로서의 소농경영, 그것을 토대로 하여 잉여생산물을 지대로 수취하는 생산관계라는 점에서는 유럽의 중세와 우리나라의 중세는 본질적으로 같다. 우리 중세사회를 봉건제로 보는 견해가 백남운의 연구 이후 널리 퍼졌는데, 이것은 봉건제가 소수의 영주 또는 지주가 토지를 집중적으로 소유하면서 이를 다수의 소농에게 분산적으로 경영하게 하고 지대를 수취하는 생산관계라고 간주하였기 때문이다.

그런데 우리나라 중세사회는 유럽의 봉건사회와 본질적으로 다른 점도 있으며, 그것은 이후 두 지역간 역사적 전개의 차이를 규정하였다. 봉건제의 어원(語源)은 봉(封, Lehn)의 수수(授受)를 통한 주군(主君)과 가신(家臣)의 인적·물적 결합관계에서 유래하였으며, 블로크(M. Bloch)는 이러한 렌(Lehn)제를 토대로 하여 성립된 위계제 사회를 봉건사회라 불렀다. 봉건사회의 상층에는 주군과 가신의 관계를 규율하는 봉건제가 있고, 하층에는 농민에 대해 영주권을 행사하는 장원제(莊園制)가 있었다. 대체로 중앙집권제보다 봉건사회에서 촌락공동체가 농민의 경작에 더욱 강한 규제력을 발휘하였다. 영역지배권으로서 식읍(食邑)이나 녹읍(祿邑), 수조권을 지급하는 한국사의 제도는 봉토(封土)를 지급하는 유럽의 제도와 유사점도 있지만, 봉토에서와는 달리 불수불입권(不輸不入權)을 부여받지 않았다. 유럽의 봉토는 분권화의 기반으로 작용하였지만, 식읍·녹읍이나 수조권 분여는 지방 세력을 국가지배체제로 편입하기 위한 보상으로서 집권화의 계기로 작용하였다. 녹읍이나 농장을 가진 귀족 내지 권문세족(權門世族)은 중앙집권적 관료제에 기생하였고, 지방 영주로서 기반을 구축한 전사계급이라는 봉건제도의 담당자가 지속적으로 성장하지는 못하였다. 지방 세력의 전사계급적 성격은 여말선초에 현저히 약화되다가 소멸하였다. 그 결과 유럽에서는 봉토의 수수를 통한 봉건제가 분권적인 정치구조를 낳았던 반면, 우리나라 중세사회는 중앙집권적 관료국가에 의해 통합되었다.[20)]

이러한 것은 단지 상부구조의 차이로만 끝나지 않는다. 첫째, 집권국가는 재정과 국방의 기반을 두텁게 하기 위하여 공민이면서 중간지배집단에 경제적으로 종속당하지 않는 양인 자작농층의 유지·확대를 도모하였던 결과, 그 비중이 커졌다. 둘째, 계급관계를 보더라도 영주는 농민에 대한 재판권을 포함한 경제외적 강제를 행사할 수 있

20) 梁秉祐「우리나라에도 封建制가 있었는가」『歷史敎育』14, 1971.

었던 반면, 지주는 양인농민에 대하여 그러한 권한을 원칙적으로 가지지 못하였다. 우리나라 중세에서 분리되어 있던 국가의 공권(公權)과 지주의 사권이 유럽에서는 영주권으로 통합되어 있었던 것이다. 경제적인 지배에 주로 의존한 지주는 신분적으로 지배층인 양반과 반드시 일치하지는 않았다. 조선후기로 갈수록 서민층의 지주와 양반층의 작인이 많아졌다. 그리고 조선에서는 농민이 경제외적 강제로 토지에 묶이지 않았기 때문에, 소농경영의 유동성이 심하였다. 셋째, 유럽의 봉건적 토지소유 아래에서는 영주의 명목적 소유와 농민의 사실상 소유가 중층적(重層的)인 구조를 이루었지만, 우리나라의 작인은 사실상의 소유권을 가지지 못하였다. 작인은 지주로부터 경지를 빌림으로써 토지를 경작하였고, 지주의 일방적인 회수만으로도 그 점유가 종결되었다. 요컨대, 렌제와 중앙집권제는 농업 생산관계의 차이를 규정하였다. 이러한 정치구조의 차이, 그에 규정된 생산관계의 차이를 중시한다면, 우리나라 중세를 봉건제라 부르기 어렵다.

봉건제=렌제라는 어원에 따른다면 우리나라에서는 봉건시대가 존재하지 않았다. 그런데 부르주아란 개념처럼 의미가 시대에 따라 변천되는 일은 허다하고, 그것이 바람직한 면도 있다. 의미를 변화시켜야 한다면 충분한 이유가 있어야 한다. 봉건제의 어원을 변형한 데에는 두 가지 이유가 있다. 첫째, 모든 민족이 노예제→봉건제→자본제라는 세계사의 발전법칙을 한국사나 중국사에 적용하다 보니 개념의 변화가 불가피하다는 점이다. 그런데 서장에서 언급한 바와 같이, 세계사의 발전법칙이란 것이 역사의 전개에 대한 교조적인 해석이다. 둘째, 경제적 토대가 사회의 성격을 결정하므로, 생산관계를 기준으로 봉건제가 정의되어야 한다는 것이다. 경제적 토대가 사회의 성격을 규정하는 기초적 요인이지만 유일한 요인은 아니며, 정치구조·법제도·문화 등 상부구조도 경제에 영향을 미치므로, 경제적 요소만으로 사회 성격을 규정할 수는 없다.

개념을 넓게 잡으면 외연(外延)은 확장되겠지만, 개념의 인플레이션이 불가피하여 그 가치를 저하시킬 수가 있다. 조선·중국이 유럽과 중세에 공통성을 가졌음을 인식하는 것도 중요하지만, 그러한 인식에 안주하지 말고 두 사회가 어떠한 점이 다르며 그것이 그 사회를 살아가는 사람의 생활조건에 어떠한 차이를 주고 근대로의 전환과정에 각각 어떠한 특질을 부여하였던가를 파악하는 노력으로 이어져야 한다.

게르만족이 이동하면서 고대 로마제국이 멸망하는 가운데 게르만의 전통적 주종(主從)관계를 기반으로 렌제의 봉건사회가 성립하였다. 중국에서는 국가체제를 발전시킨 전통 위에서 춘추전국시대의 군사적 경쟁 가운데 집권국가체제가 확립되어 청나라까지 이어졌고, 한반도의 국가는 그 제도를 도입하였다. 유럽 봉건제와 중국 집권국가는 각기의 역사적 산물인 전근대 정치체제 유형이었다. 소농경영의 광범한 토대 위에 성립한 중국과 조선의 집권관료국가는 전근대의 발전된 정치체제로 간주할 수 있다.

중국, 이어서 조선이 유럽에 앞서 근대국가에 접근하는 정치체제를 만든 것은 역설적으로 근대화에 불리하게 작용하였다. 봉건제의 오랜 전통 위에 존립한 유럽의 군주들은 조세 증가를 위해 유력자들의 동의를 받아야 하였고, 그런 상황에서 의회가 성립하였다. 유럽과 같은 봉건제의 뚜렷한 경험이 없이 집권체제가 발달한 중국과 조선에서는 재산권제도를 발전시키는 의회뿐만 아니라 시민사회질서와 상공업을 발전시키는 자치도시도 성립할 수 없었다. 국내 권력 기반이 불안정하고 조세 기반이 취약한 유럽의 지배층은 대내·외 정치적·군사적 경쟁의 압박으로 적극적으로 외국 무역을 추진한 반면, 안정된 권력·조세 기반을 가진 중국과 조선의 지배층은 외국 무역에 소극적이고 민간의 해로무역을 금지하는 해금(海禁)정책을 채택하기도 했다. 중국과 조선의 집권국가들은 유교를 중심으로 강한 문화적 통일을 달성한 반면, 유럽에서는 정치권력의 분립과 교회권력의 대두로 정치적·문화적 다원성이 높았다.

제2장

중세 농업·재정과 그 변동

1. 중세경제의 탐구 방법

경제생활을 규정하는 중대한 요소는 자연환경, 인구, 자원, 기술, 시장을 포함한 제도 등이다. 이것은 지역인간생태계(地域人間生態系)를 구성하는 기본 요소이기도 하다. 이들 각각 기본 요소의 변화는 생태계와 그 속의 인간 삶에 영향을 미쳤다. 인간은 변화하는 환경에 인구 조절, 자원 확보 등의 방식으로 적응하려고 노력해왔다.[1)]

기후·토양 등의 자연환경은 경제생활, 특히 농업에 중대한 영향을 미쳐왔다. 마지막 빙하기가 끝나 지금처럼 따뜻한 기후로 바뀌자, 기원전 9500년 이후 농경과 문명이 성립하였다. 한반도는 온대 기후여서 일찍 농경이 성립하였다. 많은 비가 여름철에 집중하는 한반도의 몬순 기후로 인해 쌀이 주곡으로 선택되었다. 이 선택은 밀농사 지대에 비해 인구밀도를 높인 반면, 축산업의 확대를 통한 복합 영농에 불리하게 작용하였다. 그래서 중국처럼 조그만 땅에 많은 노동력을 투입하는 토지·노동집약적 농법이 성립하였다.

한반도의 자연조건이 농경에 우호적이지만은 않았다. 산지가 국토 면적의 80% 가까이를 차지하고, 국토의 약 70%가 화강암·화강편마암의 풍화토여서 토양이 척박하였다. 계절별·연도별로 강우량의 편차가 심하여 홍수와 가뭄이 빈발하였으니, 물의 확보와 관리가 긴요한 과제였다. 쌀농사를 하기에는 강우량이 넉넉한 편이 아니고 기온도 낮은 편이었다. 그런 가운데 조선시대는 쌀농사의 북방 한계선을 높이는 성과를 거두었다.

1) 柳濟憲 『韓國近代化와 歷史地理學』(韓國精神文化硏究院, 1994)은 문화생태이론을 소개하고 그것을 호남평야에 적용하였다.

근대에 들어와 인간은 삶의 질을 향상할 수 있게 되었지만, 기근(飢饉), 곧 굶주림이 일상적인 전근대에 대부분 사람은 생존이 우선적 과제였다. 전근대에 인간의 삶을 결정하는 기본 조건은 인구의 크기와 식량 자원이었다. 부양능력을 초과하는 인구의 증가가 기근·질병·전쟁을 통하여 조절되고 만다는 맬서스 법칙을 전근대사회는 모면할 수 없었다. 자원 활용의 확대와 농업 기술의 발전은 인구의 증가를 낳았으나, 인류가 맬서스 함정으로부터 벗어나기 위해서는 근대적 기술과 시장망의 확립을 기다려야 했다.

전근대에는 기술 수준이 낮아 식량의 확보를 위해서는 인구의 압도적 다수가 농경에 종사하여야 했기 때문에, 상공업에 노동력을 방출할 여력이 미약하였다. 1910년 전체 호수 중 86%가 농업호이고 국내총생산 중 농업이 61%를 차지하였는데, 18세기에도 그 정도였던 것으로 보인다. 전근대 농경사회 중에서 조선은 집약적인 소농경영의 발달로 인구밀도가 높았으나, 도시화율이 낮아 직업 분화가 진전하지 못한 특성을 가지고 있었다. 가내수공업 등 농가의 부업 생산은 활발한 편이었다. 이처럼 압도적인 비중을 차지한 농업이 경제생활과 전반적인 경제동향을 좌우하여, 농지라는 생산수단을 둘러싸고 계급적 이해가 형성되었고, 농업잉여의 재분배(再分配)를 통하여 지배기구가 유지되었다. 이 장에서는 농업을 통하여 중세경제의 구조와 변동을 살펴본다.

인구의 크기를 결정하는 농업생산량은 노동력과 농지의 크기 및 기술 수준에 의하여 결정된다. 농지의 확대와 농업 기술의 발전은 인구 부양력을 증진한 기반이지만, 역으로 인구의 증가는 농지의 확대와 농업 기술의 진전을 위한 압력으로 작용하였다. 경지 확대와 기술 발전에 따른 인구 증가는 중세의 경제성장을 의미한다. 농경의 오랜 전통을 가진 한반도의 중세에는 이미 개간이 진전하여 농지의 확대가 탄력적으로 이루어질 수 없었다. 그래서 인구의 증가는 한계적인 열등지의 개간으로 토지생산성이 하락하고 일인당 경작규모의 축소로 노동생산성이 하락하는 수확체감(收穫遞減)법칙을 초래함으로써 제동을 당하였다. 그러한 가운데 인구 증가를 실현한 주된 요인은 농업 기술의 발전이었다. 먼저 농업 기술의 발전과 그에 수반한 인구 증가의 추세를 고찰하겠는데, 인구 증가의 한 요인으로 농지의 확대도 아울러 다룰 것이다.

토지와 노동력은 어떻게 결합하여 농업생산이 이루어지는가. 중세 농업생산의 기본 단위는 소농경영이었다. 소농경영의 전개는 생태계의 구성요소인 인구의 변동, 자원 활용의 변동, 기술의 발전 등을 반영하고 있다. 즉, 농업 기술의 발전은 소농경영의 성립과 발전을 위한 기초적인 요인이며, 인구의 압박은 개간과 집약적 농업 기술을 요구한다. 농가경영에서 토지와 노동력이 결합되는 양식을 파악하기 위해서는 토지의 소유관계와 노동자의 법적 지위를 고찰할 필요가 있다. 토지소유와 노동자 지위는 생산관계와 생산력에 영향을 미친다. 그 다음에 대규모 농지를 소유하고 예속노동력을 통제하는 중간지배집단의 변천에 대하여 고찰하고, 나아가 재정제도가 농민의 생활과 농업의 동향에 미친 영향을 검토할 것이다. 직접생산자의 잉여생산물·노동의 분배·재분배를 둘러싸고 국가와 중간지배집단 사이에 갈등과 타협이 존재하였다. 중간지배집단은 노비와 토지의 소유자로서 직접생산자의 잉여를 흡수하였을 뿐만 아니라, 귀족이나 관료로서 공적으로는 국가가 흡수한 잉여의 재분배에 참여하였다. 시장은 농업경영의 존립을 위한 기본 요소이고 농업경영방식, 농업 기술 진보 등에 영향을 미치는데, 이것은 장을 바꾸어 서술하기로 한다.

2. 농업 기술의 발전

농경시대의 가장 획기적인 기술진보인 철제 농기구는 4~6세기경에 널리 보급되었다. 이를 계기로 휴한(休閑)을 하지만 토지를 정기적으로 이용하는 농법이 성립하였던 것으로 보인다. 통일신라기에는 철제 농기구와 우경(牛耕)의 확산이, 고려시대에는 연작상경법(連作常耕法)의 보급이, 조선중기에서는 이앙법(移秧法)의 보급이 농업생산력을 증진시킨 주요한 기술진보였다.

11세기 중엽에는 2년마다 한 번씩 경작하는 일역전(一易田)이 모든 농지의 중간 등급이었다.[2)] 1430년에 편찬된 『농사직설(農事直說)』은 농업 기술이 선진적이던 삼남지방의 농법을 정리하였는데, 여기에 수록된 농법은 논과 밭 모두 연작상경법이었다. 고려시기를 중심으로 '세역(歲易)'으로 불리는 정기적 휴한이 점차 극복되어 조선 초에는 연작농법이 일반화되었던 것이다. 연작에 따른 지력(地力) 소모를 막기 위해 분뇨·잡초 등 다양한 비료가 사용되었다. 쟁기, 호미 등 농기구의 개선도 지력을 신장하였다.

고려중기에 소규모 제언(堤堰)이 곳곳에 만들어졌다. 12세기 이후 연해안 저습지(低濕地)의 개간을 위해 방파제를 만드는 하거(河渠) 공사가 이루어지고 방천(防川)·방조제(防潮堤)가 수축되었으며, 한발이나 저습(低濕)에 대한 적응력이 강하면서 조방적

2) "무릇 농지의 등급은 불역지지(不易之地)를 상으로, 일(一)역지지를 중으로, 재(再)역지지를 하로 한다. 그 불역산전(不易山田) 1결(結)은 평전(平田) 1결에, 일역전(一易田) 2결은 평전 1결에, 재역전 3결은 평전 1결에 준하게 한다." (『高麗史』 78卷, 食貨志 1, 田制, 經理, 文宗 8(1054)년 3월)

으로 경작되는 인디카 계통의 벼인 점성도(占城稻)가 송나라를 거쳐 도입되었다. 신품종의 도입 이전에는 농지가 주로 산지에 분포하였는데, 그 후 저지대의 개간이 진전하였다. 평전은 우량한 토지로 간주되어, 고려말의 기록에 의하면, "압록강 이남에는 대개 모두 산지인데, 비옥하여 해마다 경작하는 농지는 해안지방에 있다"(『高麗史』 禑王 14년 8월 憲司 상소문)고 하였다. 저습지나 간척지의 개간은 상당한 재력과 기술을 요구하였기 때문에, 점진적으로 이루어져 조선후기까지도 진행되었다. 15세기에도 개간이 활발하였는데, 『농사직설』에 황무지 개간법을 수록한 것은 그러한 사정을 반영한다.

조선전기 농가경영의 안정화에 기여한 또 하나의 중요한 계기는 면작(棉作)의 보급이었다. 1364년 문익점에 의해 전래된 면화는 섬유제품으로서의 우수성과 국가의 장려책에 힘입어 널리 재배되었다. 그 결과 15세기 전반에 의료품(衣料品)뿐만 아니라 물품화폐의 주종도 삼베로부터 무명으로 바뀌었다. 무명은 삼베에 비해 내구력, 보온성 등이 우수할 뿐만 아니라 제조시간을 대폭 절감함으로써, 의복생활을 발전시키고 가내수공업을 활성화시켰다.

조선전기 국가의 농업장려책과 사대부층의 노력은 우리나라 독자적인 농서(農書)를 출현시켰다. 고려시대에는 중국으로부터 『제민요술(齊民要術)』, 『농상집요(農桑輯要)』 등의 농서가 수입되었지만, 조선보다 건조한 풍토의 농법을 적용하는 데에 어려움이 있었다. 그래서 세종의 명으로 간행된 『농사직설』은 중국의 농서를 참조하고 노농(老農)으로부터 각지에서 실행하고 있는 농법을 조사하여 조선의 농업 기술을 체계화한 것이었다. 사대부층이 사찬(私纂)한 농서로는 『금양잡록(衿陽雜錄)』과 『농가월령(農家月令)』을 들 수 있다.

『농사직설』에서는 벼의 재배법으로 수경법(水耕法), 건경법(乾耕法), 삽종법(揷種法)을 들었다. 앞의 두 가지는 논에 볍씨를 바로 파종하는 직파법(直播法)이며, 삽종법은 모판[秧基]에서 기른 모를 논에 옮겨 심는 이앙법이다. 논에 물을 채운 상태에서 갈아서 파종하는 수경법이 가장 상세히 기술된 것은 물이 벼의 생장에 긴요할 뿐만 아니라 염분을 씻어냄으로써 지력을 유지하는 효과를 가졌기 때문이다. 한반도에는 파종하여 모가 자라는 4~5월에 강수량이 적어, 마른 논에 파종하여 번지라는 농기구로 흙 속의 수분을 활용하는 건경법이라는 독창적인 재배법이 출현하였다. 『농사직설』에 의하면, 이앙법은 "제초(除草)에 편리하지만 만일 큰 가뭄이 들면 손쓸 바가 없으니 농가에 위험한 일"이었다. 모심기철인 봄에 가뭄이 자주 발생하는 데다가 수리시설이 부족하였기 때문에 조선 초에 이앙법은 금지당하여서 널리 보급되지 못하였다.

가뭄에 취약한 이앙법의 보급을 위해서는 수리시설이 정비되어야 하였다. 조선조

태종대부터 세조대까지는 폐기된 제언(堤堰)을 수축하거나 새로운 제언을 축조하는 수리 개발이 활발하였다. 1469년에 편찬된 『경상도속찬지리지(慶尙道續撰地理志)』에 의하면, 제언이 모두 769개에 달하였다. 제언의 개발이 한계에 달하자, 16세기에는 천방(川防), 곧 보(洑)의 보급이 확산되었다. 제언으로 산골짜기로부터 흘러나온 물을 모은 저수지를 만들어 관개할 수 있고, 보는 하천의 물을 막고 끌어서 관개에 활용하는 것이다. "제언인 즉 수원(水源)이 천로(淺露)한데 공역(功役)이 많이 들며, 천방은 수원이 넉넉하여 공(功)이 적어도 이익이 많다"(『文宗實錄』 즉위년 10월 癸酉條)는 문종의 유서(諭書)에서 알 수 있듯이, 보는 효율적인 수리시설이었다.[3)]

제언과 보라는 수리시설이 확충되자, 16세기에 경상도를 중심으로 늦게 파종하여 봄 가뭄의 피해를 줄이는 만도(晩稻)를 활용한 이앙법이 도입되었다. 나아가 양란(兩亂)으로 인구가 격감함에 따라, 김매기노동을 대폭 절감하는 이앙법은 전라도, 나아가 충청도에도 보급되었다. 16세기 이후 모판이 꼼꼼히 관리되고 모판에 뿌리는 비료가 다양해졌다. 17세기에는 봄 가뭄이 계속되어 못자리에 물이 없을 경우에는 건경법의 기술을 활용하여 마른 논에 파종하는 건앙법(乾秧法)이 개발되어, 수리가 불안전한 지역에 보급되었다. 18세기에는 물 부족으로 모심기가 어려운 경우 메밀로 대신 파종하는 방법이 보급되었다. 수리시설의 확충, 시비법의 발전, 그리고 건앙법과 대파법(代播法)의 개발은 이앙법의 보급을 촉진하였다.[4)]

이앙법, 곧 모심기법은 '사반공배(事半功倍)'라고 할 정도로 노동력을 절감하면서도 수확량을 높였다. 이앙법은 김매기[中耕除草] 노동을 대폭 절감하였다. 직파법은 적어도 4~5차의 김매기가 필수적이었으나 이앙법은 2~3차로 족하였다. 조선중기에 논 1마지기[斗落]를 김매기하는 데에 평균적으로 직파법은 8.5명, 이앙법은 3명의 노동력을 필요로 하였다. 1마지기는 벼 1말을 파종하는 면적을 말하는데, 『조선총독부통계년보(1910년도)』에 의하면, 논은 평균 138평, 밭은 평균 187평이었다. 1말[斗]은 용량 5~6리터로 지금 1두의 1/3 정도였다. 벼농사에는 김매기가 큰 일이어서, 이앙법은 파종부터 수확까지의 전체 작업과정에서 노동력을 약 40% 절감하였다. 모판에서 잡초를 뽑고 또 논에서 잡초의 씨를 발아시켜 모심기 전에 잡초를 모두 제거하기 때문에 종전에 비하여 김매기작업이 훨씬 효율적이었다. 이앙법은 모판과 본전의 지력(地力)으로 모를 기를 수 있고, 또 이앙과정에서 불량한 모를 제거할 수 있기 때문에, 토지 수확을 배증하는 효과를 낳았다.

---

3) 李泰鎭 「16세기의 川防(洑)灌漑의 발달」 『韓國社會史硏究』 지식산업사, 1986.
4) 미야지마 히로시 『한중일 비교 통사』 너머북스, 2020, 제2부 제5장.

이앙법의 보급은 부수적인 효과를 낳았다. 첫째, 농번기에 가장 많은 일손을 요구하는 논의 김매기 노동이 절감됨으로써, 노동력을 한층 신축적으로 배분할 수 있었다. 김매기 과정에서 절감된 노동력은 목화, 연초 등 여타 작물의 재배에 돌려짐으로써 더욱 다각적인 기반 위에서 농가경영을 안정시킬 수 있었다. 둘째, 수전이모작(水田二毛作)의 실현이다. 종전의 직파법에서는 음력 2~3월경에 벼가 파종되므로 4~5월경에 추수되는 보리와 밀의 재배가 불가능하였지만, 이앙법에서는 보리·밀의 추수 이후 모심기가 이루어지므로 도맥(稻麥)이모작이 가능해졌다. 도맥이모작은 18세기 초엽의 『산림경제(山林經濟)』에 처음으로 등장하였다. 이모작을 통해 증산된 보리는 식량이 떨어지는 춘궁기를 대비하는 중요한 방편이었다. 그래서 농업경영의 안정을 희구하는 하층농민이 이모작을 위해 이앙법을 활발히 채택하였다. 논의 이모작은 기후적 제약으로 인해 금강(錦江) 이남 지역에 국한하여 보급되었다.

벼가 재배된 이후 논농사의 비중이 점차 증가하였다. 조선시대에 대체로 논의 벼 수확량이 같은 면적 밭의 보리 수확량의 1.5배 정도, 벼 가격이 보리 가격의 1.5배 정도여서, 논의 가치가 밭의 2배 정도였다. 연작상경법과 이앙법의 보급으로 논의 토지생산성이 상승함에 따라, 논의 중요성이 보다 커졌다. 고려시대부터 김매기를 손쉽게 하기 위하여 밭작물과 벼를 번갈아 재배하는 관행이 있었는데, 이앙법으로 해마다 벼를 재배해도 김매기 노동은 과중하지 않았다. 그래서 밭을 논으로 바꾸는 번답(反畓)이 진행되었다. 1452년 간행된 『세종실록지리지』에서 171만여 결 중 논이 28%를 차지하였는데, 면적으로 환산하면 20% 정도일 것이다. 1788년 편찬된 『탁지지(度支志)』의 저자 박일원(朴一源)은 논 40만여 결에서 벼 3,200만여 섬, 밭 50만여 결에서 잡곡 2,500만여 섬이 생산된다고 보았다. 은여결(隱餘結) 등 국가가 파악하지 못한 농지를 충분히 고려하지 못하였으므로, 당시 논은 50만 결=140만 정보, 밭은 60만 결=275만 정보로 추정된다. 논은 농지의 30% 정도였다. 그 결과 조선전기에 양반층만이 쌀을 주식(主食)으로 삼았는데, 조선후기에는 쌀을 주식으로 삼는 평민이 늘었다. 산지가 많고 기후가 춥고 봄에 가물어, 논의 확대는 제약을 받았다.

36건의 추수기를 분석한 이영훈의 연구에 의하면, 18세기 후반부터 논 단위면적당 지대량은 하락하는 추세였다가 1900년경을 저점으로 반등하였다. 그런데 자료가 지역적으로 경상도와 전라도에 편중되고 각 시점들로 보면 여전히 자료수가 적고 지대량이나 수확량의 감소 추세가 뚜렷하지 않은 지역들이 있었다. 18세기에는 인구가 증가하는 추세였으며 19세기에 인구가 격감하지 않았고 기근이 심화되지도 않았다. 그리고 가장 장기적인 시계열통계인 영암 사례가 강한 영향을 미쳤고 지대수취 관행의 변화도

그림 2-1 논 1마지기당 지대량(벼, 두)과 그 실질가격(벼, 석)의 장기 추세 (단위: 斗, 租)

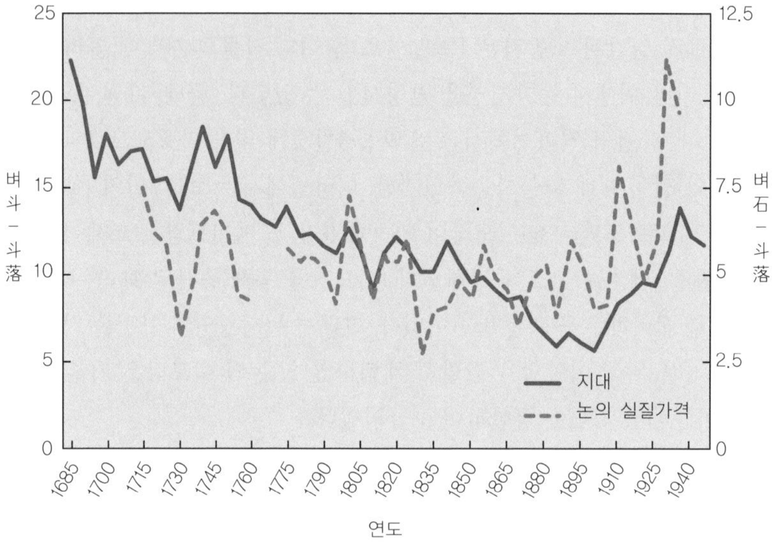

출전: 이영훈「17세기 후반-20세기 전반 手稻作 土地生産의 장기추세」『經濟論集』51(2), 2012; 차명수·이헌창「우리나라 논 가격과 생산성, 1700~2000」李榮薰 編『수량경제사로 다시 본 조선후기』서울대학교출판부, 2004, 171쪽.

영향을 미쳤을 가능성이 있으므로, 논의 토지생산성이 〈그림 2-1〉의 지대처럼 급격히 하락하지는 않았다고 보아야 한다.[5] 〈그림 2-1〉에 의하면, 논의 실질가격이 18세기부터 1820년대까지 벼 5~6석 전후이다가 19세기 중엽 1석 정도 하락하고 개항 후 상승하였는데, 이 추세가 토지생산성의 동향을 더 잘 보여줄 것이다.

칠곡 이씨가(柒谷 李氏家)의 경영에서는 도맥이모작이 18세기 전반에 널리 보급되고 그 무렵부터 벼의 단위 수확이 완만한 감소 추세를 나타내었다. 도맥이모작은 지력을 많이 소모하고 모심기를 할 수 있는 기간을 단축시켜 벼의 수확을 감소시킬 수 있었다. 물론 지력의 소모를 막기 위해 비료의 투입은 증대하였다. 영광·영암의 토지생산성 하락을 낳은 요인으로는 수리시설의 황폐화가 지적되고 있다. 조선후기 인구의 증가와 온돌의 보급으로 산림자원의 채취와 화전이 증대하여 산이 헐벗어감에 따라, 농

5) 허수열『일제초기 조선의 농업』한길사, 2011, 제7장; 김재호「한국 전통사회의 기근과 그 대응」『經濟史學』30, 2001. 우대형은「역사인구학 지표로 살펴본 조선후기 생활수준의 장기 추이, 1734~1910」(『사회와 역사』121, 2019)에서 논의 토지생산성과 생활수준이 19세기 초를 최저점으로 하여 상승하였다고 주장한다.

업생산은 자연재해에 취약해지고 제언의 기능은 토사의 잦은 방출로 저하되었다. 19세기 삼남지방에서 황폐화된 제언이 늘었던 점으로 보건대, 수리의 악화로 인한 토지생산성 하락은 상당히 넓은 지역에 걸쳤을 가능성이 있다.

1444년 제정된 공법(貢法)에서는 5%의 농지세가 풍흉에 따라 쌀 4~20두였으니, 국가는 1결당 240두 정도 산출된다고 보았다. 18세기 전반 이익은 10% 농지세로 쌀 40두를 거두자고 주장하였다. 18세기 말에 작성된 『탁지지』에 의하면, 논은 1결당 평균 벼 80여 섬, 밭은 잡곡 50여 섬을 산출하였다. 1섬은 15두, 벼를 쌀로 가공한 용량이 40%라고 보면, 1결당 수확은 쌀 500두 정도이다. 19세기 초 정약용은 쌀 600여 두로 잡았다. 1444~1800년간 논의 토지생산성이 2.5배 증가한 셈이다. 이모작의 보급을 고려하면, 더 높게 잡아야 한다. 논의 토지생산성은 19세기에 하락하는 추세였다가 쌀 수출이 급증한 20세기로의 전환기에 상승 추세로 전환하였으니, 조선시대 전기간에 3배 정도 증가하였다고 볼 수 있다. 밭의 토지생산성은 논보다 낮아서 2배 정도로 잡으면, 전체의 토지생산성은 2.5배 증가하였다고 추정할 수 있다. 농지가 늘었으니, 농산물은 3배 정도 증가하였을 것이다.

조선후기 밭농사에서는 시비법(施肥法)과 쟁기 기술의 진전에 힘입어 북부에서는 연작법의 불안정성이 극복되었고, 남부에서는 2년 3모작(二年三毛作)이 정착하였다. '조→보리 또는 밀→콩 또는 팥→겨울철 휴한(休閑)'의 2년 3모작법은 이미 『농사직설』에서 소개되었지만, 비료의 부족과 얕은 고랑의 한계 등으로 인하여 권장되지는 않았다. 가뭄에 취약한 밀이나 추위에 약한 보리는 얕은 고랑에서 견디기가 곤란하였던 것이다. 조선후기에 쟁기 기술이 발달하여 고랑을 깊게 팔 수 있게 되어 파종한 보리·밀을 추위·가뭄·바람으로부터 효과적으로 보호할 수 있게 됨에 따라, 2년 3모작이 확립되었던 것으로 보인다. 18·19세기 벼의 수확이 증가하지 않은 데에 따른 식량난을 보리 등 잡곡의 증산으로 보충할 수 있었을 것이다.

이처럼 논과 밭의 토지생산성이 증가하려면, 지력을 유지하기 위한 시비법이 발전해야 한다. 조선후기에는 인분(人糞)의 이용이 확산되고 그것을 원료로 하는 비료 제조가 증가하였다. 농우(農牛) 보급의 확대에 수반하여 구비(廏肥) 생산이 증가하였다. 파종 전과 파종 때에 시비하던 기비법(基肥法)으로부터 파종 후에 시비하는 추비법(追肥法)으로 변하였고, 종자 자체에만 비료 성분을 덧붙이거나 곡물의 줄기에만 비료를 뿌려주는 것으로부터 경작지 전체에 비료를 사용하는 것으로 범위가 확대되었다. 시비의 중요성에 대한 인식이 강화되어, 18세기 이후에는 지방 수령이 비료의 확보를 촉구하는 권농령(勸農令)을 내리기도 했다.

조선후기에는 벼의 품종도 다양해졌을 뿐만 아니라, 다양한 밭작물이 전래·보급되었다. 16세기 말 이후 연초가, 이어서 옥수수·호박·고추 등의 작물이, 나아가 척박한 땅에서 가뭄·장마에도 잘 자라 흉작의 구제에 이바지하는 구황작물(救荒作物)인 고구마와 감자도 보급되었다.

이러한 농업 기술의 발전을 낳은 근본 요인은 지식을 축적하고 향상하는 인간의 역량인데, 우리나라 중세에 이러한 역량을 발휘하게 만든 구체적인 계기는 무엇인가. 중국으로부터 기술의 전파, 그리고 『농사직설』이나 『농가집성』의 편찬에서 드러나는 조선국가의 권농책(勸農策)을 들 수 있다. 전근대에는 인구 증가의 압력이 기술진보를 촉진하였다. 시장의 성장에 따른 판로의 확대도 기술진보를 위한 자극을 제공하였다. 우리나라 전근대에는 중국 선진 기술의 도입, 집권국가의 권농책에 힘입어 농업 기술이 발달한 편이었고, 인구의 압력이 컸기 때문에 집약적 영농을 발전시켜왔다. 조선후기 농촌은 당시 중국의 선진 지대나 일본보다는 농업 기술과 토지생산성이 뒤떨어졌는데, 그 주된 요인은 시장의 규모가 작았던 데에서 구할 수 있다. 그 때문에 상업적 농업이 진전되지 않았을 뿐만 아니라, 비료를 구입하는 일이 드물어 토지생산성의 증대에 제약을 받았다. 박지원의 「예덕선생전(穢德先生傳)」은 대도시 근교에서 인분을 거래하는 초보적 비료 시장을 보여준다.

3. 인구 변동과 생활수준

유럽중세사 연구에 의하면, 식량 생산이 인구를 충분히 부양할 수 있는 시기에는 인구가 증가하고 경제가 팽창하다가, 인구가 과다(過多)해지면 생활수준의 하락으로 기근과 질병이 빈발하여 인구가 감소하고 경제가 수축하였다. 이처럼 인구 변동은 경제생활에 중요한 의미를 가지고 있지만, 자료적 제약으로 19세기까지 인구수의 정확한 파악은 어렵다.

313년까지 존속한 낙랑군 전성기의 인구는 40만 명이었다. 6세기 후반에 고구려는 인구 100만 명 정도로, 백제와 신라는 각각 인구 50만~100만 명으로 추정된다. 12세기 고려의 인구를 300만 명 내외로 추계한 연구도 있다.[6)]

6) 朴龍雲 『고려시대 開京 연구』 一志社, 1996, 147~56쪽.

고려시대에 자연재해 등으로 묵은 토지인 진전(陳田)의 개간과 신전(新田)의 개발로 보건대 인구가 증가하는 추세였던 것은 명백하다. 고려국가는 진전의 개간을 소유권의 부여, 토지세나 지대의 감면이라는 조치를 통해 장려하였다. 전시과(田柴科)에서 관료에게 농지와 더불어 지급한 시지(柴地)는 땔감을 채취하는 땅일 뿐만 아니라 개간할 수 있는 황무지였다. 전시과가 붕괴한 후에는 황무지를 사급전(賜給田)으로서 지급하여 개간을 장려하였다. 고려 말 이후 개간은 수령(守令)의 임무로 명시되었다. 1123년 고려에 다녀간 송나라 사신이 저술한 『고려도경(高麗圖經)』에 의하면, "큰 산과 깊은 골짜기가 많아 가파르고 험준하여 평지가 적기 때문에 산 사이에 밭을 많이 만들어 오르내리므로 개간·경작이 매우 힘들며 멀리서 바라다보면 사다리나 돌계단과 같다"고 할 정도였다. 12세기 이후 저지대의 개간은 연작상경법의 보급과 더불어 한국 중세에서 인구 증가를 낳은 주요한 요인이었다.

15세기에는 인구의 증가가 빨랐고, 그럴 만한 사정이 있었다. 첫째, 여말선초에 연작상경법이 널리 보급되어 일반화된 것은 인구 부양력을 결정적으로 높였다. 둘째, 고려 말 왜구가 창궐하여 바닷가는 경작하지 못하였는데, 왜구가 종식되고 개간정책도 실효를 거두어 개간한 땅이 날로 불어서 1406년에는 남아 있는 땅이 없을 정도였다. 그래서 다시 양전(量田)을 하여 황해·강원 이남 6도에는 원전(原田) 96만여 결(結)에 30여만 결의 새 농지를 얻었다. 후진지역이던 북부에서도 개간이 진전되었으며, 특히 서북지역에서는 이주민에 의한 개간이 활발하였다. 셋째, 고려 말 이후 토산약재(土產藥材)를 활용하는 향약의술(鄕藥醫術)이 새로운 차원으로 발달하기 시작하여 유아 사망률을 낮추었다는 가설이 있는데,[7] 전근대 의술이 유아 사망률을 낮추는 데에는 한계가 있다. 『향약구급방(鄕藥救急方)』(1236년)을 효시로 하여 관련 의서가 잇따라 출판되었는데, 세종대의 『향약집성방(鄕藥集成方)』은 이러한 흐름을 총정리한 것이었다. 넷째, 조선국가의 진전된 농업 장려책과 기근 대책이 인구 증가 추세를 보강하였을 것이다. 국가는 농지나 의지할 친척이 있는 농민에게 춘궁기에 환곡(還穀)을 지급하여 가을에 거두어들였고, 흉년에 의지할 바가 없는 굶주린 인민에게는 무상으로 식량과 소금을 나누어 주는 진휼(賑恤)을 하였다.

조선국가는 집권화를 추구하고 조세제도를 정비해가면서 호구의 철저한 파악을 지향하였으나, 넓은 농장(農莊)을 가지고 예속민을 휘하에 두었던 양반 관료와 지방 토호는 철저한 호구 조사가 호구 단위의 공적 부담을 증대시킨다는 구실을 내세워 반대

7) 李泰鎭 「高麗後期 인구증가 要因 生成과 鄕藥醫術 발달」 『韓國史論』 19, 1988.

하였다. 그래서 호적(戸籍)은 인구수의 40% 정도를 수록하였다. 세조 때인 1461년에 처음으로 호구의 철저한 파악이 이루어졌는데, 1466년 100만 호라 하였다.[8)] 당시 노비와 딸 부부도 포함하는 직계소가족이니, 1호당 평균 6명으로 잡을 수 있다. 세조 때 호적이 전체 호구의 80% 정도 수록하였다면, 인구는 700여만으로 추산된다.

인구 증가는 개간을 활성화시켰다. 조수가 드나드는 개펄인 해택(海澤)의 개간은 다음과 같이 공론화(公論化)된 후에 활발해졌다. 1441년 의정부가 다음을 아뢰어 세종의 허락을 받았다.

> 지금 인구가 날로 번성하는데 농지가 유한하여 인민이 경작할 수 없어 마침내 산업을 잃고 있습니다. 바닷가 주군(州郡)의 해택에 둑을 쌓아 논을 만들 수 있는 땅이 자못 많은데 인민의 힘이 미치지 못하여 그 이익을 얻지 못하니 실로 규정이 미비합니다. 각 도의 감사(監司)로 하여금 사람을 파견하여 자세히 조사하여 정하고 농사를 지어 인민의 산업을 이롭게 하옵소서.(『世宗實錄』 23년 정월 27일 乙丑)

"권세를 가진 재상이 황해·충청 2도의 해택에 둑을 쌓기를 관에 요청하여 인민을 사역하"였다는 기록(『中宗實錄』 36(1541)년 8월 29일 壬午)에서 알 수 있듯이, 중앙의 권세가가 해택의 개간을 주도하였다. 많은 인력과 재력이 필요한 대규모 개간은 권세가 등에 의해 주도되었으나, 소규모의 개간은 농민의 힘으로 이루어졌다.

〈표 2-1〉에 나타난 바와 같이, 개간이 진전하고 농지조사인 양전(量田)이 자주 이루어진 결과, 국가가 파악한 농지가 15세기 전반에 급증하여 170만 결에 달하였다. 전체 농지의 20% 정도를 차지하는 논은 경기·충청·전라·경상도에 80% 정도 분포하였고, 그 외 북부는 밭농사지대였다. 1444년부터 1결의 평균 면적이 늘었으니, 임진왜란 이전까지 결수는 증가하였다.

조선시대 농지를 5결이나 10결 단위로 묶어 천자문(千字文)의 순서로 구획하는 자정제(字丁制)가 시행되어 토지의 파악방식이 체계화되었다. 농지를 계산하기 좋은 모양으로 단순화하여 측량하였다. 그런 방식으로 면적을 정확히 파악하기는 어렵고 게다가 6등급의 결부수로 환산하는 과제도 있다. 양전의 성과인 양안(量案)은 가명(假名)의 기입 등의 한계를 가졌고, 외부인이 그것만으로 농지의 위치를 추적하기 힘들었다.

8) 李樹健「朝鮮初期 戸口硏究」『嶺南大學校 論文集』 5, 1971.

표 2-1 전국 전결수(田結數)의 변화 (단위: 결)

연대	원장부결(元帳付結)	實結	출전
공양왕 2년(1390)	798,128	–	고려사
태종 6년(1406)	1,260,000	–	태종실록(太宗實錄) 6년 5월 임진(壬辰)
세종 14년(1432)	1,712,311	–	세종실록지리지(世宗實錄地理志)
임진왜란 이전	1,515,594	–	반계수록(磻溪隨錄)
선조 34년(1601)	–	300,000	선조실록(宣祖實錄) 34년 8월 戊寅
광해군 3년(1611)	–	541,000	문헌비고(文獻備考)
인조 12년(1634)	1,246,310	–	문헌비고(文獻備考)
숙종 45년(1719)	1,395,333	–	문헌비고(文獻備考)
영조 45년(1769)	1,411,948	800,843	문헌비고(文獻備考)
순조 7년(1807)	1,456,592	810,518	만기요람(萬機要覽), 財用編

주: 1. 원장부결(元帳付結)은 토지대장인 양안에 등록되는 모든 농지, 실결(實結)은 과세 농지를 말한다[元帳付結−諸般免稅結(流來陳雜頉結+各宮房免稅結+各衙門免稅結+陵園墓位免稅結+各樣雜位免稅結)=時起實結; 時起實結−給災免稅結=出稅實結]. 원장부결에서 황무지가 된 유래진잡탈결을 뺀 농지는 거의가 경작지라 할 수 있다.

2. 공양왕 3년에는 평안·함경도, 태종 6년에는 경기도, 인조 12년에는 평안도가 제외됨.

3. 고려중기에 면적 단위의 경무법(頃畝法)으로부터 과세 단위의 결부법(結負法)으로 전환하였는데, 세종 26년까지 1결의 면적은 상전(上田)이 1,999평, 중전이 3,136평, 하전이 4,529평으로 추정된다. 세종 26년부터는 토지를 6등급으로 나누었는데, 1등전 1결은 2,987평, 6등전 1결은 1만 1,946평이었다. 세종의 공법(貢法)에는 토지 등급마다 다른 길이의 자를 사용하였는데, 1634년부터 단일 양전척(量田尺)을 사용하면서 등급에 따라 비례로 결부수를 측정하였다.

16세기 삼남지방에서 이앙법이 보급되고 경상도 산골과 전라도 해안이 양반층에 의해 개간됨에 따라, 인구는 증가하는 추세였지만, 15세기에 비해 인구의 증가 속도가 둔화하였을 것으로 판단된다. 그 논거를 몇 가지 제시할 수 있다. 첫째, 개간의 진전으로 농지의 외연적 확대가 갈수록 힘들어졌다. 16세기 중엽에는 "하삼도(下三道)에 해택으로 조금이라도 경작할 만한 곳이 있으면 서로 다투어 둑을 쌓아 남는 땅이 없어졌으므로 앞으로는 평안도로 옮겨 개간하"기에 이르렀다(『明宗實錄』 9(1554)년 5월 庚戌). 〈표 2-1〉에 의하면, 조선왕조가 파악한 총농지는 16세기 후반의 151.6만 결을 넘어서지 않았다. 이것은 농지 파악의 불철저에 기인할 뿐만 아니라 16세기 후반에 전근대 기술로 개간될 수 있는 토지는 거의 개간되었음을 드러낸다. 둘째, 16세기에 인구는 1,000만 명을 돌파하였을 것으로 보이는데, 당시의 경제력이 이만한 인구를 부양하기에는 버거웠을 것이다. 16세기 후반 농민의 경제 형편은 나빠졌던 것으로 보이며 도적이 빈발하였는데, 이것은 인구의 압박과 관련이 있을 것이다. 셋째, 왕조의 통치기강이 해이해져 중간 수탈이 확대된 반면 기근 대책이 소홀해진 것도 농민의 삶, 나아가 인구 동향에 영향을 주었을 것이다.

임진왜란과 병자호란은 인구의 격감과 농지의 황폐화를 낳아, 1601년에는 과세 대상이 30만여 결에 불과한 형편이었다. 인구는 임진왜란부터 병자호란까지 전란으로 100만 명 정도 감소한 이후 빠르게 회복되었다. 이것을 황폐화된 농지의 복구로부터 확인할 수 있다. 1640년경에는 "전야(田野)의 개간이 임진왜란 이전과 거의 같은" 수준으로까지 진행되었고(『仁祖實錄』 24년 8월 乙丑), 1650년경에는 "개간지가 날로 증가하여 이전에 놀던 땅이 죄다 경작되지 않은 것이 없는" 실정이 되었다(『孝宗實錄』 5년 10월 壬寅). 그 후에도 "인구가 날로 증가하여 놀고 있으면서 개간하기에 적당한 땅을 많이 얻기가 쉽지 않으며"(『備邊司謄錄』 肅宗 원년(1675) 8월 29일), 1688년경에는 "산골짜기 사이와 바닷가의 조그만 토지도 모두 개간되어 실로 노는 땅이 없었다."(『비변사등록』 숙종 14년 4월 14일) 1708년에는 "병자호란 이후 국가의 평화가 100년 가까이 지속되어 인구가 번성하니, 지난날 한 사람이 먹던 땅을 지금 10여 명이 나누게 되어…… 가난을 면할 수 없다"는 지경이 되었다(『承政院日記』 숙종 34년 7월 8일). 17세기 후반에 인구는 임란 전의 인구 수준을 능가하였을 것이다.

국가의 개간 장려책도 개간을 촉진하였다. 국가는 개간에 소요되는 종자나 농우·농구 등을 다방면으로 지원하였다. 개간은 지방관의 치적을 평가하는 중요한 항목이었고, 개간을 성공적으로 추진한 지방관을 포상하였다. 1634년 양전사목(量田事目)에는 주인이 없이 묵고 있는 무주진전(無主陳田)의 개간자를 소유주로 삼는다는 규정을 넣어, 그 권리를 강화하였다. 진전(陳田)의 개간이나 신전(新田)의 개발 모두에 3년간 면세하였는데, 17세기 중엽부터는 진전과 일반 평지를 개간하면 곧바로 수세를 하였고 해택지(海澤地)에만 여전히 3년간 면세의 혜택을 부여하였다.

16~7세기에는 소빙기(小氷期)가 도래하였다는 가설이 제기되어 있는데,[9] 그것이 16세기 경제 형편의 악화를 낳은 한 요인일 수도 있다. 17세기에는 양란으로 인한 인구 압력의 완화, 그리고 이앙법의 확산과 집약적 농법의 진전이라는 농업 기술의 발전으로 인구가 증가하였는데, 기온 강하가 있었더라도 인구 증가의 추세를 돌릴 수는 없었다.

18세기에는 추가 개간이 힘들어졌지만, 인구가 증가할 여건은 조성되고 있었다. 17세기 옥수수, 1763년 일본으로부터 고구마, 1820년대 중국으로부터 감자라는 흉년을 구제하는 작물들이 들어왔는데, 옥수수는 지력 소모가 심한 점 등 때문에, 고구마는 추위에 약한 점 등 때문에, 감자는 낮은 기온에 잘 자라는 점 등 때문에 그 보급이 제한되었

9) 李泰鎭「小氷期(1500~1700) 천변재이 연구와『朝鮮王朝實錄』」『歷史學報』 149, 1996; 김연옥 『기후 변화』 민음사, 1998.

다. 조밀한 농촌시장망의 성립은 식량 자원의 배분을 원활하게 하고 농가경영의 안정을 도모하였다. 그리고 환곡 비축량의 증대, 곡물의 시세 이하 판매 등 기근 대책이 진전하여, 인구 증가를 뒷받침하였다. 이러한 요인에 힘입어 18세기도 인구는 증가하는 추세였으며, 18세기 후반 인구는 1,600만 명 내외에 달하였을 것이다. 17세기 중엽 이후 균분상속제(均分相續制)로부터 남자·장자(長子) 우대 상속제로 변화한 것은 인구 증가에 따른 1인당 농지면적의 감소와 무관하지 않다.

강화도조약 이전의 19세기에는 불완전한 호적 통계가 인구의 감소를 기록하였으나, 인구 증가의 지표인 농가 경작 규모의 영세화가 나타난 지역도 확인되었다. 19세기의 사망률이 18세기보다 높아졌다는 족보를 통한 연구로 보건대, 19세기의 인구는 18세기보다 증가율이 둔화하였거나, 18세기와 달리 정체하거나 감소하였다. 조선사회가 집약적 소농경영을 발전시켜왔지만, 18세기에 도달한 인구수는 조선의 전근대적 생산력 수준과 자원기회로 부양할 수 있는 한계에 접근한 것이 아닌가 생각된다. 노동력 투입의 증가로 인한 농업의 수확체감법칙을 극복하는 기술발전은 점차 어려워졌을 것이고, 한계지 개간 비용도 체증하였을 것이다. 또한 조선후기 인구 증가로 산이 헐벗어 수리사정을 악화시켰다는 점에서, 인구 압박은 농업생산에 불리하게 작용하였다. 19세기에 민란이 빈번한 것은 민중 의식의 성장과 삼정(三政)의 문란뿐만 아니라, 인구가 많아진 압박에 따른 생활수준의 저하에도 기인할 것이다. 그리고 정치기강의 해이와 재정난으로 말미암아 환곡이 수탈의 도구로 전락한 것은 삶의 질을 떨어뜨렸다.

18세기 말에 작성된 『탁지지』의 저자 박일원은 1인당 하루 쌀소비량을 1되[升], 따라서 1년간 소비량을 36말[斗], 껍질을 벗기지 않은 곡물로는 6섬[石]으로 잡았다. 1섬은 15말이고, 오늘날 1섬=180리터의 60% 내외로 추정된다. 그는 인구를 1,000만 명으로 추산하여 연간 식량 6,000만 섬이 필요하다고 추정하였는데, 인구수가 크게 과소평가되어 있다. 그래서 벼 3,200만여 섬과 잡곡 2,500만여 섬의 생산량으로는 인민이 굶주릴 수밖에 없다고 보았다. 18세기 후반에 생산된 식량으로는 흉년이 아니어도 기근 현상을 피하기 어려운 인구 압박이 있었다.

전근대 몇 나라의 개략적 인구 동태를 보여주는 〈표 2-2〉에 의하면, 조선의 인구밀도는 세계적으로 매우 높은 수준이었다. 1918년 정확히 측량된 농지인 논이 154만 정보, 밭이 280만 정보였다. 1800년 전후는 논 140만 정보, 밭 275만 정보로 추정된다. 1800년경과 1918년의 농지는 국토의 18.6%와 19.5%를 차지하였다. 18세기 후반 인구밀도는 $1km^2$당 70명을 넘었고, 1인당 농지면적은 800평 정도였다. 산업혁명 이전 조선은 중국의 선진 지대 및 일본과 더불어 세계에서 인구밀도가 가장 높고 1인당 농지면적이 가장

표 2-2 전근대 인구밀도의 각국별 비교 (단위: 10만 명, 명/km^2)

국가	1500년경		1600년경		1700년경		1800년경	
	인구수	밀도	인구수	밀도	인구수	밀도	인구수	밀도
영국 · 아일랜드	44	14	68	22	93	30		
프랑스	164	30	185	34	200	36		
이탈리아	105	35	133	44	133	44		
폴란드	35	11	50	16	60	19		
중국		20	1,500	20	2,000	20	3,000	30
일본			120	32	277	75	307	83
조선	80	36	100	45	135	61	160	73

출전: Roger Mols S. J., "Population in Europe 1500-1700," C. M. Cipolla, ed., *The Fontana Economic History of Europe* 2, 1974/1981, p. 38 등.

적은 지역이었다. 전근대에 소농경영이 발달한 지역은 동아시아와 서유럽이었는데, 논농사에 의존하는 동아시아는 밭농사에 의존하는 서유럽에 비해 인구밀도가 높았다. 18세기 중엽 조선에서는 볍씨 1말을 파종하여 40~50말을 거두는 것이 보통이었는데(『擇里志』 生利條), 17세기 이전의 유럽에서는 비옥한 농지에 밀 1톨을 파종하여 6톨을 수확하는 데에 그쳤다. 논농사의 강력한 인구 부양력을 확인할 수 있다. 인구 부양력이 낮은 유럽 밀농사지대의 경영은 동아시아의 쌀농사지대보다 조방적이었다. 1600년경과 1800년경 쌀농사지대인 동남아의 평균 인구밀도는 1km^{2}당 5.8명과 7명으로 추정된 데에서 드러나듯이, 중국식 모내기법=이앙법의 논농사 기술에 기반을 둔 동북아 세 국가의 인구밀도가 인도식 직파법의 논농사 기술에 기반을 둔 동남아 국가보다 높았다. 조선은 쌀 생산과 이앙법에 불리한 기후조건에도 불구하고 논농사의 건경법·건앙법·대파법의 개발로 인구부양력을 높였다. 18세기 조선의 인구밀도가 높았던 데에는 조세부담률이 낮고 환곡 등을 통한 기근 대책이 정비되어 있었고 산림자원에 대한 접근이 자유로운 편이어서, 다른 전근대 국가에 비해 한계 상태 인구의 생존율이 높았던 점도 작용하였다.

한국 최초로 근대적인 인구조사인 1925년의 국세조사(國勢調査)에 의하면, 조선인이 1,902만 명이었다. 호적을 이용한 개략적 추계에 의하면, 1392년의 인구는 555만 정도였다.[10] 1910년의 인구는 1,700만으로 추계되었으니,[11] 조선시대 연평균 인구증가율

10) 權泰煥·愼鏞廈 「朝鮮王朝時代 人口推定에 關한 一試論」 『東亞文化』 14輯, 1977. 박희진·차명수 「조선후기와 일제시대의 인구변동」(『수량경제사로 다시 본 조선후기』 서울대학교출판부, 2004)은 족보를 이용한 인

은 0.2%이다. 제2절에서 조선시대에 농산물 생산은 3배 정도 증가하였다고 추정하였다. 제3장과 제4장에서 살펴보겠는데, 조선시대에 상공업도 성장하였다. 그런 점에서 조선시대 경제규모는 3배 정도 늘고, 경제성장률은 0.2% 정도로 볼 수 있다. 서장의 〈표 1〉과 대비해보면, 조선시대의 경제성장률은 산업혁명 이전 동시기의 서유럽 평균보다 낮고 아시아 평균과 비슷하였다. 조선시대에 생활수준은 기복을 가졌지만, 1인당 소득은 전기간에 걸쳐 1900년 물가로 600달러 내외에 머물면서 그다지 변하지 않았는데, 그것도 산업혁명 이전 동시기의 서유럽 평균보다 낮고 아시아 평균과 비슷하였다. 생존경계선의 소득은 365달러로 추정된다.

왕실 일에 사역되는 노동자들의 실질임금은 인구 압박이 완화된 양란 직후에 높은 수준에 있다가 17세기 후반부터 개항까지 2세기 동안 안정적이었고, 물가가 폭등하는 개항 후에 하락하였다.[12] 전근대에도 만혼(晩婚), 갓난아기의 살해 등 예방적 인구 억제로 생활수준의 향상을 도모한 사회는 적지 않았다. 그런데 조선시대에는 조혼 풍습, 그리고 누구나 결혼해야 한다는 규범이 있던 반면, 예방적 인구 억제가 없었다. 조선시대의 평화와 질서, 그리고 적극적인 기근 대책은 인구수는 늘렸지만, 생활수준을 높일 수는 없었다. 조선에서의 서민 대중의 생활수준은 산업혁명 이전 거의 모든 나라에서처럼 맬서스의 함정으로 인하여 절대빈곤 수준에 머물렀다.

조선후기에 평년이라도 1년 내내 쌀이 떨어지지 않는 농민은 소수의 상농에 불과하였고, 과반수인 빈농은 보리의 수확 이전에 쌀이 바닥이 났고, 중농층은 보리수확기까지는 그럭저럭 쌀을 비축할 수 있었다. 농민은 일반적으로 아침과 저녁으로 두 끼를 먹었다. 한 끼에 대체로 식량 5홉, 지금 양기로는 1.5홉을 소비하였다. 농사철에는 세 끼를 먹었고, 경제력이 양호할수록 세 끼를 먹는 기간이 길었다. 세 끼 식사가 완전히 정착한 것은 20세기 후반의 일이다.

빈농은 봄에 식량이 떨어져 풀뿌리와 나무껍질[草根木皮]로 연명하는 일이 다반사였고, 보리가 다 여물기 전에 따서 식량으로 이용하였다. 흉년이 들면, 기근에 허덕이는 농민이 대다수였고, 굶어죽는 농민도 많았다. 냉해, 가뭄 및 홍수가 겹친 1670~1년 조선시대 최악의 기근으로 100만 명 정도가 사망했다 한다.

조선의 인구 변동은 19세기까지 다산다사(多産多死)라는 전근대적 특성을 보였다. 전근대에는 출산율과 유아사망률이 높고 평균 수명이 짧았기 때문에, 인구의 연령별

구 추계를 처음 시도하였다.

11) 박이택 「식민지기 조선인 인구추계의 재검토: 1910~1940」 『大東文化硏究』 63, 2008.

12) 박이택 「서울의 숙련 및 미숙련노동자의 임금, 1600-1909」 『수량경제사로 다시 본 조선후기』 서울대학교출판부, 2004.

분포는 피라미드형을 나타내었다. 1925~30년간 남자와 여자의 평균 수명은 각각 36.2세, 38.8세라는 추계가 있는데,[13] 의료·위생 지식이 미숙한 조선시대의 평균 수명은 산업혁명 이전의 세계 평균처럼 30세에 미달하였음이 분명하다. 〈표 1〉에 의하면, 지속적 경제성장이 이루어지면서 평균 기대수명이 30세를 넘었다. 1930년의 국세조사(國勢調査)에 의하면, 14세 미만은 총인구의 40%, 15~59세는 54%, 60세 이상은 6%였다. 조선시대 호적을 통한 연령별 분포를 보면, 14세 미만의 비중이 더 낮은데, 유아가 주로 누락되었기 때문이다. 1930년의 국세조사로 보건대, 노동력에 적합한 15~59세의 생산가능인구가 조선시대에는 절반 정도였던 것으로 보인다. 전근대에는 부양해야 할 유아나 어린이의 비중이 높았고, 이것은 생활을 압박하였다. 심각한 기근이나 질병이 지난 후에는 노약자가 우선적으로 희생되어 부양인구의 비율이 줄어들었을 것이고, 인구가 빠르게 증가할 때에는 유아의 비율이 높아졌을 것이다. 1890년대부터 종두법의 시행 등 근대적 의료·위생의 도입으로 사망률이 하락하여 다산소사(多産少死)로 변천하면서 인구증가율이 높아졌다.

조선시대에는 외교사절에 수행하지 않고서 육지로 국경을 넘는 것과 바다로 외국에 가는 것은 금지되었다. 조선과 중국의 국경 통제력이 약화되는 가운데 1860년대부터 기근에 직면한 농민이 만주와 연해주로 이주하기 시작하였다. 개항기에 이민이 합법화되어 세계 각지로 이민이 이루어졌는데, 1910년경에는 국외 한국인은 30만 명 정도였다. 식민지기에 국외 거주민이 급증하여 1944년 중국과 일본에만 360만 명에 달하였다. 한국은 이민의 역사가 늦게 시작하였으나, 20세기에는 이민의 비율이 높기로 세계에서 손꼽히는 나라가 되었다.

4. 토지소유의 진전

전근대의 농업경영에서 토지와 노동력은 어떠한 방식으로 결합되었던가. 그것은 토지의 소유방식과 노동력의 예속 상태에 관련되어 있다. 토지소유권의 형성·진전과정을 통하여 토지를 둘러싼 계급관계의 전개양상, 민간 경제주체의 성장 및 자원이용

13) 權泰煥·金斗燮 『인구의 이해』 서울대학교출판부, 1990, 表8-7.

의 효율화를 관찰할 수 있다.

농지가 남아돌고 화전식 농법처럼 토지를 부정기적으로 이용하는 단계에서는 토지의 용익권(用益權)을 행사할 필요가 없었을 것이다. 인구가 증가하여 농지가 희소한 자원이 되고 농법의 진전에 따라 토지를 정기적으로 이용하게 된 휴한농법(休閑農法)의 단계에 이르러 소유권이 형성되기 시작하였을 것으로 보인다.[14)]

이러한 소유권은 누구에 의하여 장악되었던가. 근대 민법은 배타적인 소유권을 상정하지만, 전근대에는 복수의 권리가 중첩된 중층적(重層的) 토지소유가 널리 나타나고 있었다. 나카무라 사토루는 전근대의 토지소유를 자기의 노동에 기초한 소유와 타인 노동의 착취에 기초한 소유의 중층적 결합관계로 파악하였다.[15)] 황무지를 개간하여 정기적으로 경작하면 사실상 소유권이 성립한다. 그런데 전근대에는 지배계급이 그 농지에 대한 상급소유권을 행사하여 잉여를 수취한다. 상급소유자의 주축은 중세 서유럽에서는 영주, 전근대 아시아에서는 국가이다. 나카무라의 가설은 전근대 중층적 토지소유의 이해에 유용하다. 그에 반해 로마 공화정의 시민들은 자신들이 용익하는 토지에 대해 국가의 자의적 침탈로부터 보호받을 수 있는 절대적 소유라는 관념을 고안하였다. 여기서 근대적 소유 관념이 나왔다. 중국과 조선에서 성립한 영토국가의 군주전제(專制)체제에서는 로마와 같은 절대적 소유 관념이 성립할 수 없었고, 국왕이 토지에 대한 관할권을 가진다는 왕토(王土)사상이 존재하였다. 왕토사상에 해당하는 관념은 중세 국가에서 널리 보인다.

우리나라 토지소유의 전개과정을 살펴보자. 읍락공동체에서는 군장(君長)이나 호민(豪民)의 사람과 토지에 대한 지배력이 강고하였으므로, 농민의 토지소유는 성립하지 못하였을 것이다. 제1장에서 언급한 바와 같이, 읍락공동체가 해체되어가고 군장층이나 호민층을 국가의 지배층으로 편입하면서 신라시대에는 식읍(食邑)이나 녹읍(祿邑)과 같은 영역지배권을 부여하였다. 읍락공동체 내 군장층의 토지지배력은 집권국가체제의 성립과 더불어 수조권(收租權)으로 전환하였던 것이다. 전근대국가가 농지세인 조(租)를 징수하는 권리, 그리고 이러한 수조권을 국가로부터 부여받은 전주(田主)의 토지지배력을 어떻게 평가하여야 할까. 그것은 타인 노동의 착취에 근거한 일종의 상급소유인가, 아니면 소유권과 무관한 단순한 조세징수권인가. 일제시대에는 토지국유론(土地國有論)이 널리 유포되었으나, 토지사유(私有)의 성장은 1960년대 이후 실증되었다.

14) 토지소유가 발생하는 사정을 다음의 예로 유추해볼 수 있다. 양란으로 인구 감소와 토지 황폐화를 겪은 후인 17세기 후반에 "인구가 날로 번창하고 차츰 개간이 이루어져 곧 그 주인이 되어 혹 자손에 전하기도 혹 서로 매매하기도 했다."(『肅宗實錄』 20년 7월 甲申)

15) 中村哲『奴隷制 · 農奴制の理論』東京大學出版會, 1977.

근대국가가 국민적 동의 아래 공공지출을 위한 경비로서 토지 등 수익이 발생하는 곳에 과세하는 것과 달리, 전근대에는 통치영역 내의 인민이 왕의 신민(臣民)이고 토지가 왕토(王土)라는 관념 아래 국가가 인민과 토지에 대한 지배력을 토대로 하여 조세를 거두고 토지의 처분에 대한 일정한 영향력을 행사하였다. 전근대국가는 봉건 영주처럼 관념적 소유권을 행사하려고 하였던 것이다. 수조권은 후대로 갈수록 점차 단순한 조세징수권으로 전환하였는데, 그 전환기가 15세기 중엽 과전법의 해체였다.

통일신라시대에 왕토사상의 관념 아래 토지사유가 성립하였다. "구원릉(九原陵)을 이룩한 곳이 비록 왕토라고 하지만 공전(公田)이 아니므로 이에 부근 일대를 일괄하여 후한 대가를 주고 구하였다"는 경주 소재의 숭복사비문(崇福寺碑文)은 그러한 사실을 보여준다. 개선사(開仙寺) 석등(石燈)은 891년 경조(京租) 100석(碩)으로 논 10결을 구매한 사실을 기록하였다. 당시 토지소유권을 증명하는 지권(地券)이 작성되었다. 그런데 소유권은 국가적 토지지배력의 강한 제약을 받았던 것으로 보인다. 879년 최치원은 사원에 기증한 토지가 "비록 나의 전지(田地)이기는 하나 또한 왕토에 있으므로 여러 당국자를 거쳐 왕의 동의를 얻어 시행하였는데, 왕은 그곳의 승통(僧統)으로 하여금 희사한 땅을 표지(標識)하여 사원 소유의 경계를 확실하게 했다"고 하였다. 토지의 매매와 양도를 서술하면서 왕토임을 환기하였고, 사원에 토지를 기증하는 행위는 금지되었기 때문에 그 행위에 왕의 동의까지 필요하였던 것이다.

고려는 976년 관직과 군역 등 직역(職役)에 대한 보상으로 수조지(收租地)를 나누어주는 전시과(田柴科)를 시행하였는데, 국가가 전조를 거두는 농지를 공전(公田), 사인에게 분급된 수조지를 사전(私田)이라 불렀다. 군인이 소유지의 수조권을 받으면 전조(田租)의 감면을 의미하였다. 수조지는 경작 농민과 아울러 '전정연립(田丁連立)'의 원칙 아래 자손에게 상속되었다. 관직에 대한 보수로서 주어져 관리가 죽으면 국가에 반납해야 하는 토지도 세습되는 경향이 있었다.

수조권과는 별도로 농지소유권이 존재하여 상속과 매매가 이루어졌으나, 수조권을 가진 전주(田主)는 경작 농민에 대한 지배를 통해 농지소유권을 제약하고 침해하였다. 사전은 전주의 자의적 수탈에 노출되었고, 그 경작 농민은 흉년이 들더라도 조세 감면의 혜택을 받기가 어려웠다. 고려시대에 수조권적 지배가 강하게 관철되는 가운데 민간의 소유가 성장하였다. 그것은 묵힌 농지인 진전(陳田)에 대한 권리를 통하여 엿볼 수 있다. 973년의 결정에서는 국가가 조를 거두는 토지인 공전을 묵힌 사람은 소유권을 상실하였지만, 1111년의 결정에서는 그러한 규정이 없고 진전의 경작에 대한 정밀한 수확물의 분할 규정을 담고 있다. 고려 초 소유권은 토지를 묵히면 보장받기 어려울 정도로 취약하였지만, 고려후기에는 진전에 대한 권리를 인정받을 정도로 성장하였던 것이다. 1022년에 민전(民田)이라는 용어가 나타난 것은 사유(私有)의 성장을 반영한다.

전시과는 무신집권기 이후 문란해져서, 수조지는 직역과 무관해지고 심지어 매매되기도 했다. 지배층은 국가로부터 수조권을 분급받지도 않은 토지를 사전으로 삼아, 그곳에서 전조(田租)를 규정 이상으로 거두어들였다. 하나의 토지에 대하여 여러 명의 전주가 수조권을 행사하기도 했다. 수조권이 소유권으로 전환하기도 했는데, 그것은 토지제도가 문란한 탓으로만 돌려서는 곤란하고, 근원적으로는 수조권을 가진 사전주(私田主)의 토지지배력이 단순한 조세 징수의 차원을 넘어 토지 처분에 대한 일정한 권리를 내포하였던 데에 기인한다.

조선의 건국 세력은 농지제도[田制]의 문란이 고려왕조의 멸망을 낳았다고 판단하여, 1391년에 과전법(科田法)을 공포하여 사전(私田)을 경기지방에만 분급하였다. 과전법 아래 수조권적 토지지배의 성격은 사전에 대한 다음의 규정에서 잘 드러나고 있다.

> 전주(田主)가 전객(佃客)의 소경전(所耕田)을 빼앗으면, 1~5부(負)는 곤장 20대이고 5부마다 1등급을 더한다. 처벌은 곤장 80대를 상한으로 하되 직첩(職牒)을 환수하지 않는다. 1결 이상 탈취하면, 그 전정[丁]을 다른 사람이 교체하여 받는 것을 허락한다. 전객은 소경전을 별호(別戶)의 사람에게 함부로 팔거나 양도할 수 없다. 만약 사망하거나 이사하여 호(戶)가 끊어지는 경우, 그리고 잉여 농지를 많이 차지하여 고의로 황폐화시킨 경우에는 그 농지는 전주의 의견에 따라 임의로 처분한다. (『高麗史』 권78, 食貨志, 田制)

'전객'은 '소경전'을 고의로 황폐화시키지 않는 한, 사적(私的) 용익권(用益權)을 항구적으로 가지고 그것을 상속할 수 있으니, 사실상 소유권을 가졌다. 사전을 축소하고 수조권자를 단일하게 정비하고 고려말기 수조권자에 의해 자행된 토지소유권 침해를 처벌하는 규정을 마련한 것은 농지소유권의 강화에 이바지하였다. 그런데 여기서 고려시대에 허용된 소유지의 매매·양도가 금지되었다. 그리고 전주의 제한적 처분권은 수조권적 토지지배를 보여준다. 자경지(自耕地)인 '소경전'을 보호하고 고의로 황폐화한 농지의 용익권을 회수하겠다는 것은 국가가 경자유전(耕者有田)의 원칙으로 토지의 경작·이용에 소유권을 부여하고 균등한 자작농체제로 만들려는 구상을 보여준다. 조선의 건국 세력은 모든 토지가 왕토(王土)이고 공전(公田)이 이상적이라는 관념에 입각하여 국가의 토지관할권을 강화하여 평등한 농경사회를 만들고자 하였던 것이다. 그래서 태종 때에는 병작반수의 지주제를 금지하고자 하였으나, 실효를 거두지 못하였다.

사전의 매매를 금지한 과전법의 규정은 국가의 수조지에까지 적용되었다. 그런데 국가는 먼저 한성부 내 집터와 채소밭의 매매를 허용하였다가 세종 6(1424)년에는 부모 장사, 벌금 납부, 부채, 기근 등으로 농지를 매매해야만 하는 인민의 사정을 고려하여, 일정 시한 내에는 판 농지를 되돌려 살 수 있는 환퇴(還退)를 전제하고 농지 매매를 허용하였다. 환퇴 분쟁이 빈발하자, 계약서에 영구 매매인지 환퇴를 전제한 매매인지를 명시하는 방향으로 전개되었다. 이후 고려시대와 달리 농지의 매매는 수조권의 제약이 없이 활성화되어, 농지소유권이 성장하였다.

1417~9년간에 걸쳐 답험(踏驗)을 통해 조세 감면을 결정하는 권한이 사전주로부터 국가로 이전되었다. 용도에 따라 각 기관에 위전(位田)으로 분산되어 있던 토지 재원을 1445년에 국용전(國用田)으로 통합하였다. 1466년에는 직전법(職田法)을 시행하여 현직 관리에게만 수조지를 주었고, 1478년 이후 관에서 직전의 전조를 거두어 지급하게 되었다. 1556년에는 직전법마저 폐지되어, 관리는 오직 녹봉만을 받게 되었다. 법치가 성숙하지 못한 비민주사회에서 관리 등 특권층인 전주가 수조권을 빌미로 사실상 소유자의 권리를 침해할 소지가 있던 점에서, 사전의 축소와 폐지에 따른 국가의 수조권에 대한 일원적(一元的) 지배력의 확립은 농지소유권의 강화를 낳았다.

『경국대전』 호전(戶典), 「전택(田宅)」의 첫머리에 "범송전택 과오년 즉물청(凡訟田宅 過五年 則勿聽)"이라는 규정이 나오는데, 5년 넘게 경작한 토지나 거주한 가옥의 권리를 다투는 소송을 허락하지 않는다는 의미이다. 이것은 토지의 경작 이용에 소유권을 부여하는 과전법의 원칙을 계승하면서 그 시한을 두어 법적 안정성을 도모하였다. 이 규정의 주(註)는 남의 농지와 가옥을 부정으로 매매한 경우, 농지·가옥의 소송이 확정되지 않은 경우, 부모의 유산을 정식으로 상속받지 않은 채 차지하려는 경우, 소작인이 지주의 농지를 차지하려는 경우, 타인이 가옥을 임대하고서 차지하려는 경우는 5년 시한에 구애되지 않고 권리를 주장하지 못한다는 내용을 담았다. 이 주로써 농지소유권은 포괄적인 법적 보장을 받게 되었다. 농지소유는 개인의 사적 권리이자 신분적 지배관계를 수반하지 않는 재산권이었고, 노비도 포함하여 남녀노소를 막론하고 소유의 주체가 될 수 있었다.[16] 그런데 노비는 상전에게 재산 처분을 보고해야 하고, 상속권을 침해당하기도 했다. 전근대 사회 가운데 조선 여성의 재산권은 강한 편이었으나, 조선 후기 중국의 종법(宗法)이 정착하면서 약화되었다.

16) 朴秉濠『韓國法制史攷』法文社, 1974.

1554년 편찬된 『경국대전주해(註解)』에서는 과전법에서와는 달리 소유권에 따라 국유지를 '공전(公田)', 사유지를 '민전(民田)'으로 불렀다. 1472년 한성부(漢城府)는 농지·가옥의 구매자를 재주(財主)라 부르고 있었고, 17세기 이후 국가는 농지소유자를 '전주(田主)'로 부르게 되었다. 과전법의 '전객'이 '전주'가 된 것이다. 토지·가옥 등을 현실적으로 지배하고 법률의 보장을 받는 소유 개념을 고문서에서는 '기유(己有)' 등으로 표시하고, 그러한 지배 상태에 있는 것을 '기물(己物)'로 표시하였다. 개항 전에 농지소유권이 인민의 기본권으로서 국왕이나 국가권력의 자의로부터 보호받는 절대적 권리라는 관념은 성립하지 않았으나, 농지소유권은 사실상 국가의 절대적 보호를 받았다.

조선조 이전부터 황무지의 개간·경작자는 소유주가 되었다. 개간 공증서나 절수행위가 있는 토지에서도 개간·경작자가 소유권을 인정받게 되자, 1746년 편찬된 『속대전(續大典)』에는 "황무지에 대해서는 개간하여 경작하는 자를 소유주로 삼는다(凡閑曠處以起耕者爲主)"는 규정이 들어갔다.

직전법이 폐지된 이후 국가는 궁방(宮房)과 아문(衙門)에게 토지를 절수(折受)하여 경비를 마련하게 하였다. 절수는 국가가 용익권(用益權)을 주는 행위이며 농지세가 면제된다. 그런 점에서 절수는 수조권 분급과 비슷하다. 양안상에 주인이 없으나 민간이 개간하여 대대로 상속하고 매매해왔던 사실상 민유지를 절수받은 궁방과 아문이 소유권을 행사하려 하여, 분쟁이 빈발하였다. 이에 대한 조정의 오랜 논의를 거쳐 1695년의 정식(定式)에서는 개간·경작자가 있던 절수지에서는 민전(民田)과 마찬가지로 쌀 23말(벼 50말 정도)을 징수하고 궁방의 소유지는 1결에 벼 200말을 받기로 하였다. 그리고 1688년 이후 절수는 폐지하되, 국왕이 사여(賜與)한 후의 토지의 개간·경작자에 대해서는 소유권 주장을 들어주지 않았다.

18세기 중엽 궁방·아문이 매입하거나 개간한 소유지로서의 유토(有土)와 궁방·아문이 민유지를 받아 농지세인 결세(結稅)를 수취하는 무토(無土)가 분화될 때, 민간이 개간하였으나 양안에 올리지 않은 절수지가 상당량 유토면세지(有土免稅地)로 편입되었다. 궁방의 유토는 1776년 일부가 농지세를 납부하게 되었는데도, 1787년 그 면세결(免稅結)은 10,864결이었고 1807년 11,379결로 증가하였다가 이후 감소 추세였고, 1871년 대원군의 개혁 이후 7,000결 내외였다. 1907년 궁방의 소유지는 모두 7,712결이었다. 임진왜란으로 직업군인인 훈련도감이 조직된 직후 1594년부터 둔전이 설치되기 시작하여 17세기에는 계속 증가하였다. 18·19세기 아문둔전(衙門屯田)은 4만~5만 결에 달하였는데, 모두 유토로 설정되었으나, 사실상 민전이 상당량 포함되었다.[17] 이러한 유토면

17) 宋洙煥 『朝鮮前期 王室財政 硏究』 集文堂, 2002; 조영준 『조선후기 왕실재정과 서울상업』 소명출판, 2016,

세지의 면세 특권이 폐지되자, 결세를 수취할 수 없게 된 궁방은 유토임을 근거로 소유권을 주장하여 분쟁이 일어났다. 유토의 경작자도 소유권 공증의 법적 요건을 갖추면 민유지로 만들 여지가 있었다. 유토 분쟁은 20세기 초 토지조사사업의 국유지분쟁으로 이어진다. 궁방과 아문의 유토는 합쳐도 6만 결 이하여서, 농지의 압도적 부분은 민유지였다.

조선시대 농지소유권의 성장을 낳은 요인은 무엇일까. 첫째, 법치이다. 조선왕조는 법치를 중시하여 건국 직후부터 법전을 만들어 정비하고 수정하는 작업을 지속하였고, 유학(儒學)이 법치의 이념을 제공하여 민생의 안정과 편의를 제공하는 방향으로 법제도가 개선되었다. 둘째, 아버지 또는 어머니가 단독 소유하는 재산을 단독으로 승계하는 조선시대의 상속 문화가 사적 소유를 진전시켰다.[18)]

재산권의 성장은 경제성장을 위한 중요한 조건이다. 농지사유의 진전은 농지의 효율적 이용을 위한 중요한 전제조건인데, 조선시대 농업생산력의 발전은 이에 크게 힘입었을 것이다. 소유제도의 진전은 거래비용을 절감시킴으로써 농지의 상품화, 나아가 농업의 상품경제화를 촉진시켰다. 농지시장의 성장은 역으로 농지소유를 한층 굳건한 기반 위에 올려놓았다.

고려시대 전시과에서는 연료나 목재를 조달하는 시지(柴地)도 나누어 주었는데, 고려후기에 산지를 사적으로 차지하는 현상이 확산되었다. 조선국가는 농지에 대해 절대적인 소유권을 인정하였던 것과는 달리, 시지를 나누어주는 제도를 폐지하고 산지(山地)의 개방 접근과 공동 이용 정책을 끝까지 견지하고자 했다. 단, 국가 목재를 조달하는 황장산(黃腸山)과 왕릉 주변의 봉산(封山)에서의 벌목은 금지되었다. 거름·땔감·목재를 조달하는 산지에 대한 인민의 자유 접근이 허용된 이상, 산지 소유권은 성숙하기 어려웠다. 그래도 인구의 증가에 수반하여 산림의 희소성도 점차 커지자, 묘역(墓域)의 확보와 사적으로 기르는 나무의 보호가 허용되어 사양산(私養山) 등 산지의 사유가 광범하게 형성되어갔다. 그 결과 일제에 의한 조선임야조사사업이 종료된 1924년에 민유림(民有林)은 41%를 차지하였고, 인구밀도가 높아 임야의 희소성이 큰 남부지방에는 69%에 달하였다. 『속대전』은 산지 개간의 금지책을 수록하였고, 송계(松契)를 결성하여 산림을 관리한 곳도 있고, 산림 입회권(入會權)이 성립한 마을도 있다. 조선시대 국가도 식목(植木)사업을 추진하였고, 1789~95년간에는 경기도 여덟 고을에 1,201만 그루를 심었다. 그런데 이런 정도의 노력으로 공유지의 비극을 효과적으로 막기는 어려웠다. 아

제2장; 宋亮燮 『朝鮮後期 屯田 硏究』 경인문화사, 2006.
18) 이헌창 「조선시대 경지소유권의 성장」 『경제사학』 58, 2015.

니, 석탄이라는 화석연료가 없이 고인구밀도의 조선사회가 제도만으로 산림 황폐화를 근본적으로 막기란 쉽지 않았을 것이다. 왕이 산지의 이용권을 인민과 공유하라는 맹자의 인정(仁政) 이념은 인구가 적던 조선전기에는 민생 안정에 도움을 주었으나, 인구가 많아진 18세기 이후에는 산림의 황폐화라는 공유지의 비극을 재촉하였다.[19]

5. 노비제의 변화와 임노동층의 형성

기술 발전으로 남의 노동력을 지배하여 잉여를 수취할 수 있게 된 이후에 계급사회가 성립하였다. 시대를 거슬러갈수록 인구밀도가 낮아서 농지보다 노동력이 더욱 희소한 생산요소였다. 인구가 늘어날수록 농지가 희소해져, 농지의 상대적 가치가 높아지는 추세였다. 그래서 조선 초에 양반은 농지보다 노비(奴婢)를 중요한 자산으로 간주하였는데, 조선후기에 들어가면 사정이 변하였다.

노동력이 희소한 단계에는 그 확보가 무엇보다도 긴요하였다. 노동력 이동의 자유를 어렵지 않게 제약할 수 있던 전근대에는 지배층이 희소한 노동력을 확보하기 위하여 노동력을 예속 상태에 묶어두고자 하였다. 게다가 예속노동력을 극한적으로 혹사하고 그 잉여생산물을 전부 빼앗을 수 있었다. 그 반면 노동력을 예속 상태에 두려면, 그들을 먹여살려야 하고 도망가지 못하도록, 그리고 열심히 일하도록 감독을 소홀히 할 수 없으므로, 상당한 관리비용이 들었다. 이익(李瀷)은 노비가 남의 일을 열심히 하지 않는 것은 인간 본성이라고 하였다. 따라서 노동력을 원활히 확보할 수 있다면, 예속 상태로 두는 것이 불리할 수도 있었다. 고대로부터 근대에 이르기까지 노동력의 예속성이 점차 완화되는 추세였던 것은 인구 증가에 수반하여 노동력 확보의 어려움이 줄었던 사정과 무관하지 않다.

3세기경 성읍국가(城邑國家) 단계에 지배층인 호민층(豪民層)이 민(民) 또는 하호(下戶)를 종처럼 사역하고 순장을 널리 행하던 것으로 보건대, 이후의 시기보다 노동력의 예속 상태가 강하였음을 알 수 있다. 성읍국가로부터 발전한 집권국가(集權國家)는 신분을 양인(良人)과 천인(賤人)=노비로 구별하는 제도를 마련하였다. 고조선의 형법에

19) 김경숙 「조선후기 山訟과 사회갈등 연구」 서울대 문학박사학위논문, 2002; 이우연 『한국의 산림소유제도와 정책의 역사, 1600~1987』 일조각, 2010.

의하면, 도둑질한 자를 노비로 삼고, 그것을 면하려면 많은 돈을 내어야 했다. 전쟁포로·중죄인·채무자 등이 노비로 전락되었는데, 삼국간 전쟁에서는 전쟁포로가, 통일 이후에는 채무자가 노비의 주요한 원천이었고 굶주려 몸을 파는 행위가 있었다. 통일신라의 촌락문서에 의하면, 노비는 장정[丁]의 6%에 불과하여 노동력의 부차적인 형태였다.

996년 노는 포 100필, 비는 120필로 공정가격이 정해졌고, 남의 노비를 하루 사역하는 보상을 1필로 정하였다. 1037년 노비가 출생할 경우 어머니에 귀속하는 법이 제정되었다. 중국에서는 송대에 이미 노비제가 억제되어서, 원의 황제가 노비의 폐지를 요구하였으나, 충렬왕은 1287년 노비를 양인으로 만들지 못하게 하는 법령을 반포하였다. 그래도 고려 국가는 양인과 천인의 결혼을 막고자 노력하고 채무자의 노비화와 노비의 매매를 규제하는 등 노비 확대를 억제하는 정책을 취하였다. 그 결과 고려시대 노비는 인구의 5% 내외로 추정된다.

집권국가, 그중에도 국왕은 조세를 납부하고 군인으로 동원되는 공민(公民)인 양인의 확대를 추구하였지만, 중간지배층은 가내와 농장의 노동에 사용할 예속노동력을 필요로 하였다. 중간지배층의 예속노동력 증대 욕구는 그들의 구심점인 국가의 양인 보존책과 갈등관계에 놓였다. 대체로 국가가 집권력을 강화하는 국면에는 양인의 확대책을 강력히 추진하였고, 집권력이 약화되는 국면에는 중간지배층이 양인을 천인으로 전락시키기가 수월하였다. 고려후기의 정치적 혼란 가운데 귀족의 농장(農莊)이 확대되고 양인의 불법적인 노비화로 노비가 증가하였다. 당시 노비 수백 명을 소유하는 왕족이나 귀족이 있었으나, 이규보(李奎報)나 이색(李穡)과 같은 일반 관료는 노비 10~20명을 보유하였다. 호족층은 농장경영에 필요한 노비 노동력을 충분히 확보하지 못하여, 양인이면서 사적 예속의 상태에 빠진 처간(處干)을 주로 사역하였다. "처간은 다른 사람의 토지를 경작하는데, 조(租: 토지세)는 그 주인에게 내고 용(庸: 요역)과 조(調: 貢賦)는 관에 내니 곧 전호(佃戶)이다. 당시 권귀(權貴)가 민을 많이 모아서 처간이라 하고 3세를 포탈하였다."(『高麗史』 世家 忠烈王 24년 7월 乙酉) 고려 말에는 내시들이 "공호(貢戶)를 내몰아 구사(驅史)라 부르고 수많은 사람을 공적(公籍)에 두지 않고 사사로이 농장을 두어 종처럼 부렸다."(『高麗史』 권118, 趙浚列傳)

조선 초에 불법적으로 전락한 노비를 양인으로 복구하는 사업이 전개되었지만, 노비법은 체계화되었고, 15·16세기에는 노비가 급증하였다. 태종은 사노비 소유의 상한을 정한 법을 만들었으나, 사족 관료의 반발로 무력화되었다. 노비 인구의 비중이 가장 높던 16·17세기에는 전인구의 30~40%로 추정된다. 양반은 보통 노비 수십 명을 소유하였고, 수백 명을 소유한 자도 적지 않았다. 그래서 조선중기 사회가 노예제라는 주장이 나왔으며, 그것에 대해 노비가 농노에 해당한다는 반론이 제기되었다.『경국대전』에서 노비 가격은 저화(楮貨) 4,000장으로 666일 노동의 가치에 해당하고 말 1필과 같았다.

노비는 주가(主家)에 붙어사는 솔거노비(率居奴婢)와 떨어져 거주하는 외거노비(外居奴婢)로 나누어진다. 솔거노비는 주로 가내노동과 주가 직영(直營)의 농업노동에 투입되었으며, 외거노비는 대개 독자적인 농업경영에 종사하였다. 조선시대에 외거노비로서 연간 정액의 신공(身貢)을 상납하는 납공노비(納貢奴婢)가 늘었다. 노비가 많은 지역은 경기 이남의 농업 선진 지대였고, 여기에 서울 양반의 외거노비가 많았다.

고대 그리스·로마는 민주정과 공화정을 거치면서 자유와 권리의 개념을 고안하고 그것을 박탈한 노예를 만들었다. 고대 로마에 확산된 노예제도는 로마제국과 더불어 쇠퇴하였으나, 근세 유럽인은 아프리카인과 아메리카 원주민을 노예로 사역하였다. 민주제와 공화정의 경험이 없이 전제군주제를 확립한 중국에서는 신민(臣民)의 자유와 권리 개념을 고안하지 못하고 유럽으로부터 도입하였다. 조선도 마찬가지였다. 유럽에서는 예속의 탈출은 자유민 자격을 부여하였다면, 중국과 조선에서 노비를 벗어나면, 양인(良人) 신분이 되었다. 조선시대 노비는 주인에 의해 매매·양도될 수 있는 점에서 노예와 같은 존재였으나, 재산을 소유하여 매매, 양도할 수 있었고 소송 등 법률적 행위의 당사자가 될 수 있다는 점에서 유럽의 농노(農奴)에 상응하는 신분으로 볼 수도 있다. 국가는 노비를 양인과 더불어 '민(民)'의 범주에 포괄하여 생명을 보호하였다. 그런데 1420년 노비가 주인을 고소할 수 없는 법이 마련된 이후부터 18세기 전반 무력화되기까지 주인에 의한 노비의 인권 유린이 자행되었다. 국가는 주인이 부당하게 노비를 죽이거나 죽을 지경까지 학대할 때에는 개입하였다. 가사와 농업에 사환(使喚)되는 솔거노비나 작개지를 경작하는 외거노비에 대한 인격적 예속이 납공노비보다 강하였다. 조선시대에는 후기로 갈수록 노비의 가족 구성이 안정되고 재산 소유권이 성장하였다.

유학은 부·자, 군·신(君臣) 및 노·주(奴主)의 명분(名分)을 두어 주인의 노비 차별을 합리화하였다. 다른 한편 유학사상을 확립한 공자는 도덕적 인간이 예(禮)를 실천하여 존엄하다고 보았는데, 천인도 포함하여 누구나 존엄성을 드러내는 예의 주체가 될 수 있었다. 조선은 처음부터 모두가 예의 주체라 보고 민간에 주자의『가례』를 시행하려 노력하였는데, 신분별 차등을 두었다. 부모 3년상은 16세기 초에 서인, 나아가 천인에게도 허용되었고, 4대 제사도 18세기 전반까지 사실상 모두에 허용되고 있었다. 고대 그리스부터 유럽에서는 자유와 예속으로 인간의 존엄성을 구분하였으나, 유교문화권에서는 예의 주체인가 아닌가에 따라서 존엄성을 구분하였으니, 사대부와 동등한 예의 주체로 성장한 노비를 유럽의 노예와 같은 존재로 볼 수는 없다.

조선전기에 인구가 빠르게 증가하는 가운데 노비의 비중이 증대한 것은 어떻게 설명할 수 있을까. 첫째, 고려시대와 달리 양인과 천인의 혼인이 조장되고 그 자녀는 모두 노비가 됨에 따라, 노비수가 급증하였다. 노비소유자는 여자 종인 비(婢)의 다산(多産), 그리고 남자 종인 노(奴)의 양인 여자와의 혼인을 장려하여 노비를 증식하였다. 태종은 양천간 혼인을 금지하였으나, 사족층의 반대로 그 조치는 15세기 중엽에 무력화되었다. 1414년 양인 아비와 여종의 자녀는 양인이 되는 법을 마련하였으나, 양반관료의 반대가 심하여 1432년 양반관료와 여종의 자녀만 양인이 되는 방향으로 개정되었다. 그리고 평화가 오래 지속되어 군사력 확보의 필요가 절실하지 않았기 때문에, 사족이 양인을 천인으로 전락시키는 추세에 대해 국가는 강하게 제동을 걸지 않았다. 조선전기에 절대왕정의 지지 세력인 사족에 대한 국가의 배려가 노비 확대를 방치하는 정책을 낳았음은 사대부의 통념을 반영한 대사헌(大司憲) 양성지(梁誠之)의 다음 글에서 엿볼 수 있다.

> (우리나라 왕조의 수명이 길었던 것은) 대가세족(大家世族)이 전국에 포열(布列)해 있으므로 비록 간웅(奸雄)이 나타나더라도 그 사이에서 틈을 엿볼 수 없었기 때문이다. 대체로 대가세족이 행세할 수 있는 것은 그가 노비를 소유하고 있기 때문이다. 노비를 소유함으로써 내외 상하의 명분을 지킬 수 있으며 예의·염치를 기를 수 있고 기력을 왕성히 유지하여 명망을 드러낼 수 있다. (『世祖實錄』 13년 8월 6일 己亥)

둘째, 고려보다도 국가의 집권력을 강화한 조선에서는 고려시대처럼 국가의 공민을 사적인 예속민으로 두기는 어려웠기 때문에, 노비 노동력의 수요가 증가하였고 국가도 그것을 용인하였을 가능성이 있다.

셋째, 대대로 노로부터 연간 면포 2필을, 비로부터 연간 1.5필을 거둘 수 있는 납공노비라는 제도는 노비로서는 예속성을 완화하고 주인에게는 감독·부양비용을 절감하여 선호되었을 것이다. 16세기에 표준 품질의 면포 1필은 쌀 4말에 해당하였다.

넷째, 맬서스 시대에는 노비의 공급 원천이 풍부하였다. 15세기 후반 조정의 논의에 의하면, "농민은 흉년에는 굶주림을 면치 못하고 풍년에는 조세와 부채에 지쳐서 늘 고통을 받았으며," 그래서 "양민(良民)은 국가에 대한 부담이 무거워 천인으로 들어가는 자가 많았다." "지금 인민의 80~90%가 사천(私賤)이고 양민은 겨우 10~20%이며, 편하고 부유한 자는 모두 사천이고 빈곤한 자는 모두 공천(公賤)과 양민인데," 그 까닭은 "무릇 국가의 공적 부담을 모두 공천과 양민으로 하여금 담당하게 하고 사천에게는 미치지 아니하기" 때문이었다.[20] 조선전기에 인구가 빠르게 증가하여 생활수준이 저하되어갔고 공물의 부담이 증가하였으므로, 노비 공급의 원천은 확대된 셈이다. 1547년 부모의 보호를 받지 못하는 아이를 구제하는 정책이 폐지되자, 민간은 유기아(遺棄兒) 수양법에 근거하여 노비를 확보하였다.

노비제는 18세기에 빠르게 쇠퇴하였다. 시가타 히로시(四方博)의 대구지방 8개 면 호적 연구에 의하면, 1690~1786년간 2,500호 내외에서 노비호의 비중은 40.6%에서 5.4%로, 1만여 명 중 노비의 비중은 45.9%로부터 15.2%로 격감하였다. 조선전기에 노비를 수백 명 보유하던 지주도 17·18세기에는 10여 명 정도 보유함이 고작이었다. 노비 인구는 19세기로의 전환기에 10% 내외로, 19세기에 그 미만으로 떨어졌다.

노비제의 쇠퇴를 낳은 요인은 무엇인가. 첫째, 노비의 증대에 수반하여 노비제가 국가의 재정과 군사력을 약화시키고 민생 안정을 저해한다는 비판이 확산하여, 노비제에 우호적이던 국가정책이 변하였다. 이이(李珥)는 민생 안정과 군사력 강화를 위해 어머니가 천인인 경우에 국한하여 노비 신분을 이어받는 종모법(從母法)을 주장하였고, 유성룡(柳成龍)은 임진왜란 때에 사천(私賤)을 군인으로 선발하면서 그 반대론에 대해 "천하 공공(公共)의 이치로 말하면 사천만 유독 국민이 아니겠는가"라고 반박하였다. 임진왜란 이후 노는 속오군(束伍軍)의 군역을 지고 무과에 응시할 수 있게 되었다. 나아가 유형원(柳馨遠)은 인륜에 어긋나는 노비제를 폐지하고 고용노동으로 대체하자고 주장하였다. 그런데 노비제 반대의 근본적인 논거가 될 수 있는, 기본권 개념은 개항 전에 나타나지 않았다.

1669년 노비종모법이 시행되었으나, 당쟁으로 폐지와 부활을 반복하다가, 1731년부터 확고히 시행되었다. 이러한 정책 변화는 노비를 감소시킨 중요한 요인이었다. 1667년 공노비의 신공(身貢)을 노는 1.5필, 비는 1필로 줄였고, 1755년 다시 0.5필씩 줄였고, 1774년에는 비의 신공을 폐지하였다. 노비 도망은 일상적인데, 조선후기 도망한 노비를 잡아들이는 데에 대한 관의 협조가 약화되었고, 1777년 추쇄관(推刷官) 제도가 폐지되었다. 이것은 노비 유지 비용을 증대시킨다. 1801년에는 모두를 차별 없이 동포로 대한다는 왕도(王道)정치 이념에 입각하여 궁(宮)노비 36,974명과 각사(各司)노비 29,093명을 양인으로 만들었다. 1886년에는 노비신분의 세습제가 폐지되었고 1894년의

20) 『成宗實錄』 6년(1475) 1월 丙寅; 9년 4월 己亥; 17년 11월 辛亥.

갑오개혁에서는 사(私)노비제도 폐지하였다. 이렇게 노비제도가 폐지되었으나, 민간 관행으로 잔존한 노비는 6·25전쟁에서 남침하는 인민군의 위협 아래 소멸되었다.

둘째, 노비제의 쇠퇴를 낳은 경제적 요인으로 인구의 증가와 농업경영의 변화를 들 수 있다. 조선후기 인구의 증가로 인하여 농지에 대한 노동력의 가치가 상대적으로 하락하여, 조선 초와는 달리 노비보다 농지의 재산가치를 높게 평가하게 되었다. 그리고 인구의 증가는 노동력의 확보를 쉽게 하여 구입·유지·감독비용을 요구하는 노비제를 덜 매력적으로 만들었다. 토지생산성의 향상으로 노동집약적 소농경영이 대세가 됨에 따라 농장의 직영지 비중이 감소하고 병작지주제(並作地主制)가 성장하였으므로, 노비 노동력의 수요가 줄어들었다. 양반층의 병작경영은 18세기 중엽까지도 노비 노동에 크게 의존하였지만, 그 후에는 사정이 바뀌었다.

이상의 요인 등으로 인해 노비에 대한 수요가 감소하여 노비의 가격과 거래량이 하락하였다. 30대 노 1명의 가격이 1700년대에는 쌀 1섬 남짓이었는데, 18세기 말에는 그 절반 이하로 떨어졌다. 노비종모법의 시행 이후 노는 신분적으로 세습되지 않았고 장기 계약노동자와 같은 존재로 변해갔다. 노비 노동이 격감하면서 임노동에 대한 의존도가 높아졌다.

국가는 양인이 자신이나 처·자녀를 예속 신분으로 파는 행위를 금지하였는데, 18세기 후반 그 정책을 포기하면서 자매(自賣)노비의 세습을 막고자 했다. 그런데 세습되는 경우도 있었다. 18·19세기에도 굶주림 등으로 예속 신분으로 전락하는 공급측 요인은 여전히 있었다.

조선전기에도 노동력이 집중적으로 필요한 농번기에는 하루 단위로 고용되는 일고(日雇)에 의존할 수밖에 없었다. 『쇄미록』의 저자는 16세기 말 노비만으로 농번기의 노동력 수요를 충당할 수 없어서 품삯을 주고 노동력을 고용하였다. 18세기 노비제의 쇠퇴는 농촌의 노동시장을 형성시켰다.

조선시대 고공은 13세 이상의 자가 굶주리게 되어 남의 구제를 받았을 경우 자기 당대(當代)에 한하여 봉사해야 할 의무를 가진 반(半)예속 양인이다. 고공은 고주(雇主) 집에 기거하며 군역이 면제되었다. 그래서 토호들이 많은 양인을 고공으로 삼아 사역하였기 때문에, 1509년 호당 3명까지로 제한하였다. 「고공가(雇工歌)」에서는 논과 밭 8일경을 가진 자작농 고주가 고공 2명을 사역하며 식사와 옷을 제공하였다. 고주는 임진왜란 이전에 고공이 근검하게 농사를 지었지만, 난후 불평불만이 늘었다고 걱정하였는데, 전란으로 남아도는 농지가 생기고 노동력이 부족해졌기 때문일 것이다. 1783년 고공법이 제정되어 임금을 받지 않고 종신 사역되던 고공은 5년에 10냥 이상의 임금 계약을 받는 노동자로 바뀌었는데, 그 수가 많지 않았다. 계약노동자로 바뀐 고공은 화고(和雇)로 불렸다. 굶어죽을 처지를 구제받은 수양(收養)고공은 자기 뜻대로 그 처지에서 벗어날 수 없었다.[21)]

조선후기 농촌에는 농업뿐만 아니라 비농업 부문에서도 다양한 임노동이 제공되고 있었음은 다음의 『흥부전』에서 엿볼 수 있다.

> 흥부는 일월동풍 가래질하기, 삼사월에 부침질하기, 일등전답 무논갈기, 이집저집 이엉엮기, 날궂은 날 멍석맺기, 시장갓에 나무베기, 무곡 주인 역인서기, 각읍 주인 삯길가기, 술밥먹고 말짐싣기, 오푼받고 마철박기, 두푼받고 똥재치기, 한푼받고 비매기, 식전이면 마당쓸기, 이웃집 물긷기, 전주감영 돈짐지기……

19세기 경북 예천군(醴川郡) 함양(咸陽) 박씨가의 농가경영에서는 머슴=고공 2명 내외를 가사일·농사일에 부리면서 현금뿐만 아니라 의복, 신발 등 현물도 지급하였고, 2~3마지기의 고답(雇畓)도 제공하였다. 머슴의 평균 고용기간은 2년에 미달하였다. 모심기, 김매기 등 농번기에는 일고도 다수 고용하였는데, 1870년경 술·담배만 지급할 경우 2전, 세 끼 식사도 제공할 경우 1전을 지급하였다. 19세기 후반 명목임금이 상승하였지만, 인플레이션으로 실질임금은 크게 하락하였다.[22)]

동아시아의 쌀농사지대는 유럽의 밀농사지대보다 인구밀도가 높아 가축을 방목할 초지가 적기 때문에 목축업의 비중이 낮았다. 그 결과 노동력이 농번기에 집중 투입되는 계절성이 강하였고 장기 고용노동력의 시장이 확대되기 어려웠다. 1896·7년 충남 부지방의 호적에 의하면, 친족 이외의 머슴인 '고용(雇傭)'을 가진 호가 20% 정도 차지하였는데, 그 대부분의 호가 1명의 머슴을 고용하였다.

21) 한영국「朝鮮 後期의 雇工: 18 · 9世紀 大邱府戶籍에서 본 그 實態와 性格」『歷史學報』81, 1979; 金容燮『新訂 增補版 朝鮮後期農業史硏究[II]: 農業과 農業論의 變動』지식산업사, 2007, 484~500쪽.
22) 李宇衍「農業賃金의 推移: 1853~1910」『맛질의 농민들』一潮閣, 2001.

6. 농업경영조직의 변화와 소농경영의 성장

중세의 기술조건과 생산요소의 부존 상태로 보건대, 어떠한 농업경영방식이 안정적이고 효율적이었을까. 농경시대에는 농업 인구가 증가 추세였고 농업용 기계가 도입되지 않았기 때문에, 농업 기술발전은 토지생산성의 상승을 위주로 하였다. 그에 대응하여 농업경영의 기본 발전 추세는 소농(小農)의 형성과 성장이었다. 가족이 노동력의 중심인 소농은 20세기 산업사회에서도 지배적 농업경영이고 공업화를 위한 노동력을 방출하는 원천이었다.

농업경영의 기본 단위는 생활공동체로서 가족 단위와 일치하는 경향이 있었다. 삼국시대까지는 친족집단의 확대가족이 사회·경제생활의 기본 단위였다. 그러다 신라 후기를 거치며 확대가족이 해체되어가면서 소가족 단위로 가족노동력에 의존하는 소농경영이 형성되었다. 집약적 농업 기술의 발전은 소가족과 소농경영의 형성과 성장을 낳고, 그와 더불어 농지사유가 형성되고 국가의 농민 파악이 진전된 것으로 보인다.

고려시대에는 직계 소가족이 중심을 이루어 토지를 상속받아 보유하는 소농경영이 생산의 기본 단위였다.[23] 고려의 가족 형태는 조선 초에도 이어져, 『경국대전』 호구식(戶口式)에 의하면, 가족은 부부, 사위를 포함한 자녀, 그리고 노비와 고공으로 이루어져 있었다. 조선전기에 표준적인 농가는 1결 정도를 소유하였는데, 이들은 노비와 고공을 거느리거나 방계 친족을 데리고 살 만한 여유를 가지기 힘들었을 것이다.

조선 초까지도 딸과 아들 모두 사유재산을 균등하게 상속받았고, 분가한 뒤에 남편과 처 사이에서 상속 몫이 큰 쪽으로 대개 정착지가 결정되었고, 결혼한 남자가 여자 집으로 들어가는 솔서혼(率壻婚)이 널리 행하여졌다. 17세기 이후 중국의 종법(宗法)이 정착함에 따라 친족관계가 부계 중심으로 정리되고 남자, 그중에도 장자가 상속에서 우대를 받게 되었다. 모계·처계로도 함께 살던 가정은 부계로 단순화되었다. 이러한 가족제도의 변화는 소가족, 나아가 소농경영을 확산시켰다.

박지원(朴趾源)이 1798년 군수로 재직하던 충청도 면천군(沔川郡)의 전결(田結)·호구상황 등을 기술한 「한민명전의(限民名田議)」에 의하면, 농가의 가족성원은 평균 5명이고, 5명이 되지 못하면 농사를 짓기 어렵다고 보았다. 당시 면천군의 농민경영의 대표적 존재 형태는 농부 1인과 위로는 부모, 아래는 처자로 구성되는 직계 소가족이었음

23) 盧明鎬 「高麗時代 鄕村社會의 親族關係網과 家族」 『韓國史論』 19, 1988; 「田柴科體制下 白丁 農民層의 土地所有」 『韓國史論』 23, 1990.

을 알 수가 있다. 중국 명·청시대에도 호당 인구수가 평균 5명이었으니, 전근대 농경사회의 표준적인 부계(父系) 직계소가족은 5명으로 보인다.

조선시대에 개인적 소유가 발달하여 가장과 주부가 각각 독립적인 재산과 수입을 가졌다. 남경여직(男耕女織)에서 드러나듯이, 남자는 주로 농사, 여자는 주로 직물과 의복의 생산에 종사하였다. 여성은 자녀 양육 등 가사노동을 담당할 뿐만 아니라 농사일을 도와주었고 매매에 참여하기도 했다. 충청도 홍주(洪州)의 양반 중견 지주인 김호근(金好根)의 유(柳)부인이 남긴 가계부에 가까운 1849~1851년간 일기를 보면, 가장은 관직 생활과 사교에 바빠, 주부가 노비를 거느리며 가산을 관리하면서 여유 자금을 대부하였고 노비와 임노동자를 활용하여 상업적으로 방적·양잠·의복제작에 종사하기도 했다. 가난한 여성, 특히 과부는 직물과 의복의 생산, 임노동 등으로 생계를 꾸리기도 했다.[24)]

연작법 등 집약적인 토지 이용이 진전함에 따라, 소농경영은 성장하는 추세였다. 그런데 조선전기까지도 소농경영은 다음의 점에서 취약성을 가졌다. 첫째, 고려후기와 조선전기에 노비 등 예속노동력에 의존한 농장(農莊)이 발달하였다. 농장에는 농장주가 노비노동을 조직하고 전 작업과정을 지휘, 감독하던 가작(家作)=직영제(直營制), 그리고 노비의 소농경영을 감독하고 그 잉여생산물·노동력을 철저히 수탈하는 작개제(作介制)가 큰 비중을 차지하였다. 둘째, 남의 행랑에서 더부살이하는 협호(挾戶)의 구성비가 높았다. 경제적으로 자립하지 못하는 협호는 양반이나 양인 상층 신분이던 주호(主戶)의 농업경영에 강하게 포섭되어 있었다. 이처럼 소농경영의 취약성을 낳은 근본 요인은 낮은 기술 수준이었다. 이 단계에는 소 2마리가 쟁기를 끌었는데, 일반 농민은 소를 가지지 못해 남에게 빌려야 하였다.[25)]

조선후기에 노비제의 해체로 양인층 소농경영이 성장하였다. 그리고 쟁기 기술의 발달로 소 1마리가 쟁기를 끌게 된 것도 소농경영의 성장에 유리하였다.

김매기 노동력을 절감한 이앙법(移秧法)의 보급은 개별 농가의 경작면적을 증대시킬 수도 있고, 또한 다각적이고도 집약적인 농업경영을 진전시킬 수도 있었는데, 조선후기 어느 것이 우세하였던가. 이앙법에 힘입어 농지면적을 확대한 대경영의 농가를 당시의 사료에서는 광작(廣作) 또는 광농(廣農)이라 불렀다.

24) 남미혜 「조선후기 사대부가 여성의 치산과 경제활동」 『동양고전연구』 64, 2016; 김현숙 『조선시대 여성, 가계부를 쓰다: 종부의 치산과 가계경영』 경인문화사, 2018.

25) "촌락에 100집이 있으면 가축을 가진 것이 겨우 10여 가이고 소를 가진 집도 1~2두에 불과하다. 송아지를 밸 수 있는 암소를 제외하면 겨우 수두(數頭)이다. 100가의 농지를 소 수두로 경작하니 넉넉할 수가 없다." (『衿陽雜錄』(1429년경 저술), 農談 二)

무릇 대농가라도 겨우 4석답(石畓)을 경작하는데, 5섬[石]에 이르면 반드시 땅이 넓어 황폐하게 된다. 만약 오로지 수종건파(水種乾播)로 농사지으면, 4섬을 경작하는 농가는 1섬도 경작하지 못할 것이다. (『日省錄』 正祖 23년 3월 28일)

민간에서는 1섬이 대개 20말이므로, 1섬지기는 20마지기인 셈이다. 직파를 하면 20마지기를 경작하던 농가가 이앙을 하면 80마지기까지 경작할 수 있다는 것이다. 이앙법이 광작을 출현시켰는데, 광작은 자작지주와 자작농뿐만 아니라, 자소작농에 의해서도 추진되었다.

조선후기에 임노동자를 고용한 대농경영의 발전 전망은 어떠하였던가. 그것은 노동력의 조건, 농지세의 부담과 지대율의 동향, 광작을 위한 농업 기술조건 등에 달려 있다. 첫째, 18세기의 높은 인구밀도는 집약적 농업경영을 요청하였다. 조방적인 농법인 광작은 당시의 자원부존 조건에 부합하지 않았다. 둘째, 대토지소유자가 임노동자에 의존한 대경영 또는 병작제 중에 선택하는 데에는 지대율과 노동자의 부양비용이 중요한 판단기준이다. 농업노동이 계절적으로 이루어지기 때문에, 장기계약 노동자를 많이 확보하는 것은 유리하지 않았다. 게다가 농업 인구의 증가에 따른 차지경쟁(借地競爭)으로 지대율이 하락하지 않아, 병작제의 이점은 줄어들지 않았다. 소작지로 수확물의 절반을 납부하면서 광작을 해서는 성장하기 힘들었다. 지대율이 수확량의 1/3~1/4인 특수도지(特殊賭地)에서는 광작이 유망할 수 있었다. 위화도(威化島)의 전도지(轉賭地), 재령과 봉산의 중도지(中賭地), 전주지방의 화리(禾利), 진주지방의 병경(併耕) 등의 특수도지는 지대율이 낮았을 뿐만 아니라, 제3자에게 양도·매매·전대(轉貸)가 가능하였다. 특수도지의 출현에서 지대율의 저하 경향을 논증하려는 견해도 있지만, 특수도지는 비중이 매우 작을 뿐만 아니라, 개간 참여 등 특수한 발생 연원을 가진 일종의 권리인 점에서 일반 소작지와 다르다. 부분적으로 도입된 화폐지대도 현물납 부분을 화폐로 환산한 데에 불과하여, 서유럽에서처럼 화폐지대의 실질가치의 하락을 기대할 수도 없었다.

셋째, 조선후기에 대동법 등으로 인하여 조세가 농지를 기준으로 부과되고 작인에게 전가할 수 있게 되어갔는데, 19세기 초에 정약용(丁若鏞)은 “근래에는 농지세가 날로 무거워짐으로써 광작은 날로 쇠퇴하고 있다”고 하였다.

넷째, 이앙법의 보급으로 김매기작업에 투입되는 노동력이 대폭 절감됨으로써 광작이 가능해졌지만, 당시의 농서(農書) 저자들은 한결같이 광작을 위험한 농법으로 인식하여 시비 등에 꼼꼼히 배려하는 집약적 농업을 권장하였다. “혹 광농에 힘쓰는 자는 제초의 수고를 꺼려하여 비록 봉천답(奉天畓)이라도 매양 모심기를 하는데, 홍수·한발·바람·서리의 재해를 면하지 못하였다."(『承政院日記』 肅宗 34년 7월 8일 公州閑良 尹弼殷上疏). 김매기 이외의 작업에서는 상응한 노동생산성의 향상이 이루어지지 않았기 때문인데, 이 점은 다음의 인용에서 드러난다.

> 이른바 광작은 그 경작 면적이 넓기 때문에 지력을 배양하고 시비를 하는 데 힘쓸 수 없다. 다만 갈고 김매는 시늉만 내어 요행을 바라는데, 풍년이 들어도 그 수확이 인공(人功)을 다함에 미치지 못함은 물론, 하물며 일단 흉년이 들면 천경(淺耕)을 하고 비료를 제대로 주지 못하기 때문에 재해를 입음이 이미 심하고 수확은 더욱 감소한다. 또 갈고 거름 주는 일을 근면히 하지 않았기 때문에 비옥하였던 토지가 점차 척박한 토지로 되고 만다. (禹夏永『千一錄』漁樵問答)

농지세 부담의 증가 추세, 고율지대의 지속, 그리고 농업 기술과 자원부존의 조건으로 볼 때, 광작은 유리한 경영방식이 아니었다. 조선후기 상층 농민은 감소하고 하층 농민이 증가하는 추세를 보였다. 소유지를 확대하는 농민도 대체로 2정보까지는 자작을 하다가 그 이상의 토지는 병작에 의존하는 경향을 보였다. 병작제가 16세기부터 확산되어 17세기 이후 대토지소유자의 지배적인 경영방식으로 자리잡은 것은 소농경영의 성장에 수반하여 잉여수취제도로서 이점이 커졌기 때문일 것이다.

요컨대, 농가경영은 고용노동에 의거한 대경영으로가 아니라, 가족 노동을 중심으로 하는 집약적 소경영으로 발전하고 있었다. 고용노동을 이용한 대경영으로 발전하는 추세가 아니기 때문에, 농업자본주의로의 발전 전망이 없다고 평가해서는 곤란하다. 농업에서는 노동자간 분업의 이점이 크지 않은데다가 노동력이 농번기에 집중되므로, 고용노동을 이용한 대경영의 이점은 크지 않다. 20세기 후반의 고도성장기에 농촌과잉인구가 해소되고 농업기계화가 진전하면서 대규모 토지를 경작하는 농가가 늘어났지만, 그 경우에도 가족노동력에 주로 의존하였다.

조선후기 기술발전으로 소농경영이 안정되었다 하더라도, 그것은 상대적인 의미로 이해될 필요가 있다. 전근대에는 낮은 기술 수준으로 인해 소농은 인구의 압박과 자연재해의 위협으로부터 벗어나기가 어려웠고, 토지로부터 분리되는 농민은 지속적으로 발생하였다. 농업 기술의 발전이 인구 부양력을 증가시키더라도, 인구 증가로 인한 농지의 영세화와 열등지의 개간은 농가경영을 취약하게 만들었다. 조선시대 농민은 일반적으로 춘궁기의 식량은 물론 종자까지 환곡이나 장리(長利)에 의존할 정도로 취약하였다. 장리는 대개 춘궁기에 빌린 곡물의 1.5배를 추수 후에 상환하는 것을 말한다. 전근대에는 낮은 기술과 미미한 자본으로 인하여 풍흉에 따른 수확량의 격차가 컸다. 흉년에는 굶주리는 사람이 많았고 상당한 농지를 소유하더라도 식량사정이 넉넉하지 못하였으며, 흉년이 거듭 들면 굶어죽는 사람이 많았다. 게다가 국가와 중간지배집단의 수취가 농가경영의 유지를 위협하였다. 19세기 말 전라도 구례군(求禮郡)의 사례 연구에 의하면, 농가의 과반은 임노동과 개간에 종사하였건만 식량이 절대적으로 결핍되었고, 그 15% 전후는 유리될 운명에 처하였다.[26] 1711년 전라도 무안군(務安郡)에서는 연이은 3년간의 흉작으로 군내 5,000의 민호(民戶) 가운데 2,000호가 유망하였다고 한다(『비변사등록』 숙종 37년 2월 20일). 1717년 경상도 단성군(丹城郡) 법물야면(法勿也面)의 호적에 실린 368호의 평균 존속기간은 42년이었는데,[27] 유망이 존속기간 단축의 주요한 요인이었을 것이다. 이렇게 발생한 유민이 타지역에 정착하는, 이른바 입작(入作)은 평안도에서는 인구의 절반을 차지한 적도 있었고(『仁祖實錄』 3년 6월 己亥), 1730년 평안도 위원군(渭原郡)의 8,000호 가운데 3,000호였다 한다(『비변사등록』 英祖 6년 정월 11일).

자연재해의 대응력이 낮은 기술수준에서 전근대 농민의 주된 관심은 수입의 극대화가 아니라 안정적인 경영의 유지였다. 차야노프(A. V. Chayanov)에 의하면, 소농은 가족의 노동력을 적절히 배분하여 생존을 위한 소비 욕구를 충족함을 우선 과제로 삼는 합리적인 선택의 주체였다. 그래서 자급의 다각경영을 중시하였다. 소농은 자연적·기술적 제약으로 모든 물자를 자급할 수 없었으므로, 시장은 중세의 경제생활에서 비중이 작지만 필수적인 구성요소였다. 농업 기술의 발전에 따른 잉여의 증가와 교역의 확대로 인하여 소농의 시장으로의 편입이 진전하면, 조직계획이 현저히 단순해질 뿐만 아니라 경제계산의 성격이 본질적으로 달라져서 수입 내지 이윤의 극대화를 추구하게 된다. 다음 장에서 언급하겠지만, 조선에서는 16~8세기에 농촌시장이 발달하였는데, 그것은 농가의 잉여처분 기회를 확대하고 비자급물자 구입의 편의를 제공함으로써 농가경영을 안정시켰다. 그런데 조선시대 시장은 농가의 경제계산의 성격을 본질적으로 변화시킬 단계로 발전하지는 못하였다.

지금까지 소농경영의 전개를 인구·자원기회·기술과 관련지우면서 파악하였는데, 그 재생산에 영향을 주는 중요한 제도는 계급과 국가였다. 지배계급과 국가는 토지소

26) 李鍾範「19世紀末 20世紀初 鄕村社會構造와 租稅制度의 改編-求禮郡 吐旨面 五美洞『柳氏家文書』分析」 연세대 사학과 박사학위논문, 1994.
27) 이영훈·조영준「18~19세기 農家의 家系繼承의 推移」『경제사학』 39, 2005.

유제도와 물리적 강제력에 의거하여 소농 등의 잉여를 흡수하여 그 물질적 존립 기반으로 삼으므로, 이러한 잉여의 재분배를 살펴볼 필요가 있다. 그런데 소농은 잉여를 수취당하는 수동적인 존재로서만 인식되어서는 안 된다. 장기적으로 본다면, 농업생산력의 발전에 따른 소농경영의 성장은 토지소유제도와 그에 기초한 잉여분배기구, 곧 지배체제와 생산관계를 변화시키는 동인(動因)이 되기도 한다.

7. 중간지배집단의 변천

(1) 농장제의 변천

귀족과 관료는 녹봉이나 국가로부터 부여받은 수조권(收租權)을 통하여 잉여생산물의 분배에 참여하였는데, 이러한 수조권적 지배와는 별도로 토지소유와 인신적 지배력을 토대로 하여 잉여생산물과 잉여노동을 수취하는 생산관계로서 농장제(農莊制)와 병작제(並作制)가 존재하였다. 병작이란 농지 임대차와 수확물 분배의 제도를 의미하는 반면, 농장이란 소유지나 수조지를 집적(集積)한 경영단위를 지칭한다. 그래서 농장경영은 병작제도 포함하나, 그 고유한 특징은 노비나 국가의 통제로부터 벗어난 예속노동력에 의존하여 작개제(作介制)와 가작(家作)=직영(直營)을 행하는 것이다.

1554년에 작성된 '안씨치가법제(安氏治家法制)'는 노비를 이용한 작개제의 실태를 잘 보여준다. 서울의 사족인 안씨는 노비 9명에게 파주(坡州)의 전답 155.5마지기를 작개로 경작하게 하여 그 수확물을 수취하고, 그들의 생계 유지를 위하여 150.8마지기를 사경지(私耕地)로 지급하였다. 상전(上典)이 노비 등을 일일이 몸소 단속할 수 없으므로, 관리인인 마름[舍音]으로 하여금 노동력을 징발하고 농사의 과정뿐만 아니라 풍습까지도 감독하게 하였다. 노비가 병작제에 준하여 지대량을 정해줄 것을 요청한 데에 대하여, 상전은 병작둔전(並作屯田)과 작개지는 다르고 2마지기에 1석을 내고 나머지를 차지하는 병작은 나쁜 습속이라고 보았다. 그래서 1석을 초과하여 납부하면 상을 주고, 그에 미달하면 벌을 주겠다는 것이다. 노비 등은 그 밖에도 연료인 땔나무와 울타리용 가시나무를 바쳐야 하였다. 작개제에서는 병작반수제와는 달리 지대가 관습에 의해 고정된 것이 아니라 노비의 잉여분을 철저히 수탈하는 것이었고, 노비는 토지수확물 이

외에 노동력을 징발당하고 땔나무 등을 납부해야 하였다. 요컨대, 작개제는 인신에 대한 강한 지배와 잉여의 철저한 수탈이라는 특징을 가졌다. 그래서 퇴계 이황이 아들에게 보낸 편지에 의하면, 노비에게 작개는 고역(苦役)인 반면 병작은 이로운 것이었다.

16세기 농장의 형태를 보면, 주가(主家)를 중심으로 10여 채 정도의 노비가(奴婢家)가 에워쌌고 관개의 형편에 영향을 받으면서 전답이 흩어져 있었다. 주가에 인접한 토지는 노비를 부려 직영을 하고, 좀 떨어진 토지는 작개제로 경작하고 멀리 떨어진 토지는 병작제에 의존하였다. 조선 초에 "부강인(富强人)이 농지를 많이 차지하여 한 집이 경작하기에 이미 충분하면 빈민과 병경(並耕)하여 이익을 취한다"(『太宗實錄』 15년 6월 庚寅)라는 기사로부터 알 수 있듯이, 가작이 적정 규모를 초과하면 병작 등에 의존하였다. 분업의 이점이 작은 농업경영에서 노비가 많더라도 직영지 규모의 확대에는 제약이 있었다.

농장이 언제 발생하였는지는 잘 알 수 없다. 신라 하대의 전장(田莊)도 유사한 성격이었을 것이다. 고려후기에 전시과제도가 붕괴되면서 토지의 겸병이 진전하고 농장제가 성장하였다. 1388년 대사헌(大司憲) 조준(趙浚) 등은 농지제도의 개혁을 건의하면서 "근래 겸병(兼併)이 더욱 심해져 간흉(奸凶)한 무리가 주군(州郡)을 포괄하고 산천을 경계로 삼아 모두 조업전(祖業田)이라 칭하면서 서로 빼앗으니, 1무(畝)의 주인이 5~6인을 넘고 한 해의 농지세를 8~9차례 거둡니다"라고 하였다. (『高麗史』 권78, 食貨志 1, 田制 祿科田)

전시과의 붕괴 후에 권세가는 국가로부터 수조권을 분급받은 사전(私田)을 가산(家産)으로 만들어 국역(國役)으로부터 도피한 농민을 끌어들여서 잉여생산물을 거두었다. 농장주는 국가의 행정적 통제력으로부터 벗어난 분권적인 세력을 이루며, 공적(公籍)으로부터 누락된 공호(貢戶)를 사역하여 국가에 납부해야 하는 조세도 차지하였다. 수조지는 국가의 관리로부터 벗어나 소유지로 전환하기도 했다. 몽고와의 전쟁으로 황폐해진 농지를 개간하기 위하여 주로 권세가에게 지급된 사패전(賜牌田)은 농장의 확대에 기여하였다. 사패전은 원칙적으로 수조권을 분급(分給)한 토지지만, 개간을 통하여 사실상 소유지로 삼기도 했다. 권세가는 사패전이라 칭하고 민전(民田)을 침탈하기도 했다.

가산화된 사전으로 구성된 농장은 국가의 물적 기반을 잠식하였다. 무신집권기에도 권세가에 탈취당한 농지·인민의 변정사업(辨整事業)이 반복되었지만, 실효를 거두지 못하였다. 1388년 위화도회군으로 개혁파 사류(士類)가 정권을 장악하면서 사전의 근본적인 개혁에 착수하여, 남부 6도의 양전(量田)을 실시하고 과전법을 제정하여 수조권을 국가가 장악한 다음, 경기지역에 국한하여 사전을 공신과 관료에게 지급하였다. 과전법이 실시된 후에는 수조지로 이루어진 농장은 해체되었지만, 소유지의 집적에 의한 농장은 살아남았다.

조선 초에 양반 관료나 왕족의 농장은 전국에 산재해 있었다. 공신전(功臣田)도 농장의 기반이 되었다. 지방의 품관(品官)과 향리도 국역으로부터 도피한 평민을 끌어모아 농장을 설치하였고, 『경국대전』 원악향리조(元惡鄕吏條)에는 그러한 향리에 대한 처벌 규정이 명문화되기에 이르렀다. 조선전기의 고문서에는 300~600마지기의 농지와 60~80명의 노비를 소유하고 농장을 경영하는 지주이자 중견적인 지방 양반이 도처에 확인된다.

'안씨치가법제'를 검토해보면, 작개제가 병작제보다 반드시 유리한 것은 아니었다. 수취의 극대화를 위하여 감독을 철저히 해야 하였고, 전잉여의 철저한 수탈로 인하여 생산의 효율화를 위한 유인을 박탈하였고, 게다가 사경지를 붙여주어야 하였다. 노동력의 확보가 원활하고 소농경영의 안정화와 집약화가 진전하면, 생산을 작인에 맡기고 수확물의 절반을 수취하는 것이 유리할 수 있었다. 16세기 이후 작개제가 병작제로 전환한 경제적 배경을 여기서 찾을 수 있을 것이다. 작개제가 병작제로 전환하면 노비제의 이점이 약화되어, 조선후기 노비제 해체의 경제적 기반이 마련되었다.

군량의 조달을 위한 국유지인 둔전(屯田) 경영의 변화를 통해서도 병작제가 직영제나 작개제에 비해 노동력의 감독비용을 절감하고 보다 열심히 일할 유인을 제공할 수 있었음을 확인할 수 있다. 조선 초에 관이 둔전을 경영할 때, 토지는 물론 종자·양식·농구·소까지 준비하고 당번 군인의 노동력을 동원, 감독하여 직영을 하였다. 그런데 당번 군인의 노동력 징발은 그들의 농가경영에 큰 타격을 주고 둔전 경영의 능률도 오르지 않았으므로, 1469년에 정부는 "공사(公私) 모두에 편리하도록" 둔전 경영을 병작제로 전환하였다(『睿宗實錄』 1년 6월 辛酉·甲子).

(2) 병작제의 성장

병작제(並作制)는 해방 후 농지개혁으로 해체된 지주제의 원형이다. 지주와 소작농은 병작제에서는 전주(田主)와 작인(作人)이라 하였다. 전시과 아래 사유지의 지대가 1/2인 것은 병작제와 유사한 성격의 생산관계였다. 고려후기 "농지제도가 붕괴된 후 호강(豪强)이 겸병할 수 있고…… 약자는 세력자의 농지를 빌려 경작하여 수확을 반으로 나누었는데"(『三峯集』 권7, 朝鮮經國典 賦田 經理), 이러한 생산관계는 지대율이 절반으로 정해지고 지주·작인관계가 경제적인 성격의 병작제로 연결될 것이다.

다음을 보면, 병작이라는 용어가 등장하는 조선 초에 국가는 노동력이 부족한 질병자·과부·홀아비·자식이 없는 자의 병작을 허용하였으나, 유력자가 농장을 설치하고 국역을 피한 농민을 끌어모아 행하는 병작은 금지하였다.

> 품관(品官)과 향리(鄕吏)가 농지를 널리 차지하고 유망민(流亡民)을 불러들여 병작반수(並作半收)하니 그 폐단이 사전(私田)보다 심합니다. 사전은 1결에 풍년이라도 단지 2석을 수취함에 비해 병작은 1결에 많은 경우 10여 석을 수취합니다. 떠돌아다니는 자가 이 병작에 의탁하여 국역(國役)을 회피하고 이들을 거느린 자가 이것에 의탁하여 그들을 숨기니 국역이 불균등한 원인은 오직 여기에 있습니다. (『太宗實錄』 6년 11월 23일 己卯)

> 우리 국토가 협소하여 농지가 없는 인민이 거의 30%입니다. 농지소유자가 유고(有故)하여 농사를 지을 수 없으면 이웃사람과 친척이 병경(並耕)하여 반가름하는 것은 민간의 상사(常事)입니다. (『世祖實錄』 4년 정월 17일 丙子)

병작제 성립의 배경에는 수확물의 절반을 납부하더라도 농가경영을 지탱할 수 있을 정도로 기술이 발전한 점이 작용하였다. 1469년 충청도 서산(瑞山)의 왕자제둔전(王子堤屯田)에서 민의 병작을 허용하였지만, 토지가 척박하여 합작(合作)을 원하는 자가 없다고 하였는데(『睿宗實錄』 원년 7월 辛丑), 이것은 토지생산성의 일정한 발전이 병작제의 전제임을 보여준다. 그런 점에서 여말선초 연작법(連作法)의 보급이 병작반수제의 보급을 위한 중요한 기반이 되었을 것이다. 병작제는 소농경영의 안정화, 노비제의 축소 등과 더불어 확산되었다. 소농경영이 안정될수록 작개제에 비한 병작제의 이점이 커졌다. 노비의 감소는 그에 의존한 작개제를 축소시킨 대신에 병작제를 확산시켰다.

유럽의 봉건제에서는 불수불입권(不輸不入權)을 가진 영주가 지대의 수취를 위해 재판권을 가지고 경제외적 강제를 행사할 수 있었지만, 조선에서는 작인이 지대 납부를 거부할 경우 지주는 국가권력에 의존해야 하였다. 국가는 15세기 중엽 병작제를 인정한 이후 기본적으로 지주의 지대 징수 권리를 옹호하였지만, 지주나 작인 모두를 공민(公民)으로 보고 상호간 이해관계를 조정하는 면도 있었다. 한 예를 들어보자. 서울에 거주하는 양반지주 이봉화(李奉化)는 그의 토지를 경작하는 충청도 신창(新昌)의 상민(常民) 여세장(呂世章)을 비롯한 수명의 작인이 재해로 인해 수확을 거두지 못하여 지대를 납부할 수 없다고 버틴 데에 대하여, 그의 위세와 권력을 동원하여 지대를 징수하고자 했다. 이에 신창의 수령은 작인의 입장을 변호하고 이봉화의 마름을 축출하였다.(『烏山文牒』)

지주와 작인의 관계가 경제적 성격임은 작인이 유럽 장원제의 농노와 달리 토지에 묶이지 않고 빈번히 이동한 데에서도 확인된다. 경북 칠곡의 석전(石田) 이씨가의 1685~1787년간 추수기를 검토하면, 동일 작인에 의하여 10여 년간 지속적으로 경작된 필지가 40%를 상회하는 일은 없었고, 지속성을 가지는 것은 대개 가작답(家作畓)이거나 노비에 의한 경작이었다. 1849~90년간 경기도 과천의 모 양반가의 34필지에서는 작인의 평균 경작기간은 5.2년이었다. 경제적으로 취약하고 신분이 낮을수록, 대체로 경작기간은 짧았다. 작인의 이동이 빈번한 것은 자연재해에 취약한 전근대적 생산력 조건, 영세한 경지, 지대와 조세의 부담 등으로 소농경영의 지속이 어려움을 반영한다.

병작제는 태종대의 금지조치를 견뎌내었고, 세조대에는 '민간의 상사(常事)'라 할 정도로 보급되었다. 16세기에 계속 확산되던 병작제는 임진왜란에 의한 농지의 황폐화와 노동력의 감소로 인하여 위축되었다. 임진왜란 전에는 "사족만이 전장(田庄)을 소유하고 평민은 모두 그것을 가지지 못하여 병경(並耕)하여 생계를 유지하였는데," "난후에는 모두 자경(自耕)하는" 상황으로 바뀌었다(『宣祖實錄』 34년 8월 戊寅). 임란 후 황폐해진 농지가 개간되는 과정에서 지주제는 빠르게 재건되었다. 18세기 초에는 "열 집 중에서 농지소유자가 하나 내지 둘 정도이고 반은 남의 땅을 차경(借耕)하여 1년 내내 일하여도 정규 세금을 내기에 부족한데 수확물의 반을 전주에게 보내는" 실정이었다(『景宗實錄』 元年 9월 甲午條). 정약용은 19세기 초 전라도에서 지주가 5%, 자작농이 25%, 작인이 70%라고 보았다.[28] 농지의 면적과 소유관계가 정확하게 조사된 1918년 단계에서 전국 농지의 50.4%가 소작지이며, 지주층이 3.1%, 자작농 19.7%, 자소작농 39.4%, 소작농 37.8%였고, 전라도는 지주제가 발달한 지방이었다. 1876년 개항 이후 미곡 수출의 증대와 쌀값의 상승으로 지주제가 확대된 점은 있으나, 정약용의 관찰은 정확성이 높았다.

〈표 2-3〉에 의하면, 신분이 높을수록 평균 소유면적이 넓었고, 2결 이상 소유한 18명 중 15명이 양반이었다. 천인의 소유 상황은 평민보다 열악하였다. 그런데 양반 중에도 50부 미만을 소유한 빈농이 상당수에 달하였고 2결 이상 소유한 천인도 있었던 데에서 드러나듯이, 신분관계와 계급관계는 괴리되고 있었다. 다음 인용에서 드러나듯이, 소유 규모가 영세한 농민은 작인이나 농업노동자로 연명할 수밖에 없었다.

28) "今計湖南之民. 大約百戶 則授人田而收其租者 不過五戶. 其自耕其田者 二十有五. 其耕人田而輸之租者 七十."(『與猶堂全書』 권9, 擬嚴禁湖南諸邑佃夫輸租之俗箚子).

표 2-3 경상도 예천군 저곡면(渚谷面)의 신분별 농지소유(1720년) (단위: 結-負-束)

구분	양반		평민		천민		계	
	인원(%)	면적(%)	인원(%)	면적(%)	인원(%)	면적(%)	인원(%)	면적(%)
5결~	2 (0.5)	12-04-0 (5.9)	0		0		2 (0.2)	12-04-0 (3.8)
2~5결	13 (3.3)	38-41-8 (18.7)	1 (0.7)	2-14-6 (5.3)	2 (0.6)	5-62-6 (7.6)	16 (1.8)	46-19-0 (14.4)
1~2결	31 (7.8)	41-40-8 (20.2)	3 (2.1)	4-19-2 (10.3)	8 (2.3)	10-13-7 (13.7)	42 (4.7)	55-73-7 (17.4)
75~100부	44 (11.0)	38-22-7 (18.6)	8 (5.6)	6-62-6 (16.3)	7 (2.0)	6-29-8 (8.5)	59 (6.6)	51-15-1 (16.0)
50~75	48 (12.0)	29-85-3 (14.5)	16 (11.1)	9-82-4 (24.1)	27 (7.8)	16-54-0 (22.3)	91 (10.3)	56-21-7 (17.6)
25~50	71 (17.8)	25-54-6 (12.4)	26 (18.0)	9-05-6 (22.3)	41 (11.8)	14-54-9 (19.6)	138 (15.5)	49-15-1 (15.3)
0~25	190 (47.6)	19-99-8 (9.7)	90 (62.5)	8-82-2 (21.7)	261 (75.5)	20-98-4 (28.3)	541 (60.9)	49-80-4 (15.5)
계	399 (100.0)	205-49-0 (100.0)	144 (100.0)	40-66-6 (100.0)	346 (100.0)	74-13-4 (100.0)	889 (100.0)	320-29-0 (100.0)

출전: 李榮薰『朝鮮後期社會經濟史』27쪽, 표 2.
주: 1결=100부, 1부=10속.

> 부자는 농지가 넓고 경영 규모가 커서 그 천맥(阡陌)이 이어져 있는데, 빈민을 종처럼 사역하여 스스로는 경작하지 않고 앉아서 부호(富豪)의 즐거움을 누린다. 빈민은 송곳을 꽂을 땅도 없는데, 다만 부자의 농지를 빌려 힘써 농사지어 근근히 그 수확의 반을 얻거나 그렇지 않으면 농사일에 고용되어 노동일을 계산하여 임금을 받을 뿐이다. (李大圭『農圃問答』均田制)

병작지주의 규모는 다양하였다. 정약용은 1799년 집필한『전론(田論)』에서 "나라의 부자로 영남의 최씨나 호남의 왕씨(王氏)와 같은 만석꾼(萬石君)이 있는데, 그 농지는 400결을 내려가지 않는다"고 하였다. 경주 최씨가는 약 9대에 걸쳐 만석꾼으로 존속하면서 조선후기 기근 구제와 일제시대 독립운동으로 사회적 평판을 얻었다. 벼 천 석의 추수미를 거두어들이는 천석꾼(千石君)은 각 군현에서 유력자로 행세할 수 있었다. 대지주의 농지가 넓은 지역에 산재한 것은 혼인을 통해 획득하였거나, 지역적으로 편재되는 자연재해의 위험을 분산하기 위해서였다. 대지주일수록 환금성이 높고 조세로 낼 수 있는 벼의 재배에 훨씬 적극적이어서 논의 구성비가 높았다.

지주제의 성장을 낳은 요인은 무엇인가. 기술 발전과 인구 증가에 따라 집약적(集約的) 소농경영이 성장하여 토지생산성이 상승하면, 지주는 지대를 증가할 수 있다. 연작법과 이앙법은 집약적 소농경영을 발전시키는 중요한 계기였다. 1799년경 안성군수(安城郡守) 정문승(鄭文升)은 응지진농서(應旨進農書)에서 "이앙은 직파에 비해 공력(功力)이 쉽고 비용이 절감됨이 십 배나 되기 때문에, 가난한 사람이 오히려 소작을 할 수 있다"고 하였는데, 이앙법의 보급에 따른 생산성의 상승으로 인해 이전에 지주제에 포섭되지 못하였던 빈민도 작인으로 존립할 수 있었음을 알 수 있다. 17·18세기에 이앙법의 보급에 힘입어 집약적 소농경영이 성장하면서 동시에 지주제가 확산되었다. 그리고 인구 증가로 차지경쟁(借地競爭)이 격화되면서, 지주는 작인에 대한 교섭력을 강화하여 지대를 증가할 수 있었다.

조선시대 전기간에 걸쳐 개간·매입·장리(長利) 등이 토지 집적의 중요한 수단이었다. 제3절에서 조선전기 권세가(權勢家)에 의한 언전(堰田) 개발이 활발하였음을 지적하였다. 임란 이후 17세기에 대대적인 개간의 주체는 양반층이었다. 소가족의 노동력에 의거한 개간·경작은 '논 2석지기, 밭 2일경(日耕)' 정도에 불과한 반면, 양반 관료나 지방 토호의 개간 규모는 "크면 100여 석지기, 작아도 50~60석지기의 땅"에 달하였다(『承政院日記』 仁祖 14년 4월 22일; 顯宗 2년 6월 5일). 양반층이 대규모 개간의 주된 담당자였던 것은 상민(常民)과는 달리 개간에 투입할 물력을 갖추었을 뿐만 아니라 사역할 수 있는 예속노동력인 노비를 보유하였기 때문이다. 궁방(宮房)·아문(衙門) 또는 권세가는 관권(官權)을 빙자하여 민간 노동력을 징발하여 수리시설을 갖추고 논을 만들었다. 권력형 지주는 개간하는 데에 조세 감면의 혜택을 누렸다. 예를 들면, 황해도 평산부(平山府)에 있는 김판돈녕댁(金判敦寧宅)의 언전 내의 농민 약 40호는 환곡을, 황주목(黃州牧)에 있는 장용영답(壯勇營畓)의 농민은 군역·요역·환곡 일체를 면제받았다(『黃海道庄土文績』 奎19303). 이러한 특혜가 있는 곳에 주로 농민이 투탁(投托)하여 대토지소유를 낳았다. 해택지(海澤地)의 개발이 왕성한 황해도에서는 투탁호가 수만 명이었다 한다(『壽進宮謄錄』 奎18980).

그 반면 대개 척박한 토지를 개간하는 소농은 경제력이 부족한 데다가 조세 감면을 받기 어려워 성공적으로 정착하기 힘들었다. 예를 들면, 1690년 인천부(仁川府)에 설치된 영종진(永宗鎭)의 수용(需用)을 위해 주변 도서의 목장을 없애고 개간을 추진함에 따라, 진의 군인과 민간인이 개간지에 정착하였으나, 2년 후에 이르러 개간지는 양반층의 농장으로 변해버렸다(『備邊司謄錄』 肅宗 18년 11월 25일).

조선전기에 왕실과 양반 관료가 장리를 널리 행하고 그를 통해 토지를 집적하기도 하였는데, 조선후기에 시장의 성장과 동전의 통용에 힘입어 성행한 고리대는 토지 집적을 한층 촉진하였다. "부유한 자가 대부할 돈과 곡식을 많이 쌓아두어서 가난한 무리에게 나누어 주고 전토문권(田土文券)으로 전당을 잡는데, 이자가 날로 늘어 갚을 수가 없음에 이르면 그 전당한 농지를 매매한 것으로 하여 탈취하였다."(『肅宗實錄』 35년 7월 5일 甲戌)

농산물시장의 성장은 잉여의 처분기회를 확대함으로써 지주경영을 성장시켰다. 지주층은 지대로 받은 미곡을 포구나 도시시장에서 판매하였고, 그로써 축적한 부를 농지 구입에 투입하였다. 한 예를 들면, 16세기 중엽 평안도에서는 "해로(海路)가 한 번 열리자 권세가가 해택을 많이 차지하고 상인이 폭주하여 흥정하여 판매하"였는데, "권세가는 연해 군읍(郡邑)에 전장(田庄)을 널리 차지하고 크게 수운로를 열어서" 잉여를 처분하였다(『明宗實錄』 21년 12월 3일 乙丑; 20년 12월 20일 癸未). 해상 유통이 연해지방의 토지겸병(兼并)을 촉진하였음을 알 수 있다.

조선전기에도 빈농이 조세와 사채의 압박 때문에 농지를 부자에게 판매하는 현상이 있었지만, 조선후기 토지시장이 성장하면서 농지 매매를 통한 겸병이 더욱 활발해졌다. 18세기 말의 실정을 보여주는 박지원의 「한민명전의(限民名田議)」에 의하면, 부자는 농지를 겸병하는 수고도 할 필요가 없이 가만히 앉아 있기만 하면 농지를 팔려는 자들이 나날이 찾아와서 농지를 팔고 기꺼이 그의 작인이 되려고 한다는 것이다.

시장의 성장은 상인 등 서민지주의 성장에 유리한 환경을 제공하였다. 16세기 전반에 "농지를 가진 자는 오직 부유한 상인이나 사족뿐이다"(『中宗實錄』 28년 7월 14일 乙卯)라고 한 데에서 알 수 있듯이, 조선전기에도 상인지주가 존재하였다. 조선후기 시장이 성장하면서 상인층이 부를 축적하고 토지 매매가 활성화됨에 따라, 상인 등 서민층의 토지겸병이 한층 진전하였다. 서경창(徐慶昌)은 "토호(土豪)와 송상배(松商輩)의 겸병이 근래에 더욱 혹심하니 한 사람이 치부하고 100집이 고통스러운 짐을 진다"(『學圃軒集』 田軍糴三弊說)고 하였다.

서민지주층이 성장하는 추세였지만, 〈표 2-3〉에 나타난 바와 같이, 조선후기에도 대토지소유자는 압도적으로 양반이었다. 양반 신분이 아니면, 지방관과 아전배의 중간 수탈로부터 지주경영을 보호하면서 확장하기 힘들었다. 17세기 중엽의 대학자인 이유태가(李惟泰家)의 농업경영을 살펴보자. 그는 양반가문을 유지하기 위해서는 그 경제 기반으로서 농업생산을 중시해야 한다며 재산 관리[制產]의 규칙 등의 정훈(庭訓)을 자손에게 제시하였다. 이씨가는 자작지로서 논 20마지기와 밭 100마지기 정도, 병작(並作)으로서 논 30마지기와 밭 10~20마지기를 소유하였다. 자작지는 비료를 충실히 투입하는 등 집약적으로 경작하였는데, 노비 7명의 노동력에 주로 의존하고 품앗이 노동과 고용노동도 이용하였다. 유학 지식의 습득과 사교생활을 통하여 양반 행세를 하기 위해서는 노비나 고공(雇工)을 두어 농업노동으로부터 벗어날 필요가 있었다. 집으로부터 멀리 떨어진 농지에는 농막(農幕)을 축조하고 노비를 기거시켜 농사짓도록 하였다. 가족의 의식(衣食)생활은 주로 자작지의 수확물로 충당하고 병작지의 지대수입은 조세납부, 손님접대비, 비자급물자의 구입에 사용하였다. 쌀은 쌀 때 매입하여 비쌀 때 판매하고 송아지를 키워서 농지 구입에 충당하였다. 그렇지만 치부(致富)하여 부자라는 소리를 듣게 되면, 상인이지 사대부(士大夫)가 아니라고 경계하고 있다. 시장이 성장하는 추세에 부응하여 양반 지주도 상품생산에 관심을 기울였지만, 유교의 중의경리관(重義輕利觀)은 농업이윤의 극대화를 위한 적극적인 자세를 허용하지 않았던 것이다. 이씨가처럼 양반층은 병작을 주면서도 집 부근의 전답에 대해서는 가작(家作)으로서 자작하는 것이 관례였다. 대지주일수록 병작의 비중이 높았고, 중소지주는 가작의 비중을 높임으로써 수입을 늘려야 했다.[29)]

병작제 아래 작인의 기본적인 부담은 수확물의 절반을 현물로 납부하는 것이었다. 그 밖에 지주가의 길흉사(吉凶事)·가옥 수리·땔감 채취 등에 있어서 무상노동이 징발되기도 했지만, 그것은 지방에 따른 특수한 관행에 불과하였다. 중·근세 유럽과 중국·일본 등 농경이 성숙한 사회의 정률지대는 일반적으로 50% 내외였다.

17세기부터 평년작 수확의 1/3로 지대를 고정하는 도지제(賭地制)가 확산하였지만, 일반화되지는 않았다. 조선후기에 도지제가 빠르게 확산하다가 타작으로 역전하기도 했는데, 조선말 경상도에서는 타작제(打作制)는 80%, 도지제는 20%의 분포를 보였다. 한재(旱災)를 입기 쉬운 논에서는 정액지대인 도지제가 널리 보급되지 않았고, 다양한 작물을 재배하는 밭에서는 지대의 수취가 쉬운 도지제가 널리 보급되었다. 지주층은 가까이 위치한 전답에는 주로 병작제에 의존하고, 멀리 떨어져 관리가 어려운 전답에는 도지제를 채택하였다. 재지지주는 병작제를, 부재지주는 도지제를 선호하였다.

수확물은 어떤 방식으로 나누었던가. 추수 직전 예상수확량의 조사, 곧 간평(看坪)을 행하여 지대량을 정하는 관행이 19세기로 전환하는 무렵부터 나타나 일제시대에 확산되었지만, 조선시대에는 타작마당에서 수확량을 반으로 나누는 관행이 지배적이었

29) 金容燮 「朝鮮後期 兩班層의 農業生産」 『東方學志』 64輯, 1989.

다. 지대를 수확물의 절반으로 하더라도 종자와 농지세의 부담 및 볏짚의 귀속이라는 문제가 남았다. 병작제에서 농지세와 종자는 원래 지주가 부담하였지만, 다음에서 알 수 있듯이, 경상·전라·충청도인 삼남에서는 이와 같은 원칙이 18세기 전반에 무너지고 작인이 지세를 내는 경향이 확산되었다.

> 법정 지세는 10%에 미달하기도 하는데, 겸병하는 지주는 반드시 수확의 반을 탈취한다. 옛날에는 지주가 오히려 농지세와 종자를 내었건만 지금 삼남에서는 모두 작인으로 하여금 담당하게 한다. 나아가 짚을 빼앗거나 뇌물을 거두는 일도 있다. (『星湖僿說』 권16, 人事門「民貧」)

조선후기에 농지세와 종자가 작인의 부담으로 전가된 것은 인구 증가에 수반한 차지경쟁의 격화와 이앙법의 보급 등에 따른 토지생산성의 상승으로 인하여 지대 수취를 강화할 수 있었기 때문이다. 성호(星湖) 이익(李瀷)은 뇌물을 주고서도 소작할 수 없는 현실을 개탄하기도 했다. 달리 보면 작인이 종자를 스스로 마련할 수 있을 정도로 농업생산력이 높아졌다.

조선후기 병작제 아래 삼남지방에서는 작인이 종자와 지세를 부담하게 되었지만, 북쪽지방에서는 여전히 지주가 부담하였다. 이처럼 관행의 차이를 낳은 원인을 정약용은 다음과 같이 설명하였다. 첫째, 북쪽지방에서는 벼를 베는 날에 곧 타작하나, 삼남지방에서는 겨울철 작인의 집에서 나누므로 지주가 농간을 살필 수 없었다. 둘째, 비료, 지붕 덮개, 짚신·자리 등의 원료로 활용될 수 있는 볏짚을 북쪽에서는 지주와 작인이 똑같이 나누지만, 남쪽에서는 작인이 차지하였다. 셋째, 남쪽지방이 북쪽지방보다 토지가 비옥하여 지세와 종자를 납부할 여력이 있었다. 도지제에서는 농지세와 종자는 모두 작인의 부담인 반면, 볏짚은 작인의 차지였다.

일제시대까지도 지대의 지배적인 형태는 현물지대였는데, 조선후기에 화폐경제가 성장함에 따라 화폐지대가 매우 제한적이나마 출현하였다. 한 예를 들면, 서울 홍참판(洪參判)은 충청도 충주에 있는 전장(田庄)에서 1836년 총지대액의 21%를 화폐로 수취하였고, 2년 뒤인 1838년에는 화폐납의 비중을 무려 89%로 늘렸다. 화폐지대는 지주경영의 중심을 이루는 논에서가 아니라 밭에서, 또한 현물로 거두는 비용이 큰 부재지주가(不在地主家)에서 주로 발생하였다. 그런데 현물 납부를 시장가치로 환산하여 화폐로 대신 납부하는 형태를 벗어나지 못하여 물가 변동에 따라 그 부담이 수시로 변하였던 점에서, 유럽처럼 관습으로 고정된 화폐지대 아래 농민이 잉여를 지속적으로 축적할

수 있는 조건은 구비되지 않은 셈이었다.[30]

작개제와 달리 병작제에서는 지대가 수확물의 절반으로 정해져 있지만, 그것은 당시 생산력의 수준에서 잉여생산물의 거의 모두를 흡수하는 가혹한 것이었다. 1799년 공주의 유학(幼學) 임박유(林博儒)는 비록 가족 8명의 상농가(上農家)라도 남의 땅에서 생산한 곡식이 필경 모두 부자의 창고에 들어가고, 밭에서 쟁기를 잡고 씨를 뿌린 농부는 굶주림을 면할 수 없다고 지적하였다(『日省錄』 正祖 23년 2월 11일). 정약용은 국가와 지주에 의한 이중의 수취를 당하던 작인의 경제 상태를 훌륭히 묘사하였다.

> 생각해 보자. 백성이 견딜 수 있겠는가. 1결의 논에서 수확하는 곡식이 많으면 쌀 800두(斗)요, 적게는 600두요, 더 적으면 400두일 뿐이다. 농부들은 제 땅이 없고 모두 남의 땅을 경작하는데, 1년 내내 고생하여도 여덟 식구의 식량과 이웃에 주는 품삯을 치러야 하는 데다가 추수 때가 되면 지주가 수확의 반을 나누어가니, 600두를 추수한 농부가 제 몫으로 가지는 것은 300두뿐이다. 종자를 제하고 빚을 갚고 세전(歲前) 양식을 제하면 남는 것이 100두가 되지 않는데 조세로 긁어가고 빼앗아가는 것이 이와 같이 극도에 이르니, 슬프다 이 가난한 백성들이 어찌 살겠는가. (『牧民心書』 戶典, 稅法 下)

수확량의 절반인 지대는 작인의 조세 부담을 힘들게 만들었고, 하급 관리와 결탁한 지주층은 토지등급의 평가, 조세 감면 등에서 혜택을 받았다. 그래서 조선후기 경세가(經世家)들은 농지소유 불평등의 해소를 통해 민생 안정과 재정 확충[安民富國]을 도모하는 토지개혁안을 활발히 제출하였다.

〈표 2-3〉에 의하면, 당시에 1결 이하를 소유하는 농민이 대부분이었는데, 이들은 어떻게 살았을까. 소유·경작 규모가 작을수록 임금 수입에 크게 의존하였다. 그래도 살아가기가 힘들어서 집 주위의 텃밭에서 부식물을 조달하며 산에서 땔감을 구하고 옷감, 짚신 등의 수공업품을 만들어 시장에 판매하여 조세와 식량을 충당하였다.

작인경영의 취약함 등은 지주경영의 불안정을 초래하기도 했다. 『공사수록(公私隨錄)』에 의하면, 충청도 청주에서 전답 1,140마지기를 상속받은 대지주가 5결, 200마지기 규모의 전장(田庄)에서 작인이 많이 사망하는 바람에 농지세를 마련하기 위해 30마지

30) 허종호(許宗浩)는 이와 같은 사정이 "당시의 상품경제의 발전이 아직 화폐지대의 정상적 성장에 필요한 영양을 공급하기에는 미흡하였던 사정과 관련된다" 고 보았다(『朝鮮封建末期의 小作制研究』 북한 사회과학원, 1965, 第4章 貨幣地代의 發生). 그렇지만 쌀은 주식물(主食物)이면서 환금성(換金性)이 높았고, 일제시대에도 쌀로 소작료를 징수하였다는 점을 감안하여야 할 것이다.

기의 전지를 방매하고 있었다. 「한민명전의」에서 박지원은 "오랜 세월 동안 여러 사람의 여러 세대를 살펴보건대, 선조의 농업을 지키고 유지하여 다른 사람에게 팔지 않을 수 있는 자는 열에 다섯 정도이고, 해마다 조금씩 농지를 쪼개어 파는 자가 항상 열에 일곱·여덟이다"라고 하였다. 개별 지주가의 부침은 활발하였지만, 전체적으로 보면 조선시대에 지주층은 성장하는 추세였다. 조선전기의 자녀 균분상속제가 조선후기 장자 우대 상속제로 전환하였는데, 이것은 지주경영의 유지에 유리하게 작용하였다.

8. 국가 재정과 조세 수취

(1) 세종대까지 조세제도의 변화

5세기 전후 성읍국가 연맹체로부터 영토국가로 전환하였는데, 성읍국가 연맹체가 성읍의 공납(貢納)에 의존하였다면, 영토국가는 가호를 단위로 조세를 거두게 되었다. 6세기 말 고구려와 백제는 경제력과 풍흉을 헤아려 차등을 두어 비단, 삼베 및 쌀을 거두고 있었다. 왕실을 비롯한 국가의 소유지가 총농지에서 차지하는 비중은 신라시대까지 상당하였으나, 고려시대부터 하락하여 조선 초에는 미미한 수준으로 떨어졌다. 그것은 조선중기에 증가하였으나, 조선후기에도 5% 이하였다.

오늘날 민주국가는 인민의 동의를 받은 법률에 의거하여 조세를 징수하여 인민을 위한 공공지출을 한다. 조선시대에는 정규세를 법률로 규정하였으나, 법률의 제정이 인민의 동의를 필요로 하지 않았고, 법제화되지 않고서 부과되는 잡세가 많았다. 전근대에는 재산권의 보장 제도가 불완전하였고, 조세는 권리가 수반되지 않는 의무였다.

공자와 맹자는 인민을 경제적으로 안정시키는 안민(安民), 가능하다면 부민(富民)을 도모한 다음 도덕적으로 교육한 사람을 군인으로 징발하자고 주장하였다. 유교적 이상에 가장 접근한 제도는 당나라가 균전제(均田制)로 농지를 분배받은 농민을 군인으로 삼는 국민적 징병군의 부병제(府兵制)였다. 군에 복무하는 기간에는 조·용·조(租庸調) 등의 조세를 면제하였다. 전란기가 평화기로 바뀌어 나누어줄 농지가 없어지자, 균전제를 유지할 수 없고 농지 불평등이 심해졌다. 그 결과 인두세인 조용조법이 해체되어 780년에 농지세와 호세의 양세법(兩稅法)이 시행되었고, 749년 부병제도 해체되고 직업군인제로 바뀌었다.

한반도 왕조국가는 균전법과 부병제를 이상으로 삼고 조용조법의 영향을 받았다. 신라는 584년 조(調)를 관리하는 조부(調府)를, 651년에 조(租)를 관리하는 창부(倉府)를 두었다. 고려와 조선은 균전제를 시행하지 못했으니, 조용조법과 부병제를 변형하여 시행하였다. 고려는 농지를 대상으로 조(租)를 쌀 또는 콩으로 거두었고 호구를 대상으로 조(調)에 해당하는 삼베[布]를 징수하였고, 용(庸)으로 노동력인 역(役)을 징발하였다. 수조율(收租率)에 관해 지지를 많이 받는 견해에 의하면, 민전(民田)은 수확물의 10%, 국유지는 25%라 한다. 농민을 병사로 징발하는 군역(軍役)이 역의 중추를 이루었다. 그 외에 토산 공물 등이 있었다. 곡물과 포를 주로 부담한 군현민과 달리, 부곡(部曲)·소(所)의 주민에게 잡다한 현물과 노동력이 부과되었다. 시장이 미발달한 중세에 국가는 필요한 다양한 물자와 노동력을 직접 수취하였던 것이다. 대동법 이전까지는 호와 인정을 대상으로 하는 인두세의 비중이 높았는데, 인두세의 징수는 국가의 인신 지배를 전제로 하였다.

한국 중세국가는 귀족이나 관료에게 일정 영역의 농지세 징수권, 곧 수조권을 나누어주었다. 고려시대 전시과(田柴科)에서는 관료, 군인 등에게 조세를 징수할 수 있는 농지와 땔감 등을 획득할 수 있는 시지(柴地)를 나누어주었다. 고려국가는 17결(結) 단위의 족정(足丁), 그 반 정도인 8결 내외로 반정(半丁)을 편성하여 조세를 징수하고 역을 부과하는 단위로 삼았다. 1069년 국가는 1결을 1,089평으로 정하였는데, 그전에는 더 넓었다. 고려후기에 1결은 절대면적이 아니라 토지생산성 등을 고려하여 동일한 농지세를 내는 단위로 바뀌었다.

조선의 건국 세력은 유학의 이상적 제도, 그리고 그것을 반영한 당나라 제도를 이상으로 삼고서, 고려시대 국가제도를 계승하여 발전시키면서 유교적 이상과 현실을 타협하였다. 조선왕조는 전조(田租), 공물(貢物) 및 역(役)을 부과하였다. 1391년에 시행된 과전법(科田法)으로 문란해진 농지제도가 정비되고 개인 수조지가 축소되었다. 농지세인 전조를 수확의 10% 수준으로 논 1결당 현미 30두, 밭 1결당 잡곡 30두로 잡고, 흉년의 정도에 따라 등급을 나누어 감면하였다. 10% 농지세는 유학의 이상이자 고려 조종의 제도였다.

고려후기 토산 공물이 늘었는데, 조선은 1392년 고려의 공안(貢案)을 개선하여 토산공물제도를 기본법으로 삼았다. 이것이 조(調)인데, 중국 고대의 이상적 제도로 간주되었다. 관부에 바치는 것은 공물, 왕실에 바치는 것은 진상(進上)이라 하였는데, 이것들은 실로 다양한 물자를 포괄하였다. 중간 지배층이 토산물을 자의적으로 수취할 수 있는 속현이나 향·소·부곡이 폐지되는 대신에 공납이 정규세가 된 셈이다.

조선 초에 용의 역이 정비되었다. 역은 호를 대상으로 불규칙적으로 부과되는 요역(徭役)과 인정(人丁)을 대상으로 정기적으로 부과되는 신역(身役)으로 나누어진다. 요역은 궁궐과 성의 축성, 조세 운반 등을 위해 징발되는 노동력이었다. 16~60세의 남자를 정(丁)으로 삼아 부과하는 신역은 양인이 부담하는 양역(良役)과 천인이 부담하는 천역(賤役)으로 나누어진다. 양역은 국가가 필요로 하는 관직 등의 직역(職役), 국가를 위한 상업·수공업·광업의 종사, 그리고 이러한 신역을 가지지 않은 양인의 군역(軍役)으로 구성된다.

세종은 1427년부터 민생 안정을 위한 조세제도의 정비를 위해 지속적인 논의와 여론 수렴을 거쳐 1444년 공법(貢法)을 제정하였다. 그 채용 여부를 위해 17만 명 이상 관·민(官民)의 여론을 청취하였다. 과전법과 더불어 한 해의 농업 작황을 현지에서 조사해 등급을 정하고 그에 따라 적당한 비율로 전조인 농지세를 감면해주는 답험손실법(踏驗損失法)이 시행되었는데, 답험 관원의 농간 등 폐단이 많았다. 이것을 대체하는 공법은 농지세를 풍흉에 따라 9등급 연분(年分)의 차등을 두어 20두부터 4두까지 수취하고, 또한 농지 자체를 6등급으로 나누어 1결의 면적을 조정하는 세밀한 제도였다. 맹자는 조세율이 10%를 넘으면 폭군 정치이고 그것에 미달해서는 문명국가를 운영할 수 없다고 보았다. 그런데 세종은 "우리나라는 토지가 메말라서 10% 세율도 무겁게 생각하여", 5%의 전조 세율이 확정되었다. 과전법보다 수확량이 높게 책정된 것은 1결의 면적이 늘었기 때문이다. 전조의 연분은 공법 제정 직후부터 낮게 책정되는 경향이 있었다. 세율을 낮춘 공법과 연분의 하향 책정으로 농지세가 감소하여, 1464년 양성지(梁誠之)는 전세가 40%, 공물이 60%를 차지한다고 하였다. 그래도 조선 초에는 개간과 농지 측량인 양전사업이 활발하여, 〈표 2-1〉에 나타난 바와 같이, 국가가 파악한 결수가 급증하였기 때문에, 성종 때까지도 재정 형편이 괜찮았다.

15세기에 감사가 연분을 올리면 일반적으로 중앙 정부는 상향 조정하였는데, 16세기에는 감사 보고보다 강등하는 사례가 늘어났다. 사림정치가 대두한 선조 때에 최하등급으로 고착되는 추세가 두드러졌는데, 민생 안정에 배려하는 유교 이념이 연분 강등에 영향을 미쳤다고 보아야 한다. 연산조 때 늘어난 공물 부담을 배려하는 면이 있고, 지주제가 성장하면서 지주인 관료의 이해관계가 반영되는 면도 있었다. 그래서 16세기에 국가재정이 악화되었다.[31] 양전사업으로 농지 파악이 진전된 1634년부터 전세

31) 김성우, 『조선중기 국가와 사족』, 역사비평사, 2001, 2장.

를 1결당 4~6두로 정하는 영정법(永定法)이 시행되었고, 그 규정은 1746년 편찬된 『속대전』에 수록되었다. 역설적이게도 세종이 인민을 지극히 사랑하는 마음으로 농지세를 낮춘 정밀한 제도는 운영상 문제와 겹쳐 결국 인민의 고통을 가중하고 국력의 약화를 초래하였다.

(2) 공물제도를 개혁한 대동법과 군역제도를 개선한 균역법

정도전은 『조선경국전(朝鮮經國典)』(1394)에서 공물과 요역의 과세기준이 명확하지 않은 문제점을 지적하였다. 이후 그 대책이 강구되어 1470년 민호(民戶)의 농지를 기준으로 삼아 공물과 요역을 배정하기로 하였다. 1475년에는 요역을 농지 8결마다 1부(夫)를 내고 6일 이내 사역하도록 제도화하였고, 그것은 『경국대전』에 수록되었다.

16·17세기에 군현은 공물을 민호에게 징수하거나 그 노동력을 징발하여 조달하기도 하였다. 호에게 징수하는 경우에는 요역과 마찬가지로 8결 단위로 민호를 편제하고 호수(戶首)에게 공동 납세 책임을 맡기는 것이 기본이었다. 이러한 공동납세제는 지방관의 징세와 민호의 납세에 편리한 이점을 가졌다. 호수는 농지 면적과 장정수 등을 고려하여 공물을 배분하고 요역을 번갈아 징발할 수 있었으며, 지방관은 이들 호수에게만 징세의 독촉을 하면 되었던 것이다. 대동법 등으로 경지세의 비중이 증대하였는데, 농지세도 8결을 기본 단위로 편성하되 농지 형편에 따라 면적을 신축적으로 하여 호수가 납세를 책임지는 제도가 정착하여, 1744년의 『속대전』에 수록되었다.[32] 고려시대 (반)족정의 공동 납세 단위가 조선시대 8결작부제로 부활하였던 것이다.

공물제도는 1470년 개선되었지만, 여전히 심각한 문제점을 안고 있었다. 첫째, 공물은 각 군현을 단위로 부과되었는데, 농지를 부과기준으로 삼는 제도는 요역과 달리 『경국대전』에 수록되지 못한 점에서 불완전하였다. 그래서 지방 관리가 자의적으로 수취할 여지는 컸다. 그리고 다양한 공물을 군현 단위로, 나아가 각 호에게 부과하는 명확한 기준을 정하기는 어려웠기 때문에, 농지 기준도 불완전하여, 농지가 적은 호나 군현의 부담이 훨씬 무거웠다. 농지 소유가 불평등해질수록, 공물 부담의 불공평은 심해졌다. 둘째, 공안(貢案)은 연산조 때까지 네 번 개정되었으나, 부과된 공물이 지역의 토산물과 괴리되거나 농지면적의 변화로 지역간 부담이 불공평해지는 현상을 막을 수 없었다.

32) 이성임, 「16~17세기 貢役戶와 戶首」 『역사연구』 24호, 2013; 李榮薰, 「朝鮮後期 八結作夫制에 대한 研究」, 『韓國史研究』 29, 1980.

셋째, 납부하는 공물의 품질을 둘러싸고 하급 관리의 횡포가 심했다. 농민은 토산물이 아닌 공물의 납부를 위해, 또한 관리의 횡포를 피해 공물의 납부를 상인, 공물을 상납받는 관청의 이노(吏奴) 등에게 위임하는 이른바 방납(防納)에 의존하게 되었다. 방납은 1409년 처음 금지되었으나, 세종과 세조 때에 제도화되었다가 세조 사후 금지되었다. 그런데 방납은 이익이 커서 제도화되지 않은 채 확산되어 폐단이 커졌다. 1464년 양성지는 전세보다 많은 공물의 대부분을 부유한 상인이 방납한다고 했다.

조정에 납부하는 공물의 양이 과중하지는 않았고 인민의 공물 부과 기준을 마련하기 위한 조정의 노력이 있었지만, 공물 부과 기준이 명확하지 못한 데다가 관료 기강이 해이되면서 공물의 부담은 증대 추세였다. 1445년 국용전제도로 중앙 관서의 수입이 줄어들자, 방납인은 공식적인 공물의 수배를 인민에게 거두어, 공물 운송비와 자신의 이익을 챙기고 관청 경비도 부담하였다. 국용전제로 군현의 수조지가 사라짐에 따라, 지방관은 과세 기준이 불명확한 공물을 추가로 부과하여 재원으로 삼게 되었고, 조정도 그것을 묵인하였다. 그래서 16세기에 1결당 공물 부담이 쌀 수십 두에 달한 곳이 많았다. 16세기에는 방납자의 폭리와 횡포를 막기 위해 지방관이 직접 농지를 단위로 쌀로 받아 공물을 조달하여 납부하는 현상이 나타났다. 이것은 사대동(私大同)이라 불렸는데, 대동법의 선구였다.

이처럼 부담이 과중하고 불공정한 공납제(貢納制)를 개혁하기 위해 대동법(大同法)이 1608년 경기도부터 시작되어, 경상도에 대동법이 시행된 1678년에는 전국에 대동법이나 그에 준하는 제도가 시행되기에 이르렀다. 대동법은 인민으로부터 국가의 수용물자를 직접 수취하는 대신에 쌀로 통일하여 정해진 양을 거두고, 그것을 받은 선혜청이 공인(貢人)에게 지급하여 국가의 수용물자를 조달하게 하는 제도이다. 대동미는 최종적으로 1결당 쌀 12두(단 황해도는 15두)로 정해졌다. 쌀 생산이 적은 산간 고을은 무명으로, 흉년에는 동전으로 대신 납부하기도 하였다.

대동법은 다음의 점에서 공평과 효율을 함께 실현한 제도 설계였다. 첫째, 종래 호별로 공물을 부과하는 기준이 불명확하였고 잡다한 토산물의 표준 품질을 정하기 어려웠으나, 대동법으로 1결당 쌀 12두라는 명확한 과세 기준이 성립하였다. 둘째, 대동세는 공물과 대부분의 진상을 흡수하였을 뿐만 아니라 요역, 그리고 대부분의 과외(科外) 잡세(雜稅)를 포괄하여, 조세체계가 현저히 단순해졌다. 셋째, 대동법은 규정 외에 징수하지 않는 방침을 천명하여, 조세법정주의에 접근하였다. 넷째, 종래 지방 관부가 공물의 징수에 편승하여 불법적으로 잡세를 거두어 지방재정에 충당하였는데, 대동세의 상당 부분을 지방 지출에 충당함으로써, 지방재정의 제도화를 진전시켰다. 대동세는 공물·진상물의 마련을 위한 상납분(上納分)과 해당 도·군의 각종 경비를 위한 유치분(留置分)으로 배분되었던 것이다. 다섯째, 납세자 부담이 공평해졌다. 공물, 진상 및 잡세의 부과가 모두 경제력과 괴리되었으나, 여러 항목을 통합한 대동법은 농지의 소득에 대체로 비례하여 부과되었기 때문이다. 대동법은 인민의 평균적 부담을 절반 정도로 줄였고 1/5 이하로 준 농민도 있었다. 공물·진상물을 징수할 때 품질의 심사에서 개재되던 자의적 농간이 쌀 12두를 일률적으로 수취하는 대동법에서는 사라졌다. 이상의 장점들을 가진 대동법을 인민이 매우 편하게 여겼다. 여섯째, 대동법은 방납인과 관리에 의한 중간 수탈을 막을 수 있어서, 인민의 부담이 줄고도 중앙 세입은 20% 정도인 쌀 10만~20만 석이 늘었다. 일곱째, 다양한 현물로 받는 공납제 대신에 물품화폐와 금속화폐로 징수하는 대동법을 통해 정부는 세입의 양적 파악을 진전시켜 수용물자의 조달을 기획할 수 있게 되었으므로, 재정기획력이 현저히 향상되었다. 여덟째, 대동법은 토산물의 자의적인 수탈을 막아 생산의 발전을 촉진하고, 물품·금속화폐의 대동세로 공물을 조달하여 시장을 성장시켰다. 애덤 스미스는 『국부론』에서 바람직한 과세 원칙으로서 평등성, 명확성, 편의성, 징세비 최소화를 제시하였는데, 대동법은 이 원칙들을 잘 충족한다.

대동법은 논과 밭에 1결당 동일량의 쌀을 징수한 점에서 밭의 부담이 상대적으로 무거워졌는데, 이런 점을 국정에서 거론하거나 인민이 불평한 사실은 확인되지 않는다. 결부를 산정할 때 등급의 조정으로 밭의 면적을 넓게 잡아주었고, 그래도 밭이 다소 불리하더라도 기존의 공물이나 방납보다 부담이 가벼웠기 때문이다.

대동법은 과세 기준을 형평하고 명확히 하면서 재정의 제도화를 진전시키고 조세법정주의의 방침을 채택한 점에서 근세적 조세국가로 나아가는 계기를 마련하였다. 이처럼 공평하고 효율적인 대동법이나 그에 준하는 제도가 전국으로 확산되는 데에 70년이나 걸린 요인으로 토산 공물을 바쳐야 한다는 임토작공(任土作貢)의 이념, 시장의 미발달, 방납인·대토지소유자·지방관리의 저항 등을 들 수 있다. 달리 보면, 여론에 강한 영향력을 가진 재력가와 권력층의 강한 반대에도 불구하고 서민에 유리한 대동법이 꾸준히 추진된 것은 위민(爲民)과 안민(安民)이라는 유교 정책이념의 힘이라 하겠다. 율곡, 유성룡, 이원익, 김육(金堉) 등 뛰어난 재상들이 대동법을 제안하고 시행하고 성취하였다.

17세기에 대동법으로 공물의 폐단이 사라지는 반면, 군역이 가장 큰 폐단이 되었다. 조선 초에 관료나 향리와 같은 직역자나 교생(校生)을 제외한 16~60세의 양인 남자는 군대에 징발당하거나 아니면 군대에 징발당하는 농가를 지원하였다. 이러한 군역은 고역(苦役)인데다가 농사에 큰 타격을 주었으므로, 16세기에 번상병(番上兵)이 포(布)를 주어 다른 사람을 대신 세우는 관행이 확산되었다. 그래서 1541년에 지방관이 번상병에게 대신 포를 거두어 병조에 보내는 제도가 마련되었다. 임진왜란 때 무력한 5위제(衛制)가 무너진 대신에 직업군인의 훈련도감(訓練都監)이 중앙군의 주력이 되었고, 지방에는 속오군(束伍軍)이 국민 전체를 동원하였는데, 후자는 점차 천인으로만 편성되기에 이르렀다. 17세기 중앙군을 강화하는 가운데 5군영(軍營)이 성립하여 징발당한 군인과 그들을 지원하는 보인(保人)으로 구성되었다. 이러한 번상급보제(番上給保制)는 많은 양정(良丁)을 필요로 하였다. 재정수입을 증대하기 위한 목적도 작용하여, 군포(軍布) 징수는 1670년 44.5만 필, 1677년 60만 필, 1723년 100만 필로 늘었다. 그러한 가운데 사족은 군역을 기피하여 마침내 1627년에는 사족을 군인으로 충원하는 정책이 공식적으로 폐기되었다. 또한 공명첩(空名帖)을 구입하거나 교생(校生)·유생(儒生)이 되어 군역을 회피하는 양인은 증가하였고, 18세기 유학(幼學)으로 호적에 올려 군역을 피하는 평민이 급증하였다. 그 결과 증대한 군역 부담은 일부 농민에게 편중되었다. 인조 때부터 기피 대상인 군역의 확보를 위해 군현의 크기에 따라 배분하여 수령에게 책임지우는 세초(歲抄)가 시행된 결과, 어린이, 노인, 죽은이, 그리고 친족과 이웃에게 군포를 징수하는 폐단이 나타났다. 게다가 다양한 양역의 부담은 호당 1~3필로 편차가 컸다.

이런 폐단을 고치기 위한 논의가 17세기 후반부터 활발해졌다. 1704년 다양한 형태의 양역을 6승포 40척의 2필(疋)로 균일화하였다. 나아가 1750년에 균역법(均役法)을 제정하여 군포 부담을 2필에서 1필로 줄였다. 그로 인해 양포(良布) 50만 필, 곧 100만 냥(兩)에 해당하는 재정수입이 줄었다. 그 보충을 위해 평안·함경도를 제외한 6도에 대하여 1결당 쌀 2말을 결작미(結作米)라는 명칭으로 부과하여 37만 냥 전후의 수입을 확보하였다. 그리고 어염선세(魚鹽船稅)를 10만 냥 이상 확보하였고, 국세를 부담하지 않은 은여결(隱餘結) 22,767결을 확보하였다. 국왕과 개혁 관료들은 양반도 포함하여 호구나 농지를 단위로 징세하는 제도로의 개혁을 선호하였으나, 양반사족의 반발을 우려하여 타협안이 시행되었던 것이다.

전조·공물·신역을 중추로 하는 조선전기의 국가적 수취는 18세기 중엽이면 연간 1결당 전조(쌀 4두)·대동미(쌀 12~15두)·결작미(쌀 2두)를 중심으로 하는 농지세와 군역 대상자 1인당 포 1필의 양역으로 변모되었다. 1593년 설치된 훈련도감의 직업군인인 삼수병(三手兵, 砲手·射手·殺手)의 군수 조달을 위해 결당 쌀 1.2~2.2두의 삼수미(三手米)가 함경·평안·경기도를 제외한 지역에 부과되었다. 이러한 20두 내외의 법정세(法定稅) 외에 부가세와 잡세가 점차 증가하였다. 그래서 1808년 출간된 『만기요람(萬機要

覽)』에는 1결당 모두 쌀로 환산하여 40두를 징수한다고 했다.

(3) 18·19세기 재정의 악화와 조세제도의 문란

조선국가는 절약을 중요한 목표로 삼았지만, 경비팽창의 법칙을 피할 수가 없었다. 1651년 충청도 대동법을 제정할 때 1결당 쌀 10두로 정해도 재정 여유가 있었지만, 그 후 적자가 생기고 커져 1673년에는 도민의 여론을 듣고 12두로 올렸다. 세출의 증가는 공물의 증가에서도 드러난다. 공안에는 매년 공인이 상납할 원공과 그에 대한 공가가 정해져 있다. 정부가 수요하는 물종이 증가하여 원공으로 추가됨에 따라, 1713년 쌀로 환산하여 약 17만 석이던 선혜청·호조의 원공가(元貢價)는 1807년에 약 26만 석으로 증가해 있었다. 공안에 없으면서 추가된 물자는 별무(別貿)의 형태로 조달되었는데, 1807년에 별무가는 42,417석이었다. 관리와 왕족의 증가, 상업과 무역의 성장으로 인한 그들의 소비욕구의 증대 등이 세출을 증가시켰을 것이다. 그래서 1867년 간행된 『육전조례(六典條例)』에 의하면, 선혜청의 공가 지출과 호조의 별무에서 5만~10만 석의 재정 적자가 발생하였다.

지출은 증가하는 반면, 세입은 경직적이었다. 대한제국기 양전(量田)사업은 농지 상황을 상당히 정확히 파악하였고 논보다 생산액이 적은 밭의 결당 면적을 넓게 잡았고 결부수의 산정에서 역 부담을 고려하였는데,[33] 개항 이전 양전사업의 특징이기도 하다. 농지 파악을 20년마다 하도록 법제화된 양전 규정은 15세기에는 잘 지켜진 편이나, 그 후에는 그러하지 않았다. 양전사업에 들어가는 비용이 막대한 데다가 그에 수반된 민폐가 우려되었기 때문이다. 조선후기 수개 도에 걸친 대대적인 양전사업은 1634년, 1720년, 대한제국기의 세 차례에 이루어졌다. 조선왕조는 전근대 어느 국가보다 농지조사를 빈번히 행하였으나, 국가의 농지 파악능력을 크게 향상하지는 못하였다. 그 때문에 1720년 이후 농지세를 중심으로 하는 세입은 늘지 않았다.

〈표 2-1〉에 의하면, 양란 이후 숙종대의 양전사업까지 국가가 파악한 결수가 늘었으나, 그후에는 임란 직전의 수준에서 정체하였다. 그 첫째 이유는 낮은 측량기술이 결부의 정확한 파악을 어렵게 만든 가운데 관료는 양전사업을 하더라도 과세로 직결되는 결부수의 증가를 꺼렸기 때문이다. 조선총독부는 1910년도 조사에서 논과 밭의 1결당 평균 면적을 각각 3등급에 301평 모자란 5,199평, 그보다 524평 많은 6,024평으로 파악

33) 김건태 『대한제국의 양전』 경인문화사, 2018.

하였는데, 19세기 논과 밭의 1결은 평균하여 각각 2.8정보 내외, 4.5정보 내외로 추정된다. 조선왕조의 관리는 농지를 느슨하게 측량하여 농지세 부담을 줄였고, 생산액이 적은 밭의 결당 면적을 넓게 배려하였다. 둘째, 지방재정과 아전의 수입을 보충하는 은여결이 증대하였고, 자연재해 등으로 인한 진잡탈지(陳雜頉地)는 여간해서 지세를 내는 실결(實結)로 전환되지 않았다. 게다가 조선후기에 수조권이 부여된 궁장토(宮庄土)나 아문둔토(衙門屯土)가 출현하는 등 면세지가 증가하였다. 1807년의 경우를 보면 급재면세지(給災免稅地) 30만 결, 진잡탈지 41만 결, 각종 면세지 20만 결이어서 실결은 81만 결에 불과했다. 18세기 후반에는 실결이 80만 결을 넘는 해가 대부분이었으나, 19세기 전반에 농지 파악력이 저하하여 대원군 집권 직전에는 실결이 76만 결 내외에 머물렀다.

조선국가는 호구의 증가를 수령의 임무로 삼는 등 호구의 철저한 조사를 지향하였으나, 관리는 철저한 호구 조사가 인민의 역 부담의 증대에 따른 사회적 반발을 낳고 유교의 인정(仁政) 이념을 손상할까 우려하였다. 그래서 3년마다 큰 비용을 들여 작성하는 호적은 총인구의 절반도 포함하지 못하였다. 세입 증대에 몰두하는 이재 행위를 강하게 경계한 『대학(大學)』은 유교 경전으로서 정치문화에 큰 영향을 미쳤다. 그래서 일반적으로 관리는 농지나 호구의 철저한 파악으로 얻을 평판보다 초래할 원망과 비난을 더욱 무겁게 생각하였다. 유교 이념은 농지와 호구의 철저한 파악이 인민에게 고통을 줄 것이라는 견해를 제공함으로써, 재정난→다양한 잡세의 발생→과세 불균등을 초래하여 결국 인민에 고통을 주고 국력 약화를 낳았다.

국가는 농지와 호구에 대한 파악능력을 향상하지 못하는 가운데 농지세와 군포 수입의 현상 유지를 위하여 농지와 인민을 일일이 파악하지 않고 군현 단위로 미리 정해진 수취총액을 배정하는 총액세제(總額稅制)를 시행하였다. 답험손실법은 공법으로 폐지되었으나, 수령이 진전(陳田) 등을 조사하고 조세액을 결정하는 관행은 존속하였다. 1694년경 과거의 실적을 참고하여 과세결수를, 그 해의 작황을 참작하여 재결(災結) 규모를 정하고 도와 군으로 배정하는 비총제(比摠制)가 시행되기 시작하여 1760년에 법제화되기에 이르렀다. 1719·20년간 전국 양전은 비총제를 뒷받침하였다. 양역자 파악을 진전한 1748년 『양역실총(良役實摠)』을 기준으로 군현 단위로 일정수를 배정하는 군총제(軍摠制)로 전환하여갔다. 환곡에서도 환총제(還摠制)가 나타났다.

비총제 아래 지방 군현에 부과한 결세(結稅)를 수령이 각 촌락에 배분하게 되자, 촌락이 납세 기능을 맡게 되었다. 8결이 기본이나 촌락의 크기에 따라 조정된 다양한 규모를 단위로 호수(戶首)가 농지세를 징수하여 관창(官倉)에 납부하는 작부제(作夫制)가 시행되었다. 군포(軍布)의 수입을 안정적으로 확보하기 위해 1711년 이정법(里定法)이 마련되었다. 이정법은 촌락별로 군포납부자인 군정(軍丁)의 수를 조정하여 정하고, 그 중에 도고(逃故)가 발생하면 촌락 내에서 군정을 보충하는 제도이다. 나아가 촌락이 군포계(軍布契)의 이자나 군역전(軍役田)의 수확물로 공동으로 납부하거나 가호(家戶)마다 납부할 군포를 배정하는 관행이 점차 정착되었다. 이러한 과정에서 사족층도 공동납에 참여하게 되었다. 가호마다 배정하는 동포(洞布)는 1862년 경상·전라·충청도 민란(民亂)을 계기로 설치된 삼정이정청(三政釐正廳)에 의해 최초로 공인받았다. 곧이어 대원군은 1870년 호포제(戶布制)를 실시하여 사족도 호포를 납부하게 되었다. 신역인 양역이 호세로 전환한 것이다. 군현은 국가로부터 배당받은 호포량을 각 면, 이어서 각 동리에 배당하면, 각 마을은 자치적으로 가호에 배당하였는데, 신분별 차등이 나타나기도 했다.

조선후기에 농지세가 증대하지 않는 가운데, 균역법에서의 어염선세(魚鹽船稅), 장시와 포구의 거래에서의 수세 등 성장하는 상품경제로부터 세원을 확보하려는 노력이 이루어졌다. 그런데 1800년경에도 국가의 총수취 중 상업세는 1~2%, 광·공업세는 1%, 간접세는 1% 정도로 낮았다. 대동법 이후에도 군포 등 호와 인정(人丁)을 대상으로 하는 조세의 비중은 줄어드는 추세였는데, 18세기 후반에 농지세는 90% 정도를 차지하였다. 상공업세와 간접세의 비중이 낮아 세원의 기반은 매우 협소하였다. 게다가 포구세는 국가가 공인하지 않은 무명잡세(無名雜稅)인 경우가 대부분이었다. '시장을 감독하지만 상업세를 거두지 않는다(關市譏而不征)'는 맹자의 가르침을 강하게 의식한 조선국가는 상업세의 제도화에 성과를 거두지 못하였다.

대동법이 전국적으로 실시되는 17세기 후반에는 재정의 여유가 있었다. 그런데 세출이 증가 추세인 반면 세입이 경직적이어서 18세기부터 재정은 압박을 받았다. 논의 토지생산성이 하락하는 19세기 전반에는 세입이 감소하기도 하여, 〈그림 2-2〉에 의하면, 중앙 재정이 악화되었다. 1822년 호조판서 심상규(沈象奎)는 "예로부터 이재(理財)의 논리는 세입을 헤아려 지출하는 것인데(양입위출(量入爲出))…… 오늘날 호조 재정의 회계를 살펴보건대 2년의 세입이 1년의 세출을 당하지 못합니다"라고 보고하였다(『순조실록(純祖實錄)』 22년 10월 15일 丙辰).

중앙 재정의 압박은 두 방면에서 심각한 폐단을 낳았다. 첫째, 법으로 정한 외에 과세하지 않는다는 대동법 제정 당시의 취지가 훼손되어 다양한 법정외 잡세(雜稅)가 나타났다. 18세기에 이미 중앙 재정에 사용될 여러 잡세가 공식적으로 부과되었다. 그것으로도 부족하여 증가한 상납분은 지방 경비의 주종인 대동유치미를 잠식하였다. 지방 재정의 악화는 지방 관리의 부정과 중간수탈을 조장하였다. 정약용이 오랜 유배생활

그림 2-2 중앙 각사(各司)·각영(各營)의 연말시재액(年末時在額) 추이

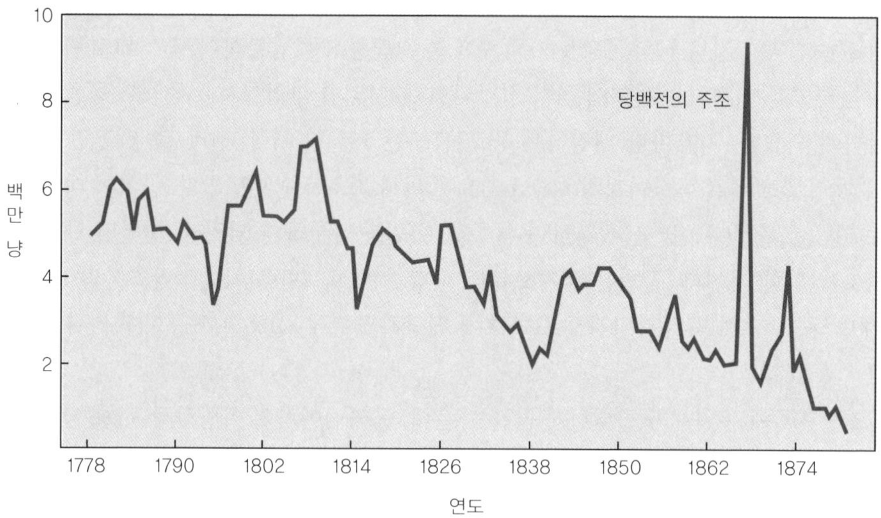

출전: 박석윤·박석인 「朝鮮後期 財政의 變化時點에 대한 考察」 『東方學志』 60, 1982, 147쪽.

동안 전라도 강진(康津)과 인근 지역을 관찰한 바에 의하면, 전세·대동미·삼수미·결작미가 주종을 이룬 국납(國納), 그 수취·운송·납입에 따른 각종 부가세인 선급(船給), 지방 재정에 충당될 읍징(邑徵) 등 잡세 등을 포함하면, 수취 항목은 무려 44종에 달하였다. 법정세인 국납을 제외하고는 관행에 의해 수취되었다. 다양한 잡세의 부과에 대처하기 위해 민고(民庫)가 도처에 설립되었고, 지방 관청은 그것을 빌미로 수탈을 가중하였다. 민고는 돈이나 곡물을 마련하여 식리계(殖利契)로 운영되기도 했으나, 농지에 일괄적으로 수취하여 운영함이 보통이었다.

둘째, 애당초 식량과 종자가 부족한 농민의 구제를 위해 설치된 환곡이 고리대, 나아가 조세로 변질되어, 중앙과 지방의 중요한 세원이 되었다. 조선전기부터 환곡의 소모를 메운다는 명목으로 그 10%를 모곡(耗穀)으로 더 거두어들여 지방 경비로 사용하였다. 나아가 병자호란 이전에 모곡의 10%를 호조의 경비로 이전하는 일분회록제(一分會錄制)가 시행되었으며, 병자호란 후에 급증한 외교 경비를 충당하기 위해 모곡의 30%를 이전하게 되었다. 모곡의 회록은 19세기 초에는 대개 80~90%에 달하였다. 모곡을 통해 재정을 보충하는 길이 열리자, 여러 관청이 환곡을 개설하였다. 18세기 중반에 환곡은 500만 석 정도에서 1,000만 석 정도로 급증하였는데, 농민 구제뿐만 아니라 재정수입 증대의 동기가 이러한 급증을 낳았다. 환곡의 분급과 수납을 둘러싸고 농간과 중간

수탈이 성행하였다. 18세기 전반의 실정을 보여주는 『성호사설(星湖僿說)』에 의하면, 도량형 부정 등으로 대부한 환곡의 30%를 실질적으로 더 거두었다. 18세기 후반에는 1,000만 석 가량의 환곡이 여러 관청의 재정을 보조하게 된 결과, 정약용은 "국가 재용(財用)의 절반이 조세에 의존하고, 나머지의 절반이 환곡에 의존하고 있다"고 보았다. 그는 환곡 중에서 "국가 경비에 보탬은 10%요, 여러 아문이 관장하여 자기의 몫으로 삼는 것이 20%요, 군현의 아전이 농간질하고 판매를 해서 스스로 장삿속으로 이득을 취하게 되는 것이 70%이다"라고 하였다. 보관 원곡(元穀)의 반을 나누어주고 반을 비상용으로 저장하는 원칙이 무너지고 모두 분급하는 방향으로 바뀌어갔다. 19세기에는 국가기강이 이완되는 가운데 환곡의 회수 문제 등으로 환곡량이 급감하였는데, 환곡을 주지 않은 채 모곡을 받는 와환(臥還)이 확대되었다. 19세기에 환곡은 구제 기능이 크게 약화되고 조세로 변질되어갔던 것이다. 1862년 삼남민란에서 환곡의 폐단은 중요한 쟁점이 되어 1867년 각 면이 자치적으로 운영하는 사창(社倉)제도가 대체하였으나, 원곡을 보존하기 힘들었다. 갑오개혁에서 사창제를 폐지하고 빈민 구제를 위해 별도로 사환미(社還米)를 마련하게 되었다.

빈농이 조세 부담의 증가 등으로 살아가기 어려워 유망하자, 지방 재정의 부담은 부자에게 지워졌다. 18세기 이후 수령은 부자에게 기근 구제를 위한 곡물을 권분(勸分)의 형식으로 부담지웠고, 사족의 자치조직을 대표하면서 지방관을 보좌하는 자리인 유(儒)·향임(鄕任)을 판매하였고, 강제로 대부하였다. 민고의 재력이 다한 경우에는 부자에게 그 부담이 넘어갔다. 그래서 19세기에는 부자도 곤궁한 현상이 나타났다.

조세부담률은 얼마나 될까. 1800년경 1결당 쌀 생산량을 600두로 잡으면, 법정조세 20두 정도는 3.3%, 부가세와 공인된 잡세를 포함한 40두는 6.7%였다. 『목민심서』에 제시된 환곡 부담, 민고 부담, 군포 부담 등을 포함한 농민의 관에 대한 모든 부담은 1결당 70두 정도로 추산된다. 공식적 부담과 비공식적 수탈의 경계는 명확하지 않다. 논보다 생산성이 낮은 밭의 조세부담률은 조금 더 높았다. 농가총생산에 대한 법정조세의 부담률은 3% 정도, 공식적 조세부담률은 6% 정도, 비공식적 부담 내지 중간수탈도 합한 총부담률은 11% 정도로 보인다.

18세기 후반에 지방 관청은 쌀로 환산하여 200만 석 정도를 공적으로 거두어 그 절반을 중앙으로 상납하였다. 1860년경 중앙 관부의 회계에 편입된 왕실의 공(公)재정은 10만 석 정도, 내수사(內需司) 및 궁방 등 내탕(內帑)의 사재정은 15만 석 정도이며, 사재정 중 5만 석 정도는 정부 재정으로부터 이전되었다. 여기에 비공식적인 세입 내지 중간수탈까지 모두 합하면 1800년경 전후 국가의 총수취량은 400만 석 정도 되었을 것이다. 이것은 당시 국내총생산의 5% 정도였다. 개별 농민을 단위로 계산한 부담률이 세입 총계로부터 계산한 부담률보다 큰 이유 중 하나로 비농가의 조세부담률이 낮았던 점을 들 수 있다.

법전에서는 정세(正稅)뿐만 아니라 잡세(雜稅)의 규정까지 두었으나, 『경국대전』의 편찬 당시부터 법전에 오르지 않은 채 지방 재정에 충당되는 잡세들이 있었던 것으로 보인다. 대동법과 균역법으로 조세의 제도화가 진전되었으나, 18·19세기에는 국가의 공인을 받지 않은 잡세 항목이 증가하는 추세였다. 『목민심서』 호전(戶典)을 보면, 잡세, 환곡 등 조세의 자의적인 수취로 재산권을 침해하는 일이 만연하였다. 전근대의 기준으로는 인민이 부당한 과세에 대해 억울함을 호소하는 소원(訴寃)제도가 발달한 편이었으나 19세기 삼정(三政)의 문란을 낳아 삼남 민란이 발생하였다.

조선에서는 법정조세 부담률은 매우 낮았고, 각종 중간수탈까지 합해도 그 부담률이 높은 것은 아니었다. 그런데 중간수탈이 많았으므로, 중앙정부의 잉여흡수율이 매우 낮았으면서도 개인의 부담이 불균등하고 그 부담 항목이 복잡한 문제가 있었다. 상·공·광업세율은 매우 낮았지만, 상공업 활동에 대한 관리가 부실하여 무명잡세(無名雜稅) 등의 자의적 과세라는 폐단이 발생하였다.

자의적인 징세는 생산의욕을 저해함으로써 경제발전에 장애를 주었다. 『반계수록(磻溪隨錄)』에 의하면, 산골짜기 백성이 높은 수익을 낳을 과실나무를 심지 못하는 것은 관리가 닥치는 대로 침해하기 때문이며, 수공업자는 관청·권세가가 삯도 제대로 주지 않으면서 함부로 일을 시키기 때문에 재능이 소문날까 두려워하였다. 지방 재정의 악화에 따른 지방관의 자의적인 수탈은 부농층의 성장을 제약하였다.

(4) 조선후기 재정의 특성

조선국가가 낮은 조세부담률로 유지될 수 있었던 것은 군사비 지출이 매우 적었기 때문이다. 조선은 임진왜란 이후 직업군인제의 도입으로 군사비 세출이 증가하였는데, 쌀로 환산하여 그 총액이 약 50만 석으로 추계되었다. 1807년 훈련도감에는 장교 103명, 일반 군인 7,207명이 있었는데, 후자는 서울의 빈민을 대표하였다. 병력·병기 등에서 빈약한 군사력을 유지하는 데에도 공식적 중앙정부 세입의 절반을 배분하였지만, 그것은 국내총생산의 1%에 미달하였다. 조선은 중국이 제공한 국제적 평화에 안주하여, 군사비가 소규모여서 소규모 재정을 유지할 수 있었다.

중앙정부가 지출하는 관료의 녹봉 총액은 15세기 초 10만~12만 석이었는데, 18세기 말부터 19세기 초까지는 2.4만 석으로 줄어 있었다. 16세기 관료에게 녹봉과 더불어 지급하던 과전(科田)이 사라졌고, 임진왜란 후 재정 형편이 나빠져 관료의 녹봉이 크게 줄었다. 『경국대전』과 『속대전』을 비교하면, 정1품은 쌀 360석에서 38.4석으로, 종9품은 24석에서 11.6석으로 줄었다. 중앙의 일부 이서(吏胥)를 제외하고 대부분 이서는 공식적 급료가 없었다. 산업과 기술의 발달을 위한 지출도 저조하였다. 조선왕조는 적게 거두고 아껴 쓰는 방침을 택하여 작은 정부를 가졌다. 세입이 적은데다가 19세기 재정 사정이 나빠져서, 개항 후 근대화사업과 군사력 증가에 사용할 재원이 부족하여 자주적 근대화에 심각한 장애를 초래하였다.

빈약한 세입의 조선국가는 방대한 환곡을 이용하여 적극적인 기근 대책을 수립하였다. 그리고 고아, 홀아비, 과부, 노비, 장애인, 가난한 질병자, 무연고 사망자 등에 대한 배려가 있었다. 조선 건국 후 점차 재정이 충실해지면서 복지제도가 확충되어 1440년대에는 GDP의 1% 정도를 복지를 위해 보조하였다. 유럽에서는 산업혁명을 거친 후의 18세기에 1%를 넘게 되었다. 세종대 복지 지출은 재정에 부담을 주어 이후 복지 대책은 후퇴하였다. 17세기의 경제성장과 재정적 여유를 토대로 영·정조대 복지 지출이 증가하여 18세기 후반 그것은 GDP의 0.5% 내외였다. 정조대 증대한 복지 지출은 재정에 부담을 주어 19세기에 기근 대책은 후퇴하였다. 세종과 정조의 적극적 복지정책은 지속가능하지 않았던 것이다. 복지 지출의 중심은 굶주림 대책이었다. 청나라의 기근 대책은 전근대에 세계적으로 가장 높은 수준이었는데, 조선은 청나라에 뒤지지 않았다. 클라크(Gregory Clark)의 지적대로 맬서스 시대 조선의 자애로운 정책은 인민의 생활 수준을 향상하지 못하였다.[34)]

인정(仁政)을 표방한 조선과 중국의 전근대 집권국가는 가볍고 균등한 과세를 이상으로 삼았던 결과, 서유럽 봉건사회와 도쿠가와 일본의 막번제사회(幕藩制社會)에 비하여 초기에는 수취율이 낮았다. 서유럽 중세 초에 영주층은 50% 세율로 농민의 모든 잉여를 탈취하였고, 막번제의 성립 초에 영주층은 수확물의 40~50% 정률세를 수취하였다. 그런데 서유럽에서는 영주 수취의 자의성이 촌락공동체의 성장 등에 수반하여 점차 제약을 받았고, 화폐액으로 고정된 지대의 실질가치가 인플레이션으로 인하여 저하되었다. 국왕의 자의적 징세에 대항하여 성립한 의회는 조세법정주의를 관철해나갔다. 일본에서는 1722년 50% 정액세제가 시행된 데다가 지배적 세목인 연공(年貢)이 촌락공동체 농민의 연대한 저항으로 증가하지 못해, 농업생산력의 상승에 수반하여 수취율이

34) Hun-Chang Lee, "Welfare policy of Chosŏn Korea(1392-1910) under the Malthusian constraint," Naksungdae Institute of Economic Research, Working Paper 2013-16.

지속적으로 낮아졌다. 그에 반해 조선에서는 서유럽과 달리 의회가 성립하지 않았으며, 자신의 영지에서 세수를 장기적·안정적으로 확보할 유인을 가진 봉건영주와는 달리 국왕의 대리인인 지방관은 짧은 부임기간 동안 법으로 정한 외의 수입을 증대하려는 유인을 가졌다. 게다가 중앙 관원의 녹봉이 박하여 그것으로 생활비에 태부족하고 녹봉을 받지 못하는 아전이 많아, 관리의 수탈이 구조화될 소지를 가지고 있었다. 그래서 '인정(人情)' 등 비공식적으로 묵인된 관리의 수입이 공적 녹봉보다 많아졌다. 19세기 국가 재정이 악화되고 관료기강이 해이해짐에 따라 법정외 중간수탈이 확대되었다. 인정을 표방하고 사족에 관대한 방침은 관리의 부정을 조장하였다. 그래서 조선후기는 동시대 서유럽·일본과 달리 민부(民富)가 축적되지 못하였다. 조선사회는 대동법의 시행 등 합리적 재정개혁을 위한 노력과 성과를 보여주었다면, 그 전의 공납제와 그 후의 법정외 잡세·환곡제도 등에서 제도가 쉽게 문란해지는 약점도 드러내었다.

18세기 후반 조선의 관에 의한 비공식적 수탈도 포함한 모든 부담이 국내총생산의 5% 정도였고, 비공식적 수탈이 많아서, 재정은 빈약하였다. 제6장에서 설명하겠는데, 재정 빈약은 개항 후 군사력 강화와 근대화사업을 저해하였다. 인민 총부담의 국내총생산에 대한 비중은 명·청 중국이 4~8%, 오스만투르크가 1500~1699년간 3.5%, 1700~1799년간 4.5%였으니, 조선과 비슷하였다. 중국도 조선처럼 비공식적 수탈이 많았다. 영국은 교회 수취를 포함한 모든 조세가 1285~1688년간 6%, 1689~1800년간 14%였다. 영국이 명예혁명 이후 이례적으로 재정력이 강한 국가로 부상한 것은 산업혁명에 이바지하였다는 주장이 있다. 일본은 18세기 초 연공만으로 국내총생산의 20% 정도에 달하였고, 이후 하락하여 19세기 전반에 10% 정도였다. 일본이 도쿠가와시대부터 높은 조세율에 적응하면서 강한 재정력과 아울러 강한 경제력을 갖추게 된 것은 아시아에서 가장 먼저 근대화에 성공하는 데에 이바지하였다.

19세기에 국가 재정이 악화되고 조세제도가 문란해지고 있었지만, 조선후기에 또한 조세제도의 합리적 발전이 있었던 점을 놓쳐서는 안 된다. 첫째, 신분제의 영향을 받는 인정(人丁)·호(戶) 단위의 과세가 농지 단위의 과세로 전환함으로써, 과세가 공평해졌을 뿐만 아니라 그 신분제적 요소가 약화되었다. 경제력과 괴리하여 부과된 공물 등이 농지세인 대동법으로 전환한 것이 가장 중요한 변화였다. 균역법에 의하여 양인의 인정을 단위로 부과된 군포의 수취가 반감(半減)하고, 결작미가 징수되었다. 동포제(洞布制)나 호포제(戶布制)가 성립하면서 군포는 양반에게도 부과되었다. 환곡은 원래 호를 단위로 배당되었는데, 농경지를 기준으로 부과한 결환(結還)이 점차 확산되었다.

둘째, 화폐경제의 성장을 배경으로 조세를 화폐로 납부하는 추세가 진행되었다.

그 구체적인 내용은 다음 장에서 언급하기로 한다. 화폐납은 징수비용을 줄이고 수취의 자의성을 완화할 수 있었다.

셋째, 조세의 농지세화와 화폐납이 진전하는 연장선에서 19세기 들어 도결(都結)이 삼남을 중심으로 시행되고, 19세기 중엽에는 널리 확산되었다. 도결이란 지방관이 제반 공적 부담을 모두 돈으로 환산하고 전결을 대상으로 부과하여 쌀·포를 구입, 상납하고 나머지를 관아의 경비에 보충하거나 민역(民役)의 일부에 충당하던 것이다. 처음에는 관청과 주민의 합의 아래 도결이 실시되었고 새 항목이 부가될 때에는 향회(鄕會)의 동의를 받아야 했다. 도결은 신분적 징세를 없앤 점에서 양반층의 저항을 받았고, 지방관리의 잘못에 의한 재정 결손도 넣는 문제가 있었다. 그리고 인플레이션 등도 작용하여 도결가는 증대하는 추세였다. 그래서 주민의 반발이 늘어나 1862년 농민항쟁의 한 요인이 되었다. 도결은 국가가 애당초 금지하였으나, 1894년 갑오개혁으로 제도화되었다.

조선시대 재정 운용은 세입을 헤아려 지출하는 양입위출(量入爲出)에 입각하였는데, 수입을 헤아려 절약하자는 취지였다. 그런데 조선시대에도 경비팽창의 법칙이 작용하여 재정지출은 증가하는 추세였고, 이것은 조세 증가로 이어질 수밖에 없었다. 그래서 지출의 예산제도를 만들고 예산 지출에 상응하도록 세입을 정하는 양출위입의 원칙이 나타나기도 하였다. 조선 초 공물 세입의 공안(貢案)이 정비되고 1456~1473년간 공안과 서로 대조하여 부합하게 만든 세출표로서 횡간(橫看)이 제정되었다. 다카와 고조(田川孝三)는 이로써 양출위입의 '국가 경상의 예산제'가 확립되었다고 평가하였다. 그 결과『경국대전』「호전(戶典)」은 그 첫머리에 "경비(經費)는 횡간과 공안에 의거하여 지출한다"라고 명시할 수 있었다. 그런데 연산조 이후 규정 외 공물 부담이 늘었다. 문란해진 공납제의 개혁안으로 공안 개정과 대동법이라는 두 방안이 거론되었다. 공안 개정은 인민의 공물 부담을 합리적으로 줄이고 국가가 절약하는 것이다. 대동법은 합리적으로 조정된 공안의 지출을 헤아려 대동세의 징수량을 산정한 점에서 양출위입의 원칙을 새롭게 정립하였다. 대동법은 또한 사목에 규정된 것만 징수하도록 한 점에서 조세법정주의를 표방하였다. 그래서『속대전』에는 "대동사목(大同事目)을 참용(參用)한다"고 했다. 그런데 조선시대 예산제도와 조세법정주의는 불완전하여 이후 국가 지출의 증대에 수반하여 대동법에 규정되지 않은 잡세의 부과가 증대하는 추세였다.

조선후기 왕실 재정과 지방 재정의 제도화가 진전되었지만, 국왕이 신민 위에, 관이 민간 위에 군림하면서 의회의 견제가 없는 정치체제는 왕실·지방재정제도, 나아가 조세국가의 성숙을 어렵게 만들었다. 시장 발달의 낮은 수준은 재정의 화폐화·금융화를 제약하였다. 갑오개혁 이전까지 다수의 관청이 독자로 세원을 발굴, 징수하는 재정의 분산성은 극복되지 못하였다. 다른 한편으로 보면, 대동법을 통한 재정제도의 발전, 1794년의 『부역실총(賦役實摠)』과 1808년의 『만기요람(萬機要覽)』 등에서 드러나는 재정 파악의 진전, 그리고 조세가 농경지로 집중되어 화폐로 납부되는 추세는 갑오개혁기 재정의 통합, 조세 화폐납의 전면화 및 근대적 예산제도의 확립을 위한 기반을 조성하였다.

참고문헌

김건태 『조선시대 양반가의 농업경영』 역사비평사, 2004.

金玉根 『朝鮮王朝財政史研究』 一潮閣, 1984.

金容燮 『朝鮮後期農業史研究』 [I]·[II] 一潮閣, 1974·1977.

金泰永 『朝鮮前期土地制度史研究』 知識産業社, 1983.

文勇植 『朝鮮後期 賑政과 還穀運營』 景仁文化社, 2001.

閔成基 『朝鮮農業史考』 一潮閣, 1990.

朴時亨 『朝鮮土地制度史』 (상)·(중) 북한 사회과학원, 1960·1961.

송찬섭 『朝鮮後期 還穀制改革研究』 서울대학교출판부, 2002.

위은숙 『高麗後期 農業經濟研究』 혜안, 1998.

李景植 『朝鮮前期土地制度研究』 一潮閣, 1986.

李榮薰 『朝鮮後期社會經濟史』 한길사, 1988.

이영훈 『한국경제사 1: 한국인의 역사적 전개』 일조각, 2016.

이헌창 엮음 『조선후기 재정과 시장: 경제체제론의 접근』 서울대학교출판문화원, 2010.

李鎬澈 『朝鮮前期農業史研究』 한길사, 1986.

歷史學會 編 『노비·농노·노예』 一潮閣, 1998.

旗田巍 『朝鮮中世社會史の研究』 法政大學出版局, 1972.

田川孝三 『李朝貢納制の研究』 東洋文庫, 1964.

제3장 시장의 성장

1. 경제통합원리의 변화와 시장의 성장

(1) 호혜·재분배 중심의 경제통합 가운데 시장의 형성

시장은 호혜(互惠) 및 재분배(再分配)와 더불어 3대 배분체제(配分體制)를 이루어왔다. 오늘날 경제활동은 시장기구를 매개로 이루어지고 자동 조절의 시장기구는 근대경제의 본질적 구성요소이다. 그에 반해 전근대에는 시장을 통한 교환이 경제생활의 부차적인 요소였고, 친족집단 등 공동체 구성원간 호혜 및 지배기구에 의한 재분배가 사회와 경제를 통합하는 주된 수단이었다. 군단(群團)이나 부족으로 구성된 사회는 호혜를 통하여 통합되었고, 전근대 국가체제는 재정, 곧 재분배를 중심으로 통합되었고, 근대로 들어오면서 시장이 지배적인 통합원리가 되었다. 그런 점에서 호혜·재분배·시장이라는 배분체제의 편성과 상호작용을 통하여 전 경제가 조직되고 통합되어 작동하는 경제통합원리(經濟統合原理)를 고찰할 필요가 있다.

동물 중 호모 사피엔스만이 교역을 한다. 전근대에 인류는 자가(自家)생산이나 호혜·재분배를 통하여 소비물자를 주로 조달하였고, 시장교환에 대한 의존도가 낮았다. 그렇지만 선사(先史)시대에도 개인 차원이나 공동체 차원에서 자연적·기술적 조건으로 자급할 수 없는 생활필수품이 있었다. 그래서 시장은 수만 년 전에 나타난 자생적(自生的) 질서였다. 공동체 내에서는 물자 배분을 호혜나 재분배로 할 수 있었지만, 공동체간에는 교환에 의존할 수밖에 없었으므로, 공동체간 외부 교역이 공동체 내 구성원간 내부 교역에 앞서 발생하였다.

인류사를 개관하면, 기술 발전과 인구 증가에 따른 잉여의 증대와 전문화의 진전에 힘입어 시장은 성장하는 추세였다. 전근대에는 기술 발전이 완만한 데다가 재산권 제도가 미비하여 시장도 완만하게 성장하였다. 그리고 시장이 공동체 내의 호혜관계와 지배기구의 재분배에 강하게 규제받아, 근대에서처럼 자율적으로 작동하면서 확장해 나갈 힘을 갖추지 못하였기 때문에, 시장은 정치와 사회의 변동에 따라 심한 기복을 보였다. 시장은 중세후기 내지 근세에 빠르게 성장하여 경제의 중추가 되었다. 힉스는 마르크스의 자본주의 성장에 선행하는 변혁은 시장의 성장이며, 경제학적으로 보면 후자가 더욱 근본적인 변혁이라고 하였다.[1] 산업혁명은 시장의 자극에 의한 기술진보로 일어났으므로, 시장의 성장을 전제로 한다.

석기시대에 칼·화살촉·도끼로 사용되는 흑요석이 교역되어 그 산지인 한반도 북동부로부터 남부로 이동하였던 것으로 보인다. 우리나라 청동기시대에 기술 발전이 교환을 새로운 차원으로 발전시켜, 연해지방과 내륙 농업지대 간에 교역이 이루어졌고 수공업품이 유통되었으며, 교환수단으로서 모피, 곡물, 조개 껍질, 돌돈이 통용되었다.

성읍국가, 나아가 고대국가가 성립하면서 재분배가 발전하여 공동체간 교역의 상당 부분을 대체하였던 반면, 지배층의 세력확대책과 사치 욕구는 원격지간 무역을 활성화시켰다. 기원전 2세기에 고조선이 주변 소국(小國)과 한나라의 직접 교역을 차단하여 침공의 구실을 제공한 것은 외부 교역이 활발하였음을 드러낸다. 고조선이 해상(海上) 교역세력으로 성장하려다가 한(漢)의 침공을 받고 멸망한 후에, 토착집단은 한사군(漢四郡)에게 조공(朝貢)을 하는 관계 아래 공(公)무역을 수행하였고, 또한 국경의 호시(互市)에서나 중국 상인을 통하여 물자를 교역하였다. 이러한 교역을 통하여 각지로 철기문명이 전파되고 동경(銅鏡), 비단 등 고급품이 유입되었다. 고조선 때부터 명도전(明刀錢) 등 중국 화폐가 서북지방을 중심으로 유통되었다. 2세기 이후 삼한에도 철이 대량으로 생산되면서 유력한 교역품으로 부상하였다. 경상도에서 생산된 철은 김해(金海)에 집산되어 국내 각지는 물론 일본으로도 활발히 배급되었다. 철은 활발한 교역을 배경으로 화폐로 기능하였는데, 그러한 덩이쇠[鐵鋌]가 4~6세기 경상도의 대형 고분에서 많이 출토되었다. 3세기 후반 마한은 진(晉)과 직접 조공무역을 전개하였다.

소국들이 삼국으로 흡수되면서 수장(首長)과 호민층(豪民層)이 주도하는 대외 교역체제는 국가가 관리하는 체제로 바뀔 수밖에 없었다. 그러한 과정에서 외부 교역의 다원성과 개방성이 약화되었다. 김해를 포함한 경남 일대의 개방적 교역체제는 신라의 진출로 5세기 초에 와해되었다. 삼국은 상호간 대립과 경쟁의 필요성 때문에 중국·일

1) John Hicks, *A Theory of Economic History*, Oxford University Press, 1969, p. 7.

본과 활발히 교류하였는데, 무역은 사신의 왕래를 통하여 이루어졌다.

삼국시대에는 내부 교역이 본격적으로 성장하여 뚜렷한 실체를 드러내었다. 당시 사용된 쌀·삼베 등의 물품화폐가 금속화폐를 압도하였는데, 이들 물품화폐는 덩이쇠와 달리 내부 교역용이었다. 삼국 중 가장 후진적인 신라의 수도에서는 490년 처음 상설시장이 열려서 사방의 물화가 유통되었으며 509년에 동시(東市)가 개설되었고 695년에는 다시 서시(西市)와 남시(南市)가 열렸다. 그리고 대도시, 나아가 교통의 요지에서는 상인이나 일반 인민이 모여들어 교역한 다음 흩어지는 저자=장이 열렸다. 행상은 국경을 넘나들며 활동하기도 했는데, 백제의 민요 정읍사(井邑詞)는 저자를 돌아다니는 남편의 신변을 걱정하는 아내의 애틋한 심정을 담고 있다. 인구 증가와 더불어 잉여가 증가하고 친족집단의 호혜기능이 약화되면서 내부 교역이 성장하였을 것이다.

금융의 역사는 오래되었다. 백제시대 목간(木簡)인 좌관대식기(佐官貸食記)에 의하면, 618년 관에서 곡물을 대부하면서 1/3 또는 50%의 연간 이자를 받았다. 전시과(田柴科)를 제정한 직후인 980년에는 쌀과 삼베에 대한 국가와 민간의 이자율이 원금의 1/3로 정해졌다.

한나라 때에 성립한 중국의 조공체제(朝貢體制)에 편입된 동아시아에서는 신하가 외교권을 가지지 못한다는 원칙의 규정을 받아 민간의 자유로운 무역은 일반적으로 금지되었으므로, 사신의 왕래에 수반한 공무역이 중심을 이루었다. 신라의 사신은 당나라에 가서 공물(貢物)을 바치고 회사품(回賜品)을 받았으며, 숙소에서 관시(官市)를 열어 교역하였다. 공무역 위주의 단계부터 신라는 중국뿐만 아니라 동남·서아시아의 물산을 일본에 제공하였다.

760년대를 고비로 당과 신라의 국가통제력이 이완되면서 공무역이 쇠퇴하는 대신에 상인이 주도하는 교역이 성장하였다. 그러한 가운데 동아시아의 해상무역이 발전하기 시작하였는데, 9세기 전반까지 신라인이 동북아시아 해상무역권을 장악하였다. 8세기 후반부터 신라 상인은 선단(船團)을 꾸려 중국 연해지방에 가서 사무역(私貿易)에 종사하였고, 그곳에 신라방(新羅坊)이라는 신라 상인의 거류지가 형성되었다. 신라 상인은 8세기 후반부터 사신을 수행하지 않고서 일본에도 진출하였다. 827~40년경에 장보고는 서해의 제해권(制海權)을 장악하고 청해진(清海鎭)을 설치하여 당나라와 일본의 무역을 중개하였다. 장보고의 피살 후에는 군소 해상세력이 활발한 동향을 보였다.

고려를 건국한 왕건이 예성강 하구를 중심으로 해상무역에 종사하던 가문의 후예이고 많은 해상 세력가들이 왕건에 협력하였지만, 고려 상인의 해상 활동은 신라 하대에 비해 소극적으로 변하였다. 이것은 송나라의 해상 활동역량이 강화된 반면, 고려국가가 집권화 추진과정에서 장보고나 왕건과 같은 해상세력의 부상을 막기 위해 사무역을 통제하였기 때문으로 생각된다. 송나라 상인이 해상 교역권을 장악하게 되어 고려 측 기록에서 확인된 1012~1278년간 고려에 내항(來航)한 자는 5,000명을 넘었다. 고려는 도착한 일본 선박을 상대로 무역을 하였지, 무역선을 일본으로 보내지는 않았다. 고려 전반기에는 송나라, 거란과 여진, 일본뿐만 아니라 아라비아와도 교역하였고, 이들 상인을 위한 상관(商館)이 개경에 설치되어 있었다. 고려는 선진 문물의 수입과 경제적 동기 때문에 대송(對宋) 무역을 중시하였지만, 일본·거란·여진과는 정치적·군사적 필요에서 교역을 유지하였다.[2)]

1259년 몽고와 강화를 맺은 직후 송나라 상인이 끊어졌으나, 1290년대 이후 이슬람 상인이 찾아오고 증가하여 무역이 회복되었다. 충선왕·충숙왕·충혜왕은 몽고 제국이 창출한 국제교역망에 참여하는 정책을 추진하여, 1320·30년대는 무역 전성기를 맞았다. 고려 상인의 중국 진출이 활발해졌고, 중국 상인이 다시 찾아왔다. 1340년대 이후 동요하는 원나라와 갈등이 커지면서 국가의 교역 의지가 약화되었다.[3)] 민간 사무역은 활발하여 "상인이 말, 소, 금, 은, 모시, 베 등을 가지고 몰래 요양, 심양 등지에 가서 매매하는 자가 늘어났다. 국가는 이를 금지한다고 하면서도 감히 법적으로 규제하지 못하였고 지방 관리도 이에 대해 엄격히 단속하지 않았으므로, 길거리에는 왕래하는 상인이 끊일 사이가 없는" 형편이었다(『高麗史』 世家 恭讓王 3년 5월 己酉). 수출품 중에 금속가공품, 고급직물, 서적 등이 포함된 것은 고려의 기술과 문화의 수준이 높았음을 보여준다.

중세에 한국의 시장은 일본과 달리 순조롭게 발달하지 못하였는데, 그 원인을 살펴보자. 우리나라 전근대의 행정 단위는 산천을 경계로 구획되어 내부적으로 자족성(自足性)이 높았는데, 고려시대에 지방관이 파견된 주군(州郡)과 그에 행정적으로 포섭된 영역 내에서 지배층은 자신이 장악한 토지와 예속노동력으로부터, 조세의 일부로부터, 그리고 선물을 통하여 필요 물자를 대부분 조달하였다. 일반 농민은 대부분 물자를 자급하였고, 자급하기 어려운 물자는 선물·시장 교환에 의존하였다. 이처럼 재분배와 호혜가 지역경제를 통합하는 중심적 체제였는데, 그것을 보완하는 차원에서 12세기를 전후하여 주현(州縣)의 관청 부근에서는 한낮에 시장이 열렸다. 그 실태를 다음에서 엿볼 수 있다.

2) 이진한 『고려시대 무역과 바다』 경인문화사, 2014.
3) 이강한 『고려와 원제국의 교역의 역사: 13~14세기 감춰진 교류상의 재구성』 창비, 2013.

> 주군의 토산물은 모두 관가에 공적으로 상납되므로(公上) 상인은 멀리 나가지 않는다. 다만 대낮에 도시에 가서 각각 가진 것으로써 없는 것을 서로 교역한다. ……그 습속에 상설점포[居肆]가 없고 다만 한낮에 정기시[墟]가 열려 남녀노소, 관리, 공기(工伎)들이 각기 소유한 바로써 교역한다. 동전이 없고 오로지 모시[紵布]와 은병(銀瓶)으로 그 가치를 헤아리되, 일상용품 중 사소한 물품으로 모시 1필(匹)이나 은화 1냥(兩)에 미치지 못하는 것은 쌀로써 소량을 계산하여 치른다.(『宣和奉使高麗圖經』 貿易)

상설점포가 없는 공터의 정기시여서 허(墟)라고 불렸는데, 여기에서 사원(寺院), 권세가(權勢家) 등의 지배세력이 교역을 주도하며 농민을 수탈하기도 했다. 고려의 수도인 개경(開京)에서는 "대시(大市)에 베, 비단, 가죽제품, 그릇, 의관, 의복, 신발, 말굴레와 말채찍 등의 점포가 나누어져 있었으며, 소와 말을 파는 데에도 일정한 장소가 있었다. 그 밖에 쌀 같은 것은 각 거주지에서 매매하였다."(『太宗實錄』 10년 정월 乙未)

조선 초에 시장이 위축되었는데, 그 중요한 원인은 상업 억제책이었다. 고려 말 사대부 관료들은 권세가의 상행위 등 사적 이익 추구를 규탄하면서 조선 건국을 정당화하는 하나의 논리를 찾았고, 국가적 재분배체제를 정비하면서 상업의 활성화를 농업과 국가적 재분배체제에 해로운 것으로 인식하여 막고자 하였다. 토산공물 조세제도의 확립은 현물 재정을 강화하여 시장의 위축을 낳았다. 사대부층의 억상관(抑商觀)과 명나라의 사무역 금지책은 무역정책을 한층 소극적으로 만들었다. 명나라 태조는 조공제도를 강화하여 사무역을 일절 금지하고자 했고 자국 상인의 해상 진출을 막는 해금(海禁)을 실시하였다. 그래서 조선도 사무역을 엄금하는 방침을 채택하였다. 게다가 고려 말에 명나라로 가던 사신이 해상 조난사고로 말미암아 육로로 행로를 바꿈에 따라, 중국과의 해상무역은 두절되었다.[4] 무역을 통해 경제적 이익을 추구하려는 지배층의 동기가 약화되어, 청나라가 해금을 완화한 1684년 후에도 조선은 그것을 고수하여 조선인의 해로무역을 금지하였다. 조선시대에 무역이 성장하는 추세였지만, 반도국가가 해상 진출을 포기한 것은 박제가의 지적처럼 시장발달과 경제성장에 근본적인 한계를 부여하였다.

고려전기에 상업을 천한 말업(末業)으로 보는 관념이 정착해 있었고 상인의 벼슬을 불허하는 원칙이 있었으나, 상인의 관직 진출을 제한할 뿐 엄금하지는 않았다. 고려후

4) 須川英德「高麗後期における商業政策の展開－對外關係を中心に」東京大學文學部『朝鮮文化研究室紀要』4, 1997.

기 국가 기강이 해이해지면서 상인의 관직 진출은 확대되었다. 조선시대에 들어와 주자학의 영향으로 상업 천시 관념이 심해짐에 따라 상인의 동(東)·서반(西班) 정직(正職)으로의 진출이 제도적으로 봉쇄되었다. 지식인인 사층(士層)이 상업에 종사하지 않은 것은 조선시대 상업 발달에 불리하게 작용하였다.

16세기의 일기를 보면, 사족의 경제생활에서는 호혜의 선물 교환이 시장의 상품 교환보다 월등히 중요하였다. 예를 들면, 『미암일기(眉巖日記)』의 저자인 유희춘(柳希春)은 1567년 10월부터 1576년 7월까지 사이의 65개월 동안 월평균 42.4회 일상용품부터 사치품까지 다양한 물품을 각지 지방관이나 친인척으로부터 주거나 받은 반면, 74개월 동안 모두 63회 물품을 구입하고 37회 수공료(手工料)를 주고 물품 제작·서사(書寫)를 의뢰하는 데 그쳤다. 『쇄미록(鎖尾錄)』을 남긴 오희문(吳希文) 집안에서는 1592~1601년간에 월평균 상거래는 1.7회, 선물 교환은 20회 정도 이루어졌다. 오희문은 영리 목적으로 시장 교환도 하였다. 1596년 5월 그는 웅포(熊浦)에 정박한 장사배로부터 미역 25동을 구입한 다음, 얼마 후 그중 20동을 보리와 바꾸어 시세 차익을 얻고자 했다. 1599년 윤4월 오희문은 "영동의 어물과 미역은 매우 비싸 말을 세내어 사오면 반드시 잉여가 없고 도리어 손실을 볼 것이다"라는 아들의 편지를 받고 그 계획을 중지하기도 했다.[5] 유력 사족이 지방관으로부터 받거나 민간인으로부터 청탁용으로 받은 선물은 피지배층의 잉여를 재분배하는 성격을 가졌다. 고려시대부터 지배층이 장기간 안정적으로 존속함에 따라, 그들 공동 이익에 부합하는 선물 교환 관행이 발달하였을 터이다. 친족의 세력이 약하고 유력자의 지원을 받을 수 없는 서민층은 선물을 받을 일이 많지 않아서 시장 교환에의 의존도는 한층 높았을 터이지만, 구매력이 빈약하였다.

조선국가는 새로운 수도인 한성(漢城)에다 『주례(周禮)』에 나오는 중국 고대의 전조후시(前朝後市)제도를 도입해, 도성(都城)의 전면에 궁궐을 세우고 후면에 시전(市廛)의 상가를 조성하였다(〈그림 3-3〉). 태종조인 1411~4년간 중앙정부와 서울 주민의 수요를 위해 종로를 중심으로 하는 구역에 1,000여 칸(間)의 행랑(行廊)을 짓고 상인을 입주시켰다. 고려시대와 마찬가지로 소와 말을 파는 장소는 지정되었고, 각지에 서민의 일용물자를 판매하는 여항소시(閭巷小市)가 열렸다. 성종조에 이르러 시전 행랑은 확장되어 모두 약 1,200여 칸이 되었다. 비단, 무명, 어물 등을 판매하는 주요한 시전은 조선전기부터 영업하였다. 16세기 중엽 서울에서는 "온갖 물건은 모두 시전을 거친다"고 할 정도였다(『明宗實錄』 6년 5월 癸丑).

5) 李成妊 「朝鮮中期 柳希春家의 物品購買와 그 性格」 『한국학연구』 9, 인하대 韓國學硏究所, 1998; 「조선중기 吳希文家의 商行爲와 그 성격」 『朝鮮時代史學報』 8, 1999.

고려시대 지방에서 열렸던 정기시(定期市)는 15세기 전반에 소멸해 있었다. 조선국가의 재분배체제의 강화 및 억상책과 무관하지 않을 것이다. 1460년대까지 농촌에서는 교역을 위한 정기적인 공간이 없었지만, 행상(行商)의 활동이 농가경제의 교역의 필요성을 충족시켰다. 소금의 수급(需給)을 예로 들어보자. "소금배의 소식을 한 번 들으면 근처에서 쌀·포를 다투어 가져와서 분주하게 구입하"였는데(『世宗實錄』 19년 5월 庚寅), 소금배의 활동에 힘입어 "궁벽(窮僻)한 시골에서도 풍족하지는 않지만 소금을 구하지 못한 사람을 들어본 적이 없었다" 한다(『세종실록』 27년 8월 戊辰). 그 밖에도 상인이 옷, 짚신, 가죽신, 삿갓, 갓끈, 빗, 바늘, 분 등을 가져와서 농민에게 외상으로 팔고 가을에 수확할 때 곡식을 거두어 바쳐 추수가 지난 후에도 백성의 식량이 부족한 사태가 발생하기도 했다(『세종실록』 25년 6월 戊戌). 그런데 중농억상(重農抑商)의 관념을 가지고 있던 관료층은 농민의 상인으로의 전업, 이익 추구 풍조의 조장, 행상에 의한 농민 잉여의 탈취 등을 우려하여, 통행증인 노인(路引)이 없이 행상하는 것을 금지하고 행상에게 조세를 부과하였으나, 이런 제도는 오래 존속하지 못하였다.

행상 중에는 활동 범위가 좁고 자본이 영세한 자가 다수였겠지만, 개성사람은 조선 초부터 상업에 전념하여 원격지 행상업에 종사하였다. 선상(船商)의 조세가 육상(陸商)보다 무거웠던 것으로 보건대, 선상의 거래 규모가 더욱 컸다. 『동국여지승람(東國輿地勝覽)』 등에 선상의 활동을 보여주는 구절이 많은데, 황해도 연안(延安)지방을 예로 들면 "서해상 교통의 요충지로서 선박과 우마차의 길이 종횡으로 교차하여 있고 상인과 나그네가 분주히 모여들었다" 한다.

(2) 시장의 성장과 경제통합원리의 변화

이상에서 살펴보았듯이, 상업은 삼국정립기, 고려초기 및 조선 초에 후퇴하였다. 세 후퇴기는 모두 강화된 국가권력이 분권세력의 발호 여지를 없애면서 무역의 관장 내지 독점을 도모하기 위해 사무역을 억압한 데에서 기인하였다. 외부 교역이 심한 기복을 가진 데다가 내부적으로 체제를 정비해간 국가가 현물 재정의 재분배를 통해 물자유통을 조직함에 따라, 시장이 지속적으로 성장할 수는 없었다. 그래서 조선 초의 상업이 통일신라기의 9세기보다 활성화되었다고 보기 어렵다. 15세기 유라시아대륙에서 조선은 국가제도·기술·문화가 발달한 편이었으나, 시장은 미약한 편이었다. 시장이 낮은 수준에서 출발한 것은 조선사회의 근대적 전환에 불리하게 작용하였다.

여말선초 연작상경법(連作常耕法)의 확립, 개간의 진전 등으로 인구가 증가하고 소농경영이 성장하여 교환을 위한 잉여가 증대하였다. 이에 힘입어 15세기 후반 지방에 정기시인 장시(場市)가 출현하여 급속히 확산되었다. 조선중기에 모심기[移秧法]의 보급 등 농업 기술의 발전은 상업 발전을 위한 기반을 강화하였다. 17세기 이후에는 포구(浦口)상업이 성장하였고 도시시장이 새로운 차원으로 발전하였다. 시장이 확대되고 교환의 필요성이 증대하는 과정에서 금속화폐가 보급되었고, 동전의 보급은 시장 거래의 편의를 증대시켰다.

조선중기에 시장이 점차 성장하면서 호혜와 재분배의 기능을 대체하여갔다. 18세기의 일기인 『승총명록(勝聰明錄)』과 『이재난고(頤齋亂藁)』를 보면, 상품 교환이 선물 교환을 압도하였다. 장시가 현저히 성장하는 17세기 후반과 18세기 전반에 시장 교환이 선물 교환을 능가하게 되었던 것으로 보인다. 길흉사(吉凶事)나 명절 때의 의례적 선물을 제외하고는 선물 교환이 줄었다. 17세기 시행된 대동법(大同法)으로 지방 재정의 제도화가 진전하여 지방관의 선물과 같은 재분배에 입각한 호혜는 축소된 반면, 향약·계·동족부락 등에 의해 조직된 호혜는 성장하였다. 특히, 다양한 계(契)가 출현하여 상호부조 기능뿐만 아니라 금융 기능을 활발히 수행하였다. 농촌 시장이 성장하여 경북 예천(醴泉) 박씨가는 19세기 중엽에 5일 이내에, 1900년경에는 이틀에 한 번 꼴로 재화를 매매하였으며, 선물 지출은 재화 구매액의 10% 내외에 머물렀다.

국가가 수요 물자를 공물(貢物)로 징수하고 필요한 노동력을 직접 징발하는 체제는 대동법의 실시로 시장 조달 방식으로 변하였다. 16세기 이후 장시가 전국 각지로 확산되었고 그에 힘입어 방납(防納)이 성행하였는데, 이것은 대동법 시행을 위한 역사적 전제였다. 대동법은 조세로 거둔 미곡·직물로 국가수용물자를 조달하도록 함으로써 시장의 발전을 촉진하였으며 공인이란 상인을 육성시켰다. 1749년 선혜청(宣惠廳)이 공인에 지급한 공가(貢價)는 쌀로 환산하여 30만 석에 달하였고, 그중 절반은 쌀, 나머지 절반은 동전·무명으로 지급하였다(『備邊司謄錄』 영조 25년 9월 21일).

18세기에는 농민이 대부분 하루 내에 장시에 출입할 수 있게 되고, 농촌에도 시장 교환이 일상화되어 호혜적 교환을 압도하고 국가 재정의 시장에 대한 의존도가 높아졌던 점에서, 시장은 재분배와 더불어 경제통합원리를 주도하게 되었다. 그런데 1894년 갑오개혁(甲午改革) 전까지는 국가적 재분배가 비중이 높고 강한 영향력을 행사하였다. 19세기 전반에도 농산물이 20% 정도가 상품화되고, 10% 정도가 관으로 납부되고, 70% 정도가 자급된 것으로 보인다.

시장기능에 대한 기본 제약은 공적 특권과 사적 권력의 침해였다. 시전상인은 국역(國役)을 부담하는 대가로 도시상업의 독점권을 행사하였고, 객주(客主)는 권력과 결탁하여 객상(客商)에 대한 독점적인 지배를 실현하였다. 1782년 한강변 주민의 장빙역(藏氷役)을 폐지하고 빙계(氷契)를 창설하여 그 부담을 지우는 대가로 얼음 판매업의 독점권을 부여하였는데, 다음은 빙계의 영업독점이 시장기능을 제약함을 잘 드러낸다.

> 빙계는 도고(都賈)이다. 빙고(氷庫)가 많으면 얼음 가격이 싸고 빙고가 적으면 얼음 가격이 비싸진다. 종전에는 수상(水上)과 수하(水下)에 빙고가 30곳이 있었음에도 오히려 부족하였다. 그런데 지금 빙계가 다른 모든 빙고 영업을 일절 금지하고 빙계가 설치한 8고(庫)만 있으니 전에 비하여 1/5로 줄었다. ……그런즉 자연히 얼음 가격은 오르게 된다. 얼음 가격이 오르므로 선인(船人)은 얼음을 많이 싣지 못하여 어물이 썩고, 시전상인도 얼린 고기를 조달하지 못하여 장차 낭패할 지경에 이르렀다. 그런즉 서울 인민은 장차 어육(魚肉)의 맛을 모르게 되고 한강변 주민은 생계를 이어갈 직업을 잃어버렸다. (1786년 『正祖丙午所懷謄錄』 禁軍崔德禹所懷)

18세기 후반에 각종 영업독점이 규제를 당하고 1791년의 신해통공(辛亥通共)은 육의전(六矣廛)을 제외한 시전의 영업독점권을 폐지하였지만, 19세기 전반에는 객주의 독점력이 강화되었다.

공물의 가격은 공인의 보호와 공물의 안정적인 조달을 위해 시장가격보다 훨씬 높게 책정되었다. 대동법 아래 1750년경부터 19세기 중반까지 공물의 공정가격은 거의 변하지 않았으며, 원공가는 시장가격의 3배 내외, 별무가는 시가의 1.7배 내외였다. 그 대신에 공인은 과거 때의 비용 부담, 얼음 저장, 기타 잡역이라는 국역을 부담하였다. 공인은 종종 생산자로부터 시장가격보다 낮게 강제로 매입하기도 했다. 한 예를 들면, 18세기 말 함경도 경성(鏡城) 경주인(京主人) 한성원(韓聖源)은 함흥감영의 영주인과 결탁하여 사슴뿔·인삼·세포(細布)·돈피가죽 등의 진상(進上)을 독점하면서 생산자를 헐값으로 수탈할 수 있었다. 중앙 관청, 궁방(宮房) 및 지방관이 시전 등을 통해 조달하는 무역가 내지 관가(官價)는 시장가격에 준하는 것을 원칙으로 삼았지만, 실제는 가격이 고정되는 일이 적지 않았다.

도덕경제론은 경제안정을 위해 시장경제를 제한할 수 있는 논거를 제공하였다. 국가는 농민이 농지로부터 유리되는 것을 막기 위하여 조선 초에 농지 매매를 금지하기도 했고, 금령을 해제한 후에는 매도한 농지를 일정 기간 내에 원래 가격으로 되돌려받을 수 있는 환퇴(還退)를 인정하였다. 곡물 가격이 등귀하면 그것을 수집, 비축한 상인은 비난받을 수 있었고, 지방관은 관할 구역 외부로 곡물을 유출하는 행위를 막는 방곡(防穀)을 시행하기도 했다. 국가는 쌀값뿐만 아니라 이자율의 상한을 정하기도 했으나, 실효를 거두지는 못하였다. 사족은 가문의 유지를 위해 토지를 동족간에 방매하도록 하는 원칙을 세워 조선전기에는 대체로 지켰다.

생산요소시장은 생산물시장보다 뒤늦게 형성되었다. 제2장에서 언급하였듯이, 조선시대에 농지시장은 농지소유의 성장과 농산물 상품화의 진전에 수반하여 활성화되었다. 조선후기 노비제의 해체는 농촌 노동시장을 형성시켰다. 조선전기에 국가적인 토목·건설·운수사업에는 노동력을 징발하였는데, 17세기 대동법이 시행되면서 임금을 지급하고 사역하는 것이 정례화되었다. 서울주민이 공용물자의 운반, 얼음의 채취·운반 등의 잡역으로서 징발당하던 방역(坊役)도 점차 현물 납부로 변화하고 방역에 종사시킬 때에는 고가(雇價)를 지급하는 경우가 많아졌다.[6] 제4장에서 언급하겠지만, 관청수공업과 광업에서도 징발 노동이 임노동으로 전환하는 추세였다. 자금 대부는 동전의 보급 이후 성장하였다. 조선후기에 기본 생산수단인 농지의 거래가 활성화되고 자본재도 거래되고 공인권·객주권, 광공업에 투하한 자본의 권리인 물주권과 같은 재산권이 거래되었는데, 이것은 시장의 성장을 보여주는 지표였다. 그런데 노임을 주된 수입으로 하는 층이 협소하였고 전문적인 금융업자가 성장하지 못한 데에서 드러나듯이, 조선 말까지도 생산요소시장은 미성숙하였다.

시장의 성장을 결정하는 주된 요인은 인구 크기, 경제통합원리(經濟統合原理) 및 국제 환경으로 볼 수 있다. 조선시대에 농업 기술의 발전에 힘입어 인구가 지속적으로 성장하고 세계적으로 높은 인구밀도를 달성하였다. 이것이 상업 발달을 낳은 기본 요인이다.

그런데 조선사회는 전근대의 서유럽과 일본에서와 같은 역동적인 상업 발달을 경험하지는 못하였다. 왜 그럴까. 조선국가가 시장 의존을 기피하면서 견고한 재분배체제를 구축한 것은 상업의 발달에 불리하였다. 조선시대 집권국가는 가능한 한, 현물 재정을 유지하고 상인과 금융에 대한 의존을 피하려고 하였다. 그래서 법정세의 동전 납부 비율, 그리고 중앙 세입 중 동전의 비중을 일정 수준에 제한하였다. 그리고 조선국가는 환곡·진휼을 통한 시간적·공간적 물자 재분배를 통하여 인민의 경제생활을 안정시키는 정교한 국가적 재분배망을 구축하였다. 쌀로 환산한 환곡의 분급량은 18세기 초에 180만 석 정도에서 1760년대에 350만 석 정도로 증가하였다가 19세기에 감소 추세

6) 윤용출 『조선후기 요역제와 고용노동』 서울대출판부, 1998.

여서 19세기 중엽 200만 석 정도였는데, 그것은 각각 생산량의 10%, 19%, 12% 정도를 차지하는 것으로 추정된다. 서유럽이나 일본의 봉건제에 비하여 국가적 재분배가 발달한 만큼 시장 거래의 여지가 축소되었다. 또한 집권국가체제는 잉여를 수도로 집중시켜 지방도시의 성장을 저해하였고 상인에 의한 자치도시(自治都市)를 수립할 여지를 허용하지 않았다. 조선국가는 농업을 근본[本]으로, 상공업을 말(末)로 삼고 영리 추구를 억제하였다.

국제환경도 상업 발달에 불리하였다. 조선국가는 중국을 정점으로 하는 동아시아의 안정된 국제관계인 중화질서(中華秩序)에 순응하면서 조공무역체제에 깊게 편입되어, 국제무역은 외교논리에 종속되었다. 그래서 유럽에서처럼 부국(富國)을 위해 경쟁하면서 무역 이익을 적극 추구하는 중상주의정책이 성립하기 힘들었다. 게다가 일본과 달리 지방의 분권적 세력간 경쟁이 이루어지지 않아서 지배층의 상업 육성에 대한 관심이 크지 않았다. 해상무역 활동은 집권국가체제가 이완된 통일신라 후기에 왕성하였지만, 그후 집권제의 진전에 수반하여 고려시대에 약화되었다가 조선시대에 두절되었다. 우리나라 중세에서는 내부적·외부적 경쟁을 자극하는 힘이 미약하였던 것이다.

요컨대, 농업 기술의 발전과 인구의 증가는 시장을 성장시키고 국가적 물자유통은 점차 시장에 의존하고 국제무역이 성장하는 추세였지만, 조선의 경제통합원리, 그에 상응한 이념체계 및 국제무역 환경으로 인하여 서유럽의 중세후기 및 일본의 도쿠가와(德川)시대와 같은 시장경제의 괄목할 만한 발전을 경험하지는 못하였다.

이하 조선시대의 상업을 금속화폐의 보급, 지방시장, 포구상업, 도시시장, 원격지 상업 및 대외무역으로 나누어 살펴보고 끝으로 상업자본을 살펴본다. 이러한 것들은 서로 밀접히 관련되어 있지만, 설명의 편의상 나누어 고찰한다. 상품생산은 다음 장에서 다루기로 한다.

2. 화폐경제의 성장과 물가의 변동

한국 전근대에는 시장과 마찬가지로 화폐경제도 매우 완만히 성장하였다. 고대에 제한적으로 사용된 금속화폐는 삼국시대에 삼베·쌀의 물품화폐에 압도당하였다.

고려와 조선의 국가는 화폐가 백성을 부유하게 하고 재정을 넉넉하게 한다는 부민이국론(富民利國論), 그리고 화폐와 같은 중요한 이권을 국가가 가져야 한다는 이권재상론(利權在上論)에 입각하여 금속화폐·지폐의 발행과 통용을 추진하였다. 그리고 물품화폐는 마모되기 쉬운 데다가 민간 소비를 그만큼 감소시켰으므로, 금속화폐의 통용은 백성을 넉넉하게 한다고 간주되었다. 그래서 996년에는 철전(鐵錢)의 통용을 시도하고 몹시 거친 삼베인 추포(麁布)의 사용을 금지하였다. 그런데 물품화폐에 익숙한 농민이 금속화폐를 불편하게 여겼으므로, 금속화폐는 유통 범위가 한정되었고 게다가 삼베를 비롯한 물품화폐에 점차 압도당하였다. 1097년 동전(銅錢) 통용이 시도되었으나, 성과를 거두지 못하였다. 1101년 은병(銀甁)이 주조된 이후 은화는 제한된 범위에서 지속적으로 사용되었다. 고액의 거래에는 모시·은화가, 소액의 거래에는 쌀이 사용되었다. 주된 거래수단은 삼베였다. 원간섭기에는 중국의 지폐가 사용되었다. 은화의 유출로 14세기 후반 그 유통은 거의 이루어지지 않게 되었다.

고려 공민왕 때부터 이권재상론이 부상하면서 화폐발행책이 추진되었다. 조선국가는 1401년부터 70여 년간 주로 저화(楮貨)라는 지폐, 세종대에는 동전의 통용을 추진하였으나 실패하였다.

왜 조선국가에 의한 동전·지폐통용책은 실패로 귀결되었던가. 첫째, 그 통용을 위한 시장 기반이 약하였다. 1473년 신숙주는 화폐가 유통하지 않는 이유를 지방시장의 미발달에서 구하였고, 화폐통용책의 전제로서 지방시장의 개설을 주장하였다.

> 우리나라에 화폐가 유통되지 않는 것은 원인이 있다. 서울 외에는 상점이 없으므로, 비록 화폐가 있다 해도 쓸모가 없다. 화폐를 유통시키고자 하면서 그 근본을 강구하지 않으면 헛되이 백성들을 번거롭게 할 뿐이다. 화폐를 통용할 수 있는 방법은 서울과 각 지방에다 상점을 개설하고 인민들로 하여금 교역하게 하는 일밖에 없다. (『成宗實錄』 4년 2월 11일 壬申)

세계사적으로 금속화폐의 발생과 유통은 외부 교역에 크게 의존하였는데, 삼국의 정립기, 고려 초 및 조선 초 국제무역의 위축은 시장을 위축시키고 화폐통용책에 지장을 주었다.

그런데 금속화폐 통용책이 추진된 996년 이미 추포가 사용되고 있었고 조선전기 인구수가 상당한 점에서 시장 기반만으로 화폐통용의 실패를 충분히 설명할 수는 없다. 둘째, 원간섭기와 달리 국제화폐로 기능하지 않는 지폐를 시장이 위축된 조선 초에 통용하려는 정책은 결정적인 실수였다. 국가가 발행한 화폐를 보유하면 가치 하락으로 손해보는 현상이 이후에도 계속되었기 때문에, 화폐통용책의 실패가 거듭될수록 그에 대한 불신은 커졌다. 셋째, 물품화폐의 선호가 뿌리깊었다. 삼베·무명과 쌀은 기초적 소비재이고 조세 부과의 주된 대상이라는 사용가치를 가졌을 뿐만 아니라, 상당한 정도로 내구성을 가지고 비교적 동질적이고 분할이 편하여, 금속에는 미치지 못하지만 양호한 상품화폐였다. 넷째, 동전의 경우 원료난이 심각한 애로로 인식되었다. 동철(銅鐵)의 채굴에 한계가 있어서 대일 무역에 크게 의존하였는데, 원활히 공급되지 않을 때가 많았다.

금속화폐가 통용되지 않았다고 해서 물물교환경제를 벗어나지 못하였던 것은 결코 아니다. "삼국시대로부터 고려시대에 이르기까지 모두 5승포(升布)를 화폐로 사용하니, 옷을 만들어 입거나 물건을 살 수도 있고 시장가격과 다르지 않아, 백성이 모두 편하게 여겼다"고 할 정도로 물품화폐경제가 오랜 역사를 가졌다. 그런 가운데 태종대 저화를 강제 통용하자, 인민은 그것을 쌀·삼베라는 물품화폐와는 달리 "굶주려도 먹을 수 없고 추워도 입을 수 없는 한 조각의 검은 자루에 불과한 것"으로 인식하였다.[7] 고려시대부터 조잡하게 제조되어 옷을 만들기 어려운 추포가 교환의 매개물로서 통용되었는데, 이것은 화폐경제가 어느 정도 성숙하였음을 보여준다.

15세기 전반에 무명이 널리 보급되어 삼베를 대신하여 주된 직물로 등장하면서, 물품화폐의 주종도 삼베에서 무명으로 바뀌었다. 1428년경에는 삼베가 포화(布貨)의 주종을 이루었지만, 1445년경에는 모든 거래의 가격은 무명으로 결정될 정도였다. 1460년 이후 포화와 저화를 국폐(國幣)로 삼아 정포(正布) = 5승포[1승 = 80가닥] 1필 = 상포(常布) 3승포 2필 = 저화 20장 = 쌀 4두라는 시세를 정하여 『경국대전』 호전에 실었다. 1필은 폭 8촌(寸)(37.4cm), 길이 35척(16.35m)이었다. 저화는 화폐로 사용되지 않게 되었고 직물은 관인(官印)이 없어도 통용될 수 있으므로, 이 조항은 16세기 유명무실화된 것으로 보인다.

포화가 영세민의 소규모 거래수단으로 이용됨에 따라, 1470년대부터 그 승척(升尺)의 감소가 나타났다. 5승포 대신에 3·4승포가 통용되고 심지어 2승포까지 출현하였다. 척수(尺數)도 35척으로부터 30척으로, 나중에는 20척으로 줄었다. 승수와 척수에 따라 포화의 교환가치가 비례적으로 정해졌다. 특히, 2승포는 교환수단 외에는 아무런 쓸모가 없는 추포였다. 그래서 국가는 그 통용을 금지한 적도 있지만, 영세민에게 줄 타격을 우려하여 그 통용을 묵인하였다. 16세기 서울에는 2승포를 자른 단포(端布)를 가지

7) 『태종실록』 3년 8월 30일 乙亥.

고 식량을 구입하는 영세민이 많았다.[8] 무명은 이처럼 교환의 매개수단과 가치의 척도로서 기능하였을 뿐만 아니라, 은과 더불어 가치의 저장수단으로서도 유용하게 활용되었다.

전근대에도 물가 변동은 수요와 공급이라는 시장의 조건에 영향을 받았다. 15세기 중엽 무명 1필은 삼베 2필로 교환되었는데, 면화의 재배와 무명의 공급이 늘어남에 따라 양자의 가격차는 줄어 18세기 중엽에는 동일한 가치를 가지게 되었다. 1440년대에 무명 1필의 가격이 쌀로 5두에 해당하였는데, 1480년대 초반에 3두로, 1490년대에는 2두로, 16세기로 들어서면 1두 이하로 떨어졌다. 쌀로 환산한 무명의 가치가 이처럼 폭락한 주된 원인은 화폐로 통용되던 5승포가 추포로 대체되었던 데에서 찾아야 한다. 면화 재배의 확대로 쌀보다 무명의 공급이 빠르게 증가한 점도 작용하였다.

17세기 전반에도 추포는 물품화폐로서 활발히 기능하였다. 그래서 유형원(柳馨遠)은 "지금 추포로써 교역함을 보면 다른 말을 기다리지 아니하고 동전이 반드시 유통될 것임을 알게 되어 의심치 않"았던 것이다. 그런데 추포는 1651년 서울의 부존량으로 쌀 3,000석을 구매할 수 있을 정도로 소량이었다. 1650년경에 추포는 더욱 저질화됨에 따라 가치가 폭락하여 시장거래에 제약을 가하기도 하였다.

임진왜란 때의 은화 유통은 금속화폐시대로 전환하는 계기로 작용하였다. 조선전기에 은(銀)은 국제무역을 위한 기본 결제수단이었으나, 국내 교역에서는 화폐로서 기능하지 않았다. "임진왜란에 이르러 중국이 은을 우리나라에 내려주고 군대의 양식과 상도 모두 은으로 사용하니, 이로 인하여 은화가 크게 유행하여…… 시장에서 매매하는 무리가 다른 재화를 쌓아두지 않고 오직 은으로 가치를 정하였다."(申欽『象村稿』 권53「山中獨言」) 명은 전쟁 경비로 은화 780만 냥을 썼는데, 당시 세입은 250만 냥 정도, 세출은 400만 냥 정도였다. 왜란 당시에 은화는 주로 서울에서 사용되었다. 일본과의 국교가 정상화된 1609년 이후 일본 은이 조선에 대량 수입되었다. 그 대부분은 중국 비단·명주실의 결제물로 유출되었지만, 상당 부분은 조선에 남아서 화폐로서 기능하였다. 은화는 서울과 중국무역로를 중심으로 유통되었고, 주로 왕실, 관청, 권세가, 상인 및 역관(譯官)이 이용하였다.[9] 은화의 유통량이 증가하고 그 유통 범위가 확대됨에 따라, 상평통보가 유통되기 직전에는 "추포의 유통이 두절되어 공사백물(公私百物)의 매매가 오로지 은화에 의존하여, 이를테면 연료, 채소와 같은 흔한 물건까지도 반드시 은화가 있은 연후에 교역이 가능하였다."(『備邊司謄錄』 숙종 4년 윤3월 24일) 은화는 무게와

8) 宋在璇「16세기 綿布의 貨幣機能」『邊太燮博士華甲記念史學論叢』 1986.
9) 韓明基「17세기초 銀의 유통과 그 영향」『奎章閣』 15, 1992.

순도에 따라 가치가 결정되는 칭량화폐이며 청나라 은화는 1냥(兩)=10전(錢)=37.3g이었다.

인조반정 직후부터 병자호란까지 세 차례 추진한 동전 통용책도 좌절하였으나, 시장이 발달한 개성과 그 주변에 통용 거점을 확보하였다. 그에 힘입어 김육의 주도로 추진된 1651~6년간 동전 통용책은 평안·황해도로 통용 지역을 확대하였다. 1651~5년간 동전 100만 냥 내외가 주조된 것으로 보인다.

17세기 이앙법의 보급과 인구의 증가가 사회적 잉여를 증가시켰고 국제무역의 성장, 대동법의 시행 등으로 시장이 한층 성장하였다. 그래서 동전 유통 구역이 서울로 확대된 모양이어서, 1678년 초에 비변사는 "물화가 유통하지 못하고 이원(利源)이 점차 경색하고 있다"고 보고하였고, 영의정 허적(許積)은 "은의 공급원은 협소한데 그 수요처는 넓어서…… 물화가 통하지 않기 때문에 인정(人情)이 모두 동전 통용을 원한다"고 하였다(『비변사등록』 숙종 4년 1월 24일; 윤3월 24일). 시장의 성장은 동전 주화(鑄貨)에 대한 누적된 불신을 극복한 것이다. 숙종 4(1678)년부터는 이전의 실패를 거울로 삼아 세심한 통용책을 추진한 결과, 동전 주화는 널리 보급되었다. 주화인 상평통보(常平通寶)의 명칭은 물가안정책인 상평법, 더 소급하면 평준법(平準法)에서 유래한 것으로, 동전 주화의 발행으로 물가를 안정시켜 서민의 경제생활을 보호하겠다는 정책 이념을 담았다. 당시 위정자들이 서민의 소액 거래에 편리한 동전을 선호하였던 데다가 17세기 중엽 이후 상품경제의 지속적 성장에 따른 화폐 수요의 증대가 은화와 추포로 충족되기 어려웠기 때문에, 국가는 동전을 주조하였다. 17세기 일본은 동 생산이 증가하여 세계 최대의 동 생산국이 되었는데, 동의 원활한 수입도 동전 통용책을 지원하였다. 국가는 흉년에 진휼자금(賑恤資金)을 조달하려는 목적으로 동전을 주조하기도 하였다. 물가 안정을 중시한 조선국가는 1866년 당백전의 주조 이전에는 소재가치와 크게 괴리된 화폐를 발행하지는 않았다.

상평통보는 늦게 출발하였지만, 빠르게 통용 지역을 넓혀갔다. 처음에는 서울과 인근 지역에서만 통용되었으나, 1694년경 "동전은 비록 가벼워 편리하지만 이제 지나치게 많아 전국에 통행하게" 되었다 한다(『承政院日記』 숙종 20년 7월 27일). 1680년대에는 동전을 이용한 농지의 거래가 경기도에 제한되었지만 1690년대에는 충청도 등지로, 1700년대에는 전국적으로 확산되었다. 동전의 통용 범위는 계속 확대되어 1720·30년대에 북으로는 회령, 서쪽으로는 의주, 남으로 동래·제주도에 이르렀다. 1718년 유복명(柳復明)의 지적에 의하면, 야채를 파는 노파나 소금을 파는 사람까지도 곡물보다는 동전을 요구하게 되었으며 동전이 없이는 물자를 구하기 곤란한 상태가 되었다(『肅宗實

錄』 44년 윤8월 戊申). 각종 일기에 의하면, 동전의 사용은 18세기부터 농촌의 일상적 거래에 확산되고, 현물로 교환할 때에도 동전을 계산 단위로 삼아 정산하기도 했다. 19세기의 방랑 시인 김삿갓은 「범주취음(泛舟醉吟)」이란 시에서 "지금 세상에 영웅이 따로 있나 돈이 바로 항우장사지(今世英雄錢項羽)"라고 읊조렸다. 그는 「동전[錢]」이란 시에서 "천하를 두루 다녀도 모두가 환영하네(周遊天下皆歡迎)"라며 돈의 위력을 묘사하였다.

국가는 1678년 4월 동전 주화제도를 새로 시작하면서 동전을 시전에 무이자로 대출하고 벌금을 동전으로 받는 조치로부터 출발하여, 동전이 어느 정도 보급된 다음에는 조세를 동전으로 받는 정책을 시행하였다. 조세 운반이 힘든 산간지방에서, 그리고 흉작을 당한 해에 현물 조세를 동전으로 대신 납부하는 것을 허용한 대전납(代錢納)정책은 농촌의 화폐경제화를 촉진하였다. 대전납은 직물로 납부하는 조세를 중심으로 성행하였는데, 1736년 대동목(大同木)의 절반을 동전으로 납부하는 규정이 만들어졌다. 이러한 대전납정책은 17세기 후반 동전 보급에 기여하였지만, 쌀과 직물이라는 현물도 필요로 하였던 국가는 18세기부터 전세와 대동세라는 정세(正稅)의 대전납 확대를 억제하여, 그 전납화율은 19세기 중엽에도 25% 정도에 머물렀다.[10] 그런데 18세기 후반부터는 화폐경제의 성장이 잡세의 대전납을 진전시켰다. 그리고 18세기 후반부터 이서배(吏胥輩) 등이 상인과 결탁하고 동전으로 조세를 징수하여 서울로 운송하고 미곡이나 면포를 구입하여 납부하는 대전방납(代錢防納)이 확산되었다. 나아가 수령이 주체가 되어 방납 관행을 현실화하고 조세총액에 해당하는 도결가(都結價)를 정하여 동전으로 징수하고 쌀·무명을 구입, 상납하게 되었다. 도결은 19세기 전반에 빠르게 확산되었다. 쌀값이 비싼 연해지방을 중심으로 환곡의 대전납이 진행되었다. 농민이 돈으로 조세를 납부하기 위하여 상품화하는 생산물이 증대하는 만큼 시장은 확장되었다.

소액 거래에 편리한 동전은 은화와 달리 추포 등 물품화폐를 효과적으로 구축하였다. 동전은 점차 은화를 압도하게 되었다. 1695~7년간 대량 주전(鑄錢)이 이루어지고 동전이 전국적으로 통용된 후에 동전은 은화로부터 기축통화의 지위를 탈취하였던 것으로 보인다. 그 전까지는 은화가 동전보다 유통액에서 많았고 신인도(信認度)가 높았던 점에서, 서울 등 상업이 활발한 지역에서는 중심적인 통화로서 기능하였다. 1730년대 이후 은의 유입이 급감하면서 은화량은 격감하였다.

〈그림 3-1〉을 참조하면서 동전량과 동전가치의 추이를 살펴보자. 상평통보 1개=닢[葉]은 1푼[文]이고, 10푼이 1전(錢), 10전이 1냥(兩)이다. 상평통보 1개의 무게는 원료인

10) 方基中 「17 · 18세기 前半 金納租稅의 성립과 전개」 『東方學志』 45, 1984; 「조선후기 軍役稅에 있어서 金納租稅의 전개」 『東方學志』 50, 1986.

그림 3-1 동전량과 물가의 추이

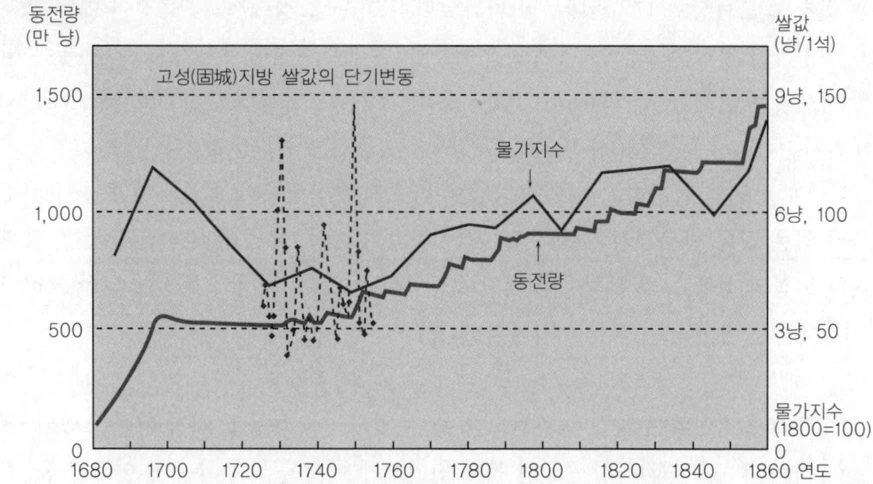

출전: 동전량은 李憲昶「1678-1865년간 貨幣量과 貨幣價値의 推移」『經濟史學』27호, 1999; 고성 미가의 단기변동은 李憲昶「肅宗-正祖朝(1678-1800년간) 米價의 變動」『經濟史學』21號, 1996; 물가지수는 앞의 논문과 박기주「재화가격의 추이, 1701-1909」『수량경제사로 다시 본 조선후기』서울대학교출판부, 2004.

동의 시세에 따라 변하여 4.5~9.4g에 걸쳐 있었다. 1678년 윤3월에 공정교환율을 쌀 1말=은화 1전=상평통보 4전으로 잡았는데, 동전의 시장가치는 공정시세보다 높았다. 1679년 2월에 국가는 주전이익을 늘리기 위해, 은화 1전을 동전 2전과 교환하도록 개정하였다. 그러자 동전에 대한 시장의 불신이 커져 그 가치가 폭락하였고, 1680년 5월에 국가는 은화와 동전의 교환 비율을 시장에 맡기기로 하였다. 그 후 동전에 대한 시장의 신뢰와 더불어 그 가치가 회복하였다. 1695·6년의 대흉작을 맞이하여 그 진휼대책으로서 대량의 주전이 이루어졌다. 그 결과 동전가치가 폭락하여 1698년 이후 30여 년간 주전이 중단되었다.

1678~97년간 관에서 주조한 동전은 약 450만 냥이며, 불법적인 사주(私鑄), 동전의 파손 등을 고려하였을 때, 동전의 유통량은 18세기 초에 500만 냥을 넘었을 것이다. 17세기 말까지 은화 1냥은 동전 4냥에, 연말 서울에서 쌀 1석은 동전 5냥에 미달한 때가 많았다. 18세기 초에 동전 총량으로 쌀 생산량의 7% 남짓의 130만 석 정도를 살 수 있었고, 그것은 자급분을 포함한 국내총생산의 2% 정도로 추정된다.

1698년 이후 주전이 중단된 반면, 동전의 통용 범위가 확대되었을 뿐만 아니라 거래수단과 자산으로서 동전을 보유하려는 동기가 성장하여, 동전의 수요는 꾸준히 증가하였다. 그 결과 동전 수요의 증대에 공급이 따라가지 못하여 동전이 귀하고 그 가치가 높은 전황(錢荒)현상이 1710년대부터 나타났다. 1716년 조정에서는 "동전이 이미 오래 통용하여 점차 널리 유포되는 데에도 오랫동안 추가로 주전하지 않으므로" 전황은 필연의 형세라는 견해가 제기되었다(『비변사등록』 숙종 42년 12월 25일). 1710년대부터 1740년대까지 은화 1냥은 동전 2냥 내외였고, 쌀 1석은 동전 3~4냥 정도였다.

이렇게 동전의 증가하는 수요에 공급이 따르지 못하였음에도 불구하고 추가로 주전하지 않은 것은 빈부격차의 확대, 순박한 풍속의 손상, 고리대(高利貸)의 성행, 탐관오리와 도적의 성행 등의 부작용에 대한 우려 때문이었다. 게다가 동전에 의한 고리대는 이자율을 높여서 농민을 한층 압박하였다.

> 대저 동전이라는 물건은 추워도 입을 수 없고…… 유통된 지가 이미 오래되어 폐단이 더욱 심합니다. 곤궁한 봄에 빈민에게 이자를 놓아 추수에 이르러 동전으로 계산하여 배나 되게 징수하는데, 가치로서 계산하면 3~4배일 뿐만이 아닙니다. 이 때문에 가난한 사람은 더욱 가난해지고 부자는 더욱 부유해져서 빈민이 보전하지 못하니 불쌍하다 하겠습니다. (『承政院日記』 숙종 38년 1월 3일)

원래 농촌에서는 봄에 미곡을 2두 빌려준다면 가을에 3두를 받는 50%의 이자율인 장리(長利)가 성행하였다. 미곡 대신 돈 1냥을 봄에 빌려주고 가을에 1냥 5전을 받는다고 하자. 곡식이 귀한 봄에는 1냥이 미 2두, 추수곡이 방출되는 가을에는 1냥이 4두에 해당된다고 하면, 미곡으로 환산하여 3배를 받는 셈이다. 곡물 장리와 달리 동전 장리는 고리대로 변질되어, 빈부격차가 심화되고 하층농민이 몰락하였던 것이다.

1698년부터 동전 폐지론마저 대두하였다. 영조도 동전의 폐지를 의도하여, 1727년에는 동전을 조세 납부 등 공적 용도에 사용하지 않는 조치를 취하였으나, 물화의 유통이 막혀 곧 철회하였다. 동전을 대신할 더 나은 대안을 찾지 못하는 가운데 1731년에 심한 흉년을 만나 그 재원 확보가 필요해지자, 동전을 주조하는 정책으로 전환하였다. 유형원은 아무런 쓸모가 없으면서 화폐기능을 하는 추포의 유통을 국가가 금지해도 멈출 수 없는 것처럼, 만약 동전이 한 번 통용되면 금지하고자 해도 마찬가지로 성공하지 못할 것이라고 보았는데, 그의 예견대로 한 번 익숙해진 동전의 사용 습관을 시장이 성장한 가운데 막을 수는 없었던 것이다.

영조 때에 전황이 심해지자, 1742년 조정에서 청나라 동전의 수입, 당십전(當十錢)과 당백전(當百錢)의 주조, 은화 주조론 등이 건의되었으나, 영조는 백성의 의향을 조사하여 고액전과 청나라 동전에 모두 반대함을 알고는, 다양한 관서에서 더 많은 동전을 주조하는 방안을 승인하였다. 김육은 십전통보(十錢通寶)를 주조하였으나, 그 후 당백전 주조 이전까지 고액권은 주조되지 않았다. 민생 안정[安民]을 중시하고 화폐경제의 성장을 우려하는 도덕경제론은 동전의 폐지에 실패한 후에는 고액권 발행의 거부로 나타났다 하겠다.

1731~98년간 관에서 주조한 동전은 500만 냥 이상이어서, 1800년경에 동전량은 900만 냥 내외, 미곡생산량의 10%에 상당하는 180만 석의 구매력으로 추정된다. 1731년 이후 동전이 꾸준히 주조됨에 따라, 전황은 완화되는 추세였다. 1770년대 이후 은화 1냥은 대개 동전 3냥을 넘었다. 쌀값은 18세기 중엽부터 완만히 상승하여 70년대부터 1석이 5냥 남짓한 수준에서 안정되었다. 그런데 1820년대까지는 전황 국면으로부터 완전히 벗어나지는 못하였다.

전황의 국면이 1710년대부터 1820년대까지 지속한 기본 요인은 화폐의 수급 사정에서 구할 수 있다. 이 시기 인구와 시장의 지속적 성장은 화폐 수요의 성장을 낳았다. 또한 동전에 대한 신인도가 높아지고 동전의 가치가 안정됨에 따라, 거래적·예비적·투기적 수요를 위한 목적으로 보유하는 동전이 증가하였다. 관청도 동전의 수요 욕구가 증대하여 정조대에 동전 총량의 과반을 보유하였다. 이렇게 화폐 수요가 지속적으로 성장한 반면 그에 상응하게 화폐 공급이 증대하지는 못하였다. 주전이 한동안 중단되다가 1731년부터 재개되었지만, 18세기에는 마모, 파손되는 동전이 많았다. 1713년부터 일본 막부는 조선으로의 동 수출을 10만 근으로 제한하여 동 수입이 감소하고 그 가격은 올라, 동전 공급이 원활하지 못했다. 게다가 18세기에는 통화로 기능하는 은화가 격감하였다.

1809~1857년간 동전 600만 냥 이상의 주조는 물가를 상승시켰다. 19세기 초 전국 굴지의 갑산(甲山)동점이 개발되고 1820년부터 일본 동 수입의 허가량도 증가하여 동전 공급이 원활해졌다. 1829~32년간 동전 152만 냥의 공급은 전황 국면을 종식시켰다. 19세기에는 논의 토지생산성이 하락하고 인구가 정체하고 1830년대 이후 물가의 상승이 동전을 축장(蓄藏)할 인센티브(incentive)를 약화시켰던 점에서, 동전 수요가 정체 내지 감소하였을 것이다. 그런 상태에서 1850년대 대량 주전은 물가를 등귀시켰다. 1860년경에 동전량은 1,400만 냥 내외이고, 그것은 미곡생산량의 12%인 200만 석 정도에, 그리고 국내총생산의 3% 정도에 상당하였을 것으로 추정된다.

전남 영암(靈巖)에서 18세기 중엽부터 완만히 상승하던 쌀값은 1856년경을 기점으로 80년간 연평균 3% 이상의 상승 추세로 바뀌었다. 물가는 대체로 18세기와 19세기 전반에는 안정적이다가 19세기 후반에 빠르게 상승하였는데, 쌀값이 다른 재화 가격의 상승을 선도하였다.

강화도조약 후에 당오전과 백동화의 남발이 인플레이션을 야기하고 미곡 수출이 쌀값을 상승시켰는데, 개항 전부터 물가가 등귀한 원인은 무엇일까. 첫째, 19세기 논의 토지생산성 하락에 따른 쌀 공급의 감소를 들 수 있다. 둘째, 화폐적 요인이다. 19세기에 들어와 화폐 공급이 늘었다. 게다가 1866년 11월부터 1867년 5월에 걸쳐 당백전(當百錢)이 1,600만 냥 주조되어 물가가 폭등하였으나, 1868년 10월에 당백전의 통용이 금지되었다. 1868년부터 소재가치와 명목가치의 괴리가 심한 중국 동전이 대량 유입되었으나, 인플레이션을 초래하여 1874년 그 사용이 중단되었다. 당백전과 중국 동전은 사용이 중단되었다 하더라도 그로 인해 야기된 인플레이션 심리가 다른 실물적·화폐적 요인과 결합하여 19세기 후반 인플레이션의 서막을 열었던 것으로 보인다.

18·19세기 쌀값의 연동성(聯動性)을 통해서 본 시장의 통합도를 보면, 수운 등 편리한 교통으로 연결된 원격지간에는 통합도가 높았지만, 그렇지 않은 지역간에는 통합도가 낮았다. 전통적 육로 교통은 높은 거래비용을 요구하여 시장의 통합을 제약하였던 것이다.[11)]

〈그림 3-1〉에 의하면, 18세기 중엽 고성지방의 쌀값은 풍흉에 따라 종종 2배 이상 차이를 보였으며, 춘궁기의 시세는 추수기에 비하여 50~60% 비쌌다. 전근대에 단기적인 가격 변동이 심한 것은 낮은 기술수준으로 인하여 농업생산이 자연재해에 취약하고 쌀을 춘궁기까지 비축할 수 있는 농가가 소수였을 뿐만 아니라, 시장의 규모가 작고 지역간·시간적 수급조절기능이 약하였기 때문이다. 쌀값의 심한 변동은 서민의 경제생활을 위협하였으므로, 국가는 쌀값의 안정을 위하여 고심하였다.

18세기 중엽에 편찬된 『속대전(續大典)』에 의하면, 쌀값은 1석에 대개 5냥으로, 콩 1석은 쌀값의 절반인 2.5냥으로 정해져 있었다. 5승의 무명이나 삼베 1필은 모두 2냥으로 정해져 있었고, 쌀로 환산하면 6말이었다.

화폐경제가 성장하면, 화폐는 신용·금융과 결부되기에 이른다. 신용거래 수단으로서 어음(於音)이 18세기 개성상인을 중심으로 유통되다가 19세기 일반 상거래에 널리 사용되었다. 멀리 떨어진 곳에 현금 대신 보내어 결제하는 환(換)어음은 무거운 동전의 운반비용을 절감할 수 있었다. 개성의 상인, 곧 송상(松商)이 18세기 후반에 서울, 강경, 전주, 강릉 등지와 활발한 환거래를 하였음은 그들의 부기책에 드러나 있다. 조세의 전

11) 李榮薰·朴二澤「農村 米穀市場과 全國的 市場統合: 1713-1937」『朝鮮時代史學報』16, 2001.

납화가 진전하면서 지방 관청에서는 환을 조세납부 수단으로 이용하였다. 1786년부터 시작되는 송상의 부기책에 의하면, 환거래의 규모는 보통 400~600냥이었는데, 19세기에는 수천 냥의 환거래도 이루어졌다. 이 부기책에 의하면, 일정한 기한 후의 돈 지불을 보증하는 약속어음이 19세기에 널리 이용되었다. 어음은 대개 지불기한이 한달 내외였고 2~3회의 양도에 그쳤으며, 액면이 대개 1,000냥 이하였다. 송상은 비단, 소금 등의 매점에 어음을 사용하기도 했다.

화폐경제의 성장은 자금 대부를 활성화시켰다. 농촌에 화폐경제가 침투하고 호혜관계가 약화됨에 따라, 혈연·지연 등으로 맺어진 사람간의 금전적 대차관계가 성행하게 되었고, 계(契)를 통한 이자 대부가 활발해졌다. 19세기 후반 예천 박씨가는 주로 작인, 하인, 친인척 등에 10냥 미만의 소액을 대부하였는데, 그중 곗돈의 비중은 30% 정도였다. 국가가 보증하지 않은 어음이 널리 유통하고 계가 활발하였던 것은 신용의 기반이 존재하였음을 보여준다. 도시에서는 대금업이 성장하였다. 숙종대 역관(譯官)으로 치부한 변승업(卞承業)은, 『열하일기(熱河日記)』에 의하면, 은화 50만 냥으로 서울 내 만 호에게 대출하고, 다른 대금업자는 변승업의 대부 상황을 보아 이자의 고하를 정하였다 한다. 금융업에 종사하는 대표적인 상인은 위탁매매를 주된 업무로 삼는 객주(客主)로 알려져 있다. 관청의 대부가 활발하였는데, 개성부와 동래부의 중요한 재원은 상인에 대한 대부였다. 『속대전』에 의하면, 공사채(公私債)의 연이자율이 20%를 넘지 않도록 규정하였지만, 민간에서 이 법규는 준수되지 않았다. 19세기 민간의 이자율은 월 3~5% 정도였고, 곗돈의 이자율은 다소 낮았고, 담보물은 전답이 가장 많았다.[12)]

우리나라에서는 금속화폐의 보급이 늦었지만, 물품화폐가 오랜 역사를 가졌고, 18세기 이후에는 동전이 농촌의 경제생활에 깊게 침투하기에 이르렀다. 그런데 도시시장의 규모가 크지 않고 원격지상업이 활성화되지 못한 것은 화폐경제의 성숙을 제약하였다. 1730년대 이후 은화 유통이 격감하다 두절되었지만, 국가는 서민 배려 등의 이유로 당백전 이전에는 고액권을 발행하지 않았다. 은화라는 고액권이 사라진 빈 자리를 어음이 부분적으로 메워주었다. 관청이 자금 차입을 하지 않고 대부업에 종사한 것은 민간 금융업의 성장을 제약하였다. 그래서 개항 전에 민간 금융기관은 출현하지 않은 것으로 보인다. 금융기관의 미발달은 고금리의 한 원인이었다.

12) 徐吉洙「朝鮮前期의 貸借關係 및 利子에 관한 硏究」『國際大學論文集』 10, 1982; 崔承熙「朝鮮後期 古文書를 통해 본 高利貸의 實態」『韓國文化』 19, 1997; 金載昊「農村社會의 信用과 契: 1853~1934」『맛질의 농민들』 一潮閣, 2001.

3. 지방 장시의 성장

고려시대 지방 관청 부근에서 열렸던 정기시(定期市)는 조선이 건국한 무렵에 소멸하였다가, 15세기 후반 장문(場門)이란 이름으로 다시 출현하였다. 이것이 오늘날에도 각지에 존속하는 5일장의 기원을 이룬다. 1470년경부터 전라도 무안(務安) 등지에서 흉년을 만나 굶주린 농민이 행상과 더불어 길가에서 교역하여 살아갈 수 있었다. 그런데 국가는 장시(場市)가 농업인구를 감소시키고 물가를 등귀시키고 도적을 성행하게 한다고 판단하여, 그것을 금지하였다. 신숙주(申叔舟)는 1473년에 장시가 화폐 유통을 위한 기반을 제공할 뿐만 아니라, 농민의 잉여를 처분하고 비자급품을 획득하는 터전이므로 농민의 경제생활에 긴요하다고 주장하였다. 국가는 중농억상관(重農抑商觀)에 입각하여 장시의 금지조치를 1470·2·6년에 잇달아 내리지만, 정기적인 교환의 터전을 위한 농민의 요구는 그 조치를 계속 무력화시키고 장시의 공인을 유도하였다. 1487년의 논의에 의하면, 장시가 도적을 조장하지만 흉년의 구제에는 유익하다는 의견의 공감대가 형성되어 있어서, 장시에 부정적인 견해를 가진 조신(朝臣)들도 흉년에만 장시를 허용하자는 주장으로 후퇴하였다. 성종(成宗)도 장시가 농가경제에 불가결하다고 인식하게 되었고, 한 걸음 더 나아가 평상시에도 장시의 개설을 허락하였다.

장시는 빠르게 확산되어 1520년에는 각 도에 장시가 열리고 있었다(『中宗實錄』 15년 3월 21일 己酉). 16세기 전반에도 장시를 금하자는 주장이 제기되었지만, 대다수의 고위 관료는 장시가 농민의 잉여 처분과 비자급품 획득, 그리고 흉년의 구제에 이바지함으로써, 농가경제의 원활한 재생산에 필요하다고 보았다. 1547년 또 다시 장시의 폐지론이 제기된 데에 대하여, 주자학자인 이황(李滉)은 "지금 흉년이 극심하여 민간의 교역이 반드시 장시에 의뢰하여 이루어지는데, 지금 또 장시를 금지하면 인민이 어떻게 살 수 있겠습니까"라며 반대하였다(『明宗實錄』 2년 9월 27일 乙亥).

16세기 후반 이후 장시의 전면적 폐지론은 자취를 감추었고, 장시의 신설을 억제하자는 논의가 대두하였다. 장시의 개설에 대한 제한이 완화되면서 장시는 빠르게 확산되었다. 임진왜란 직후 생업을 잃어 장사로 살아가는 사람이 늘어 장시가 많아짐에 따라 1607년에는 장시를 대읍에는 2처, 소읍에는 1처로 규제하려 하였다. 군현마다 장시가 1~2처 있었다 하더라도, 전국적으로 수백 처였을 것이다. 16세기 이후 장날을 달리 하여 장시간 연계가 진전하여갔다. 그로 인하여 상인의 모리행위나 도적의 약탈이 성행함에 따라, 1546년과 1607년에 장날을 동일하게 지정하려 하였는데, 실효를 거두지 못하였다.[13] 장시간 연계의 진전은 법으로 막을 수 없는 대세였다.

18세기 초에 장시는 관청 소재지와 평야지방에서는 이미 오랜 기반을 닦아왔으며 산골짜기에도 신설되고 있었다. 대동법의 시행과 동전 주화의 보급은 장시의 개설과 육성에 유리한 방향으로 작용하였음이 틀림없다. 1703년 좌윤(左尹) 윤취상(尹就商)이 "근래 도둑의 걱정이 외방(外方)의 장시 사이에서 많이 일어납니다. 이 흉년을 맞이하여 매매의 길을 막기 어려우니 추수기에 한하여 관문(官門) 장시 외에는 모두 폐지하면 아마 도적을 멈추게 하는 한 방도가 될 것입니다."라고 아뢰었다. 이조판서 김구(金構)는 "도적이 장시에 출몰함은 늘 걱정인데 이 흉년을 맞이하여 인민이 이익을 추구하여 살아갈 방도가 없어도 매우 걱정스럽습니다. 단지 산골짜기에 신설된 장시만 폐지하고 관문 장시 및 오래된 장시를 죄다 폐지할 수는 없습니다."라고 말하였다. 숙종은 "관문 장시 외에 일절 폐지한다면 교역하여 살아가는 길이 단절되니 이것은 매우 곤란하다"며 이조판서 등의 다수설에 따라 산골짜기에 신설한 장시만 폐지하자고 결정하였다.(『비변사등록』 숙종 29년 3월 17일)

이처럼 장시의 개설에 대한 제약은 점차 완화되어갔지만, 경기지방에는 서울로 수송되는 물자가 중도에서 지체되는 것을 막기 위해 장시의 개설을 규제하였다. 그런데 임진왜란 직후 장시가 늘어나자, 1600년에는 개성 외의 경기도 장시를 금지하기로 하였다. 이 방침으로 대세를 막을 수 없어, 1714·5년에는 경기지방에 장시의 남설(濫設)을 금하는 것으로 완화되었는데, 장시를 개설하려면 국가의 허가를 받아야 했다. 서울을 지키는 요충지인 송파(松坡)에 진(鎭)과 창고가 설치됨에 따라 군인과 거주민의 생활을 위하여 1706년 수어사(守禦使)가 장시를 개설하였다. 송파장이 번성하여 서울의 시전(市廛)에게 타격을 가함에 따라 폐지되자, 광주유수(廣州留守) 서명빈(徐命彬)은 송파의 주민이 모두 흩어질 염려가 있다는 이유를 들어 장시의 개설을 요청하였다. 이에 대하여 병조판서 홍상한(洪象漢)은 "근처 장시가 사평(沙坪)·광진(廣津)·누원(樓院)·검암(黔巖) 등지에 사방으로 나열하여 있어도 서울 시민이 조금도 폐지하려는 생각이 없지만…… 송파에 이르러서는 주민이 서울 밖 중도아배(中都兒輩) 및 난전(亂廛)의 무리와

13) "사헌부(司憲府)는 '왜란 이후에 인민이 정처(定處)가 없어서 교역하여 살아감이 드디어 풍속을 이루었습니다. 무본인(務本人), 곧 농민은 적고 축말인(逐末人), 곧 상인은 많으니 식자(識者)가 한심하게 생각한 지 오래되었습니다. 흉년에는 도적이 많아서 이 폐가 걱정되지 않을 수 없습니다. 열읍(列邑)에서 장시를 내는 것이 3~4처를 내려가지 않습니다. 오늘에는 이 읍에서 내고 내일에는 이웃 읍에서 내고 그 다음 날에는 또 다른 읍에서 내니, 한 달 30일 내에 장을 보지 않는 날이 없습니다. 이로써 흥행(興行)을 간구(奸究)하고 모리(牟利)가 날로 번창하니 매우 염려스럽습니다. 담당 부서에게 사목(事目)을 마련하여 아뢰도록 명령하십시오. 그래서 대읍(大邑)에는 2처를, 소읍에는 1처를 두고 한 달에 세 번 열도록 하고 같은 장날 외에는 일절 금지하여 민심을 진정하도록 하십시오.……'라고 아뢰었다. 선조는 '아뢴 대로 하라'고 답하였다."(『宣祖實錄』 40(1607)년 6월 24일 乙卯)

체결하여 삼남(三南)·함경도·강원도의 상인을 유인하여 모두 이 곳에 모이며…… 각 전(廛)의 물종을 마을에 쌓아두고 날마다 매매하여 서울 시전이 점점 이익을 잃게 되었다"고 하여 그 폐지를 주장하였다(『비변사등록』 英祖 31(1755)년 정월 16일). 송파장은 이후에도 존속하였다. 1774·5년에는 누원장이 시전에게 타격을 준다는 이유로 폐지되었는데, 1784년 누원장을 다시 열자는 청원은 허락되지 않았다.

국가가 장시 개설에 대한 규제를 점차 완화한 것은 시장 교환에 대한 의존도가 높아져가는 농가경제를 지원하기 위해서였는데, 그러한 과정에서 억상관(抑商觀)이 완화되기 마련이다. 국가가 장시의 효용을 긍정적으로 평가하고 그 개설을 지방관에 위임하게 됨에 따라, 지방 관청은 장세(場稅)를 징수하기에 이르렀다. 18세기 전반에는 장세의 존폐를 둘러싸고 논의가 활발하였다. 결국 악화되는 지방 재정을 보충하기 위해 장세의 징수가 묵인되었다. 그 후 장세는 전국적으로 확산되었다.

지방관은 장시를 통하여 농가경영과 지역경제의 원활한 수급을 도모하였다. 특히, 지역민의 기근을 막기 위해 곡물을 안정적으로 공급하고 곡물 가격을 적정하게 유지하는 일이 중요하였다. 그 대책으로는 관에서 비축한 쌀을 장시에 방출하기도 했고, 지방관이 상인을 통해 곡물을 방출하기도 했고, 부민(富民)이 곡물을 숨겨두는 것을 막아 장시에 방출하도록 유도했고, 지방관이 쌀값을 적정 수준으로 유지하도록 감독하기도 했다. 국가는 흉년 구제책을 장려하였지만, 그것을 핑계로 하는 지방관의 모리행위는 징계하였다.

장시는 국가수용물자(國家需用物資)의 조달에 활용되었다. 임진왜란 당시에 이순신 장군은 두치장(豆恥場)을 개설하여 군량을 확보한 바 있었다. 대동법의 시행 후 장시는 공인이나 지방관이 수용물자를 조달하는 터전이 되었다. 지방관이 장시를 신설하는 이유 중에 하나가 관수품(官需品)의 조달이었다. 그 과정에서 공인이 물자를 조달하면서 폐단을 일으키기도 했고, 지방관이 권력에 의거하여 관수물자를 헐값으로 강매하면서 사리를 추구하기도 했다.

1868년 암행어사가 지방관의 장시 관리 실태도 점검하여 고종에게 올린 보고서는 『일성록(日省錄)』에 실렸다. 여기에 의하면, 국가는 장시가 인민의 경제생활에 유용하다고 보아 그 상거래의 보호책을 추진하기도 했다. 양기(量器)의 농간을 감독하였고, 무뢰배가 장시에서 횡포를 부리거나 매점매석을 통해 물가를 조종하거나 강매하는 것을 규제하고 거래의 신용이 유지되도록 노력하였다.

국가는 지역경제의 번영책으로 장시의 개설을 추진하기도 했다. 지방관이 지역경제의 원활한 수급을 위해, 그리고 관수품의 조달을 위해 장시를 신설하기도 했다. 1706년에는 요충지인 송파진의 군인과 주민의 생계를 위하여 장시가 개설되었으며, 정조는 18세기 말에 수원의 번영책의 일환으로서 시전과 더불어 장시를 개설하였다.

이처럼 장시를 금지하려는 중농억상책으로부터 지역경제의 번영을 위해 장시를 개설하자는 입장까지 국가의 상업정책은 점진적으로 진전하였다. 조선후기 장시의 급증은 기본적으로 밑으로부터 교역의 요구에 기인한 것이지만, 국가의 장시관의 변화에도 힘입은 바가 컸다. 장시의 개설은 민원(民願)에 따르는 경우가 많았지만, 지방관은 지역경제의 원활한 수급, 장세의 징수, 관수물자의 조달 등을 이유로 이러한 요구에 전향적으로 대처하였다.

장시는 단지 경제생활에만 활용된 것은 아니었다. 장시에서는 사교생활이 이루어지고 오락과 유흥이 베풀어지기도 했다. 농민은 친족질서, 유교 도덕 및 신분제로 인해 구속이 강한 촌락 가운데 생활하다가 장시에 나오면 자유와 활기를 느낄 수 있었다. 새로운 지식, 뉴스, 그리고 유행도 장시를 통해 파급되었다. 3·1운동이 장시를 통해 파급된 데에서 드러나듯이, 그것은 사회운동의 거점이 되기도 했다. 국가는 장시를 통해 왕의 말씀이나 새로운 정책과 법령을 고시하기도 했다.

장시의 발전은 장시밀도의 증가, 장시간 연계의 강화, 장시의 분화를 통한 대장(大場)의 출현으로 요약할 수 있다. 이러한 변화는 시장 통합을 진전시켰다. 장시밀도의 증가부터 살펴보자. 17세기 초에 장시는 전국적으로 수백 처에 달하였으며, 전국의 장시를 최초로 수록한 『동국문헌비고』(1770년 편찬)에 의하면, 1,062처에 장시가 개설되고 있었다. 조선시대 인구 증가에 따른 높은 인구밀도, 그리고 노비제의 해체로 인한 소농사회의 성숙은 18세기 세계적으로 높은 수준의 정기시 밀도를 낳았다. 〈표 3-1〉에서 보면, 인구밀도가 높을수록 장시밀도가 높았다. 장시권의 평균 반경으로 판단하건대, 18세기 중엽에는 북부의 산악지방을 제외한 농민은 대부분 하루 내에 장을 볼 수 있게 되었다. 장시가 없던 길주(吉州) 이북 및 삼수(三水)·갑산(甲山)의 각 고을에는 여염집이 있는 동리에서 일상적으로 매매가 이루어졌다. 1470년 무안지방에 열린 장시는 15일마다 개설되었고 처음에는 한 달에 2~3번 열리는 장이 많았는데, 장날 간격이 단축되어 『동국문헌비고』에서는 거의 모두가 5일장이었다. 전라도 대읍(大邑)인 순천(順川)에서는 장시밀도의 급증을 관찰할 수 있다. 『승평지(昇平誌)』(1618년)에 의하면 장시 2처에 한 달에 9회 장이 섰는데, 『신증(新增)승평지』(1729년)에는 9처에 54회, 『동국문헌비고』에는 13처에 78회 장이 섰다. 1618년에는 10일장과 5일장이 병존하였는데, 1729년에는 모두 5일장이었다.

행상이 장날에 맞추어 장시를 차례로 돌면서 장시간 연계가 이루어졌는데, 〈그림

표 3-1 조선후기 도별 장시수의 변동

자료(조사연대)	東國文獻備考(18세기 중엽)				林園經濟志(1830년대)		朝鮮總督府統計年報(1911년)	
	장시수	A	B	C	장시수	A	장시수	A
경기	101(101)	118	6.7	55.3	93(93)	129	110(145)	109
충청	157(164)	107	6.4	60.5	158(156)	106	138(130)	122
전라	216(203)	91	5.9	65.7	188(175)	105	208(178)	95
경상	276(269)	111	6.6	56.5	268(256)	115	246(221)	125
황해	82(82)	211	9.0	33.6	109(93)	158	97(87)	178
평안	134(134)	327	11.2	30.1	143(117)	306	125(130)	351
강원	68(67)	397	12.4	15.3	51(51)	529	73(66)	370
함경	28(27)	1,921	27.2	9.8	42(42)	1,281	87(100)	618
총계	1,062(1,047)	208	9.0		1,052(983)	210	1,084(1,057)	204

주: 1. 괄호 속은 총개시횟수(總開市回數)를 구하여 5일장으로 환산한 장시수.
2. A는 장시권(場市圈)의 평균면적(단위: km^2); B는 장시권의 반경(半徑)(단위: km); C는 1753년 $1km^2$당 인구밀도(方東仁「人口의 增加」『韓國史』 13, 국편, 1974, 312쪽).

그림 3-2 저산(苧産)지방에서의 장날의 변화

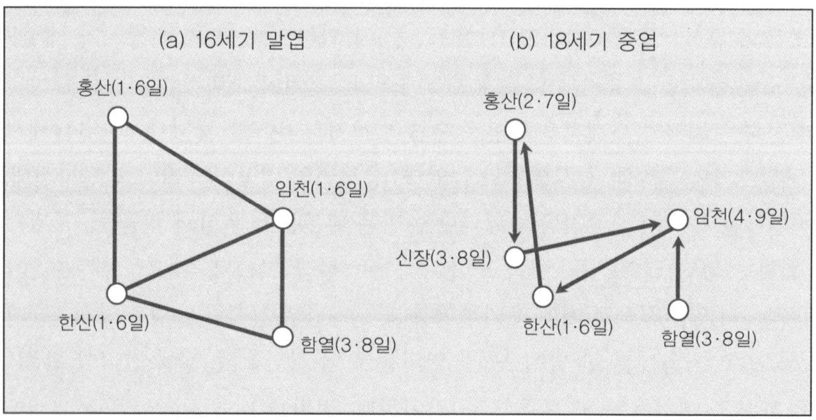

자료: 『鎖尾錄』, 『東國文獻備考』.

3-2〉에 의하면, 임진왜란 당시에는 장시의 연계가 약하였다. 그런데 『동국문헌비고』를 보면, 인접한 장날이 대개 서로 다르게 조정되어 있었다. 그래서 행상 등은 1·6일장→2·7일장→3·8일장→4·9일장→5·10일장→1·6일장이라는 순으로 장을 볼 수 있었다.

이렇게 장시간 연계가 강화되면서 장시간 분화가 진전하여 대장(大場)이 출현하였다. 대장은 소장의 이출품을 집하하여 권외(圈外)로 이출하고 권외의 이입품을 소장에 배급하는 기능을 하였다. 소장은 대장과 장날을 달리하여 행상을 통해 연계되었다. 강원도 홍천읍의 상인 송화선(宋化善)이 1910~5년간 주변 지역 상인인 신영희(辛榮喜)로부터 주문받은 물품을 보내고 대금을 받은 사실을 보여주는 장기(掌記)라는 문서가 발견되었는데, 홍천시장은 이러한 정주 도매상인의 역할 등에 힘입어 고차중심지로서 기능할 수 있었다. 『만기요람(萬機要覽)』 재용편(財用編) 5, 향시조(鄕市條)에서는 전국 최대의 장시로서 경기도에서는 광주의 사평장(沙坪場)과 송파장(松坡場), 안성 읍내장, 교하(交河)의 공릉장(恭陵場), 충청도에서는 은진(恩津)의 강경장(江景場), 직산(稷山)의 덕평장(德坪場), 전라도에서는 전주 읍내장, 남원 읍내장, 강원도에서는 평창(平昌)의 대화장(大化場), 황해도에서는 토산(兎山)의 비천장(飛川場), 황주 읍내장, 봉산(鳳山)의 은파장(銀波場), 경상도에서는 창원(昌原)의 마산포장(馬山浦場), 평안도에서는 박천(博川)의 진두장(津頭場), 함경도에서는 덕원(德源)의 원산장(元山場)을 들고 있다.

대소비지인 서울을 배후에 둔 송파장은 18세기 중엽에 명목상으로는 5일장이지만 실질적으로는 날마다 매매하는 상설시장으로까지 발전하고 있었다. 그 결과 서울로의 물자유입을 중도에서 차단하여 시전에 큰 타격을 주었다. 17세기까지 조그만 포구에 지나지 않던 강경은 18세기에 들어와 금강 유역의 큰 도회로 성장하였고, 서울을 본받아 시전을 개설하였다. 17세기까지 조그만 어촌이던 원산도 18세기에 함경도와 국내 각지를 연결하는 상업의 관문(關門)으로 자랐다. 마산은 1760년대 이후 함경도의 선상(船商)과 삼남의 선상이 만나서 교역하는 중심지로 성장하였다. 강경·원산·마산은 19세기에 인구 5,000명 내외의 상업도시로 발전해 있었다. 박천의 진두장은 대령강의 관문으로서, 내륙의 수공업품·농산물을 해안지방의 물고기·소금과 교환하는 거점으로 성장하였다. 18세기 중엽 은파장은 목화의 거래로 성황을 이루어 수십 호의 목화객주(木花客主)와 거간(居間)이 자리잡고 있었다.

18세기 중엽에 이미 장시밀도는 높은 수준에 도달하였고 대장과 소장의 분화 및 장시간 연계가 진전하여 있었는데, 그 후부터 1876년 강화도조약에 이르기까지 장시밀도는 증가하지 않았고 장시망(場市網)의 기본 구조도 안정적으로 존속하였다. 요컨대, 정기시체제로서 높은 수준에 도달하였지만, 보다 발전된 시장체제로 나아가려는 움직임은 나타나지 않았다. 물론 개별 장시의 생성·소멸·이전은 활발하였다. 충청도지방에 국한하여 『동국문헌비고』와 『임원경제지』를 대비해보면, 18세기 중엽에 156처이던 장시는 19세기 초가 되면 그중 29처가 소멸하고 22처가 출현하여 149처가 되었다.

장시 밖 촌락민간 교역이나 행상에 의존하는 교역은 성장하는 장시 거래에 점차 흡수되어갔지만, 경북 예천 박씨가의 경우 19세기에도 장시를 거치지 않는 거래액이 장시 거래액보다 약간 더 많았던 것으로 보인다. 박씨가는 장날 외에도 단골 상인, 수공업자, 약국, 친족·작인·임노동자 등 지역주민과 활발히 거래하였고, 외상 거래나 현물결제가 빈번히 이루어졌다. 행상이 촌락을 돌아다니며 신발·모자·소금·필묵(筆墨) 등을 판매하기도 했다. 이들 지인(知人)과의 거래도 시장가격에 준하였다.

조선시대에는 지방에 상설점포가 드물어 장이 파한 후에 행상과 주민이 흩어지면 장시는 빈터가 되었으므로 허시(墟市)라고도 불렀다. 장시에 존재하는 설비는 비와 햇빛을 막아 노점(露店)을 펼 수 있는 가게[假家] 정도였다. 상설점포가 발달하지 않았던 조선시대에 행상은 상품유통의 주된 담당자였다. 행상은 장시가 없던 조선 초에 촌락을 돌아다니며 매매하였고, 장시가 발생한 이후에는 점막(店幕)에서 잠을 자고 장날에 맞추어 장시를 순회하였다.

행상 중에는 국지내(局地內) 장시 3~5처를 장날에 따라 순회하면서 소매를 하는 상인과 원격지를 돌아다니면서 도매를 하는 상인이 있었다. 전자는 거의 소자본이었지만, 곡물 1만 석이나 직물 1만 필 규모의 원격지유통을 담당하는 거부(巨富)가 존재하였다 한다(『경세유표(經世遺表)』 지관수제(地官修制) 부공제삼(賦貢制三)). 특히, 개성의 부유한 상인은 차인(差人)을 전국에 파견하여 행상을 시키고 송방(松房)을 설치하여 전국적 상업망을 형성하기도 했다.

행상은 물고기·소금·미역·무쇠·토기(土器)·목물(木物) 등과 같이 무겁거나 부피가 크면서 값싼 상품을 지게에 짊어지고 다니는 등짐장사, 곧 부상(負商), 그리고 직물·장신구·종이 등과 같이 부피가 작고 가벼우며 비교적 비싼 상품을 보자기[褓]에 싸서 들고 다니거나 질빵에 걸머지고 다니는 봇짐장사, 곧 보상(褓商)으로 나누어지기도 한다. 보부상은 단체를 이루어 행상활동을 수행하기도 했다. 그중 임천(林川)·한산(韓山)·부여(扶餘)·홍산(鴻山)·비인(庇仁)·남포(藍浦)·서천(舒川)·정산(定山)이란 저산읍(苧産邑) 관내(管內)의 보상단과 부상단, 홍주(洪州)·결성(結城)·보령(保寧)·청양(青陽)·대흥(大興) 관내의 보상단, 예산(禮山)·덕산(德山)·면천(沔川)·당진(唐津) 관내의 보상단, 아산(牙山)·평택(平澤)·온양(溫陽)·신창(新昌) 관내의 행상단, 고령(高靈)의 부상단, 창녕(昌寧)·영산(靈山)·현풍(玄風) 관내의 보상단이 남긴 문서는 현존한다. 이 중 모시산지인 저산8읍의 보상단은 1845년에 각 지방관들로부터 접장(接長)·상공원(上公員)·유사(有司)·집사(執事)의 차첩(差帖)을 얻었고, 홍주 등지의 보상단과 예산 등지의 보상단은 1851년에 한성부완문(漢城府完文)을 받았다. 이후 다른 지역의 보부상단들도 국가의 공인을 받았음이 확인된다. 개항기에 보부상단은 국가의 상업관리정책에 힘입어 전국적인 조직을 결성하였다.

보부상단의 조직을 보면, 일반적으로 수 개의 군현을 관할 범위로 하고, 관할지역의 각 장시에 있는 임소(任所)마다 본방(本房) 1인을 선출하여 임소의 사무를 맡기고, 본방 중에서 접장을 선출하여 상단(商團)의 사무를 관장하고 상단을 대표하게 하였다. 보부상단은 대내적으로는 질병이나 사망의 경우에 상호 부조하고 상도의(商道義), 단원간 예의(禮儀)와 신의성실(信義誠實) 등에 관한 엄격한 규율을 실행하였다. 대외적으로는 관의 공인을 얻어 관리의 수탈과 토호(土豪)나 객주(客主)의 횡포에 대응하고 나아가 특정 물종의 행상업 독점권을 획득하고자 노력하였다. 특히, 부상단은 장시 거래를 관장하는 권한과 어물·소금·수철·목물·토기라는 5종 물종의 독점권을 추구하였다.[14)]

4. 포구상업의 성장

조선전기에도 중요한 포구(浦口)에는 선상(船商)이 곡물, 소금, 어류 등을 활발히 교역하였다. 예컨대, 영광 법성포(法聖浦)의 파시(波市)에는 "매해 봄이면 서울과 지방의 상선(商船)이 사방에서 모여들어 물고기를 잡아 팔아서 그 일대가 마치 서울 장마당처럼 요란하게 떠들썩한데 어선에 대해 모두 조세를 거두었다" 한다(『東國輿地勝覽』 전라도 영광조).

17세기 전반까지도 보통의 포구는 조세나 지대로 받은 곡물을 운반하거나 해산물·소금 등을 유통하는 기능을 중심으로 하였다. 장시의 확산과 도시상업의 확대가 상품유통을 활성화함에 따라, 17세기 후반 이후 포구는 점차 상업중심지로서의 기능을 강화하여갔다. 물론 포구상업의 발전은 다시 장시와 도시상업을 자극하였다. 포구상업의 발전을 선상업(船商業)의 활성화, 객주(客主)의 출현과 성장, 장시의 개설로 나누어 살펴보기로 한다.

17세기 후반부터 선상은 활발한 동향을 보였다. 선상의 경영 형태는 다양하였다. 선주가 항해 책임자인 사공(沙工)과 노를 젓는 격군(格軍)을 고용하여 상업 활동에 종사

14) 李憲昶 「朝鮮末期 褓負商과 褓負商團」 『國史館論叢』 38, 1992.

하는 것이 일반적이었지만, 사공과 격군이 선박을 임차하여 상업에 종사하기도 했고, 장사 밑천을 대는 물주(物主)가 선박을 임차하고 사공과 격군을 고용하여 상업 활동에 종사하기도 했다. 한 예를 들면, 1731년 함경도 경흥(慶興)에 사는 상인 물주 2명이 북청(北靑)에서 명태 등을 구입하여 강원도 고성(高城)의 선주로부터 배를 임차하고 사공과 격군 8명을 고용하여 경상도로 출항하였다. 어물을 어선으로부터 매입하여 얼리거나 소금에 절여 판매하는 출매선(出買船)이 나타났다. 그리고 운임을 받아 생활하는 전문 운송업자도 존재하였다. 국내 연안무역에 종사하는 배에는 대개 10명 내외가 승선하였다. 선상은 조그만 가격 변화에도 거래처를 신축적으로 변경하여 자원의 효율적 배분과 시장의 통합에 기여하였다.

선상의 활발한 출입에 따른 포구에서의 상품유통의 성장은 객주를 출현시켰다. 객주는 여객(旅客) 또는 객상(客商)의 주인을, 다양한 뜻을 가지는 주인은 이 경우 주선인(周旋人)을 의미한다. 객주의 주된 업무는 선상과 보부상으로 대표되는 객상이 위탁하는 상품 매매를 주선하여 구문(口文)이란 수수료를 취득하는 것이다. 구문은 보통 거래액의 1/10 정도였는데, 거래 규모가 확대되면서 19세기 말에는 그 비율이 축소되어갔다. 객주는 객상에 대한 숙박업 및 화물의 보관·운반업도 부수적으로 담당하였다. 또한 위탁한 화물을 담보로 객상에게 대부하기도 하고 행상에게 곡물 등의 매입 자금을 대부하기도 했으며, 어음 할인, 환업무 등을 맡기도 했다. 일부 객주는 위탁매매를 통하여 상품유통을 중개하는 데에 그치지 않고, 행상에 대한 금융 등을 통하여 그것을 직접 관장하기에 이르렀다.

객주의 출현과 성장은 포구상업의 발전을 반영하였지만, 객주는 위탁매매를 중심으로 하는 다양한 업무에 종사하였던 점에서, 상업 기능의 분화가 진전하지 못하고 상설도매상업(常設都賣商業)이 발달하지 못한 단계에서 존립할 수 있었다. 도시민의 소매나 중앙 관부의 물자 조달은 시전에서, 지방의 소매상업은 장시에서 이루어졌는데, 객주는 객상이 수송해온 물자를 시전상인이나 장시의 행상에게 중개해주는 역할을 맡았다. 그런 점에서 객주에게 의뢰되는 거래는 규모가 컸고 도매의 성격을 가졌다. 조선후기에 대량의 화물을 자기 자본으로 도매하는 정주상인이 발달하지 않았고 대규모 거래가 성사되기 힘들었기 때문에, 타지방 실정에 어두운 객상은 객주에 의뢰하고 숙박하며 기다려야만 하였던 것이다.

장시와 포구는 어떠한 관계에 있는가. 일반 장시가 행상과 주변 농민이 참여하는 국지적 유통의 중심지라면, 포구는 대량의 물자를 원격지로 이동할 수 있는 선박이 출입하는 원격지유통의 결절점(結節點)이었다. 산지의 장시와 촌락에서 행상에 의해 집하된 물자는 객주의 주선을 거쳐 원격지유통을 담당하는 행상에 넘겨져 대개 포구를 경유하여 소비지로 이동하고, 그곳에서 객주를 거쳐 행상에 넘겨져 소비자에게로 전달되었다. 물론 품목, 유통거리, 교통수단 등에 따라 유통경로는 다양한 편차를 가졌다. 원격지 행상이 객주를 통하여 국지적 행상과 만나는 곳이 포구이거나 대장(大場)이었다. 포구에서도 배가 닿을 때마다 부정기적으로 소매상업이 이루어지기도 했는데, 그것을 갯벌장이라고 한다. 상거래가 활발한 포구에서는 갯벌장이 정기적으로 열리는 장시로 전환하여갔다. 장시를 개설한 포구가 많아지는 것도 포구상업의 발전을 반영하였다. 포구에 설치된 장시 중에 대장이 많았다. 조선후기 전국 굴지의 장시인 강경·원산·마산은 포구였던 것이다.

이하 포구상업의 성장을 경강(京江)포구와 외방(外方)포구로 나누어 살펴보자. 조선후기 서울시장의 성장은 경강포구의 상업을 발달시켰다. 경강이란 한강 중에서 한성부(漢城府)가 관할하는 광진(廣津)부터 양화진(楊花鎭)까지의 물줄기를 말한다. 임진왜란 이전부터 남산 남쪽 일대부터 노량까지를 한강(漢江), 노량 서쪽부터 마포(麻浦)까지를 용산강(龍山江), 마포 서쪽부터 양화나루까지를 서강(西江)이라 하여, 통틀어 3강이라 불렀다. 3강은 서울로 물자가 이입되는 주된 통로여서, 여기에 많은 사람이 거주하였다. 18세기 중엽에는 여기에다 뚝섬[纛島] 근처와 송파진(松坡津) 근처를 합하여 부르는 것으로 추측되는 5강의 명칭이 사용되고, 정조대에 이르면 경강은 8강이라 불렸다. 이처럼 경강 상업구역이 확대되면서, 경강상인은 성장하였다. 경강의 포구는 각기 특성을 가지면서 발전하였다. 용산에는 국가의 창고가 집중되어 전국에서 조세로 거둔 곡물이 모였다. 한강 하류로부터 오는 조세곡은 서강에 많이 모였다. 마포는 한강 하류로부터 오는 상품의 최대 집산지였다. 송파는 18세기 이후 한강 상류, 서북지방 및 삼남으로부터 수륙으로 서울로 수송되는 상품의 집산지로서 번창하였다(〈그림 3-3〉 참조).

조선후기에 서울이 전국의 물자를 흡수하는 중앙시장으로 발전함에 따라, 경강의 선상과 객주는 미곡, 생선, 소금, 땔나무 등을 활발히 취급하면서 번성하였다. 19세기 초 경강에는 "각지에서 생선이나 미곡을 싣고 모여드는 상선이 해마다 1만 척을 헤아렸다"(『비변사등록』 순조 17년 3월 25일). 경강의 선상이 취급하는 가장 중요한 상품은 미곡이었다. 1670년대 이후 서울의 인구는 20만 명 내외이다가 약간 늘었고, 이들의 연간 미곡소비량은 100만 석 정도였다. 그중 호조 관할의 각종 창고미와 여타 국가 지출미가 모두 20만 석 미만이며, 재경지주(在京地主)의 지방 농장에서 수취해오는 추수곡이 20만 석 정도였다.[15] 나머지 60만 석 정도는 상품으로서 주로 경강상인에 의해 서울로 유

15) "左承旨柳義養曰 都下人民 今爲二十萬餘口 而日計二升 則一年當食百萬石米. 而目今地部所管諸倉 及他餘

그림 3-3 조선후기 서울과 그 주변의 상업지역

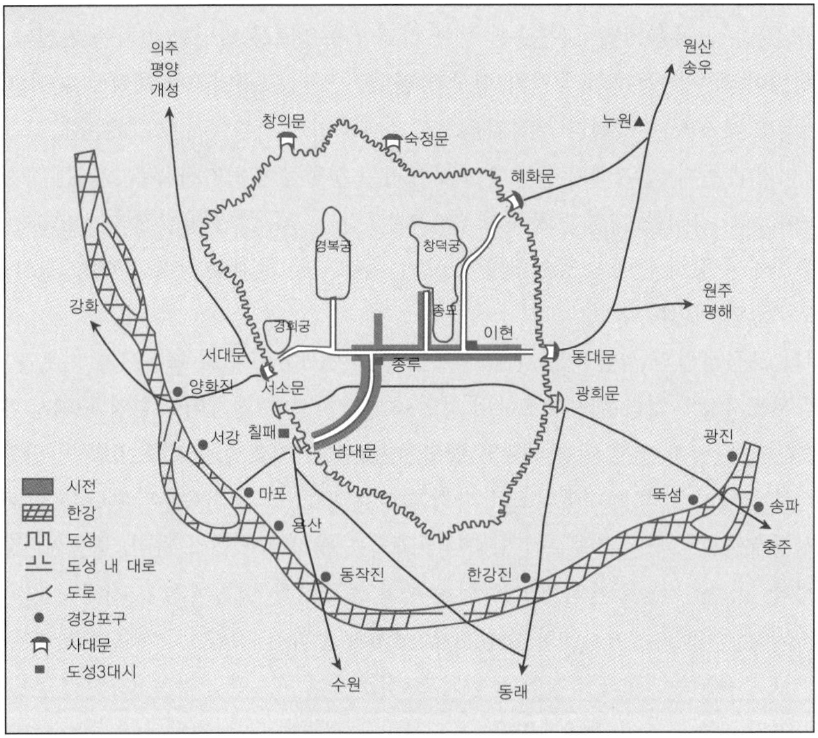

입되었을 것이다. 경강상인은 직접 선박으로 지방의 산지에 가서 미곡을 매집하여 경강으로 운수하기도 했다. 한 예를 들면, 1719년 서울 서강에 거주하는 김세만(金世萬)이 산지에서 100여 석의 미곡을 사서 싣고 돌아오던 배가 황해도 용매진(龍媒鎭)에서 침몰하였다. 지방민의 구조로 생명과 미곡을 구한 그는 지방민의 곤궁한 실정을 보고 미곡을 모두 지방민에게 희사하였다.

경강의 선상은 또한 전국 각지에서 조세와 지대로 받은 미곡을 서울로 운송하면서 부를 축적하였다. 조세를 서울로 운송하는 조운(漕運)은 원래 국가 소유의 조선(漕船)·병선(兵船)이 담당하였지만, 조선 초부터 많은 사선(私船)이 이에 동원되었다. 관선(官船)이나 병선이 부족한 데다가 사선이 효율적이기 때문이었다. 사선에 의한 조운은 조

公家所出米穀 零零注合 終不滿二十萬石. 私家穀物 則士大夫富少貧多 家家所謂秋收之輸入城中者 都不滿二十萬餘石米矣."(『承政院日記』 正祖 9年 9月 9日)

선후기에 한층 발달하였는데, 대부분 경강의 사선이 이용되었다. 숙종 20년에 반포된 조전사목(漕轉事目)은 각 읍의 전세를 지토선(地土船), 곧 현지의 선박으로 운송할 것을 규정하였지만, 지토선은 규모가 작아서 바다를 건너기 곤란하였기 때문에 충청도의 전세조차 대부분 경강선(京江船)이 운임을 받고 상납하였다. 경강상인은 큰 배를 많이 가졌을 뿐만 아니라 서울로 유입되는 상품이나 추수곡을 운송하는 가운데 항해술을 발전시켜왔기 때문에, 세곡(稅穀)운반권을 장악할 수 있었다. 1702년 200~1,000석을 실을 수 있는 경강선은 300여 척이었다. 1784년 경강선은 전라·충청도의 조세곡 16만 석을 운송하고 운임 2만 6,000석을 지급받았다.

경강상인은 정상적인 운임에 만족하지 않고, 운반 곡물에다 물을 타서 곡물을 붇게 함으로써 횡령하는 '화수(和水)', 그 일부를 착복·도망하는 '투식(偸食)', 대부분의 곡물을 도중에서 빼돌리고 배를 고의로 침몰시키는 '고패(故敗)' 등의 부정한 수단으로 축재하기도 했다. 특히, 고패는 해당 연안읍(沿岸邑)의 주민이 바다에서 건져낸 열악한 쌀을 가져가는 대신 일정한 비율로 정해진 정상적인 쌀을 부담해야 하였던 만큼 민폐가 컸으며, 국가는 그것을 엄금하였다. 경강상인은 "호남에 쌀이 싸고 호서에 쌀이 비싸면 싣고 오던 세미를 호서에서 팔았다가 가을을 기다려 도로 사오는" 세곡방납(稅穀防納)을 통하여 축재하기도 했다(『경세유표』 地官修制 田制 7).

경강상인이 취급한 물종 중에서 미곡 다음으로 중요한 물종은 생선·소금·재목·땔나무 등이었다. 서강·망원·합정은 빙어선(氷魚船)과 염어선(鹽魚船)을 가지고 고기잡이하던 어민이 주로 활동하는 포구였다. 마포는 새우젓이나 절인 생선의 거래처로서 유명하였다. 한강 상류에서 내려오는 목재는 뚝섬에 집산되었다.

경강의 각 포구에 선상과 어선이 활발히 출입함에 따라, 이들의 매매를 중개하는 객주가 증가하였다. 조선전기 경강에는 사주인(私主人) 또는 강주인(江主人)이 있어서 공리(貢吏)의 숙박을 받거나 조졸(漕卒)에 대부하기도 하고 그들이 수송해온 공물이나 세곡(稅穀)을 보관, 판매하기도 했는데, 이들이 객주의 전신으로 보인다. 17세기부터 여객주인, 포구주인, 선(船)주인 등의 존재가 확인되는데, 이들의 고객은 조선전기의 사주인이나 강주인과는 달리 민간의 상품유통에 의존하는 상인이었다. 그런 점에서 객주의 출현과 성장은 시장의 성장을 반영한다.

이들 객주가 경강상인을 대표하였다. 경강의 객주는 위탁매매의 중개역할에만 머물지 않고 전국의 가격 동향을 주시하면서 미곡, 땔나무 등의 도고(都賈) 활동에 종사하였다. 조선후기에 매점매석을 통하여 이익을 독점하려는 행위를 도고라 불렀다.[16] 경

16) "所謂都庫 都聚物貨 專其利孔."(『備邊司謄錄』 英祖 44년 10월 26일)

강상인의 미곡 매점은 서울의 쌀값을 좌우하는 형편이었다. 한 예를 들면, 1779년 서울과 오강(五江)의 부상(富商)은 쌀을 매점하여 감추어 두었다가 쌀이 극히 비싼 때를 기다려 10배의 이익을 얻으려 하여 서울의 쌀값을 등귀시켰다고 비난받았다(『비변사등록』 正祖 3년 1월 10일). 그들은 지방의 쌀값이 서울보다 비싸지면 경강으로 매집한 쌀을 다시 지방으로 유출하기도 했다. 예를 들면, 1762년 "서울주민 수십만 명의 식량은 공미(貢米)보다도 오로지 삼남에서 운송되는 쌀에 의존하는데, 흉년을 당한 이번 봄에도 삼남에서 올라오는 곡물을 상인이 매점하였다가 그 1/3을 도리어 지방으로 옮겨 팔"았다(『비변사등록』 英祖 38년 6월 27일). 경강객주에 의한 땔나무·목재의 도고 사례를 들어보자. 1791년 채제공(蔡濟恭)은 강상부민(江上富民)의 도고 활동 때문에 서울의 땔나무가 3일간 품절되었다고 규탄하였다(『日省錄』 정조 15년 6월 20일). 뚝섬에서는 돈 있는 사람이 한강 상류의 산악지방에서 벌목되어 강을 따라 내려오는 재목을 매점하였다(『市弊』 권2, 門外長木廛條). 경강객주의 이러한 도고는 서울로 집산되는 물자에 대한 독점적 구매권을 가진 시전상인과 갈등을 초래하였는데, 이것은 다음 절에서 언급하기로 한다.

이러한 도고 활동은 경강상인이 광역의 가격 동향을 신속히 파악할 만큼 상품유통망을 장악하였을 뿐만 아니라 곡물을 매점하여 장기간 보관할 정도의 자금력을 보유하였던 실정을 보여준다. 1725년 전만호(前萬戶) 이태배(李泰培)는 "4~5년 전부터 경강 여러 곳의 부민(富民)이 수만여 석의 곡식을 무역한다"고 하였다(『승정원일기』 영조 1년 9월 24일). 경강상인이 강상곡(江上穀)을 지방에 옮겨 파는 일이 논란되었던 1762년에 호조참판 홍인한(洪麟漢)은 1,000여 석을 매점해둔 상인이 그것을 여러 곳에 분산하여 숨긴다고 하였다. 1770년 지평(持平) 이원(李遠)의 상소 속에 "원주영(原州營) 마을에 경강거부(京江巨富)의 좋은 농지와 아름다운 저택이 있어서 그 가격이 수천에 달한다"(『英祖實錄』 46년 潤5월 丁酉)는 지적에서 드러나듯이, 부를 축적한 경강상인은 농지를 집적하기도 하였다.

경강상인의 풍부한 자본력과 도고 활동을 여실히 보여주는 사건이 1833년의 쌀폭동이다. 이 사건의 배경은 다음과 같다.

> (東幕旅客主人 金在純은-인용자주) 강가 언덕에 쌓아둔 곡물의 가격이 오르지 않음을 근심하여 여객주인을 지휘하여 곡식을 저장하게 하고, 시민과 호응하여 가격을 오르게 하였다. 2월 그믐 이후에는 소량의 곡식도 서울에 들여보내지 못하게 하였다. 그리고 십여 객주 중에 한 사람만이 판매하고 나머지는 모두 가게

를 닫았다. 가게를 돌아가면서 열었으므로 구매자는 한 곳에 몰려들고 쌀값은 등귀하지 않을 수 없었다. 처음 6~7일간에 갑자기 두 배로 오르고 8일에는 서울 시전이 닫혀서 쌀값은 극에 달하였다. (『비변사등록』 純祖 33년 3월 12일)

경강객주 김재순은 경강의 미곡상인을 통제하고 서울의 시전과 화응하여 쌀값을 올렸던 것이다. 이 때문에 쌀을 구하지 못한 서울 주민이 미전(米廛)과 한강변의 쌀창고에 불을 지르고 폭동을 일으켰다. 이 폭동을 주도한 7명은 처형되었고 매점상인도 처벌을 받았다.

서울이 아닌 외방(外方)의 포구에도 선상이 활발히 출입하고 객주업이 성립하였다. 1865년 평안감사는 "대동강을 중심으로 하는 10촌의 인민 가운데 선상을 전업으로 하는 자가 많다"고 보고하였다. 서북지방의 선상은 황해도의 면화를 구입하여 평안도의 안주(安州)·박천(博川)·정주(定州) 등지로 운반하여 판매하고, 그 대금으로 곡물을 매입하여 다른 곳으로 전매하기도 했다. 18세기 이후 강경에서는 함경도의 북어상선(北魚商船)을 관장하는 객주만 6명이었고, 1825~6년의 1년 동안 34척으로부터 2,090냥의 세전(稅錢)을 거두었다. 경상도에서는 창원 마산포(馬山浦)와 진주 가산포(駕山浦) 등의 포구주인은 큰 수익을 거두었다. 강경과 마찬가지로 전국 굴지의 포구인 마산에서는 1833년 함경도의 선상을 관장하는 북선상주(北船商主)와 삼남의 선상을 관장하는 남선상주(南船商主)가 130호에 달하였다. 그렇게 유명하지도 않은 순천부(順川府) 용두면(龍頭面) 신성촌(新成村)에서도 포구가 신설된 지 오래지 않아 각지의 상선이 몰려들었고, 객주 18명이 지역을 나누어 이들을 관할하였다. 19세기에는 "무곡선(貿穀船)은 모두 포구주인을 가졌"으며(『비변사등록』 哲宗 5년 10월 11일), "포구에 주인이 없으면 상인이 거접(居接)하지 못하여 물자를 모아둘 길이 없으니, 포구에 주인이 있음은 세상의 통례적 규칙이다"(『光緒 11(1885)년 黃海道四邑各浦旅閣節目』)라고 하였다.

객상(客商)은 애초에 객주를 자유롭게 선택할 수 있었으나, 특정 객주에게 일정한 대가를 받고 자기 거래의 위탁을 전담할 권리, 곧 주인권(主人權)을 인정하기에 이르렀다.[17] 주인권은 매매·상속·양도가 가능한 권리였는데, 경강에서는 17세기 후반부터 이러한 주인권이 형성되어왔다. 객주측은 객상의 지배를 통한 유통의 독점을 도모하는 데에 주인권을 활용하였다. 객상측은 궁방(宮房)·권세가나 시전의 침탈로부터 보호받

17) 한 예를 들어보자. "順治拾捌歲丁丑(1661)二月初八日 朴順泰前明文/ 右明文事段, 矣身京畿富平地浦諸面諸人等 京江往來時 本無屬處主人. 故依前規 旅客主人處 捧價錢文捌拾兩放賣爲乎矣, 日後若有雜人等是拒端是去等 將此文記 告官卞正宜當事./ 各浦舡人等 李京童 李江床 金者斤同 金破回 尹士同 金正伊 金江伊 李春上 金同言 馬僉存 金好上."(奎古文 86896)

기 위하여 제삼자에게 의탁하기도 했으며, 선박 구입자금이나 세곡상납(稅穀上納) 결축분 등을 보충하기 위해 자신을 주인에게 방매(放賣)하는 경우도 있었다. 주인권의 대상은 객상 자신뿐만 아니라 "동(同)·이성(異姓) 자자손손까지 영원히 여객(旅客)으로" 포함하기도 하였다.

지방 관청이나 촌락의 경비 조달 필요가 주인권을 성립시키기도 하였다. 충청도 결성현(結城縣) 성남리(城南里)의 주인권은 해창(海倉)의 노적비개(露積飛蓋)를 담당하는 동역(洞役)의 비용을 마련하기 위하여 동중(洞中)에서 관리하였다가, 1829년 최초로 사인(私人)에게 방매된 이후 주인을 바꾸어가면서 매매되었다. 순천부 신성촌의 주인권은 지방관에 의해 성립되었다. 신성촌에 포구가 신설되자, 다수의 주인이 생겨났다. 이들이 "상선(商船) 하나를 보면 선주인이 되고자 힘써 앞을 다투"면서 주인권은 난립(亂立)되는 양상을 보였다. 이에 지방관이 개입하여, 18명의 주인에게 각각 전관지역(專管地域)을 정해주었으며, 각 주인은 자기 전관지역에서 출발한 상선에 한해서 주인권을 행사하게 되었다. 신성포의 객주들은 연간 구문(口文) 수입 200냥 4푼 중에서 80냥 5푼을 선주인세(船主人稅)로 순천부에 납부하였다. 객주로서는 객상을 장악하고 지방민의 빈번한 도전이나 지방관의 침탈로부터 주인권을 보호받기 위하여 권력기관의 보증을 필요로 하였다.

포구상업과 객주업의 성장에 수반하여 주인권도 성장하였다. 특히, 18세기 후반과 19세기 전반에 주인권은 뚜렷히 성장하여 주인권의 물종별·지역별 분화가 진전하였다. 시곡(柴穀)주인권과 어물주인권이 결합되어 있던 경강의 김포주인권이 분리되어 각각 전매되었는데, 물종별 주인권이 분화된 예이다. 나아가 물종마다 각자 주인을 내기에 이르렀다. 주인권은 애초에 개별 객상에 대한 것이었지만, 18세기 후반 경강에는 각 읍의 선박은 모두 원래 정한 주인이 있었고, 나아가 지역간 관할구역이 분화된 전관지역 주인권(專管地域主人權)으로 발전한다.

〈그림 3-4〉에서 보면, 안정적이던 주인권의 가격은 18세기 후반 이후 물가보다 빠르게 상승하였다. 포구의 상품유통량이 증가하고 주인의 객상에 대한 지배력이 강화됨에 따라, 객주의 구문 수입이 증가하였기 때문으로 보인다.

18세기 전반까지는 재력가가 아니라도 쉽사리 객주가 될 수 있었고, 객주 중에 한량(閑良)·군관(軍官)의 역을 지는 양인 상층이 많았다. 18세기 말·19세기 초 이후 주인권의 강화와 가격 등귀에 수반하여, 유력층이 주인권을 획득해가면서 집중하는 추세가 나타났다. 경강에서 그런 현상이 두드러졌다. 예를 들어보자. 경기도 광주·안산의 주인권은 1809년 현재 강인철(姜仁喆)이란 자의 수중으로, 수원 풍도(豊島)·대소청(大小淸)

그림 3-4 경기·충청도 여객주인권 가격의 변동

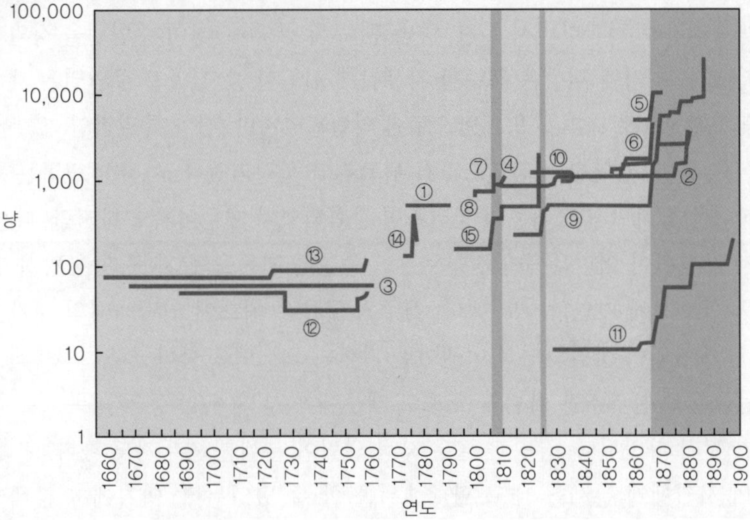

출전: 조영준 「조선후기 여객주인(旅客主人) 및 여객주인권(旅客主人權) 재론」『잡담(雜談)과 빙고(憑考)』 소명출판, 2013, 529쪽.

주: ①고마수영·보령(경기88책). ②광주·안산A(경기88책). ③광주·안산B(경기88책). ④남양(경기89책). ⑤당진·해미(경기89책). ⑥서산A(충청05책). ⑦서산B(충청05책). ⑧서산C(충청05책). ⑨결성 성호포(충청19책). ⑩비인·남포(충청22책). ⑪결성 성남포(충청34책). ⑫안흥(충청34책). ⑬당진(李炳天 1983: 156). ⑭아산·평택·백석·직산·격량(1983: 157). ⑮서부 용산방곽계·도화동내계(이정수 김희호 2007: 250).

의 주인권은 1851년 현재 이판부댁(李判府宅)의 수중으로 각각 집적되고 있다가, 다시 1890년이 되면 마포·옹진도를 포함하여 6개 지역의 주인권이 임사과(林司果)의 수중으로 집적되었다. 1838·9년 명온공주방(明溫公主房)은 홍주·보령·태안·결성·안흥도 등지의 경강주인권을 매득하였다.

외방의 포구에서도 호민(豪民)이 객주업을 장악하여갔다. 강경에서는 균역법(均役法)의 시행 전부터 궁방이나 지방 관청이 포구의 어업과 제염업에 잡세를 거두는 것이 문제였는데, 균역법의 시행으로 이러한 폐단이 제거된 대신에 객주에게는 지방세의 성격을 띤 포구세(浦口稅)가 부과되었다. 19세기 호민이 궁방이나 아문과 결탁하여 포구의 수세를 담당하는 대가로 객주로 지정되는 일이 빈번하였다. 궁방·관청이 기존의 포구주인권을 빼앗고 새로운 주인을 임명하기도 했다. 어의궁(於義宮)이 강경의 북상(北商)주인을 무시하고 김홍조(金弘祚)란 인물을, 내수사(內需司)가 결성군의 기존 주인을 무시하고 조경연(趙慶連)이란 자를 새로운 주인으로 차정한 경우 등이 그 예이다. 이렇게 임명된 주인은 구문 수입의 상당 부분을 궁방에 상납해야 하였다.

이상에서 살펴본 바와 같이, 민간 상업의 성장을 배경으로 출현한 객주가 점점 특권적인 유통독점자로 전환하면서 부자, 양반 관료 및 궁방·관청이 주인권을 장악하는 추세가 나타났다. 초기에 객상은 객주를 자유롭게 선택할 수 있었고 주인권은 객상이 자유로운 의사결정으로 자기를 방매함으로써 성립되었지만, 점차 특권적인 계기에 의해 주인권이 물종별·지역별 독점권으로서 위로부터 설정되었다. 이러한 변화는 한편에서는 시장이 성장하면서 지배층의 영리욕이 강화되었기 때문이기도 하지만, 다른 한편에서는 재정 형편이 어려운 중앙정부로부터 충분한 지원을 받지 못한 궁방과 지방 관청의 재원 확보책에 기인하기도 했다. 객주의 구문은 애초에 위탁매매의 대가였지만, 특권적인 주인권이 성립되면서 이권이란 지대의 요소도 포함하였다.

앞서 언급한 순천부뿐만 아니라 호조도 객주에게 분세(分稅) 등의 명목으로 상업세를 징수한 것이 확인된다. 궁방과 같은 사적 권력이 분세를 거두기도 했다. 원래 객주는 서울의 시전에게 분세를 내고 판매행위를 할 수 있었는데, 여기에서 분세라는 명칭이 유래하였을 가능성이 있다. 국가가 포구의 상업세 제도를 마련하지 못한 가운데 19세기에 무질서한 포구세 징수가 폐단을 낳자, 무명잡세(無名雜稅)라고 규정하고 금지하고자 했다.

객주가 특권적인 유통독점자로 전환하여가면서 객주나 그 후견인이 이권추구에 노력하고, 행상에 대한 수탈을 강화함에 따라 포구상업의 성장은 저해되었다. 이 점은 다음에서 엿볼 수 있다.

> 포구에 배가 닿는 곳마다 호민이 점포를 차려놓고, 무릇 상인의 선박이 도착, 정박하면 그 화물을 주관하면서 감히 이동하지 못하게 하고 스스로 거간꾼이 되어 임의로 조종해서 그 값을 올렸다 내렸다 하면서, 혹은 은밀히 상인을 도와 스스로 생색을 내면서 자기 묵은 빚은 탕감케 하고, 혹은 은밀히 육상(陸商)을 도와서 억지로 값을 싸게 매겨 그 이익을 나누어 먹기도 하며, 일부러 술과 고기를 차려 극진히 대접하는 체하면서 그 저세(邸稅)를 높이 받기도 한다. 배가 떠나는 날에 장부를 놓고 타산해보면 상인의 이익의 절반은 저점(邸店=객주)에게 돌아가고 그 나머지 절반은 삼분오열(三分五裂)되고 있다. 게다가 아전(衙前)·군교(軍校)·관노(官奴)들이 한 번 배가 들어왔다는 소문을 들으면 벌떼처럼 모여들어 그 화물을 겁탈하거나 혹은 반값만 주거나 혹은 대금을 후일로 미루는데, 조금이라도 거절하면 난폭하게 치고 잡아 움켜 유혈이 옷소매를 적시기도 하고 울

음소리가 하늘을 닿는다. 이때에 갯마을의 불량배들이 그 성세(聲勢)를 도와 주먹질과 발길질을 함부로 하니, 이 때문에 상거래하는 배가 모여들지 않고 물화의 값은 뛰어올라 갯마을은 또한 날로 쇠퇴하여간다. ……뇌물을 싣고 서울에 올라가서는 재상과 결탁함으로써 감사에게 청을 드려 차첩(差帖)을 얻어내며 그 권세를 믿고 횡포를 자행하여도 수령이 규제할 수 없으니, 그들이 행상을 벗겨먹는 일은 어찌 끝이 있겠는가. 연해의 여러 갯마을에서도 또한 모두 수령에게 뇌물을 바쳐 차첩을 얻게 되니, 수령이 이미 뇌물을 먹어서 어찌 그들의 횡포를 금하겠는가. (『牧民心書』 戶典 平賦下)

포구상업의 폐단을 적나라하게 폭로한 정약용의 지적으로부터, 포구 상업에 대한 국가 관리가 제대로 이루어지지 않았음을 엿볼 수 있다. 국가는 포구세를 제도화하고 포구 상업을 공정하게 관리할 필요가 있었으나, 시장을 잘 감독하되 상업세를 징수하지 말라는 맹자의 가르침 때문에 포구세의 제도화에 소극적이었고, 포구세를 재원으로 삼지 않아 포구를 잘 관리할 인센티브가 약하였다.

5. 도시시장의 발전

도시화는 경제·사회·문화의 발전에 직결된다. 조선시대에도 오늘날과 마찬가지로 한성(漢城), 곧 서울은 전국 굴지의 도시로 그 위상이 압도적이었다. 서울로 천도(遷都)한 지 30년 정도 지난 1428년 전장(全長) 17km의 성내에 10여만 명의 인구가 밀집하였다. 그 후 흉작이나 조세 수탈로 인하여 토지로부터 유리된 빈민이 서울로 계속 이주하여 상공업에 종사하거나 군역(軍役)을 대행하여 생계를 도모하였다. 성 내외에서 계속 증가하던 서울의 인구는 임진왜란으로 격감하였다가, 이후 급증하여 1669년에 이미 19만 명에 달해 있었다. 17세기 서울 인구의 증가를 낳은 주된 원인은 임진왜란 중에 설치된 훈련도감의 직업군인 5,000명 내외가 가족을 거느리기도 하면서 서울에 거주하고, 또한 대동법의 시행으로 서울시장이 성장한 데에서 찾을 수 있다. 17세기 후반 이후 서울 인구의 증가 추세는 완만하여, 19세기 말에도 25만 명 내외였을 것으로 보인다. 인구 증가에 수반하여 도성(都城) 밖의 거주 인구가 증가하고 만리현(萬里峴), 서빙고(西氷

庫) 등의 여러 언덕이 개간되기에 이르렀다. 1789년 성외의 인구는 7만 6,782명으로 전체의 41%였는데, 경강변(京江邊)에서 인구 증가가 현저하였다.

인구가 증가하고 도시 공간이 확대되는 데다가 지방상업과 중국무역이 발전함에 따라, 서울시장은 성장하였다. 1664년 서울시장은 "온갖 물건이 모여드는 곳이어서 제 값을 주면 물건이 다리가 없이도 다 몰려온다"(『顯宗實錄』 5년 3월 14일 丙子)고 할 정도로 수급기능이 활성화되었다. 서울로 집산되는 물자는 거의 전국적인 범위에 걸쳤는데, 곡물·물고기·소금·목재 등과 같은 무겁고 부피가 큰 상품은 주로 경강을 통하여 유입되었고, 섬유제품·종이류 등과 같은 제품은 주로 육로로 유입되었다. 기초적인 소비재인 쌀과 면포의 서울 공급은 재정에 크게 의존하였다. 서울은 수도여서 20만 인구의 절반이 공인, 시전상인, 군인, 그리고 관청과 왕실에서 급료를 받는 사람과 그 가족으로서 재정 지출에 의존하면서 생활하였다. 서울주민의 생계 방도는 다음과 같았다.

> 서울 주민으로 직임자(職任者)는 녹봉을, 서리(胥吏)는 초름(稍廩)을, 군인은 군포(軍布)를 받으며, 영세 소상인은 조그만 이익에 의지해서 살고, 수공업자는 노동을 하여 살고, 또한 한잡(閑雜)의 무리는 정처가 없어서, 농사짓지 않고 직포하지 않고서도 살아가는 자가 무려 수십만이나 된다. 공시인(貢市人)은 양민(良民) 중에서 가장 근본이 착실한 자들이다. 이들은 대대로 생업을 계승하고 열심히 국가에 봉사하여 집안에 항산(恒産)이 있다. (『비변사등록』 순조 25년 11월 21일)

조선전기부터 서울상업의 중심 세력은 상설점포인 시전(市廛)이었다. 국가가 건설한 행랑에서 영업하는 시전상인은 상업세를 납부하고 국가의 수요물자를 조달할 책임을 맡고 국장(國葬) 등에 노동력을 징발당하는 잡역(雜役)을 져야 했다. 16세기에 상업세는 유명무실화된 반면, 물자 조달의 부담은 증대하는 추세였다. 대동법으로 조달 물자에 후한 시세를 치르게 된 후에는 잡역이 시전의 주된 부담이었다. 『만기요람』에 의하면, 시역(市役)은 "궁궐 내외와 상사(上司)들 각처의 수리·도배·봉제" 등의 일이었다.

이러한 시역 부담의 보상으로서 난전(亂廛)을 금지하는 정책은 조선전기에 나타나, 임진왜란으로 황폐해진 시전의 국역(國役) 부담이 증대하는 가운데 점차 뚜렷한 모습을 갖추게 되어 1668년 난전 금지의 법제가 확립되었다. 서울시장에서는 지방의 행상이 객주를 통하거나 직접적으로 시전상인에게 상품을 인도하면, 시전상인은 그것을 소비자에게 판매하거나 중간도매상인 중도아(中都兒)에게 넘겼는데, 도성으로부터 10리까지의 한성부 구역에서 시안(市案)에 등록된 물종을 시전을 경유하지 않고 거래하는 것을 난전이라고 한다. 난전인을 잡아들이고 난전 물종을 몰수할 수 있는 난전금지권은 처음에는 일부 시전에만 부여되었다가 1712년경부터는 모든 시전에게 확대되었다. 조선 초부터 서울 상업정책의 기본을 이룬 금란(禁亂)은 도량형 사기, 물가 조종, 강압적 매매 등을 감독하여 상거래 질서를 유지하는 것이었는데, 난전 금지는 금란의 일환이었다.

17세기 시전이 많이 늘었는데, 서울시장의 성장뿐만 아니라 난전금지제도의 확립도 시전상업의 확대에 기여하였다. 군인과 수공업의 직역을 가진 자가 시전을 신설하였다. 17세기 전반 훈련도감의 포수(砲手)는 약간의 급료만 지급받는 것으로는 생계가 어려운 점을 내세워 수공업제품을 만들어 파는 것을 허락받았다. 이들은 그 후 훈련도감의 승인으로 백목전(白木廛)을 따로 설치하고 무명을 팔았다. 장인(匠人)은 관청에 복무하고 남는 시간에 생계를 위하여 상품을 제조, 판매하는 것을 허락받았다. 이것을 계기로 17세기 후반에 일종의 방한모를 만드는 공조(工曹)의 이엄장(耳掩匠)은 이엄전을 열었고, 갓모자 양태를 만들던 양태장(凉太匠)은 양태전을 만들었다. 야장(冶匠)은 신철전(薪鐵廛)을 열었고, 1755년 상의원(尙衣院)의 도자장(刀子匠)은 도자전을 열었고, 여자 수공업자에 의해 족두리전(簇頭里廛)이 개설되었다.

시전은 수공업자로부터 제품을 구입하거나 원료와 제조 공전을 주고 제품을 확보하기도 했으므로, 군인뿐만 아니라 수공업자의 시전 개설에 대해 반발하였다. 훈련도감의 포수가 백목전을 별도로 설치하여 시안에 등록하고 상행위에 종사하는 것에 대하여, 백목전은 영업을 중단하는 철시(撤市)를 하면서까지 반대하였다. 장인의 시전 개설도 시전상인과 갈등을 낳았다. 한 예를 들면, 500~600명 되던 서울의 야장이 신철전을 열어서 무쇠로 각종 기구를 만들어 팔자, 잡철전(雜鐵廛)과 대립하였다.

새로운 시전이 설립될 뿐만 아니라 난전이 시전으로 편입함으로써 시전상업은 확대되었다. 그 대표적인 예로서 외어물전(外魚物廛)을 들 수 있다. 1670·1년의 흉년에 세력가의 노비가 서소문 밖에 외어물전을 창설하였다. 17세기 중엽 난전금지제도가 확립되면서 한 물종을 하나의 시전 동업조합이 관장하는 일물일시(一物一市)의 원칙이 성립한 것으로 보인다. 내어물전이 이런 원칙을 내세우며 외어물전의 폐지를 요구하여 내·외어물전간에 어물 유통의 주도권을 둘러싼 분쟁이 치열하게 진행되었는데, 외어물전은 공인되고 점차 내어물전에 대한 종속적인 처지로부터 벗어났다. 1691년에는 외어물전의 정원을 130인으로 정하였고, 1746년에는 내어물전은 성내, 외어물전은 성외 구역을 관할하도록 조정되었다. 미전(米廛)은 성내의 통운교(通雲橋) 서쪽을 관장하는 상(上)미전, 그 동쪽을 관장하는 하미전, 성문 밖을 관장하는 문외(門外) 미전, 한강변을 관장하는 서강 미전과 마포 미전으로 분화되었다. 이처럼 시전이 관할지역에 따라 분화되는 가운데 성외, 특히 경강변에 시전이 활발히 신설되었다.

이리하여 1630년경에는 30여 개에 불과하던 서울의 시전이 18세기 말에는 무려 120개로 늘었다. 18세기 말 서울에는 주비(矣의 이두)전 7개, 유분전(有分廛) 30개, 무분전(無分廛) 40개, 여인전(女人廛) 18개, 연강전(沿江廛) 15개, 시내 도처의 잡전(雜廛) 10개가 있었는데, 이 무렵 시전의 구역은 〈그림 3-3〉에 나타난 바와 같다. 1808년 편찬된 『만기요람(萬機要覽)』에서 명칭이 확인된 서울의 시전은 91종이고, 그 밖에도 각종 소규모의 시전이 있었다. 수입이 많아 국역의 푼수[分數]가 지정된 유푼각전(有分各廛)은 모두 37종이었다. 국역을 부담하는 시전 중에도 중국산 비단을 취급하는 선전(線廛), 면포와 은자(銀子)를 취급하는 면포전(綿布廛), 국내산 비단을 취급하는 면주전(綿紬廛), 종이를 취급하는 지전(紙廛), 모시와 삼베를 취급하는 저포전(苧布廛)과 포전(布廛), 어물을 취급하는 내·외어물전은 특히 규모가 크고 국역 부담도 무거웠다. 이들이 육의전(六矣廛)이다. 무푼각전은 원칙적으로 국역의 부담에서 제외되었지만 특별한 경우에는 유분전과 함께 국역을 부담하기도 했다.

조선왕조가 고려 때와 마찬가지로 판매물종별로 구획하여 시전행랑을 조성하자, 15세기에 동일 업종의 일부 상인들이 공동이익을 옹호하기 위한 조합을 조직하여 대표자인 좌주(座主), 실무책임자인 유사(有司) 등을 두게 되었다. 17세기에 국가는 시전 동업조합에게 국역을 부과하고 난전금지권을 부여하였다. 1691년에는 대표적인 시전상인 6명을 행수(行首)로 정하여 시전상인의 불법행위를 감찰하게 하였는데, 여기서 육의전체제가 성립한 것으로 보인다. 이후 국가는 국역을 육의전에 부담지우면, 육의전은 그것을 시전에 배분하게 되었다.

모든 시전상인은 도중(都中)에 의무적으로 가입하여 도원(都員)이 되었는데, 혈연관계가 도중에 가입하는 데에 기본 요건이었다. 17세기 말 시안에 등록된 어물전인이 243명이고, 18세기 중엽 백목전인(白木廛人)이 400여 명이었다. 도원들은 정연한 위계서열로 편제되었고 가입기간에 따라 지위가 올라갔는데, 도중은 간부의 모임인 대방(大房)과 일반 도원의 모임인 비방(卑房)으로 나누어졌다. 시전행랑은 간(間)으로, 각 간은 10개 내외의 방(房)으로 구분되었는데, 개별 상인은 방에 소속되어 영업하였다. 면주전의 경우 6개 건물에 68방이 있었고, 1832년에 그 구성원은 193명이었다. 동일한 상품을 취급하는 상인이 같은 점포에서 영업하여 번호를 매겨 구획된 각각의 가게를 내고 있는 모습은 오늘날 남대문시장이나 동대문시장의 점포 건물과 비슷한 모습이다. 시전상인은 개별적으로 또는 공동으로 구매하였다. 도중은 도원의 영업활동에 간섭하지는 않았다. 도가(都家)는 도중의 사무소 겸 회의장이자 상품의 보관창고로 이용되었다. 면주전의 업무는 관청이나 왕실에 대한 면주 납품, 국역으로서 노무 제공, 그리고 구성원과 가족을 위한 상호부조를 중심으로 하였다. 도중은 가입비, 영업 이익의 일부로서 분세(分稅) 및 행랑의 사용료로서 방세(房稅)를 징수하여 각종 국역을 부담하거나 상호부조, 치성(致誠) 등 다양한 행사비를 충당하였다.[18] 시전은 동업조합의 가입에 제한을 두고 영업독점을 추구한 점에서, 유럽 중세의 상인길드와 유사한 성격을 가진다. 그런데 중앙집권적 통치 아래 있었기 때문에 유럽의 길드와는 달리 자치권을 가지고 시정(市政)을 장악하지는 못하였다.

시전 동업조합은 내부 규율을 가졌는데, 위계질서를 어지럽히고 분세 등을 납부하지 않는 등에 대한 징계가 중심을 이루었으며, 시장질서를 어지럽히는 행위에 대한 징계 항목은 잘 발견되지 않는다. 국가가 시장질서를 유지하는 역할을 수행한 데다가 경쟁의 압력이 약하여, 상거래질서에 대한 시전의 관심은 약하였다. 형조·사헌부·평시서라는 3법사(法司)가 시전에 관련된 상업 분쟁을 처리하였는데, 19세기에는 평시서가 그것을 시전상인의 시론(市論)에 위임한 사례들이 발견된다. 그러면 육의전 도소는 항통(缸筒)의 비밀투표를 실시하여 의사결정을 하였다. 1753년부터 시작된 공시인순막(貢市人詢瘼)에서는 3법사가 다루기 곤란한 공인과 시전상인의 고충이나 분쟁에 대해 국왕이 나서서 처리하기도 했다. 1799년 수저를 제조, 판매하는 시소전(匙召廛)이 흥창처(興昌處)라는 상호를 가진 도매상에게 3,400여 냥의 놋쇠를 판매하다가 거래 분쟁이 발생하여 국왕에 직접 호소한 데에 대하여, 비변사는 매우 외람하다며 형조가 처리하게 했다.

17세기에는 서울시장이 성장하는 가운데 시전이 늘어났기 때문에 난전 금지의 부작용이 크지 않았으나, 난전금지정책이 강화되고 시전이 포화 상태에 이른 18세기에는 난전 문제가 점차 심각해졌다. 서울 영세민의 상당수가 난전으로 생계를 유지하였는데, 이러한 난전은 소규모여서 별 쟁점이 되지는 않았다. 그런데 군졸(軍卒)이나 관청의 하인이 급료가 없거나 적다는 것을 구실로 집단적으로 난전을 자행하는 것은 평시서로서도 단속하기가 어려웠고 국가로서도 그들의 처지를 배려하지 않을 수 없었다.

18세기 후반부터는 생산지에 진출하거나 교통의 요지를 장악하여 매점매석하는 사상(私商)이 시전상인에게 큰 타격을 가하였다. 조선후기에 매점매석을 통하여 이익을 독점하려는 도고(都賈)는 거의 모든 물종에 걸쳐 존재하였다. 시전은 국법으로 규정

18) 고동환 『조선시대 시전상업 연구』 지식산업사, 2013, 5장; 須川英德 「시전상인과 국가재정: 가와이[河合]문고 소장의 綿紬廛 문서를 중심으로」 『조선후기 재정과 시장』 서울대학교출판원, 2010.

된 난전금지권에 의거한 도고의 주체였지만, 사상은 경제력에 의거하고 궁방·관청·권세가 등을 배후세력으로 삼기도 하면서 도고의 주체로 성장하였다.

사상도고는 외방의 물자가 서울로 들어오는 요충의 포구와 장시를 거점으로 활동하였다. 그중에서도 서울로 물자가 들어오는 주된 통로인 경강포구의 상인, 주로 객주가 대표적인 사상도고로 성장하였다. 초기에 경강상인은 시전상인이 행사하는 난전금지권의 강한 통제를 받았다. 시전은 경강변에 사람을 파견하여 지방 상인이 운송한 물화는 물론 경강상인의 물화도 매점하였다. 경강상인의 실력이 성장함에 따라 경강상인과 시전의 이와 같은 관계가 동요되면서 난전금지권을 둘러싼 갈등이 나타났다. 그중 거래량이 많고 부패하기 쉬운 어물의 유통을 둘러싼 갈등이 가장 첨예하였다. 어물선상(魚物船商)은 어물전에 물화를 넘겨야 했는데, 경강의 어상(魚商)과 객주는 이미 18세기 초반부터 어물전을 거치지 않고 서울시장에 어물을 공급하고 있었다. 1727년 어물전이 경기감영(京畿監營)에 제출한 소장(訴狀)에 의하면, "근래 동작의 어부는 사람도 많고 재물도 풍부하고 또 그들의 부강함을 믿고서, 법령을 무시하여 물고기를 가득히 싣고 온 배를 마포에 정박하지 않고 곧바로 동작으로 가서 서울의 무뢰배에게 마음대로 난매(亂賣)하면서 한 마리의 물고기도 본전(本廛)에 팔지 않는다"고 하였다. 이에 대한 동작진(銅雀津) 선인 행수(船人行首)의 진술에 의하면, "어물을 비싸게 사서 온갖 어려움을 무릅쓰고서 근근히 실어오면, 어물전인이 난전이라 칭하고 어물을 본주(本主)로 하여금 처리하지 못하게 한 다음 싸게 억매(抑賣)하니, 뱃사람이 비싸게 산 것을 매번 시전에게 이익을 빼앗겨 억울함을 이길 수 없다"고 하였다.(『各廛記事』 人編 雍正 5(1727)년 丁未條) 이 사례는 동작 선인이 시전의 횡포에 맞설 만큼 경제력이 증대되고 다른 사상과 결탁하여 서울시장에 어물을 공급할 수 있게 된 사실을 보여준다. 이 분쟁에 대해 감영은 동작 선인이 법을 어겨 난매하고 어물전인이 헐값으로 억매(抑買)하는 폐단을 함께 인정하고, 차후에는 선인이 시전에 일정량을 납세한 다음 자유롭게 판매하는 '화매(和賣)'를 명하였다.

대체로 18세기 전반까지는 어물전이 독점적인 구매력을 강력히 행사하다가, 그 후반에는 구매독점권이 수세권(收稅權)으로 변하였으며, 수세의 형태는 현물로부터 1786년에는 화폐로 변하였다. 18세기 사상의 성장에 수반하여 시전의 구매독점권이 수세권으로 변하는 추세는 다른 물종에서도 나타나고 있었다. 뚝섬에 거주하는 땔나무의 판매상은 1731년부터 시목전(柴木廛)에 대하여 납세하고 임의로 땔나무를 발매할 수 있게 되었고, 1747년부터는 소금상인이 마포염전(麻浦鹽廛)에 납세하는 대신에 소금을 자유롭게 발매할 수 있게 되었고, 1757년부터 강상(江上)의 잡곡전(雜穀廛)은 잡곡상인으로부터 해마다 24냥의 세금을 거두는 대신에 그 자유판매를 허용하였다. 1753년에 편찬된 『시폐(市弊)』에 의하면, "많은 시전이 각기 그 자내(字內)에서 수세하는 규정이 있으며" "분세(分稅)는 본전(本廛)이 거두어야 한다"는 원칙을 천명하였다. 18세기에 시전에게 분세를 납부하여 영업하는 관행이 확산되고 그것은 난전의 범주에 포함되지 않게 되었다. 이것은 난전금지제도의 완화일 뿐만 아니라, 사상도 상업세를 부담하고 영업하는 제도로 진화하는 것을 보여주는 점에서 가볍지 않은 재정사적 의의를 가진다.

명태 등 동해산 어물은 육로로 서울에 반입되었다. 동해산 어물의 유통도 어물전의 통제를 받아야 하였지만, 18세기 초에 이미 동북쪽의 어물상인이 "서울에 들어온 후 사대부의 행랑에 머물면서 몰래 화매하"기도 했다(『市民謄錄』 乾 乙未(1715)年). 18세기 후반에는 동북로의 요충지인 송파(松坡), 누원(樓院, 다락원), 송우(松隅) 등지에서 사상이 근거를 정하고 조직적으로 도고 활동을 하여 시전상인에게 타격을 가하였다.

> 누원점막(店幕)은 어막(魚幕)으로서 어물상인이 왕래하는 요충지이다. 본전에 들어오는 어물을 소위 점한(店漢)이 모조리 수집하여 건방(乾房)이라 칭하고, 서울쪽으로는 중도아(中都兒)와 체결하고 밖으로는 송파장과 결탁하여 나누어 보냄으로써 통화의 유통로를 이루고 있다. 그들이 일세(一世)의 어리(魚利)를 모두 조종하여 본전민(本廛民)이 국역에 응하여 생업을 이룰 수 없다. (『비변사등록』 정조 6(1782)년 8월 7일)

사상도고가 산지상인으로부터 물화를 매점하여 시전을 경유하지 않고 중도아라는 중간도매상을 통하여 서울시장에 배급하는 체제가 형성되었던 것이다.

시전상인을 배제하면서 지방 상인과 서울의 소비자를 연결하는 중도아는 남대문 밖의 칠패(七牌)와 동대문 안의 이현(梨峴)에 근거를 두고 있었다. 칠패의 난전상인은 "동쪽의 누원점막과 남쪽의 동작진에서 남북으로부터 올라오는 어물을 모두 장악하여 성내 중도아를 불러들여 날마다 난전을 하고," 행상이 여기서 받은 어물 등을 시내 곳곳에 판매하였다(『各廛記事』 地 乾隆 11(1746)년 11월 일). 칠패가 어물시장으로, 이현이 채소시장으로 성장함에 따라, 그것과 종루(鐘樓)를 통틀어 '도성삼대시(都城三大市)'라 불렀다(〈그림 3-3〉 참조). 1660년대 상업중심지로 부상한 칠패에는 문외미전, 문외상전(床廛), 외어물전, 생선 난전 등이 영업하였다. 도성 밖에는 경강변의 포구상업이 번창하고 누원, 송우 등과 같은 서울 근교의 교통요충지가 부상하였다. 사상의 대두와 난전상업의 번성은 서울시장의 공간적 확대를 낳았던 것이다.

시전의 관할 물종이 증가하는 데다가 난전금지권이 경직적으로 행사됨에 따라, 영세한 상인이 타격을 받았을 뿐만 아니라 물가 안정이 저해되었다. 국가로서는 "난전금지권을 유지하면 서울의 인민이 손발을 놀릴 수 없고 그것을 폐지하면 시전상인이 생업을 잃게 되어" 딜레마에 빠졌지만(『승정원일기』 영조 17년 9월 20일), 난전금지권을 완화, 축소하는 방침을 정하게 되었다. 1760년경에는 시전의 신설을 금지하였다. 1768년에는 시전의 도고 행위로 인하여 일용필수품의 물가가 등귀한다고 판단하여 육의전을 제외하고 임의 판매를 허용하였다. 그런데 물가가 하락하지 않음에 따라, 이 조치는 효력을 잃었다.

1791년에 좌의정 채제공(蔡濟恭)은 난전금지권의 폐단을 다음과 같이 지적하면서 그 대책을 제시하였다.

> 서울주민의 고통을 논하자면 도고(都賈)가 으뜸이다. 우리 조정의 난전금지법은 오로지 육의전이 국역에 응하도록 이익을 독점하게 하는 것이다. 근래에는 놀고 먹는 무뢰배가 삼삼오오로 전호(廛號)를 만들어 일용 물종을 장악하지 않는 것이 없다. 크게는 말짐이나 배에 실은 상품으로부터, 작게는 머리에 이거나 손에 든 상품에 이르기까지 길목에 잠복하였다가 싼값으로 억지로 사려고 한다. 물건 주인이 듣지 않으면 난전이라 칭하고 이들을 묶어 형조나 한성부에 넘기므로, 밑지더라도 부득이 울며 팔지 않을 수 없다. 이에 시전상인은 점포에 펼쳐놓고 곱절을 받는다. 평민은 그 시전이 아니면 다른 곳에서는 상품을 살 수 없다. 따라서 물가가 날로 올라서 신이 어릴 때와 비교하면 3~5배로 올랐을 뿐만 아니라, 근래 심지어는 채소와 옹기 같은 것까지도 전호가 있어서 자유로이 매매할 수 없다. ……평시서(平市署)로 하여금 30년 내에 설립된 영세한 신전(新廛)은 모두 혁파하고, 형조와 한성부에 분부하여 육의전 외에 난전을 잡아들이는 것을 시행하지 말고 도리어 처벌한다면, 상인은 사이좋게 매매하는[和賣] 이익이 있고 백성은 생활이 궁색한 근심이 없을 것이다. (『정조실록』 15년 1월 25일 庚子)

시전상인이 난전금지제도를 빙자하면서 독점력을 행사하여 일용필수품까지도 헐값으로 사서 비싸게 판매함으로써 중소상인을 수탈하고 물가를 크게 올려 평민의 생활고를 초래하였다는 채제공의 주장은 정조와 대신의 호응을 얻어서, 1791년 육의전을 제외한 시전의 난전금지권이 폐지되고 사상과 더불어 자유롭게 매매하는 통공화매(通共和賣)가 이루어졌다. 이것을 신해통공(辛亥通共)이라고 한다. 신해통공은 시전상인의 독점권을 제약함으로써 도시상업의 자유를 확대하였다. 1794년에는 어물전의 난전금지권도 박탈하였는데, 1801년에는 내어물전과 외어물전을 합하여 하나의 주비로 만들어 육의전에 편입시키고 그 난전금지권을 복구하였다. 1837년에는 수입되는 중국과 서양의 직물류의 통공화매가 결정되었고, 1846년에는 육의전을 제외한 모든 시전의 통공화매가 재천명되기도 하였다. 육의전의 난전금지권은 영업독점권에서 수세권으로 변질되었다. 통공발매책을 단행하면서도 18세기 전반에 진전된 원전(原廛)의 사상에 대한 분세징수제도는 "시장을 감독하되 수세하지 않는다"는 맹자의 왕도정치 이념에 구애되어 정비되지 못하였다. 1796년 원전이 사상에게 적절히 수세하여 국역을 부담하는 원칙이 논의된 정도였다. 상업세의 제도화가 진전되지 않아서, 재정 기반이 여전히 협소하였고 국가의 상업관리 인센티브가 약하였다. 육의전의 권한은 갑오개혁에서 폐지되었으나, 조선왕조는 최후까지 상업세를 정비하지 못하였다.

신해통공 이후 시전상인에 대한 사상(私商)의 입지는 강화되었다. 1813년 어물전인의 호소에 의하면, 각 지방의 어물이 경강(京江)에 운반된 것을 객주 등이 알리면 어물전인이 그것을 매입하여 소매하는 것이 항례(恒例)였는데, 요즈음에는 어물선이 도착하면 객주 등이 시전에 알리지 않고 중도아에게 판매한다는 것이다(『各廛記事』 人, 嘉慶 18년 4월일條). 제4절에서 언급한 1833년 서울의 '쌀폭동'에서는 쌀을 매점매석하고 가격을 조종하는 주체가 경강상인이었다. 1852년 백목전(白木廛)은 "서양 무명의 매매가 날로 늘어나 모리배가 오직 그것만을 일삼으므로, 국산 무명의 매매가 끊겼는데 저희 실업의 원인이 바로 여기에 있습니다"라고 호소하였다(『일성록』 철종 3년 1월 25일).

개성의 사상인 송상(松商)의 활발한 도고 활동도 시전상인에 타격을 가하였다. 송상은 15세기에도 원격지유통에 활발히 종사하였는데, 조선후기에는 개성에 본점을 두고 타지에 차인(差人)을 파견하여 송방(松房)이라 불리는 지점을 차려놓고, 그 지방의 생산품을 매점하거나 타지방의 물품을 판매하였다. 송상은 송방을 통해 조직한 전국적인 상업망을 기반으로 산지에서 도고 활동을 하여 시전상인에 타격을 가하였다. 1811년 서울 포전(布廛)의 고발에 의하면, 개성사람 김계현(金啓賢)은 같은 도당과 원산에 근거지를 두고 함경도에서 서울로 반입되는 삼베를 매점하고 가격을 조종하였다(『비변사등록』 순조 11년 3월 19일). 송상은 목마장(牧馬場)이 발달한 제주도에서 생산되어 해남·강진 등지를 통하여 육지로 반출되는 양대(涼臺, 갓)를 매점하고 전국 각지로 전매(轉賣)하였는데, 그 때문에 서울의 양대전이 상품을 입수하지 못할 형편에 빠졌다(『비변사등록』 순조 10년 1월 10일). 홍경래난에 참가하였던 송상 진영순(陳永順)은 평안도 추도(楸島)에 송방을 차려놓고 판자(板子)나 연초 등을 수매하였다 한다. 서울의 시전은 사상의 성장과 신해통공으로 영업독점력이 약화되었지만, 상업중심지에 점포를 가진 이점 등에 의거하여 19세기에도 서울 소매상업의 중심 세력이었다.

한성 이외에도 인구가 많은 대도시에서는 시전이 형성되기도 했다. 한성 다음으로 시전이 발달한 곳은 개성과 평양이었다. 조선의 건국 후에 천도된 한성으로 시전이 이전되면서 개성에서의 시전상업은 금지당하였다. 그렇지만 15세기부터 개성부에는 "사람은 많고 경지가 적어 풍년이라도 장사를 하지 않고서 살아갈 수 없"었는데(『성종실록』 16년 7월 갑술), 인구가 증가하고 상업이 다시 번성함에 따라 1512년에는 시전의 설치가 허용되었다. 개성의 시전도 한성에서와 마찬가지로 관부(官府)의 수용품과 경비를 조달하였고, 그 대가로 난전금지권과 관전(官錢) 대부와 같은 특혜를 얻었다. 개성에서는 선전(線廛)·백목전·청포전(靑布廛)·어과전(魚果廛)이라는 사대전(四大廛)이 있어서, 시전상업에 관련된 문제를 관부의 위촉을 받아 조사, 처리하였다. 19세기 평양에는 상전(床廛), 백주전(白紬廛), 백목전, 포전 등 40~50종의 상점이 상시로 영업하였다. 전주는 17세기 후반에 이미 시전이 많아서, 동전(銅錢)을 가장 쉽게 통용해 볼 수 있는 장소로 꼽히고 있었다. 통영에서도 미전(米廛)·목포전(木布廛)·물화전(物貨廛)·남초전(南草廛)이란 사대전이 있었다. 목포전과 남초전은 가게도 없이 5일마다 열렸지만, 미전은 가게 수백 간(間), 물화전은 50여 간을 갖추어 '장시간 매매'하였다. 18세기 말에 정조는 수원읍에 시전을 조성하기 위하여 노력하였지만, 시전이 활성화되지는 않았다. 인구 1만 명 이상의 모든 도시에서는 상가가 발달하였지만, 수원처럼 인구 5,000명 내외의 도시는 상가를 유지하기가 힘들었던 것이다.

조선시대에 도시화는 완만히 진행되었다. 서울의 인구는 1669년 19만 명에 달한 이후 2세기 동안 뚜렷한 증가 추세를 보이지 않았다. 대구에는 1601년 경상도의 감영(監營)이 들어선 이후 인구가 집중하여 18세기 중엽에는 도시부에 1만 명을 넘어섰는데, 그 후 1세기 동안 인구 증가는 미미하였다. 다른 행정도시의 인구도 완만히 성장하였을 것으로 보인다. 1876년 강화도조약 이후 외국인의 각종 보고로 미루어보아, 개항 전후 인구 1만 명 정도나 그 이상의 도시는 서울과 대구 외에 평양, 개성, 전주, 통영, 해주, 함흥 정도이다. 이 중 유수부(留守府)의 개성과 삼도수군통제영(三道水軍統制營)이 설치된 통영을 제외하고는 모두 감영이 설치된 곳이다. 중국무역의 통로에 위치한 평양과 개성의 인구는 서울 다음으로 많아서 3만~4만 명에 달하였을 것으로 보인다. 서울과 제2도시의 격차가 현격한 것은 서울에 왕실과 중앙 관부가 있어서 조세가 집중하였고, 왕실·관료·양반에 봉사하는 상공업이 발달하였기 때문이다. 행정중심지가 아니면서 상업도시로 성장한 강경·마산·원산은 인구가 5,000명 내외에 달하였다. 개항 직전 1만 명 이상의 도시의 인구는 모두 40만 명 내외로 총인구의 2.5% 정도였을 것이다. 인구 5,000명 이상의 도시를 모두 합쳐도 총인구의 3.4% 정도로 추정된다. 330처 읍소재지의 인구는 대개 500~2,000명이었다.

일본에서는 죠카마치[城下町]가 건설되는 16·17세기에 도시로의 인구집중이 현저하였다. 17세기 중엽 죠카마치와 삼도(三都, 東京·大阪·京都)의 인구를 모두 합하면, 250만 명을 넘어서 총인구에서 차지하는 비율은 15%를 상회하였다. 잉글랜드와 북서부 유럽의 1만 명 이상의 도시인구는 1600년에는 각각 6.1%와 9.2%, 1700년에는 각각 13.4%와 12.8%, 1750년에는 각각 17.5%와 12.1%를 차지하였다. 1800년 서유럽, 중국 및 일본에서 1만 명 이상 도시의 인구는 각각 10.2%, 3.8%, 12.3%를 차지하였다. 근세에 서유럽과 일본의 도시화가 가장 진전되었고, 조선의 도시화율은 중국보다 낮았던 것이다.

이처럼 조선후기에 인구와 농촌 정기시의 밀도는 높았지만 도시화율은 낮았다. 그래서 18세기 이후 상업의 필요는 주로 농촌시장을 통해 충족되었다. 낮은 도시화율은 상업자본의 발달을 제약하였고 농촌의 상품생산에 강한 자극을 주지 못하였다.

왜 조선은 유럽과 일본에 비해 도시화가 진전하지 못하였던가. 집권국가(集權國家)라는 정치적 조건과 국제무역을 포함한 원격지유통이 활발하지 않았다는 경제적인 조건을 중시하고 싶다. 봉건제의 유럽에서는 영주간, 영주·국왕간 대립과 세력균형의 빈틈에서 자치도시가 성장할 수 있었다. 이 소규모의 자치도시는 경제적·사회적인 면에서 근대로의 전환을 위한 중요한 기반을 닦았다. 일본의 막번제(幕藩制) 아래 영국(領國) 지배의 군사적·경제적 거점으로서 죠카마치가 발달하였다. 일본에서는 영주가 죠카마치로 시장기능과 상공업자를 집중시키는 조치를 취하였다. 유럽에서는 국제무역이 매우 활발하였고, 일본에서는 영국간, 영국·삼도간 원격지유통이 활발하였다. 이것이 도시상업의 발전에 크게 기여하였다. 앞으로 언급하겠지만, 조선에서도 대외무역과 원격지유통이 성장하였지만, 유럽과 일본에 비해 소규모여서 그 자극이 약하였다. 조선시대 양반사족이 서울이 아니면 농촌에 거주하려는 문화도 도시화율을 낮추었다.

6. 교통과 원격지상업

『북학의(北學議)』에 의하면, "원산상인이 말에 미역과 건어물을 싣고 서울에 가서,

사흘에 팔고 돌아오면 조금 남고, 닷새가 걸리면 본전이고, 열흘 머물면 크게 손해본다"고 하였듯이, 교통은 시장 발달에 직결된다. 조선후기에 도로망이 조밀하였는데, 인구와 농촌시장의 밀도가 높았기 때문이다. 그런데 도로의 폭은 좁고 그 상태가 좋지 않았다. 수레가 거의 이용되지 않았고 육로수송의 주된 수단은 소·말, 지게, 봇짐이었으므로, 힘들여 길을 넓히거나 포장할 필요가 적었기 때문이다. 수레가 대도시와 함경도를 제외하고는 거의 이용되지 않았는데, 고개가 많고 목재가 비싸고 육로를 통한 원격지(遠隔地)유통이 활발하지 않았기 때문이다. 그리고 강이 많은 반도라는 국토환경은 육운 개선의 필요성을 줄였다.

18세기 중엽에 저술된 『택리지(擇里志)』에 의하면, 물자운송능력은 배, 수레, 말의 순이어서 육상(陸商)의 이익은 선상에 비할 바가 아니고, 해상 유통의 이익이 하천 유통보다 컸다. 당시 수상 운송은 육상 운송에 비해 침몰의 위험이 있고 시간이 2~10배 더 걸렸으나, 운반비는 약 1/5이었다. 그래서 쌀, 소금 등과 같은 가격에 비해 무거운 물품의 원격지유통은 가능한 한 수운에 의존하였다.

수상 운송에서는 조세를 운반하는 조운(漕運)을 빼놓을 수 없다. 무명 등 직물과 동전으로 거둔 조세는 육로로 서울로 왔지만, 조세로 거둔 미곡은 가능한 한 조운을 이용하였다. 조세로 올라온 미곡을 왕실의 식량으로 삼고 관리의 녹봉으로 지급하였던 만큼, 국가는 조운을 생명선으로 생각하였다. 그래서 조선시대 국가는 도로 관리에 소홀하였으나 조운에는 각별한 관심을 기울였다.

18세기 후반 서울로 운송되는 조세곡은 영남 조선(漕船) 60척에 의한 6만여 섬, 충청·전라도의 조선 81척에 의한 8만여 섬, 그리고 민간인 선박에 의한 충청도 곡물 6만여 섬과 전라도 곡물 8만여 섬이었다. 18세기에 조세로 거둔 쌀을 경상도에서 서울까지 운반하는 삯은 수송량의 20~30% 정도로 정해져 있었다.

기선이 없던 조선시대에 해로(海路)는 육지에 접근해 있었다. 서해안에는 태안반도의 안흥량(安興梁)과 황해도의 장산곶(長山串)이라는 물길이 험한 곳이 있었다. 안흥량은 서울과 전라·경상도의 연락에 장애였는데, 조세와 지대로 거둔 쌀이 서울로 수송되지 않을 수 없어 18세기에는 뱃사람이 뱃길에 익숙해져 있었다. 평안·함경도에서 거두는 조세는 조운으로 서울에 가져오지는 않고, 칙사(勅使) 왕래와 국경 군사비에 지출하였다. 오직 장삿배가 장산곶을 지나 서울에 오기도 하였으나, 그 수가 많지 않았다. 그래서 『택리지』가 저술된 18세기 중엽에도 뱃사람이 장산곶을 두려워하였다. 18세기 후반부터 "황해·평안도 지방을 왕래하는 서울과 지방의 상선은 모두 장산곶을 거치지 않고 원해(遠海)를 항행하"게 되었다(『승정원일기』 정조 12년 6월 12일).

고려 때부터 조운선의 난파 사고가 빈발한 태안반도에 운하 건설이 시도되었다. 여러 차례의 시도 가운데 1413년과 1537년에는 운하 굴착에 성공하였으나, 조차(潮差)가 커서 밀려드는 토사로 굴착한 곳이 곧바로 메워졌기 때문에 좌절하였다. 강화의 손돌항(孫乭項)에서도 물길이 험하여, 13세기와 16세기에 인천 앞바다와 행주(幸州) 서쪽의 한강을 연결하는 운하 건설 사업이 추진되었으나, 성공하지 못하였다. 여기에서도 큰 조차가 장애 요인이었을 것이다. 하천 운하의 건설이 추진되지 않은 것은 국토가 넓지 않고 하천이 많은 반도였기 때문으로 보인다.

9세기에 신라인은 뛰어난 항해술로 한·중·일 3국간 해상 교통을 주도하였다. 그런데 고려시대부터 국가는 조공 사절을 수행하지 않고 민간인이 해외로 진출하는 것을 막았다. 이것을 해금(海禁)이라 한다. 고려 말부터 중국에 가는 사신도 난파의 위험을 피해 육로를 선택하였다. 조선은 고려보다도 해상 진출에 소극적이었다. 해금은 1881년까지 유지되어 항해 기술의 발전, 그리고 무역과 대상인의 성장을 저해하였다.

조선후기 포구상업과 도시시장의 성장은 원격지유통을 촉진하였다. 『택리지』에 의하면, 동해는 풍랑이 높고 파도가 사나워, 서·남해의 선박이 동해까지 가지는 않았다. 경상도로부터 강원도의 영동지방과 함경도를 잇는 동해유통로에서는 함경도의 명태·삼베·인삼·담비[貂] 등을 경상도의 미곡·무명 등과 교환하는 것이 중심을 이루었다. 함경도의 물산은 일단 원산에 집결되어 원격지로 이출되었다. 그래서 원산은 강원·황해·평안도뿐 아니라 서울의 상인까지 모여들어 도회를 이루었다. 동해유통로에서 남쪽의 중심지는 마산이었다. 1833년 마산에는 함경도 선상의 거래를 주선하는 북선상주(北船商主)와 삼남 선상의 거래를 주선하는 남선상주가 모두 130여 호에 달하였다. 함경도와 삼남은 이들 선상주의 주선을 통하여 물산을 교역하였던 것이다. 그런 점에서 마산은 동해유통로와 남·서해유통로의 결절점이었다. 마찬가지로 두 유통로의 교차점에 위치한 고성(固城)에는 함경도 함흥으로부터 전라도 흥양까지에 걸쳐 선상이 출입하였다.

경상도 남해에서 출발하여 서울 또는 개성에 이르는 남·서해유통로에는 마산·통영(경상도), 해남·강진·나주·영광(전라도), 강경·염포(鹽浦)·아산(충청도), 연안·백천(황해도) 등의 상업중심지가 포진하였다. 해남·강진은 제주도에서 나오는 뱃길의 입구여서 말·소·피혁·진주·자개·귤·유자·말갈기·대나무 등을 매매하는 이익을 가졌다. 송상이 여기서 양대(涼臺) 등을 매점하여 서울의 양대전에 타격을 주었다. 강진과 나주에서는 내륙의 곡물과 부근 섬의 어물의 교환이 활발하였다. 영광의 법성포(法聖浦)는 세미(稅米)를 집결하는 조창(漕倉)을 두고 번창하여 집들이 즐비하였다. 『택리지』에 의하면, 강경은 "충청도와 전라도의 바다와 육지 사이에 위치하여 금강 남쪽의 들판 가운데서 하나의 큰 도회를 이루고, 바닷사람과 산골사람이 모두 이곳에서 물건을 내다가 서로 바꾸"었는데, "한 달에 여섯 번씩 열리는 장시에는 먼 곳과 가까운 곳에서 온 화물이 모여 쌓인다"고 하였다. 강경에는 함경도의 북어상선(北魚商船)도 활발히 출입하였다. 아산(牙山)에는 "원래 생선과 소금이 풍부하였는데 조창을 설치한 뒤부터 백성이 많이 모여 살며 장사꾼이 모여들어 부유하게 사는 집이 많다"고 하였다. 아산의 배후에 있는 "안성은 삼남으로 통하는 요충지여서 수공업자와 상인이 집결하"였다(『비변사등록』 숙종 29년 3월 27일). 안성은 "경기도와 충청도의 해협에 위치하여 화물이 수송되고 공상인(工商人)이 모여들어 서울 남쪽의 도회가 되었다." 남·서해유통로의 북단에 있는 황해도 연안·백천에서는 "주민이 배를 타고 강과 바다에 나가 이익을 추구하며, 동으로 두 도(道)와 통하고 남으로 충청·전라도와 통하여 무역하여 항상 많은 이익을 내"었다.

남·서해유통로의 물화를 집중하는 곳은 최대 도시인 서울이었다. 경강(京江)의 포구는 "서해와 통하여 팔도의 배가 이곳에 모였다." 이러한 번성한 해상유통로를 기반으로 경강상인은 조선후기에 전국 굴지의 상인으로 성장할 수 있었던 것이다.

내륙의 원격지유통에서는 강운(江運)이 중요하였다. 조선총독부의 조사에 의하면, 20톤 또는 30섬, 조선시대 단위로는 50섬 이상 실은 배가 다닐 수 있는 하천의 물길은 총 2,341km였다. 조그만 배가 다닐 수 있는 지류를 포함하면 총연장은 훨씬 늘어난다. 해운, 강운 및 육운은 서로 연계되어 교통의 이익을 크게 하였다. 즉, 생산지로부터 육로나 강길을 거쳐 바다에 나온 물산을 바닷배는 해안선을 따라 다른 강의 입구로 운반하며, 강배는 다시 그것을 실어 날라 강변 포구에 내려놓으면, 육운이 소비지로 연결해 주었던 것이다.

소금·어물·새우젓 등의 수산물을 싣고 가 내륙에서 생산된 미곡·잡곡·담배 등의 농산물과 교역하는 것이 강운의 중심을 이루었다. 해운과 강운이 만나는 곳에 해산물과 내륙 물산의 교역이 활발히 이루어지면서 시장이 번성하였는데, 강경이 그 대표적인 예이다. 『택리지』에 의하면, 경상도 김해의 칠성포(七星浦)도 낙동강 입구의 해운과 강운의 교차지에 위치하여 남쪽의 수산물과 내륙의 곡물을 교역하는 이익을 독차지하였다 한다.

해상유통로와 마찬가지로 내륙유통로에서도 서울로의 물자 수송이 중추적인 의의를 가졌다. 서울은 해로로 연해 각지와 교역하였을 뿐만 아니라 한강의 강운을 통하여 내륙지방과 교역하였는데, 남한강유통로가 북한강유통로보다 번창하였다. 남한강

그림 3-5 남한강 · 낙동강 수운과 영남대로

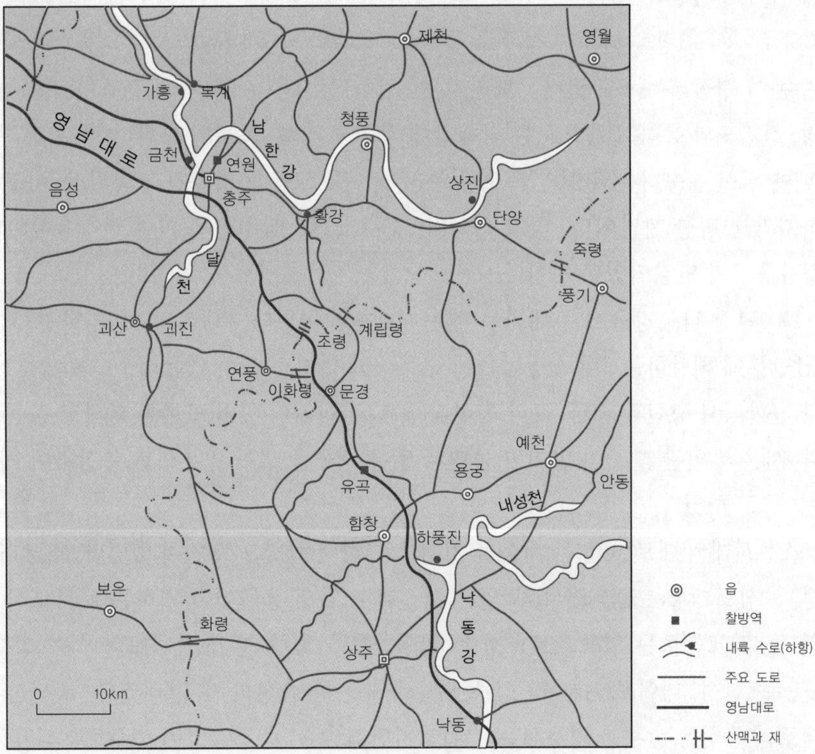

상류의 교통요지에 위치한 충주는 수로로 서울에 통할 뿐 아니라, 조령(鳥嶺)을 넘으면 낙동강 수운과 만날 수 있었고, 죽령(竹嶺)을 넘으면 안동을 통하여 경주나 대구와 연락할 수 있었다. 그것은 서울로부터 동래까지의 역로(驛路)인 영남대로(嶺南大路)와 중첩되어 있었다(〈그림 3-5〉 참조).

충주가 이처럼 서울과 영남을 연결하는 유통로의 요충에 위치하였기 때문에, 『택리지』에 의하면 주위의 남한강변에 가흥(嘉興) · 금천(金遷) · 목계(木溪)의 3촌이 번창하였다. 조창이 설치된 가흥에는 충주 등 내륙지방의 조세가 집결되어 서울로 수송되었으므로, 이곳 주민은 조세로 받은 미곡을 출납할 때에 객주업으로써 치부하였다. 금천은 "두 강이 마을 앞에서 합하여 마을을 돌아 촌락의 북쪽으로 흘러나가므로, 동남쪽으로 영남의 화물을 받고 서북쪽으로는 서울의 생선과 소금을 통하게 한다. 민가가 빗살처럼 촘촘하여 경강의 마을과 유사하다"고 하였다. 목계는 "동해의 생선 및 산골의 화물이 모두 이곳에 모이므로 주민은 대부분 장사하여 치부하"였다. 이 중 목계는 20세기에 들어서도 번성하였다.

충주에서 조령을 넘으면 상주로 통하고, 상주의 낙동진(洛東津)은 낙동강을 내려가는 수운이 시작되는 포구였다. 『택리지』에 의하면, 상주는 "북쪽으로 조령이 가까워서 충청·경기도와 통하고 동으로는 낙동강에 닿아서 김해·동래와 통한다. 말로 운반하거나 배에 실어 운송하는 길이 남쪽으로 통하여 수륙 교통의 집합지가 되었다. 이것은 무역하기가 편리한 까닭이다."라고 하였다. 충주·조령·상주를 통하여 한강유통로와 낙동강유통로가 연결되었던 것이다.

1900년경 낙동강을 오르내리는 배는 400여 척이었다. 『택리지』에 의하면, 낙동강의 남단부에 해당하는 "대구 동남쪽에서 동래까지 여덟 읍이 있는데…… 강을 끼고 바다와 가까워서 생선과 소금, 그리고 선상(船商)의 이익이 있어 또한 번화하고 훌륭한 곳이다. 서울의 역관(譯官)이 많이 머물면서 많은 재물을 모아 일본인과 통상하여 이익을 얻는다."고 하였다.

조선시대의 대로(大路)는 서울을 기점으로 하여 사방으로 뻗쳐 있었다. 영남대로는 조선 초 삼포개항(三浦開港) 이후 일본 사신과 그들의 공물이 상경하는 육로로서 기능하였다. 그 교통로는 염포(鹽浦)–경주–안동–죽령–충주–한성, 부산포–대구–상주–조령–충주–한성, 내이포(乃而浦)–성주–추풍령–청주–한성의 세 갈래였다. 조선전기 영남대로의 중심은 충주를 경유하는 길이었지만, 1598년 충청감영이 충주로부터 공주로, 1601년 경상감영이 상주로부터 대구로 이전된 후에는 대구–추풍령–천안–수원이란 교통로로 점차 이전되었다.[19] 17세기 후반 이후에는 그 밖에 상주와 서원을 통하는 고갯길과 문경과 괴산 사이의 고갯길인 이화령(梨花嶺)이 열렸는데, 이 두 길을 이용하는 상인이 많아져 조령을 넘는 사람이 줄어들었다.

원산으로 연결되는 육로인 북로(北路)는 함경도의 명태와 삼베가 서울로 유입되는 중요한 통상로였다. 종전에는 서울로부터 함경도로 가는 길은 철령(鐵嶺)을 경유하였는데, 18세기 중엽부터는 추가령(楸哥嶺)을 지나는 삼방간로(三防間路)가 개척되었다. 삼방간로는 철령을 지나는 길보다 빠르고 편리하였을 뿐만 아니라 개성의 옛길로 곧장 통하였다. 함경도의 "안변·덕원·문천 주민은 말삯을 주고 원산에서 어물을 많이 사 싣고 서울 및 양성·안성 등지에 팔고서는 그곳에서 쌀을 구하여 내려감으로써 함경도 수개 고을의 주민은 심한 흉년에도 살아갈 수 있었는데"(『비변사등록』 영조 18년 정월 7일),

19) 崔永俊 『嶺南大路』 高大民族文化硏究所, 1990, 132~5, 152쪽.

교통로의 개선은 거래비용의 감소로 원격지유통을 촉진하였을 것이다.

조선후기 최대의 상업로는 대청(對淸) 무역이 이루어지는 한성–개성–평양–안주–의주라는 서로(西路)였다. 다음의 기술은 그것을 말해준다.

> 부상대고(富商大賈)를 말한다면, 한 곳에 거주하여 재물을 부려 남쪽으로는 일본과 통하고 북쪽으로는 연도(燕都), 곧 북경과 통하여 여러 해로 천하의 물자를 실어들여서 간혹 수백만금(金)을 모은 자가 있다. 이런 자들은 서울에 많이 있고 그 다음은 개성이며 또 그 다음은 평양과 안주이다. 모두 중국의 연도와 통하는 길에 있어서 거부(巨富)를 이루었다. 이것은 배를 통하여 얻은 이익과 비교할 바가 아니며, 삼남에서는 이러한 또래는 없다. (『택리지』卜居總論 生利)

중국무역이 해상유통보다도 이익이 많았고, 그것이 이루어지는 유통로에서 최대의 도시와 거상(巨商)이 집중하고 있었음을 알 수 있다. '수백만금'은 은화 수만 냥, 동전으로 환산하면 10만 냥 내외로 보인다.

조선후기 대표적인 원격지유통은 대부분 서울에 연결되었다. 서울은 해상·내륙유통의 집결지로서 전국의 물자를 흡수하였다. 서울은 인구 20여만 명으로 오늘날 소도시 규모이지만, 그 경제적·문화적 위상은 오늘날 1,000만의 서울처럼 높았다. 그리고 서로는 중국무역과, 영남대로는 일본무역과 관련을 맺었는데, 대외무역은 절을 바꾸어 설명하기로 한다.

7. 국제무역의 성장

국제무역은 전근대에도 경제발전의 엔진으로 작용할 수 있었는데, 조선왕조는 소극적인 무역정책으로 반도라는 지리적 이점을 활용하지 못하였다. 제1절에서 언급하였듯이, 고려 말·조선 초에 명의 조공(朝貢)·해금(海禁)체제에 깊게 편입되어 중국과의 사무역(私貿易)이 금지되고 해로무역이 두절되었다. 조선은 금, 은, 직조품, 돗자리, 종이 등을 공물로 납부하고 비단, 서적, 약재 등의 회사품(回賜品)을 받았다. 조공사절단은 국가가 수요하는 약재·서적 등의 구입과 사행(使行) 경비의 마련을 위해 별도의 무역품을 휴대하여 북경의 회동관개시(會同館開市)에 참여하였다.

조공사절단이 여비의 보충이란 명분으로 인삼, 은 등을 일정량 가져가 팔 수 있는 데에 편승하여, 상인의 사무역이 점차 활성화되었다. 이것은 불법이지만, 공무역과의 경계가 모호하여 묵인되는 경향이 있었다. 고대부터 중국산 비단이 선호되었는데, 조선의 사절과 상인이 가장 원하였던 품목도 사라능단(絲羅綾緞)이라는 고급 비단이었다. 원대 이후 은(銀)이 화폐로서의 지위를 확립해가는 가운데 명나라는 조선에 대해 금·은의 조공과 은에 의한 무역 결제를 요구하였다. 1429년 은이 조공품에서 제외됨에 따라 그 가격이 하락하여 중국으로의 유출은 활발해졌다. 조선국가는 금·은이 국내에서 생산되지 않는다는 명목으로 그 세공(歲貢)의 면제를 요청하여 허락받은 처지였으므로, 그 유출을 엄하게 규제하였다. 1441년에는 인삼 수출도 금지되었다. 국가의 엄한 규제에도 불구하고 금지품의 사무역은 근절되지 않았다. 1503년 연은분리법(鉛銀分離法)이 개발되어 단천(端川)에서 양질의 은이 산출됨에 따라, 중국과의 사무역은 촉진되었다.

일본에 대해서는 왜구를 방지할 목적으로 1407년에 부산포와 내이포를, 1426년에는 염포를 개방하여 교역을 허용하고, 왜관(倭館)을 설치하여 사객(使客)을 접대하고 무역을 수행하였다. 삼포(三浦)에 거주하는 일본인이 증가하고 사무역이 확대되어 거래분쟁이 야기되고 불법 매매가 성행함에 따라, 1469~86년 동안에는 생필품의 사무역만 허용하였다. 조선은 일본에 대하여 곡물, 면포 등을 수출하고 구리, 유황(硫黃), 소목(蘇木) 등을 수입하였다. 조선의 면화 재배가 확대되면서 일본에 대한 면포 수출은 점차 늘어나서 1만 필 이상 수출하는 해도 있었다. 수입 유황은 15세기 화약무기의 제조에 사용되었다. 염료의 재료인 소목과 후추는 동남아 물산으로서 왕실과 양반관료층이 수요하였다. 조선 초에는 금은비가(金銀比價)가 1:10 전후인데 일본에서는 1:5 정도여서, 일본에 은이 소량 수출되고 일본 금이 수입되었다. 15세기에 일본에서 금광이 활발히 개발됨에 따라, 1480년대에는 일본 금의 유입이 급증하였는데, 그것은 중국 비단의 결제물로 이용되기도 했다. 1526년 이와미(石見)은광의 발견, 1533년경 조선에서 연은분리법의 입수 이후 각지 은광의 개발로 일본은 아메리카 다음의 은 생산국이 되었다. 그래서 일본의 금은비가가 1:10 전후로 변하였다.[20] 1538년경부터는 일본 은의 공급이 급증하여 일본 은 1냥(兩)당 면포 4필(匹)이던 시세가 1542년에는 0.5필로 격감하였다.

일본 은의 시세 하락은 그 유입을 촉진하고, 대량으로 유입된 은은 중국 비단의 결

20) 小葉田淳『金銀貿易史の研究』法政大學出版局, 1976, 3장.

제물로 사용됨에 따라, 중국과의 사무역은 한층 확대되었다. 16세기 무역 확대의 영향을 다음의 기록에서 엿볼 수 있다.

> "근래 사치가 날로 심해져 이익의 원천이 날로 열립니다. 혼사(婚事)에 이르러서도 외국의 혼수가 아니면 예(禮)가 이루어지지 않는 것 같습니다. 경·사·대부(卿士大夫)는 다투어 사치와 호화를 숭상하고 천예(賤隷)도 중국 물건[唐物]을 사용합니다. 게다가 일본 은이 유포되어 시전에 중국 물건이 충만합니다." (『중종실록』 35년 7월 25일 甲寅)

종래 사행원역만이 수입할 수 있던 사라능단을 이 무렵에는 요동까지 파견되는 단련사(團練使) 일행도 구입할 수 있게 되었으며, 압록강에서도 밀무역이 이루어졌다. 중국과의 사무역에는 부상대고뿐만 아니라 궁금(宮禁)·척신(戚臣)·권귀(權貴) 등의 특권층도 적극 참여하였다. 사무역이 확대됨에 따라 세공금은의 부활을 우려한 국가는 1543년 그 금방절목(禁防節目)을 마련하지만, 실효를 거두지 못하였다. 이때부터 18세기 전반까지는 중국의 명주실·비단을 일본으로 재수출하여 획득한 은으로 중국 수입품의 결제를 하는 것이 조선 무역의 중심축을 이루었다.

일본에서 은 생산의 급증은 시장의 성장과 해외 무역의 활성화를 낳았는데, 일본의 팽창하는 해외 진출 욕구는 임진왜란의 배경으로 작용하였다. 임란 후의 중요한 변화는 국경의 호시(互市) 무역이 제도화되고 그곳에서의 사무역이 합법화된 것이었다. 임란 와중인 1593년에 조선은 부족한 군량과 말을 조달할 목적으로 명나라에 요청하여 압록강의 섬에서 중강개시(中江開市)를 열었는데, 이것은 국경 무역이 제도화되는 출발점을 이루었다. 중강개시는 1610년 간상배(奸商輩)의 폐단을 막는 명목으로 폐지되었다가 1628년부터는 만주족의 요구로 재개되었다. 원래 중강개시에는 공무역만 허용되었지만, 사무역이 이루어지는 중강후시(中江後市)가 점차 번창하였다. 중강후시에는 국가가 공식적으로 지정한 상인 300~400명 외에도 다수가 참여하였다.

17세기 중엽부터 조공물자를 심양(瀋陽)에 수송하고 돌아오는 단련사 일행은 책문 등지에서 중국 물화를 많이 사들여왔다. 책문후시(柵門後市)가 번창함에 따라 북경의 상인은 명주실 등을 직접 책문까지 가져왔고, 의주의 만상(灣商), 개성의 송상(松商) 등 서북지방의 상인이 활발히 참여하였다. 책문후시는 17세기 후반에 크게 번성하여 "왕래하는 상인의 짐바리가 전에 비해 2배로 늘어났고 짐을 싣고 가는 수레가 수십 리에 뻗어 있"었다 한다(『肅宗實錄』 3년 8월 정묘). 책문후시가 번성함에 따라 중강후시는 점점 쇠퇴하다가 1700년 마침내 폐지되었다. 1707년 국가는 책문후시의 사무역을 공인하고 그에 수세하는 방침을 세웠다. 수출품의 주종은 17세기 전반에는 인삼과 가죽이었는데, 17세기 후반부터는 주로 일본으로부터 유입된 은이었다. 수입품의 대종은 명주실과 각종 비단이었다. 17세기에는 역관이 국가의 보호 아래 무역을 주도하였는데, 17세기 후반부터는 상인이 사행원역의 마부 등의 명색으로 따라가거나, 대청 무역을 허락받은 관청의 무역별장(貿易別將)으로 임명되거나, 여마제(餘馬制)나 연복제(延卜制)에 의한 예비용 말을 이용하여 대청 무역에 참여하였다.

동북 국경의 호시는 1638년부터 회령(會寧), 1645년부터 경원(慶源)에서 열렸다. 조선전기부터 여진(女眞)을 복속시키기 위하여 무명, 농기구 등을 수출하고 말, 맹수 가죽 등을 수입하였는데, 여진인은 쇠를 수입하여 화살촉을 만들고 농기구를 수입하여 농경을 발전시켰다. 회령과 경원의 호시에서는 처음에는 공무역만 인정되었으나, 사무역이 용인되기에 이르고 18세기에 번창하였다.

삼사(三使)와 역관(譯官)으로 구성된 정관(正官)마다 병자호란 직후에는 연초 50근씩, 1644년부터는 은(銀) 50냥씩, 1653년부터 인삼 80근을 가져다가 무역할 수 있었다. 인삼은 10근 단위로 포장되었기 때문에 팔포제(八包制)라 하였다. 그 후 비단의 중계무역을 통하여 일본 은의 유입이 증가하자, 1670년에는 인삼 대신에 은 2,000냥을 책정하였다. 1678년 팔포 총액은 은 7만 4,000냥이었는데, 조공품과 비슷한 액수였다.

전해종(全海宗)의 계산에 의하면, 청나라에 대한 조공품인 세폐(歲幣)·방물(方物)은 동전으로 환산하여 1627년 정묘호란 때에 약 12만 냥이다가, 병자호란 후인 1637~44년간 연평균 약 31만 냥으로 급증하였는데, 1645~1735년간 줄어들어 약 16만 냥, 그 후 약 13만 냥이었다. 1800년경 조선은 중국에 18만 냥 정도의 선물을 하고 2.35만 냥의 선물을 받은 것으로 추산되었다. 청나라 칙사에 대한 연평균 접대 경비는 1637~44년간 약 50만 냥, 1645~1735년간 약 30만 냥, 그 후 약 7만 냥에 달하였다. 1800년경 조선측과 중국측의 경제적 총부담은 각각 29.7만 냥, 11.7만 냥으로 추산되었으니, 조선의 총손실은 쌀 3만~4만 석 정도로 국내총생산의 0.05% 정도였다. 조선의 중국 사행은 훨씬 빈번하여 1637~1876년간 총 673회에 달했으니 여기에 대한 중국측 접대 경비도 만만치 않아서, 조선 사행의 여비 부담을 추가하면, 중국이 이득을 보지는 않았다. 조선은 선물 교환에서 명·청나라에 대해 손실을 보았으나, 그것은 외교 경비이고 평화의 대가로 볼 수 있다.

1609년 일본과의 국교가 정상화된 후 해마다 40여 척의 무역선이 은, 동, 납, 유황 등을 싣고 동래 왜관에 들어와 무역하였다. 공무역의 대가는 무명과 쌀로 지급되었다.

왜관의 개시대청(開市大廳)에서 조선 상인과 대마도인(對馬島人) 사이에 이루어진 사무역은 3·8일마다 5일 간격으로 이루어졌다. 18세기 전반까지 사무역에서의 수출 주종품은 중국산의 명주실과 비단, 그리고 조선산의 인삼이었고, 수입 주종품은 은이고 동도 상당량 수입되었다. 무명은 일본에서의 면화 재배와 직포업의 발달로 인하여 수출 주종품의 자리를 내놓아야 하였다. 17세기 일본 은 유입의 급증은 무역 성장을 낳은 주된 동력이었다. 1684~1710년간 조선의 대일 수입액 중 은이 60% 내외를 차지하였고, 대일 수출액 중 중국의 명주실인 백사(白絲)가 50% 내외를 차지하였다.

아메리카의 은 수출은 1600년경 연평균 약 300톤, 일본의 연평균 은 수출은 1610년대 50여 톤, 1630년대 85톤 정도이고, 비단·도자기·차를 수출한 중국은 아메리카와 일본에서 수출된 은의 30% 정도를 흡수하는 '세계 은의 종착지'로 불렸다. 17세기에 중국으로 유입된 은의 총량은 93% 순도의 국제 표준으로 환산하여 4,704톤에 달하였는데, 그중 일본 은이 3,596톤으로 압도적 비중을 차지하였다. 이렇게 일본이 은을 중국으로 대량 수출하고 비단을 대량 수입하는 가운데, 조선의 중계무역이 번창할 수 있었다.

임진왜란 후에는 일본 은으로 중국 비단을 수입하는 무역이 합법화되어 새로운 차원으로 성장할 수 있었다. 그런데 17세기 전반 명·청간(明·淸間) 전쟁과 조·청간 갈등은 조선의 대중국 무역에 장애로 작용하였다. 17세기 중엽부터 일본의 은 생산이 하락 추세로 접어들어, 도쿠가와[德川] 막부는 1660년대부터 은 유출을 억제하였으나, 유일하게 국교를 맺은 조선으로의 은 유출 억제책이 늦게 시행되어 조선의 중계무역이 유리해졌다. 그래서 17세기 후반이 조선에게는 일본 은 유입의 전성기였다. 이 무렵 조선의 사절과 상인이 해마다 중국으로 가져가는 은이 50만~60만 냥에 달하였다. 중국이 1656~84년간 해금(海禁)을 부활한 점, 그리고 조선 인삼의 일본 수요가 강렬한 점도 작용하였다. 1670년 백사 100근의 수입가는 은 60냥인데 왜관에서의 수출가는 그 2.7배인 160냥이었다. 이처럼 높은 차익(差益)은 중계무역의 확대에 기여하였다. 각 관청은 역관과 상인에게 공용은(公用銀)을 대부하여 이자 수입을 얻었고, 상인과 역관[商譯輩]은 그 자금을 활용하여 무역을 확대하였다.

그런데 도쿠가와 막부는 1695년 은화의 품질을 낮추고 1714년부터 조선으로의 은 유출도 억제하였다. 일본은 1710년대부터 비단의 수입대체를 도모하여 성공하였다. 그 결과 대일 중계무역이 위축되면서 은의 유입은 격감하였다. 〈그림 3-6〉에 의하면, 1680·90년대에는 7.5톤을 상회하던 일본 정은(丁銀)의 연간 수입량은 1703년부터 급감하여 1710·20년대에는 3~4톤 내외에 머물다가 1730년대부터 격감하고 1752·3년경 두절되었던 것으로 보인다. 그로 인한 대청 무역 결제의 애로를 타개하는 데에 크게 기

그림 3-6 일본으로부터의 은 수입

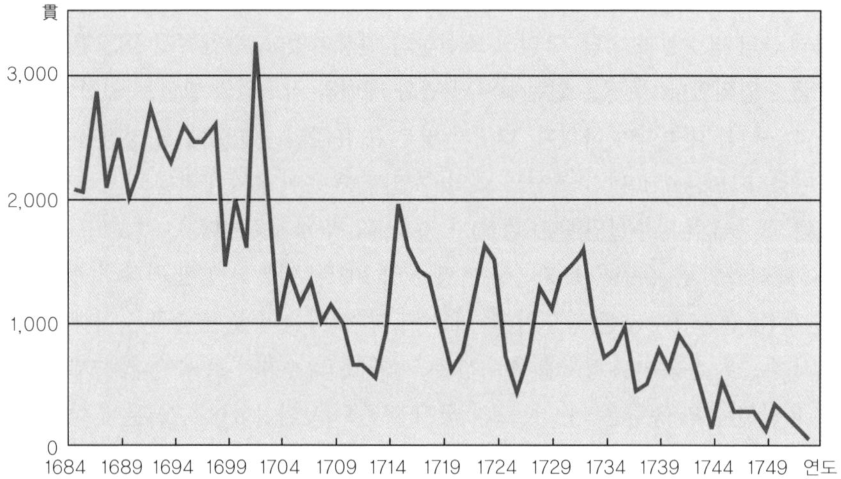

출전: 田代和生『近世日朝通交貿易史の硏究』創文社, 1981.
1684~1710년간은 256쪽의 表II-7에 나오는 私貿易으로 수입된 은이고, 1711년부터는 325쪽의 表II-19에 나오는 御銀船의 丁銀積載額.
주: 銀貨 1兩=4匁3分, 1貫=1,000匁=3.75kg.

여한 것은 인삼이었다.

인삼은 세종 때에 세공금은(歲貢金銀)을 면제받은 후에 그에 대신한 품목 중의 하나였다. 1653~69년간에 청나라 사행은 여비를 충당하기 위하여 도합 2,400근의 인삼을 휴대할 수 있었다. 17세기 후반과 18세기 전반에는 인삼이 일본으로 활발히 수출되었다. 처음에는 일본에 대하여 인삼 300~500근 정도의 공무역만 허용하였는데, 1638년경에 인삼의 사무역이 허용되었다. 임진왜란 이후 일본에서 『동의보감(東醫寶鑑)』 등 조선 의학서가 전해지고 은 생산 증대로 구매력이 창출됨에 따라, 조선 인삼에 대한 일본의 수요가 폭발적으로 증가하였다. 인삼의 일본 수출은 급증하여 17세기 말·18세기 초에는 연평균 1,500근 내외에 달하였다. 인삼의 사무역이 성장하여 동래에서 그것을 담당하는 상인이 70~80명에 달한 데다가 밀무역이 성행함에 따라, 그것을 규제하기 위하여 사무역에 참가하는 상인의 정원을 건실한 자로서 1678년에는 20명, 1691년에는 30명으로 제한하였다. 18세기 전반까지 동래에서 사무역을 주도한 상인은 원래 개성의 송상(松商)이나 서울상인이었다. 이들은 상고도중(商賈都中)이란 단체를 결성하여 사무역을 관할하였다. 1694년에 동래상인은 주로 활의 원료로 쓰이는 물소뿔의 원활한 조달을 바라는 국가의 의도에 부응하여 궁각계(弓角契)를 결성하고, 물소뿔의 무역을 독점하여 국가에 납부하고 동과 납으로 공가(貢價)를 받기도 했다.

인삼은 은과 마찬가지로 동아시아 3국의 무역을 연계시키는 역할을 하였다. 일본에 수출된 인삼의 대가로 획득한 은화를 대청 무역의 결제수단으로 충당하였다. 송상은 인삼을 재배하기 전부터 인삼무역을 장악하면서 동아시아 3국간의 무역에서 주도적인 역할을 하였다.[21] 그래서 17세기 중엽 서울과 개성에는 부유한 삼상(蔘商)이 많았다. 1750년대부터 저렴한 북미산 인삼이 중국과 일본에 수입되었는데, 조선 인삼은 고품질로 그 공세를 물리쳤다.

자연삼(自然蔘)은 장기간 채취로 인하여 희소해지면서 그 가격이 등귀하였다. 게다가 은의 유출로 재정의 압박을 받던 일본은 청나라와 북미의 저렴한 인삼을 수입하였는데, 1728년 조선으로부터 인삼 생근(生根)을 몰래 들여와 1730년대에 수입대체에 성공하였다. 그 결과 일본으로의 인삼 수출과 일본으로부터의 은 유입은 격감하다가 두절되자, 조일무역이 전반적으로 쇠퇴하였다. 19세기에 조일무역의 중심은 조선의 쇠가죽과 일본의 동(銅)을 교환하는 것이었다.[22]

일본의 은 유출 억제와 비단·인삼의 수입대체로 인하여 일본으로부터 은 유입이 격감하자, 대청 무역의 결제수단이 부족하고 중국 사행의 경비에 필요한 은을 마련하기 곤란해졌다. 1727년 수백 명의 조선 상인이 중국 상인에게 은화 7만 냥의 채무를 진 사실이 드러나자, 국가는 1728년에 책문후시를 통한 상인의 대청 무역을 봉쇄하고 역관의 팔포은(八包銀) 외에는 은이 유출되지 않도록 강구하였다. 공식적 대청 무역으로부터 배제당한 조선 상인은 국경 관원의 비호 아래 중국 상인과 밀무역을 행하였고, 몰래 채굴한 은을 중국으로 유출하였다. 이런 상황에서 사행 경비를 부담하던 의주부(義州府)가 부채의 변제와 변경 주민의 생계를 위하여 책문후시의 재개를 요청하자, 국가는 1754년에는 일정액의 무역권을 의주상인에게 허용하고 의주부가 10% 무역세를 취하게 하였다. 그러면서 은과 인삼의 수출을 금지하였고, 가죽·종이 등의 잡화를 수출하도록 하였다. 잡화는 부피와 중량에 비하여 단가가 낮아 수송비용이 높았고 차익이 적었으므로, 그것으로는 결제가의 마련에 한계가 있었다. 1758년에는 사행 경비의 마련과 역관의 부양을 위해 역관에게 방한(防寒) 모자를 수입하는 권한을 부여하여 18세기 후반 모자는 연간 60만~100만 립(立) 수입되었다. 1777년에는 상인에게 모자수입권

21) "송상(松商)의 무리가 삼(蔘)이 나는 곳에 두루 가득하여 산삼을 채취하는 대로 모두 무역하여 일본에 들여보내니 일본에서 생산된 은화(銀貨)는 모두 송상에게 귀속됩니다. 송상은 은화를 모조리 중국에 가지고 들어가 행상하는 까닭에 우리나라의 은·삼이 매우 드물고 약물(藥物)로 급함을 구할 수 없으니 매우 원통합니다."(『비변사등록』 영조 1년 9월 25일)

22) 鄭成一 『朝鮮後期 對日貿易』 신서원, 2000.

을 주고 무역세를 거두어 사행의 경비를 조달하기로 하여, 무역의 중심적 담당자가 역관으로부터 상인으로 바뀌었다. 그런데 모자 수입은 결제수단인 은의 유출을 낳아서 1780년대부터 쇠퇴하였다. 1787년에는 은과 인삼의 불법적 유출 등의 문제로 인해 다시 책문후시가 폐지되었다. 그러나 사행 경비를 조달하기 어려워진 국가는 1790년 다시 책문후시를 공인하고 매년 4만 냥의 수출세를 책정하였다.

이러한 조·청간 무역의 애로는 가삼(家蔘)의 수출로 타개되었다. 자연삼(自然蔘)이 장기간 채취로 희소해지면서 그 가격이 등귀함에 따라, 그 재배의 필요성이 커졌다. 야생으로 채취되던 인삼의 '가식(家植)', 곧 재배생산은 17세기 말 내지 18세기 초에 시작되었다. 점차 그 재배 기술이 발전하면서 재배지역이 확대되어 18세기 말에는 재배삼이 인삼의 주종을 이루었다. 생삼(生蔘)은 보존과 수송을 위해 건조해야 하였다. 자연삼은 끓여 말렸는데, 가삼을 쪄서 말린 것이 홍삼(紅蔘)이다. 인삼의 재배·가공 기술의 발전에 힘입어 1797년 이후 홍삼의 수출이 개시, 확대되었다.

홍삼을 10근 단위로 포장한 포삼(包蔘) 120근의 수출이 허용된 1797년에 국내 공정가격으로 은 100냥인 포삼 1근이 중국에서는 350~700냥에 팔렸다 하므로, 인삼무역은 조선에 큰 이득을 안겨주었다. 1811년부터 밀무역을 막으면서 재정수입을 늘리기 위하여 포삼 수출의 허용량을 증대하면서 그 세율을 인하하였다. 수출이 허용된 포삼은 1811년에는 200근, 1823년에는 800근, 1834년에는 8,000근, 1847년에는 2만 근, 1851년에는 4만 근으로 급증하였다가, 1853년부터 2만 근 내외 수준에서 변동하였다. 19세기 대청 무역은 홍삼 수출의 덕분에 번창할 수 있었다. 포삼 1근당 세금은 처음에 200냥이었으나, 급속히 하락하여 1840년대에는 5냥이었다. 19세기 중엽 포삼 수출로 발생한 세액은 1802·11년에는 24,000냥, 1832·41년에는 10만 냥, 1847~67년간에는 20만 냥 내외로 증가하여, 사행의 경비를 충당하는 데에 그치지 않고 세입에 보태었다.[23)]

1797년 역관에 의한 포삼 무역을 허용하면서 경강에 홍삼제조장을 설치하였다. 역관과 서울상인의 홍삼 밀무역이 성행하자, 정부는 1810년 인삼무역권을 의주의 만상에게 넘기고 홍삼제조장을 개성으로 옮겼다. 정부는 만상 가운데 인삼수출권을 가진 포삼별장(包蔘別將)을 지정하였는데, 포삼별장은 인삼의 조달을 송상인 포주(包主)에 의뢰하였다. 1823년 이후 사행 경비와 별도로 상인층이 포삼을 가져가면서 무역세를 납부하게 되었다. 1810년 이후 인삼 무역의 주도권은 역관으로부터 상인으로 넘어갔으

23) "포삼은 창설한 당초에는 오로지 통역관의 경비를 위한 것이었는데, 이어서는 의주상인의 무역품으로 되고, 나아가서는 개성상인의 생업이 되었으며, 마침내는 세액이 점차 늘어나서 국가경비를 보충하게 됨에 이르러 한 나라의 대정(大政)이 되었다." (『비변사등록』 哲宗 2년 8월 28일)

며, 그중에서 송상이 두각을 나타내었다. 만상과 송상은 서로 결탁하였고, 의주상인 중에는 송상이 많았다. 송상은 18세기에 이미 대청 무역의 주요 수출품인 산삼·피물(皮物)·종이류 등을 매점하여 중국으로 직접 수출하기도 했다. 18세기 초에 인삼은 주로 영남에서 재배되었는데, 인삼의 국내 유통과 국제무역에 활발히 종사한 송상의 역할에 힘입어 19세기에는 개성이 인삼의 주산지로 등장하였다. 인삼의 재배와 홍삼의 제조는 개성인의 중요한 생업이 되었다. 송상은 인삼의 재배와 유통을 장악함으로써 대청 무역의 주도권을 장악할 수 있었다. 송상은 밀무역에도 활발히 종사하여, 1850년의 경우 포삼은 2만 근인데, 송상이 밀무역한 인삼의 적발량은 1만 1,000여 근에 달하였다. 19세기 후반에는 해상 밀무역이 성행하였다.

18세기 말부터 은광의 개발은 한계에 달한 반면, 사금(砂金)의 밀수출이 활발해졌다. "해마다 금·은 수천~수만 냥을 가지고 중국에 들어가 비단과 교역하"였다(『경세유표』 典圜署條). 그래서 "매년 7~8월부터 10월까지 금의 가격이 갑자기 치솟는데, 개성·평양·안주·의주 등 연상(燕商)이 모여드는 곳에 가져가면, 금 1푼이 동전 40~50푼으로 팔렸다." (『임원경제지』 贍用志下, 功金條)

전성기를 맞이한 17세기 후반과 18세기 초에 무역은 국내총생산의 2.5% 전후, 강화도조약 직전에는 1.5% 전후로 추정된다. 조선시대 공무역 규모는 크게 변하지 않았고, 사무역이 무역의 성쇠를 결정하였다. 무역이 가장 활성화된 17세기 후반에 조공품·회사품의 비중은 5~10%, 그것을 포함한 공무역의 비중은 15% 전후로 추정된다.

전근대의 많은 나라에서 국제무역은 시장과 상품생산의 발전, 그리고 상업자본의 성장에 크게 기여하였다. 조선시대 무역은 광업과 인삼재배업의 발전, 시장과 화폐경제의 성장, 그리고 상업자본의 축적에 이바지하였다. 그런데 해로무역에 유리한 반도의 이점이 활용되지 못하여 무역 규모는 크지 않고 기복이 커서, 무역이 유럽에서만큼 중요한 역사적 역할을 수행하지는 못하였다. 산업 발전이란 면에서 본다면, 무역 규모뿐만 아니라 무역품 구성도 중요하다. 18세기 초까지 중국 비단과 일본 은의 중계무역에 활발히 참여한 것은 국내 생산 기반에 강한 자극을 주지는 못하였다. 조선후기 무역이 상품생산의 진전에 미친 최대의 효과는 인삼재배업의 확대였다. 그 결과 인삼은 오늘날까지 한국을 대표하는 상품으로 자리잡았다. 그 반면 중국 비단의 대량 수입은 토착 견직업의 발전에 불리하였다. 수출 주종품이 1차산품이고 수입 주종품이 공산물인 무역 구성은 산업사회로의 전환을 위한 기반의 마련에 불리하였다. 무역세가 늦게 17세기부터 제도화되어 재정에 보태었으나, 조선 상인에게만 부과되는 한계를 가졌다. 1426년 조선국가는 대마도의 영주에게 문인(文引)이라는 무역허가증을 발행하는 권리를 주어, 대마도주가 일본 상인에게 무역세를 거두면서 대일 무역을 관리하여 왜구를 막도록 하는 정책을 시행하였다. 무역을 외교에 종속시키는 조공제도 등은 관세(關稅)의 성립을 저해하였다. 위정자는 무역 이익의 추구에 소극적이고 상인층과 생산자층의 대응력도 부족하였기 때문에, 중국에 대하여 만성적인 무역적자 상태에 있으면서 비단의 수입대체를 이룩하지 못하고, 조선전기에 일본으로의 면포 수출을 면업 발전의 기회로 활용하지 못하였던 것이다. 이러한 것들은 강화도조약 이후 상공업의 대응 역량을 제약한 중요한 요인이었다.

조선시대 무역 발전을 제약한 기본 요인은 민간 무역의 성장을 제약한 조공무역체제, 그리고 조선인의 해로무역을 금지한 해금이었다. 중국 중심의 조공무역체제에 강고히 편입된 가운데 경제적 동기는 외교논리에 종속되고 무역을 통한 국부(國富) 증진이라는 관념이 대두하거나 유럽의 중상주의정책과 같은 것이 성립하지 않았다. 유교이념이 중국보다 교조화되어 그 영향력이 강화된 조선에서는 중국이 해금정책을 해제한 후에도 그것을 고수하였다. 조공체제 아래 사절단이 무역 담당의 중심 세력이었는데, 18세기에 무역 주도층이 역관으로부터 상인으로 바뀌었으나, 무역 제한은 무역상인의 성장을 저해하였다. 이처럼 조공무역체제는 경제적으로 불리하였으나, 중국과의 장구한 평화를 보장한 이점을 가졌다.[24)]

8. 상업자본의 발달

조선전기에 공물 대납(代納)과 국제무역은 상업자본(商業資本)의 축적을 낳은 중요한 계기였다. 1464년 양성지(梁誠之)는 서울과 개성의 부유한 상인이 조세의 절반에 해당하는 공물의 대납으로 이익을 장악하고 있다고 하였다(『세조실록』 10년 5월 경진). 15세기 말 "대상인이 수많이 나타났는데, 그들이 사는 집은 거리를 위압하였고 왕과 제후와 다름없는 위세를 떨치고 있었다."(『燕山君日記』 6년 10월 무신) 당시 굴지의 부자는 재상 윤필상(尹弼商)과 더불어 상인 심금손(沈金孫)으로 일컬어지고 있었고, 그들은 각각 무명 5만여 필을 축적해두었다 한다(『大東野乘』). 16세기 서울과 개성의 상인은 권세가

24) 李憲昶 「한국 전근대 무역의 類型과 그 변동에 관한 연구」 『경제사학』 36, 2004; 「임진란과 국제무역」 『壬辰亂7周甲紀念 壬辰亂研究叢書 1』 2013.

와 결탁하고 의주–서울–삼포(三浦)를 연결하는 상업망을 구축하여 사무역에 활발히 참여하였다. 1527년에는 서울의 부상(富商) 등이 각각 면포 2만 5,000필을 출자하고 동업을 하면서 행상을 부리고 밀무역에 종사하다 적발되기도 했다.

조선중기 시장의 성장은 상업자본의 발달을 낳았다. 지방 장시가 성장하면서 육상(陸商)이, 포구상업이 성장하면서 선상과 객주가, 도시시장이 성장하면서 시전상인과 난전상인이, 그리고 사무역이 활성화되면서 무역상인이 성장하였음은 앞서 언급하였다.

조선시대의 상인을 공상(公商)과 사상(私商)으로 나누기도 한다. 공상이란 국역을 부담하거나 국가의 물자 조달에 응하고, 그와 관련하여 영업독점 등의 특권을 획득한 상인을 지칭한다. 대표적인 공상인 시전상인(市廛商人)은 17세기에 국역을 부담하는 대가로 서울에서 난전금지권이라는 영업독점권을 획득하였다. 17세기 서울시장의 성장과 난전금지권의 강화는 시전상인의 성장을 낳았다. 또한 17세기에는 대동법의 시행으로 공물을 조달하는 공인(貢人)이 출현하여 성장하였다. 중인층이 무역뿐만 아니라 공물의 청부에 활발히 참여하여 축재하기도 했다. 공상의 성장은 시장의 성장을 반영하지만, 영업독점 등의 특권으로 말미암아 상품유통의 자유로운 전개를 제약하게 된다.

국가의 물자 조달과 무관하거나 그와 관련하여 국가로부터 공인된 특권을 가지지 못한 상인을 사상(私商)이라 할 수 있다. 사상은 자신의 상업 기반에 입각하여 적극적인 상행위를 하였으므로 공상보다 자생력이 강하다고 볼 수 있다. 경강상인을 예로 들면, 19세기 초 손도강(孫道康)은 경강 근처에 살면서 수만금의 자금을 가지고 산지와 중간 요로(要路)로 진출하여 북어 등을 매점하여 난매(亂賣)함으로써 시전에 타격을 가하였다. 1833년 쌀폭동을 야기한 장본인인 동막객주(東幕客主) 김재순은 경강 객주 및 서울의 시전상인과 연계하여 쌀값을 좌우하였다.

18세기 후반에는 사상이 시전상인을 압박하면서 점차 상업영역을 확장하여왔을 뿐만 아니라, 난전금지권이 완화되었다. 사상의 활동은 공인의 공물 조달에 애로를 주기도 했다. 삼남방물지계공인(三南方物紙契貢人)은 삼남지방의 제지(製紙)수공업자에게 종이값을 선대하는 방식으로 고급 방물지를 독점하였는데, 18세기 말부터는 신흥상인이 공인보다도 유리한 조건으로 종이값을 선대하여 매점하는 활동을 활발히 전개하였다. 특히, "송상은 중과 결탁하여 방물지 중에서 가장 우수한 제품을 골라서 사들일 뿐만 아니라 별장지, 설화지 등의 고급 종이까지 밀무역하여 계속 청나라의 책문으로 수출함"으로써 지계공인에 큰 손해를 입혔다(『承政院日記』 정조 12년 1월 8일). 구피계(狗皮契)공인은 수달피 등을 현지의 사냥꾼이나 송상 등으로부터 구입하여 국가에 조달하였다. 그런데 18세기 후반에는 "개성의 연상(燕商)이 사냥꾼에게 미리 값을 주고 비밀리에 수달피를 매점하여 밀무역의 밑천으로 삼"게 되었다(『승정원일기』 정조 10년 1월 5일).

국가의 물자 조달에 의존한 공인은 19세기 재정 악화와 물가 등귀로 인하여 타격을 받았다. 공물의 공정가격은 시장가격보다 훨씬 높은 수준에서 고정되었는데, 조선후기에 재정이 궁핍해짐에 따라 국가는 수용물자를 직접 시전이나 사상에게서 시장가격에 준하여 구입하기도 했다. 1737년 삼공(蔘貢)의 일부를 폐지하고 그 공가를 각 기관에 지급하여 각자 사서 쓰게 한 경우가 그 한 예이다.[25] 19세기 후반에 물가가 빠르게 상승하자 시장가격이 공물 등의 진배(進排) 가격보다 높아지게 되었다. 면주전의 진배에서는 1880년대에 이러한 현상이 나타났다. 이리하여 공인과 시전의 손실[落本]이 초래되는데도, 재정난에 몰린 정부는 진배 가격을 인상할 수 없어서 공인의 몰락이 초래되었다. 국가는 고정된 진배 가격을 시장가격으로 바꾸는 정책으로 전환하고, 그것을 갑오개혁으로 완결한다.

강만길(姜萬吉)은 "관권과 결탁하고 그것을 배경으로 특권적 매점상업을 영위한" 관상도고(官商都賈)에 대비되는 존재로서 "경제적 실력을 바탕으로 독점적 매점상업을 영위한" 사상도고를 설정하고, 후자의 대표적인 세력을 경강상인과 송상으로 보았다. 그는 조선후기 상업계의 변화를 후자가 전자를 압도하여가는 과정으로 파악하였다. 이후의 연구는 사상이라고 해서 모두 관의 물자 조달이나 비호와 무관하지는 않았고 사상이 공상으로 전환하는 일이 많았음을 지적하고 있다. 외어물전처럼 난전상업으로 출발하여 시전상인으로 전환하는 사례도 있었다. 공인 중에는 사상 출신이 많았다. 한 예를 들면, 18세기 중엽 목재를 조달하는 공인이 폐지된 후에 경강상인을 모집하여 외도고(外都庫)라 칭하고 목재 조달을 청부하였다. 조선후기에 국가는 성장하는 사무역의 통제와 무역세의 효과적 징수를 위하여 동래상인과 의주상인 중에 사무역을 전담하는 상인을 지정하였는데, 18세기 중엽 동래의 사무역을 담당하는 관허(官許)상인은 모두 송상이었다.

조선후기에 관청·군문(軍門)·궁방(宮房)은 중앙재정으로부터 충분한 보조를 받지 못한 상태에서 재원을 마련하기 위해 사상을 비호하고 그들을 통하여 상업활동에 참여하였다. 권세가도 상업 잉여의 획득에 열중하였다. 사상은 이들로부터 자금을 빌리거나 비호를 받기도 하고 이들의 대리인으로서 활동하기도 했다. 제5절에서 언급하였듯이, 급료를 제대로 받지 못하는 하급 군인이 군문의 비호 아래 난전을 벌이는 일이 많았다. 사상이 시전상인을 압박하면서 성장하게 된 것은 경제력뿐만 아니라 권력의 비

25) 吳美一 「18, 19세기 貢物政策의 변화와 貢人層의 변동」 『韓國史論』 14, 1986.

호에도 힘입었다. 1671년경 이미 "이른바 난전은 궁가(宮家)의 사람이 아니면 반드시 재상가(宰相家) 사람이"었다 한다(『비변사등록』 顯宗 12년 5월 18일). 1707년 내어물전(內魚物廛)의 호소에 의하면, "염어선(鹽魚船)이 도착하여 판매하기 전에 궁가나 아문(衙門)이나 사대부가 먼저 와서 절수(折受)받은 어전(魚箭)으로부터 잡은 물고기라든가 자신의 농장(農莊)에서 채취한 것이라 하여 간여하지 못하게 하고 난민(亂民)과 결탁하여 매매하니 물고기 한 마리도 본전(本廛)에 돌아오지 않"으며, "주인(主人)이라는 자가 궁가나 아문을 빙자하여 법을 어기고 부정을 행하며 권세가가 파견한 호노(豪奴)가 임의로 먼저 판매하니 본전인이 발을 붙일 수 없다"고 하였다. 지방의 사례를 들면, 18세기 초에 귀후서(歸厚署)의 첩문(帖文)을 지닌 관상(官商)이 오히려 지방관에게 침탈당한 반면, 사상은 지방관과 결탁하여 관상보다 우월한 처지에서 판목(板木)을 무역하기도 했다(『비변사등록』 景宗 4년 3월 25일). 지방관의 비호에 의거한 비공식적인 특권이 지방의 상업활동에서 실질적인 힘을 발휘하였던 것이다. 제4절에서 포구상업이 성장하고 특정 지역과 특정 물종의 객상을 독점적으로 지배하는 주인권이 성립하면서, 궁방·관청·권세가가 주인권을 장악, 집중하여가는 추세가 진행되었음을 언급하였다. 포구상업 발전의 산물이던 객주는 특권적인 유통독점자로서 객상을 수탈하는 존재로 전환하였던 것이다. 정약용의 지적에 의하면, 지방 포구 객주의 수입의 절반이 아전·군교(軍校)·관노(官奴)의 몫이고, 큰 포구의 객주권은 감사의 비호를 받았다.

신해통공(辛亥通共)으로 인하여 도시상업의 자유가 확대되는 가운데 경제력을 가진 상인뿐만 아니라 권력의 비호를 받는 상인도 활발한 동향을 보였다. 전근대에 일반적으로 시장기능은 강한 제약을 받고 상인은 특권에 의존하려는 강한 성향을 보였다. 조선후기의 국가가 다른 나라보다 현저히 강하게 상업을 억압하거나 상업 특권을 널리 부여하였다고 보기 어렵다. 그런데 19세기에 국가가 상업세 징수에 대한 확고한 방침을 세우지 않고 상업의 관리에 소극적인 상황에서, 독자적인 세원을 확보할 필요가 있던 관청과 군문, 그리고 증대하는 상업 잉여의 획득에 열중한 궁방과 권세가에 의한 상업에서의 이권추구 행위를 방치함에 따라, 시장의 경쟁기능은 약화되고 상인층의 영업력은 향상되기 어려웠다.

사상의 성장에 못지않게 상업 발달을 보여주는 중요한 지표는 상인의 자본축적과 생산과정 지배이다. 조선후기에 중국무역을 통하여 은화 수만 냥을 축적한 상인이 한성, 개성 등에서 많았음을 앞서 언급하였다. 의주상인 임상옥(林相沃)은 1810년경 중국과의 홍삼무역권을 독점하여 막대한 비단과 은을 축적하였는데, 그의 장부를 취급하는 서사만 70여 명이었다 한다. 17세기에 동래상인 임소는 밀무역 등을 통하여 은화 7만 냥을 축적하였다. 앞서 언급하였듯이, 경강상인은 미곡을 매점하여 서울의 쌀값을 좌우하였고, 이러한 매점 활동이 1833년 쌀폭동을 야기하였다. 송상은 전국적인 상업망을 가지고 국제무역을 장악할 만한 자본력을 가졌다. 송상 박광수의 장부에 의하면, 1877~84년간 해마다 400회 이상의 거래를 하여 무역액이 수십만 냥에 달하였다.

상업자본이 축적되고, 특히 신해통공 이후 상인간 경쟁의 격화가 유통과정의 이윤을 감소시킴에 따라, 상인은 사업 밑천을 대는 물주(物主)로서 수공업생산을 지배하게 되었다. 시전상인이나 공인과 같은 공상도 생산부문에 진출하였다. 면주전(綿紬廛)은 국산 명주실로, 선전(線廛)은 중국 명주실로 비단을 만들 수 있었는데, 1829년에 선전상인이 수공업자와 결탁하여 국산 명주실을 매점하여 중국 비단의 모조품을 몰래 짜서 판 사건이 발생하였다(『비변사등록』 순조 29년 2월 1일). 지전(紙廛)은 조지서(造紙署)의 장인을 선대제(先貸制)로 지배하였는데, 이것은 다음 장에서 언급할 것이다. 앞서 언급하였듯이, 삼남방물지계공인은 삼남지방의 제지수공업자에게 종이값을 선대하였다. 18세기 말 '홍창처'라는 상호를 내건 오한주는 1800년경에는 문외소시전(門外小市廛)과 유기점(鍮器店)을 경영할 정도로 유력한 매점업자였는데, 1833년경 어영청으로부터 20여만 냥을 불하받은 후 30여 명의 주전수공업자(鑄錢手工業者)로 구성된 수공업장의 물주가 되어 주전사업의 청부를 맡고 있었다.

사상이 생산과정에 활발히 침투하였다. 송상은 인삼의 재배와 홍삼의 제조에 활발히 종사하였다. 송상은 제지수공업자와 결탁하여 양질의 방물지를 골라 사들여서 청나라로 밀수출하여 삼남방물지계공인에 타격을 가하였다. 19세기 초 평안도농민전쟁에 참여한 김혜철은 박천(博川) 진두장(津頭場)에서 약계물주(藥契物主)로 활동하였다. 그는 강계, 위원, 초산, 벽동 등지에 차인(差人)을 파견하여 약값을 나누어준 다음 약재를 매점하였다. 광업과 야철·유기수공업에도 상업자본이 침투하였는데, 이것은 다음 장에서 언급할 것이다.

개성에서 상업조직과 합리적 경영이 특히 발달하였다. 송상은 상술이 뛰어났고, 사개치부법(四介治簿法)이란 복식부기를 일찍부터 사용하였다. 개성에는 상당한 가문의 자제도 유력 상인의 휘하에 사환으로 들어가 상업을 견습하였다. 사환의 우두머리인 수사환(首使喚)은 7~8년 정도 열심히 일하여 주인의 신임을 얻으면 차인으로 상승하여 주인을 대신하여 점포를 맡거나 타지로 가서 행상업 또는 자금대부업에 종사하였다. 앞서 언급하였듯이, 송상은 송방을 통하여 전국적인 상업망을 형성하였고 의주의 중국무역과 동래의 일본무역에 활발히 참여하였다. 일제시대에도 경기·황해·평안도 장시의 금융은 개성상인이 장악하였다. 개성상인 사이에는 신용공동체가 형성되어 환

도중(換都中)의 중개를 통해 월이자 1.5% 이하의 시변(時邊)이라는 신용대출이 활발히 이루어졌다. 개항 전에 회사처럼 자본을 결합한 조직을 동사(同事)라 하였는데, 개성에서는 개성의 자산가가 자금을 차인에게 대어주고 이익을 나누는 차인동사(差人同事)제도가 있었다. 강화도조약 이후 외국인 내지행상(內地行商)은 송상이 지배하는 경기 북부지방에는 좀처럼 진입할 수 없었으며, 식민지로 전락된 후에도 송상은 독자적 세력으로서 존속하였다. 개성은 상업자본주의의 전통을 거론할 수 있는 지역이었다.

조선후기에 도시시장과 원격지시장의 규모가 크지 않고 상인층이 발달하지 않았음에도 불구하고 복식부기가 사용된 것은 놀라운 일이다. 당시 회계가 중시되고 회계기법이 발달한 편인 것은 각종 장부, 그리고 상거래 회계문서인 장기(掌記)에서 드러난다. 그것은 시장의 성장뿐만 아니라 기록문화의 발달에도 힘입었다고 보아야 한다.[26)]

18세기 시장경제의 상층과 상업자본이 가장 발달한 지역은 서유럽이고, 그 다음은 중국과 일본이었다. 조선후기에 상업자본이 발달하였지만, 이들 지역에는 훨씬 못 미쳤다. 왜 그럴까.[27)] 첫째, 시장 규모가 작았다. 그 때문에 상업자본의 축적과 영업력의 향상에 제약을 받았다. 전근대에 재지적 유통과 원격지유통의 상호보강작용이 시장경제의 발달을 규정하는 중요한 요인이었는데, 조선후기에 농촌의 조밀한 시장망이 성립하였지만, 도시화율이 낮았고 외국 무역을 포함한 원격지유통이 활성화된 편은 아니었다. 조선의 집권국가체제는 지방도시, 나아가 국내 원격지간 유통의 성장을 제약하였고, 조공무역체제로의 강고한 편입과 해상 진출의 포기는 국제무역의 성장을 제약하였다. 유럽에서는 국제무역이, 일본에서는 영국(領國)과 중앙시장의 무역이 활발하여, 조선보다 원격지유통이 훨씬 활성화되어 상업자본의 축적과 상품생산의 진전에 한층 강한 자극을 주었다.

둘째, 중앙집권제 아래 상공업자가 자율적(自律的)인 경제적·사회적·문화적 공간을 확보할 여지가 작아, 상업자본주의의 전통이 약하였다. 유럽의 봉건제는 자치도시(自治都市)의 성장에 유리한 환경을 제공하였고, 이러한 자치도시를 기반으로 하여 상업자본주의의 전통이 발전하였다. 일본의 막번제(幕藩制)에서는 중앙집권적 요소로 인하여 자치도시가 성립하지 못하였지만, 영국(領國)간, 영국·삼도(三都)간 원격지유통이 활발하였고 죠카마치[城下町]의 상공업이 발달하였다. 그러한 배경 아래 도시 상인은

26) 개성상인이 남긴 가장 오래된 1786년 회계장부는 초기적 복식부기를 보여준다(조익순·정석우 「복식부기로서의 사개송도치부법 성립시기에 관한 탐색」 『회계저널』 16-4, 2007). 1828~35년간에 작성된 『各圃間數本錢會計』에서는 자본과 현재가치의 개념이 나오고 있다(조익순·정석우 『조선시대 회계문서에 나타난 사개송도치부법의 발자취』 박영사, 2006, 138~47쪽). 장기에 관해서는 이헌창 「19세기·20세기초 商去來 會計文書로서의 掌記에 관한 연구」 『古文書硏究』 35, 2009.

27) 이하 李憲昶 「資本主義 成立과 市場經濟」 『泰東古典硏究』 10집, 1993 참조.

정치로부터 일정한 자립성을 유지하면서 성장할 수 있었다. 그래서 경제적 동기가 중요한 힘으로 작용하는 상업사회 또는 경제사회가 성립하였다고 평가되기도 한다. 그에 반해 조선은 국내적으로 집권국가체제의 오랜 역사를 가지고 국제적으로 중화(中華)세계의 조공체제에 강하게 편입되고 그에 상응하여 명분론적 유교 이념이 강하여, 경제가 사회와 정치의 제약으로부터 벗어나기가 한층 어려웠다.

셋째, 집권국가의 재분배강화책, 조공무역체제로의 편입, 유교의 강한 영향력 등은 상업에 대한 억제적이고 소극적인 정책을 낳았다. 주자학은 정통성과 명분을 강조하여 왕조국가체제와 중화세계질서를 지원하였을 뿐만 아니라, 유학의 이익 추구 경계 관념을 강화하여 상업 경시관을 심화하였다. 물론 장시의 공인과 육성, 사무역의 인정 등에서 나타나듯이, 상업을 억제하는 정책으로부터 소극적으로 장려하는 정책으로 전환하였지만, 개항 전 국가는 경제에 대한 상업의 기여를 적극적으로 평가하는 데에 이르지 않아서 적극적으로 상업을 관리하고 상업 이익을 추구하지는 않았다. 위정자가 맹자 사상의 영향으로 상업세 징수에 소극적이었던 것은 상업 관리에 대한 인센티브를 약화시켰다. 그런 상황에서 사적인 권력과 지방 관청이 이권을 추구하면서 상업 잉여를 잠식함에 따라, 경쟁이 저해되고 이권추구 행위가 성행하여, 상인의 영업력 향상에는 제약이 따랐다.

이러한 요인 등에 의해 조선에서는 상업자본주의 전통이 약하였다. 중국은 조선과 정치체제와 통치 이념에서 유사하였지만, 훨씬 광대한 영토로 말미암아 대도시시장과 원격지유통이 발전하여 상업자본과 그 전통이 발달할 수 있었다. 상업자본과 그 영업력의 축적이 진전되지 못하고 상업자본주의의 전통이 약한 것은 개항 후 외국의 경제적 진출에 대응하는 역량을 약화시키고 자주적 근대화에 불리하게 작용하였다. 강화도조약 이후, 제6장에서 언급되겠지만, 조선 상인은 국제무역에 활발히 참여하지 못하였고 국내의 상권을 유효하게 수호하지 못하였으며, 자본력이 열세하여 외국상인에 자금을 빌리는 일이 허다하였다.

참고문헌

姜萬吉『朝鮮後期 商業資本의 發達』 고려대 출판부, 1973.

高東煥『朝鮮後期 서울商業發達史研究』 지식산업사, 1998.

고동환『조선시대 시전상업 연구』 지식산업사, 2013.

金大吉『朝鮮後期 場市研究』 國學資料院, 1997.

金東哲『朝鮮後期 貢人研究』 韓國研究院, 1993.

金昌錫『삼국과 통일신라의 유통체계 연구』 일조각, 2004.

朴平植『朝鮮前期商業史研究』 지식산업사, 1999.

朴平植『朝鮮前期 交換經濟와 商人 研究』 지식산업사, 2009.

白承哲『朝鮮後期 商業史研究』 혜안, 2000.

宋贊植『朝鮮後期 社會經濟史의 研究』 一潮閣, 1997.

安秉直·李榮薰 編 『맛질의 농민들』 一潮閣, 2001.

吳星『朝鮮後期 商人研究』 一潮閣, 1989.

元裕漢『朝鮮後期 貨幣史研究』 韓國研究院, 1975.

유승주·이철성『조선후기 중국과의 무역사』 景仁文化社, 2002.

李炳天「朝鮮後期 商品流通과 旅客主人」『經濟史學』 6, 1983.

이영훈 편『수량경제사로 다시 본 조선후기』 서울대학교 출판부, 2004.

이태진 외『서울상업사연구』 서울학연구소, 1998.

李憲昶「朝鮮後期 忠淸道地方의 場市網과 그 變動」『經濟史學』 18, 1994.

이헌창「조선시대 서울에서의 상업정책과 市廛」『경제사학』 60, 2016.

全海宗『韓中關係史研究』 一潮閣, 1970.

韓相權「18세기 말-19세기 초 場市發達에 대한 基礎研究」『韓國史論』 7, 1981.

홍희유『조선상업사』 과학백과사전출판사, 1989.

須川英德『李朝商業政策史研究』 東京大學出版會, 1994.

田代和生『近世日朝通交貿易史の研究』 創文社, 1981.

Owen Miller, *The silk merchants of the Myŏnjujŏn: guild and government in late Chosŏn Korea*, Ph.D. dissertation, the School of Oriental and African Studies(SOAS), University of London, 2007.

제4장

상품생산의 전개

중세에 농가경영은 자급성이 매우 높았고, 수공업자는 공동체나 국가가 조직한 생산체제에 편입되기도 했다. 그래서 상품(商品)생산은 매우 제한적인 범위에서 이루어졌다. 16세기 이후 시장과 상인층의 성장 및 금속화폐의 보급은 상품생산의 발전을 촉진하였다. 농가의 상품생산이 진전하였을 뿐만 아니라, 전업적인 수공업이 성장하였고 광업과 관청수공업의 민영화가 진전하면서 상품생산이 확대되었다. 그런데 조공무역체제 아래 민간 무역이 활성화되지 못하고 집권체제 아래 도시화율이 낮은 것은 상품생산의 발전에 불리하게 작용하였다.

농업종사자의 비율은 19세기 전반 조선과 일본에서 각각 85% 정도와 80% 정도를, 1750년경 잉글랜드에서는 65%, 프랑스와 스웨덴에서는 75%를 차지하였다. 조선의 미약한 직업 분화는 시장의 낮은 발달 수준에 기인하고 유럽의 밀농사지대보다 농업과 가내수공업의 결합도가 높던 동아시아의 논농사지대의 특징을 반영한다. 일반 농가는 소농업과 가내수공업을 결합한 존재여서 농산물과 의류 등 가내수공업품을 자가에서 생산하였으므로, 자급도가 높았다. 조선후기에는 농촌 장시망이 발달하여 대부분의 농가는 시장과 지속적으로 접촉하였는데, 19세기 전반에 전인구의 85% 정도인 농가는 농산물의 20% 정도를 상품화한 것으로 추정된다. 반농반공(半農半工)은 많았지만, 전업적인 공업호는 1% 정도였다. 그래서 섬유제품 등 가내수공업품이 공산물의 주종을 이루었다. 농촌 정기시는 농민간 상호교환에 크게 의존하고 대개 상설점포를 가지지 않았으므로, 장시의 활성화는 직업 분화를 그다지 진전시키지 않았다. 그런 가운데 도시화율이 낮아서 비농업인구의 비중이 낮고 도농(都農)간 분업이 활성화되지 못하였다. 조선후기에 도시화가 현저한 지역일수록 상공업호의 비중이 높아 직업 분화가 진전하였다. 어촌에서는 수산물과 농산물의 교역이 활성화되어 직업 분화가 진전하였다. 조선후기에는 도시화와 어업이 직업분화를 진전시킨 2대 요인이었던 것이다.[1)]

조선후기에 상품생산이 진전하면서 자본주의맹아(資本主義萌芽)가 출현하였다는 것이 기존 연구에서 지적되어왔다. 자본주의맹아란 자본주의 생산관계인 자본·임노동(賃勞動) 관계의 초기적 성립을 의미한다. 임금 노동자는 노동력을 시장에서 자유롭게 처분하며, 자본가는 이윤 추구를 목적으로 노동자를 고용한다. 농업에서는 임노동자를 고용하여 영리를 목적으로 생산하는 부농(富農)이 성장하였으며, 광업과 일부 수공업에서는 노동자의 분업과 협업에 의거한 생산조직인 수공업공장(manufacture)이 출현하였다는 것이다.

임노동자를 고용하여 영리를 추구하는 경영이 자본주의의 싹을 보여줌을 부정할 것까지는 없다. 그것은 근대 기업의 싹이기도 하다. 그런데 노동력이 농번기에 집중적으로 투하되고 분업의 이점이 크지 않은 농업에서는 근대 세계에도 임노동에 의존하는 대경영이 일반적이지 않았다. 또한 마르크스주의의 자본주의 생산관계론에 입각하여 공업 경영에 국한하여 자본주의맹아를 찾고 수공업공장의 출현에 과도한 의의를 부여하는 것은 문제가 있다. 상업·금융업에서도 근대적 경영을 찾을 수 있고, 수공업공장이 몇 개 존재하는 것보다 반(半)전업적·전업적 수공업이 밀집한 농촌공업지대가 더욱 큰 역사적 의미를 가진다. 그리고 화폐로 투자수익을 계산하면서 영리를 추구하는 기업 경영을 자본주의로 인식하는 베버(M. Weber)의 정의도 수용할 필요가 있다. 그렇다면 복식부기를 사용하고 약속·환어음을 이용하고 고용인을 통해 전국적인 상업망을 갖춘 개성상인, 임상옥처럼 장부정리인을 고용한 의주상인, 광역의 가격 동향을 파악하여 매점상업을 벌인 경강상인을 근대적 경영으로 간주할 수도 있을 것이다.[2] 브로델이 말했듯이, 제2장에서 설명한 물질세계 위에 시장경제가, 제3장에서 설명한 시장경제 위에 자본주의가 성립하였다.

1. 농업에서의 상품생산

1830년대 실정을 보여주는 『임원경제지(林園經濟志)』에 1,052처의 장시가 실려 있는데, 그중 325처의 거래상품이 기재되어 있다. 그 중요 상품의 지역별 출현빈도수를

1) 李憲昶 『民籍統計表의 해설과 이용방법』 고려대 민족문화연구소, 1997, 35~53쪽.
2) 이헌창 「조선 후기 資本主義萌芽論과 그 代案」 『韓國史學史學報』 17, 2008.

표 4-1 1830년대 장시의 거래상품

지역[道]	경기	충청	전라	경상	강원	황해	평안	함경	계
거래품이 기록된 장시수	34	59	55	72	26	23	42	14	325
장시총수	92	157	187	269	51	109	145	42	1,052
미곡	34	21	55	70	11	23	41	4	259
콩·팥[豆]	6	14	24	55	–	22	39	5	165
보리[牟麥]	6	8	19	55	–	22	39	11	160
면화(棉花)	5	11	28	32	6	19	32	2	135
무명[綿布]	32	10	40	68	24	23	42	14	253
삼베[麻布]	20	9	23	49	21	15	–	13	150
모시[苧布]	–	6	19	14	–	3	1	–	43
비단[明紬]	–	2	8	14	8	5	9	–	46
물고기·소금[魚鹽]	27	30	31	67	20	21	39	14	249
소·송아지[牛犢]	20	13	18	55	11	23	32	12	184
닭·돼지[鷄豚]	5	–	–	14	–	4	32	2	57
담배[煙草]	18	23	15	45	4	22	41	13	181
철물(鐵物)	9	5	15	16	2	3	41	5	96
솥[釜鼎]	5	–	6	7	–	3	–	2	23
유기(鍮器)	4	2	4	26	–	6	35	4	81
종이[紙地]	2	1	19	18	3	1	3	–	47
자기(磁器)	–	–	17	25	–	8	–	–	50
토기(土器)	–	–	31	25	1	10	–	–	67
목물(木物)	11	3	11	16	–	8	36	7	92

자료: 『林園經濟志』 倪圭志, 八域場市條.

〈표 4-1〉에 수록하였다. 빈번히 출현한 것은 대체로 그만큼 상품유통, 나아가 상품생산이 활발하였음을 반영한다. 당시 장시에서 거래되는 중요한 물품은 미곡을 중심으로 하는 곡물류, 무명을 중심으로 하는 직물류, 연초·면화 등의 특용작물, 수산물과 축산물, 각종 수공업품이다. 〈표 4-1〉을 통하여 지역별 상품유통과 상품생산의 동향도 어느 정도 파악할 수 있다. 예컨대, 미곡은 영·호남, 경기 및 황해·평안도에서, 무명은 영·호남과 황해·평안도에서, 삼베는 영남과 함경도에서 널리 상품화되었으며, 철제품과 유기는 평안도가 주산지였다.

19세기 예천군 박씨가는 미곡 판매를 주된 수입원으로 하여 공산물, 수산물, 축산물의 순으로 구입하였다. 다양한 공산물이 구매되는 가운데 직물이 중심을 이루었고,

다양한 모자·신발·종이가 구매되었다. 다양한 어류와 젓갈, 해조류 등 수산물을 활발히 구매하였고 육류를 빈번히 구매하였다. 다양한 종자와 방적사(紡績絲)의 구매가 주목된다. 구매 물종이 공산물을 최대로 하면서 다양한 것은 농촌시장의 발달을 보여준다. 그런데 공산물은 대개 가공도가 낮고 가내생산물이 주종을 이룬 점에서, 사회적 분업의 전근대적 단계에 머물렀다.

이러한 유통 상품의 구성을 염두에 두면서 먼저 농산물의 상품생산부터 고찰해보자. 농업생산에서 지배적인 비중을 차지한 것은 곡물이었다. 주식물(主食物)인 미곡은 최대의 재화이자 시장에서 유통되는 최대의 상품이었다. 18세기 후반 우하영(禹夏永)은 "수원부(水原府)의 백성이 돈을 만져볼 수 있는 길은 오로지 곡물농사에 있는데, 농업 중에는 벼농사에 가장 힘쓰기 때문에 장시에 나오는 것이 오로지 이 미곡뿐이다. 무릇 장시에 미곡상인으로서 생업을 삼는 무리가 경향(京鄕)에 널리 있다"(『千一錄』 觀水漫錄, 募民興販之策)고 하였다. 여주(驪州), 이천(利川) 등 경기지방의 농민은 빨리 수확되는 벼를 재배, 상품화함으로써 소득을 증대하였다. 〈표 4-1〉을 보더라도 미곡은 장시에서 가장 널리 유통되고 있었다. 18세기 말 서울에서 소비되는 곡물 100만 석 중 약 60%가 상품으로 공급되었으며, 경강상인의 거래품목에서도 미곡이 가장 중요하였다.

미곡의 상품생산 구조를 다음에서 살펴보자.

> 근래 인심이 옛날 같지 않고 풍속이 점점 박해져서 매년 가을 장시에서 미곡은 모두 빈민이 파는 것인데, 재산이 있고 돈이 많은 자들은 사서 재어두었다가 겨울과 봄이 지나 시장가격이 치솟아 오를 때 비로소 판매하니, 부자가 어찌 더욱 부자가 되지 않겠으며 가난한 자가 어찌 더욱 가난해지지 않겠는가.(『日省錄』 正祖 17년 4월 29일)

이 인용에서 드러나듯이, 빈농은 조세와 부채의 부담으로 인해 추수 직후 쌀값이 쌀 때에 곤궁에 쫓겨 판매하지 않을 수 없었지만, 지주와 부농은 겨울과 봄이 지나 가격이 치솟아오를 때 판매하였다. 빈농도 잡곡을 주식으로 하면서 쌀을 상품화하였지만, 1년 내내 쌀을 저장할 수 있는 소수의 부농과 지주가 시장에 방출한 양이 1910년경 절반에 달하였다.

곡물을 제외하고 가장 널리 재배된 것은 무명의 원료인 면화였다. 『택리지(擇里志)』 생리조(生利條)에서는 "토지가 비옥한 것은 그 땅이 오곡(五穀)뿐만 아니라 면화에도 알맞다는 것을 가리킨다"라고 하여, 면화가 곡물과 마찬가지로 전국적으로 널리 재배되었음을 보여준다. 곡물 재배보다 노동력의 집약적인 투입을 요구하는 면화는 가족 노동력에 비해 농지가 적은 농민층이나 노비를 많이 소유한 지주층에 의하여 주로 재배되었을 것이다. 면화를 다량 재배하여 영리를 추구하는 농가도 있었다. 18세기 말 저술된 『북학의(北學議)』에 의하면, 상업이 발달한 "개성에는 면화밭 1일경(日耕)에 해마다 1,000근(斤)을 거두는데 그 가액이 400~500냥에 이른다"고 하였다. 19세기 초 정약용도 "면화 농사는 많을 필요가 없고 오직 1일경까지만 하라"고 권하였다(「윤윤경에게 주는 말[爲尹輪卿贈言]」). 500평 정도의 1일경에 면화를 재배하려면 노동력을 고용해야 하였다.

특히, 논이 적고 밭이 많은 곳에서는 면화가 유력한 생계보충 수단이 되기도 했다. 산골지방인 충청도 옥천(沃川)에서는 "면화농사에 힘씀이 곡물농사의 두 배나 된다"고 하였다(『管城錄』). 나아가 면화 재배에 주력한 농가가 일찍부터 출현하였음을 다음에서 알 수 있다. 전업농의 기술 지식이 우월함도 드러난다.

> 보통 사람은 면화밭에 참깨나 푸른 콩을 간작(間作)으로 심는데, 그것이 면화에 해를 끼친다는 것을 모르고 있다. 면화 재배를 전업으로 하는 사람은 절대로 간작을 하지 않는다. 예컨대, 옥천·양산 사람이 그렇다. (『農家集成』 種木花法)

면작을 1일경 정도 하거나 전업하는 농가는 수확물의 대부분을 상품화하였을 것이다. 〈표 4-1〉에 의하면, 면화도 시장에서 널리 유통되었지만, 그보다는 그것을 직조한 무명의 형태로 주로 유통되었다. 주된 옷감인 무명은 주식물인 쌀과 더불어 가장 널리 유통된 상품이었다. 무명 등 직조품의 생산에 관해서는 다음 절에서 언급한다.

미곡과 면화는 자급도가 높은 품목이었지만, 시장 판매를 주목적으로 생산하는 작물도 있었다. 『택리지』 생리조에 의하면, "진안의 담배밭, 전주의 생강밭, 임천과 한산의 모시밭, 안동과 예안의 왕골밭은 국내 첫째로 꼽는데, 이것은 부자가 이익을 장악하는 밑천이다"라고 하였다. 정약용도 비슷한 지적을 하고 있다.

> 황해·평안도의 담배밭, 함경도의 삼밭, 한산의 모시밭, 전주의 생강밭, 강진의 고구마밭, 황주(黃州)의 지황(地黃)밭은 모두 논 상상등(上上等)에 비해 그 이익이 10배나 된다. 근래 인삼도 모두 밭에 심는데 그 수익은 천만 배이니, 이것은 밭의 등급으로 말할 수 없다. 비록 항상 심는 것으로 말하더라도 홍화(紅花)와 대청(大靑)은 그 이익이 아주 많으니(남방에서는 천궁(川芎)과 자초(紫草)를 밭에

심기도 한다) 면화밭의 이익만 오곡의 배가 되는 것은 아니다. (『경세유표(經世遺表)』 지관수제(地官修制), 전제(田制) 11, 정전의(井田議) 3)

이러한 경제작물은 곡물과 달리 대부분 상품화되었다. 그 생산지역은 한정되었지만, 그 수익성은 곡물이나 면화보다 높았다. 그래서 정약용의 집안에서는 곡물의 경작은 노비에 맡겼던 반면, 경제작물은 가족노동력에 의존하였다. 전주지방에서는 부자가 생강의 이익을 장악하였고, 전주의 생강 상인은 평양과 의주까지 진출하였다.

시장 판매를 목적으로 하는 대표적인 작물로 인삼과 연초를 들 수 있다. 제3장에서 언급한 바와 같이, 조선후기에 산삼(山蔘)은 수출의 증대에 따른 과도한 채취로 인하여 희귀해졌다. 그 국내 수요도 증가하여 1727년 "대개 인삼의 가격이 높이 뛰는 것은 공용(公用)이 호번(浩繁)한 데 말미암은 것은 아니고, 근래 사가(私家)의 인삼 소비가 전에 비하여 10배이기 때문"이었다(『일성록』 정조 1년 10월 29일). 그 결과 18세기 초부터 영남에서 인삼이 재배되기 시작하였다. 게다가 일본으로부터 은(銀) 유입이 감소하면서 대청 무역의 결제수단을 메울 새로운 상품의 자리를 재배된 인삼인 가삼(家蔘)이 차지하였다. 18세기 말 이후 인삼의 주종은 가삼이었고, 수출품은 가삼으로 만든 홍삼(紅蔘)이었다. 홍삼의 수출은 1798년 120근 허용된 이후 급증하여 1847년 이후에는 2만 근 내외였다. 밀무역을 합하면, 19세기 중·후반에 3만 근 내외에 달하였을 것이다.

인삼의 수출이 급증하면서 그 재배와 상품생산이 발전하였다. 18세기 말부터 인삼은 개성 부근에서 활발히 재배되었는데, "개성사람의 생업은 오로지 인삼 재배에 달려있게" 되었다(『비변사등록』 哲宗 2년 8월 28일). 그러한 과정에서 18세기까지는 대체로 농가의 울타리 안에서 조금씩 재배되던 가삼이 19세기에 들어서면 수출 수요의 급증을 배경으로 밭에서 재배되기에 이르렀다. 19세기 초 정약용은 "여러 약초를 ……토양에 맞게 구별하여 심되, 인삼만은 쓰이는 방도가 많으니 재배방법을 준수하면 비록 수경(數頃)을 재배하여도 나쁘지 않다"고 하였다(「윤윤경에게 주는 말」). 명·청대 1경=100묘(畝)=18,600평이다. 많은 노동력과 자금의 투입을 요구한 인삼을 수만 평 재배하여 고수익을 얻는 농가라면 기업농이라고 해야 할 것이다. 송상의 축적된 자본이 인삼의 재배와 홍삼의 가공에 투입되기도 했다. 개성지방의 관례를 보면, 대경영의 포주(包主)는 장기 노동자를 고용하는 이외에 수시로 품삯을 주고 근방 농민을 고용하였으며, 일이 한창 바쁜 시기에는 서흥·봉산지방에서 오는 계절노동자를 사용하였다.

연초(煙草), 곧 담배는 임진왜란 직후에 일본으로부터 전래되었던 것으로 보인다. 담배는 처음에 약초(藥草)로 인식되었으나, 세월의 흐름에 따라 기호품으로 애용되면서 널리 전파되었다. 17세기 초의 실정을 보여주는 『하멜표류기』에 의하면, "담배가 매우 성행하여 어린이가 4~5세 때에 이미 이를 배우기 시작하여 남녀간에 담배를 피우지 않는 사람이 드물다"고 하였다.

담배 수요의 증가는 담배시장의 성장을 낳았다. 담배의 국내 수요가 증가하고 중국 사절 비용의 일부가 담배로 충당됨에 따라, 그 국역을 지면서 서울주민에게 담배를 소매하는 연초전이 출현하였다. 나아가 담배를 잘게 써는 등의 가공을 행한 절초가 나타났고, 그것을 판매하는 절초전(切草廛)이 설립되었다. 담배시장의 성장에 따라, 사상(私商)이 외방에서 담배를 매점하고 서울로 들어와 중도아(中都兒)와 결탁하여 여러 곳에 난전을 벌여 시전과 갈등을 빚기도 했다. 신해통공(辛亥通共) 이후에는 연초전과 남초여객주인(南草旅客主人)이 사상과 더불어 경쟁적으로 도고(都賈) 활동을 벌였다.

〈표 4-1〉에 의하면, 지방의 장시에서도 연초는 널리 유통되었다. 18세기 중엽에는 "산과 들의 비옥한 토지에 모두 연초를 심어 그것을 배와 마차로 날라서 도시 가운데 쌓아놓고 길을 따라 줄지어 연초를 팔지 않는 가게가 없"는 형편이었다(『農圃問答』 設邦禁). 상업도시로서 발달한 경상도 통영(統營)의 "남초전(南草廛)은 남문 밖 100보쯤에 있는데, 닷새를 간격으로 장시가 열린다. 특별히 가게[假家]가 있는 것도 아닌데 영남과 호남의 상인이 수백여 명이나 모여든다."라고 하는 정도로 번성하였다.

담배 소비의 급증과 담배시장의 성장은 연초 생산의 확대를 낳았다. 17세기까지 연초는 울타리 밑의 빈 터에서 자가 소비용으로 조금씩 재배되는 데에 불과하였으나, 18세기에는 비옥한 밭에도 활발히 재배되었고, 전라도의 진안(鎭安)·장수(長水), 강원도의 영월(寧越)·금성(金城), 황해도의 신계(新溪), 평안도의 삼등(三登)·성천(成川)·강동(江東) 등의 주산지(主産地)가 형성되었다. 이러한 실정을 다음에서 살펴보자.

> 신(臣)이 30년 전에 호남을 왕래할 때, 연초를 심는 밭을 보니, 울타리 밑의 빈 터뿐이었습니다. 그 후 1730년에 경차관(敬差官)으로 호남을 왕복하면서 보니 경작하는 곳이 모두 비옥한 밭이었는데, 장수나 진안 등의 고을과 같은 곳에서는 한 경내(境內)의 농지가 거의 연초를 심는다고 합니다. 신이 보지 못한 해도(海島) 등과 같은 곳도 모두 섬 전체가 이것을 심는다고 합니다. (『承政院日記』 영조 8년 7월 21일)

18세기 말 강원도 양주(楊州)의 유생(儒生) 안성탁(安城鐸)이 "지금으로부터 토민(土民) 중에서 연초·차를 생업으로 삼는 자는 0.5일경을 넘지 못하도록 하십시오"라고 건의한 것으로 보면, 상품화를 목적으로 다량 재배한 농가가 많았을 것으로 보인다. 연초의 재배는 다른 밭작물에 비해 단위면적당 약 세 배 정도의 노동력을 요구하였으므로, 농촌 인구의 증가가 연초 재배를 확대시켰을 것이다.[3)]

도시시장의 성장은 상업적 농업을 발달시켰다. 정약용은 "도시에 가까이 살면, 복숭아·오얏·매실·살구·능금 등은 모두 상품이 될 수 있으니, 보리밭에다가 이런 과수를 심는다면 그 이익은 10배일 것이다"라고 하였다(「윤윤경에게 주는 말」). 농민은 채소를 거의 자급하므로 농촌에서 채소시장이 성립하기 어렵지만, 도시에서는 인구의 증가에 수반하여 대량의 채소가 수요되었다. 정약용은 "서울 등 도시에 있는 파밭·마늘밭·배추밭·오이밭은 10묘(畝)의 땅에서 수백 냥을 벌 수 있다(10묘는 논 4마지기이다)"고 보았다(『경세유표』 정전의(井田議) 3). 서울에서는 동대문 밖과 서대문 밖의 미나리밭, 독립문 주변의 무·배추, 왕십리의 무, 살곶이다리의 순무 등이 유명하였다. 우하영(禹夏永)은 채소 재배의 고수익에 대하여 자세히 언급하였다.

> 이름난 대도시[大城名都]로서 인구가 많고 농지가 적은 곳이면, 이롭게 이용할 방도가 허다하다. 논 10마지기 중에서 미나리 2마지기를 심으면 논 10마지기의 이익을 얻을 수 있고, 보리밭[麥田] 10마지기 중에서 채소 2마지기를 심으면 보리밭 10마지기의 이익을 얻을 수 있기 때문에, 백성 중에서 미나리와 채소를 심어서 부내(府內)에 파는 자가 도로에 이어져 있다. 대개 미나리를 재배하여 생업(生業)으로 삼는 자는 밭이 10마지기에 불과하고 논이 3~4마지기에 불과해도 5~6인의 생업이 될 수 있으나, 보리와 벼를 농사짓는 자는 밭이 수일경(數日耕)이요 논이 10여 마지기가 되어도 오히려 4~5인의 식량에 어려움을 겪는다. (『천일록(千一錄)』 觀水漫錄, 輕稅勸農之策)

이상에서 중요 농작물의 상품생산의 동향을 살펴보았다. 곡물·면화·채소의 상품생산은 조선후기 인구 증가와 시장 발달로 인하여 진전하였으며, 인삼과 연초는 조선후기부터 재배되기 시작한 작물이었다. 그런 점에서 조선후기에 농작물의 상품생산은 한층 발전하였다.

농작물의 상품생산은 어떠한 형태로 이루어졌던가. 논농사에서는 광작(廣作)이 출현하였지만, 그것이 농업 기술 등으로 보아 유리한 농법은 아니었다. 논농사에서는 집

3) 이영학 『한국 근대 연초산업 연구』 신서원, 2013, 제1장.

약적 소경영이 대세였음을 앞서 언급하였다. 지주와 부농은 미곡의 생산과 상품화의 비중이 높았던 반면, 가족노동력에 비하여 경작 규모가 작고 특히 논이 적은 빈농은 면화나 연초 등 노동력의 집약적 투입이 필요한 상품작물의 생산을 중시하였다. 그런 점에서 조선후기 인구 압력이 상품생산을 촉진하였던 것이다.[4] 상업자본이 발달한 개성에서는 인삼재배업에 대자본을 투하하고 노동자를 고용하여 영리를 추구하는 기업농이 성립하였을 것이다.

조선후기에 기업농이나 전업농에 의한 상품생산은 제한적인 현상이었고, 상품생산은 집약적 소농의 다각경영(多角經營)으로서 이루어지는 것이 일반적이었다. 이와 관련하여 당시 농학자는 한결같이 다각적 영농을 권하고 있음이 주목된다. 수원에서 논 13마지기를 소유한 가난한 유생(儒生) 우하영의 다음 글은 선비[士]가 품은 가정경제의 목표를 잘 보여준다.

> 사대부가 거주할 만한 곳은 번화한 서울보다 더 좋은 곳이 없지만, 만약 시골의 농장(農莊)이나 녹봉의 수입으로 의식을 넉넉히 할 수 없다면, 실로 먹고 살아갈 도리가 없다. 이미 그러한 도리가 없는데, 한갓 빈 손으로 쓸데없는 일에 골머리를 썩이는 자들은 일찍이 2경(頃)의 농사를 도모하는 것이 어떠하겠는가. 토질에 맞게 각종 곡물을 경작하며, 채소와 과일나무를 재배하며, 닭과 돼지를 기르며, 수간(數間)의 연못을 파서 물고기를 기르면, 무릇 어버이를 봉양하고 장사를 지내며, 제사를 지내고 손님을 접대하는 비용을 아마 집안에서 마련할 수 있을 것이다. 만약 현명한 자제가 있어 몸을 닦고 공부에 힘써 문호(門戶)를 드러내면 다행이로되, 그렇지는 못하더라도 오히려 밝은 태평성대의 야농(野農)은 될 수 있다. 이것이 내가 이 책을 저술한 본래 뜻이다. (『천일록』 農家摠覽, 摠覽終條)

농업에 힘쓰면서 벼슬길을 추구한 우하영은 주작물로서 곡물을 재배하면서 채소와 과일의 재배, 목축, 양어 등의 다각경영을 하여 자가(自家)의 수요를 안정적으로 충족한 다음에 남은 힘으로 상품생산도 하기를 권장하였다.

정약용은 양잠(養蠶)이 양반의 생계를 도모하는 좋은 방편이라고 판단하였으며, 정학연은 농업과 축산에 관한 『종축회통(種畜會通)』을 저술하고 아버지의 가르침에 따라 뽕나무를 널리 재배하여 양잠을 하였다. 양반이 의(衣)생활에 필요한 비단의 상품생

4) 禹大亨 「조선후기 인구압력과 상품작물 및 농촌직물업의 발달」 『경제사학』 34, 2003.

산은 괜찮으나 사치품으로 생각한 과일의 상품생산을 기피하였음은 다음에서 알 수 있다.

> 생계를 도모하는 방법을 밤낮으로 생각해보아도 뽕나무를 심는 것보다 더 좋은 일은 없어서, 비로소 제갈공명의 지혜가 과연 그보다 더한 것이 없다는 것을 알았다. 과일을 파는 것은 본래 깨끗한 일이지만 오히려 상인에 가까운데, 뽕나무와 같은 것은 유자(儒者)의 이름을 잃지 않을 뿐만 아니라 큰 상인의 이익을 거둘 수 있으니, 천하에 다시 이러한 일이 있겠는가. 남쪽에는 뽕나무 365주를 심은 자가 있는데, 해마다 돈 365냥을 얻는다. 1년 365일에 매일 1냥으로 양식을 삼으면 종신토록 배고프지 않고 아름다운 이름으로 생을 마칠 수 있을 것이니, 이 일은 가장 배울 만하다. 그 다음으로 잠실(蠶室) 3간(間)을 짓고 잠상(蠶床)을 7층까지 올려 합계 21간의 양잠을 하는데, 부녀자로 하여금 놀고먹지 못하게 하니, 역시 좋은 방법이다. (「示學淵家誡」)

전남 구례군 양반 소지주인 유씨가(柳氏家)의 다각경영을 살펴보자. 유씨가는 논, 밭, 임야 등에서 상시로 수입을 얻었다. 판매 물자는 미곡·보리·밀·콩·면화·담배 등의 농산물, 뽕잎과 누에고치, 감, 면포·누룩 등의 가공품, 목재 등의 임산물 등으로 매우 다양하였다. 현금 수입의 주종을 이룬 것은 미곡이었고, 그 다음이 임산물이었다. 곡물의 자급도는 높았고 면포·담배·누룩은 거의 상품화되었다.[5)]

시장경제에 전면 편입된 오늘날 농가경영의 기본 목표는 수입과 비용의 차액을 극대화하는 것이다. 그런데 생산조건이 자연재해에 취약하고 시장이 미성숙한 전근대에 농가경영의 일차적 과제는 기초적인 소비물자를 확보하여 굶주리지 않고 안정된 경제생활을 영위하는 것이므로, 농가가 우선적으로 다각경영을 통하여 생필품의 자급도를 가능한 한 높이고 그 여력으로 상품생산을 하는 것은 경제적 합리성을 가진다. 기근이 일상적이고 시장과 사회적 분업의 발전도가 높지 않은 당시에 특정 작물의 재배에 전업하고 상품생산에 주력한다는 것은 위험 부담이 컸다. 러시아 농학자 차야노프(A. Chayanov)가 지적한 바와 같이, 농가는 시장으로의 편입이 진전될수록, 생산물을 화폐로 환산하여 양적 이익을 따지는 경제적 계산을 점차 중시하여 환금성이 높은 작물의 재배에 주력하게 된다.

5) 박석두·이두순 「한말-일제하 양반 소지주가의 수지변화에 관한 연구-구례 류씨가의 사례」, 한국농촌경제원의 연구보고, 1995.

2. 수공업에서의 상품생산

(1) 가내수공업에서의 상품생산의 진전

전근대의 수공업은 농가 부업인 가내수공업(家內手工業)과 전업(專業)수공업이라는 두 형태로 대별될 수 있다. 가내수공업은 농업과 역사를 같이 하였고, 19세기까지 공업생산의 지배적 형태였다. 가내수공업의 중심을 이룬 것은 직조(織造)수공업이었다. 삼국시대 전기에 이미 바디, 북 등의 직조 도구를 사용하여 삼베나 비단을 짜는 기술은 널리 퍼져 있었다. 직조수공업이 성장함에 따라, 삼국은 삼베·비단·명주실을 조세 부과의 대상물로 삼았다. 통일신라의 촌락문서에서 촌락마다 1결 정도의 삼밭[麻田]과 1,000그루 정도의 뽕나무가 설정된 것에서 드러나듯이, 삼베와 비단은 당시 중요한 생산물이자 세원(稅源)이었다.

삼베는 삼한시대부터 존재하였음이 확인되며, 고려시대까지 직물의 주종이었다. 15세기에 무명이 삼베를 밀어내고 주된 옷감이 되었고, 물품화폐의 주종도 삼베로부터 무명으로 바뀌었다. 중부 이남 지역에서는 면직업이 급속히 보급되면서 마직업(麻織業)은 쇠퇴한 반면, 면화 재배가 곤란한 북부지방에서는 마직업이 존속하거나 더욱 성행하였다. 15세기 말에 편찬된 『동국여지승람(東國輿地勝覽)』에 의하면, 평안도의 42군현 중 39개, 황해도의 24군현 중 14개, 함경도의 22군현에서 삼베가 생산되고 있었다. 조선후기에 함경도 육진(六鎭)지방에서 생산된 삼베는 양질이어서 개성상인 등을 통하여 전국 각지로 유통되었다. 『천일록』 산천풍토(山川風土) 북관조(北關條)에 의하면, 함경도 "부녀자는 마직에 전업하여 비록 신분이 낮더라도 밭일을 하지 않았다" 한다.

모시는 삼국시대 생산기술의 발전으로 당나라에 보낸 기록이 있으며, 고려시대에 품질을 향상하여 원(元)간섭기에는 수세 대상이자 수출상품으로 부상하였다. 『세종실록지리지(世宗實錄地理誌)』에 의하면, 모시의 주산지는 차령산맥 동쪽의 충청도였는데, 임천에서는 "주민이 모두 모시풀을 심어 이득을 얻"었다. 이러한 전통이 조선후기에 계승되어 한산·임천·비인·서천·남포·정산·부여를 '저산 7읍(苧産 7邑)'이라 하였다. 저산읍에서는 군포(軍布)를 모시로 대신 받았다. 저산 7읍에 인접한 전라도에서는 저산읍에 소요될 원료의 생산을 위한 모시밭 경영이 활발하였다. 모시풀의 재배와 모시의 제조가 지역적으로 분화된 것은 한산을 중심으로 하는 지역의 제조기술이 발달하였음을 반영한다.

삼국시대에는 삼국 모두가 고급 비단인 금(錦)을 생산할 정도로 견직업(絹織業)이 발전하였고, 그 기반 위에서 통일신라시대에는 고급 비단을 생산하여 비단의 본고장인 중국을 비롯하여 만주에 수출하기에 이르렀다. 고려·조선시대 중국으로 비단 수출이 없었으니, 비단의 생산기술에서 중국과의 격차가 삼국·통일신라시대까지는 축소되었다가 대외 진출에 소극적으로 변한 고려·조선시대에는 확대되었던 것이다.[6)]

농업과 양잠업의 장려는 조선국가의 기본 경제정책이었다. 그래서 국왕은 친경례(親耕禮)를, 왕비는 친잠례(親蠶禮)를 행하였으며, 수령 7사(事)의 첫째는 농상성(農桑盛)이었다. 이것은 비단에 국한하기보다 의료품 생산의 장려 조치였다. 조선시대 수입 주종품은 사라능단(絲羅綾緞)이라는 고급 비단이었다. 그것은 조선 내 전업적 수공업이나 관청수공업에 의해 생산되기도 했고, 이런 비단을 생산하는 "능라장(綾羅匠) 등 기술자가 많았다." 그런데 실을 뽑고 염색하는 등의 기술이 중국보다 못하여, 1461년 중국 사행 때마다 기술자를 보내 배워오게 하였다.(『世祖實錄』 7년 5월 28일 丁卯) 이런 정책이 이후 계승되지 않은 데에서 드러나듯이, 조선의 공업육성책은 부실하였다. 연산군만 관료가 사라능단을 입도록 하고 그 직조업을 장려하였다. 그 외에는 중국의 고급 비단을 사치품으로 보아 그 사용을 규제하는 정책이 개항 전까지 일관되게 추진되었으나, 고급 비단은 계속 최대 수입품이었다. 16세기 국내 상업과 국제무역의 성장을 배경으로 중국 명주실을 수입하여 고급 비단을 직조하는 활동이 활발해졌으나, 국가는 그 활동을 규제하였고 법전에 처벌 조항을 넣기도 했다.[7)] 사치품을 규제하는 문화와 정책도 공업 발달을 억제한 것이다.[8)]

조선 초 면직업이 급속히 보급되고 중국의 고급 비단이 대량 수입됨에 따라, 견직업도 마직업과 마찬가지로 면화 재배가 곤란한 북부지방에서 성행하였다. 『세종실록 지리지』에 의하면, 황해도 각 고을의 주민은 "누에치기와 뽕심기에 힘쓴다"든가 "누에치기를 생업으로 하고 있다"고 하였다. 『임원경제지(林園經濟志)』에 의하면, 평안도에

6) 이헌창 「조선 중·후기 실학자의 해로무역육성론(海路貿易育成論)」 『조선시대의 사상과 문화』 집문당, 2003, 247~8쪽.
7) 朴平植 『朝鮮前期 對外貿易과 貨幣 硏究』 지식산업사, 2018, 154~169쪽.
8) "중국이 사치로 망한다고 하면, 우리나라는 반드시 검소함으로 인해 쇠퇴할 것이다. 왜 그런가? ……지금 나라 안에는 구슬을 캐는 집이 없고, 저자에는 산호의 값이 없다. 또 금과 은을 가지고 가게에 들어가도 떡을 살 수 없다. 어찌 그 습속이 참으로 검소함을 좋아해서 그러하겠는가. 아니다. 이것은 오직 물건을 이용하는 방법을 모르기 때문이다. 이용할 줄 모르니 생산할 줄 모르고, 생산할 줄 모르니 백성이 날로 궁핍해지는 것이다. 대저 재물은 비유하자면 우물과 같아서, 퍼내면 채워지고 이용하지 않으면 말라버린다. 비단을 입지 않기 때문에 나라 안에 비단을 짜는 사람이 없다. 따라서 길쌈과 바느질이 쇠하여졌다. 그릇이 비뚤어지는 것을 개의하지 않으므로 교묘함을 일삼지 않아, 나라에 공장(工匠)과 질그릇 굽는 곳, 대장간이 없고 기예(技藝)도 없어졌다. 그뿐만 아니라 농사하는 방법도 몰라서 흉년이 자주 들고, 장사는 물건을 팔 줄 몰라서 이익이 박하다. 그러니 사민(四民)이 모두 곤궁하여져서 서로 도울 길이 없다."(『北學議』 內篇, 「市井」) 여기서 우물은 국내·외 시장을 의미하며, 국내·외 수요가 확대되어야 생산이 증대하고 기술이 발전한다는 취지이다.

서는 "누에를 쳐서 비단짜기에 힘쓰"며, "평안도의 비단은 8도에 명성이 높았다." 평안도에서도 성천(成川)은 견직업이 활발한 반면, 인접한 강동(江東)은 그 원료를 생산하는 양잠업이 번창하였는데, 18세기 말 한 시인은 다음과 같이 읊었다.

> 누에치는 달 강동땅의 고치 파는 저자 지날 즈음에
> 북쪽 서쪽 장사치들 구름같이 모였구나.
> 강 건너 집집마다 5묘(畝)씩의 뽕밭이 푸르렀네.

14세기 말부터 면직업(綿織業)은 삼남을 중심으로 급성장하여, 15세기 이후 최대 민간수공업이 되었다. 무명은 농민의 소비 수요가 컸을 뿐만 아니라 조세, 노비의 신공물(身貢物), 물품화폐로 사용되었으므로 활발히 생산되었다. 1467년 사섬서와 제용감에서 거둔 노비신공과 군포는 20여만 필에 달하였다. 『세종실록지리지』에 의하면, 면화의 주산지는 호남과 영남이었다.

조선후기에도 직조품은 수공업품의 주종을 이루었고, 〈표 4-1〉에 나타난 바와 같이, 장시에서 곡물과 더불어 가장 널리 상품화되었다. 평안·황해도에서는 비단이, 함경·강원도에서는 삼베가, 전라·경상도에서는 무명이, 충청도에서는 모시가 중요한 생산물이었다. 직조업은 그 상품생산이 성장한 조선후기에도 농가의 부녀자에 의한 가내부업의 영역을 탈피하지 못하였다. 면화밭이 1,000결(結)에 달한 남원을 살펴보자.

> 본현(本縣)은 산골짜기에 잇달아 평야에 임하고 있는데, 본디 무명 산지라고 일컬어지고 있다. 지극히 가난하고 농토가 없는 인민이 아니면 다소간 각각 면화밭을 가지고 있어서, 제반의 군포(軍布)·대동(大同)을 면포로써 납부한다. 민간에서는 본래 다른 지방에서 사는 일이 없고 사람마다 모두 손수 직포하여 납세하는데, 여력이 있으면 다른 지방에 전매(轉賣)하여 생계에 이바지하므로, 집집마다 1년 내내 직포하기를 충청도 임천과 한산의 모시농사와 같다. (『南原縣公事』)

이처럼 조선후기에 일반 농가는 자가 소비와 조세 납부를 위해 면화를 널리 재배·직포하였고, 잉여가 있으면 상품화하여 곡물생산이 부족한 산골짜기 지방의 생계를 보충하였다.[9] 교통이 불편한 산간지방에서는 대동미와 전세미(田稅米)도 무명으로 대납되는

9) "가난한 집에 나라 세금은 심장을 도려낼 듯/ 시골 계집 옷짜는 북은 이르는 곳마다 바빠/ 반 필밖에 못 짠 면

추세였다. 사치품의 성격을 가지는 모시와 비단은 자가 소비의 비중이 낮았으므로, 상품생산의 비중이 한층 높았다.

면작으로 유명한 옥천(沃川)에서는 전업적 면직업자가 있었다. 19세기 중엽 유학(幼學) 한만수(韓萬壽)는 "본래 지극히 가난한 백성으로서 방적을 하여 생계를 꾸려가고 있었는데, 이번 달 초순에 나의 처가 백목(白木) 2단(端)을 울타리 밖에 널어 바래다가 1단을 잃어버려 두루 찾아보았으나 끝내 찾지 못하"여 관에 호소하였다(『管城錄』). 이처럼 토지로부터 유리된 빈민이 생계를 위해 방적업에 종사하기는 하였지만, 전업적 직포업자는 소수였다. 방적, 직포, 또는 옷 제작에 종사하여 공임을 받는 여성은 다수였다. 면직업이나 견직업에서 실을 사서 옷감을 짜 파는 사례는 확인되나, 방적과 직포의 지역적 분화는 확인되지 않는다.

농민은 닥나무를 재배하여 원료로 팔기도 했지만, 대개는 마을에 설치된 공동작업장에서 종이를 만들어 공물을 납부하고 남는 부분을 상품화하였다. 15~6세기에 제지업의 주산지는 서울, 전주, 남원 등이었다. 자리수공업의 주산지는 안동, 상주, 평산 등이었다.

가내직조업은 산업혁명 이래 근대적 기계공업으로 전환하고, 농가는 가내에서 조달하던 것을 시장에서 구입하게 되었는데, 서유럽에서는 중세적 수공업 생산조직이 근대적 조직으로 이행하는 과도기에 직조생산을 중심으로 하는 가내수공업이 반(半)전업적 내지 전업적인 수공업으로 전환하면서 농촌공업지대(農村工業地帶)가 형성, 성장하였다. 이러한 현상을 초기공업화(proto-industrialization)라 하며, 그것은 근대적 산업생산의 전개와 상당한 관련성을 가진다. 조선시대에 무명·삼베·모시의 주산지(主産地)는 형성되어 있었다. 무명의 경우 조선후기에 주산지의 제품으로 명성이 높은 것은 진주목(晋木), 송도목(松都木), 고양목(高陽木), 순천목(順川木) 등이었다. 그러나 주산지에서도 직조생산은 가내수공업의 영역에서 벗어나지 못하여 농가경영의 부차적인 생산활동에 머물렀으므로, 농촌공업지대가 형성되었다고 보기 어렵다. 조선후기에 서유럽, 중국과 마찬가지로 인구 압력에 의해 상품작물의 생산과 농촌직물업이 성장하면서도, 서유럽과 달리 농촌공업지대가 형성되지 못한 것은 도시시장이나 원격지시장의 수요가 적었기 때문으로 판단된다. 유럽 전역에 전개된 원격지유통은 농촌공업지대의 성장을 위한 중요한 자극이었음에 반하여, 조선후기에는 직물의 해외 시장이 없었고 국내 원격지유통도 활발한 편이 아닌 데다가 고급 비단은 중국 제품으로 충당되었다.

포를 잘라내어/ 밝기도 전에 모두 논산장(論山場)으로 달려간다." (金鑢「黃城俚曲」)

수요 기반의 협소함은 수공업 기술의 발전을 제약하였으며, 역으로 기술의 낙후는 수출을 어렵게 만들고 중국 비단의 대량 수입을 초래하였다. 고려 말에 면화와 더불어 도입된 거핵기(去核機)와 물레의 기능과 구조는 뚜렷한 기술개량을 이루지 못하여, 조선후기에는 중국과 일본의 직기(織機)보다 생산성이 뒤떨어졌다. 평안도에서 개량된 비단 직기가 사용되었으나, 고급 비단의 제조기술은 중국에 못 미쳤다. 조선후기에 유학자들이 직기의 개량 방안을 제시하기도 했으나, 뚜렷한 성과를 거두지 못하였다.[10)]

(2) 관청수공업의 해체 · 민영화와 상품생산

① 관청수공업의 해체와 민영화

전업수공업은 초기에는 공동체나 국가에 의하여 조직되었다가 점차 시장에 의존하는 방식으로 전환하여왔다. 공동체는 전업적 수공업자를 공동체 내 분업체계에 편성하였다. 집권국가가 성립하면서 가내수공업의 생산물을 조세로 흡수하고 전업적 수공업을 관청수공업으로 편성하였다. 삼국시대부터 15세기까지 지방 지배집단의 세력이 약화되고 집권국가체제가 강화되어가는 추세였는데, 그에 수반하여 지방 세력이 장악한 수공업은 점차 관청수공업으로 흡수되어갔다.

신라에서는 6세기 이후 국가체제가 정비되면서 궁중(宮中)수공업과 관청수공업이 성립하였는데, 궁중수공업이 보다 잘 정비되어 있었다. 또한 소국(小國)의 수장은 귀족으로 전환한 후에도 예속적 수공업자의 부락을 지배하였다. 통일신라시대에는 관직이나 상당한 자금력을 가진 수공업자가 존재하였다.[11)]

고려시대에 집권국가체제가 상당한 정도로 정비되면서 궁중수공업은 축소되고 관청수공업은 한층 정비되었다. 다양한 계층의 공장이 수공업 기술을 제공하는 국역(國役)을 부담하는 범주로 묶여 공장안(工匠案)에 등록되었다. 개성에서 국역을 부담하는 공장으로는 별사(別賜)라는 녹봉과 무산계(武散階) 전시(田柴)를 지급받는 층, 그리고 일정 기간 번갈아 노동력을 징발당하는 층이 있었다. 전자는 후자를 지휘, 감독하고 기술적으로 지도하면서 1년 내내 관청수공업에 복무하는 직역자(職役者)였다. 지방에서 수공업 공물의 생산을 담당하는 중심적인 지역은 소(所)로 편성되었는데, 소의 수공업자는 호장(戶長)이란 지방 토호세력의 지배 아래 집단적으로 예속되어 있었다.

국가에 수공업품을 주로 공급하던 소(所)가 고려후기에 과중한 수탈 등으로 인해

10) 權泰檍『韓國近代綿業史研究』一潮閣, 1989, 2장.
11) 朴南守「新羅手工業史研究」동국대 문학박사학위논문, 1993.

해체되어감에 따라, 국가는 군현민을 동원하여 수공업품을 생산하는 방식으로 전환하였으며, 또한 필요한 물품을 시장에서 구입하기도 했다. 그 결과 민간수공업은 활성화되었다. 예컨대, 죽제품의 특산지인 양주(梁州)에서는 "집안의 남녀를 막론하고 대로써 용구(用具)를 만들어 다른 물건과 교역하고 의식과 조세는 오직 대에 의존하였다" 한다(『東文選』 送安梁州序).

집권국가를 확립한 조선은 쇠퇴하던 관청수공업을 재건하고 나아가 정비하였다. 향(鄕)·소(所)·부곡(部曲)이 폐지되어 인접한 군현에 통합되는 과정에서 소의 기능은 관청수공업으로 흡수되어, 고려시대에 이원화되어 있던 국가의 수공업 지배체제가 일원화되었다. 조선국가는 사원을 정리하면서 수공업에 종사하던 절간 노비를 공노비로 편성하여 관청수공업에 복무시켰고, 양인 신분의 수공업자를 신역(身役)으로서 관청수공업에 복무시켰다. 조선국가는 개별 수공업자로 하여금 순번에 따라 일정한 기간 관청수공업에 복무케 하는 번차제(番次制), 그리고 나머지 기간에 독립적인 경영을 허용하되 그 수입에 대해서는 과세하는 장세제(匠稅制)로 잉여노동과 잉여생산물을 수취하였다. 수철장(水鐵匠)의 경우 20명 이상을 대야(大冶), 15명 이상을 중야, 14명 이하를 소야로 규정하여 돈·쇠·포·쌀 등의 장세를 받았다. 15세기에 서울과 그 부근에 살던 수공업자는 3교대 또는 2교대로 단기간 복무하였다. 지방에서 뽑혀 올라온 수공업자는 3교대로 나누어 6개월씩 복무하고 12개월 동안 자기 경영에 종사하거나, 2교대로 하여 격년마다 복무하였다. 일반적으로 노비수공업자에게 더욱 불리한 번차제가 적용되었다.

국가의 수공업자에 대한 통제가 강화되는 가운데 수공업자의 사회적 지위는 하락하는 추세였다. 고구려의 시조 동명왕이 활과 화살을 만들었고 신라의 석씨계 왕족의 시조인 탈해왕(脫解王)이 야장(冶匠) 출신이었던 것으로 보아, 삼국이 성립될 무렵 대장장이는 낮은 신분이 아니었다. 그 후 수공업자의 사회적 지위가 하락한 결과, 7세기 중엽 신라의 지배층인 강수(强首)가 야장의 딸과 혼인하려는 데에 대하여 그의 아버지는 미천한 출신이라며 반대하였다. 통일신라시대에 상층 공장은 5두품 내지 6두품으로서 촌주층(村主層)에 해당하는 신분이었다. 고려시대 이후 집권체제가 정비되어감에 따라 수공업자는 공장이라는 범주로 묶어져 일률적인 법제의 적용을 받게 되었고, 사농공상관(士農工商觀)이 도입됨에 따라 수공업자는 사민(四民) 중에 하위였다. 고려시대부터 수공업자의 벼슬길이 법적으로 금지되었지만, 일부 수공업자는 녹봉과 농지를 지급받았다. 조선조에 들어와 공장의 동(東)·서반(西班) 정직(正職)으로의 진출이 제도적으로 봉쇄되고 공장잡직(工匠雜職)이 설치되었다. 사족은 상인이 되면 사회적 지위를 손상받지만, 생계 방편의 수공업 종사가 허물은 아니었다. 수공업자의 사회적 지위의 저하는 15세기를 분수령으로 도자기·비단 등 수공업 기술이 답보하여 중국과 격차가 벌어지는 요인에 포함될 것이다.

1484년 반포된 『경국대전(經國大典)』에 의하면, 중앙 관청의 수공업장에는 129직종의 경공장(京工匠) 2,841명이, 지방 관청에는 27직종의 외공장(外工匠) 3,652명이 소속되어 있었다. 경공장은 30개의 중앙 관청에, 외공장은 각 군현에 분속(分屬)되어 있었다. 고려시대에는 11개의 중앙 관청에 70여 업종의 수공업자가 존재하였으므로, 조선시대에 들어와 관청수공업이 확대되었음을 알 수 있다. 외공장 중에는 지장(紙匠) 722명, 야장(冶匠) 462명, 돗자리수공업자인 석장(席匠) 385명, 화살을 만드는 시인(矢人) 350명, 목공업의 목장(木匠) 340명, 피혁수공업자인 피장(皮匠) 313명 순으로 많았다. 중앙의 관청수공업에서는 상의원(尙衣院)의 직조수공업, 군기시(軍器寺)의 무기생산업, 사옹원(司饔院)의 사기장(沙器匠)이 대표적이었다. 중앙의 관청수공업은 지방에 비해 규모가 컸는데, 그중 교서관(校書館)의 인쇄 수공업장, 조지서의 제지소, 사옹원의 사기 수공업장에서는 내부 분업이 존재하였을 것이다.

조선 초 관청수공업이 시장 수요에 응하기도 하였다. 15세기 초엽부터 존속한 별와요(別瓦窯)는 관에서 설립, 경영하면서 주로 민간에서 수요하는 기와를 제작하여 점점 사영적(私營的) 성격을 확대하였다. 임진왜란 이후 사영 제와장(製瓦場)이 성장함에 따라 별와요는 폐지되었다. 조지서(造紙署)의 경우에는 서적 출판의 비용을 조달하기 위하여, 인쇄한 서적의 일부를 판매하기도 했다.

번차제 아래 공장은 관청에 복무하지 않는 기간에는 자신의 경영으로 상품생산을 꾸려나갈 수 있었다. 1420년 "수공업자와 상인이 민간에 흩어져 이익을 서로 다투어 물가가 등귀합니다. 국가가 이미 행랑(行廊)을 건설하여 시전으로 삼았으니, 지금부터 수공업자를 업종별로 나누어 같이 거주하게 하고 평시서(平市署)로 하여금 물가를 평준화합시다."라는 건의가 채택되었다(『세종실록』 2년 閏正月 29일 戊戌). 지방의 관리는 수공업물자를 서울에서 구입, 납부하거나 서울의 장인에게 품삯을 지급하고 만들어 바치기도 했다.

장세제와 번차제에 의한 관청수공업은 조선전기에 이미 동요하였다. 일부 수공업자에게 적용하던 급식제도, 잡역을 면제하는 복호제(復戶制), 공장잡직을 주던 제도가 15세기 후반부터 재정상의 문제로 축소되다가 마침내 폐지되었다.[12] 게다가 양반 관료

12) "세종 때에는 약장(藥匠, 화약을 만드는 수공업자)들에게 두 끼의 식사를 제공하고 2명의 봉족(奉足)을 붙여주었으며 양인 출신들에게는 6품까지의 벼슬을 주고 천인 출신들에게는 장원서(掌苑署)의 벼슬을 주었으므

의 수탈은 약화되지 않았다. 그 결과 도피하는 수공업자가 늘어 그들을 보충하는 일이 심각한 문제였다. 1434년 군기감(軍器監)은 원래 700~800명이던 수공업자가 도피하여 300여 명으로 줄어든 것을 보충해달라고 요청하기도 했다. 15세기 후반 이후 관청수공업으로부터 벗어난 사장(私匠)이 늘어, 1538년 "수공업자는 각기 신역(身役)을 가지는데, 힘써 배워 전달하지 않는다. 관원들도 이들을 구사(丘史)로 데리고 다녀 그들의 생업을 폐하게 한다. 그런 까닭에 국가가 일을 만나면 공장(公匠)이 없고 복역하는 자는 모두 사장뿐이다."라는 형편이었다.(『중종실록』 33년 8월 23일 癸亥) 이들 사장은 시전에 물자를 공급하기도 했다.

『묵재일기』(1535~1567년)에는 경상도 성주지방의 42종의 장인이 나온다. 이름이 확인된 70명 중 2명이 백정이고 성이 없는 23명은 노비, 나머지는 양인으로 보인다. 관장(官匠)과 사장이 각기 절반을 차지한 것으로 보인다. 『경국대전』에는 성주에 11종의 37명 외공장이 소속되었으니, 조선전기에 사장뿐만 아니라 관장도 늘고 업종이 다양해져, 수공업이 성장하였다. 관장은 군역을 면제받는 대신 신역을 졌고 번차제의 복무기에 생계 지원의 봉족(奉足)을 지급받았다. 관장과 사장은 농지가 있으면 잡공(雜貢)을 부담했고, 사장은 잡역을 부담하였던 것으로 보인다. 장인의 주된 생계 방법은 상품생산이고 장시 판매보다 작업장에서의 거래가 많았다. 성주에 귀양온 사족인 이문건은 장인으로부터 수공업품과 서비스를 323회 제공받았는데, 수공료를 지불한 경우는 105건에 불과하고 그나마 시세에 못 미쳤다. 105건의 2.2%는 무명, 20.7%는 쌀로 지급하였다. 이문건은 그 대가로 장인의 역과 납부 물품을 면제받도록 힘썼다. 역을 피해 도망하는 장인이 많지 않아서, 지방의 관장제는 여전히 건재하였다.[13]

17세기에는 순번에 따라 관청수공업장에 노동력을 징발당한[分番立役] 수공업자의 도피 현상이 심해짐에 따라, 관청 복무를 면제받는 대신에 납부한 무명을 장기 복무[立役]하는 장인에게 지급하는 장인가포제(匠人價布制)가 성립하였다. 장포(匠布)를 징수하면서 관청수공업은 해체되기 시작하여, 1744년에 편찬된 『속대전(續大典)』에 의하면, 공장(工匠)을 가지고 있던 중앙의 30개 아문 중 5개 아문은 없어졌고 10개 아문에는 소속 장인이 없었다. 『경국대전』에 의하면, 호조·공조·본도(本道)·본읍(本邑)이 각각 공

로 사람들이 모두 다 앞을 다투어 약장이 되려고 하였으나, 지금은 점심도 봉족도 주지 않고 벼슬을 주는 법까지 폐지되었다. ……또한 이름이 비록 약장이라고 하지만 원래 화포(火砲)는 민간의 일용품이 아니므로 반드시 다른 직업으로 살아가야 하는 데다 멀리 다니는 것마저 금지된 채 오랫동안 서울 안에 있게 되므로 생산품을 만들어 팔아 먹을 길마저 없어 살 길이 막히게 되므로 죽기를 작정하고 약장이 되려 하지 않으며 따라서 약장이 없어질 우려가 있다." (『성종실록』 8년 1월 戊辰)

13) 金仁圭 「16世紀 慶北 星州地域의 匠人 硏究: 李文楗의 『默齋日記』를 中心으로」 서강대 문학박사학위논문, 2001; 이정수 「『묵재일기(默齋日記)』를 통해 본 지방 匠人들의 삶」 『지역과 역사』 18, 2006.

장 명부를 보관함으로써 국가의 공장 파악은 엄격하였으나, 1785년 편찬된 『대전통편(大典通編)』에 의하면, 호조·공조가 공장을 파악하는 체제가 허물어지고 해당 아문(衙門)과 제읍(諸邑)만 그것을 파악하였다. 장포의 수입 자체를 목적으로 관청이 수공업자를 무질서하게 등록함으로써, 공장수는 1699년 1만여 명, 18세기 중엽에는 10여만 명으로 늘어났는데, 수공업자에 대한 이중·삼중의 수탈이 자행되었고 수공업자가 아닌 사람이 등록되기도 했다. 관청수공업의 해체로 인하여 공장은 노동력 징발로부터 해방됨으로써 상품생산자로 성장하는 계기가 마련되었다.

해체되지 않은 관청수공업은 상품생산의 성장에 수반하여 민영화 추세를 걸어갔다. 입역장인(立役匠人)은 장포만으로 생계가 어려웠기 때문에 사적인 제조·판매를 허용받았다. 처음에는 사조판매(私造販賣)의 규모가 크지 않았지만, 판로의 확대에 수반하여 점차 커졌다. 나아가 부유한 상인이 자본을 투하하여 가난한 수공업자를 지배하자, 관청수공업은 사조판매를 주로 하고, 진상품의 제조를 부차적으로 삼게 되었다. 대동법의 시행 이후에는 공물주인(貢物主人)이 값을 받고 관청수공업의 진상품을 진배(進排)하도록 하는 조치가 단행되었다. 이제 관부 대신 공물주인이 관청수공업을 관장하여, 관부로부터 공가(貢價)를 받아 진상품을 제조, 납부하기에 이르렀다. 대동법 이후 지방 관청에 공물을 분정하지 않고 공물주인에게 진배하도록 함에 따라, 『대전통편』에 의하면, "지금 외공장은 본도에 등록하는 규정이 없어져 관청에서는 사공(私工)을 임금을 주고 고용하" 게 되었다.

청나라로 보내는 방물지(方物紙)의 조달방식을 살펴보자. 원래 방물지를 삼남지방에 분정(分定)하면, 각 고을은 지장(紙匠)의 노동력을 징발하여 지소(紙所)에서 생산, 납부하였다. 대동법의 실시 후에는 공물주인이 지장으로부터 방물지를 사서 호조에 납부하였다. 그 결과 각 고을의 지소는 공물주인을 상대로 하는 민간수공업으로 변하였다. 그렇지만 지소는 항상 관부의 간섭을 받았다. 공인은 지소에 종이값을 선대(先貸)하고 막중한 공물을 조달한다는 구실을 내세워 생산자를 억압하려고 했다. 그런데 18세기 중엽부터 송상(松商)이 삼남의 생산자에게 선금을 주고 종이를 독점함으로써 지계공인(紙契貢人)과 격렬한 상권 다툼을 벌였다. 게다가 공물주인에 대한 생산자의 반발이 강하여 관부의 지원만으로는 공물 구입을 보장받을 수 없게 되자, 삼남방물지계(三南方物紙契)는 파산하기까지 하였다. 관부의 지원에만 의존할 수 없게 된 공물주인인 지전(紙廛)상인은 각지 사찰의 지소에 생산비를 선대하고 차인을 파견하여 생산물을 획득하였다.[14)]

14) 宋贊植 「三南方物紙貢考」 『震檀學報』 37·38, 1974.

중앙의 관청수공업이 수공업자인 공물주인의 관장 아래 들어갔다면, 지방의 관청수공업은 상인인 공물주인의 지배 아래 놓이게 되었다. 그런데 중앙의 관청수공업을 장악한 공물주인도 내부적으로는 상인물주(商人物主)의 지배를 받았다. 상업이 성장하고 상인간 경쟁이 격화되자, 상업자본이 생산과정에 투입되어 물주제를 성립시켰던 것이다. 수공업자는 자금력이 빈약하고 시장 사정에 어두웠던 반면, 상인은 시장 사정에 밝고 자금력이 있는 데다가 관과 결탁하였기 때문에 수공업자를 지배할 수 있었다.

이제 대표적인 관청수공업인 조지서(造紙署)와 분원(分院)의 민영화 추세, 그리고 여기서 성립하는 물주제의 실태를 살펴보고자 한다.

② 조지서의 민영화와 지전에 의한 지배

기원 전후 중국에서 발명되어 개량된 종이는 3세기경 한반도와 베트남에 먼저 전해졌다. 국가체제의 정비에 따른 문서 행정 등 국가 기록물, 불교·유교 경전의 간행 등으로 종이 생산은 성장하였다. 기록 도구로서 종이는 점차 목간(木簡)을 대체하게 되었다. 고구려 때부터 종이가 수출될 정도로 그 품질은 국제적 평판을 얻었다.

고려시대의 제지수공업은 관영, 민영 및 지소(紙所)의 체제로 운영되었다. 고려후기에 지소가 해체되었으므로, 조선 초에는 중앙에서 필요로 하는 종이를 전주·남원 등지에서 공물의 형태로 거두어들이는 한편, 지장(紙匠)과 원료산지를 파악하여 지방의 관청수공업체제를 정비하였다. 중앙의 관영수공업은 조지소(造紙所)가 저화(楮貨)의 생산을 위해 1415년 설립되면서 정비되었다. 그것은 세종대에 규모를 확대하였고, 세조대에 조지서(造紙署)로 개칭되었다. 여기서 생산된 종이는 국가 기록물과 과거 시험지[試紙], 조공(朝貢)과 회사(回賜), 저화, 서적 출판 등에 사용되었는데, 상등 백저(白楮)를 원료로 만든 종이는 남원과 전주의 지품(紙品)을 능가할 정도였다. 『경국대전』에 의하면, 조지서에 지장 81명, 차비노(差備奴) 90명 등이 배속되어 있었다. 지장은 제지기술자였고, 차비노는 각종 비숙련의 잡역에 종사하였을 것이다. 지장은 6달씩 3교대로 복무하였다.[15)]

임진왜란으로 파괴된 조지서가 관청수공업으로 재건될 때, 국가는 공장(工匠)을 징발하여 조지서를 직접 경영하지는 않고 4명의 편수(邊首)에게 그 운영의 책임을 맡겼다. 국가는 이들에게 요미(料米)와 삭포(朔布)를 지급하였으며, 국가 조달 종이에 대해서는 공가(貢價)를 지급하였다. 탕춘대(蕩春臺)의 조지서 근방에는 수백 호가 거주하였

15) 李光麟「李朝初期의 製紙業」『歷史學報』10, 1958.

는데, 편수는 여기에 모여 사는 지장을 고용하여 조지서를 운영하였다.

조지서의 각 관부에 대한 공납(貢納)은 원료비와 공전(工錢)으로서 공가를 받는 지장에게 무거운 부담이 되지는 않았다. 그러나 특권층과 관리의 인정(人情) 등 규정 외 수취가 과다하였기 때문에, 50여 명이던 지장은 흩어져서 1753년에는 7~8명밖에 남지 않은 형편이었다. 조지서는 편수에 대한 요미·삭포와 공가의 지급만으로는 유지될 수가 없었기 때문에, 국가는 지장의 상품생산을 허락하였다. 18세기 후반에는 상품생산이 국가 수용품의 생산보다 많아졌다.

조지서는 상품생산을 확대하는 과정에서 지전(紙廛)의 지배를 받게 되었다. 지전은 서울에서 온갖 종이류를 독점적으로 판매하였고, 공가를 받고 삼남방물지(三南方物紙)를 진배하기도 했다. 지전은 처음에는 과거 시험지 등을 주문하다가, 자금력이 부족하고 시장 사정에 밝지 못한 지장을 차츰 공전(工錢)을 받아 생산하는 존재로 만들었던 것으로 보인다. 그래서 1753년 조지서의 지장은 "과거 시험지의 조성은 모두 전인(廛人)의 물력에서 나오고 저희들이 사비(私備)하여 이익을 취하지 않는데" 아문·궁방 등이 차사(差使)를 보내어 수탈한다고 호소하였던 것이다(『貢弊』 4책, 造紙署紙匠條).

지전은, 1875년 회계장부인 『각항물목전계(各項物目廛契)』에 의하면, 조지서를 다양한 경제적 방식으로 장악하였다. 조지서 도중(都中)은 지전으로부터 1년 동안 다섯 차례에 걸쳐 도합 14냥의 동전을 차입하였다. 지전은 조지서에게 제지 원료인 제지(蹄紙)와 제조 공전을 주고 종이를 받기도 하였고 또 값을 치르고 구입하기도 하였다. 지전은 조지서에 제지 작업의 감독원을 파견하기도 하였다.

조지서는 점차 국가의 수용품보다 지전의 요구에 의한 상품생산을 중시하게 된 점에서, 명목상 관청수공업이나, 사실상 편수를 중심으로 하는 지장의 민영수공업적 성격을 가지게 되었다. 조지서는 1882년에 해체되었다.

③ 분원의 민영화와 상업자본의 침투

삼국시대 이후 도자기 기술이 꾸준히 발전하여 고려 청자는 중국에 대등한 기술력을 보여주였다. 조선이 들어서면서 도자기는 기술력이 아닌 품격을 표현하는 도구로 인식되어 화려한 청자 대신 소박한 백자가 생산되었다.

15세기 전반 국가는 수용 도자기를 각 처 생산지로부터 공물로 수납하였다. 1467·8년경 국가는 고급 자기의 안정적인 조달을 위해 사옹원(司饔院) 관할의 사기소(沙器所)인 분원(分院)을 경기도 광주(廣州)에 설치하였다. 『경국대전』에 의하면, 이 관청수공업에 소속된 사기장(沙器匠)만 380명이었고, 당시 전국에서 가장 우수한 제품을 생산하였다. 그 결과 토산 공물의 자기는 점차 줄어들었다. 분원은 원료인 백토(白土)와 연료인 목재의 고갈로 수차례 옮겼으나, 17세기 중엽 양근군(楊根郡) 우천강변에 정착하였고, 17세기 말에는 광주의 한강변으로 옮겼다. 사옹원은 재료·연료·도구의 비용을 지급하면서 원역(員役)을 두어 자기의 생산과 진상을 책임지도록 하였고, 관리를 파견하여 감독하였다.

17세기 전반에 분원의 사기장은 번상장인(番上匠人)과 외거(外居)장인으로 나뉘었고, 외거장인은 장인의 보인(保人)으로서 번상(番上)의 의무를 면제받는 대신에 연간 장포(匠布) 3필을 부담하여 번상장인에게 지급되는 가포(價布)와 요미(料米)의 재원에 이바지하였다. 1707년 장보(匠保) 532명분의 장포는 내외 각종 인부의 품삯과 물종가로 지출되었다. 17세기 말에는 이미 전속장인이 발생한 듯하다. 이들은 기술자인 제색장인(諸色匠人)과 일반 노동자인 입역모민(立役募民)으로 구별되었다. 분원이 전속장인에 의하여 운영된 것은 "사옹원의 사기장 자손은 다른 국역에 분정(分定)하지 않고 그 업을 세전(世傳)한다"는 『대전후속록(大典後續錄)』의 기록에서도 확인된다. 전속장인과 인부는 분원 주위에 거주하면서 입역하였으므로, 분원 근방에 1,000여 명의 마을이 형성되었다.

분원은 해마다 2월에 번조(燔造) 작업을 시작하여 6월과 10월 두 차례에 자기를 진배하였다. 1694년 봄·가을의 번조가 1,300죽(竹)에 이르렀는데, 1죽은 10립(立=개)이다. 그러나 사기장의 부담은 이에 그치지 않았다. 이들은 연례원진상자기(年例元進上磁器) 외에도 왕실을 포함하는 권세가 및 관리의 각종 수탈에 시달려야 하였다. 국가는 이미 17세기에 분원의 장인에게 사조판매(私造販賣)를 허락하였다. "가마 하나를 허급(許給)하여 번조진상(燔造進上)한 나머지를 이용하여 의뢰할 물자가 있게 하였다"는 1874년의 '분원편수복설절목(分院邊首復設節目)'으로 보건대, 국가는 전속장인에 대하여 가포와 요미를 지급하였지만, 그것만으로 그들의 생계 유지가 어려웠으므로 사조판매를 허용하였던 것으로 보인다. 자기 제조의 기술자며 생산과정의 책임자인 편수는 사조판매에서 중요한 역할을 담당하면서 점차 진상의 하급 책임자로 성장하였다.

분원에서 사조판매가 본격화되는 것은 18세기 중엽부터이다. 사조판매를 위하여 제조되는 자기는 전통적 번조방식인 예번(例燔)이 아니라 새로운 번조방식인 갑번(匣燔)에 의하였는데, 이 방식으로 매우 화려한 자기가 생산될 수 있었고 그 가격 또한 유기에 못지 않았다. 갑번자기의 수요가 계속 증대하자, 국가는 민간의 사치를 우려하여 빈번히 그 제조를 금지하였다. 그럼에도 불구하고 갑번의 생산은 계속 증가하였는데, 상업자본이 뒷받침하였기 때문이다. 다음에 드러나듯이, 상인은 처음에는 물주로서 편수에게 자금을 선대하고 갑번을 의뢰하다가 마침내 편수의 자리를 차지하고 자기장(磁器匠)을 노동자처럼 사역하기에 이르렀다.

> 대개 편수(邊首)의 칭호는 어떠한 수공업자임을 막론하고 반드시 각종 수공업자[匠色] 중에서 수단이 노숙(老熟)하여 두목으로 된 자이다. 승척부거(繩尺斧鋸)를 모르는 자는 반드시 목수(木手)편수가 될 수 없을 것이요, 노비용련(爐鞴鎔鍊)을 모르는 자는 반드시 야장(冶匠)편수로 될 수 없을 것이요, 추착마롱(椎鑿磨礱)을 모르는 자는 반드시 석수(石首)편수로 될 수 없을 것이요, 도기오만(塗墍圬墁)을 모르는 자는 반드시 미장이[泥匠]편수로 될 수 없을 것이다. 지금 이미 번조편수(燔造邊首)라고 칭한다면, 역시 반드시 본소 수공업자[本所匠手] 중에서 노숙하여 두목으로 된 자임이 명백하다. 그런데 어찌 근래 서울과 지방의 한잡(閑雜)한 무리가 처음부터 본소 수공업자의 기예(技藝)가 없고 응토성기(凝土成器)하는 묘리를 모르고서 편수 칭호를 차지하여 감히 무한한 폐단을 일으키고 있는데, 그 연유를 따져보면 대개 그 까닭이 있다. 오직 수공업자는 모두 가난하고 어리석어서 그 준비한 물료(物料)를 빌리지 않을 수 없으니 이에 협잡배가 있어서 돈벌이할 곳을 보아 처음에는 서로 얽히고 결탁하여 암암리에 편수의 물주(物主)로 되고, 마지막에는 근거를 잡고 빼앗아 드디어 원역(員役)과 대적하여 솜씨 좋은 장색(匠色)을 모두 꾀어 품질 좋은 물건을 자기가 먼저 선택하며, 진상의 중함을 돌보지 아니하고 오로지 모리에만 급급한다. 뜻밖에 관요(官窯)의 설치가 곧 사상(私商)의 업으로 되어 원역배가 거행(擧行)에 낭패함은 이미 논할 것도 없고, 번조의 사체(事體)가 훼손되니 어찌 이를 용납하겠는가. 이것이 편수 명색이 여러 번 설치되었다가 여러 번 폐지된 까닭이다. (分院邊首復設節目)

18세기 광주의 분원에는 편수 2명을 포함하여 기술자와 숙련공이 108명 있었다. 이들은 10여 생산공정에서 분업에 기초한 협업으로 편성되어 있었다. 그런데 분원을 소유한 국가는 상인이 편수의 자리를 차지하고 생산과정을 장악하는 것을 누차 혁파하였다.

국가는 1883년경 재정위기 대처 방안의 일환으로서 분원을 공소(貢所)로 만들어 진상하는 자기에 대해 공가(貢價)를 지급하였다. 원역과 장인의 신역을 공인 조달로 전환한 것이었다. 분원의 사무를 처리하던 원역 중 희망자가 공인이 되었는데, 5,000~7,500냥의 납입금을 받고 공인을 추가하기도 했다. 공소는 서울·경기지역에 자기 공급을 독점하는 특권을 가졌다. 공소로 전환하기 전에는 규정 외 과다한 납부, 그 후에는 재정 위기로 공가를 제대로 받지 못하는 것이 최대의 경영 애로였다. 공가를 받고 공물을 제조하는 관청수공업인 분원자기공소(分院磁器貢所)는 갑오개혁기에 공인제도와 더불어 해체되었다. 그 후 분원 경영의 시도가 있었으나, 임진왜란 이후 조선의 기술을 습득, 발전시킨 일본 도자기에 압도되어 실패하였다.[16] 일본이 조선보다 기술력이 앞서게 된 것은 지배층이 고급품을 중시하여 기술자를 우대하면서 산업을 적극 육성하였고 시장이 더욱 컸기 때문이다.

(3) 전업수공업의 성장과 수공업공장의 출현

① 전업수공업의 성장

조선 초 공장(工匠)은 노동력을 징발당하지 않는 기간 동안 독립적으로 상품생산에 종사할 수 있었다. 서울에서는 1410~4년에 행랑을 건설하여 상인과 수공업자를 입주시키고 사용료를 받았다. 농촌에서는 농민이 자급할 수 없는 도자기·농구·유기 등의 수공업이 주종을 이루었다. 『반계수록(磻溪隨錄)』에 의하면, 대도시에서는 공(工)·상(商)에 전업할 수 있지만, 농촌에서는 농업을 겸하지 않으면 살아갈 수 없었다. (2)에서 언급하였듯이, 15세기 후반 이후 관청수공업으로부터 벗어난 사장(私匠)이 늘었다.

17세기에 장인가포제(匠人價布制)의 성립과 관청수공업의 해체는 전업수공업자로 하여금 상품생산에 전념할 수 있게 하였다. 이러한 가운데 수공업자가 모여 사는 촌락, 즉 점촌(店村)이 성장하였다. 점촌 가운데 대표적인 것은 유기점(鍮器店)·수철점(水鐵店)·옹점(甕店)이었다. 17세기 중엽 각 지방에는 수철점, 옹점, 바늘을 만드는 침점(針店) 등 많은 점촌이 생겨났다. 그래서 군역을 피하려는 사람이 점촌에 몰려들었는데, 지방관은 이들을 오히려 비호하면서 점촌에 납부하는 물건들로 사복을 채우는 형편이라고 하였다(『승정원일기』 현종 8년 윤4월 10일조). 18·19세기에는 많은 점촌이 지방 관리의 협잡에 의하여 세금을 면제받은 계방촌(契房村)이 되기도 했다.

1909~10년에 걸친 민적조사(民籍調査)에 의하면, 전국에서 공업에 전업하는 호수는 2만 2,943호로서 전체 호수의 0.8%에 불과하였다. 공업호가 20호를 넘거나 그 비중이 5%가 넘는 면(面)은 169개로 전체의 3.8%에 불과하였다. 공업호 100 이상인 19면 중에 대도시에 해당하는 것이 14면에 달하였다. 도시화가 전업적 공업을 발달시킨 중요한

16) 박희진 「19세기 司饔院 分院의 운영과 그 몰락」 『수량경제사로 다시 본 조선후기』 서울대학교 출판부, 2004.

요인인 것이다. 공업호가 서울에서는 3,310호로 6%를 차지하였고, 통영(統營)에서는 800호, 개성에서는 400호 정도였다. 대도시에서는 내부의 공산품 수요를 배경으로 전업적 수공업이 발달하였지만, 일반적으로 공산품의 이입이 이출보다 많았다. 수공업자가 밀집한 통영은 외부로부터 미곡 등의 식량 및 말총·대·재목 등의 공업원료를 공급받고 그곳으로 수산물과 공산물을 공급하였는데, 갓[笠帽]·칠기(漆器)와 같은 우수한 공산품을 만들어 전국적인 판로를 개척하였다. 갓 제조업은 양대공(凉臺工)과 입방(笠房)

표 4-2 1908년경 충청북도에서의 전업수공업호수와 그 평균 제조액

수공업 종류	수공업호수	순위	면당 평균 호수	수공업호가 존재한 면수(비중: %)	수공업호당 연평균제조액(圓)
研子磨手(연자매로 白米 가공)	370	1	1.86	56 (28.1)	22.08
水砧手(물방아로 백미 가공)	127	7	0.64	42 (21.1)	24.52
冶匠(대장장이)	317	2	1.59	161 (80.9)	18.09
錫匠(주석 가공)	24	16	0.12	16 (8.0)	17.88
粧飾匠鐵工(철 세공)	6	20	0.03	5 (2.5)	13.00
鍮器匠(유기 제조)	16	17	0.08	9 (4.5)	77.78
製紙人(종이 제조)	204	3	1.03	48 (24.1)	24.86
陶磁器匠(도자기 제조)	190	4	0.95	37 (18.6)	46.73
土器匠(토기 제조)	128	6	0.64	40 (20.1)	57.83
木器匠(목기 제조)	29	14	0.15	10 (5.0)	13.90
床(소반·책상·평상 등)製工	7	19	0.04	7 (3.5)	16.43
柳箱匠(버들고리 제조)	86	9	0.43	45 (22.6)	7.83
篩(체)箕(키)匠	52	11	0.26	29 (14.6)	11.56
冠匠(관 제조)	64	10	0.32	48 (24.1)	21.04
宕巾匠(탕건 제조)	16	17	0.08	13 (6.5)	20.38
皮匠(가죽 가공)	29	14	0.15	14 (7.0)	40.90
木手·小木手	180	5	0.90	87 (43.7)	20.91
石工	38	12	0.19	32 (16.1)	16.67
누룩 제조인	113	8	0.57	4 (2.0)	2.12
재봉인	32	13	0.16	23 (11.6)	79.58
합계	2,037		10.24	199 (100)	

자료: 忠清北道 觀察道『韓國忠淸北道一斑』1909.

주: 1. 수공업호수와 제조액은 면단위로 집계되어 파악됨.

2. 銀匠(은 細工) 3호, 網巾匠(모자 제조) 3호, 麥製工 2호, 鼎店匠(솥 제조) 1호, 麻製工(삼베 제조) 1호를 더하여 합계가 계산됨.

의 분업으로, 칠기 제조업은 목공(木工)·금공(金工)·나공(螺工)·입공(笠工)·칠공(漆工)의 분업으로 경영되었다.

수공업자가 거주한 점촌은 흔히 수십 호 거주하였다. 정주군 청정리(淸亭里)에는 1900년대에 300호가 거주하고 그중 30호가 유기수공업에 종사하여, 평안도는 물론 황해·경기의 각 도에도 판로를 가졌다. 이 정도로 전업적 수공업자가 밀집한 촌락은 소수였다. 직물생산지대에도 공업호는 소수여서, 농촌공업지대가 성립하지 못하고 직물업은 압도적으로 가내부업으로서 존립하였음을 알 수 있다.

민적조사에서 충청북도의 공업호는 0.6%로 조사되었는데, 〈표 4-2〉에 나타난 1908년경 충청북도 관찰도의 조사에서는 1.7%였다. 전업공업호로 파악하는 기준의 엄격한 정도가 달랐을 것이다. 1908년경 조사에서 수공업호의 연평균 제조액이 현미 5석 정도의 구매력에 해당되는 40원(圓) 미만이었던 것으로 보건대, 일부 전업적 수공업자는 농업 등 다른 직업을 겸해야 생계를 유지할 수 있었을 것이다. 조선 말 충청북도에는 농가생활에 필수적인 연자매수, 야장, 제지인, 도자기장, 목수의 순으로 수공업자가 많았다. 수공업자는 지역적으로 분산되어 있었으며, 주로 지역 내의 수요에 응하였다. 표준적인 시장, 곧 장시의 권역(圈域)에서는 대체로 주민의 1~2%에 해당하는 수공업자가 농민의 일상적인 수요와 관련된 수공업 10종 전후에 종사하였다. 농민이 수요하는 수공업품은 대부분 이러한 권역에서 조달되었다. 〈그림 4-1〉을 보면, 도자기장은 지역적으로 분산되어 있으면서 주로 주변 지역의 수요에 응하였다.

농촌에서 전업적 수공업호의 비중은 낮았지만, 다양한 공산물이 활발히 거래되었다. 예컨대, 19세기 경북 예천군 박씨가의 구매품 중에 공산물이 최대의 비중을 차지하였다. 공산물은 주로 농가부업으로, 부차적으로 반농반공(半農半工)에 의해 생산되었다. 농촌에서는 낮은 수요밀도로 인하여 상설점포가 존립하기 힘들었을 뿐만 아니라 목수, 모자·신발·도기 등을 제조하는 다양한 수공업자는 촌락과 시장을 순회하면서 판매하기도 했다.

이하에서는 상품생산이 진전하여 상업자본의 침투에 의한 물주제(物主制)가 성립하고 분업과 협업의 노동조직인 수공업공장이 출현한 철공업과 유기수공업에 대하여 살펴보고자 한다.

② 철공업의 발전

다음 절에서 언급되겠지만, 18세기 철점(鐵店)은 민영화되어 있었다. 〈표 4-1〉에서 알 수 있듯이, 민영 철공업은 평안도에서 발달하였으며, 그중에도 개천(价川)지방이 유

그림 4-1 1908년경 충청북도에서의 도자기공의 면별(面別) 분포와 판로

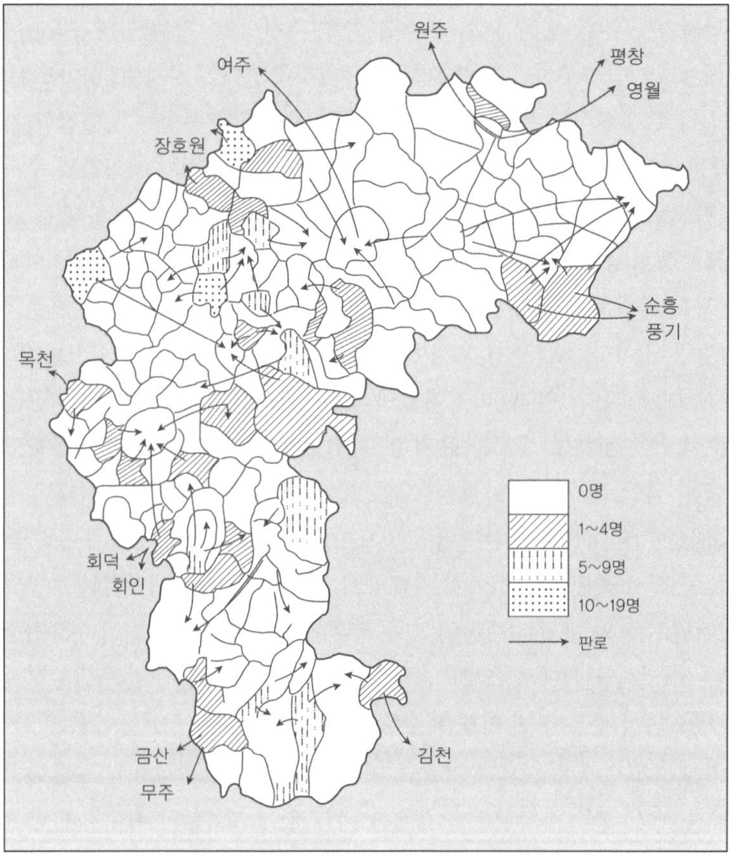

출전: 李憲昶「舊韓末 忠淸北道의 市場構造」『近代朝鮮의 經濟構造』比峰, 1989, 그림 3.

명하였다. 『세종실록지리지』에 의하면, 개천읍 동쪽에는 무쇠가 많이 생산되어 철장(鐵場)이 설치되어 있었고, 이곳의 철은 무기의 제조에 사용되었다. 1775년에 편찬된 『은산지(殷山誌)』에 의하면, 개천에서도 철공업이 자리잡은 봉명방(鳳鳴坊)에서는 "지세가 메말라 곡식을 심는 밭이 적어 주민은 오로지 화전으로 생업을 삼았는데, 또한 제철·숯굽기·칡캐기에 힘입어 살아가는 사람이 많았다." 여기에 흩어져 있는 취철막(吹鐵幕)은 1년간 2냥씩, 숙철막(熟鐵幕)은 1냥씩, 탄막(炭幕)은 5전씩, 그리고 산로(山爐)의 호수(戶首)는 마철(馬鐵) 48부(部)를 각각 납부하였다. 취철막은 무쇠를, 숙철막은 강철을 제련하는 작업장이고, 탄막은 제련에 필요한 숯을 생산하는 곳이었다. 철공업자는

노동력을 제공하는 대신에 철덕세라는 장세(匠稅)를 납부하였던 것이다.

18세기 후반에 농가의 부업으로 존속하던 철공업은 19세기의 실정을 수록한 『조양읍지(朝陽邑誌)』에 의하면 주민의 생업이 되어 있었다.

> 동북면(東北面)은 산이 험하고 골짜기가 깊고 잡목이 무성하여 주민이 숯을 구워 생활하며, 서남방(西南坊)은 들이 좁고 흙무더기에서 철광석과 돌이 섞여 나와 야인(野人)이 그것을 파내어 팔아서 생활한다. 이르는 곳마다 노(爐)를 설치하여 양철(兩鐵)을 제련하기도 하고 솥을 주조하고 기구(器具)를 두드려 만들기도 하여, 상업이 제법 흥성하여 재화와 상인이 왕래한다. 이 읍의 생리(生利)는 농사 외에는 이것이 성하다. (『조양읍지』 風俗條)

조선후기 상업자본이 철공업에 침투하였다. 철산지로 유명한 강원도 홍천(洪川)지방의 '철덕도고(鐵德都賈)'라는 용어나 개천지방에서 유행한 '제덕 잃고 품팔이 간다'는 속담은 상인의 수공업자 지배를 암시한다. 개천지방에서는 철기제조업자를 제철물주(製鐵物主), 솥의 제조업자를 제부(製釜)물주라 불렀는데, 이들 물주는 상인이 아니면 지주였다. 하나의 철덕을 가동하기 위해서는 30명 안팎의 노동자가 원대장(총책임을 진 기술자), 곁대장(부책임자), 오리마지꾼(용해공), 너울꾼(풍구질꾼) 등으로 분화되어 분업과 협업에 종사하였다. 물주가 지배하는 수공업공장이 출현한 셈이다. 19세기 중엽 평안도 영변(寧邊)에서 이갑규(李甲圭)는 수철점을 경영하면서 기술자인 성기편수(成器片手), 역군(役軍), 점인(店人) 등 다수의 임노동자를 고용하였다.

개천읍의 무진대(無盡坮)는 대동강 유역의 수륙교통의 요지에 위치하였다. 개천에서 철공업의 전업화와 상품생산이 진전함에 따라, 19세기 후반 그곳 나루터의 수공업지구에만 150여 호가 살았다. 이 지역 주민의 생활풍토도 변하였음을 다음에서 알 수 있다.

> 이전에는 검박하고 근면하기에 힘쓰며 사치하는 것을 누추하게 여기고 소박한 것을 좋아하며 마을의 집집마다 글 읽는 소리만 들리더니, 이제는 농민이나 상인을 막론하고 이익 추구에 매달리는 자가 태반이나 되어 어느 마을, 어느 집에서도 글 배우는 자는 점점 적어지는 반면에 먹고 입는 욕망만 채우면 다행으로 여기는 자들만 늘어간다. (『조양읍지』 風俗條)

조선말기에 경상북도 청도군(淸道郡)에서도 철의 수공업공장이 발견되었다. 작업은 점흙으로 바숨을 만드는 일, 그것을 구워내는 일, 가마 안으로 송풍을 하는 일, 그리고 쇳물을 바숨에 부어넣는 일로 나누어진다. 잡역노동자뿐만 아니라 숙련공으로서 도래질편수·불편수·골편수가 있었고, 물주가 자금을 대었다.

③ 유기수공업의 발전

유기(鍮器)가 서민의 일상 생활용품으로서 보급된 것은 18세기 이후로 보인다.[17] 조선후기에 식기류뿐만 아니라 대야·물병·징·꽹가리·담뱃대 등 다양한 유기제품이 서민의 일상생활에서 사용되기에 이르렀다. 시집가는 새아씨는 유기 2~3벌을 가져가는 풍습도 생겼다.

종전에 유기의 주산지는 서울·개성·전주 등 몇몇 도시에 지나지 않았으나, 18세기 이후에는 유기제품이 보급되면서 구례(求禮)·안성(安城)·정주(定州)를 비롯하여 새로운 주산지가 형성되었다. 안성에는 유기수공업 외에도 다양한 수공업이 성하였으나, 정주의 납청(納清)은 유기수공업에 집중하였다. 조선말 300호에 달한 납청의 총호수 중 30호 정도가 유기 생산에 전업하였고, 농민도 유기점에 소요되는 숯을 구워 생계를 유지하였다. 여기에서 양푼, 대야, 주발, 대접, 징, 괭가리 등이 제조되어 각지로 유통되었다.

19세기 초에 갑산동점(甲山銅店)이 개발되어 원료인 동을 대량 공급하게 됨에 따라, 납청은 전국 굴지의 유기생산지로 성장하는 계기를 마련하였다. 또한 납청은 청천강 입구에 위치하면서 상업이 발전한 박천(博川)과 안주(安州)에 이웃하였기 때문에 이 곳 상인의 왕래가 빈번하였다. 납청의 유기수공업은 원료인 동과 납철(鑞鐵)의 공급, 그리고 제품의 판매를 이들 상인에 의존하였다. 그 때문에 이곳의 유기수공업자는 경제적으로 상인에 종속되는 경향이 있었다.

유기는 주형(鑄型)에 부어서 만드는 방식과 두들겨서 만드는 방식이 있다. 납청의 유기수공업은 전자, 안성의 그것은 후자를 채택하였다. 주형에 의한 작업공정은 주형공정, 주물공정, 선반(旋盤)공정 및 끝마무리 공정으로 나누어졌다. 납청에서 양대점과 같이 비교적 규모가 큰 수공업장에서는 대개 11명으로 구성된 모작배(募作輩)가 작업하였는데, 그들간에는 분업에 기초한 협업이 이루어지고 있었다 한다. 바리점과 숟가락점에서도 분업과 협업에 기초한 노동조직이 있었고, 촛대점 및 대통점과 같이 소규모

17) "조선의 풍속에서는 유기를 제일 귀하게 여기는데, 아침저녁으로 반상(盤床)에 오르는 기명(器皿)은 모두 유기로 쓴다. 옛날에는 오직 서울의 호상가(豪商家)에서만 간혹 유기를 쓰기도 했으나, 지금은 황촌(荒村)의 오두막에서도 유발(鍮鉢)이나 유완(鍮碗)을 서너 개 가지고 있지 않은 집이 없다." (『林園經濟志』 瞻用志)

의 수공업장에서는 3~4명의 노동자가 작업하였다 한다. 유기수공업에는 임노동자가 고용되었으며, 이들은 5일장마다 제품을 판 돈으로 임금을 지급받기도 했다.

유기제조업자는 장날에 직접 유기를 늘어놓고 판매하였으며, 상인, 관청 등으로부터의 주문생산인 '맞춤'에 응하기도 했다. 비교적 규모가 큰 유기수공업장의 소유자는 상인이거나 지주였다고 한다. 1850년대에 상인지주이자 경영주였던 박명조는 자본금 2만~3만 냥으로 매월 80근의 동괴(銅塊) 30개와 그 1/4의 중량인 600근의 납철을 원료로 하여 약 2,100근의 유기를 생산하였다고 한다. 1870·80년대에는 이 정도 규모의 유기공장이 납청에만 9개소 존재하였으며, 그 밖에 다수의 소규모 수공업장이 있었는데, 이들은 대체로 경제적으로 상인에 예속되었다 한다.

이처럼 철가공업과 유기수공업의 선진 지대에서 상업자본의 지배를 받은 분업에 기초한 협업의 수공업공장이 출현하였다는 것은 상품생산의 진전을 보여주는 중요한 지표이다. 그런데 이러한 선진적 경영은 드문 존재였을 것으로 보이며, 20세기에 들어와서까지 발자취를 뚜렷이 남긴 것을 찾기가 어렵다. 게다가 개천과 납청의 수공업공장은 노인의 회상에 의거하여 실증적 기반이 약하다.

3. 광업의 민영화와 상품생산

(1) 조선전기 징발 노동력에 의거한 국영 광업체제의 확립과 동요

전근대국가는 일반적으로 광산을 소유하고자 했는데, 조선도 예외는 아니었다. 고려시대에는 호장이 장악한 철소(鐵所)에서 철이 생산되고, 국가는 그 일정량을 공철(貢鐵)로서 수취하였다. 조선 초에 새로운 수도인 한성의 건설과 무기 제조에 필요한 철물을 조달하기 위하여, 철의 생산량이 풍부한 곳에는 철장관(鐵場官)을 파견하여 광산을 직영하였고, 나머지 철광산지에는 민간의 사적 생산을 허용하여 공철을 수취하였다. 1407년부터는 상시 복무하던 농민의 광역(鑛役)을 덜어주기 위하여 철장이 소재한 지역의 수령이 도회관(都會官)이 되고, 인근 지역의 농민을 농한기에 징발하여 철을 채납(採納)하게 하였다. 그래도 멀리 가서 철을 채굴해야 하였던 농민이 불만을 가져, 1487년부터는 철산지의 소재 읍(邑)에 한해서 일정량의 공철을 수취하는 방식으로 전환하였다.

철장관제 아래 상시 복무하던 농민이 철장도회관제 아래서는 농한기에만 노동력을 징발당하였으며, 1487년부터는 일정량의 공철을 납부하면 되었던 것이다. 이처럼 노동력을 광산에 징발하는 광역이 완화됨에 따라 농민의 사채(私採)가 촉진되었다. 수도 건설과 무기 생산에 얽매였던 공장(工匠)에게도 사적 생산의 겨를이 생겨 민간 수요를 대상으로 하는 철물 생산이 증가하자, 국가에서는 장세(匠稅)를 부과하게 되었다. 16세기 후반부터는 철물수공업의 성장을 배경으로 산지에서 공철을 납부하는 것이 아니라 상인이 대납(代納)하는 관행이 보편화되었고, 국가도 철상(鐵商)에게서 쌀·직물로 철물을 구입, 사용하게 되었다. 철광업에서는 조선전기에 광역이 점차 완화, 소멸하고 상품생산이 성장하여갔던 것이다.

명나라가 세공금은(歲貢金銀)을 요구함에 따라, 조선국가는 금·은광(金·銀鑛)의 개발을 시도하였다. 1401년부터 채방사(採訪使)를 파견하여 지방관을 독려하고 포상제를 도입하여 금·은광을 개발하였다. 금·은 생산지의 농민은 연간 40~80일 노동력을 징발당하여 농사에 지장을 받았다. 금·은광의 개발에 따른 폐단이 커지자, 조선국가는 국내에서 금·은이 산출되지 않는다는 이유를 내세워 세공 금·은의 면제를 요청하여 1429년에 허락을 받았다. 그 후 금·은의 중국 유출을 우려하여 그 채굴을 금지하다가 1440년부터 그것을 허용하고 소량의 상공(常貢)을 부과하였다. 성종대까지 18개 읍에 금광이, 7개 읍에 은광이 개발되었다. 그런데 금·은 공물의 부과에 따른 농민의 불만이 높아진 데다가 1470년경부터 일본 금이 유입됨에 따라, 1484년에 공금제(貢金制)를 폐지하고 일본 금을 수입, 사용하기로 하였다.

연산군 시절에는 금·은제품이 다량 제조되어 은광 개발이 추진되었다. 특히, 순은(純銀)제품을 만들 필요가 있었던 결과, 1503년에는 은광에 함유된 연(鉛)을 분리하는 방법이 개발, 보급되었다. 1413년에 이미 당약(唐藥)으로 은을 연으로부터 분리하는 방법을 아는 자가 채방사가 되기도 했는데, 얼마 후 은광 개발이 중지됨에 따라 보급되지 않았던 것 같다. 연은분리법(鉛銀分離法)이 개발되자 연산군은 양질의 은을 산출하는 함경도 단천은광(端川銀鑛)의 사채(私採)를 엄금하고 부유한 상인으로 하여금 채굴, 제련한 다음 납세하게 하였다가, 얼마 후에 수령으로 하여금 인민의 노동력을 징발하여 은을 납부하게 하였다. 1506년 중종이 즉위하면서 연산군의 폐정을 개혁하는 일환으로 관채(官採)를 폐지하자, 불법적인 사채가 다시 성행하였다. 1515년에는 국경 여진족의 반란에 대비할 군량미를 마련할 필요가 있어서 민간인이 단천 은광을 채굴하는 대가로 미곡을 납부하도록 하였다. 이렇게 채굴된 은이 중국으로 다량 유출되자, 국가는 공은(貢銀)의 부활을 우려하여 1년 반만에 민간에 의한 채굴을 중단시켰다. 1521년에는 재정적 필요에 의하여 단천군민의 노동력을 징발하는 관채제가 실시되었다. 그런데 연은분리법이 일본으로 전파되어 1538년경부터 일본 은이 대량 유입되고 은가(銀價)가 하락함에 따라, 단천 은광의 채굴실적은 떨어지고 1542년에는 관채를 중단하였다. 단천에 수재가 들어 진휼곡(賑恤穀)을 제공한 상인이 1561~7년간 채굴을 허용받기도 했다. 선조대에 은광이 봉쇄되었는데, 1583년에 관에서 채굴하여 상인으로부터 군량미를 수매한 적이 있었다.

이상으로 보건대, 조선전기 은광의 개발과 민영화를 억제한 가장 중요한 요인은 명에 대한 세공금은의 부활 우려였다. 1538년경 이후 저렴한 일본 은의 대량 유입도 은광의 개발을 억제하였다. 그러나 은은 중국무역의 중심적인 결제수단이었으므로, 국가나 상인은 그것을 절실히 필요로 하였다. 국가는 관의 채굴을 선호하였지만, 노동력을 징발당한 농민의 불만을 우려하였다. 당시 은광의 노동이 고역(苦役)이었음을 다음에서 엿볼 수 있다.

> 은을 채굴하는 갱도는 측량할 수 없을 정도로 깊고, 그 갱도가 매우 협소하여 겨우 서너 사람이 출입할 수 있었다. 은을 채굴하려면 웃옷을 벗고 코와 입을 막은 채 횃불을 밝혀 들어간다. 갱내에 오래 머무를 수 없어 잠시 후에 다시 나오니, 형색은 완전히 변하여 생색(生色)이 전혀 없었다. (『중종실록』 18년 9월 乙卯)

그렇다고 해서 은광의 개발에 적극적 관심을 가진 부유한 상인의 민채(民採)가 허용되면, 은이 불법적으로 중국에 유출할 우려가 있었다. 광산의 개발을 중단하면 불법적인 사채가 성행하였다. 그래서 국가의 은광정책은 일관되지 않았다. 그렇지만 노동력을 징발하는 관채는 점점 애로에 부딪히고, 상인이 참여한 민채가 일정 기간 채택되고 상인이 배후에 있는 불법적인 사채가 활발한 동향을 보였음은 주목할 만하다.

16세기에는 관채나 민채를 막론하고 명망 있는 문관을 경차관(敬差官)으로 파견하여 수령의 수탈, 상인과의 결탁 등의 폐단을 방지하고자 했다. 관채일 경우에는 경차관이 거느리고 간 이졸(吏卒)과 관장(官匠)이 징발된 노동자를 사역하여 광산을 채굴하였고, 민채일 경우에는 상인이 사장(私匠)과 인부를 고용하여 채굴하고 경차관은 수세의 업무를 관장하였다.

(2) 조선후기 관영 군수광업의 성쇠와 민영 광업의 발전

임진왜란 이후 군수(軍需)광업은 성장한 반면 민영화는 지체되었다. 임진왜란 때부터 조총(鳥銃)이 휴대용 무기로 사용되고 서울과 지방의 군제(軍制)에 조총병을 근간으로 하는 삼수제(三手制)가 채택되었다. 군사 관청은 소속 포수(砲手)뿐만 아니라 각 읍의 포수에게 조총과 화약·총알을 지급하여야 했다. 당시 그 법정가(法定價)가 생산비의 2~3배 정도였으므로, 처음에는 서울의 부유한 상인[富商大賈]이 납품하던 것을 군문에서 탈취하기에 이르렀다. 군사 관청은 총·화약·총알을 제조하기 위하여 대규모 생산시설을 갖추었고, 나아가 그 원료를 조달하기 위하여 철광·유황광(硫黃鑛)·연광을 개발하였다. 군사 관청은 철물수공업이 발달하였던 황해도의 재령(載寧), 장연(長淵) 등지를 비롯한 각지의 철산지를 장악하였고, 17세기 말까지는 20여 개소의 유황광과 60여 개소의 연광이 개발되었다. 양난 이후에 국가 재정이 어려운 상태에서 군사력 강화가 요청되었기 때문에, 군사 관청은 운영비의 조달을 위한 이권을 확보할 수 있었다.

군사 관청은 광산의 개발을 촉진하기 위하여 광산을 발견, 보고한 자를 해당 광산의 감관(監官)으로 임명하여 광산을 관리하게 하였다. 감관은 광산에 대한 지식과 경험을 갖춘 자로서 점소(店所)를 운영하고 할당된 생산량을 수납하는 임무를 맡았다. 채굴·제련장의 기술을 담당하였던 장인(匠人)은 각 점마다 10~30명 있었고, 각각 대개 10명 정도의 노동자를 거느렸다. 이들은 군사 관청에 전속되어 달마다 일정액의 식량과 역가(役價)를 지급받았다. 모군(募軍)이라 불린 광산노동자는 주로 광산 주변 지역의 읍민(邑民)으로서 군사 관청에 의해 징발당하였는데, 광역(鑛役)에 투입되는 대신에 군역(軍役)과 연호잡역(煙戶雜役)을 면제받았다. 각 광산의 모군수는 적으면 100명 내외, 많으면 400명 정도였다. 17세기 초에는 암석의 발파에 폭약을 이용할 수 있었다. 군사 관청이 점소로부터 수취하는 광물량은 모군수에 의해 결정되었다.

임진왜란 당시 전비를 조달하기 위하여 단천 은광에서 관채와 민채를 병행하였는데, 전쟁이 끝나자 관채의 경우 노동력 징발의 폐단, 민채의 경우 상인의 협잡 때문에 광산을 폐쇄하였다. 그렇지만 사대(事大)와 국용(國用)의 물자를 조달하기가 어려워 1603년부터 단천의 읍민에게 매년 1,000냥의 공은(貢銀)을 부과하였다. 이처럼 무거운 부담을 강요당한 농민의 생계가 어려워지자, 1625년 그들의 채굴을 허용하였다. 국가 재정과 밀접히 관련된 은광은 호조가 관할하였다. 중국과의 외교·무역경비로서 은을 조달해야 하였던 호조는 1651년에 관영(官營) 광산의 비효율성을 거론하면서 은광의 개발을 촉진하기 위하여 설점수세제(設店收稅制)를 실시하고 상인의 참여를 유도하였다.[18] 그런데 상인의 참여를 유도하는 데에 실패하여 호조의 설점수세제가 성과를 거두지 못하는 사이에 연·은광도 거의가 군영문(軍營門)에 흡수되고 말았다.

효종 사후 북벌론이 쇠퇴하고 나아가 17세기 말 청나라와의 군사적 긴장이 해소되어 국가의 주된 관심이 군사 문제로부터 외교 문제로 선회함에 따라, 군사 관청의 위상은 약화되고 호조 등 재정 관청의 입지가 강화되었다. 게다가 중국무역의 성장으로 그 결제수단인 은의 수요가 급증하였다. 이러한 배경 아래 관영 군수광업이 점차 해체되고 광업의 민영화가 이루어졌다.

철점(鐵店)에서는 민영화가 현저히 진전하였다. 1704년 이후 군문 소관으로 남은 철점은 훈련도감(訓練都監)의 철현둔(鐵峴屯) 철점과 금위영(禁衛營)의 갈산둔(葛山屯) 철점밖에 없었다. 대부분의 철물장인(鐵物匠人)은 소속 관청에 신철(身鐵)을 바치고 사적 생산에 종사하였다. 1704년 삼남월과화약(三南月課火藥)의 독점적인 방납권(防納權)이 군사 관청으로부터 민간의 무기제조업자에게로 넘어가면서, 군사 관청의 유황점(硫黃店)에 대한 장악력은 결정적으로 약화되었다. 1729년부터는 유황이 생산되는 읍에 한해서만 광산노동자를 일부 남겨두고 모두 소속 읍으로 되돌려 보냈다.

이권이 가장 큰 연은광(鉛銀鑛)의 관할권이 중심적인 문제였다. 1685년 부유한 상인이 상평청(常平廳)과 결탁하여 삼남월과연환계(三南月課鉛丸契)를 조직하여 군문(軍門)으로부터 삼남월과연환의 방납권을 넘겨받음에 따라, 관영 군수광업의 입지가 약화되었다. 호조는 1687년 영덕 은점(盈德 銀店)을 흡수하였고, 1690년에는 호조가 은연점을 모두 관할하여, 징세한 은은 호조가 차지하고 연은 군문에 보내기로 결정되었다. 그 후 군사 관청에서는 연을 보내주지 않는다 하여 호조와 연은광의 관할을 둘러싼 분쟁을 벌였는데, 다소 기복이 있지만 호조의 관할권이 강화되는 추세였다.

호조는 군사 관청으로부터 이관받은 광산에 대하여 별장(別將)을 파견하여 설점수세라는 방식으로 운영하여, 18세기 은광업에는 별장에 의한 설점수세제가 주종을 이루었다. 그 실태를 살펴본다. 먼저 은을 채굴하려는 사람이 호조로부터 별장으로 임명되어 광맥의 상태와 민폐(民弊)의 유무를 해당 지역의 수령과 조사한 다음에 설점을 허가받았다. 설점에 필요한 제련장이나 부대시설은 호조가 담당하고 별장은 노동력과 연료를 조달하였다. 별장은 대개 서울의 부유한 상인이나 권세가의 사인(私人)이었는데, 그들은 설점 경비를 부담하고 호조에 납세하면서, 생산량의 상당 부분을 차지하였다.

18) "우리나라는 경제력이 부족하고 요역(徭役)이 무거운데, 매양 국력으로써 채광하니 노력과 비용이 너무 많이 든다. 채은관(採銀官)으로 하여금 광혈(鑛穴)을 얻어 개발한 연후에 인민을 모집하여 채광을 허가하고 조세를 거두게 한다. 광세의 크기를 적절히 정하면, 관에서는 재력을 들이지 않고 세입은 저절로 많아질 것이다."(『承政院日記』 효종 2(1651)년 8월 11일)

1651년의 설점수세제와 달리 부유한 상인이 활발히 참여한 것은 무역의 확대에 따라 은의 가격이 상승하여 은광업이 중요한 이권이 된 데다가 그들이 삼남월과연환(三南月課鉛丸)을 납부하게 되어 연은광을 장악할 필요가 있었기 때문이다.

별장이 광산을 관리하고 수세를 담당하였다면, 점장(店匠)은 채광과 제련의 기술을 가지고 현장에서 은점을 운영하는 자였다. 은점에는 점장이 10~30명에 달하였다. 이들은 각기 분화된 공정에 따라 광산노동자, 곧 은군(銀軍)을 거느리고 채굴·제련작업에 종사하였다. 점장의 우두머리는 실질적인 경영자로서 채굴·제련 작업의 지휘·감독이나 생산물의 분배 등을 총괄하였다. 은군은 인근의 농민과 농촌에서 유리된 자들로서, 군역과 잡역을 면제받는 대신에 1인당 5전 내외의 세은(稅銀)을 호조에 바쳐야 하였다. 세은을 바치고 남은 생산물은 별장, 점장 및 은군에게 분배되었다. 그 과정에서 점장·별장간에 갈등이 발생하여 점장이 별장의 착복을 호소하기도 했다. 성천(成川)의 은광에서는 별장·점장이 생산물의 2/3, 광산노동자가 1/3을 차지하였다 한다.

광산에 물주제(物主制)가 성립하면서 민영화는 더욱 진전하였다. 종전에는 호조나 군사 관청이 국왕의 허가가 없이 설점수세를 하고 심지어 사채(私採)를 비호하였는데, 광산이 내란과 국경 분쟁을 초래할 소지가 있다고 판단한 영조는 1740년 조정에 보고하지 않고 연은점(鉛銀店)을 신설한 관료에 대한 처벌 규정을 마련함에 따라, 호조가 관할하는 별장제 은점 경영은 위축되었다. 그러자 별장제 아래 은점에 종사해왔던 점장과 은군에 의한 잠채(潛採)가 활발해졌고, 여기에 부유한 상인이 지방관과 결탁하면서 자금을 대어주는 물주로서 등장하였다. 국가로서도 일본 은의 유입이 두절됨에 따라 은을 확보할 필요가 있었으므로, 1751년부터 물주의 은광 경영을 허용하기 시작하였다. 그리고 호조의 재력에 의하여 설점을 하지 않는 이상 별장이 필요하지 않았으므로, 1775년 이후 호조가 관할하는 모든 은점에는 수령이 수세하도록 하였다.

17세기 후반부터 동전의 주조사업이 진행되고 18세기 이후 유기수공업이 발전함에 따라, 동의 수요는 크게 증대하였다. 그런데 일본으로부터 동의 수입이 18세기 중엽 이후 감소함에 따라, 동광의 개발이 개시되었다. 영조는 동광의 설점수세를 허용하지 않았고, 호조나 군문이 동전이나 화포(火砲)를 만들 때에만 자체의 경비와 인력으로 채취하게 하였다. 1780년 안변 동광(安邊 銅鑛)에서 수령수세제(守令收稅制)가 허용된 이후 물주의 자금에 의존한 동광 개발이 활발해졌다. 19세기 초 전국 굴지의 갑산(甲山)동점이 개발되었는데, 『동점별곡』은 제련업자인 '성영주', 채광업자인 '혈주', 제련기술자인 '편수', 풍구질군인 '별패' 및 연군이 각지에서 몰려들어 채광·제련업이 활기를 띠게 된 것을 생동감 있게 보여주고 있다.

대청 무역의 주된 결제수단으로서 오랫동안 채굴되어왔던 은의 광맥을 추가로 찾기가 어려워짐에 따라, 18세기 후반부터 금광이 활발히 개발되었다. 금광 개발은 중국무역에 참여한 연상(燕商)과 역관(譯官)이 주도하였으며, 금의 주된 용도는 은과 마찬가지로 중국무역의 결제수단이었다.[19] 자산(慈山)과 성천(成川)의 노천굴(露天掘) 사금광(沙金鑛)에서 잠채가 성행하자, 1780년 호조의 관원인 계사(計士)를 보내어 설점수세를 행하였다. 사금 생산에는 제련시설이 필요하지 않았으므로 물주가 없었다. 성천금광은 사금생산량이 연간 2만 냥에 달할 정도로 성황을 이루었다. 노천굴 사금광의 표토층(表土層)이 고갈되어 산지나 농지에서 채굴하게 되면서 물주의 자금이 요청되었다. 물주제하 금광의 효과적인 통제와 수세를 위하여 1806년 수령수세제가 시행되었다.

정조 때에는 중국과의 외교·무역경비와 동전의 원료를 조달하기 위하여 광맥이 풍부한 은·동광에 한하여 설점을 허용하였다. 1787년부터 국가의 허가를 받지 않은 설점수세에 대한 처벌이 강화되자, 광산의 개발이 위축되었다. 1789년부터 화성(華城)을 건설하면서 소요되는 공사비를 조달하기 위하여 광산 개발에 대한 규제를 풀었지만, 공사가 끝나고 1798년부터는 다시 광산 개발을 규제하였다. 순조대 이후 정령(政令)이 해이해진 틈을 타서 불법적으로 채굴되는 광산이 증가하여 조정의 허가를 받은 광산보다 많아졌다. 부유한 상인은 수령을 매수하고 각 관청과 결탁하여 사적으로 설점한 다음 물주가 되었고, 장인 중의 우두머리는 물주의 자금을 융통하여 광산노동자를 고용하였다. 광산노동자에 대한 보수로는 일정액의 임금을 지불하거나 광맥의 일부를 시한부로 채취하게 하였다.

이리하여 별장제에 의한 관리체계로부터 수령수세제로 전환하였는데, 양자는 다소 달랐다. 첫째, 별장제에서는 제련장이나 부대시설을 호조가 마련하였는데, 수령수세제에서는 광산 개발에 소요되는 모든 자금을 물주가 부담하였다. 물주는 광산 채굴의 허가를 얻어내고 운영자금을 조달하는 일을 맡았으며 사실상 수세를 책임졌다. 둘째, 혈주(穴主)나 덕대(德大)는 광맥을 발견하면 물주를 정하여 설점의 허가와 자금을 의뢰하고, 물주의 자금으로 광산을 개발하는 동시에 광산노동자를 모집하고, 점소의 채광·제련작업을 관장하는 동시에 점소에서 생산된 광물을 수합하고 직접 또는 물주를 통해 판매하였다. 광산 경영이 실패하더라도 혈주·덕대가 물주의 자금을 반환할 의무가 없었기 때문에, 물주는 그가 믿을 수 있는 친지·동향인 중에서 혈주·덕대를 선정

19) "우리나라에는 금이 생산되지 않는 곳이 없다. ……국내의 금 용도는 그다지 많지 않으나, 매년 연상(燕商)이 몰래 가지고 북경에 가는 것은 그 한계를 모를 지경이다. 매년 7·8월에서 10월에 이르기까지 금의 가격이 갑자기 치솟는데, 개성·평양·안주·의주 등 연상이 모여드는 데에 가지고 가면, 금 1푼이 동전 40~50문으로 팔린다."(『林園經濟志』 瞻用志下 功金條)

하기 마련이었다.

물주가 점소를 설치, 운영하는 데 투입한 자본은 적으면 수백 냥, 많으면 수천 냥에 달하였다.[20] 물주는 자본을 투하한 만큼, 수익의 대부분을 차지하였다.

> 대개 설점의 규례(規例)는 경사(京司)가 물력(物力)을 마련하여 지급하는 것이 아니기 때문에 물주가 없으면 경영할 수가 없다. 물주는 이미 허다하게 재력을 소비하였으니, 납세는 고사하고 먼저 들인 비용을 거두려고 하는데, 이것은 실로 사세(事勢)가 본디 그러한 것이다. (『천일록』 採銀條)

앞서 언급한 성천 은광, 그리고 곧 언급될 수안 금광에서도 18세기 말 물주의 몫이 생산액의 과반을 차지하였다.

물주가 호조 등 중앙 관서의 관문(關文)을 얻기도 하였으나, 광산에 자본을 투하한 물주의 재산권은 법적 뒷받침을 받지 못해 불완전하였다. 예를 들면, 1775년 수안 군수(遂安 郡守) 이언배(李彦培)는 군내 은점의 물주인 개성의 부상(富商)에게 단지 절반 값만 지급하고 은점을 자기에게 팔도록 요구하였는데, 은상(銀商)이 관례를 들어 거부하자 형벌을 가하여 죽였다(『英祖實錄』 51년 9월 28일 癸酉). 부상이 물주로서 은광업을 운영하고 수령의 탈취 압력에 대해 관례를 거론할 수 있었을 정도의 재산권은 형성되어 있었으나, 그것은 정책의 변화로 박탈당할 수도 있고 지방 관리의 침해에 취약하였다.

광산이 발달한 곳은 도시를 이루었다. 전국적으로 유명한 수안 금광(遂安金鑛)의 1798년 실태를 살펴보자.

> 금점(金店) 다섯 곳 중에서 두 곳의 금맥은 이미 소진되어 거의 철수하기에 이르렀고, 세 곳은 금맥이 풍성하여 여름에 새로 갱[穴]을 판 것이 39개이고 장마를 만나 작업을 중지한 갱이 99개이다. 현재 연군(鉛軍)은 550여 명인데, 비단 도내(道內)의 무뢰배(無賴輩)가 농사를 그만두고 투입되었을 뿐만 아니라 사방의 이익을 좇는 무리가 풍문을 듣고 모여든 것이다. 금년 여름 장마를 만나 태반은 흩어졌으나 현재의 막수(幕數)가 오히려 700여 동(棟)이고, 인구 또한 1,500명이다. 인구수가 일정하지 않고 수세액(收稅額) 또한 이에 따라 늘고 줄어드는데, 설점(設店)이 가장 성할 때에는 거두는 세금이 수천여 냥이다. 그중 700냥은 화성

20) 1811년 우군칙(禹君則)은 서울의 물주가 채금비용으로 보낸 수천 냥을 홍경래군(洪景來軍)을 모집하는 데에 사용하였다.

부(華城府)에 상납하고 50여 냥은 금점 담당자의 보수로 지불하며, 1,000여 냥은 차인(差人, 곧 물주)이 차지한다. 이 밖에 막세(幕稅)·점세(店稅)·토세(土稅)의 명색이 한둘이 아닌데, 혹 차인에게 바치기도 하고 본관(本官)에 바치기도 한다. ……설점한 지 이미 여러 해 경과하여 촌락이 즐비하고 상인이 통화하여 큰 도시를 이루었다. ……차인은 제 이익을 거두기에 급급하여 엄중히 단속하고 부정을 막지 못하여 마침내 공납(公納)이 적고 사비(私費)가 많은 지경에 이르렀다. (『비변사등록』 正祖 22년 7월 27일)

존속한 갱수를 알 수 없는데, 금점 하나마다 갱이 평균 50개 정도였고, 갱마다 평균 노동자가 10명 정도 작업한 것으로 보인다. 기술적 한계로 갱은 소규모인 것이다. 태반이 흩어진 상태에서도 노동자 550명, 막(幕) 700여 동, 인구 1,500여 명의 광산도시가 이루어졌으니, 금점 5곳에서 활발히 광업이 이루어진 때에는 노동자 1,000명, 인구 3,000명 이상이었을 것이다. 연군에게 수천 냥을 거두어 금점 관리자에게 50여 냥을 지급한 외에는 차인이 절반 정도를 관에 바치고 나머지를 차지하였다. 재산권을 가진 물주 차인의 몫이 컸던 것이다.

이상에서 조선후기 무역과 시장의 성장, 국내 광물 수요의 증대 등에 수반하여 광산 경영에 역(役)체제가 해체되고 상업자본이 광산 경영에 투하되면서 광업의 민영화가 진전하고 그 상품생산도 확대되었음을 살펴보았다. 별장제로부터 물주제로 나아가면서 상업자본의 침투가 진전하였고, 점장에 이어서 덕대가 출현하는 것은 광업경영층의 형성을 보여준다. 화폐임금을 받는 노동자도 출현하는 등, 광군의 임노동자적 성격은 강화되었다. 채굴, 운반, 광석의 분쇄, 그리고 제련까지 포함해서 노동자가 분업과 협업으로 조직되었다. 종전에 이러한 광업경영을 자본주의맹아로서 높게 평가하여왔다. 그런데 분업과 협업의 노동조직은 생산력의 발전을 반영하기보다는 광업이란 산업의 특성에 기인하는 측면이 강하다. 자금만 대고 경영을 관장하지 않는 물주나 자신의 책임 아래 자본을 투입하지 못하는 덕대는 본격적인 산업자본가로 볼 수 없으며, 노동자는 대부분 생산물의 일정 부분을 분배받았다.

조선후기 광업은 발전적인 양상을 보였으면서, 동시에 그 한계를 드러내고 있었다. 첫째, 광업의 민영화가 진전하는 추세였지만, 안정적인 광업투자를 보장할 재산권 제도가 정비되지는 못하였다. 광업정책의 가변성과 지방관의 횡포는 광업경영의 안정성을 위협하였다. 둘째, 중농(重農)의 이념으로 광업정책이 소극적이어서, 광산 개발은 종종 억제되었다. 그리고 전국 굴지의 금광인 수안금광의 상납 세금이 700냥에 불과한 데에 드러나듯이, 국가는 광산 개발을 지원하면서 세수를 확보하는 효율적인 관리체계를 마련하지 못하였다. 셋째, 도구가 간단하였던 점은 광업 기술이 발달하지 않았음을 드러낸다. 생산도구가 광업 발전의 의미 있는 지표라 할 수 있는데, 채금(採金)의 기구가 괭이, 가래, 삽, 삼태기, 체 등에 불과하였다가, 조선후기에 폭약과 유형소차(游衡小車)가 사용된 점은 주목할 만하다.

참고문헌

권병탁『한국 산업사 연구』영남대학교 출판부, 2004.

徐聖鎬「高麗前期 手工業 研究」서울대 문학박사학위논문, 1997.

宋贊植『李朝後期手工業에 관한 研究』韓國文化研究所, 1973.

安秉直「茶山의 農業經營論」『民族史의 展開와 그 文化』下, 창작과 비평사, 1990.

柳承宙『朝鮮時代鑛業史研究』고려대 출판부, 1993.

전석담·허종호·홍희유『조선에서 자본주의적 관계의 발생』평양: 과학백과사전종합출판사, 1970.

홍희유『조선수공업사』평양: 공업종합출판사, 1권(1990), 2권(1991).

제5장

근대경제성장의 기반형성기로서 조선후기

1. 근대 이행을 파악하는 관점과 작업가설

과학혁명, 1인당 생산이 정체하여 기근의 위협으로부터 벗어나지 못한 맬서스 시대에서 생활수준의 향상을 실현한 지속적 성장의 시대로 전환, 그리고 민주주의의 성립으로 인한 기본권과 정치적 자유의 보장보다 인류사의 발전을 더 잘 보여주는 사건을 찾기는 어렵다. 이 세 사건은 근대적 변혁의 핵심을 이룬다. 지속적 성장은 근대경제성장이며 근대경제의 기본 요소를 이룬다. 과학혁명, 시민혁명, 그리고 산업혁명은 유럽에서 처음 일어나 다른 대륙으로 파급되었다. 이러한 근대적 변혁이 어떻게 일어났으며, 왜 유럽에서 먼저 나타났던가? 영국에서 산업혁명이 처음 일어난 원인에 대한 수많은 연구가 있지만, 여전히 논쟁이 분분하여, 그 문제 해결이 성배(聖杯)를 찾는 일과 같다는 경제사학자도 있다.

한국 전근대 경제의 변혁 전망을 인식하는 시각은 일제시대의 조선사회정체론으로부터 1960년대 이후 발전사관 내지 내재적(內在的) 발전론으로 전환하여왔다. 조선사회정체론은 조선시대에는 진보의 속도가 극히 완만하여 보통의 건전한 사회에서 예상되는 발전이 없었다고 보았다. 그런데 제2~4장에서 살펴본 바와 같이, 농업 기술의 발전, 토지사유제(土地私有制)의 진전, 노비제의 해체, 상품화폐경제의 성장, 자본주의맹아의 출현 등은 조선사회정체론이 잘못임을 입증한다. 1960년대 이후 한국사학계의 통설이 된 발전사관은 조선사회가 내적인 힘에 의하여 근대 전환을 준비하고 부분적으로 성취하고 있었으며, 제국주의의 침략이 그러한 발전 추세를 왜곡, 억압하였다고 보았다.

조선후기에 임노동자를 고용하여 영리를 추구하는 경영이 농업·수공업에서 출현하였고 개성상인 등은 환·어음을 이용하고 복식부기를 사용하였다. 이러한 자본주의맹아의 출현은 경제발전의 산물이지만, 그것이 자본주의로의 이행을 보증하지는 않는다. 수공업공장은 고대세계에서부터 존재하였다. 12세기 이후 이탈리아·독일의 도시국가나 네덜란드는 국제무역의 성장과 근대적 기업조직의 출현, 도시와 농촌의 공업발달 등의 점에서 조선후기보다 질적으로 높은 단계로 발전하였으나, 영국에 앞서 산업혁명으로 진입하지는 못하였다. 산업혁명이 일어나기 위해서는 시장·금융과 기업경영의 발달, 자본축적, 기술발달, 에너지원의 확충 등이 전제되어야 하며, 이러한 경제적 조건의 조성에 유리한 사회적·정치적 환경이 필요하였다. 개항 전의 조선이 산업혁명을 개시하기에는 여러 조건이 미비하였다.

내재적 발전론은 발전의 동인(動因)을 주로 내적으로 구하는 문제점을 가진다. 농경사회의 성립과정부터 지역간 교류와 기술의 전파는 중요한 역할을 수행하였다. 자생적인 성격을 가지는 영국의 산업혁명도 유럽의 활발한 국제교류와 중상주의적 세계시장에 힘입은 바가 컸다. 후발자본주의국의 산업혁명은 선진적인 영국경제의 충격에 대응하는 과정에서 성취되었다. 따라서 유럽 근대문명의 자극을 억제한 상태에서 조선의 내적 요인만으로 지속적 성장의 국면으로 나아갈 가능성은 희박하였다.

내적 요인만에 의한 근대화 전망을 받아들이지 않는다고 해서 전근대의 변화와 발전이 근대로의 이행을 준비하였다는 사실마저 부정할 수는 없다. 영국의 "산업혁명은 정착농경사회에서 좀더 합리적이고 경제지향적인 사회로 서서히 진보하는 과정에서 나온 결과물"이라는 지적 등,[1] 농경문명의 발전이 근대경제의 성립에 이바지하였다는 연구들이 나오고 있다. 아시아에서 일본, 한국, 대만, 그리고 중국의 공업화가 앞선 것은 동북아 농경문명의 발전과도 관련이 있다.[2] 고대문명의 발상지가 오늘날 모두 선진국이 아닌 데에서 드러나듯이, 문명 발전은 단선적으로 이루어지지 않는다. 그렇지만 메소포타미아문명과 이집트문명의 기반 위에서 경이로운 그리스문명이 탄생하였고, 유럽 근대문명은 고대 그리스·로마문명의 토대 위에서 중국의 종이 등 4대 발명품 등, 아라비아 숫자, 인도의 수학과 면포 등 아시아문명의 정수를 흡수하여 성립하였다. 문명 발전은 집단지성 축적의 산물인 것이다.

산업혁명 이전의 세계에서 대중은 맬서스 법칙으로 절대빈곤선에 머물렀으나, 맬서스 법칙을 벗어나는 지역이 나타났는데, 농업뿐만 아니라 상공업도 발달한 곳이었

1) 그레고리 클라크 지음, 이은주 옮김 『맬서스, 산업혁명, 그리고 이해할 수 없는 신세계』 한스미디어, 2009, 341쪽.
2) Diego Comin et al., "Was the Wealth of Nations Determined in 1000BC?," *American Economic Journal: Macroeconomics*, 2(3), 2010; Oded Galor and Ömer Özak, "The Agricultural Origins of Time Preference," *American Economic Review*, 106(10), 2016.

다. 14세기 서·남유럽의 1인당 GDP는 이미 아시아를 능가하였고, 이후 영국과 네덜란드의 그것은 꾸준히 상승하여 산업혁명이 일어나기 직전인 18세기 전반 1,500달러(1990년 국제물가)에 달하였다. 가축업, 국제무역 및 제조업이 지역간 소득차를 낳았다. 아시아에서는 일본의 1인당 GDP만 전국시대 이후 꾸준한 상승을 보여, 16세기에 아시아 평균인 600달러를 넘어서고 명치유신 직전에는 1,000달러 정도로 양자강 하류 지역과 더불어 아시아 최고 수준이었다. 산업혁명 이전의 근세인 16~18세기에 이미 지역간 분기(divergence)가 나타나, 세계에서는 영국·네덜란드, 아시아에서는 일본·중국이 산업혁명의 문턱에 가장 접근하였다.[3)]

조선은 아시아 평균의 소득 수준으로 문호개방 이전 맬서스 법칙을 벗어나지 못했지만, 발전사관에 입각한 연구에서 드러났듯이, 조선시대에 경제의 다면적인 변화와 발전이 있었고, 그것은 근대로의 이행을 위한 기반을 조성하였다. 그런 점에서 개항 전에 자생적 근대화의 가능성이 있었던가라는 물음을 근대로의 이행을 위한 선행조건(先行條件)이 어느 정도 충족되고 있었던가라는 방향으로 전환하자고 제안한다. 정체론의 시각에서는 선행조건이 미비된 측면만, 발전론에서는 그것이 구비된 측면만을 강조하였다고 볼 수 있는데, 그것이 충족된 정도를 평가함으로써 근대문명의 충격에 대한 대응역량을 어떻게 규정하였던가를 고찰하는 것이 생산적인 작업일 것이다. 그리고 조선사회경제의 내적 구조가 외압에의 대응방식과 근대문명의 수용방식에 부여한 특질도 고찰하여야 할 것이다.

그러면 근대경제로의 전환을 보증해줄 선행조건의 집합은 무엇인가. 경제사학계는 아직 이 물음에 대한 정설을 구하지 못하였고, 완벽한 해답을 구하는 것은 불가능할지도 모른다. 그래도 기술과 시장의 발전, 제도의 정비, 인적 자본의 축적 등이 경제성장뿐만 아니라 근대경제로의 전환을 낳는 핵심적인 요인이라는 견해는 널리 받아들여지고 있다. 산업혁명은 본질적으로 기술변혁인 슘페터형 성장(Shumpeterian growth)인 만큼, 기술력의 축적이 필수적이다. 기술발전을 위해서는 시장의 성장인 스미스형 성장(Smithian growth)과 인적 자본의 축적이 필요하다. 시장의 성장은 공업화에 필요한 수요기반을 제공하고 상업자본의 축적과 기업가층의 출현을 뒷받침하고 분업의 진전을 통해 기술발전을 촉진하였다. 농경시대로부터 공업화시대로 전환하는 기반을 닦는 중요한 변화는 시장의 성장이지만, 시장과 기술의 발전을 위해서는 합리적 경제동기의 추구를 지원하는 재산권 등의 제도가 정비될 필요가 있다.

3) Stephen Broadberry et al., *British Economic Growth, 1270-1870*, Cambridge University Press, 2015; 深尾京司『世界經濟史から見た日本の成長と停滯』岩波書店, 2020, 序章.

이러한 선행조건은 다양한 방식으로나마 점진적이고 단계적으로 마련되었다. 농경을 발전시키지 못한 사회가 바로 근대경제로 도약하지는 못하였는데, 맬서스 시대의 농경사회에서는 인구밀도가 기술발전을 반영한다. 인구 규모는 혁신적 생각의 공급, 새로운 기술의 수요, 기술확산율, 분업, 그리고 교역의 범위를 결정하는 중요한 요인이므로, 시장과 기술의 발전을 낳는 동인이기도 했다. 그런 점에서 기술발전에 따른 인구증가는 지속적 성장의 기반을 조성하는 일차적 전제조건으로 간주될 수 있다.

힉스(J. Hicks)는 시장의 성장이 자본주의로의 이행에 선행하는 근본적인 변혁이라고 보았다. 이러한 주장은 애덤 스미스 이래 널리 수용되어왔다. 도시화율과 농촌 정기시의 밀도는 시장의 성장을 보여주는 중요한 지표이다. 유럽경제사에서는 농촌공업지대의 형성이 산업혁명의 기반을 닦은 중요한 요인으로 지적되고 있는데, 이러한 초기공업화(proto-industrialization)는 분업의 진전이므로, 시장 발전을 중시하는 견해와 상통한다. 임노동자를 고용하여 영리를 추구하는 자본주의맹아의 전제조건이 상품화폐경제의 발전이라는 데에서 드러나듯이, 자본주의맹아론도 넓은 의미로 보아 시장 발달을 중시하는 견해에 포함된다.

제도는 경제성장의 핵심적인 요인이다. 노스(D. C. North)는 근대에서 서유럽의 부상이 재산권을 잘 보장하는 경제제도의 발달에 기인했다고 주장하였다. 재산권 등 기본 제도가 정비되지 않고서 지속적 성장으로 전환할 수 없다.

전근대 중국 등 많은 나라가 시장이 성장하는 스미스형 성장을 경험하였으나, 농경시대의 기술진보보다 높은 차원의, 기계와 증기력의 활용 등 공업화에 필요한 기술진보인 슘페터형 성장으로 이어지지는 않았다. 모키어(J. Mokyr)는 유럽의 과학혁명과 계몽주의라는 문화 현상에 힘입은, 과학·기술을 중심으로 하는 유용한 지식(useful knowledge)의 축적과 확산이 산업혁명을 실현한 기술변혁을 낳았다고 보았다. 유용한 지식의 성장은 인적 자본의 축적에 해당한다.

기술발전, 인구 증가, 시장 발전, 제도 발전, 인적 자본의 형성 등 근대경제성장의 기반을 조성하는 요인은 서로 영향을 미쳤는데, 그 연쇄작용으로 야기된 근대경제로의 전환과정을 단순화하면, '농경시대의 기술발전→인구 증가→제도 발전→시장 발전→인적 자본의 형성→공업 기술의 발전=산업혁명→근대경제성장'이다. 역방향의 영향도 있고 다른 요인도 작용하여, 현실은 복잡하다. 기술과 제도의 발전은 시장 발전을 낳는 2대 요인이다. 문화는 제도의 결정 요인일 뿐만 아니라 인적 자본의 형성에도 중요한 역할을 하였다.

그런데 특정 사회가 근대경제성장을 위한 본질적인 선행조건을 모두 충족하지 못하였다고 해서, 나아가 그 충족도가 낮다고 해서 그것을 달성할 전망이 결여된 것은 아니다. 거센크론에 의하면, 후진국은 충족되지 못한 선행조건의 대체물을 만들고 후발성(後發性)의 이점을 활용하여 급속한 공업화를 달성할 수 있다. 영국에 비하여 민간자본의 축적이 미숙한 독일은 투자은행을 통하여, 은행제도의 유효한 발전마저 기대할 수 없던 더욱 후진적인 러시아는 국가의 주도로 공업화를 추진할 수 있었다는 것이다. 후진국은 급속한 공업화의 전망을 가질 수도 있지만, 선행조건의 충족도가 낮으면 근대화의 애로에 직면할 수 있다.[4] 독일보다 후진적인 러시아는 공업화 과정이 순조롭지 못하였으며, 러시아보다 후진적인 조선은 근대문명의 충격에 유효하게 대응하는 데에 한층 애로가 컸다.

아브라모비츠(M. Abramovitz)는 선진 기술을 흡수하여 따라잡기(catch-up)를 실현하게 하는 사회적 역량(social capability)이라는 개념을 제시하였는데, 후발성의 이점을 잘 누리기 위해서는 선진 기술을 흡수할 수 있는 사회적 역량, 그리고 적극적 경제활동을 지원하는 국가기구가 필요하다. 알렌(R. C. Allen)은 과학적 사유, 경제적 성공을 중시하는 세속적 태도, 읽고 계산하는 능력, 경제적 동기에 입각한 출산 억제 등 '근대적 문화의 출현'을 거론하였는데, 이러한 문화는 사회적 역량과 통한다. 오브리언(P. O'Brien)은 영국의 강한 재정력이 근대국가로 부상하는 데에 이바지하였다는 가설을 제시하였다.

「2.」 농업 기술의 발전과 시장의 성장

근대경제성장의 기반을 구축하는 제1조건인 농경시대의 기술발전 및 인구 증가는 제2장에서, 제3조건인 시장 발전은 제3장에서 다루었는데, 여기서 그 내용을 간단히 정리한다. 18세기 중엽 조선의 인구밀도는 1km²당 70명 정도였다. 당시 중국과 일본의 인구밀도는 각각 26명, 80명 정도였다. 1600년경 쌀농사지대인 동남아의 평균 인구밀도는 1km²당 5.8명, 1800년경 인도의 1km²당 인구밀도는 47명 정도로 추정된다. 1750년경 잉글랜드, 네덜란드, 독일, 프랑스, 이탈리아, 스페인의 1km²당 인구밀도는 각각 48명, 63명, 42명, 45명, 52명, 17명이었다. 산업혁명 이전 일본, 조선, 그리고 중국 선진 지대의

4) A. Gerschenkron, *Economic Backwardness in Historical Perspective*, The Belknap Press of Harvard University Press, 1966.

인구밀도는 세계적으로 높았던 것이다. 조선은 농경에 적합한 기후라 하나 농지에 적합한 토지가 국토의 20% 정도이고 토양이 척박한 편이어서 농업에 유리한 조건만 갖춘 것은 아니었다. 동북아 3국의 높은 인구밀도는 농업 기술의 발달과 관련이 있다. 퍼킨스(D. H. Perkins)는 14세기 중국 선진 지대의 토지생산성은 전통적인 단계에서는 최고 수준에 도달하여 20세기 후반 근대 기술의 도입으로 그 수준이 비로소 돌파되었다고 본다. 미국 농학자인 킹(F. H. King)은 20세기 초 동북아 3국을 여행한 다음 "농업 기술에서 중국과 조선보다 조선과 일본이 더욱 비슷하다"라고 판단하였다. 나카무라 사토루(中村哲)는 15세기 이후 동북아 소농경영이 서유럽과 더불어 세계에서 가장 발달하였다고 평가한다. 조선이 농경사회로서 성숙한 것은 '농업 기술의 발달→높은 인구밀도→시장 발전'을 낳은 기본 힘이었다. 조선이 농경사회로서 성숙할 수 있었던 근본 요인은 농경에 적합한 자연조건뿐만 아니라 중국 선진 문명을 흡수하기에 유리한 지리적 위치에서도 찾을 수 있다.

시장 발달을 나타내는 중요한 지표인 도시화율은 조선시대에 매우 낮았다. 1800년경 1만 명 이상 도시의 인구는 총인구의 2.5%를 차지하였고, 인구 5,000명 이상을 잡으면 3.4% 정도였다. 18세기 러시아를 제외한 유럽에서 인구 5,000명 이상의 도시 인구의 비율은 12%로 추정되고, 전세계의 도시화율은 9% 정도로 추정된다. 18세기 중엽 거의가 5일마다 열리는 장시가 1만km^2당 50개 정도에 달하였는데, 18세기 이전 아시아에서 이 정도의 정기시 밀도를 달성한 다른 나라는 중국뿐으로 보인다. 조선후기 장시가 도처에 개설됨에 따라, 대부분의 농민은 일상적으로 그것에 접근할 수 있게 되었다. 당시에 시장경제가 성숙하지는 않았더라도, 시장거래로부터 격리된 사람이 소수였다는 사실은 중요하다. 조선시대에는 국제무역이 활성화되지 못하여 대도시라는 시장 상층은 발달하지 않았으나, 인구밀도가 높아 시장 하층은 발달하였던 것이다. 조선의 시장이 중국과 일본보다 낮은 수준에 머문 사실은 18세기 말 일본과 중국 푸젠성(福建省)의 1인당 화폐량이 각각 조선의 11배, 5.5배였다는 추계에서도 드러난다. 조선에서는 18세기 은화가 부족해진 후에 고액권이 유통되지 못하였는데, 이것도 화폐경제화가 진전되지 못한 실정을 보여준다. 조선에서는 동전 주화의 보급책이 1678년 이후 성공한 점에서 늦었지만, 동전 주화가 17세기 말에 거의 전국적으로 유통되고 18세기에 농촌의 경제생활에 깊게 침투한 점을 고려한다면, 화폐경제가 그렇게 낙후된 편은 아니었다. 동전이 거래·계산 단위로서 농촌생활에까지 깊게 침투한 것은 합리적으로 이익을 추구하는 경제인의 형성에 기여하였다. 18세기 개성상인을 중심으로 유통되던 어음이 19세기 일반 상거래에 널리 사용되었으나, 금융은 성숙하지도 전문화되지도 못하였다.

시장의 확대에 수반하여 상인층이 성장하였는데, 경강상인(京江商人)을 비롯한 객주(客主), 송상(松商) 등 사상(私商)의 성장이 특히 현저하였다. 개성의 송상은 전국적인 상업망을 만들고 그것을 토대로 국제무역에 활발히 종사하였으며, 사개부기(四介簿記)라는 복식부기법을 이용하였다. 18세기 조선이 상업 발달에서 중국과 일본에 크게 뒤졌음에도 불구하고, 세 나라 모두 유럽의 복식부기법을 도입하기 이전에 복식부기의 초기적 형태를 이용하였다는 공통점에도 주목할 필요가 있다. 상업자본이 축적되고 상인간 경쟁이 격화되자, 상업자본은 물주제(物主制)로 생산과정에 진출하고 선대제로 그것을 지배하기도 했다. 그러나 개항기 중국·일본상인에 대한 열세로 보건대, 상업자본의 발달을 높게 평가할 수는 없다. 상인의 자본·영업력의 축적과 상업제도·조직의 발전은 국제무역시장과 대도시시장에서 주로 이루어지는데, 조선시대에는 이러한 시장경제의 상층이 발달하지 않았다. 18세기 전반까지 역관층(譯官層)이 중국무역을 주도하고 1881년까지 해금(海禁)이 시행된 것은 전문 무역상인의 성장을 제약하였다.

상품생산은 어느 정도 진전하였던가. 조선후기에 농산물, 특히 경제작물의 상품생산이 진전하였고 인삼 등의 재배에서는 기업농이 출현하였을 가능성이 크다. 광업과 관청수공업은 민영화되면서 상품생산을 확대하였고 일부에서는 선대제, 그리고 분업과 협업에 기초한 수공업공장이 출현하기도 했다. 그런데 조선에서는 시장이 발달하지 못하였으므로, 구입 비료가 거의 사용되지 못하고 일본 및 중국보다 공업 기술의 발전도가 낮았다. 민간 수공업공장은 소수였고, 산업의 근대적 변혁과정에서 중심적인 위치를 차지하는 섬유공업은 가내수공업에 머물러 있었다. 문호개방 이전의 일본과 중국에서와 달리 조선에서는 농촌공업지대, 곧 초기공업화가 확인되지 않는 것이다. 20세기 초 충청북도의 사례를 보더라도 수공업자는 소수이고 분산되어 있었고 그 생산액은 영세하였다. 기업농이나 전업농에 의한 상품생산은 제한적인 현상이었고, 상품생산은 소농의 다각경영으로서 이루어지는 것이 일반적이었다. 그리고 생산공정의 분화로 중간재 시장이 성장하는 우회생산은 미발달하였다. 섬유산업의 경우 직물의 원료인 실의 시장 생산은 미약했던 것으로 보인다.

조선후기 공업 발전도가 낮은 것은 그 기술 수준을 반영하였다. 제4장에서 언급하였듯이, 개항 전 조선시대에 직물 기술의 뚜렷한 발전은 확인되지 않고 있으며, 그로 인하여 일본과는 달리 고급 비단의 수입 대체에 성과를 거두지 못하였다. 조선의 기술 발전을 저해한 요인은 무엇인가? 첫째, 전문가를 경시하는 유교 문화의 영향력이 강화되었기 때문이다. 그래서 지식층인 사대부가 경학(經學) 이외의 지식을 경시하게 된 것은 기술의 발전을 저해하였다. 둘째, 유럽에서는 중세부터 기술자들이 활동하기 편한 나라로 이주할 수 있었는데, 조선은 1880년대에 들어가서야 비로소 서양 기술자를 초빙하였다. 셋째, 조선시대에 들어와 상공업 천시 관념이 강해지고 수공업자의 사회적 지위가 하락하고 왕실·관청에 봉사하는 전문기술직의 수공업층이 얕아짐에 따라, 수공업 기술의 발전이 제약을 받았을 것으로 보인다. 넷째, 시장의 약한 기반이 기술의 발전에 불리하게 작용하였다. 조선시대 직기(織機)의 발전이 중국과 일본보다 뒤지게 된 중요한 요인도 시장의 자극이 약한 데에서 구할 수 있다.

근대경제성장의 기반 형성에 있어서 조선의 중대한 취약점은 시장의 미발달이었다. 집권국가체제 아래 현물재정의 통합도가 높고 봉건사회와 달리 지방의 경제적 거점이 발달하지 못함에 따라, 국내 원격지유통이 활성화되지 않았다. 이런 반도국가가 시장을 발전시켜 근대적 성장으로 나아갈 수 있는 유일한 길은 해로무역이었다. 그런데 개항 전 조선국가는 민간인 선박이 외국에 가는 것을 금지하였고, 중국과는 조공사절에 수반된 육로무역만 허용하였고, 서양과의 무역을 금지하였다. 아시아국가에 대해서는 해금(海禁)정책이, 서양에 대해서는 쇄국정책이 채택되었던 것이다. 그래서 박제가는 1786년 정조에게 제출한 정책건의안에서 "우리나라의 큰 병폐는 가난입니다. 가난은 무엇으로 구제할 것인가 하면 중국과 바다로 통상하는 길뿐입니다"라고 주장하였다. 그런데 개항 전 해로무역의 육성을 주장한 조선인은 극소수였다. 거의 모든 엘리트는 박제가와는 달리 국제무역으로 인한 경제적 이익을 크게 보지 않은 반면, 천주교의 확산, 사치품의 유입, 해상 통제의 곤란 등 부작용을 심각하게 생각하였다.

무역액의 국내총생산에 대한 비중은 은 유입이 급증한 16세기 중엽 이후에 1%를 넘었고, 유입된 은에 의존한 중계무역이 정점에 달한 17세기 후반에는 2.5% 전후로 추정된다. 18세기 은 유입의 감소로 무역이 급감하였다가, 1797년 이후 홍삼 수출의 급증으로 19세기 중엽에 무역의존도는 1.5% 정도에 달하였다. 1800년, 1870년, 그리고 1913년 세계의 무역의존도는 각각 2%, 10%, 그리고 22% 정도로 추정된 데에서 드러나듯이, 16세기 후반부터 18세기 초까지를 제외하고 조선의 무역의존도는 세계 평균에 미달하였으며, 18세기 유럽과의 격차는 갈수록 커졌다.

중국은 1700년경과 1800년경 무역액의 GDP에 대한 비율은 1.5% 정도로 추정되었는데, 조선만큼 무역의존도가 낮았지만, 거대한 영토에 힘입어 시장이 발전하였다. 그렇지만 명·청대 소극적 무역정책은 중국의 국력이 서유럽에 뒤떨어지는 한 요인이었다. 도쿠가와 일본은 1612~41년간에 걸쳐 쇄국체제를 확립한 이후 무역의 국내총생산에 대한 비중은 1% 이하로 줄었으나, 인구가 조선의 2배인 데다가 중앙집권적 봉건제라는 독특한 체제 아래 영국간(領國間) 무역으로 축소형 세계경제를 이루었으므로, 조선에 비해 무역 제한의 경제에 대한 부정적 효과를 줄이면서 시장이 발전할 수 있었다. 조선은 국내 시장이 소규모였기 때문에, 개항전 무역억제책의 타격, 그리고 그후 개방경제의 이익이 한층 컸던 것이다.

지리와 국제환경의 차이는 무역활동, 나아가 시장 발달뿐만 아니라 문화와 유용한 지식의 확산에도 영향을 미쳤다. 동아시아에서는 중국이 장구한 세월에 거대국가로 존속하면서 조공·책봉제도를 고안하여 주변 국가에게 종주국(宗主國)임을 인정하게 요구하였다. 중국과 국경을 공유한 조선은 조공체제에 깊게 편입되어, 반도국가라는 지리적 이점에도 불구하고 무역을 발전시키지 못하였다. 일본은 중국과 바다로 떨어진 지리적 조건 때문에 조공체제에 편입된 시기가 짧아서, 조선보다 중국문명의 영향력으로부터 자유롭게 서양문명의 자극을 적극적으로 수용할 수 있었다. 동아시아와 달리 로마제국의 해체 이후 유럽에서는 다양한 정치 단위간의 경쟁체제가 성립하였고 게다가 해로무역에 유리한 지리적인 이점도 있어서 국제무역이 활성화되었다. 요컨대, 지리·국제환경의 차이로 인해 유럽의 국제무역은 동아시아보다 훨씬 활발하였다. 이것은 유럽이 시장 발달에서 동아시아보다 높은 수준에 도달하게 만든 중요한 요인이었고 양 지역간 제도의 차이와 인적 자본의 축적에도 영향을 미쳤다. 매클로스키(D. McClosky)는 "정치적 분열로 새로운 사고를 하는 사람이 중국이나 이슬람세계보다 훨씬 빈번히 이주할 수 있었던" 유럽의 국제환경을 유럽이 기술발전, 나아가 공업화에서 선두에 서게 한 중요한 요인으로 보았다. 명나라가 건국된 1368년부터 19세기 중엽 문호개방까지 동아시아 국가간 인적 교류와 이주는 유럽보다 훨씬 제한적이었다. 이것은 동아시아가 유럽에 뒤떨어진 중요한 요인 중 하나였다.

3. 제도의 정비

미국이 독립한 1776년 이전에 의회가 국왕의 자의로부터 재산권을 보장한 나라는 영국과 네덜란드뿐이었다. 그 이전 제도의 진화를 보면, 유럽에서는 로마법의 영향으로 사법=민법이 발달하고 개인의 권리라는 개념이 출현한 점에서 다른 지역을 앞섰지만, 중국에서는 형법 중심의 성문법이 발달하였다. 조선은 법치를 지향하여 건국 초부터 법전을 편찬하고 정비하여 독자의 법전이자 국가제도 규례집으로서 『경국대전(經

國大典)』을 1484년에 완성하였다. 유교는 인·의·예(仁義禮), 위민(爲民) 등의 자연법사상을 제공하였는데, 도덕의 강조로 법리(法理)를 제약하기도 했다. 15세기에 조선은 공적 성격이 강화된 왕권, 국가 조직과 관료제의 정비, 선진적 정치 운영, 군현제도의 정비, 양천제도의 확립 등의 점에서 비로소 중국에 대등한 수준의 국가제도를 정립하였는데, 당시 중국의 국가제도는 세계 최고 수준이었다. 이후 변화하는 시대적 상황에 맞게 『속대전』, 『대전통편』 등 법전의 보완이 이루어졌다. 조선사회의 제도 정비 역량이 낮은 수준은 아니었다.

경제발전을 위한 필수적인 조건 중의 하나가 재산권제도임은 많은 경제사학자의 동의를 얻고 있다. 제2장 제4절에서 고찰하였듯이, 『경국대전』에서 농지소유권은 이미 높은 수준으로 정비되었고, 이후 점차 근대적 소유로 접근하여갔다. 이것이 발판으로 작용하여 공물주인, 객주, 궁방전의 납세를 맡는 도장(導掌) 등 재산권이 형성되었다. 조선중기에 다양한 물종의 재산권이 성립하여 매매되었고, 그것은 법전과 관습법에 의해 보호를 받았다. 조선초기의 제도 발전은 조선중기 시장의 성장, 토지생산성의 상승, 그리고 개간의 확대를 촉진하였다.

조선중기에 시장이 성장함에 따라 매매가 활발해지고 매매계약서가 작성되는 물종과 권리가 늘어났다. 매매계약서의 내용이 명확하고 분쟁 조정 제도가 정비되고 계약이 비교적 충실하게 이행되었다. 매매계약에 관련된 분쟁은 기본적으로 법제도와 문서 증거를 중심으로 하는 법리에 의거하여 처리되었다. 조선시대에 소유권과 더불어 계약질서가 성장하였던 것이다. 지주·작인관계는 소유지를 임대차(賃貸借)하는 계약관계였다. 노비도 지주가 될 수 있었고 양반이 작인이기도 했다. 매매되는 예속 신분인 노비조차 재산을 소유·상속·매매하며 소송을 할 수도 있었다. 메인(H. S. Maine)은 “사회적 진보가 지금까지 어느 곳에서나 신분에서 계약으로의 변화였다”고 하였는데, 노비제가 급격히 축소된 18세기 조선에서는 자유계약이 경제생활의 기본을 이룬 점에서 계약사회가 성립하였다고 볼 수 있다.

전근대의 기준으로 보면 조선시대의 재산권·계약제도는 발달한 편이지만, 근대적 기준으로 보면 문제점과 미비점이 많았다. 확고한 증빙을 갖춘 농지소유권은 절대적인 보호를 받았는데, 소유권 공증제도가 무력화되는 문제점은 있었다. 제2장 제4절에서 언급하였듯이, 조선시대 누구나 절수·사여 행위가 없는 황무지를 개간하면 소유자가 되고 일부 봉산을 제외하고는 산지에 자유로이 접근할 수 있었으니, 경제적 자원에 대한 개방 접근(open access)이 기본 정책이었다. 그로 인해 농지소유권이 발달하였으나, 공유산지의 비극도 발생하여 산림이 황폐해졌다. 조선후기에 산지의 사유가 성장하였으나, 개방 접근 정책과 불완전한 사유제도로 인해 대부분 산림이 제대로 관리되지 못하였고, 산송(山訟)이 빈발하였다. 분쟁 처리는 지체되는 비효율성이 있었다. 3심제도 등의 법이 무시되는 일이 있었으며, 소유제도가 미비된 산지의 분쟁 처리는 도덕적 판단과 신분·권력의 영향을 상당히 받았다. 이런 약점들이 있긴 했지만, 분쟁과 억울한 사정을 비교적 공정한 법 논리로 해소한 제도 덕분에 조선왕조는 장수할 수 있었을 것이다.

조선은 아시아의 다른 나라와 마찬가지로 고대 로마법 수준의 민법 체계를 만들지 못하였다. 광공업 투자에 따른 재산권을 안정적이고 장기적으로 보장하는 제도가 마련되지 못한 것은 광공업의 발달을 저해하였다. 예컨대, 국가는 민간의 광산 개발을 허용하다가 때때로 부정하기도 했는데, 이 경우에 물주(物主)는 투자 자금을 회수하지 못하였다. 조선국가는 생계 보호의 차원에서 재산권을 적극 보장하였지만, 조선시대에 부르주아층이 미약하고 그 발언권이 미미하였기 때문에, 상공업·금융업 등 근대적 기업 경영의 재산권이 창출되어 보호받기에는 이르지 못하였다. 게다가 기업 활동의 안정적 수행을 지원하는 회사제도가 마련되지 않았다. 이러한 점으로 보건대, 18세기의 제도적 수준은 근대경제성장으로의 도약을 낳기에는 미흡하였다.

대동법과 균역법의 시행 등으로 조세의 제도화와 합리적 조정이 진전되었지만, 19세기에 환곡이 문란해지고 잡세(雜稅)의 종류와 부담이 늘어나면서 과세의 불공평성과 자의성이 커졌다. 19세기에 하층민의 담세능력이 한계에 달한 가운데, 부자에게 기근 구제를 위한 곡물을 사실상 강제로 징수한 데에서 드러나듯이, 유교의 도덕경제관이 부자의 재산권을 침해하기도 했다. 중간수탈의 비대화로 공평성과 효율성을 손상한 농업잉여의 흡수방식은 농업생산의 진전과 부농층의 성장을 제약하였다. 조선후기에 인민이 부당한 과세에 대해 수령, 나아가 감사, 그리고 정조 때에 국왕에게 직접 소원(訴冤)하는 제도가 있었다. 지방관은 향회(鄕會)와 과세 행정을 협의하기도 했다. 그런데 서유럽의 의회는 국왕의 증세(增稅)와 자의적인 재산권 침해를 견제한 결과, 동아시아보다 높은 수준으로 재산권을 보장할 수 있었다.

조선국가는 '시장을 감독하지만 상업세를 거두지 않는다'는 맹자의 왕정론(王政論)에 입각하여, 상거래질서의 확립을 추구하면서도 상업세의 징수에는 소극적이었다. 『경국대전』에 의하면, 평시서(平市署)는 서울의 시전을 관장하고 도량형을 감독하고 물가 안정을 도모하였으며, 거래질서를 어지럽히는 행위는 『대명률(大明律)』에 준하여 처벌받았다. 한성부와 지방 관청이 관할 지역의 상거래질서를 유지하는 책임을 맡았다. 그래서 조선시대에 상법(商法)이 정비되지는 않았지만, 그로 인해 시장 거래가 심각하게 제약받았다는 징후를 찾기는 어렵다. 그런데 국가가 공정한 상거래질서를 확립하지는 못하였다. 예를 들면, 도량형의 통일을 통치의 기본 요건으로 간주하여 빈번히 관철하고자 시도하였지만, 시장의 미성숙과 효과적이고 지속적인 강제체계의 미비로 인하여 실패로 돌아가고 말았다. 국가가 상업세를 제도화하여 상업활동을 효과적으로 관리하지 못한 가운데, 사적 권력에 의한 이권 추구와 상업잉여 수탈이 격화되어, 시장의 발달은 저해되었다. 19세기에 궁방 등의 사적 권력이 포구의 주인권을 장악하고 대리인을 통하여 상업활동에 종사하면서, 상거래의 공정성을 손상하였다.

중국과 조선은 봉건사회의 오랜 기간을 경험한 서유럽과 달리 집권관료제 국가를 장기간 발전시켜왔다. 정치제도로 본다면, 봉건제는 집권관료국가에 비해 후진적이지만, 유럽의 봉건사회 속에서 자치도시와 의회가 성립할 수 있었던 점에 주목할 필요가 있다. 자치도시의 상공인단체는 상거래제도를 발달시켰으며, 의회를 발달시킨 영국과 네덜란드는 국가로부터 개인의 재산권을 보장하는 근대적 제도를 발전시킬 수 있었다. 12·13세기 서유럽에서 길드 등의 상인단체에 법인격을 부여하는 법적 혁명이 유럽의 성공을 낳은 제도 기반을 이루었다는 주장도 있는데, 자치도시와 로마법의 유산을 가지지 못한 동아시아는 이런 변혁을 이루지 못하였다. 19세기 중엽 국가가 한성부완문(漢城府完文) 등을 통해 보부상단을 공인한 것은 주목할 만하나, 법인격을 부여한 것은 아니었다. 유럽에서 자치도시와 활발한 국제무역은 부르주아층의 성장과 발언권 강화를 통해 시민사회와 시장친화적 제도를 낳았다. 그레이프(A. Greif)는 인간행동에 대한 비기술적 제약인 제도가 역사발전의 엔진이라고 보면서, 유럽이 중세에 이익 지향적이고 자율적이고 비혈연적인 조직을 발전시킨 것은 근대경제성장에 유리한 제도의 진화를 낳았다고 보는데, 조선은 중앙집권체제, 무역제한정책, 그리고 강한 유교 이념으로 인해 이익 지향적이고 개인주의적 문화를 발달시키지 못하였다. 요컨대, 정치·경제환경과 문화의 차이, 로마법의 유산 등으로 인해 서유럽은 근세에 동아시아보다 한 차원 높은 근대적 제도를 수립할 수 있었다.

노동력 처분의 자유나 기업가 활동을 제약하는 사회적 조건으로서 신분제의 변화도 근대화에 필요한 선행조건이다. 중국의 사농공상(士農工商)제도가 조선과 일본에 도입되었는데, 조선에서의 관직에 대한 개방 접근을 포함한 신분제의 개방도는 명·청 중국보다 낮으나 도쿠가와 일본보다 높았다. 조선의 사=양반은 사회적 우대를 받고 중·고위 관직을 사실상 독점하고 군역(軍役)을 면제받는 특권을 획득하였다. 양반은 교육과 과거, 사교와 제사[接賓客奉祭祀] 등에 적지 않은 지출을 감당할 수 있는 경제력을 갖추어야 하였으므로, 경제력의 확보에 관심을 기울였으나, 직접 생산활동에 참여하기를 꺼렸다. 양반은 말업(末業)인 상인이 되면, 사회적 지위를 유지할 수가 없었는데, 지적 능력과 경제력을 집중한 양반층이 상인이 될 수 없던 것은 경제성장에 불리하였다. 또한 양반의 관직 독점은 상민의 교육을 저해하였다. 명·청의 향신층(鄕紳層)은 세습적 특권층이 아니고 상인의 후예가 많았으나, 부유한 상인층이 향신층으로 전환하고자 노력하여 상업자본주의의 발달에 불리하였다. 조선의 신분제는 지배층인 양반의 경제적 동기 함양과 피지배층인 상민의 인적 자본 축적을 제약함으로써 근대적 전환에 불리하게 작용하였다. 도쿠가와 일본에서는 군역과 관직을 독점한 세습적 지배층인 사무라이[士]가 죠카마치(城下町)에 거주하여, 생계가 어렵더라도 농업에 종사할 수 없었고 조선의 사처럼 천시한 상업에 종사하려 하지 않았으나 수공업에는 종사하였다. 일본의 신분제는 사무라이가 관직도 세습한 점에서 과거 관료제의 조선보다 폐쇄적이었다. 그렇지만 시장이 발달하고 유교가 제한적 영향력을 미친 가운데 도시는 상인과 수공업자를 위한 제한된 자치 공간을 제공하였다. 지배층은 농민만 거주한 촌락에 조세 부담의 공동 책임을 부과하여 촌락공동체가 강고해졌다. 그 결과 일본인은 아시아에서 가장 자치역량이 높았다. 조선에서는 서원, 향회, 양반 문중의 모임, 조세 납부를 위한 촌락 모임, 계, 시전상인과 보부상의 단체 등이 있었으나, 일본만한 자치역량을 배양하지 못했다. 과거제가 없고 시장이 발달한 일본의 농·공·상은 지적 능력이 조선과 중국보다 높았고, 중국보다도 직업전문성을 발전시키는 가운데 상업자본주의가 발달하고 수공업과 농업의 기술이 발전하였다. 도쿠가와 일본과 달리 조선에서는 상공업자가 기술력과 전문성의 향상, 그리고 고객에 충실한 서비스의 제공을 지향하는 직업윤리가 형성되지 못하였다. 한일간 직업윤리의 격차는 오늘날까지 경제력 격차를 낳은 한 요인으로 작용하고 있다.

16세기에 나타난 신분제의 폐쇄성은 임진왜란 이후 시장의 성장, 노비제 완화 정책, 중서층(中庶層)의 신분 상승욕의 확산 등으로 인해 완화되었다. 첫째, 제2장 제5절에서 고찰한 바와 같이, 조선전기에 확대되던 노비제는 18세기에 급격히 축소되었다. 이러한 변화의 기반 위에서 갑오개혁을 통하여 노비제가 별 마찰이 없이 폐지될 수 있었다. 거센크론은 농노제의 해체를 공업화의 중요한 선행조건으로 보았는데, 조선에서 노비제의 해체는 그에 상응하는 의의를 가진다. 17세기 시행된 대동법으로 요역노동은 임노동으로 대체되었고, 17~8세기에 관청수공업과 광업의 민영화가 진전하면서 신역(身役)노동이 축소, 소멸하여갔다. 노동력의 처분에 대한 제약은 현저히 완화되고 노동시장이 형성되었던 것이다.

둘째, 16세기에 확립된 반상제(班常制)가 18세기부터 동요하였다. 조선후기 호적(戶

籍)은 노비의 격감뿐만 아니라 양반 직역층의 급증을 보여준다. 시가타 히로시(四方博)의 대구지방 호적에 관한 선구적 연구에 의하면, 양반 직역(職役)을 가진 호(戶)와 인구수의 비중은 각각 1690년 9%, 7%로부터 1858년 70%, 49%로 급증하였다. 상민(常民)은 쌀·동전 등을 납부하면 관직에 오르지 않은 양반에 해당하는 유학(幼學) 직역을 받아 군역을 면제받을 수 있었는데, 이러한 모칭양반(冒稱兩班)이 17세기 후반 이후 급증하였기 때문이다. 이러한 양반 직함은 당사자 1대(代)에 국한되었다. 게다가 모든 사람이 갖가지 인연으로 얽혀 있는 당시 지역사회에서는 모칭양반은 훤히 알려져 있어서 양반 대우를 받을 수 없었다.[5] 특권 양반층은 엄연하게 존속하였던 것이다.

그런데 반상제는 법제로 규정된 것이 아니라 사회관습을 통해 형성되어서, 유동성의 여지가 없지는 않았다. 양반 출신이라도 경제적으로 몰락하여 관직에 진출할 수 없을 뿐만 아니라 유학의 소양마저 결핍되면, 상민과 같은 처지로 전락하였다. 양반 직역층의 급증은 양반과 상민 사이에 위치한 중서층(中庶層)의 성장을 반영하였다. 중서층은 서울의 의관(醫官)·역관(譯官) 등 좁은 의미의 중인층, 양반의 서자, 유력 상인층, 지방의 향리 등을 포괄한다. 조선후기 농업생산의 증가와 시장의 성장에 힘입어 경제력을 향상한 상민 상층은 양반을 닮고 양반층으로 진입하려는 신분 상승 욕구가 강렬하였다. 이들은 양반 직함을 쌀·동전으로 사거나, 그것에 그치지 않고 자제를 교육하여 무과에 급제시키고 나아가 생원·진사로 만들었다. 그래서 상민이 양반 하층으로 진입하는 사례들은 소수이나마 있었다. 조선후기에 과거 응시자가 뚜렷한 증가 추세를 보였는데, 이것은 양반층으로 진입하려는 중서층의 노력을 배제하고는 설명하기 어렵다. 경제력과 지식을 갖추고 적극적인 신분 상승 욕구를 가진 중서층이 개항 이후의 근대화의 물결에 적극적으로 대응한 것은 당연한 귀결이었다.[6] 양반층의 기업가적 역량의 함양과 상민층의 인적 자본 축적을 저해한 반상제는 갑오개혁의 과거제 폐지로 관직 진출에서의 신분 차별이 사라지면서 제도적으로 소멸되었다. 그래도 반상 관념 및 그것의 혼인 등 사회생활에 대한 영향력은 뿌리가 깊어서 식민지화, 6·25전쟁 및 고도성장의 충격을 받아 20세기 말에야 소멸되었다.

5) 宋俊浩『朝鮮社會史硏究』一潮閣, 1987.
6) 근대 이행과 관련하여 중서층을 다룬 연구로는 李勛相『朝鮮後期의 鄕吏』一潮閣, 全訂: 1998; 延世大學校 國學硏究院編『韓國 近代移行期 中人硏究』新書苑, 1999; Kyung Moon Hwang, *Beyond birth: social status in the emergence of modern Korea*, Harvard University Asia Center, 2004 등이 있다.

4. 유교 문화와 실학

베버(M. Weber)는 서유럽에서 프로테스탄티즘이 이윤 추구에 대한 윤리적 정당성을 부여하면서 자본주의정신이 출현하였다고 주장함으로써, 마르크스의 경제결정론을 비판하였다. 그런데 토니(R. H. Tawney)는 시장의 성장 등이 종교개혁의 환경을 준비하였다고 인식하였다. 경제환경과 문화는 상호작용하는 것이다.

칼 야스퍼스(Karl Jaspers)가 명명한 기축시대(Axial Age)인 기원전 1000년 동안에 사고와 제도의 혁명이 일어나 기원후 인류사에 불가역적인 영향을 미쳤다. 이 시기 학문이 가장 발달한 곳은 그리스와 중국이었다. 기축시대에 발달한 문명권은 모두 도덕적이거나 참된 지식을 추구하였으나, 유독 그리스만 그것에 머물지 않고 지식 그 자체의 탐구에 의의를 두고서 지식 수준을 높이려고 각별히 노력하였고, 그러기 위한 방법론과 개념을 개발하였다. 그런 가운데 논리학과 수학이 발달하면서 학문의 기초가 되었다. 유럽은 고전학문이라는 거인의 어깨 위에 올라 17세기에 과학혁명을 성취하여, 아시아에 전파하였다. 공자는 폭넓은 지식의 박학(博學)을 하면서 보편진리인 도(道)를 탐구하여 도덕학인 유학으로 집약하였다. 주자는 공자처럼 박이약(博而約)의 방법으로 유교 도덕으로 순화된 도학(道學)을 집대성하였다. 그 결과 유학, 그중에도 주자학이 지배한 중국과 조선에서는 유교 도덕이 물리와 공리(功利)의 지식 담론을 구속하여 과학혁명을 이루지 못하고 유럽 과학혁명의 수용에도 제약을 받았다.

농경시대에 가족 유대를 옹호하고 국가를 통합하는 윤리로서 유교가 성립하였는데, 전근대에 동아시아의 권력층과 엘리트는 농경사회와 전제군주 관료제국가의 안정을 도모하는 데에 유교보다 나은 이념을 발견하기 어려웠다. 조선의 엘리트가 가족·지역공동체·국가제도를 유교적 이상에 가까운 형태로 개조하는 데에 성공한 결과, 조선시대에는 인류역사에서 유교 이념에 가장 충실한 정치와 사회가 실현되었다. 농경사회가 성숙하였으나 시장의 힘이 약하고 집권국가체제가 정비된 것은 유교가 뿌리를 내리는 데에 비옥한 토양을 제공하였다. 유교 발상지인 중국이 제공한 국제적 평화도 부국강병책을 경계하는 유교의 존속에 유리하게 작용하였다. 조선시대에 들어와 정치·행정이 발전하고 사회질서가 안정된 데에는 유교의 역할이 컸다. 유교는 사적 이익의 추구를 억제하고 공동이익의 추구를 위한 협동과 인의(仁義)를 고양하고자 했기 때문에, 개인주의보다 공동체의 인간관계에, 산업사회보다 농경사회에 적합한 윤리였다.

중·한·일 3국에서 유학의 대부분 유파가 실학(實學)이라는 용어를 사용한 점에서,

실학은 유학에 고유한 성격이었다. 유학은 인류의 보편적 도덕을 탐구하여 그에 입각한 개인적·정치적 실천을 추구한 점에서 실질적인 유용성을 추구하는 학문이라는 의미로 실학이라고 자부하였다. 기축시대 공자의 유학은 예수, 석가 및 그리스 철학자와 마찬가지로 인류 보편적 도덕을 추구하였는데, 실학이라는 용어로 학술 전반의 지향성을 담는 문화는 보편 도덕의 개인적·정치적 실천에 봉사하려는 유학에 고유하게 보인다. 실학의 자부심이 특히 강한 정주학(程朱學)은 유학을 학문적으로 발전시켰지만, 관념적인 성리학에 입각하여 공리와 물리의 지식 담론을 도리(道理)에 종속시켜서 공리공담(空理空談)으로 흐르는 경향이 있었다. 명말 이후 중국, 조선왕조, 그리고 도쿠가와 일본에서의 경세치용학(經世致用學)과 고증학(考證學)은 국가제도, 경제, 과학기술 등의 유용한 지식에 관한 논의를 진전시켜, 유럽 근대화에 이바지한 계몽주의에 통한다. 경세치용학은 공리와 물리에 대한 도리의 구속을 완화하여, 공리의 경제합리주의에 입각한 정책을 제시하고 서양 자연과학의 물리를 수용하였다. 정주학은 도덕에 봉사하는 학문인 도학이라면, 경세치용학과 고증학은 도학을 해체하면서 지식학의 발전을 추구하였다. 한국의 역사학계는 경세치용학과 고증학을 실학으로 불렀는데, 저자는 유가가 말한 실학과 구분하여 근세(近世) 실학으로 부른다. 조선의 이용후생학은 경제·기술론에서 경세치용학을 발전시켰다. 근세 실학은 국가제도와 경제와 문화역량의 전반적 발전과 병행하였고, 유럽 학문의 자극을 받았다. 근세 실학은 근대를 준비하는 정책을 제시하고 정책·과학기술 등의 지식 담론을 근세적 수준으로 올렸다. 근세 실학은 동아시아 근세의 한 측면이었다.[7]

주자학은 고려시대 정신세계를 지배한 불교를 비판하면서 조선왕조 건국의 이념을 제시하던 무렵에는 실학이라 자처하면서 국가제도의 발전에 이바지하였으나, 지배이념으로 고착화된 17세기 후반 이후에는 교조화(敎條化)되고 당쟁의 도구로 악용되기도 했다. 주자학은 유학을 학문적으로 발전시키고 도덕정치의 이상을 북돋우었으나, 다음의 점에서 근대적 사유의 성립을 제약하였다. 첫째, 이기론(理氣論)의 형이상학적 존재론과 직관에 의존한 학문 방법론은 논리적 추론과 경험적 검증에 입각한 근대 과학지식의 성장에 불리하게 작용하였다. 둘째, 도덕·명분의 강조와 사적 이익 추구의 경계는 경제적 동기의 발현을 억제하고 경제정책을 소극적으로 만들었다. 주자학자는 상업육성책과 부국강병책에 부정적이었다. 셋째, 유교 명분론에 입각한 수직적이고 차등적인 인간관계론은 수평적인 인간관계의 민주사회와 달랐으며, 화이론(華夷論)의 세

7) 이헌창 「實學 개념들의 통합적 이해를 위한 試論」 『韓國實學研究』 32, 2016.

계관은 근대의 수평적 세계질서의 수용과 국제교류의 다원화를 막아 서양문명의 수용을 저해하였다.

브로델(F. Braudel)에 의하면, 유럽에서는 11·12세기 이후 경제적 동기가 다른 측면보다 우월해지기 시작하고 16세기 이후 그런 현상은 한층 뚜렷해졌는데, 이것은 유럽의 근대화를 낳은 중요한 요인이었다. 하야미 아키라(速水融)에 의하면, 도쿠가와(德川) 시대에 경제적 동기가 중시되는 경제사회의 성립이 일본의 근대화를 달성한 내적 기반이었다. 그런데 조선사회는 유럽·일본만큼 경제합리주의의 발현을 허용하지 않았다. 제3장에서 언급한 바와 같이, 조선사회가 견고한 국가적 재분배체제를 구축하였고 조공무역체제 아래 다원적인 무역관계를 발전시키지 못하였기 때문이다. 이와 관련하여 시장경제의 상층이 발달하지 못하고 상업자본주의의 전통이 약하였기 때문에, 이익 추구 동기가 발현될 여지는 작았다. 유학, 특히 주자학은 재분배체제와 중화질서를 정당화하면서 이익 추구를 억제하는 이념을 제공하였다.

그런데 시장의 성장은 물욕의 억제관을 비현실적으로 보는 사유를 촉진하였고, 서양의 선진적 과학기술은 화이론적 세계관에 충격을 가하였다. 도덕적 수양에 주력한 주자학의 발달이 그 정치적 실천의 학문 발달을 요청한 면도 있다. 이에 서양 문명의 자극을 받아들이고 유학 경전의 탐구를 통해 사상을 재정립하여 사회경제적 문제에 적극적인 방책을 제시하려는 근세 실학이 대두하였다.

근세 실학은 학문의 실용성과 실증성을 중시하면서 주자학을 상대화하고 비판적으로 흡수하고자 했다. 이익(李瀷)은 회의를 통해 확실한 지식을 얻어야 한다고 하였다. 정약용(丁若鏞)은 이기(理氣), 성정(性情) 등을 따지는 관념적 학풍을 비판하고 초기 유학의 정신으로 돌아갈 것을 주창하였고, 우주의 존재 근원인 천리(天理)로부터 부여받은 인간의 선한 본성이라는 주자학의 성즉리(性卽理)라는 형이상학적 명제를 대체하여, 알기 쉽게 성을 기호(嗜好)라고 구체화하였다. 19세기 중엽에 최한기(崔漢綺)는 주자의 궁리론(窮理論)이 지각할 수 없는 관념을 잡아내려는 시도라고 비판하고, 형질(形質)을 지각할 수 있는 현실로부터 그 본질을 알아가는 추측지학(推測之學)을 인식론으로 정립함으로써, 유학사상의 기반 위에서 경험주의를 수립하였다.

유학은 원래 인의(仁義)를 근본 가치로 삼고 이익 추구를 경시하였는데, 특히 주자학은 물욕이 인간의 착한 본성을 해친다며 강하게 경계하였다. 그에 반해 근세 실학은 이익 추구를 인간의 자연스러운 감정으로 승인하는 경향이 있었다. 유형원(柳馨遠)은 실사를 중시하고 이익 추구의 동기를 용인하다 보니, 물욕을 극복하려는 수기론(修己論)에만 의존할 수 없어 물질적 인센티브(incentive)를 중시하는 정책론을 그와 상호보완적인 관계로 설정하면서 체계화하였고, 시장친화적 경제사상을 진전시켰다. 나아가 박제가는 유교 도덕을 주도하는 사(士)에게도 상업을 장려하고 "날로 이익을 추구하게 하자"고 제안하였다. 경제적 동기를 바라보는 이러한 관점의 차이는 정책과 개혁을 추구하는 접근방식에 영향을 미쳤다. 유학의 정치사상을 제공한 『서경(書經)』에 정덕이용후생(正德利用厚生)이라는 정책 이념이 나오는데, 주자학은 물욕으로부터 벗어나기 위한 자기 수양과 도덕의 실현, 곧 정덕을 정책의 근본적·지배적 이념으로 삼았다면, 근세 실학은 이익 추구의 동기를 용인하여 이용후생의 이념을 중시하였다.

주자학자는 경제안정책에 주력한 반면, 근세 실학은 상공업 진흥과 선진 기술의 도입 등을 통한 경제성장 방안도 제시하였다. 개항 전에는 농업이 기본 산업이고 상업이 말업(末業)이라는 관념이 지배적이어서, 주자학자는 시장을 최소한의 영역에 국한하고자 하여 그 성장을 억제하기를 주장하였다. 유형원 등 대부분의 근세 실학자는 농업과 풍속을 해치지 않는 범위에서 시장을 활성화하고 상업을 육성하기를 바랐다. 나아가 18세기 유수원과 박제가는 이러한 농본주의적 속박으로부터 벗어나 상업의 적극적인 육성을 통한 경제발전책을 제안하였다. 유수원은 지식층인 양반을 상업에 참여시키고 상인간 합자(合資)와 조직화를 통한 대상인과 분업에 입각한 기업 경영을 육성함으로써, 나라가 허약하고 인민이 가난한 현실을 개선하자고 주장하였다. 박제가는 선진 기술의 도입, 해로 국제무역의 육성, 수레의 이용 등을 통해 국부(國富)를 증진하자고 주장하였다. 박제가는 조선이 작고 가난하여 국내 산업을 육성하여 이원(利源)을 다 개발하여도 부국을 이루기가 힘들지만, 3면이 바다로 둘러싸여 있고 중국과 해로로 가까워 무역 이익을 크게 거둘 수 있다고 보았다. 그가 제시한 해로무역 육성책은 조선경제의 발전을 도모할 수 있는 최상의 방안으로 판단된다.

근세 실학은 정책론을 진전시켰을 뿐만 아니라 서양 과학·기술의 흡수, 그에 힘입은 지리학·천문학의 발전, 한국학 등으로 지식 수준을 높였다. 주자학은 자연 탐구의 자연학을 도덕 추구의 도학에 봉사하게 하는 관점이었으나, 유럽 과학을 흡수한 근세 실학은 도덕 원리의 구속을 완화하여 물리를 객관적으로 탐구하려는 움직임을 보였다. 이익은 지구설(地球說)을 받아들임으로써, 하늘이 둥글고 지구가 네모라는 설에 의거하여 중화를 중심으로 삼는 위계적 세계질서관을 극복하였다. 나아가 홍대용은 지전설도 수용하고 천문학 저술을 남기고 천문 시계를 제작하였는데, 이러한 과학 지식에 입각하여 중국이나 서양이 각각 자기 중심으로 세계를 바라보고 자신의 습속을 편하게 여기니 화(華)와 이(夷)는 마찬가지라고 보는 세계관을 제시하였다. 북학파(北學派)는 근대적 세계관으로 연결될 이러한 인식 위에서 오랑캐로 간주된 청나라·일본·유럽의 장

점도 배우자는 개방적인 자세를 가지면서 선진 기술의 도입을 중시하였다. 박지원·박제가 등 북학파는 이용후생을 우선 과제로 삼아, 기술·상업발전의 이용을 통한 인민후생과 국부 증진을 추구하여 이용후생학파로도 불린다.

18세기 청나라 문물의 수용 논의의 진전 위에서 북학이 대두하였고, 서양 문물의 수용 논의의 진전 위에서 동도서기론(東道西器論)이 문호개방 이전의 19세기에 출현하였다. 이규경(李圭景)은 성리학인 주자학을 위주로 형이상(形而上)의 도를 지키면서 서양의 종교를 배제하되, 서양의 우월한 과학·기술을 위주로 하는 형이하의 기를 수용, 터득하여 물질문명을 발달시키자고 주장하였다. 나아가 최한기는 유교적 풍습과 예교(禮教)를 지키되 서양의 실용적인 측량학 등 과학·기술과 법제(法制)를 받아들이자는 주장을 펼쳤다. 이들은 박제가처럼 통상으로 국부를 증진하자고 주장하였다.[8)]

조선왕조의 근세적 국가제도를 설계한 정도전, 임진왜란을 당해 중상주의에 접근하는 부국강병책을 시행한 적이 있던 유성룡, 그리고 충청도·전라도 대동법에 이바지하면서 대동법을 제도적으로 완성하고 동전주화정책의 부분적 성공을 거두고 서양 역법인 시헌력의 도입을 주도한 김육과 같은 정승은 근세 실학의 선구자이자 실천자라 하겠다. 근세 실학은 조세제도의 개혁으로 민생 안정과 재정 충실화, 곧 안민부국(安民富國)의 유효한 방책을 제시하였는데, 대동법은 그 대표적 성과이다. 그래서 조선 초에 근세적 수준의 국가제도가 마련되었고, 조선중기 주자학이 심화되면서도 경제정책은 진전되었다. 주자학자는 민생안정책에 주력하였다면, 근세실학자는 부국강병책도 추구하였다. 그런데 유성룡과 김육의 지향은 후대 조정의 주류가 되지는 못하였다. 16세기 이후 시장이 성장함에 따라, 상업정책은 서서히 진전하여갔으나, 민간이 해로로 외국무역에 종사할 수 없고 상인이 되고서 양반 행세를 할 수 없던 것은 개항 전까지 억상책(抑商策)이 고수되었음을 보여준다.

유형원 이후 정책 영향력이 없는 학자들이 근세 실학을 주도하였다. 근세 실학자는 일반 주자학자와 마찬가지로 소농경제의 안정을 기반으로 국가체제의 강화를 지향하였는데, 주자학자보다 제도개혁에 적극적이어서 유형원의 『반계수록』과 정약용의 『경세유표』는 농지를 균등하게 재분배하는 개혁안을 제시하였는데, 국가제도개혁론을 중심으로 하는 경세치용학의 대표적 성과였다. 이들은 체계적·종합적 국가개조론의 수준 높은 담론과 유용한 정책론을 제시하였으나, 그 토지국유제론은 실현하기 어렵고 경제성장에 불리하다. 유형원이 김육의 대동법과 동전 통용책의 개선 방안을 제

8) 노대환 『동도서기론의 형성과정 연구』 일지사, 2005.

시하였고, 유수원과 박제가가 김육의 대동법, 동전 통용책 및 수레 사용을 높이 평가하였고, 정약용이 대동법과 균역법을 높게 평가하고 조정이 시도한 방전법(方田法)의 농지 측량을 계승한 데에서 알 수 있듯이, 이들은 국가 정책을 발전시키고자 하였다. 양반층의 상업 종사, 대상인의 육성, 해상무역의 장려, 서양기술자의 초빙 등과 같은 18세기 실학자의 제안은 경제발전의 도모에 절실하였지만, 상업을 억제하고 화와 이를 준별하는 통념과 달라 정책으로 수용되지 못하였다. 민간의 영리 추구를 정당화하고 장려한 유수원과 박제가의 주장은 사회적으로 확산되지 못하였다. 조선에서 근세 실학이 대두하였으나, 주자학의 지배가 확고하여 유럽의 종교개혁에 상응하는 변혁은 없었던 것이다.

근세 실학은 유학을 부정한 것이 아니라 개신(改新)하고자 했는데, 그런 과정에서 근대적 사유에 접근하면서 유학 원리와 충돌하고 그것으로부터 탈피하려는 면도 보였으나, 유럽 학술과의 격차는 컸다. 아리스토텔레스는 공리, 정의, 정리 등으로 이루어진 이론적 지식인 episteme라는 개념, 그리고 삼단논법을 제시하였다. 베이컨(Francis Bacon)은 실험과 관찰을 통해 원리와 법칙을 발견하는 귀납법을 제시하여 과학혁명에 영향을 미쳤다. 근대 과학의 방법론은 아리스토텔레스의 연역법과 베이컨의 귀납법을 종합하였다. 18세기 유럽 계몽주의는 과학혁명의 성과를 산업혁명으로 이어주었고, 사회과학이 탄생할 지적 풍토를 조성하였을 뿐만 아니라, 민주혁명에도 이바지하였다. 18세기 유럽의 계몽사상가들이 중국을 유교의 합리적 이성에 입각한 도덕적 사회로 높게 평가하였던 데에서 드러나듯이, 조선을 포함한 아시아가 계몽주의 싹도 가지지 못한 것은 아니었다. 그러다 유럽의 중국 문화에 대한 관심은 18세기 말에 현저히 쇠퇴하였는데, 유럽이 18세기의 계몽주의시대를 거치면서 중국보다 차원 높은 문명을 수립하였기 때문일 것이다. 근세 실학은 유학의 합리적 사유를 진전시켜 과학·기술·제도에 관한 유용한 지식의 수준을 높였으나, 아리스토텔레스의 연역법과 베이컨의 귀납법의 방법론에 도달하지 못하였다. 아시아는 과학혁명과 산업혁명의 성과를 유럽에서 도입하였을 뿐만 아니라, 고대 그리스·로마의 민주정·공화정의 역사적 경험이 없고 시민층의 자치를 이룰 수 없어서 민주제도를 구미로부터 배워야 했다. 유럽의 과학기술을 배우자는 근세 실학의 혁신적 주장은 수용되지 못하였지만, 문호개방을 강요당한 후에 조속히 개화사상(開化思想)이 형성되고 국가적으로 근대문명을 제한적인 방식이나마 신속히 수용할 태세를 갖추게 된 것은 근세 실학의 기반과 무관하지 않다. 근세실학자는 소수였지만, 근세 실학과 주자학의 중간 지대에 위치한 관료들은 적지 않았고, 이들이 개항 직후 근대화정책을 추진하였다.

도쿠가와 일본에서는 중앙집권적 봉건제라는 정치체제의 차이 등으로 인해 유학, 그중 주자학이 지배적 학문이면서도 사회와 정치를 지배하지는 못해, 물리와 공리의 지식 담론은 도리(道理)의 구속을 피한 채 발전하여 유럽 과학혁명의 성과를 조선은 물론이고 중국보다 잘 흡수하였다. 유럽의 경쟁적인 국제환경은 모키어가 지적한 '다원주의 문화와 아이디어 경쟁이 결합한 사회'를 낳아 과학·기술을 중심으로 하는 유용한 지식의 축적과 확산이 원활하였는데, 중국·조선과 다른 일본의 정치체제는 유럽과 비슷한 환경을 제공하였던 것이다. 지식 문화의 차이는 유럽·아시아간 대분기뿐만 아니라 동아시아 3국의 분기에도 영향을 미쳤다.

근대적 전환의 관점에서 보건대, 유교 문화는 시장과 과학기술의 발전에는 불리하게, 인적 자본의 축적에는 유리하게 작용하였다. 유교가 인적 자본에 미친 영향은 다음 절에서 다룬다. 근세 실학은 유교가 시장과 과학기술의 발전을 수용하도록 개조하였다. 유교는 경쟁과 사적 이익 추구에 비우호적인 지배 이념으로 기능하던 개항 이전에는 시장 발전을 저해하였으나, 20세기에 근대 사상을 보완하는 윤리로서 기능하면서 가족유대의 강화, 교육 발전 등을 통해 공업화와 경제성장에 기여하였다.

5. 인적 자본의 형성

조선시대에 관이 설립한 중등 교육기관으로는 서울에서는 사학(四學), 지방에서는 향교(鄕校)가 있었다. 15세기 말부터 지방에서 사림(士林)세력이 성장하여 교육에 힘쓰면서 서당(書堂)·서원(書院) 등의 사학(私學)이 성장하였다. 사(士)의 학문 연구와 덕성 함양을 목적으로 설립된 서원은 1543년 처음 출현한 이후 사림정치기에 성장하여 영조대까지 404개가 설립되었다.[9] 서원은 사족의 향촌 지배와 정치세력화의 폐단을 낳아 탕평군주인 영·정조대 이후 통제받아 약화되었다. 초·중등 교육기관인 서당은 조선후기에 확산되어, 『목민심서(牧民心書)』 예전(禮典)에 의하면, 19세기 초에는 대략 4~5촌마다 존재하고, 여기에 고용된 훈장이 아동 10여 명을 가르칠 정도로 교육이 보급되었다. 당시 마을수로 보건대, 서당은 1만 개에 달하였을 것이다. 1800년경 조선의 교육 보급

9) 鄭萬祚 「사족의 향촌지배와 서원의 발달」 국사편찬위원회 『한국사』 31, 1988, 84쪽.

도는 세계적으로 높은 편으로 보인다. 19세기에는 도서 지방에도 서당이 많아졌고, 1896년 전라도 지도군(智島郡)에서는 수십 호가 거주하는 섬들 도처에서 서당 교육이 이루어졌다.[10] 정규 교육을 받지 않고도 쉽게 습득할 수 있는 한글은 국가의 한글 서적 출간과 포고문 반포 등에 힘입어 남녀와 서민의 공용으로 보급되었다. 영국인 비숍(Isabella Bird Bishop)은 『한국과 그 이웃나라들』에서 1894년 한강 유역에 사는 "매우 많은(a great many) 하층민이 한글을 읽을 수 있는 사실"을 관찰하였는데, 여성의 문자해독률을 0.2%로 추정하였다. 『국세조사(國勢調査)』에 의하면, 1930년 조선인 남자와 여자의 문맹률은 각각 50.4%, 89.8%였다. 이 통계를 토대로 차명수는 1910년 조선인 남자와 여자의 문자해독률을 각각 34.1%, 3.6%로 추정하였다.[11]

오늘날 한국 교육열의 근원은 조선시대에서 찾을 수 있는데, 조선시대 교육 확대를 낳은 요인은 무엇일까. 첫째, 조선에서 시장 발달 수준이 낮음에도 불구하고 교육 보급이 상당한 수준에 도달한 것은 교육을 중시하는 유교 문화에 힘입었다. 공자는 배움을 특히 강조하였다. 기원후 90년경에 반고(班固)가 편찬한 『한서(漢書)』는 8세 남자라면 신분에 구애받지 않고 소학(小學)에 들어가는 중국 고대의 이상적 제도를 소개하여, 보편교육 이념을 국가적으로 정착시켰다. 주자는 『소학』에 여성 교육을 넣고 여성 교육의 필요성은 널리 인식되었으나, 여성은 소학 입학이 고려되지 않았고 가정에서 교육받았다. 주자는 유교문화권의 고전이 되는 『소학』을 편찬하여 보편교육 이념을 뒷받침하였다. 문호개방 이전 동아시아에서 보편교육이 이루어진 것은 아니나, 근대에 들어와 일본부터 먼저 그것을 신속하고 효과적으로 도입할 수 있는 문화적 토양이 마련된 것이다. 둘째, 과거가 벼슬길에 나아가는 중심적인 통로이자 자신과 문중(門中)을 빛내는 지름길이었으므로, 사족층(士族層)은 유학 위주의 과거 공부에 힘썼다. 셋째, 조선후기에 일정한 경제력을 갖춘 상민 상층 내지 중서층이 두터워졌는데, 이들이 양반이 되고자 노력하거나 양반 문화를 모방하는 과정에서 교육이 확대되었다. 넷째, 부계 가족의 세대 계승 의식이 조선중기에 강화되어 세대 계승자의 교육 투자에 대한 인센티브를 제공하였다.

교육의 성과는 현실적으로 과거를 통하여 보상받으므로, 과거제도와 교육제도는 밀접한 관계에 있었다. 과거는 문과(文科)·무과(武科)·잡과(雜科)로 나누어지는데, 유학 지식으로 무장하여 나라의 기강을 유지하고 교화를 담당하는 핵심체인 문관(文官)을 채용하는 문과 시험이 특히 중시되었다. 과거는 법규정으로는 천민(賤民)이 아니면서

10) 정순우 『서당의 사회사』 태학사, 2014.
11) 차명수 「자본과 부」 김낙년·박기주·박이택·차명수 『한국의 장기통계 II』 해남, 2018, 862쪽.

결격요건이 없으면 누구나 응시할 수 있었지만, 양반이 아니면 충분히 공부하고 과거를 보러 다닐 경제력을 가지기 어려웠고, 그런 경제력을 갖춘 서얼(庶孼), 이서층(吏胥層) 및 상인은 문과 응시에 제한을 받았으므로, 평민은 사실상 문과에의 접근이 봉쇄되었다. 그런 점에서 명(明)·청(淸)시대의 진사과(進士科)보다 덜 개방적이었다. 조선후기에 서자에 대한 응시는 개방되었으나, 갈수록 좋은 가문(家門)이 문과 급제의 요건으로서 중시되었다. 이처럼 기회 균등의 원칙이 잘 지켜지지 않았기 때문에 평민 교육이 확대되기 어려웠다.

고려 말부터 실시된 무과는 무예(武藝)와 경서(經書)·병서(兵書) 등 학술로써 시험을 치렀다. 기술관(技術官)의 채용을 위한 잡과(雜科)에는 역과(譯科)·의과(醫科)·음양과(陰陽科)·율과(律科)의 4과가 있었고 중인층이 여기에 응시하였다.

조선시대 경제성장과 신분제의 동요는 과거 응시자의 증대와 교육의 확대를 낳았다. 사농공상제(士農工商制)에서 가장 존중된 사가 독서하는 지식인인 점은 인적 자본의 축적에 유리하게 작용하였다. 조선시대에 사가 서울이 아니면 농촌의 거주를 선호하여 지식인은 전국적으로 분포하였다. 조선후기 서당 훈장, 의약업, 소장대서업(訴狀代書業), 복술(卜術) 등으로 생계를 꾸리는 농촌 지식인이 늘었다.[12] 게다가 18세기부터 사 내지 양반을 모방하는 사회적 추세가 본격화되었다. 관직이 없는 사의 직역인 유학(幼學)의 비중은 현존하는 호적에서 17세기 말 3.8~5.4%였는데, 18세기 말·19세기 초 17.9~49.8%로, 19세기 중엽 63.1~79.1%로 급증하였다. 1799년 "식량을 약간 비축할 수 있고 글줄이나 아는 자는 유학을 모칭하여 군역(軍役)을 교묘히 벗어나려 한다"는 보고가 나왔으며, 지방 관청도 이러한 민의 요구를 활용하여 세입 증가의 수단으로 삼았다. 유학호의 증가를 단지 피역(避役)현상으로만 이해해서는 안 되며 일정한 경제력을 가지고 사 내지 양반을 지향하면서 교육에 관심을 가지는 층이 두터워지는 현상으로도 볼 수 있다. 평민은 일차적으로 향교와 서원의 교생(校生)과 원생(院生)이 됨으로써 군포의 부담으로부터 벗어나고자 했고, 장기적으로는 아들의 교육과 과거 응시, 그리고 혼인을 통해 양반층으로 진입하고자 노력하였다. 이들이 양반층으로 진입하는 문은 몹시 좁았지만, 경제력을 갖추고 신분 상승 욕구를 가진 중서층이 두터워졌기 때문에 서당 교육이 확대되고 과거 응시자가 늘었다. 농업생산의 증대와 시장의 성장은 교육에 투자할 경제력을 갖춘 평민층을 늘렸던 것이다.

생원·진사 합격자와 문과 급제자는 1392~1494년간 연평균 각각 56.6명, 17.4명이었

12) 고동환「19세기 후반 조선의 지식세계의 변화와 다산 호출의 성격」『다산과 현대』4·5권, 2012, 28~33쪽.

는데, 1800~94년간에는 141명, 39.4명으로 늘었다. 1402~1894년간 무과 급제자 15만~ 17만 명 중 90% 정도가 임진왜란 이후에 나왔고, 임진왜란 이후 연평균 400명 정도가 무과에 급제하였고 천민도 활발히 진출하였다. 문과인 정시(庭試)의 응시자는 1648년 3,461명이었는데, 17세기 후반에는 1만 명을, 1800년에는 10만 명을 넘었다. 18세기 서얼 등 중인 지식인층이 늘어 1752년 영조는 문과 급제자가 모두 중서배(中庶輩)로 채워질까 걱정하였다. 능력주의와 경쟁의 풍토를 양성한 과거제도는 신분적 제약을 가졌지만, 신분 상승의 사다리를 완전히 배제하지는 않았던 것이다.

공자는 모든 인간이 인륜(人倫)의 도덕[道]을 실천해야 하고 그런 점에서 동물과 구분되는 존엄성을 가지며 그 표현양식을 예이며, 부모의 3년상이 천하 사람에 공통된다고 가르쳤다. 맹자는 서인(庶人)까지 3년상을 행한다고 말하였다. 예교(禮敎)를 중시한 조선왕조는 세종대에 3년상을 왕실부터 시행하고 사대부에게 요구하였으나, 3년상은 절차가 복잡하고 비용이 많이 들었으므로, 서인에게는 100일상의 예제가 적용되었다. 서인(庶人), 심지어 천민(賤民)에게도 3년상을 시행하자는 주장이 갈수록 커져서, 사림이 조정에 진출한 1516년 서인의 3년상이 허용되었고, 이후 천민의 3년상도 허용되었다. 1428년 6품 이상은 3대, 7~9품은 2대, 서인은 부모만 제사를 지내는 제도가 성립하여 『경국대전』에 실렸다. 가묘제에 대한 제한도 이후 무력화되어, 이익은 1720~60년간 집필한 『성호사설(星湖僿說)』에서 주자의 "『가례』가 시행된 후에 사와 민이 상·제례(喪祭禮)를 하고 선조를 받드는 데 분수에 넘는 것이 많다"고 우려하였고, 『가례』에 대부(大夫)·사(士)의 묘제(廟制)도 3묘에 지나지 않는데 "오늘날 온 천하가 상하와 존비(尊卑)를 막론하고 4묘를 세우는 것이 통례가 되었다"고 하였다. 상민도 유교적 예의식을 갖추면, 인격 형성과 사회적 행세에 필요한 교육을 중시하게 된다. 이러한 추세가 19세기와 20세기로 가면서 더욱 확산되어 모든 사람이 양반 내지 사, 곧 독서하는 교양 있는 지식인이 되기를 목표로 삼게 되었다. 사=양반 문화의 확산은 학문적·인격적 성취 동기를 조장하여 인적 자본의 축적에 기여하였다. 이것은 20세기 교육 발전 등을 통한 경제발전을 위한 문화적 토양을 양성하였다.

유학만 배우고 묻는 교육·과거는 사상과 가치관의 다원적인 전개를 막았다. 문과는 현실적 정책을 묻기도 하였으나, 엘리트로 하여금 유학의 경전(經典)만 편식하도록 조장한 점에서, 근대 지식의 형성을 제약하였다. 조선전기에는 사(士)가 경학(經學)에 힘쓰더라도 기술학도 중시해야 한다는 주장도 만만치 않았다. 태종대에는 기술학을 유학과 동등하게 취급하여 모든 관료에게 특기에 따라 응시하게 하였다. 세종은 과학과 기술의 발달에 이바지하였다. 세조는 "의학(醫學)·산학과 같은 잡학(雜學)까지도 모두 정통하지 않으면 안 된다"고 천명하면서(『世祖實錄』 9년 5월 30일 戊午) 기술학을 진흥하였다. 그런데 사림파 성리학자가 정국과 학풍을 주도한 후에는 유자(儒者)가 경학에만 힘써야 한다는 관념이 확산되면서, 양반층은 실무 교육을 소홀히 하고 기술학을 천시하게 되었다. 양반 관료는 대개 실무능력이 부족하여 행정의 효율화를 도모하지 못하였고, 말단 관료인 향리층의 농간에 넘어가기 일쑤였다. 향리층은 실무에 밝고 일부는 지식인으로 성장하였지만, 일반적으로 행정의 체계화와 효율화를 구현할 지식과 이념이 부족하였고 그럴 위치에도 있지 못하였다.

경제력과 학문을 장악한 양반층이 유학에 매몰된 것은 조선사회의 근대적 전환에 부정적으로 작용하였지만, 자기 개발과 교육에 높은 가치를 부여하는 유교 문화의 전 사회적 포섭은 근대로 접어들면서 소중한 자산이 되었다. 조선후기에 평민도 유교 문화에 포섭되었기 때문에, 개항 후에 근대문명의 충격을 받고 국권 상실의 위기에 직면하면서 사회 전반으로 교육운동이 활발히 전개될 수 있었다. 평민 상층 내지 중서층(中庶層)은 신분 상승 욕구가 강하고 교육에 관심을 가지면서도 양반층보다 유학적 교리에 덜 얽매였기 때문에, 근대교육을 적극적으로 수용하였다. 그래서 양반층의 지배력이 약한 서북지방에서 근대교육이 가장 빠르게 성장하였다.

구텐베르크가 활판 인쇄를 발명한 1440년대 이후, 유럽에서는 경제성장과 결부되어 서적 생산이 급증하여, 금속활자를 먼저 발명한 동아시아를 크게 앞질렀다. 유럽에서 생산된 서적의 새로운 판은 1480년경 연평균 800종이었으나, 1600년경 5,000종에 접근하고, 18세기 중엽 10,000종을 넘어섰다. 그 덕분에 서유럽의 문자해독률은 빠르게 높아졌다. 이것이 근대에 유럽의 부상을 낳은 요인이라고 보는 견해도 있다. 동아시아에서는 목판 인쇄가 지배적이고 금속활판 인쇄의 비중은 작았다. 금속활자를 고정하는 기술이 발달하지 못해 대량 인쇄가 어려웠고, 수많은 한자는 영어보다 인쇄 비용을 높였다. 중국에서는 1644~1911년간 12만 6,000종의 책이, 일본에서는 1720~1815년간 2만 2,000종의 책이 새롭게 출판되었다는 연구가 있다. 1909년 이전 한국이 발간한 서적 29,252종(역사서가 10,211종, 문집 중심의 집(集)이 11,798종)을 확인한 연구도 있다.[13] 조선시대에 양반 남자가 학문을 하여 문자를 남기는 문화는 있었다. 생원과 진사의 시험에 합격하지 못한 많은 인물이 저작집인 문집(文集)을 남겼다. 조선후기 서적의 발행부수가 많아도 수백 부에 불과하였는데, 빌려보아 필사하는 관행이 성행하였다. 학문상으로 귀중한 기록이라 인정될 수 있는 것들은 대부분 사본(寫本)으로 보존되어 있었고, 서

13) 김재훈 「한국 古典籍의 총규모와 성격에 관한 연구」 『民族文化』 53, 2019.

책의 과반수는 사본이라는 주장도 있다.

조선후기에 서울, 전주 등지에서 민간인이 백과사전류, 유학서, 문학서, 법률서 등을 판매용의 방각본(坊刻本)으로 간행하였다. 개항 전에 간행된 방각본이 100종 미만 확인되는 데에서 드러나듯이, 서적의 시장 생산은 활발하지 않았다. 18세기 후반에 돈을 받고 책을 빌려주는 세책(貰册)집이 등장하였는데, 19세기 서울에는 20여 세책집이 각각 작가를 고용하여 수십 종의 책을 만들어 비치하였다. 방각본은 거의 소형 책자였고, 중대형 책자는 세책방을 통해 유통되었다. 서울에서도 서점이 발달하지는 않았으나, 서울·지방간 서적시장의 격차가 현격하지는 않아 책의 거래는 전국적으로 원활한 편이었다. 제도적인 여성 교육은 존재하지 않았으나, 18세기 이후 대도시에서 소설의 여성 독자가 증가하였다. 서점이 없는 지방에서는 책 행상이나 책 소장자로부터 구매하기도 했다.

조선시대에는 시장에서 생산된 서적, 그리고 실용 지식의 전문 서적이 적고 문집의 비중이 높은 점에서 지식의 생산은 한계를 가졌다. 중심적 지식은 오늘날 용어로 문학·역사·철학이고 과학·기술·제도에 관한 지식은 당시 잡학(雜學)으로 분류되었다. 문집에 주로 수록된 문학적·도덕적 내용은 당시 사람이 도덕사회의 건설에 유용하다고 여겼으나, 시장·기술의 발전에 유용한 지식이 아니었다. 그런데 지식을 중시하는 문화는 문호개방 이후 구미의 유용한 지식을 열심히 학습하는 풍토를 조성하였을 것이다. 인간은 쾌락을 위해 이익을 추구할 뿐만 아니라 자신의 존재가치를 위한 성취 욕구도 가진다. 양자 모두가 경제발전에 필요한 동기인데, 유교는 전자를 억제한 반면 후자를 장려하였던 것이다.

『조선왕조실록』, 『의궤(儀軌)』, 중국 여행기, 개인의 문집, 공문서 등 현존하는 고문서 등으로 보건대, 조선시대에 기록문화가 발달하였다. 전근대에 동북아 3국은 서유럽과 더불어 기록 문화가 가장 발달한 지역으로 보인다. 18·19세기 일본과 중국에서 인적 자본의 축적을 세계적 수준으로 평가하는 연구들이 있는데, 교육, 서적 생산 및 기록 문화로 보건대 인적 자본의 축적에 있어서 18세기 조선은 유럽의 선진 지역보다는 뒤떨어졌으나, 중국과는 비슷한 수준으로 보이고, 세계적으로는 상위권이었다. 1866년 조선의 강화도를 침략한 프랑스의 군인인 앙리 쥐베르(Henri Zuber)는 "극동의 모든 국가들에 대해 우리가 경탄하고 우리의 자존심을 상하게 하는 하나는 아무리 가난한 집에라도 책이 있다는 사실이다"라고 하면서, 이들 나라의 문맹률이 낮다고 평가하였다. 조선후기에 시장 발전의 낮은 수준에도 불구하고 인적 자본의 축적이 진전되었는데, 이것은 유교 문화가 널리 침투하고 과거제가 정비되고 문서 행정 등 기록 문화가 발달하였기 때문이다.

조선시대에 인구의 압도적 다수를 차지하는 농민은 소경영의 주체로서 협소한 농지에다 농사를 짓고 직포 등의 가내수공업을 영위하면서 국가에게 조세, 지주에게 소작료를 바치고도 살아남기 위해서는 부지런히 일하고 절약하지 않으면 안 되었다. 그러한 가운데 집약적인 농업경영의 경험을 쌓았을 뿐만 아니라 근면한 노동윤리와 절약적인 생활윤리를 체득하였다. 이들 농민은 조밀한 농촌시장망의 덕분으로 시장과 일상적으로 접촉하였고, 유교의 영향으로 자기 개발과 교육에 높은 가치를 부여하였다. 농촌의 유교 문화 속에서 근면성, 지적 성취욕, 인간적 유대감, 그리고 자연 속의 호연지기(浩然之氣)를 기르며 자란 많은 인물이 문호개방 이후 서구 문화도 수용하고 근대적 지식을 함양하여 유능한 노동자·기업가·관료가 되었다. 이들 중 자수성가하여 기부의 선행을 실천한 인물은 적지 않았다. 유교 문화 속에서 서당 등 학교에 다니지 못하였으나 가정교육을 엄하게 받으며 헌신을 요구받은 여성은 경제발전에 유리한 품성을 가진 자녀를 길러내었다. 어렵게 자라 크게 성취한 많은 인물이 어머니에게 감사드렸다. 이러한 인적 자산은 20세기 경제발전에 이바지한 중요한 요소였다.

조선사회는 다음의 점에서 기업가 역량의 축적에 우호적인 환경을 마련하지 못하였다. 첫째, 개항 전에 시장 규모는 근대적 기업가를 양성하기에는 작았다. 시장의 상층이 발달하지 않았기 때문에 상공업자를 중심으로 하는 시민층이 사회세력으로 성장하지 못하였다. 둘째, 궁방·관청·권세가가 상업 이권을 추구하고 19세기에는 부농에 대한 관의 수탈이 심해짐에 따라, 기업가적 활동이 위축되었다. 셋째, 사농공상이라는 차별적 직업관과 반상제로 인하여 양반 관료나 유학자가 되지 않고서는 사회적 엘리트가 될 수 없었고, 농·공·상도 모두 사를 지향하였다. 넷째, 교육의 내용도 기업가적 역량을 함양하는 유용한 지식과는 관련성이 적었으며, 주자학이라는 지배이데올로기는 경제적 동기를 중시하고 경제적 합리화를 추구하는 정신의 발현을 제약하였다. 그런데 유학이 고취한 성취 동기는 기업가 역량으로 연결될 수 있었다. 교육을 중시하고 독립적 농업경영과 초보적인 시장 접촉의 경험을 가진 인력이 풍부하고, 경제적·신분적인 상승 욕구가 강한 중서층이 두텁고, 비록 상업이 발달하지 않았으나 복식부기 등 회계가 발달하였던 것으로 보건대, 기업가층을 배양할 토양이 척박하지만은 않았다.

6. 과학의 기반

전근대에 한국은 중국의 선진 과학을 흡수하면서 독창적 발명도 성취하였다. 전근대적 차원의 과학은 꾸준히 발전하여 세종대에 세계적으로 높은 수준에 도달하였으나, 그 후 활력이 약화되었다.[14] 8세기 전반에 세계 최초로 목판 인쇄를 발명한 전통을 기반으로 하여 1234년 금속활자에 의한 인쇄가 개시되었던 것으로 보이며, 15세기 전반에 금속활자의 인쇄가 활발하였다. 1377년 최무선(崔茂宣)은 화약의 제조에 성공하였고, 세종 때에 다연발 로켓포 발사대인 화차가 개발되었다. 1236년에 간행된 『향약구급방(鄕藥救急方)』과 1433년에 간행된 『향약집성방(鄕藥集成方)』은 중국의 의술을 도입하는 단계로부터 벗어나 독자적인 의술체계를 확립하려는 시도였다. 이러한 기반 위에서 전통 의술을 집대성한 『동의보감(東醫寶鑑)』이 1610년에 완성되었다. 1430년 우리나라의 실정에 맞는 농법(農法)을 수록한 『농사직설(農事直說)』이 발간되었다. 세종 때에 중국과 이슬람의 역법을 연구한 다음에 이슬람 과학에 입각하여 1437년 천체의 관측에 의거한 시계인 일성정시의(日星定時儀)를 만들었다. 이어서 한양의 위도를 기준으로 하는 역산(曆算)체계인 칠정산(七政算)을 완성하여 1447년 일식과 월식을 예측하는 등, 이슬람세계·중국 다음으로 천체(天體) 위치의 계산과 그에 따른 천문현상의 예보가 가능해졌다. 1402년에 제작된 혼일강리역대국도지도(混一疆理歷代國都之圖)는 당시로서는 가장 우수한 세계지도로 평가된다. 측우기가 서양보다도 200년 앞서 1442년 발명되었고 천문시계인 혼천의(渾川儀), 해시계와 물시계가 장영실(蔣英實) 등의 공에 힘입어 만들어졌다. 또한 과학적 체계의 한글이 발명되었다.

13~5세기에 우리나라 과학이 세계적으로 높은 수준에 도달한 요인은 무엇일까. 먼저, 몽고제국이 지역간 교류에 대한 장벽을 완화하여 중국·이슬람세계의 선진적인 과학이 원활히 전파된 점을 들 수 있다. 그런데 외래문명의 흡수는 내적인 기반과 요구가 있을 때에야 가능하다. 화약은 왜구를 막을 필요성에서 배워온 것이다. 국가와 사원에 의한 편찬사업의 추진은 활판 인쇄를 발전시켰고, 천명(天命)과 농업에 대한 관심은 천문학의 발달을 낳았다. 게다가 중국보다 앞선 발명도 있으며, 한글처럼 중국문명과 무관한 발명도 있다. 그런 점에서 조선 내적인 요인이 중시될 필요가 있는데, 여말·선초 사대부의 지적 역량의 성장, 조선 국가체제의 발전, 실용적 유교 문화, 그리고 세종대왕

14) 한국과학사에 관한 대표적인 저서로는 全相運『韓國科學技術史』正音社, 1976; 朴星來『韓國科學史』한국방송사업단, 1982.

의 역할도 지적되어야 할 것이다.

유럽에서는 16·17세기에 천문학·역학·생리학 등 과학의 여러 분야에서 획기적인 발전이 있었다. 이탈리아의 갈릴레오에서 시작하여 영국의 뉴턴에서 종결된 과학혁명은 산업혁명이 일어나도록 도운 한 요인이었고 근대경제성장의 지속에는 필수적 요건이었다. 유럽의 과학·기술은 17세기 이후 중국을 통해 유입되었다. 1654년 유럽식 천문계산에 의거한 시헌력(時憲曆)이 시행되었고, 조선의 천문학자들은 18세기 말까지 그 계산법을 점차 터득하였다. 18세기 북극고도의 천문관측에 의거한 서양식 지도의 제작이 논의, 시도되었으나, 실현되지 못하였다. 정상기(鄭尙驥)는 1750년 100리척(百里尺)의 방안도를 도입하여 개선된 동국지도를 만들었고, 김정호는 지도 방위(方位)를 개선하였으나, 이들은 경·위도의 개념도 제대로 이해하지 못하였다.[15] 18세기에는 서양 과학지식의 영향으로 양반과 중인으로 이루어진 소규모 수학자 그룹이 성립하였고, 수학·실측·물리를 중시하는 문화가 싹트고 있었다. 정약용은 20세경에 서양 서적을 즐겨 보았는데, "이 무렵에 천문·역상(曆象) 분야, 농정(農政)·수리(水利) 기구, 그리고 측량하고 실험하는 법을 잘 설명하는 자에 대하여 세상에서 해박하다고 지목하면서 서로 전하는 풍습이 원래 있었으므로 신이 어릴 적에 마음속으로 이를 사모하였다"라고 고백하였다(『정조실록』 21년(1797) 6월 庚寅).

그런데 조선은 중국과 마찬가지로 문호개방 이전에 유럽에서 얻은 과학의 종자를 꽃피우지 못하였다. 유럽의 과학을 공부하여 이해하는 사람이 적었다. 시헌력을 배운 사람은 역법의 계산에 관심을 기울였지 그 토대인 유럽 천문학 이론을 배워 이해하려는 관심이 부족하였다. 왜 중국과 조선은 과학혁명을 성취하지 못했던가? 유럽이 과학혁명을 이룬 데에는 고대 그리스 과학의 유산, 기독교 문화, 교권과 세속권의 과학 경쟁, 다양한 국가들간 활발한 교류 등 특수한 사정이 작용하였다. 논리학과 자연철학이 유럽 중세에서는 기본적이고 필수적인 교과과목이었으나, 유교문화권에서는 지식학을 위한 개념과 방법론의 관심이 없어서 논리학 교육은 없었고, 자연 현상은 연구 대상이 아니었고 실험의 전통은 없었다. 유럽 중세의 스콜라 학자들처럼 추상적인 개념을 가지고 이론 논쟁을 활발히 전개하는 풍토가 유교문화권에서는 없었고, 그것에 접근하는 성리학 논쟁도 논리학 기반이 없이 개념 설명이 불충분한 채 진행되었고 논증은 고려되지 않았다. 소옹(邵雍)과 주자는 수학이 유교 도덕의 근원인 이(理)의 탐구에 봉사해야 한다고 주장하였는데, 마테오 리치(Matteo Ricci)와 협력하여 유클리드의 『기하학

15) 정기준 『고지도의 우주관과 제도원리의 비교연구』 경인문화사, 2013 등.

(*Element of Geometry*)』의 전반부를 번역한 서광계는 숫자에 신비한 이치[神理]가 담겨 있다는 관념이 중국 수학 발달을 저해하였다고 보았다. 유럽에서는 숫자에 신비한 의미를 부여하는 피타고라스학파 등이 있었으나, 고대 그리스부터 수학이 학문의 기초인 반면, 유가는 유교 철학인 경학(經學)을 수학 등 자연과학의 기초로 삼았다. 유럽의 수학과 천문학을 수용한 조선의 학자는 거의가 기론(氣論)이나 상수학(象數學)이라는 전통적 인식체계에 입각하여, 과학 탐구와 수학을 도덕적 목적에 종속시켰다.[16] 명·청교체기에 예수회파 선교사가 전해준 르네상스기 유럽 과학에 자극을 받은 중국인은 18세기에 중국 전통 과학이 더 우수하다고 확신하게 되었고, 유럽 과학이 더 높은 수준으로 발전하고 있던 것을 몰랐다.

일본은 전국시대 군사 기술력에서 조선을 앞섰으나, 1683년 조선인의 도움을 받아 일본에 맞는 최초의 역법인 정향력(貞享曆)을 만들고, 1610년 완성된 『동의보감』을 1718년 입수한 도쿠가와 쇼군[將軍] 요시무네[吉宗]가 그 의술을 중시하여 인삼의 수입대체를 추진한 데에서 드러나듯이, 17세기까지 과학에서는 조선보다 뒤졌다. 17세기 전반에 조선보다 학문이 훨씬 뒤떨어진 일본은 이후 유학의 진흥에 힘입어 학문이 급성장하여 18세기에는 유학에서 조선·중국과 대등해졌다. 일본은 1630년 기독교를 금지하고 1635년 쇄국정책을 단행하였으나, 1720년 서양 서적의 금지령이 완화된 이후 네덜란드를 배우는 난학(蘭學)의 발흥으로 서양 과학의 흡수에서는 18세기 후반 조선은 물론이고 중국보다 앞섰다. 도쿠가와 일본에서도 유학이 지배적 학문이고 그중 주자학이 주류였으나, 정치체제의 차이와 지리적 위치로 인하여 조선과는 달리 중화세계관으로부터 벗어났고 개방적·실용적 학풍이 성립하여, 유학-주자학이 배타적 지배력을 행사하지 못하고 학문이 다원적으로 발전하였던 것이다. 도쿠가와시대 지배층의 산업육성책, 시장의 역동적 발전, 그리고 직업 전문성에 힘입어 공업 기술에서도 조선을 앞서고 중국과 대등해졌다.

세종대에는 일본·동남아로부터도 앞선 기술을 배우려고 하였으나, 조선중기 주자학의 지배력이 강화된 이후에는 화이(華夷)간 차별의식, 그리고 유학, 심지어 주자학 이외의 학문에 대한 배타의식이 심해지고 기술학이 천시되어, 그런 진취적인 자세가 사라졌다. 게다가 유교와 기독교의 문화적 마찰은 서양 과학문명의 접근을 저해하였다.

16) 김영식 『동아시아 과학의 차이』 사이언스북스, 2013, 제1부 제4장 등.

7.1 조선후기 사회의 변혁 전망

춘추전국시대의 기술적·제도적 발전을 거치면서 중국은 세계에서 가장 발전된 국가체제를 가진 선진국이 되었다. 송나라는 경제와 문화에서도 세계 최고 선진국으로 평가된다. 고구려가 군사적으로 강하면서 국가체제의 발전을 이룰 수 있던 것은 중국 문명의 충격 때문이었다. 그런데 통일제국을 이룬 진나라 이후의 중국처럼 한국도 삼국시대 이후 완만하게 발전하였다.

10세기경에도 후진적이던 서유럽은 이후 역동적인 변화를 경험하면서 15세기 전후 이슬람권세계와 동아시아를 따라잡고 이후 추월하였다. 지중해와 대서양이 제공한 해상 교류의 편의, 고대 그리스·로마문명이 제공한 수학·논리학·법학의 유산, 로마제국 멸망 이후 형성된 국가간 경쟁체제 등이 유럽의 경제발전에 기여하였다. 일본은 조선 및 중국뿐만 아니라 유럽을 잘 배우고, 중앙집권적 봉건제의 도쿠가와 시대에 분권적인 경쟁체제와 통합성의 양면적 이점을 누릴 수 있어서, 16·17세기에 조선을 추월하고 18세기에는 중국과 대등한 수준으로 발전하였다.

15세기에 조선은 집권관료제국가를 확립하였는데, 그것은 정치·행정·경제·문화의 통합능력을 전제로 하는 만큼 당시 중국과 더불어 가장 선진적인 국가였다. 집권국가는 경제 기반으로서 농업을 장려하고 사회적 통합을 위하여 유교 문화와 교육을 육성하고 교통과 통신을 정비하므로, 초기 단계에서는 경제·문화·기술의 발전을 촉진하는 면이 있다. 발전된 농경사회는 유교 이념과 국가의 재분배 기능에 의하여 안정적으로 통합, 유지되었다. 조선중기 국가는 시장이 성장하는 추세에 타협하면서 재정의 시장 의존을 부분적으로 용인하였고 시장을 경제안정의 수단으로 활용하기도 했다. 유교의 도덕적 통치 이념과 발달한 감찰기구(監察機構)는 왕과 관료의 권력 남용을 견제하여 정치적 위기를 예방할 수 있었다. 사족층은 경제력과 특권으로 지역을 장악하면서 통치력을 지원하였고 유교 이념으로 지역사회를 통합하였다. 그 때문에 조선사회는 고도의 안정성을 나타내어 500여 년간 존속하였다.

그런데 전근대에는 집권국가체제가 봉건제에 비하여 행정과 산업 개발에 비효율적인 면을 가졌다. 전근대의 행정·교통·통신의 수준에서 집권국가는 재정이나 군정(軍政)을 통합적인 체계로 효율적으로 운영하기가 힘들었다. 관료기강이 해이해질수록 재정과 군정을 통합적으로 관리하는 이점보다는 관리상의 비효율로 인하여 낭비적인 요소가 커졌다. 각 관청이나 군문(軍門)은 독자적인 재원을 확보하려고 노력하였고, 그로 인하여 인민에 대한 중층적인 수탈이 초래되었다. 단기간 근무하는 지방관은 봉건 영주에 비한다면 관할 지역을 적극적으로 관리, 개발할 인센티브가 적었다. 국법에 규정된 조세 부담은 가벼웠지만, 지방관과 아전에 의한 중간수탈을 효과적으로 규제하지 못한 것은 농촌 민부(民富)의 형성과 상공업자본의 축적을 저해하였다. 분권적 정치체제의 오랜 전통을 가진 유럽과는 달리 국가의 자의적 수탈로부터 재산권을 보장해줄 의회제도가 성립하지 않았다.

15세기에는 국제무역이 극도로 위축되었을 뿐만 아니라 전국적으로 통합된 현물 위주의 국가 재정이 시장을 통한 상품유통을 대체하였다. 그 결과 시장은 낮은 수준에 머물렀다. 현물 재정의 발달은 시장이 미성숙한 단계에서 집권국가체제가 일찍 성립하여 장기간 지속한 사실과 관련된다. 국가재분배의 경제 통합과 자치도시의 부재는 상공업도시와 상업자본의 성장에 불리하게 작용하였다. 이것이 경제·정치·사회·문화의 역동적 발전을 막는 요인으로 작용하였다. 서유럽에서는 16세기 이후 시장이 발전한 위에서 조선의 집권국가에 상응하는 절대왕정이 성립하고 중상주의정책을 추진하여 세계시장을 창출하였다. 한반도는 중국과 국경을 공유한 지리환경으로 인하여 중세까지는 선진적인 기술과 제도의 도입에 유리하여 농경문명과 집권국가체제가 발달하였던 반면, 조공책봉체제와 화이(華夷)질서에 편입하여 무역의 다변화와 유럽문명의 도입에 지장을 받았다. 조선의 근대 준비에 지장을 준 요인을 '농업 기술의 발전: 인구 증가→시장 발전, 제도 발전, 인적 자본의 축적→공업 기술의 발전'이라는 도식 가운데 찾는다면, 시장의 낮은 수준이었다.

조선시대에 중세·근세 유럽이나 일본만큼 역동적인 경제발전은 없었지만, 경제성장률은 중세의 세계 평균보다 낮지는 않았다. 개항 직전에도 근대경제성장의 단계로 도약할 전망이 없었지만, 제2~6절에 언급하였듯이, 근대화를 준비하는 기반은 다면적으로 형성되었다. 조선시대에 집권국가제도의 발전, 법전(法典)의 정비, 유교의 이상에 가까운 정치 발전, 관료행정의 발전, 농업 기술의 발전, 인구와 농촌정기시의 높은 밀도, 소농경영의 성장, 회계의 발전, 사유제도의 진전, 계약질서의 성장, 노비제의 해체, 중서층(中庶層)의 성장에 따른 양반신분제의 동요, 정치적·경제적 주체로서 민의 성장, 사회와 사회적 자본의 형성, 기록 문화와 학술과 교육의 발전 등 정치·경제·사회·문화 전반의 고른 변화가 있었다. 후진적이던 북부의 경제적·문화적 성장이 더 빨라 지역적으로 균등한 발전이 있었다. 종래 내재적 발전론에서 파악한 것보다 풍부한 변화와 다방면의 발전이었다.[17)]

17) 이헌창 「조선시대를 바라보는 제3의 시각」 『韓國史研究』 148, 2010.

산업혁명이 일어나기 이전 유럽에서의 인구와 가격 등의 동향을 보면, 경제는 확장기와 수축기의 순환을 가지며, 인구와 식량의 비율이 경제순환을 낳는 기본적 요인이었다. 조선시대에도 그러하였다. 조선 건국 후 국경의 안정과 제도 정비, 연작법의 전국적 보급에 따른 농업생산성의 상승, 그리고 개간의 진전으로 15세기는 인구가 빠르게 증가하는 확장기였다. 16세기에는 개간이 한계에 도달하여 인구 압박이 나타나 생활수준이 하락하고 인구 증가율이 둔화되는 침체기를 맞이하였다. 양란으로 인구가 100만 명 정도 감소한 후에 황폐해진 농지가 복구되고 이앙법의 보급 등으로 농업생산성이 증가하고 대동법이 보급되고 시장이 빠르게 성장하여, 인구가 빠르게 증가하는 확장기를 맞이하였다. 17세기 후반은 무역 급증, 그리고 대동법과 동전 주화의 전국적 보급으로 15세기 전반과 더불어 개항 전 가장 호황기였다. 그래서 19세기 소설이나 구전 설화는 숙종 때를 '좋은 시절'로 묘사하였다. 18세기에는 인구와 경제의 성장이 둔화되었다. 논의 토지생산성은 18세기 정점에 달하고, 19세기에는 수리(水利) 사정의 악화 등으로 인해 하락하였던 것으로 보인다. 토지생산성을 반영하는 농지의 실질가격은 18세기에 완만히 상승하다가 19세기에는 하락하는 추세였다. 대체로 19세기 전반까지 안정적이던 미곡을 비롯한 재화의 가격이 19세기 후반에 빠르게 상승한 것은 화폐적 요인뿐만 아니라 농업생산의 애로도 반영했을 것이다. 19세기 초·중반은 인구 압박으로 생활수준이 하락한 경제침체기였던 것이다. 이러한 경제순환과 제도 변화를 반영하여 재정은 조선 건국 후 반세기 동안 크게 호전되었고 16세기에 악화되었다가, 17세기 중·후반에 호전되었고 19세기에 악화되었다. 경제적 확장기 후반의 영·정조라는 탕평(蕩平)군주 치세의 정치적 안정과 발전이 경제적 수축기에 접어들면서 세도(勢道)정치로 후퇴한 것은 흥미롭다.

18세기 후반에 인구밀도는 1km^{2}당 70명을 넘어 전근대에서는 거의 한계에 접근한 높은 수준이었다. 높은 인구밀도와 체계적인 관리의 부재로 산림이 황폐해져, 목재·연료·비료의 확보가 힘들어지고 수리 사정이 악화되었다. 18세기 말에는 시장을 통한 비료 조달, 산지소유제도의 개혁, 수리시설의 개선 등이 없이는 식량 생산을 증가하기 힘든 국면에 봉착하였던 것이다. 19세기 가삼(家蔘)과 금을 통한 중국무역의 확대, 국가 재분배 기능의 약화, 어음 유통의 활성화 등으로 보건대 시장은 성장하였을 것이다. 19세기 서적의 시장 생산과 그 독자층이 증가한 것은 근대화를 위해 유리한 변화였다. 그런데 19세기에 장시밀도나 도시화율이 증가 추세를 가지지 못한 것은 기존의 국제적·국내적 교역관계로는 새로운 차원의 상업 발달을 기대하기 어려운 사정을 보여준다. 19세기에는 인구가 많아진 압박, 논 생산성의 하락, 국가 기강의 해이 등으로 인하여 인민의 생활은 향상하지 못하면서 국가 재정은 악화되었으며, 권력층의 이권추구행위가 심해짐에 따라 시장질서가 불공정해졌다. 요컨대, 18세기 후반에 조선은 중국처럼 더 높은 수준의 경제발전을 이루기 힘든 균형 함정에 빠진 것으로 보인다. 달리 말하면, 19세기 조선사회가 더 높은 차원의 발전을 이루기 위해서는 근대적 기술, 중화질서를 벗어난 다변화된 국제관계, 그리고 그것을 지원할 수 있는 제도 변혁이 요청되는 국면에 접어들었다.

19세기에 직면한 경제성장의 애로를 타개하기 위한 대변혁의 전망은 전통적인 사회와 경제의 내부 편제(內部編制)가 유연할수록, 근대적 변혁을 위한 역량이 성숙할수록, 그리고 외부 자극이 건설적인 방향으로 충분히 이루어질수록 밝아질 것이다. 개항 전 조선사회는 고도의 안정성을 보인 데에서 드러나듯이, 내부 편제가 견고하였다. 조선후기 중화세계질서에 안주하여 선진적인 유럽문명의 자극을 배제한 것이 국제무역과 과학·기술 및 문화의 발달을 저해하였으므로, 개항을 통한 근대세계로의 편입은 조선사회의 근대적 변혁을 위한 필수적인 조건이었다. 구미국가와의 교류를 통해 무역이 성장하고 근대적 기술과 제도가 도입되면, 전통적 성장의 애로로부터 벗어나 근대적 성장의 길로 나아갈 수 있다.

그런데 제2차 세계대전 이전에는 강대국이 후진 약소국(弱小國)의 침략과 주권의 탈취를 추구하는 제국주의적 속성을 가졌다. 1870년대 이후 본격화된 제국주의는 후진 약소국이 우여곡절을 겪으면서 서서히 근대화의 길로 나아가도록 내버려두지 않았다. 조선의 문호개방은 국가주권을 제약하는 불평등조약으로부터 출발하였다. 그런 점에서 개항은 근대적 변혁의 자극을 제공하는 동시에 식민지로 전락할 가능성도 열어놓는 도전이라고 인식될 필요가 있다. 조선이 문화적·지정학적 요인으로 인하여 제국주의가 본격화되던 무렵인 1870년대에 비로소 문호를 개방한 것은 불행한 일이었다.

개항 후 조선사의 전개 방향은 도전의 강도와 성격 및 그에 대한 응전의 여하에 의하여 결정된다. 개항 이후 조선은 충족되지 못한 근대화 선행조건의 대체물을 만들고 후발성(後發性)의 이점을 활용하여 근대화에 착수해야 할 과제를 안고 있었다.

제2장 8절에서 언급하였듯이, 적게 거두어 절약하자는 방침을 채택하여 빈약해진 중앙 재정은 개항 후 근대화 정책에 지장을 주었다. 18세기 후반 중앙 관부로 상납되는 세입은 쌀로 환산하여 100만 석 정도로 국내총생산의 약 1.2%에 불과하였다. 중앙정부의 재정난으로 인한 지방 재정의 압박은 19세기에 지방 관리의 구조적 부정을 심화시켰다. 조선은 중국과 마찬가지로 정치·행정기강이 해이해진 국면에서 문호의 개방을 당해, 기존 정치질서의 무능은 두드러졌다. 조선은 중국·일본보다 시장이 덜 발달하

고 국력이 약한 상태에서 개항을 맞이하였다. 그래서 개항 후 자주적 근대화에 좌절하였다.

해방 후 후발성의 이점을 활용한 따라잡기에 성과를 거둔 데에는 선진 기술과 제도를 흡수할 수 있는 사회적 역량을 갖춘 점이 중요하였다. 그것은 개항 전부터 축적되어왔다. 종래 조선왕조의 경제적 역량은 과대평가된 반면, 그 사회적·정치적·문화적 역량은 적절한 주목을 받지 못하였다. 18세기에 조선의 시장 발전도는 세계적으로 중간 정도의 수준이었지만, 인구밀도나 사회적 역량은 높은 편으로 보인다. 조선은 중국·일본보다 시장 규모나 상업자본력에서 훨씬 뒤떨어졌으나, 복식부기 등 회계 수준에서는 이들과 대등하였다. 제5절에서 살펴본 교육, 서적 생산 및 기록 문화의 지표는 따라잡기를 위한 사회적 역량을 보여준다. 그와 관련하여 선진 문명에 대한 학습 열의를 반영하는 중국 여행기를 언급할 필요가 있다. 명·청나라에 사신단으로 파견되어 작성된 중국 여행기는 500종 이상 발견되었다. 이렇게 지속적이면서 방대한 외국 견문기는 세계사에서 유례를 찾기 힘들다. 선진 문물에 대한 이러한 학습 열의 덕분에 조선은 건국 초에 중국과 대등한 수준의 국가체제를 정비하였고, 15세기에 과학이 세계적 수준이었고, 16세기에 유학이 중국과 대등한 수준에 올랐다. 1876년 강화도조약 이전에는 조선이 일본보다 문화적으로 앞섰다는 관념이 조선인에게 일반적이었지만, 1607년부터 1811년간 모두 12차례에 걸쳐 통신사로 다녀온 사람들은 모두 70종 정도의 여행기를 남겼다. 통신사행의 횟수가 적은 데에도 불구하고 일본 여행기가 많은 것은 인상적이다. 그중 홍대용의 『연기(燕記)』, 박제가 『북학의』, 박지원의 『열하일기(熱河日記)』, 그리고 원중거의 일본 여행기인 『화국지(和國志)』는 오늘날 보아도 뛰어난 외국 문물 보고서이다. 이 네 여행기는 모두 단 한 차례의 여행 후에 저술된 것으로 18세기 후반 조선의 문화 역량이 성숙하였음을 보여주는 한 지표이다. 안드레아스 에카르트는 1929년 출간한 『조선미술사』에서 중국의 화려함과 일본의 형식미와 대비되는 '놀라운 간결성'을 조선 미술의 특징으로 집약하였는데, 조선은 예술 문화의 품격을 높였다.

선진 중국과 국경을 같이하는 반도라는 환경은 외국의 선진 문명에 민감한 체질을 낳았다. 심지어 "서양 서적도 선조 말년부터 전래되어 그것들을 보지 않는 고관·석학들이 없다"고 할 정도였다. 그런데 조선의 엘리트는 서양 서적을 "제자백가·도교·불교의 글 정도로 여겨서 서재의 장식용으로 갖추었으며, 거기서 받아들인 것은 단지 천문학과 기하학에 관한 것뿐이었다."(安鼎福, 『順菴叢書』 권17, 雜著 天學考(乙巳)) 근대문명에 대한 정보와 이해가 부족한 데다가 기독교와 유교의 문화적 충돌이 발생하여, 개항 전에는 서양 문명의 도입에 성과를 거두지 못하였으나, 중국 문명에 대한 학습 열의는 개항기 중화세계관이 무너진 이후 근대문명에 대한 학습 열의로 연결될 수 있었다.

조선시대 사회적 역량의 성장은 사회의 형성에 연관되어 있다. 조선중기 지방 사족의 향촌 지배기구 운영권인 향권(鄕權)은 조정의 조권(朝權) 또는 관권(官權)으로부터 상당히 자립한 실체로 성립하였다. 지방 사족은 향약(鄕約), 계 등을 통해 지역사회를 통제하고자 했고, 이어서 사족의 향촌 지배와는 무관하게 공동 이익을 위한 조합인 계가 확산되었다. 1573년 이미 "서울부터 지방 마을까지 모두 마을과 이웃의 계와 향도(香徒)의 모임이 있어서 사사로이 규약을 세워서 서로 단속하려고 하였다."[18] 전국의 계는 19세기 후반 축소 추세로 바뀌었음에도 불구하고, 1926년 19,067개로 조사되었다. 19세기 경북 예천군 박씨가의 일기에 의하면, 실로 다양한 계, 동회·면회·향회 등 지역 공동체가 밀도 높게 존재하였다. 높은 인구밀도를 기반으로 고밀도의 교제관계, 그리고 조밀한 농촌 장시망과의 일상적인 접촉이 이루어졌으며, 그에 힘입어 정보는 각지로 활발히 전파되었다. 그런데 시장과 시민층의 미성숙으로 유럽 근세의 시민사회와 같은 것은 성립하지 않았고 민회(民會)의 자치역량은 약하였다.

후진적인 조선이 자력에 의한 근대적 변혁에 성공하기 위한 관건 중의 하나는 외압에 대처하면서 후발성의 이점을 활용한 압축적인 근대화를 추진하는 기축이 될 국가의 수립이다. 그것을 위한 정치적 역량이 개항 전에 어느 정도 갖추어졌는지 고찰해보자. 아델만과 모리스는 20세기 중엽 저개발국이 근대경제성장을 실현하는 데의 기본적인 제약을 종족적(種族的) 구조와 가치관으로 보았는데,[19] 소농에 대한 균질적인 지배를 추구하는 국가제도를 발전시켜온 조선의 성립 이전에 이미 종족적인 제약은 해체되어 있었다. 조선은 중국의 제도를 잘 흡수하여 능력 본위의 관료임용제도 등 정치·행정제도를 발전시켰다. 『경국대전』·『속대전』·『대전회통』 등 통일 법전의 제정·보완은 제도를 정비하고 법치를 구현하는 능력을 보여준다. 문서 행정이 발달하고 통치기록이 정비되었는데, 『만기요람(萬機要覽)』·『육전조례(六典條例)』 등은 재정을 통합적으로 파악하는 능력이 낮지 않았음을 드러낸다. 관료에 대한 감찰과 왕권에 대한 견제는 중국보다도 철저하여 권력구조의 안정을 실현하였다. 조선 초에 이미 국가의 공적 관념이 발달하여 중앙관부를 경유하지 않는 왕실 활동은 사적 영역으로 간주되었다. 국왕이 최종 의사결정권을 가진 주권자이지만, 정치 논의는 6조(六曹)·의정부·비변사 등 관료제의 폭넓은 논의를 거쳤고, 사대부의 공론(公論)에 개방되어 있었다. 그런 점에서 정책

18) 『선조실록』 6년 8월 17일 甲子.

19) I. Adelman and C. Morris, *Society, Politics and Economic Development: A Quantitative Approach*, Baltimore: The Johns Hopkins University Press, 1967, p. 267.

결정기구와 군신공치(君臣共治)가 발달하였다. 정책 결정에서 평민의 여론을 청취하기도 했는데, 세종은 공법을 설계하면서 전체의 20%에 가까운 17만 호의 여론을 수렴하였으며, 대동법과 균역법도 인민의 원하고 편하게 여기는 민심을 반영하였다.[20] 정조는 인민과 빈번히 접촉하여 고충을 듣고 그 처리에 노력하였다. 전근대에서 조선만큼 정치적 소통이 원활한 왕조국가를 찾기는 어렵다. 그런데 관료층은 경제적 합리화 동기와 실무능력이 부족하였다. 그래도 경제제도의 개혁을 위한 지속적인 노력이 있었고, 그런 가운데 대동법 등 괄목할 성과는 있었다. 재산권은 비교적 잘 보호된 편이었다. 지방통치제도에서는 왕→감사→수령으로 이어지는 관치행정 계통, 사족 주도의 향촌(鄕村) 자치질서 및 그 중간에 위치한 향리 세력이라는 삼자간에 견제와 균형이 그런대로 유지되었다. 지방행정제도도 정비된 편이고, 지방관의 정기적 평가로 하등 평가자는 해임되고, 그 정보는 공개되었다. 통치자는 인민이 나라의 근본이라는 민본(民本) 이념에 입각하여 민생 안정에 힘썼다. 민본 이념은 인민이 주권자로 정치에 참여하는 민주(民主)와는 질적으로 달랐으나, 평민은 예를 실천하고 서당에 다니고 민회(民會)에서 발언권을 행사하면서 통치의 객체에서 정치의 주체로 성장해갔다. 선진적 사대부가 18세기 후반 수용한 천주교를 믿는 평민과 노비가 1801년 박해 이후 늘어 1860년경 2만 명을 넘은 것도 민중 의식 성장을 보여준다. 신분 평등의 천주교 신앙공동체 운동은 동학의 성립을 자극하였다.

민본 이념의 성숙과 평민의 정치적 성장에 따라 정치공동체 의식이 성장하였고 군신공치가 군민공치로 나아갈 조짐이 있었다. 조선왕조는 유럽 절대왕정에 비해 의회가 없고 시민층이 미성숙하여 정치적 다원성과 사회적 자율성이 약하고 민권의 자연법사상과 법의 지배가 뒤떨어진 점에서 민주국가의 수립에 불리하여, 한국은 구미의 민주제를 도입하였다. 그렇지만 개항 후 민주제가 빠르게 거론되고 1910년 나라가 망하자, 1910년대에 거족적 3·1운동이 일어나고 민주공화제를 목표로 독립운동세력의 대세가 결정된 것은 개항 전의 정치적 유산에 힘입었다.[21] 조선시대 소농의 성장과 일반화, 그리고 조선후기 노비제 해체와 반상제 동요는 민주제 국민국가의 수립에 유리한 역사적 유산이었다.

20) 이헌창 『김육 평전: 대동법을 완성한 조선 최고의 개혁가』 민음사, 2020.
21) 이헌창 「조선왕조의 통치원리: 민주국가 수립을 위한 정치사적 유산」 『한국정치연구』 27-1, 2018.

참고문헌

이헌창 「근대경제성장의 기반형성기로서 18세기 조선의 성취와 그 한계」 역사학회편 『정조와 18세기』, 푸른역사, 2013.

이헌창 「조선시대 재산권·계약제도에 관한 試論」 『경제사학』 56, 2014.

제2부

근대전기(개항~해방): 자주적 근대화의 좌절과 식민지경제의 전개

제6장

근대세계로의 편입에 따른 근대문명의 도입과 시장의 성장(1876~1904년)

1. 근대사의 기점으로서의 개항

근대에는 시장이 지배적 배분기구가 되고, 기계를 사용하는 공장이 출현하면서 공업화가 진전되고, 나아가 경제가 지속적으로 성장할 수 있었다. 지속적 성장의 시대로 전환할 수 있게 만든 산업혁명은 영국에서 시작되어 유럽 대륙과 미국, 나아가 아시아에 파급되었다. 유럽 근대화는 점진적 변혁이나, 동아시아의 3국에서는 서양 근대문명의 자극을 제한하거나 봉쇄하던 정책이 19세기의 강제적인 개방에 의하여 일거에 해제됨에 따라, 근대화를 위한 급격하고 단절적인 변화 양상이 나타났다. 그런 점에서 동아시아 3국에서는 개항(開港)이 문명사적 대전환을 이룬 근대의 기점(起點)이라고 볼 수 있다. 개항이란 외국인의 거주와 통상을 위하여 항구를 개방함을 말하는데, 서양 근대문명에 문호를 개방하는 등 폐쇄적 체제가 개방체제로 전환하는 의의를 가졌다. 동아시아 3국은 아시아에서는 선진 지역으로서 근대경제성장을 위한 기반을 조성하고 있었으나, 근대세계에 문호를 활짝 열지 않고서 근대경제성장으로 진입할 전망은 없었다.

월러스틴(I. Wallerstein)에 의하면, 세계체제는 통일된 정치체계인 세계제국으로부터 정치적 통일체를 결여한 세계경제로 발전하여왔다. 세계제국 아래서는 농민과 수공업자의 생산물이 강제적 수탈방법인 공납(貢納)에 의해 관리자에게로 이동, 집중되어 행정관료에게 재분배되었다. 그래서 중세 초까지도 사치품의 장거리 무역이 중심을 이루었고, 국가간 또는 원격지간 대단위 상품의 교환이나 주산물의 교환은 드물었다. 1450~1640년간 유럽의 국제분업과 노동분화가 형성되는 가운데 북서부 유럽은 높은 기술 수준의 농업생산에 특화하고 소작농과 임금노동이란 노동통제양식을 발전시킨 중심부로 자리잡았다. 동유럽과 비유럽은 노예와 강제된 노동으로 생산된 곡물·금·은·

목재·면화·설탕의 수출에 특화한 주변부로 편성되었으며, 지중해 유럽은 높은 비용의 산업생산물(비단 등)과 신용·정화(正貨)의 교환에 특화하는 반주변부로서 출현하였다. 1650~1730년간 전반적 경기 후퇴기에 근대 세계경제의 제2단계가 열리고 중상주의(重商主義)가 대두하였다. 18세기 중엽 이후 산업혁명이 개시되면서 세계경제의 제3단계인 산업자본주의가 시작되었고, 세계경제는 지구 전체로 팽창하였다.

월러스틴은 일국사(一國史) 관점을 비판하여 분석의 기본 단위를 세계체제로 잡으며, 세계체제에서의 위치에 따라 각국이 중심-반주변-주변으로 분화되고 그 노동통제양식도 달라진다고 보았다. 근대사회의 성립과 전개에서 세계사적 규정성은 본질적인 요인이었지만, 각 지역의 내적 구조와 그 특질의 작용·반작용도 아울러 중시될 필요가 있다. 19세기 후반 조선은 세계체제의 주변부로서 편입될 수밖에 없었지만, 조선이 주변부에서 벗어날 수 있는가는 국제환경뿐만 아니라 국내 역량의 여하에도 달려 있었다.

일본이 문호를 개방당한 지 얼마 지나지 않은 1858년에 마르크스는 엥겔스에게 다음과 같은 편지를 보내었다.

> 부르주아사회의 독특한 임무는 세계시장을 만들어내고, 이 세계시장에 기초를 둔 생산체제를 만들어내는 것입니다. 세계는 둥글기 때문에, 이 작업은 캘리포니아와 오스트레일리아가 식민지로 되고, 중국과 일본이 문호를 개방하는 것으로써 완성되는 것 같습니다.

산업자본주의 단계에서의 공업 발전과 교통·통신의 변혁은 유럽을 중심으로 하는 세계경제의 전지구적 규모의 팽창을 낳았다. 유럽으로부터 가장 멀리 떨어진 조선에는 그 파도가 마지막으로 밀어닥쳤다. 서양의 과학기술과 종교는 17세기 초부터 중국을 통하여 파급되었다. 19세기에 들어오면 서양의 무명도 중국을 통하여 수입되어 1837년에는 그 자유 판매가 허용되었다. 이에 백목전(白木廛)은 서양 무명의 유행으로 실업할 지경이라고 호소하기도 했다. 나아가 1830년대부터 이양선(異樣船)이라 불린 구미국가의 선박이 빈번히 연해에 출몰하여 통상을 요구하기에 이르렀다.

구미국가의 자유통상 요구를 조선은 중국·일본과 마찬가지로 거부하였다. 주자학으로 무장한 조선의 지배층은 전통적인 화이관(華夷觀)을 고수하여 구미국가를 오랑캐로 보아 접촉을 기피하고, 서양 종교가 유교 윤리를 무너뜨려 인간을 짐승처럼 만든다고 믿었기 때문이다. 게다가 두 차례의 아편전쟁이 중국에 끼친 피해의 소식은 서양의 위협에 대한 경계의식을 높였다. 1871년 미국함대가 침공하였을 때, 영의정 김병학(金炳學)은 양이(洋夷)와 "만약 한 번 서로 통하면 사학(邪學)이 반드시 번성하여 공자의 도덕이 장차 타락할 것이다"라고 보았다(『日省錄』 高宗 8년 4월 20일). 이처럼 조선은 세계관이나 사상이 폐쇄적이었을 뿐만 아니라 소농경영의 차원에서나 국가적 차원에서 자급자족성(自給自足性)이 강하였으므로, 중국을 제외한 외국과의 문화적·경제적 교류의 필요성을 절실히 느끼지 않았다. 19세기 중엽에 지배층과 식자층은 서양 상품의 수입을 막자고 주장하였다. 1866년 공조참판 이항로(李恒老)의 다음 주장에서 드러나듯이, 서양 상품의 수입 금지론은 국내에서 생산할 수 있는 공산품을 수입할 필요가 없다는 자급자족을 지향하는 사상, 사치재가 미풍양속을 해친다는 관념, 그리고 자연조건에 공급을 제한받는 은(銀)·인삼과 그렇지 않은 공산품의 교역에 따른 결제수단이 부족한 현실적인 고려에 입각해 있었다.

> 무릇 서양 물건이 들어오는 품목은 매우 많으나, 요컨대 모두가 기기음교(奇技淫巧)이고 민생일용(民生日用)에 무익할 뿐만 아니라 재앙이 매우 크다. ……하물며 그들의 물건은 손에 의해 생산되어 일계(日計)에 남음이 있지만, 우리의 물건은 토지에서 생산되어 세계(歲計)에 부족하다. 부족한 것으로써 남는 것과 교역한다면 우리가 어찌 곤궁하게 되지 않겠는가. 일계로써 세계에 접(接)한다면 그들은 어찌 넉넉하지 않을 것인가.(『日省錄』 고종 3년 10월 3일)

자본주의국가의 자유통상정책과 동아시아국가의 쇄국(鎖國)을 포함한 무역제한정책의 대립은 무력에 의한 문호개방으로 귀결되었다. 중국은 1840년 아편전쟁의 패배 이후 1842년 남경조약(南京條約)을 맺고, 일본은 1853년 페리 제독의 무력 시위에 굴복하여 1854년 미일화친조약(美日和親條約)을 맺고 문호를 개방당하였다. 평화적인 교섭에 의해 조선과 통상관계를 수립할 수 없게 된 구미 열강은 마침내 무력 시위에 의존하였다. 1866년 미국상선(商船) 제너럴 셔먼(General Sherman)호가 대동강을 거슬러 올라가 통상을 요구하다가, 평양 군민(軍民)의 공격으로 불타버렸다. 1866년에 프랑스함대가, 1871년에는 미국함대가 강화도를 침공하였는데, 이들의 소극적인 자세에 반하여 조선의 저항이 완강하였기 때문에 격퇴될 수 있었다. 구미 열강은 조선시장에 대해 적극적인 관심과 열의를 가지지는 않았다. 그래서 프랑스함대의 침공은 본국 정부의 정책적인 차원에서 추진된 것이 아니었고, 미국함대 침공의 일차적 목적은 난파선(難破船)의 보호에 있었다. 그렇더라도 19세기 전반 외국 선박의 자유통상 요구, 그로부터 일어난 병인양요(丙寅洋擾)와 신미양요는 조선이 더 이상 자본주의적 세계체제로부터 고립하여 지낼 수 없었음을 보여준다.

구미자본주의국이 성취하지 못한 개항의 강제를 조선보다 20여 년 앞서 문호를 개방당한 일본이 대행하였다. 1868년 유신정부는 조선에 왕정복고(王政復古)를 통고하고 국교의 재개를 요청하였지만, 조선은 '황(皇)', '봉칙(奉勅)' 등의 문자를 사용한 외교문서가 구래의 외교 격식에 맞지 않아서 접수하지 않았다. 그러자 정한론(征韓論)이 대두하여, 사쓰마번(薩摩藩)의 지도자 사이고 다카모리(西鄕隆盛) 등은 사무라이층을 중심으로 군대를 편성하여 조선을 정벌함으로써 국가 권위를 확립함과 동시에 조선의 공납(貢納)으로 사무라이층의 녹봉을 충당하려고 했다. 이러한 제안은 징병제적 군대 편성을 지향하고 조선 침공을 시기상조로 보는 관료의 반대에 의해 좌절되었다. 그 대신 일본은 1874년에 위험 부담이 적은 대만 침공을 단행하고 중국과 교섭하여 유구(琉球), 곧 오키나와를 자국 영토에 편입하였다. 1875년 조선국가가 일본 외교문서의 수리를 거부하자, 일본은 운요호(雲揚號)를 보내어 서울로 들어가는 입구인 영종진포대(永宗鎭砲臺)를 점령하였다. 이러한 무력 시위를 배경으로 1876년 강화도조약(江華島條約)이 체결되었다. 구미를 모방하여 근대화를 추구하는 일본에 대한 문호개방은 근대세계에 문호를 개방하는 출발점이었다.

유신정부가 무력에 의한 조선의 개항을 추진한 것은 군부를 통제하고 사무라이층이 '국민화합(國民和合)'의 구호로서 내세운 정한론의 요구를 충족함으로써 국가권위를 확립하고 정권 기반을 강화하기 위해서였다. 당시 일본의 대외 침략은 내정(內政)의 연장이라는 성격이 강하였고, 군사력의 과시로 불평등조약을 개정하여 대외 종속의 위기를 극복하려는 노림도 배후에 깔고 있었다. 제국주의가 성숙해가는 세계사적 조건에 규정되어 그것은 조만간 경제적 동기와 결부될 터였다.

조선국가가 구래의 교린국(交隣國) 일본이 양이(洋夷)와 다르다는 명분에 기초하여 외교관계를 회복하는 방향으로 정책을 전환한 데에는 일본의 침공을 막을 군사력이나 그것을 뒷받침할 재원이 부족한 사정뿐만이 아니라 전향적인 상황 인식이 있었다. 서양 군사력의 위협에 대처하기 위해 강병책을 추구하면서 서양 군사기술을 배우고자 하던 대원군(大院君) 집권기의 경험을 통해, 고종은 일본을 통한 서양 기술의 도입을 생각하게 되었다. 북학파 박지원의 손자로 근세 실학을 계승한 대신 박규수(朴珪壽)는 중국 정세와 양무(洋務)운동을 관찰한 다음 양이도 예(禮)를 가진다고 보고 서양 기술의 도입과 통상을 통한 부국강병의 필요성을 인식하여, 일본과의 외교 회복을 주장하였다.[1] 5장에서 언급하였듯이, 18세기 후반에 박제가는 해상무역과 서양기술자 초빙을 건의한 바 있고, 19세기 이규경, 최한기 등이 동도서기론(東道西器論)을 펼치는 등 서양 물질문명의 수용론이 제기되었는데, 이런 풍토는 문호개방을 뒷받침하였을 것이다.

당시 조선국가는 강화도조약이 일본과의 교린관계를 회복하는 것이지 양이에 문호를 개방하는 것은 아니라고 간주하였더라도, 일본을 통한 서양 문명의 접촉은 구미국가에 대한 문호개방으로 이어지기 마련이었다. 중국과 일본에 이은 조선의 문호개방은 자본주의적 세계시장이 완성되는 최후의 과정을 이루었다.

개항으로 시작된 근대적 대외관계는 근대 이전과는 질적으로 달랐다. 근대 이전에는 각국이 상호 교섭하면서도 사회경제구조에 심각한 충격을 받지 않고 다원적으로 병존할 수 있었다. 예컨대, 몽고제국의 간섭 아래 공납제(貢納制)를 통한 수탈이 산업구조를 변혁시키지는 않았던 것이다. 전근대에서도 국제무역의 기능을 과소평가해서는 안 되겠지만, 지배층이 수요하는 사치품을 중심으로 구성된 무역이 산업구조나 노동통제양식에 미친 영향은 제한적이었다. 그런데 개항으로 자본주의국의 상품판매시장과 식량·원료공급시장으로서 근대적 국제분업에 구조적으로 편성되면, 산업구조가 근본적으로 재편되고 노동통제양식이 변하게 된다. 그런 점에서 개항은 자본주의적 세계경제에 편입됨으로써 사회경제구조의 근본적 변혁을 초래하는 계기였다.

조선의 개항은, 앞으로 자세히 언급되겠지만, 다음과 같은 사회경제적 변혁을 초래하였다. 첫째, 국제무역의 확대, 근대적 교통·통신·금융설비의 도입, 시장친화적 제도의 수립 등으로 인하여 시장이 급성장하여 지배적인 배분기구로 확립되었다. 둘째, 회사제도가 도입되고 근대적 상공업경영이 성장하는 계기로 작용하였다. 셋째, 지주제가 미곡수출의 확대에 힘입어 빠르게 성장하였다. 넷째, 수직적 국제분업체제로의 편입과 외국 자본의 침투로 인하여 대외종속성이 나타났다. 다섯째, 근대문명의 충격으로 개화(開化)사상이 출현하고 개화파가 결성되었다. 개화란 개항 전보다 차원이 높은 단계의 문명화(文明化), 곧 근대화를 의미한다. 근세 실학의 발전 위에서 동도서기론의 지향을 출현시킨 풍토는 개항 후 개화사상의 신속한 성립과 확산에 이바지하였다. 정약용의 경세치용학과 서유구의 이용후생학을 공부한 박규수는 김옥균(金玉均), 박영효(朴泳孝), 홍영식(洪英植), 서광범(徐光範), 김윤식(金允植), 유길준(兪吉濬) 등 핵심 개화인물을 양성하였다. 1879년경 정치적 단체로서 개화파가 결성되었다. 국가는 근대적 제도와 기술·설비를 도입하려는 정책을 추진하였고, 관료와 민간은 회사와 근대적 기업을 창설하려는 노력을 기울였으며, 사회 전반적으로 근대문명을 수용하려는 자세는 확

1) 연갑수『대원군 집권기 부국강병정책 연구』서울대학교출판부, 2001; 原田環『朝鮮の開國と近代化』溪水社, 1997, 제2편.

산되어갔다. 요컨대, 개항 후의 변화는 그 전과 비할 수 없을 정도로 빠르고 심층적이었다.

개항 후 경제적 변화를 규정한 첫 번째 요인으로 개항 전 근대화를 위한 선행조건이 어느 정도 충족되었으며 사회경제구조가 근대적 변혁에 얼마나 민감한 체질인가라는 점을 들 수 있다. 이것은 제5장에서 고찰한 바 있다. 두 번째 요인은 외부 충격의 내용이다. 제5장에서 언급하였듯이, 그것은 근대적 변혁을 위한 자극을 제공하는 동시에 식민지화를 추구하는 양면성을 가지고 있었다. 셋째, 외부 충격이라는 도전에 대한 응전(應戰)의 양상이다. 후진성이 심한 상황에서는 민간의 대응만으로는 미흡하고 국가가 주도하여 결여된 선행조건의 대체물을 만들어주고 유약한 민간부문의 대응을 지원하는 노력, 곧 식산흥업정책(殖産興業政策)으로 대표되는 근대화정책을 얼마나 효과적으로 추진하였던가가 특히 중요한 문제이다. 그리고 생산자가 새로운 국제분업질서에 얼마나 능동적으로 대응하였으며 상인이 상권(商權)의 확보와 국제무역업에의 진출에 어느 정도 성과를 거두었던가라는 점도 아울러 고찰하여야 할 것이다. 이러한 대응 역량은 개항 전 국가 성격과 경제발전 수준에 영향을 받는다. 먼저 우리나라 근대사의 성립과 전개에서 조건적 성질을 가진 국제경제교류와 외압(外壓)의 실태를 고찰한 다음, 국내 경제구조의 변화와 경제주체의 동향에 대하여 살펴본다.

2. 국제환경의 변화와 국제경제교류의 새로운 전개

(1) 불평등조약체제의 성립과 국가주권의 제약=반식민지화

외국 자본주의의 후진 지역에 대한 경제적 요구는 상품판매시장, 식량·원료공급시장 및 자본투하시장이란 세 가지로 집약된다. 일반적으로 초기의 경제적 침투는 무역활동을 중심으로 이루어졌고, 조선의 경우도 1920년대까지 그러하였다. 물론 개항기부터 무역활동을 보조하기 위한 자본이 투하되었다.

외국 자본주의는 후진 지역을 상품판매시장과 식량·원료공급시장으로 만들기 위해 자유무역을 바랐지만, 다른 후진 지역과 마찬가지로 조선에서는 자급자족성이 강한 경제와 외국 무역을 통제하려는 권력, 자유로운 상업활동을 제약하는 난전금지권(亂廛

禁止權)·주인권(主人權)과 같은 특권과 통행세 등의 규제, 그리고 문화적 이질성 등에 기인한 비관세장벽(非關稅障壁)이 존재하여 무역의 확대를 억제하였다. 외국 자본주의는 이러한 무역장벽을 제거하기 위해 불평등조약(不平等條約)을 강제하여 국가주권을 제약하였다.

1876년 체결된 조일수호조규(朝日修好條規), 곧 강화도조약은 형식적으로는 일본에 대한 평등한 지위를 규정하고 있지만, 실질적으로는 불평등조약이었다. 일본은 수입품에 대하여 5%의 관세에 응할 의향이 있었지만, 조선은 종전처럼 면세를 허용하였다. 조약 체결 당시 조선국가는 1864년 중국에서 번역된 『만국공법(萬國公法)』을 알았던 것 같으나, 국제법의 지식이 부족하였다고 보아야 한다. 1877년에 조선이 해관(海關)을 설치하여 관세를 부과하려 하자, 일본은 항의하여 좌절시켰다. 그리고 종래 일본 공관(公館)이 있던 부산과 그 밖의 두 항구를 개항하기로 하였다. 일본은 조계(租界)의 토지를 헐값으로 영구히 빌리고 조계의 관리권을 획득하였다. 조계로부터 사방 10리를 간행이정(間行里程)으로 정하여 그 지역 안에서의 자유로운 통행과 행상활동을 허용하였다. 일본인의 불법행위에 관련된 사건을 일본인 관원이 심의하는 영사재판권(領事裁判權)도 인정되었다. 조선 조정은 종래 왜관에서 일본인이 무관세로 무역을 하고 그들의 재판도 일본에 위임하는 교린관계의 연장으로 생각하였겠지만, 무관세 규정에 의해 관세주권이 상실되고 반식민지 내의 식민지인 개항장(開港場)이 설치되어 영토주권이 침해받고 치외법권(治外法權) 규정에 의해 사법주권이 침해받으면서, 불평등조약의 3대 지주(支柱)가 정비되었다. 그리고 일화(日貨)유통권, 곡물수출권 등이 허용되었다. 일화유통권으로 인하여 조선국가의 화폐정책에 대한 통제력이 약화되었다.

일본시찰단의 견문을 통하여 근대적 통상관계의 지식을 접함에 따라, 조선국가는 통상조약 개정안을 마련하여 대일 교섭에 나서게 되었다. 1880년 제2차 수신사의 정사(正使)인 김홍집이 가져온 『조선책략(朝鮮策略)』은 조선이 러시아를 막기 위하여 미국과 연대하기를 권고하였다. 중국의 권고와 조선국가의 정책 전환이 맞물려 양이(洋夷)에 대한 개방정책을 낳았다. 1882년 조미조약(朝美條約)이 체결되었고, 이것은 서양에 문호를 여는 계기가 되었다. 이 조약은 관세자주권을 인정하고 관세율을 수입품 10%, 수출품 5%로 정하였다. 곡물수출을 금지할 수 있는 방곡령(防穀令)이 인정되었으며, 개항장간 연안해운이 인정되었지만 연안무역은 금지되었다. 그리고 조선이 본 조약에서 제공하지 않은 권리·특혜·우대를 다른 나라에 대하여 허용할 때에는 미국도 자유로이 균점(均霑)한다는 최혜국대우(最惠國待遇) 조항이 첨가되었다. 조선국가가 만국통례(萬國通例)를 참조하고 자주적 입장을 견지하면서 조약의 체결에 임하였던 결과, 조미조약은 관세자주권의 인정 등의 점에서 불평등성을 상당히 시정하였다. 그렇지만 영토주권과 사법주권을 여전히 침해당하였던 점에서, 전반적으로는 불평등조약의 틀을 벗어나지 않는다. 미국은 조선 연안에 난파하는 자국 선박의 구제를 일차 목적으로 하고 통상의 과대한 이익을 추구하지는 않았다. 다만 최혜국대우 조항을 설정하여 다른 나라의 조약상 특권을 균점하려 하였던 것이다. 조미조약은 일본과 조약 개정을, 영국과 조약 체결을 교섭하는 데에 있어서 조선측의 입지를 강화시켰으나, 중국이 여기에 타격을 가하였다.

개항 전 조선은 중국과 조공사절을 파견하고 국왕의 책봉을 받는 의례적(儀禮的)인 사대관계를 맺었지만, 중국과의 관계에 영향을 주는 일이 발생하지 않는 한, 내정과 외교의 간섭을 받지 않았다. 조공·책봉관계는 개항 이전 중국과의 장구한 평화를 보장하였으나, 근대적 국제관계를 수립하기 위해서는 벗어나야 할 굴레였다. 만국공법에 대한 이해를 증진한 조선국가는 1881년과 1882년 두 차례에 걸쳐 문의관(問議官) 어윤중(魚允中)을 중국에 파견하여 사대사행(事大使行)의 폐지 등 사대관계의 개혁을 요청하였다. 그것을 거부한 중국은 1882년 7월 임오군란에 대한 무력 개입을 계기로 전통적 종주권(宗主權)과 근대적 불평등성이 복합된 조청상민수륙무역장정(朝淸商民水陸貿易章程)을 강요함으로써, 조선과의 의례적 사대관계를 지속적으로 내정의 간섭을 받는 지배종속관계로 전환시켰다. 이로써 중화질서 아래 수직적 조공·책봉관계를 만국공법 질서의 수평적 국제관계로 전환하려는 조선의 시도가 좌절되었다. 이 조약에서 속방(屬邦) 규정과 그에 수반된 특권의 부여가 명시되면서 불평등성은 크게 심화하였다. 중국 관원은 조선에서 중국인에 대한 재판권을 가질 뿐만 아니라 중국인이 원고이고 조선인이 피고인 경우에 조선 관원과 함께 재판권을 행사하였다. 중국 상인은 양화진(楊花鎭)과 서울 성내에 들어가 점포를 개설할 수 있게 되고, 수출상품의 내지통상(內地通商)과 개항장간 연안무역을 허용받았다. 내지통상은 간행이정을 벗어난 내지에서의 행상을 말한다.

이러한 불평등 조항은 다른 나라가 균점할 수 없다는 중국의 일방적 선언과는 관계 없이, 이후 조약의 개정·체결 교섭에서 조선측의 입지를 결정적으로 약화시켰다. 게다가 중국 고관인 이홍장(李鴻章)의 추천으로 고용된 묄렌도르프(P. G. von Möllendorf)가 조선측 교섭을 주관하면서 오히려 일본의 이익에 부합하는 방향으로 영향력을 행사한 점도 있어서, 1883년 타결된 조일통상장정(朝日通商章程)은 일본측의 초안대로 관철되었다. 조미조약에서 명시된 관세자주권이 부정당하고 수출 5%, 수입 8%를 기본으로 하는 협정관세(協定關稅)가 규정되었다. 연안무역권과 연안해운권이 통합되어 승인되고, 방곡령의 시행은 1개월의 예고 기한을 두기로 하였다. 조청조약에서 50리로 확대된 간행이정은 다시 100리로 확장되었다.

1882년 6월 영국과 체결한 조약은 조미조약과 동일한 내용을 가졌으므로, 중국과 일본에 주재한 영국계 상업회의소는 그것이 불리한 파급 효과를 낳는다고 비난하였다. 조청조약은 조영조약의 비준을 거부할 구실을 제공하였다. 조선은 중국을 견제하기 위해 영국과의 조약 비준을 서두른 데다가 협상능력도 부족하여, 영국 외교관인 팍스(H. S. Parkes)는 "대단한 고역과 인내"를 겪은 후에 "원하는 모든 것을 얻을" 수 있었다. 수출 5%, 수입 7.5%를 기본으로 하는 협정관세가 명시되고 일체의 내지과세(內地課稅)가 부정되었다. 중국이 독점적으로 향유하고자 했던 서울과 양화진의 개방이 영국에게도 균점되고, 개항장·개시장(開市場)에서의 토지·가옥의 임차·구매 및 주택·창고·공장의 설립이 허용되었다. 개시장이란 한성처럼 항구가 아니면서 외국인에 개방된 시장이다. 구매와 판매 모두를 허용한 내지통상권이 부여되었다. 조영조약은 이후에 조선이 유럽국가와 체결한 불평등조약의 표준이 되었으며, 일본·중국·미국도 최혜국대우 조항에 의하여 동일한 특권을 균점하게 되었다.

중국과 일본에 대한 불평등조약의 표준인 1858년의 톈진(天津)조약과 미일통상조약을 조영조약과 비교하여보자. 중국의 경우 수출입 관세는 모두 5%이고 내지관세는 2.5%여서 조선과 비슷하였으며, 수출품은 일률적으로 5%, 수입품은 20%를 원칙으로 하는 일본이 가장 유리하였다. 세 나라 중 일본만이 내지통상권을 배제하였다. 이것은 일본이 국내 시장을 외국 상인으로부터 방어하는 데에 중요한 기능을 하였다. 중국은 연안무역권과 연안해운권뿐만 아니라 내하항행권(內河航行權)까지 허용한 점에서 조선보다 불리하였는데, 일본은 1869년 독일과의 통상조약을 제외하고는 이러한 권리를 인정하지 않았다. 조선과 중국의 해관(海關)을 외국인이 관리하였는데, 일본은 끝까지 해관 관리의 자주권을 견지하였다. 조선은 개항장·개시장에서의 주택·창고·공장의 설립권을 허용하였는데, 일본은 그것을 허용하지 않았고, 중국은 1895년의 시모노세키(下關)조약에서 허용하였다. 수도의 개방은 조선에서만 허용된 특권이었다.

구미국가가 동아시아에서는 중국을 최대의 시장으로 중시하고 일본을 중국에 진출하는 항로의 기항지(寄港地)로 간주하였기 때문에, 중국에 가해진 외압은 일본보다 가혹하였다. 그런데 일본보다도 시장으로서 매력이 적던 조선에 가해진 조약의 불평등성이 일본보다 가혹하였고 중국보다도 덜하지 않았던 것은 왜일까. 조선에게는 미국, 영국 등 자본주의국의 외압뿐만 아니라 후발자본주의국으로 발돋움하려던 중국과 일본의 외압이 복합적으로 가해졌고, 갈수록 외압이 누적되어 불평등성이 심화하였다.

이 중 구미국가는 통상을 통한 이익을 노리는 데에 그쳤지만, 중국과 일본은 정치적·군사적 지배까지 추구하였다. 중국은 전통적 종주권을 근대적 불평등성으로 전환시키려 하였고, 일본은 영국의 인도에 대한 관심 이상을 가지고 대외팽창의 관문(關門)인 조선의 지배를 집요하게 추구하였다. 그래서 강화도조약의 불평등성이 조미조약을 계기로 시정되려던 분위기가 중국의 간섭에 의하여 반전되었고, 뒤이어 일본과 영국이 불평등조약체제를 완성시켰던 것이다.

조약의 불평등성이 심한 것을 외압의 탓으로만 돌릴 수는 없다. 조선국가의 외교적·군사적 역량의 부족이 외압의 강력함과 상호작용하여 조약의 불평등성을 심화시켰던 것이다. 관세율이라든가 내지통상의 문제는 상공업자에게 중대한 이해관계를 가짐에도 불구하고, 그러한 이해관계가 조약 체결을 위한 협상에서 제대로 고려되지 않았다. 조선국가는 강화도조약에서 면세를 허용한 이후 중국무역에 종사하는 상인의 요청으로 1877년 일본에 대한 관세를 부과하고자 했고, 서울을 외국 상인에 개방한 것을 실책으로 후회하였다. 조일통상장정의 개정 교섭을 외국인에게 의뢰하였고, 조영조약의 체결 협상에서는 결국 영국측의 요구를 전면 수용하였다.

불평등조약은 국가주권을 제약함으로써 반식민지화(半植民地化)의 기초를 닦았으며, 외국 자본주의는 그것에 의거하여 경제적 침투를 원활히 수행하였다. 관세의 자주적 결정을 금지한 협정관세는 관세장벽을 통한 국내 산업의 보호와 재정수입의 확보를 가로막았다. 개항장과 개시장은 외국의 관리구역으로 발전하면서 각종 경제시설을 집중하여 내지에 대한 경제적 침투의 거점으로 활용되었다. 1876년 강화도조약 당시 개항장은 부산뿐이었지만, 1880년에는 원산, 1883년에는 인천이 추가로 개항되었고, 1882년 조청조약에 의해 서울이 개시되었다. 1897~9년 동안에는 목포, 진남포, 군산, 마산, 성진, 평양이 추가로 개방됨에 따라, 개항장이 전국을 둘러쌌고 최대의 도시인 서울에 이어서 두 번째 도시인 평양도 개시장이 되었다. 영사재판권은 외국인에 대한 재판권을 박탈함으로써 그들의 불법 활동을 조장하였다. 외국 상인은 개항장에서 외국 무역을 독점하였을 뿐만 아니라 내지통상권과 연안무역권을 통해 내지와 연안의 상권까지 잠식할 수 있었다.

(2) 국제무역의 성장

불평등조약이 강요한 자유무역은 조선을 자본주의적 세계시장에 연결하는 주된 수단이었다. 개항 전 중국과의 무역은 조공(朝貢)외교, 일본과의 무역은 교린(交隣)관계의 유지와 왜구의 방지라는 목적에 종속하였다. 그래서 중국무역은 조공사절의 왕래에 수반하여 이루어졌다. 국가는 민간인의 해상 진출을 금지한 점에서 해금(海禁)정책을 고수하였고, 구미인(歐美人)의 통상요구를 거부한 점에서 쇄국정책을 시행하였다. 조공무역체제 아래 민간 무역을 억제한 해금정책이 성립하였고 그 연장선에서 쇄국정책이 추진된 것이다. 공무역이 중시되는 가운데 사무역(私貿易)은 시간적·공간적 제약과 관의 통제를 받았다. 이러한 관리무역체제는 무역의 성장을 제약하였다. 그런데 불평등조약은 외국 상인이 저율의 협정관세를 부담하면 관의 통제를 배제하여 자유롭게 무역할 수 있도록 보장하였고, 자본주의국가의 높은 생산력과 발달한 무역설비는 무역의 확대를 뒷받침하였다. 불평등조약에 의한 개항은 관리무역체제의 붕괴와 자유무역체제로의 전환을 의미하였다.

중국무역과 일본무역은 강화도조약 직전에 각각 300만 원(圓), 12만 원 정도였다 한다. 제3장에서 언급한 바와 같이, 중국의 비단과 조선의 인삼·은의 교역은 상당한 규모에 달하였지만, 일본무역은 18세기 일본 은 유입의 격감으로 위축된 이후 미미한 상태로 존속하여왔던 것이다. 당시 무역액은 국내총생산의 1.5% 전후로 추정된다. 개항 직후 일본무역은 개항장을 통한 반면, 중국무역은 종전처럼 육로에 의존하였다. 개항장무역이 육로무역을 급격히 잠식하여감에 따라, 1881년경부터 일본무역이 중국무역을 압도하였다. 1882년 조청상민수륙무역장정 이후 한중간 무역도 육로무역으로부터 개항장무역으로 전환하고, 중국과의 관리무역체제는 해체되기에 이르렀다. 1883년 이후 구미국가와의 개항장무역이 시작되었다.

자유무역체제의 성립, 근대적 무역설비의 도입, 근대 기술로 생산된 공산품의 공급, 교역조건의 개선 등은 무역의 급속한 확대를 낳았다. 개항 후의 무역은 면포, 쌀 등의 대중 소비재가 중심을 이루어 급증할 수 있었다. 조선시장과 일본시장의 통합이 진전되면서 미곡을 중심으로 하는 수출품의 가격이 급등하여 교역조건이 유리해짐에 따라, 수출이 촉진되고, 그로써 발생한 구매력은 수입을 촉진하였다. 〈표 6-1〉에 의하면, 개항장무역은 1879년 100만 원을, 1895년에 1,000만 원을, 1904년에 3,000만 원을 넘어섰다. 1885~1910년간 금은(金銀)을 제외한 실질무역액은 16배 정도 증가하여, 1911년 금은을 포함한 재화의 무역액은 9,991만 원으로 국내총생산의 19%에 달하였다. 무역의 빠른 증가는 반도라는 지리적 조건과 농촌시장의 발달에 힘입었다. 마쓰다 고조(松田行藏)의 1887·8년간 조선 여행기는 도처의 장시에서 수입품이 거래되었음을 보여준다. 개항 후 무역의 급성장은 산업 구성의 변화를 초래하였을 뿐만 아니라 시장과 경제의 성장을 낳은 주된 힘이었다. 공산품 위주의 수입이 농산물 위주의 수출보다 빨리 증가

표 6-1 수출·입액과 주요 수출·입품의 비중 (단위: 천 圓, %)

연도	수출			수입		무역총액	무역수지	금은수지
	총액	미곡	콩	총액	면제품			
1876	93			188	6.2	281	−95	
1877	59	3.3	7.1	127	42.9	186	−68	10
1878	181	27.9	14	245	68.7	426	−64	21
1879	612	58.6	16.2	567	84.2	1,179	+45	54
1880	1,256	58.1	9.5	978	78.6	2,234	+278	79
1881	2,230	17.1	8.8	1,874	79.8	4,104	+356	301
1882	1,769	1.2	17.6	1,562	82.1	3,331	+207	352
1883	1,656	2.8	17.8	2,178	41.9	3,834	−522	582
1884	884	0.0	11.4	794	62.7	1,678	+90	-
1885	388	4.0	7.4	1,672	67.1	2,060	−1,284	445
1886	504	2.4	10.3	2,474	52.8	2,978	−1,970	1,148
1887	805	11.2	41.7	2,815	67.3	3,620	−2,010	1,298
1888	867	2.5	54.4	3,046	64.4	3,913	−2,179	1,507
1889	1,234	6.3	52.3	3,378	50.6	4,612	−2,144	1,062
1890	3,550	57.4	28.3	4,728	56.6	8,278	−1,178	336
1891	3,366	54.1	27.1	5,256	54.7	8,622	−1,890	192
1892	2,444	40.9	32.7	4,598	47.5	7,042	−2,154	622
1893	1,698	21.6	37.0	3,880	44.7	5,578	−2,182	568
1894	2,311	42.4	21.9	5,832	42.8	8,143	−3,521	541
1895	2,482	29.8	37.2	8,088	58.3	10,570	−5,606	635
1896	4,729	53.1	27.0	6,531	53.3	11,260	−1,802	937
1897	8,974	61.9	19.1	10,068	52.4	19,042	−1,094	232
1898	5,709	48.3	19.7	11,825	43.9	17,534	−6,116	3,360
1899	4,998	28.4	39.5	10,308	52.2	15,306	−5,310	4,148
1900	9,440	38.4	25.1	11,014	52.3	20,454	−1,574	3,679
1901	8,462	49.6	22.2	14,822	41.7	23,284	−6,360	4,288
1902	8,317	42.4	20.9	13,657	40.7	21,974	−5,340	5,515
1903	9,478	44.6	16.1	13,875	43.3	23,353	−4,397	5,232
1904	6,934	18.8	34.6	27,034	31.3	33,968	−20,100	4,462
1905	6,904	12.9	37.8	31,960	37.6	38,864	−25,056	4,365
1906	8,133	19.7	43.2	29,535	27.8	37,668	−21,402	4,728
1907	16,480	45.9	23.6	41,612	30.2	58,092	−25,132	3,555
1908	13,464	48.2	25.0	41,021	27.6	54,485	−27,557	1,769
1909	15,400	35.9	22.8	36,646	25.4	52,046	−21,246	6,038
1910	18,868	34.1	27.7	39,737	29.0	58,605	−20,869	7,324

출전: 李憲昶「開港期 市場構造와 그 變化에 관한 硏究」서울大學校 經濟學博士學位論文, 1990, 94쪽; 금은(金銀) 수지는 김낙년「조선무역의 장기동향」안병직 편『韓國經濟成長史』서울대학교출판부, 2001, 203~4쪽.

하여, 1885년부터 무역적자가 계속 발생하고 그 규모도 점점 커져갔다. 무역적자의 일부는 금의 수출로 결제되었고 나머지는 부동산 구입, 자본재 수입 등의 자본투자로 메워졌다.

〈표 6-1〉에 의하면, 주요 수입품은 개항 직후부터 줄곧 면제품이었다. 1900년까지는 수입품 중 면제품의 비중이 대개 과반을 차지하였으나, 그 후 급격히 낮아졌다. 그 반면 미곡과 콩은 1890년 이후 수출 주종품의 자리를 굳혔다. 그 이전에도 미곡과 콩은 중요한 수출품이었지만, 그 수출액은 매우 가변적이었고, 쇠가죽이 최대의 수출액을 기록한 해가 많았다. 쇠가죽은 개항 직전에도 최대의 대일 수출품이었다. 조선이 농산물과 광산물이라는 일차산품을 수출하고 공산품을 수입하는 구조가 정착된 기본 원인은 공업생산의 기술격차가 컸던 점에서 구할 수 있다.

〈표 6-2〉에 나타나듯이, 조선의 무역상대국은 중국과 일본에 국한되었다 해도 과언이 아니다. 구미국가는 조선시장에 별 매력을 느끼지 못하였다. 수출 주종품인 미곡과 콩은 거의 일본에 수출되어서, 일본으로의 수출액은 해마다 전체의 90%를 넘었다. 그런데 중국으로부터 수입액의 비중은 1886년 18%로부터 1893년 49%로 급격히 상승하였다. 금의 수출에서도 중국의 비중이 급속히 신장되어 1890년부터는 일본을 능가하였다. 중국에 대해 인삼·해삼·종이류 소액을 제외하면 특별히 수출할 만한 상품이 없어서, 수입품의 대금은 주로 금으로 결제되었기 때문이다.

〈표 6-2〉에 나타난 수입무역 통계가 1906년 8월까지는 제조국이 아니라 최근경유국(最近經由國)으로 분류된 사실을 주목할 필요가 있다. 청일전쟁 이전에 수입된 금건(金巾)=양목(洋木)을 중심으로 하는 면제품은 대부분 구미 자본주의국의 제품이었고, 중국 상인과 일본 상인이 그 중계무역에 종사하면서 상업 이윤을 획득하였다. 청일전쟁 전에는 공업화된 구미국가의 압도적인 공업생산력 우위가 공산품을 수입하고 일차산품을 수출하는 조선의 무역 구성을 결정지었고, 일본이나 중국은 조선에 대하여 공업생산의 확고한 비교우위를 가지지 못하였다. 그런 점에서 조선은 중국과 일본을 매개로 구미 자본주의국과 농공(農工)분업관련을 맺었다. 개항장무역에 늦게 참여한 중국의 수입액이 1893년에 일본과 같아질 정도로 빠르게 성장한 것은 중국 상인이 일본 상인에 비해 자본력이 우월하고 상업수완과 신용도에서 앞섰으며, 중계무역항으로서 상하이(上海)가 나가사키(長崎)보다 우월하였기 때문이다. 조선에서 중국의 정치적 위세가 중국 상인의 활동을 후원한 점도 작용하였다.

그런데 일본은 청일전쟁 이전에 이미 중계무역을 탈피하려는 조짐을 보였다. 〈표 6-3〉에 의하면, 일본으로부터의 수입품 중에 일본제품의 비중은 1882년 이전까지 10%

표 6-2 무역액의 국별 구성 (단위: 천 圓, %)

연도	수입액	일본	중국	수출액	일본	중국	금수출	일본	중국
1885	1,672	82	18	388	97	2			
1886	2,474	82	18	504	97	3	1,130	81	19
1887	2,815	74	26	805	97	2	1,388	85	15
1888	3,046	72	28	867	91	8	1,374	75	25
1889	3,378	68	32	1,234	91	9	982	62	38
1890	4,728	65	35	3,550	98	2	750	37	63
1891	5,256	61	39	3,366	96	4	689	40	60
1892	4,598	55	45	2,444	93	6	853	43	57
1893	3,880	50	49	1,698	91	8	919	46	54
1894	5,832	63	35	2,311	89	7	934	68	32
1895	8,088	72	26	2,482	95	4	1,353	78	22
1896	6,531	66	33	4,729	93	6	1,390	58	42
1897	10,068	64	35	8,974	90	8	2,034	47	53
1898	11,818	57	42	5,709	79	20	2,376	50	50
1899	10,227	65	34	4,998	84	14	2,933	70	30
1900	10,940	75	24	9,440	77	21	3,633	84	16
1901	14,696	62	38	8,462	87	9	4,993	97	3
1902	13,541	64	36	8,317	79	18	5,064	99	1
1903	18,219	63	29	9,477	80	16			
1904	26,805	71	19	6,934	82	18			
1905	31,960	74	17	6,904	78	22			
1906	29,654	77	14	8,133	85	9			
1907	41,436	66	11	16,498	77	19			
1908	41,021	59	12	13,464	77	16			

출전: 李憲昶「무역구조의 변동과 시장권의 재편성」『한국사 44』 국사편찬위원회, 2000, 155쪽.

남짓하다가 1883년 이후 급증하였다. 이것은 수입 주종품인 금건의 중계무역의 주도권을 중국 상인에게 빼앗겼기 때문이기도 하다. 금건의 중계수입 중에 일본 상인의 몫은 1886년부터 10% 미만으로, 1888년부터 2% 이하로 떨어졌고, 청일전쟁 직전 그것은 중국 상인에 의하여 완전히 장악되었다. 중계무역의 열세로 인해 일본이 공업을 육성하면서 자국산 면직물의 수출에 힘쓴 결과, 1888년부터 일본산 수입은 빠르게 늘었다.

〈표 6-1〉에서 보면, 무역액은 청일전쟁과 러일전쟁의 직전에 답보 상태에 있다가

표 6-3 대일 수입품의 제조지별 구성 (단위: 천 圓, %)

연도	수입액	일본산	외국산	연도	수입액	일본산	외국산
1877	124	56	44	1888	707	79	21
1878	225	21	79	1889	1,093	74	26
1879	467	10	90	1890	1,251	82	18
1880	663	12	88	1891	1,466	86	14
1881	1,148	10	90	1892	1,411	87	13
1882	1,093	11	89	1893	1,301	84	16
1883	1,743	41	59	1894	2,365	83	17
1884	438	48	52	1895	3,831	89	11
1885	457	50	50	1896	3,367	91	9
1886	829	85	15	1897	5,197	90	10
1887	552	65	35				

출전: 北川修 「日清戰爭までの日鮮貿易」『歷史科學』 1卷 1號, 1932, 제3표와 제9표로부터 작성.

전쟁을 계기로 약간의 시차를 두면서 보다 높은 수준으로 도약하였다. 두 전쟁은 조일무역의 확대에 중요한 계기로 작용하였던 것이다. 〈표 6-2〉에 의하면, 중국 수입은 청일전쟁 전에 맹렬한 기세로 성장하여 총수입액의 절반을 차지하기에 이르렀다가 그 후에 30%대로 하락하고 러일전쟁 후에는 10%대로 하락하였다. 그 반면 일본 수입품의 비중은 높아졌고, 금수출에서 일본의 비중은 청일전쟁 직전 40%대이다가 그 직후에 70% 내외로 급등하였다.

청일전쟁은 무역시장에서 중·일 상인간 쟁패, 나아가 동아시아 삼국의 운명에 중대한 영향을 미쳤다. 청일전쟁은 유신정부가 의회에서 민당(民黨)과의 대립에 따른 정치위기를 타개하기 위해 준비를 거듭하여온 조선 지배를 겨냥한 군사행동이다. 당시 일본의 해외 시장에서 조선이 차지하는 비중은 미미하였던 것으로 보아, 경제적 동기가 전쟁의 주요한 요인은 아니었다. 그러나 그 경제적 영향은 컸다. 청일전쟁 직전 수입무역에서나 조선 내 상업에서 중국이 일본을 압도하기에 이르렀지만, 전쟁의 패배로 인하여 중국무역과 중국 상인은 큰 타격을 받았다. 일본제 면제품은 청일전쟁을 계기로 조선시장을 급속히 개척하였다. 전쟁 중에 군수품의 조달과 노동력의 징발에 수반하여 다액의 일본화폐가 산포되었고, 그로 인하여 조선인의 금건(金巾) 등의 구매가 촉진되었다. 일본정부는 전쟁 중에 금건의 직수입, 유력 자본의 진출, 내지행상의 장려, 일본제 면제품의 판매 확대 등의 무역확대책을 추진하였다. 중국의 패배로 중국 상인은 일시적으로 철수해야 하였고, 이후 복귀하였지만 상업활동을 뒷받침할 정치적 후원을 기대할 수 없었다. 물론 청일전쟁이 일본의 조선시장 개척에 미친 영향을 과장해서는 안 된다. 중국 상인의 철수로 일본 상인이 장악하던 금건의 수입권을 얼마 후에 복귀한 중국 상인이 탈환하였던 것이다.

청일전쟁에서 뒤집힌 중·일간 경제적 진출의 우열이 단기간에 그치지 않고 지속한 것은 중국 양무운동(洋務運動)의 파산과 일본 산업혁명의 수행에 따른 경제력 격차의 확대에 기인한다. 그 점도 청일전쟁의 승패와 무관하지 않다. 일본은 청일전쟁에서 승리함으로써 불평등조약의 개정교섭에서 유리한 입지를 확보하여 1897년 치외법권(治外法權)의 폐지를 인정받고 1911년 관세자주권을 회복하였다. 또한 막대한 전쟁배상금으로 군수공업화에 박차를 가하면서 산업혁명을 원활하게 수행하고 제국주의로 발돋움하기 시작하였다. 중국은 전쟁의 패배로 인하여 양무운동의 추진력이 약화되어 반식민지로의 전락을 면하기 어려웠다. 청일전쟁으로 조선은 중국 조공체제의 굴레를 벗어난 반면, 일본의 강화된 영향력에 직면하였다. 중·일 양국의 운명이 갈리면서 중국은 중계무역의 틀을 벗어나지 못하였음에 반해 일본은 조선을 자국의 공산품 판매시장으로 만들 수 있었다.

명치유신 이후 일본정부는 선진자본주의와의 경제적 격차를 줄이기 위해 관영 공장의 설립과 운영, 민간자본에 대한 보조금과 저리 융자, 주식회사와 은행의 설립 장려 등의 식산흥업정책(殖産興業政策)을 강력히 수행하였다. 정부의 지원을 받은 이천추방적(二千錘紡績)이 극히 부진한 때에, 시부사와 에이이치(澁澤榮一)의 지도 아래 1만 추 규모의 대판방적(大阪紡績)이 1882년 설립되고 다음 해에 개업하여 좋은 성적을 올렸다. 그 자극을 받아 대도시의 면업 관련 상인이 연이어 대판방적을 모델로 대규모 기계방적공장을 설립하였다. 그리하여 1886~8년경 면방적업, 철도업, 광산업을 중심으로 기업이 발흥하였다. 이 기업발흥기는 산업혁명의 개시기로 파악된다. 러일전쟁 이후 역직기(力織機)가 급속히 보급되었고, 생산수단의 국산화 방향이 확정되었다. 그런 점에서 러일전쟁 직후에 산업혁명이 완료되었다고 평가하기도 한다.

일본의 무역구조는 미국과 프랑스에 생사(生絲)·차(茶)를 수출하여 인도를 포함한 대영제국으로부터 면사(綿絲)·면포를 수입하는 후진국형이었지만, 산업혁명에 수반하여 선진국형으로 탈바꿈하여갔다. 일본은 면방적업을 중심으로 하는 기계공장의 발전을 통하여 수입 면제품을 구축하는 동시에, 청일전쟁 후에는 중국과 조선으로, 러일전쟁 후에는 대영제국으로 면제품의 수출을 확대하였다. 대규모 방적업의 발전에 수반하여 면사생산이 급증하여 1890년에는 벌써 수입액을 초과하고 1897년에는 수출이 수입을 초과하기에 이르렀다. 직포업을 겸영(兼營)하는 방적회사가 증가하여 면포를 다량 수출하였다.

일본에서 조선무역은 비중이 작지만 가장 빠르게 신장하였고 그 대폭의 흑자는 타국 무역에서 발생한 적자의 보전에 기여하였다. 일본의 산업혁명기에 면사 수출 중 조선시장의 비중은 10% 내외에 불과하였지만, 면포 수출의 경우 절반에 접근할 정도로, 조선시장은 일본 면업의 발전에 크게 기여하였다. 일본은 섬세한 고급 면제품에서 영국제와 경쟁할 수 없었으므로, 두터운 실로 짜서 토착 면포와 성질이 유사한 하급의 시팅[粗布 또는 廣木]을 주로 수출하였다. 시팅은 직포업을 겸영하는 방적자본의 기계제 대공장에 의하여 생산된 반면, 백목면(白木綿)은 선대제 가내수공업 내지 메뉴펙처의 제품이었다. 후자는 바탄기(機)의 도입 등 노동수단의 고도화를 달성함으로써 조선 면업에 비하여 2~3배 높은 노동생산성을 확보하고 조선에서 백목면의 시장을 순조롭게 개척할 수 있었다. 조선시장의 확보가 일본 재래면업의 역직기(力織機)에 의존한 기계공장으로의 전환을 촉진하였다.

일본은 산업혁명을 수행하면서 조선보다 높은 차원의 공업생산력을 확립하였고, 그것을 토대로 조선과 농공(農工)분업관련을 맺을 수 있었다. 이러한 분업관련의 정착과정을 〈표 6-4〉를 통하여 살펴보기로 하자. 1885년 대일 수입의 절반이 중계무역이었다. 조선은 일본에 대하여 곡물·구리·견포·면포를 수입하고 쌀·약재·생사·누에고치를 수출하는 점에서 농업후진국간의 무역관련을 맺었다. 그런데 일본은 산업혁명을 수행하여감에 따라, 한편으로는 중계무역을 서서히 탈피하여 자국 공업제품의 수출 비중을 증대하였고, 다른 한편으로는 증가하는 공장노동자에게 값싼 외국 쌀을 공급하기 위해 조선을 자국의 식량공급기지로 만들고자 했다. 그리하여 1885년에 대일 수입 섬유제품 중 31%에 불과하던 일본산이 1896년 단계에는 97%에 이르렀고, 대일 수입품 전체에서는 일본산이 91%를 차지하였다. 백목면과 시팅을 중심으로 하는 일본제 면제품은 가격이 저렴하면서 내구성이 강한 이점을 무기로 서민층에 점차 수요 기반을 확대하여갔다. 그로 인한 가내면업(家內綿業)의 해체에 직면한 조선의 농민층은 수입한 방적사(紡績絲)로 면포를 생산하여 대응함에 따라, 방적사의 수입이 증가하였다.

일본이 공업화와 도시화의 진전에 수반하여 1890년을 기점으로 미곡수출국에서 미곡수입국으로 변모하기 시작함에 따라, 조선의 미곡수출은 도약하였다. 조선 쌀은 일본 쌀과 품질이 유사하였기 때문에, 수입미곡 중에는 비싼 편이었고 도시시장에서 수요가 많았다. 조선 쌀은 주로 오사카·고베지방에서 하층 노동자나 도시 잡업층(雜業層)의 주식으로 소비되었다.

표 6-4 조·일 무역구조의 변화 (단위: 천 圓, %)

	중요 수출품	1885년		1896년		1908년
수출	미곡	27.2 (5.8)		2,852.0 (56.4)		6,036 (44.4)
	콩	53.5 (11.5)		1,534.1 (30.3)		4,226 (31.1)
	쇠가죽	305.0 (65.3)		231.8 (4.6)		559 (4.1)
	면화	0.0 (0.0)		2.2 (0.0)		248 (1.8)
	철광석					415 (3.1)
수입	중요 수입품	일본산	외국산	일본산	외국산	일본산
	음·식료품	74.2 (31.8)	21.8 (9.6)	336.4 (11.0)	50.1 (16.6)	4,509 (15.3)
	섬유류	53.1 (22.8)	116.9 (51.4)	1,633.4 (53.3)	43.9 (14.5)	10,466 (35.4)
	견포	27.4 (11.8)	1.2 (0.5)	79.6 (2.0)	0.8 (0.3)	188 (0.6)
	면사		9.8 (4.3)	403.7 (13.2)	1.7 (0.6)	2,733 (9.2)
	면포	20.7 (8.9)	89.9 (39.5)	880.2 (28.7)	16.5 (5.5)	5,523 (18.7)
	금속제품	6.4 (2.7)	1.6 (0.7)	188.1 (6.1)	3.2 (1.1)	1,186 (4.0)
	기계류		1.2 (0.6)	0.6 (0.0)	0.7 (0.2)	484 (1.6)
	수입총액	233.3 (100)	227.4 (100)	3,065.3 (100)	302.4 (100)	29,569 (100)

출전: 村上勝彦「植民地」『日本産業革命の研究』下, 東京大出版會, 1975, 제2표와 제3표로부터 작성.
주: 견포 · 면사 · 면포는 섬유류에 포함됨.

1890년대 이후 조선이 일본의 상품판매시장과 식량공급기지로 편성되어가면서, 조·일간 무역관련은 조선의 쌀을 소비하는 일본 공업지대의 노동자가 생산한 면제품을 조선 농민이 구입한다는 특징을 가지고 있어서, 무라카미 가쓰히코(村上勝彦)는 '미면교환체제(米綿交換體制)'라 불렀다. 이 체제는 오사카·고베 공업지대 노동자의 저임금을 유지하는 기반이었고 조선 농촌의 미곡수출을 통한 세계시장으로의 편입과 지주층의 성장을 초래하였다.

〈표 6-2〉에 의하면, 청일전쟁 이후 일본으로의 금수출이 급증하였다. 일본제 공산품의 수입이 확대되어 수입무역에서 중국을 압도한 것은 금수출에서 일본의 우위를 낳은 기반이 되었다. 일본정부는 금본위 화폐제도로 이행한 다음 해인 1898년부터 강력한 금의 흡수책을 추진함에 따라, 금수출을 완전히 장악하기에 이르렀다. 조선으로부터 유출된 막대한 금은 일본이 금본위제로 이행하는 데에 이바지하였다.

20세기로 접어들면, 무역구조가 새로운 변화의 조짐을 보인다. 미곡과 콩을 위주로 하는 수출품의 단순한 구성은 변하지 않았지만, 〈표 6-4〉에 나타나듯이, 철광석과 면화의 수출이 증가한 것이 주목된다. 수입에서는 1900년까지 과반을 차지하던 면제품의 비중이 그 이후 급감하여 1906년 이후 20%대로 떨어졌으며, 목재·술·석탄·석유·종이 등의 비중이 증대하고 철도투자와 광업투자를 위한 설비도 활발히 수입되었고 기계류의 비중이 미미하나마 증대하기 시작하였다. 일본이 조선을 다양한 공산품의 판매시장으로 만들고 식량과 원료의 공급기지로 삼음으로써, 조일간의 수직적 분업관련은 심화하였다.

〈표 6-2〉에 의하면, 수입에서 중국의 비중이 청일전쟁과 러일전쟁을 계기로 급격히 하락하지만, 대청 수입액은 완만하나마 증가하는 추세였다. 중국 상인이 중계무역권을 여전히 장악하던 서양의 생금건(生金巾)은 1890·1900년대에 100만~200만 원(圓) 수준에서 안정적으로 수입되고 있었고, 쇄(晒)금건의 수입이 급증하여 1905년 이후 100만원을 넘어섰다. 중국산 비단의 수입이 꾸준하게 증가하였고, 중국산 마포(麻布)가 청일전쟁 이후 인천항의 중요한 수입품으로 부상하였다. 청일전쟁으로 조공제도가 폐지됨에 따라 중국 사신의 무역자금으로 충당되던 홍삼은 1896년부터 인천항을 통하여 해마다 수십만 원 정도, 많은 해에는 100만 원 이상 수출되기에 이르렀다. 러일전쟁 이후 만주에서 일본인이 급증함에 따라, 1907년부터는 조선의 쌀이 100만 원 내외 수출되기에 이르렀다. 이상으로 보건대 청일전쟁 후의 조청무역은 구미 면제품의 중계무역이 한 축을 이루었고, 개항 전부터 육로로 홍삼을 수출하여 비단을 수입하던 무역구조가 개항장무역으로 재편된 것이 다른 한 축을 이루었다. 그런 점에서 조청무역은 조일무역과 달리 새로운 차원으로 나아가지 않았다.

일본은 산업혁명을 수행하면서 중계무역으로부터 탈피하고 조선과 농공분업관련을 맺었지만, 구미국가에 대해서는 제2차 세계대전 전까지도 고급 원자재와 기초 원료를 수입하였다. 따라서 조선은 식민지화된 후에도 구미국가의 수입품이 일정한 지위를 유지하였고, 식민지화 기초공사를 위한 고급 설비를 선진자본주의국에게 의존해야만 하였다. 러일전쟁 후에도 고급 면포의 시장에서 영국의 우위는 흔들리지 않았고, 석유는 미국이 독점적인 공급권을 가지고 있었다. 철도 부설을 위한 각종 자재는 미국과 영국에 의존해야 하였고, 일본은 철도 침목(沈木)을 전량 공급하는 정도에 그쳤다.

〈그림 6-1〉에 의하면, 식민지기와는 달리 개항기에는 조선의 교역조건(交易條件)이 뚜렷이 개선되는 추세였다. 그 때문에 수출품 생산자와 수입품 소비자는 무역을 통한 이익을 누렸다. 그런데 장기적인 경제발전으로 본다면 교역조건보다 한층 중요한 것은 무역구조이다. 공산물을 수입하고 생산성과 성장잠재력이 낮은 일차산업에 특화하는 분업관련은 공업화와 국가경쟁력의 향상에 불리하게 작용하였다.

그림 6-1 교역조건지수(=수출품 단위가격/수입품 단위가격)의 변동(1901=100)

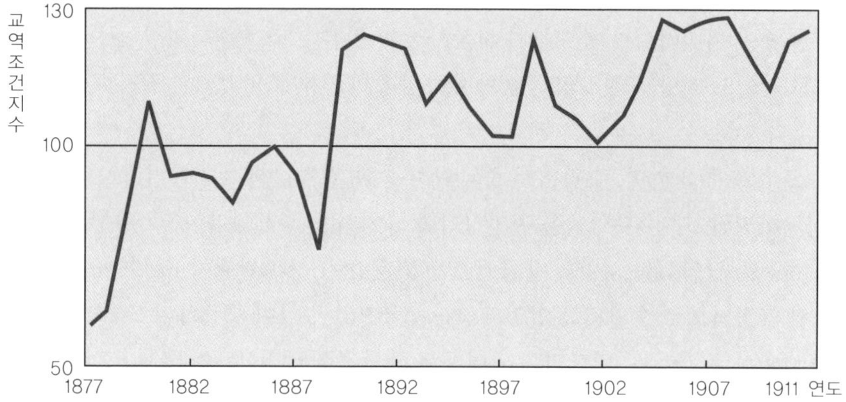

출전: 崔柳吉「韓國の貿易動向 1877-1911年」『アジア經濟』 15-1, 1974.

(3) 외국인 투자의 초기적 전개

구미의 선진 자본주의국은 조선시장에 대한 관심도가 낮아 무역과 투자에 소극적이었다. 그 반면 조선을 대륙 진출의 관문으로 간주한 일본은 과잉자본(過剩資本)이 없었지만 계속 확대되는 무역을 뒷받침하기 위해, 나아가 정치적·군사적 지배까지 달성하기 위해 국가적 차원에서 자본수출을 감행하였다. 중국도 전통적 종주권을 실질적인 지배력으로 전환하고 일본과의 경쟁에서 이기기 위해 청일전쟁 전까지 자본수출에 적극적이었다. 1882년부터 청일전쟁까지 일본과 중국은 조선에 대한 지배력을 강화하고 각종 이권(利權)을 획득하기 위해 경쟁적으로 각각 60만 원(圓)과 154만 원의 차관을 제공하였다. 1895~1905년간에 일본은 790만 원의 차관을 제공하였다. 차관은 광산채굴권, 철도부설권, 전선가설권, 해관운영권 등 각종 이권의 획득을 조건으로 제공되었다. 또한 차관의 담보물을 해관세, 광산세, 인삼세 등으로 설정한 것은 재정 운용의 자주성을 제약하였다. 러일전쟁 후에 무역적자가 급증하였는데, 그것은 식민지화 기초공사에 수반하여 자본수입이 활발하였음을 반영한다.

개항 직후부터 일본은 무역활동을 보조하기 위해 금융·교통·통신 분야에 적극적으로 진출하여 거의 독점적인 지위를 구축하였다. 이것은 일본경제의 발전단계에 비추어 매우 조숙한 자본수출이었다. 일본의 국립제일은행(國立第一銀行)은 개설된 개항장마다 즉각적으로 지점이나 출장소를 설립하고 1882년 조선의 해관세(海關稅) 취급권을 장악하고 1886년부터는 일본정부와 위탁계약하에 조선의 금(金)을 대량 흡수하였다. 1890년 이후에는 제18은행과 제58은행도 진출하였다. 이들 조선지점의 예금과 대출은 각각 1878년 0.4만 원, 1.7만 원으로부터 1906년에는 1,393.9만 원, 1,028.8만 원으로 급증하였다. 일본의 금융기관은 자금력이 약한 일본 상인에게 융자함으로써 무역활동을 결정적으로 뒷받침하였다. 일본 상인은 은행 대부금으로 조선 상인을 지배할 수 있었다.

미쓰비시(三菱)의 일본우선회사(日本郵船會社)는 일본정부의 요청과 보호에 의해 개항 직후부터 명령항로(命令航路)를 개설하고 점차 항로를 확장하였다. 1890년부터는 대판상선회사(大阪商船會社)가 등장하면서 일본우선회사와 해운업을 양분하였다. 2대 회사의 주요 항로가 명령항로인 것은 일본의 해운 진출이 정책적으로 이루어졌음을 보여준다. 청국상업기선회사(清國商業汽船會社)가 1886~93년간, 러시아의 세베리요프회사가 1891~9년간 활동하였지만, 일본의 기선회사는 협력하여 이들에 타격을 가하였다. 외국 선박 출입량은 1879년까지도 1만 톤을 넘지 않았으나, 1901년에는 100만 톤을 넘고 1907년에는 300만 톤에 달하였다. 일본회사의 대외항로 장악은 일본 상인이 무역상 우위를 확보하도록 지원하였고, 연안항로에의 진출은 조선 선상(船商)에 타격을 주었다. 열강은 청일전쟁 후부터 철도이권을 획득하였는데, 1900년에 일본자본에 의해 짧은 구간이지만 경인철도가 완공되었다. 1884년에는 일본정부에 의해 부산과 일본을 연결하는 해저전선(海底電線)이, 1885년에는 중국 차관에 의해 인천–서울–의주간의 서로전신선(西路電信線)이 가설되었다.

개항장과 개시장에서 사업경영의 장소를 획득하기 위한 토지투자가 활발히 이루어졌다. 외국인이 헐값으로 획득한 부동산은 땅값 급등으로 막대한 투기이윤을 낳았다. 내지에서 농업투자는 토지 구매가 합법화되고 일본의 정치적·군사적 지배가 진전한 러일전쟁 이후에 본격화하였다.

1889년부터 미곡수출을 보조하고 일본거류민(居留民)의 식량 수요에 응하기 위하여 기계동력에 의한 정미업(精米業)이 꾸준히 성장하였다. 이것은 1910년대에 이르기까지의 조선의 대표적인 근대공업이었다. 일본거류민의 수요를 충족하기 위한 담배·간장·술 등의 제조업도 있었다. 청일전쟁 이후 구미 자본이 광산 이권을 획득하여 투자를 하였다. 운산금광(雲山金鑛)을 장악한 미국자본은 1898년 이후 약 40년간 금광석을 채굴하여 총수입 5,600만 달러, 순이익으로는 1,500만 달러를 올렸다. 외국 자본은 삼림채굴과 수산업에도 진출하였다. 1883년의 조일무역규칙에서 일본은 전라도·경상도·강원도·함경도 4개 도의 연해 어로권을 획득하고 조선 연해로 적극 침투하여 조선 어민의 생존권을 위협하였다.

(4) 국제경제교류와 외압의 평가

개항 이후의 국제관계가 결국 조선의 식민지화를 초래하였지만, 조선으로서는 근대적 변혁을 위해 국제교류를 봉쇄하기보다는 외압(外壓)을 극복하면서 근대문명의 자극을 받아들이는 것이 필수적인 과제였다. 이 시기 민간 무역이 급성장하면서 경제성장을 주도하였다. 경제적 침투의 거점인 개항장은 근대문명의 도입 창구이기도 했다. 외국의 기선운수업·은행·전신 등의 진출은 조선국가와 조선인에 의한 그 도입을 자극하였다. 근대적 교통·금융·통신은 시장의 통합을 진전시켰다. 외국인 정미업·연초제조업 등의 진출은 조선인 근대 공업경영의 출현을 촉진시켰다. 개항 후 세계 각국으로부터 관리, 전문가, 기술자, 숙련공이 들어오고 조선인도 각지를 시찰하고 유학생을 파견하게 되면서, 근대적 사상·지식·기술이 활발히 유입되었다. 개항 전에는 국가간 교류가 주축을 이루었지만, 개항 후 민간 교류가 크게 진전하여 근대화를 촉진하였다.

그런데 제2차 세계대전 이전의 국제관계는 후진약소국(後進弱小國)의 영토적 지배를 추구하는 제국주의적 속성을 가졌다. 일본과 중국은 조선을 정치적·군사적으로 장악하기 위해 차관을 적극 제공하고 해운·금융·통신업의 진출을 추진하고 민간의 무역 진출을 적극 후원하였다. 차관을 통해 이권(利權)을, 경제적 진출을 통해 상권(商權)을 장악할 수 있었다. 국민국가의 형성이나 그에 의한 적절한 산업보호책을 저지시키는 간섭행위는 경제적 종속을 초래한다.

일본이 문호를 개방당한 직후인 "1850~70년대의 외압은 '자유무역제국주의(自由貿易帝國主義)'라고 평가되는 측면을 포함하면서도 그 후의 고유한 제국주의 단계의 외압과는 달리 상황 여하에 따라서는 후진국이 독립을 유지하면서 자본주의화를 할 수 있는 여지를 아직 남겨두고 있었다."[2] 이것은 일본의 자주적 근대화의 성공을 낳은 외적 조건이었다. 중국에 대한 외압은 초기에는 근대적 변혁에 자극적인 면이 강하였지만, 점차 질곡으로 변하였다. 1860년대에는 북경에 주재한 서양 외교사절이 점진적으로 근대화하는 중국을 돕자는 협조정책을 추진하였고, 초기에 서양의 영향은 미미하였고 억압적이기보다는 자극적이었지만, 1870년대 이후 중화세계의 주변을 침투하는 제국주의의 경쟁은 더욱 격렬해졌다. 제국주의의 억압적이고 착취적인 영향이 강화된 19세기 말에는 중국이 성공적으로 대응하기에는 너무 늦었다.[3]

조선에서도 중국과 마찬가지로 초기에는 근대적 변혁에 자극적인 면이 강하던 외

2) 石井寬治『日本經濟史』(第2版) 東京大學出版會, 1991, 93쪽.
3) 존 K 페어뱅크 외 지음, 김한규 외 옮김『동양문화사』(하) 을유문화사, 1992, 155~7쪽.

압이 점차 질곡으로 전환하였다. 식민지 확보 욕구가 상대적으로 약한 자유무역제국주의 단계가 1870년대를 거치면서 영토 팽창의 제국주의시대로 전환하여갔고, 이러한 세계사적 물결은 동아시아에도 곧 밀어닥쳤다. 중국은 1879년 일본의 유구(琉球) 합병에 자극받아 조선에 대한 개입을 적극화할 생각을 굳히고, 임오군란을 계기로 조선의 외교와 내정의 자주성을 침해하였다. 일본은 임오군란에 대한 중국의 개입을 계기로 조선을 둘러싼 중국과의 대결노선을 굳혔고 1890년에는 총리 야마가타 아리토모(山縣有朋)는 주권선인 영토를 지키고 이익선(利益線)인 조선을 방어하자는 시정방침을 제시하기에 이르렀다. 일본의 이익선은 중국의 조공체제와 충돌할 운명이었다. 1880년대 중엽 이후 러시아의 조선 진출은 구미 열강을 자극하고 제국주의적 대립을 촉발하였다.

개항 이후 조선이 자주적 근대화에 성공하지 못하고 식민지로 전락하여간 것은 내적 변혁역량이 약한 반면 외압이 가혹하였기 때문이다. 앞서 조선의 국제조약의 불평등성이 일본보다 가혹하였고 중국보다 덜하지 않았음을 언급하였다. 여기서는 조선의 개항이 중국이나 일본보다 늦은 데다가 제국주의적 팽창이 본격화되는 시점에서 이루어졌기 때문에, 임오군란과 갑신정변에 대한 외세 개입에서 알 수 있듯이, 중국에서보다도 훨씬 빨리 외압이 자주적 근대 변혁에 질곡으로 변하였다는 사실을 주목하고자 한다. 중국의 경우 제국주의의 억압적이고 착취적인 영향이 강화되어 중국이 성공적으로 대응하기에 너무 늦게 되기까지는 최초의 불평등조약인 1842년 남경조약(南京條約)으로부터 약 반 세기가 흘렀다. 조선의 자주적 변혁을 좌절시킨 최대의 외압이 중국과 일본의 경쟁적이고 상호누적적인 침략이라고 한다면, 조선을 둘러싼 중국과 일본의 대립 및 그에 수반된 경쟁적인 진출은 개항된 지 6년 지난 임오군란을 계기로 본격화된 것으로 보아야 할 것이다. 조선은 늦게 개방하였기 때문에 중국의 경험으로부터 배우는 바도 있었지만, 제국주의의 팽창이 본격화되는 시점에 개방하였기 때문에 내부적 진통을 겪고 새로운 발걸음을 갓 내딛는 와중에 자신의 세력권으로 간주하는 중국과 생명선으로 간주하는 일본의 강력한 외압에 휩쓸리게 되었던 것이다.

「3.」 근대화정책과 변혁운동

노스(D. C. North)에 의하면, 유럽에서 재산권을 잘 보장한 영국과 네덜란드가 근대화의 선두에 섰다. 유럽 절대왕권의 중상주의정책이 경제발전에 미친 영향의 평가에는 논란이 있지만, 유럽이 세계시장을 창출하고 세계무역의 주도권을 장악하게 된 것은 아시아에는 없던 중상주의정책에 힘입은 바 컸다. 영국이 산업혁명을 수행한 이후에는 후진국이 후발성(後發性)의 이익을 누리면서 선진국을 따라잡는 데에 국가의 역할은 특히 중요하였다. 경제이론의 차원에서 말하면, 시장경제가 미성숙할수록 국가에 의한 자원배분과 경제성장을 위한 조정기능이 큰 역할을 수행한다. 제국주의적 외압을 극복하면서 근대화하기 위해서는 국가의 역할이 필요하였다. 일본이 조선과 중국보다 높은 근대화 성과를 거둔 데에는 관·민간 성공적 협력이 중요하게 작용하였다. 따라서 민간 경제주체의 대응을 살피기에 앞서 개화정책과 국가기구·제도의 변혁을 위한 운동을 살펴볼 필요가 있다.

안정된 중화(中華)세계질서 아래 왕도적 안민책(王道的 安民策)을 추구함을 이상으로 삼던 조선의 지배층은 개항 후 만국공법적(萬國公法的) 질서 아래 부국강병(富國强兵)을 위한 근대화정책을 추진하게 되었다. 중화질서가 제공한 국제평화시대에는 정치·경제안정을 저해할 우려가 큰 강병책을 추구하려 하지 않았으나, 서양 열강의 진출로 춘추전국시대와 유사한 국가간 경쟁의 시대로 진입한 상황에서는 경제안정책만으로 주권을 보존할 수 없다고 인식하였기 때문이다. 정책 패러다임의 이러한 전환을 낳은 첫 번째 계기는 근대적 군사력의 충격이고, 두 번째 계기는 외국 시찰단을 통한 국제정세와 서양문명에 대한 이해의 증진이었다. 대원군은 서양 군사력의 위협에 대처하기 위해 강병책을 추구하면서 서양 군사기술을 배우고자 했는데, 그 경험은 고종과 박규수 등이 새로운 정책 이념을 구체화하는 데에 이바지하였다. 서양 문물에 대한 관심은 무기에서부터 출발하였지만, 강화도조약 당시 고종의 관심은 교통·통신·산업기술 전반에 걸쳐 있었다.

1880년 이후 부국강병을 위한 근대화정책이 본격적으로 추진되었다. 1881년 조선 국가는 처음으로 중국에 유학생을 파견하여 군사기술을 학습하였는데, 재정난, 학생 자질 및 임오군란으로 소기의 성과를 거두지는 못하였다. 1880년 제2차 수신사의 일본 견문을 통하여 서양 기술을 도입할 필요성을 한층 절감하였을 뿐만 아니라, 열강의 세력균형에 의존하여 국가를 보존하려는 방침을 정하여 미국과 수교 협상에 착수하였다.

1880년 말에는 개화정책을 추진하기 위해 통리기무아문(統理機務衙門)을 설치하여, 통상·기계·선함(船艦) 등을 담당하는 관서를 두었다.

2차 수신사가 가져온 『조선책략(朝鮮策略)』은 위정척사론(衛正斥邪論)을 비등시켰다. 전통적인 화이(華夷)사상을 고수하는 위정척사파는 개항에 따른 서양 종교의 확산이 유교 윤리를 타락시킬 것이고 서양 기술이 '기기음교(奇技淫巧)'에 불과하고 자강책(自强策)은 기존의 '양법(良法)·미규(美規)'로 충분하다는 이유로 개화정책을 반대하였다. 동도서기론(東道西器論)은 여기에 대응하는 근대화정책 이념으로 정립되었다. 개항 전 이규경과 최한기에 의해 제기되고 개항 후 신기선(申箕善)에 의하여 한층 체계화된 동도서기론은 서양의 기독교를 배척하여 동양의 도인 유교의 삼강오륜[三綱五倫, 오륜: 부자간 친하고(父子有親) 군신간 의리가 있고(君臣有義) 부부간 구별이 있고(夫婦有別) 나이에 따라 순서가 있고(長幼有序) 벗과 믿음이 있다(朋友有信)]을 수호하되, 서양의 기(器)인 산업·군사기술과 기계는 도입하자는 것이었다. 김윤식·신기선 등 동도서기론자는 동도의 수호 자체를 지상과제로 삼았다면, 고종과 민씨(閔氏) 일파 등 근왕세력은 군주 주권의 유지·강화를 지상과제로 삼고, 그에 저촉되지 않는 한, 실용적인 자세로 근대문명을 수용하려고 하였다. 위정척사론은 국가의 회유와 탄압을 받고 잠복하였다.

새로운 대외관계와 근대화사업에 수반된 지출로 재정 형편은 더욱 나빠졌다. 그로 인하여 급료를 제대로 받지 못한 구식 군병은 신식 군대인 별기군(別技軍)에 비한 차별대우에 항의하며 봉기하였다. 여기에는 개항 후 곡물 가격의 등귀로 생활이 곤궁해진 서울의 빈민도 상당수 참여하였다. 국가는 중국 군대를 요청하여 임오군란을 진압한 후에 개화정책을 굳건히 추진하였다.

1881년 12개 반의 62명인 일본 시찰단은 국가기구 및 근대적 제도·기술에 관한 상세한 보고서를 남겨 개화정책의 정립에 이바지하였다. 박정양(朴定陽)은 서양의 삼권분립제도의 도입, 제한적인 민주적 지방자치 등을 소개하고 일본이 군민공치(君民共治)를 지향한다고 보고하였고, 엄세영(嚴世永)은 구미의 법을 "국가를 다스리는 계약"으로 소개하였다. 유길준(俞吉濬)은 「세계대세론」(1883)에서 세계 정치체제를 소개하면서 유럽이 '국민'이 "국정에 참여하"는 민주국가이자 '헌법'을 준수하는 법치국가인 '다인정치'로 진보하였다고 평가하였다. 문호를 개방한 직후 구미 민주체제가 알려지자, 개명지식인은 그 요체를 곧바로 파악하면서 별 저항감이 없이 거론하였다. 국가의 성헌(成憲)은 헌법을, 군신공치와 민본의 정치 이념은 군민공치론과 민주제를, 그리고 향회와 민회는 의회를 이해하는 역사적 자산이었다. 그런데 군주 주권체제가 유구한 전통을 가지고 건재한 상황에서 인민 주권을 발상하기 어렵고 주장할 수 없으므로, 민주국가의 수립은 높은 장벽을 가졌다.

국가는 1883년 이후 영국, 프랑스, 러시아 등 각국과 통상조약을 체결하였는데, 여기에는 중국의 간섭과 압력을 막으려는 외교적 동기뿐만 아니라 통상의 확대를 도모하려는 경제적 동기도 작용하였다. 1883년 12월 국가는 권농정책을 통하여 수출을 장려할 방침을 천명하였고, 1884년 9월 고종은 농상(農桑)·직조·자기·벽돌·목축·종이·차(茶) 등의 관영기구를 만들라는 분부를 내렸다. 이러한 왕의 의지에 따라 기기창(機器廠), 연화연무국(蓮花烟務局), 농무목축시험장(農務牧畜試驗場) 등 관영과 관민합영(官民合營)의 기업체 내지 회사가 설립되었다. 1884년 우정총국(郵政總局)을 개설하여 경인간 우편사업을 개시하였다. 1883년 박문국(博文局)을 설치하고 한성순보(漢城旬報)를 발간하여 개화사상을 보급하였다. 『한성순보』 10호(1894. 1. 30)에서는 삼권을 분립하고 의회를 개설한 구미의 '입헌정체'가 부강(富强)을 이루었다고 보았다. 개화파는 한성순보에다 회사제도를 소개하고 자본과 영업력을 결집한 회사가 서양의 부강의 기초이므로 국가가 장려할 것을 주장하였다. 이러한 계몽활동에 힘입어 1883년부터 상회사(商會社)가 활발히 출현하고 국가는 세금 감면, 수탈의 방지, 독점권 부여라는 방식으로 보호하였다. 그런데 재정난으로 상업세 감면정책은 얼마 후 후퇴하였다.

박규수의 지도를 받고 그의 사후에 역관(譯官) 오경석(吳慶錫), 한의사 유홍기(劉鴻基) 및 개화승 이동인(李東仁)과 접촉하면서 형성된 개화파의 핵심 세력은 임오군란 이후 외세에 대한 인식과 개혁방식을 둘러싸고 급진파와 온건파로 분화되었다. 온건파는 중국이 서양세력의 침투를 막아줄 수 있는 보호막이라 생각하고 동도서기론에 입각하여 중국의 양무운동(洋務運動)처럼 점진적인 근대화를 추진하려 한 반면, 급진파는 중국의 내정 간섭을 배제하고 일본의 명치유신(明治維新)을 본받아 정치제도까지 포함한 포괄적인 제도개혁을 통하여 근대문명을 전면적으로 도입하고자 했다. 급진적 변법(變法)개화파를 동도서기파의 근왕세력은 점차 국가 요직에서 배제시켰다.

변법개화파는 약화되는 입지를 타개하기 위해 일본의 지원을 약속받고 1884년 12월 갑신정변(甲申政變)을 일으켰다. 이들의 정강(政綱)은 중국으로부터의 자주독립을 우선 과제로 내세웠다. 문벌을 폐지하여 "인민 평등의 권리를 제도화하고" 재능에 따라 관리를 등용하려는 원칙은 근대국가의 지향을 보여준다. 주목되는 경제 정강은 지조법(地租法)의 개정과 재정기관의 일원화라는, 근대화정책을 뒷받침하기 위해 시급한 재정개혁책이었다. 한성순보는 일본의 지조개정과 재정운용방식을 소개하였는데, 갑신개화파는 그러한 재정제도를 지향하였던 것으로 보인다. 행상업의 관할권을 가진 혜상공국(惠商公局)을 철폐하자는 정강은 상업자유주의 이념을 드러내고 있다. 이들이 산업육성책을 중시한 사실은 한성순보의 회사 육성론에 드러나 있다. 갑신개화파는 시의 적절한 정책방안을 제시하였으나, 국내 지지 기반이 없고 중국이 간섭하고 일본이 약속을 어겨서, 3일 만에 좌절하였다. 그 후 일본에 망명한 박영효는 1888년 고종에게 인민 권리가 보장되고 군주권이 제한을 받는 '문명개화의 정치'를 건의하였다.

1879년 이홍장은 "세계에서 조선의 개화가 가장 늦은데, 그 나라의 사대부는 시세에 어두워 성법(成法)을 고수한다"고 개탄하였다. 이렇게 완고하던 나라에서 운요호사건 이후 치열한 사상적 대응을 거쳐 1881·2년경 중국의 중체서용론(中體西用論)에 상응하는 동도서기론이 확산되어 그 이념에 입각한 근대화정책이 추진되었으며, 나아가 그것을 뛰어넘어 무술변법사상(戊戌變法思想)에 상응하는 변법개화사상이 출현하였고 그에 입각한 정치 변혁이 시도되었다.

근대화정책은 갑신정변 후에도 연속성을 잃지는 않았으나, 갑오개혁 전까지 새로운 차원으로 진전하지 못하였다. 개화 이념을 선도하던 한성순보는 갑신정변으로 폐간되었다가 13개월 만에 한성주보(漢城週報)로 부활하였다. 직조국, 종목국(種牧局), 조지국(造紙局) 등 관영 공장도 계속 설립되었고, 해운·전신사업은 진전하였다. 1883년부터 외국회사의 기선으로 조세 곡물을 운송하던 국가는 1885년 전운국(轉運局)을 설치하고 기선 3척을 구입하여 세곡과 관용 물자의 운송을 맡겼다. 1889년에는 기선회사를 설립하고 일본인을 고용하여 국내 운수·무역에 종사시켰다. 1893년에는 이운사(利運社)를 설립하여 조세와 관용 물자의 운송 외에 상인 화물과 여객의 운송을 맡겼다. 이운사의 경영은 국가 지원의 부족, 일본인 운수업자와의 경쟁 등으로 인해 부진하였다. 국가는 1887년에 조선전보총국(朝鮮電報總局)을 설립하였고, 1888년에는 한성-부산간 남로전신선(南路電信線), 1891년에는 한성-원산간 북로전신선(北路電信線)을 가설하였다. 1887년 경복궁에 처음 전등을 켰고, 1898년 황실이 미국의 자본과 기술을 도입하여 한성전기회사를 설립하여 서울에 전차를 운행하였다.

관영사업은 재정력·관리능력·기술력의 부족 등 때문에 성과를 거두지 못하였다. 예를 들어보자. 농업 장려를 통한 수출 진흥이라는 정책을 추진하기 위해 잠상공사(蠶桑公司)를 설립하였으나, 갑신정변으로 그 사업은 흐지부지되었다. 이후 외국인을 고용하여 잠상소를 운영하였으나, 국가는 효과적인 감독과 지원을 하지도, 구체적인 잠업육성방안을 마련하지도 않았다. 조선의 양잠업은 수출경쟁력을 가지기에는 기술적으로 낙후되었기 때문에 성과를 거두지 못하였다. 결국 잠상소는 재정난으로 폐업하고 말았다.[4] 재정력·관리능력·기술력의 부족은 개항 전의 유산이고 쉽게 개선되기 어려

4) 須川英德『李朝商業政策史研究』東京大學出版會, 1994, 4장.

웠다. 식산흥업정책에 성공한 일본은 개국 이전에 중상주의적 부국(富國)정책을 추진해본 경험이 풍부하였으나, 조선은 경제안정책을 벗어나지 않았고, 관료의 실무 역량도 낮았다. 그리고 외국인 기술자에 지나치게 의존하여 기술 인력의 양성에 소홀한 문제점도 있었다.

국가는 심화되는 재정위기를 타개하기 위하여 새로운 명목의 조세를 부과하였으며, 소재가치보다 명목가치가 훨씬 높은 당오전(當五錢)을 1883~91년간 다량 발행하여 인플레이션이 발생하였다. 국가의 조세 증대책은 관리의 부패와 결합하여 조세제도의 문란을 낳았다. 미곡 수출의 증대로 쌀값이 등귀하면서 미곡구매자인 도시 빈민과 빈농은 식생활이 더욱 어려워졌다. 그 반면 근대문명의 충격과 시장의 성장 등에 힘입어 민의 의식이 성장하여, 1888년경부터 곳곳에서 민란(民亂)이 빈발하였다. 천주교처럼 신분질서를 거부한 동학(東學)사상도 민의 의식을 자극하고, 그 포교 조직은 민란을 전국적으로 통합하는 데에 기여하였다. 1893년 보은 집회에 모인 2만여 명의 동학교도는 조정에서 파견한 어윤중(魚允中)에게 "이 모임이 조금의 무기도 휴대하지 않았으니 민회이다. 일찍이 각국에도 민회가 있어서 조정의 정령(政令)이 민국(民國)에 불편한 것이 있으면 회의하여 정한다고 들었다. 우리 모임도 이와 비슷하다"고 따졌으니, 인민의 정치의식이 높아졌다. 그러한 가운데 전라도 고부군수의 수탈에 대한 저항은 1894년 전국적인 농민항쟁으로 이어졌다. 잔반층(殘班層)과 요호부민층(饒戶富民層) 및 빈농층으로 구성된 농민군은 전주까지 점령하여 국가와 화약(和約)을 맺었다. 농민군은 국가에 대하여 탐관오리의 처벌, 잡세(雜稅) 폐지, 농지세의 경감, 공사채(公私債)의 면제 등을 요구하였다. 노비문서의 소각 등 신분제 개혁도 요구하였다. 외국 상인의 내지 침투 금지, 미곡유출의 금지 등 반외세(反外勢)의 요구도 내세웠다. 농민군은 전라도에 집강소(執綱所)를 설치하고 직접 개혁에 착수하기도 했다. 왕궁을 점령한 일본군을 물리치려던 농민군 20여만 명은 관군과 일본군에 의해 대부분 희생되었다.

1894년 김홍집(金弘集), 박영효, 김윤식, 유길준 등의 개화 관료는 동학농민전쟁을 기화로 조선에 출병한 일본군의 후원 아래 군국기무처(軍國機務處)를 설립하여 근대화 개혁을 단행하였다. 개화파정부는 초기에는 문벌정치와 노비제의 폐지 등 평등주의적 사회제도 개혁, 지방관과 토호의 수탈 규제, 조세 문란의 시정 등을 통하여 민심을 수습하려 하였다. 그러나 이러한 대책이 성과를 거두지 못하자, 개화파정부는 농민군을 비도(匪徒)로 규정하고 진압하였다.[5)]

5) 柳永益『甲午更張硏究』一潮閣, 1990.

위로부터 개혁을 추진한 개화파와 밑으로부터 개혁을 요구한 민중세력이 서로 적대한 것은 근대적 변혁의 역량을 약화시켰다. 농민층은 관의 수탈과 외세에 대한 저항의식이 강하였지만 근대화 청사진을 제시할 지식이 부족하였다. 따라서 농민운동은 자체로서 근대사회를 수립할 역량을 가진다기보다는 근대화의 추진을 위한 충격으로 작용한다. 개화파는 근대화정책에 대한 식견을 가졌지만 그 지지 기반이 약하여 외세에 의존하는 경향을 드러내었다.

개화파는 정권을 장악한 짧은 기간 동안 다방면에 걸쳐 중요한 제도 개혁을 단행하였다. 청일전쟁의 귀결로 단행된 중국에 대한 조공(朝貢)제도의 폐지는 자주독립을 위한 중요한 조치였다. 의정부를 개편한 내각(內閣)이 국정을 운영하도록 제도화되었고, 왕궁과 관부를 분리할 목적으로 궁내부(宮內府)를 설치하였다. 재판소를 설치하여 행정기구로부터 사법권을 분리하였다. 과거제도를 폐지하는 대신 귀천을 가리지 않고 근대 학문의 시험으로 관료를 임용하는 제도를 마련하였다. 노비제를 폐지하였다. 각종 세목(稅目)을 지세(地稅)와 호세(戶稅)로 통합하면서 모두 화폐로 받아 탁지부(度支部)에 집중하고, 조세법률주의와 예산제도를 채택하며, 은본위(銀本位) 화폐제도를 시행하였다. 그리고 육의전(六矣廛)의 난전금지권을 폐지하고 행상을 독점적으로 관장한 상리국(商理局)을 폐지함으로써, 상업활동의 자유를 확대하였다. 이렇게 도고제(都賈制)를 폐지하면서 상무회의소규칙(商務會議所規則)을 반포하여 상회사를 건전한 방향으로 육성하고자 했다. 조선시대 법전에서는 민법이 호전「전택(田宅)」등에서 산재하였는데, 1895년 홍범(洪範) 14조에서 제정하기로 천명한, 인민의 재산을 보호할 민법은 근대적 민법전으로 보아야 한다. 개화파정부는 신분과 가족에 대한 개별 법령만 공포하였고 민법전을 편찬할 시간을 가지지 못하였다. 아관파천 직후 일본에 망명한 유길준은 스승 모스(Edward S. Morse)에게 갑오개혁을 설명한 편지에서 국가와 왕실이 명확히 구분되어야 하고 국왕은 국가의 수반에 지나지 않아야 하는데, 지금까지 국가가 왕만을 위하여 국력이 약해졌다고 서술하였다. 갑오개화파 내각은 근대 입헌군주제국가를 건설하고자 했던 것이다. 그 때문에 고종과 근왕 세력은 반발하였다.

갑오개혁에서 광범위한 제도 변혁이 가능하였던 요인으로는 조선 내적 요구와 일본의 압력을 들 수 있다. 예컨대, 조선후기 각종 조세가 토지를 단위로 부과되면서 화폐로 납부되는 추세가 진전하여 도결(都結)이 성행하였으며, 노비제가 반인륜적인 것으로 비판을 받고 공노비가 폐지되었기 때문에, 조세제도 변혁과 노비제 폐지가 어렵지 않게 정착될 수 있었다. 당시 개화파는 중국으로부터의 자주독립이 우선 과제이고 중국과 결탁한 민씨 세력이 최대의 장애세력이라 생각하여 일본의 힘에 의지하여 평소에 염원하던 개혁안을 추진하려고 했다. 그 반면 일본은 이 기회에 조선을 보호국화하는 길을 닦을 수 있는 정치제도·재정제도의 개혁, 영업 제한의 철폐 등을 요구하였고, 철도·전신·광산·해운·화폐 등의 다양한 이권을 챙겼다. 개화파정부는 식산흥업(殖産興業)에 대한 의지를 가졌지만, 일본은 조선의 보호국화에 장애가 되는 산업육성책을 차관 공세 등을 통하여 교묘히 저지시켰다. 예컨대, 미곡으로 서울로 보내던 조세가 모두 화폐납으로 바뀌자 국가는 이운사를 민영화하여 육성할 의도를 가졌는데, 일본은 "조선 연안 항해의 실권을 장악하는 것이 상략상(商略上) 또는 군략상(軍略上) 가장 필요한 일"이라고 판단하여 재정난에 처한 조선국가에게 13만 원의 차관을 제공하는 조건으로 이운사의 기선을 일본우선회사(日本郵船會社)에 위탁, 운영한다는 계약을 체결시켰다. 그래서 1895년 말 일본에 차관을 요청하면서 그 의향에 부응하기 위해 "민간기업의 보호는 재정이 정리되기까지 하지 않을 것"이라는 전제를 달아야 했다.[6)]

1896년 1월 아관파천과 동시에 개화파 내각은 민비를 시해한 '역괴(逆魁)'로 지탄받고 무너졌다. 왕권을 제약한 내각은 폐지되고 의정부가 복구되었다. 고종과 왕당파는 일본·러시아·영국 등 열강의 세력균형을 배경으로 1896년부터 사용하던 독자 연호인 건양(建陽)을 1897년 2월 광무(光武)로 바꾸고 대한제국(大韓帝國)을 선포하여 자주독립의 의지를 과시하였다. 그리고 갑오개혁 이전의 동도서기론에 입각한 제도와 정책을 기본으로 삼고 이용후생(利用厚生)에 관계되는 새로운 제도를 참조하는 '구본신참(舊本新參)'을 정책 방향으로 내세웠다. 대한제국은 구법(舊法)의 핵심인 군주 주권제도를 복구, 고수하면서 갑오개화파 정부의 제도개혁을 대개 수용하였는데, 그 개혁이 조선사회의 내적 요구를 반영하였기 때문이다.

1896년 전·현직 개화파 관료들이 결성한 독립협회(獨立協會)는 고종의 독립의지에 부응하면서 공정한 법과 자유로운 민권(民權)의 독립 문명국, 그리고 국민이 군주와 함께 주권을 가지고 참정권을 행사하는 군민공치(君民共治)의 입헌정체를 이상으로 삼았다. 독립협회는 1898년 현실적 제약을 고려하여 의회의 입법권과 내각의 행정권을 분리하여 황제가 상위에서 주권을 행사하는 정치체제라는 구상 아래 상원인 중추원(中樞院)의 설립 운동을 추진하였다. 독립협회는 1898년부터 상공업자 등의 시민을 동원하고 만민공동회(萬民共同會)를 열어서 인민 권리의 신장, 재정기관의 탁지부로의 일원화, 재판제도의 확립을 요구하며, 러시아의 정치적·경제적 침투를 규탄하였다. 갑신정변의 주체세력을 공격한 서울시민이 독립협회를 후원하였는데, 이것은 개화사상의 사

6) 李憲昶「甲午·乙未改革期의 産業政策」『韓國史硏究』90, 1995.

회적 확산을 보여준다.

고종과 측근은 중추원을 자문기구로 삼고자 하였고 독립협회는 그 제안을 거부하였다. 왕당파는 독립협회의 민권 운동을 비판하면서 군주가 전통적 양법미규에 의거하여 전제(專制)하기를 촉구하였다. 고종은 결국 독립협회를 탄압하고 시민의 공론장인 만민공동회를 해산하였다. 1899년 반포된 대한제국 '국제(國制)'는 '무한한 군권(君權)'만 규정하고 신민이 군권을 침손(侵損)해서는 안 되는 '전제정치'를 표방하였다. 이것은 군주의 권한을 처음으로 법제로 명시한 의의를 가지지만, 군주권의 법적 제한을 두지 않고 개항 전 군신공치와 법치의 진전, 그리고 재산권 등 민권의 성장을 반영하지 못한 한계를 가졌다.

대한제국은 황권(皇權)의 강화와 황실재정의 확대를 추구하여, 부국강병책을 추진하였다. 황실재정을 담당하는 궁내부의 내장원(內藏院)은 인삼세·어염세(漁鹽稅) 등 각종 세목을 장악하고, 홍삼의 제조·전매권, 광산의 개발·관리권을 인수받았다. 〈표 6-5〉에 의하면, 황실재정이 팽창하였다. 대한제국은 1720년 이후 처음으로 전국적인 양전사업을 하였다. 1898년 양지아문(量地衙門)을 설치하면서 미국인 크럼(Reymond Krum)을 주임기사(主任技師)로 초빙하고 1898년 설립된 흥화(興化)학교는 양지과(量地科)를 두어 측량 기사를 양성하였다. 서양 측량기술을 습득한 인력이 부족하고 그에 대한 반발도

표 6-5 개항기의 재정 (단위: 천 円, %)

연도		1890년대 초	1896	1900	1904	1908	1910
조선	세입예산 총계		4,809	4,807	7,107	23,273	23,766
	地稅		30.7	48.4	68.3	27.8	26.2
	세입결산		2,469	4,609	5,601	11,646	
	세출예산 총계		6,317	4,806	7,107	23,353	23,766
	皇室費*宮內府		9.0	10.6	15.1	6.4	7.6
	外部		1.1	3.8	2.0		
	內府		23.2	22.6	7.3	24.2	29.0
	度支部		32.0	14.3	19.3	56.0	52.8
	軍部		16.3	26.6	36.4	1.3	
	農商工部		2.9	6.9	0.4	5.1	7.7
일본	재정지출	150,000	214,900	464,700	872,400	1,072,100	1,490,800
중국	보고된 세입	115,674					
	국가수취 총계	325,000				382,520	

출전: 이헌창 「1910년 조선 植民地化의 내적 원인」『朝鮮時代史學報』 55, 2010, 〈표 2〉.

있었으므로 한성부에서는 서양 기술로 측량하여 기존의 가계(家契)발급제도를 확대하였으며, 지방에서는 종래의 측량방식에 따르되 결부(結負)뿐만 아니라 절대면적도 기재하고 경지의 도형을 넣고 가옥 등도 조사하였다. 결수가 1897년 93.5만 결에서 1904년 100.4만 결로 늘었다 하나, 이전에 1904년 수준 이상의 해가 많았던 데에서 알 수 있듯이, 광무양전사업은 결수, 곧 농지세를 크게 늘리지는 못하였다. 〈표 6-5〉에 의하면, 대한제국의 세입은 늘었으나, 500만 원(圓) 내외로 국내총생산의 1% 정도, 당시 일본 재정 지출의 1% 정도에 불과하였다. 그 크기가 18세기 후반과 비슷한 데에서 드러나듯이, 대한제국은 재정력의 강화에 실패하였다. 이처럼 재정이 빈약하여 세출의 30% 내외를 군비에 지출하고도 군사력은 주변 국가에 비해 현저히 열세였고, 경제사업에 대한 지원은 빈약하였다. 조선국가는 1895년 중앙에서 모든 지방 경비를 할당하는 조치를 취하였으나, 1896년에 지방에 배당된 예산은 예산 총계의 24%에 불과하여, 지방관청은 자체 경비를 불법적으로 조달할 수밖에 없었다.[7)]

갑오개화파 정부는 일본의 간섭과 재원의 부족으로 인하여 산업육성책을 제대로 추진하지 못하였던 반면, 대한제국은 자주적인 지반 위에서 산업의 보호와 육성에 적극적이었다. 갑오개혁기에 일본이 획득한 이권의 일부를 회수하고, 철도·광산사업을 외국인과 합동하는 것을 금지하기도 했고, 철도원과 광학원(鑛學院)을 설립하여 철도 부설과 광산 개발을 추진하였다. 금본위에 기반을 둔 화폐제도와 중앙은행의 설립을 의도하기도 했다. 우편·전신사업을 확대하고 전화사업을 개시하였다. 철도 부설과 중앙은행 설립의 사업은 계획의 불철저와 자금의 부족, 그리고 일본의 방해로 실패하고 말았다.

1894년 5냥은을 본위로 하는 신식 화폐제도를 시행하였으며, 중국에서 사용된 멕시코 은화의 단위인 원(元)을 차용하여 5냥을 1원(元)으로 헤아렸다. 1901년 금본위 화폐제도를 도입하면서 순금 2푼(0.75그램)짜리 화폐를 1원(圜) = 100전으로 정하였다. 그런데 은화와 금화의 공급은 소량이어서 은본위나 금본위의 제도로 이행하지 못하였다. 소재가치가 명목가치에 크게 미달한 백동화(白銅貨)가 1898년부터 다량 주조되어 그 실질가치가 하락하였다.

1880년대에는 국가가 관영 공장의 육성에 주력하였는데, 대한제국기에는 민간 산업을 육성하는 방향으로 정책을 전환하였다. 황실과 고위 관료는 많은 회사·은행·공

7) 김대준 『고종시대의 국가재정 연구』 태학사, 2004; 李潤相 「1894~1910년간 재정 제도와 운영의 변화」 서울대 문학박사학위논문, 1996; 金載昊 「甲午改革이후 近代的 財政制度의 形成過程에 관한 硏究」 서울대 경제학박사학위논문, 1997.

장의 설립에 참여함으로써 그것을 지원하였다. 해운업에서는 외국 선박의 비개항장 침투에 대한 규제를 강화하고, 국가 소유 기선을 민간 회사인 대한협동우선회사(大韓協同郵船會社)에 불하하여 지원하였고 일본의 상선학교(商船學校)에 유학생을 파견하여 항해사와 기관사를 육성하였다. 국가의 지원 및 민간의 근대적 역량의 성장에 힘입어 대한제국기에 상업·해운업·은행업·공업 등에서 민간의 근대적 경영이 활발히 출현하였다. 또한 서울의 도로를 정비하면서 남대문시장이라는 도시 일용품시장을 만들었고, 전기·수도·전차 등 문명시설을 도입하였고, 용산에 관영 공장을 중심으로 하는 산업시설을 집중시켰다.

대한제국은 기술·실업교육을 장려하여 인재를 양성하고자 했다. 1899년 우무학당(郵務學堂)과 전무학당(電務學堂)을 설립하였는데, 1900년에는 각기 1년 과정에 25명의 학생을 모집하고 유럽 기술자를 초빙하여 기술교육을 담당하게 하였다. 1900년에는 광무학교(礦務學校)를 설립하여 상공업, 광업, 우편과 전신에 걸친 기술자 양성체계를 정비하였는데, 프랑스 기술자를 초빙하였다. 1899년에 상공학교(商工學校)의 관제를 제정하였는데, 1904년에 농업과를 더하여 농상공학교로 개교할 수 있었다. 한국 최초의 근대적 실업학교인 농상공학교는 이후 농업과는 수원농림학교, 공업과는 경성공업전습소, 상업과는 경성상업학교로 재편되었다. 1900년 농상공부에 잠업과(蠶業課)를 설치하고 기술관의 성격이 강한 관리를 두고, 1901년에는 잠업시험장(蠶業試驗場)을 설립하였다. 국가는 또한 민간 학교의 설립을 유도, 지원하였다. 그래서 1900년에 한성직조학교(漢城織造學校), 사립 광성상업학교(廣成商業學校), 사립 철도학교, 공업전수과(工業傳授科)와 철도과를 갖춘 사립 낙영학교(樂英學校)가 개설되었다. 일본 유학생이나 국내 학교 출신의 기술자로서 직물업·해운업·측량업 등에 종사하는 인물도 나왔다.

대한제국의 산업육성책이 이전보다는 진전하였지만, 한층 격화되는 일본의 경제적 침투로부터 실효성 있게 산업을 보호, 육성할 수 있는 정도에는 미치지 못하였다. 산업 육성을 지원할 재원과 행정역량은 여전히 미흡하였다. 근대적 기업은 국가의 보호육성책이 부족한 가운데 불평등조약 아래 자본·경영력이 우월한 외국 기업과 힘들게 경쟁해야 하였기 때문에, 순조로운 성장 기반을 확보하지 못하였다. 구본신참의 이념 아래 황제 주도의 개혁은 제도의 개혁과 관료조직의 성장을 제약하였다. 구래의 측량법과 결부제에 의거하여 농지가 1897년 93.5만 결에서 1904년 100.4만 결로 느는 데에 그쳐, 산업 육성을 위한 토지세원의 대폭 증대가 곤란하였다. 회사의 개념에 대한 이해가 진전하였으며, 정관을 갖추고 국가의 인가를 받는 등 근대 회사의 요건들을 두루 갖춘 회사들이 출현하였으나, 회사법은 온전히 갖추어지지 않았다. 제도 개혁을 수반하지 않는 부국강병책은 한계를 가졌던 것이다. 대한제국기의 개혁이 조선시대에서는 자주적 근대화를 위한 마지막 기회였다.

약한 국력의 조선이 가혹한 외압을 극복하면서 근대화의 성공을 도모하는 유일한 길은 개화파와 고종이 협력하여 제도 개혁을 수반한 부국강병을 지속적으로 추진하는 것이었다. 그런데 갑신정변과 갑오개혁에서 드러나듯이, 근대화를 유효하게 추진할 제도 개혁은 결국 왕권의 제약을 수반하여 그 지속적 협력은 이루어지지 않았다.

4. 시장과 근대적 기업의 성장

(1) 시장의 성장과 질적 변모

조선후기 농촌시장과 도시시장이 성장하고 상인자본이 발달하고 상품생산이 진전하였음은 제3·4장에서 살펴보았다. 개항 이후 시장은 새로운 양상을 띠면서 한층 가속적으로 성장하였고, 국내·외 상인간에 상권(商權) 문제가 나타났고, 상품생산은 질적인 변모를 겪었다.

개항 후 시장의 성장과 심화를 낳은 요인을 살펴보자. 첫째, 자유무역체제는 무역을 급증시켜 농산물 등의 수출을 위한 시장이 성장하였고, 섬유제품 등의 수입은 가내수공업을 해체하면서 시장을 확대시켰다. 둘째, 기선항로와 철도망, 그리고 근대적 금융·통신제도는 시장의 양적 성장과 질적 심화를 낳았다. 특히, 철도망은 전통적 육로교통의 애로를 극복하여 시장 통합을 크게 진전시켰다. 셋째, 갑오개혁으로 19세기에 축소되던 국가재분배의 환곡제가 폐지되었으며, 부분적으로 이루어지던 조세 화폐납이 전면화되었으며, 국가가 수용 물자를 공인에게 고정된 가격으로 조달하는 제도는 시장가격으로 계약하는 제도로 바뀌었다. 넷째, 방곡(防穀), 환퇴(還退) 등 민생의 안정을 위해 시장기능을 제약하는 관행이 외국인에 통하지 않게 되면서 소멸하여갔다. 개항 이후 근대적 국제무역의 성장, 갑오개혁으로 인한 국가재분배기능의 약화 및 러일전쟁 직후 철도망의 형성은 경제통합원리에서 시장의 주도적 지위를 확립시킨 3대 계기라고 할 수 있다.

18세기 후반부터 정체하던 장시수는 19세기 말부터 증가 추세로 돌아섰다. 이것은 농촌 시장거래의 성장을 보여준다. 전국의 약재(藥材)를 취급하는 특수한 시장으로서 성립하여 계절적으로 열리던 대구와 공주의 영시(令市)는 개항 전에 각지의 다양한 특산물을 거래하는 원격지유통의 중심지로 성장하였는데, 개항 후 외국 수입품의 거래를 활발히 하면서 한층 성장하였다. 갑오개혁 후에는 지방관의 시장육성책에 힘입은 바가 있어서 전주, 진주 및 청주에도 영시가 발생하였다. 1900년대가 되면 영시는 도시 상설점포의 성장에 따른 원격지유통의 흡수, 철도 운수의 성장 등에 의하여 쇠퇴하여 대구의 약령시만 남게 되었다. 개항 후 시장의 성장을 주도한 것은 개항장(開港場)이었다. 부산·인천과 같은 보잘 것 없던 포구도 개항장이 된 후에는 전국 굴지의 도시이자 시장으로 성장하였다. 철도유통망이 형성된 이후에는 내륙 상업도시가 급성장하였다. 조선후기에 농촌 장시가 주로 상업적 요구를 충족하였는데, 개항 이후 시장이 한층 가속적으로 성장하는 가운데 도시화가 진전하고 도시시장의 역할이 커졌다. 1만 명 이상 도시 인구의 비중은 개항 직전 약 2.5%로부터 1910년 약 3.7%로 증가하였다.

개항 후 세계시장에 편입됨으로써 시장이 급성장하였기 때문에, 국제무역이 시장의 성장을 주도하였다. 무역의 거점은 개항장이었다. 1880년대부터 각 개항장의 곡물가격은 배후지의 풍흉에 영향을 받으면서도 일본시장의 가격에 연동하여 변하였다. 쌀값은 개항 초에 일본 쌀값의 절반에 불과하였지만, 점차 그것에 접근하여 1910년대 후반에는 90%에 달하였다. 무역 규모의 확대에 대응하여 개항장은 항만·교통·금융·통신설비를 정비하면서 수적으로 증가하고, 외국인이 자유로이 통행·매매할 수 있는 간행이정(間行里程)은 확대되고, 내지통상은 진전하였다. 이것은 개항장 시장권이 지역적으로 확대되며 그 속에 위치한 생산·소비자의 국제분업관련이 심화됨을 의미하였다. 무역시장의 확대를 외적인 요인으로만 파악해서는 안 된다. 조선의 선상(船商)이 개항장과 내지 시장을 연결하는 기능을 주로 맡았다. 이들은 가격조건과 유통비용의 변화에 민감하게 반응함으로써 개항장 시장권을 확대·심화시켰다. 개항 전에 도시시장–포구–농촌 장시간의 연계를 통하여 정비된 유통망에 의존함으로써, 수입품은 1880년대부터 대부분의 지역에 침투할 수 있었다.

이러한 무역시장의 성장은 국내 분업에 입각하던 시장을 잠식·재편·종속시키는 과정이었다. 미곡시장을 보자. 개항 전 거의 모든 장시에서 미곡이 상품으로 등장하였고 서울, 평양, 통영 등의 대도시에서는 원격지유통에 입각한 미곡시장이 발달하였다. 이들 도시시장에 직결된 유통로와 배후 생산지가 개항장 시장권에도 편입되어감에 따라 식량의 부족 현상이 나타났다. 그 대응책으로서 국가는 흉년에 방곡령(防穀令)을 실시하였다. 방곡령은 미곡 수출의 확대에 저지 작용을 하지만, 일본 상인과 일본정부의

반대와 손해배상 청구로 인하여 청일전쟁 후에는 그 시행이 현저히 어려워졌다.[8]

오늘날 서울의 강북 상가는 기본 골격이 개항기에 만들어졌다. 개항 후에 일본인은 먼저 진고개에 상가를 이루고 이어서 충무로로 진출하였다. 그러한 가운데 명동 상가의 원형이 나타났다. 청나라 상인은 수표교, 소공동 및 서소문 일대에서 영업하였다. 정동 일대에는 서양인을 대상으로 상가가 형성되었다. 대한제국은 도시개조사업을 벌였는데, 그 일환으로 1897년 남대문시장을 개설하였다. 1906년 한국인 고위 관료와 유력 상인은 배우개, 곧 이현의 상업을 흡수하여 광장시장을 개설하여 동대문 시장타운의 출발을 이루었다. 1900년대에 경부·경의선이 부설되면서 상권(商圈)이 재편되고 칠패와 한강변이 위축되는 등 상권의 변동이 있었다. 종로의 시전은 줄곧 서울 소매상업의 중추로 기능하였다.

개항 후 시장이 급성장하는 가운데, 민족별 시장이용방식의 차이가 나타났다. 시장의 성장을 주도한 개항장은 외국인에 의해 관리되고 그 상업 설비는 주로 외국인에 의해 활용되었다. 일본인은 전적으로 매일시장과 상설점포에 의존하고 경매제도를 도입하였지만, 농촌의 조선인은 일제 말까지도 개항 전과 마찬가지로 주로 정기시인 장시에 의존하였다. 개항장의 조선인 거주지와 재래 도시에는 조시(朝市)와 상설점포가 성장하였다.

(2) 상인자본의 동향

개항 후 물가 등귀로 공가(貢價)가 시장가격을 밑돌게 되었을 뿐만 아니라 재정의 악화로 그마저 미지급액이 누적됨에 따라, 공인(貢人)의 손실은 늘어났다. 1875년경 "1년 세입은 52만여 냥에 불과한데, 4차에 걸친 사신 행차가 정월부터 지금까지 모두 80여만 냥의 임시적 지출을 낳았고, 각 공계(貢契) 물종을 이미 받아 쓰고도 공가를 지급하지 못한 것은 50여만 냥이 되었다."(『日省錄』 고종 12년 10월 25일) 1877년에는 공가의 미지급액이 100만 냥으로 증가하였는데도, 관부의 수용은 도리어 증가하였다. 마침내 갑오개혁에서는 공납제가 완전히 폐지되면서 공가의 미지급액을 경지로 보상하는 방안이 강구되었다.

공인을 겸하기도 했던 시전상인도 공물·세폐(歲幣)·방물(方物)의 납부과정에서 인플레이션과 재정 악화로 타격을 받았다. 면주전(綿紬廛)에 관한 연구에 의하면, 중국에

8) 金敬泰 『한국근대경제사연구』 창작과 비평사, 1994; 吉野誠 「李朝末期における米穀輸出の展開と防穀令」 『朝鮮史研究會論文集』 15, 1978; 「開港期의 穀物貿易」 『近代朝鮮工業化의 研究』 一潮閣, 1993.

보내는 세폐·방물의 진배(進排) 가격이 1870년대부터 시장가격 아래로 떨어졌다. 시장 가격으로 조달하는 정책은 1880년대부터 도입되기 시작하여 갑오개혁에서 전면적으로 정착되었다.[9] 시전은 공인과는 달리 자신의 시장 기반을 가지는 점에서 국가 물자 조달로 인한 타격을 작게 받았지만, 개항 전부터 사상(私商)의 성장에 의해 상권을 잠식당한 데다가, 1882년 조청조약으로 중국·일본 상인 등이 서울에 거주하며 자유로이 영업함에 따라 더 강한 타격을 받았다. 외국 상인은 수입물품뿐만 아니라 육의전의 물종까지 매매하였다. 그래서 시전상인은 거래의 위축으로 국역을 감당할 수 없다고 국가에 호소하였고, 나아가 외국 상인의 침투에 항의하여 1887년, 1890년, 1898년 세 차례에 걸쳐 영업을 중단하는 철시(撤市)투쟁을 전개하였다. 시전상인은 사상의 성장, 외국 상인의 침투뿐만 아니라 갑오개혁에서 난전금지권의 폐지로 인하여 타격을 받았다. 그런데 "육의전은 특권의 해체로 대공황(大恐慌)을 겪어 일시 매우 곤란하였지만, 역시 분발하여" 1904년경에 "소매업으로서 서울 상업계의 중심이 되었다."(『通商彙纂』 70號 「韓國事情(京城, 1904. 11. 16)」 20쪽) 1905년 화폐정리사업에 따른 금융 경색으로 부유한 시전상인도 유동자금을 구하지 못하여 동산과 부동산을 헐값에 팔거나 전당을 잡혔다. 시전은 이 시련도 견뎌내면서 1910년경에도 서울 소매상업의 중심을 이루었다.

공상에 비해 사상은 국가 재정에 무관하거나 적게 의존하였기 때문에 재정위기의 압박을 작게 받았으며, 특권에 대한 의존도가 상대적으로 약하였으므로 외국 상인의 진출에 대해 더욱 적극적으로 대응할 수 있었다. 조선 상인의 동향은 외국 무역과 관련된 시장에서와 그것과 무관한 시장에서 다르게 나타났다. 전자부터 살펴보자.

조선 상인이 외국 무역에 활발히 진출하지 못하는 가운데 외국 상인이 줄곧 국제무역을 장악하였다. 해상무역을 통해 자본과 영업기술을 축적할 기회를 봉쇄한 해금(海禁)이 1882년에야 해제된 데다가 개항 후에도 국가가 무역업을 효과적으로 육성하지 못하였기 때문이다. 조선인에 의한 기선·범선의 구입이 1882년에야 허용되었지만, 그것을 구입할 재력을 가진 대상인이 적었다. 그에 반해 일본정부는 일찍부터 해운·금융·통신 등의 지원을 통해 직수출입(直輸出入)을 진흥하였으므로, 일본 상인이 활발히 진출하여 성장하였다. 중국 상인은 자본력과 영업력에서 일본 상인에 앞섰으나, 국가적 지원이 부족하였다. 대표적인 중국 상회인 동순태(同順泰)는 1885년 인천에서 창설되어 다음해 서울에 이전하였는데, 상하이의 견직물·면직물 등을 수입하여 금 등을 수출하였고, 각 개항장의 중국 상인과도 네트워크를 형성하였으며, 일본은행을 통해 중

9) Owen Miller, *The silk merchants of the Myŏnjujŏn: guild and government in late Chosŏn Korea*, Ph.D. dissertation, the School of Oriental and African Studies(SOAS), University of London, 2007.

표 6-6 개항장 객주수의 변화 (단위: 명)

구분	인천	부산	원산
갑오개혁 이전	60(1889년) 46(1893년)	44 (1889년) 60여(1893년)	44 (1884년) 30 내외(1894년)
갑오개혁 이후	96(1897년) 82(1903년)	237 (1897년) 100여(1900년)	130~140
을사조약 이후	55(1907년)	78 (1907년)	30

출전: 李炳天 「開港期 外國商人의 侵入과 韓國商人의 對應」 66쪽.

국에 우회적으로 송금하기도 했다. 동순태는 조선인 객주와 거간을 활용하면서 내지통상에 종사하기도 하였으며, 조선인의 어음을 거래에 이용하기도 하였다.[10)]

개항장이 외국 무역의 거점으로서 번창함에 따라 의주·개성·동래 등지에서 무역에 종사하던 상인 등 다수가 모여드는 가운데, 객주(客主)가 가장 활발한 동향을 보였다. 객주는 위탁매매업에 종사하여 조선인과 외국 무역상의 거래를 주선하였을 뿐만 아니라, 개항 전에 대표적인 상인집단으로 성장하였기 때문이다. 개항장의 객주가 시장 정보에 입각한 영업력, 일정한 자금력, 신용거래가 가능한 거래처, 그리고 비공식적 특권을 가졌기 때문에, 외국 무역상인은 초기에 수출입품의 국내 거래를 이들에게 의존하지 않을 수 없었다. 〈표 6-6〉에 의하면, 1897년경까지 개항장의 객주는 계속 증가하여, 부산·인천·원산의 객주수를 합하면 500명에 접근하였다. 1883년 원산의 객주는 서울에서 상회소(商會所)가 창설된 데에 자극을 받고서 자금력을 집중하여 외국 상인의 침투에 효과적으로 대응하며 관의 수탈로부터 보호받기 위해 객주상회소를 설립한다. 이것은 객상에 대한 수세 청부도 담당하면서 특권적 유통독점을 실현하였다. 그 이후 부산, 인천 등지에서도 객주의 상회소가 설립되었다.

그런데 개항장 객주는 외국 상인에 비해 심각한 약점을 가졌다. 외국 상인은 자본력이 우세하였고 불평등조약체제를 바탕으로 유리한 교역환경을 가졌다. 특히, 일본은 자국 상인에 대해 금융·교통 등에서 국가적 차원의 지원을 아끼지 않은 반면, 조선국가는 상인을 제대로 보호하지 못하였다. 자금력이 약한 일본 상인은 일본 금융기관으로부터 낮은 이자율의 무역자금을 지원받았으나, 그런 자금 조달법을 가지지 못한 조선 상인은 조세를 상업자금으로 활용하였다. 갑오개혁으로 조세 화폐납이 전면화된 이

10) 石川亮太 『近代アジア市場と朝鮮: 開港·華商·帝國』 名古屋大學出版會, 2016.

후 상인이 지방의 조세를 탁지부로 상납하는 과정에서 상업자금으로 활용하는, 이른바 외획(外劃)이 활성화되었다. 그런데 외획에 의한 자금 조달은 변칙적이고 불안정한 면이 있었다. 이러한 여건 아래 개항장 객주를 비롯한 많은 조선 상인이 외국 상인의 자금선대(先貸)에 얽매여 상거래를 지배당하고 채무를 갚지 못해 파산하였다.

게다가 외국 상인은 내지통상(內地通商)을 통해 산지에 진출함으로써, 개항장 객주를 정점으로 형성된 국내 유통경로를 무력화시키고 그것을 직접 장악하기 시작하였다. 1880년대 후반부터 일본인과 중국인의 내지통상이 본격화되었다. 수출품의 구입에서는 일본인 행상이, 수입품의 판매에서는 중국인 행상이 우세하였다. 1888년부터 일본 상인이 조선인의 범선을 이용하여 개항되지 않은 내지를 항행할 수 있는 특권을 획득함에 따라, 곡물을 대량 반출할 수 있었다. 청일전쟁 이후 내지통상이 한층 진전됨에 따라 개항장 객주의 경제적 기반은 점점 취약해졌다. 인천과 부산의 객주수가 1900년경 전후부터 감소한 것은 그러한 사정 때문이었다.

상인으로서 객주의 한계도 있었다. 객주는 외국 상인보다 자본력이 약하였을 뿐만 아니라, 개항 전에 특권적인 유통독점자로 전환하면서 영업력의 향상보다는 이권 추구에 의존하는 경향을 보였다. 갑오개혁 이전에 활동한 인천의 객주 45명 중에 1903년 인천에서 영업을 지속한 것으로 확인된 자는 10명에 불과하였다. 이처럼 객주경영의 존속률이 낮은 것은 그 영업 기반이 취약하였음을 드러낸다.

외국 상인의 내지통상이 진전됨에 따라 산지의 객주가 외국 상인의 위탁매매를 담당하면서 성장하였는데, 이들도 외국 상인의 자금선대에 종속되었다. 외국 상인은 청일전쟁 후에는 불법적으로 내지에 정주(定住)하면서 내지의 상권을 잠식하여갔다. 그런 가운데 개성상인은 가장 굳건히 대응하였다. 일본 상인은 개성상인의 세력권을 잠식하였지만, "수백 년간 오랜 세월에 걸쳐 강고해진 개성상인의 근거를 일본 상인이 단기에 뒤집을 수 없었다."(『財務週報』 49호, 1908) 1910년경 개성에 자산 1만 원 이상의 상인이 50호, 1만 원 이하의 상인이 203호 있었으며, 1913년 인삼업에 투입된 고정자금은 180여만 원에 달하였다.

개항기 국제무역과 무관한 상품유통에서는 외국 상인의 침투가 진전하지 않았다. 개항장은 기선 등의 무역설비를 갖춤에 따라 해로를 통한 국내 원격지간 교역의 중심지로 부상하였다. 그러자 조선 상인도 기선을 이용하여 개항장간 무역 등의 원격지유통에 종사하였다. 이러한 유통에서는 조선 상인이 일본 상인에 대등한 정도로 참여하였다. 기선을 이용하지 않는 유통은 조선 상인이 장악하였다. 일본 상인은 1880년대 중반부터 서울시장에 진출하였지만, 1911년에도 "외국 무역의 경영은 거의 모두 일본인의 수중에 속하지만, 조선 내 상업에서는 일본인의 경영에 관계되는 것이 아직 적어서" 일본인을 고객으로 하는 압록강 목재와 생선, 조선인을 고객으로 하는 명태 등 소수에 불과하고, "대부분은 여전히 조선인에 의하여 경영되었다."(朝鮮總督府『京城商工業調査』 1913, 123쪽) 지방시장에 대한 일본 상인의 침투는 더욱 늦었으나, 일본 상인은 철도의 장악력을 통하여 국제무역과 무관한 상품유통에 대한 지배력을 증대하였다. 1911년 철도편으로 서울에 들어오는 쌀은 26만여 석인데, 한강수운편에 의한 것은 22만 석이었다.

이렇게 시장이 성장하고 상업계가 재편되는 가운데 근대적 기업가로 성장하는 조선 상인들이 나타났다. 중국 비단을 취급한 입전(立廛) 상인인 백윤수(白潤洙)는 개항기 중국 비단의 수입으로 성장하였고, 한성·한일은행의 지원에 힘입어 1916년 자본금 50만 원(圓)의 대창(大昌)무역주식회사를 설립하여 중국 비단·삼베의 수입으로 성장하였고 비단 제조에도 나섰다. 그러다 20년대 불황기에 파산하였고, 한성은행의 요구로 아들이 35년 태창(泰昌)직물을 설립하였고, 해방 후 면방직 귀속기업체의 불하 등을 토대로 한국 최초의 재벌로 성장하였다. 지전 상인은 1917년 자본금 30만 원의 조선지(朝鮮紙)주식회사를 설립하여 한지의 상품성을 높였다. 서울의 포목전 상인 등은 1905년에 창신사(彰信社), 1906년에는 공익사(公益社)를 설립하여 면제품의 수입에도 활발히 종사하였다. 박승직(朴承稷, 1864~1950)은 1886년부터 경상도·전라도의 산지에서 무명을 사서 전국 각지로 팔러 다니다가 1896년 종로에 포목점을 열었다. 그는 수입 면직물도 활발히 취급하게 되어, 공익사에서 중심적인 역할을 하게 되었다. 1910년대 후반에 박가분의 화장품 제조업과 정미업에 뛰어들었고, 1925년에는 주식회사를 설립하였다. 이 사업체가 해방 후 두산그룹으로 성장한 것이다.[11)]

19세기 말 서울에서 상인이면서 무반직도 가지고 있던 가문의 세 형제인 김상열(金相悅, 1847~1906), 김상태(金相台, 1849~1910), 그리고 김상학(金相學, 1854~1903)이 공동 출자하여 동업하는 방식으로 종로에 수남상회(壽南商會)를 운영하였다. 수남상회는 20간의 점포에서 각종 직물을 판매하였으며, 1911년 자본금은 37,661원이었다. 수남상회는 부근의 수진상전(壽進床廛)에 방세를 내었는데, 시전에 방세를 대는 대상점의 운영은 개항 이후 나타난 현상으로 보인다. 수남상회는 조선 상인의 창신사와 공익사뿐만 아니라 중국 상인과 일본 상인으로부터도 수입 직물을 공급받았다. 김상태의 장남 김태희

11) 趙璣濬『韓國企業家史』 博英社, 1973; 김동운『박승직상점, 1882~1951년』 혜안, 2001; 배석만「일제시기 입전(立廛)상인 백씨 집안의 경제활동: 대창무역주식회사의 설립과 경영과정을 중심으로」『인문논총』 73-3, 2016.

(金泰熙)의 경영 아래 수남상회는 일제시대에도 직물을 주로 취급하면서 성장하여, 1935년 주식회사로 개편될 때 자본금은 50만 원이었다. 수남상회는 1904년부터 농지 구입에 적극 나서 1920년대 말에는 300정보의 농지를 소유한 대지주가 되었다. 김상열의 동생인 김상민(金相敏, 1851~1918)은 서울 한강변 동막(東幕)에서 동태원(東泰元)이라는 상호로 객주업에 종사하였다. 김상민의 두 아들도 동막의 객주로서 번창하여, 장남 김수희(金洙熙)는 1910년 석유엔진을 장착한 기계제공장인 동일정미소(東一精米所)를, 차남 김낙희(金洛熙)도 태을(太乙)정미소를 설립하였다. 김수희와 김낙희는 각각 1921년과 1924년에 타인에게 기업을 넘겼는데, 한강 수운이 철도 유통에 압도당한 것이 중요한 요인이었다.[12] 백윤수 집안, 박승직 집안 및 김태희 집안은 일본 상인·기업가·은행과 거래하면서 근대적 기업가로 성장해갔다.

(3) 산업구조의 변화와 상품생산의 동향

국제무역의 성장은 산업구조를 변화시켰다. 애덤 스미스는 시장 규모가 분업(分業) 수준을 결정한다고 하였는데, 무역시장의 급성장은 분업과 상품생산을 새로운 차원으로 변모시켰다. 미곡과 콩을 중심으로 하는 농산물의 수출은 그 상품생산을 확대시킨 반면, 면제품을 비롯한 각종 공산품의 수입은 그와 경쟁한 수공업을 위축시켰다.

개항 후 농산물의 수출이 신장되어 1900년에 미곡은 총생산량의 4%를 넘는 46만 석이, 콩은 총생산량의 20%에 가까운 39만 석이 수출되었다. 미곡과 콩의 해외 수요 확대는 국가의 화폐 남발과 결부하여 그 가격을 등귀시켰다. 쌀값은 일본 쌀값에 접근하면서 빠르게 상승한 반면 수입품 가격은 상승 추세가 아니어서, 교역조건은 좋아졌다.

해외 수요의 창출과 상대가격의 상승은 수출 농산물 생산에 대한 노동력과 경지의 투입을 증대시켰다. 해외 수요의 창출과 증가는 풍년의 콩과 같이 저렴한 가격으로도 처분하기 힘든 상품의 판로를 확대하고 무역설비의 정비는 유통비용을 절감시킴으로써, 생산을 확대할 수 있는 유인을 제공하였다. 미곡을 예로 들면, 1890년 이후 "일본 상인의 손을 거쳐 계속 일본으로 수출되었으므로, 비로소 조선 농민도 그 잉여 미곡을 비싸게 방매할 수 있고 도리어 그 수입품을 싸게 살 수 있는 이익을 알자마자, 종래 한 집안 식구의 굶주림을 채움으로써 족하다고 하는 자도 다소 잉여를 얻기를 바라고, 따라

12) 洪性讚「韓末·日帝下의 서울 鍾路商人 硏究–布木商 金泰熙家의 '壽南商會' 運營을 중심으로–」『東方學志』 116, 2002;「한말 서울 동막(東幕)객주의 미곡 거래와 하주(荷主)들 –"동태원(東泰元)"의 장부를 중심으로」『동방학지』 159, 2012;「한말 일제 초 서울 동막 객주의 정미업 진출과 경영–동일정미소의 『일기』(1919) 분석을 중심으로」『경제사학』 55, 2013.

서 내버려두어 돌보지 않던 논두둑도 잇따라 개발되기에 이르렀다고 한다."(『通商彙纂』 8호 「1893年中仁川港商況年報」 25~6쪽) 수출시장에 접근하기 편리한 지역의 논부터 노동력의 투입이 한층 집약화되고, 1890년경부터 일본의 미종(米種)이 보급되었다. 그래서 쌀 수출이 급증한 1890년대에 논의 토지생산성은 상승 추세로 전환하였다.

그 반면 외국의 면제품, 담배 등의 수입은 그 생산을 축소시켰다. "면화의 재배와 그것의 직물로의 제조는 크게 감소하였고 이것은 많은 노동력을 다른 경로로 방출시키고 있는" 형편이었다("Korean Domestic Trade," *The Korean Review*, 5책, 1905. 11). 1877년 14만여 정보에 달한 면화 재배면적은 1897년에는 8만 정보로, 1906년에는 3만 정보로 감소한 것으로 추정된다. 수입 관련 품목에 비한 수출농산물의 상대가격 상승으로 전자의 생산에 투입된 노동력과 토지가 후자의 생산으로 이전함에 따라, 미곡과 콩의 생산은 신장하였고 면작은 대두작으로 전환하였다. 1885년경부터 경상도에서는 "일본에서 조선 콩의 수요가 해마다 증가하여 농가의 이익도 적지 않았으므로, 새로이 산야(山野)를 개척하여 콩을 파종한 곳이 많을 뿐만 아니라…… 종래 면작을 하던 곳도 취향을 바꾸어 콩을 심고 그것을 팔아서 외국 무명 등을 구입하는 추세이므로 면화의 생산액이 도리어 감소하였다."(『通商彙纂』 22호 「朝鮮國全羅道巡回復命書(1895. 5. 28)」 49쪽)

미곡·콩 등 농산물의 해외 수요의 창출과 가격의 등귀는 그 상품생산을 진전시키는 반면 국내 소비를 위축시키는 면이 있었다. 주식(主食)인 미곡의 수출은 식량의 부족을 초래하고 쌀값을 등귀시켜 방곡령을 낳았음은 앞서 언급하였다. 그러나 러일전쟁 이전 미곡수출량은 생산량의 5% 미만이었고, 생산의 확대까지 감안한다면 국내 소비량이 크게 감소하지는 않았을 것이다. 〈표 6-7〉에 의하면, 개항장 무역을 통하여 함경도로 공급되는 경상도의 미곡과 서울로 공급되는 전라·충청도 등의 미곡이 러일전쟁 전에는 감소 추세를 나타내지 않았다.

〈표 6-8〉에 의하면, 1910년경 농작물 생산 중 상품화할 수 있는 잉여의 비율(A)은 30% 정도로 추산되는데, 1909~11년경 농작물의 연평균 수출액은 1,115만 원(圓)으로서 총생산액의 4% 정도로 추정된다. 당시 미곡은 생산액의 40% 정도가 상품화되고 농작물의 상품화 가능 잉여 중 절반을 차지하였는데, 상품화된 미곡의 10~20%가 수출되었던 것으로 추정된다. 콩은 생산액의 30~40% 정도가 상품화되고, 그 절반 정도가 수출되었던 것으로 추정된다.

면제품의 대량 수입은 국내 면업에 심대한 타격을 주었다. 면제품은 청일전쟁 직전에 총소비량의 20% 가까이 수입되었으나, 수입 면제품의 주종을 이룬 금건(金巾)은 겉모습이 아름답지만 내구력이 약하고 값비싼 사치품이어서 일반 농민이 소비할 수 없

표 6-7 개항장간 주요 국산품의 교역 (단위: 圓)

연도	미곡 원산 이입	미곡 인천 이입	면포 원산 이입	면포 인천 이입	마포 원산 이출	苧·麻布 인천 이입	명태 원산 이출	韓紙 인천 이입
1885	58,483		3,522	39	6,329	255	27,891	
1886	6,501	178,001	26,460	5,632	11,608	8,451	53,878	2,436
1887	36,440	113,762	89,098	3,493	25,041	17,776	114,181	677
1888	12,216	212,075	220,388	1,925	32,752	23,063	162,778	13,047
1889	3,072	109,391	235,399	4,040	39,909	34,331	153,301	3,672
1890	51,245	710,867	189,647	4,536	48,239	43,351	359,419	10,478
1891	100,040	611,863	167,112	11,577	98,740	65,173	128,047	13,113
1892	285,549	86,998	121,287	33,048	87,718	60,224	343,696	16,769
1893	20,569	4,271	257,868	18,818	77,003	61,694	243,226	20,029
1894	19,610		285,409		41,004		350,671	
1895	4,443	42	256,169	27,926	15,547	19,025	287,256	16,353
1896	116,168	2,563	98,839	9,188	53,469	52,719	229,841	35,820
1897	99,772	121,331	102,486	26,642	78,276	83,622	483,578	31,594
1898	18,578		82,432		134,834		569,443	
1899	335,311		76,523		153,506		288,339	
1900	213,823	535,396	95,240	101,195	142,923	217,776	327,042	66,038
1901	36,943	1,005,477	140,280	205,922	128,226	385,466	368,489	71,998
1902	83,308	1,212,628	256,041	301,304	181,654	416,619	164,114	59,274
1903	234,840	839,656	307,908	326,153	122,420	500,767	275,875	112,792
1904	329,273	938,128	85,905	413,660	25,088	322,344	600,010	214,716
1905	621,729	1,209,709	186,621	291,550		385,213	388,783	43,951
1906	772,860	1,284,366	118,362	150,212		292,415	241,606	35,888
1907	384,430	91,290	67,537	17,654	224,785	200,448	497,580	19,910
1908	183,056	272,254	66,828	33,504	273,681	216,529	317,060	29,889
1909		312,038	23,720	9,561	169,277	11,972		17,833
1910			13,974		144,406			27,543

출전: 李憲昶 「開港期 市場構造와 그 變化에 관한 연구」 표II-21.

었다. 당시에 중농(中農)도 무명옷과 여름 삼베옷 두 벌을 갖추는 데에 그쳤다. 그래서 고급 면포의 생산은 타격을 받았지만 가내수공업의 지배적 형태로서 토착 면업(綿業)은 건재하였다. 청일전쟁 이후 토착 면포처럼 투박하면서도 질기고 가격이 저렴한 일본제 면제품인 백목면(白木綿)과 시팅이 수입되면서 토착 면업은 심각한 타격을 받았

표 6-8 농가계층별 농산물의 상품화 가능 잉여와 비자급분(1910~1년) (단위: 圓, %)

구분		미곡			콩			보리			연초		잉여 또는 부족분		
		價額	A	B	가액	A	B	가액	A	B	가액	B	총액	A	B
잉여액	지주층	348.1	70	31	6.0	44	6	10.0	51	7	0		455	57	26
	부농층	112.9	55	20	13.7	60	29	6.3	28	10	2.3	0	155	41	17
	중농층	12.5	22	19	2.1	36	37	5.6	30	72	0.4	40	26	18	24
	빈농층	10.9	43	29	0.9	23	27	0.4	8	10	0	60	19	29	33
	가중평균	22.2	42		1.9	35		2.6	24		0.2	0	36	30	
부족액	지주층	0		0	−2.0		2	−0.4		1	−6.2	4	−17		2
	부농층	0		0	0		0	0			−2.7	4	−3		1
	중농층	−4.3		21	−3.1		40	0			−3.3	38	−12		25
	빈농층	−9.3		79	−2.6		59	−1.6		99	−2.6	54	−20		73
	가중평균	−7.1			−2.6			−1.0			−2.9		−16		

출전: 李憲昶「開港期 市場構造와 그 變化에 관한 연구」표V-7로부터 작성.
주: A는 해당 농작물의 생산액에 대한 백분율이고, B는 해당 농작물의 잉여액이나 부족액의 계층별 구성비(%)를 나타냄.

다. 특히, 방적공정에서 기계공장과 생산성 격차가 현격하였기 때문에, 농민은 기계방적사를 수입, 직포하여 대응하기도 했다. 외국 면포의 침투와 수입방적사를 이용한 대응양상은 지역에 따라 다소 달랐다. 면화를 다른 지역에 의존하여 직포하던 경기·황해·충청도에서는 수입방적사를 이용한 대응이 청일전쟁 직후부터 개시되어 1900년경을 전후하여 정점에 달하였다가, 1903년 이후 시팅의 수입으로 쇠퇴하였다. 토착 면업의 중심지인 영호남·평안도에서는 외국 면포의 침투가 상대적으로 약하였는데, 영남에서는 1897년부터, 평안도에서는 러일전쟁 후부터 수입방적사를 이용한 대응이 활발해졌다. 그런데 청일전쟁 이후 수입방적사가 가격상승률에서 토착 면포를 앞질러, 그것을 이용한 대응은 애로에 직면하기도 했다. 1900년경 외국 면포는 총소비고의 1/3을 넘었고 수입방적사를 이용한 면포까지 합하면 총소비고의 절반을 넘었다.[13] 〈표 6-7〉에 의하면, 경상도 면포의 함경도로의 공급액과 전라도 면포의 경기도로의 공급액은 러일전쟁 전후까지 증가하는 추세였다. 구매력의 증가, 그리고 기선 운항 등 교통·금융·통신의 발전으로 면포시장이 성장하였기 때문이다. 결국 감소 추세로 바뀐 것은

13) 개항기 외국 면제품의 유입과 토착 면포 생산의 동향에 관해서는 梶村秀樹「李朝末期 綿業의 流通 및 生産構造」(『韓國近代經濟史研究』 사계절, 1983에서 번역, 수록); 村上勝彦「日本帝國主義による朝鮮綿業の再編成」『日本帝國主義と東アジア』アジア經濟研究所, 1979를 참조.

외국 면포의 유입이 토착 면포의 생산과 유통을 위축시키기에 이르렀기 때문이다.

중국의 비단과 삼베의 수입은 주로 가내수공업으로 존재한 비단·모시·삼베의 직조업을 위축시켰다. 〈표 6-7〉에 의하면, 원산을 통한 함경도 삼베의 이출액은 1908년까지 증가 추세였던 반면, 서울시장을 배경으로 성장하던 전라·충청도의 모시·삼베 직조업은 1903년경을 전후하여 타격을 입었다. 충남에서 모시의 주산지인 9군의 생산량은 1900년경에는 연간 30만~40만 필이었는데, 그 10년 후에는 9만 필로 격감하였다. 요컨대, 각종 섬유제품의 수입은 가내수공업을 급격히 해체시켰던 것이다. 제염업(製鹽業), 주조업(酒造業), 야철수공업(冶鐵手工業), 자기·유기수공업, 제지업 등도 수입품으로 타격을 받았다. 한지(韓紙)의 원격지유통도 수입 종이의 압박으로 인하여 러일전쟁을 전후하여 쇠퇴하였다.

〈표 6-7〉에서 알 수 있듯이, 면포·모시·삼베 등의 해로를 통한 원격지유통은 수입품의 압박을 받으면서도 대체로 러일전쟁 전까지 성장하였다. 기선 등 교통수단의 정비는 물자의 지역적 편재(偏在)·부족현상을 해소함으로써 상품생산과 시장의 확대를 자극하였던 것이다. 달리 보면, 수입 주종품인 직물의 소비가 증대하였으니, 저렴한 면직물의 수입은 농민의 의생활을 향상하였던 것이다. 수출입과 무관한 명태의 유통은 계속 성장하였고, 1890·1900년대에 걸쳐 명태의 어획고는 배증(倍增)하였을 것으로 추정된다.

수입품과 경쟁한 공산품의 해로를 통한 원격지유통이 대체로 러일전쟁 전까지는 성장하였고 해체에 직면한 가내면업이 수입방적사를 이용한 대응을 통하여 활로를 모색하기도 했지만, 외압에 대한 대응역량은 높게 평가될 수 없다. 수입방적사를 이용한 대응을 본다면, 반식민지로 전락되어간 중국이 조선보다 활발하였으며, 일본의 경우에는 그러한 대응의 확산을 토대로 하고 식산흥업정책(殖産興業政策)에 힘입어 방적·직포업의 기계공장화에 성공하였다. 조선의 수출은 쌀·콩·금의 일차산품에 대한 의존도가 높았는데, 일본과 중국은 개항 초부터 생사(生絲) 등의 가공품을 활발히 수출하였다. 이러한 대응능력의 차이는 개항 전의 발전 수준에 규정된 바가 크다. 생사업을 예로 들어보자. 개항 전에 조선과 일본 모두가 중국 비단의 대량 유입으로 인하여 은(銀)을 중심으로 하는 결제수단의 부족에 시달렸는데, 일본은 비단의 수입대체에 성공한 반면 조선은 인삼의 재배로 대응하였다. 그 때문에 조선은 일본과는 달리 개항 후에 생사 수출로 대응할 수 없었다. 조선국가는 1880년대 초에 생사 수출의 필요성을 인식하였지만, 앞서 언급한 바와 같이 실효성이 있는 대책을 수립하지 못하였다.

(4) 지주제와 근대적 기업의 성장

개항 이후 생산관계에서의 현저한 변화는 농촌에서는 세계시장에 편입된 지주제가, 상공업에서는 자본주의적 경영이 성장한 것이다. 조선후기에 미곡 상품생산이 지주층과 부농층의 영리를 목적으로 하는 상품생산 및 조세·고리대의 부담 등으로 곤궁에 몰린 빈농층의 궁박(窮迫)판매로 이루어졌음은 제4장에서 언급하였다. 개항 이후에도 이러한 구조가 유지되어 미곡 수출에 적극적으로 대응한 층은 지주와 부농이었다. 〈표 6-8〉에 의하면, 1910~1년경 5% 남짓한 지주층과 부농층이 미곡의 상품화가 가능한 잉여의 절반을, 콩의 경우 30~40% 정도를 차지하였다. 잉여가 풍부한 지주층과 부농층은 해외 수요의 증가와 곡가의 등귀에 의해 성장할 수 있었다. 쌀값이 지가(地價)나 노임보다 빨리 상승한 것도 지주경영에 유리하였다. 그에 반해 빈농층은 추수 직후에는 궁박판매를 강요당하다가 양식이 떨어지면 곡물을 구입하여야 했으므로, 가격 상승의 이득을 누리기 어려웠다. 게다가 직포공정과 미곡가공공정의 상실은 농가경영에 타격을 주었다. 전통적인 방식으로 제조(製調)된 쌀이 돌의 혼입 등으로 인하여 시세가 떨어지자 일본인 정미업이 출현하고, 농민은 무역시장에 쌀이 아니라 벼로서 출하해야 하였던 것이다.

개항 전부터 진행된 지주제의 성장 추세는 미곡 수출의 증대로 인하여 가속화하였다. 일제시대에 작성된 조선인 대지주에 관한 자료나 지금까지 축적된 지주제의 사례 연구에 의하면, 그 대다수가 개항 후 미곡시장의 확대에 적극 대응하면서 지주경영의 기반을 닦거나 대지주로서 성장하였다. 김용섭의 두 사례 연구를 소개해본다. 나주(羅州)지방의 이계선(李啓善)은 원래 논 4마지기를 자작하는 빈농이었지만, 1896년부터 미곡과 면화의 거래에 종사하여 축적한 재산으로 농지를 구입하였다. 1908년에는 부자로 인근 지방에 알려질 정도의 토지소유자로 성장하였고, 1915년에는 25정보, 30년대 말에는 120정보의 대지주가 되었다. 중농으로 출발하였던 고부군 인촌(古阜郡 仁村)마을의 김씨가가 1909년 1,200석 추수지를 가진 지주로 성장하게 된 배경의 하나로는 군산항을 통한 미곡 수출에 적극 대응한 것이 거론된다. 나주의 이씨가와 고부의 김씨가는 모두 양반으로서 미곡 수출의 확대라는 새로운 시대상황에 적극 대응함으로써 대지주로 성장하기 위한 기반을 닦았다. 김씨가는 1919년 경성방직의 설립을 주도하였다.[14)]

개항 전에는 양반 관료가 주로 농지를 집적하였고 상업활동을 통해 축적된 부가

14) 金容燮『韓國近現代農業史硏究』一潮閣, 1992.

지주경영에 투입되는 것은 부차적인 현상이었다면, 개항 후에는 상업적 부가 지주경영에 투입되는 현상이 한층 활발해졌고 확대되어가는 미곡시장에 적극 대응하는 자가 대지주로 성장하는 것이 일반적이었다. 조선후기에 시장이 성장하면서 양반지주경영도 점차 시장에 깊게 편입되어가고 서민지주층이 성장하였는데, 개항 후에는 지주경영의 시장과의 관련성이 한층 확대되었으며, 그것도 이전과는 달리 외국 시장과의 관련성을 기축으로 하였다. 그런 점에서 개항은 지주제가 양적으로 성장하고 질적으로 변모하는 계기가 되었다.

개항 전에 시장 발전을 토양으로 자본주의맹아가 제한적인 영역에서 출현하였음은 제4장에서 언급하였다. 개항 후 근대적 기업의 발전을 위한 중요한 전제조건이 창출되었다. 첫째, 근대적 기술과 기업·회사제도가 알려지고 외국인 근대적 기업이 진출한 것이 무엇보다 중요하다. 둘째, 면업 등 가내수공업의 해체는 자본주의 공업의 성립을 위한 시장을 마련하였다. 셋째, 개화사상은 근대적 상공업의 중요성을 자각시켰으며, 자유주의적 상업정책과 산업지원책 등의 정책은 근대적 기업의 성장에 유리하게 작용하였다.

국가는 근대화정책의 일환으로 1883년부터 각종 관영 공장을 건설하였는데, 성과를 거두지는 못하였다. 1883년은 관영 공장뿐만 아니라 민영 상회사가 출현하기 시작한 시점이었다. 초기에는 객주, 시전상인 등에 의한 상회사가 활발히 설립되었다. 그 다수는 1883년에 설립된 원산의 객주상회소처럼 도고(都賈)활동을 하면서 징세 청부업을 담당하였던 점에서, 중세적 동직조합의 성격을 가졌다. 점차 특권과 관련성이 약한 일반 상회사가 늘어났는데, 의신회사(義信會社)와 같은 유력 상회사는 한성이나 개항장에 본점을 두고 주요 상업지에 지점을 설치하여 전국적인 상업망을 구축하였다. 국가는 외국 자본의 침투에 대항할 수 있는 상회사의 육성을 위하여 관의 자의적인 수탈로부터 보호하기도 하고, 영업세 수입의 증대를 위하여 상회사에게 영업독점권을 부여하기도 했다.

〈표 6-9〉에 의하면, 갑오개혁 이후에 회사 설립이 활발해졌다. 주식회사·합자회사 등의 명칭을 사용한 회사들이 등장하였으며, 회사제도를 본격적으로 다룬 책자도 출간되었다. 상회사가 주종을 이루는 가운데 기선회사·은행·공장 등이 설립되었음이 주목된다. 1885년 설립된 대흥회사(大興會社)는 다음 해 미국 기선을 구입하여 마포와 각지를 연락하는 운송을 하였는데, 화물 운송량이 부족하여 외국인 고용자의 월급도 체불한 데다가 이자 지출도 늘고 하여 1년 만에 영업을 포기하고 말았다. 그 후 외국의 기선·범선을 구입하거나 임대하여 강운·해운업에 종사하는 경영이 갈수록 늘어났는데

표 6-9 조선인 회사의 설립 상황

연도	농림업	제조업 · 광업	수산업	상업	운수업	청부· 토건업	금융업	기타	계
1883	1	11		3				3	18
1884		1		8	2			2	13
1885	2	2							4
1886				3	1				4
1887			1	2				1	4
1888		1	1	3	2				7
1889		1		4					5
1890				3				1	4
1891		1		1				1	3
1892								2	2
1893					2			2	4
1894	1			3	1				5
1895		2	8	2					12
1896		3		6	3		2	1	15
1897	1	1		2	3		1	2	10
1898					3	1	2	8	14
1899	2	7		13	8	2	4	4	40
1900	3	5	1	15	3	3		4	34
1901	2	3	1	4	1	4	1	8	24
1902	3	1		16	2	3		6	31
1903	1	2	1	10	3		1	2	20
1904	4	5		3	1	1		5	19
1905	6	8		9	6	6	7	2	44
1906	2	13	4	21	11	6	10	14	81
1907	5	8	3	19	9	6	7	9	66
1908	8	11		25	8	3	4	13	72
1909	9	24	1	20	5	2	5	15	81
1910	7	32	1	22	6	1	3	9	81

출전: 전우용 『한국 회사의 탄생』 서울대학교출판문화원, 2011, 54, 130, 236쪽의 표로부터 작성.
주: 관영 공장도 포함. 초기에는 설립되었으나 영업하지 못한 것도 포함.

일본 선박업체의 압박, 운송량의 부족과 자금난, 기선의 침몰 사고 등으로 단명하는 것이 보통이었다. 함경도에서는 조선인 해운업자가 조선인의 국내 유통에 관련된 물자운송을 장악하면서 왕성히 활동하였다. 개항기 최대의 조선인 기선회사는 일본인으로부터 항해권을 회복한다는 목적으로 1900년 설립된 대한협동우선회사(大韓協同郵船會社)였다. 관료가 임원진의 주축을 이루었지만, 일본인 기선을 임대하여 동해안 각지를 운항한 바 있던 부산 객주 정치국(丁致國)이 총무로 활동하였다. 설립 당초 3만 원이던 회사의 자본금은 1년 후에 20만 원으로 급증하였다. 이 회사는 해체된 관영 이운사의 기선 3척을 불하받고 2척을 새로 구입하고 일본에 유학한 항해사를 고용하여 국내 각지와 중국 상해 등지와 일본 오사카 등지를 왕래하였다. 이 회사는 1902년부터 일본 해운업자와 치열한 경쟁을 하면서도 상당한 이익을 거두었으나, 1909년 일본 기선 11척이 북한 연해에 운항하자 큰 손실을 입게 되었다. 조선국가는 1901년 군산항에 우선회사의 지점과 창고를 건설하도록 허용하였으나, 일본은 그것을 저지시켰다. 우선회사는 경영난의 타개를 위해 1909년 서해안 정기항로 개설 계획을 세우고 보조금 교부를 청원하였지만, 일제의 통제를 받던 정부는 받아들이지 않았다.[15] 개항장에 들어온 조선인 기선은 1893년 3.5만 톤으로부터 1905년 19.2만 톤으로 증가하였다가 그 후 감소하였다. 조선인 범선은 해금이 해제된 다음 해인 1883년부터, 기선은 1887년부터 일본항에 들어갔는데, 조선인 기선은 1905년 195척의 11만 톤까지 증가하였다가 그 후 감소하였다.

철도 부설을 위한 민간의 노력도 있었다. 박기종(朴琪淙) 등은 1897년 부하(釜下)철도회사를 조직하여 부산-하단포(下端浦)간의 철도의 부설을 계획하였고, 1899년에는 대한국내철도용달회사를 설립하여 국가로부터 한성-원산-경흥간의 철도 부설의 허가를 받았다. 그런데 자금의 궁핍 때문에 측량사업부터 차질을 빚었다. 정부는 1898년 철도 이권을 외국에 넘기지 않기로 정하고 서울·목포간 철도 부설을 결정하였다. 1900년 이후 경의·경원선 부설 등도 결정하였다. 정부는 1902년부터 서울·개성간 부설공사를 수행하다가 자금 부족으로 중단하였다. 1904년 관료 서오순(徐午淳)은 서울·목포간 철도 부설의 허가를 받고 관료들을 창립위원으로 모아 호남철도주식회사를 설립하였다. 이 회사는 일본의 취소 요구도 극복하면서 측량·토목사업을 추진하고 서울의 유력 실업가와 일본인의 자금도 모았고 1908년 주식자금 모집운동의 성과를 거두었으나, 친일파 송병준의 저지로 사업이 끝나고 말았다. 회사 차입금 92,510원 중 창립위원 자금이 49%, 일본인 자금이 27%를 차지하였다. 이 사업은 애국계몽운동의 일환이었다.[16]

갑오개화파 정부는 조세 금납화 조치와 동시에 화폐와 미곡의 적절한 공급, 그리고 세금의 수납을 위해 은행의 설립을 추진하였으나 실효를 거두지 못하였다. 1896년

15) 羅愛子 『韓國近代海運業史硏究』 國學資料院, 1998.
16) 李炳天 「舊韓末 湖南鐵道敷設運動(1904-08)에 대하여」 『經濟史學』 5, 1981.

개화 관료가 주도하고 상인이 참여하여 설립한 대조선은행소(大朝鮮銀行所)는 국가 자금의 활용에 주력하다가 정치적 요인으로 영업이 부진해져 1901년 1월에 폐점하였다. 1897년 개화 관료와 신흥기업가에 의해 설립된 한성은행(漢城銀行)은 각지에 설치한 지점을 통해 조세 자금을 받기도 했으나, 그 특권의 소멸로 영업이 부진한 상태로 존속하다가 1903년 공립한성은행(후에 조흥은행(朝興銀行), 이어서 신한은행이 됨)으로 개칭되었다. 1898년 대한특립제일은행(大韓特立第一銀行)이 황실의 주도하에 중앙은행을 목표로 설립되어 각지에 지점을 개설하였다. 1899년 황실의 후원 아래 관료, 상인 등이 출자한 대한천일(天一)은행(후에 조선상업은행(朝鮮商業銀行)이 되고 현재 우리은행으로 계승됨)은 황실 예금과 조세 자금을 주요 원천으로 하여 어음 할인 등 단기 대출을 위주로 하되 상업·금융업의 종사자에 주로 대출하였고, 신용도가 높은 어음을 발행하였으며, 순이익의 90%를 배당하였다. 1903년에는 불입자본금이 5만 원(元, 당시 2元이 1圓 정도임)을, 대출잔고(貸出殘高)가 70만 원(元)을 넘었다. 대한천일은행은 서양의 회계법을 도입하기 이전에 조선의 고유한 복식부기인 사개치부법으로 장부를 정리하여, 회계사 연구자의 주목을 끌어왔다. 조선인 은행 중에 가장 활발하였던 대한천일은행은 한·중·일 상인간의 신용거래를 지원하면서 성장하다가, 대한제국이 보호국으로 전락한 뒤 침체하였다.[17] 1910년 6월 대한천일은행·한성은행·한일(韓一)은행의 납입자본금은 모두 32.5만 원(圓), 예금은 179만 원, 대출금은 201만 원이었는데, 일본계의 제1은행·제18은행·제58은행의 예금의 24.3%, 대출금의 23.2%에 해당하였다.

19세기 말부터 노동자의 분업과 협업뿐만 아니라, 기계와 석탄·석유 에너지원에도 의존한 공장이 출현하여 근대적 공업화가 개시되었다. 외국인 정미공장과 연초공장의 출현에 자극을 받아 조선인이 1899년부터 권연초 제조업에 진출하고 러일전쟁 이후 경강상인을 중심으로 정미업에 활발히 참여하였다. 섬유제품의 대량 수입에 따른 가내 직물업의 해체로 직물시장이 성장함에 따라, 1897년 이후 서울에서 주로는 개화 관료가, 부분적으로는 상인 등이 직포공장을 활발히 설립하였던 것이 주목된다. 가내 직물업은 면화 등의 산지에서 전개되었는데, 직포공장은 도시시장을 배경으로 성립하였다. 1897년 독립협회 회원이 외국인과 합자하여 대조선저마제사회사(大朝鮮苧麻製絲會社)를 설립하였고, 관영의 성격을 가진 대한직조공장(大韓織造工場), 민간인에 의한 한상방적고본회사(漢上紡績股本會社)가 설립되었다. 이 모두가 생산을 개시하지는 못하였다. 1898년 백목전 상인이 설립한 종로직조사(鐘路織造社)는 생산을 개시하였는데, 여기에

17) 김윤희 『근대 동아시아와 한국자본주의』 고려대학교 민족문화연구원, 2012; 이영훈 외 『한국의 은행 100년사』 우리은행 · 한국금융학회, 2004, 제1편.

관료도 출자하였다. 1901년에 설립된 한성제직회사(漢城製織會社)는 국내 최초로 역직기(力織機)를 도입하였다. 이 회사는 소폭직기(小幅織機) 50대와 광폭직기 10여 대로 하루에 70~80자를 짤 수 있었다. 이들 공장은 방적사를 수입하여 노동집약적이며 대량 생산이 쉽지 않은 직물을 생산함으로써 외국의 근대적 방적·직포공장과의 경쟁을 피하였다. 이들의 영업이 순조롭지 않아서 일제시대까지 존속한 것은 1902년 재래의 직물업자 김창덕(金昌德)이 설립한 중곡염직공소(中谷染織工所), 그 후에 군소 직뉴업자(織紐業者)가 설립한 경성직뉴합명회사(京城織紐合名會社), 1906년 설립된 순창호(淳昌號) 정도였다.[18)]

제4장에서 언급한 바와 같이, 개항을 전후하여 광산 개발을 억제하는 정책기조 아래 호조의 허가를 얻거나 비합법적인 형태로 광산이 개발되었다. 금 수출이 증가하고 부국강병을 위한 광산개발론이 대두함에 따라, 1881년부터 국가는 광산 개발의 억제정책을 완화해가고, 1887년 광무국을 설치하였다. 그에 힘입어 광업생산은 확대되어, 영흥금광(永興金鑛)은 1880년대 중엽에 12~21지역에 4,000~1만여 명의 노동자를 고용하는 성황을 이루었다. 1895년 최초의 체계적인 광산입법인 사금개채조례(砂金開採條例)가 반포되었고, 대한제국의 궁내부(宮內府)가 조세 수입의 증대를 위해 광업의 개발·관리에 적극적이었던 결과, 광업은 계속 확장되었다. 1899년 이후 민간 광업회사가 출현하였다. 그런데 국가는 광업경영의 안정된 소유권을 마련하거나 근대적 설비의 확충을 지원하는 노력에 소홀하였다. 1906년의 한국광업법에 의하여 광업권자의 권리가 비로소 법적으로 보장받게 되었다. 통감부가 제정한 이 법령은 관청 재량권을 폭넓게 인정하면서도 광업의 취득권을 외국인에게도 동등하게 부여한 점에서 식민지성을 가졌다.[19)]

개항기에는 관료층의 회사 참여가 두드러졌다. 관료층은 초기에는 개화의 소명의식으로 참여하였는데, 점차 이익 추구의 일환으로 생각하는 경향이 확산되었다. 고위관료는 여러 회사에 참여하였고, 이 중 상당수가 기업활동을 지속하였다. 중하급 관료는 특정 업종에 국한하여 참여하였다. 장기간 기업활동에 참여한 관료는 드물었다. 관료 출신의 기업가로 성공한 대표적 사례를 들면, 1897년 선전관(宣傳官) 민병호(閔竝浩)는 궁중 비방과 서양 의약을 결합한 소화제인 활명수를 개발하여 동화약방(同和藥房)을 설립하였다. 그것은 1931년 주식회사가 되고 1962년 동화약품공업으로 개명한 이후 국산화 생산기반을 구축하고 80년대 이후 글로벌 기업으로 발돋움하였다. 시전상업이나

18) 權泰檍『韓國近代綿業史硏究』一潮閣, 1989.
19) 朴基炷「朝鮮에서의 金鑛業 發展과 朝鮮人鑛業家」서울대 경제학박사학위논문, 1998.

객주업에 관련되지 않는 회사에는 상인층의 참여가 관료층보다 저조하였지만, 상인에 의한 기업경영이 오래 존속하는 경향이 있었다. 러일전쟁 이후에는 관료층의 회사 참여가 퇴조한 반면, 유력 상인층의 참여가 활발해졌다.

5. 식민지화의 조건과 개항기의 유산

개항기의 34년간에 다방면에 걸쳐 근본적인 변화가 있었다. 안정된 중화세계질서 아래 왕도적 안민책의 추구를 이상으로 삼던 조선의 지배층은 근대적 군사력의 충격을 겪고 외국시찰단의 보고를 접하고서 만국공법질서 아래 부국강병을 위한 근대화정책으로 신속히 전환하였다. 1880년부터 근대화정책이 추진되자 위정척사론이 대두하였다. 그것에 대응하기 위하여 개항 전 제기된 동도서기론(東道西器論)이 1881년경 근대화정책 이념으로 정립되어 확산되었다. 이 무렵 근대문명을 전면적으로 도입하려는 변법개화파(變法開化派)가 출현하여 갑신정변을 일으켰다. 갑신정변의 실패 이후 근대화정책의 추진력이 약화되었으나, 갑오개혁기에 광범위한 제도 개혁이 있었다. 근대화정책에 힘입어 민간에서도 1883년 이후 상회사, 기선회사, 은행 그리고 기계화공장이라는 근대적 기업이 설립되었다.

개항 이후 쌀 수출의 증대에 힘입어 논의 토지생산성은 1890년대부터 상승 추세로 바뀌었다. 그리고 종두법의 도입 등에 의해 1890년대부터 사망률이 하락하여, 인구증가율이 높아졌다. 교역조건의 개선을 수반한 무역의 확대, 수출품 생산량과 수입품 소비량의 증대, 그리고 개항장을 중심으로 하여 상공업과 건축토목업에서의 일자리 창출에 힘입어 인구가 증가하는 가운데 생활수준이 향상하였다.[20] 그래서 19세기 전반과 중반은 경제의 침체기였으나, 개항 후 무역 발전 등에 힘입어 경제는 성장의 국면으로 전환하였다. 1890년대 이후 인구와 1인당 소득이 동시에 증가하는 국면을 맞이하였는데, 이것은 근대경제성장의 도래를 알리는 전조(前兆)였다. 구미 근대문명에 문호를 개방한 아시아의 국가들 가운데 조선보다 무역 성장과 경제성장률의 상승, 그리고 근대

20) 개항기 출생자의 신장이 증가 추세였다는 연구(Duol Kim and Heejin Park, "Measuring Living Standards from the Lowest: Height of the Male *Hangryu* Deceased in Colonial Korea," *Explorations in Economic History* 48-4, 2011)는 생활수준의 향상을 시사한다.

사상의 확산이 빠르게 진행한 나라는 일본을 제외하고는 찾기 어렵다. 근대적 기업의 성장은 중국보다 성과가 낮았는데, 문호개방 전 경제역량의 차이를 반영하였다.

그런데 러일전쟁까지도 조선은 근대 공업국가로 발돋움하지 못해, 제국주의시대에 국력으로 주변 강대국에 맞서기는커녕 영세중립화를 실현하기도 어려웠다. 1900년경 일본의 국내총생산은 조선의 5배 정도였는데, 재정 규모의 격차는 한층 컸다. 대한제국기에 지세 수입의 증가 등으로 재정은 다소 호전되었으나, 근대화 사업을 효과적으로 수행할 수 있는 수준에는 크게 미달하였다. 그래서 조선국가는 사회간접자본을 제대로 구축하지도, 산업을 효과적으로 육성하지도 못했다. 독립협회가 추구하던 명치정부 수준의 입헌군주제 국가는 성립하지 못하였다. 그와 관련하여 민간의 경제활동을 촉진할 회사법 등의 민법은 정비되지 않았다. 조선인 기업은 외국인 기업에 비해 자본력·경영력·기술이 부족한 데다가 국가의 실효성 있는 보호와 지원을 받지 못하여, 연약한 싹을 힘들게 키우고 있는 실정이었다. 게다가 상인은 국제시장의 정보를 파악, 분석하여 새로운 수출 주종품을 발굴할 역량을 가지지 못하여 미곡·콩의 농산물과 금이란 일차산물(一次産物)을 수출하는 구조가 고착되었다.

결국 조선은 약한 국력과 가혹한 외압으로 인해 식민지로 전락하였다. 조선에 대한 국제조약의 불평등성은 일본보다 훨씬 가혹하고 중국보다 덜하지 않았다. 무엇보다 불리한 점은 제국주의가 본격화되는 시점에 개항하여 자주적 근대화에 주어진 시간이 매우 짧았던 것이다. 개항된 지 30년이 안 되어 일본은 조선의 식민지화에 본격 착수하였다.

조선의 국력이 약하고 재정이 빈약한 것은 개항 전의 유산이었다. 제5장에서 개항 전 조선사회는 근대화 선행조건의 충족도가 낮았다고 지적한 바 있다. 주자학 이념을 고수하고 양반의 생활태도와 전통적 관료의 타성에 젖어 있던 지배층이 단기간에 근대적인 행정 관료나 경제인으로 개조되기는 어려운 노릇이었다. 그들은 근대화정책의 필요성을 인식하였지만, 그것을 구체화하는 계획을 기획할 역량이나 그것을 추진할 실무 역량이 약하였다. 개항 전 시장경제의 상층, 곧 상인자본주의의 전통이 발달하지 않았던 것은 개항 후 상인이나 기업가의 대응력을 약화시켰다.

조선이 자주적 근대화에 실패하였다고 해서 개항 전 발전이나 개항기 근대화 노력의 유산이 무의미하다고 단정해서는 안 된다. 개항기 시장의 발전, 근대문명에 대한 이해의 확산·심화, 근대화정책의 경험, 근대적 시설과 기업의 출현 등은 식민지기 경제 발전의 기반이 되었다. 근세 실학의 기반 위에 개항 직후 출현한 개화사상은 식민지화의 위기 가운데 애국계몽운동(愛國啓蒙運動)으로 연결되어서 학교 설립을 위한 신교육운동, 실력 양성을 위한 식산흥업운동(殖産興業運動) 등을 낳았다.

조선총독부의 조사에 의하면, 민간이 설립한 초·중등 교육기관인 서당은 1911년 모두 1만 6,540개, 그 수학(修學) 아동수는 14만 1,604명이었으며, 조선인이 설립한 각종 사립학교는 1910년 2,225개였다. 1905년에는 여러 고등교육기관이 설립되었고, 경제학·법학 고등교육은 보성전문에서 성공적으로 정착하였다. 조선후기에 유교 문화가 평민층으로까지 침투하고 신분제가 동요함에 따라, 평민층으로의 교육 보급이 확대되었는데, 이러한 추세는 개항기에도 이어졌다. 그래서 갑오개혁으로 과거제도가 폐지됨으로써 전통 교육의 물질적 인센티브가 크게 줄었음에도 불구하고 서당도 증가한 것으로 보인다. 그리고 개항 이후 근대문명의 충격은 그 지식의 습득을 위한 교육의 필요성을 높였다. 1895년 발표된 학부(學部) 고시에는 "교육은 개화의 근본이라 애국의 마음과 부강의 기술이 모두 학문으로부터 생기니 오로지 나라의 문명은 학교의 성쇠에 달렸는지라"라는 내용이 있다. 식민지화의 위기 가운데 나타난 애국계몽운동의 일환으로 학교 설립을 위한 신교육운동이 전개되었는데, 이러한 민족적 자각도 교육 발전에 기여하였다. 관리 임용 시험의 내용이 근대 교육을 반영하고 신식 학교 졸업자가 관리 임용에서 우대된 것도 사립학교의 확산을 낳았다. 외국인 선교사에 의해 1886년 이화학당 등 근대 여성 교육이 시작되었다. 20세기 경제발전을 낳은 소중한 자산인 교육열은 조선시대에 씨앗이 뿌려져 식민지화 위기 가운데 싹트고 있었던 것이다.

조선후기에 동요하던 신분제는 과거제와 노비제를 폐지한 갑오개혁으로 해체되었다. 유학의 민본(民本) 이념이 발달한 조선사회의 토양 위에서 개항 후에 개화사상이 사회적으로 확산되면서 입헌군주제 등 민주제 이념이 신속히 도입되었고, 동학운동과 만민공동회에서 드러나듯이 평민이 정치주체로 성장하였다. 그 바탕 위에서 국권 상실의 위기에 대응하여 민족주의가 대두하였다. 인종의 동질성과 언어·역사·유교의 공유는 애국심을 가진 국민, 그리고 그 공동체인 민족의 담론 활성화에 이바지하였다. 이것은 거족적 3.1운동의 배경을 이루었다. 1919년 상해임시정부는 "대한민국은 민주공화제로 함"을 규정하였고, 그 이래 민주공화정에 대한 한국인의 합의가 도전을 받은 적은 없었다. 한국에서 민주주의가 해방 후 구미 제도로서 도입되어 오늘날 성공적으로 정착한 데에는 조선시대에 이미 그 도입을 위한 토양이 어느 정도 조성된 점도 작용하였다. 개항기에 다방면의 근본적 변화는 식민지화로 무의미해진 것이 아니라, 20세기 정치·사회·경제의 근대화를 조성하는 토양을 이루었다.

참고문헌

吳斗煥『韓國近代貨幣史研究』韓國研究院, 1991.

李炳天「開港期 外國商人의 侵入과 韓國商人의 對應」서울대 경제학박사학위논문, 1985.

이헌창「1910년 植民地化의 조선내적 원인」『朝鮮時代史學報』55, 2010.

하원호『한국근대경제사연구』신서원, 1997.

韓沽劤『韓國開港期의 商業研究』一潮閣, 1970.

제7장

식민지로의 전략과 토지조사사업 (1905~19년)

1. 일제시대를 어떻게 볼 것인가

(1) 일제시대가 왜 역사적으로 중요한가

기원전 9000년경 이후 농업혁명은 각지에서 독자적으로 일어나 주변 지역에 전파되었는데, 1750년대~1830년대 영국에서 일어난 산업혁명의 공업화 물결은 먼저 구미 각지로, 나아가 아시아로 파급되어 근대세계를 창출하였다. 상대국의 주권을 박탈하고 경제적 수탈을 추구하는 제국주의적 팽창은 근대문명이 확산되는 왜곡된 양식이었다.

일제시대가 우리나라 역사상 중요한 흔적을 남기게 된 것은 근대전기에 위치하여 근대화의 세계사적 물결이 일본제국주의의 지배를 받은 가운데 파급되었기 때문이다. 식민지 통치를 받는 동안 우리나라는 경제·사회·사상·문화 등의 모든 면에서 큰 변화를 경험하였고, 이러한 변화는 해방 후의 역사적 전개를 규정하는 유산으로 작용하였다. 물론 시간이 흐를수록 식민지유산의 규정력은 약화되어왔지만, 오늘날에도 문화·정치·경제 등의 면에서 그 흔적은 각인되어 있다. 따라서 우리나라 근현대사의 전개를 제대로 이해하기 위해서는 일제시대에 일어난 변화의 실상과 그 역사적 의의를 정확히 파악해야 한다.

일제시대 사회경제의 변화에 대한 실태 파악은 근래에 크게 진전하였지만, 그 역사적 의미의 부여를 둘러싼 견해차는 식민지 지배를 합리화하려 하였던 제국주의 이데올로기의 해독, 그것에 대한 반작용으로 나타난 민족 감정 등이 작용하기도 하여 여전히 해소되지 않고 있다. 그래서 일제시대 경제의 실상을 살펴보기에 앞서 그것을 어떠한 시각으로 볼 것인가에 대하여 생각해볼 필요가 있다. 일제시대를 보는 시각은 시대

상황의 변화로 연구자의 문제의식이 변하고 이론적·실증적 역사 연구가 진전함에 따라 몇 차례의 전환을 겪었다. 그것은 식민지화 이전과 해방 후 역사의 이해방식과 밀접히 관련되어 있다.

(2) 일제시대를 바라보는 관점들

일제시대에 식민지 지배를 합리화하기 위해 성립된 식민주의사관(植民主義史觀)은 조선사회정체론(朝鮮社會停滯論)과 문명시혜론(文明施惠論)으로 집약될 수 있다. 이 사론에 의하면, 식민지화 이전의 조선사회는 정상적인 발전을 하지 못한 정체된 사회로서 자율적으로 자본주의로 전환할 수 없기 때문에, 일본이 자본주의라는 문명을 베풀어주어야 한다는 것이다. 시가타 히로시(四方博)는 "개항 당시 조선에는 자본의 축적도 없고 기업적 정신에 충만한 계급도 없고 대규모 생산을 지탱할 기계와 기술도 없었"으므로, "조선의 자본주의는 그 출발점에서도 또 그 생성과정에서도 외국의 자본과 기술능력에 의뢰할 따름이었다"고 보았다. 스즈키 다케오 등은 1930년대 급속한 공업화를 '조선 산업혁명'이라 부르고, 그것을 추진한 주된 동력을 일본자본과 총독부의 지원으로 보았다.[1)]

일제시대에도 문명시혜론을 비판하는 조선인 학자들이 있었다. 백남운은 조선후기에 나타난 자본주의 발전의 싹이 식민지화로 인해 억압받고 일본에 의해 이식된 자본주의가 성립하였는데, 그 이면에 소자본의 몰락, 농민의 곤궁 등 조선인 산업이 위축되었다고 보았다. 이여성·김세용은 통계로써 일본인의 토지·자본 집중, 조선 농민의 곤궁상, 이식된 기형적(畸形的) 산업혁명 등의 실상을 밝히고자 했다.[2)]

일본제국주의로부터의 해방이 식민지유산의 청산이란 과제를 제기함에 따라, 일제시대를 제국주의수탈사(帝國主義收奪史)로 바라보는 시각의 전환이 이루어졌다. 토지조사사업의 연구는 국유지 창출을 위한 토지 수탈의 과정에 관심의 초점을 두게 되고, 산미증식계획은 미곡 수탈을 위한 농정(農政)으로서 이해되고, 군수공업화는 자원과 노동력의 약탈을 낳았다는 점에서 중시되었다. 이러한 연구 동향은 소극적인 면에서 제국주의의 비판과 식민사관의 극복에 기여하였다. 그런데 제국주의의 수탈은 정체된 사회에 대한 문명화 작용의 부산물로 이해할 수도 있으므로, 조선사회정체론을 극복하지 못하고서 제국주의의 문명시혜론을 근본적으로 극복할 수는 없다. 게다가 조선

1) 鈴木武雄『朝鮮の經濟』日本評論社, 1942.
2) 李如星·金世鎔『數字朝鮮研究』1·2·3·4·5, 世光社, 1931·1932·1933·1935.

인이 수동적으로 수탈만 당하여왔다고 파악하는 역사관은 조선 민족을 조선사 전개의 주체로서 자리매김하지 못한다.

서장(序章)에서 살펴본 바와 같이, 1960년대 이후 조선사회정체론을 실증적·이론적으로 비판하면서 발전사관 내지 내재적(內在的) 발전론이 대두하였다. 이 사론은 조선후기에 나타난 자본주의맹아 등으로 대변되는 근대지향적 발전이 제국주의의 침략과 지배로 인하여 왜곡·압살(壓殺)당하였다는 시각을 제공하였다.[3] 이러한 역사관은 조선 민족을 조선사의 주체로서 설정하면서 식민지 지배의 왜곡작용을 적극적으로 비판할 수 있게 하였다.

역사는 현대사적 관점에 규정받기 마련이다. 8·15 이후의 정치적 혼란과 경제적 파탄, 원조에 의존하지 않고는 지탱할 수 없는 경제, 경제개발을 위한 자본과 기술의 결핍에 직면한 역사가들은 그러한 현실의 역사적 전제가 되는 제국주의 지배의 약탈성과 왜곡성을 중시하였다. 그런데 고도성장으로 기업과 임노동자층이 성장하고 노동운동이 고양됨에 따라, 1980년대 중엽부터 진보적인 학자를 중심으로 일제시대를 자본주의 전개의 초기 국면으로서 자리매김하는 시각이 나타났다. 이병천(李炳天)은 "1930년대의 이 같은 자본주의 발전에 대한 이해는, 종래와 같이 그것이 식민지적인 것, 제국주의 지배를 위한 것이었다는 것, 그 때문에 전후 이러저러한 '왜곡'되고 '파행'적인 식민지 유제를 낳았다는 관점에 머무는 것이 아니라…… 전후 한국자본주의의 역사, 그 내적 모순의 전개과정과의 연관이라는, 한국근현대사를 자본주의 역사의 관점에서 통일적으로 파악하는 관점으로 이어져야 한다"고 주장하였다.[4] 김기원(金基元)은 식민지 지배의 물적 유산인 일본인 기업과 관영 기업이 해방 후에 국영 기업이 되거나 민간에 불하됨으로써, 자본주의 발전의 토대로 전환하였음을 지적하였다.[5]

1960년대 이후 급속한 공업화와 고도성장을 실현한 한국이 신흥공업경제(新興工業經濟, NIEs)로 부상함에 따라, 일제시대에 신흥공업경제화의 역사적 전제조건이 마련되었다는 주장이 나타나기에 이르렀다. 구미의 개발경제학자는 식민지 지배가 저개발국의 근대화에 기여하였다는 주장을 일찍부터 제기하여왔는데, 이러한 입장을 조선사에 적용, 구체화하려는 경향은 1970년대부터 나타났다. 미조구치 도시유키(溝口敏行)는 일제시대 무역과 자본 형성에 힘입어 이룬 3% 이상의 경제성장을 해방 후 공업화의 역사

3) 이러한 시각을 실증 연구로 발전시킨 대표적인 연구인 梶村秀樹의 『朝鮮における資本主義の形成と展開』(龍溪書舍, 1977)는 개항기 외압에 대한 토착 면업(土着綿業)의 대응과 일제시대 평양의 조선인 메리야스공업의 성장·왜곡·좌절을 고찰하였다.
4) 이병천 「'식민지반봉건구성체'의 이론적 제문제—小谷汪之·梶村秀樹의 이론을 중심으로」 『산업사회연구』 2집, 1987, 45쪽.
5) 김기원 『미군정기의 경제구조』 푸른산, 1990.

적 배경으로 설정하였다.[6)] 피티는 일제시대에 일본제국의 이익에 봉사하기 위한 수탈이 이루어졌을 뿐만 아니라, 사회간접자본의 확충, 산업생산 기반의 강화, 교육·위생의 개선 등의 개발이 있었다고 평가하였다. 커밍스는 식민통치를 담당한 효율적인 관료제와 개발지향적이고 추진력을 가진 조선총독부가 60년대 이후 고도성장을 뒷받침한 강력한 국가를 성립시킨 역사적 유산이라고 주장하였다.[7)] 커밍스와 같은 맥락에서 에커트는 1921년·1936년·1938년 세 차례 열린 산업조사회(産業調査會)를 정부·기업간 협력적 자본주의의 업적으로서 평가하였으며,[8)] 우정은은 금융을 수단으로 하는 식민지정부의 산업정책을 중시하였다.[9)] 국내의 진보적 학자들은 일제시대를 자본주의적 모순의 형성 국면이란 각도에서 바라보았던 반면, 개발경제학의 영향을 받은 해외 학자들은 근대경제의 형성과정으로 인식하였던 것이다.

일제시대의 경제적 변화를 자본주의화 과정으로 인식하면서도 조선사회의 내재적 발전의 연장선에서 이해하려는 견해도 제기되었다. 나카무라 사토루는 한국이 1960년대 이후 중진자본주의국(中進資本主義國)으로 발전하게 된 역사적 전제로서 "식민지화 이전의 내적 발전과 일본제국주의의 식민지적 지배가 결합되어 본원적 축적이 급속히 진행되고, 그 위에 1930년대부터 일본 본국으로부터 진출하여온 일본 독점자본을 중심으로 하는 식민지자본주의사회로 되었"던 것을 들고 있다.[10)] 미야지마 히로시는 토지조사사업이 조선사회 내에서 지속적으로 전개되어온 토지제도의 개혁을 계승한 근대적 토지변혁으로서의 성격을 지닌다고 평가함으로써, 식민지화 이전의 내재적 발전론과 식민지기의 근대화론을 접목하고자 시도하였다.[11)]

안병직(安秉直)은 일제하의 수탈과 개발론, 그 연장선에서 해방 후의 중진자본주의론을 국내 학계에 적극 도입할 것을 주창하였다. 그는 제국주의 지배를 '수탈과 저개발화(低開發化)'의 과정으로 파악하는 종래의 시각이 세계자본주의체제 아래 고도성장을 달성한 현단계에서는 시대착오적이라고 비판하였다. 그 대신에 개발을 통한 수탈이라는 의미에서의 제국주의측의 개발, 그리고 조선인을 근대적 주체로 변모시킨다는 자기개발이라는 이중적 의미에 주목하자고 주장하였다.[12)]

6) Toshiyuki Mizoguchi, "Economic Growth of Korea under the Japanese Occupation −Background of Industrialization of Korea, 1911-1940," *Hitotsubashi Journal of Economics* 20-1, 1979.
7) R. Myer and M. Peattie, eds., *The Japanese Colonial Empire 1895-1945*, Princeton University Press, 1984(이 중에 M. Peattie와 B. Cumings의 연구가 관련된 중요한 논점을 제시하였다).
8) C. J. Eckert, *Offspring of Empire*, University of Washington Press, 1991.
9) Jung-en Woo, *Race to the Swift: State and Finance in Korean Industrialization*, Columbia University Press, 1991.
10) 中村哲「近代東아시아像의 再檢討−1910-30년대의 中國·朝鮮을 중심으로−」『經濟史學』11, 1987.
11) 宮嶋博史『朝鮮土地調査事業史の研究』東京大學 東洋文化研究所, 1991.

허수열은 "일제시대 조선에는 개발이라는 현상이 존재하였던 것이 분명하지만 조선인에게는 개발다운 개발이 없었고, 해방과 더불어 그간 이룩하였던 개발의 유산마저 현저히 축소되어버림으로써…… 조선의 1인당 국내총생산이 일제 초기에 비해 오히려 더 낮아져버"렸다는 점에서 '개발 없는 개발'로 규정지었다.[13] 그에 반해 김낙년·차명수는 낙성대경제연구소의 더욱 정밀해진 국민계정 추계를 토대로 1911~40년간 연평균 인구가 1.62%, 1인당 생산이 2.02% 증가한 점에서 근대경제성장과 산업혁명이 이루어졌다고 평가하였다.[14] 일제시대에 벌어진 조선산업혁명론 대 민족차별론의 논쟁 구도가 오늘날 더욱 정밀한 이론과 실증분석의 뒷받침을 받아 재연되고 있어 흥미롭다.

(3) 저자의 관점

이처럼 일제시대를 보는 시각의 차이가 현저한 현시점에서, 우리는 어떠한 관점과 자세를 잡을 것인가. 제1부에서 살펴본 바와 같이, 조선사회정체론의 오류와 내재적 발전론의 한계를 인정한다면, 이러한 사론에 입각하여 일제시대를 정당하게 평가하기는 어렵다. 내재적 발전론을 토대로 하는 근대사 연구는 자본주의맹아의 발전을 과대평가함으로써 반식민지화의 위기를 극복하지 못한 주체적 조건의 성찰을 소홀하게 하며, 식민지기에 진행된 근대화의 역사적 의의를 과소평가하게 되는 문제점을 안고 있다. 제국주의는 자본주의문명이 확산되는 특수한 양식이고 근대문명의 변혁적 힘이 식민지에도 전달된다는 점에서, 식민지 지배 아래의 '개발'은 적절하게 평가되어야 한다. 그런데 일제시대의 변화가 조선시대의 유산과 무관하다고 주장할 수 없으며, 식민통치 아래 경제발전의 왜곡된 양상을 간과할 수도 없다. 장기적인 시야로 본다면, 근대문명의 확산은 제국주의 지배를 통하지 않더라도 관철되었을 터이므로, 제국주의를 통하여 '개발'이 되는가 아닌가보다 식민지 지배를 통한 근대문명의 확산이라는 양식의 특질이 무엇인가가 논의의 대상이 되어야 한다.

일제시대에 대한 올바른 이해와 정당한 평가가 이루어지기 위해서는 다음과 같은 과제가 해결되어야 한다. 첫째, 일제시대에 어떠한 변화가 있었던가에 대한 실증 연구가 더욱 축적되어야 한다. 정확한 사실의 인식은 역사뿐만 아니라 모든 학문의 기본 전제인 것이다. 토지조사사업의 역사적 의의에 대한 견해차도 실증 연구의 진전을 통하

12) 安秉直「韓國에 있어서의 經濟發展과 近代史研究」『第38回 全國歷史學大會 發表要旨』1995.
13) 허수열『개발 없는 개발』은행나무, 2005, 339~40쪽.
14) 김낙년 편『한국의 경제성장 1910-1945』서울대학교출판부, 2006.

여 상당한 정도 해소될 수 있다. 예컨대, 사실상 민유지(民有地)의 국유지로의 편입이 어느 정도인가를 밝히면, 사업의 수탈성에 대한 견해차가 줄어들 것이다. 둘째, 사실이 밝혀진다고 하더라도, 그 해석을 어떻게 할 것인가는 별도의 문제이므로, 일제시대를 바라보는 적합한 시각을 모색하여야 한다. 설사 토지 수탈이 적다고 하더라도, 제국주의 지배를 위한 전제로서 토지의 측량·파악이란 역사적 의미를 고려한다면, 토지조사사업의 식민지성(植民地性)을 부정해서는 곤란하다. 셋째, 변화의 원인 내지 기동력을 정확히 인식할 필요가 있다. 일제시대의 변화를 낳은 데에 식민지화 이전에 축적된 기반과 일본제국주의라는 외래적인 힘이 각각 얼마나 작용하고 서로 어떠한 관계를 가졌던가를 정당히 평가해야 하는 것이다. 식민지화가 되지 않았다고 가정할 경우와 비교하여 변화가 얼마나 더 빨라졌을까, 그리고 구조적 왜곡은 없었을까를 고려할 수 없다면, 식민지 통치에 대한 엄밀한 평가는 곤란하다. 넷째, 일제시대에 축적된 근대적 기반이 해방 후에 얼마나 잘 계승, 활용되었던가를 밝혀야 한다. 식민지화와는 다른 길로서 자주적 근대화의 가능성을 높게 보고 자주적 근대화를 통한 변혁의 성과를 긍정적으로 평가할수록, 그리고 일제시대에 구축된 기반의 해방 후 활용도를 낮게 볼수록, 일제시대의 변혁적 의의는 낮게 평가될 것이다.

타국의 주권을 유린하고 자국의 이익을 일방적으로 강요하는 식민지 통치는 어떠한 논리로도 미화될 수 없다. 그런 점에서 제국주의 비판의 역사의식을 팽개쳐서는 안 된다. 그리고 조선인의 자기비하(自己卑下) 의식을 조장한 식민주의사관은 우리의 문화적 역량의 결집을 저해하였기 때문에 극복되어야만 하였다. 종전에는 해방 후 식민지 유산을 제대로 청산하지 못하였다는 반성 및 일본에 경제적으로 종속되어간다는 우려가 제국주의에 대한 비판의식을 강화하였다. 그런데 제국주의 비판의식이 사실을 객관적으로 보려는 자세를 약화시키고 민족자긍심(民族自矜心)의 추구가 내적 성찰(省察)을 소홀하게 만들어서는 안 된다. 자주적 근대화의 실패는 외압의 가혹함뿐만 아니라 내적 역량의 약함에도 기인하였다. 일제시대에 근대문명이 이식되어 경제·사회·사상 등의 면에서 폭넓은 변화를 경험하였고 한국 자본주의의 초기적 기반이 구축되었던 사실을 인정하면서, 제국주의에 의한 주권의 탈취와 노동력·자원의 수탈, 사회경제적 왜곡과 인적 역량 축적의 저해 등의 측면도 아울러 중시하여야 한다. 복잡한 성격의 일제시대를 연구하는 자에게는 사실의 정확한 파악과 사회과학·인문학 소양 외에도 제국주의 비판과 민족 내적 성찰의 균형잡힌 감각, 일본과의 선린(善隣)관계로 경제·문화발전을 도모하는 미래지향적인 안목이 요청되는 것이다. 저자는 이러한 요청에 자신 있게 응할 수 있는 수준에 도달하지 못하지만, 나름의 잠정적인 견해를 피력한다.

조선시대에는 인구성장률이 연평균 0.2% 정도이고 1인당 생산이 추세적 증가를 보이지 않았으나, 전시통제기 이전 일제시대에는 조선내총생산이 연평균 3% 정도 증가한 것으로 추정되는 점에서, 20세기 초에 근대경제성장이 시작되었다.

일제시대에는 성장률의 도약에 상응하는 경제적 변화도 있었다. 일본은 조선을 보호국(保護國)으로 만든 직후부터 식민지화 기초공사로서 교통·통신·금융 등에서 사회간접자본을 확충하였을 뿐만 아니라 토지조사사업을 통해 조세제도와 토지소유권 공증제도에서의 개혁을 이루었다. 1912년 조선민사령(朝鮮民事令)은 재산권제도를 조선시대보다 높은 차원으로 정비한 것이었다. 식민지화 이전에도 소유권이 잘 보장되고 상거래와 회사 설립이 자유롭게 이루어진 편이지만, 민법의 정비로 회사의 법적 지위가 인정되고 민간 경제활동이 한층 안정적인 환경에서 촉진될 수 있었다. 산미증식계획 등으로 인하여 농업생산 기반이 확충되고 농업생산력이 상승하였다. 근대적 공업이 성장하고 농림어업의 비중은 감소하여 산업구조가 고도화되었다.

일제시대의 경제적 변화와 성장을 낳은 배경 내지 요인을 어떻게 이해하여야 할까. 근대세계의 규정성을 우선적으로 들어야 한다. 일반적으로 근대로의 진입은 근본적인 제도 변혁을 요구하고 경제성장률을 높인다. 전근대적 성장과 근대적 성장의 현격한 격차는 세계사적인 현상으로, 근대의 혁명적인 의의를 보여준다. 일제시대가 근대사의 초기 국면에 위치하였기 때문에 변화가 현저하였다. 자본주의적 세계시장에 편입된 이후 조선에서도 근대적 제도와 기술이 도입되고 시장이 성장하고 경제성장률이 높아졌다. 한국에 앞서 근대화에 성공한 일본을 이웃에 둔 것은 한국에 우호적인 국제환경이었다. 그것은 개항기 조선의 근대화를 위한 강한 자극을 제공하였다. 그런데 앞으로 언급하겠으나, 장기적 관점에서 식민지 지배를 통한 근대문명의 이식이 한국의 주체적인 일본 학습보다 사회와 경제의 성숙에 유리하였다는 보장은 없다.

일본으로부터 들어온 자본·기술·경영력, 그리고 식민지정부의 제도 정비와 사회간접자본 확충은 공업화가 본격화되고 근대경제성장으로 진입하는 시점을 앞당겼다. 이러한 요소는 식민지화 전 조선사회에서 부족하거나 결핍된, 근대경제성장을 위한 선행조건이었다.

유럽인은 정착하기 좋은 식민지에는 제도 개혁과 사회간접자본 구축의 인센티브를 가졌으나, 멀리 떨어진 데다가 질병 등으로 정착하기 힘들었던 열대지방의 식민지에서는 단기적 이익을 챙기는 데에 주력하여 제도 정비와 투자에 소극적이었다.[15] 그

15) D. Acemoglu, S. Johnson & J. A. Robinson, "The Colonial Origins of Comparative Development: An Empirical Investigation," *American Economic Review*, 2001.

래서 유럽의 많은 식민지는 자원 수탈을 목적으로 하는 일차산품(一次産品)의 생산에 주력하여 배후지의 경제와 관련성이 약한 포령(包領, enclave)의 성격이 강하였다. 일본과 기후가 유사한 조선에는 일본인이 정착하기 좋아, 조선인의 인구밀도가 높음에도 불구하고 1940년에 일본인 거주자는 70만 명을 넘었다. 게다가 조선의 지리적 위치는 일본제국의 방어와 확장을 위한 전초기지로 기능할 수 있었고, 인종적·문화적인 유사성은 일본으로의 동화정책을 유도하였다. 그 때문에 일본제국주의는 조선에 대해 한편으로는 자치의 봉쇄, 문화의 말살 등 유럽제국주의보다 더욱 강압적인 동화정책을 추진하면서도 다른 한편으로는 제도의 개혁과 사회간접자본·공업의 투자에 더욱 적극적일 수 있는 유인을 가졌다.

좀더 깊이 생각해보면, 식민지화 이전 조선사회의 성취가 일제시대의 변화와 성장을 뒷받침한 점을 인식할 수 있다. 1910년대에 성장률이 3% 정도인 국면으로 집입하였을 가능성은 높은데, 아무리 강하고 효율적인 식민지정부라도 전근대 경제를 접수한 지 10년 정도에 자신의 힘만으로 3% 정도의 지속적인 성장국면으로 진입시킬 수는 없기 때문이다. 개항기에 성장률이 높아지고 있었다. 일제시대 근대문명의 이식이 순조로운 것은 조선시대의 문화 발달과 개항 후 근대문명의 수용 성과와 무관하지 않다. 조선시대 농지소유제의 진전은 토지조사사업의 신속하고 비교적 원활한 수행을 가능하게 하였다. 조선시대 집약적(集約的) 소농경영의 발전은 산미증식계획기에 일본식의 보다 집약적인 농법을 원활히 받아들일 수 있는 토대가 되었다. 18세기에 이미 인구밀도가 높았고 노동력의 처분이 자유로웠기 때문에, 일본자본이 노동력의 확보에 애로를 크게 느끼지는 않았다. 교육을 중시하는 조선시대의 문화는 일제시대 교육의 확대를 뒷받침하였다. 조선인 중소공장이 우후죽순처럼 발흥하던 것도 식민지화 전 회사설립운동의 연장선에서 파악할 필요가 있다.

식민지 지배를 통한 근대문명의 도입은 어떠한 특질을 가졌던가. 조선이 자주적 발전을 하였을 경우에 비하여 식민통치 아래 사회간접자본의 확충, 공업화 및 경제성장은 순조롭게 이루어졌겠지만, 그 이면에는 중대한 한계가 자리잡고 있었다. 첫째, 대일 종속적인 비자립적 경제였다. 〈표 7-1〉에 의하면, 조선내순생산(朝鮮內純生産, NDP)에 대한 무역의 비율이 1912년 16%로부터 1938년 66%로 급증한 것은 세계시장에 통합된 것이 아니라 일본에 부속되었기 때문이다. 즉, 1910년대부터 일본과의 무역이 전체의 70%를 넘다가 20년대 후반부터는 80%를 넘기에 이르렀고, 그 나머지의 대부분은 일본제국에 편입된 만주와의 무역이었다. 일제는 구미 열강에 대하여 조선 점령을 묵인받는 대가로 10년간 외국의 구한국에 대한 불평등관세를 그대로 인정하였다가 1920년

표 7-1 동아시아에서의 무역의 성장 (단위: 백만 달러, %)

연도	일본	조선	대만	중국	연도	일본	조선	대만	중국
1896	147	6	10	270	1920	2,551(37)	221(24)	193(64)	1,617
1898	213	9	19	258	1922	2,053(31)	226(29)	133(59)	1,328
1900	241	10	18	278	1924	2,249(36)	268(38)	162(67)	1,450
1902	265	11	20	334	1926	2,642(37)	345(42)	204(65)	1,511
1904	337(25)	17	22(47)	385	1928	2,532(36)	363(48)	204(74)	1,553
1906	426(26)	19	28(49)	517	1930	2,030(32)	313(48)	202(71)	1,014
1908	426(23)	27	35(56)	436	1932	1,132(32)	178(45)	114(69)	524(9)
1910	534(30)	30	54(56)	557	1934	1,798(40)	291(59)	154(78)	529(9)
1912	695(28)	44(16)	62(57)	624	1936	2,211(42)	392(60)	197(79)	490(6)
1914	685(31)	49(18)	55(54)	620	1938	2,352(34)	552(66)	235(82)	347
1916	1,087(36)	66(21)	89(66)	789	1940	2,360	582	246	242
1918	2,122(39)	63(24)	25(59)	1,311	1941	1,981	584	215	282

출전: 安秉直·中村哲 편『韓國近代工業化硏究』一潮閣, 1993, 〈표 1-1〉과 〈표 1-2〉로부터 작성.
주: 괄호 속은 域內純生産(NDP)에 대한 비율.

8월 구관세제도(舊關稅制度)를 철폐하여 일본의 관세법을 조선에 그대로 통용하였는데, 이것은 조선경제를 일본으로 편입하는 조치의 일환이었다. 자본의 도입국도 거의 일본에 국한되었다. 일본제국주의경제에 깊숙이 편입된 가운데 무역과 자본 도입이 확대되고, 그러한 경제적 종속과 동시에 경제성장이 진행되었던 것이다. 일본무역과 일본자본 도입이 급증하였기 때문에, 일제시대 성장률이 높아졌던 반면, 일본제국주의로부터의 해방은 격심한 경제후퇴를 초래하였다.

둘째, 조선경제는 대외적으로 일본에 부속되어 산업연관도가 낮았고, 대내적으로 민족간 이중구조의 요소를 가졌다. 조선의 일본인 공장은 경영·기술 인력을 거의 일본인으로 충당하고 기계나 고급 중간재를 거의 일본에 의존하였고 여타 업종과 연관관계가 그리 크지 않았다. 그래서 1930년대에 공업의 부가가치가 높아지는 가운데 조선인 유업(有業)인구 중 공업종사자는 1940년에도 4.8%에 불과하였다.

셋째, 높아진 성장률에 대응하여 물적 설비는 크게 확장되었지만, 그것을 활용할 수 있는 조선인의 역량, 곧 인적 자본은 그에 상응하게 성장하지 못하였다는 점에서 성장 메커니즘이 왜곡되었다. 근대적 공업자본의 90% 내외가 일본인 자본이었고, 일본인은 금융을 장악하였다. 일본인 기업체의 기술·관리 인력은 거의 일본인이 독점하고 고

등 기술교육은 경시되었던 결과, 조선인 고급 인력의 성장이 제약을 받았다. 초등교육은 괄목할 만큼 성장하여 그 취학률이 1925년 12%로부터 1940년 34%로 상승하였지만, 중등교육은 미약하여, 제2차 세계대전 말기에도 14세 이상의 조선인 중에 오직 2%만이 중학교를 수료하였을 뿐이었고, 각급 학교에 등록한 학생의 93%가 초등학교에 다녔다.

일제시대의 경제성장은 일본경제권에 부속되어 조선 내의 산업연관도가 낮고 조선인의 자본과 기술력의 성장에 제약을 주었던 점에서, 조선민족이 근대경제성장을 위한 역량을 쌓아갔지만, 그 동력을 확보하였다고 보기 어렵다. 그래서 해방 후 격심한 경제 후퇴가 나타났고, 남한은 1960년대에야 비로소 지속적 성장을 자력으로 수행할 역량을 갖추게 되었다.

2. 식민지화의 기초작업

일본은 1904년의 러일전쟁에서 승리한 직후 조선을 보호국으로 만들어 외교권을 박탈하고 나아가 통감부를 설치하고 각 부처에 일본인 차관(次官)을 두어 내정을 장악하였으며, 1910년에는 조선을 병합하였다. 불평등조약으로 인한 국가주권의 침해가 반(半)식민지화의 기초조건이었다면, 외교와 내정의 권한 상실 및 조선총독부에 의한 통치는 우리나라가 국가주권을 상실하여 일제의 식민지로 전락하였음을 의미한다. 천황(天皇)에 직속된 총독은 입법·사법·행정 등 조선 통치의 전권을 행사하였고 조선 주둔 일본군을 통솔하였다. 국가주권의 상실은 경제구조의 종속화로 연결된다. 일제는 러일전쟁 직후부터 정치권력을 탈취함과 동시에 식민지적 경제구조로 재편성하려는 기초작업을 다방면으로 수행하였다.

일제는 화폐·재정·금융제도를 재편하였다. 강화도조약에서 일본화폐의 통용이 허용되어 화폐주권이 침해당하고 한전(韓錢)과 일본화폐 간의 복잡한 교환 문제가 야기되었다. 조선정부는 갑오개혁에서 은본위(銀本位) 화폐제를 수립하였지만, 본위화인 은화보다 주조이익이 많은 보조화인 백동화(白銅貨)를 남발함으로써 인플레이션이 가중되었다. 1904년 한일의정서(韓日議政書)에 의거하여 재정고문으로 초빙된 메가타 다네타로(目賀田 種太郎)는 "한국의 통상 및 교통상 가장 밀접한 관련을 가진 나라는 일본이므로 한국의 화폐본위를 일본의 것과 동일하게" 하는 사업을 추진하였다. 1905년의 화폐정리사업에서는 백동화를 10냥=금본위 신화폐 1원(圜)의 비율로 교환하여 폐기하며 일본의 화폐본위를 그대로 이식·통용함으로써 조선의 화폐 주권을 완전히 박탈하였다. 1911년부터 중앙은행인 조선은행은 원(圓) 단위의 지폐를 발행하였다. 그 결과 일제는 동일한 통화권이란 이점을 이용하여 상품과 자본의 수출, 그리고 식량과 원료의 반출을 보다 원활하게 할 수 있었고, 식민지 지배에 필요한 자금을 은행권의 신용창조(信用創造)를 통하여 조달할 수 있게 되었다. 1894년 원(元)의 은본위제도 시행에서 출발하고 1902년 제일은행권의 발행부터 1911년 조선은행권의 발행까지를 과도기로 하여 냥(兩)을 기본 단위로 하는 금속화폐의 시대로부터 원(圜 또는 圓)을 기본 단위로 하는 지폐인 은행권의 시대로 전환하였다. 은행권의 비중은 1909년 50%를 넘고 1918년 90%를 넘었다.

화폐정리사업과 동시에 재정정리사업이 추진되었다. 종전에는 지방관의 지휘 아래 서리(書吏)가 조세 징수를 맡아 조세를 중앙정부나 조창(漕倉)으로 수송하였다. 1905년 일제는 종래 상인 등이 조세자금을 활용하면서 대납하는 외획(外劃)제도를 폐지하고, 국고(國庫)를 제일은행(第一銀行)으로 지정하여 지세(地稅)를 관할하게 하는 국고제도를 실시하였다. 1906년 각 도에 세무감(稅務監)을 두고 세무 행정을 지휘, 감독하게 하면서 지방관과 서리를 징세(徵稅) 사무로부터 배제시켰고, 세금을 국고에 납부하게 해서 관리하였다. 1907년에는 일본인이 한국정부의 관리로 임명되어 재정의 집행권과 감독권을 행사하였다. 일제는 이러한 과정을 통하여 징세권을 장악하는 동시에 제실(帝室) 재정을 대폭 축소하여 국가 재정으로부터 분리하고 지세와 호세(戶稅)의 징수를 늘렸다. 이러한 재정정리사업은 토지조사사업에 접속된다.

조선총독부가 지배기구를 확장하고 철도 등 관업(官業)을 확대함에 따라, 세출이 팽창하였다. 〈표 7-2〉에 의하면, 1910년대 세출 중에 통치를 위한 행정·사법·경찰비가 1/3 정도를 차지하였고 철도의 부설과 운영이 20%를 넘었다. 철도 등 관영 사업의 확대는 세출을 증대시킨 주요인이었다. 식민지화의 기초공사이자 대륙 침략을 위한 발판이 되는 철도·토목사업에서 다액의 적자가 누적됨에 따라, 조선총독부는 일본정부로부터 보충금(補充金)을 받고 세수 확대를 끊임없이 추구하였다. 조세가 세입 중에 차지하는 비중은 20~30%에 불과하였고, 관업·관유재산(官有財産)과 공채의 수입이 높은 비중을 차지하였다. 지세는 완만히 증가하는 데에 그쳐서 1916년까지 조세 수입의 과반을 차지하였지만 그 비중이 급격히 하락하였다. 1920년대에는 관세·주세(酒稅)·연초세라는 소비세가 지세를 중심으로 하는 직접세를 능가하였으며, 30년대에 들어와서는 소득세가 급증하여 1938년부터 중심적인 항목으로 자리잡았다. 이러한 조세 구성의 변화는

표 7-2 세출입(歲出入)의 구성과 그 추이 (단위: 천 圓, %)

	연도	총세입	조세	官業·官有財産	公債 수입	補充金	기타	전년도 잉여금
세입	1910~19	69,237	27.8	24.3	16.0	10.0	21.8	16.4
	1920~36	224,549	20.2	48.5	9.3	6.5	15.5	8.7
	1937~43	1,019,115	23.3	43.4	15.6	1.3	16.5	11.6
	연도	총세출	통치비	관영사업비(철도)		산업 경제비	공채 상환	기타
세출	1910~19	54,701	34.0	43.1(22.0)		6.4	8.0	2.8
	1920~36	203,344	24.7	52.2(26.5)		9.1	9.1	0.4
	1937~42	764,429	11.3	58.2(39.2)		5.1	5.1	8.5

출전: 禹明東「日帝下 朝鮮財政의 構造와 性格」高麗大 經濟學博士學位論文, 1987, 〈표 3-4〉와 〈표 4-1〉로부터 작성.

2차·3차 산업과 시장경제의 성장을 반영한다.[16] 조선총독부가 재정난의 완화를 위하여 토목·위생·교육 등의 업무를 지방단체에 이관함에 따라, 다양한 지방세가 증가하였다. 통감부와 총독부가 조세를 꾸준히 증대하였지만, 조선왕조의 낮은 공식 세율에서 출발한 제약을 받아 조세부담률은 1911년 3.2%에 불과하고 1940년 8.0%로 상승하였는데, 대만과 비슷하고 일본보다 낮았다. 1911~40년간 정부재정의 국내총생산에 대한 비중은 6.0%에서 12.6%로 증가하였다.[17]

화폐정리와 재정정리는 금융제도의 정비를 요청하였다. 제일은행 조선지점은 1883년 해관세(海關稅) 업무의 취급을 계기로 조선정부의 국고은행으로서 발판을 마련하였고 1902년부터 제일은행권을 발행하였다. 화폐정리사업으로 제일은행권은 본위화가 되었고, 재정정리사업으로 조선정부의 세입은 모두 제일은행에 예금되어 일본상인의 무역자금으로 대출되었다. 1909년 한국은행이 설립되어 제일은행이 맡았던 중앙은행의 역할을 인수하였고, 그 명칭은 1911년에 조선은행으로 바뀐다. 외획제도의 폐지에 따른 금융 핍박과 징세 지체를 해소하고 제일은행권의 보급을 촉진하기 위하여 1906년 주요 도시에 농공(農工)은행이 설립되었다. 이것은 산업자금을 공급할 목적으로 설립되었지만, 실질적으로는 지방 생산물의 수집을 위한 상업자금의 공급에 주력하였다. 일제는 더욱 적극적인 농업개발정책을 추진하기 위하여 1918년 농공은행을 통합하

16) 정태헌『일제의 경제정책과 조선사회』역사비평사, 1996.
17) 김재호「정부재정과 고용」김낙년·박기주·박이택·차명수 편『한국의 장기통계 II』해남, 2018.

여 조선식산(殖産)은행으로 개편하였다. 최대의 대부기관인 조선식산은행은 토지, 공업시설 등을 담보로 하는 장기대부를 기본으로 하였는데, 대부금의 많은 부분이 지주의 토지 구입, 수리조합(水利組合)을 비롯한 농촌 관변단체에 대한 지원으로 충당되었다. 1907년부터 금융조합이 농공은행을 보완하는 농촌 말단의 금융조직으로 설립되어, 식산은행을 비롯한 금융기관의 차입금 및 예금을 원천으로 농촌의 중소토지소유자에게 15% 정도의 연리(年利)로 대부하였다. 1908년 설립된 동양척식회사(東洋拓殖會社)도 토지 획득을 지원하기 위하여 금융업무를 담당하였다. 이들 국책(國策)은행은 조선인 유력자층을 포섭하였지만, 일본인이 그 인사권과 경영권을 장악하였다. 조선은행·식산은행·금융조합·동척이라는 특수금융기관은 조선 내 대출의 70~80%를 차지할 정도로 압도적인 위치에 있었다. 은행의 증설로 이자율이 하락 추세여서 대출이자율은 1900년대 15% 수준에서 1930년대 10% 수준으로 떨어졌다.

식민지 지배를 위해서는 무엇보다도 교통·통신망의 확장과 정비가 필요하였다. 식민지 지배의 동맥이요 근대산업의 선구자인 철도는 당시 일본의 자본수출의 중심을 이루었고 조선총독부의 막대한 재원을 흡수하였으므로, 어느 분야보다 급속히 확장하였다. 일제는 조선의 효과적 지배를 위하여 1906년 철도를 국유화하였다. 러일전쟁 직후 부설된 경부선과 경의선은 조선의 행정중심지와 경제적 선진 지역을 관통하였고 일본–조선–만주간에 최단거리로 병력과 물자를 집결시키도록 선로(線路)가 선택되었다. 경부·경의선은 대륙 진출을 위한 간선(幹線)철도로 기능하기 위하여 중국의 간선철도와 동일한 표준궤(標準軌) 선로로 만들어졌고, 1911년 압록강 철교가 준공된 이후 조선과 만주는 철도를 통하여 연결되었다. 뒤이어 호남곡창지대를 관통하는 호남선과 동북을 관통하는 경원선이 개통되었다. 그 결과 〈그림 7-1〉에서 나타난 바와 같이, 1910년대 중반에는 동·서·남해의 중요 항구를 기점으로 하고 서울을 중심으로 하여 X자형으로 종단(縱斷)하는 철도망이 정비되었다. 조선에서의 철도 부설은 조일무역을 촉진하고 조선에 대한 독점적 지배를 확보하려는 일본의 정상자본가(政商資本家)와 군부수뇌(軍部首腦)의 욕구를 반영하였다. 일제는 최단기간에 최소 비용으로 신공법을 적용하여 철도를 부설하였다고 자찬하였는데, 그 이면에는 철도의 부설과정에서 수십만 명의 조선인 노동자가 강제로 동원되어 저임금을 받으면서 혹사당하였고 막대한 토지가 헐값으로 강제로 수용당하였고 조선인 노동자가 신공법의 위험에 노출되었다. 철도 부설자금은 일본에서의 공채(公債) 발행에 의해 조달되었는데, 그것을 조선총독부가 상환해야 하였으므로 결국은 조선인의 부담으로 귀착되었다. 경제성장 및 철도 노선의 확대와 운임의 하락은 화물·여객의 수송량을 급증시켰다. 국유철도 영업선은 모두 1910년

그림 7-1 철도망(1945년 8월)

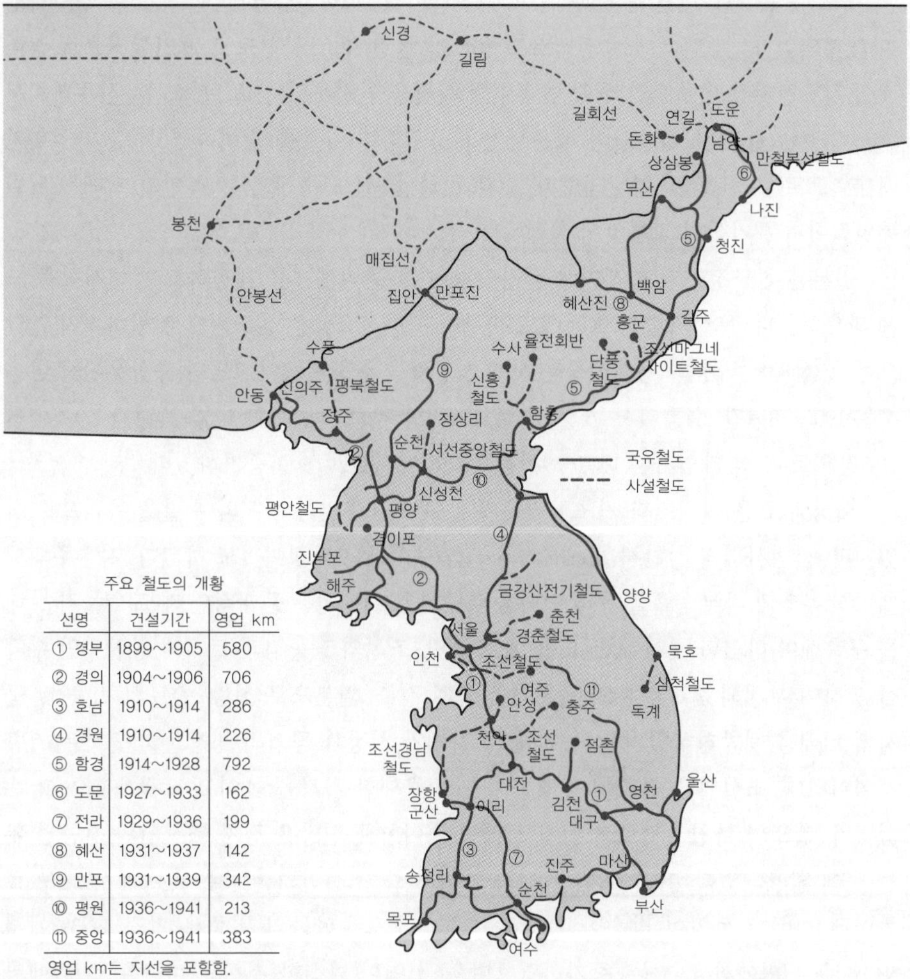

주요 철도의 개황

선명	건설기간	영업 km
① 경부	1899~1905	580
② 경의	1904~1906	706
③ 호남	1910~1914	286
④ 경원	1910~1914	226
⑤ 함경	1914~1928	792
⑥ 도문	1927~1933	162
⑦ 전라	1929~1936	199
⑧ 혜산	1931~1937	142
⑨ 만포	1931~1939	342
⑩ 평원	1936~1941	213
⑪ 중앙	1936~1941	383

영업 km는 지선을 포함함.

출전: 정재정 『일제침략과 한국철도(1892~1945)』 156쪽, 〈지도 3-5〉.

1,086km로부터 1945년 5,038km로 급증하였다. 1911~38년간 중추적인 경부·경의선의 여객은 243만 명에서 4,505만 명으로 19배 늘었고, 그 화물은 107만 톤에서 1,392만 톤으로 13배 늘었다. 철도는 군사적 지배에 기여하였을 뿐만 아니라, 경제적으로도 일본 상품을 내륙까지 대량으로 신속·저렴하게 침투하며 내륙의 식량과 원료를 효과적으로 반출하며 일본 상인과 일본 자본의 내륙 진출을 촉진하는 강력한 수단이었다. 일본–조선–만주를 연계하는 기능이 중시되기도 하여, 1910년대에 경부·경의선이 철도화물 수

송의 90% 이상을 담당하였다.

도로는 1907~17년간 총 3,400여km가 만들어졌고 1917년 이후 제2기 도로 건설사업이 개시되었다. 이 단계에는 신작로(新作路)라 불린 주요 간선도로가 기본적으로 정비되어 철도정거장과 주요한 행정중심지 및 시장을 연결하였다. 또한 조선우선주식회사(朝鮮郵船株式會社)가 설립되어 해운사업을 통합하며 항로를 정비하였고, 항만 설비가 대대적으로 수축(修築)·확장되었다. 그래서 항만-철도-도로라는 식민지 지배를 위한 통일적이며 유기적인 교통망이 완성된다.

일본은 한국정부의 통신기관을 장악하여 그 관리체계를 재편하고 통신시설을 크게 확충하였다. 통신기술의 발전에도 불구하고 통신요금은 실질적으로 인하되지 않았으나, 통신망의 확충과 경제성장은 통신 사용량을 급증시켰다. 1명당 통상우편물 발송수는 1906~38년간 2.4통에서 15.5통으로, 100명당 전보 발신수는 1906~39년간 7.9건에서 61.5건으로, 전화 가입자는 1907~39년간 0.025%에서 0.244%로 증가하였다.[18)]

이상과 같은 식민지화 기초작업은 일본이 제국주의적 지배와 수탈을 목적으로 하였지만, 산업사회의 기반시설(infrastructure)을 구축하는 과정이기도 하였다. 자본주의세계에서 무역과 자본수출을 통해 이익을 추구하기 위해서는 근대적인 제도와 물적 토대를 구축해야 하였던 것이다. 철도를 예로 들면, 조선의 노동력과 토지의 강압적인 수탈을 통하여 부설되었고 일본의 자본과 상품의 진출, 일본으로 식량·원료의 반출 및 군사적 지배를 뒷받침하였지만, 동시에 그 자체가 시장과 공업의 성장을 지원하는 기반시설이었다. 조선인은 철도를 통해 근대문명에 대한 자각을 높이고 그것을 활용할 수 있었다. 철도와 마찬가지로 식민지 지배에 기여한 통신망은 점차 조선인의 상공업 활동 등에 활용되었다. 1906~38년간 전화 가입자 중 조선인의 비중은 4.3%에서 27.8%로 높아졌으며, 조선인이 발송한 통상우편물과 소포우편물의 비중은 각각 12.3%에서 38.1%로, 4.0%에서 42.3%로 증가하였으며, 조선인이 발신한 전신의 비중은 10.9%에서 29.0%로 높아졌다. 이 시기 구축된 기반시설은 20년대 이후 식민지 공업화를 지원하였고 해방 이후에도 활용될 수 있었다. 그런데 식민지 말기까지 통신 등 근대적 설비 이용의 민족간 격차는 컸다.

교통·통신망의 확대와 화폐·금융제도의 정비는, 〈그림 7-2〉에 나타난 바와 같이, 조선의 일본시장으로의 편입을 진전시켰을 뿐만 아니라, 조선 각지의 시장 통합을 심화시켰다. 서울을 비롯한 조선 내 10개 주요 도시간 가격차는 1910년대에 현저히 줄어

18) 朴二澤『한국 통신산업에 있어서 지배구조와 고용구조, 1876~1945』 한국학술정보, 2008.

그림 7-2 시장경제의 심화

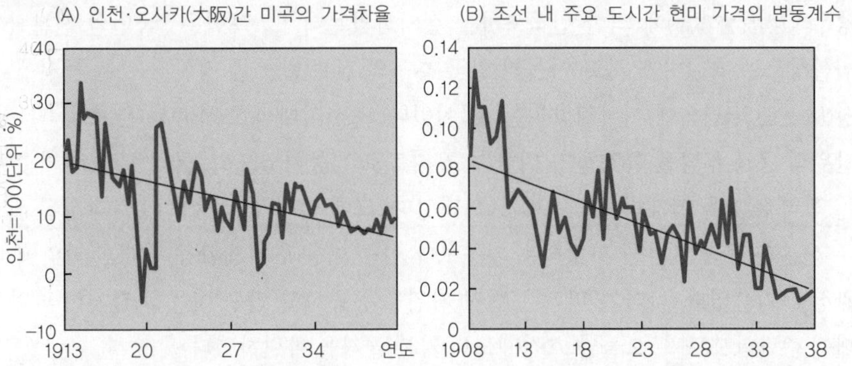

들었고, 이후에 변동의 폭도 작아졌다. 수출항과 농촌지역의 가격연동성(價格聯動性)은 개항기에 높아졌지만, 농촌간 시장 통합은 철도·도로망의 확충과 더불어 천천히 진전되었다.

3. 민적조사와 토지조사사업

식민지 지배를 위한 기초과제로서 인적·물적 자원을 정확히 파악하는 일을 빼놓을 수 없다. 따라서 호구를 파악하는 민적조사(民籍調査)와 중심적인 부원(富源)을 파악하는 토지조사사업도 식민지화 기초작업의 일환이었다. 조선시대에 국가는 호구와 기본적인 생산수단인 농지를 정확히 파악하지 못하였다. 인구와 농지의 정확한 파악은 재정수입에 직결되지만, 그 때문에 담세층의 반발이 컸다. 농지와 예속노동력을 많이 가진 양반 관료층은 세원의 철저한 포착이 인정(仁政)에 어긋난다는 논리를 펼치기도 했다. 게다가 관리의 권력 남용이 걱정되고 조사비용이 기술적 한계로 많이 들기 때문에, 국가로서도 쉽게 착수할 엄두를 내지 못하였다. 개항 직전인 1864년에 조사된 인구는 683만 명으로, 실제 인구의 40% 정도에 불과하였을 것으로 추정된다.

일제는 조선을 보호국화한 이후에 인구와 토지의 파악을 위한 조사에 착수하였다.

1906년 10월부터 7개월여 동안 경찰고문부(警察顧問部)의 지휘로 조사된 조선인은 978만 명으로 집계되었다. 1909년 3월 민적법(民籍法)을 반포하고 그 직후부터 1년간 내부 경무국(內部警務局)에 의한 민적조사를 실시하였는데, 그 목적은 "국민의 신분관계를 법률상으로 확실하게 하고 아울러 일국 호구의 실수(實數)를 정확히 아는 동시에 시정상(施政上)의 편의에 이바지하려는 것"이었다. 조선시대의 호적(戶籍)은 호(戶)나 정(丁) 단위의 공적 부담을 확정하기 위한 기초 자료로 기능하였으며, 국역 부과의 기준이 되는 직역(職役)을 기재하여 신분을 드러내었다. 그에 반해 갑오개혁 이후 작성된 신호적은 신분과 공적 부담을 확정하는 기능보다 인구 이동과 경제활동 실태의 파악에 더욱 관심을 기울였다. 나아가 민적은 법적 지위를 공증하고 인구 이동을 철저히 파악하는 데에 주력함으로써, 오늘날 호적제도의 기본 골격을 마련하였다.

한일합방 직전의 민적조사를 통하여 파악된 조선인은 1,294만 명으로 늘었는데, 그것은 실제 인구의 76% 정도로 추정된다. 이처럼 호구 파악의 진전을 낳은 요인으로는 일제의 강력한 실행력뿐만 아니라, 새로운 호적이 공적 부담과는 무관해지고 법적 지위의 부여라는 기능을 중시하게 되어 호구의 철저한 파악에 인민이 저항할 이유가 사라진 점을 들 수 있다. 그런데 호구의 완전한 파악은 민적부(民籍簿)를 통한 상주인구조사(常住人口調査)로는 곤란하였고, 1925년 실시한 간이국세조사(簡易國勢調査)를 통하여 비로소 달성되었는데, 당시 조선인은 1,902만 명이었다.[19]

일제가 토지조사사업(土地調査事業)을 추진한 우선적인 동기는 조선을 지배하기 위해 농지의 면적·생산량·소유관계 등을 정확히 파악하려는 것이었다. 그리고 토지제도와 지세제도를 일본의 이익에 부합하게 개혁하고자 하였다. 일제는 "토지·지세제도를 확립하여 시정(施政)의 근본을 마련"하고자 했던 것이다.

일제가 토지제도의 개혁을 통하여 노린 중요한 목적은 토지의 상품화·자본화의 촉진, 그리고 이를 통한 일본인에 의한 토지투자의 활성화와 토지의 효율적 이용이었다. 그러기 위해서는 먼저 토지소유제도가 정비될 필요가 있었다. 제2장 제4절에서 살펴보았듯이, 조선시대에 사적인 농지소유가 높은 수준으로 발전해 있었기 때문에, 조선의 토지조사사업에서는 일본·대만·오키나와와 달리 구래 지배층의 상급 소유를 부정하는 과제가 필요하지 않았다. 다만, 토지소유권의 불완전한 공증(公證)제도는 토지의 상품화·자본화를 제약하는 중대한 요인이었다. 농지대장인 양안(量案)은 농지세를 걷는 동시에 소유권을 입증하는 근거 자료였다. 그런데 20년마다 한 번씩 경지 측량을

19) 李憲昶『民籍統計表의 해설과 이용방법』고려대 민족문화연구소, 1997.

하라는 『경국대전』의 규정이 준수되지 않았기 때문에, 양안은 변경하는 농지 소유를 제대로 반영할 수 없었다. 1720년 전국적인 양전이 이루어진 후부터 광무양전(光武量田)사업에 이르기까지 군현을 단위로 하는 양전은 실시되었으나, 도를 단위로 하는 양전은 한 번도 실시되지 않았다. 그래서 조선시대에 토지소유권은 매매계약서인 문기(文記)로써 인정받았다. 국가는 토지소유권의 공증을 위해 입안(立案)을 발급하는 제도를 마련하였으나, 문기만으로 소유권의 증명에 별 문제가 없어지자, 상당한 비용을 부담해야 하는 입안제도는 기피되었다. 지역 주민들이 누가 농지의 주인인지 알았기 때문에, 사기를 치기가 어려웠으므로 조선후기에는 특수한 경우를 제외하고는 민간에서 주고받는 매매계약서인 문기만으로도 소유권의 이전이 원활하게 이루어졌다. 그런데 일본인이 토지를 구입하는 경우에는 위조 문기 등으로 분쟁이 빈발하여 일본인의 토지 투자가 지장을 받았다. 그래서 일제는 토지등기제도(土地登記制度)를 도입하였다.

토지조사사업의 또 다른 중요한 목적은 지세제도(地稅制度)의 정비였다. 1910년 조선총독부의 조세 수입 중에 지세 수입이 66%나 차지할 정도로 높았으므로, 식민지 통치자금을 안정적으로 확보하기 위하여 지세제도의 정비가 긴요하였다. 구래의 지세제도는 은결(隱結)의 존재, 결부제(結負制)의 폐단 등의 여러 문제를 안고 있었다. 은결은 대개 지방 관청의 비공식적 재원으로 사용되었으나, 공적 재정수입을 축소시켰다. 지세납부자가 삼남지방에는 작인인 반면 북부지방에는 토지소유자여서 일원화되지 않았다. 결부제는 그 크기에 따라 지세를 비례적으로 부과하면 되는 간편한 이점을 가졌다. 그런데 경지면적의 정확한 파악도 곤란한 마당에 비옥도 등을 감안하여 결부의 크기를 객관적이고 공정하게 측정하는 일은 기술적으로 어려워서 담당 관리가 농간을 부릴 여지가 컸다. 그래서 전정(田政)이 문란해지기도 했다. 과세에 직결되는 결부수의 증가에 인민이 민감하게 반응하였고 소민(小民)을 배려한 균등 과세를 위해 결부수를 낮추어 책정하는 경향이 있었기 때문에, 전반적으로 결부수가 과소평가되어 있었다. 세원의 정확한 파악을 통한 지세 수입의 증대를 위해서는 결부제를 개혁하여야 했다. 토지의 면적과 수익을 정확히 파악할 수 있는 근대적 기술은 결부제보다 효율적인 과세제도를 성립시켰다.

토지제도의 개혁과 지세제도의 정비는 서로 별개의 일이 아니다. 토지소유권의 정확한 파악은 지세 부담을 확정하는 준비 작업이 될 수 있었다. 토지면적의 정확한 측량에 의한 과세의 공평한 부담은 토지소유의 내실을 충실하게 한다.

전정의 문란을 시정하기 위한 양전사업의 철저화 및 결부제의 면적 단위로의 전환은 조선후기부터 제기되어온 과제였다. 대한제국의 광무양전사업에서는 근대적 측량

기술을 도입하여 일부 지역을 측량하였고 면적을 척수(尺數)로 표시하기도 했다. 대한전토지계(大韓田土地契)라는 소유권 증서를 발행하기도 했고 외국인의 토지소유를 제한하였다. 또한 재정위기를 극복하기 위해 제2종유토와 같은 사실상의 민유지를 국유지로 편입하기도 했다. 이처럼 광무양전사업은 토지제도의 개혁을 위한 몇 가지 조치를 취하기도 했지만, 구본신참(舊本新參)의 이념 아래 양전의 규례를 국조구전(國朝舊典)으로부터 끌어와 결부제를 고수하였으므로, 농지 측량의 정확도를 높이지 못하였다. 그것은 또한 토지소유자를 양안에 정확히 기재하는 과제의 성과도 거두지 못하였다. 일제에 의한 토지조사사업은 식민지 지배의 물적 토대를 마련하기 위해 토지의 측량, 소유권의 제도적 보장 및 지세제도의 정비를 철저히 추구하였다.

토지조사사업은 1910년부터 본격적으로 실시되지만 그 이전의 준비과정을 가졌다. 1906년 공포된 토지가옥증명규칙(土地家屋證明規則)과 토지가옥전당집행규칙(土地家屋典當執行規則), 1908년 공포된 토지가옥소유권증명규칙(土地家屋所有權證明規則)은 일본인이 매매와 고리대를 통하여 불법적으로 획득한 토지의 소유를 합법화하는 조치였다. 토지등기제도는 일본인이 획득한 토지의 권리를 보호하기 위하여 도입되었다.

재정정리도 토지조사사업의 전사(前史)를 이루었다. 메가타 재정고문은 징세제도의 개혁과정에서 토지조사의 필요성을 절감하여 “토지 정리가 모든 행정의 기초이고 조세의 징수와 인민의 소유권 확정을 위해서도 가장 먼저 요구되며, 토지 정리가 완성되면 매년 세입을 300만 원(圓) 더 거둘 수 있다”고 보았다. 재정정리에서 중요한 의미를 가진 것이 역둔토조사(驛屯土調査)와 징세대장(徵稅臺帳)의 정비였다.

일제는 토지조사사업을 준비하면서 식민지 재정을 확충하기 위한 국유지(國有地)의 창출에도 역점을 두었다. 일제는 1908년 사유를 입증하지 못하는 토지를 국유로 한다는 방침을 세웠다. 같은 해 제실(帝室) 재산과 국유(國有) 재산을 구분하여 전자는 축소, 정리하고 후자 중 국유지는 역둔토(驛屯土)라 일컫고, 곧이어 역둔토의 실지조사(實地調査)를 하여 은결을 색출하였다. 역둔토의 실지조사에서는 조(租)를 궁방(宮房)이나 둔(屯)에 납부한 실적이 있거나 양안에 누락되어 있거나 납세 실적이 불분명하면 일단 국유지로 편입하면서, 조사 결과에 대한 이의(異議) 신청을 접수하였다. 민유지임을 주장하여 조사를 거부한 약 2만 정보의 역둔토에 대하여 일제는 경찰관헌을 동원하여 강제로 측량하였다.

지세 징수를 위한 장부의 정비를 살펴보자. 소유자의 빈번한 이동을 반영하지 못하는 양안(量案)이 징세대장의 역할을 할 수 없던 상황에서, 서리(書吏)는 납세자별로 경지의 소유 내지 보유의 현황을 기록한 깃기(衿記)=작질부를 작성하여 징세대장으로 이용하였다. 일제는 서리로부터 수세업무를 박탈하면서 그들이 작성한 깃기를 확보하기가 곤란하였으므로, 새로운 징세기관인 재무감독국과 재무서를 활용하여 결수연명부(結數連名簿)라는 별도의 징세대장을 만들었다. 결수의 조사는 납세의무자의 신고를 토대로 하였고 신고의 진위(眞僞) 여부를 가리기 위하여 1720년의 경자양안(庚子量案)을 참조하였다. 서리가 사적으로 만든 깃기와는 달리, 결수연명부는 지세 부과를 위한 공부(公簿)였다. 그것은 토지에 관한 제반 정보를 수록하여 과세행정뿐만 아니라 토지행정 일반을 위한 기초자료로 활용되었다.

토지조사사업은 이러한 준비과정을 거친 후 1910~8년 동안 2,000여만 원(圓)을 들여서 본격적으로 실시되었다. 그것은 토지소유권의 조사, 지위등급(地位等級)과 토지가격의 조사, 그리고 지형(地形)·지모(地貌)의 조사와 이에 기초한 각종 장부의 작성·검사라는 3단계로 진행되었다. 그중 중심적 의의를 가진 토지소유권의 조사를 보면, 준비조사를 거친 다음에 일필지조사(一筆地調査)에서 소유권자, 강계(疆界), 지목(地目) 및 지번(地番)을 조사하였고 그 과정에서 분쟁이 일어난 것을 분쟁지조사(紛爭地調査)에서 처리하였다.

이러한 토지소유권의 조사에서 신고주의(申告主義)는 사업의 수탈성(收奪性)을 보여준다는 주장이 있다. 민유지에서는 토지신고서, 국유지에서는 국유지통지서에 의거하여 제2차 결수연명부와 대조하고 소유권자를 확인하였다. 지정된 30~90일 이내에 신고되지 않은 토지는 국유화하였는데, 당시 일제에 적대적이던 민심의 동향에 비추어 신고되지 않은 토지가 상당량 존재하였을 가능성이 있다는 것이다.

신고주의와 더불어 분쟁지의 처리방식도 사업의 수탈성을 보여주는 것으로 주목을 받아왔다. 일단 국유지를 확대하고 보자는 정책과 신고주의 등 행정편의주의적 정책은 전국 토지필지수의 0.5%에 해당하는 10만 필지의 분쟁을 낳았다.[20] 그 99.7%가 소유권에 관한 것이었고, 그 65%가 국유지에서 일어났다. 민간이 개간하였으나 소유권 공증이 되지 않은 채 궁방(宮房)이나 아문(衙門)이 지세를 거두는 제2종 유토(有土)가 상당수 국유지로 편입되어, 국유지의 소유권 분쟁이 많아졌다. 소유권 분쟁이 분쟁지심사위원회(紛爭地審査委員會)와 고등토지조사위원회(高等土地調査委員會)의 행정처분에 의하여 처리되었고 사법처리가 원칙적으로 금지되었다는 점도 수탈성을 드러낸다는 것이다.

그런데 조석곤(趙錫坤)과 배영순(裵英淳)의 연구는 신고주의 및 분쟁지 행정처분에

20) 지금까지 분쟁지건수는 10만 필지, 3만여 건으로 알려져 있지만, 실제로는 5만 건 정도로서 십수만 필지에 달한다.

서 나타난 일제의 수탈성에 대한 종전의 인식이 과도하였음을 보여주었다. 전국적으로 미신고지(未申告地)는 9,355필지로서 전체 필지의 0.05%에 불과하였다. 그중 411필지는 민유지로 인정받았다. 김해군(金海郡)의 녹산면(菉山面)·생림면(生林面)·주촌면(酒村面)의 2만 6,589필지 중에 미신고지는 30필지이었다. 그중 분묘지(墳墓地)가 23필지이고 경작지는 논 1필지, 30평에 불과하였다. 신고는 철저히 이루어진 편이었다. 당시 발달한 토지사유 관념이 임의적인 신고를 용납하지 않았음은 분명하다.

임시토지조사국에 접수된 분쟁지 3만 3,937건, 9만 9,445필지 중에 2만 1,658건, 7만 203필지는 분쟁의 이유가 있음을 인정받아 분쟁지심사위원회의 심사대상이 되었고, 1만 590건, 2만 3,877필지는 기각되었다. 일부 지역의 사례 연구에 의하면, 분쟁지심사위원회는 국유지 분쟁의 일부를 민유지로 사정(査定)하였다. 고등토지조사위원회는 임시토지조사국의 심사에 대하여 불복(不服)을 신청한 2,872건에다 추가로 들어온 것을 포함하여 1920년 8월 현재 2만 148건의 불복 신청을 접수하였다. 그중 고등토지조사위원회가 재결(裁決)을 내린 것은 9,388건이고(나머지는 기각 내지 반납) 불복신청자(不服申請者)의 주장을 받아들인 것은 8,650건이었다. 토지조사국은 역둔토 실지조사 당시에 국유지로 편입된 민유지를 환부하는 기준을 제시하였다. 예를 들어, 궁장토 중 무토(無土)나 투탁(投託)·혼탈지(混奪地)는 민유지라는 것이다. 그리고 고등토지조사위원회의 재결에서는 국유지로 편입된 것이 민유지로 확정되는 비율이 높았다. 그렇지만 재결을 받은 9,000여 건은 총분쟁건수 약 5만 건의 20% 정도에 불과하고 기각이 많았던 점을 주목할 필요가 있다. 민유지로 인정받으려면 증거자료가 문제였는데, 토지조사국은 구(舊) 양안을 증거자료로 채택할 뿐, 새로운 양안과 토지매매문기의 증거 효력을 인정하지 않는 것이 원칙이었다. 그 결과 토지소유권의 증명제도가 불완전한 상황에서 성립된 사실상의 민유지가 증거 불충분으로 인하여 재결에까지 이르지 못한 사례가 허다하였을 것이다.

이러한 분쟁지의 처리를 거쳐 확정된 국유농지는 동양척식회사(東洋拓殖會社)에 불하한 1만 정보를 포함하여 1918년 말에 13만 7,304정보였다. 국유지는 전국 농지의 3% 정도였다. 이 중 민유지의 수탈이 어느 정도였는지는 잘 알 수 없지만, 과대하다고 볼 수는 없다.

토지소유권의 사정(査定)이 이루어지면서 동시에 지세제도도 개정되었다. 1914년 조선지세령(朝鮮地稅令), 1918년 조선지세령 개정령(改正令)이란 두 단계를 거치면서 시행된 지세제도의 개정에서 핵심적인 과제로 대두한 것은 결부제(結負制)의 개혁이었다. 면적의 정확한 파악을 통한 지세의 공평한 부과와 수입 증대를 위해 결부제를 개혁하지 않을 수 없었다. 1914년의 조선지세령에서는 결당(結當) 수세액을 인상한 다음에 토지수확량을 기준으로 지위등급(地位等級)을 정하고 그것을 기초로 지가(地價)를 산정하였다. 1918년에 이루어진 지세령 개정령에서는 결부제를 폐지하여 평(坪)과 정보(町步)라는 면적 단위로 전환하였고 지가에 비례하여 지세(地稅)를 산출하였다. 지세령 개정령에서 지세는 과세지가(課稅地價)의 1.3%로 정하였다. 이것은 1917년 총지가의 1.1%였던 총지세액을 18% 증가하여 산정한 것이다. 지세의 부담은 총생산액의 5% 정도로서 무거운 편이 아니었다. 애당초 지가의 3%를 지세로 부과하려던 안이 1.3%로 하향 조정된 것은 지세율의 급격한 상승이 가져올 저항을 우려하였기 때문으로 보인다. 그래서 총독부의 재정 확장이 제약을 받고, 이후에는 간접세에 대한 의존을 높였던 것이다.

1905년에 조세를 국고로 납부하는 제도를 마련하면서 당분간 종전의 면·리 단위의 공동납(共同納)을 인정하였는데, 1909년에 제정된 국세징수법(國稅徵收法)은 면장과의 협의에 의한 납세의 결정방식을 지양하고 개인별 납세고지서의 부과를 제도화하였다. 제2차 결수연명부를 작성하면서 지주 납세를 권유하다가, 1914년의 조선지세령에서 지주 납세의 원칙을 최종적으로 확정하였다.

토지조사사업은 조선의 토지소유제도와 지세제도의 변혁에 있어서 어떠한 역사적 의의를 가지는가. 조선시대의 토지제도를 국유제로 보던 시기에는 토지조사사업이 근대적인 사적 소유제를 확립시킨 획기적인 사건으로 평가되었다가, 토지사유제론이 통설이 되면서 그 평가절하가 나타났다. 토지조사사업은 토지사유를 부분적으로 제약하던 요소를 제거하고 등기제도를 도입함으로써, 근대법적인 토지소유제로 발전하고 있던 과정을 최종적으로 완결하였다. 1980년대 이후 학계는 지세제도 개혁의 의의를 중시한다. 징세 사무를 일반 행정으로부터 분리하고 납세 고지에 의거하여 납세자가 국고로 납부하는 제도를 마련하고, 결부제의 자의성을 배제하고 정확한 면적과 토지가격에 근거하여 과세함으로써, 지세제도의 효율성과 공평성을 높였다는 것이다.

토지제도와 지세제도의 변혁은 식민지적 지배와 통치를 위한 기초를 마련하였다. 첫째, 소유권이 등기제도에 의하여 보장되고 토지면적이 정확히 측량되고 지세가 지가에 비례하여 균등하게 부과됨으로써 토지의 상품화와 자본화가 촉진되었던 것이다. 일본인의 토지투자가 촉진되었고, 보다 넓게는 미곡 반출을 목적으로 적극적인 농업경영을 추진하는 층의 토지 집적이 활발해졌다. 그리고 토지면적과 지가의 정확한 실측 및 등기제도는 식민지 금융기관에 의한 토지를 담보로 하는 대부의 길을 활짝 열어놓았다.

둘째, 일제는 사업을 통하여 재정수입을 증대, 안정화할 수 있었다. 결부제가 면적 단위로 전환하면서 정확히 측량됨에 따라, 1910년에는 215만 정보로 추산되던 경지면적이 1918년에는 그보다 배증한 431만 정보로 실측되었다. 조선왕조는 농지조사를 느슨하게 하여 1결당 실제 면적이 제도 규정보다 훨씬 컸던 것이다. 게다가 담세능력(擔稅能力)이 있는 지주를 납세자로 확정하고 체납에 대한 조치를 엄격하게 하여 지세의 안정적 확보를 꾀하였다. 그래서 지세 수입은 1910년 600만 원(圓)에서 1918년 1,157만 원으로 증대하였던 것이다. 국유지 13만여 정보의 창출도 재정수입에 기여하였다. 1910년 그 소작료 수입은 106만 원으로 총경상수입의 9%를 차지하였다.

토지조사사업은 자본의 본원적 축적(本源的 蓄積), 곧 직접생산자의 생산수단으로부터의 분리를 촉진하는 측면도 있었다. 농지의 상품화·자본화의 진전은 한편에서 농지 집적, 다른 한편에서 농지 상실을 촉진하였다. 공동납의 폐지와 개인별 납세고지, 그리고 체납에 대한 엄격한 조치는 농민의 토지로부터의 분리를 촉진하였다. 조선시대와는 달리 체납 기한을 넘기면, 토지 등 생산수단까지 압류하였던 것이다. 농지를 상실하면서 소작농이 되는 자가 많았겠지만, 자본주의적 관계가 확대되어가면서 그들은 임금노동자가 되기도 하였다.

토지조사사업에 나타난 식민지성 내지는 수탈성을 어떻게 평가하여야 할까. 종전에는 신고주의와 분쟁지 처리를 통해 다수의 민유지를 국유지로 만드는 수탈성이 있었다고 보았지만, 지금까지 살펴본 바와 같이, 수탈론은 과장된 측면이 있다. 신고의 부재로 인한 약탈은 무시할 만하며, 국유지로 혼입된 민유지를 구제하기 위한 제한된 방침을 가지고 있었다. 대규모 산지의 국유화가 수탈로 거론되기도 하지만, 제2장 제4절에서 언급하였듯이, 조선시대 산지의 사유는 농지만큼 진전되지 않았다. 지세 부담은 과중하지 않았다. 여기서 지적하고 싶은 점은 일제는 신고가 이루어지지 않은 틈을 타서 토지를 약탈하고 지세를 가능한 한 쥐어짜는 저차적(低次的) 수준의 식민통치에 의거하지는 않았다는 것이다. 그러한 노골적인 약탈이라면 민족적 저항에 불을 붙이기 때문에 식민통치의 성공적인 수행을 어렵게 만든다. 일제가 일정한 근대법적 장치와 행정적 합리성을 전제한 식민지의 정교한 통치망을 펼쳐 놓았고, 단순한 약탈이 아니라 시장과 제도를 통하여 잉여를 흡수하였고, 장기적으로는 민족동화정책(民族同化政策)을 획책하였기 때문에, 민족 독립의 길은 험난하였던 것이다. 그리고 조선시대에 발전해온 사적 토지소유제는 일제가 자의적이고도 행정편의적인 방식으로 토지를 약탈하는 것을 허용하지는 않았을 것이다. 지세율이 높지 않은 것은 일제에 대한 저항의 성과라고도 볼 수 있지 않을까. 일제는 토지조사사업 자체를 통하여 수탈을 감행하려기보다는 식민지 지배를 위한 기초를 마련하고자 했던 것이다.

〈표 7-3〉에 의하면, 토지조사사업이 완료된 1918년에 농가의 3.1%에 해당하는 8만

표 7-3 지주제의 전개 (단위: %)

연도	경지면적(천정보)	소작지비중(%)	농가호수(천호)	호당경지면적(정보)	농가구성비(%)						
					완전지주	자작겸지주	자작	자소작	소작	화전	피고용
1914	2,935	52.0	2,590	1.14	1.8		22.0	35.2	41.0	–	–
1918	4,306	50.4	2,652	1.64	0.6	2.5	19.7	39.4	37.8	–	–
1920	4,286	50.8	2,721	1.59	0.6	2.8	19.4	37.4	39.8	–	–
1925	4,312	50.6	2,743	1.59	0.7	3.1	19.9	33.2	43.2	–	–
1929	4,356	55.1	2,815	1.56	0.8	3.0	18.0	31.5	45.6	1.2	–
1933	4,452	56.3	3,010	1.49	18.1			24.1	51.9	2.7	3.1
1937	4,469	57.5	3,059	1.47	18.0			24.1	51.7	2.4	3.8
1939	4,489	57.9	3,023	1.50	17.8			23.8	52.4	2.3	3.7
1942	4,438	58.3	3,053	1.47	17.3			23.9	53.8	1.9	3.1
1945	2,320	63.4	2,065	1.12	13.8			34.6	48.9	–	2.7
1949	2,071	40.1	2,253	0.81	36.2			40.0	21.0	–	3.1

注: 1. 토지조사사업이 진행 중인 1914년의 통계는 완전한 실태 파악을 못한 것이다.
2. 1945년 이후의 통계는 남한에 국한된 것이다.

여 호의 지주층이 농지의 50% 이상을 소유하며 농가의 80%에 가까운 소작농과 자소작농을 지배하였다. 이 단계에서는 지주제가 농촌의 지배적인 생산관계였다. 이것은 조선후기와 개항 이후 병작지주제가 성장하여온 추세의 귀결이다. 토지조사사업도 지주제의 성장을 위한 유리한 발판을 마련하였다. 사적 소유제도의 완성, 등기제도에 따른 토지를 담보로 하는 대부의 증가, 지세의 균등한 부과는 지주제의 성장에 유리한 여건을 제공하였다. 농민의 토지 상실이 촉진되는 것도 지주의 토지 집적을 진전시켰을 것이다.

토지조사사업에서 농촌의 지배적인 생산관계로서 확립된 지주제는 신분적 특권과 무관하고 시장과 밀접한 관련을 가진 존재여서, 조선후기 서민지주층(庶民地主層)의 성장의 연장선 위에 있다고 볼 수 있다. 동시에 그것은 식민지 지배의 동반자로서 육성되었다. 지주제는 수확량의 절반 이상을 소작료로 수취하여 소작농의 생활을 억누르면서 대량의 미곡을 집중하여, 미곡 반출에 매우 효과적인 기구였기 때문이다. 사업에서 지가를 산정하면서 경작비를 총수확의 50%로 잡은 것은 지주경영의 입장을 배려한 것이었다. 일본식 개량농법을 행하여 우량품종(優良品種)을 재배한 토지의 가격을 저평가(低評價)하였는데, 이것은 일본인 지주층에 대한 우대정책인 동시에 일본시장에 적합한 미곡의 생산을 유도하는 정책이었다. 정치적으로도 농촌의 실력자인 지주층을 식민지농정(植民地農政)의 하부기관으로 이용하고, 그럼으로써 그들과 일반 농민을 이간하는 민족분할지배(民族分割支配)를 획책하는 것은 식민지 통치에 효과적이었다.

끝으로 토지조사사업에서 반봉건제(半封建制)가 확립되었다는 주장을 검토해보자. 반봉건제란 분산된 소농경영과 대토지소유 및 잉여 생산물의 지배적 형태인 고율 소작료(高率小作料)라는 봉건적 본질을 가지면서도, 구래의 신분적 특권을 배제하고 법적으로는 근대적 토지소유권을 부여받고 동시에 미곡 반출을 통하여 제국주의경제권에 편입되는 지주제를 말한다. 그런 점에서 토지조사사업을 기점으로 반봉건제가 지배적인 생산관계인 식민지반봉건사회(植民地半封建社會)가 확립되었다고 보는 견해가 있다.[21] 반봉건제론의 전제에는 조선시대의 토지제도를 봉건제로 보고 농업자본주의는 자본·임노동관계를 토대로 한다는 입장이 있다. 저자는 제1장에서 언급한 바와 같이 봉건제의 원래 개념을 확대해석하여 조선의 지주제에도 적용하는 데에 회의적이고, 제2장에서 언급하였듯이 자본·임노동관계의 성립에 의해서만 농업의 자본주의화를 식별하는 것은 세계사적 경험에 비추어 문제가 있다고 생각하므로, 반봉건제라는 개념을 사용하고 싶지 않다. 일제시대 지주제는 근대법적 토지소유와 발전된 시장을 전제로 하지만, 동시에 도시 공업부문의 고용창출력이 제한되어 팽창된 농촌과잉인구가 차지경쟁(借地競爭)을 치열하게 전개하는 단계에서 존립 기반을 구하였고, 식민모국과의 농·공분업 속에서 번창할 수 있었다.

4. 일본제국주의의 조선경제에 대한 지배력의 강화

식민지화 기초공사가 진전됨에 따라 일제는 조선경제에 대한 통제력을 강화하였다. 일제는 철도·통신망과 금융기관과 재정을 장악하고 조선을 일본의 화폐경제권에 편입시켰던 것이다.

나아가 일제는 산업생산을 통제하고 재편성하고자 했다. 1910년 회사령(會社令)을 공포하여 총독의 허가를 받아 회사를 설립하도록 하였는데, 이것은 공업 발전을 억제하여 조선을 식량과 원료의 공급기지로 묶어두기 위한 것이었다. 원면(原棉)의 확보에

21) 張矢遠 「식민지반봉건사회론」『韓國資本主義論』 까치, 1984.

고심하던 일본 정부와 방적 자본가는 가격의 변동이 심한 외국 면화에 대한 의존도를 낮추고 저렴한 원료를 확보하기 위하여 조선에서 육지면재배사업(陸地棉栽培事業)을 추진하였다. 육지면 생산은 증가하는 추세였으나, 자연적 제약 등으로 인하여 일본의 수입 면화 중 조선산은 1~2%에 그쳤다. 일제는 1908년의 홍삼전매법(紅蔘專賣法)을 통하여 홍삼의 제조를 독점하고 인삼의 재배와 홍삼의 판매·수출을 허가제로 하였으며, 1909년의 연초세법(煙草稅法)을 통하여 연초의 경작·판매를 허가제로 하고 생산액의 10%여에 해당하는 세금을 부과하였다. 이처럼 일제가 농촌의 부원(富源)을 장악, 흡수함에 따라, 조선후기부터 성장해온 인삼과 연초의 상업적 농업은 타격을 받았다.

러일전쟁 이전 일본인 자본은 반식민지 내의 식민지인 개항장을 거점으로 하면서 내지통상(內地通商)과 불법적인 내지정주(內地定住)를 통해 내지에 침투하였다. 그런데 러일전쟁 이후에는 내지에 대한 정치적·군사적 지배가 확고해지고 내지정주가 법인(法認)되고 철도와 신작로(新作路)라는 내륙교통수단이 정비됨에 따라, 개항장을 거점으로 하는 내지 침투의 시대는 철도 등에 의해 전국적 지배가 실현되는 시대로 전환하였다. 일본 상인의 내지정주가 활발히 진행됨에 따라, 개항장 객주의 존립 기반이 극히 취약해졌고 산지와 포구의 상인이 한층 일본 상인에 종속되거나 무력해졌다. 철도 운송이 수운(水運)을 압도하면서 급성장함에 따라, 주로 철도 운송에 의존하는 일본 상인은 주로 수운에 의존하는 조선 상인을 압도하여갔다. 1903년 조선에 거주한 일본인 2만 4,627명의 7%가 내지에 거주하는 데에 그쳤는데, 1909년에는 14만 6,147명의 37%가 내지에 거주하였다. 경부철도가 영업을 개시한 후부터 일본인은 철도역 주변에 활발히 진출하여 상권을 장악하여갔는데, 1913년 일본인의 약 70%가 철도 연선에 집중하였다. 이들은 거래처·금융면에서 개항장 무역상인에 대한 의존을 탈피하여 일본과의 직거래를 추진하였다. 1905년에는 일본 선박이 각지로의 자유항행권을 획득하였는데, 이것도 일본 상인의 내지 침투를 촉진하였다. 서울에서는 일본 상인이 전품목에 걸쳐 무역업과 도매업에 집중적으로 종사한 반면, 조선 상인은 곡물, 해산물 등 조선산 품목에 한하여 도매하거나 일본 상인으로부터 공급받은 일용잡화를 소매하는 데에 그쳤다.

화폐정리사업(貨幣整理事業)과 재정정리(財政整理)도 일본 상인과 식민지 권력에 대한 조선 상인의 종속을 심화하였다. 화폐정리사업의 기만적 진행과정에 의해 조선인은 대규모 화폐자산을 잃었다. 백동화(白銅貨)의 교환이 개시되는 날까지 그 정리 방침이 조선인에게 구체적으로 제시되지 않은 상태에서, 일본 상인은 그 정보를 미리 파악하고 백동화의 교환이 대단히 엄격한 방법으로 시행될 것이라는 소문을 흘렸다. 백동화의 정리에 의구심을 가진 조선인은 백동화를 투매하여 토지, 가옥, 면포 등의 상품을 획득하였다. 이러한 과정에서 일본 상인은 명목가치의 1/5 정도로 매입한 백동화를 비가(比價)대로 교환받음으로써, 화폐자산을 축적할 수 있었다. 그리고 일제의 일방적인 교환방침에 의해 400만~1,000만 원(元) 정도의 백동화가 조악하다고 해서 무효화되었다. 백동화의 투매와 무효화로 화폐를 많이 가지지 못한 조선 상인은 일본 상인과 중국 상인의 부채청산 요구, 발행어음의 환불 청구에 직면하여 부동산과 동산을 헐값에 방매(放賣)하거나 전당(典當)하지 않을 수 없었다. 서울에서는 어음의 교환이 이루어지지 못하고 파산, 도망한 상인이 수백 명이었다.

화폐정리에 연이어 재정정리가 실시되어 조선 상인은 한층 심대한 타격을 입었다. 조세를 상업자금으로 활용하는 외획은 갑오개혁기의 조세금납화를 계기로 성행하였는데, 조세의 중앙·지방 금고로의 집중조치는 조세에 의거한 상업신용기구를 일거에 폐기시킴으로써 조선 상인의 중요한 금융 기반을 박탈하였다.

조선 상인의 자금난은 조선인 소유의 대한천일은행(大韓天一銀行)과 한성은행(漢城銀行)의 경영난을 초래하였다. 화폐정리와 재정정리로 인하여 위기에 처한 조선 상인은 정부에 300만 원(圜)의 대출을 요청하여 허가를 얻었지만, 그것은 메가타의 반대로 무산되었다. 그는 금융기구를 장악하고 자신의 주도로 구제자금을 살포하여 금융 경색에 따른 사회적 불안에 대처하고자 했다. 1905년 공동창고(共同倉庫)와 수형조합(手形組合)의 설립, 뒤이은 농공은행과 금융조합의 설립은, 앞서 언급한 바와 같이, 식민지적 금융기구의 형성과정일 뿐만 아니라, 재정정리와 신화(新貨) 보급을 원활히 하고 조선인 유력자층을 식민지 금융권으로 포섭하기 위한 것이었다. 한성은행은 제일은행의 자금 지원을 받았고, 대한천일은행은 일본인 지배인을 받아들이는 조건으로 자금을 지원받아 파산을 면하였다. 조선인 보통은행도 식민지 금융권에 포섭된 것이다.

러일전쟁 이후 일본인은 내지에서의 생산에 본격적으로 진출하였다. 교통·통신·금융 등의 사회간접자본이 정비되었을 뿐만 아니라 일제의 조선에 대한 정치적 지배가 확고해짐에 따라, 자본투하의 안정성이 보장되었기 때문이다. 일본인의 공업투자는 러일전쟁 후에 본격화되어, 〈표 7-4〉에 의하면, 공장의 자본금이 1910년 800만 원(圓)이었다가 1919년에는 1억 원을 넘어섰다. 일본인 자본은 공장 자본금 중의 90% 내외를 차지할 정도로 압도적인 비중을 차지하였다. 1910년대에는 자본주의공업의 구성이 매우 취약하였다. 당시 굴지의 공업은 미곡 수출에 봉사하는 정미업(精米業)이었고, 그 다음으로 비중이 큰 것은 수입대체가공업이라 할 수 있는 연초제조업이었다. 이처럼 가공도가 낮은 공업이 중심을 이루었으며, 면업(綿業)과 같은 핵심적인 공업은 수입품의 압박으로 발달하지 못하였다.

표 7-4 **자본주의공업의 성장** (단위: 천 圓, %)

연도	공장수	자본금 (천 圓)	노동자의 수	공장 생산액 (천 圓)	농작물 생산액에 대한 비중(%)
1910	151	7,987	8,203	9,227	4.2
1914	654	17,372	20,963	28,790	6.9
1917	1,358	39,039	41,543	84,732	13.4
1919	1,900	129,378	48,705	228,495	18.6
1922	2,900	183,570	54,677	223,343	21.3
1925	4,238	265,853	80,375	269,364	22.4
1928	4,010	549,122	92,566	318,714	31.7
1930	4,261		101,943	280,964	39.7
1933	4,838		120,320	304,822	54.6
1936	5,927		188,250	709,866	72.7
1938	6,624		230,996	1,167,115	90.1
1940	7,142	1,725,325	294,971	1,645,047	111.3
1943	14,856		549,751	2,050,000	98.8

주: 5인 이상의 직공을 고용하고 그에 상응한 설비를 갖춘 공장에 국한. 官營工場은 제외.

일본인 자본은 농업에서는 압도적으로 미작(米作)에 투하되었다. 미곡이 대표적인 대일 수출품이었기 때문이다. 러일전쟁 전에 일본인은 주로 자금선대(資金先貸)를 통해 농산물을 장악하였지만, 그 후에는 본격적으로 토지를 집적하고 직접 농업경영에 참여하였다. 1915년 일본인이 소유한 전답은 17만 정보에 달해 전경지의 4%를 차지하였다. 그것은 거의가 지주제로 경영되었는데, 1912년에 150정보 이상을 소유한 일본인 지주가 277명에 달하였다.

식민지 권력의 통제력과 일본자본의 지배력이 강화됨과 동시에 조선의 일본제국주의경제권으로의 편입이 심화하였다. 쌀의 수이출량(輸移出量)은 1903년 41만 석에서 1918년 225만 석으로 증가하였다. 식민지기에 일본제국 내의 무역은 이출·입(移出·入)으로 표현된다. 일본의 면공업에 적합한 원료가 육지면재배사업으로 강압적으로 재배되고 면포 수이입은 급증한 반면 면사 수이입은 정체함에 따라, 가내수공업에 의한 토착 면포의 생산은 한층 해체되며 수이입 방적사를 이용한 대응도 약화되었다. 1910년경 수이입 면포는 면포 총소비고의 절반을 넘고 수이입 방적사를 이용한 면포도 포함하면 전체의 3/4을 넘었다. 러일전쟁 후에는 조선의 철광석(鐵鑛石)이 일본 제철업의 확립에 기여하였고 조선정부와 일본인 자본에 의한 일본 기계류의 이입이 증가한 점이 주목된다. 이 단계에서 조선은 미곡·콩·면화 등의 농산물 및 철·석탄 등의 광산물이라는 일차산품을 이출하고 면제품을 중심으로 하는 경공업제품 및 기계류를 비롯한 각종 금속제품 등 공업 완제품을 이입하는 수직적인 무역구조에 깊게 포섭되어갔다. 이러한 수직적 분업이 심화·확대되면서, 〈표 7-1〉에 나타난 바와 같이, 조선의 무역은 급속히 신장되어 조선내 생산에 대한 비중을 높여갔다.

참고문헌

金鴻植 외 『조선토지조사사업의 연구』 민음사, 1997.

裵英淳 「韓末日帝初期의 土地調査와 地稅改定에 관한 연구」 서울대 文學博士學位論文, 1987.

이영호 『한국근대 지세제도와 농민운동』 서울대학교출판부, 2001.

정재정 『일제침략과 한국철도(1892~1945)』 서울대학교출판부, 1999.

조석곤 『한국 근대 토지제도의 형성』 해남, 2003.

宮嶋博史 『朝鮮土地調査事業史の研究』 東京大學 東洋文化研究所, 1991.

H. E. Gragert, *Landownership under Colonial Rule—Korea's Experience, 1900-1935*, University of Hawaii Press, 1994.

제8장

일제시대 농업정책과 지주제의 전개

1. 산미증식계획과 지주제의 성장

(1) 1910년대의 식민지농정

일본은 조선을 식민지로 만든 직후부터 식량·원료공급기지의 기능을 확대하기 위한 정책을 추진하였다. 그것은 상품판매시장을 위한 대일 무역 결제자금의 공급 대책이기도 하였다. 뿐만 아니라 식민지화 기초작업을 위해서도 필요하였다. 식민지화 기초공사를 위해 조선은행권(朝鮮銀行券)의 발행이 증대하였는데, 조선 내의 생산이 그에 상응하여 증대하지 않으면 인플레가 발생하여 조선의 수·이입(輸·移入) 초과가 확대되고, 그러면 일본화폐의 준비에 지장을 초래하기 때문이었다.

1910년대에 조선총독부는 곡물·면화·양잠이란 3대 농산물의 증산정책을 추진하지만, 미곡의 증산정책이 그 중심을 이루었다. 쌀농사의 개량을 위한 4대 장려 사항은 우량품종(優良品種)의 보급, 관개설비의 개선, 시비량(施肥量)의 증가, 그리고 건조조제(乾燥調製)의 개량이었다. 논의 토지생산성을 높이고 일본인 소비자의 기호에 부응하기 위하여 우량품종을 보급시켰다. 〈표 8-1〉에 의하면, 벼의 총경작면적 중 우량품종의 보급률은 1912년 2.8%로부터 1920년에는 57.5%로 급증하였다. 이것은 1910년대 토지생산성, 나아가 경제성장률을 높인 중요한 요인이었다. 미곡 수출이 본격화되는 1890년대부터 일본 품종은 도입되었으나, 1912년에도 그 비중은 낮았다. 조선미의 상품가치를 높이기 위하여 1902년부터 일본인 수출상이 행하던 미곡검사를 1915년부터 총독부가 실시하여 건조·조제 등을 감독하였고, 토지조사사업에서 우량품종을 재배한 토지를 과세면에서 우대하였는데, 이러한 조치들은 우량품종의 보급을 촉진하였다. 산미증식

표 8-1 우량품종의 보급 상황 (단위: 정보, %)

연도	벼의 총 경작면적	우량품종 경작 면적 (비중)	早神力	穀良都	多摩錦	銀坊主	陸羽 132號	5品種計
1912	1,402,993	38,880 (2.8)						2.6
1915	1,480,342	323,172 (21.9)	11.9	3.5	1.1	–	–	16.5
1920	1,537,616	883,396 (57.5)	16.3	15.7	10.2	–	–	42.2
1925	1,556,599	1,115,359 (71.6)	13.3	21.3	11.0	–	–	45.6
1930	1,623,513	1,195,037 (73.6)	4.6	28.5	10.4	2.3	–	45.8
1935	1,656,130	1,361,708 (82.2)	0.7	23.1	7.8	19.1	8.1	59.0
1937	1,604,820	1,353,703 (84.4)	–	19.3	4.8	31.2	12.1	67.4

출전: 河合和南「産米增殖計劃과 植民地農業의 展開」385쪽, 表3.
주: 괄호 속은 벼의 총경작면적에 대한 비율이며, 나머지는 우량품종의 경작면적에 대한 비율.

계획 이전에 조선총독부는 우량품종의 보급을 논농사 개량을 위한 첫 번째 요건으로 삼았으나, 아직 충분한 재정 지원을 하지는 않았다. 그런 점에서 우량품종이 수출에 유리하고 수확이 많은데다가 제도적 혜택을 가진 데에 농민이 능동적으로 대응하여 1910년대 우량품종이 급속히 도입되었다. 재래 품종은 수분(水分)과 비료가 적어도 잘 자라지만, 우량품종은 지력소모(地力消耗)가 더욱 커서 비료 투입의 증가가 요청되었고 관개의 개선도 수반해야 하였다. 관개시설의 개선은 재정 형편 등으로 본격적으로 수행되지 못하고, 재래의 제언(堤堰)이나 보(洑)의 수축(修築)에 머물렀다. 수리조합에 의한 대규모의 관개사업은 1919년 수리조합보조규정(水利組合補助規定)의 제정으로 공사비에 대한 20~30%의 보조금이 교부되고 정부 알선 자금이 공급되기 시작하면서 진전을 보았다. 관개설비가 불충분하기 때문에 시비(施肥)효과는 크지 않았다. 천수답(天水畓)의 비료 투입은 한(旱)·수해(水害)로 인하여 효력을 잃기 쉬웠고, 점토질(粘土質)이 강한 천수답에 유기질 비료를 사용하면 보수력(保水力)이 약화될 우려가 있었다. 그래서 녹비(綠肥), 퇴비(堆肥) 등 자급 비료의 증산이 주로 장려되었고, 1918년경부터 대두박(大豆泊) 등의 유기질 비료가 관개시설을 가진 논에 투입되었다. 1920년대까지는 관개가 불충분하고 비료가 적은 상태에서도 견딜 수 있는 우량품종이 보급되었다.

1920년대의 산미증식계획(産米增殖計劃)은 1910년대의 식민지농정(植民地農政)을 계승하는 것이었다. 그러면서 산미증식을 요구하는 새로운 상황을 맞이하여 보다 철저한 계획과 강력한 정책이 실행되었다.

(2) 산미증식계획의 배경

일본에서는 공업화의 진전에 수반하여 농업 인구가 감소한 반면 소득의 상승으로 식량 소비가 증가하였다. 그래서 일본은 1890년대를 기점으로 쌀 수입국으로 전환하였다. 제1차 세계대전 동안 일본은 수출의 신장과 해운의 번창에 의해 대호황(大好況)을 맞이하였다. 이러한 호황기 동안 공업이 급속히 발전하고 공장노동자가 증가하였다. 그 결과 〈그림 8-1〉에 나타난 바와 같이, 쌀값이 등귀하고 식량사정이 악화되었다. 일본자본주의의 발전을 뒷받침한 재생산의 한 특질은 고율 소작료(高率小作料)를 징수하여 저생산비, 나아가 저미가(低米價)를 유지하고 그에 힘입어 저임금(低賃金)을 실현함으로써, 지주제와 자본제가 관련을 맺으면서 성장하는 것이었다. 따라서 고미가(高米價)는 서민 생활을 악화시킬 뿐만 아니라, 저임금을 통한 자본축적 메커니즘에 타격을 가하는 것이었다. 1918년 일본의 전국 각지에서 수백만 명이 생활난의 구제와 쌀값의 인하를 요구하는 시위와 폭동을 일으키자, 경찰력만으로는 되지 않아 군대가 출동하여 유혈 진압을 하기에 이르렀다. 이 '쌀소동'은 조선으로부터의 미곡 반입을 위한 적극적인 대책의 수립을 요청하였다. 일본쌀과 마찬가지로 자포니카계인 조선쌀은 인디카계인 외국쌀보다 쌀값의 안정에 효과가 컸을 뿐만 아니라, 동일한 통화권인 조선의 쌀 반입은 국제수지를 악화시키지 않았기 때문이다. 이것이 산미증식계획(앞으로 '계획'으로

그림 8-1 서울과 동경의 미가와 일반 물가의 대비

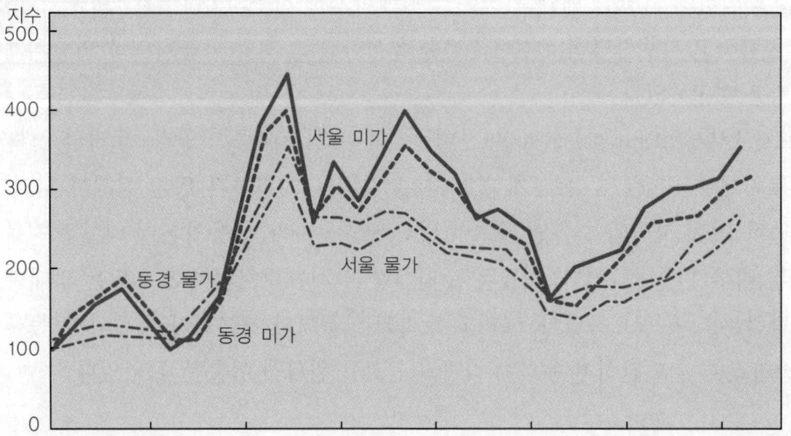

자료: 朝鮮總督府『朝鮮米穀要覽』1940.

약칭함)을 수립한 가장 중요한 배경이었다.

일본경제는 제1차 세계대전 직후의 호황(1919년)을 정점으로 1920년부터 불황으로의 길을 걸어가면서 세계대공황에 말려들게 된다. 일본은 제1차 세계대전 전에는 3억여 원(圓)의 순채무(純債務)를 져서 이자의 지불이 곤란하였지만, 1915~9년간 무역흑자와 운임흑자가 각각 13억 원 정도에 달해 경상수지 흑자가 30억 원을 넘었던 결과 1918년에는 3억여 원의 순채권을 가지게 되었다. 그런데 불황으로 인하여 유리한 투자기회를 찾지 못하는 과잉자본(過剩資本)이 쌓이자, 일본은 그 대책의 일환으로서 1920년에 회사령(會社令)을 철폐함으로써 조선으로의 자본수출을 장려하였고, 일본자본을 산미증식계획에 투입하였다.

1919년의 3·1운동은 일제에 큰 충격을 가한, 민족독립운동에서 획기적인 사건이었다. 3·1운동을 계기로 일제는 무단통치(武斷統治)로부터 문화통치(文化統治)로 전환하였는데, 문화통치의 본질은 민족분할지배정책(民族分割支配政策)이었다. 민족분할지배를 위한 경제적인 대책은 조선인 자본의 종속적인 발전을 허용한 회사령의 철폐, 그리고 산미증식계획의 실시였다. 육지면재배사업의 강요, 연초·면화의 시가보다 헐한 공동판매, 인삼·연초 등 작물의 재배 규제 등 강압적인 식민지농정은 농민의 3·1운동 참여를 유도하였는데, 3·1운동과 일본의 쌀소동을 목도한 조선총독부는 안정적인 식민지 통치를 위해서는 미곡 소비의 증가에 상응하는 식량의 증산을 도모할 필요성을 느끼게 되었다. 그리고 산미증식계획을 통하여 조선의 지주층을 미곡반출시장에 적극 참여시킴으로써 일본제국주의와 공통의 경제적 이해를 강화할 수 있었다. 총독부는 지주층을 포섭하고 그들을 매개로 농촌을 지배하고자 지주회(地主會)와 계통농회(系統農會)를 설립하고 지주간담회(地主懇談會)를 실시하였고, 그것을 통하여 산미증식계획 등의 농정을 추진하였다.

토지조사사업(土地調査事業)은 산미증식계획의 토대를 닦았다. 토지의 정확한 측량은 토지개량(土地改良)·농사개량(農事改良)사업을 계획하기 위한 전제가 되었다. 토지의 면적·가치 파악과 소유권 증명이 명확해짐에 따라, 금융자본에 의한 토지를 담보로 하는 대부가 활발해졌다. 이것은 토지개량·농사개량사업에 소요되는 막대한 자금을 조달하는 데에 필요하였다. 그리고 토지의 상품화와 자본화가 촉진되면, 농촌이 일본시장의 동향에 민감히 반응하여 식량과 원료를 원활히 이출할 수 있었다.

(3) 산미증식계획의 추진

산미증식계획은 토지개량사업(土地改良事業)과 농사개량사업(農事改良事業)으로 나누어진다. 전자는 관개 개선·지목(地目) 변경·개간간척사업(開墾干拓事業)을, 후자는 시비(施肥) 증대·경종법(耕種法) 개선(주로 우량품종의 보급)을 중심으로 삼았다. 1920년부터 15년간 실시하기로 계획된 제1기 사업은 부진하였다. 1925년까지 6년간 토지개량사업의 실적은 계획의 60% 정도에 그쳤고, 게다가 경종법 개선과 비료 투입 증가가 수반되지 않았으므로, 미곡의 증산량도 예상을 훨씬 밑돌았다. 이러한 부진의 주된 원인은 공공재(公共財)의 성격이 강한 관개 개선에 대한 정부의 보조가 부족하였던 점이다. 1기 계획에서는 총사업비 2억 3,621만 원(圓) 중 사업자 개인의 부담이 41%로 높은 반면, 정부가 알선한 저리 자금의 공급이 부진하였고 그것도 9.5~11%의 이자를 부담해야 하였다. 그래서 높은 이자를 부담하면서 수리시설을 만들기보다는 여유 자금으로 농지를 구입하여 고율 소작료를 수취하는 것이 유리하였다. 이러한 결함을 시정하기 위하여 계획은 1926년에 수정되었다.

1926년부터 12년간 실시하기로 계획된 제2기 사업에서는 사업자 개인의 부담이 대폭 경감되고 정부가 알선한 저리 자금의 비중이 높아졌다. 토지개량자금 2억 8,533만 원 중 기업자 조달자금은 7%에 불과하고 정부 알선 자금이 73%에 달하였다. 이자 부담도 경감되어 정부 알선 자금의 1/2은 동양척식주식회사(東洋拓殖株式會社)와 식산은행(殖産銀行)이 대장성(大藏省) 예금부에서 연리(年利) 5.1%로 차입하여 5.9%로 대출하고, 나머지는 양사가 균분하여 연리 7.7%의 채권을 발행하여 얻은 자금을 8.9%로 대출하도록 하였다. 농사개량자금을 위하여 정부는 4,000만 원의 자금을 알선하였다. 토지개량사업의 대행기관으로서 동양척식회사의 토지개량부(土地改良部)와 식산은행이 대지주인 조선토지개량주식회사(朝鮮土地改良株式會社)가 설립되었다.

1933년까지 계획의 중심은 투입 자금의 비중으로 보더라도 토지개량사업이었다. 토지개량사업 자금은 거의가 관개 개선에 집중되었다. 1926~33년간 토지개량사업의 착수면적 중 수리조합(水利組合)에 의한 것이 87%, 준공면적 중에는 92%였다. 국고보조비의 62%와 정부 알선 자금의 88%가 수리조합에 제공되었다. 1937년까지 토지개량사업을 통해 계획한 쌀 증산량 1,823만 석의 90% 이상을 수리조합을 통하여 달성하고자 했다. 요컨대, 계획은 수리조합을 중심으로 하는 관개 개선에 치중하였던 것이다. 수리조합에 의한 관개 형태는 저수지, 보(洑), 양수기(揚水機)의 순이었다. 수리조합에 의한 저수지와 보는 조선시대의 것과는 달리 철재와 콘크리트 등의 새로운 소재를 사용하여

표 8-2 관개설비를 갖춘 논의 추이 (단위: 정보, %)

연도	논 총면적(a)	관개설비를 갖춘 논(b)	수리조합 혜택 면적(c)	(b)/(a)	(c)/(b)
1920	1,543,702	약 341,210	32,204	22.1	9.4
1925	1,578,353	767,860	82,403	48.7	10.7
1930	1,633,322	960,432	206,013	58.8	21.5
1935	1,701,478	1,161,448	226,052	68.3	19.5

출전: 河合和南「産米增殖計劃과 植民地農業의 展開」384쪽, 表2 등으로부터 작성.
주: 관개설비를 갖춘 논 중에 설비가 불완전한 것도 포함한다(1935년 말 현재 약 40만 정보).

표 8-3 수리조합의 위상

연도	作付面積(정보)	논의 총면적에 대한 비율(%)	玄米收穫量(1,000석)	총수확량에 대한 비율(%)	300평당 수확량(석)	
					組合地域	全朝鮮
1927	81,096	5	1,182	7	1.45	1.08
1934	189,076	11	2,903	17	1.54	0.98

출전: 田剛秀「日帝下 水利組合事業이 地主制 展開에 미친 影響」『經濟史學』8, 1984, 표 9로부터 작성.

한층 견고하였고, 양수기의 도입은 양수와 배수를 통한 수로의 조절을 가능케 하였다. 토지개량사업에 힘입어 관개설비를 갖춘 논이 증가하였다. 〈표 8-2〉에 의하면, 1920년 말 관개설비를 갖춘 논은 34만 정보로 전체의 22%였는데, 1935년 말에는 116만 정보로 전체의 68%였다. 저수지를 수원(水源)으로 하는 수리조합이 큰 역할을 담당한 지역은 전라북도 논농사 지역을 제외하면 북부의 논농사 지역이거나 산악지대였는데, 이러한 후진 지역에서 수리조합에 의한 논의 개발이 활발하였다.

관개의 개선은 토지생산성을 높였다. 〈표 8-3〉에 의하면, 수리조합지역의 토지생산성은 1단보(=300평)당 미곡 1.5석으로 전국 평균의 1.5배였다.[1] 수리사업은 수로의 흐름을 변화시키고 조절함으로써 황무지의 개간과 평야지대의 개발에 기여하였다. 또한 관개시설의 확대는 자연재해를 완화시키는 효과를 낳았다.

일제시대 관개 개선은 식민지농정의 소산으로만, 그리고 일본인의 역할로만 설명

1) 1970년대 후반 이후 논 1단보의 쌀 수확량은 평균 450kg 내외에 머물렀다. 벼 1석이 100kg, 현미 1석이 155kg이니, 1930년대에 비해 1980년대의 토지생산성은 3배로 증가하였고, 수리조합의 구역에 비해서는 2배로 증가한 셈이다.

될 수는 없다. 일반적으로 외인(外因)만에 의하여 이루어진 것처럼 보이는 변화도 잘 살펴보면 내인(內因)의 뒷받침을 받기 마련이며, 제국주의가 일방적으로 식민지를 마음대로 변모시킬 수 있는 것도 아니다. 〈표 8-2〉에 의하면, 1930년대 전반에 수리조합의 혜택을 입는 몽리면적은 20여만 정보로서 관개설비를 갖춘 논 전체의 20% 남짓이었다. 신설된 저수지 관개답은 대부분 수리조합사업에 의거하였지만, 보(洑) 관개답의 대부분은 총독부의 보조가 없이 농민이 수리계(水利契) 등에 의해 이룩한 성과였다. 초기에는 일본인 지주가 주도적인 역할을 하고 저수지를 수원으로 하는 대규모 수리조합이 압도적이었지만, 조선인이 주도적인 역할을 하고 보를 수원으로 하는 소규모 수리조합의 비중은 30년대 말까지 계속 높아졌다. 1939년 창설된 장호원공려수리조합(長湖院共勵水利組合)과 같이, 구래의 보계(洑契)조직을 기반으로 하여 조선인이 설립한 소규모 조합도 있었다. 공려수리조합은 30년대에 중시된 소규모 토지개량사업의 전형이라 할 수 있는데, 도비(道費)에 의한 보조만 이루어졌다. 전국의 공려조합 58개 중에 조선인을 조합장으로 하는 것이 49개였다. 일본인 지주의 주도하에 1923년 창설된 부평수리조합(富平水利組合)의 직원 구성을 보면, 조선인의 비중이 늘고 있었다. 충남의 마구평(馬九坪)에서는 일본인이 러일전쟁 직후부터 저생산성 토지와 미개간지를 헐값으로 구입하고 개간하여 논을 만들고서는 수리조합을 창설하여 수리사업을 추진하였는데, 조합 구역 밖의 조선인은 그에 자극을 받아 조합수로(組合水路)와 재래보(在來洑)를 연결하고 양수기를 도입하여 관개능력을 높였다. 확대되는 미곡시장에 깊게 편입되어간 조선인은 근대적 수리시설에 자극을 받고 관개 개선에 노력하여 미곡을 증산하고 적극 상품화하게 되었다. 이러한 조선인의 대응이 관개시설의 개선과 미곡상품화의 진전을 뒷받침하였던 것이다.

토지개량사업의 착수면적을 보면, 1926~9년간 누계에서는 실적이 계획을 상회하였다. 그런데 1930년의 공황에 쌀값이 폭락하여 정부알선자금의 원리금 상환이 어려워지고 일본도 조선미의 대량 이입에 부담을 느끼게 되었으므로, 1934년 이후 정부알선자금이 격감함에 따라, 준공면적의 실적률은 1934년 이후 현저히 떨어진다. 1926~37년간의 누계 달성률은 착수면적으로는 46%, 준공면적으로는 51%였다.

1934년 이후에는 토지개량사업과 달리 농사개량사업이 활발하게 진행되었다. 계획의 중점이 토지개량사업으로부터 농사개량사업으로 옮겨졌던 것이다. 〈표 8-1〉에 의하면, 일본 우량품종의 보급은 산미증식계획기간에도 진전하였다. 30년대에는 비료투입과 관개에 대한 반응도가 높은 은방주(銀坊主) 등이 급속히 보급되었는데, 이것이 관개와 비료 투입의 진전과 결부되면서 토지생산성을 높였다.

표 8-4 비료 소비액의 추이 (단위: 만 圓, %)

연도	자급 비료	판매 비료			총액
		동·식물비료	화학비료	소계	
1916	1,451(97.6)	30 (2.0)	4 (0.3)	35 (2.4)	1,486
1921	2,314(86.5)	281(10.5)	28 (1.1)	335(12.5)	2,674
1926	7,379(83.5)	909(10.3)	521 (5.9)	1,460(16.5)	8,839
1931	8,753(83.9)	494 (4.7)	1,108(10.6)	1,681(16.1)	10,434
1936	11,149(60.2)	525 (2.8)	5,174(27.9)	7,368(39.8)	18,517

자료: 小早川九郎 『朝鮮農業發達史』(發達編), 1944, 부록 제18-2표.
주: 판매 비료란의 소계는 동·식물비료와 화학비료 외에도 조합(調合)비료·잡비료 등을 포괄하고 있다.

관개설비를 갖춘 논의 보급으로 인하여 비료의 효율이 높아지고 다수확 우량품종의 보급으로 인하여 지력의 소모가 컸기 때문에, 비료를 많이 사용할 필요가 있었다. 농사개량사업을 위하여 정부가 알선한 4,000만 원 중 80% 이상이 화학비료의 구입에 사용되었다. 제1기 계획에는 사용하기가 비교적 안전하고 질소량이 많은 유기질 비료가 장려되었는데, 그 후에는 무기질 비료에 거의 의존하게 되었다. 1920년대 후반에 일본으로부터 비료의 이입이 증가하였고, 1930년 조선질소(朝鮮窒素) 흥남공장(興南工場)이 설립된 이후에는 화학비료의 생산이 증대하였다. 〈표 8-4〉에 의하면, 화학비료의 소비액이 차지하는 비중은 1921년 1%로부터 1936년 28%로 급증하였다. 그런데 자급 비료도 증가하여 1936년에 비료 소비액의 60%를 차지하였음을 주목할 필요가 있다. 수리조합과 무관한 관개 개선의 비중이 컸던 것과 마찬가지로, 비료 투입면에서도 총독부의 지원과 무관한 자급 비료의 증산이 중요한 역할을 하였다. 화학비료는 수확 효과가 컸지만, 자급 비료는 지력유지 효과가 컸다.

〈표 8-5〉에 의하면, 보통작물이 농업총생산의 90%에 달하였다. 미곡은 보통작물의 60% 내외를, 농업총생산의 절반을 차지하였다. 1920~35년간 미곡 생산의 성장률이 농업총생산의 그것보다 빨랐는데, 이것은 미곡이 농업생산의 성장을 주도하였음을 보여준다. 1910년대에 성장률이 높은 것은 1910년대 초 통계의 과소평가를 충분히 감안하지 못한 데에도 연유할 것이다. 산미증식계획이 집중적으로 추진된 20년대보다 30년대에 농업생산이 훨씬 빠르게 성장하였던 것이 주목된다. 1920년대에 성장률이 낮게 계산된 것은 농업불황에 따른 가격의 하락 추세에 기인한 면이 있겠지만, 20년대에 집중된 토지개량사업은 30년대에 지속된 비료 투입의 증대 및 새로운 우량품종의 도입과 결합하여 비로소 생산성의 현저한 진전을 낳았다.

표 8-5 농업생산의 구성과 연평균 증가율(1934~6년 가격)

(단위: %)

구분	연도	농업총생산 (만 圓)	耕種農業				축산 양잠
			보통작물(미곡)	특용작물(棉)	원예작물	합계	
구성비 (%)	1910	52,800	91.5 (60.4)	2.2 (37.3)	5.7	99.5	0.5
	1915	67,339	90.4 (58.5)	2.9 (42.1)	6.1	99.3	0.7
	1920	76,111	88.3 (57.4)	4.1 (53.6)	6.9	99.3	0.7
	1925	78,143	86.9 (59.6)	5.2 (59.3)	6.8	98.9	1.1
	1930	81,856	85.6 (61.0)	5.5 (56.8)	7.2	98.3	1.7
	1935	96,581	86.0 (63.6)	5.2 (60.6)	6.9	98.1	1.9
성장률 (%)	1910~15	6.2	5.9 (5.1)	13.5 (17.0)	8.1	6.2	11.7
	1915~20	2.5	2.0 (1.6)	10.3 (15.7)	4.9	2.5	3.7
	1920~25	0.5	0.2 (1.0)	5.2 (7.3)	0.5	0.4	10.7
	1925~30	0.9	0.6 (1.1)	2.1 (1.3)	1.9	0.8	9.8
	1930~35	3.4	3.5 (4.3)	2.3 (3.4)	2.6	3.3	5.5
	1920~35	1.6	1.4 (2.1)	3.2 (4.0)	1.6	1.5	8.6

출전: 溝口敏行·梅村又次 編『舊日本植民地經濟統計』『推計と分析』東洋經濟新報社, 1988, 〈표4-3〉~〈표4-5〉로부터 작성.

표 8-6 농업투입요소와 농업생산성의 변화

연도	경지면적	노동 투입	비료 투입	농업고정자본	토지생산성	노동생산성
	천 정보(정보/호)	십만 일(일/정보)	만 圓(圓/정보)	천 圓(圓/정보)	圓/정보	圓/일
1915	4,482 (1.7)				150	
1920	4,545 (1.7)	5,340 (123)	2,510 (5.6)	24,788 (5.5)	167	1.43
1925	4,584 (1.7)	5,608 (129)	5,842 (12.7)	26,121 (5.7)	170	1.39
1930	4,655 (1.6)	5,894 (134)	10,615 (22.8)	27,596 (5.9)	176	1.39
1935	4,918 (1.6)	5,901 (133)	16,555 (33.7)	30,868 (6.2)	196	1.64
1915~20	0.3%				2.2%	
1920~25	0.2	1.0%	18.4%	1.1%	0.3	−0.5%
1925~30	0.3	1.0	12.7	1.1	0.6	−0.1
1930~35	1.0	0.0	9.3	2.2	2.3	3.4
1920~35	0.5	0.7	13.4	1.5	1.1	0.9

출전: 溝口敏行·梅村又次 編『舊日本植民地經濟統計』〈표4-7〉~〈표4-9〉로부터 작성.
주: 圓은 1934~6년의 불변가격.

이처럼 농업생산의 증대를 가져온 요인을 〈표 8-6〉으로 분석하여보자. 비료 투입의 빠른 신장은 생산성 향상을 낳은 중요한 요인이었다. 그에 반해 수리시설이 확장되는 가운데서도 농업고정자본의 투입증가율은 높지 않았다. 개간할 여지가 많지 않아 경지증가율은 낮았다. 1930~5년간 경지면적의 증가는 주로 화전(火田)의 증가에 기인하였다. 1920년대 단위 면적당 노동력의 투입은 연평균 1% 신장하였다. 비료와 노동력의 투입 증대를 통한 집약적 농법의 진전으로 인하여 토지생산성 상승률이 노동생산성 상승률보다 높았다. 산미증식계획에 의하여 비료와 노동력을 많이 투입하는 일본식 논농사 기술체계가 도입되었던 것이다. 그런데 1호당 노동투입일수가 200일 정도로 대만의 절반에 불과한 것은 주로 기후의 차이로 인해 대만보다 농한기가 길고 이모작과 상업적 농업이 덜 성행하였기 때문이다. 1930년대에는 공업 부문의 노동 흡수력이 증대하여 노동 투입이 정체하고 노동생산성이 상승하였음이 주목된다.

일본의 집약적 도작기술체계가 원활히 정착한 배경으로는 식민지 권력의 강력한 행정력과 미곡반출시장의 확대뿐만 아니라 조선 내적인 요인도 있었다. 조선시대에 연작법(連作法), 이앙법(移秧法), 수전이모작법(水田二毛作法) 등의 보급으로 집약적 소농경영이 발전하여, 일본 농법을 흡수하기 위한 역량을 갖추었다. 일제시대 농촌인구의 증가는 더욱 집약적인 영농을 요구하였다.

논농사 기술이 발전하고 논의 토지생산성이 상승하였지만, 〈표 8-5〉에 드러나듯이, 농업은 쌀 생산에 편중된 문제를 안고 있었다. 특용작물이 빠르게 성장하였는데, 그것은 전적으로 면화 덕분이었다. 대일 이출품인 쌀과 면화가 농업생산의 성장을 주도하였던 것이다.

농정을 담당한 일본인이 조선의 기후와 풍토에 적응하여 발달해온 재래 농법을 유치한 것으로 간주하여 무시하였는데, 그 부작용은 가볍지 않았다. 조선후기 벼 품종이 분화하여 천을 넘었는데, 한반도의 자연환경에 맞는 벼 품종들은 일본 우량품종의 보급을 위해 도태당하였다.[2)] 일본에 비해 강우량이 적은 조선에서는 밭농사가 중심을 이루었고, 한지농법(旱地農法)에 의한 윤작(輪作)과 간작(間作)이 발달하였고, 두과(豆科)작물이 지력의 회복에 중요한 역할을 하였다. 논농사에서는 용수량이 부족한 경우 밭농사와 논농사를 번갈아 행하는 윤답(輪畓) 재배와, 마른 땅에 벼를 파종하다가 비가 오면 수전(水田)으로 만드는 건답(乾畓) 재배가 이루어졌다. 일본이 필요로 하는 쌀과 면화에 투자가 집중되고 밭농사는 경시됨에 따라, 두류(豆類) 등 토지생산성이 감소한 작물이

2) 이호철 「조선후기 농서의 수도품종 분석」 『조선시대 농업사 연구』 국학자료원, 2003.

그림 8-2 조선미의 생산과 수이출 및 조선 내 소비

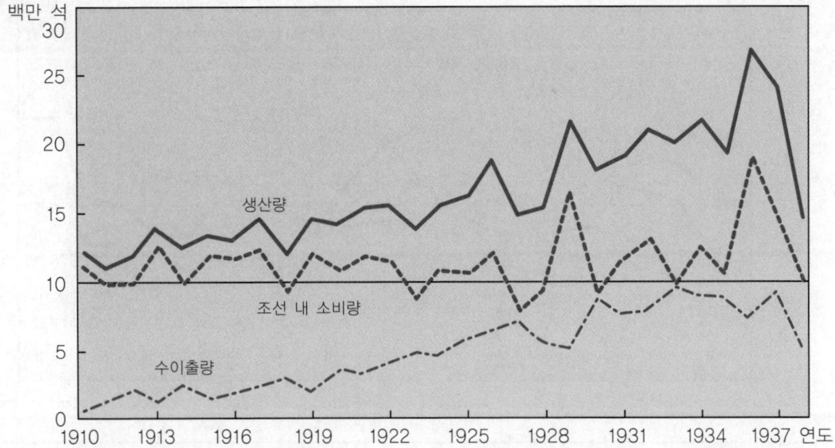

자료: 생산량은 박섭 『한국근대의 농업변동』 〈표 보론-7〉. 수이출량은 朝鮮農會 『朝鮮農業發達史』 發達編, 1944, 부록 제22표의 1: 『朝鮮總督府統計年報』.

많았고, 전반적으로 밭작물의 생산성은 정체하였다. 두류의 생산이 감소한 데다가 화학비료가 많이 투입됨에 따라 지력(地力)이 약화되었다.

조선총독부는 산미증식계획의 목적을 "조선 내의 수요 증가에 대비하고 농가경제의 성장으로 반도경제의 향상을 도모하고 아울러 제국의 식량 문제의 해결에 이바지하는" 것이라고 표방하였다. 〈그림 8-2〉에 의하면, 미곡생산은 꾸준히 증가하였는데, 조선 내 소비량은 증가하지 않은 반면 이출량만 급증하였다. 그래서 계획은 일본의 식량 문제를 해결하고 저임금의 유지를 통해 자본 축적에 기여하려는 목적을 달성하였다. 일본 미곡시장에서 조선미가 차지하는 비중은 1910~3년간에는 1.1%에 불과하다가 1918~21년간에는 6.4%로 증가하고 1930~3년간에는 15.2%에 달하였다. 조선미는 생산비가 저렴한 데다가 대규모 가공·판매방식으로 유통비용도 저렴하여, 싼 가격으로 공급될 수 있었다. 질적으로 조선미는 일본인의 구미에 맞는 우량품종으로 통일되어 있었고, 대규모의 정미공장에서 가공되어 검사를 거쳐 반출되었다. 그래서 일본시장에서 일본미와 조선미의 가격차가 점점 축소되었다. 조선미의 이입은 일본의 쌀값 안정에 크게 이바지하였고, 또한 국제수지를 개선시켰다.

그런데 "조선 내의 수요 증가에 대비하고 농가경제의 성장으로 반도경제의 향상을 도모하려던" 구호는 달성되었던가. 〈그림 8-3〉에 의하면, 농가의 미작(米作) 수입이

그림 8-3 농가의 실질농업소득 추이(1920=100)

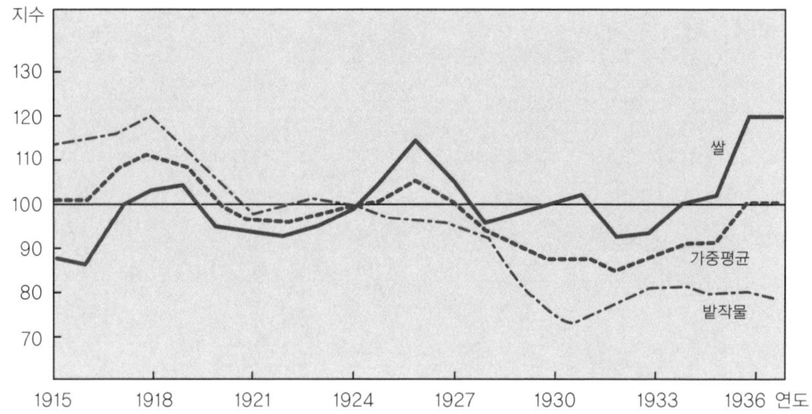

출전: Mitsuhiko Kimura, "Standards of Living in Colonial Korea: Did the Korean Masses Become Worse off or Better off under Japaness Rule?," *Journal of Economic History*, Vol. 53, No. 3, 1993, Table 2로부터 작성.
주: 실질농업소득은 쌀의 가중치를 55%로 하여 계산.

증가하였지만 밭농사 수입이 감소하여 실질농업소득은 정체하였다. 면업(綿業), 미곡조제(米穀調製) 등의 가내부업이 축소되면서도 농외 소득(農外所得)이 신장되지 못하였으므로, 농가의 경제 상태가 개선되지 못하였다. 1920년대에 토지생산성의 완만한 신장과 불황은 농가의 경제력에 불리하게 작용한 반면, 30년대에 토지생산성의 빠른 상승과 경기의 호전은 그것에 유리하게 작용하였다. 조선 내 미곡 소비량이 정체한 반면 인구가 빠르게 증가하여, 1인당 미곡 소비량은 10년대 후반 0.7석 정도로부터 30년대에 0.5석 정도로 떨어졌다. 그것을 보충하기 위하여 잡곡을 수입하였지만, 미곡 소비의 감소로 인한 영양 상태의 악화를 다 보충하지는 못하였다. 기무라 미쓰히코(木村光彦)가 추정한 1인당 곡물로부터의 섭취열량(攝取熱量)은 대체로 1,600~1,700칼로리에 머물렀고, 1936년경까지 감소 추세였다. 그 결과, 〈표 8-7〉에 의하면, 1930년 농가의 절반은 보리가 수확되기 전인 3~5월에 식량이 부족하여 야산에서 나물·풀뿌리·나무껍질로 식량을 대용하는 춘궁(春窮)농가였다. 소작농은 68%가 춘궁농가였고, 북부보다 소작제가 발달한 남부에서 춘궁농가의 비중이 더 높았다.

조선의 식량 사정이 열악한 가운데 생산 미곡의 절반 가까이를 반출할 수 있던 사정은 지주제가 확대되면서 미곡의 분배가 극심하게 불균등하였던 데에서 찾을 수 있다. 〈표 8-8〉에 의하면, 소수 지주는 잉여 미곡을 풍부하게 보유하여 상품화할 수 있었

표 8-7 춘궁농가호수와 그 비중(1930년) (단위: 천 호, %)

구분	自作農	自小作農	小作農	합계
조선 남부 7도	50(23.4)	220(40.2)	621(72.8)	892(55.5)
조선 북부 6도	42(14.5)	103(32.8)	216(61.3)	362(36.0)
조선 전체	92(18.4)	323(37.5)	838(68.1)	1,253(48.3)

자료: 朝鮮總督府『朝鮮の小作慣行』下卷, 1932, 續編, 112~3쪽.

표 8-8 미곡의 계급간 분배량(1930~3년간 평균) (단위: 석)

계급별	取得米	1호당 취득미	1인당 취득미
지 주	6,485,995(37.3)	62.29	11.43
자 작 농	2,578,392(14.8)	5.40	0.99
자소작농	4,892,333(28.1)	6.59	1.21
소 작 농	3,441,335(19.8)	2.23	0.41
합계 또는 평균	17,398,055(100.0)	10.25	1.88

출전: 東畑精一·大川一司『米穀經濟の硏究[I]』有斐閣, 1939, 375쪽.
주: 자작농에는 지주을(地主乙)이 포함된다. 소작료율은 보통 50%이나 소작료 외에도 수취하던 관습이 있었기 때문에 55%로 계산. 농가 1호당 5.45인으로 계산.

다. 미곡의 취득량이 적정 소비량에 미달하는 빈농도 조세와 부채 때문에 미곡을 판매하지 않을 수 없었다.

(4) 지주제의 성장

산미증식계획기 동안에 지주제가 성장하였다. 〈표 7-3〉에 의하면, 1918년에 지주층은 전경지의 50.4%를 소유하였는데, 1920년대 후반부터 토지를 급격히 집중하여 1933년에는 56.3%를 소유하기에 이르렀다. 밭보다는 논에서, 따라서 밭이 많은 북부지방보다는 논이 많은 남부지방에서 지주제가 발달하였다. 1928년의 한 조사에 의하면, 자소작농과 소작농의 비율이 평안·함경도에서는 61%, 삼남에서는 84%였다. 〈표 8-9〉는 50정보 이상의 대지주가 계속 증가하는 가운데, 일본인 대지주가 조선인 대지주보다 빨리 증가하였음을 보여준다. 1930년 지주총수 10만여 호 중 30정보 이상의 대지주는 4.8%에 불과하였지만, 이들은 총소작지의 23%를 차지하고 있었다. 지주제가 성장한 이면에는 빈농이 증가하였다. 〈표 7-3〉에 의하면, 1918~33년 동안에 자작농과 자소작농은

표 8-9 50정보 이상을 소유한 지세(地稅)납부의무자의 추이 (단위: 명)

연도	1918	1922	1926	1930	1934	1937	1942
조선인	1,752	1,688	2,080	1,920	2,205	2,367	2,173
일본인	858	1,009	1,219	1,224	1,357	1,378	1,319

출전: 張矢遠 「日帝下 大地主의 存在形態에 관한 硏究」 서울대 경제학박사학위논문, 1989, 표 9.

19.7%, 39.4%로부터 18.1%, 24.1%로 감소한 반면에, 소작농은 37.8%로부터 51.9%로 증가하였다. 남부지방에서는 0.3정보 내외 소작하는 농가가, 북부지방에서는 1~3정보층의 소작농이 두드러지게 증가하였는데, 1938년에 1정보 미만을 경작하는 영세빈농(零細貧農)은 전농민의 61%인 181만 호였다. 이들 중에는 농촌으로부터 유리되어 도시로 가서 상공업 일자리를 구하거나 막노동을 하기도 하고 해외로 생계를 구하러 가는 자가 많았다.

이처럼 지주층의 농지 집중과 빈농의 증가를 낳은 요인은 무엇인가. 기본적으로 중요한 점은 인구가 빠르게 증가한 가운데 도시 상공업의 고용 흡수력이 제한되어 농가호수는 1937년까지 증가하는 추세였다는 것이다. 〈표 8-6〉에서의 호당 경지면적의 감소에서 드러나듯이, 차지경쟁(借地競爭)은 격화되어 지주가 유리한 위치에 서게 되었다. 게다가 논의 토지생산성도 상승하여 소작료율이 식민지화 전보다 높아져서 수확량의 50% 이상에 달하였다. 문서 소작계약과 보증인제도가 확산되었는데, 지주는 엄격한 문서 계약을 통하여 생산과정에서 소작농에 대한 통제와 독려를 강화할 수 있었다. 그래서 1920·30년대를 통하여 지주의 토지수익률이 8~9% 정도로 높은 반면, 고율 소작료를 부담하는 영세한 빈농의 경제적 처지는 개선되기 어려웠다.

수리사업은 토지집중을 촉진하였다. 일본인 지주는 미개간지를 수리사업을 통하여 옥토로 만들었다. 게다가 과중한 수리조합비의 부담은 중소토지소유자를 압박하였다. 많은 자금을 소요하는 수리조합 공사비의 약 90%가 차입되었는데, 그 이자 부담은 무거웠다. 1928년에 수리조합의 차입총액은 9,000여만 원(圓)인데, 평균 금리는 8.2%였다. 그래서 단보당 평균 조합비 6원 77전(錢)의 56%가 금융이자 부담이었다. 조선에서는 일본이나 대만에 비해 사회간접자본의 성격을 가지는 치수사업에 대한 행정적·재정적 지원이 부족하여, 일본에서는 정부 보조율이 70~80%에 달하였지만, 조선에서는 20~30%에 불과하였다. 그로 인하여 수리조합비의 부담이 더욱 무거웠다. 20년대 후반의 쌀값 하락기에 수리조합비는 순증수량 미가환산액(純增收量 米價換算額=증수량 미가

표 8-10 1930년 말 50정보 이상 대지주의 경지소유 집중도

연도	조선 전체		水利組合 구역	
	지주수(명)	면적(정보)	지주수(명)	면적(정보)
조선인	2,241(79%)	195,300(52%)	73(30%)	8,816(15%)
일본인	580(21%)	182,774(48%)	171(70%)	51,723(85%)
합 계	2,821〈0.2%〉	378,074〈8.5%〉	244〈0.4%〉	60,539〈40.4%〉

출전: 田剛秀「日帝下 水利組合事業이 地主制 展開에 미친 影響」『經濟史學』 8, 1984, 표 24로부터 작성.
주: ( ) 속은 합계에 대한 비중. 〈 〉 속은 모든 토지소유자에 대한 비중.

환산액-추가생산비)을 초과하는 경우가 많았으며, 증수량 미가환산액을 초과하는 경우도 종종 있었다. 부담의 지역적 편차가 있었는데, 1926~34년에 걸쳐 매년 적어도 3개 도(道) 이상에서 수리조합비가 순증수량 미가환산액을 초과하였다. 게다가 수리조합을 장악한 일본인이자 대지주가 조합비의 부담을 조선인이나 중소토지소유자에게 불리하게 책정하기도 했다. 새로운 수리시설을 필요로 하지 않는 옥답(沃畓)이나 관개의 혜택을 보기 어려운 지역도 반강제적으로 조합구역에 편입되어 조합비를 부과당하기도 했다. 그래서 수리조합구역에서 중소토지소유자의 몰락과 토지집중이 한층 현저하였다. 〈표 8-10〉에 의하면, 50정보 이상 대지주의 소유경지, 그리고 그중 일본인 것의 비중은 조선 전체에서는 각각 8.5%, 48%인데, 수리조합구역에서는 40.4%, 85%에 달하였다. 수리조합이 일본인에 의해 주도되었던 것에 대응하여 일본인 대지주의 토지집중도가 현저히 높았다. 지주는 조합비의 부담을 소작농에게 전가하기도 했다. 1940년 131개 수리조합의 관개면적 21만 정보 중 78%가 소작지이고, 조합 소작지의 31%인 5만 정보에 60%의 소작료가 부과되었다.

지주는 일반 농민에 비해 미곡 상품화 과정에서도 유리한 위치에 있었다. 일반 농민은 판매할 미곡 잉여량이 적을 뿐만 아니라, 추수 직후 시세가 낮은 때에 판매하였고 벼로 판매하여 불리하였고, 중개상에게 중앙시장의 시세보다 훨씬 싸게 판매하였다. 〈그림 8-4〉에 의하면, 조선미의 이출은 추수 직후 몇 달간에 집중하였고, 그 기간에 쌀값이 폭락하였다. 대량의 잉여미를 가진 대지주는 시세가 오르기를 기다려 현미나 정미로 판매하는 것이 보통이었고, 벼로 상품화하더라도 정미소나 미곡 이출상에게 판매하였던 것이다.

금융기관의 자금 지원도 지주제의 성장에 크게 기여하였다. 〈표 8-11〉에 의하면, 각종 은행의 대출금이 급증하는 가운데 농업자금의 비중은 1918년 11%로부터 1930년

그림 8-4 조선미의 가격과 이출량의 계절적 변동(1926~35년)

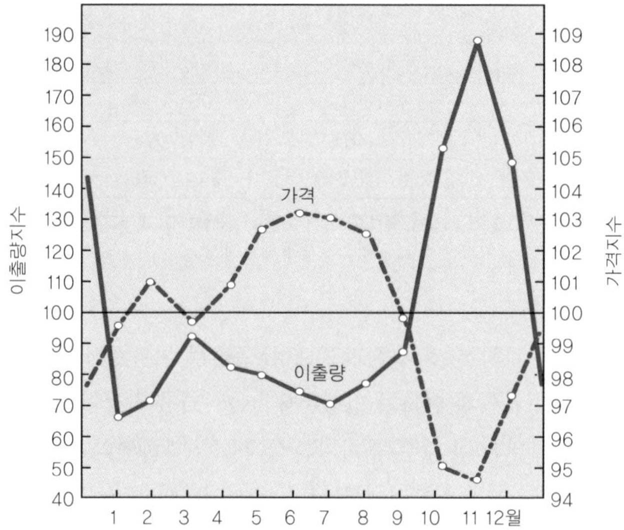

자료: 久間建一『朝鮮農業の近代的樣相』1935, 318쪽.

표 8-11 각종 은행 대출금의 산업별 구성 (단위: 천 圓, %)

연도	대출금 총액	농업자금	공업자금	상업자금	기타
1918	126,970	11.0	6.0	75.8	7.2
1924	302,293	20.7	3.3	56.5	19.6
1930	404,983	42.9	4.2	38.2	14.9
1937	809,572	22.4	20.5	39.5	17.6
1942	2,445,836	11.9	30.1	27.8	30.2

자료: 朝鮮總督府財務局『朝鮮金融事項參考書』; 朝鮮銀行調査部『經濟年鑑』1949.

43%로 증가하였다. 일제는 조선을 식량공급기지로 만들기 위하여 미곡의 무역, 나아가 국내 수집과정을 장악한 다음 생산과정을 지배하였는데, 그에 대응하여 은행 대출의 중심은 1920년대에 상업으로부터 농업으로 이동하였다. 담보가 부족한 일반 농민은 농업금융으로부터 사실상 배제되었다. 조선식산은행이 신용을 제공한 대상은 수리조합 등의 공공단체, 15정보 이상의 지주층이었던 것이다. 초기에는 압도적으로 일본인에 대출되었지만, 조선인에 대한 대출의 비중이 점점 증가하였다. 지주층은 주식, 사채(社債), 부동산 등을 담보로 장기자본을, 동산을 담보로 단기자본을 은행으로부터 활발히

차입하였다. 은행 대출의 연평균 이자율은 8.8%였는데, 개인간 사채(私債) 이자율은 담보 대부인 경우 40%, 무담보 대부인 경우 70~80%였다. 지주층은 은행 대출금으로 소작농을 중심으로 하는 일반 농민에게 고리대 활동을 할 수 있었다. 농민은 토지개량사업을 위한 정부 알선 저리 자금과 국고 보조금으로부터도 배제되었다. 지주와 부농은 정부가 알선한 저리 자금을 이용하여 화학비료를 조달할 수 있었지만, 빈농은 외상구입으로 인한 고리의 이자를 부담하면서까지 화학비료를 사용해야만 하였다.

지주층은 이러한 요인에 힘입어 양적으로 성장하였을 뿐만 아니라, 시장과 자본주의적 관계의 확대라는 상황에 적응하면서 경영구조를 재편하였다. 그 적응·재편의 방향은 소작지를 집중적으로 관리하는 농장조직(農場組織)을 만들어 경영합리화를 통하여 지대 수입을 극대화하며, 농업경영의 외부에서는 소작료와 고리대로 축적한 화폐를 산업자본으로 전환함으로써 화폐축적기능을 다변화하는 것이었다.

농장 지주는 경영합리화와 지대징수기구의 안정화를 위해서 소작농의 품종 선정·비료 투입·수확 등의 생산과정과 소작료의 납부방식에 대한 통제를 강화하였다. 이것은 소작료를 증가하고 시장에 적극 대응하기 위한 것이었다. 이러한 통제의 강화는 소작농의 경영상 자립성을 현저히 약화시켰다. 그리고 중간관리인의 권한을 엄격히 제한하고 동리마다 소작인 관리조직을 두었다.

장시원(張矢遠)의 연구에 의하면, 경기·충남·전북·전남에서 50정보 내지 100정보 이상을 소유하는 조선인 대지주의 약 40%가 농외 투자(農外投資)를 하였다. 〈표 8-12〉에 의하면, 주로 상업·금융업에 투자하였고, 제조업 중에서는 정미·양조업이 중심을 이

표 8-12 조선인 대지주의 농외 투자 건수(경기·충남·전북·전남 4도 합계)

연도	제조업	광업	인쇄업	전기업 토목 건축업	정미업 양조업	철도업	운수 창고업	은행업 보험업	금융 신탁업	상업	농·축·잠·임업	계
1918년 이전	10			8	4	2		30	7	15		76
1919~26	60		5	15	15	1	30	57	18	58	9	268
1927~32	28	5	5	11	36		18	18	31	44	3	199
1933~37	24	9	19	6	33	9	13	3	28	91	7	242
1938년 이후	25		1	10	8		9	6	10	28	5	102
미 상					1					1		2
계	187	14	30	50	97	12	70	114	94	237	24	889

출전: 張矢遠 「日帝下 大地主의 存在形態에 관한 硏究」 표 29-5.

루었다. 1920·30년대에 투자가 특히 활발하였는데, 1938년 이후에는 일본인 관련 기업에 대한 투자가 증대하였다. 그런데 대지주가 투자한 회사나 공장의 절반 가까이가 휴업·해산·양도·합병을 당해 경영에 실패한 것으로 나타났다. 4개 도 농외 투자자의 17% 정도는 농외 투자액이 농업 투자액을 능가하는 자본가이면서 지주였는데, 그중 40년대 초반까지 자본가이자 지주로서의 성격을 유지하는 자는 65% 정도였다. 조선인 지주의 자본가로의 전환이 그만큼 힘들었던 것이다.

종전에 일본인 지주는 농장조직을 도입하고 시장에 적극 대응한 동태적(動態的) 지주, 조선인 지주는 마름이라는 중간관리인을 두고 시장에 소극적으로 대응한 정태적(靜態的) 지주라고 유형화하였다. 근래의 연구는 일부 조선인 지주도 농장조직을 도입하고 시장에 적극 대응하고 농외 투자를 활발히 하였음을 밝혔다. 전남 동복 오씨가(同福 吳氏家)의 동고농장(東皐農場)이 그 두드러진 예이다. 동복 오씨가는 개항 후 모란[牧丹], 삼베 등의 거래를 통하여 부를 축적하고 그것을 기반으로 일제 초기에 대지주로 성장하였다. 1920년대부터 농장조직으로 전환하였는데, 토지소작부·토지자작부·양잠부·임야부·축산부·정미부·상사부(商事部)·제재부(製材部)·조합부를 신설함과 동시에 은행으로부터의 차입을 적극화하였다. 토지소작부에서는 소작농을 엄선하여 철저히 통제하였고, 상사부를 통하여 시장경제에 적극 대응하였다. 양잠부를 경영하고 도시제사회사(道是製絲會社)의 대지주가 된 것은 장차 제사업에 진출하기 위한 준비과정이었고, 은행으로부터 장·단기자금을 차입하고 유가증권을 다량 구입하였다. 홍성찬(洪性讚)은 동고농장을 합리적·과학적 경영, 소작농의 실질적인 임노동자화, 자본제적 생산부문의 도입 등을 지표로 삼아 '기업가적 농장형지주(企業家的 農場型地主)'라고 유형화하였다.

지주경영의 이러한 변모는 평가할 만하지만, 소작료율이 높을수록 요소투입량과 토지생산성이 낮다는 연구는 소작료 확대에 적극적인 동태적인 지주의 한계를 보여주지 않을까.[3] 그리고 경주 이씨가(慶州 李氏家)처럼 농장조직을 도입하지 않고 소작료의 증가에 소극적이면서도 착실한 경영과 낭비 없는 생활로 대지주로 성장하는 사례도 있다.[4]

앞서 산미증식계획기 동안 농민은 보 등 수리시설의 개발, 자급 비료의 증산, 개간 등을 통하여 경제력 향상을 위한 노력을 기울여왔고 토지생산성도 높였다고 지적한 바 있다. 그렇다면 소작농이 늘고 춘궁농가가 많았다는 사실은 어떻게 설명될 수 있을까?

3) 禹大亨「日帝下 小作制의 效率性 檢討」『經濟學研究』42집 3호, 1995. 2.
4) 朴錫斗「農地改革과 植民地地主制의 解體」『經濟史學』11, 1987.

영세경영과 고율소작료, 농외 소득의 부족, 미곡 이외 시장의 협소함은 농민의 경제력 향상을 위한 기회를 제약하였을 것이다. 일본의 경우 1920년대에 노동력과 비료를 많이 투입하는 도작기술체계 아래 조선에서와는 달리 자작농경영이 착실히 성장하였다. 일본에서는 농촌과잉인구의 감소가 소작료율을 서서히 저하시켰고, 공업화에 따른 농외 소득의 증가와 도시화에 따른 상품생산의 성장이 농민의 부의 축적을 가능하게 하였던 것이다. 조선에서는 1930년대에 토지생산성의 지속적 상승 및 도시화와 공업화의 진전이 농가경제를 호전시켰지만, 지주·소작관계의 축소를 낳는 정도에는 이르지 못하였다.

생존에 허덕인 조선 농민은 경영의 안정성을 중시하여 가능한 한 경영 내 자급도를 높이려 하여, 1930년경에도 화폐지출의 비율은 30% 남짓에 불과하였다. 조선 농민은 장시에 크게 의존하여 필요한 생활물자를 상호교환함으로써 화폐지출을 절약하고 원격지시장의 가변성으로부터 다소 벗어날 수 있었다. 장시를 핵으로 하는 조선인 상호간 교환경제는 제국주의경제권으로부터 상당한 정도 자립하는 경향을 보였다.[5)]

농민층은 자신의 처지를 개선하기 위해 사회운동뿐만 아니라 정치활동에도 참여하였다. 농민층은 3·1운동을 통하여 민족적 자각을 높였고, 지식인의 계몽운동과 사회주의사상의 보급에 힘입어 근대적 권리의식과 계급의식을 지니게 되었다. 초기에는 소규모의 상호부조적 소작농민단체가 자연발생적이고 분산적으로 성립하였는데, 1923년부터 지역적 연합체로 발전하였고, 1924년에는 전국적인 조직인 조선노농총동맹(朝鮮勞農總同盟)이 결성되었다. 1925년에는 소작인뿐만 아니라 일반 농민도 포함하는 조직으로 변하였고, 1927년에는 조선노농총동맹이 조선농민총동맹(朝鮮農民總同盟)과 조선노동총동맹(朝鮮勞動總同盟)으로 분리되었다. 1921년 3개에 불과하던 농민단체는 1924년에는 112개, 1930년에는 943개로 급증하였다. 1922년경부터 협동조합운동이 일어나 1932년 97개의 조합이 4만여 명의 조합원을 가지게 되었으나, 이에 위협을 느낀 조선총독부는 1933년부터 해산 작업을 하였다. 이처럼 농민조직이 발전, 확대됨에 따라 1923년 이후 소작쟁의가 활발히 전개되었다. 소작쟁의는 주로 소작권의 이동과 소작료의 인상에 대항하는 것이었다. 일본인 지주에 대한 쟁의가 격렬하였고 지주제를 보호한 식민지 권력에 대한 저항으로도 비화되고 있었으므로, 농민운동은 항일운동으로서의 성격을 띠고 있었다. 이러한 농민운동은 일본의 요구에 규정된 지주 본위적인 20년대 농정(農政)의 수정을 낳은 한 요인이었다.

5) 新納豊「植民地下の「民族經濟」をめぐって」『朝鮮史研究會論文集』20, 1983; 李洪洛「日帝下朝鮮民衆の再生産活動とその經濟的基盤」神奈川大 經濟學博士學位論文, 1995.

2. 세계대공황 이후의 농업정책과 농촌경제의 변화

(1) 1930년대 농업정책과 농촌경제의 변화

1920년대에 침체 상태로부터 탈피하지 못하던 일본경제는 1929년 뉴욕 월가의 주가 대폭락으로 시작된 세계대공황에 말려들면서 중소기업의 몰락과 농촌경제의 파탄을 겪었다. 누에 가격과 쌀값이 폭락하고 농가의 겸업소득이 감소함에 따라, 농가의 적자폭이 확대되고 농민생활은 악화되었다. 잠사업(蠶絲業)의 쇠퇴로 인해 소작농민의 겸업수입이 감소하여 고율 소작료의 징수가 곤란해지고, 지주의 이자·배당수입도 감소하였다. 그 결과 지주제가 약화되었다. 일본정부는 공황을 타개하기 위해 대내적으로는 지출확대정책과 경제의 조직화를 추진하였고, 대외적으로는 금본위제로부터 관리통화제도(管理通貨制度)로 이행하면서 적극적인 수출 촉진책을 실시하고, 나아가 만주침략을 통한 해외 시장의 확보에 나서게 된다. 1932년부터 경기가 회복되어갔는데, 일본이 다른 나라보다 대공황으로부터 빨리 벗어난 원인으로는 환시세의 하락과 저임금에 기인한 면포 수출의 급증 및 만주사변 이후 군사 지출에 지탱된 중화학공업의 호황이 지적된다. 1932년 이후 농산물 가격도 정부의 가격유지정책에 힘입어 회복되고 있었지만, 1937년이 되어서야 1929년의 수준을 회복하였다. 농업공황이 보다 장기화하였던 것이다.

일본의 농업공황은 조선에 한층 심각한 양상으로 파급되었다. 〈그림 8-1〉에 나타난 바와 같이, 1920년대 후반 쌀값이 하락하였는데, 1930년 마지막 네 달 동안 절반으로 폭락하였다. 1929년 9월 현미 1석에 29.64원(圓) 하던 것이 1931년 1월에는 12.79원으로 떨어져 있었고, 1935년이 되어야 1929년의 수준을 회복하였다. 미곡 외에도 대부분 농산물의 가격이 하락하였는데, 상품화율이 높은 육지면(陸地棉)과 생사(生絲)의 가격이 대폭 하락하였다. 그런데 일본에서와 마찬가지로 독점적으로 관리된 공산물 가격의 하락폭은 농산물에 비해 작았다. 농가 1호당 판매비료의 사용액은 1929년 8.67원으로부터 1930년 7.72원으로 11% 감소하는 데에 그쳤다. 곡가(穀價)의 하락으로 지세 부담률도 높아졌다. 1926~9년간 지세 부담액은 1,512만 원으로 농산액의 1.4%이었는데, 1930~3년간에는 1,588만 원이어서 2.0%로 상승하였다. 수리조합지구의 토지소유자에게 부과되는 수리조합비의 부담은 1929년 단보당 평균 4.88원으로부터 1930년 5.62원으로 증가하였다.

농산물·공산물간의 협상가격차(鋏狀價格差), 지세와 수리조합비의 부담 등은 농가경영과 지주경영을 압박하였을 뿐만 아니라, 산미증식계획이라는 농정의 기조를 뒤흔들었다. 농업공황은 수리조합의 불량화(不良化)를 심화시켰다. 1930년 초 200개 정도의 수리조합 중 경영이 극도로 악화되어 도저히 방치할 수 없는 것은 50개소, 불량이라 인정되는 것까지 합하면 100개소에 달하였다고 한다. 그 결과 1934년 3월 산미증식계획의 근간을 이루어왔던 토지개량사업은 중단되기에 이르렀다.

1930년 농업공황 이후의 농업정책은 유통에 관련된 미곡관리정책과 생산에 관련된 농가경제 안정화정책(農家經濟安定化政策)으로 대별할 수 있다. 1929년에 일본 내 미곡 과잉과 쌀값 하락의 문제가 심각해짐에 따라 전매안(專賣案)과 조선미 이입허가제안(朝鮮米移入許可制案)이 대두하였지만, 식민지 통치에 지장을 우려한 조선총독부, 그리고 조선미의 반출로 이익을 얻는 일본의 자본가층과 조선의 일본인 지주층은 그것을 저지하였다. 그 대신에 조선총독부는 일본 쌀값의 안정을 위해 미곡저장·공동판매 장려정책을 추진하였다. 1932~8년간 현미로 환산하여 연평균 58만 석을 매입하였고, 1932~6년간 벼로 환산하여 연평균 275만 석을 저장하였다. 이러한 정책은 조선미 이출의 계절적 집중을 완화하는 데에 기여하였다. 그런데 일본과는 달리 조선에서는 정부의 시장개입에 의한 미가지지정책(米價支持政策)이 실시되지는 않았다.

쌀값의 등락(騰落)과 미곡이출대책에 구애받지 않고, 〈그림 8-2〉에 나타난 바와 같이 미곡의 이출은 1920·30년대에 걸쳐 꾸준히 증가하였다. 1925~9년간 연평균 이출량은 585만 석으로 총생산량의 39%인 반면, 1931~5년간에는 845만 석으로 49%였다. 조선의 미곡이 분배단계에서는 지주에게, 가공단계에서는 대규모 정미업자에게, 그리고 최종 유통단계에서는 무역상에게 집중되는 체제는 변함이 없었으므로, 그 관성에 의해 미곡 이출은 계속 진행되었던 것이다. 게다가 지주는 경영이 악화되더라도 제국주의의 자본과 상품의 압박으로 인하여 공업부문으로 전환하기 어려웠으므로, 쌀값의 하락 국면에서는 수입 감소를 이출 증대로 보충할 필요가 있었다.

조선총독부에 의해 더욱 강력히 추진되고 농촌경제에 중대한 의미를 가진 것은 농가경제 안정화정책이었다. 이 대책의 수립을 낳은 직접적 계기는 농업공황으로 인한 농가경영의 곤궁이지만, 그 근원적 배경으로는 지주의 과도한 수취와 횡포, 그리고 그들을 비호한 식민지 권력에 저항하는 농민운동의 고양을 들 수 있다. 이러한 농민의 저항은 식민지 통치를 위협하였을 뿐만 아니라, 나아가 조선을 중국 침략의 배후지로 삼는 데에 장애가 되었다. 그래서 정신적으로는 황국신민화(皇國臣民化)를 고취하면서, 물질적으로는 농가경제 안정화정책을 추진하였던 것이다. 농가경제 안정화정책은 식민모국의 요구를 전적으로 반영하고 노골적인 지주중심주의(地主中心主義)이던 1920년대 농정(農政)과는 달리 식민지 농업의 위기에 대처하고 농민을 본격적으로 농정의 대상으로 삼았다는 의의를 가진다.

농가경제 안정화정책은 농촌진흥운동(農村振興運動)과 조선농지령(朝鮮農地令)으로 집약될 수 있다. 농촌진흥운동은 일본에서 농업공황의 대책으로 1932년 입안된 농산어촌경제 갱생계획(農山漁村經濟更生計劃)을 본뜬 것이었다. 농업 토목사업보다는 비용이 덜 드는 자력갱생운동(自力更生運動)을 통하여 농촌을 부흥하려는 농산어촌경제 갱생계획에서는 산업조합(産業組合)이 비료·농구·생활자료의 매입, 농산물의 판매, 부업의 장려, 자금의 대출, 저축의 장려를 추진함과 동시에 부채 정리와 자작농 창설유지사업(自作農創設維持事業)에 큰 역할을 수행하였다. 1932년 7월부터 시작된 농촌진흥운동은 초기에는 색의(色衣) 보급 등 생활개선사업에 머물렀다. 1933년 3월 농가경제 갱생계획(農家經濟更生計劃)이 수립되면서 갱생의 3대 목표로서 '식량의 충실', '현금수지의 균형' 및 '부채 상환'이 설정되고, 그것을 달성하기 위한 방책으로서 '다각적 영농(多角的 營農)에 의한 잉여 노동력의 최대한 이용' 및 '기업적 영리경영의 배제와 자급자족의 강화'가 제시되었다. 1935년부터는 갱생의 대상 범위가 확대됨과 동시에 천황제 이데올로기가 주입되었다. 총독부는 진흥회(振興會)를 중심으로 촌락을 조직하고 금융조합(金融組合)으로 하여금 갱생계획을 위한 자금 공급과 농촌 지도를 맡도록 하였다. 1937년 중일전쟁이 발발한 후 농가경제 안정화정책은 전시체제의 국가총동원(國家總動員)에 부응하기 위한 것으로 변질되었다.

농가갱생계획의 중심 사업은 자작농지 설정사업(自作農地設定事業)과 부채정리사업(負債整理事業)이었다. 전자는 농촌 진흥의 중심이 될 인물을 대상으로 자작농지의 설정을 위한 자금을 대부하는 것이었다. 호당 660원(圓)의 장기저리자금을 지원하는 총독부의 사업은 해마다 2,400호 정도를 대상으로 삼았다. 금융조합에 의한 부채정리사업에서는 호당 대부금이 적었지만 대상 호수가 해마다 수십만에 이르렀다. 부채정리사업은 금융조합원만을 대상으로 하였는데, 부채의 조정 감면(調整減免) 규모는 컸다. 이 두 사업을 통하여 금융조합을 매개로 하는 총독부의 농촌 통제는 완성되었다.

조선농지령은 지주제에 수반된 계급대립의 완화책이었다. 1920년대 후반부터 조선총독부는 지주의 소작농에 대한 과도한 수탈이 농민의 빈곤과 소작쟁의 증가의 원인임을 의식하여 대책을 강구하기 시작하였다. 1927년부터 소작관행에 관한 조사를 시작하였고, 1928년에는 개선할 소작관행 15사항을 권장하였고, 1929년부터는 행정지도를 통해 소작관행을 개선하고자 했다. 이러한 조치가 실효를 거두지 못하자, 1932년 말 조선소작조정령(朝鮮小作調停令)을 제정하여 재판소나 조정위원회가 소작쟁의를 해결하도록 하였다. 그런데 소작농에 불리한 관행이 조정의 기준이 되어, 이 역시 별로 실효를 거두지 못하였다. 지주의 계속된 횡포로 소작권이 여전히 불안정하여 소작농의 갱생 의욕이 좌절하는 등 농촌진흥운동의 토대가 위협받자, 조선총독부는 1934년 조선농지령을 공포하였다. 그것은 "지주·소작인간 화합의 정신하에 소작농의 지위 안정, 소작지의 생산력 증진"을 목적으로 하였다. 농지령에서는 소작지 관리자의 변경을 명령할 수 있게 하여 그들의 중간수탈을 규제하였고, 임대차기간을 3년 이상으로 규정하여 소작지의 상속·매매·계약변경에도 임대차권을 인정하였다. 1939년 말 제정된 법령에서는 소작료의 인상과 소작조건의 개악(改惡)을 금지하고 농지위원회(農地委員會)에 의한 적정 소작조건의 설정과 부당한 소작조건에 대한 지방 장관의 변경명령권을 인정하였다. 1930년대 농정이 농가의 부채를 줄이고 지주의 과도한 횡포를 제약한 것은 농가경영을 안정시키는 효과를 거두었을 것이다.

1930년대에 논의 토지생산성은 꾸준히 상승하였다. 30년대 중반에 경기가 회복하고 중일전쟁이 발발함에 따라, 미곡 수요가 증가하고 쌀값이 상승하였다. 쌀값은 1935년경에 공황 이전 수준을 회복하였다. 그 결과 구입 비료의 다량 사용에 의해 미곡이 증산(增産)되었고, 미곡 이출은 39년의 심한 가뭄 이전까지 증가하는 추세였다. 그에 힘입어 30년대에는 지주의 소작료 수입이 꾸준히 증가하면서도 소작료율은 하락하는 추세였다. 토지생산성의 상승과 미곡 이출의 증대 및 쌀값의 상승은 지주제에 유리한 조건이었을 뿐만 아니라 일반 농가경영을 호전시켰던 것이다. 또한 공업화와 도시화의 진전은 채소·과일·특용작물·축산물 등의 수요를 증대하였다. 일제시대에서 농촌사정이 가장 양호하였던 시기는 30년대 후반이었다.

농업공황 후에 극단적인 미곡 중심의 농정은 후퇴하고 면화·양모 등 공업원료용 농축산물의 증산정책이 부상하였지만, 미곡 편중적인 농업구조는 변하지 않았다. 그렇지만 1930년대 말에는 미작(米作)에 편중된 농업구조가 더 이상 심화될 수 없고 그에 기초한 지주제가 더 이상 확장되기 어려운 전환점을 맞이한 것이 아닐까. 지주에게로 토지가 이미 지나치게 집중되어 있었다. 식민지농정의 전개에서도 드러나듯이, 농가경영의 안정화를 위해서는 미곡 편중적인 농업구조가 시정되어야 했다. 게다가 1930년대 후반의 급속한 공업화로 인하여, 〈표 7-3〉에 나타난 바와 같이 농가호수가 정체하는 가운데 소작지와 소작농의 비중의 증가 추세는 완화되었다. 〈표 8-9〉에 의하면, 1937년 이후 대토지소유자는 줄었다. 제9장 제4절에서 언급하겠는데, 1930년대 중화학공업화는 조선인의 고용 효과가 제한적이어서 지주제의 후퇴를 낳지는 않았다.

(2) 전시통제기의 미곡수탈

일본학계는 1931년 9월 만주사변의 발발로부터 중일전쟁을 거쳐 1945년 8월 태평양전쟁의 패배에 이르는 15년간 일련의 전쟁을 서로 밀접히 관련된다고 이해한다. 만주사변은 만주·몽고의 특수권익(特殊權益)을 장악하려는 관동군의 공작이 공황으로부터의 탈출로를 구하려는 민중의 기대 및 중화학공업화에 필요한 지하자원을 확보하려는 재계(財界)의 요구와 결합한 산물이었다. 일본은 만주에서 지하자원을 예상하였던 만큼 발견하지 못하자 중·일 전면전쟁을 준비하게 되었다. 일본의 동남아 침공은 중일전쟁의 교착 상태를 타개하고 자원을 확보하기 위한 것이었다. 그것은 미국·영국·네덜란드의 설철(屑鐵)·강철·석유의 대일 금수(對日禁輸)와 대일 자산동결을 초래하고 나아가 미·일전쟁을 발발시켰다. 군수산업을 축으로 하는 산업생산을 유지하기 위하여 1937년 수출입품 등 임시조치법(輸出入品等臨時措置法)과 임시자금조정법(臨時資金調整法)이란 2대 통제입법이 제정되었고, 1938년의 국가총동원령(國家總動員令)에 의해 국가는 경제통제에 대한 무제한의 권한을 가지게 되었다. 전시통제는 식민지 조선에 파급되어 전산업에 미치게 되었다.

1937년 중국 침략을 개시한 이후 식량 수요가 급증한 데다가 1939년 조선 남부지방의 심한 가뭄으로 인해 식량 사정이 악화되자, 일제는 한편으로는 미곡의 증산을 추구하면서 다른 한편으로는 미곡의 유통을 통제하기 시작하였다. 1940년 경종법(耕種法) 개선사업과 토지개량사업을 2대 지주로 하는 6개년간의 조선증미계획(朝鮮增米計劃)이 실행에 옮겨졌고, 1942년에는 계획이 확충되었다. 경종법 개선사업은 1920년대 이후 지속적으로 진행되어왔지만, 토지개량사업은 30년대의 축소·중단기를 사이에 두고 다시 적극적으로 추진되었다. 1940년부터 8·15까지 수리조합이 380개나 창설되었다. 그 압도적 다수는 수리 혜택이 300정보 이하인 소규모 조합이었다. 조선인이 중심이 되어 창설한 조합이 많았고 그중 저수지를 수원으로 하는 조합의 비중이 높아졌다. 그런데 1940년대의 증미계획은 전시통제 아래 인적·물적 자원의 제약을 강하게 받는 가운데 실행될 수밖에 없었다. 강재(鋼材)·시멘트·목재 등의 기자재가 부족하여, 1940년부터 8·15에 이르기까지 수리조합 설립계획면적 12만여 정보 중 준공면적은 3만 정보에 약간 미달하여 공사진척률은 24%에 머물렀다. 물자의 부족에 따른 가격 등귀는 조합비를 인상시켰다. 자재 부족을 노동력 투입의 증가로 메우려고 하여도 노동력의 조달 자체가 한계에 달하였다. 수리조합의 사무량이 팽창하는 데에도 기술·사무직원의 확보는 힘들어졌다. 30년대에는 비료 투입의 증가가 미곡의 증산을 낳았지만, 전시통제기에는

표 8-13 조선미(朝鮮米)의 공출 실적 (단위: 천 석)

연도	작부면적(천 정보)	총생산량(A)	공출량(B)	B/A(%)
1940	1,641	21,517	9,208	43.1
1941	1,645	24,885	11,255	45.2
1942	1,213	15,687	8,750	55.7
1943	1,517	18,718	11,957	63.8
1944	1,322	16,051	9,634	60.0

비료, 노동력 등 생산요소의 공급 부족으로 인하여 생산성이 감퇴하였다. 〈표 8-13〉에 의하면, 1941년을 기점으로 작부면적이 축소되고 생산량이 감소하였다. 이것은 생산요소의 공급 부족뿐만 아니라 공출제(供出制)의 약탈성에 기인하기도 했다.

전시 식량 수요의 증가와 1939년의 대한발에 대처하기 위하여, 일본에서의 미곡배급통제법(米穀配給統制法)에 호응하여 조선에서도 조선미곡시장주식회사령(朝鮮米穀市場株式會社令)과 조선미곡배급조정령(朝鮮米穀配給調整令)을 공포하였다. 저렴한 공정가격에 의한 강제수매(强制收買)가 개시되었고, 도식량배급조합(道食糧配給組合)이 총독부의 지시를 받아 공출미의 매상을 담당하였다. 1941년에는 배급기구를 확대하여 미곡유통에 대한 통제를 강화하였고, 1942년에는 조선미곡시장주식회사를 조선양곡주식회사(朝鮮糧穀株式會社)로 개조하여 양곡의 매입·배급·매도·이출입 등의 일체 사무를 관장하게 하였다. 1943년에는 조선식량영단(朝鮮食糧營團)이 설립되어 식량의 수집·가공·배급에 이르기까지의 전유통과정을 장악하여 식량의 전면적인 배급제를 실시하였다. 이러한 과정에서 강압적인 공출(供出)을 통한 미곡수탈은 강화되어갔다. 〈표 8-13〉에 의하면, 1940~4년간 해마다 미곡 생산량의 43~64%가 강제로 공출당하였다. 이 시기 노동력의 대량 징발과 영농자재의 결핍으로 인하여 농업 생산력이 쇠퇴하고 있었으므로, 공출은 농가의 생존을 위협할 지경에 이르렀다. 공출미 대금의 상당 부분은 전시채권 구입과 강제저축으로 충당되어서 실제로 농민의 수중에 들어가는 현금은 보잘 것 없었다.

농업 생산력의 감퇴와 공출제는 지주경영에도 타격을 주었다. 도양곡주식회사(道糧穀株式會社)나 영단(營團)은 소작료를 징수하여 지주에게 공출대금을 지불하였다. 게다가 농민의 증산 의욕을 높이기 위해 소작료를 인하하고 생산자 쌀값을 지주 쌀값보다 높게 책정하였다. 그 결과 1940년대 전반에 실질소작료율이 하락하여, 일제의 패망 직전에는 30%대에 머물렀다. 1942년부터 생산량도 격감하여, 소작료의 양이 현격히 줄었다. 1944년에는 농업 증산을 위한 적절한 조치를 취하는 지주에 대하여 소작료의 변경을 허용함으로써, 증산을 위한 목적으로 동태적 지주를 육성하는 정책으로 전환하였다.

일본에서는 1943년부터 황국농촌(皇國農村) 확립운동의 일환으로서 지주제의 유상해체가 추진되었다. 이러한 지주제의 정치적 기반의 약화와 그에 따른 조락(凋落)은 전후 농지개혁의 전사(前史)로서 중요한 의의를 가진다고 한다. 일본에서와는 달리 조선에서는 자작농의 증가 추세가 확인되지 않고 지주제의 유상해체가 시행되지도 않았다. 지주제에 타격을 가한 생산요소의 공급 부족과 공출제는 전시라는 특수상황에 기인된 것이다. 농촌과잉인구가 기본적으로 해소되지 않고 식량공급기지로서의 역할이 변하지 않고 농가소득의 기회가 제한되어 있는 상황에서 평상시의 일제 치하로 되돌아갔다면, 지주제는 활력을 되찾았을 것이다. 자작농의 성장이 추세화되기 위해서는 공업화와 도시화가 한층 진전될 필요가 있었다. 그런 점에서, 제10장에서 언급하겠는데, 8·15 해방이 초래한 새로운 정치적·경제적 환경이 지주제의 해체를 결정지었다.

참고문헌

金容燮『韓國近現代農業史研究』一潮閣, 1992.

박섭『한국근대의 농업변동』一潮閣, 1997.

禹大亨『韓國近代農業史의 構造』韓國研究院, 2001.

李榮薰·張矢遠·宮嶋博史·松本武祝『近代朝鮮水利組合研究』一潮閣, 1992.

洪性讚『韓國近代社會의 變動과 地主層』지식산업사, 1992.

河合和男「産米增殖計劃과 植民地農業의 展開」『韓國近代經濟史研究』사계절, 1983.

李熒娘『植民地朝鮮の米と日本』中央大學出版部, 2015.

松本武祝『植民地朝鮮の水利調査事業』未來社, 1991.

제9장

식민지자본주의의 전개

1. 자본주의공업의 성장과 제국주의자본

(1) 공업화의 추이와 구조

〈표 9-1〉에 의하면, 1911~40년간 조선내총생산(朝鮮內總生産)의 연평균 성장률은 3.9%로 추정된다. 제조업이 특히 빠르게 성장하여 조선내총생산에 대한 비중은 1911년 4.5%로부터 1940년 15.7%로 급증하였고, 농림어업은 상대적으로 완만히 성장하여 같은 기간에 67.2%로부터 41.4%로 하락하였다. 1911~8년간 경제성장률 추계가 과대평가되었다는 허수열의 견해를 부분적으로 수용한다면, 생산이 위축된 전시통제기를 제외한 일제시대의 성장률은 연평균 3% 정도였을 것이다. 1870~1913년간과 1913~50년간 세계

표 9-1 조선내총생산의 구성과 연평균 증가율 (단위: 1935년 불변가격 백만 圓, %)

구분	생산액과 그 구성비				연평균 증가율			
	1911	1920	1930	1940	11~20	20~30	30~40	11~40
조선내총생산	950	1,448	1,857	2,859	4.8	2.5	4.4	3.9
농·림·어업	67.2	65.0	47.3	41.4	3.2	1.7	-0.1	1.5
광·공업	5.1	6.4	9.7	19.4	10.5	5.2	13.5	9.7
제조업	4.5	5.8	8.8	15.7	10.3	5.3	12.6	9.3
전기가스수도업	0.1	0.5	3.2	3.8	31.2	23.3	22.5	25.4
건설업	2.0	2.0	3.5	4.7	3.1	6.9	9.7	6.7
서비스업	25.6	26.1	36.4	30.7	5.6	5.3	4.5	5.1

출전: 김낙년 편 『한국의 경제성장 1910-1945』 표1-1 및 표1-6으로부터 작성.

표 9-2 조선에 본점을 둔 회사의 민족별 공칭(公稱)자본금 (단위: 천 圓, %)

연도	총계	조선인		일본인		조·일 합동	
		금액	비중	금액	비중	금액	비중
1911	39,766	7,395	18.6	10,511	26.4	21,861	55.0
1915	55,117	9,637	17.5	16,056	29.1	27,424	49.8
1919	200,500	23,405	11.7	157,225	78.4	17,870	8.9
1921	422,042	58,033	13.8	354,546	84.0	7,313	1.7
1925	482,353	64,000	13.3	384,047	79.6	34,010	7.1
1929	555,419	63,964	11.5	439,866	79.2	44,089	7.9
1931	695,936	70,825	10.2	571,267	82.1	45,394	6.5
1935	819,385	82,536	10.1	682,633	83.3	45,298	5.5
1939	1,776,345	187,505	10.6	1,504,412	84.7	81,130	4.6
1942	5,727,581	239,389	4.2	5,406,751	94.4	81,251	1.4

출전: 許粹烈「朝鮮人資本의 成長」『韓國經濟發展의 歷史的 條件』경제사학회학술대회 발표문, 1993, 〈표 1〉.

의 경제성장률은 각각 2.12%와 1.82%로 추계되었으니(표 1), 일제시대의 경제성장, 특히 공업 성장은 동시기에 세계적으로 빠른 편이었다.

〈표 7-4〉에 의하면, 자본주의공업은 1910년대와 20년대 전반에 빠른 속도로 성장하였다가 20년대 후반에 정체하였고 30년대에 들어가 다시 급속히 성장하였다. 〈표 9-2〉에 의하면, 조선에 본점을 둔 회사자본(會社資本)은 10년대 후반과 30년대 후반 및 40년대 초에 급성장하였고, 20년대에는 완만히 성장하였다. 회사자본은 상업, 금융업, 제조업, 토지 구입 등에 투입되었다. 일제시대에 자본주의의 성장은 시대적 대세였다.

자본주의공업의 지속적 성장을 낳은 조선 내적 요인부터 살펴보자. 종전에는 일제시대 공업화를 일제의 요구에 의한 것으로 설명하였지만, 조선 내적으로 공업투자를 위한 환경이 조성되어 있지 않다면 제국주의자본이 진출하려 하지 않았을 것이고 식민지 권력이 공업화 계획을 수립하기도 곤란하였을 것이다. 근대의 제국주의는 시장기구를 통한 식민지의 경제적 지배를 중시하였으므로, 식민지에 근대적 제도나 물적 토대를 마련하지 않을 수 없었다. 그래서 제7장에서 살펴본 바와 같이, 러일전쟁 이후 교통·통신·화폐·금융 등의 면에서 식민지화 기초공사가 진행되어 1910년대 말까지는 대체로 마무리되었다. 식민지화 기초공사는 제국주의의 상품뿐만 아니라 자본도 진출하기 위한 기반을 마련하였다. 조선이 일본에 인접하고 중국시장을 배후지로 둘 수 있던 지리적 조건도 조선에 대한 자본수출을 촉진하였다. 시간이 흐르면서 조선인이 이러한 교

표 9-3 조선내총지출의 항목별 구성과 연평균 증가율 (단위: 1935년 불변가격 백만 圓, %)

연도	조선내 총지출액	민간소비	정부소비	총고정 자본 형성	총저축률	국내총 투자율	輸·移出	수·이입
1911	950	94.8	5.8	5.1	5.3	7.0	6.7	13.3
1920	1,448	88.7	5.3	5.6	12.3	11.4	11.6	14.2
1930	1,857	92.5	8.3	9.2	3.8	13.6	20.8	27.4
1940	2,859	84.3	6.0	16.5	15.8	22.3	24.8	35.6
증가율	3.9	3.3	4.1	8.1	3.9	5.7	8.6	7.3

출전: 김낙년 편『한국의 경제성장 1910-1942』표1-1, 표1-8 및 표1-18로부터 작성.
주: 국내총지출(GDE)=민간소비지출+정부소지비출+총자본형성(=총고정자본형성+재고 증감)+純輸·移出(수이출−수이입).

통, 금융 등의 설비를 활용하여 자본주의공업이나 회사를 설립하는 추세가 확산되었다.

공산품시장도 지속적으로 확장되었다. 〈표 9-3〉에 의하면, 1911~40년간 민간소비와 정부소비의 연평균 증가율은 각각 3.3%와 4.1%였다. 〈표 9-1〉에 나온 산업 구성비의 변화에서 드러나듯이, 공산품 소비의 증가가 특히 빨랐다. 그 요인을 살펴보자. 인구가 지속적으로 증가하였을 뿐만 아니라, 자급도가 높은 농림업 종사자의 비중은 1918년에 314만 호로 84%이던 것이 1940년에는 423만 호의 70%로 떨어졌다. 가내수공업이 해체되어가고 농산물 이출의 확대로 인하여 화폐수입이 증가함에 따라, 1인당 공산품 소비지출은 증가하였다. 이처럼 시장이 확대되는 추세였기 때문에, 일본 공산품의 이입이 증가하는 가운데 조선 내 공업을 위한 시장도 마련되었다. 그런데 당시 대부분 조선인이 절대빈곤으로부터 벗어나지 못하고 농가지출 중 현금의 비중이 1930년경에도 평균 30% 남짓하였던 점에서, 시장의 확대는 한계를 가졌다.

생산의 면에서도 저렴하면서 비교적 양질인 노동력은 조선에서의 공업경영의 강점이었다. 물론 공장 노동에 대한 적응력, 기능·기술 인력의 확보 등이란 문제가 존재하였지만, 문화 역량을 가지고 교육을 중시하는 사회에서 자란 조선인을 공장 노동에 활용하는 데에는 큰 애로가 없었다.[1] 요컨대, 일제시대에 조선사회는 내부적으로 공업의 존립과 확장을 위한 사회간접자본의 확충, 시장의 확대, 생산요소의 저렴한 공급 등

1) 1930년대 공업화의 요인으로서 노동력의 조건을 중시한 견해를 인용해본다. "치안이 잘 유지되어 있다는 근본조건 외에 우선 노동력이 값싸고 풍부하게 있으며, 또 자원이 풍부하게 있다는 것이 조선의 공업을 발전시켜온 또 하나의 기초인 것은 틀림없는 것입니다. 조선의 공업으로서 제일 먼저 뻗어온 섬유공업이 비상한 세(勢)로 진행되어간 가장 큰 이유는 노동력에 있는 것이 아닌가라고 생각하는 것입니다."(朝鮮工業座談會『朝鮮』1939. 10, 41쪽)

표 9-4 대일 자금 유출 · 입액의 연평균 추이 (단위: 백만 圓, %)

연도	조선경영비		국채 발행		국채 상환액	특수금융기관 경유자금		일반 회사자금		유가증권 매입액
	액수	비중	액수	비중		액수	비중	액수	비중	
1910~20	18	35.2	13	24.9	-5	10	20.5	14	28.7	-3
1921~31	31	34.3	17	18.6	-15	39	43.1	19	20.2	-5
1932~37	32	21.1	30	20.2	-27	39	25.9	76	50.5	-24
1938~41	63	14.1	132	29.6	-36	78	17.4	209	46.9	-86
1942~44	120	9.1	374	28.5	-65	48	3.6	834	63.7	-1,105

출전: 安秉直 · 金洛年「韓國經濟成長의 長期趨勢(1910-현재)」『광복50주년기념논문집』 3, 1995, 〈표 6〉.
주: + 부호는 유입액이며, - 부호는 유출액.

이라는 조건을 갖추어가고 있었다.

〈표 9-3〉은 총고정자본의 빠른 성장이 경제성장, 그중 공업 성장을 주도한 중요한 요인임을 보여준다. 총고정자본 형성에는 해외 저축이 중요한 역할을 담당하였다. 일본에서 1906년의 철도국유화와 1918년의 군수공업동원법은 국가독점의 성립을 보여주는 지표였다. 제1차 세계대전 말에는 해운 · 조선 · 동(銅) · 석탄 · 은행이란 5대 부문을 휘하에 둔 재벌, 그리고 동양방(東洋紡) · 대일본방(大日本紡) · 종연방(鐘淵紡)이란 방적자본이 성장하였다. 1927년의 금융공황에 의해 은행업의 집중이 나타나고 공업에서도 독점이 진전하였다. 일본의 자본축적과 독점화는 자본수출의 요구를 낳았다. 조선총독부는 이러한 일본 내적인 요구와 조선 내적인 여건을 고려하여 식민지로의 자본유입을 촉진하는 방향으로 서서히 정책을 전환하였다.

일본에서 자본축적이 진전하고 조선에서 투자와 공업화를 위한 여건이 점진적으로 조성됨에 따라, 〈표 9-4〉에 나타난 바와 같이, 조선으로의 자본유입은 증가하는 추세였다. 조선경영비는 군사비와 행정보조비에 충당하기 위하여 일본정부의 자금이 유입된 것이고, 국채(國債)는 주로 철도사업 자금을 마련하기 위해 발행되었는데, 1910년대에는 이들의 비중이 컸다. 20년대에는 주로 식산은행과 동양척식주식회사를 통하여 산미증식계획에 투입된 자금의 비중이 컸다. 30년대에는 광공업과 전기 분야를 중심으로 하는 일반 회사자금의 유입이 급증하였다. 1938년 일본에 의한 조선의 1인당 투자액은 37.8달러로 다른 식민지보다 훨씬 많았다.

일본경제권으로의 편입과 회사자본의 성장은 자본시장을 형성, 성장시켰다. 1906년 농공은행의 설립 이후 주식이 거래되었고, 그것을 취급하는 상점이 출현하였다. 1920년에는 조선총독부의 공인을 받은 경성주식현물거래시장[京城株式現物取引市場]이 개설되었다. 이 시장은 조선 내 주식의 거래라는 설립 취지와는 달리 일본과 만주에 있는 일본인 대회사의 주력주를 많이 거래하였다. 1932년에는 경성주식현물거래시장과 1899년 설립된 인천미두거래소[仁川米豆取引所]가 합병하여 조선거래소가 설립되었다. 1920년대에 침체하던 주식시장은 1930년대에 활성화되었다. 조선거래소는 주식과 현물의 미래 교환을 약정한 선물(先物)거래를 위주로 하고 실물거래는 주로 장외에서 이루어졌는데, 1939년 조선거래소가 주식거래소로 개편되면서 실물거래의 비중이 증대하고 조선에 본점을 가진 회사 주식의 비중이 늘어났다. 그런데 기업의 자본조달을 위한 발행시장은 발달하지 않았고 일본의 거래소에 연결된 유통시장에 불과하였으며 투기적 선물거래가 중심을 이루었다. 조선인 회사의 주식은 거의 장외에서 거래되었다.[2)]

일본인 자본 중에 조선 내의 축적이 상당한 비중을 차지하였다는 것은 근래 연구에서 지적되고 있다. 제8장에서 언급한 바와 같이, 조선 내에서 저축되어 농공업에 대출되는 자금이 점차 증가하였고, 1920년대부터 지주의 농외 투자도 활발하였다. 그래서 저축률은 증가 추세였다. 투자율도 증가 추세여서, 투자재원의 자립도는 기복이 심하지만 70% 내외에 머물렀다.

자본유입과 공업화의 양상을 시기별로 살펴보자. 러일전쟁 후의 식민지화는 자본수출의 안정성을 보장함으로써 그것이 본격적으로 이루어질 계기를 마련하였다. 일본인 공업이 본격적으로 성장하기 시작하는 것도 식민지로 전락된 직후부터였다. 그런데 일제는 조선을 식량과 원료의 공급기지로 묶어두기 위해 회사령(會社令)을 공포하여 회사의 설립은 조선총독의 허가를 받도록 하였고 조선인의 해외 유학과 고등기술교육을 규제하였다. 회사령이 시행된 1911년 1월부터 1920년 4월까지 회사 설립의 신청 676건에 대하여 556건이 허가되었고 기존에 설치된 회사의 해산이나 그 지점의 폐쇄가 8건이었다. 1917년까지 회사령은 회사 설립에 억제적인 작용을 하였으나, 1918년 이후 설립 신청은 격증하고 불허 비율은 감소하여 허가된 회사 전체의 60% 정도가 회사령이 시행된 마지막 2년간에 설립되었다. 일제는 제1차 세계대전 동안 호황으로 증대한 일본자본의 대외 진출 요구에 부응할 필요가 있었으며, 조선인의 회사 설립 욕구를 마냥 억누르기도 어려웠던 것이다. 조선총독부는 1920년 4월 회사령을 철폐하여 종래의 기업허가제를 기업등록제로 바꾸었다. 1917년 248개에 불과하던 회사는 1920년경부터 급증하여 1931년 3,000개를 넘고 해방 직전 7,000개에 달하였다. 1926~40년 합자회사가 가장 많았고, 주식회사는 30년대 중반부터 급증하였다.

2) 洪性讚「1920년대의 京城株式現物取引市場(株) 연구」『經濟史學』22, 1997; 李明輝「朝鮮去來所의 株式去來制度와 去來實態」『經濟史學』31, 2001.

〈표 9-2〉에 나타난 바와 같이, 일본자본주의의 호황은 1918~20년간 조선에서의 회사 발흥을 낳았다면, 20년대에 일본인 회사자본이 완만히 증가한 것은 일본의 불황에 기인하였다. 20년대 후반부터는 일본의 대자본에 의한 공장의 설립은 활발하였다. 일본질소(日本窒素) 등 이때 진출한 대자본이 30년대 공업 발달을 주도하였다. 그렇지만 〈표 9-4〉에서 나타난 바와 같이, 20년대까지는 일반 회사자금의 유입이 본격화되지는 않았다.

이처럼 1910·20년대에 공업이 꾸준히 성장하였지만, 산업 전반에서 공업이 차지하는 비중은 낮았고, 공업의 내부 구성이 취약하였다. 〈표 9-1〉에 의하면, 20년대까지도 조선내총생산 중에 광공업의 비중은 10% 미만이었다. 1930년 회사의 총불입자본금 3억 3,107만 원 중 요업(窯業), 제조업, 가스·전기업 등의 가공산업 33%, 금융업(은행업, 금융·신탁업, 보험업) 22%, 유통업(상업, 운수업, 창고업) 30%, 농림수산업 15%였다. 1930년 공업생산액 2억 6,306만 원 중 정미업을 중심으로 하는 식료품공업이 57.8%를 차지한 반면, 방직공업이 12.8%, 화학공업이 9.4%, 금속공업이 5.8%를 차지하였다.

공산액에서 가내공업이 담당한 비중은 1910년대 초에 2/3 이상이었는데, 1933년에도 40%에 달하였다. 가내공업의 중심은 직물업이었다. 개항 후 수입품의 압박으로 인하여 급격히 해체되던 가내직물업은 일제시대에 들어와 끈질긴 생명력을 보여서, 1929년에 약 200만 호의 제조업자를 보유하였다. 그 대부분은 재래식 직기를 보유하여 자가소비용을 제조하였지만, 일부는 개량직기(改良織機)를 이용하여 상품생산에 종사하였다. 수직(手織) 소폭백목면(小幅白木綿)은 1925년경까지 수입조포(輸入粗布)에 대하여 가격경쟁력을 가졌고 삼베·모시·비단의 경우에는 기계화가 곤란하였기 때문에, 30년대 말까지 가내공업이 광범히 존속하였다. 조선총독부는 기업조합(機業組合), 1926년부터는 조선산업조합을 통하여 가내직물업을 장려하였는데, 이것이 가내공업의 존속을 뒷받침하였다. 이러한 정책은 과잉 노동력의 활용을 통하여 농가경제의 안정을 도모함으로써 식민지 통치의 안정을 기하려는 것이었다. 조선총독부가 보급하려던 개량직기는 일반적으로 기계방적사를 사용해야 기능을 제대로 발휘할 수 있고 특수 직물에 생산이 집중된 것으로 보아, 가내직물업의 장려는 일본의 면방직업에 위협이 되지 않았다.

1920년대까지 식민지 권력은 조선을 일본의 공산품시장으로만 인식하였고, 조선의 공업화를 의도하지도 않았다. 그래서 일본자본이 조선으로 진출할 강한 유인을 가지지 않았다. 1929년 시작된 세계대공황은 일제로 하여금 조선 내의 공업화대책을 수립하도록 요청하였다. 조선총독부는 대공황 직후 조선미의 일본 반출에 따른 갈등을 경험하면서 미곡 중심의 농업정책의 한계를 인식하게 되었다. 게다가 공산품 시장의 확대, 사회간접자본의 확충, 공장노동에 적합한 인력의 광범위한 창출 등 공업화의 내적 전제가 마련됨에 따라, 일제는 조선을 더 이상 농업지대로 묶어두기 곤란하였다. 그래서 30년대 초에 우가키 가즈시게(宇垣一成) 총독은 일본을 정(精)공업지대, 만주를 농업지대로 하고 양자를 연결하는 조선을 낮은 기술의 조(粗)공업지대로 설정하는 일본제국경제권을 구상하였다. 만주 지배를 위해서도 그 배후지인 조선에서 군사적 진출을 위한 군수공업화, 그리고 일본자본이 공급하고 남은 만주시장을 메우기 위한 저부가가치의 공업화가 어느 정도 진행될 필요가 있었다.

〈표 8-11〉에서 드러나듯이, 조선총독부는 1930년대 전반부터 특수 은행을 이용하여 공업 대출을 확대하였다. 또한 만주에서 전개되고 있던 건설계획에 호응하여 신흥재벌인 일본질소의 노구치(野口)와 손을 잡고 전력자원 개발과 송전망(送電網) 정비를 축으로 하는 '조선북부 중공업지대 건설계획'을 추진하였다. 그 결과 1930년대 전반에 발전력이 급격히 강화되며 송전·배전망이 정비, 통일되었다. 이러한 동력원(動力源)의 확보는 30년대 급속한 공업화를 위한 기반을 조성하였다. 석탄 등 여타 동력원의 가격 및 일반 물가에 대비한 전력의 상대가격은 갈수록 저렴해져서 산업 전반에 전력 소비가 확산되었을 뿐만 아니라, 일본보다 훨씬 저렴해진 공업 전력은 일본자본이 진출하기 위한 유리한 조건을 조성하였다. 특히, 전력을 많이 소비하는 화학공업은 일본에 비해 절반 정도인 전력 요금에 힘입어 조선으로 활발히 진출하여 30년대에 최대의 공업으로 부상하였다. 전력을 많이 소비하는 화학·금속공업 등은 전력을 수용하기 쉬운 북부지방에 편중되었는데, 일제 말 산업부문 전력의 90% 정도가 북부지방에서 사용되었다.

1930년대 전반에 조선총독부는 공업화의 필요성을 인식하였지만, 일본에서는 여전히 조선이 일본의 공산품 시장으로 남아 있어야 한다는 인식이 뿌리깊었다. 그런데 세계대공황 이후 국제정세의 변동은 점차 일본정부로 하여금 조선 공업화의 필요성을 인식하게 만들었다. 대공황을 타개하기 위해 구미 제국주의국가들이 배타적으로 지배하는 블록경제권을 구축하여 시장을 방어함에 따라 일본의 제국 외 시장이 축소되었다. 그래서 일본은 중국을 침략하여 새로운 시장을 확보하고 대동아공영권(大東亞共榮圈)이란 엔(圓)블록경제를 만들고자 했다. 이러한 시장 확보와 자본수출의 요구를 모두 충족하는 것이 조선에서의 군수(軍需)공업화정책이었다. 조선에서는 임금, 원료 및 지가(地價)가 저렴하여 독점자본이 초과이윤을 획득하기가 유망하였고, 군수공업화를 추진하는 조선은 중국 침략의 병참기지(兵站基地)로 활용될 수 있었던 것이다. 1937년 중일전쟁이 일어나고 일본경제가 준전시체제(準戰時體制)로 나아가면서 본격적인 공업화정책이 추진되었다.

일본정부는 공황의 극복을 위해 1931년 중요산업통제법(重要産業統制法)을 제정하여 중요 산업에 대한 생산 억제와 기업 통제를 행하였는데, 이러한 통제는 일본에만 적용되었다. 게다가 조선에서는 노동자를 보호하는 공장법(工場法)이 적용되지 않았기 때문에 일본의 방적기업 등은 저렴한 전력·지가·노동력을 노리고 조선에 진출하였다. 준전시체제로 나아간 후에 일본 대자본은 군사적 요구에 부응하면서 초과이윤을 얻기 위해 조선에 진출하고자 했고, 조선총독부도 일본 대자본의 군수산업 진출을 적극 지원하였다. 1936년의 조선산업경제조사회에서 제시된 전시체제를 위한 조선경제의 통제방침에 의하면, 농공병진(農工並進)이 표방되면서 공업 원료 등의 기초자원을 증산하고 동력자원을 개발하고 군수공업부문에 주력하기로 하였다. 1938년 9월의 시국대책조사회는 생산력확충계획(生産力擴充計劃)을 마련하여 일본에서 자급하기 어렵거나 조선에서 공급력이 떨어지는 물자의 대체품을 증산하도록 하고, 노동력의 확보와 양성을 강조하였다.

중일전쟁 이후에 본격화된 군수공업화정책의 주요 내용을 살펴보자. 공업 대출을 증대하였을 뿐만 아니라 임시자금조정법(臨時資金調整法)으로 자금을 군수산업에 집중하고 강제저축 등으로 확보한 자금을 저금리로 융자하였다. 1943년 총소득 40억 원 중 세금 8억 원, 저축 12억 원이 징수되어 소비가 20억 원이었으니, 강제저축이 얼마나 가혹하였는지 알 수 있다. 토지수용령으로 공장부지를 염가로 확보할 수 있게 하였고 남면북양정책(南棉北羊政策), 중요 광물 증산정책 등으로 공업 원료를 안정적으로 저렴하게 확보할 수 있게 하였다. 노동력에 대하여는 처음에는 소극적으로 지역간 수급 불균형을 조정하다가, 1938년의 국가총동원령과 1939년의 국민징용령(國民徵用令)에 의하여 노동력의 통제와 강제동원을 시행하였다. 각종 물자통제령으로 민간 소비를 축소시키고 기업정비령 등으로 민간 수요 산업을 축소, 폐지하거나 군수산업에 종속시켰다. 또한 군수산업에 독점가격을 보장해주었고 각종 재정 지원을 아끼지 않았다.

1940년 이후 전선이 확대되면서 병참기지로서 조선의 역할은 한층 중시되었다. 일본 본토는 동남아·태평양 전선에 총력을 기울여야 했기 때문에, 조선을 일본제국의 북방 영토에 대한 물자공급기지로 재편하고자 했다. 그래서 조선의 공업 설비를 확대하고자 했고 철강, 알루미늄 등 중요 산업물자 생산을 중시하였다.

조선 내 공업화 여건이 다져진 데다가 군수공업화정책이 강력히 추진됨에 따라, 일본의 독점자본이 대거 진출하였고 그 결과 공업화가 급진전하였다. 〈표 9-4〉에 의하면, 1930년대에는 일반 회사자금이 급격히 유입되었는데, 주로 중화학공업에 투자하였다. 중일전쟁 후에는 군사비와 철도 투자를 위한 국채발행자금도 급증하였다. 1942년

표 9-5 일본 독점자본에 의한 조선산업의 지배 (단위: %)

항목	%
1. 조선 산업설비자본의 투자비율	
일본 산업자본의 직접 진출	74.0
조선 안의 주요 산업자본 계통	18.0
기타 조선에 적을 둔 일반 회사	8.0
합 계	100.0
2. 일본 산업자본의 직접 진출 내역	
三井 계통	4.0
三菱 계통	6.0
住友 계통	2.0
소 계	12.0
日窒 계통	36.0
東拓 계통	11.0
日産 계통	12.0
소 계	59.0
鐘紡 계통	6.0
大日本紡 계통	2.0
東洋紡 계통	2.0
소 계	10.0
日鐵 계통	4.0
기타 산업자본 계통	15.0
합 계	100.0
3. 조선의 주요 산업자본 계통의 내역	
특수회사	17.0
殖銀 계통	29.0
기타 일본인 계통	48.0
조선인 계통	6.0
합 계	100.0

자료: 東洋經濟新報社『年刊朝鮮』1942, 26~7쪽.

조선의 산업설비에 투하된 자본은 28억~30억 원 정도로 추정되는데, 〈표 9-5〉에 의하면, 그중 일본 독점자본이 직접 진출한 것은 74%나 되었다. 전력공업과 화학공업을 장악한 일본질소가 그중 36%를 차지하여 단연 두각을 나타냈다. 일본질소는 조선의 값싼 노동력·자원·토지 덕분에 독점적인 폭리를 취하면서 급성장한 신흥 재벌이었다. 비료와 폭약의 원료인 유안(硫安) 1톤의 조선에서의 생산비는 저임금, 토지의 헐가 수용, 저렴한 전력으로 인하여 1935년 일본의 절반에 가까운 42원 정도였는데, 일본질소는 톤당 가격을 일본에서보다 비싸게 110원으로 책정하였다.

1930년대에 일본에 본점을 둔 독점자본이 활발히 진출하였을 뿐만 아니라, 〈표 9-2〉에 의하면, 조선에 본점을 둔 회사자본도 급증하였다. 〈표 7-4〉에 의하면, 자본주의 공업은 1928~40년간 자본금은 3배, 생산액은 5배로 증가하였다. 이처럼 공장 생산액이 30년대에 급증함에 따라, 30년대 초에 그것은 농작물 생산액의 절반 정도에 머물렀지만 30년대 말에는 그와 대등한 수준에 이르렀다. 그런데 부가가치로 본다면, 1940년에도 공업은 농업의 절반에 불과하였다.

공업 구성은 고도화되었다. 가내공업은 전시체제 전까지 절대적으로는 성장하지

표 9-6 공산액의 업종별·생산양식별 구성(1939년) (단위: 천 圓, %)

생산양식 / 업종	종업원수별 공장 생산액				관영공장 생산액	가내공업 생산액(1~4명)	합계
	5~29명	30~199명	200명 이상	계			
방직공업	9,237 (4.6)	13,051 (6.5)	133,840 (66.5)	156,130 (77.5)	361 (0.2)	44,860 (22.3)	201,351 (13.4)
금속공업	6,356 (4.7)	9,083 (6.7)	116,199 (85.4)	131,638 (96.7)	76 (0.1)	4,376 (3.2)	136,092 (9.1)
기계·기구 공업	8,043 (15.1)	14,355 (26.9)	24,953 (46.9)	47,332 (88.8)	1,280 (2.4)	4,613 (8.7)	53,225 (3.6)
요업	3,874 (8.9)	9,009 (13.9)	25,995 (60.0)	35,879 (82.8)	377 (0.9)	7,080 (16.3)	43,339 (2.9)
화학공업	45,451 (9.1)	65,757 (13.1)	347,768 (69.3)	458,977 (91.4)	2,981 (0.6)	39,791 (7.9)	501,749 (33.5)
제재·목재 공업	4,678 (22.2)	4,316 (20.5)	–	8,995 (42.7)	1,775 (8.4)	10,290 (48.9)	21,061 (1.4)
인쇄·제본업	4,674 (24.1)	10,067 (52.0)	3,634 (18.8)	18,376 (94.8)	997 (5.1)	–	19,373 (1.3)
식료품공업	73,874 (22.5)	94,599 (28.8)	9,315 (2.8)	177,789 (54.1)	17 (0.0)	150,546 (45.8)	328,352 (21.9)
가스전기업	15,138 (49.7)	11,282 (27.0)	4,041 (13.3)	30,462 (100.0)	–	–	30,462 (2.0)
기타 공업	9,111 (5.6)	10,432 (6.4)	6,655 (4.1)	26,199 (16.0)	70,069 (42.9)	67,001 (41.0)	163,270 (10.9)
합계	180,440 (12.0)	238,935 (15.9)	672,404 (44.9)	1,091,780 (72.8)	77,936 (5.2)	328,560 (21.9)	1,498,277 (100.0)

출전: 安秉直「일제식민지의 경제적 유산과 민족해방의 의의」『韓國經濟論』까치, 1987, 〈표 6〉.

만, 공산액 중의 비중은 1935년에 33%로부터, 〈표 9-6〉에서 보면, 1939년에는 22%로 축소되었다. 면업에서는 가내공업품인 소폭백목면(小幅白木綿)이 가격경쟁력을 상실하고 일본의 대규모 방적회사가 조선으로 진출하고 면화 등 섬유원료의 사용이 제한되었기 때문에, 가내공업은 위축되었다. 이처럼 공장 생산의 비중이 빠르게 증대하고, 그 중 대공장이 압도적인 지위를 차지하기에 이르렀다. 〈표 9-6〉에 의하면, 1939년 200명 이상 대공장 생산액의 비중은 45%를 차지하였다. 방직공업·금속공업·화학공업에서 대공장의 비중이 특히 높았다.

1920년대까지는 남부의 경공업이 빨리 성장한 편이었지만, 30년대부터는 북부 중화학공업의 성장률이 높았다. 화학공업이 빠르게 성장하여 최대 공업이 되었고, 금속·기계기구공업도 크게 신장하였다. 그 결과 공산액 중 중화학공업의 비중은 1930년 16.5%에서 1940년 49.5%로 도약하였다.

이러한 공업 중에 군수공업은 비중이 얼마일까. 일본에서는 전함, 비행기 등 군수품을 집중적으로 생산하려는 정책이 추진되었는데, 그러한 기술을 가지지 못한 조선에서는 군수품을 위한 원료나 소재의 생산, 그리고 전쟁 수행을 간접적으로 지원하는 소비재 생필품의 생산이 중시되었다. 따라서 주요 군수품을 생산하는 협의의 군수공업의 비중은 낮았으며, 군수품을 위한 소재산업 등의 관련 산업을 포괄하는 광의의 군수공업의 비중은 1930년 10%로부터 1941년 31%로 급증하였다.

일제시대에 일본의 공업화가 진전되는 가운데 조일무역이 급팽창하여 조선에 일본의 자본재(資本財)도 다량 공급되기에 이르렀다. 이것은 일본자본의 대거 유입과 결합하여 빠른 공업화를 낳았다.[3)] 중화학공업화에 필요한 생산수단은 일본으로부터 이입되어서, 〈표 9-7〉에 의하면, 1930년대 일본의 이입품 중 기계류 등의 중공업품이 경공업품을 능가하고 일본으로의 이출품 중에는 비료·선철·생사 등의 가공품이 상당한 비중을 차지하게 되었다. 물론 이출 공산품은 저부가가치품이고 일본과의 농·공분업구조는 유지되고 있었다.

이렇게 양적으로 성장하고 내부 구성이 고도화되어가던 공업생산은 태평양전쟁기에 돌입하면서 정체하다가 마침내 쇠퇴하였다. 1939년부터 무역이 감소하여 원료와 기계의 공급을 제약하였다. 선박의 군사용 징발과 침몰은 물자 수송의 장애를 낳았다. 공업생산은 1941년을 정점으로 감소 추세로 전환하여 1944년에는 1941년의 75% 수준으로 떨어진 것으로 추정된다. 〈표 9-4〉에 나타난 바와 같이, 태평양전쟁기에는 일본이

3) 堀和生 編著『東アジア資本主義史論』ミネルヴァ書房, 2008, 總論.

표 9-7 대일 무역의 구성과 추이 (단위: %)

기간	이입품의 구성				이출품의 구성					
	농림 수산물	공산물			농산물		광산물	공산물		
			섬유	화학·금속·기계		쌀			섬유	화학·금속·기계
1912~21	4.7	91.4	39.4	25.3	71.1	60.6	4.7	16.4	2.2	12.3
1917~26	7.8	89.0	36.0	26.1	70.4	61.9	2.9	18.9	6.9	8.7
1922~31	9.4	87.3	30.8	30.7	69.3	62.9	2.3	21.2	9.9	7.6
1927~36	8.8	87.0	27.9	36.6	64.5	59.9	3.4	26.6	8.5	14.5
1930~39	7.6	88.4	23.5	40.9	54.7	49.2	4.3	36.3	8.1	24.3

출전: 山澤逸平·山本有造『貿易收支와 國際收支』東洋經濟新聞社, 1979.

전비의 조달을 위해 발행한 국채나 사채(社債)를 강제저축을 통하여 조성한 거액의 예금으로 매입하거나 민간에 강제로 할당하였으므로, 일본으로 자금이 대량 유출되었다.

(2) 공업화의 성격

일제시대에 공업화가 빠른 속도로 진행되고 1930년대에 중화학공업화가 진전한 사실은 우리 민족사적으로 어떠한 의미를 가지는가. 제국주의의 문명시혜론(文明施惠論)이 부정된 이후의 통설에 의하면, 식민지기의 공업화는 기본적으로 일제의 요구에 봉사하고 일본경제에 편입되어 성립된 종속적이며 파행적(跛行的)인 것이었다. 이 견해는 다음과 같이 정리될 수 있다.

첫째, 일제시대의 자본주의공업화는 압도적으로 일본인 자본에 의한 것이었다. 〈표 7-4〉에 나타난 공장의 자본금 중에 일본인 소유는 90% 이상을 차지하였다. 〈표 9-2〉에 의하더라도, 회사자본 중 일본인 소유가 처음부터 압도적인 비중을 차지하였고, 일본인 자본의 우위는 갈수록 강화되었다. 식민지 초기에 조·일합동(朝·日合同)의 비중이 높은 것은 현지 사정에 불안감을 느낀 일본인이 조선인과 공동 명의의 형식을 취하였기 때문이다. 그리고 조선에 지점을 둔 일본인 회사까지 포함한다면, 일본인 자본의 우위는 한층 강하였다. 〈표 9-5〉에 의하면, 1942년 조선 내의 주요 산업자본은 총산업자본의 18%를 차지하였는데, 그중 조선인 계통은, 대자본만 포함하였지만, 6%에 불과하였다. 요컨대, 제국주의자본이 공업을 완전히 장악하였다고 해도 과언은 아니다.

둘째, 일본측의 경제사정과 요구가 공업화를 추진한 주요한 계기였다. 제1차 세계대전 동안 일본의 호황과 자본축적이 동시기와 그 직후 조선에서의 회사와 공장의 급성장을 낳았으며, 1930년대 후반의 급격한 공업화는 일제의 대륙 침략을 위한 군수공업화정책에 힘입은 바 컸다. 1910·20년대에 비대한 발전을 보인 정미업은 대일 미곡 반출에 봉사하는 역할을 수행하였다. 20년대 말에도 정미업 등 식료품공업이 비대한 비중을 차지하고 방직업 생산의 비중은 10% 남짓하고 방적업은 훨씬 미약하였는데, 이처럼 경공업의 기반을 제대로 갖추지 않은 채 30년대에 일제의 중국 침략의 필요에 의해 중화학공업화가 추진되었던 것이다.

셋째, 일본측의 요구에 봉사하는, 일본인 자본을 중심으로 하는 공업화였음에 대응하여, 산업도 일본경제권에 편입되어 조선 내적으로는 유기적 관련성이 약하였고, 공업의 생산수단은 거의가 일본에 의존하였다. 1930년대 중화학공업화가 조선 내 산업과 연관도(聯關度)가 약한 파행성을 가졌음을 보여주는 예를 들어보자. 당시 육성된 제철공업은 선철 생산에 지나치게 편중되고 강철 생산을 도외시하였다. 조선에서 채굴된 철광은 선철로 만들어져 일본으로 가서 강철로 되고 기계로 제조되어 다시 조선으로 유입되었으며, 조선의 기계공업은 농기구 등 간단한 기구의 생산, 그리고 철도·자동차·선박 등의 수리·조립에 불과하였다. 〈표 9-8〉에 나타난 바와 같이, 중요 기계제품의 자급률을 계산해보면 25%에 그쳤고, 정밀기계의 자급률이 특히 낮았다.

표 9-8 조선 내 기계제품의 수급 상황(1940년) (단위: 천 圓, %)

분야	종목	생산액	수·이입	수·이출	조선 내 수요	조선 내 공급률
정밀기기	기관 및 부속품	97	2,802	320	2,579	3.7
	원동기	1,609	22,044	888	22,765	7.1
	제조가공용 기계	24,936	104,323	11,200	116,059	19.6
	소계	26,642	175,976	14,994	187,624	14.2
일반기기	도량형기	1,153	840	35	1,958	60.0
	의료기	51	1,663	250	1,464	3.5
	전신전화기	15	5,251	87	5,179	0.3
	자동차 부속품	15	5,744	1,061	4,698	0.3
	선박	5,575	5,914	523	10,966	50.8
	소계	22,742	82,016	12,089	92,669	35.7
총계		75,699	257,992	27,083	306,608	24.7

출전: 김인호 『태평양전쟁기 조선공업연구』 신서원, 1998, 〈표1-4-16〉.
주: 자급률을 측정할 수 없는 업종을 제외하여 소계의 합과 총계가 다르다.

이처럼 일제의 요구에 봉사하고 일본인 자본을 중심으로 전개되고 일본경제에 강하게 편입된 공업화였기 때문에, 해방 후에 공업설비가 민족적 생산력으로 원활하게 전환하지 못하고 산업생산의 격심한 위축이 초래되었다는 것이다.

그런데 1980년대 이후 식민지 공업화의 외래성(外來性)과 파행성, 그에 따른 해방 전후의 단절성을 강조하는 견해에 대한 반론으로서 식민지 공업화의 내재성(內在性), 해방 후 자본주의 발전의 기반이 된 점을 강조하는 연구가 제출되었다. 식민지 공업화의 내재성을 주장하는 호리 가즈오의 연구를 소개하여본다. 1930년대에 중화학공업이 공업화를 주도하였지만, 경공업의 기반도 확충되고 있었다. 조선의 각종 직물 소비고는 1923년의 2억 평방마(1마=91cm)로부터 1938년 4.8억 평방마로 급증하였는데, 그중 조선 내 생산의 비중은 가액으로는 1924년 23%로부터 1940년 55%로 상승하였다. 30년대 일본의 방적자본이 조선에 진출하고 설비를 확장한 결과, 면사(綿絲)의 경우 조선산이 30년대 중엽부터 일본산을 급격히 구축하여 1937년 소비의 90% 이상을 차지하였고, 면포의 경우 1936년 조선 내 생산이 수·이입을, 1938년 수·이출이 수·이입을 상회하였다. 조선 내 중화학공업은 여타 산업과 제한적인 연관을 가졌다. 선철의 일부는 조선 내의 수공업적인 주물공장에서 수요되었고, 화학공업은 비료와 토목·건축·광업에 필요한 폭약을 공급하였다. 호리는 이러한 조선 내적 산업관련의 증대를 논거로, 조선경제의 이중구조적 내지 포령적(包領的) 요소를 강조하는 견해를 비판하였다.[4)]

김기원(金基元)은 "일본제국주의가 이식해놓은 생산력은 일제와 동시에 파멸한 것이 아니라 8·15 이후 여러 가지 애로를 겪으면서도 점차 조선의 생산력으로 전환되어 갔다"고 평가하였다. 8·15 직후 급격히 위축되던 공업생산이 얼마 후 회복되는 추세를 이러한 주장의 중요한 근거로 삼았다. 그는 일본독점자본이 진출하여 산업을 지배하고 방적·화학·전기·금속 등의 핵심 산업에서 독점화가 진전하고 식산은행·동척(東拓)을 중심으로 하는 금융지배체제가 성립되어 산업의 독점과 결합한 것을 중시하였는데, 독점단계에 도달한 제국주의의 기업체가 8·15 이후 불하됨으로써 독점자본의 조속한 성립의 기반을 이루었다고 보았다.[5)]

식민지 공업화가 내재적 성격을 가지고 해방 후 자본주의 전개의 물적 기반으로 활용됨을 평가하는 견해의 대두는 종전에 그 외래성과 파행성만 강조하던 편향된 시각의 수정을 촉구하는 자극이 될 것이다. 앞서 언급한 바와 같이, 조선의 공업화는 제국주의의 요구로만 설명될 수는 없고, 조선 내 사회간접자본의 확충, 시장의 확대, 노동

4) 堀和生「1930年代 朝鮮工業化의 再生產條件」『近代朝鮮의 經濟構造』比峰, 1989.
5) 김기원『미군정기의 경제구조』푸른산, 1990.

력의 풍부한 공급 등에 힘입은 바 컸다. 공업생산이 빠르게 신장하는 가운데 공산물의 조선 내 자급도는 증가하는 추세였다. 일본인 공장이라도 존립하기 위해서는 노동력시장·금융시장·상품판매시장·원료시장, 곧 공업화를 위한 사회적 분업이 뒷받침되지 않으면 안 되며, 공업 노동에 적합하고 이윤 동기를 가지는 인간이 참여하여야 하는 것이다. 그런 점에서 식민지에서라도 공업화는 그것을 둘러싼 인간과 제도 및 물적 기반의 변화를 전제하고 또한 수반하는 것이다.

그렇다면 식민지경제의 전개를 국민경제와 동질적으로 이해할 수 있는가. 일제시대에 일본인이 공업자본의 90% 이상을 장악하고 선진적 핵심 공업을 거의 배타적으로 장악하였다. 1930년대의 급속한 공업화를 주도한 일본인 대공장은 경영·기술인력을 거의 일본인으로 충당하고 기계나 고급 중간재를 거의 일본에 의존하여 조선 내 여타 업종과의 관련도가 그리 높지 않았다. 그런 점에서 공업화에 따른 조선 내부의 사회적 분업의 확대는 제한적이며 이중구조의 요소가 있었다고 보아야 한다.[6] 중일전쟁 이후 급속한 공업화는 조선 내적으로 제한적인 산업연관을 가졌지만, 일본경제의 독점자본주의화에 따른 자본수출 요구에 부응하고 대륙 침략에 봉사하며 일본인 자본에 의하여 주도된, 외래성(外來性)이 강한 것이었다. 제3절에서 언급하지만, 일제시대에 조선인 노동자층의 숙련과 기술 및 조선인 기업가의 역량은 성장하지만, 교육과 고용관행의 식민지적 차별이라든가 토착자본 보호의 부재 등으로 인하여 그 성장은 근본적인 제약을 받았다. 식민지 공업화의 물적 기반은 증발되는 것이 아니라 민족을 위하여 활용될 수 있다고 하더라도, 그것을 활용할 기술·경영능력의 부족, 산업구조의 대일 종속성으로 인하여 심한 우여곡절을 겪으면서 제한적으로 민족의 생산력으로 전환하였던 것이다. 저자는 양극단적인 주장이 역사적 사실을 제대로 설명하지 못한다고 보며, 일제시대는 자본주의가 성장하는 동시에 제국주의의 지배로 인한 파행성이 각인된 국면이라는 양면성을 가진다는 관점을 견지하고 있다.

6) 許粹烈 「식민지적 공업화의 특징」 『工業化의 諸類型(II)』 경문사, 1996, 197~204쪽.

2. 조선인 자본의 동향

(1) 조선인 자본의 추이

일제시대의 경제 기반이 해방 후의 민족적 생산력으로 전환하는 데에 있어서 제국주의자본보다 한층 중요한 의미를 가지는 조선인 자본을 별도로 고찰해보자. 〈표 9-2〉에 의하면, 조선인 회사자본은 제1차 세계대전기의 호황과 1920년 회사령의 철폐에 힘입어 1910년대 후반과 20년대 초에 급성장하고 20년대에 완만히 성장하다가 30년대에 현저히 성장하였다. 앞서 언급한 바와 같이, 회사령은 조선을 농업지대로 묶어두기 위한 정책이었지만, 10년대 후반의 경제적 호황은 조선인 자본가에게도 성장을 위한 유리한 여건을 조성하였다.

〈표 9-9〉는 1928년 집계되는 공장의 기준 변화로 그 전후 통계의 부정합성이란 문제를 안고 있지만, 조선인 공장수의 급증을 보여준다. 공장수는 1910년대 중엽부터 빠르게 증가하였는데, 20년대에는 직공 50인 이상을 고용한 공장이 크게 늘었다. 조선인 공장의 자본금은 1911년에 64만 원, 1917년에 188만 원, 1919년에 759만 원, 1925년에

표 9-9 민족별·규모별 공장수의 추이

연도	종업원 규모별 조선인 공장수							종업원 규모별 일본인 공장수						
	총계	휴업	1~4명	5~49명	50~99명	100~199명	200명 이상	총계	휴업	1~4명	5~49명	50~99명	100~199명	200명 이상
1910	39	3	2	27	3	3	1	112	2	6	78	16	7	3
1912	98		3	85	7	1	2	227		17	163	28	11	8
1915	207		3	198	3	2	1	559	4	66	409	30	33	17
1921	1,088							1,273						
1924	1,790							1,930						
1927	2,457							2,279						
1930	2,233	49		2,119	43	12	10	2,425	43		1,804	83	42	41
1932	2,492	46		2,375	48	15	8	2,113	49		1,885	99	31	43
1934	2,956	96		2,753	77	17	14	2,169	61		1,866	123	56	62
1936	3,484	131		3,212	96	29	16	2,433	53		2,047	163	97	73
1938	3,963	228		3,562	122	35	16	2,627	89		2,086	214	126	112

출전: 許粹烈「日帝下 朝鮮人工場의 動向」『韓國近代工業化研究』〈表 4-7〉과 〈附表 1〉로부터 작성.

그림 9-1 **조선인 공장의 동향**

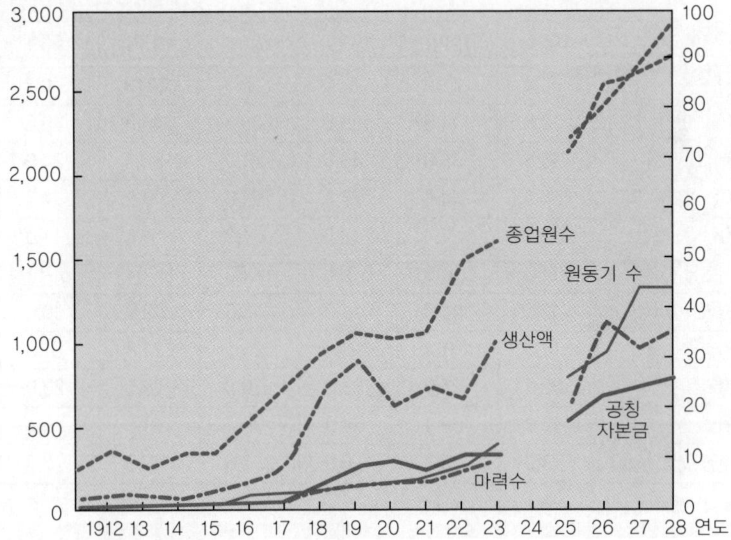

출전: 許粹烈「日帝下 朝鮮人工場의 動向」『韓國近代工業化硏究』 표 4-2.
주: 왼쪽 세로축의 눈금 단위는 종업원수 10명, 기관수 1개, 마력수 10마력이며, 오른쪽 세로축의 눈금 단위는 자본금과 생산액 모두 백만 원(圓).

1,730만 원, 1928년에 2,532만 원, 1941년에 1억 185만 원이었다. 조선인 공업은 10년대 후반부터 빠르게 성장하였고 30년대에 그 성장이 가속화되었다. 〈그림 9-1〉에 의하면, 1916년경부터 조선인 공장의 기계화가 진전하고 종업원수와 생산액이 빠르게 증가하였다. 1919년에는 공칭자본금 50만 원의 경성방직(京城紡織)이, 1923년에는 자본금 20만 원의 조선견직(朝鮮絹織)이 설립되었다. 조선인 자본의 성장 추세는 일본인 자본의 그것과 유사한데, 이것은 경기와 정책의 영향을 마찬가지로 받았기 때문으로 보인다.

1930년대 말 이후 전시통제경제가 강행되는 가운데 1943년경까지 중소공장은 증가 추세였다. 일본에서는 주로 중소공업을 정리하여 전쟁 수행에 직결되는 중점 산업에 시설과 노동력을 집중하는 정책이 추진된 반면, 조선에서는 전쟁의 수행을 간접적으로 지원하기 위해 중소공업을 활용한 필수 소비재의 생산이 중시되었기 때문이다. 그런데 1938년부터 중소 상공업의 조직화를 통하여 생산·유통의 통제가 본격화되고 이후에 원료난이 심화됨에 따라, 조선인 공장에 대한 압박은 갈수록 가중되었다. 1944년 조선인 공장의 63.0%인 2,637개, 일본인 공장의 42.4%인 1,173개가 제1차 기업정비 대상이라는 사실에서도 드러나듯이, 전시통제경제는 조선인 공업에 더욱 불리한 영향

표 9-10 조선인 회사 공칭자본금의 규모별·업종별 구성비 (단위: %)

	연도	1921	1925	1929	1931	1935	1939	1942
규모별	회사 총수	124	230	500	781	1,243	3,137	2,356
	1만 圓 미만	0.8	14.8	26.8	35.3	46.3	49.5	26.9
	1만~10만 圓	18.5	33.0	43.6	41.0	36.3	34.9	40.7
	10만~100만 圓	66.9	44.8	26.4	21.8	16.0	14.7	31.0
	100만 圓 이상	13.7	7.4	3.2	1.9	1.4	1.0	1.4
업종별	총자본금(천 圓)	5,803	6,400	6,396	7,083	8,254	18,751	23,939
	농림업	12.5	14.8	13.0	15.5	12.0	16.5	12.4
	광공업	10.0	11.4	21.4	20.5	24.8	31.0	33.4
	상업	32.4	25.9	23.8	26.3	28.5	29.9	33.2
	금융업	42.0	39.4	34.9	29.2	21.3	6.4	4.5
	운수창고업	3.0	3.3	6.5	7.6	7.8	6.2	4.9

출전: 許粹烈 「朝鮮人資本의 成長」 〈표 3〉과 〈표 7〉.

을 미쳤다.

조선인 기업은 빠르게 증가하는 가운데 그 영세성을 극복하지 못하였다. 〈표 9-9〉에 의하면, 종업원 49명 이하의 조선인 공장이 압도적이었고 공장수가 급증하는 가운데 그 비중은 증가하는 추세였다. 〈표 9-10〉에 의하면, 1939년경까지 공칭자본금 1만 원 미만의 조선인 회사의 비중이 빨리 신장하였다. 10만~100만 원 회사는 1921년 83개로부터 1942년 730개로 늘었고 100만 원 이상의 회사는 같은 기간에 17개로부터 33개로 늘었지만, 양자 모두의 비중은 크게 감소하였다.

조선인 회사자본의 업종별 구성을 〈표 9-10〉에서 보면, 광공업의 구성비가 지속적으로 높아지고 있었고 상업과 운수창고업의 비중은 큰 변동이 없었던 반면, 금융업의 비중은 격감하였다. 1930년대에 조선인은 신규 공업으로 진출하였지만, 일부 방직공장을 제외하면 근대적 대공업의 영역에 거의 진출하지 못하였다. 1930년대에 조선인 공장 중에 정곡업(精穀業)·주류업·동물유지제조업이 가장 많았는데, 이 세 업종의 공장수를 합하면 전체의 과반수를 차지하였다. 이들은 기술 수준이 낮고 노동집약적이고 부가가치율(附加價値率)이 낮은 업종이었다. 고도의 기술이나 대자본을 요구하는 전기·화학·금속·방적업 등은 거의 일본인 자본에 의해 장악되었다.

조선인 자본은 꾸준히 성장하였지만, 일본인 자본에 대한 현저한 열세를 끝까지 극복하지 못하였다. 〈표 9-2〉에 의하면, 조선인 회사자본은 일본인 회사자본에 비해 압도적으로 열세였을 뿐만 아니라, 그 우열의 격차는 갈수록 확대되었다. 일본에 본점을 둔 회사자본까지 포함한다면, 열세는 한층 두드러졌다. 〈표 9-9〉에 의하면, 조선인 공장이 일본인 공장보다 빨리 증가하여 1927년부터 더 많아졌다. 그런데 일본인 공장 중에는 종업원 100명 이상의 것이 많았던 반면, 조선인 공장 중에는 종업원 49명 이하의 것이 압도적 비중을 차지하였다. 조선인 공장은 대개 대량생산이 어려운 업종에 밀집하거나 동일 업종 내에서도 영세한 편이어서 생산액의 구성비는 낮았다. 생산액의 구성비에서는 조선인 공장이 증가하는 추세였는데, 자본금의 구성에서 그 비중은 1911~40년간 6% 내외로 계속 낮았다. 조선인 공장은 식료품공업과 같이 부가가치율이 낮은 업종에 밀집하였는데, 그 때문에 일본인 공장에 대한 열세가 생산액보다 자본금에서 한층 현저하였다.

요컨대, 조선인 자본은 일반적으로 영세하고 식료품업의 비중이 높고 근대적 대공업으로 거의 진출하지 못한 점 등에서 일본인 자본에 대한 현저한 열세와 취약함을 극복하지 못하였다. 그렇지만 제국주의의 상품과 자본의 압박에도 불구하고 1930년대까지 꾸준히 성장할 수 있었던 점을 무시해서는 곤란하다. 조선인 자본의 성장 요인은 무엇인가. 첫째, 인구의 증가, 도시화의 진전, 새로운 상품에 대한 수요의 창출 등으로 인해 공산물시장이 꾸준히 확대되었고, 그 속에서 일본의 발전된 기계제 대공업과 직접 경합하지 않는 분야, 그리고 다양한 수요에 응하는 소량생산의 분야에서는 조선인 자본이 활발한 동향을 보였다. 둘째, 철도·도로·항만·통신·금융 등 사회간접자본의 확충은 제국주의의 상품과 자본의 침투를 지원하였는데, 조선인 자본도 점차 그것을 활용하게 되었다. 셋째, 애국계몽운동과 경제적 민족주의의 고양에 따른 실력양성론 등은 상공업에 진출하려는 조선인의 의욕을 고취하였고, 교육열의 고조와 근대교육의 보급 등은 경영 역량을 발전시켰다. 넷째, 지주층은 시장이 성장하고 자본주의 부문이 발전하는 사회 전반적 추세에 부응하여 지대의 일부를 농업 외부에 투자하였다.

에커트는 조선인 자본이 식민지 권력 및 일본인 자본과 협력관계 아래 성장하였다고 평가하였음을 제7장에서 언급한 바 있다. 그는 관민 합동의 산업조사회(産業調査會)를 중시하였다. 그런데 근대세계에 들어서면 정부는 민간기업의 육성을 중시하기 마련이므로, 일제시대 전기간에 세 차례 열린 관민합동회의를 특기할 만한 것으로 강조할 필요가 있을까. 1921년의 조사회는 3·1운동 이후 조선인을 무마하기 위한 목적을 가졌으며, 30년대 후반의 두 차례 조사회는 전시체제를 지원하기 위한 긴급한 공업화의 필요에서 나온 것이다. 식민지 권력이 조선인 공업 중에서는 가장 관심을 기울인 경성방직의 성장을 그는 협력적 자본주의의 대표적인 사례로서 들었지만, 보통의 조선인 자본에 대해서는 어떠하였는가를 밝히는 것이 중요하다. 전반적으로 보면, 식민지 권력은 조선인 공업을 현저히 차별하지는 않았지만, 별다른 지원과 보호를 제공하였다고 보기 어려운 실정이다. 그리고 일본인이 권력과 경제력을 장악한 상황에서 조선인은 비공식적인 차별 대우를 받기 마련이다.

조선인 자본의 일본인 자본에 대한 현저한 열세와 취약함은 조선경제의 후진성뿐만 아니라 식민지성도 반영한다. 늦게 형성된 조선인 자본은 국민국가의 보호·육성을 받지 못하고 제국주의의 상품과 자본의 압박에 무방비 상태로 노출될 수밖에 없었다. 1910년대의 회사령에서 드러나듯이, 애초에 식민지 권력은 조선의 공업화를 원하지 않았으며, 조선 내부의 공업화 전제조건이 성숙하고 중국 침략의 보급기지로서 조선이 중시됨에 따라 공업화에 대한 관심을 점차 기울이게 되었던 것이다. 그리고 정치활동뿐만 아니라 경제활동에서의 민족적 차별은 끝까지 불식되지 않았다. 예컨대, '경제적 내선일체(內鮮一體)'가 주창되는 가운데서도 1940년의 조선국토계획위원회(朝鮮國土計

표 9-11 경성부 민간공장의 민족별 실태

구분		1933	1935	1937	1939	1941
공장수	조선인	241	598	713	1,398	1,656
	일본인	452	745	781	941	1,089
	외국인	13	29	17	28	18
	합계	706	1,372	1,511	2,367	2,774
평균 생산액 (圓)	조선인	64,552	71,372	64,396	86,860	51,886
	일본인	59,194	63,959	120,602	174,393	182,258
	전체	60,242	66,132	92,999	120,744	102,770
생산액 중 조선인 공장의 비중 (%)	紡織	50.6	69.9	16.2	23.6	21.2
	金屬	50.4	58.1	33.8	33.8	35.4
	機械	14.5	11.8	11.2	30.1	31.3
	窯業	0.8	7.7	4.5	10.6	13.6
	化學	49.1	37.7	50.6	67.4	35.2
	製材	13.7	25.1	24.3	41.2	43.0
	印刷	7.5	10.2	10.1	8.0	24.9
	食料品	43.5	62.4	54.6	60.0	26.8
	雜工業	14.0	12.6	17.1	48.6	49.7
	전체	36.6	47.0	32.7	42.5	30.1

출전: 堀和生『朝鮮工業化の史的分析』表 4-15.

劃委員會)와 같은 산업화의 근간에 관한 의사결정기구는 조선인의 참여를 철저히 배제하였던 것이다.

(2) 조선인 자본의 실태

조선인 자본이 가장 집중된 지역은 서울이었다. 서울의 인구는 1920년대 초 30만 명 전후로부터 1942년 111만 명으로 급증하였다. 이러한 서울시장의 성장을 배경으로 서울주민의 수요를 충족하기 위한 다양한 공업이 고르게 성장하였는데, 북부의 중화학공업지대와는 달리 전반적으로 규모가 영세하였다. 〈표 9-11〉에 의하면, 조선인 공장수는 급증하여 30년대 말부터는 일본인 공장수를 추월하였다. 그런데 일본인 공장은 규모를 크게 확장한 반면 조선인 공장의 평균 규모는 커지지 않아서, 후자의 생산액 비중은 오히려 하락하는 추세였다. 1936년 종업원 30명 이상의 공장수의 비중은 조선인 경영의 경우 9%에 불과하지만 일본인 경영의 경우 16%였다.

표 9-12 주요 조선인 공업의 개황(1928년)

구분	공장수	자본금(千 圓)	직공수	원동기수	마력수	생산액(千 圓)
製綿業	15	231	423	18	169	893
生絲業	10	1,587	973	12	25	1,300
織物業	44	1,669	1,258	7	216	1,820
編織物業	52	295	1,582	18	53	1,578
精鍊業	2	216	81	1	100	793
철공업	151	381	1,350	44	116	630
금속제품업	72	345	659	5	15	553
金銀細工業	12	258	77	4	3	210
製紙業	114	86	1,069	1	7	272
고무제품제조업	20	1,637	2,306	50	1,444	2,754
도자기제조업	113	167	1,225	–	–	553
양조업	359	5,932	2,442	42	337	9,883
정미업	1,241	8,015	10,751	1,025	6,707	61,405
製材業	12	236	148	7	205	302
인쇄업	64	2,220	531	31	94	3,632
가스 및 전기업	2	620	42	4	880	154

출전: 張矢遠·金基元『韓國經濟史』韓國放送通信大學, 1991, 〈표 10-8〉.
주: 조선인 공업 중에 공장수가 50개 이상이거나 자본금이 200만 圓 이상인 업종만 제시함.

표 9-13 고무신의 조선 내 수급 상황 (단위: 천 圓)

구분	1920	1925	1930	1935
생산액	4	2,504	4,204	9,845
수·이입액	50	6,472	3,324	889
수·이출액	-	?	419	1,187

출전: 許粹烈「日帝下 韓國에 있어서 植民地的 工業의 性格에 관한 一考察」서울大 經濟學博士學位論文, 1983, 〈표 50〉.

표 9-14 고무제품 제조업의 민족별 현황(1928년)

민족별	공장수	종업원수				자본금(평균) (천 圓)		원동력		
		남자	여자	계	(평균)			기관수	마력수	(평균)
조선	20	672	1,634	2,306	(115)	1,637	(82)	50	1,444	(72)
일본	17	495	596	1,091	(64)	937	(55)	31	1,041	(61)
계	37	1,167	2,230	3,397	(92)	2,574	(70)	81	2,485	(67)

자료:『朝鮮總督府統計年報』1928년도판.

〈표 9-12〉에 의하면, 1928년 조선인 공장 중 지주·상인의 미곡 수출을 보조하기 위한 정미업이 가장 큰 비중을 차지하였고, 그 다음이 양조업, 방직공업 및 화학공업이었다. 1937년 화학공업과 방직공업 중에서 종업원 100명 이상의 조선인 공장이 많은 업종을 순서대로 보면, 고무공업, 정어리제조업, 메리야스업, 직물업, 제사업이었다.

고무공업은 고무신의 제조를 주로 하였다. 1919년 이후 일본으로부터 고무신의 이입이 급증하였고, 조선에서 고무신이 수요를 급증하면서 신발시장을 석권함에 따라, 〈표 9-13〉에 의하면, 1920년에 개시된 고무신공업은 이후 생산을 급증하면서 기술 축적을 통하여 제품을 개선하여갔다. 그리하여 30년대에는 일본제 이입품을 구축하고 조선 외 시장에 활발히 진출하기에 이르렀다. 고무공업의 3대 중심지는 경성·평양·부산이었다. 일정 수준의 자본과 기술을 요구하는 고무공업에서 조선인 자본은 20년대부터 일본인 자본에 대한 우위를 확보하였다. 〈표 9-14〉에 의하면, 조선인 공장이 일본인 공장보다 많았고 평균 규모도 컸다. 1921~9년간 설립된 100명 이상을 고용하는 12개 고무공장의 공장주 출신을 보면, 6명이 지주, 3명이 상인, 2명이 수공업자였다. 조선 재래 신발의 제조업자가 점차 신발을 개량해가다가 고무신시장의 확대를 기회로 삼아 고무신 제조업에 진출하는 사례도 주목할 만하다.

공업화의 초기에서 섬유공업, 그중에도 면직물업이 중요한 역할을 한다. 대한제국기부터 일본 상품의 압박을 받으면서 서울시장을 배경으로 성장해오던 조선인 직물업은 1913년에 모두 33개 업소였다. 그중 직공 11~40명인 업소가 5개, 6~10명인 업소가 4개였다. 당시 직기수는 모두 208대였는데, 역직기(力織機)가 3대, 족답기(足踏器)가 43대, 개량직기가 132대였다. 조선인 직물업은 제1차 세계대전에 수반된 호황에 힘입어 급성장하였다. 1914~8년간 조선인 직물공장은 19개로부터 70개로, 자본금은 합쳐 12만여 원으로부터 36만여 원으로 증가하였다. 규모가 영세하고 개량직기에 주로 의존하던 대한제국기의 상황이 극복되지는 못하였지만, 족답기가 활발히 보급되었다. 조선인 직물업은 삼베·모시·비단을 생산하거나, 면포의 경우 소폭백목면(小幅白木綿)이나 이것을 변형한 제품을 생산하여 기계를 사용하는 대공장과의 직접적 경쟁을 회피하였다. 그런데 제1차 세계대전 후에 불황으로 반전되어 면사(綿絲) 가격이 상승하고 제품의 판매가 어려워지자 조선인 직물공장은 1921년 21개로 격감하였다. 1930년대에 일본인 직물업은 직공 50명 이상의 경영이 성장한 반면, 조선인 직물업은 49명 이하의 경영, 비단제조업처럼 기계제 대공장과 경합하지 않는 업종이 두드러지게 성장하였다.

제1차 세계대전 후에는 조선인 자본에 의한 기계제 직물공장이 성장하였다. 대한제국기에 군소 직물업자가 설립한 경성직뉴(京城織紐)는 설립 초에 활발히 영업하였지만, 1916년경부터 경영이 악화되어 17년 김성수(金性洙)에게 인수되었다. 이것을 토대로 19년 설립된 경성방직주식회사는 23년부터 100대의 직기로 조업을 개시하였다. 김씨가는 전국의 유력자를 발기인으로 모집하였는데, 1923~5년간 불입자본금을 25만 원으로부터 40만 원으로 확충하는 가운데 주식의 지분율(持分率)을 13%로부터 65%로 높였다. 경성방직은 역직기로 광폭조포(廣幅粗布)를 생산하여 일본의 대기업과 직접적인 경쟁관계에 들어가게 되어 초기에는 경영의 애로가 컸으나, 조선인의 기호에 맞는 제품을 생산하고 조선인 소비자의 민족적 감정에 호소하고 서울의 대표적인 포목상인 박승직(朴承稷)상점과 박흥식(朴興植)의 화신상회(和信商會) 등을 특약판매점으로 확보함으로써 시장을 개척하면서 난관을 극복하였으며, 1926년부터는 기업활동이 정상궤도에 올랐다. 정책적 보조금은 초기 자금위기를 타개하는 데에 도움을 주었다. 경성방직은 증자와 순이익으로 확충된 자기자본으로 설비자산을 확충하고 전시기(戰時期)에는 만주시장의 진출, 통제가격 및 저리 융자에 힘입어 급성장하여, 1945년에는 자본금이 1,050만 원, 직기수가 1,080대에 이르렀다.

경성방직 다음으로 광폭조포를 생산한 조선인 직물업은 송고실업장(松高實業場)이었다. 그 밖에 대규모의 직물공장으로는 1920년 직물업자가 설립한 동양염직(東洋染織)

주식회사와 1923년 대지주 민영휘(閔永徽)가 설립한 조선견직주식회사가 있다. 1930년경까지 설립된 설비 100부(釜) 이상의 유력 제사공장 23개 중에서 조선인 공장은 조선제사(朝鮮製絲)와 충남제사(忠南製絲)뿐이었다. 조선제사는 조선견직과 같은 계열로서 서로 생산이 연계되었다. 예산(禮山)에 있는 충남제사는 호서은행(湖西銀行)에 참여한 바 있던 충남의 대지주에 의하여 1926년 설립되었다. 일제시대에 역직기를 설치한 조선인 공장은 모두 8개에 불과하였던 것으로 보건대, 조선인 직물업이 기계제 대공장으로 상승하기가 힘들었음을 알 수 있다. 섬유업에서도 고무공업과 마찬가지로 주로 지주층과 상인·수공업자층이 산업자본으로 전환하였다.

메리야스공업은 기계로 짠 편물(編物)로 양말, 내의, 타올 등을 생산하는 공업이다. 메리야스업은 간단한 기계설비를 가지고 조업할 수 있는 노동집약적 공업이었으므로, 조선인 자본이 활발히 진출할 수 있었다. 메리야스공업은 최대의 시장인 서울, 그리고 전통적으로 직물업이 발달한 데다가 근대사상이 신속히 유입되어 일찍부터 양말의 수요가 창출된 평안도를 배경으로 하는 평양에서 발달하였다. 1906년 이후 평양에서는 근대공업에 관심을 가진 자산가층과 면직물 상인 등이 메리야스업에 적극 참여하였다. 1910년대에 자본과 기술을 어느 정도 축적한 평양의 메리야스업은 제1차 세계대전 동안 호황기를 맞이하고 전후에는 학생수의 증가와 양말을 신는 습관의 확산에 힘입어 급성장하였다. 이 시기에는 부유한 상인이 직기 10~20대를 설치한 공장을 설립하기도 했다. 평양의 메리야스업은 서울의 경쟁 업종을 압도하고 조선 내 시장의 50~60%를 차지할 정도로 성장하였는데, 20년대 중반부터 모자나 타올도 생산하고 은행으로부터 자주 차입하게 되었다. 양말공장이 확산됨에 따라 경쟁이 가열되었고, 신의주에서는 저렴한 중국인 노동력에 의존한 양말공장이 설립되어 조선인 경영을 압박하였다. 이에 자본가는 1923년과 1925년에 직임(織賃)의 인하를 시도하다가 노동자의 단결된 저항에 직면하였는데, 식민지 권력의 힘을 빌어 임금 인하를 관철시켰다. 신의주 양말공장에 대응할 필요가 있는 데다가 전력의 저렴한 공급이 이루어짐에 따라, 〈표 9-15〉에 나타난 바와 같이 1920년대 후반부터 자동화가 진전하여 수직기 공장과의 생산성 격차가 뚜렷해졌다. 대공황으로 인한 경영위기를 맞이하여 평양 메리야스업은 자동화의 강력한 추진을 통하여 극복하고자 했다. 1931년 만보산(萬寶山)사건으로 야기된 대(對)중국인 폭동으로 경쟁 상대인 신의주 양말공업이 궤멸함에 따라 조선 내 시장을 확고히 장악할 수 있었다. 일제가 공황의 타개책으로서 만주를 침략함에 따라, 평양의 메리야스업계는 만주에 상품과 자본의 진출을 시도하였다. 처음에는 고율 관세인 데다가 조선산 양말이 중국인의 기호에 맞지 않아서 수출이 부진하였는데, 중국인의 기호에 맞도

표 9-15 평양의 조선인 메리야스업의 성장

연도	공장수	자동화 공장수	기관수	양말 편직기		
				자동기	공장 설치 手織機	임대 수직기
1925	18	1	1	6	약 1,600	
1926	17	1	–	15	1,206	325
1927	22	6	7	62	–	–
1928	34	–	20	–	–	–
1929	30	11	15	–	–	–
1930	17	14	22	215	1,275	106
1931	15	–	17	–	–	–
1932	16	–	–	400	–	–
1933	33	–	41	800	–	–
1934	33	32	44	1,027	254	약 200
1935	48	–	–	1,321	–	–
1936	56	40	63	–	–	
1937	60	–	–	1,020	700	
1938	64	52	89	1,278	827	

출전: 朱益鍾「日帝下 平壤의 메리야스工業에 관한 硏究」 표 2-9와 표 3-2.
주: 1925·1937·1938년에서의 공장설치 수직기란의 수치는 임대 수직기도 포함.

록 제품을 개선함에 따라 1936년부터 수출이 신장되었다. 양말을 주로 생산하던 평양의 메리야스공업은 30년대에 군수산업과 일정한 관련을 가지면서 각종 내의류도 생산하는 종합메리야스산업으로 발전하였다. 1938년 전시체제로 돌입한 이후 원료, 나아가 생산과 판매의 통제는 메리야스공업을 압박하였다. 1941년에는 기업의 전업과 합동이 강행되고, 1942년에는 휴업중인 중소공업이 강제로 해산됨에 따라, 메리야스업체 722개가 174개로 통합되었다. 평양의 메리야스업체간에도 통합이 이루어졌지만, 조선인 업체는 일본인 대자본에 대한 매도를 거부하였기 때문에 대부분 8·15에 이르기까지 존속하였다.[7]

1912년 조선총독부는 민족별로 이원화(二元化)되어 있던 은행령을 통일하면서 기존의 대금회사(貸金會社)가 어음을 통하여 자금을 융통하는 것을 막았다. 이것이 자금난을 초래하고 대금회사의 은행으로의 전환을 촉진하였다. 게다가 제1차 세계대전의

7) 梶村秀樹「日帝下의 조선 자본가층의 대응」『韓國近代經濟史硏究』 1983, 사계절; 朱益鍾「일제하 평양의 메리야스공업에 관한 연구」 서울대 경제학박사학위논문, 1994.

표 9-16 조선인 금융업의 동향 (단위: 천 圓)

연도	은행업		無盡業		보험업		일반 대금업	
	회사수	납입자본	회사수	납입자본	회사수	납입자본	회사수	납입자본
1921	11	9,778	0	0	0	0	5	613
1925	11	10,725	1	25	0	0	24	1,925
1929	7	5,990	1	35	1	125	26	2,098
1933	4	6,281	1	35	1	125	37	2,786
1937	4	6,781	1	100	0	0	53	3,906

출전: 裵永穆『韓國金融史 1876~1959』〈표7-9〉.

호경기로 인하여 지방상권(地方商圈)이 확장되어 자금 수요가 증가하였다. 조선인의 상층은 주로 식산은행으로부터, 중층은 일반 은행과 금융조합으로부터 저리 자금을 공급받기도 했지만, 이들 은행이 일본인에 대출을 편중하였기 때문에, 조선인은 은행의 설립을 추진하였다. 조선인 은행설립자 중에는 지주 출신, 그리고 식민지 금융기관이나 기존의 조선인 은행의 임직원(任職員)으로 근무한 자가 많았다.

1920년대의 불황기에 조선총독부가 일반 은행의 설립을 막고 1928년 은행령을 개정하여 자본금 200만 원 이상의 주식회사에 한하여 은행의 설립을 허가하였다. 〈표 9-16〉에 의하면, 200만 원이란 일본의 2배가 되는 허가기준을 요구한 은행령의 개정 이후, 조선인 은행자본이 급격히 위축되어갔고 대금업(貸金業)으로 퇴행하기도 했다. 개정된 은행령에 의하여 합병이 활발해졌다. 화폐정리사업을 계기로 일본인에 의해 장악되어갔던 조선상업은행과 한성은행(漢城銀行)이 합병의 중요한 축이었는데, 이들도 합병과정에서 일본인에게 완전히 장악되어갔다. 그 결과 조선인 중소 상공업자는 융자에 애로를 겪자, 일반 은행의 임원으로 진출하여 자금난을 타개하기도 했다.

(3) 조선인 자본의 의의

조선인 자본은 한국근대사에서 어떠한 의미를 가지는가. 자본의 세계에서 민족 문제를 거론하는 까닭은 조선인 자본이 일제시대 민족해방운동의 세력 기반이 될 수 있고 해방 후 자립적 국민경제의 건설을 위한 물적 토대가 될 수 있다고 보기 때문이다. 그래서 민족자본이란 개념이 설정되고, 그것과 제국주의자본, 나아가 조선인 예속자본의 구분이 일반적으로 행하여져왔다.

조선인 자본은 식민지 권력의 지배와 제국주의자본의 압박을 받으므로, 자신의 순조로운 성장 기반을 확보하기 위해 반제투쟁(反帝鬪爭)에 나설 가능성을 가진다. 그런데 그것은 제국주의자본에 비해 압도적으로 열세였고 금융·생산재의 공급 등을 제국주의에 의존하지 않을 수 없는 취약한 경제적 처지에 있었고, 또한 행정 서비스를 받고 노동운동의 활성화에 대처하기 위하여 식민지 권력과 접촉해야 하였다. 특히, 규모가 커질수록 금융 차입 등이 불가결하여 제국주의경제와의 관련성이 확대되기 마련이다. 이처럼 조선인 자본은 제국주의의 지배에 대한 입장에 있어서 양면성을 가지고 있었다. 그래서 조선인 자본의 정치적 태도는 총독부 정책이 자본축적에 어떠한 조건을 제공하였는가에 따라서 영향을 받기도 하였다. 일제가 회사의 설립과 자본의 축적에 억압적이던 1910년대에는 민족적인 성향이 강하였지만, 20년대에 일제가 민족분열책의 일환으로 회사령을 철폐하고 조선인 기업에 약간의 금융 지원을 하는 등 종속적 발전의 길을 허용하자 조선인 자본은 민족개량주의(民族改良主義)라는 타협적 노선을 취하였다. 30년대에 일본 독점자본의 압박과 경제에 대한 통제가 강화되자, 조선인 자본은 제국주의경제에 대한 의존을 심화하며, 평양 메리야스공업의 예에서 드러나듯이 일제의 중국 침략에 이용당하기도 하는 것이다. 이처럼 식민지에서의 조선인 자본은 명시적이고 지속적인 민족적 입장을 견지하거나 제국주의 경제권으로부터 자립하기 힘들었다.

민족자본에 대한 이해는 연구자에 따라 편차가 크다. 조선인 자본에 관한 선구적 연구를 수행한 조기준은 3·1운동 이후 민족기업가의 행동양식을 민족주의와 이윤 극대화로 규정하였다. "민족주의를 기업의 행동양식으로 하는 기업가라 하더라도 그들의 제1차적인 목표는 재화축적(財貨蓄積)이고, 이를 통하여 민족의 역량을 과시하고 민족을 위한 학교, 언론기관 또는 도서관을 창립함으로써 민족 독립의 기반을 구축하"려고 하였으며, 이윤 극대화를 행동 지침으로 삼는 기업가는 기업의 발전을 위해서는 일본인 자본과의 결탁도 사양치 않았다고 보았다. 조기준은 "일제하에서 기업을 일으키고 유지해 나가려면 싫든 좋든 일제의 식민지정책에 순응하지 않으면 안 되었다"는 상황을 고려하여 불가피하게 친일을 하던 조선인 자본을 민족기업가의 범주에 넣고 그들의 민족적 사업을 평가하였다.[8)]

가지무라 히데키는 조기준보다 엄격한 기준으로 민족자본과 예속자본으로 준별할 것을 주장하였다. 종전에는 반제투쟁에의 참가 여부와 중규모의 자본이라는 기준으로써 예속자본으로부터 민족자본을 구분하였는데, 가지무라는 정치적 태도가 상황에

8) 趙璣濬『韓國企業家史』 제1장 참조.

따라 유동적이라고 보고, “시장·금융 등의 필요조건을 독자적으로 확보함으로써 상대적 자립성을 가져야” 한다는 경제적 기준을 중시하였다. 그런데 완전식민지에서는 민족자본을 위한 상대적이나마 자립적인 재생산 기반이 주어지기 어려웠다. 평양 메리야스공업과 같이 중소자본이라도 금융기관과 거래할 만큼 성장하면 지배기구와 접촉하게 된다는 것이다. 그래서 민족자본의 엄밀한 규정에 맞는 것은 단순재생산의 영세한 자본뿐이며, 대다수의 조선인 자본은 예속적인 동시에 민족적이고 자본 규모가 커질수록 식민지 권력과의 접촉이 보다 확대된다. 따라서 민족운동의 주체는 민족자본가가 될 수 없고 영세농민을 중심으로 하는 광범위한 민중이라는 것이다.[9)]

가지무라는 민족자본에 대한 엄격한 개념 규정에 의거하여 식민지 조선에서 민족자본의 범주를 설정하는 의의를 사실상 부정하고 있다. 장시원은 가지무라보다 기준을 완화하여 자립적인 재생산 기반을 가지지 않더라도 친일경력 및 일본자본과의 유착성을 가지지 않으면 민족자본이라고 정의한 결과, 1940년 직공 100명 이상을 고용한 조선인 자본가 42명 중 26명을 민족자본가 상층으로 볼 수 있다고 주장하였다.[10)] 그런데 민족의 독자적 경제권이 존재하지 않는 완전식민지의 상황에서 이윤동기를 추구하는 자본가를 대상으로 친일 정도 및 일본자본과의 유착도를 어느 정도의 선에서 가를 것인가는 쉬운 일이 아니다.

호리 가즈오는 조선인 자본의 성장이 해방 후 자본주의공업 발전의 기반이 되고 제국주의경제와 분리된 독자적인 재생산권이 존재할 수도 없다는 점에서, 친일경력이나 일본자본과의 유착성을 따질 필요가 없이, 조선인 자본을 민족자본과 동일시하는 견해를 제기하였다. 그 논거로서 다음을 제시하였다. 서울의 조선인 공장과 일본인 공장이 은행 등 근대적 식민지 금융기관으로부터 차입한 자금의 비중은 각각 75%, 86%로 큰 차이가 없었다. 또한 서울의 조선인 공장은 원자재의 반을 일본으로부터 공급받고 그 조달을 일본 상인에게 의존한 것으로 보아, 일본인 자본과 경쟁관계에 있으면서도 동시에 보완관계를 가졌다.[11)]

이처럼 다양한 견해를 제기하는 어려운 문제에 대하여 어떻게 입장을 정리하는 것이 좋을까. 먼저 민족주의 의식을 가진 기업가도 이윤 동기를 중시한다는 조기준의 지적을 명심할 필요가 있다. 완전식민지이며 제국주의가 금융 등을 장악한 조선에서 민족주의를 이윤 동기보다 우선하는 자본은 확대재생산은 말할 나위가 없고 존립하기조

9) 梶村秀樹「民族資本과 隷屬資本」『韓國近代經濟史硏究』 사계절.
10) 張矢遠「植民地半封建社會論」『한국자본주의론』 까치, 1984.
11) 堀和生「朝鮮人民資本論」『近代朝鮮の歷史像』 日本評論社, 1988.

차 어려웠을 것이다. 1914년 설립하여 일제의 탄압으로 1927년 폐업한 백산상회(白山商會)의 안희제(安熙濟)는 자본가라 하기 어렵고 존경받을 독립운동가였다. 아니, 조선인 기업이라도 보다 저리의 자금을 제공하는 식민지 금융기관으로부터 대출을 받고 보다 효율적인 생산수단을 일본에 의존하는 것이 매도당할 일은 아니다. 그것은 자본의 존립과 성장을 위해서 필요한 일이다. 저리 융자와 효율적인 생산수단에 의존한 조선인 자본이 성장하여 시장점유율을 높이는 것은 제국주의의 지배력을 약화시키는 셈이 된다. 그런 점에서 일본인 자본과 협력하면 무조건 예속자본으로 간주하기보다는, 그것이 일본인 자본의 지배력 강화로 나아가는가, 아니면 조선인 자본이 기술과 시장을 확보하고 일본으로부터의 이입품을 대체하는 방향으로 나아가는가를 따질 필요가 있지 않을까. 자본가의 정치활동이 민족적인가 친일적인가를 판정할 수는 있겠지만, 그 경제활동이 민족적인가 예속적인가를 양분하여 확정하는 것은 곤란하다.

민족자본이란 개념을 사용하지 않는다고 하더라도, 민족해방과 자립적 국민경제의 건설이란 과제의 달성을 위한 조선인 자본의 역할을 부정하고 싶지는 않다. 첫째, 조선인 자본이 성장하여 경제에 대한 장악력을 확대하면, 그것은 식민지 지배의 내실을 약화시킨다. 그런 점에서 제국주의경제와 얼마나 유착하였는가보다는, 조선 내에서 부가가치를 어느 정도 생산하고 산업연관(産業聯關)의 확산에 어느 정도 기여하는가(예를 들어, 군수공업은 조선 내 산업연관의 확산에 그다지 기여하지 못할 수 있다)가 의미 있는 문제 설정이라고 생각한다. 제국주의 상품의 이입 창구의 역할에 그치는 조선인 자본보다 그 이입을 대체하고 나아가 수·이출공업화로 나아가는 조선인 자본이 더욱 소중하다. 둘째, 토착자본은 민족해방투쟁을 지원할 경제력을 가지고 있고, 민족운동의 방향 설정에 영향을 줄 수 있다. 조선에서는 민족해방투쟁에 대한 토착자본의 지원이 인도나 중국에 비해 약하였고, 따라서 민족운동에 대한 그 영향력도 더욱 약하였다. 셋째, 제국주의공업은 우여곡절을 겪은 후에야 민족의 생산력으로 전환될 수 있지만, 조선인 자본은 공업경영의 연속성이 강하다. 해방 후 조선인에 의한 산업 발전을 달성하기 위해서는 기업가의 경영능력이 필요하다. 조선인 기업은 일본의 상품이 사라진 공백을 메워야 할 뿐만 아니라, 일본인 자본이 남긴 물적 설비를 재조직하여 활용해야 하는 것이다. 연속성은 경영면에서뿐만 아니라, 조선인 기업이 대체로 시장, 인력 등에서 조선인과 상대적으로 더 많은 관계를 가진다는 점에서도 보장될 수 있다. 이상으로 보건대 조선인 자본을 민족자본과 예속자본으로 양분하는 것보다는, 조선인 자본이 민족적 생산력의 확충에 어떻게 어느 정도로 기여하는가에 따라 유형화를 시도하는 것이 유용하다.

민족자본을 산업자본에 국한시키는 견해도 있다. 공업은 사회적 생산력을 결정하는 기본적으로 중요한 산업이고 산업연관효과가 크므로, 민족적 생산력의 확충에 대한 기여도가 특히 높다. 그런데 금융업은 산업의 혈맥인 점에서 중시되어야 한다. 상업자본도 자본주의적 시장기구의 유지를 위해 필요할 뿐만 아니라, 제10장에서 언급하겠지만, 귀속(歸屬)기업체의 불하과정에서 산업자본으로 전환하기도 했으므로, 경시되어서는 안 될 것이다.

주익종(朱益鍾)은 일제시대에 선진 지식의 '학습'을 통하여 '활력 있는 기업가집단'이 형성되었으며, 이러한 조선인 기업가집단의 존재가 1960년대 이후 고도성장의 한 역사적 전제가 된다고 보았다. 일제시대에 성장지향성을 가진 조선인 중소 기업가층이 두터웠고, 이들의 존재가 8·15 이후 공업화의 역사적 전제가 됨은 인정하여야 할 것이다. 그런데 근대세계에 편입되면 어떠한 방식으로든 근대문명을 도입, 학습하기 마련이므로, 식민지 통치를 통한 '학습'의 유무를 논란할 필요는 없고 그 특질을 물어야 할 것이다. 국민국가의 보호가 결여된 상황에서 일본인 자본의 압박으로 인하여 조선인 자본이 순조롭게 성장할 수 없었으며, 고등교육이 미비하여 경영·관리층의 성장이 지장을 받았던 점을 인식할 필요가 있다. 조선시대 시장과 상품생산의 일정한 성장, 인적 자본의 형성 및 문화적 발전, 그리고 개항기 개화사상의 보급과 회사의 성장이 일제시대 중소 자본가층의 활발한 출현과 그들에 의한 근대적 지식의 신속한 흡수를 낳은 역사적 전제가 되었던 점도 고려할 필요가 있다.

3. 노동자층의 성장

일제시대에 인구 증가와 지주층의 토지집중은 농촌과잉인구(農村過剩人口)를 늘려 노동력 공급의 원천이 되었고, 자본축적은 노동력 수요를 증대시켰다. 식민지화 초기에는 사회간접자본의 투자가 중심을 이루었으므로, 토목·건설·부두·교통 부문에서 노동자가 다수 출현하였다. 그리고 〈표 7-4〉에 의하면, 자본주의공업이 점차 성장함에 따라 공장노동자도 증가하였다.

1928년의 노동자 구성을 보면 반농반공(半農半工)이 100만 명, 임노동자가 119만 명이었다. 그중 공장노동자는 9만 명이며 그 밖에 비교적 안정된 직업을 가지는 광산노동

그림 9-2 노동자수의 추이

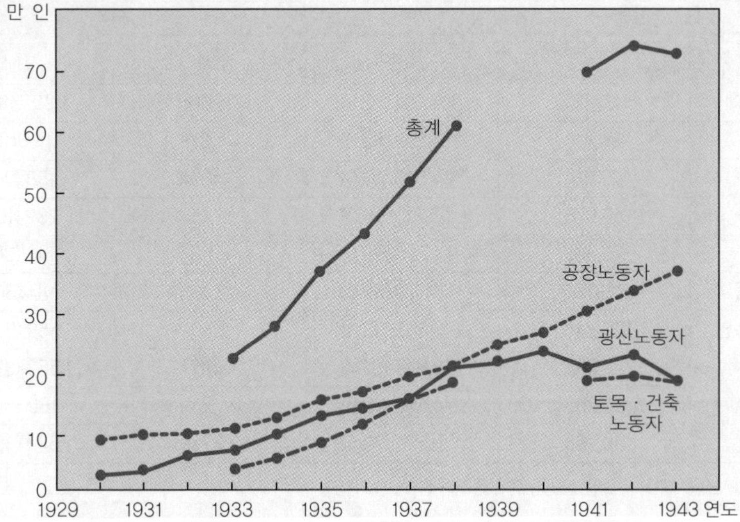

출전: 安秉直「植民地朝鮮의 雇傭構造에 관한 硏究」『近代朝鮮의 經濟構造』〈그림 1〉.

자, 토목·건축노동자, 운수노동자는 모두 합쳐 20만 명에 못 미쳤다. 그 반면 보통인부·부녀노동자·아동노동자가 합쳐서 전체의 절반이었다. 요컨대, 풍부한 농촌과잉인구와 저소득으로 인하여 잉여노동력과 가계보조노동력(家計補助勞動力)이 풍부하게 공급되었지만, 1920년대에는 자본주의적 관계가 성숙하지 못해 자본에 강하게 포섭되고 집단적·규칙적 노동에 종사하는 자는 소수였다. 광공업노동자와 토건·운수노동자, 그 중에도 특히 공장노동자는 근대적 기술을 습득하고 집단적 규율에 적응한다는 점에서 중요한 의의를 가진다.

〈그림 9-2〉에 의하면, 1930년대 노동자가 증가하는 가운데 공업화의 진전으로 공장노동자의 증가가 특히 현저하였다. 이 시기에도 노동력 공급의 주요한 원천은 농촌이었다. 농촌 노동력의 유출 상황을 보면, 1930~5년간에는 연평균 6만 명이었고 1935~40년간에는 연평균 22만 명이었다. 이들의 절반 정도는 해외로 나갔지만, 나머지는 대부분 비농업부문의 노동력으로 전환하였다. 1941년에 공장노동자는 30만 명, 광산노동자는 21만 명, 토건·운수노동자는 26만 명으로 모두 77만 명에 달하였다. 가계 보충적인 부녀자와 소년을 주로 고용하는 식료품공업의 비중은 줄어들고 성인남자 노동력에 의존하는 중화학공업의 비중은 증대하였다. 100명 이상을 고용한 공장의 노동자수의 비

표 9-17 1942년 조선에서의 노무자와 기술자 (단위: 명, %)

업종	노무자		기술자	
	계	조선인	계	조선인
공업 합계	331,181	307,621 (92.9)	6,696	1,215 (18.1)
금속	36,415	31,292 (85.9)	1,278	141 (11.0)
기계	27,261	24,545 (90.0)	654	158 (24.2)
화학	60,678	52,213 (86.0)	2,154	232 (10.8)
방적	75,562	74,296 (98.3)	535	143 (26.7)
식료품	43,080	41,779 (97.0)	436	134 (30.7)
토목건축업	188,846	176,353 (93.4)	2,402	559 (23.3)
광산업	223,996	218,847 (97.7)	4,177	1,553 (37.2)
운수업	80,260	74,462 (92.8)	1,249	180 (14.4)
사무소상점	14,763	11,731 (79.5)	1,799	642 (35.7)

자료: 朝鮮總督府『朝鮮勞動技術統計調査結果報告』1942년도.

중은 1931년 38%로부터 1939년 51%로 증가하였다.

일본인 노동자는 1930년 5,826명으로부터 1936년 1만 1,337명으로 증가하였는데, 전체 노동자 중에서 10% 정도의 비중을 유지하였다. 고도의 기술을 요구하는 금속·기계·화학·전기·가스공장에서는 일본인 노동자의 비중이 훨씬 높았다. 그런데 노동력 수요의 증가와 전쟁의 확대에 따른 일본인 노동자의 징병으로 인해 30년대 말부터는 중화학공업에서도 조선인의 비중이 상승하였다. 1941년에는 1936년에 비해 일본인 노동자가 2만 1,370명으로 배증(倍增)하였지만, 그 비중은 7%로 감소하였다. 〈표 9-17〉에 의하면, 금속·화학·기계공업과 같은 중요한 공업에서는 1942년에도 일본인 노동자가 10% 이상을 차지하였다.

조선인 숙련공과 기술자도 제한적이나마 성장하였다. 일제시대 공업화의 진전은 기술자와 숙련공에 대한 수요를 증가시켰다. 대한제국기 직물업에서는 조선인이 직기를 개량하기도 했고 1910년경 조선인이 운영하는 기계동력의 정미공장 10여 개소의 기술자는 거의가 조선인이었던 것으로 보건대, 고급 기술을 요구하지 않는 업종에서는 조선인이 기술자나 숙련공으로 성장할 수 있었다. 그리고 초보적이나마 근대적 교육과 지식의 보급은 조선인이 기술자나 숙련공으로 성장하기 위한 소양을 제공하였다.

1930년대 전반까지는 조선인 숙련공·기술자의 성장은 매우 제한되었다. 그 첫째 원인으로 교육 기회의 차별을 들 수 있다. 서당은 1920년 25,482개가 될 때까지 늘었다

표 9-18 **각급 학교의 학생수와 취학률의 추이** (단위: 천 명, %)

연도	초등학교		중등학교				대학(교)	
	학생수	취학률	학생수		조선인의 비중		학생수	조선인
1925	440,299	12.2	29,544		54.9		1,946	57.2
1930	560,866	14.5	44,911		57.2		3,362	58.2
1935	840,848	19.7	60,104		62.8		5,176	56.6
1940	1,582,846	33.8	94,665		67.5		6,090	60.1
	학생수	취학률	중학생	취학률	고등학생	취학률	대학생	취학률
1945	1,366,024	51.0	54,972	4.6	29,600	3.2	7,819	0.7
1960	3,621,267	97.5	528,593	32.3	273,434	19.9	97,819	5.2

출전: 安秉直·金洛年「韓國經濟成長의 長期趨勢(1910-현재)」〈표 9〉.

가 이후 빠르게 줄었던 반면, 3·1운동 이후 근대 교육에 호응하는 조선인이 빠르게 늘어 보통학교 조선인 학생의 증가율은 가속화되었다. 1930년대에는 일본이 황국신민화(皇國臣民化)정책에 필요한 정신교육을 위해 초등교육 공급을 확장하는 가운데 입학 경쟁률도 늘어, 〈표 9-18〉에 의하면, 초등학교 진학률이 급속히 신장되었다. 30년대에는 근대 교육의 관심이 농촌에 널리 파급되었던 것이다.[12] 남자는 대부분 초등학교에 들어가게 되었으나, 여성의 취학률은 해방 후에 높아졌다. 일본에서는 1886년에 이미 3~4년제인 심상소학교(尋常小學校)의 의무교육이 실시되었지만, 조선에서는 1942년부터 초등학교 의무교육의 실시가 논의되어 1946년부터 실시하기로 예정되었다는 점에서 초등교육의 차별도 있다. 중등 이상의 교육기회는 훨씬 제한되어 있었다. 고급 과학기술인력은 전적으로 일본으로부터 공급받아, 조선에서는 중·하급 과학기술교육만 제공되었고 중등교육은 일본인 중심으로 운영되었다. 조선인은 제한된 중등교육 기회로 인해 치열한 입학경쟁을 치렀다. 그리고 학제의 차별로 조선인은 일본 유학이나 고등교육기관으로의 진학에 어려움을 겪었다. 1916년 설립되고 1937년까지 유일한 공과계의 실업학교인 경성공업고등학교는 일본의 공업고등학교에 비해 시설이 부실하였고 수업내용은 체계적 이론보다 실용적 지식의 주입을 중심으로 하였다. 설립 때 25~30명이던 졸업생은 1928~37년간에는 55명 정도로 늘어났는데, 조선인은 30% 정도에 불과하였다. 일본인 졸업생은 대부분 관청과 일본인 소유의 대기업에 취업하였는데, 조선인 졸업생은 대부분 사립학교 교원, 지방의 공업전습소 기술지도원, 지방의 산업기수(技

12) 허수열『개발 없는 개발』제4장; 박기주「식민지기 조선인 초등교육의 통계적 분석」『경제사학』52, 2012.

표 9-19 철도국 종사원의 민족별·직급별 구성과 급여액(1931년)

직급별 \ 민족별		인원수			월평균 급여액(圓)	
		조선인	일본인	계	조선인	일본인
勅任官		–	5	5	–	580
奏任官		–	70	70	–	254
奏任官待遇		2	7	9	170	326
判任官	남	71	1,390	1,461	83	137
	여	–	1	1	–	104
判任待遇		21	203	224	85	120
雇員	남	523	2,941	3,464	52	79
	여	1	66	67	31	43
傭人	남	6,304	4,142	10,446	43	57
	여	12	222	234	18	25
試傭	남	35	63	98	16	32
	여	2	17	19	11	18
臨時傭人	남	72	11	83	24	46
	여	2	–	2	17	–
囑託	남	2	15	17	68	128
	여	–	1	1	–	58
地方 囑託醫		13	45	58	59	89
합계	남	7,043	8,892	15,935	44	81
	여	17	307	324	17	29

출전: 朝鮮總督府鐵道局『鐵道統計年報』1931년판, 220쪽.

手)로 취업하였다. 졸업생의 민족간 취업차별은 다른 학교들도 마찬가지였다.『조선기술자명부(朝鮮技術者名簿)』에 의하면, 1938년 조선인은 약 360명으로 전체의 10%를 조금 넘고, 그중 대졸자 95명은 대부분 일본에서 유학하였다.[13]

둘째, 취업 기회의 차별을 들 수 있다. 조선식산은행을 예로 들면, 조선인과의 거래를 위해 조선인 행원이 필요하였지만, 1938년에도 일본인 7, 조선인 3의 비율을 유지하고자 하여 일본인을 80% 선발하였다. 〈표 9-19〉에 의하면, 1931년 철도국(鐵道局)의 조선인 종사자는 주로 용인(傭人)이었고, 판임대우(判任待遇) 이상으로 승진할 기회는 극히 제한되어 있었다. 소수의 여성 취업자 중에 조선인은 5%에 불과하였다. 그리고 민족

13) 정인경「일제하 경성고등공업학교의 설립과 운영」『한국과학사학회지』16권 1호, 1994; 김근배『한국 근대 과학기술인력의 출현』문학과지성사, 2005.

표 9-20 1939년 회사 유형별·민족별 기술자의 분포 (단위: 명, %)

구분	조선인 기술자	일본인 기술자	합계
조선인 회사	44 (81.5)	10 (18.5)	54 (2.8)
조·일 합동회사	7 (28.0)	18 (72.0)	25 (1.3)
일본인 회사	82 (4.5)	1,746 (95.5)	1,828 (95.9)
합계	133 (7.0)	1,774 (93.0)	1,907 (100)

출전: 허수열 「식민지적 공업화의 특징」 〈표 9〉.

별로 기술자시장이 분단되어서, 〈표 9-20〉에 나타난 바와 같이, 1939년까지도 일본인 공장은 거의 모든 기술자를 일본인으로 충당하였던 반면, 조선인 공장에서는 대부분의 기술자가 조선인이었다. 일본인 공장과 관영 공장은 일본인을 숙련공과 기술자로 충당할 수 있는 한, 조선인에게 그러한 성장의 기회를 제한하였다. 조선인 공업의 성장에 수반하여 숙련공과 기술자로 성장할 기회가 확산되었지만, 일반적으로 영세한 조선인 공장의 기술자에 대한 수요는 적었다.

교육과 고용관행의 이러한 민족적 차별로 인하여 관리직·기술직·숙련직은 거의 일본인이, 비숙련직은 주로 조선인이 맡는 고용구조가 존속하였다. 일본인은 노동과정에서 조선인을 지휘, 감독하였으며, 핵심적인 기술을 독점하였다. 일제는 사업장에서 핵심 기술을 일본인이 장악하도록 하고, 조선인을 일본인의 고급 기술·기능을 보좌하는 초보적인 수준의 기술자·기능공으로 묶어두려는 정책을 추구하였던 것으로 보인다. 일본인에 의한 조선인 노동자의 감독체계를 갖춘 일본인 공장과 관영 공장에서는 조선인이 기능을 향상하더라도 중간관리자로 승진하기 어려웠다.[14)]

1930년대 후반 이후 중화학공업화의 진전으로 기술·숙련인력의 수요가 급증함에도 불구하고 일본인 숙련공·기술자가 중일전쟁·태평양전쟁에 징집되어감에 따라, 그 공백으로 나타난 기술자·숙련공의 자리가 조선인 노동자에게 제공될 여지는 커졌다. 전쟁으로 인한 일본인 노동력의 부족이 조선인 노동자의 선진적 부문으로의 취업기회와 숙련공·기술자로의 상승기회를 확대하였다는 사실은 민족 차별적 직무 배치의 구성이 조선인 노동자의 성장을 제약하였음을 드러낸다. 조선총독부는 전쟁으로 부족해진 기술인력의 확보를 위해 1937년부터 조선인에 대한 공업 교육과 직업훈련을 확장하였다. 공과계의 실업학교는 1937년 1교로부터 1943년 12교로 증가하였다. 중등교육 수

14) 宣在源「植民地期朝鮮における雇傭制度」『日本植民地研究』10, 1998.

준 이하에서 공업학교의 조선인 학생이 증가하였고, 심상소학교(尋常小學校) 6년 졸업자를 대상으로 6개월~2년간 직업훈련을 실시하기도 했다. 대학과 전문학교에서는 법문계통의 학과와 정원을 줄이는 반면 이공계통의 학과와 정원을 늘렸다. 1938년 경성공업고등학교에 기계공학과와 전기공학과가 추가되고, 경성공립공업학교와 평양의 대동(大同)공업전문학교가 설립되었다. 1939년에는 경성광산전문학교가 설립되었다. 1941년에는 경성제국대학의 이공학부가 문을 열었다.

이러한 배경에서 1930년대 말 이후 조선인 노동자가 선진적 부문에 취업할 기회는 확대되고 숙련공·기술자로 상승하는 조선인이 급증하였다. 관영(官營)인 철도국을 예로 들면, 설립 당초부터 대민관계를 원활히 하고 인건비를 절감하기 위하여 하급 부서에는 조선인을 고용하였지만, 30년대까지도 일본인 종사자가 많았다. 1930년대 말부터 급증하는 노동력의 수요를 일본인 노동자로만 충당할 수가 없게 됨에 따라, 조선인 종사자가 급증하여 40년대에 들어와서는 일본인보다 훨씬 많아졌다. 30년대 말부터는 고원, 철도수, 판임관으로 승진한 조선인이 상당수에 달하였다. 당시 기술적으로 최첨단 기업인 일본질소비료(日本窒素肥料)주식회사는 용원(傭員)도 치열한 경쟁을 거쳐 선발하였는데, 조선인 용원은 1934년에 1,146명으로 용원 전체의 26.5%를, 1938년에 3,380명으로 37.7%를 차지하였는데, 1944년에는 각 공장마다 60~80%를 차지하기에 이르렀다. 기술적 중추부문인 가스과와 유안과(硫安課)에서는 1934년 366명으로 전체의 23.2%를, 1938년에는 507명으로 31.0%를 차지하였다. 〈표 9-21〉에 의하면, 1944년 일본질소 흥남공장의 공원 중에 조선인이 더 많았다. 일본인은 간부공원과 상등공원에 밀집하여 있지만, 숙련의 축적을 통하여 간부공원과 상등공원으로 상승한 조선인은 상당수에 달하였다. 일본질소의 조선인 사원(관리직·사무직·기술직)도 1935년 86명으로부터 1940년 427명으로 증가하여, 전체 사원 중의 비중은 9.5%로부터 10.8%로 늘었다.

선진 부문에 취업한 조선인 노동자의 증가를 일본인 노동자의 징용 때문으로만 보아서는 안 된다. 공장 규율에 적응하고 초등교육 수준을 구비하고 현장훈련을 통하여 숙련도를 향상시킨 조선인 노동자가 증가하였고, 이들의 임금이 동질적인 일본인 노동력의 절반 수준이었으므로, 일본인 자본은 양질의 조선인 노동자를 선진 부문에도 고용하는 것이 경제적으로 유리하였던 것이다.

1930년대 후반 이후 조선인 숙련공·기술자의 성장이 현저하였지만, 관리직·기술직·숙련직은 주로 일본인이, 비숙련직은 주로 조선인이 맡는 식민지적 고용구조의 기본 골격이 붕괴되지는 않았다. 〈표 9-17〉에 의하면, 1942년 공업에서의 조선인 기술자는 18%에 불과하였고, 금속·화학공업에서는 10% 정도였다. 조선인 기술자의 교육 수

표 9-21	일본질소 흥남공장 공원의 직급별 구성(1944년)

구분		朝鮮窒素火藥			興南製錬所			龍興工場		
		일인	조선인	합계	일인	조선인	합계	일인	조선인	합계
간부공원	工長	3		3	1		1	14		14
	公員長	82	2	84	21	2	23	83	1	84
	公員副長	115	7	122	36	46	82	117	21	138
보통공원	상등공원	215	108	323	38	320	358	247	129	376
	일등공원	165	243	408	14	98	112	132	247	379
	이등공원	9	387	396	3	147	150	55	764	819
견습공원		8	75	83	1	143	144	31	201	232
試公員			110	110		34	34	3	270	273
공원합계		597	932	1,529	114	790	904	682	1,633	2,315
고용원		8	103	111	3	58	61	16	146	162
총합계		605	1,035	1,640	117	848	965	698	1,779	2,477

출전: 安秉直「일제식민지의 경제적 유산과 민족해방의 의의」〈표 15〉.

준은 공업·운수업·사무소상점의 경우 중학교 졸업자가 가장 많고 광업의 경우 청년학교 이하의 졸업자가 과반이었다. 조선인 기술자는 일본인 기술자를 보조하는 저급한 기술을 담당하였던 것으로 보인다. 〈표 9-21〉에 의하면, 1944년에도 일본질소 흥남공장 중 기술 수준이 가장 낮은 흥남제련소에서는 상등공원 이상으로 올라간 조선인의 비중이 높았던 반면, 더욱 고도의 기술을 요구한 조선질소화학과 용흥공장에서는 그 비중이 매우 낮았다. 흥남공장의 공원·고용원 중 간부공원의 비중은 일본인의 경우 33%인 반면, 조선인의 경우 2%에 불과하였다. 일본질소의 사원 중 10% 내외를 차지한 조선인은 높은 기술을 요구하지 않는 철도업·광업·목재업에 집중하였다.

일제시대 말까지 조선인의 기능·숙련공과 기술자로의 성장을 제한하였던 요인은 무엇일까. 1930년대 후반부터 교육과 고용관행의 차별이 완화되었지만, 그 후의 식민통치기간이 짧았던 점뿐만 아니라, 일제시대 말까지 그 차별이 근본적으로 해소되지는 못하였던 점을 고려하여야 할 것이다. 중등·고등·대학교의 조선인 취학자는 30년대 이후 빠르게 늘었지만, 〈표 9-18〉에 의하면, 1945년에도 그 취학률은 각각 4.6%, 3.2%, 0.7%에 불과하였다. 그래서 1939년 조선의 기술자 3,000여 명 중 90% 정도가 일본인이었고, 80% 가까이가 일본에서 교육을 받았던 것이다. 조선총독부는 1937년부터 조선인 숙련공의 양성을 지원하였지만, 제한된 분야와 인원수에 한정하였다. 기업에서의 직업훈련도 부족하였다. 최대의 기업인 일본질소는 기능·숙련공의 양성을 위하여 흥남공수양성소(興南工手養成所)를 두었지만, 모집 인원은 40명 정도이고 그중 조선인은 4~5명에 불과하였다.

요컨대, 일제시대에 근대적 물적 설비는 크게 확장되었지만, 그것을 활용할 수 있는 조선인의 역량은 상응하게 성장하지 못하였다. 조선인 숙련공·기술자가 제한적인 범위에서 성장하는 데에 그쳤으므로, 일제시대에 구축된 물적 설비가 해방 후 민족적 생산력으로 순조롭게 접속(接續)되고 나아가 고도화되기가 어려웠다. 식민지적 질곡으로부터의 해방이 조선인 숙련공·기술자의 전면적인 성장을 실현하였다.

끝으로 노동조건과 노동자의 생활 상태를 간단히 살펴보자. 조선에서는 일본과는 달리 공장법이 적용되지 않아 노동조건이 더욱 열악하였다. 1937년 12시간 이상의 노동을 강요하는 공장은 조사된 것 중의 41%였고, 조선에서의 평균 노동시간은 일본보다 13% 길었다. 전반적으로 조선인 노동자의 평균 임금은 일본인 노동자의 절반에 미달하였다. 민족별로 직무의 차이가 존재하고 조선인의 승급(昇級)·승진이 제한되어 있고 일본인에 대하여 고액의 외지수당(外地手當)을 지급하였기 때문이다. 〈표 9-19〉에 의하면, 1931년 철도국 종사원의 민족간 임금격차는 평균하여 2배에 달하였다. 동일한 직무에 종사하는 경우에도 2배 가까운 임금격차를 보였음이 주목된다.

〈그림 9-3〉을 통하여 조선인 노동자의 실질임금 추이를 보면, 숙련노동자의 실질임금은 대체로 미숙련노동자의 2배 정도였다. 숙련노동자의 실질임금은 증가 추세였고, 미숙련노동자의 실질임금은 정체하였다. 공장노동자와 미숙련노동자의 임금과 그 추이는 비슷하였는데, 저임금 노동력의 풍부한 공급 상황을 보여준다. 압도적 다수를 차지한 미숙련노동자의 하루 실질임금은 90전(錢)을 중심으로 상하 10전 내외의 진폭을 가지고 변동하였다. 조선인 미숙련노동자는 임금만으로는 가족을 부양하며 생계를 꾸리기가 힘들었다. 그래서 농업에 종사하면서 농한기에 광업이나 토건업(土建業)에 계절적으로 취업하는 반농반공이 많았다. 농지가 없어져 이농한 도시 빈민은 움막에 살면서 생존에 허덕였는데, 이들이 저임금노동력의 중요한 원천이었다.

노동자계급의 성장과 자각, 열악한 노동조건 및 임금·고용에서의 민족적 차별은 노동조합의 활발한 조직 및 노동쟁의의 치열한 전개를 낳았다. 노동운동은 자본의 이익을 옹호하는 식민지 권력에 대한 저항으로 발전하였다. 3·1운동 이후 노동운동은 농민운동과 더불어 항일운동의 중심적인 역량이었다.

그림 9-3 조선인 노동자의 실질임금 추이(1934~6년 가격)

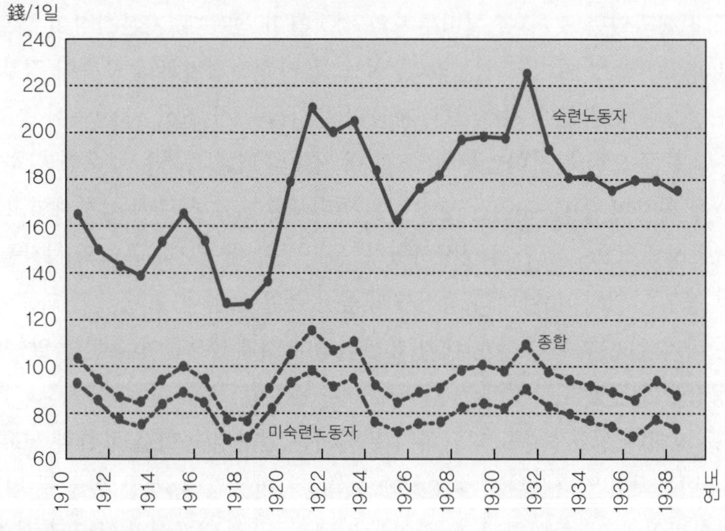

출전: 허수열『개발 없는 개발』 285쪽.

4. 식민지기의 경제성장과 생활수준

일제시대에 생산액의 통계는 있지만, 국민소득의 통계는 없다. 서상철(徐相喆)이 총상품순생산액(總商品純生産額), 곧 국민소득을 추계한 바 있는데, 1936년의 불변가격을 기준으로 1910~40년간 그 연평균 실질성장률을 계산하면 3.2%였다. 일본에서의 20년간 공동연구 결과물인『구일본식민지경제통계(舊日本植民地經濟統計)』는 1911~38년간 조선내총지출(GDE)의 연평균 실질성장률을 3.7%로 추계하였다. 1911~38년간 조선내총지출은 일본 본토의 10% 정도였으며, 그 경제성장률은 일본·대만과 비슷하였다. 그 후 낙성대경제연구소의 더욱 정밀한 추계에 의하면, 1911~40년간 연평균 실질성장률은 3.9%였다.

〈표 9-3〉에 의하면, 수이출과 투자가 조선내총지출의 성장을 주도하였다. 1880~1940년간 수이출과 수이입의 연평균 증가율은 10%와 11%여서, 조선내총지출 중 무역의 비중은 1911년 20%로부터 1940년 60%로 상승하였다. 일제시대 무역의 90% 이상이 엔통화

권(圓通貨圈) 내에서 이루어진 데에서 알 수 있듯이, 일본제국주의경제에 깊숙이 편입된 가운데 무역이 확대되고, 그러한 가운데 경제성장이 이루어졌다. 경제적 종속과 성장은 동시에 진행되었던 것이다. 설비투자의 성장률이 높은데, 자본시장이 발달하지 못하여 정부의 자본형성 기여도가 높았다. 철도 등 사회간접자본의 구축이 정부의 자본형성 중에 중요한 위치를 차지하였다. 자금의 유입을 통한 조선 외 저축이 총고정자본의 형성을 위한 중요한 원천이었는데, 조선 내 저축의 빠른 증가는 주목할 만하다.

〈표 9-1〉에 의하면, 1911~40년간 광공업은 연평균 9.7%로 빠르게 성장하였고, 농림어업은 1.5%로 상대적으로 완만히 성장하였다. 동시기의 대만보다 공업의 성장률은 높았고 농업의 경우 낮았다. 10년대의 성장률이 높은 것은 10년대 초 통계의 과소평가에도 기인하는 바가 있을 터이다. 30년대가 20년대보다 경제성장률이 훨씬 높았는데, 특히 공업의 성장률이 높았다.

경제활동 상태나 생활수준을 파악하기 위해서는 인구의 동향을 고찰할 필요가 있다. 전근대의 인구패턴은 다산다사(多産多死)로 특징지어졌지만, 개항 후 종두 접종, 근대적 위생관리법의 도입, 한일합방 후 방역의 전국적 실시, 경제성장 등으로 사망률이 크게 감소하면서 다산소사(多産少死)의 패턴으로 전환하였다. 20세기 초에 연평균 인구증가율은 1%를 넘어섰을 것으로 보인다. 국세조사(國勢調査)에 의하면, 조선 내 조선인은 1925년 1,902만 명으로부터 1940년 2,355만 명으로 연평균 1.4% 증가하였다. 뿐만 아니라 일제시대에 조선인이 일본으로 185만 명, 만주·중국으로 133만 명 이주하였던 것으로 추정된다. 일본 이민은 주로 임금노동자로 취업하였고, 만주 이민은 주로 빈농의 활로 모색이었다. 공업화가 급진전한 30년대 후반과 40년대 초에 도시화가 빠르게 진행되어, 시부(市部) 인구의 비중은 1925년 4.3%로부터 1944년 13.2%로 상승하였다.

조선 내 민간소비지출의 성장률은 총지출의 성장률보다 낮았고 인구도 빠르게 증가하여, 〈표 9-22〉에 의하면, 1인당 실질소비지출의 연평균 증가율은 1% 정도로 추계되었다. 의복비, 교통·통신비, 가정기구 등의 지출이 빠르게 증가하였다. 곡물 소비량은 감소하였지만, 기타 식품 소비가 증가하였는데, 곡물 소비의 비중이 큰 점에서, 연평균 식비지출 증가율 0.56%는 과대평가되었을 것이다. 조선인의 공산품 소비는 늘었다. 조선에서는 대만보다 피복·광열비의 지출이 많이 요구되었지만, 1인당 소비지출 수준은 대만의 60% 내외에 불과하였으며, 일본 본토의 36% 전후였다.

일제시대에 민족간 소득격차는 커서, 1930년대에 전인구의 3%에 미달한 일본인은 조선 내 소득의 20% 이상을 차지하였다.[15] 일본인은 거의가 근대적 공업·서비스업 분

15) 木村光彦「朝鮮, 臺灣における民族間所得分配」『國民經濟雜誌』175卷 2號, 1997. 2, 31쪽.

표 9-22 1912~38년간 1인당 실질소비지출의 연평균 성장률 (단위: %)

항목	식비	의복비	집세 광열비	의료 위생	교통 통신	가구 가정기구 가계잡비	교양 오락 교육	기타	총소비 지출
성장률	0.56	5.07	−0.35	0.70	3.50	3.51	4.35	−0.06	0.97

출전: 溝口敏行·梅村又次 編『舊日本植民地經濟統計』表6-1과 表6-4로부터 작성.

야에 진출하였고 대지주가 많았음에 반하여, 조선인은 주로 농업이나 하급 노무직에 종사하였다. 일본인은 학력이 높은 데다가 외지수당을 받았고 민족간 고용차별이 있었기 때문에, 조선인의 평균 임금은 일본인의 절반에 못 미쳤다.

일제시대 조선인의 생활수준에 관한 연구들을 검토하면, 뚜렷한 변화는 없었던 것으로 보인다. 인구의 압도적 다수를 차지하는 농가의 실질소득이 정체하였음은 제8장에서 언급하였다. 논농사 수입은 증가하였지만, 밭농사 수입은 감소하였던 것이다. 미숙련노동자의 실질임금이 정체한 것은 공업화에 수반하여 노동력의 수요는 증가하였지만, 농촌과잉인구가 방대하여 생존비 수준의 저임금 노동력이 무제한적으로 공급될 수 있었기 때문일 것이다. 1920년대에 식량 소비를 포함한 생활수준은 농업불황, 교역조건의 악화 등의 영향으로 악화되는 추세였다가, 30년대에 들어와 경기 회복, 농업생산성의 상승, 공업화의 진전 등으로 인하여 호전되었다.[16]

수리시설 확대 등으로 인한 자연재해 대처능력의 향상 및 시장수급기능의 향상은 경제생활의 안정화에 기여하였다. 동시에 근대의학의 보급과 위생의 개선에 힘입어 사망률이 감소하고 평균 수명이 증가하였다. 1920년대 후반과 30년대 후반의 출생자의 기대 수명은 각각 37세, 40세 정도로 추정되는데, 1910년에는 30세 정도였을 것이다. 인구의 빠른 증가는 농가의 식생활을 압박하였고 주택 사정을 악화시켰다. 농산물의 이출은 식량 사정을 악화시켰지만, 공산물의 이입은 그 소비를 늘렸다. 근대적 사회제도의 도입과 교육기회의 확대는 조선인의 복지를 향상시키는 방향으로, 민족차별책은 그것을 악화시키는 방향으로 작용하였을 것이다.[17] 1930년대 남자 성년의 평균 신장은 160~5cm, 여자의 경우 148~9cm였다. 김두얼과 박희진은 관보에 수록된 25~30세 행려사망자의 신장이 식민지 기간 동안 2.2cm 증가하였다고 추계한다.[18] 그 후 육소영은 다른

16) Myung Soo Cha, "Imperial Policy or World Price Shock? Explaining Interwar Korean Consumption Trend," *Journal of Economic History*, 58(3), 1988.
17) Mitsuhiko Kimura, "Standards of Living in Colonial Korea: Did the Korean Masses Become Worse off or Better off under Japanese Rule?," *Journal of Economic History*, 53(3), 1993.

자료도 종합하여 일제시대 신장이 증가하지 않았고, 식품수급표를 분석하여 1인 1일 영양공급량이 1918년 2,309칼로리로부터 1940년 1,849칼로리, 1943년 1,337칼로리로 하락하였고 1953년부터 증가 추세로 바뀌었다고 추계한다.[19)]

일제시대에 공업화는 뚜렷이 진행되었으나, 조선이 농경사회를 탈피한 것은 아니었다. 1911~40년간 부가가치 구성에서 농림어업은 67.2%로부터 41.4%로 감소하고 공업은 4.5%로부터 15.7%로 증가하였다. 그런데 1940년 국세조사에서 무업(無業)을 제외한 산업별 인구 구성을 보면, 농업은 72.7%에 달한 반면, 공업은 5.4%에 불과하였다. 조선인만을 보면, 농업은 74.8%에 달한 반면, 공업은 4.8%에 불과하였다. 1912~40년간 1차 산업의 취업자는 79%에서 72%로 감소하고, 2차 산업의 경우 6%에서 10%로 증가하였다. 1935년 구매력을 고려한 제조업 노동생산성 추계에서 조선, 일본 및 중국은 각각 미국의 23%, 24%, 7%를 차지하였다.[20)] 일본의 고생산성 공업이 조선에 이식되었지만 고용 창출의 효과는 제한되어 있고, 조선인 경제와의 관련성은 약하였던 것이다. 총인구의 2~3%를 차지하는 일본인은 농업 종사자의 비중이 극히 낮은 반면 대부분 공무자유업과 상공업에 종사하였다.

종전 일제시대에 자본주의사회(資本主義社會)가 성립하였던가에 대한 논의가 활발하였다. 지주제가 지배적인 생산관계인 농경사회를 벗어나지 못한 점으로 보면, 자본주의사회가 확립되었다고 보기 어렵다. 그런데 일제시대에 공업화가 진전하여 경제 변화를 주도하고 1930년대에 기계공장이 제조업의 지배적 생산조직이 되었으며, 농업생산의 시장 관련성이 심화하고 지주의 농외 투자가 확대되었던 점을 중시한다면, 자본주의사회의 성립을 논할 수도 있을 것이다. 그리고 1910년대부터 인구와 1인당 생산이 빠르게 증가하여 근대경제성장의 양상이 나타났던 점을 주목할 필요가 있다. 농업 종사자가 인구의 80% 정도이고 공업이 조선내총생산의 5% 정도이던 10년대 초에 성장률이 높았던 것은 일본자본주의 경제권에 편입되어 일본의 자본과 기술의 뒷받침을 받았기 때문이었다.

18) Duol Kim and Heejin Park, "Measuring Living Standards from the Lowest: Height of the Male *Hangryu* Deceased in Colonial Korea," *Explorations in Economic History*, 48(4), 2011.
19) 육소영「식품수급표 분석에 의한 20세기 한국 생활수준 변화에 대한 연구」충남대학교 경제학박사학위논문, 2017.
20) Yuan,Tangjun, Kyoji Fukao, and Harry X. Wu, "Comparative Output and Labor Productivity in Manufacturing between China, Japan, Korea and the United States ca. 1935–A Production Side PPP Approach," *Explorations in Economic History*, 47(3), 2010.

참고문헌

김낙년『일제하 한국경제』 해남, 2003.

김낙년 편『한국의 경제성장 1910-1945』 서울대학교출판부, 2006.

裵永穆『韓國金融史 1876~1959』 개신, 2002.

安秉直·李大根·中村哲·梶村秀樹 編『近代朝鮮의 經濟構造』 比峰, 1989.

安秉直·中村哲 편『韓國近代工業化研究』 一潮閣, 1993.

趙璣濬『韓國企業家史』 博英社, 1973.

주익종『대군의 척후: 일제시대 경성방직과 김성수·김연수』 푸른역사, 2008.

허수열『개발 없는 개발』 은행나무, 2005.

카터 J. 에커트 지음, 주익종 옮김『제국의 후예: 고창 김씨가와 한국 자본주의의 식민지 기원 1876~1945』 푸른역사, 2008(C. J. Eckert, *Offspring of Empire*, University of Washington Press, 1991).

호리 가즈오 지음, 주익종 옮김『한국 근대의 공업화』 전통과 현대, 2003.

溝口敏行·梅村又次 編『舊日本植民地經濟統計』『推計と分析』 東洋經濟新報社, 1988.

溝口敏行 등『アジア長期統計 4: 韓國·北朝鮮』 東洋經濟新報社, 2019.

小林英夫,『植民地への企業進出』 柏書房, 1994.

徐相喆(Sang-Chul Suh), *Growth and Structural Changes in the Korean Economy, 1910-1940*, Harvard University Press, 1978.

R. Myer and M. Peattie, eds., *The Japanese Colonial Empire 1895-1945*, Princeton University Press, 1984.

제3부

근대후기(해방~1980년대): 분단체제 아래 근대산업국가의 수립

제10장

8·15해방 이후 국민경제의 형성(1945~61년)

「1.」 8·15해방과 식민지유산

(1) 1945년 8·15해방

1930년대에 일본은 독자적인 제국경제권을 구축하고자 했지만, 원료와 고급 소재·부품의 외부 의존도가 높았다. 이러한 상황에서 일본의 식민지 확장책이 구미와 갈등을 낳아 태평양전쟁기에 일본경제권으로의 원자재 공급이 곤란해졌다. 일본의 종합적 경제력은 1939~40년을 정점으로 쇠퇴하였다고 평가된다. 1943년 제해권의 상실과 침몰 선박의 격증은 자원의 수송력을 저해하여, 국민생활의 과중한 부담 위에서 성장하던 군수산업의 기반마저 잠식하였다.

조선에서도 1939년부터 대일 무역의 실질가액이 감소 추세로 전환하면서 산업생산은 타격을 받았다. 조선총독부가 1938년부터 통화 발행의 증대 등을 통하여 전시재원을 조달함에 따라, 1937~44년간 통화 발행고는 10배 이상으로 늘었고, 물가는 공식 통계로도 2.4배 이상 올랐다. 그래서 가격 통제와 배급제 및 가혹한 강제 저축을 추진하였지만, 물자 공급력의 감퇴와 통화 발행고의 급증에 따른 인플레이션의 추세를 억제하는 데에는 한계가 있었다.

이러한 상황에서 맞이한 8·15해방이라는 역사적 사건은 한편으로는 일제의 지배로부터 벗어나게 되었다는 점에서, 다른 한편으로는 해방을 가져다준 한 미·소의 영향력으로부터는 벗어날 수 없게 되었다는 점에서 양면성을 가진다. 우리나라가 일제의 지배로부터 벗어났다는 사실은 정치적으로 제국주의자본의 총체적 이익을 대변한 식민지 권력이 물러나고 그에 대응하여 제국주의경제와의 분업 관련이 해체되며 국내의 일본인 재산이 민족의 소유로 귀속되는 것을 의미했다. 외세에 의해 일제의 지배로부터 벗어났기 때문에, 38선을 경계로 남북한이 분단되며 남한에는 미국이, 북한에는 소련이 강력한 정치적·경제적 영향력을 행사할 수 있게 되었다.

(2) 식민지유산

8·15 이후 한국경제의 전개과정을 규정하는 요인은 식민지유산, 분단과 새로운 국제환경 및 그에 대한 경제주체의 대응이라고 볼 수 있다. 먼저 제2부의 논의를 토대로 하여 식민지유산을 살펴보자. 일제시대는 수탈, 개발 또는 내재적 발전의 왜곡이란 관점에서 파악되어왔다. 식량의 공출과 노동력의 강제동원이 가혹하게 이루어진 전시통제기는 수탈기였다. 그 이전 시기를 수탈기로 특징짓는 데에는 논란의 소지가 있지만, 제국주의의 상품이 관세·비관세의 장벽을 거치지 않고 유입되어 조선인 공업을 압박하였고, 조선 내 식량 사정의 악화에도 불구하고 대량의 미곡이 반출되어 일본 내 식량 사정을 호전시켰고, 일본자본이 공장법의 보호를 받지 않는 저임금 노동력을 활용하였다. 이러한 일들이 기본적으로 시장기구에 의거하였다 해도 일본의 이익을 우선적으로 고려해 입안되어 식민지 권력의 비호 아래 추진된 점에서 수탈과 무관하다고 단정하는 데에도 신중할 필요가 있다. 수탈은 일제시대 인민의 삶에 영향을 미쳤으나, 해방 후 경제발전을 전망하는 데에는 개발 또는 왜곡의 관점이 더 큰 의의를 가진다. 식민지유산이 잘 활용되면 개발론이, 그것이 부정적으로 작용하면 왜곡의 관점이 힘을 얻는다.

일제시대에 공업화와 더불어 경제가 성장하였다. 재정 등에서 근대적 제도가 정비되고, 철도 등 사회간접자본이 확충되었으며, 농가경영의 시장으로의 편입과 지주의 상품생산에 대한 대응이 진전되고 농외 투자가 활성화되었으며, 공업화에 수반하여 노동자계급·상품시장·원료시장·금융시장의 성장이 이루어졌다. 일제시대에 구축된 공장설비와 교통·통신·금융 등 사회간접자본은 조선에 남아 조선민족을 위하여 활용될 수 있었다. 근대문명에 대한 지향성은 공유되고 있었고 근대적 지식과 제도는 쉽사리 사라지지 않는다. 이러한 식민지유산이 해방 후 경제발전을 지원하였으나, 그 한계도 있었음을 이하에서 지적한다.

식민지 가운데 조선은 공업화가 진전되고 철도 등 사회간접자본이 정비되어 성장률이 높은 편이었다. 그래서 식민통치의 물적 유산을 높이 평가하는 견해도 있다. 그런데 이러한 물적 유산은 해방, 분단 및 6·25전쟁을 거치면서 크게 유실되었다. 해방 직전 조선 전체의 공업자산 중 전후 남한에 잔존한 것은 1/10에 불과하였다는 추정도 있다.[1] 조선 내 본점을 가진 귀속기업체 5,538개 중 절반 정도가 1948년에는 소멸하여 있었던 사실에서도 드러나듯이, 근대적 물적 설비는 해방이라는 정치적 격변 속에서 상당 부분 유실(流失)되었다. 그리고 제국주의경제권에 편입된 공업화였기 때문에 자본·기술·원료·시장의 대외종속성이 강하였고 조선 내 산업연관도는 낮은 수준에 머물렀다. 이것은 물적 설비의 원활한 활용을 저해하였다. 부산지역의 사례 연구에 의하면, 귀속기업체는 접수된 후에 경영 여건의 악화와 불확실성의 증대라는 상황에서 광범위하게 유실되었고, 대부분 발전 가능성을 확보하는 데에 실패하였다.[2]

게다가 일제시대 경제성장은 식민지 권력, 일본의 자본과 기술의 주도로 이루어졌으며, 그 이면에는 조선인 자본의 열세와 조선인 기술·관리인력의 부족이라는 취약함이 나타났다. 일제시대에 근대적 산업설비의 확충은 기업가와 노동자의 성장에 유리하게 작용하였지만, 일본자본의 압박은 조선인 기업가의 성장에 불리하게 작용하였고, 일본인이 관리·기술직을 장악한 것은 조선인 고급인력의 성장을 제약하였다. 일제시대 이공계 대학과 전문학교에서 교육을 받은 사람은 각각 400명, 1,900명으로 추정된다. 박사학위자는 10명 정도였다. 그중 1,150명이 국내 전문학교에 다녔고, 1946년 7월까지 경성제대 이학부와 공학부의 졸업자는 모두 77명에 불과하였다. 인적 자본과 교육설비의 부족으로 해방 직후 과학·기술계는 심각한 어려움을 겪었고, 새로운 세대가 과학·기술의 도약을 이루었다.[3] 단, 조선인 공업노동자층이 빠르게 성장하고 중소기업가가 활발히 출현한 점은 주목할 만하다. 이러한 식민지경제의 외래성과 파행성은 식민지로부터 벗어난 이후 경제 회복·부흥의 길을 험난하게 만들었다.

자율적으로 재생산을 수행할 능력을 결여한 조선경제는 제국주의경제로부터 분리되자 격심한 곤경을 맞이할 수밖에 없었다. 일본제국주의경제에 깊숙이 편입된 가운데 무역이 급증하였기 때문에, 다른 식민지에 비해 일제시대 경제성장률이 높았던 반면 해방 후 무역과 더불어 경제의 후퇴가 격심하였다. 8·15 직후 남한의 공업생산은 1930년대 후반에 비하여 절반 이하의 수준으로 위축되었다. 1947년 3월 남한의 제조업체는 4,500개, 그곳의 노동자는 13만 3,979명인데, 그것은 1943년 6월에 비해 각각 44%, 59%에 불과하였다. 〈표 10-1〉에 의하면, 해방 후 사업장의 휴업을 초래한 요인은 원자재, 연료, 자본, 기계의 순으로 중요하였다. 이 통계는 당장 원자재의 부족으로 인하여 공장이 문을 닫아야 했던 절박한 형편을 보여준다. 게다가, 앞으로 언급되겠지만, 분단

1) 허수열 『개발 없는 개발』 은행나무, 2005, 328쪽.
2) 김대래·배석만 「귀속사업체의 연속과 단절(1945-1960)－부산지역을 중심으로」 『경제사학』 33, 2002.
3) 김근배 『한국 근대 과학기술 인력의 출현』 문학과지성사, 2005.

표 10-1 휴업원인별 사업장수(1948년 1월 말)

구분	노동력	자본	자재	기계	연료	기타	합계
휴업체수	2	35	96	8	39	58	238

자료: 남조선과도정부 『제2회 남조선 노동통계 조사결과보고』 1948, 23쪽.
주: 1. 공업, 광업, 상업 등 전체 업종의 사업체에 대하여 조사함.
2. 5인 이상 노동자를 고용한 사업체 5,404개를 대상으로 하여 조사함.

은 남북간 산업과 자원의 상호보완성을 단절하였다. 곧 이은 6·25전쟁은 산업설비의 엄청난 파괴를 초래하였다. 대체로 규모가 큰 귀속기업체를 중심으로 하는 제조업의 전쟁 피해상황 조사에 의하면, 1951년 8월 말 건물의 44%, 시설의 42%가 파괴되었다. 사회간접자본은 32%가 파괴되었다.

조선인 경영자·기술자가 부족한 데다가 그마저 정치적 혼란기에 원활히 활용되지 못하여 남한의 귀속기업체는 곤경을 겪었다. 〈표 10-1〉에서 기술인력의 부족이 부각되지 않은 것은 주어진 기계설비를 겨우 가동할 수는 있었기 때문일 것이다. 1955년도 미국대사관의 보고는 기술자와 경영자의 부족을 경제발전의 주요한 장애 요인에 포함하였다. 1950년대 중심적인 공업인 면업을 보면, 대부분 구식 직기가 사용되었고, 기존 설비를 운전 또는 조작하는 정도의 기술에 머물렀고, 핵심 기술인력은 오랜 현장 경험을 가진 장인형 기술자였다. 그래도 면업 등 경공업 경영은 연속성이 강한 편이었으나, 조선 등 중화학공업 경영은 조선인 기술력의 부족으로 단절성이 강하였다. 북한에서는 중화학공장을 가동하기 위하여 일본 기술자를 억류해야만 하였다. 해방 전에 국유의 교통·통신업에 종사하는 조선인이 10만 명을 넘어 이들이 전후 교통·통신업을 운영하였지만, 관리직과 기술직은 거의가 일본인이어서 해방 후에 그 운영에 심각한 차질이 생기고 미군의 지도를 받아야 했다.[4] 공업 발전을 제약한 기본 요인은 인적 자본의 부족이었던 것이다. 요컨대, 일제시대의 물적 유산은 상당 부분 유실되고 나머지는 인적 역량의 미성숙으로 인해 우여곡절을 겪은 연후에 활용되었다.

제7장에서 식민통치를 위한 효율적인 관료제와 강한 개발 추진력을 가진 조선총독부(朝鮮總督府)의 유산을 높게 평가하는 견해를 언급한 바 있다. 조선총독부는 경제개발에 추진력을 발휘하였으며, 행정규율을 강화하여 관료제의 조선사회에 대한 포섭이 강고해졌다. 이것은 1960년대 이후 국가주도적 개발체제를 형성시킨 역사적 유산이

4) 임채성 「교통과 통신」 『한국의 장기통계 II』 해남, 2018.

었다. 그렇다고 해서 식민지 경험이 해방 후 국가 발전에 긍정적인 유산으로 작용하였다고 평가하는 데에는 의문이 있다. 식민지기 관계·법조계·금융계에서 고위직에 오른 조선인은 소수였는데, 친일 문제는 해방 직후 국민국가의 건설에서 이들 전문인력의 활용을 제약하였다. 해방 후 관료제 등의 국가기구는 일제시대의 유산을 상당한 정도로 인계받았지만, 50년대에 정부와 관료제가 경제발전을 위한 기능을 효율적으로 수행하지 못한 것만 보더라도 외래적 통치기구가 해방 후 조선사회 내부에 순조롭게 정착하기 어려웠음을 알 수 있다.

일제시대 관료제를 포함한 통치기구의 유산을 긍정적으로 평가하는 견해는 식민지화 전의 조선정부가 효율적이지도 개발지향적이지도 않았다는 점을 중시한다. 조선시대에 양반관료가 경제적 합리화의 동기와 경제실무의 역량이 약한 것은 사실이지만, 개항 전 관료제와 법제도의 정비, 그리고 개항 후 근대적 국가제도의 도입을 위한 노력과 성과를 고려한다면, 조선인에게 근대적 관료제를 발전시킬 수 있는 잠재력이 없었다고 보기 어렵다.

1909년도판 『한국직원록(韓國職員錄)』에 수록된 관료 3,624명의 67.6%에 해당하는 2,449명이 조선총독부의 관료로 재임용되었다. 이것은 대한제국 관료의 친일화를 보여주는데, 각도를 달리하여 보면 근대적 관료제의 수립을 위한 조선 내적 유산을 드러낸다. 그래서 일제하 조선에서 토착인 관리의 비율은 대만보다 훨씬 높았다. 조선인 관료는 대민 접촉이 이루어지는 지방 기관에 주로 배치되었다. 한일합병 직후에는 고급관료 중 조선인의 비중이 과반을 차지하였으나, 이후에 일본인의 비중이 빠르게 상승하였다. 조선인으로서 고위 관료수는 식민지 말기까지 정체하였으나, 하위 관료는 중일전쟁 이후 조선인 동원의 필요성 때문에 빠르게 증가하였다.[5)] 조선인이 관료로서의 성장에 제약을 받던 식민지 경험은 국가 발전에 유리하게 작용하였다고 보기 어렵다.

1912년 일본의 근대 민법이 조선에 적용된 것을 제도 발전으로 보아 식민지유산으로 높게 평가하는 견해가 있다. 식민지기에 도입된 근대적 제도는 해방 후 계승되어 경제발전을 지원하였다. 그런데 조선시대에 법제도가 정비되고 소유권이 발전하고 개항 후 근대 제도의 도입에 일정한 성과를 거둔 점에서 드러나듯이, 조선사회가 근대적 제도를 소화할 역량을 식민지화 이전에 축적하였기 때문에, 타율적으로 이식된 제도가 순조롭게 정착할 수 있었다. 경제발전을 도모하는 제도로 중시되는 재산권의 경우 개항 전에 이미 상당한 정도로 보장되었으며, 1912년 일본 민법의 적용으로 근대적 수준

5) 박은경 『일제하 조선인 관료 연구』 학민사, 1999.

의 제도화를 달성하였다. 그리고 해방 후 경제발전과 민주화와 더불어 재산권 보장의 실효성이 더욱 높아졌다.

1948년 제헌헌법이 민주주의 법제도를 도입한 것은 미국에 의해 해방된 국제환경의 선물인 동시에 조선시대부터 쌓아온 정치역량에도 힘입었다. 개항 전에 법치가 발달하고 인민을 국가의 근본으로 삼는 이념 아래 정치공동체 의식이 성장하였고, 그런 위에서 개항기에 민주제의 이해가 순조롭게 이루어졌다. 식민지로 전락하던 무렵부터 민족주의가 강하게 대두하여 실력양성(實力養成), 무장투쟁 등 대응이 있었고 1919년 상해임시정부가 민주공화제를 표방한 이래 그에 대한 한국인의 합의가 도전을 받은 적은 없었다. 한국은 식민지화 이전에 민주제 국민국가를 수립하기 위한 기반을 조성해 왔던 것이다.

그런데 일제시대에 조선인은 정치적 권리를 가지지 못하였다. 퍼킨스는 "일본 식민통치의 가장 심각한 부정적 측면은 한국인들이 국제 무대에서의 경험과 그들 자신의 나라를 다스리는 경험을 가질 기회를 계속해서 박탈당하였다는 사실"이라고 보았다.[6] 그래서 해방으로 식민지 권력이 소멸되어 정치적 공백이 발생하자, 정치는 혼란되고 계급 대립과 식민지 잔재의 청산 문제는 남북분단의 씨앗을 뿌렸다. 그리고 조선인은 고유한 역사와 문화를 모멸하고 부정하는 방향으로 교육을 받았고 사회를 통합하는 역량을 기를 수 없었다. 조선인이 식민지 권력에 복종하는 수동적 존재로서 정치적·사회적 역량을 기를 수 없었던 것은 해방 후 정치와 사회뿐만 아니라 경제 성숙에도 불리하게 작용하였다.

해방 당시의 정치·경제·사회역량은 민주주의를 수호하기에는 미흡하였으나, 제2차 세계대전 후 구미의 민주주의를 도입하였다가 독재체제로 후퇴한 많은 신생독립국 가운데 한국이 앞서 민주주의를 정착시킨 것은 그 정착을 지원하는 역사적 유산과 경제발전에 힘입었다. 해방 후 경제·정치발전은 일본 민법의 적용과 제헌헌법의 의의뿐만 아니라 제도의 내생성도 보여준다.

(3) 해방 후 경제의 위축과 회복

전시통제기에 생산요소의 공급 부족으로 격감한 미곡 생산은 해방 후에도 회복하지 못한 데다가 전시통제기에 억제된 소비욕구가 표출하고 국외 동포가 귀환함에 따

6) 드와이트 H. 퍼킨스 「近代的 經濟成長의 歷史的 基盤」『韓國 經濟·社會의 近代化』韓國開發硏究院, 1981, 116쪽.

표 10-2 서울 도매물가지수(1936=100)

연도	지수	연도	지수	연도	지수
1936년	100	12월	4,359	1947년 3월	35,676
1944년	241	1946년 3월	8,415	6월	37,249
1945년 3월	259	6월	12,058	9월	43,222
6월	272	9월	16,292	12월	58,305
9월	2,047	12월	25,563	1948년 3월	67,066

자료: 조선식산은행 『식산은행월보』 1949년, 제4권 제3호, 7쪽.

라, 일제시대에 생산량의 절반을 일본으로 반출하던 미곡은 해방 후 모두 국내에서 소비되기에도 부족한 현상이 나타났다. 1949년 5월 남한의 인구는 2,017만 명으로 해방 당시보다 400만이나 증가하였는데, 외부 유입이 300만에 달하였다. 곡물의 공급 부족에 대처하기 위해 미군정은 1946년 1월부터 행정력으로 양곡을 구입하여 배급하는 제도를 부활하였는데, 그 부작용이 커서 1950년 2월 양곡관리법(糧穀管理法)을 공포하여 자유거래를 인정하는 동시에 양곡 일부를 수매하여 가격 안정화를 도모하고자 했다. 일본경제권으로부터의 분리와 남북교류의 위축으로 인하여 공업 생산이 격감하자 생활필수품의 부족도 심각하였다. 그래서 생필품의 배급제가 한동안 시행되었다. 1946년 7월부터 1947년 12월까지의 18개월 동안 면포 1인당 1마(91.4cm), 양말 8인당 1켤레, 고무신 8인당 1켤레, 운동화 25인당 1켤레, 비누 3인당 1개꼴로 배급되었다.

이러한 물자 부족은 패망을 전후한 시기의 총독부에 의한 지폐 남발과 결부되어, 〈표 10-2〉에 나타난 바와 같이, 8·15 이후 악성 인플레이션을 발생시켰다. 일본인이 장악한 조선은행이 일본으로 철수하는 군대와 회사의 자금, 그리고 일본인의 예금 인출을 은행권 발행으로 대처한 결과, 8·15 당시 48억 원(圓)이던 통화량은 같은 해 9월 말에 87억 원으로 급증하였다. 게다가 전시통제기에 억제된 인플레이션이 미군정의 자유시장정책으로 표면화되고 미군정이 부족한 재정수입을 보충하기 위해 통화를 증발(增發)하기도 하여, 해방 직후부터 물가가 폭등하였다. 격심한 인플레는 소비를 감퇴시키기도 하여 1946년 9월경부터 진정되는 기미를 보였다.

산업 생산은 8·15 직후에 무역 위축 등으로 인해 격감하였으나, 무역이 빠르게 증가하고 원조가 도입되어 1946년 중반부터 점차 회복하였다. 민간 무역의 중심은 일본에서 홍콩과 중국으로 바뀌었다. 미국의 노력으로 1949년 한일간 민간 무역이 재개되었으나, 이승만대통령은 대일 종속을 막기 위해 그것을 억제하였다. 미군정의 원조 중

표 10-3 8·15 이후 신설 회사

(단위: 개, %, 백만 圓)

구분	45. 8~12	46	47	48	합계	불입자본금
제조업	9 (33.3)	192 (35.0)	186 (37.4)	167 (42.3)	554 (37.8)	1,201 (34.4)
광업	0	6 (1.1)	11 (2.2)	14 (3.5)	31 (2.1)	119 (3.4)
토건업	4 (14.8)	93 (16.9)	81 (16.3)	36 (9.1)	214 (14.6)	346 (9.9)
무역업	3 (11.1)	108 (19.7)	40 (8.0)	47 (11.9)	198 (13.5)	669 (19.1)
상업·운수·금융업	10 (37.3)	130 (23.7)	151 (30.3)	104 (26.3)	395 (26.9)	885 (25.3)
농림·수산	1 (3.7)	20 (3.6)	28 (5.6)	27 (6.8)	76 (5.2)	275 (7.9)
합계	27 (100)	549 (100)	497 (100)	395 (100)	1,468 (100)	3,495 (100)

자료: 조선은행 조사부 『경제연감』 1949, I-150쪽에서 작성.
주: 8대 도시의 집계임.

에 일본 수입품은 상당하였다. 생산은 전쟁으로 다시 급격히 위축되었다가 1952년부터 막대한 원조를 받고 빠르게 회복하였다.

낙성대경제연구소의 추계인 『한국의 장기통계』(2018)에 의하면 1946년 남한의 1인당 생산(GDP)은 해방 전 정점인 1941년 남한의 43%, 북한의 35%에 불과하였고, 1910년도보다 낮았다. 1940년의 광공업 비중인 19.4%나 지출 중 투자의 구성비인 16.5%를 회복하는 것은 1965~6년이었다. 1941년의 1인당 생산 1,200달러(1990년 물가)를 회복하는 것은 1967년이었다. 그래서 한국은 1950년대의 경제회복을 거친 후에도 최빈국(最貧國)이었다. 식민지유산을 긍정적으로 평가하기 곤란한 논거를 여기서도 발견할 수 있다.

해방 후 대공장은 위축되었지만, 〈표 10-3〉에서 나타난 바와 같이, 중소공장이 출현하여 귀속 대공장의 부진을 보완하고 공업 생산을 회복하는 데에 기여하였다. 1947년 미군정은 "토착 자재와 단순한 도구를 사용하여 수공업자들이 직물, 화학제품, 식료품을 종전처럼 생산하여 대자본의 붕괴를 상쇄하는 커다란 역할을 하고 있다"고 평가하였던 것이다. 제국주의자본의 압박이 사라짐에 따라 중소기업을 위한 시장이 확대되고 과잉인구의 증가로 저렴한 노동력의 확보가 쉬워졌던 점 등은 유리한 조건으로 작용하였다. 일제시대 조선인 중소공장이 활발히 설립되었는데 이러한 유산은 해방 직후 중소기업의 성장을 위한 토대를 이루었다. 이렇게 성장하던 중소기업은 국가의 적극적인 보호육성을 받지 못하여 국민경제의 중추 세력으로 성장하지는 못하였다.

2. 분단체제의 성립과 국민국가의 수립

(1) 분단체제의 성립

해방 후 조선민족에게 부여된 당면 과제는 일본의 지배에 대신하여 국민국가를 수립하고 제국주의경제권으로부터 자립하여 국민경제(國民經濟)를 건설하는 일이었다. 이러한 과제의 달성은 남북분단에 의하여 한층 험난해졌다. 1943년 11월 카이로선언에서 조선의 독립이 확인되고 1945년 2월의 얄타회담에서 조선의 신탁통치(信託統治)가 논의되었는데, 일본의 패망에 임박하여 미·소 양국은 일본 군대의 무장을 해제한다는 명분 아래 38도를 경계로 한반도를 임시적으로 분단하는 데에 합의하였다. 그런데 임시 경계선이 곧바로 남북간 경제관계를 단절하지는 않았다. 남북간에는 산업과 자원의 상호보완성이 강한 만큼 교역의 필요성이 컸다. 〈표 10-4〉에 나타난 바와 같이, 농산물은 남한에서 주로 생산된 반면, 중요 지하자원과 전력은 북한에 편재(偏在)되어 있었다. 게다가 일제가 중국 침략을 위해 군수공장을 설립한 북한에는 화학·금속·전기공업과 같은 중화학공업이 편재된 반면, 남한에는 식료품공업과 같은 경공업이 발달하였다. 임시 경계선이 그어진 후에도 남북한간 교역이 지속되었고, 구조선은행권(舊朝鮮銀行

표 10-4 일제 말 남·북조선별 산업 생산과 자원의 분포 (단위: %)

업종		남조선	북조선	종목		남조선	북조선
중화학공업	화학	18	82	지하자원	금은광	27	73
	금속	10	90		철광	0.1	99.9
	기계	72	28		무연탄	2.3	97.7
	소계	21	79		흑연	29	71
경공업	방직	85	15	농산물	쌀	69	31
	요업	21	79		보리	86	14
	목제품	65	35		밀	39	61
	인쇄제본	89	11		조	20	80
	식료품	65	35		콩	37	63
	가스전기	36	64		면화	77	23
	소계	70	30	전력	出力	14	86
총계		47	53		發電	8	92

자료: 조선은행조사부 『조선경제연보』 1948.

券)이 양쪽에서 통용되었고, 북한으로부터 송전을 받은 대신에 남한은 쌀, 전력용 기자재 등을 보내었다.

그런데 해방공간에서의 국제역학관계의 변화와 국내의 계급 대립은 남북분단이라는 불행을 잉태하고 있었다. 임시 경계선이 그어질 무렵에 냉전체제가 태동하여 미·소는 동북아의 세력균형에서 한반도의 전략적 위치를 중시하게 되었다. 미·소는 각각 자신에 유리한 정권을 수립하는 방향으로 군정정책을 수행해나가면서 계급역학 구도에 영향을 주었다. 게다가 일제시대에 내연(內燃)하던 계급 대립은 8·15를 기점으로 표면화되었고, 모스크바 삼상회의에서 결의된 5년간 신탁통치의 찬반을 둘러싸고 격화되었다. 군정을 실시한 미·소의 상반된 이해관계와 계급 대립의 격화는 임시적인 분단을 항구적인 체제로 고착시켰다.

해방 직후부터 사회주의적 변혁을 추구하는 노선과 자본주의를 고수하는 노선이 대립하였다. 전자의 지지 기반은 식민지배 아래 노동쟁의, 소작쟁의 및 항일투쟁으로 운동역량을 쌓아왔던 노동자계급과 농민계급 및 사회주의적 이념을 가진 지식인이었다. 이들은 1945년 8월 15일에 발족한 조선건국준비위원회(朝鮮建國準備委員會)의 주력을 이루었고, 9월에 이 위원회를 조선인민공화국으로 개편하였다. 좌파는 민중의 생존권을 보장한 자주민족국가의 건설을 당면 과제로 삼았는데, 궁극적으로는 사회주의를 지향하고 있었다. 노동자층은 11월에 산업별 조직인 조선노동조합전국평의회(朝鮮勞動組合全國評議會)를 결성하여 최저임금제, 8시간 노동 등을 행동 강령으로 내세웠고 일제와 친일파의 사업체에서 자주관리운동을 전개하였다. 농민층이 12월에 결성한 전국농민조합총연맹(全國農民組合總聯盟)은 일제와 친일파의 토지를 몰수하여 빈농에게 분배할 것, 소작료를 30%로 내릴 것 등을 실천 과제로 삼았다.

우파는 친일 잔재의 청산과 국가의 경제 개입에 대한 입장차로 분열되었다. 김구를 중심으로 하는 상해임시정부 세력은 친일 잔재의 철저한 청산을 통한 자주국가와 자주경제의 건설을 지향하고 농지 분배, 중요 산업의 국유화 등을 통한 계획경제의 도입을 주장하였다. 이들의 국내 지지 기반은 1930년대 이래 자본가층과 보수적 지식인의 친일화 등으로 인하여 취약하였고, 외세도 이들의 자주적 입장을 경계하였다. 지주층과 상공업자 및 보수적 지식인이 1945년 9월에 결성한 한국민주당(韓國民主黨)은 자본주의 질서를 옹호하면서 지주층에 유리한 농지개혁과 귀속재산의 민간 불하를 주장하였다. 이승만 중심의 독립촉성회(獨立促成會)는 지주층보다 신흥 상공업자의 이해관계를 중시하였다.

일제시대 후기로 갈수록 우파가 친일화된 반면 항일투쟁의 주도권이 좌파로 넘어왔고 노동자층의 양적·의식적 성장이 현저하였기 때문에, 해방 직후에는 사회주의적 변혁을 지향한 세력이 우세하였다. 그런데 남한에 진주한 미군정(美軍政)이 친미적인 자본주의국가를 수립하기 위한 동반자로서 한국민주당과 이승만 계열을 설정하여 지원하고 일제시대의 관료와 경찰을 유지, 활용함에 따라 세력관계는 역전되었다. 미군정은 1946년 5월 이후 조선공산당을 본격적으로 탄압하기 시작하였고, 우익과 힘을 합쳐 좌익에 의한 1946년의 9월 총파업과 10월 항쟁을 탄압하였다. 결국 우익세력은 미국의 후원 아래 남한만의 단독정부를 수립하였다.

해방 후 북한은 착실히 사회주의체제를 구축하여갔다. 1946년 2월에 북조선 임시인민위원회가 수립되어 곧이어 토지개혁을 실시하고 중요 산업을 국유화하여, 사회주의경제의 건설을 위한 기반이 마련되었다. 1947년 2월에는 북조선 인민위원회라는 '프롤레타리아 독재정권'이 성립하였다.

남한과 북한에서 다른 체제의 국가가 수립되는 것은 분단체제가 성립하는 과정이기도 했다. 해방 직후부터 약 3년간에 걸쳐 형성된 분단체제는 6·25전쟁을 거치면서 고착되었다. 남한에서 제주도 4·3사태, 여수·순천사건, 빨치산투쟁과 같은 격렬한 계급 대립을 거치면서 심대한 타격을 받은 좌익세력은 6·25전쟁을 거치면서 궤멸하였다. 전쟁을 거치면서 남한에서 반공 이데올로기가 정착하고 사회주의적, 심지어 사회민주주의적 이념은 발붙일 자리를 잃어버렸다. 그 결과 자본주의체제와 시장질서는 순조롭게 구축될 수 있었다. 북한정부는 6·25전쟁 전까지는 남북통일을 중요한 과제로 인식하였고 계획경제를 기본으로 하면서도 시장의 존재를 인정하였는데, 전후부터는 생산관계의 사회주의적 개조에 본격적으로 착수하였다.

분단체제가 형성됨에 따라 남북한간 경제교류가 위축되어갔다. 1947년 12월 북한에서 화폐개혁이 이루어지고 1948년 남한에서 남북교역용으로 널리 활용되던 구(舊) 100원권을 전면 회수하면서, 남북한 공용의 결제수단이 사라졌다. 1950년 남한의 중앙은행으로 설립된 한국은행은 전쟁 발발 직후 조선은행권을 한국은행권으로 교체하였다. 1953년 100원(圓)=1환(圜)으로 하는 화폐개혁이 단행되어 누적된 물가 상승을 현실화하였다. 1948년 5월에 북한은 대금의 미지불을 이유로 송전(送電)을 중단하였고, 남한의 공업 생산은 즉각적인 타격을 입었다. 남북간 교역은 1948년까지 활성화되었지만, 1949년부터 남한정부는 치안 확보 등을 이유로 남북교역을 금지하였다.[7] 분단은 남북간 산업과 자원의 상호보완성을 단절함으로써 식민지기에 형성된 산업구조의 파행성을 한

7) 金甫瑛「解放後 南北韓交易에 관한 硏究」高麗大 경제학박사학위논문, 1995.

층 심화시켰다.

분단체제의 형성기에 남한은 혼란스러웠던 반면, 북한은 착실히 사회주의화의 기반을 닦아가고 있었다. 1928~60년간 소련의 국민소득은 연평균 6%로 성장하여, 새무엘슨(Paul Samuelson)은 1961년판 경제학 교과서에서 1990년경 소련이 미국보다 잘 살게 될 것이라고 예측하였다. 스탈린 치하의 인권 유린이 소상히 알려지기 전에는 사회주의의 이상이 선진국의 지식인에게도 호소력을 가졌다. 해방 후 미국이 개입하지 않았더라면, 남한도 사회주의로 나아갔을 가능성이 높다. 그 후 남한 자본주의의 성공과 북한 사회주의의 좌절이라는 결과만으로 우리가 분단체제 형성기를 살아간 인물을 평가해서는 곤란하다.

(2) 남한에서 국민국가의 수립과 국민경제의 형성

분단체제 아래 남한을 먼저 살펴보고, 북한은 제12장에서 다루기로 한다. 일본경제권으로부터의 분리와 남북간 경제교류의 위축에 따른 경제난은 미국에 대한 의존을 통하여 완화되어갔다. 미국은 전력 부족의 대책으로서 발전선(發電船)을 동원하고 전력설비를 위한 원조를 제공하였고, 북으로부터 반입되던 비료를 대신 지원하였던 것이다. 일본으로부터의 경제적 자립이 추구되었지만, 식민지기에 형성된 산업에 필요한 기계류·중간재 등의 수입은 불가피하여, 일본은 미국 다음의 교역국이 되었다.

분단체제 아래 성립된 남한의 국가는 미국 주도의 세계체제에 깊게 편입되었다. 군사적으로 남한은 남북 대결구도 가운데 미국의 비호를 받아야 하였고, 경제적으로 자립능력이 없어 미국의 원조에 의존하였으며, 그로 인하여 미국의 정치적 영향력으로부터 자유로울 수 없었다. 그런 점에서 대미(對美) 의존도가 높았고, 대미 종속적으로 인식되기도 한다. 종속성은 제국주의경제로부터 분리된 직후 자본주의 발전이 취약한 단계에서 나타났다.

8·15 이후가 일제시대와 결정적으로 다른 점은, 자주적이지는 못하더라도 국민국가를 수립하였고 그에 수반하여 국민경제가 형성될 계기를 마련한 것이다. 1948년 공포된 제헌헌법은 서구의 민주주의제도를 도입하였다. 남녀보통선거권의 부여, 의무교육제도, 국민개병제도, 정부 예·결산에 대한 국회 의결, 노동자 단체행동권의 법인(法認) 등은 국민국가의 형식을 부여하였다.[8] 식민지화 이전에는 관료제가 발달한 군주주

8) 金三洙『韓國資本主義國家の成立過程 1945-53年』東京大學出版會, 1993.

권국가였는데, 제헌헌법으로 상해임시정부가 초석을 쌓은 주권재민(主權在民)의 민주제 국민국가가 수립된 것이다. 국민국가는 외국의 식민통치기구와는 달리 국내 산업을 보호하고 국내 시장을 방어하기 위한 정책을 차츰 추진하게 되었다. 한국인 자본은 자금과 생산수단 등에서 대외 의존적이었지만, 국내의 산업과 시장을 점차 장악하여갔다. 국민국가는 대외 종속성을 약화시키는 지렛대로 작용할 수 있어서, 자립적 공업화가 진전되었다.

제도가 경제 성과에 중대한 영향을 미친다는 가설은 경제학계에서 폭넓은 지지를 받고 있다. 그 중요한 사례는 자연실험과 같은 남북분단에 따른 남한의 경제적 번영과 북한의 경제적 곤궁이다. 아세모글루(D. Acemoglu) 등은 '정치권력의 향방→정치제도→경제제도→경제 성과'라는 인과관계의 가설을 제시하였는데, 이 가설도 해방 후 남북한에 적용될 수 있다. 해방 직후와 같은 변혁기에는 정치적 변화가 경제관계를 규정하는 힘으로서 중시될 필요가 있다. 농경지와 귀속재산의 처리 문제를 둘러싼 갈등은 계급 역학관계의 변화 속에서 해소되었고, 그 과정에서 남한의 경제체제가 형성되었다.[9] 귀속기업체가 민간에 특혜적으로 불하되면서 자본가층이 성장하고 민간 기업 중심의 경제질서가 형성되었다. 농지개혁은 공업화에 제동을 걸 수도 있는 지주제를 해체하면서 농촌사회의 안정과 균질화를 낳았다. 귀속사업체의 불하로 인한 한국인 자본가층의 성장은 국민경제의 형성에, 농지개혁으로 인해 높아진 국민적 동질성은 민주제 국민국가의 수립에 이바지하였다.

미국 주도적 세계체제로의 편입은 남한의 제도와 경제 진로의 결정에 중대한 영향을 미쳤다. 미국은 농지개혁과 귀속기업체 처리에 강한 영향력을 행사하였다. 그리고 일제시대로부터 물려받은 파행적 산업구조와 분단으로 인하여 경제가 자율적으로 작동하기 어려움에 따라, 미국의 경제원조가 이루어졌다. 경제원조는 한편으로는 수입대체공업화의 진전을 통해 국민경제의 형성에 이바지한 반면, 다른 한편 한국을 미국의 경제권에 편입하는 요인으로 작용하였다. 앞으로 국민경제의 형성과정에서 중요한 의의를 가진 농지개혁, 귀속사업체의 불하 및 경제원조를 차례로 살펴보기로 한다.

9) "일본인 소유의 농토와 함께 이 적산사업체의 귀추와 그 정책 여하는 곧 우리 민족의 운명과 사회기구의 성격을 결정하는 관건이 되는 것이다. 즉, 이것이 조선의 자주독립과 민주발전을 보장하고 근로인민의 이익을 위하는 방향으로 개편되느냐 그렇지 않으면 지주, 대자본가 등 특권계급의 소유로 되어 반인민적이며 반민주적인 자본가, 지주들의 전제정권의 물질적 토대를 만드는 방향으로 재편성되느냐 하는 것은 전민족의 운명에 관한 가장 중대한 문제이다. 따라서 적산기업체가 국유화되어서 인민의 이익을 위하여, 민주적으로 운영되느냐 반대로 자본가들이 독점지배하여 근로인민을 착취하게 되느냐 하는 것은, 곧 정권이 인민의 손에 장악되느냐 지주, 자본가들이 전횡하게 되느냐 하는 정권 문제에서 결정되는 것이다."(노동상 「적산 불하와 군정」 『조선경제』 1948년 3호, 545쪽)

3. 농지개혁과 지주제의 해체

(1) 농지개혁의 배경

해방부터 6·25전쟁까지는 좌·우익간에 처참한 살육이 자행된 야만의 시기이기도 했는데, 치열한 계급 대립의 경제적 원인은 농지소유의 격심한 불평등이었다. 농지개혁(農地改革)은 이 토지 문제를 해소한 의의를 가진다.

제2차 세계대전 이후 여러 나라가 농지개혁을 수행하였는데, 자본주의국가로서 농민에 대한 농지의 전면적인 분배정책이 실효를 거둔 나라는 남한, 일본, 대만 정도였다. 여기에는 외적·내적 요인이 작용하였다. 동북아시아 자본주의국가는 소련과 중국의 직접적인 위협에 직면해 있었으므로, 미국과 우익세력은 공산주의화의 위협으로부터 벗어날 수 있는 안정된 농촌을 만들고자 농지개혁을 추진하였다. 게다가 중국·북한의 농지개혁은 대만·남한의 유사한 개혁을 불가피하게 만들었다. 미국은 일본과 남한을 반공의 보루로 삼고자 농지개혁에 주도적인 역할을 하였다. 일본의 경우 지주제의 해체가 민주화를 촉진시켜 군국주의의 부활을 저지할 것이라는 판단도 작용하였다. 한국에서는 지주층이 반발하였지만, 지주제 아래 농촌경제의 안정을 도모하기 어려운 데다가 농민의 토지 분배에 대한 요구가 강한 것이 농지개혁을 추진하도록 압박하였다. 대만에서는 농민의 요구가 강하지 않았지만, 외부로부터 들어온 국민당 권력이 지주의 이익을 대변할 인센티브가 없던 점이 농지개혁의 추진에 유리하게 작용하였다. 동북아

표 10-5 남한의 토지소유 상황(1945년 말) (단위: 만 정보, %)

구분	논	밭	계
1. 총경지	128(100.0)	104(100.0)	232(100.0)
2. 소작지	89(70.0)	58(56.0)	147(63.4)
일본인 소유지	18(14.5)	5(5.0)	23(9.9)
조선인 소유지	71(55.5)	53(51.0)	124(53.5)
5정보 이상 소유 지주(5만 호)	43	14	57
5정보 이하 소유 지주(15만 호)	28	39	67
3. 자작지(100만 농민)	39(30.0)	46(44.0)	85(36.6)

자료: 朝鮮銀行調査部『朝鮮經濟年報』1948년판, I-29쪽.

표 10-6 소유형태별·경작규모별 농가호수(1945년 말)

규모	자작농		자소작농		소작농		합계	
	호수	%	호수	%	호수	%	호수	%
0.5정보 미만	98,912	34.5	216,914	30.2	360,979	35.9	676,805	32.8
0.5~1정보 미만	92,543	32.3	238,421	33.2	340,222	33.9	671,186	32.5
1~2정보 미만	64,079	22.3	181,835	25.3	213,529	21.3	459,443	22.2
2~5정보 미만	30,279	10.6	77,968	10.9	87,755	8.7	196,002	9.5
5정보 이상	1,011	0.3	2,371	0.3	2,259	0.2	5,641	0.3
토지불경작 농가							56,400	2.7
합계	286,824	100 (13.9)	717,509	100 (34.7)	1,004,744	100 (48.6)	2,065,477	100 (100)

자료: 朝鮮銀行調査部『朝鮮經濟年報』I-31쪽.

시아지역에서는 전통적으로 집약적인 소농(小農)경영이 발달하였는데, 그런 만큼 소농경영의 자립을 추구하는 농지개혁이 실효를 크게 거둘 수 있었다. 일본에서는 1920년대부터 지주제가 완만한 추세나마 퇴조하기 시작한 점이 농지개혁에 유리한 내적 환경을 제공하였다.

이하 남한에서 농지개혁이 이루어진 배경을 구체적으로 설명한다. 일제시대에 지주제가 확대된 결과, 〈표 10-5〉에 의하면, 1945년 말 총경지 232만 정보의 63%, 논 128만 정보의 70%가 소작지였고, 5정보 이상을 소유하는 지주 5만 호가 57만 정보를 소유하였다. 〈표 10-6〉에 의하면, 농가 207만 호 중 49%가 순소작농, 35%가 자소작농이었다. 이처럼 지주제가 극단적으로 확장되어 있었을 뿐만 아니라, 영세농이 압도적 다수였다. 당시 전농가의 65%가 1정보 미만을 경작하거나 농지가 없었고, 1정보 이상을 소유한 자작농과 자소작농은 전농가의 4.6%, 12.7%에 불과하였다. 영세경영, 고율소작료, 부채 등으로 인해 대다수의 농민은 기초적인 생활도 곤란하였다.[10)]

3·1운동 이후 소작쟁의와 항일농민운동을 통해 역량을 축적한 농민은 해방 후 절박한 경제적 처지로부터 벗어나기 위하여 토지 문제의 해결을 요구하였다. 해방 직후 일부 농민은 일본인 농지의 분배 투쟁을 벌이고 조선인 지주에 대한 소작료 납부를 거부하기도 했다. 좌익은 1945년 9월 '무상몰수(無償沒收) 무상분배(無償分配)'의 농지개혁

10) "소작인들은 전가족의 노동력을 경영에 투하하더라도 입에 풀칠도 채 못하고 주린 배를 채우기 위하여 …… 때로는 산야를 방황하면서 산초를 뜯고 나무껍질을 벗겨 먹지 않고서는 연명할 수 없으며, 경작에 투하한 노력은 보수를 보전하지 못할 뿐만 아니라 피의 대가로서 부채를 남기게 되는 것이다. 이야말로 노자의 협조가 아니라 땀의 수탈이며 소작농에 대한 생의 부정이다."(金奉鎭「토지개혁과 보상문제」『新天地』 1947. 9, 18쪽)

안을 요구하면서 당장은 일제시대의 50% 내외이던 소작료를 30%로 내릴 방침을 세웠다. 이에 대하여 미군정은 1945년 10월 군정법령 제9호를 통해 소작권을 보호하는 동시에 소작료율 3·1제(3분의 1)를 규정하였고, 이어서 신한공사(新韓公社)를 만들어 일본인 소유토지, 곧 귀속농지(歸屬農地)를 접수, 관리하였다. 그러자 1945년 12월 전국농민조합총연맹('전농'으로 약칭)의 결성대회에서는 일제와 친일파의 농지를 몰수하여 빈농에 분배한다는 강령을 제시하고 소작료율 3·7제(30%)로의 인하를 요구하였다.

1946년 3월 북한이 무상몰수 무상분배의 방식으로 토지개혁을 신속히 추진한 것은 남한에 중대한 압력으로 작용하였다. 그 소식은 남한의 신문에 자세히 보도되었고, 전농은 그것을 지지하면서 남한의 토지개혁을 요구하였다. 1946년 5월 전농의 확대위원회는 북한의 토지개혁을 적법한 것으로 평가하고, 5정보 이상을 소유하는 지주의 소작지에 대하여 무상몰수와 무상분배를 요구하였다. 1947년 2월 전농의 제2회 대회에서 결정된 토지개혁법 초안에서는 "일체의 소작지를 무상몰수하여 경작 농민에게 무상분배한다"는 개혁안을 제시하였고, 민주주의민족전선(民主主義民族戰線)은 그 토지개혁안을 47년 미소공동위원회에 제출하였다. 미군정과 우익은 북한의 토지개혁에 수반하여 강화된 농민의 요구를 남한 사회의 안정을 위해서도 무시할 수 없었다.[11)]

해방 후 지주제의 기반 약화도 농지개혁에 유리한 조건이었다. 지주층은 일본 미곡시장의 상실로 경제적으로 약화되었을 뿐만 아니라, 소작쟁의로부터 방어해준 식민지권력의 소멸로 정치적으로 약화되었다. 게다가 일제시대에 일본인 관리와 잦은 접촉을 하던 지주층은 민족적 명분에서도 열세에 몰렸다. 당시 농민의 눈에 지주층은 왠지 죄지은 것처럼 떳떳하게 처신하지 못하였다 한다. 이러한 상황에서 지주층을 기반으로 하는 한국민주당마저도 '유상몰수(有償沒收) 유상분배(有償分配)' 원칙의 농지개혁을 표방하지 않을 수 없었다. 지주층은 국회 등에서 세력을 차츰 강화함에 따라 그들에게 유리한 방향으로 농지개혁을 하거나 아예 그것을 회피하려고 하였다. 그들은 한편으로는 시세에 가까운 보상률과 지주의 산업자본가로의 전환을 주장하면서 다른 한편으로는 농지개혁 법안의 상정을 지연시켰던 것이다. 산업자본이란 공업 생산에서 이윤을 추구하는 자본을 말한다.

미군정의 강력한 농지분배 의지는 지주층의 소극적 태도를 압도하였다. 제2차 세계대전 후 미국의 세계정책의 기본 목표는 자본주의세계를 공산주의의 도전으로부터

11) 이승만 대통령은 진보적인 조봉암(曺奉巖)과 강정택(姜挺澤)을 농림부의 장 · 차관으로 임명하고 6·25전쟁 중에도 기회가 있을 때마다 "공산당을 막으려면 농지개혁을 빨리 해야 해"라고 하였다 한다(『農地改革史研究』 1058쪽).

지켜 자국의 정치·경제적 이익을 추구하는 것이었다. 미국은 중남미 등으로는 자본수출을 본격화한 반면, 한국 등과 같이 공산주의권과 대치하는 곳은 군사기지화에 주력하였다. 맥아더는 "미군의 남한 점령의 제일차적 임무는 공산주의에 대한 방벽을 구축하는 것"이란 지시를 내렸는데, 그러기 위해서 남한 사회의 안정이 긴요하였다. 영세빈농과 소작농이 좌익의 토지개혁안에 매력을 느끼는 상황에서 미군정은 토지 문제에 대한 농민층의 불만을 해소하지 않고서는 공산주의세력의 위협을 막고 남한 사회의 안정을 실현할 수 없다고 판단하여, 앞장서서 미국자본주의의 이념인 재산권보장제도를 침해하는 혁명적인 개혁을 추진하였던 것이다. 게다가 잉여농산물의 처분에 고심한 미국은 경제적 이해관계가 상충하는 지주층을 육성하기보다는 산업자본가로 전환시킴으로써, 자본주의체제를 수호할 우익을 육성하고자 했다.

앞서 언급한 바와 같이, 미군정은 먼저 소작료의 불납운동 내지 30%로 인하 요구에 대응하여 소작료율 3·1제의 실시를 규정하고, 신한공사에게 일본인 농지를 관리하게 하였다. 『미첼(C. C. Mitchell)보고서』에 의하면, "소작료 인하의 지시는 빈번히 지켜지지 않았고, 소작계약서의 제출 요구는 완전히 묵살되었"으며, "지주는 법정최고액을 훨씬 능가하는 지대를 수취할 수 있었고, 소작인은 소작권 박탈을 두려워해 그런 술책에 대해 불평하지 않았"으며, "다만 미군정이 관리한 일본인 소유지에서만 3·1제가 제대로 지켜졌다"고 한다. 그런데 장상환의 연구에 의하면, 충청남도 서산군(瑞山郡) 근흥면(近興面)에서는 3·1제가 잘 이행되었다 한다. 1945년 12월 전농결성대회에서 경북대표가 보고한 바에 의하면, 3·7제는 약 70% 정도 실시되고 있었다. 경주(慶州) 이씨가(李氏家)와 동고농장(同皐農場)의 사례 연구에 의하면, 최종적으로 결정된 소작료의 수확고에 대한 비율은 일제 말부터 30% 내외였는데, 해방 직후에는 다소 하락하여 20~30%였다. 전시통제기·미군정기에 공출제(供出制)와 토지생산성의 하락이 소작료율을 낮추었던 것으로 보인다.

1948년 2월 신한공사가 관리한 토지면적은 논 20만 5,988정보(논 전체의 16.7%), 밭 6만 2,631정보(밭 전체의 6.5%) 등 모두 32만 4,604정보였고, 소작농가 호수는 58만 7,984호(전농가의 28.5%)였다. 논의 절반 이상이 전라도에 있었다. 논의 소작료는 수확량 1/3의 현물납으로서, 1947년 미군정의 미곡 수집량의 1/3을 차지하였다.

(2) 귀속농지의 분배

농지개혁은 미군정에 의한 일본인 소유의 귀속농지(歸屬農地)의 분배로부터 시작하였다. 1945년 10월 미군정장관은 "기만과 배신에 의해서 일본인에게 강탈당한 토지"를 한국인 소작인에게 분배한다고 약속하였고, 1946년 2월 미국 국무성은 귀속농지의 처분안을 중심으로 하는 개혁안을 마련하였다. 이러한 조치는 남한 사회의 안정을 위해서뿐만 아니라, 한국인의 미군정에 대한 의구심과 반감을 해소하기 위해서도 필요하였다.[12] 북한의 토지개혁 후에 미군정의 요청에 따라, 1947년 12월 과도입법의원(過渡立法議院)에 농지개혁법이 상정되었지만, 무산되었다.

그러자 남한 단독정부의 수립을 위한 선거를 유리하게 치르기 위한 목적도 있고 하여, 1948년 3월 중앙토지행정처령(中央土地行政處令)에 의해 미군정은 단독으로 귀속농지의 분배를 단행하였다. 연평균 생산량의 3배를 15년간 분할상환하도록 하였다. 48년 당시 토지가격은 대략 소출의 3배 내외였다. 그 후 한국인 지주 소유지의 분배조건이 결정되면서 그것과 마찬가지로 연평균 생산량의 1.5배를 5년간 분할상환하는 것으로 바꾸었다. 자경(自耕) 상한을 2정보로 하였고, 현소작농에 우선 분배하였다. 미군정의 분배 실적은 1948년 8월 15일 당시 50만 5,072호에 논 15만 4,050정보, 밭 4만 4,979정보였다. 한국정부는 미군정의 업무를 인계하여 귀속농지 약 7만 정보를 분배하였다. 귀속농지는 전농가의 30%에 가까운 65여만 호에게 약 27만 정보가 분배된 것으로 추정된다. 1948~54년간 총상환량은 정미 321만 석에 달하였는데, 그 80% 정도가 수리사업을 중심으로 하는 토지개량사업에 투입되었다.

귀속농지의 분배는 한국정부로 하여금 한국인 지주 농지의 분배도 단행하게끔 만든 압력으로 작용하였다. 유상분배, 자경 상한, 현소작농 우선 등의 원칙은 한국인 지주 소유지의 분배방식을 규정하였다.

(3) 농지개혁 이전 소작지의 자작지화

〈표 10-7〉에 의하면, 1945년 말 조선인 지주의 소작지면적은 117만 정보였는데, 1949년 6월에는 60만 정보로 줄어 있었다. 그동안에 소작지 58만 정보가 지주의 임의 처분에 의하여 자작지로 바뀌었다. 같은 기간에 귀속농지를 포함한 소작지의 비율은 65%로부터 32%로 하락하였다. 소작농은 49%로부터 21%로 감소한 반면, 지주·자작농은 14%로부터 36%로, 자소작농은 35%로부터 40%로 증가하였다. 소작지와 소작농의 감소

12) "남한에서 미국은 남북분할에 대한 비난을 면하지 못하고 있으며, 우리의 건설적인 노력에 대한 능동적인 저항을 포함하여 남한에는 일체의 미국적인 것에 대한 분노가 증가하고 있습니다. ……친일파, 민족반역자 및 부일협력자에 친미라는 용어가 추가되고 있습니다."(주한 미군정사령관 하지(John R. Hodge)의 보고문서)

표 10-7 농지개혁 전후 소작지의 변동 (단위: 천 정보)

	농지면적	자작지	소작면적			소작지의 자작화면적				소작지율 (%)
			계	귀속농지	일반소작	계	귀속농지 처분면적	정부매수 분배면적	지주의 임의처분	
1945년 말	2,226	779	1,447	273	1,174					65.0
1947년 말	2,193	868	1,325	273	1,052	122			122	60.4
1949년 6월	2,071	1,400	671	74	597	654	199		455	32.4
1951년 말	1,958	1,800	159	0	159(74)*	512	74	302	136	8.1(4.3)
소작지의 변화 결과					159 (11%)	1,288 (89%)	273 (19)	302 (21)	713 (49)	
					합: 1,447(100%)					

출전: 金聖昊 외『農地改革史硏究』〈표 Ⅶ-2-10〉.
주: (74)*는 농지개혁법에 의해 분배가 제외된 면적.

는 지주에 의한 소작지 방매, 형식적인 명의 변경, 산림·미간지로의 지목(地目) 변경, 소작지 회수를 통한 자경화(自耕化)에 기인하였는데, 그중 소작지 방매가 주된 요인이었다. 지주측에서는 농지개혁에 대한 불안이, 소작인측에서는 농지개혁의 여부가 불확실한 데다가 지주의 토지 매각으로 인한 소작권 이동이 두려웠던 점이 소작지 매매의 주된 동기였다.[13] 농지개혁을 강하게 요구한 좌익세력은 1946년경부터 약화된 반면, 지주층의 영향력이 강한 국회가 농지개혁을 지연시킨 것은 토지 방매를 방조하였다.

소작지의 사전 방매는 농지개혁의 불철저함을 보여주는 주요한 지표였는데, 충남 서산군 근흥면의 사례 연구는 그것이 농민에게 크게 불리하지는 않았음을 보여준다. 1945년 전경지 204만 평의 59%를 차지하던 지주 소유지의 비중이 농지 분배 후에는 15%로 떨어졌는데, 그중 1/3이 방매되고, 2/3가 분배되었다. 부재지주(不在地主)일수록 분배당하는 비율이 높았고, 대지주일수록 소작인과의 연고 부족, 소작지의 대규모 등으로 인하여 매각하기가 불리하였다. 〈표 10-8〉에서 시기별로 보면, 46년 북한의 농지개혁의 영향으로 거래가 증가하였으며, 1948년 3월 귀속농지의 분배, 8월 헌법에서 농지개혁의 명시로 인해 1948~9년간의 매매가 과반을 차지할 정도로 활발하였다. 근흥면의 농가 821호 중 353호가 평균 1,057평을 구입함으로써, 〈표 10-9〉에 나타난 바와 같이, 농

13) "사회적 형세는 농지개혁이 불가피하다는 것을 충분히 예측케 하였고 정치적 정세에 따라서는 토지를 무상몰수할 가능성도 없지 않았기 때문에 이(利)에 밝은 지주들은 토지를 싼값으로 처분한다든가, 혹은 농지개혁이 실시되더라도 많은 토지를 확보할 수 있도록 여러 가지 방도를 취하였으며 한편 다소라도 여유가 있는 소작인들은 언제 실시될지도 모르는 분배를 기다리기 전에 헐한 값으로 토지를 그들의 지주로부터 사들인 것이 분명하다."(李萬甲『韓國農村社會의 構造와 變化』서울대 출판부, 1973, 96쪽)

표 10-8 충청남도 서산군 근흥면에서의 소작지 구입의 계기 (단위: 건)

구입이유 \ 연도별	1945	1946	1947	1948	1949	1950	합계	구성비(%)
위협		4	6	6	9	1	26	42.0
간청	1		1	7	9	9	27	43.5
기타		1	1	1	3	3	9	14.5
합계	1	5	8	14	21	13	62	100.0

출전: 蔣尙煥「農地改革過程에 관한 實證的 硏究」 표 28.

표 10-9 근흥면 4개 리에서의 소유규모별 농가호수 분포의 변동

연도	구분	0	~500평	~1,000평	~2,000평	~1정보	~2정보	~3정보	3정보 이상	계
1945	호수	343	107	92	113	45	46	18	28	792
	구성비(%)	43.3	13.5	11.6	14.3	5.7	5.8	2.3	3.5	100.0
1950	호수	177	116	126	171	90	72	18	21	792
	구성비(%)	22.4	14.7	15.9	21.6	11.4	8.1	2.3	2.6	100.0
1951	호수	16	52	96	245	175	166	29	13	792
	구성비(%)	2.0	6.6	12.1	30.9	22.1	21.0	3.7	1.6	100.0

출전: 蔣尙煥「農地改革過程에 관한 實證的 硏究」 표 55.
주: 1정보=10단보=3,000평.

지가 없는 농가와 3정보 이상의 농가는 격감하였고 1,000~6,000평의 농가가 늘어났다.

소작지 구입의 계기를 〈표 10-8〉에서 보면, 사지 않으면 타인에게 팔겠다는 지주의 위협에 의한 건수와 헐값으로 팔겠다는 지주의 간청에 의한 건수가 대등하였다. 초기에는 강매가 많았는데, 귀속농지가 분배되고 토지개혁이 법에 명시된 1948년 이후에는 지주의 간청에 의한 것이 많았다. 〈표 10-10〉에 의하면, 매입가격은 평균 시세의 68%였는데, 8할 이상이 절반을 차지하였다. 47년까지는 모두 7할 이상으로 매각되었는데, 48년부터는 6할 이하의 비중이 증가하였다. 일제 말에 논 1마지기당 가격이 벼 9~10석, 수확량이 1.8석이므로 논 가격은 5년간의 생산량에 해당하였다. 8·15 후에 시세가 내려 1945~50년간 1마지기당 쌀 4~6가마로 평년작의 2~3배 수준이었다. 농지를 분배받은 국민은 주작물의 연평균 생산물의 1.5배를 5년간 분할상환해야 하였는데, 그 부담은 시세의 60% 미만이었다. 그래서 농민이 농지개혁보다 불리하게 구매한 것은 과반을 차지하

표 10-10 근흥면에서의 소작지 매입가격의 시세에 대한 비율 (단위: 건)

시세에 대한 비율	1945년	1946년	1947년	1948년	1949년	1950년	합계	구성비 (%)
3할 이하					2	2	4	7.8
4할				4	2	2	8	15.7
5할				1	3	1	5	9.8
6할					2		2	3.9
7할	1	1	1	1	3		7	13.7
8할			4	1	4	4	13	25.5
9할				4	3	2	9	17.6
10할		2				1	3	5.9
계	1	3	5	11	19	12	51	100.0

출전: 蔣尙煥「農地改革過程에 관한 實證的 硏究」표 29.
주: 소작지를 해당 소작인이 산 것을 대상으로 조사함.

였다. 구입 대금은 보통 즉시에 상환하고 1~3년간 분납도 가능하였다. 그런 점에서 사전 구매는 시가에 비해 평균 30% 정도 낮지만, 분배받는 것보다는 일반적으로 불리하였다. 근흥면의 농민도 그렇게 느끼고 있었다 한다.

전라남도 화순군(和順郡) 동복면(同福面)에서는 서산군 근흥면보다 지주의 농지 집중이 현저하였고 농지 분배는 농민에게 더욱 불리한 방식으로 이루어졌다. 해방 당시 읍삼리(邑三里) 주민 중에 농지가 없거나 500평 미만을 소유한 자는 82%에 달하였고, 10정보 이상 소유한 지주 10명은 읍삼리 주민의 1.5%에 불과하면서 주민이 면내에 소유한 농지의 65%를 차지하였다. 10정보 이상 소유한 조선인 지주 9명이 해방 직후 소유한 67만 평 중에서 41%는 사전 매각이나 소유권 분산 등을 통하여 분배대상에서 제외되었다. 면내의 최대지주인 동고(東皐)농장주는 1945년 1,800여 마지기의 소작지를 가족에게 나누어 상속하였고, 이 과정에서 500명 정도의 농민이 소작권을 해제당하였다. 그런데 농지개혁의 실시가 점점 기정 사실로 되어감에 따라 소작권의 박탈이 줄어들고 있었다. 동고농장에서는 농지개혁이 임박하다고 판단하던 두 시점인 1946년 1~5월과 1947년 11월~1948년 3월에 집중적으로 토지를 방매하였다. 농지개혁에서의 보상조건보다 유리하게 방매하는 일이 많았고, 대금은 대개 계약 후 한 달 내에 일시불로 받는 방식을 취하였다. 동복면에서는 근흥면과는 달리 소작지 분산이나 원래 소작인이 아닌 자에게로 소작지의 방매가 활발하여서 소작권의 박탈이 성행하였다. 동복면에서는, 〈그

그림 10-1 전라남도 화순군 동복면에서의 토지집중도의 추이

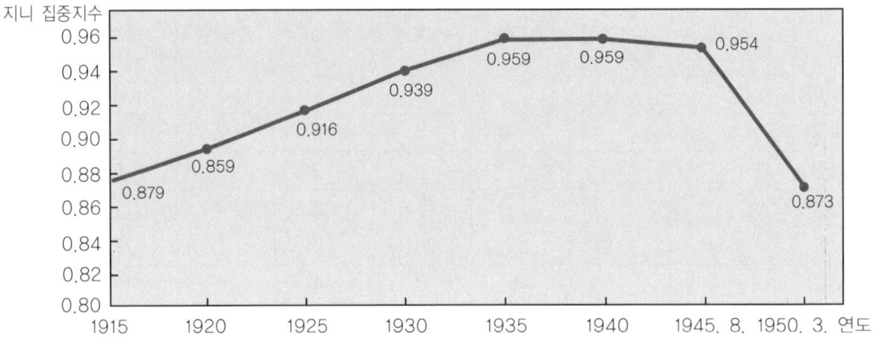

출전: 洪性讚『韓國近代社會의 變動과 地主層』473쪽.

림 10-1〉에서 나타난 바와 같이, 토지집중도가 해방 후 상당히 완화되었지만, 6·25 직전까지도 농지소유의 극심한 양극화현상이 존속하였다. 이것은 동복지역의 첨예한 계급대립을 잉태하였다.

(4) 한국인 지주 소유지의 분배

1948년의 헌법에 농지개혁 실시가 명시되고 1949년 6월 농지개혁법이 국회에서 통과됨에 따라, 정부는 먼저 대인적(對人的)인 농가실태조사를 하고 그것을 보완하기 위해 대지적(對地的)인 조사를 하였다. 그 후 경지일람표를 작성하여 모든 농민에게 보여주고, 1950년 4월에 분배예정통지서(分配豫定通知書)를 발급하였다. 이것을 받고서 농민들은 "이제 이 땅은 내 것이 되었구나"라고 생각하였다 한다. 이것은 6·25전쟁에서 남한에게 유리하게 작용하였다. 분배의 완료는 전쟁으로 인해 1951년 3월로 미루어졌다.

〈표 10-7〉에 의하면, 1945년 말의 일반 소작지 117만 정보의 26%에 불과한 30만 정보가 분배되었고, 분배지의 배가 넘는 71만 정보를 지주가 방매 등 임의로 처분하였다. 분배지의 90%는 소작지였고, 자경(自耕) 상한인 3정보를 초과하는 소유지는 5%였다. 분배받은 농가는 163만 호로, 해당 소작지를 분배받은 농가가 93%이고, 나머지는 과소한 농지를 경작하는 농가, 영농력을 가진 피고용농가 등이었다.

분배 대상에서 제외된 것은 농업용 시설·농기구·가축 등의 생산수단, 산림·원야(原野)·과수원 등의 다년생 식물(多年生植物) 재배지, 위토(位土), 미완성 개간·간척지,

그림 10-2 충청남도 서산군 근흥면에서의 지주제의 해체 (단위: %)

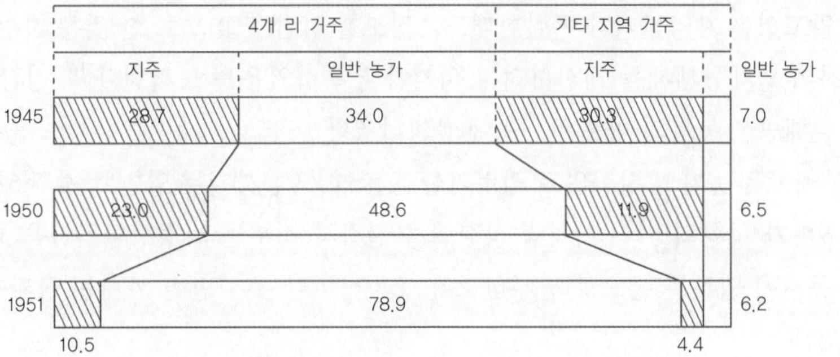

출전: 蔣尙煥「農地改革過程에 관한 實證的 硏究」(下) 41쪽.

학교·종교단체의 토지 등이었다. "분묘를 수호하기 위하여 종전부터 소작료를 징수하지 아니하는 기존의 위토로서 묘 1기에 600평 이내의 농지"가 제외되었는데, 그 총면적은 6만 6,241정보였다. 18만 정보에 달하는 개간 · 간척지는 경작 농민의 노동력을 투하하여 조성한 곳이 많음에도 불구하고 분배 대상에서 제외되어 분쟁의 불씨를 남겼다.

소작지는 방매와 분배를 통해서 미미한 비중으로 떨어지고 지주제는 기본적으로 해체되었다. 〈그림 10-2〉에 의하면, 근흥면에서 소작지는 현저히 축소되고 일반 농가의 농지소유가 증가하여, 농지소유의 불평등도가 감소하였다. 〈표 10-9〉에 의하면, 근흥면 4개 리에서는 1945년 농지가 없거나 500평 미만을 소유한 농가가 57%를 차지하던 것이 1951년에는 9%로 감소하였던 반면, 1,000~6,000평의 농가는 같은 기간에 26%로부터 74%로 늘어났다. 지주의 토지집중이 극심하였던 화순군 동복면에서는 농지 분배 비율이 낮았으며, 1950년 말에도 4호가 10정보 이상을 소유하고 있었고, 3정보 이상의 농가 10호는 읍삼리 주민의 1.4%에 불과하면서 전체 농지의 37%를 차지하였다. 그런데 이들 부유한 주민도 6·25전쟁을 통하여 타격을 받고 전후에 경제력을 신장하지 못하였다. 전국적으로 위토 등의 명목으로 분배 대상에서 제외된 소작지는 74만 정보로서 농지의 3.8%를 차지하였는데, 은폐 소작지를 합하면 8%를 넘었을 것으로 추정된다.

농지개혁을 통하여 농지소유의 불평등도는 개선되었지만, 영세농체제는 개선되지 못하였다. 0.5정보 미만을 경작하는 농가는 1945년 전체의 33%에 해당하는 67만 호로부터 1951년 43%에 해당하는 93만 호로 늘었던 것이다. 해방 후 귀국하는 동포가 급증한 데다가 공업 생산이 위축되었기 때문에, 농가호수가 증가하여 1949년 6월에 농가의 호당 평균 경지면적이 0.84정보에 불과하였으므로, 영세농체제가 불가피한 면이 없지는 않다. 그런데 호당 1정보면 식량의 자급이 가능하고 2정보 이상이면 머슴을 고용하지 않고서는 자영하기가 곤란한데도, 3정보를 상한(上限)으로 한 것은 지주의 이해를 고려하여 영세농체제를 개선하려는 의지가 부족하였음을 드러낸다.[14] 경작지가 과소하여 분배받은 농가의 비중은 4.5%에 불과하였다.

분배받은 농가의 상환완료 법정기한인 1955년 9월까지는 일반 농지의 62%, 귀속농지의 50%가 상환되었다. 이처럼 상환이 부진하자 정부는 법정상환기간을 3년간 연장하는 동시에 일부는 돈으로 납부하도록 조치하였다. 1957년 말까지는 상환이 거의 완료되었다.

지주에 대해서는 주작물의 연평균 생산량의 1.5배를 정부매상가격으로 계산하여 1951~5년간 지급하기로 약정한 지가증권(地價證券)을 교부하였다. 그런데 보상을 완료하기로 예정된 1955년 5월 말 보상률은 28%에 그쳤고, 1957년 12월에도 87.6%였다. 인플레이션이 진행되는 와중에서 해마다 법정 곡가로 환산하여 보상하는 액수가 시장가격보다 훨씬 낮아졌고 게다가 상환이 연기됨에 따라, 곤궁해진 많은 지주는 지가증권을 액면가의 20~70%로 팔아버렸다.

농지개혁법 제10조에는 "농지를 매수당한 지주에게는 그 희망과 능력 기타에 의하여 정부는 국가경제 발전에 도움되는 사업에 우선 참여케 알선할 수 있다"고 규정하여, 지주의 산업자본가로의 전환을 의도하였다. 1958년 농림부에 보고된 지주전업 알선 상황에 의하면, 총신청건수가 181건이고 그중 전업을 알선한 것은 90건이고 당시 알선받은 사업체를 유지하고 있던 것은 서울을 제외하고 20건에 불과하였다. 181건의 신청에 그친 것은 지주층의 미온적인 반응을, 그중 절반이 알선된 것은 관계기관의 협조 부족과 관리인의 반발을 말해준다. 또한 지주의 경영능력 부족은 경영 실패율을 높였다. 김연수는 지가증권을 고스란히 경방(京紡)·삼양사(三養社)·교육사업에 활용하여 산업자본으로 성공적으로 전환하였다. 일제시대부터 농외 투자에 적극적이던 동고농장주(東皐農場主)는 1949년 동고과학연구재단을 설립하고 이를 모체로 중화학공업에 진출하려 하였지만, 전쟁에서의 인적 손실, 전시 인플레이션 등으로 타격을 받고 계획을 변경하여 지가증권 매각자금 등으로 함평도정공장(咸平搗精工場)을 불하받고 운수업과 벌목업에 진출하여 광주 유수의 기업가로 변신하였다. 자본가로의 전업에 성공한 지주는 대개 상공업 활동과 깊은 관련을 맺고 있던 층이었다. 소극적인 지주경영에 종사해온

14) 김준보(金俊輔)는 식량 소비를 기준으로 하여 1정보를 상한으로 하자고 주장하였다(『農地改革史研究』 578~82쪽).

경주 이씨가는 고려화재해상보험주식회사의 창립주주로서 참여하고 한국스레트(slate)를 인수, 운영하였다가, 유교 교육과 선비 가풍(家風)으로 인하여 난관을 헤쳐나가는 사업가적 기질이 부족하여 사업가로 성장할 기회를 포기하였다 한다. 적극적인 대지주일수록 전업에 성공할 확률이 높았는데, 정미업·양조업에 진출한 지주가 많았다.

지가증권 총보상액의 54% 정도인 9.6억 원이 귀속재산의 구입에 쓰였는데, 그것은 귀속기업체의 재산평가액의 43%에 달하였다. 지주가 투매한 지가증권을 신흥 상공업자가 구입하여 귀속사업체의 불하에 사용하였다. 전반적으로 보아 지주를 산업자본가로 만들려는 정책은 실효를 거두지 못하였지만, 지주자본은 산업자본으로 전환하였던 것이다.

(5) 농지개혁의 평가

농지개혁법 제1조는 "농지를 농민에게 적절히 분배함으로써 농가경제의 자립과 농업생산력의 증진으로 인한 농민생활의 향상 내지 국민경제의 균형과 발전을 기한다"라는 목표를 제시하였다. 농지개혁은 일제시대 농촌의 지배적 생산관계인 지주제를 해체하고 자작농체제를 확립하였던 점에서 획기적인 의의를 가진다. 그럼으로써 부와 소득의 분배 상태를 현저히 개선하고 농촌의 계급 갈등을 해소하였다. 〈표 10-11〉에 의하면, 1930년대 초에 비해 1960년대 초에 농업소득의 가계비 충족도가 크게 높아지고

표 10-11 농가경영 상태의 변화 (단위: %)

구분		1930~1년			1962~4년
		자작농	자소작농	소작농	농가 평균
농가수입 구성	농업 조수입	92	90	89	82
	농외 수입	8	10	11	18
농가지출 구성	농업경영비	34	43	47	21
	(소작료)	–	(9)	(18)	–
	가계비 충족률	59	52	50	72
	조세 공과율	5	2	0.5	2
가계비 충족률		72	74	73	99
부채 비율		7.7	8.6	30.3	2.7

출전: 장시원 「지주제 해체와 자작농체제 성립의 역사적 의의」 『광복50주년 기념논문집』 3, 313쪽, 〈표 6〉으로부터 작성.
주: 가계비 충족률=농업소득/가계비, 부채 비율=부채/자산.

부채 비율이 크게 낮아졌다. 이러한 변화를 낳은 중요한 계기는 1961년의 농어촌고리채 정리사업(農漁村高利債整理事業)뿐만 아니라 농지개혁을 통한 소작료 압박의 해소라고 판단된다.

농지개혁 자체가 단기적으로 생산성에 미친 영향은 명확하지 않다. 소작농이 소유권을 획득함에 따라 영농 의욕을 증대한 반면에, 영농에 적극적인 지주의 배제는 생산성을 하락시켰기 때문이다.[15] 그런데 전근대부터 집약적 소농경영을 발달시켜온 농민이 지주의 영농 지원 기능을 점차 감당할 수 있게 되고 정부가 영농을 지원하면, 장기적으로 농지개혁은 생산성을 높일 수 있다. 1930년대 초와 1960년대 초를 대비하면, 단보당 미곡생산량이 1석으로부터 1.5석으로 증가하였는데, 영농의욕을 증진한 자작농은 비료 등 생산요소의 투입을 증진하고 경지이용률도 높였던 것이다. 이들은 1960년대 이후 식량증산정책에 적극 호응하여, 1955~75년간 미곡의 토지생산성이 급증하여 세계 최고 수준에 달하였다.

그런데 소작지를 분배받은 영세농이 상환곡과 임시토지수득세(臨時土地收得稅)의 부담 등으로 부채가 늘어 분배농지를 매각, 처분하는 사례가 빈발하였다. 그래서 1954년 3월 농림부는 지가상환 도중에 분배농지가 매각되지 않도록 단속하기도 했다. 1951~60년간 전시의 재정 안정과 군량미 확보, 그리고 전후 식량의 수급 조절을 위해 징수한 임시토지수득세는 농민에 부과되던 모든 조세를 통합하여 등급별로 토지수익의 일정 비율(15~28%)을 현물로 납부하게 한 것이다. 그런데 그 수납률이 저조하여 1951~9년간 양곡 총생산량 2억 석 중 수득세는 5.2%이며, 농지 상환곡까지 포함하면 10.0%였다. 그 밖에도 정부는 양곡을 시가의 절반으로 매상하기도 했다. 1951~7년간 임시토지수득세는 총세입의 9.5%, 조세의 20%를 차지하였던 반면, 농림부에 할당된 세출의 비중은 평균 3.7%였다. 정부는 농촌을 재정 안정의 터전으로 삼았던 것이다. 게다가 잉여농산물의 원조에 따른 농산물 가격의 하락도 농가경영을 악화시켜 농지 처분을 촉진하였다. 불법적인 매매가 계속되자, 1961년 5월에는 "농지개혁법 소정의 절차를 밟지 아니하고 분배농지의 권리를 이어받은 사실상의 현소유자에게 정부는 직접 그 소유권 이전등기 절차를 이용"하도록 법제화하였다.

근흥면에서는 1961년 5월까지 분배받은 961호의 13.1%에 해당하는 126호가 전체 분배면적의 9.6%에 상당하는 9만 6,640평을 매각하였다. 그 매각 이유와 양상을 〈표 10-12〉에서 살펴보자. 95호 중 25호는 경작지의 과다로 인하여 영농능력의 한계와 상환곡

15) 우대형 「농지개혁의 생산성 증대효과 분석」『농지개혁연구』 연세대학교 출판부, 2001.

표 10-12 서산군 근흥면 분배농지의 사유별 매각 양상 (단위: 호당 평균 면적, 평)

매각 사유	호수	1951년 소유	그중 분배 농지(A)	매각면적 (B)	대토면적	B/A×100 (%)
경작지 과다	25	4,035	2,344	773		33.0
이사(몰락)	7	1,449	1,449	1,449		100.0
代土	6	2,717	2,120	875	1,196	41.3
생활 곤란	57	1,786	1,333	672		50.4

출전: 蔣尙煥「農地改革過程에 관한 實證的 硏究」표 67.

의 부담을 안아서, 호당 평균 분배농지 2,344평 중 33%를 매각하였다. 평균 경지면적이 1,449평인 7호는 몰락하여 이사하였다. 평균 1,786평을 소유하여 생활이 곤란한 57호는 분배농지 1,333평 중 절반인 672평을 매각하였다. 영세농일수록 분배받은 농지를 매각하는 비율이 높은 경향은 다른 지역의 조사 연구에서도 마찬가지였다. 근흥면의 경우 상환 완료 이전에 매각된 농지가 전체의 약 10% 정도이고 구입자도 거의 농가여서 지주제가 부활하는 데까지는 이르지 않았다.

그런데 광주군(廣州郡)의 사례 연구에 의하면, 1957년 조사대상 농가 336호 중 69호가 소작을 하고 있었고 소작지도 6만 평으로 조사 경지의 약 10%를 차지하였다.[16] 전반적으로 보면 1960년대 중반까지는 상환곡 부담과 농민에 대한 중세(重稅), 잉여농산물 도입과 저(低)농산물가격정책 등으로 인하여 소작제가 빠르게 부활하였다. 소작지의 비중은, 〈표 10-7〉에 의하면 농지개혁 직후 합법적으로 분배에서 제외된 토지를 포함하여 8% 정도로 추정되는데, 〈표 10-13〉에 의하면 1960년대 이후 계속 증가하였다.

이처럼 소작제가 부활한 데에는 농지개혁 자체의 책임이 없지 않다. 첫째, 농지개혁이 5년간 지연되는 과정에서 일반 소작지의 대부분이 소작농에게 불리하게 방매되거나 지주 자영을 위한 회수, 형식적인 명의 변경으로 분배에서 제외되었다. 근흥면의 사례 연구에 의하면, 사전 구매가 시가에 비해 평균 30% 이상 싸지만, 분배받는 것보다는 불리하였다. 둘째, 적정 영농 규모를 창출하려는 정책적 의지가 약하여 영세화가 심화하였다. 농지개혁이 "농가경제의 자립과 농업생산력의 증진으로 인한 농민생활의 향상"을 도모하는 데에 미흡하였던 면이 있는 것이다.

그런데 소작제의 부활을 방치한 주된 요인은 농지개혁법 자체라기보다는 경자유

16) 李萬甲『韓國農村社會의 構造와 變化』84~8쪽.

표 10-13 농지임대차의 변화

	1960	1970	1980	1985	1990	1995	2000	2005	2010	2014
경지면적(천ha)	2,042	2,298	2,196	2,144	2,109	1,985	1,889	1,824	1,715	1,691
임차농지 비율(%)	11.9	17.6	21.3	30.5	37.4	42.2	43.6	42.3	47.9	49.9
총농가호수(천호)	2,350	2,483	2,155	1,926	1,767	1,501	1,383	1,273	1,177	1,121
임차농가 비율(%)	26.4	33.5	44.1	64.7	69.4	71.3	72.3	63.0	62.2	59.3
자작농가 비율(%)	73.6	66.5	55.9	35.3	30.5	28.3	27.4	36.6	37.0	40.4
순소작농가 비율(%)	6.7	9.4	4.6	9.6						

출전: 1960 · 1970년은 농업센서스 자료, 1980년 이후 임차지와 임차농 비율은 농가경제조사 표본농가 등.

전(耕者有田)의 원칙을 지켜나갈 후속 농지법이 제정되지 않았던 점이며, 농가경제에 타격을 가한 주요한 요인은 농지개혁 자체의 불철저함보다 개혁 후 잉여농산물의 도입, 저농산물가격정책 등과 같은 농민에 불리한 경제정책이라고 보아야 한다. 1960년대 후반부터는 3정보 상한을 폐지하고 임대차(賃貸借)를 허용하여 기업농을 육성하자는 주장이 대두하는 가운데 경자유전의 원칙을 지켜나갈 후속 농지법은 마련되지 않아, 소작제의 재생을 방치하였다. 잉여농산물의 도입이 농가경영을 악화시킨 데에 대해서는 제5절에서 언급할 것이다.

1960년대 후반부터 농촌인구가 대거 도시로 이동하여 1인당 경지면적이 증가하고 고미가정책(高米價政策)으로 수익성이 높아진 반면 농지 가격이 낮은 편이었으므로, 소작지의 비율은 1970년대 전반에는 하락 추세로 반전되었다. 70년대 후반부터는 고미가정책의 후퇴와 지가(地價)의 등귀로 인하여 농지의 수익성에 비해 지가가 높은 편이었으므로, 농민의 농지소유 욕구가 떨어지는 반면 농지 가격의 상승을 염두에 둔 비농민의 농지 구입이 활발해졌다.

그렇지만 농지개혁 후의 소작제를 그 전의 계급관계로서 지주·소작제와 동일시할 수는 없다. 〈표 10-14〉에 의하면, 소작지가 증대하는 가운데 비농민 소유지의 비중은 늘어났는데, 그 70% 내외가 이농과 상속에 기인한 것이다. 1983년의 표본조사에 의하면, 농민 중 4,000평 이상의 임대자(賃貸者)는 1%에 불과하였다. 농지개혁 전에 볼 수 있던, 소작료 수입에 의존하는 대토지소유자층은 존재하지 않는다. 재촌(在村)지주가 소작을 주는 주된 이유는 노동력의 부족이며, 도시민의 농지 구입의 주된 동기는 지가 상승을 통한 자본이익(資本利益)의 추구이다. 〈표 10-13〉에 의하면, 순소작농의 비중은 낮고 대부분 자소작농이었다. 자소작농이 임차하는 주된 동기는 경지규모를 확대하여 기계화

표 10-14 **차용지(借用地)의 취득동기별 소유현황** (단위: 천ha, %)

연도	농경지	합계	임차지				
			국유지	농민소유	소계	비농민 소유	
						이농·상속	매입
1983	2,167	581(26.8)	16	215	350	224	126
		(100)	(2.8)	(37.0)	(60.2)	(38.6)	(21.7)
1990	2,109	788(37.4)	33	242	513	374	139
		(100)	(4.2)	(30.7)	(65.1)	(47.4)	(17.7)

출전: 金聖昊 「한국농업구조의 현상과 과제」 『농업구조 개선을 위한 한일토론회 발표논문집』 1992.

영농을 하려는 것이었다. 소작료율은 논의 경우 40% 내외, 밭의 경우 30% 내외에 머물렀다가, 1990년대에 급격히 하락하였다. 그런 점에서 한국농업의 기본 문제는 토지 문제로부터 가격 문제와 농산물시장 개방의 문제로 옮겨졌다고 보아야 한다. 농지 문제를 둘러싼 여건이 변화하는 가운데 1986년의 농지임대차관리법(農地賃貸借管理法)과 1994년의 농지법을 통하여 농지소유의 상한을 확대하고 농지 임대차를 허용하고 농지 소유 자격을 완화하였다.

왜 일제시대처럼 지주·소작관계가 전면적으로 대두하지는 않았을까. 제도 개혁만으로 소작제의 부활을 막기는 어렵다. 농민의 궁핍화 요인이 존속하고 농촌의 과잉인구가 넘쳐흘러 차지(借地)경쟁이 근절되지 않는 상황이 존속하였다면, 일제시대와 같은 지주·소작관계가 부활하였을 것이다. 그런 점에서 공업화를 통한 농촌과잉인구의 해소는 일제하와 같은 지주제의 부활을 봉쇄한 경제적 조건이었다. 그래서 1960년대까지는 경영이 악화되는 농가들이 주로 경지를 빌렸다면, 1970년대 중엽부터 차지는 가족노동력을 적극 활용하고, 나아가 경영을 확대하는 수단으로서 주로 이용되었다.

농지개혁은 지주제를 해체하는 데에 그치지 않고, 자본주의 발전에 유리한 기반을 조성하였다. 신흥 상공업자와 일부 지주가 지가증권으로 귀속기업체를 구입하여 산업자본이 성장하였다. 그 반면 농지에 대한 투자의 유인은 약화되었다. 지주제는 조선시대에 개간, 일제시대 미곡 이출의 기능을 하였으며, 자금력과 지식으로 생산성을 높인 지주도 있었으나, 해방 후 그 역사적 사명이 끝나고 있었다. 그런 가운데 지주계급의 쇠퇴는 농·공불균형의 공업화 우선 정책을 추진하는 데의 걸림돌을 제거하였다.[17] 또

17) 제2차 세계대전 후 독일·일본·한국 등의 급성장 요인을 패전·식민지 경험·내전 등으로 기존 이익집단이 대거 파괴된 사실에서 찾는 견해도 있다(Mancur Olson, *The Rise and Decline of Nations*, Yale University

한 농지개혁은 농촌에서의 부와 소득의 분배를 균등하게 하고 농촌사회의 계급 갈등을 해소함으로써 사회적 동질성과 안정성을 높였다. 남미와 동남아에서는 자원의 불평등한 분배가 민주화를 저해하고 경제성장을 제약하였다면, 남한의 농지개혁은 사회의 중심적 자산이자 기본 생산수단인 농지의 분배를 평등하게 만들어, 민주화와 경제성장에 유리한 환경을 조성하였다.[18] 해방 후 초·중등교육이 급속하게 확대되어 1960년대 이후 공업화과정에서 양질의 노동력을 공급할 수 있었고 1950년대부터 교육비가 농가의 중요한 지출 항목이었는데, 농지개혁을 통한 자작농의 확대는 교육의 확대에 기여하였을 것이다. 농지개혁은 지주·소작농의 계급질서를 해체하고 자작농으로 전환한 소농의 자녀에게도 교육 기회를 넓혀서 공정한 경쟁을 조장한 점에서 포용적 경제제도에 접근하여, 인민이 폭넓게 혜택을 누린 경제성장(shared growth)에 이바지하였다.[19]

농지개혁이 지주의 재산권을 침해하였음에도 불구하고 경제성장에 타격을 주지 않은 원인은 무엇일까? 지주의 몫인 지대를 없애도 농지가 줄지 않았다. 농지개혁은 소작을 금지하고 경지 상한을 규정한 외에는 재산권과 시장기능에 제한을 가하지 않았다. 기계 영농 이전의 단계에는 3정보 이상 대경영의 이점은 없었다.

1970년대까지는 농지개혁이 불철저하고 실효를 별로 거두지 못하였다는 견해가 지배적이었는데, 지금까지 살펴본 바와 같이 농지개혁의 획기성은 부인할 수 없다. 80년대 이래 농지개혁의 철저성을 강조하는 연구 경향이 나타났는데, 인접한 일본과 대만에 대비해보면, 한국의 개혁이 철저하였다는 면만을 부각해서는 곤란하다. 일본에서는 농지개혁 전의 총소작지 230만 정보 중의 80% 정도가 국가에 의하여 경작농민의 소유로 되었던 반면, 한국에서는 귀속농지를 제외한 소작지의 분배 비율이 26%에 불과하였다. 소작지 비율이 1982년 대만에서는 5%, 일본에서는 7%로 한국보다 훨씬 낮았는데, 일본과 대만에서는 소작지가 농지개혁으로 분배되는 비율이 한층 높았고 농지개혁 후에 소작제의 부활은 제도적으로 철저히 규제받았고 농가경제의 육성책이 적극적으로 추진되었기 때문이다. 한국과는 달리 일본과 대만에서는 외부에서 들어온 권력인 미군정과 국민당이 지주층의 영향을 받지 않고 농지개혁을 신속히 추진하였다.

Press, 1982). 독립 당시 한국·대만보다 부유했던 필리핀의 경제 성과가 좋은 않은 데에는 토지개혁의 실패로 유력 가문이 토지·공업·금융을 지배하여 경제성장정책의 일관된 추진이 어려웠던 점이 작용하였다. 남미에도 이런 나라가 많다.

18) 18세기 노비제의 해체와 1950년 남한의 농지개혁이 사회적·경제적 평등화를 통해 사회·정치·경제의 발전에 이바지하였음은 Stanley L. Engerman and Kenneth Sokoloff("Factor Endowments, Institutions, and Differential Paths of Growth Among New World Economies," *How Latin America Fell Behind*, Stanford University Press, 1997)의 연구 결론에 통한다.

19) 대런 애쓰모글루·제임스 A. 로빈슨 『국가는 왜 실패하는가』(*Why Nations Fail*) 최완규 옮김, 시공사, 2012는 포용적 경제제도의 개념과 그 경제적 성과를 설명한다.

4. 귀속기업체의 불하와 한국인 산업자본의 성장

(1) 귀속재산의 범위와 규모

귀속재산(歸屬財産)은 일본제국주의가 패망함에 따라 조선에 남기고 간 재산을 말한다. 조선인과 일본인의 합작회사인 경우 일본인 주식만이 귀속재산으로 간주되었다. 귀속재산은 농지·대지·잡종지·임야·기업체·주식·주택·점포·창고·선박·동산 등 다양하였는데, 그중에서도 공장·광산·은행·상점·음식점·여관 등은 귀속기업체로 분류될 수 있다. 1946년 귀속재산은 52억 달러로 국부의 80%에 달하며 남한 소재는 22.7억 달러로 조사되었다. 총독부 소유는 사회간접자본이, 민간 소유는 기업체가 중심을 이루었다. 1948년 남한 귀속재산의 가치는 당시 정부세출의 9배에 달하는 3,053억 원(圓)으로 추정되었는데, 1,812개 기업체의 가치가 그 2/3를 차지하였다.

1948년 남한에 본점을 가진 귀속기업체 5,538개를 조사한 바에 의하면, 절반 정도가 해체, 소멸하여 있었다. 해방 직후 원료난·전력난 등에 의한 공장 경영의 어려움, 일본인 재산의 양도·매각, 미군정의 소극적 정책 등으로 인하여 일본인 자본은 상당 부분 유실(流失)된 채 한민족에게로 귀속되었던 것이다. 각종 통계에 의하면, 1947~8년경 귀속공장수는 대략 1,500~2,000개, 종업원수는 10만 내외여서, 전체 공장의 1/4 정도, 전체 노동자의 1/2 정도, 총공산액의 1/3 정도를 차지하였다. 귀속공장의 수적 비중보다 노동자의 비중이 훨씬 높은 것은 그것이 민간 공장에 비해 규모가 컸기 때문이다. 은행 자본은 대부분 귀속주식이었다.

(2) 노동자의 자주관리운동

해방 직후부터 조선인 노동자는 일본인 기업체를 접수하여 자주적으로 관리하였다. 처음에는 일본인의 재산 매매를 저지하고 기업체의 해산에 따른 생계비의 지급을 요구하였다가, 이러한 소극적 대응에서 한 차원 더 나아가 공장을 지키고 운영하려는 자주관리운동을 전개하였다. 이것은 농민층이 일본인 농지를 접수, 관리한 것과 같은 맥락이었다. 자주관리운동에는 시설을 보존하고 가동하려는 동기가 현실적 배경을 이루었으나, 일본인 재산이 노동자를 착취한 소산이란 관념,[20] 그리고 조선건국준비위

20) "일본인 재산은 조선인의 근로를 착취한 것이라는 관념이 조선인측 종업원에 침투하자 일본인 기업재산의

원회·조선인민위원회 등 좌익 정치조직의 방침이라는 이념적 배경도 작용하였다.

자주관리운동은 해방 직후부터 활발히 전개되었는데, 1945년 11월에는 16개 산별 노조의 728개의 공장관리위원회(工場管理委員會)에서 8만 8,000명의 노동자가 참가하였다. 일제시대에 잠복해 있던 급진적 노동운동세력이 각 단위 사업장에서 적극적으로 활동을 전개하였다. 이 운동은 일본인 기업체의 접수로부터 시작하여, 친일적이라 판단되는 대자본가의 사업체까지 파급되었다. 자주관리운동은 크게 보아 노동조합이 중심적으로 관리위원회를 만든 것, 그리고 직원 또는 간부가 중심이 되는 것으로 유형화할 수 있다. 전자는 혁명적인 노동운동에 연계된 반자본주의적(反資本主義的) 성격 때문에 미군정과 정면 대립한다.[21] 후자는 자본주의 질서를 재건하는 성격이 강하여 미군정에게 수용될 수 있었다.

(3) 미군정에 의한 귀속재산의 접수와 관리

미군정은 자유시장의 원칙과 통제경제의 원칙을 상황에 따라 혼용하였으며 숱한 시행착오를 하였지만, 친미 국가와 자본주의체제를 수립하려는 일관된 방침을 견지하였다. 귀속재산도 그러한 방침에 따라 처리되었다. 미군정은 귀속재산을 처리하기에 앞서 국제적으로는 일본인의 소유권 주장, 국내적으로는 노동자의 자주관리운동이란 문제를 해결해야 하였다.

일본인은 재빨리 재산을 처분하거나 일본에 수송하기도 했는데, 처분하지 못한 기업체에 대해서는 매각, 포기, 존속, 공동경영 등의 방안을 강구하고 있었다. 일본은 헤이그협약의 사유재산 존중의 원칙과 일본제국주의의 문명시혜론(文明施惠論)을 근거로 하여 소유권을 주장하였다. 이에 대해 미국은 "외국 군대가 압제자로부터 해방하고 점령한 그 나라의 특이한 현상"이 있고 "일본의 잔재를 조선에서 일소하기 위하여" 헤이그협약을 적용할 수 없다고 응수하였다. 귀속재산의 처리는 대일 배상의 문제와 얽혀 있었는데, 이에 대한 미국측 입장은 다음과 같다.

접수, 주택의 침입, 퇴직수당과 기타 금전의 부당 요구, 일본인 기업간부에 대한 실력행사를 통한 인신구금 등의 사건이 빈발하고⋯⋯ 일본인 중 어떻게 해서든 조선에 잔류하려고 각오한 자도⋯⋯ 조선 체류는 불가능한 일이라고 단념할 수밖에 없었다."(『朝鮮終戰の記錄資料編』 I, 44쪽)

21) 마르크스의 『자본론(資本論)』에 의하면, 이상사회(理想社會)는 "공동의 생산수단으로 노동하고 자신들의 각종의 개인적 노동력을 하나의 사회적인 노동력으로 의식적으로 지출하는 자유인들의 연합"으로 이해되고 있다. 마르크스는 자주관리의 완전한 실현이란 공산주의사회, 즉 국가가 소멸한 사회에서나 가능한 일이고 그렇지 못한 단계에서는 무정부주의의 위험이 있으므로, 기업노동자의 이익과 사회 전체의 이익 사이의 갈등을 조정하기 위하여 자주관리운동은 제약받을 수밖에 없다고 보았다.

> 조선은 일본으로부터 배상을 받을 특별한 자격이 없다. 왜냐하면 대일 전쟁의 승리에서 조선은 아무런 특별한 공헌도 하지 않았기 때문이다. ……조선에 있는 일본인 재산 또는 그에 해당하는 가치는 미소공동위원회에 양도되어 맡겨질 것이다. 이는 일본 치하에서 조선인이 겪은 고통을 인정하기 때문이며 아울러 조선이 일본으로부터 경제적으로 독립하는 데 보탬이 되도록 하기 위해서이다. (미국 국무장관이 주영대사에게 보내는 지시문)

결국 연합국과 일본의 강화조약인 1951년의 샌프란시스코조약에서 일본인 재산의 몰수가 일본으로부터 추인받기는 하였지만, 한일국교정상화회담에서 일본측이 이 문제를 다시 거론하기도 했다.

미군정의 귀속재산 접수는 일제의 지배력을 타파하면서 남한을 미국의 영향력하에 두기 위한 목적도 있었지만, 동시에 자주관리운동에 대응하기 위한 것이기도 했다. 미군은 조선에 진주한 직후부터 조선은행, 경성전기 등 주요 산업을 접수하였고 점차 일본인 재산의 접수를 확대하였다. 미군정은 1945년 9월에 제정된 법령 2호에서 국·공유재산을 동결하였지만 일본인 사유재산에 대해 매매·양도를 허용하였다가, 동년 12월의 법령 33호를 통해 사유재산까지도 모두 미군정에 귀속시켰다. 이러한 조치는 일본인 재산에 대한 일본측의 요구뿐만 아니라 노동자나 농민의 자주관리를 부정하는 것이기도 했다. 미군정은 체제 내적 자주관리운동은 용인하여 위원장을 유임하기도 했으나, 반자본주의적인 운동은 부정하고 관리인을 파견하였다.

미군정의 자주관리운동 부정에 대해 노동자층은 저항하였지만 힘의 열세로 인해 결국 그 조치를 수용할 수밖에 없었다. 1946년 5월 조선피혁의 분규 해소에 대해 『전국노동자신문』은 '자주관리에 종지부를 찍다'라고 보도하였다. 노동자층은 미군정의 접수를 받아들인 후에 악덕 관리인에 대한 투쟁을 전개하였다. 당시 쟁의 원인 중에서 감독자의 배척이 임금 인상, 해고 반대 다음으로 큰 비중을 차지하였다. 노동운동의 에너지는 이후 1946년 9월의 총파업, 1947년 3월의 총파업, 1948년 2월의 총파업이라는 전국적 규모의 정치투쟁으로 나타났다. 이에 미군정은 조선노동조합 전국평의회를 불법화하고 그 조직을 무너트렸다.

미군정은 접수한 귀속재산의 관리업무를 총괄하기 위해 재산관리과(財産管理課)를 설치하였는데, 기업체의 실질적인 관리는 상무부 등에서 대행하였다. 처음에는 조선인과 미국인 두 부장이 귀속재산을 관장하였는데, 1947년에는 조선인 장관이 귀속기업체 운영을 책임지고 중요 사항에 대해 고문관의 동의를 받게 되었다. 귀속기업체는 중앙

표 10-15 운영 형태별 노동자수 및 공산액(1948년 말) (단위: 명, 천 圓)

구분	공장수	노동자수	공장당 노동자	공산액	공장당 공산액	노동자당 공산액
중앙직할	183	37,779	206	11,636,925	63,590	308
지방관리	639	25,563	40	6,790,732	10,627	266
私營	2,986	67,774	23	34,219,483	11,460	505
합계	3,808	131,116	34	52,647,139	13,825	402

출전: 김기원 『미군정기의 경제구조』 〈표 70〉과 〈표 71〉에서 작성.

직할기업체(中央直轄企業體)와 지방관할기업체(地方管轄企業體)로 나누어진다. 전자는 명실상부한 국영 기업이었다. 후자는 법률적으로는 국영 기업이지만 사실상 민간에 경영을 위임한 것이 많았다. 〈표 10-15〉에 의하면, 귀속공장 중에서도 규모가 큰 것은 중앙직할로 관리되었다.

미군정은 관리인(管理人)을 임명하여 귀속기업체를 경영하도록 하였다. 관리인이란 재산관리과가 승격한 관재처(管財處)에서 제정한 법령에 따라 감독을 받으면서 귀속사업체의 관리(재정과 운영) 책임을 위임받은 사람이었다. 일부 중요 기업체에는 미국인 감독관이 파견되어 직접 운영과 관리를 맡았지만, 점차 그 권한이 조선인에게 이양되었고, 특히 남조선 과도정부의 성립 이후 미국인 역할은 지도·감독하는 고문활동에 머물렀다. 중앙 관리기구에서의 조선인 장관의 권한 강화, 중요 기업체에 파견된 미국인 감독관 권한의 조선인에게로의 이양은 미군정기가 조선총독부 지배와 다른 역학관계를 가졌음을 보여준다.

관리인의 출신은 회사의 임직원, 주주, 관련 상인, 미군정 관리, 상공업자, 기술자, 일제시대 관리 등이었다. 미군정 관리뿐만 아니라 한국인 실력자도 관리인의 선정에 영향력을 행사하여, 기업관리 능력이 있는 인물보다는 "통역원의 좋은 소개가 있고 보증금을 제공하고 선물과 교제를 잘하는" 인물이 관리인으로 선정되기도 하였다. 직원과 주주는 사업체와 직접적인 연고를, 관련 상인은 간접적인 연고를 가졌지만, 나머지는 자금력·기술·정실에 의해 관리인의 자리를 차지하였다. 삼척시멘트공장의 경우 기업경영과 거리가 먼 관리가 연줄로 관리인이 되어 불하받았다가 경영난에 허덕이게 되었다.

〈표 10-15〉에 의하면, 귀속기업체는 사영(私營) 공장보다 대규모임에도 불구하고 노동생산성이 떨어졌다. 일제시대에는 일본인 공장이 조선인 공장보다 고도의 생산설

비를 갖추어 노동생산성이 훨씬 높았는데, 이렇게 역전된 중요한 원인으로서 일본인 공장이 일본의 설비·원자재, 그리고 일본인 경영·기술인력에 대한 의존도가 높기 때문에 자생력이 그만큼 약하였던 점을 들 수 있다. 그리고 관리인의 선정상 문제점, 미군정의 감독 소홀 등 때문에 관리인이 경영보다 귀속재산의 불법 처분에 열을 올리는 경우가 종종 있었다. 요컨대, 제국주의자본은 조선인 자본에 비해 민족적 생산력으로 전환하는 데에 애로가 컸던 것이다.

미군정과의 관리계약서로 보면, 관리인의 독자적인 권한은 별로 없고 관리계약의 주요 목적은 관리인의 범죄행위를 방지하는 데에 있었다는 느낌을 받는다. 그리고 귀속기업체를 불하하는 시점에 이르기까지 관리인은 빈번하게 교체되어, 1948년의 관리인 중 1/4만이 불하받았다. 그렇지만 관리인은 보증금을 납부하여 이익금의 일부를 취득하기도 하고 자기 자본을 투하하기도 하고 추후 불하과정에서 우선권을 행사할 수도 있다는 점에서 사실상 자본가적인 성격을 가졌다.

조선인 주주가 있는 주식회사에 대해서는 이사회제도(理事會制度)를 도입하여 미군정은 단지 일본인 주식의 주주로만 권한을 행사하였다. 나아가 주로 소기업을 대상으로 임차인제도(賃借人制度)를 도입하였다. 임차인이란 정부에 임대료를 지불한 다음 자기 명의로 경영을 하고 위험부담의 책임도 지는 존재이므로, 관리인과 불하인의 중간 단계의 성격을 가졌다. 대규모의 중앙직할 사업체는 거의 관리인을 두었으며, 임대사업체는 약 500개로 전체의 1/5 정도를 차지하였다.

(4) 미군정과 한국정부에 의한 귀속기업체의 불하

1947년 5월 미군정이 각 정당·사회단체 50여 개에게 귀속재산의 불하에 대한 의견을 물어본 결과, 조선상공회의소를 제외한 모든 단체는 불하에 반대하였다. 진보세력은 말할 나위도 없고 한국독립당도 계획경제제도를 표방하였을 뿐만 아니라 귀속재산의 불하가 친일파와 모리배를 살찌우는 결과를 초래한다고 우려하여 중요 산업의 국유화를 주장하였다. 한민당은 창당과 더불어 발표한 정책 세목에서 "광공업의 육성·확충을 위한 계획경제의 확립"을 표명하고 "대규모의 주요 공장 및 광산의 국영 내지 국가 관리"를 주장하였다. 그런데 내심으로는 "귀속재산의 불하에 의해 이득을 볼 것이기 때문"에 찬성하는 것으로 미군정은 파악하고 있었다. 단, 조선상공회의소(대한상공회의소의 전신)는 대형 사업체와 특수 사업체에 대해서는 임대차 관계를 맺어줄 것을, 중소사업체는 즉각 불하할 것을 요청하였다. 중요 산업의 국유화라는 당시 여론의 대세에 맞서, 미군정은 소규모 사업체의 매각이 한국인의 기업활동을 자극한다는 취지를 내세워 불하를 단행하였다.

미군정은 1946년 3월 일본인 소유였던 농지, 도시주택 및 소규모 사업체를 조선인에게 불하한다고 발표하였고, 1947년 3월의 법령에 의해 그 불하를 시작하였다. 관리인이나 임차인에게 적정 가격으로 매입할 수 있는 우선권을 부여하였는데, 이러한 연고자 우선권 규정은 정부수립 후의 귀속재산처리법에 계승되었다. 불하조건은 매각대금의 20% 이상을 계약 때에 납부하고 잔액을 연 7%의 이자로 10년간 분할상환하는 것이었다.

미군정기에 모두 26억 원에 해당하는 귀속재산 1,279건이 불하되었는데, 귀속기업체는 11억 원에 상당하는 239건이 불하되었다. 불하된 기업체는 대개 소규모여서 건수로는 귀속기업체 전체의 13~28%를 차지하나, 금액으로는 0.5%에 불과하였다. 미군정은 1948년 7월부터 집중적으로 불하하였는데, 이것은 민간 불하 방침을 대세로 굳히기 위한 것으로 보인다. 귀속농지는 미군정기에 농지개혁의 일환으로 대부분 분배되었지만, 귀속기업체의 압도적 다수와 은행은 정부수립 후에 불하되었다. 미군정기의 귀속기업체 불하는 양적으로 비중이 작았지만, 정부수립 이후 귀속기업체 불하의 원형을 제공하였다는 데에 그 일차적인 의의가 있다.

1948년 9월의 '한미(韓美) 재정 및 재산에 관한 협정'에 의해 귀속재산의 처리권은 한국정부에 이양되었다. 그 후 귀속재산처리법의 제정을 둘러싸고 정부안과 국회안이 대립하였다. 정부안은 관리인과 임차인에게, 국회안은 농지개혁에 의해 토지를 처분당할 지주에게 매수의 우선권을 주려는 것이었다. 한민당은 귀속재산의 처분에 관련된 의결권한을 국회에 부여하고자 시도하였으나, 성공하지 못하였다. 1950년 3월에 공포된 귀속재산처리법 시행령에서는 정부의 의도가 관철되어, 매수의 우선 순위를 임차인과 관리인, 해당 기업체의 주주, 사원, 조합원과 종업원, 농지개혁법에 의하여 토지를 매수당한 자로 정하였다. "기업체 운영에 있어서 노동자에게 이익을 균점(均霑)시키려는" 취지에서 종업원조합을 우선권자에 포함하자는 논의도 있었지만, 조선재산관리인연합회의 반대 등으로 인하여 종업원조합은 배제되고 단지 종업원만 들어가게 되었다.

1949년 12월에 통과된 귀속재산처리법에 의하면, 귀속기업체 중 헌법 제87조에 열거된 기업체 및 중요한 광산·제철소·기계공장 기타 공공성을 가진 기업체는 국영 또는 공영으로 하고, 그 밖의 중요한 재산도 국·공유로 하였다. 1951년 5월 모두 56개의 국·공영 기업체를 지정하였다. 제헌헌법은 경제의 자유와 재산권을 보장하였는데, 귀속기업체 불하의 결정은 그 이념에 입각하여 자본주의체제로의 길을 닦았다. 다른 한

편, 제헌헌법은 국민생활의 균등한 향상, 공공복리에 적합한 재산권의 행사, 그리고 사기업 근로자의 이익 균점권을 규정하였는데, 이러한 사회민주주의적 법이념과 계획경제를 선호한 당대 여론은 귀속기업체 불하의 범위를 제한하였던 것이다.

6·25전쟁을 겪으면서 좌익이 궤멸되는 가운데 반공자유주의 이념이 절대적인 힘을 발휘하게 되어 1952년 10월부터는 국·공유 광공업과 귀속은행의 불하가 검토, 요구되기에 이르렀다. 미국은 자유기업의 원리가 채택되지 않으면 원조를 제공하기 곤란하다며 압력을 가하였다. 그래서 정부는 1954년 1월 6차 개헌안을 제안하면서 "중요 자원, 중요 기업에 있어서 국유 내지 국영을 원칙으로 하는 체제는 일면으로 각자의 자유와 창의에 의한 사유 내지 사영(私營)의 길을 두절시킴으로써 이기심에 의한 자원개발의 촉진과 기업운영의 적극성·합리성을 상실케 하고 타면(他面)으로 기업운영 방법의 졸렬로 말미암아 생산력의 증가를 약화시키고 있다"고 규정하고, "경제활동에 있어서 국민 각자의 자유와 창의를 일층 더 존중, 앙양시킴으로써 생산력의 고도 증강과 국가경제의 발전을 기하려는 취지에서 중요 자원 및 자연력의 개발과 공공기업에 있어서의 사유 내지 사영의 비중을 현행 헌법보다 상대적으로 더 높이고 그 위에 사영 기업의 국·공유화 내지 그에 대한 국가의 통제·관리를 최소한으로 제한하"고자 했다. 6차 개헌안이 철회된 후에도 정부는 국·공유기업의 사영화를 추진하였고, 1954년 11월의 사사오입개헌(四捨五入改憲)에서 사영화되는 기업의 범위를 대폭 확대하였다. 이처럼 초기의 중요 산업 국·공유원칙은 1954년 개헌을 거쳐 자유사기업주의(自由私企業主義) 이념으로 대체되었다. 1953년 합동경제위원회는 귀속기업체의 신속한 불하를 위한 협약을 체결한 바 있었다. 그에 수반하여 몇 개의 기간산업을 제외한 전산업의 기업체가 불하되기에 이르렀고, 그 과정에서 시장경제의 기반은 한층 강화되었다. 더 넓은 시야로 보면, 제헌헌법의 사회민주주의 이념은 6·25전쟁을 거치면서 자유민주주의 이념으로 바뀌었다.[22)]

귀속재산처리법이 통과될 때까지는 불하 건수가 많지 않다가, 전쟁 중에 많은 건수가 불하되었다. 전시의 적자재정을 보충하기 위하여 귀속재산을 헐값에라도 불하해야 하였던 점, 귀속기업체의 민간 불하를 통하여 물자 생산을 촉진하여 전쟁 수행을 뒷받침하려는 점 등의 요인이 작용하였을 것이다. 1962년 말까지의 귀속재산 불하액 60억 원 중에 귀속기업체는 35%를 차지하였다. 1952년까지는 비교적 소규모의 기업체가

22) 사회민주주의 이념은 1987년 민주화 이후 다시 부활하면서, 헌법 제119조 2항에는 "국가는 균형 있는 국민경제의 성장 및 안정과 적정한 소득의 분배를 유지하고, 시장의 지배와 경제력의 남용을 방지하며, 경제주체간의 조화를 통한 경제의 민주화를 위하여 경제에 관한 규제와 조정을 할 수 있다"라는 규정이 들어갔다.

표 10-16 불하인의 출신 배경

구분	상업 기타 업체의 불하	광공업 불하
일제 말 기업가	2	94
일제 말 기업가·지주	3	14
일제 말 기업가·기술자	1	1
일제 말 기업가·관리인	4	53
일제 말 기업가·미군정기 기업주	2	21
일제 말 기업가·지주·관리인	1	3
일제 말 기업가·지주·미군정기 기업주		1
기술자		4
기술자·관리인	1	2
지주	2	21
지주·관리인		10
지주·미군정기 기업주		3
관리인	17	358
미군정기 기업주	9	96
합계	42	681

출전: 김기원 『미군정기의 경제구조』 〈표 81〉.

불하되었고, 중요 산업의 국·공유원칙이 후퇴한 1955년부터 대규모 사업체가 활발히 불하되었다. 1963년 5월 귀속재산 처리에 관한 특별조치법의 제정에 의해 귀속재산의 처리업무는 일단락되었다.

귀속기업체의 불하에서 우선권을 부여하였다고 해서 입찰도 하지 않은 것은 아니다. 단지 입찰 후에 우선권자가 최고액 입찰자가 아니라도 최고액 입찰가격으로 매수할 수 있는 자격을 우선적으로 부여받았던 것이다. 입찰가격이 부적당하면 수의계약(隨意契約)도 할 수 있었다. 대규모 기업체를 제외하고 우선 매수권이 주어졌는데, 귀속기업체 불하인 2,061명 중 우선권 인정이 73%에 달하였다. 대규모 사업체가 많은 중앙관할사업 294건 중에 우선권 부여 여부를 알 수 없는 것이 92%에 달한 것은 주목된다. 〈표 10-16〉에서 불하인 723명의 출신 배경을 보면, 관리인을 경험하였던 사람이 가장 많았고, 다음으로는 일제하 기업에 관여하던 사람과 미군정기의 기업주가 많았다. 김성두의 『재벌과 빈곤』(1965)에 의하면, 정부의 사정가격(査定價格)이 시장가격에 훨씬 못 미쳤는데, 불하가격은 사정가격의 평균 60% 정도였다. 게다가 격심한 인플레이션 가운데 장기 분할상환은 큰 특혜였다. 대기업체일수록, 그리고 불하가격이 높을수록

대체로 상환기간이 길었고 그만큼 많은 혜택을 입었다. 지가증권(地價證券)의 40% 정도가 귀속재산의 매수대금으로 사용되었는데, 신흥 유산층이 그것을 액면가격의 20~70%로 구입하여 불하대금을 납부할 수 있었다. 귀속기업체의 민간 불하는 신흥 자본가의 성장을 낳았던 것이다.

(5) 귀속기업체 불하의 의의

귀속기업체의 불하는 남한의 경제체제를 최종적으로 확정짓는 작업이었다. 노동자의 자주관리운동이 좌절되면서 사회주의적 체제는 부정당하였다. 국·공유기업체가 최소한의 범위로 축소되고 민간에 불하됨으로써 자유사기업주의 이념이 정착하고 시장경제의 기반이 강화되었다. 농지개혁에서와 마찬가지로 귀속기업체의 민간 불하 방침을 확정하는 데에도 미군정이 주도적인 역할을 하였다. 한국정부가 수립된 이후에도 미국은 원조의 제공을 배경으로 귀속기업체의 불하를 재촉함으로써 민간기업 중심의 자본주의 질서를 정착시키고자 했다.

귀속재산의 불하과정에서 정경유착(政經癒着) 현상이 나타나게 되었다. 미군정기부터 자산가층과 관료의 유착관계는 귀속재산의 처리과정에 영향을 미쳤는데, 정부수립 이후의 불하과정에서는 관료와 정치인의 개입이 확대되었다. 앞서 언급하였듯이, 귀속재산의 불하에 특혜를 수반하는 일이 많았는데, 5·16 직후 부정축재의 민원처리로 접수된 75건 중 귀속재산 불하에 관련된 것이 35건이었다. 정경유착은 원조물자의 배분과정에서 한층 심화하였다.

제국주의자본이 미군정기에 국가자본으로 접수, 관리되었다가 불하조치로 인하여 한국인 민간자본으로 전환하면서, 산업자본이 성장하고 오늘날 자본가층의 원류(源流)가 형성되었다. 해방 전후기 자본가층의 재편을 분석한 김기원(金基元)과 공제욱(孔提郁)의 연구를 살펴보자. 〈표 10-17〉에 의하면, 일제시대에는 상업, 금융업, 기타 회사의 임원이 광공업회사의 임원보다 많았다가 그것이 미군정기에는 역전되었다. 이것은 일제하에서 광공업부문으로 진출하기 힘들었던 자본이 해방 후 산업자본으로 전환하였음을 말해준다. 1950년대에도 상업, 금융업, 기타 회사의 자본가의 비중은 감소하고, 광공업 자본가의 비중은 증가하였다. 상인이 활발히 공업경영에 참여하였다. 예를 들면, 1938년부터 도매업에 종사하던 이양구(李洋球)는 전후 설탕 도매업에서 번 돈으로 1954년 삼양제당(三養製糖)공업주식회사를 설립하고, 나아가 불하된 귀속기업체로서 경영난에 허덕이던 풍국제과를 1955년에, 삼척시멘트공장을 56년 인수하여 사명을 동

표 10-17 한국인 유산계층의 구성과 그 변동

A. 일제 말 회사 임원(총 5,678):	(1) 상업·금융업·기타 회사 임원(3,397) (2) 광공업 회사 임원(1,805) (3) 농림업·수산업 회사 임원(476)
B. 일제 말 기술자(369)	
C. 일제 말 개인기업주(2,891)	
D. 일제 말 남조선 소재 대지주(1,274)	
E. 미군정기 관리인(총 1,838):	(1) 상업·금융업·기타 사업체(157) (2) 광공업 사업체(1,681)
F. 미군정기 자본가(총 4,200):	(1) 상업·금융업·기타 사업체(1,735) (2) 광공업 사업체(2,465)
G. 50년대 자본가(총 5,849):	(1) 상업·금융업·기타 사업체(927) (2) 광공업 사업체(4,922)
H. 불하인(총 1,918):	(1) 상업·금융업·기타 사업체(230) (2) 광공업 사업체(1,688)

출전: 김기원 『미군정기의 경제구조』 〈표 78〉.

양(東洋)으로 바꾸고 성과를 거두었으며, 59년 차관 도입 등으로 생산시설을 확충하여 대기업가로 도약하였다.[23] **2001년 동양그룹의 계열사인 동양제과는 오리온으로 개명하였다.** 기술자 출신의 상당수가 광공업 자본가로 전환하였지만, 순수한 지주로서 자본가로 전환한 자는 소수였다. 면방직공업에서는 상인이나 상급 기술자가 귀속기업체의 불하과정을 통하여, 아울러 미군정 관리나 미국 유학생이 관리인으로 임명됨으로써 산업자본가로 전환하였다.

조사된 미군정기의 자본가 4,000여 명(〈표 10-17〉의 F) 중 일제 말기에 회사 임원이나 개인기업주·기술자·지주임이 확인되는 인물은, 자료의 불완전성에 기인한 면도 있겠지만, 10%에도 못 미쳤다. 1956년도의 자본가(〈표 10-17〉의 G) 중 미군정 당시 관리인이거나 기업주임이 확인되는 인물은 전체의 13%에 지나지 않았다. 미군정기에 자산가층의 교체가 급격히 진행되면서 산업자본이 성장하였던 것이다.

정부수립 후에 대규모 귀속기업체의 특혜적인 불하는 민간 대자본의 형성을 위한 중요한 계기였다. 특히, 정부는 대규모 기업체의 지분을 분산시키지 않고 개인에게 불

23) 朴淳遠 「解放後 三陟시멘트工場의 再建過程: 1945~60」 『經濟史學』 17, 1993.

표 10-18 1950년대 주요 대기업체의 형성 기원 (단위: 개사, %)

구분		주요 대기업체	불하된 귀속기업체	국유화된 귀속기업체	일제시대에 조선인이 설립한 기업체	8·15 이후 신설된 기업체 및 미상
섬유공업	면방직	16	12	–	1	3
	생사제조	5	4	–	–	1
	모직, 견직, 인견	10	3	–	–	7
	기타 섬유	8	2	–	1	5
화학공업	고무공업	12	2	–	2	8
	기타 화학	8	3	–	1	4
금속공업 및 기계공업		10	4	4	1	1
음식료품 공업		9	3	–	–	6
비금속광물제품 제조(요업)		6	2	–	–	4
제재 및 목제품 공업		3	1	–	2	–
인쇄-출판업, 기타		2	–	–	–	2
총계		89(100)	36(40.4)	4(4.5)	8(9.0)	41(46.1)

출전: 공제욱 『1950년대 한국의 자본가 연구』 〈표 3-24〉.

하하는 방식을 취함으로써, 오늘날 경제력집중의 씨앗을 뿌렸다. 1950년대 말 종업원 300명 이상의 대기업 89개사의 성립 계기를 〈표 10-18〉에서 보면, 귀속기업체를 모태로 하는 것이 모두 40개사로 절반 가까이 되었다. 해방 후에 신설된 것도 그만큼 되었다. 특히, 면방직업에서는 귀속기업체가 대기업의 성장을 위한 주요한 기반이었다. 50년대 말 굴지의 대자본가 23명의 성장 요인을 고찰한 연구에 의하면, 귀속기업체의 불하가 대자본가로 성장하는 데 중요한 계기였던 사람은 10명이고, 타인에게 불하된 귀속기업체를 인수함으로써 대자본가로 등장한 사람이 3명이었다. 상인·자영업자, 회사 임원 등이 해방 이후 일본인 자본의 압박이 소멸하고 귀속기업체가 불하됨을 계기로 산업자본가로, 나아가 대자본가로 성장하였던 것이다.

〈표 10-19〉에 의하면, 1980년대 50대 재벌의 창업주 중 32명이 미군정기에 이미 자본가로 활동하고 있었다. 그중 21명의 창업주는, 그리고 대우를 제외한 모든 10대 재벌은 주력 기업을 창설하였다. 이 표로부터 미군정기 이후 상업자본 등이 산업자본으로, 나아가 재벌형 독점자본으로 성장하였음을 엿볼 수 있다. 이들은 1950·60년대의 원조, 차관, 무역 등 중요한 계기를 포착하고 국가 지원을 받음으로써 비로소 재벌로 성장할 수 있었다.

표 10-19 재벌창업주의 해방 전후 경제활동 변화

재벌명	일제 말의 활동	미군정 무렵의 활동상황
현대	미곡도매상, 자동차수리업	적산대지 불하–현대자동차공업사 설립, 현대토건사 설립
삼성	지주, 정미업, 무역업	적산양조장 경영, 삼성물산공사(무역업) 설립
LG	지주, 포목상	무역업, 낙희화학공업주식회사 설립
SK	선경직물 기계주임	선경직물 자치위원회 위원장
국제	정미업	정미업, 고무신공장 설립
한국화약	조선화약공판 직원	화약재고 처분, 조선화약공판 관리인
한진	자동차정비업, 군수품 공작창 직원	한진상사(운송업, 무역업) 설립
효성	지주, 정미업	삼성물산공사(무역업) 설립
쌍용	비누공장	비누공장, 금성방직 설립
대림	정미업, 목재상	대림산업 설립
두산	포목상	소화기린맥주 관리인
금호	미곡상, 포목상, 사법주임	광주여객 설립
삼미		삼성화학공업사 설립
기아	자동차부품업	자동차부품업
신동아	정미업, 양조업, 제분업	동광산업(무역업) 설립
동아	토건회사 십장	충남토건사 설립
삼환	경동기계제작소 영업직원	삼환기업공사 설립
동국제강	가마니 제조업	조선선제(못제조) 설립
한일합섬	포목상	직물도매상
삼호		미싱대리점
해태	영강제과 사무원	해태제과 설립
화승	정미업, 농기계상	동양고무 설립
동양시멘트	상업, 식량영단 직원	동양식품(도매상) 설립
대한전선	지주, 미곡상, 무역업	대한산업(무역업) 설립, 수원성냥공장 불하
동국무역		포목상, 동국직물 설립
삼양사	지주, 경성방직	경성방직
조선공사		극동해운 설립
태평양화학	잡화상	태평양화학공업사 설립
벽산	포목상, 금융조합 직원	적산철공소 관리인
대성	금융조합 이사	대성산업공사(연탄제조) 설립
동아제약	의약도매상	도매약품공사 설립
성창기업	상업	성창기업(합판제조) 설립

출전: 김기원 『미군정기의 경제구조』 〈표 76〉.
주: 일제 말의 활동을 적지 않은 것은 뚜렷한 경제활동이 없던 경우임.

귀속기업체의 처리방식은 대만이 중소기업 중심의 산업구조, 한국이 대기업 중심의 산업구조로 나아가는 경로의존적 계기로 작용하였다. 대만에서는 정부가 일본인 기업체를 대부분 직접 관리하여, 초기에 대규모 국영기업이 총공업생산의 과반을 차지하였다. 식민지기에 토착 중소기업이 한국보다 두터웠고 본토의 기업가들이 따라와서, 국민당정부는 특혜로 기업을 육성할 필요성을 느끼지 않았다. 게다가 정치 안정을 위해 물가 안정을 최우선 과제로 삼아 시장자율적 발전을 도모하였던 결과, 중소기업이 중추를 이루었다. 그에 반해 한국정부는 해체되는 지주층에 대신하여 허약한 자본가층을 육성하여 자본주의체제를 수호할 필요가 있었으므로, 귀속기업체를 전면적으로 불하하여 대기업 형성의 출발점을 이루었고, 이후 대기업을 육성하면서 시장에 개입하였다.

일본인 자본의 압박이 소멸하고 국민국가가 성립하여 한국인 자본가를 위해 국내시장을 방어함에 따라, 한국인 산업자본의 본격적인 성장을 위한 새로운 환경이 조성되었는데, 귀속기업은 그 중요한 기반이었다. 물론 귀속기업체와 무관한 중소자본이 활발한 동향을 보였고, 귀속기업체와 무관하게 대기업으로 성장한 사례도 많았던 만큼, 귀속기업체의 역할을 과대평가해서는 안 된다. 대자본은 1950년대부터 국가권력과 유착하면서 경제원조, 은행융자 등의 특혜적인 배정을 통하여 성장하였다. 귀속 면방직공장도 50년대에 민간에게 특혜적으로 불하된 후에 미국 원면(原棉)의 원조, 원조자금을 통한 기계류의 도입 및 정부의 특혜 대부에 힘입어 성장하였다.

5. 경제원조에 따른 경제의 안정과 성장

(1) 경제원조와 미국 영향력의 강화

해방 이후 당면한 주요 경제과제는 경제를 안정시키고 나아가 자력으로 지속적인 성장을 달성하는 일이었다. 그런데 파행적인 식민지경제의 유산으로 경제안정도 힘들었다. 근대경제성장은 물적·인적 자본의 결핍으로 더욱 험난한 일이었다. 소비재·원자재·생산재가 부족하였고 그 조달에 소요될 외환을 획득할 능력이 없었으며, 투자재원의 조달도 곤란하였다. 8·15부터 1950년대까지 부족한 물자와 투자재원은 주로 경제원조로 충당되었다.

미국의 원조정책은 다음의 네 단계로 나누어진다. 첫째, 제2차 세계대전이 끝난 1945년부터 유럽의 우방(友邦)을 지원하는 마셜 플랜이 성립된 1947년까지는 전쟁으로 황폐화된 국가에 대해 구제와 부흥을 위한 긴급원조가 주로 이루어졌다. 둘째, 냉전체제에 대응하기 위한 1947년 트루만 독트린 이후에는 원조를 통해 우방의 경제적 안정을 기함으로써 공산화를 막아 미국의 상품시장과 투자시장을 확대하는 것이 주목적이었다. 셋째, 6·25전쟁을 계기로 경제원조로부터 군사원조와 방위지원원조로 중점이 옮겨졌다. 1951년 상호안전보장법이 성립하고 그에 기초하여 MSA원조가 제공되었던 것이다. 초기에는 서유럽의 경제부흥을 지원하는 원조가 큰 비중을 차지하였지만, 6·25전쟁 후에는 인도, 한국 순으로 원조액이 많았다. 소련과 중국의 위협으로부터 자본주의 진영을 방위하는 인도와 한국의 전략적 가치가 고려된 것이다. 그리고 잉여농산물의 원조도 개시되었다. 넷째, 그 후 서유럽과 일본이 미국의 경쟁자로 부상하면서 미국의 국제수지가 악화되고 금 유출이 증대함에 따라, 1957년부터는 미국 원조정책의 재편과 전환이 모색되었다. MSA원조가 삭감되고 1957년 개발차관기금이 설치되었는데, 이것은 무상원조로부터 유상차관으로의 전환을 보여준다. 그리고 원조의 효율화와 관련하여 미국 상품 구매정책과 미국 선박 이용정책이 강조되었다. 유상의 개발차관기금은 1959년 동양시멘트의 시설을 확장할 목적으로 최초로 도입되었다.

한국에 대한 원조는 1974년까지 44억 달러에 달하였다. 6·25전쟁 이전에 제공된 10억여 달러의 원조는 산업의 위축에 따른 물자난을 해소하기 위한 긴급구호적인 성격을 가졌다. 최초로 제공된 GARIOA원조는 인플레이션의 수습과 민생 안정을 위한 것이어서, 〈표 10-20〉에 나타난 바와 같이, 식료품·의료품·직물 등의 소비재가 반을 차지하였고, 나머지는 기존 생산시설의 보수와 가동을 위한 것이었다. ECA원조에는 최종소비재의 비중이 작고 비료, 원면(原棉) 등의 비중이 컸다.

6·25전쟁으로 인해 남한의 사망자와 실종자는 약 90만 명에 달하였고 산업설비의 42~44%가 파괴되어, 1951년의 국내총생산은 1949년의 60%에 미치지 못한 것으로 추계된다. 게다가 전후 막대한 방위비의 부담을 안음에 따라 군사원조 및 방위지원형 경제원조가 급증하였다. 이러한 성격의 원조의 중심을 이룬 것이 상호안전보장법에 의한 ICA원조이다. 1961년까지 그 원조액은 17억여 달러에 달하였을 뿐만 아니라 시설재의 비중이 높았다. 1955년 한미간 잉여농산물협정이 체결됨에 따라 PL 480호에 의한 잉여농산물의 원조가 늘었다.

1961년까지 제공된 31억여 달러의 경제원조 중 계획원조는 19%에 불과하였다. 그

표 10-20 원조의 물자구성(1945~61년) (단위: 백만 달러, %)

구분	계	기술원조	시설재	공업원료용 농산물	기타 원자재	연료 및 비료	최종 소비재	기타
GARIOA	410 (100)	–	41 (10.0)	11 (2.7)	8 (2.0)	123 (30.0)	205 (50.0)	22 (5.3)
ECA & SEC	202 (100)	–	26 (13.0)	37 (18.3)	10 (5.0)	105 (52.2)	20 (10.0)	3 (1.5)
CRIK	457 (100)	–	27 (6.0)	41 (9.0)	9 (2.0)	78 (17.0)	260 (57.0)	41 (9.0)
UNKRA	122 (100)	8 (6.0)	85 (70.0)	12 (10.0)	–	–	11 (9.0)	6 (5.0)
ICA	1,745 (100)	30 (1.7)	524 (30.0)	297 (17.0)	279 (16.0)	506 (29.0)	35 (2.0)	75 (4.3)
PL 480	203 (100)	–	–	128 (63.0)	–	–	75 (37.0)	–
계	3,139 (100)	38 (1.2)	703 (22.4)	526 (16.8)	306 (9.7)	812 (25.9)	606 (19.3)	147 (4.7)

출전: 정일용「6·25동란 후 미국원조의 성격과 그 귀결」『한국경제론』까치, 1987 〈표 4〉.

래서 한국에 대한 경제원조는 명확한 정책방향을 결여한 임시방편적 대책이라는 비판을 받았다. 계획원조는 주로 시설재로 구성되어 교통·제조업·전력부문에 집중적으로 투입되었다. 비계획원조는 계획원조에 비해 시설재의 비중이 낮고 최종소비재의 비중이 높았다. 〈표 10-20〉에 의하면, 원조 물자는 연료·비료, 시설재, 최종소비재, 공업원료용 농산물의 순이어서 그 구성이 경제발전에 불리한 편은 아니었다. PL 480호 원조는 면화 등 공업원료용 농산물과 밀·보리 등의 소비용 곡물로 구성되어 있다. 이것은 농업에 큰 타격을 주었다. PL 480호에 의한 잉여농산물의 판매대금은 미국측이 관리하여 미국 농산물시장의 개척과 군사비 지원에 사용되었다. 공업용 원료의 높은 비중은 삼백(三白)산업(綿紡業·製粉業·製糖業) 등 소비재 가공산업의 비대화를 낳았다. 해방 후부터 1965년까지 미국인 전문가의 초빙, 한국인의 해외훈련을 위한 기술원조 등은 작은 비중에 비해 유용한 역할을 하였다. 그 밖에 군사원조는 도로·교량 등 시설의 건설, 기계·장치의 사용에 대한 훈련기회를 제공하였다.

미국의 원조는 8·15 직후 일본경제권으로부터의 분리와 남북분단에 따른 소비재와 공업 원자재의 부족을 메워 경제안정에 이바지하였다. 그것은 전쟁 후의 복구와 경제부흥에 크게 이바지하였다.

원조는 경제성장에 어떻게 기여하였는가. 1954~61년간 국내 총투자액 1,823억 원 중에 해외 저축은 68.7%를, 주로 무상원조에 의존한 순이전은 72.6%를 차지하였다. 높은 비중을 차지한 해외 저축은 거의 무상원조로 충당되었던 것이다. 당시 국내 저축은 감가상각을 충당하는 데에 급급하였고, 자본스톡의 증가는 거의 해외 저축에 의존하였다. 1953~61년간 수입총액 31억 달러 중에 공공원조에 의한 수입은 22억 달러로 71.6%를 차지하였다. 당시 상업적 수출은 미약하고, 유엔군에 대한 재화와 용역의 판매로부터 상당액의 외환수입(外換收入)이 발생하였다. 원조는 경제안정에 필요한 소비재, 농업에 필요한 비료, 그리고 공업화에 소요될 원자재와 생산수단을 도입하는 주된 수단이었다.

1953~62년간 국민총생산은 연평균 4.2%, 1인당 국민소득은 1.5% 증가하였는데, 그 중 원조의 기여분은 얼마나 될까. 1인당 GNP는 1953년에 67달러(1990년 불변가격으로는 757달러), 1962년에 91달러였다. 원조는 투자의 증가를 낳았는데, 원조 중에는 국내 저축을 대체하여 순전히 국내 소비만을 증가시키는 부분이 있다. 이러한 대체율을 50%로 가정하면 1인당 국민소득은 거의 정체한다.[24)]

남한의 과중한 국방비 부담은 원조에 의해 지탱되었다. 1950년대 전반에 국방비와 치안비는 총세출의 60% 정도, 후반에는 35% 정도를 차지하였다. 1957~60년 동안 정부 세입의 40~50% 정도가 원조로부터 연유하였으며, 1954~60년 동안 대충자금의 35%가 정부회계로 전출되어 국방비로 지출되었다. 달리 보면, 6·25전쟁과 미국 원조는 국방력을 강화하였다.

막대한 원조를 제공한 미국은 한국정부의 경제정책에 영향력을 행사할 수 있었다. 미국은 ECA원조의 제공을 배경으로 1948년 12월 한미원조협정을 체결하여, 정해진 원조액에 해당하는 각종 물자를 한·미 양측이 합의하여 도입하고 그 판매 대금을 재정자금으로 적립하여 사용하게 하였다. 이것이 대충자금(對充資金)제도이다. 이 제도를 통해 미국은 예산 균형, 통화와 신용의 통제, 외환·무역·환율의 통제 등을 권고할 수 있게 되었다. 1952년 5월의 마이어협정에서는 합동위원회의 설치와 운영을 통하여 전시 경제생활의 안정은 물론 전후 복구사업도 원조당국과 사전적인 협의·조정을 통하여 처리하기로 하였다. 1955년 연간 물가상승률이 25% 이상이면 공정(公定)환율을 그에 연동시켜 인상하기로 합의한 이후, 정부는 달러로 상환받은 유엔군 대여금을 늘리기 위해서도 물가 억제를 시급한 과제로 삼았다. 해방 전후 혼란과 6·25전쟁으로 인해

24) D. C. 콜 「外國援助와 韓國開發」『韓國 經濟 · 社會의 近代化』 205~7쪽.

표 10-21 국내총생산의 산업별 구성과 연평균 실질성장률 (단위: %)

구분		경상 국내 총생산액	농림어업	제조업		건설·전기 가스수도업	서비스업
					중화학공업		
구성비	1953	13억 달러	47.3	9.0	21.1	2.6	40.0
	1961	21억 달러	39.1	13.6	26.3	4.4	41.0
실질성장률	53~61	4.1	3.4	11.5	14.6	9.2	3.2

자료: 韓國銀行『國民所得計定』1984.
주: 중화학공업은 제조업에 대한 비중.

1943~55년 동안 매년 통화가 50% 이상의 증가율로 남발되었던 것이다. 1957년 합동위원회는 물가 안정과 공정환율의 유지를 위한 재정금융안정정책을 수립하여 통화팽창을 억제하고 세수를 증대하고 저곡가(低穀價)정책을 시행하였다. 이러한 긴축정책에 힘입어 1953년 이후의 고율 인플레이션은 57년 이후 진정되었다(부표 5). 한국정부가 원조자금을 이용한 경제개발을 원하였지만, 물가 안정과 국내 저축의 증대에 주력하라는 미국의 요구에 따른 것은 원조를 통한 영향력 때문이었다. 미국은 남한 사회의 안정에 우선적인 가치를 부여하였던 것이다.

〈표 10-21〉에 의하면, 1953~61년간 농림어업은 연평균 3.4% 성장하는 데 그쳤음에 반해, 제조업은 연평균 11.5%의 고성장을 이루었다. 그 결과 국민총생산에서 농림어업의 비중은 47%로부터 39%로 하락한 반면, 제조업은 9%로부터 14%로 증가하였다. 원조물자의 유통과 처분은 서비스업을 확장시켰다. 이하에서 원조가 각 산업에 미친 영향을 살펴보자.

(2) 원조와 농가경제

『한국의 장기통계』에 의하면, 1953~61년간 농축산업 생산은 2010년 가격으로 5.9조 원으로부터 8.3조 원으로 연평균 4% 이상 성장하였다. 그런데 낮은 수준에서 출발하여 1961년에도 농촌은 가난으로부터 벗어나지 못하였다.

비료의 원조는 농업에 유리하게, 농산물의 원조는 불리하게 작용하였다. 1945~61년간 농산물원조액은 총원조액의 28%에 해당하는 9억 달러에 달하였다. 미국측은 원조를 통해 잉여농산물을 처분할 수 있을 뿐만 아니라 그 판매 대금을 한국의 국방비로 충당할 수 있었다. 한국정부에게 그것은 재정수입원인 동시에 물가 안정의 수단이었

표 10-22 원면과 밀의 수급 추이 (단위: %)

연도	원면		밀	
	생산량(천 파운드)	생산량×100/소비량	생산량(톤)	생산량×100/소비량
1946	10,797	100.0	45,081	25.8
1952	2,016	7.9	60,150	61.5
1960	68	0.1	114,138	24.6

출전: 金洋和「1950年代 製造業大資本의 資本蓄積에 관한 硏究」 서울대 經濟學博士學位論文, 1990 〈표 II-1〉과 〈표 IV-1〉로부터 작성.

다. 미국의 강력한 물가 안정 요구에 부응하는 중요한 수단은 농산물의 대량 도입에 의한 저곡가(低穀價)의 유지였다. 그런데 잉여농산물 판매 대금의 평균 12% 정도만이 농수산업에 투자되었다.

농산물의 원조는 농가경영에 어떠한 영향을 미쳤던가. 원조 농산물은 밀을 중심으로 하는 곡물이 가장 많았고 그 다음이 원면 등의 공업용 원료였다. 면화와 밀의 대량 도입은 그 생산을 크게 위축시켰다. 국산 원면은 해방 전에 국내 면공업 원료의 50~80% 정도를 충당하였는데, 미국 원면의 도입으로 1953년경부터 면작의 수익성이 크게 악화되었다. 그 결과, 〈표 10-22〉에 의하면, 1960년에는 국내 소비량의 0.1%를 공급하는 데에 그쳤다. 밀 생산은 미국 원맥의 도입으로 인하여 정체하여 1956~60년간 국내소비량의 30% 전후에 머물렀다. 면화 생산이 절멸되고 밀 생산이 위축되자 농업경영은 미맥단작(米麥單作) 구조로 변하였다. 50년대 중엽 농업수입 중 쌀과 보리가 70% 내외를 차지할 정도로 양자에 대한 의존도가 높았다. 그런 가운데 밀 등 곡물의 대량 도입은 농가의 주된 소득원인 쌀과 보리의 수지를 악화시켰다. 재정수입에 치중하고 저곡가를 유지하려던 정부는 식량 부족분을 초과하여 잉여농산물을 도입하기도 하여, 곡물 가격이 하락하였다. 그로 인해 농산물과 공산물의 협상가격차가 확대되었다. 1952~8년 동안 비료의 가격은 쌀값에 비해 5.9배나 빨리 상승하였던 것이다. 농민이 받는 쌀값은 자가노동의 보수를 실현하지 못하는 형편이었다. 그 결과 50년대 말 농가 수입은 도시가구의 절반에 머물렀다.

〈표 10-23〉에 의하면, 농가 총수입 중에는 농업 수입이, 농업 수입 중에는 농작물 수입이, 농작물 수입 중에는 미곡이 높은 비중을 차지하였다. 농가 지출 면에서도 취약하여서, 1950년대 중반 농가 지출 중 농업 경영비는 10~20% 정도이고 농업 수입은 가계비를 겨우 메우는 정도였다. 50년대 말부터 농업 경영비의 지출 비중과 생계비 충족률

표 10-23 1950년대 농가경제 (단위: %)

구분		1954	1955	1956	1957	1958	1959	1960
구성비	농업 수입/총수입	87.8	88	84.7	80.9	75.1	75.5	75.9
	농작물 수입/총수입	82.5	84.6	81.7	79	67	66	56
	미곡/농작물 수입	68.8	67	66.2	64.8	56.7	56.6	54.9
상품화율	총상품화율	36.8	35	34.2	30.3	37.5	38.6	35.1
	농업 수입	27.8	29	26.5	25.5	29.8	30.4	25.5
	농작물 수입	25.4	27.5	25.5	24.2	30.2	31.1	31.5
	미곡	23	27.9	27.1	26.3	31.6	32.5	26.5
농업경영비/농가 지출		13.2		12.5		21		20
농업 수입/생계지출액		103	107	98	92	94	103	114
부채액/연간 농업 수입		2.7	2.5	8.7	9.5	15.2	16.5	15.7
엥겔지수		74	77	70	70	59	55	56

출전: 李明輝「1950年代 農家經濟 分析」『經濟史學』16, 1992 등에서 작성.

은 높아졌고 엥겔지수는 낮아졌던 것으로 보건대, 농가경영이 다소 호전되었다. 농가를 지원하는 금융정책이 결핍된 데다가 금융은 담보주의에 입각하여, 영세농은 주로 고리 대부에 의존하였다. 1956년에는 농가 부채의 8할이 사채이고, 과반이 연리 60% 이상의 고리였다. 당시 비료 구입 등 농사자금에 충당하기 위한 부채가 47%이고, 나머지는 식량 획득 또는 부채 상환에 충당되었다. 그래서 50년대에 농가 부채는 증가하는 추세였다. 이러한 배경에서 5·16 직후 농어촌고리채정리법(農漁村高利債整理法)이 제정되었다.

지가 상환과 임시토지수득세 등의 과중한 부담, 잉여농산물 원조와 저곡가, 그리고 고리대로 인해 영세농의 경영이 악화됨에 따라, 소작제가 재생하였다. 1960년 소작지의 비중이 11%, 소작에 종사하는 농가의 비중은 26%에 달하였다.

이러한 농촌경제 형편은 이 시기의 공업화에 어떠한 영향을 주었는가. 저곡가는 저임금을 뒷받침하였다. 농가경영의 악화는 농민을 도시로 몰아내는 압력으로 작용하여, 저임금 노동력의 원천이 되었다. 농업경영의 인센티브가 떨어진 상황에서 자본은 상공업으로 몰렸다.

농가의 낮은 구매력과 저축력은 1960년대 이후 대외지향적 성장전략의 길로 유도하였다. 농가경영이 적자의 늪에서 헤어나지 못할 정도로 농가소득은 낮았다. 일본의 식량·원료공급기지로서의 기능이 중단되자, 농촌의 상품경제는 퇴행하는 면이 있었다. 〈표 10-23〉에 의하면, 농가 수입 중에 최대의 비중을 차지하는 미곡의 상품화율은 일제시대보다 낮아져서 30% 내외에 불과하였다. 상품화율이 높은 면화의 생산이 절멸되고 국내 밀 생산도 위축되어 농업의 상품화율은 낮은 수준에 머물렀다. 인구의 압도적인 부분을 차지하는 농가의 저소득과 저상품화율은 공산물시장의 성장을 제약하였다. 농가의 저소득에 따른 낮은 저축률은 60년대 초 국내 자본의 조달에 애로로 작용하였다. 이런 상태에서 공업화를 강력히 추진하기 위해서는 수출시장과 외자(外資)에 크게 의존하지 않을 수 없었다. 또한 원자재의 과다 도입은 증산 의욕을 감퇴시킴으로써 해외의존성을 높였다. 1962년 제조업 원자재의 64%에 해당하는 112억 원어치가 수입에 의존하였다.

(3) 원조의존적 공업화

〈표 10-21〉은 원조가 제조업에 가장 큰 혜택을 주었음을 드러낸다. 1950년대 자본축적과 공업화의 주요한 계기는 경제원조였다. 첫째, 원자재 등 원조 물자의 특혜적인 배정은 기업 이윤의 중요한 원천이었다. 한국정부는 기초 소비재산업을 육성하여 국민경제의 안정을 기한다는 취지에서 원료를 실수요자(實需要者)에게 배정하였다. 그 결과 원면(原棉), 원맥(原麥) 등의 배정에서 무역상인이 배제되고 대한방직협회 회원인 면방기업이나 대한제분협회 회원인 제분기업만이 원료를 배정받을 자격을 획득하였다. 〈표 10-24〉에 나타난 바와 같이, 1960년까지 공정환율은 시장환율의 절반에도 못 미쳤으므로, 원조 물자를 공정환율로 배정하는 자체가 큰 특혜였다. 예를 들어, 1958년의 경우 원면 환율은 공정환율 500환에다 외환세 150환을 추가해서 650환에 결정되었는데, 당시의 자유시장환율은 대일 수출 달러의 경우 1,225환이었다.

둘째, 원조 물자의 판매 대금인 대충자금을 통한 재정투융자(財政投融資)는 자본축적에 기여하였다. 1953년 이후 본격화되는 재정투융자는 고정자본형성 중에 50~70%를 차지하였는데, 1953~60년간 재정투융자의 재원 중 대충자금의 비중은 69%에 달하였다. 그중 62%에 달하는 재정투자는 사회간접자본에 집중된 반면, 재정융자는 〈표 10-25〉에 의하면, 일반 산업과 수리사업에 집중되었다. 대충자금은 주로 산업은행을 통해 융자되었는데, 1957년 말에 산업은행의 일반산업자금은 연리(年利) 15% 이하였고 대충자금에 의한 융자는 3~8%였다. 사채는 연리 20~25% 수준이었다. 당시 금융제도에 대한 일반의 신인도(信認度)가 낮았고 금융자산보다 실물자산이 선호되어 금융기관은 저축의 동원과 배분의 기능을 제대로 수행하지 못하였으며, 소규모의 사금융시장은 단기 상업

표 10-24 원면 환율과 각종 대미 환율의 추이 (단위: 환)

연월	원면 환율	협정환율		자유시장환율			
		공정환율	대충자금 예치환율	일본 수출 달러	기타 지역 수출 달러	미국 달러	미군표
1952. 5	60	60	60	–	–	182.1	128.5
1953. 10	120	60	180	–	–	264	176
1954. 12	310	180	180	809	780	711	576
1955. 8	500	500	500	950	820	802	662
1956 평균	500	500	500	1,070	1,008	966	810
1957 평균	500	500	500	1,123	1,057	1,073	845
1958 평균	650	500	500	1,225	1,015	1,181	1,029
1959 평균	650	500	500	1,399	1,247	1,255	1,149
1960. 2	800	650	650	1,718	1,387	1,449	1,292
11	960	650	650	1,718	1,387	1,449	1,292
1961. 2	1,300	1,300	1,300	1,479	1,454	1,483	1,289

출전: 정일용 「6·25동란 후 미국원조의 성격과 그 귀결」 〈표 14〉.

표 10-25 재정융자의 배분 (단위: 천만 환)

회계연도	일반 산업자금	수리농사자금	중소기업자금	주택자금	수출진흥자금	합계
1953	500	–	–	–	–	500
1954	1,695	456	–	–	–	2,151
1955	2,029	1,160	–	100	–	3,289
1957	2,624	1,644	600	313	–	5,181
1958	3,192	2,204	50	370	–	5,816
1959	2,453	1,750	48	668	–	4,919
1960	1,480	1,227	122	210	130	3,169
누계	13,973 (55.8%)	8,441 (33.7%)	820 (3.3%)	1,661 (6.6%)	130 (0.5%)	25,025 (100%)

자료: 한국산업은행 『조사월보』 1964년 8월호, 20쪽.

자금 이상을 공급할 수 없었다. 이러한 상황에서 대충자금을 중심으로 하는 재정자금에 대한 금융기관의 의존도는 갈수록 높아갔고, 대충자금을 재원으로 하는 저리의 융자는 장기산업자금의 주된 공급원이었다.

셋째, 달러를 시장환율보다 훨씬 저렴한 공정환율로 배정받는 것도 특혜였다. 달러를 배당받기 위한 무역업자와 기업가의 노력은 치열하였고, 그 배당은 대통령의 재가를 거쳐야 했다. 1952년 12월부터 정부는 무역업자와 자본가에 대하여 특별외화대부(特別外貨貸付)를 개시하였는데, 그 주된 재원은 유엔군에 대한 한화(韓貨) 대여금을 달러로 상환받은 것과 중석(重石) 등의 수출로 획득한 외화였다. 이승만정부가 미국의 압력에도 불구하고 저환율정책(低換率政策)을 고수한 중요한 동기는 유엔군의 달러 상환금을 가능한 한 많이 받기 위해서였다. 정부는 외화를 기간 산업의 기계 수입이나 수출장려에 사용하고자 노력하였다.

원조 물자와 달러의 공정환율에 따른 배정, 그리고 저금리 융자는 엄청난 특혜였다. 이처럼 유통 등 생산외적 요인이 기업 이윤의 중요한 원천이라는 점에서 1950년대의 기업을 상업자본으로 규정하는 견해가 있다. 그런데 생산설비를 확보하여 공업활동을 수행함으로써 특혜를 부여받았던 점에서 산업자본으로 보아야 한다는 반론도 제기되었다.

산업자본으로 보아야 한다는 주장의 다른 논거는 장시간 노동과 저임금이 자본축적의 원천이라는 점이다. 잉여농산물 원조에 의한 저곡가(低穀價) 및 풍부한 유휴노동력은 저임금을 규정하였다. 면방업에서는 1950년대에 노동강도가 지속적으로 강화되었고 그러한 가운데 1일 2교대 11~12시간 노동이 관행화되었다. 거의 모든 소모방(梳毛紡)기업도 57년 하반기부터는 1일 2교대 11~12시간 노동을 시행하였다. 해방 후 노동운동이 탄압받는 과정에서 성립한 대한노총(大韓勞總)은 노동자의 권익을 옹호하지 못하였다.

6. 수입대체공업화의 진전과 대기업의 성장

원조를 매개로 하는 국가의 특혜적인 지원과 저임금 노동력에 힘입어 공업은 빠르게 성장하였다. 1953~61년간 제조업의 연평균 성장률은 11.5%여서 국제적으로도 높은 편이었다. 〈표 10-21〉에 의하면, 중화학공업이 경공업보다 빠르게 성장하여, 제조업 내의 비중이 1953년 21%로부터 1961년 26%로 상승하였다. 원조자금을 비료, 전력, 시멘트 등을 생산하는 중화학공업에 집중적으로 투입하였기 때문이다. 특히 원조받은 면화·밀·사탕의 가공업인 면공업·제분공업·제당공업이 발달하였는데, 그것을 삼백경기(三

표 10-26 제조업에서의 대기업의 비중(1958년) (단위: 개, 백만 원)

업종별	기업체수			부가가치		
	전체	대기업	구성비(%)	전체	대기업	구성비(%)
제조업 총계	12,971	115	0.9	157,794	52,085	33.0
식료품	1,473	8	0.5	15,178	3,854	25.4
제분	36	1	2.8	3,982	1,267	31.8
제당 및 정당	6	1	16.7	1,463	1,125	76.9
음료품	1,340	3	0.2	16,571	3,292	19.9
방직업	2,801	44	1.6	43,146	23,720	55.0
면방직	24	10	41.7	8,252	8,028	99.5
면직물	677	5	0.7	10,423	6,947	66.7
견·인견직물	1,158	11	0.9	7,333	1,388	18.9
모직물	31	5	16.1	6,834	5,312	77.7
고무제품	120	15	12.5	6,307	4,396	69.7
고무신류	41	12	29.3	4,518	3,714	82.2
유리 토석	1,008	11	1.1	13,425	7,550	56.2
시멘트	3	2	66.7	3,417	3,416	100

출전: 鄭允炯「經濟成長과 獨占資本」『韓國經濟의 展開過程』돌베개, 1981 〈표4〉.

白景氣)라고 한다. 당시 최대 공업인 면공업은 "시설은 귀속기업체의 불하로부터, 원료는 원조 원면으로부터, 그리고 기업자금은 대충자금으로부터" 받아 운영되었다.

〈표 10-26〉에 의하면, 1958년에 200명 이상을 고용한 대기업은 115개로 1만 2,971개의 제조업체 중 0.9%를 차지하였는데, 부가가치에서의 비중은 33%였다. 전쟁 후에 중소기업이 활발히 설립되었지만, 대기업의 시장집중은 상당히 진전하였음을 알 수 있다. 제조업 부가가치의 27%를 차지한 방직업 중에 대기업의 비중은 수적으로 1.6%에 불과하나 부가가치로는 55%에 달하였다. 〈표 10-27〉에 의하면, 50년대 후반부터 무역업과 금융업에 참여하고 섬유 등의 소비재공업화에 편승함으로써, 중요 업종에 걸쳐 계열기업을 거느린 대기업집단이 형성되고 있었으며, 재벌이란 말이 퍼졌다.[25] 아직 기업 전반이 허약한 가운데 대기업집단이 조숙하게 형성된 조건은 신속한 경제적 성과

25) "1953년 부산에서 삼성재벌의 주력기업인 제일제당이 설립되었다. 곧이어 제일모직, 럭키화학, 대한모방, 경남모직, 대한제분, 삼양제당, 그리고 숱한 제분·면방회사들이 일어섰다. 三星(李秉喆), 三護(鄭載護), 樂喜(具仁會), 大韓(薛卿東), 開豊(李庭林, 李會林), 東洋(李洋球), 金星(현 雙龍: 金成坤) 등은 바로 이때에 소비재산업에 편성하여 급성장한 당대의 신흥재벌들이다."(朴炳潤「韓國의 財閥-그 生態·金脈·人脈」『新東亞』1975. 12, 92쪽)

표 10-27 50년대 10대 대기업의 산업지배력과 축적 기반

기업명 (창립 연도)	계열기업 (1961년)	주요 산업	귀속재산 불하 여부	원조물자 배정 여부
삼성(1938)	13	무역, 식료품, 섬유, 금융	○	○
삼호(1950)	7	무역, 섬유, 금융	○	○
개풍(1949)	9	무역, 시멘트, 금융	×	○
대한(1946)	5	무역, 식료품, 섬유	○	○
럭키(1947)	4	무역, 화학	×	○
동양(1947)	4	시멘트, 식료품	○	○
극동(1947)	4	무역, 조선	○	○
한국유리(1954)	2	무역, 유리	×	○
동립(1949)	2	식료품	○	○
태창(1916)	2	무역, 섬유	○	○

출전: Seok Ki Kim, "Business Concentration and Government Policy: A Study of the Phenomenon of Business Group in Korea 1954-1985," Harvard Univ. Ph.D. Thesis, 1987, p. 57.

를 거두어야 하였던 박정희 대통령에게 공업화의 중심 주체를 중소기업이 아니라 대기업으로 설정하도록 유도하였다고 볼 수도 있다.

이처럼 기업 규모의 확대와 시장집중을 촉진한 요인이 무엇인가. 이병철, 구인회, 이양구 등 창업주의 기업가 역량뿐만 아니라 특혜도 작용하였다. 첫째, 대규모 귀속기업체가 지분을 분산하지 않은 채 특혜적으로 일괄 불하됨으로써 대자본의 현저한 소유집중이 초래되었음은 제4절에서 언급하였다. 둘째, 원조 물자의 배당방식을 들 수 있다. 원조받은 원자재가 시장을 거치지 않고 특혜적으로 생산능력 내지 시설능력에 따라 배정되고 설비의 조달을 위해 산업은행 자금의 저금리 융자가 이루어짐에 따라, 외국산 설비가 활발히 도입되어 산업설비가 빠르게 확장되었다. 면방공업의 정방기(精紡機)는 1953년 15만 7,809추로부터 1961년 46만 1,550추로 증가하였고, 소모방공업의 정방기는 1954년부터 설치되기 시작하여 1961년에는 5만 3,040추에 달하였고, 제분공업의 시설능력은 1954년 2,954배럴로부터 1959년 4만 7,721배럴로 증가하였다. 〈표 10-27〉에 의하면, 원조 물자의 배정과 귀속기업체의 불하는 50년대 대기업집단을 형성시킨 중요한 계기였다.

셋째, 이들 대자본은 정부의 특혜와 상호간 담합을 통하여 원료를 독점하였을 뿐만 아니라, 정부에 의한 외국산 제품의 단계적인 수입 금지 및 독과점적인 판매행위의 묵인에 힘입어 판매 독점도 실현하였다. 넷째, 금융의 편중 배분을 들 수 있다. 정부가

표 10-28 한국산업은행의 대출 잔액 추이 (단위: 천만 환, %)

연도	대출 잔액(구성비)			전금융기관에 대한 비중		
	합계	시설자금	운영자금	합계	시설자금	운영자금
1954	736	608(83)	128(17)	24.5	64.4	6.2
1955	2,751	2,438(89)	313(11)	42.0	84.4	8.6
1956	5,392	4,625(86)	767(14)	42.7	86.7	10.5
1957	9,209	7,849(85)	1,360(15)	45.7	92.4	11.7
1958	10,543	9,082(86)	1,461(14)	39.9	71.2	10.7
1959	14,133	12,337(87)	1,796(13)	43.8	71.9	11.9
1960	15,852	13,433(85)	2,419(15)	39.5	69.2	11.7

자료: 한국산업은행 『한국산업은행 30년사』 1984, 71쪽.

저금리로 일부 기업에 중점 융자하는 정책은 대자본을 성장시켰다. 〈표 10-28〉에 의하면, 산업은행은 장기저리의 시설자금을 공급하는 중추적인 역할을 맡았다. 산업은행 대출금은 전금융기관의 40% 내외를 차지하고, 그 80~90%는 시설자금에 투입되었다. 산업은행은 주요 대기업체 40개에 집중적으로 융자하였는데, 1961년 이들에 대한 평균 융자액은 11억 환에 달하였다. 1954년 귀속은행주가 불하된 이래 그 실소유주가 된 대자본은 민간은행을 사금고화(私金庫化)하여 대출비중을 높였다. 당시 15명의 대자본가가 7개 은행으로부터 받은 융자액은 1953년 말 3억 환으로부터 1960년 말 475억 환으로 증가하였고, 총융자액에 대한 비중은 3.8%로부터 16.9%로 증가하였다.

1950년대에 대기업체제나 독점자본주의가 성립하였다고 보기는 어렵다. 기업 규모가 가장 컸던 면방공업도 국제 수준을 감안하여 추산된 적정 규모에 크게 미달하였다. 국내적으로 자본 규모가 크더라도, 생산력적 내실은 빈약하였다. 원조 물자를 많이 배정받기 위해 외국산 설비가 도입되었지만, 그것에 부착된 최신 기술은 효과적으로 소화, 응용되지 못하였고 규모의 경제도 제대로 작동하지 않았다. 그 결과 면방(綿紡)이나 소모방(梳毛紡)의 대자본은 제2차 가공업인 메리야스공업·방모방공업·소모직물업을 생산력으로 압도하지 못하여서, 제2차 가공업은 대자본의 겸영생산 부분과 대항·경쟁할 수 있었던 것이다. 원료 독점은 정부의 '실수요자' 배정정책에 기인하였고, 판매 독점은 시장이 협소한 데다가 제조업의 층이 얇았고 정부가 수입을 규제하면서 독과점적 판매행위를 규제하지 않았기 때문에 가능하였다. 원료시장과 제품시장에서의 독점적 요소는 자본력과 생산력의 토대 위에서 성립한 것이 아니라, 오히려 산업자본이 충분히 발달하지 못한 상태에서 국가에 의한 특혜적 지원이 이루어졌기 때문에 성립한 것이다. 그런 점에서 "대외종속하 한국에서 공업화 초기에 성립한 독점적 요소를 지닌 특수한 형태의 산업자본이라고 규정"하는 견해가 있다.[26]

앞서 해방 직후에 중소공장의 설립이 공업 생산의 회복에 기여하였다고 지적한 바 있다. 6·25전쟁 후에도 중소공장이 활발히 설립되어, 〈표 10-26〉에 나타난 바와 같이, 1958년 그 수가 1만을 훨씬 넘었다. 그 구체적인 실태는 앞으로 구명되어야겠지만, 중소기업은 특혜적인 지원을 받은 대기업의 압박, 정책적 지원의 부족 등으로 인해 순조롭게 성장할 수 없었다. 1956년 중소기업육성대책요강이 나왔다. 〈표 10-25〉에 의하면, 1957년부터 중소기업에 재정융자가 할당되었으나, 소규모였다. 4·19 이후의 부정축재자처리법(不正蓄財者處理法)과 중소기업육성종합대책(中小企業育成綜合對策)은 이러한 배경에서 출현하였던 것이다.

8·15 이후의 자본주의가 식민지자본주의와 결정적으로 다른 점은 국민국가(國民國家)의 존재인데, 국민국가는 국내 상공업자의 이익을 대변하고 그들을 보호, 육성하였다. 이승만정부는 일본경제로부터 자립하기 위해 수입대체공업화를 추구하였다. 그래서 비료·시멘트·판유리 등 기초자재를 생산하는 공장의 건설을 추진하였다. 그리고 기초산업을 육성한다는 취지로 수입제한적이며 산업보호적인 조치를 다각적으로 강구하였다. 귀속기업체의 특혜적인 불하 및 원조 물자의 실수요자에 대한 특혜적인 지원은 공업 육성의 취지를 가지고 있었다. 외환가치가 과도하게 저평가된 상태에서 산업 보호를 위해 수입대체품목 수입의 금지와 양적 제한이 필요하였다. 최종소비재의 수입에 대하여는 높은 관세율을, 원료와 원자재의 수입에 대하여는 낮은 관세율을 부과하여 최종생산단계에서의 수입대체를 유도하였다. 외환가치를 저평가하여 원료와 원자재의 가격을 낮게 하였다. 외환을 제조업에 우선적으로 사용하게끔 통제하였다. 복수환율제도를 채택함으로써 자본재와 원료의 수입에 유리한 환율을, 최종소비재에는 불리한 환율을 적용하였다. 외자(外資)를 장기 저리로 대출하여 자본재 수입을 촉진하였다. 저리자금을 일부 기업에 집중적으로 융자하였다. 저미가정책을 통하여 실질임금의 상승 압력을 경감시켰다. 1956년에는 자본축적을 촉진하기 위한 세제개편(稅制改編)이 이루어져, 판유리·시멘트·카바이트·소금의 제조업은 상당한 혜택을 받았다. 이러한 보호육성책에 힘입어 1950년대에 제조업은 빠르게 성장하였고, 비내구소비재(非耐久消費財)와 그 제조에 사용되는 중간재의 수입대체가 진전하였다. 기계류, 내구소비

26) 金洋和「1950年代 製造業大資本의 資本蓄積에 관한 硏究」 250쪽.

재 및 그 제조에 사용되는 중간재의 수입대체에 역점을 두는 전략은 국내 시장의 협소함과 자본과 기술의 부족으로 인하여 추진되지 않았다.

보호와 지원에 의한 수입대체공업화정책은 일반적으로 부작용을 낳는다. 시장가격보다 훨씬 낮게 원조 물자와 외화와 금융자금을 배정함으로써, 그것을 가능한 한 많이 획득하려는 이권추구행위(利權追求行爲)가 성행하고 한정된 자원의 비효율적인 이용이 초래되고 경제적 조건에 의하지 않은 인위적인 독점이 형성되었다. 원조 물자와 대충자금의 특혜적이고 편중적인 배정은 정경유착을 조장하였고, 중소기업의 성장에 불리하게 작용하였다. 달러 공정환율의 저평가는 수입대체를 촉진하는 면이 있지만 수출을 억제하였으며, 기업은 수입 금지와 같은 보호에 안주하였다. 그래서 1958년까지 수출은 감소하는 추세였던 것이다(부표 7). 한국 사회의 만연한 부정부패를 지적한 팔리(H. D. Parly)의 보고서도 있다. 조선시대 관료 기강이 약한 전통은 부정부패를 조장하였지만, 관료·정치가·군주가 도덕성을 함양하여 사리사욕을 금하고 인민과 국가를 위해야 한다는 조선시대 정치윤리관은 귀속기업체의 불하와 원조물자·자금의 배정의 부정부패가 수입대체공업화를 망칠 정도로 과도해지지 않도록 억제한 힘이었다.

1950년대의 한국경제는 종속적인 체질을 탈피하지 못하였다. 앞서 언급한 바와 같이, 식민지유산과 남북분단 때문에 경제적 자립이 어려웠으므로, 경제원조에 의존하지 않을 수 없었다. 원조를 통하여 원자재를 조달받고 대충자금에 의존하여 기자재와 설비를 수입하여 기업이 가동되었다. 각종 부대시설이나 기자재는 국내 보유 외환자금으로 수입되기도 했다. 원조는 미국에서 제공하였고 공업 원료는 거의가 미국제품이었는데, 산업설비는 일본제와 서독제의 비중이 높았다. 이러한 종속성은 확대재생산되는 면을 가졌다. 원면과 원맥의 원조는 면화 생산을 궤멸시키고 밀 생산을 위축시켜 원료의 해외 의존성을 심화시켰다. 대충자금을 이용한 저리의 융자를 받아 외국 기계를 구입하면 시설능력에 의거하여 원조 물자를 특혜적으로 배정받을 수 있었기 때문에, 면방·소모방 등의 기계가 활발히 수입된 반면, 생산성이 떨어지나 저렴한 국산 기계의 생산은 위축되었다. 단, 제분기의 경우 50년대 말에도 국산품이 전체의 60% 정도를 차지하였다. 달리 보면, 이러한 종속성은 1958년 이후 원조가 격감하는 상황에서 대외지향적 정책을 불가피하게 만든 면이 있었다.

석유정제업(石油精製業)의 재편은 종속적 경제로부터 국민경제로의 전환과정을 보여준다.[27] 군수공업화의 일환으로 1935년 일본독점자본의 진출에 의해 조선석유주식

27) 金東昱「解放以後 歸屬事業體 處理過程에 관한 一硏究」『經濟史學』13, 1989.

회사(朝鮮石油株式會社)가 설립되었고 다음 해 원산에 정유공장을 건설하였다. 조선석유는 급성장하여 1938년 조선 내 판매량의 절반을 차지하였다. 1944년부터 원유의 수송거리를 단축하기 위해 울산공장을 건설하는 와중에서 해방을 맞이하였다. 미군정이 조선석유배급회사를 해체하고 석유배급대행회사(石油配給代行會社)를 설립하여, 미국자본이 석유의 생산·배급·통제를 맡았다. 정부수립 직후에는 조선인을 석유사업에 참여케 하라는 여론에 아랑곳하지 않고, 한미간 협정에 의해 미국자본에 의한 대한석유저장주식회사(大韓石油貯藏株式會社)가 설립되어 석유의 저장·배급·판매의 전권을 장악하였다. 그런데 제헌국회(制憲國會)는 석유와 같은 중요 물자를 국가 차원에서 통제해야 하며 경제자주권과 국제수지를 위해서는 석유정제업을 개발해야 한다는 취지의 건의안을 채택하고 울산의 미완성 공장을 완공할 것을 정부에 요구하였다. 49년 9월부터 울산공장의 재건공사가 시작되었는데, 대충자금이 미국의 통제하에 놓여 있었던 관계로 자금이 원활히 공급되지 못하였다. 1950년대 말에 재력가가 주주인 한국석유주식회사의 설립이 시도되었는데, 정부 보유의 500만 달러를 불하받아 자본금으로 충당하고 800만 달러의 외국 차관을 도입하여 공장 건설과 초기 운전을 위한 자금을 마련하기로 하였다. 그런데 외자도입에 따른 정치헌금의 문제로 4·19 이후 계획이 무산되었다. 민주당정부도 외자도입에 의한 민간 회사를 건립하려는 계획을 추진하였는데, 그러한 가운데 5·16을 맞이하였다. 군사정부는 1961년 국내 자금만으로 정유공장을 건설하여 국영으로 운영하기로 방침을 세웠으며, 62년에 대한석유공사(大韓石油公社)를 설립하고 국영 정유공장의 건설에 박차를 가하였다. 그런데 총소요자금 25억 원의 75%를 확보한 상태에서 63년 초부터 공사자금의 압박을 받았다. 그 타개책으로 외자의 도입을 추진하였는데, 걸프(Gulf)가 25%의 대한석유공사의 주식을 소유하고 2,000만 달러의 장기저리차관을 제공하게 되었다. 그 결과 대한석유저장주식회사의 3대 메이저가 석유제품 공급을 독점하던 체제가 1964년부터는 원유의 도입, 국내 정제(精製), 대한석유공사의 직판이라는 체제로 바뀌었다. 국민국가의 성립 이후에 국내 중요 산업을 국가나 국내 자본이 장악하려는 운동이 대두하였으며, 원조를 매개로 하는 미국의 영향력과 국내 자본의 부족이 그것을 굴절시켰음을 알 수 있다. 울산 정유공장은 65년부터 막대한 이익을 거두었다.

7. 1950년대 종속적 자본주의의 위기와 그 대응

1950년대에 한국인 자본이 경제를 담당하는 주체로 성장하고 수입대체공업화가 진전하였던 점에서 국민경제가 형성되고 있었다고 평가할 수 있다. 그런 점에서 50년대 한국경제는 성장의 동인을 내부적으로 장치하는 한 걸음을 걸었지만, 원조에 과도하게 의존하였다는 점에서 중대한 한계를 가졌다. 원자재의 원조와 생산설비의 수입은 국내적으로 사회적 분업의 전개와 시장의 확대를 제약하였다. 특히, 잉여농산물 원조는 인구의 압도적 다수를 차지하는 농민의 구매력을 정체시킨 반면, 원조 물자를 특혜적으로 배정받기 위한 설비의 확장 투자는 생산을 확대시켰다. 그 결과 1950년대 중반 이후에 면방·소모방·제분 등의 공업에서는 과잉생산의 문제가 나타났다. 그러한 가운데 57년을 정점으로 무상원조가 감소하고 유상차관으로 바뀌어감에 따라, 원조를 매개로 하는 경제 운용이 지장을 받았고 1959·60년간에 심각한 불황이 초래되었다. 총세입 중 대충자금의 비중이 감소하면서 조세부담률은 1957년 10.0%에서 1960년 16.5%로 높아졌다. 원조 물자의 배정이 감소한 데다가, 〈표 10-24〉에 나타난 바와 같이 1961년에 원면 환율이 대폭 인상되고 원면 인수자금의 융자도 폐지됨에 따라, 원조 물자에 의존한 기업은 직접적인 타격을 받았다. 1958년 이후 원조기업의 가동률이 급격히 하락하여 1961년 제당업은 26%, 제분업은 23%, 방직업은 49%였다. 그 결과 경제성장률도 1957년을 정점으로 하락하였다. 원조에 의존하지 않고서 경제의 안정과 성장을 이루는 일은 시급한 과제로 대두하였다.[28)]

이러한 원조경제의 위기에 기업은 어떻게 대응하였던가. 첫째, 1950년대 후반의 불황기에 생산성이 낮거나 자금력이 약한 기업이 도산하여 기업의 흡수·합병이 진행되었다. 면방공업을 예로 들면, 1955·6년간의 기업집중으로 인하여 기업수는 18개로부터 14개로 준 반면, 기업당 면정방기는 약 2만 추로부터 약 3만 추로 증가하였다. 둘째, 기업이 노후시설을 교체하거나 각종 부대시설을 설치하였으며, 외국 기술의 흡수·소화나 자체적인 기술개발을 위해 노력했다. 그 결과 노동생산성은 꾸준히 상승하였다. 셋째, 경영합리화의 일환으로 수직적 일관경영과 수평적 다각경영이 이루어졌다. 전자의 예를 들면, 면방공업에서는 방적부문과 연계되어 겸영직포부문이 활발히 전개되었고, 소모방공업에서는 염색부문과 반제(半製)원모 생산이 활발히 전개되었다. 제분업은 밀

28) 〈부표 1〉에서 정부가 추계한 초기 국내총생산과 1인당 소득은 과소평가되었고, 그래서 1950·60년대 경제성장률은 과대평가된 것으로 보인다. 그래서 원조경제 위기의 실상이 성장률로는 드러나지 않는다.

의 하역·운반·저장시설을 설치하였다. 후자는 주로 기존의 유휴시설을 전용하는 방식으로 전개되었다. 면방자본은 56년부터 인견사(人絹絲)의 일종인 스프사의 생산에 착수하여 58년 이후 국내 수요의 약 40%를 공급하였다. 61년부터 착수된 화섬사(化纖絲)와 소모혼방사(梳毛混紡絲)의 생산은 63년 소모방공업 총생산량의 절반 정도를 차지하였다. 이러한 것들은 수입대체의 역할을 하였다. 제분공업도 58년부터 유휴시설을 사료와 조미료의 생산에 전용하는 계획을 수립하였다.

넷째, 농가 구매력의 제약 등에 의해 1950년대 후반부터 국내 시장이 한계에 봉착하자, 수출을 위한 노력이 개시되었다. 특히, 원료, 설비 등을 무상원조가 아닌 유상차관에 의존함에 따라, 그 원리금 상환을 위해서도 수출이 강구되어야 하였다. 면방공업은 1955년 과잉생산의 조짐이 나타나 수출을 모색하여 56년 태창방직의 수출이 있었으나, 미국이 원조 원면을 이용한 수출을 불허하였다. 면공업은 59년부터 구매한 원면으로 제조한 면포를 수출하였으나 적자를 보았다. 소모방공업은 1961년 수출을 개시하여 63년 약 68만 달러의 실적을 올렸다. 그래서 1955년 이후 감소 추세이던 수출액은 59년 이후 증가 추세로 돌아섰다(부표 7). 미국이 수출에 충당되는 원료를 시장가격으로 구매할 것을 요구하여, 생산성이 낮아 수출에 적자를 보던 기업은 국내외 판매가격의 차별화와 정부 보조금으로 수출 결손을 부분적으로 보전하고 또한 경영합리화와 기술혁신을 모색하였다. 5·16 이후 업계의 노력과 그에 호응한 정부의 강화된 지원에 힘입어 수출은 급증하였다.[29)]

1950년대의 공업화는 60년대 공업화의 기반을 조성하는 측면이 있었다. 면방공업과 소모방공업의 수평적 다각경영은 화학섬유공업의 발달을 촉진하였다. 이것은 석유화학공업의 발흥을 위한 수요 기반을 제공하였다.

정부 차원에서는 어떠한 대응이 있었던가. 이승만정부는 적극적인 개발정책을 시행하지는 않았지만, 경제자립을 위한 정책을 추진하지 않은 것은 아니었다. 〈표 10-29〉에 나타난 바와 같이, 이승만정부는 몇 차례 경제개발계획을 수립하였다. 1948년 한미원조협정을 계기로 정부는 경제를 관장하는 기획처를 설치하고 1949년 산업부흥5개년계획과 5개년물동계획을 추진하였으나, 경제안정을 우선하는 미국과 견해가 다른 데다가 전쟁이 일어나 폐기되었다. 기획처는 원조국 미국에 대한 홍보용으로 급히 5개년계획을 1951년에 작성하고 1954년에 수정한 바 있다. 외국기관이 원조정책의 일환으로 1953년에 네이산계획, 그리고 1954년에 타스카계획을 작성하였는데, 한국정부는 그것

29) 서문석 「수출의 확대와 면방직업의 성장」 『역사비평』 122, 2018.

표 10-29 1950년대~60년대 초 경제개발계획

구분	네이산경제재건계획	타스카원조계획	경제부흥5개년계획
작성기관	Nathan 협회	Tasca 사절단	기획처
기 간	5개년(53. 4~57. 8)	3개년(54~56)	5개년(54~58)
성 격	자유기업체제의 유지와 재정신용정책에 의한 조정책	미원조계획의 지침	자유경제체제 및 정부의 간접적 조정
기본 목표	경제적 자립 효율적 자원의 활용과 경제안정책 추구	자립경제 달성 경제안정 무역수지 균형	경제적 자립의 확립
성 장 률	8.1%	–	–
총 투 자	19억 2,900만 달러	8억 8,300만 달러	–
주요 정책	건전한 시장가격기구의 부활 경제안정을 위한 통화재정신용정책; 근본적 제도 개편 단일환율의 현실화	엄격한 재정수지 균형의 유지 금융신용정책의 효율적 관리 합리적 물가 및 외환체계의 유지	사회공공투자에의 집중적 지원
구분	경제개발3개년계획	제1차 5개년경제개발계획(시안)	제1차 경제개발 5개년계획
작성기관	부흥부 산업개발위원회	건설부	경제기획원
기 간	3개년(60~62)	5개년(62~66)	5개년(62~66)
성 격	자유경제체제 존중 정부의 간접적 조정	지도받는 자본주의	지도받는 자본주의
기본 목표	생산력 증강과 국제수지의 개선을 통한 자립화의 기반 조성	공업화 기반 구축	사회경제적 악순환 시정 자립경제를 위한 기반 구축; 안정성장 추구
성 장 률	5.2%	6.1%	7.1%
총 투 자	643.1억 원(경상가격)	3,215.6억 원(경상)	3,214.5억 원
주요 정책	산업구조 근대화 사회기본시설 확충 경제안정정책 적극적 수출정책 신축적 재정안정계획 경제계획 상설기구 설치	에너지 공급원 확보 기초산업시설 확충 사회간접자본 충족 농어촌생산 증대 수출진흥책; 유휴자원 활용 혁신적 행정	에너지 공급 확보 농업생산성 증대 사회간접자본 충족 유휴자원의 활용 수출진흥책 기술진흥

출전: 金鎭炫·池東旭「韓國長期開發計劃의 內幕」『신동아』 1966년 9월호.

을 내용의 비현실성 등의 이유로 공식적으로 채택하지 않았다. 미국은 원조의존 상태를 벗어나기 위한 장기적이고 구체적인 플랜을 요구하였지만, 대개 1년을 단위로 제공된 원조에 의거하여 장기적인 경제계획을 수립하기 곤란하였다. 해방 후 각 금융기관이 전문기능을 상실하고 단기상업금융에 거의 국한하던 상황에서, 1954년 장기설비금융에 주력할 산업은행을 설립하여, 제조업을 육성하고 수입대체공업화를 지원하였다. 1955년에 기능을 제대로 못한 기획처를 부흥부(復興部)로 개칭하였으며, 1958년에는 외국에서 교육받은 젊은 학자로 구성된 부흥부의 산업개발위원회가 발족하였다.

1950년대에는 원조를 제공하는 미국이 경제안정을 우선적으로 요구하였기 때문에, 안정 위주의 정책기조가 관철되었다. 50년대 말 불황을 맞이하면서 경제안정정책이 성장잠재력을 저하시킨다는 비판이 대두하였고, 성장기조로의 정책 전환을 요구하는 주장이 본격적으로 제기되었다. 국내 구매력의 한계와 저축의 부진으로 인하여 경제성장이 촉진되지 못하여 50년대 말에 실업률은 높았고 농촌과잉인구는 넘쳐났다. 조사가 정확해진 1963년에 경제활동인구 823만 명 중 실업률은 8.1%였다. 무상원조의 감소는 투자재원을 지탱하는 중심적 축을 동요시켰고, 해외의 원자재와 자본재의 조달을 어렵게 만들었다. 이러한 상황에서 원조가 감소하더라도 지탱할 수 있는 경제적 자립, 그리고 실업과 농촌과잉인구를 해소할 수 있는 경제성장을 도모하는 적극적인 정책이 강구되어야 하였다. 원조 감소로 성장률이 낮아진 1959년경부터 미국도 점차 한국정부와 경제성장에 대한 관심을 공유하고 정책적으로 협력하기에 이르렀다.[30)]

그래서 산업개발위원회가 미국경제고문단의 협력을 얻어 작성한 경제개발3개년계획안이 국무회의를 통과하였지만, 곧 4·19를 맞이하였다. 전후 복구·재건안에 불과한 종전의 계획들과 달리, 이것은 자립경제의 기반 조성을 목표로 하는 사실상 최초의 경제계획이며 수출정책과 경제계획상설기구도 포함한 진전된 내용을 담았으나, 구체적 실행방안을 적극적으로 강구하지는 못하였다.

1950년대에도 수출육성책은 없지 않았다. 1949년부터 수입품목·수량의 허가제를 시행하였는데, 1951년에는 수출업자가 외환가득액(外換稼得額)의 일정 비율을 지정 품목의 수입에 사용할 수 있도록 허용하였다. 공정환율이 수출에 불리하여 수출환율을 높게 책정하였고 1950년부터 수출금융이 이루어졌다. 1955년 이후 수출 보조금 제도를 시행하였고 1956년 수립된 수출진흥5개년계획은 관세 혜택 등 진전된 정책을 담았다. 공업 생산성이 낮아서, 이런 불충분한 수출 지원은 성과를 거두지 못하였다. 그런데 무상원조가 감소하는 상황에서는 국제수지의 적자를 메우기 위한 수출진흥책은 절박한 시대적 요청이었다. 1959년 합동경제위원회 아래 수출진흥분과위원회가 설치되었고, 미국은 한국의 수출진흥정책을 지원하였다. 1959년부터 수출용 원자재·부분품의 수입

30) 박태균 『원형과 변용—한국 경제개발계획의 기원』 서울대학교출판부, 2007.

에 대한 관세가 면제되었다. 〈표 10-25〉에 의하면, 1960년 처음으로 재정융자 중에서 수출진흥기금으로서 13억 환이 지불되었다. 이승만의 자유당정부는 또한 경제개발에 필요한 외자도입을 의도하여, 1960년 1월 외자도입법(外資導入法)을 공포하였다.

자유당정부의 경제정책을 어떻게 평가해야 할까. 농지개혁과 귀속기업체 불하는 경제의 안정과 성장에 이바지하였다. 1950년대에 경제성장률이 낮은 편은 아니었지만, 대량의 원조에 의존한 한계를 가졌다. 자유당정부는 원조를 최대한 받아들여 국민생활을 안정시킨다는 목표에 치중하였는데, 파행적인 식민지경제 상태로 해방된 데다가 분단과 전쟁을 경험한 열악한 경제형편에서 우선적인 과제는 경제생활의 안정일 수밖에 없었다. 50년대에 물가가 안정되면서 수입대체공업화가 진전한 것은 60년대 고도성장의 기반을 닦았다고 평가할 수도 있다. 이러한 점을 감안하더라도 자유당정부는 투자와 수출의 촉진 등을 통해 원조가 줄더라도 성장할 수 있는 기반을 구축하려는 노력을 소홀히 하였다는 비판을 면하기 어렵다. 1953~60년간 해마다 수입 중 투자재가 14% 미만을 차지한 점, 그리고 1960년 처음으로 소액의 수출진흥기금의 재정융자가 이루어진 점을 보아도 그러하다. 환율과 은행금리의 왜곡으로 인하여 기업의 이권추구행위가 성행하였고, 기업의 혁신과 수출에 대한 자극이 제공되지 못하였다.

1950년대 종속적 자본주의의 위기는 사회적 차원에서의 대응을 낳았다. 1956년 민주당의 선거구호인 "못살겠다 갈아보자"가 그만큼 호소력을 가지게 된 것은 저곡가와 고리채에 따른 농촌의 피폐, 저임금과 실업 등에 의한 도시민의 생활난, 그와 대비되는 특혜와 부정을 통한 축재에 대한 불만, 그리고 원조의 격감에 따른 미래의 불안이 저변에 있었기 때문이다. 이것은 4·19혁명의 경제적 배경이 되었다. 물론 4·19의 직접적인 계기는 독재와 부정선거에 대한 저항이었지만, 그 밑바닥에는 경제적으로 부패하고 무능한 정권에 대한 불만이 깔려 있었다. 4·19 이후 '부정축재 환수', '악질재벌 타도' 등의 요구는 특혜와 부정을 척결하는 공정한 경제질서를 지향한 것이었다. 그리고 4·19를 통하여 미국의 간섭에 대한 비판과 통일에 대한 요구가 제기되었다. 국산품 애용운동으로서의 신생활운동, 국민경제의 자주적 운용을 제약하던 불평등조약의 폐지 주장 등은 원조에 의존하지 않고 그것을 매개로 하는 미국의 간섭을 받지 않는 자립경제를 지향함으로써 경제적 민족주의를 소박하게나마 표현한 것이다. 그런 점에서 4·19는 민족민주주의(民族民主主義)를 지향하였다고 평가받고 있다.[31)]

민주당정부는 출범 직후부터 경제제일주의(經濟第一主義)를 표방하여 경제정책을

31) 趙容範『後進國經濟論』(增補版) 博英社, 1979, 200~1쪽.

최우선과제로 삼았다. 원조와 차관의 도입에 외교적 노력을 기울였고, 국방비를 절감하여 재원을 확충하고자 했다. 환율·금리·공공요금을 현실화함으로써 이권 추구의 소지를 없애는 동시에 시장기구의 장점을 추구하였다. 원조를 제공하는 미국의 요구를 수용하여 1달러당 650환이던 공정환율을 1961년 2월까지 1,300환으로 올려 현실화하고 단일고정환율을 채택하였는데, 물가의 상승과 기업활동의 위축을 낳았다. 동시에 정부는 4·19에서 제기된 민족주의적 요구에 따라 마이어협정과 합동위원회를 폐기하였다. 정부는 부정축재를 탈세 문제로 국한, 처리하고 24명, 46개 기업체에 추징금과 벌과금 196억 환을 부과하였으나, 이 방침에 대처하기 위해 자본가층이 결성한 한국경제협의회의 공세에 밀려 최종 법안에서는 3·15부정선거를 위하여 집권당에 3,000만 환 이상을 제공, 조달한 자로 그 대상 범위를 축소하고, 결국은 현금 환수보다는 정부가 지정한 사업체에 강제 투자함으로써 벌과금을 상쇄하도록 하였다.[32] 1960년 12월 관민 합동의 종합경제회의를 개최하여 정책방안을 모색하였다. 대자본은 매판자본, 중소자본은 민족자본이라는 4·19에서 제기된 주장에 힘입어 1961년 3월 확정된 '중소기업 육성을 위한 종합대책'은 중소기업협동조합법과 중소기업경영합리화촉진법의 제정, 공동판매제도의 창설 등의 내용을 담았다. 이것은 종전에 단편적이던 중소기업 대책을 일관된 정책 목표로 종합한 점에서 의의를 가진다. 농어촌의 부흥을 위하여 임시토지수득세를 금납제로 환원하여 세율을 조정하고 영농자금을 방출하기로 하였다. 1961년 2월에는 수출 육성을 위한 금융지원제도의 골격을 갖춘 수출금융규정(輸出金融規定)을 제정하였고, 외환수요의 증가에 대응하여 외환의 전면집중제를 실시하였다. 종합경제회의로 각계의 의견을 수렴하고 미국과 의견 조율을 거쳐 5·16 직전에 완성된 5개년경제개발계획은 〈표 10-29〉의 군사정부의 건설부 시안과 거의 같았다. 그것은 이전의 계획과 달리 전략부문을 중점적으로 육성하는 등 구체적인 실행방안을 진전시켰다. 1961년을 '경제건설 출발의 해'로 정하여 3월부터 국토건설사업을 시행하여 일자리를 창출하고 수리·도로 등 사회간접자본을 확충하고자 하였다.[33]

민주당정부는 정치적 주도력이 약하였을 뿐만 아니라, 그 경제계획안과 중소기업·농업 육성책에는 여전히 적극적인 정책수단이 부족하였다. 그렇다 해도 9개월 만에 군사쿠데타로 무너진 민주당정부에 대하여 경제의 자립과 성장을 도모할 가망이 없

32) 한국경제협의회는 5·16 직후에 해체되었다가 곧 한국경제인협회란 이름으로 개건되었으며, 1968년에는 전국경제인연합회(全國經濟人聯合會)로 개칭하고 조직을 확대하였다. 5·16 직후에 국가정책을 수용하는 데에 그치던 이 조직은 점차 국가권력과의 공식적인 통로를 마련함에 따라, 정책에 조직적으로 영향력을 행사할 수 있게 되었다.
33) 김기승 「민주당 정권의 경제정책과 장면」 『韓國史學報』 7, 1999.

다고 단정하기는 곤란하다. 민주당정부는 경제개발을 위한 시대적 요구를 자유당정부보다 한층 구체화하였고, 군사정부는 민주당정부의 경제제일주의와 정책 내용을 대부분 계승하였다. 수출을 중시하는 경제제일주의의 방향은 정해졌고, 수출육성책이 효력을 발휘할 여건은 마련되고 있었다. 민주당정부가 존속하였다면, 박정희정부처럼 시행착오를 거치며 개발계획을 진전시켰을 것이다. 박정희정부만한 기획·추진력을 발휘하지 못한다면 6% 성장 목표를 달성하기 어렵겠지만, 그보다 낮은 성장률로 자력적 근대경제성장을 수행할 수 있었을 것이다.

참고문헌

공제욱 『1950년대 한국의 자본가 연구』 백산서당, 1993.
김기원 『미군정기의 경제구조』 푸른산, 1990.
金聖昊 외 『農地改革史硏究』 韓國農村經濟硏究院, 1989.
李大根 『韓國戰爭과 1950年代의 資本蓄積』 까치, 1987.
蔣尙煥 「農地改革過程에 관한 實證的 硏究」 『經濟史學』 8·9, 1984·1985.
洪性讚 『韓國近代社會의 變動과 地主層』 지식산업사, 1992.

제11장

고도성장과 근대산업국가의 확립 (1960년대~80년대)

11.1 고도성장기 산업사회의 확립과 민주화

(1) 자력적 성장 기반의 구축과 산업사회의 확립

매디슨(A. Maddison) 추계 등을 참조하면, 1990년 국제물가로 표시한 한반도의 1인당 생산(GDP)은 예수가 탄생한 서력 기원의 무렵 460달러 정도, 1900년경 600달러 정도였다. 1인당 최저생존비가 365달러이니, 석기시대부터 19세기까지 한국인의 소득 증가는 2배에 미달하였다. 산업혁명 이전 수만 년간 생활수준의 뚜렷한 변화를 없게 만든 맬서스 법칙은 거의 모든 국가에 관철되며, 서유럽의 소수 국가와 일본만 근세에 생활수준의 뚜렷한 향상을 이루었다. 1인당 생산이 정체하는 시대로부터 지속적으로 성장하는 시대로의 전환, 곧 근대경제성장은 20세기에 이루어졌다. 전시통제기 이전 일제시대의 경제성장률은 연평균 3% 정도이고 1인당 생산은 1910~40년간 650달러 정도로부터 1,200달러 정도로 증가한 것으로 추정되니, 근대경제성장이 시작하였다. 그런데 일본의 자본·기술·관리력이 성장의 주된 동력이었기 때문에, 해방 직후 심각한 경제적 후퇴가 초래되어 남한의 1946년 1인당 생산은 일제시대 정점인 1941년의 절반 정도, 그래서 1910년 수준으로 격감하였다. 1953~61년간 평균 경제성장률은 4% 내외로 보이는데, 경제원조가 없었더라면 그 절반 정도로 떨어졌을 것이다. 1961년에도 한국은 1인당 경상 국민소득은 85달러, 1990년 국제물가로는 1,100달러 정도에 불과한 매우 가난한 나라였다. 당시 산업설비가 낙후되어 있었고, 원조가 격감하는 상황에서 지속적 경제성장의 전망이 비관적으로 인식되었다.

이러한 상황을 극복하여 1963~96년간 연평균 8% 정도의 고도성장을 달성한 것은

그림 11-1 **20세기 1인당 생산의 추이**

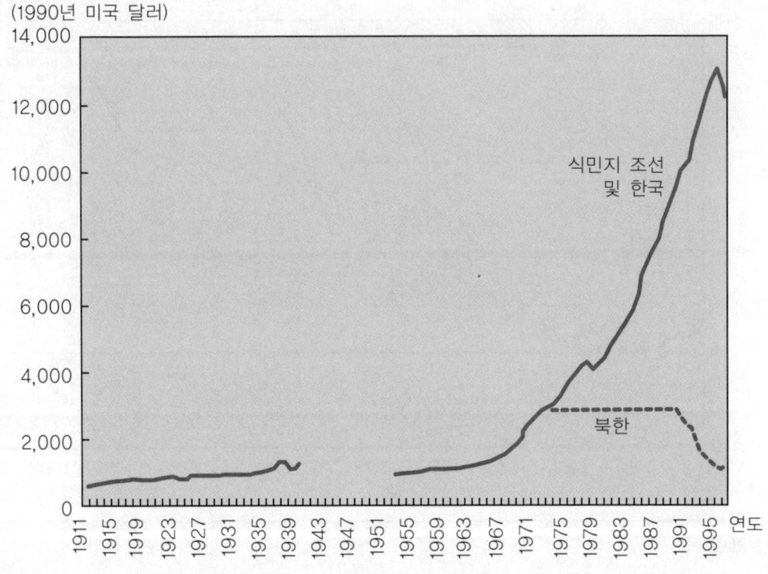

출전: 차명수「경제성장·소득분배·구조변화」『한국의 경제성장 1910-1942』, 서울대학교출판부, 2006, 318쪽.

놀라운 성취였다. 일본이 1957년부터 20년 가까이 구미 선진국의 2배 이상의 고도성장을 처음 성취하였고, 이어서 1961년부터 대만, 1963년부터 한국이 고도성장을 30년 정도 수행하였다. 1960~1년간에 3%를 넘던 인구증가율은 지속적으로 하락하여 71년부터 2% 이하로 떨어졌다가, 85년부터 1% 내외에 머물렀다. 그 결과 〈그림 11-1〉에 나타난 바와 같이, 고도성장기에 1인당 소득은 빠르게 상승하였다. 1인당 생산은 2000년에 1990년 국제물가를 기준으로 1만 4,379달러이니 20세기에 20배 이상 증가하였다. 1963~96년간 고도성장기에 1인당 생산이 12배 증가한 데에서 알 수 있듯이, 한국인 생활수준의 향상은 대부분 고도성장기에 실현되었던 것이다.

고도성장은 높은 투자율에 의해 실현되었는데, 〈그림 11-2〉는 투자 재원의 내부 충족도가 1960년대 이래 크게 향상하였음을 보여준다. 1950년대에는 원조를 통한 순이전이 투자 재원의 중심이었는데, 60년대 이후 원조가 급감하는 가운데 투자율이 빠르게 높아졌다. 60년대 이후 무상원조 대신에 유상차관이 투자 재원의 중요한 원천이 되었지만, 해외 저축의 비중은 감소 추세였으며, 1986~9년간은 국내 저축이 투자를 상회하였다. 그런 점에서 1960년대 자력적 근대경제성장, 달리 표현해 완전한 근대경제성장

그림 11-2 총저축률과 총투자율 및 원조의 비중

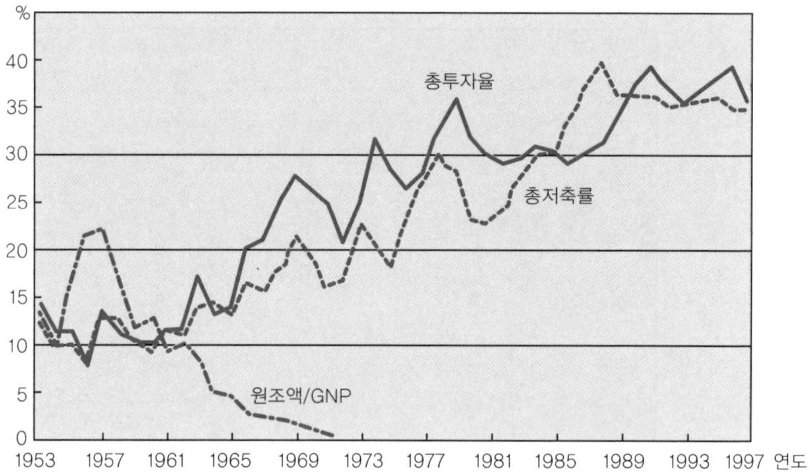

자료: 〈부표 2〉 등.

이 시작하였다. 자력적 성장이 이루어지면서 국민경제가 확립되었다고 하겠다. 원조에 대한 의존도를 급격히 낮추면서 고도성장을 지속한 1960·70년대를 자력적 성장의 제1국면, 외채(外債)의 늪으로부터 벗어나고 투자 재원을 국내 저축으로 채울 수 있게 된 1980년대 후반을 그 제2국면으로 파악한다. 한국에 대한 원조는 1972년 이후 미미해지고 82년 사라진 반면, 한국은 2002년 이후 공적개발원조를 갈수록 늘려 2018년 23.6억 달러였다.

고도성장을 개시하던 1963년에도 농림어업이 취업자의 63%, 국내총생산(GDP)의 43%를 차지한 반면, 제조업은 각각 8%, 15%를 차지하였다. 20세기 초부터 공업이 줄곧 가장 빠르게 성장하였지만, 해방과 분단 및 전쟁이 공업을 위축시킨 바도 있고 하여, 1960년대 전반에도 한국은 농경사회를 벗어나지 못한 상태였다. 고도성장을 지속하면서 산업구조가 급격히 고도화하여, 73년에는 농림어업 종사자가 취업자의 절반 이하로 줄고 78년부터 부가가치 생산에서 제조업이 농림어업을 능가하였다(부표 3). 1979년 OECD(경제협력개발기구) 보고서는 10개의 신흥공업국(新興工業國, NICs)을 선정한 가운데 한국을 포함하였다. 나카무라 사토루에 의하면, 한국은 1960·70년대의 발전으로 중진자본주의국(中進資本主義國)이 되었다. 중진자본주의국이란 자본재생산부문이나 첨단산업이 취약하여 선진국에 종속되어 있지만, 국민경제가 성립하고 자본주의적 관계

가 지배적인 나라이다.[1)]

1960·70년대 한국은 신흥공업국 내지 중진자본주의국으로 부상하였지만, 박정희 집권 말기에도 중화학공업의 경쟁력이 취약하고 외채의 늪으로부터 벗어나지 못하였다. 그런 점에서 한국인이 염원하던 자립적 근대산업국가의 확립이라는 과제는 중화학공업이 경쟁력을 확보하고 외채위기를 극복한 1980년대 후반에 완수되었다.

한국경제는 성장하면서 경기순환을 경험하였고, 구조적 모순이 폭발하면서 경제위기를 맞이하였고, 그러한 가운데 구조전환(構造轉換)의 계기를 마련하여왔다. 한국경제는 6·25전쟁 후부터 1998년까지 열 번의 단기 경기순환을 경험하였다. 이 단기 순환의 주기는 평균 4~5년으로 재고(在庫)의 조정 등과 관련되어 있다. 한국경제의 구조전환에서 중요한 의미를 가지는 것은 8~10년 주기의 중기 순환으로 일반적으로 설비투자의 순환과 관련을 가진다. 중기 순환에 의한 불황은 심각하였고, 그중 1950년대 말·60년대 초, 1979·80년간, 그리고 1997·8년간은 경제위기에 처하였다. 1959·60년간의 불황은 원조의존적 축적구조의 위기를 반영하였고, 그에 대한 기업·정부·사회 차원의 대응은 고도성장에 시동을 거는 개발체제(開發體制)를 성립시켰다. 앞으로 언급하겠지만, 1979·80년간 경제위기와 1997·8년간 경제위기는 국가주도적 개발체제의 문제점으로 야기되어 그것을 개혁하고 시장의 지배를 강화하는 계기로 작용하였다.

본서에서는 분단체제 아래 근대산업국가의 확립이라는 과제를 완수한 1980년대 후반에 한 시대의 막이 내렸으며, 경제선진화의 과제가 본격적으로 대두하고 지식정보화 시대가 도래하고 남북교류가 진전한 1990년대에 새로운 시대가 시작하였다고 파악한다.

(2) 박정희 집권기 개발체제의 성립과 변화

해방 후 남한경제는 자본주의체제(資本主義體制)로 규정할 수 있다. 자본주의는 이윤 추구의 민간 기업이 주도하는 시장경제체제이다. 개항으로 자본주의적 세계체제에 편입된 이래, 자원배분기구로서 시장의 중요성이 증대하고 근대적 산업이 성장하여왔던 것이다.

자본주의체제에는 다양한 유형이 존재한다. 1950년대의 경제체제는 식민지자본주의가 해체된 후 국민경제가 형성되는 과도기에서 나타난 형태였다. 박정희 집권기의 경제체제는 국가주도적(國家主導的)·대외지향적(對外指向的) 성장전략으로 고도성장을

1) 中村哲 著·安秉直 譯『世界資本主義와 移行의 理論』比峰出版社, 1991, 제1장 近代歷史像의 再檢討.

달성하면서 20년 가까이 존속하고 80년대 이래에도 뚜렷한 흔적을 남겼다는 점에서 독자성을 가진다.

박정희 집권기에 한국은 후발성(後發性)의 이점을 활용한 압축성장(壓縮成長)을 통해 신흥공업국으로 부상하였다. 후진국은 선진국이 오랜 기간에 걸쳐 많은 비용을 들이고 시행착오를 거쳐 발전시킨 기술과 제도를 단기간에 적은 비용으로 학습·흡수하는 후발성의 이점을 누릴 수 있는 것이다. 대외지향적 성장전략은 무역시장에서의 경쟁력 향상을 자극하여 외국의 자본과 기술의 원활한 도입을 낳으므로, 선진 경제와의 격차를 줄이는 압축성장의 실현에 유효하였다. 후진국으로서 압축성장을 수행하는 데에는 민간자본이 부족하고 시장의 조정기능이 약하였기 때문에, 국가가 기축이 되어 성장을 위한 제도적 환경을 마련하고 외자를 도입하고 금융을 배분하여 수출공업화와 수입대체공업화를 지원하였다. 국가가 시장의 불완전한 조정기능을 보완 내지 대체하면서 후발성의 이점을 활용하는 기축으로서 강력한 역할을 수행하였던 점에서, 박정희 집권기의 경제발전은 후발성의 이점을 활용한 공업화의 한 유형으로 이해할 수 있다.[2)]국제시장으로의 통합을 낳는 대외지향적 전략과 시장기능에 제한을 가하는 국가주도적 전략은 상충할 소지가 있는데, 박정희 집권기의 경제체제는 이 두 전략을 결합하여 강력히 추구한 특징을 가지는 점에서 '한국식 발전모형'이라고 불리기도 한다. 정부는 정책금융 등을 활용한 산업정책을 통해 수출산업과 중화학공업을 육성하였으며, 그 과정에서 다각적 기업집단인 재벌에 의한 경제력집중이 심화되었다.

한국의 역사적·문화적 유산도 경제의 특질에 영향을 미친다. 유학은 개항기에 학문적 주도력을 상실하였으나, 조선시대에 뿌리를 깊게 내린 유교 윤리는 20세기 말까지 한국인의 행동양식에 강한 영향을 미쳐왔다. 유교는 근대화를 추진한 동력이 되지는 못하였고, 19세기까지는 경제합리성의 부족, 기술 등 전문성의 경시(輕視), 사농공상(士農工商)의 차별적 직업관 등 부정적인 유산을 남겼다. 그러나 유교 문화와 관련을 가진 우리의 교육 중시 풍조와 강한 가족 유대는 근대 경제발전을 지원한 소중한 유산이었다. 유교는 결혼하여 자녀를 양육하고 부모에 효도하는 의식을 고취함으로써 경제적 성취동기를 양성하였다. 유교 윤리는 기업 조직목표와의 일체감, 정부정책에 대한 순응성과 관주도적(官主導的) 경제 운용, 경제활동에서의 인간관계 고려 등의 풍토를 조성하였다. 혈연과 종가(宗家)를 중시하는 전통은 재벌의 중앙집중식 족벌체제를 낳은

2) 후발성의 이점을 활용하고 체계적인 산업정책을 실시하여 급격한 성장과 구조전환을 이룩할 수 있다는 거센크론(A. Gerschenkron)의 가설은 19세기 유럽의 후발국보다 박정희 집권기 한국을 더욱 잘 설명한다(李濟民 「後發産業化의 歷史的 類型과 韓國의 經濟發展」『經濟史學』 26, 1999).

한 요인이었다. 그래서 유교자본주의 또는 아시아적 가치로 한국의 경제발전을 지원한 문화를 설명하기도 한다. 일제에 의한 식민지 지배의 통제적 성격도 경제 운용의 유산으로서 작용하였다. 한국의 역사적·문화적 유산은 후발성의 이점을 활용하는 전략을 수립함에 있어서 국가에 기축적인 지위를 부여하는 방향으로 작용하였다.

경제체제는 역사성을 가지고 있다. 자본주의체제 또는 시장경제가 장기지속적(長期持續的)이라면, 박정희 집권기의 개발체제는 그 한 국면을 이루는 단기적 범주인 것이다. 경제가 확대되고 복잡해지면 국가에 의한 통제와 조정의 비효율성이 커지는 반면, 경제발전은 시장의 조정 역량을 향상한다. 후발성 이점이 약화되면 그것을 대체할 새로운 성장 동인(動因)을 구해야 한다. 따라서 박정희 집권기의 개발체제를 통하여 달성한 경제성장은 그 체제의 적합성을 점차 약화시켰다.

1979년의 경제위기를 초래한 직접적 계기는 제2차 석유파동이지만, 그 근본 요인은 경제의 확대와 복잡화에 따라 적합성을 상실해간 국가주도적 개발전략의 비효율성이었다. 경제위기 가운데 79년 박정희 대통령의 사망은 그 개발전략을 수정하는 계기였다. 1980년대 후반 무역흑자의 실현과 외채의 감소는 대외지향적 성장전략의 성공을 확인하는 사건인 동시에 후발성의 이점을 더 이상 누리기 어려운 국면이 도래함을 암시하는 전조였다. 1990년대에 경기침체가 진행되면서 경제위기의 싹을 키웠는데, 그 기본 원인은 후발성의 이점과 국가주도성에 의존하지 않는 성장 동인의 구축에 성과를 거두지 못한 데에서 찾고 싶다. 1997·8년의 경제위기는 국가개입방식의 근본적 변혁을 요구하였다.

한국경제의 특질과 성과에 영향을 준 유교 윤리도 공업화와 도시화의 진전과 더불어 갈수록 희미해졌다. 2000년대에 제사 풍속이 약화되었으며, 매장 문화가 화장 문화로 급속히 대체되고 나아가 수목장(樹木葬)의 선호도가 높아졌다. 1994년 20%이던 화장률은 2015년 80%를 넘었고, 2019년 88%였다. 19세 이상 인구가 선호하는 장례 중 매장은 2011~9년간 17.2%에서 9.7%로 하락한 반면, 화장 후 자연장은 41.1%에서 46.4%로 상승하였다. 이것은 조선전기에 양반층에 보급되고 18·9세기에 상민층에까지 널리 확산된 유교의 핵심 문화인 가례(家禮)가 21세기에 들어와 사라지고 있음을 보여준다. 21세기에 들어와 심화된 저출산의 한 요인은 누구나 결혼해서 자녀를 낳아 가정을 꾸려야 한다는 유교문화가 사라지는 속도가 가정·직장에서 남녀차별적 문화가 해소되는 속도보다 빠른 점이 아닐까.

(3) 민주화와 경제성장

1960년 4·19뿐만 아니라 1961년 5·16의 경제사적 의미는 원조가 격감하는 1950년대 말부터 자력적 성장 기반을 마련해야 하는 도전에 직면한 시대적 상황과 결부하여 이해될 필요가 있다. 4·19혁명으로 성립하여 민주주의를 회복한 민주당정권은 경제적 후진성에 대한 극복책을 강구하는 가운데 5·16쿠데타를 맞이하였다. 5·16으로 탄생한 공화당정권은 '조국 근대화'를 통한 빈곤의 극복을 표방하면서 경제성장정책을 적극 추진하였고, 그러한 과정에서 민주주의를 후퇴시켰다. 박정희 집권기에는 정치적 민주화와 경제적 정의를 주요한 과제로 삼는 4·19 이념, 그리고 경제성장을 통한 빈곤과 경제적 후진성의 극복을 주요 과제로 삼는 5·16 명분이라는 두 축이 서로 대항하여왔다. 경제적 종속의 극복방안을 에워싸고도 이 두 축의 견해차가 나타났다. 대체로 보아 4·19 이념을 계승하는 노선에서는 국내 자본과 국내 시장을 주된 동력으로 하여 경제 자립을 달성하자고 주장하였고, 5·16 명분에 따르는 측에서는 외자 도입과 수출에 적극적이더라도 기술적 자립도가 높은 공업화로 자력적 성장기반을 구축하면 자립경제가 실현되는 것으로 보았다.[3)]

5·16 이후 권위주의 정부, 유신헌법 이후 독재정부가 성립하여 고도성장을 이룬 사실을 어떻게 설명해야 할까? 시장의 조정기능이 미숙하고 경제 규모가 작은 경제발전의 초기 국면에서는 국가주도력의 편익이 적지 않았기 때문에, 개발독재가 효력을 발휘할 수도 있었다. 박정희정부와 전두환정부가 경제 성과를 거둔 것은 엄밀히 말해 독재정부라기보다 강력한 정책추진력을 가진 경성(硬性)정부였기 때문인데, 정치발전이 낮은 단계에는 민주주의보다 권위주의 정부나 독재정부로 경성정부를 만들기 쉬웠다. 이러한 점은 민주당정부와 공화당정부의 대비를 통해서도 드러난다. 미약한 민간자본의 축적을 견인한다는 국가주도성은 독재와 인권 유린의 길을 닦았다. 가난하고 후진적인 상태에서는 그 극복을 위해 민주화의 희생을 감수하고 분배 형평화의 요구를 후로 미루어야 한다는 주장이 먹혀들 수 있었다.

그러면 민주화를 실현한 경제적 배경은 무엇인가? 생활수준의 향상과 더불어 경제성장을 위해서 정치적 자유를 희생해도 좋다는 주장은 갈수록 거세어지는 저항에 직면하였다. 경제 규모의 확대와 시장의 발전은 점차 국가주도성을 비능률적으로 만들었

3) 1963년 한일국교정상화를 추진하던 김종필은 서울대에 가서 '민족적 민주주의'와 '조국 근대화'라는 명분으로 5·16쿠데타를 정당화하였다. 4·19에서 드러난 민주주의와 민족주의의 요구를 계승하면서 대외지향적(對外指向的) 경제개발을 추구하려는 5·16 주체의 지향이 드러나 있다.

다. 임금 등 생산비의 상승과 선진국과의 기술격차의 축소로 인해 1980년대 이래 한국경제는 저임금 노동력을 무기로 하고 외국의 기술·자본재·부품에 의존하는 데에 머물면서 국제경쟁을 할 수 있는 단계로부터, 노동력의 질적 향상과 노사협조를 달성하지 않거나 기술개발력을 배양하지 않고서는 국제경쟁력을 확보할 수 없는 단계로 전환하였다. 대외지향적 전략에 따른 개방의 진전은 선진국 민주제의 지지층을 늘렸다. 경제가 성숙함에 따라 국가주도성과 노동통제의 존재 이유를 상실하게 된 개발독재체제는 87년 민주화투쟁으로 종말을 보았다. 박정희 대통령은 산업혁명을 거치지 못한 상태에서는 서양식 민주주의가 뿌리를 내릴 수 없다고 주장하였는데, 경제발전에 공헌함으로써 자신이 개발을 구실로 합리화한 독재를 부정하는 씨앗을 뿌렸던 것이다. 립세트(S. M. Lipset)는 생활·교육수준이 향상되면, 달리 말해 경제가 성장하여 중산층이 폭넓게 형성되면 민주주의가 진전된다고 주장하였다. 그의 가설은 한국사에도 적용되어, 고도성장기 경제발전은 1980년대 이후 민주화를 위한 탄탄한 기반을 조성하였다.

바로(R. J. Barro)는 세계적으로 생활수준의 향상이 민주화를 촉진하나 민주주의가 경제성장에 반드시 유리하지만은 않았다는 연구 결과를 발표하였는데,[4] 한국사에서도 민주주의와 경제성장의 상관성(相關性)은 단순하지 않았다. 고도성장을 이룬 1960년대는 권위주의 국가였지 독재국가는 아니었다. 1972년 성립한 유신독재 아래 경제 성과는 그 이전 박정희정부의 성과보다 높지 않았고, 자유당독재 아래 경제 성과는 좋지 않았다. 그렇다고 해서 4·19로 성립한 민주당정부나 1987년 민주화투쟁의 산물로서 성립한 정부의 경제적 성과가 좋은 것도 아니었다.

개발독재가 경제정책에 효율적이면, 이해관계집단의 영향을 크게 받는 민주국가보다 나은 성과를 거둘 수 있지만, 독재가 권력층 이권만 추구하거나 무능하면, 견제와 비판을 허용하지 않는 탓으로 민주국가보다 성과가 훨씬 나빠진다. 박정희와 전두환의 독재 아래 경제적 성과가 다른 독재국가보다 좋았던 이유는 어떻게 설명해야 할까? 첫째, 한국의 사회적 역량과 환경에 관련된다. 조선시대에 민본(民本) 이념 등 통치윤리가 발달하였다. 1919년 대한민국임시정부가 민주공화제를 채택한 이래 그것을 부정한 정치세력은 없었다. 제2차 세계대전 이후 독립한 많은 개발도상국이 처음에는 구미의 민주주의를 채택하였으나, 그것을 오래 유지하지는 못하였는데, 한국은 1950년대에 민주주의가 독재로 바뀌었으나, 일찍 1960년에 이미 혁명으로 독재권력을 타도한 경험을 가졌다. 1960년경 한국은 가난한 나라였지만, 교육 수준은 높은 편이었다. 이러한 정치

4) Robert J. Barro, "Democracy and Growth," *Journal of Economic Growth*, vol. 1, 1996; "Determinants of Democracy," *Journal of Political Economy*, 107(6), 1999.

적 유산과 사회적 역량으로 인해 한국에서는 독재자가 특정 집단에만 유리한 착취적 경제제도를 도입하기 어려웠다. 박정희와 전두환은 쿠데타와 독재의 보상으로 각각 경제개발과 경제안정에 힘썼다. 둘째, 북한의 위협이 한편으로는 독재의 명분으로 이용되었지만, 다른 한편으로는 체제 경쟁이 무능한 독재를 막는 여건으로 작용하였다. 셋째, 독재자의 자질도 개발독재의 성과에 큰 영향을 미친다. 박정희는 경제발전 비전에 입각한 기획력과 추진력을 가지고 현장 점검과 사후 평가를 중시하여 경제발전에 기여할 수 있었다. 전두환은 경제를 유능한 기술 관료에게 맡기고 정치적 압력으로부터 보호하여 경제적 성과를 거두었다. 넷째, 박정희와 전두환의 정책은 시장의 발전과 국제시장으로의 통합을 도모하였기 때문에, 독재에 대한 견제 효과를 낳고 자유의 신장을 유도하였다. 만약 수입대체화의 폐쇄경제라는 정책 방향이 설정되었더라면, 박정희와 같은 유능한 지도자에 의한 개발독재라도 그 편익이 비용을 능가하기 어려웠을 것이다.

한국의 개발독재는 경제발전을 낳아 정치민주화를 유도하였으나, 정부실패, 부정부패, 대화와 타협을 통한 사회통합력 성장의 제약 등과 같은 부작용을 낳아[5] 정치·경제·사회의 성숙을 제약하였다. 1987년 민주화 이후 경제적 성과가 이전 만하지 않은 것은 정부가 이해집단의 압력에 구애받게 된 점뿐만 아니라 노사불신, 대화와 타협을 통한 의사결정·집행 능력의 부족 등 독재의 후유증에 기인한 바도 있다. 민주화는 노무현정부까지 진전하다가 이후 진영 대립이 증폭하는 추세이다. 여전히 권력의 이권이 너무 큰 데다가 사회와 정치가 미성숙하기 때문이 아닐까. 1990년대 후반 이후 불평등 확대와 중산층 감소는 문재인정부의 정치에 영향을 미쳤다. 독재 후유증의 치유에 걸린 시기 이후의 성과는 개발독재의 역사적 평가에 영향을 미칠 것이다.

2. 국가주도하 대외지향적 성장전략의 추진

(1) 경제적 형평과 민족주의의 과제에 대한 군사정부의 대응

5·16 군사정부는 4·19로 이룩한 민주주의를 후퇴시켰지만, 집권 초에는 경제적 형

5) 영화배우로서 정계에 몸담은 적도 있던 신성일은 1978년 용산·마포 지역의 공화당 국회의원 후보를 지원하면서 "선거 이틀 전, 두 시간 동안 6개 동을 돌면서 현금 3억 원을 전달하였다"고 하며, "공화당 말기의 선거는 썩을 대로 썩었다"고 회상하였다(『중앙일보』 2011. 10. 13). 절대 권력은 절대로 부패하기 마련이다.

평(衡平)과 균형발전의 과제라 할 수 있는 부정축재(不正蓄財)의 처리 및 중소기업과 농업의 육성을 위해 노력하였다. 부정축재자의 처리 방침은 계속 완화되어, 1961년 확정된 부정축재액 726억 환의 5.8%를 64년에 환수하는 데에 그쳤고, 그것도 정부의 계획사업으로 선정된 부문의 공장을 건설하여 그 주식을 정부에 납부하도록 했다. 제1차 경제개발계획에서 정부가 건설하고자 했던 기간시설을 부정축재에 연루된 민간 대자본에 맡겼던 것이다. 일반은행의 경우 부정축재자가 소유한 주식을 전면 환수하는 동시에 민간 주주의 의결권을 10% 이내로 제한함으로써 사실상 국영화하였다. 일반은행의 국영화는 국가주도의 자본축적을, 부정축재자의 산업 투자 유도는 국가적 지원 아래 대자본의 성장을 예고하는 것이었다. 부정축재에 연루된 자본의 이러한 처리방식은 단기적으로는 관(官)·민(民) 협조를 촉진하는 긍정적 효과를 낳았겠지만, 장기적으로는 법의 엄정한 집행을 통한 관·민간 투명한 관계의 설정을 저해한 부정적인 유산으로 남았다.

민주당정부의 중소기업 대책은 효과적인 금융지원책을 담지 않았지만, 군사정부는 5·16 직후에 중소기업은행의 설립과 그것을 통한 자금 방출이라는 진전된 조치를 시행하였다. 그리고 대기업의 시장 침투와 외래품의 국내 시장 범람으로부터 중소기업을 보호해주는 법적 조치를 취하였으며, 중소기업을 수출산업으로 육성하기 위한 지원책을 마련하였다. 그러나 부정축재의 처리 방침이 변질되면서 대자본에게 특혜적인 지원이 집중됨에 따라, 중소기업 육성책은 실효를 거두지 못하였다.

군사정부는 5·16 직후에 금융조합의 후신인 농업은행과 농업협동조합을 농업협동조합중앙회(農業協同組合中央會)로 통합함으로써 농업부문의 금융·판매기구를 재조직하였다. 1961년의 농어촌고리채정리법(農漁村高利債整理法)에서는 연리 20% 이상을 고리채로 간주하여 채권자에게 연리 20%의 농업금융채권(農業金融債券)을 교부하고 그 중 8%를 정부가 지원하였다. 당시 농가의 사채 1,000억 환 중 절반 정도가 신고되어 294억 환이 고리채로 판정받았다. 개항 전부터 유래하는 계를 통한 대부와 농민 상호간 현물 대부가 당시까지 활발하였다. 이 사업을 통해 사(私)금융이 축소되지는 않았으나, 농협을 통한 농업금융의 조직화가 진전되었다. 61년의 농산물가격유지법(農産物價格維持法)은 정부 수매, 담보 융자, 수출 장려와 보조금을 통해 농산물가격을 적정 수준에 유지할 것을 목적으로 하였다. 그 결과 1960년대에는 정부수매곡가(政府收買穀價)가 평균생산비에 접근하였다는 점에서 50년대와 양상이 달랐다. 식량의 자급을 위한 증산정책이 추진되어, 경지가 확대되고 식량의 자급도가 증대되었다. 제1차 경제개발계획의 중점 목표의 하나는 "농업생산력의 증대에 의한 농업소득의 상승과 국민경제의 구조적 불균형의 시정"이었다. 농업구조의 개선을 위해 62년 농업구조정책심의위원회가 설치되고 협업농장이 시범적으로 운영되기도 했지만 성과를 거두지 못하였고, 65년 자립안정농가 조성사업으로서 5~10단보의 중농층 1만여 호에 자금을 지원하기도 했다. 5·16 이후의 농업육성책은 이전보다 진전하였지만, 경제개발계획은 투자효율이 높고 다른 산업에 대한 파급 효과가 큰 선도(先導)산업인 공업에 부족한 투자재원을 집중한 점에서 처음부터 농공불균형성장전략을 지향하였다.

군사정부는 처음 경제개발계획(經濟開發計劃)을 실행하였다. 경제개발계획은 민간자본의 축적과 시장의 조정기능이 미숙한 상황에서 국가가 주도하여 근대적 성장 동인을 구축함으로써 지속적 성장을 달성하기 위한 것이었다. 최초의 경제개발계획은 경제적 민족주의를 반영하여 내자(內資)와 내수(內需)를 동원한 자립경제의 달성을 중시하였다. 경제적 민족주의의 과제는 경제적 형평의 과제와 무관하지 않다. 중소기업의 육성은 자립적 공업화를 지원하고, 농촌의 육성은 식량 자급과 내수시장 확대를 낳고 부정축재자금의 환수는 내자 동원의 목적을 가졌다. 그런데 이러한 시책이 조속한 성과를 거둘 전망을 보이지 않자, 공화당정권은 대외지향적 성장전략으로 수정하였다. 그에 대응하여 농공불균형성장전략이 전면에 나오고, 대자본이 경제발전의 주역으로 부상하였다.

1980년대 후반의 대호황으로 외채 문제가 해소되기 전까지 학계에서는 대외지향적 전략, 성장지상주의 및 농공불균형성장전략에 대한 비판이 강하였다. 그 요지는 외향적(外向的) 성장전략이 국내 잉여의 해외 유출을 낳고 나아가 경제적 종속 상태에 빠지게 하므로, 내자를 동원하여 수입대체공업화를 추진해야 한다는 것이다. 그리고 성장지상주의가 초래할 분배의 불평등에 대한 우려가 컸다. 그런데 장기간 고도성장은 박정희정부의 정책 방향이 기본적으로 타당하였음을 보여준다. 1950년대 저소득의 작은 국가가 내자를 동원한 수입대체공업화로 성과를 거두기는 어려웠을 것이다. 그것은 오히려 외부적 자극을 배제함으로써 후발성의 이점을 누리기 어려울 뿐만 아니라 국내시장을 장악하기 위한 이권추구행위를 조장할 우려를 가진다. 수출을 증진하기 위해서 국제적 수준의 상품을 만들려고 노력해야 하였고, 그러한 가운데 선진적인 제도와 기술을 효과적으로 흡수할 수 있었다. 공업을 우선적으로 발전시키는 전략은 농업발전을 위한 유리한 환경을 조성하였고, 고도성장에 따른 일자리의 증가와 임금의 상승은 민중의 생활수준을 향상시켰다.

1960년대 이후 경제적 변화를 검토하기에 앞서, 변화를 낳는 국가주도적이고 대외지향적인 성장전략(成長戰略)을 나누어 살펴보기로 한다. 정부가 강력히 개입하여 외향적 전략을 추진하였으므로 양자는 밀접한 관계에 있다. 그런데 정부는 국내 자본의 동원과 수입대체공업화의 정책도 추진하였다. 그리고 외향적 전략은 국제시장조건에 부응해야 하는 점에서 국가주도적 전략과 상충하여 그것을 시장친화적으로 유도하였다.

(2) 국가주도적 개발전략

국가주도적 개발전략(國家主導的 開發戰略)은 경제개발계획의 수립으로 구체화되었다. 원조가 없어지더라도 지탱할 수 있는 경제기반의 구축을 위한 청사진의 마련이 지상 과제인 만큼, 경제개발계획은 시대적 요청이었다. 5·16정변 후 불과 보름 만에 내놓은 경제개발계획은 1961년 2월 자유당정부 부흥부 산업개발위원회의 '경제개발5개년계획 수립 요강', 그리고 뒤이은 민주당정부의 경제개발5개년계획안을 참조하였고 그 연장선에서 이해될 필요가 있다.[6] 부흥부의 경제기획기능을 이어받고 재무부로부터 예산편성권을 이전받은 경제기획원(經濟企劃院)이 1961년 7월에 발족하여 경제개발계획을 총괄적으로 운영하고 경제조정정책을 담당하였다. 이것은 계획의 실행력을 강화하였다. 내각 수반 직속으로 기획조정위원회가 설치되어 사업을 집행하고 그 결과를 심사·분석하였다. 1차 계획은 자료와 이론의 뒷받침이 부족하였는데, 2차 계획은 산업연관분석을 하고 정비된 통계자료에 의존하여 계량모형화하고 총량계획·부문계획·투자사업계획이란 세 차원에서 접근하는 등 계획성을 강화하였다. 67년 연차별 총자원예산(年次別 總資源豫算)을 작성하는 제도를 도입한 이후 경제기획원이 정책 결정에 더욱 깊이 관여하였다.

자유당정부는 4·19 직전 의결한 경제계획안에서도 자유경제의 원칙을 고수하였는데, 민주당정부는 시장질서를 강화하는 가운데 전략부문을 중점적으로 육성하는 등 '정부의 계획적 유도'를 표방하는 경제계획안을 마련하였다. 군사정부는 자유경제체제 아래 정부의 간접적 조정이라는 종전의 정책 이념으로부터 벗어나, 민간인의 자유와 창의를 존중하는 자유기업체제를 기본으로 삼되, '지도받는 자본주의'를 표방하여 중요한 투자에 관한 의사결정에서는 정부가 폭넓게 개입하여 국영 기업을 창설, 경영하고 민간 자본의 축적을 견인하였다. 정부는 시장기구를 통한 자원배분의 유인체계에 의존하는 데에 그치지 않고 주요 산업의 육성을 위한 선별적 개입도 주저하지 않았던 것이다. '지도받는 자본주의' 이념의 국가주도성은 1차 계획의 수정을 통해 유연해졌

6) 김기승 「제2공화국의 경제개발계획에 관한 연구」 『한국민족운동사연구』 2002.

다가 70년대 중화학공업화 정책에서 강화되었다.

제2차 세계대전 후 여러 아시아 국가들이 전후 복구, 경제 자립, 원조의 계획적 활용 등을 목적으로 경제계획을 수립하였고, 그러한 시대 분위기 가운데 한국의 경제개발계획이 수립되어 진화하였다. 박정희정부의 제1차 5개년계획은 북한의 제1차 5개년계획(1957~61)이 성공적으로 수행한 데에 자극을 받고, 일본이 1950년대부터 장기경제계획을 실행하면서 고도성장을 실현한 것을 학습하였을 것이다. 한국의 계획이 어느 자본주의국가보다도 강한 국가주도성을 가지게 된 것은 원조 격감이 초래한 절박한 경제 사정, 남북간 체제 경쟁, 군사문화와 박정희 대통령의 개성 등에 기인하였다.

〈표 11-1〉에 의하면, 경제개발계획의 기본 목표는 제4차에 이르기까지 자립경제

표 11-1 경제개발계획의 총괄표

계획명칭 (계획기간)	계획의 기본 목표	경제성장률(%)	
		계획치	실적치
제1차 계획 (1962~66)	① 사회경제적 악순환의 시정; ② 자립경제 기반의 구축	7.1	7.9
제2차 계획 (1967~71)	① 산업구조의 근대화; ② 자립경제의 확립을 더욱 추진	7.0	9.6
제3차 계획 (1972~76)	① 성장·안정·균형의 조화; ② 자립경제구조의 실현; ③ 국토종합개발과 지역개발의 균형	8.6	9.2
제4차 계획 (1977~81)	① 자력 성장구조의 실현; ② 사회개발을 통한 균형의 증진; ③ 기술혁신과 능률의 향상	9.2	5.8
제5차 계획 (1982~86)	안정·능률·균형을 이념으로 하여 ① 안정기조 정착과 경쟁력 향상 및 국제수지 개선; ② 고용기회 확대와 소득 증대; ③ 계층간·지역간 균형발전	7.5	8.6
제6차 계획 (1987~91)	근본 목표: 능률과 형평을 토대로 하는 경제선진화와 국민복지 중점 목표: ① 형평성 제고와 공정성 확보; ② 균형발전과 서민생활 향상; ③ 경제의 개방화와 국제화 추진	7.3	9.9
제7차 계획 (1992~96)	근본 목표: 경제사회 선진화와 민족통일의 지향 중점 목표: ① 산업의 경쟁력 강화; ② 사회적 형평의 제고와 균형발전; ③ 국제화와 자율화의 추진과 통일 기반 조성	7.5	7.0
신경제5개년계획 (1993~97)	근본 목표: 선진 경제권에 진입하면서 통일에 대비할 수 있는 튼튼한 경제 건설 중점 목표: ① 성장잠재력 강화; ② 국제시장 기반의 확충; ③ 국민생활여건의 개선	6.9	7.3

내지 자력적 성장의 실현이었다. 이러한 목표는 점진적으로 실현되었다. 경제개발계획의 성과를 집약하는 지표인 경제성장률은 대개 목표치를 상회하였는데, 그러한 성과를 낳은 요인은 무엇인가. 일본만큼 성장하겠다는 1차 계획의 목표치에 대해, 일본과 달리 열악한 초기조건을 알면서 그 달성을 예상한 외국인은 없었다. 첫째, 개발전략의 우수성을 들 수 있다. 정부는 경제계획을 통하여 공학적 접근법에 따라 경제를 계획, 설계하면서도 가격유인을 중시하고 시장기능을 존중하였다.[7)] 앞으로 언급하겠지만, 환율과 금리를 시장가격 수준으로 현실화하였으며, 국내 산업에 대한 보호 수준도 높은 편이 아니었다. 시장가격보다 훨씬 낮은 금리로 금융과 외자를 배정하였지만, 수출 성과라는 기준을 비교적 엄격히 적용함으로써 그 비효율성을 줄였다. 둘째, 이해관계집단의 압력에 구애받지 않고 정책을 집행할 수 있는 이른바 경성(硬性)정부가 성립하였다. 관료는 경제계획을 효과적으로 집행하였다. 셋째, 개발계획에 관한 의사결정은 신속하고 신축적으로 이루어졌고, 비교적 개방적인 토의로 민간 기업의 요구를 잘 수렴한 정책이 마련되었다. 박정희 대통령은 경제개발을 모든 문제에 선행하는 지상과제로 간주하였고, 월례경제동향보고회의와 수출진흥확대회의에 반드시 참석하고 문제점을 파악하여 시정하였다. 이 관·민합동회의를 통해 국내·외 시장동향이 검토되고 정부 부처간·민간 기업간 이해관계가 조정되면서 정책 방향이 민간에 전달되었다.[8)] 박대통령의 리더십이 뒷받침된 정부의 조정력과 추진력은 기업 의욕을 자극함으로써 계획의 목표를 달성하는 데에 기여하였다. 넷째, 국가 차원의 경제발전 비전을 기업과 국민에게 제시하고 강력히 추진함으로써, 루이스(A. Lewis)가 강조한 '경제하려는 의지(意志)'를 자극하였다는 점에서 개발계획은 의의를 가진다.

1960·70년대 정부의 개입을 공기업(公企業)과 민간 기업의 육성책으로 나누어 살펴보자. 60년대 초부터 정부는 공기업을 활발히 신설하거나 기존의 공기업을 확장하였다. 1963~79년간 총국내투자가 연평균 2조여 원인데, 그중 공공부문의 투자는 평균 35%를 차지하였다. 〈표 11-2〉에 의하면, 공기업부문의 부가가치는 연평균 10% 증가하여 국내총생산에서의 비중이 63년 6.3%로부터 80년 9.1%로 증가하였다. 공기업은 귀속기업체를 개편한 것도 있지만, 대개 철강·정유·석유화학·비료·전력 등과 같이 민간 자본이 진출하기 힘든 자본집약적인 기간산업을 외자에 의존하여 수입대체산업으로서 건설한 것이었다. 그중에도 포항종합제철소와 울산석유화학공업단지는 이 시기 중화학

7) 오원철『한국형 경제건설』제3권, 제12장.
8) 강광하·이영훈·최상오『한국 고도성장기의 정책결정체계—경제기획원과 정책추진기구』한국개발연구원, 2008.

표 11-2 공기업부문의 부가가치 생산과 그 비중 (단위: 10억 달러, %)

연도	1963	1970	1973	1975	1977	1980	1984	1986
공기업부문 부가가치	31	221	417	737	1,191	3,461	6,708	9,033
GDP에 대한 비중	6.3	8.0	7.7	7.2	6.6	9.1	9.2	9.7
비농업GDP에 대한 비중	11.1	10.9	10.3	9.5	8.5	10.7	10.6	10.9

출전: 사공일『세계 속의 한국경제』김영사, 1993, 표3-4.

공업의 2대 핵심 사업으로 건설되었다. 공기업이자 기간산업은 다른 산업이 필요로 하는 중간재를 많이 생산하여 경제 전반과 높은 연관관계를 가졌다. 60년대 말부터 공기업의 상당수가 민영화되면서 재벌의 성장을 낳았다.

발전량이 177만Mwh에 불과하던 1961년에 기존 전력 3사를 통합한 한국전력주식회사가 출범한 이후 발전량이 급증하여 1971년 1,000만Mwh, 1990년 1억Mwh, 2012년 5억Mwh를 돌파하였다. 1964년 전력의 공급이 수요를 따라잡게 되었고, 이후 공업화에 따른 전력 수요 증가에 맞추어 공급을 증가하였다. 1977년 최초의 고리원전발전소가 가동한 이후 원자력 발전량이 급증하여 1999년 1억Mwh를 돌파하였는데, 지금까지 1.6억Mwh를 넘어서지는 못하였다.

민간 기업에 대한 지원책으로 자금 지원, 노동정책 등을 들 수 있다. 정부는 결핍된 투자재원의 조달에 주력하였는데, 자금지원책은 재정 지원, 금융 지원, 차관(借款) 도입으로 나눌 수 있다. 정부는 민간 기업을 위한 각종 세제지원책(稅制支援策)을 마련하였다. 1961년 산업 지원을 위하여 조세를 증징하고 중요 기간산업과 외화획득산업에 감면세(減免稅)를 행하였다. 62년 수출산업에 대한 특별감가상각이 실시되고 주요 산업은 특정 기간 조세를 감면받았으며, 65년에는 조세감면규제법이 시행되었다. 이를 통하여 1960년대에 법인체는 연평균 18.3%에 달하는 조세 감면을 받았다. 66년 국세청(國稅廳)을 설립하고 세무행정을 개선하여 세수 증대를 추구한 결과, 비농업개인소득세(非農業個人所得稅)가 64년 875억 원으로부터 71년 9,981억 원으로 급증하였다. 1977년부터 시행된 10%의 부가가치세 제도는 간접세 체계를 간소화하면서 안정적인 세수를 확보하였다. 조세부담률은 1966년부터 10%를, 1976년부터 16%를 넘었다. 재정규모의 확대에 힘입어, 66년부터 재정투융자(財政投融資)가 급증하였다.(부표 6) 1962~80년간 정부예산의 1/3 이상이 투자 목적으로 배분되었고, 재정투융자는 국내고정자본 형성의 27%에 해당하였다. 재정투자는 주로 사회간접자본에 투입되어 민간 기업을 지원하였고, 재정융자는 기간산업과 중소수출기업에 장기 저리로 지원되었다. 재정투융자 중 재정융자의 비중은 증가하는 추세였다. 재정투융자의 재원 중에서 압도적이던 대충자금의 비중이 60년부터 감소하였고, 조세와 한은차입금(韓銀借入金)의 비중은 증대하였다.

국가주도적 자본축적의 중요한 수단은 금융권의 장악과 그것을 매개로 하는 지원이었다. 1961년부터 은행감독원장이 금융기관 임원의 임명 승인권을 가짐으로써, 정부는 금융기관의 인사권을 전면 관장하였다. 1962년 5월 한국은행법의 개정을 통하여 재무장관이 금융통화위원회의 의장직을 맡고 통화와 금융의 관리에 대한 광범위한 권한을 갖게 되었다. 이러한 조치를 통하여 정부는 금융정책에 대한 최종적인 결정권을 가지게 되었고, 개발자금을 중앙은행의 발권력에 쉽게 의존할 수 있었다. 1950년대에 부흥금고의 성격을 띠고 있던 산업은행은 61년 법률의 개정을 통하여 융자업무뿐만 아니라 투자업무까지 맡게 됨으로써 기간산업에 대한 장기개발금융기관으로 탈바꿈하였다. 산업은행의 재원은 50년대 말까지는 주로 원조자금에 의존하다가, 60년대에는 외국 자본과 한은차입(韓銀借入)에 대한 의존도를 높였다. 산업은행은 경제개발을 위한 장기산업자금을 공급하는 중추기관으로서 존속하여왔다. 61년에는 민간 대자본이 소유하던 일반은행의 주식 대부분을 정부에 귀속시키고 대주주의 의결권을 제한하였다. 서울에 본점을 둔 대규모의 시중은행은 50년대 단기 상업금융에 주력하였는데, 62년 은행법의 개정을 통하여 자금 동원력과 설비자금 공급력을 강화하였다. 1961~7년간 중소기업은행, 국민은행, 한국외환은행, 한국주택은행 등 정부가 직접 관장하는 다양한 특수은행이 설립되었다. 이러한 과정을 통하여 정부 통제의 장기설비금융체제(長期設備金融體制)가 성립하였다. 박정희정부 금융정책의 기본 이념은 금융부문이 경제개발에 봉사해야 하며 그러기 위해 행정부의 강한 통제를 받아야 한다는 것이었다.[9)]

IMF(국제통화기금)의 권고에 따라 인플레이션을 수반하지 않으면서 내자 동원을 증대하기 위한 방안으로서, 저평가된 금리를 시장가격에 맞추어 현실화하고자 예금금리를 1961년 50%, 65년 다시 76% 인상하여 저축의 확대를 도모하였다(부표 5). 금리가 물가상승률보다 높아지자, 62년 국민소득의 0.8%에 불과하던 국민저축률이 63년 7.0%로 올라가고 1차계획기인 1962~6년간 평균 6.1%에 달하였고, 2차계획기인 1967~71년간에는 예상치인 11.6%를 초과하는 13.1%를 달성하였다. 특히, 1965~9년간 시중은행의 예금은 연평균 72% 상승하였고 저축성예금의 구성이 3~4할의 수준에서 6~7할의 수준으로 상승하였다. 금리 현실화는 사금융을 제도금융권으로 흡수함으로써 금융발전에 이바지하였을 뿐만 아니라, 투자재원의 내부 조달도를 높임으로써 자력성장 기반을 구축하는

9) 朴東哲「韓國에서 '國家主導的' 資本主義 發展方式의 形成過程」서울대 경제학박사학위논문, 1993, 제3장 제3절 참조.

표 11-3 정책금융의 추이 (단위: 10억 원, %)

연도	1962	1963	1964	1965	1966	1967	1968	1969
정책금융액	435	502	551	648	809	1,375	2,052	3,048
전년비 증가율		15.4	9.8	17.6	24.8	70.4	48.8	48.5
총대출금에서의 비중	64.4	65.4	65.0	59.4	54.1	53.1	48.0	44.0
연도	1970	1971	1972	1973	1974	1975	1976	1977
정책금융액	4,117	5,994	7,338	10,387	14,556	19,579	25,767	36,116
전년비 증가율	48.5	45.6	22.4	41.6	40.1	33.9	31.6	40.2
총대출금에서의 비중	43.9	49.0	47.6	51.0	48.3	50.8	52.9	56.9
연도	1978	1979	1980	1981	1982	1983	1984	1985
정책금융액	60,627	84,530	125,566	163,501	183,864	235,489	276,839	327,147
전년비 증가율	58.6	39.4	48.5	30.2	12.5	28.1	17.6	18.2
총대출금에서의 비중	65.1	64.7	68.2	68.1	62.1	67.9	69.9	70.5

출전: 金重雄「産業發展과 政策金融」『韓國開發硏究』8-1, 1986, 〈표 5〉.
주: 연말의 통계이며, 1985년의 경우는 9월 말의 통계임.

중요한 계기를 마련하였다. 금리 현실화 이후 대출금리도 인상되었기 때문에, 기업은 금리가 상대적으로 낮은 외자를 시설자금에 충당하고 금융기관의 대출을 주로 운전자금에 충당하였다.

정부는 금리 현실화를 통하여 저축의 증대에 노력하면서 그렇게 동원된 자금을 전략산업의 육성을 위하여 시장금리보다 낮은 수준으로 선택적으로 배분하고자 했다. 이처럼 산업정책을 위하여 특혜적 자금을 선택적으로 배분하는 정책금융(政策金融)은, 〈표 11-3〉에 의하면, 1967년부터 급증하였다. 은행대출금 중 정책금융의 비중이 과반인 해가 대부분이었다. 1962~80년간 예금은행의 제조업에 대한 정책금융 중 62%가 수출금융이었다. 정책금융의 중심을 차지한 수출금융의 금리는 1965~79년간에 은행대출이자율의 절반에도 못 미쳤고 물가상승률보다도 훨씬 낮았다(부표 5). 일반 은행도 사실상 공기업이었기 때문에, 정부의 재량에 따라 시장금리보다 훨씬 낮은 금리로 신용을 배분하였다. 투자수요의 급증과 특혜적인 정책금융의 확대는 기업의 차입경영을 심화시켰다. 그래서 1964~71년간 제조업 평균 부채비율은 100%로부터 394%로, 매출액 대비 금융비용은 4.89%로부터 9.86%로 급증하였다(부표 10).

정부는 차관 도입의 인가 기준을 정하고 상업차관의 지불을 보증함으로써 차관의 도입·배분권도 장악하였다. 환율이 고정된 상태에서 국내 물가가 해외 물가보다 빨리 증가하여 외자의 공정환율이 저평가된 데다가 그것을 저금리로 융자하였으므로, 차관의 배정은 큰 특혜였다. 배정된 차관은 시설재 등의 조달에 사용됨으로써 선진적인 생산력을 이식하는 수단이 되었다. 60년대에 산업투자를 위한 원조자금의 비중은 감소한 반면 국내 저축과 외자의 비중이 증가하였다. 국내 총투자에 대한 원조의 비율은 1954~61년간 72.6%로부터, 1962~5년간 45.1%, 1966~72년간 11.3%로 급감하였다. 반면 순차입의 비중은 투자액이 급증하는 가운데 1962~5년간 7.9%, 1966~72년간 25.7%로 급증하였다.

1960년대 말의 부실기업(不實企業) 문제는 정부개입의 부작용을 드러내었다. 1968년 말 외자기업 55개사가 은행 관리로 넘어가고, 1969년 6월까지 10개사가 상환을 이행하지 못하여 정부가 대신 지불해야 할 사태에 빠졌다. 당시 차관업체 83개 중 37개 업체가 부실기업이었다. 그중 30개 업체는 타인자본 의존도가 95%였다. 부실기업체는 외자와 국내 자금을 집중적으로 투입한 수입대체 중화학공업(비료·시멘트·합성수지·정유·자동차·화학섬유)에서 주로 발생하였다. 중화학공업의 수입대체는 국내 시장이 작아 규모의 경제를 제대로 누리지 못한 점에서 불리하였다. 그 반면 수출 기업에 대한 정책금융이라는 보조금의 배분은 수출 성과라는 합리적 기준에 따라서 특혜의 비효율성을 줄일 수 있었다. 정부는 16개 부실기업체를 공개 처분, 은행 인수·관리, 경영개선조치, 합병 등의 방식으로 정리하였다.

1970년대 초부터 경기가 후퇴하고 72년에 들어서 불황이 심화하자, 기업은 사채 이자의 부담 등으로 자금의 압박을 받아 국제경쟁력이 약화되고 무역적자가 확대되었다. 그 결과 외채 원리금상환액의 경상외환수입(經常外換受入)에 대한 비율인 원리금상환부담률(元利金償還負擔率, DSR)은 68년 5.2%로부터 71년 20.4%로 급증하였다(부표 9). 그 타개책으로서 8·3조치라는 강권적인 금융지원책이 시행되었다. 8·3조치를 통하여 3,203억 원의 사채가 동결되어 월리(月利) 1.35%, 3년 거치 후 5년 분할상환의 채무로 전환하였고, 산업합리화를 위한 685억 원의 장기 저리자금이 제공되었고, 일반 대출금리가 20.0%로부터 16.5%로 인하되었고, 환율이 300원선에 안정되었고, 공공요금의 인상이 억제되었고, 임금을 포함한 물가가 동결되었다. 이로 인해 기업은 1,028억 원으로 추산되는 금융비용을 절감할 수 있어서, 1973년부터 금융비용 부담률은 5% 이하로 떨어졌다. 8·3조치 이후 물가상승률에도 못 미치는 저금리가 적용됨에 따라(부표 5), 저축률은 둔화되고 금융의 자율적 자금배분기능은 한층 약화되었다.

8·3조치의 후속조치로서 사금융을 제도금융으로 흡수하기 위하여 투자금융회사와 상호신용금고가 대거 신설되었다. 1972~9년간 설립된 투자금융회사는 자체 어음을 발행할 뿐만 아니라 단기 기업어음을 은행보다 높은 금리로 판매함으로써, 기업의 단

기 영업자금을 공급하였다. 정부는 민간 차원의 중장기 상업차관을 효율적으로 도입하고자 1976~9년간 6개의 종합금융회사를 설립하여 다양한 업무 영역을 부여하였다. 비은행금융기관은 사금융을 흡수하면서 빠르게 성장하였지만, 금융기관의 대출에 대한 만성적인 초과수요가 있었으므로, 사채대부시장(私債貸付市場)은 단기자금의 공급에서 중요한 기능을 하였다. 1970년 비은행금융기관의 중개를 통한 자금 공급은 은행을 통한 것의 1/3에 불과하였지만, 1993년에는 2배에 달하였다.

1972년의 8·3조치는 정부가 기업의 방만한 금융행위에 따른 위험을 분담하는 선례를 남김으로써, 기업의 도덕적 해이를 조장하고 차입경영의 타성을 강화하였다. 72년 10대 재벌의 부채비율은 473%로 제조업 평균 313%보다 훨씬 높았는데, 8·3조치는 차입의존도가 높은 기업일수록 큰 특혜를 주었다. 1967년 이후 빠르게 상승하던 제조업의 평균부채비율은 8·3조치로 일시 줄었다가 곧 다시 빠르게 상승하여 98년 경제위기 이전까지 대개 300%를 넘었다(부표 10). 저리 융자에 의존한 확장지향적 경영은 한국경제의 양적 팽창을 촉진하였지만, 1979년과 97년의 경제위기를 초래하였다.

일제시대에 자본시장이 성립하였으나, 거래는 일본인에 의해 주도되었고 조선인 회사의 주식은 제도권 시장에서 거래되지 않았기 때문에, 해방 후에 증권시장은 위축되고 미군정은 증권 거래를 중단시켰다. 증권업자의 노력으로 1949년 대한증권주식회사가 설립되었다. 1956년 대한증권거래소가 개설되었는데, 초기에는 국채(國債)를 주로 유통하고 소수 기업의 주식을 거래하는 데에 그쳤다. 62년 증권거래법이 제정된 이후 증권시장의 주종목은 국채로부터 증권으로 바뀌었다. 내자 조달의 한 방도로 증권시장의 활성화가 추진되었으나, 정치자금을 마련하기 위한 중앙정보부의 시장 개입은 62년의 증권파동을 초래하였다. 이후 오랫동안 자본시장이 침체하였기 때문에 기업은 금융차입에 절대적으로 의존할 수밖에 없었다. 이에 정부는 기업이 금리 부담을 줄이고 경기에 탄력적으로 대응할 수 있도록 직접 투자자금을 조달할 수 있는 자본시장을 육성하고자 했다. 68년 자본시장육성법을 공포하고 그에 근거하여 한국투자개발공사를 설립하였다. 1972년 말 사채 동결과 더불어 기업공개촉진법을 제정한 이후 기업공개를 강력히 추진하자, 상장회사수는 73년 100개를, 77년 300개를, 88년 500개를 넘었다. 상장주식의 시가총액은 71년 1,000억 원을, 76년 1조 원을, 86년 10조 원을 넘었다. 기업부문 부채 잔액 중 유가증권의 비중은 1975년 1.8%로부터 1980년 9.7%로, 나아가 1990년에는 22.7%로 증가하였다. 그런데 정부의 요구에 의해 외형적으로 기업이 공개되었을 뿐, 기업의 경영 투명성과 지배구조는 개선되지 않았다. 그로 인해 정보의 신뢰성이 낮은 것은 자본시장의 건실한 발전을 제약하여왔다. 기업주는 소유지분의 하락을 낳는 증자

(增資)를 꺼려, 90년대까지도 금융기관 차입이 기업 자금조달의 주된 원천이었다. 채권시장 육성방안이 제시된 1977년 이후 회사채의 비중은 착실히 증가하였다(부표 10).

노동정책을 살펴보자. 급속한 공업화는 적극적 인력개발정책(人力開發政策)을 요청하였다. 정부는 1963년 노동청을 설립하여 고용구조의 선진화를 도모하고자 했다. 그리고 경제개발계획의 일환으로 인력개발계획을 수립하여, 1965년 '경제성장에 기여하는 교육'이란 방향을 정립하였고, 1967년부터 장기 인력 수급을 추계한 위에서 공업고등학교를 중심으로 하는 실업(實業)교육의 양적 확충과 질적 향상을 추구하였다. 1967년 직업훈련법의 제정으로 직업훈련 기준이 마련되고 다음 해부터 각 기업체의 직업훈련소가 설치됨에 따라, 직업훈련이 본격화되었다. 직업훈련 비용은 대부분 원조와 차관으로 충당되었다. 직업훈련을 받은 인원은 2차·3차의 5개년계획 동안 각각 10만 명, 31만 명에 달하였다. 적극적 인력개발정책은 산업구조의 급격한 고도화를 지원하였다.

1960년대에는 노동운동 역량의 부족 및 미숙련노동자의 공급 과잉으로 인하여 정부가 노동운동을 통제할 필요성은 크지 않았다. 그런데 60년대 후반 종교단체의 노동운동에 대한 지원, 1970년 평화시장의 재단사인 전태일의 분신자살은 노동운동을 고양하는 촉매제로 작용하였다. 70년대에 들어가 미숙련노동자의 공급 과잉이 점점 해소되어갔고, 이것은 임금 인상을 낳았다. 이러한 배경 아래 70년대 정부의 노동 통제가 본격화되었다. 1970년에 외국인 투자기업의 노동운동을 사실상 봉쇄하였고, 71년 국가보위법(國家保衛法)으로 국영기업과 내국인 기업의 단체교섭권과 단체행동권을 제한하였다. 나아가 72년의 유신헌법으로 노동기본권이 포괄적으로 제한되었다.

유신독재(維新獨裁)에 수반하여 경제정책의 모든 분야에서 행정주도적인 요소가 더욱 강화되었다. 1971년의 국가보위법과 72년의 8·3조치라는 강압적인 정부개입은 유신독재를 예고하였다. 1973년 1월 대통령의 중화학공업화 선언 이후 중화학공업화의 추진은 정부개입을 강화하는 명분을 제공하였다. 철강·화학·비철금속·기계·조선·전자라는 6대 전략업종을 선정하여 기업의 참여를 촉구한 다음 강력한 재정·금융 지원을 하였다. 중화학공업화가 추진된 이후 정책금융은 급증하였다. 1973~80년간 중화학공업에 대한 산업은행의 대출은 1조 2,302억 원으로 제조업에 대한 총대출의 80%에 해당된다. 1974년 중화학공업과 같은 전략사업에 자금을 동원하기 위한 목적으로 국민투자기금이 설립되었는데, 1974~81년간 국민투자기금을 통한 재정융자의 68%인 1조 5,715억 원이 중화학공업에 지원되었다. 중화학공업에 대한 각종 세제 지원이 이루어져 78년 그 법인세 감면율은 40%로 경공업의 8%보다 현저히 높았고, 그 관세감면액 또한 제조업 전체의 74%를 차지하였다. 중화학공업화에 필요한 인력을 양성하기 위하여 공과대학과 공업고등학교의 특성화, 그리고 기능공 양성책을 추진하고, 국가기술자격 취득자의 우대조치를 마련하였다.

1981년까지 1인당 1,000달러의 소득과 100억 달러의 수출을 달성한다는 목표가 73년에 발표되었는데, 이것은 유신독재에 대한 보상책이며 박대통령의 성장·수출지상주의 사고방식을 보여준다. 이 목표는 달성되었지만, 1979·80년의 경제위기에서 드러나듯이, 후유증이 가볍지 않았다. '안 되면 되게 하라'는 군사 문화는 10·26이라는 비상사태를 맞이하기 전에는 성장지상주의전략의 기조를 재검토하기 어렵게 만들었다.

일본과 더불어 한국의 경제정책의 특성을 잘 보여주는 것이 산업정책이다. 산업정책이란 정부가 산업간 자원배분에 개입하여 수출산업이나 생산성이 높은 산업을 육성함으로써 산업구조의 고도화를 촉진하고 국가경쟁력을 높이려는 정책으로 정의할 수 있다. 일본 고도성장기 수출공업과 성장공업의 육성책, 그리고 박정희정부의 수출산업과 중화학공업의 집중적 지원·육성책은 그 현저한 실례이다. 수출지원책에 대해서는 다음 항에서 설명한다.

(3) 대외지향적 성장전략

1950년대 말부터 무상원조(無償援助)가 유상차관(有償借款)으로 전환함에 따라, 수입대체공업화만으로는 차관의 원리금을 상환할 수 없었다. 원조가 감소하면서부터 외자를 도입해서 시설재와 원자재를 수입하여 공업화를 추진한 다음 수출하여 획득한 외환으로 외자를 반환한다는 전략은 불가피하였다. 저소득에 따른 내수(內需)의 부족도 수입대체공업화의 장애 요인이었다. 제10장에서 언급한 바와 같이, 자유당정부는 말기에 수출정책을 담은 경제계획을 수립하고 외자도입법(外資導入法)을 공포하였으며, 민주당정부는 수출금융규정(輸出金融規定)을 제정하였지만, 제대로 활용할 시간적 여유를 가지지 못한 채 물러났다. 민주당정부는 수출을 중시하였지만, 수출 주도의 성장전략을 수립하지는 않았다.

박정희정부의 제1차 경제개발계획의 원안(原案)은 외자의 도입과 수출공업의 육성뿐만 아니라 내자(內資)의 동원과 내수의 확대도 중시하였다. 제1차 경제개발계획의 기본 목표는 원조에 의존한 경제의 "모든 사회경제적 악순환을 과감히 시정하고 자립경제(自立經濟)의 달성을 위한 기반을 구축하"는 것이었다. 농촌의 낙후가 국내 시장의 위축과 저축 동원의 애로를 낳고 사회간접자본의 부족이 경제성장의 장애로 작용한다고 인식하여, 농업의 육성을 통한 국내 시장의 확대, 사회간접자본의 건설, 전력과 석탄 등 에너지원의 개발 및 시멘트·정유·화학비료공업 등 기간산업의 확충에 주력하였다. 공화당정부 초기의 공업화정책은 중화학공업 중심의 수입대체화와 경공업 중심의 수출 진흥이라는 두 축을 가졌는데, 전자가 중심을 이루었다.

제1차 경제개발계획에서는 자립경제의 달성을 기본 목표로 정한 것에 대응하여 총소요자금의 72%를 내자로 충당하기로 하고, 내자를 조달하기 위한 노력을 기울였다. 군사정부는 증권시장의 활성화를 내자 조달의 한 방도로 삼고자 했으나, 정치권력의 개입에 놀아난 증권파동은 그 기도를 무산시켰다. 1962년 10월 화폐개혁을 단행하여 환화(圜貨)를 명목가치 10 대 1 비율로 원화로 바꾸면서 개발자금을 동원하기 위하여 거액 예금의 인출을 금지하였다. 예금 인출의 금지 조치는 자금 경색으로 인한 경제활동의 침체를 초래하고 반(反)시장주의적 정책에 대한 미국의 우려를 낳아 한 달 만에 해제되고 말았다. 미국은 한국정부가 시장 원리를 존중하도록 영향력을 행사하였던 것이다. 한국정부는 이러한 경험을 통하여 시장기능을 무시하지 않는 정책의 필요성을 인식하게 되었다.

경제개발계획을 추진하던 초기에는 투자재원의 조달이 어려웠을 뿐만 아니라 물가 안정이 위협을 받았다. 1962년의 흉작, 63년 외국 곡물과 원조 물자의 공급 감소 및 환인플레이션은 개발수요에 따른 통화 팽창과 어우러져, 1963·4년에 곡물가격의 폭등을 비롯한 고율 인플레이션을 낳았다. 개발투자재와 식량의 수입은 급증하였지만, 외자 도입은 순조롭지 않았다. 그 결과 외환보유고는 61년 205만 달러로부터 63년에는 130만 달러 미만으로 떨어졌다. 외환의 부족은 외국의 선진적인 설비를 도입하는 데에 애로가 되었고, 나아가 환율 인상의 요인으로 작용하였다.

이러한 시행착오와 애로를 겪으면서 정부는 1962년 말부터 원계획을 수정, 보완하여 64년 2월 확정안을 발표하였는데, 농업을 중시하는 대신에 공업 투자를 우선하고 수입대체공업보다 수출공업의 육성에 주력하기로 하였다.[10] 한국의 정치적 안정을 바라는 미국은 박정희정부가 경제발전을 위해 수출에 힘쓰도록 권고하였다. 수정계획은 자유사(私)기업주의를 표방하여 정부투자를 농업이나 사회간접자본 정도에 국한하고 제조업의 투자를 민간 기업에 위임하였다. 그러면서 저임금 노동력을 활용하여 수출할 수 있는 섬유·합판 등의 경공업을 집중적으로 육성하기로 하였다. 원계획은 자립경제를 달성하기 위한 수입대체적 기간시설의 확충을 강조하였는데, 수정계획은 국제수지 개선을 위한 수입대체공업화도 중시하였다.

10) 이완범 『박정희와 한강의 기적: 1차 5개년 계획과 무역입국』 선인, 2006.

수정계획이 마련되는 가운데, 공산물 수출이 예상외로 빨리 증가하여 개발전략의 새로운 돌파구를 마련하였다. 정부가 수출제일주의의 해로 잡은 1963년에 공산품 수출의 실적은 2,810만 달러로 1962년보다 4.5배, 1963년 계획치보다 4.4배 증가하였다. 1964년에는 수출 1억 달러를 돌파하였다. 이에 정부는 수출입국(立國)의 방침을 굳혔다. 박대통령은 65년 연두교서에서 생산 증가와 더불어 또 다른 주요한 목표로 수출 증가를 확정하였다고 천명하였다. 수출신용장만을 담보로 은행 금리의 절반 이하로 융자해준 수출금융은 65년부터 시작되었다. 수출 증대는 외자 도입에 자신감을 불어넣었다. 박정희정부는 애초에 식민지 경험을 공유한 인도의 사회주의형 개발계획에 입각한 자립경제와 상통하는 전략을 지향하였으나, 빈약한 자원과 내수와 자본으로 수입대체공업화를 추진하기가 힘들었던 반면 공산물 수출의 급증으로 개발전략의 돌파구를 마련하여, 일본과 대만처럼 수출을 성장의 동력으로 삼는 대외지향적 전략으로 나아가게 되었던 것이다.[11] 이러한 개발전략의 수정은 박정희정부의 경제적 성공을 낳은 한 요인인 실용주의를 잘 보여준다.

합동경제위원회 아래 수출진흥분과위원회가 설립된 1959년부터 박정희정부의 1차계획 수립까지 수출 진흥의 주된 목적은 수입에 필요한 외환의 확보였으나, 계획의 수정을 계기로 수출을 통해 공업 발전, 나아가 경제성장을 도모하는 대외지향적 전략이 출현하였다. 대외지향적 성장전략의 성립을 계기로 정책의 시장친화성(市場親和性)이 증대하였는데, 대표적인 시장친화적 정책으로 1964년의 환율 현실화와 1965년 예금금리 현실화를 들 수 있다. 후자는 앞서 언급하였다. 제10장에서 언급하였듯이, 1950년대에는 외환의 공정환율을 시장가격보다 훨씬 낮게 책정하여 유엔군 대여금의 달러 상환액을 높이려는 동시에 수입대체산업에 원자재 등을 저렴하게 공급하고자 했다. 민주당정부는 환율을 현실화하면서 단일화하였는데, 박정희정부는 이승만정부와 같은 입장에서 1963년 복수환율제를 회복하였다. 인플레이션의 격화 속에서 공정환율과 실세환율의 격차가 확대되자 수입과 외환 가수요가 증가하여 국제수지를 더욱 압박하였다. 수입은 폭리를 낳았고 수출 의욕은 저해되었다. 따라서 수출의 증대와 외환 사정의 개선을 위해서는 환율 현실화가 필수적이었다. 외환이 고갈되자, 정부는 미국의 대외 안정을 도모하라는 권고를 수용하여 63년 12월 환율을 130원에서 180원으로 인상하고 64년 5월에는 다시 255원으로 인상하여 실세에 접근시킨 다음 품목별·용도별로 다르게 적용된 환율제를 단일화하였다. 64년 환율 현실화의 단행과 단일변동환율제의 채택으

11) 1953년부터 경제개발계획을 실시하고 경제성과가 한국보다 좋던 대만은 한국처럼 미국 원조의 격감에 직면하자, 한국보다 빨리 수입대체공업화를 수출공업화로 전환하여 고도성장을 성취하였다.

로 수입대체공업화로부터 수출공업화로의 정책적 전환은 본격화되었다.

예금금리와 환율의 현실화는 시장기능을 존중하면서 저축과 수출을 촉진하는 효과적인 정책이었다. 환율 현실화 이전의 수출장려책은 수출입링크제, 수출보조금 지급 등 직접적인 무역통제방식을 취하였지만, 그 후에는 수입품에 대한 비관세장벽을 낮추고 수출 증대를 위한 금융·조세지원 등의 간접적인 무역통제방식으로 전환하였다.

수출장려책은 다양하였다. (2)항에서 언급한 정부의 민간 자본에 대한 지원은 주로 수출산업을 직·간접적으로 지원·육성하기 위한 것이었다. 수출용 원자재·부분품의 수입에 대한 관세 면제는 1959년부터 시행되었는데, 61년부터 수출품에 대한 내국세가 면제되었다. 61년부터 수출업체에 대한 은행의 자동대출승인제도가 시행되고 62년부터 수출금융의 금리를 일반 대출금리보다 훨씬 낮은 수준으로 책정한 이후, 정책금융은 수출지원책의 중심축으로 자리잡았다.

행정상의 수출지원책도 총동원되었다. 수출유인제도(輸出誘引制度)가 거의 정비된 1965년부터는 대통령·장관·기업인이 참석한 수출확대회의가 매달 개최되어 수출을 독려하고 그 애로를 신속히 해결하고자 했고, 64년 설립된 한국무역진흥공사(KOTRA)는 수출업자의 시장 개척을 지원하였다. 64년에 수출공업단지조성법을 공포한 데에 이어 1966~73년간 수출을 위한 구로공단을 조성하여 섬유봉제·전기전자 등의 업체가 가동하였다. 중소기업도 수출산업으로 육성하기로 방침을 굳혔다. 70년에는 무역거래법을 개정하여 일부 동구권과의 교역도 허용하기에 이르렀다.

〈표 11-4〉를 통하여 수출 보조금의 추이를 살펴보자. 표에는 나타나지 않지만, 1961~4년간 수출액의 4% 정도에 해당하는 15.8억 원의 보조금이 직접 지급되었다. 환율이 현실화된 이래 이러한 직접보조금은 폐지된 반면, 재정과 금융을 통한 간접적 지원이 확대되었다. 1960년대 후반과 70년대에 수출 보조율이 가장 높았다. 수출활동에 필요한 각종 투입품에 대한 수입관세의 면제와 간접세의 감면은 60년대 전반에 크게 확대되어 65년 이후 공식환율의 10~20%에 해당할 정도로 중요한 유인이었다. 〈표 11-4〉에서의 이자 보조는 수출금융과 은행 일반대출의 금리차로 계산한 것이다. 그런데 일반대출의 이자율도 시장이자율보다 현저히 낮았으므로, 이자 보조의 크기는 표에 나타난 것보다 훨씬 컸다. 또한 실세환율보다 낮은 공정환율로 배정받은 외자도 수출 보조에 해당한다.

수출지원책과 더불어 외향적 성장전략의 중심 축을 이루는 외자도입책을 살펴보자. 5·16 이후 외자 도입을 촉진하기 위해 외자에 대한 감·면세(減免稅), 정부 지불보증 등의 혜택을 제공하는 법률이 제정되었다. 1960년대 전반에는 정부가 지불보증을 서지

표 11-4 수출 보조금의 구성과 추이 (단위: 원/수출 1달러, %)

연도	공정환율 (A)	수출 보조금 (B)	수출 보조금의 구성비(%)			수출 보조율 (B/A×100)
			내국세	관세	이자 보조	
1962	130	11.26	50.27	41.30	8.44	8.66
1963	130	13.58	44.70	48.45	6.85	10.45
1964	213.7	22.01	37.85	45.66	16.49	10.30
1965	266.7	34.27	39.98	44.85	15.17	12.85
1966	271.5	45.56	44.03	46.77	9.20	16.78
1967	274.6	61.15	39.43	42.00	18.58	22.27
1968	281.5	81.65	29.92	51.79	18.29	29.01
1969	304.5	79.41	34.81	45.62	19.57	26.08
1970	316.6	92.65	34.67	46.02	19.31	29.26
1971	373.2	110.67	35.42	45.98	18.60	29.65
1972	398.9	109.26	26.74	62.67	10.59	27.39
1973	397.5	98.3	23.09	66.49	10.42	24.73
1974	484	87.31	26.13	63.93	9.94	18.04
1975	484	87.22	38.17	47.60	14.23	18.02
1976	484	96.15	34.95	53.26	11.79	19.87
1977	484	99.01	48.25	44.04	7.72	20.46
1978	484	103.95	52.33	38.90	8.76	21.48
1979	484	90.47	37.85	50.72	11.43	18.69
1980	659.9	99.97	42.93	46.85	10.21	15.15
1981	700.5	98.04	47.76	47.57	4.67	14.00
1982	478.8	90.47	47.67	48.71	3.61	18.90
1983	795.5	91.92	41.21	58.79	0.00	11.55
1984	827.4	94.46	48.50	51.50	0.00	11.42
1985	890.2	97.37	49.85	50.15	0.00	10.94
1986	861.4	94.91	51.90	48.10	0.00	11.02
1987	792.3	100.52	54.36	45.64	0.00	12.69

출전: 金昌男 · 渡邊利夫『現代韓國經濟發展論』〈표 3-2〉로부터 작성.

않고서 독자적으로 외자를 도입할 역량을 갖춘 기업은 없었기 때문이다. 이러한 법률들은 1966년에 외자도입법으로 통합되었다. 이것은 향후 외자 도입을 규정하는 기본법으로 기능하였는데, 외자기업의 자유로운 활동보장과 조세상의 특전, 상업차관에 대한 정부의 지불보증 등을 주요 내용으로 하였다. 외자도입법이 제정된 66년에 공공·상업

차관과 직접투자의 도입은 도약하였다.(부표 8)

1965년의 한일국교정상화(韓日國交正常化)와 대일청구권자금(對日請求權資金)의 타결은 외향적 성장전략으로의 전환에서 중대한 의의를 가진다. 미국은 동북아시아에서 소련과 중공의 세력을 견제하는 반공블록의 구축을 위해 한일국교정상화를 요구하였다. 51년 미·일간 샌프란시스코 평화조약은 한일간 재산청구권 문제에 관련되는 사항을 규정하였다. 그것을 계기로 성립한 한일회담에서 한국정부는 8개 항목의 대일청구권요강[12)]을 제시하였지만, 일본정부는 그 대부분의 법률관계와 증거가 불명확하여 변제할 수 없다고 주장하여, 61년 10월의 6차 회담까지 합의점을 찾지 못하였다. 대일 강경노선의 이승만정부와 달리 장면정부는 경제성장을 위해 대일 협력을 추진하였다. 박정희정부는 공업화와 경제성장에 일본의 자본, 기술 및 기계·부품이 절실하다고 보아 1962년부터 국교정상화를 추진하였다. 고도성장으로 경제 지원의 여력을 갖춘 일본은 한국이 공산주의화하지 않고 자국에 우호적 국가로 남는 것이 국익이라 판단하였다. 미국은 동북아 공산주의 팽창을 저지하는 방벽의 공고화를 위해 일본에 이어 한국이 경제발전을 이루어 양국이 협력하도록 타협을 촉구하였다. 그 결과 한국측의 대일 청구에 관련된 명분·액수 문제를 일괄적으로 논의한 결과, 식민지 지배에 대한 배상이 아닌 일괄적인 청구권의 해결 및 경제협력이란 방식의 타결을 보았다. 65년 조인된 협정에 따라 3억 달러가 10년간 무상으로 분할지급되고, 공공차관 2억 달러, 상업차관 3억 달러 및 어업협력자금·선박관계자금 1.2억 달러가 제공되었다. 청구권자금의 56%는 광공업에, 18%는 사회간접자본에 투입되었다.

한일국교정상화 직전부터 임금 상승으로 경쟁력이 약화되던 일본 경공업이 한국으로 공장을 옮기기 시작하였는데, 그 후에는 삼성-미쓰이(三井), 럭키(LG)-히다치(日立), 현대-마루베니(丸紅) 등과 같은, 양국 대자본간의 결합이 이루어졌다. 〈표 11-5〉에 의하면, 한일국교정상화 전부터 일본으로부터 기계류·중간재가 상당량 수입되어 무역적자가 지속하였다. 일본으로부터 기계류·중간재를 수입할 필요가 국교정상화를 촉구하는 한 요인이었던 것이다. 국교정상화 이후 수입액이 급증하는 가운데 기계류·시설재(plant)의 비중이 40%를 초과하였다. 청구권자금 중 2.8억 달러가 기계 도입에 사용됨에 따라, 국내 산업설비는 크게 확장되었지만, 기계공업은 크게 위축하였다. 대일

12) ① 조선은행을 통하여 반출해간 지금(地金, 249,633kg), 지은(地銀, 67,541kg)의 반환청구, ② 1945년 8월 9일 현재 일본정부의 대(對)조선총독부 채무 반제, ③ 1945년 8월 9일 이후 송출해간 일체의 금품 반환, ④ 1945년 8월 9일 현재 한국에 본사(점) 또는 주된 사무소가 있던 법인의 재일 재산 반환, ⑤ 한국인 소유의 일본국채, 공채, 채권, 피징용자의 미수금 및 보상금 등의 반제, ⑥ 한국인의 일본정부 및 일본인에 대한 개별적인 권리 행사, ⑦ 이상의 재산 및 청구권에 따른 과실, ⑧ 이상의 반환 및 결재의 개시 및 종료시기에 관한 항목.

표 11-5 한일국교정상화 전후 대일 무역의 구성과 추이 (단위: 천 달러, %)

연도	수입			수출			무역수지
	수입액	원료별 제품	기계류·시설재	수출액	식료품	非食用원재료	
1960	60,408	22.3	11.1	18,975	31.4	46.6	-41,433
1961	68,537	25.5	18.8	21,587	23.8	58.2	-46,950
1962	109,171	32.8	29.8	23,474	49.2	34.4	-85,697
1963	103,578	34.4	39.2	25,480	33.2	51.5	-78,098
1964	86,072	23.3	28.8	39,153	45.4	38.5	-46,919
1965	143,737	28.5	21.6	45,695	48.2	36.5	-98,042
1966	247,543	28.9	42.5	66,274	48.1	39.3	-181,269
1967	343,907	33.3	41.4	78,325	41.1	47.3	-265,582
1968	547,807	27.3	50.7	93,863	31.2	38.9	-453,944
1969	640,744	44.5	47.9	118,093	28.4	24.7	-522,651

자료: 『貿易年鑑』 각 연도.
주: 무환(無換)거래는 수출입총액에서 제외되었으며, 차관(借款)·원조(援助)·청구자금(請求資金)에 의한 수입은 포함하였다. 원조 중에 비중이 큰 것만 합계되어 총수출입액에 대한 비중과는 다소 차이가 있다.

수출은 수산물을 중심으로 하는 식료품, 그리고 중석 등 광물과 직물을 중심으로 하는 비식용원재료를 주종으로 하였다. 한일국교정상화를 기점으로 일본으로부터 자본재·중간재를 수입하는 수직적 분업구조가 확고해졌다. 그 결과 대일 수입이 급증하여 1966년 최대 비중을 차지하였다. 대일 무역적자도 급증하여 한국은 무역적자로부터 헤어나기 어려웠다(부표 7). 65년부터 미국에 의한 기술의 조건부 원조가 중단되고, 미국과 더불어 일본은 한국에 기술을 공급하는 주된 나라가 되었다. 일본으로부터 자본과 자본재·중간재 및 기술의 공급은 한국의 외향적 성장을 뒷받침한 중요한 요소였다.

1965년 이후 베트남 파병은 군사적·경제적 후원자인 미국의 대외 정책에 영합하면서 차관 도입, 용역과 상품의 베트남 수출, 그리고 군장비의 현대화라는 국익을 추구하기 위한 것이었다. 명분 없는 전쟁에 참여하는 대가로 1억 5,000만 달러 이상의 차관이 보증되었다. 63년 이래 해마다 1,000만 달러 정도나 그 이상의 상품이 베트남으로 수출되었고, 용역의 수출과 군인의 송금에 의한 외환수입은 그보다 컸다. 1965~72년간 수출은 9,430만 달러였고, 군납 등도 포함하여 획득한 외화는 모두 10억 달러에 달하였다. 일본자본과 베트남으로부터의 외화가 유입됨에 따라, 1965년 이후 외환보유 사정이 호전되었다. 베트남에서의 건설사업 경험은 70년대 중동 진출의 자산이 되었다.

크루거에 의하면, "1960년 5월부터 1965년까지는 무역·외환정책의 방향이 전면적으로 전환된 기간이었다."[13] 1964년의 경제개발계획의 수정과 환율 현실화, 그리고 65년의 한일국교정상화와 금리 현실화는 외향적 성장전략을 확립한 사건으로 평가할 수 있다. 1966년부터 재정투융자와 정책금융이 급증하였을 뿐만 아니라 외자 도입액은 한층 높은 수준으로 뛰어올랐으며, 국내 총투자율도 급증하여 20%를 넘어섰다. 한국식 개발체제는 1964~6년에 본궤도에 올랐던 것이다.

외향적 성장전략은 1차 계획의 성공적인 추진에 의하여 확고한 입지를 구축하였고, 2차 계획 이후 더욱 강력히 추진되었다. 수출입국의 구호 아래 수출지상주의의 풍조가 나타났다. 1960년대 수입대체적 기간산업의 육성을 지향한 중화학공업화정책은 70년대에 들어가 수출지향적인 조립가공산업을 육성하는 방향으로 전환하였다. 부실기업 사태로 인하여 69년부터 외자 도입의 지급 보증을 규제하고 70년부터 그 심사를 한층 엄격히 하고 조건이 불리한 상업차관을 억제하였지만, 70년대에 중화학공업의 건설, 농업부문의 개발, 석유파동 등으로 인하여 외자의 수요가 급증함에 따라 외자 도입 노력은 더욱 강화되었다.

적극적인 외자도입정책과 더불어 고도성장과 수출 확대는 외자의 도입을 급증시켰다.(부표 8) 1960·70년대에 외자는 압도적으로 차관의 형태로 도입되었다. 해외 저축의 중심이 원조로부터 차관으로 바뀜에 따라, 소비재의 도입 비중이 줄고 자본재의 비중이 증대하여 사회간접자본과 제조업의 기반 확충에 이바지하였다. 공공차관은 전력·철도·도로 등 사회간접자본의 확충에 주로 사용되고, 60년대 후반에 급증한 상업차관은 비료·시멘트·화학·석유·제철 등 기간산업설비에 주로 투입되었다.

제2차 세계대전 후에 세계적으로 직접투자가 급증하였는데, 한국에는 외자가 압도적으로 차관 형태로 도입된 이유는 무엇인가. 첫째, 남북대립과 국내 정치의 불안 및 투자를 위한 경제 기반의 미비로 인하여 외국 자본은 직접투자를 꺼렸다. 둘째, 식민지 지배의 경험은 외국 자본의 경영 지배를 낳는 직접투자에 대한 우려를 낳았다. 달리 보면, 민간 자본의 축적이 미약한 1960년대에는 한국인 자본의 육성이라는 과제가 직접투자를 규제한 정책 이념으로 자리를 잡을 수 있었다. 그래서 정부는 외국인 직접투자의 유인체계를 마련하는 동시에, 생산액의 일정 비율을 수출해야 하고 외국인 소유지분의 한도를 준수하고 수출용을 제외하고는 국산 부품·기계를 사용해야 하는 등의 규제 조항을 부가하였다. 1962년부터 도입된 직접투자는 수출을 위하거나 기술이 필요한 경우에 거의 한정되어 있었다. 셋째, 낮은 기술 수준의 경공업이 중심을 이룬 경제개발

13) A. O. 크루거 著, 田英鶴 譯『貿易·外援과 經濟開發』韓國開發硏究院, 1980, 99쪽.

의 초기 국면에서는 직접투자를 통하여 고도의 기술이나 경영기법을 도입할 필요성이 크지는 않았다.

1960년대 말부터 부실차관기업의 속출과 지급보증은행의 대지급(代支給)사태가 나타나고 외채 원리금의 상환 부담이 가중됨에 따라, 정부는 조건이 불리한 상업차관의 도입을 억제하는 대신 금융기관 차입을 도입, 확대하고 원리금 상환의 부담이 없는 직접투자의 유인책을 강화하기 시작하였다. 69년 이후 외국인 투자에 대한 행정절차를 간소화하였으며, 70년에는 마산과 이리에 수출자유지역을 설치하여 외국인 투자기업의 자유로운 기업활동과 수출을 지원하고, 외국인 투자기업체에서의 노동쟁의를 금지하였다. 적극적인 투자유인책에 힘입어 70년대에 직접투자는 증대하였지만, 제1차 석유파동에 따른 국제금융시장의 경색, 월남 파병에 따른 중국의 견제 등은 직접투자의 도입에 불리하게 작용하였다.

일본은 직접투자에서 1973년부터 미국을 능가하기에 이르렀다. 한일간 지리적 인접성과 오랜 교류의 역사 및 무역역조의 심화는 일본의 직접투자를 촉진하였다. 재일동포는 1962~81년간 일본 직접투자의 1/3을 담당하였다. 미국은 정유·화학 등 대규모 사업에, 일본은 주로 소규모의 노동집약적 산업에 투자하였다. 일본의 직접투자는 70년대 초까지는 섬유산업이 중심을 이루었고, 중화학공업화가 추진되는 70년대의 중·후반에는 중간재 산업으로 활발히 진출하였다.

비료·정유·석유화학·중기계공업과 같은 기술집약적인 산업의 수입대체화는 외국인 투자기업의 자본과 기술에 힘입은 바 컸지만, 고도성장기 직접투자의 경제성장에 대한 기여도는 크지 않았다 한다. 외자가 지배적으로 차관의 형태로 도입됨에 따라, 외채 문제가 야기된 반면 한국인 자본이 성장하고 생산의 현지화가 진전하였다. 민간 자본의 축적은 미약하지만 차관을 활용할 수 있는 인적 역량이 어느 정도 갖추어진 초기 개발단계에서 차관을 통한 한국인 자본의 육성은 유효한 전략이었다고 평가하고 싶다. 1987년부터 직접투자가 급증하였으나(부표 8), 2000년대에도 그 비중이 다른 나라에 비해 낮은 것은 차관 등에 의존하여 성장한 한국인 자본이 산업을 지배한 경로에 의존적임을 드러낸다.

외향적인 성장전략은 개방체제(開放體制)로의 전환을 요구하였다. 수출시장에 적극 진출하기 위해서는 수출산업화에 필요한 원자재와 생산재의 수입을 확대해야 하고, 나아가 수출시장의 진출에 상응하는 수입시장의 개방이 요구된다. 외자의 원활한 도입을 위해서는 자본시장의 개방이 요청된다. 1967년 자유무역을 지향하는 국제기구인 GATT에 가입함과 동시에 수입허가물종을 열거하는 열거주의 방식(positive system)으로

그림 11-3 수입자유화율과 관세율의 추이

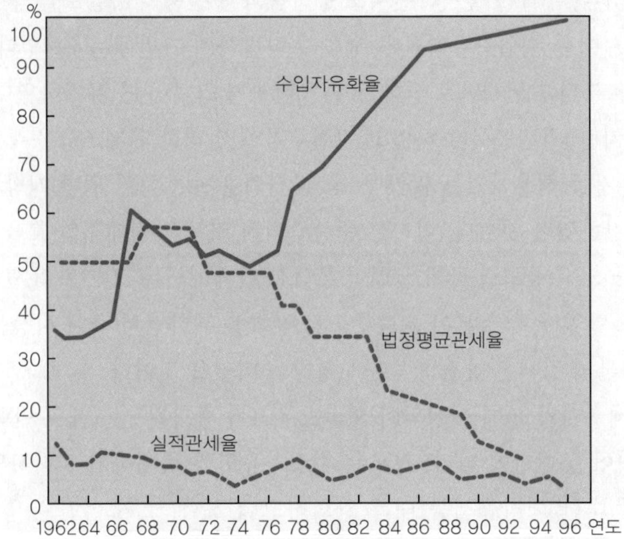

출전: 金昌男·渡邊利夫『現代韓國經濟發展論』[그림 3-5].

부터 수입금지물종을 열거하는 포괄주의 방식(negative system)으로 전환하고 관세장벽을 완화한 것은 무역시장의 개방을 위한 중요한 조치였다. 〈그림 11-3〉에 의하면, 1962~5년간에 35~7%이던 수입자유화율(=수입자동승인품목수/수입총품목수)은 67년 일거에 60%로 도약하였다. 65년 한일국교정상화의 타결과 66년 외자도입법의 정비는 자본시장의 개방을 위한 중요한 조치였다. 금융산업도 제한적으로 개방되었다. 67년 새로운 외자 조달 창구로서 체이스맨하탄은행의 서울 지점이 개설된 이래, 외국 은행 지점은 무역 확대와 경상수지 적자를 배경으로 꾸준히 늘었다. 그것은 1967~75년간에 9개, 1976~80년간에 24개 개설되었다. 68년부터 외국 손해보험회사가 지점, 자본 참여, 사무소 및 대리점의 형태로 진출하였다. 그것은 초기에 외국인만 상대하였다가, 77년에 내국인 상대의 보험업무를 허용받은 이래 업무취급 범위를 점차 확대하였다. 이러한 조치들은 개방화의 제1국면을 열었다.

그런데 국내 산업의 경쟁력이 여전히 취약하고 무역적자가 만성화되었으므로, 1968년 이후 한동안 수입개방은 진전하지 않았다. 공화당정부는 수출공업과 수입대체공업을 보호, 육성하기 위하여, 공업화에 필요한 원자재·중간재·자본재에 대하여 수입을 허용하고 관세율을 내렸지만, 최종소비재에 대해서는 수입을 억제하고 고율 관세를 부과하였다. 식량 등 농산물의 자급과 농가의 보호를 위하여 농산물시장의 개방을 추진하지는 않았다. 수출을 중시하면서도 공산품과 농산품의 자급도를 높이려 하였다. 그래서 67년 60%이던 수입자유화율은 오히려 하락하여 75년에는 49%였다. 평균 관세율은 69년 57%로부터 72년 48%로 인하된 후 76년까지 그 수준을 유지하였다. 외자의 도입을 추진하였지만, 차관을 선호하였고 직접투자에 엄격한 규제조항을 두었고 주식거래 등의 간접투자를 허용하지는 않았다. 국내 산업을 보호하기 위한 개방의 제한성은 70년대까지도 강하였던 것이다. 이러한 중상주의적 정책은 정태적인 효율을 저해하지만, 리스트(F. List)의 주장처럼 국내 산업이 유약한 단계에서는 그 기반의 확충과 고도화에 유효할 수도 있었다.[14] 일본이 수출주도적 전략을 취하면서 국내 시장을 강하게 보호하였는데, 일본의 정책은 박정희정부에 영향을 미쳤을 것이다.

1977년 국제수지가 크게 개선되어 외환보유고가 증가하고 그에 수반하여 국내 시장의 개방 압력이 증대함에 따라, 정부는 수입자유화를 확대하기 시작하였다. 1978년 정부는 수입에 대한 행정규제를 대폭 완화하고 전해에 52.7%이던 수입자유화율을 64.9%로 높였다. 〈그림 11-3〉에 의하면, 그 이후 수입자유화의 확대와 관세율의 인하는 착실히 추진되었다. 이것을 개방화의 제2국면으로 간주할 수 있다.

(4) 박정희정부 경제정책의 성격과 평가

4·19와 5·16이 일어나던 무렵 우리나라는 빈곤과 경제적 후진성의 극복을 위해 후발성(後發性)의 이점을 활용한 압축성장을 추구하여야 했다. 1960년대 경제 도약을 낳은 중요한 계기는 정책 전환이었다. 수출육성책, 외자도입책 및 제한적 개방정책으로 구성되는 박정희 집권기 대외지향적 성장전략은 경제성장을 이루는 데에 애로 요인인 자본의 도입과 선진 기술의 흡수에 유효하였다. 그것에 힘입어 수출이 급증하고 공업화가 진전되었다. 국가주도적 전략은 시장의 약한 조정기능을 보완하면서 성장잠재력을 발휘하여 조속히 자력적 성장 기반을 구축하는 데에 기여할 수 있었다.

이러한 정책의 기본 성격이 시장기능을 존중하여 가격 왜곡을 해소하는 것이라고 보는 견해와, 시장기능을 대체하고 가격 왜곡까지 하는 개입이라고 보는 견해가 대립

14) 이러한 제한적 개방체제는 5·16 주체의 민족주의와 무관하지 않을 것이다. 임종철(林鍾哲)은 공화당정부하의 수출제일주의(輸出第一主義)는 "리카도류(流)의 비교우위원리(比較優位原理)에 입각한 개방체계지향적(開放體系志向的)인 자유무역주의(自由貿易主義)가 아니었"고 "그 반대로 폐쇄체계지향적(閉鎖體系志向的)인 자급자족주의(自給自足主義)였으며 ……중상주의(重商主義)와 여러 가지 점에서 흡사한 면을 갖고 있다"고 보았다(「韓國貿易의 基本性格」『經濟論集』 21권 4호, 1982. 12).

하여왔다. 신고전학파적 견해는 민간 투자를 촉진하고 기업에 경쟁적인 환경을 제공하고 시장을 개방하고 안정된 거시경제를 유지한 것이 고도성장에 기여하였다고 본다면, 발전국가론은 시장의 힘만으로 후진성을 극복하기 곤란하여 국가의 적극적인 개입에 힘입어 고도성장을 달성하였다고 주장한다. 이러한 상반된 견해는 각각 논거를 가지고 있다. 1960년대에 수출의 촉진을 위하여 환율의 왜곡을 해소하고 저축의 증진을 위하여 예금금리를 현실화하고 수입시장의 규제를 완화하였다. 그런 점에서 50년대에 비하면 가격 왜곡이 완화되었고, 이것이 자원배분의 효율성을 높였음은 분명하다. 다른 면에서는 국가주도성의 이념에 입각한 경제개발계획이 강력히 추진되어 정부 개입은 한층 확대, 강화되었다. 정책금융은 가격 왜곡의 대표적 사례였다. 무역·자본시장의 개방을 제한하였는데, 국내 산업에 대한 보호나 보조가 높은 수준은 아니어서, 비효율성이 크지는 않았다 한다.

이러한 양 측면이 있다면, 고도성장은 시장기능을 존중하는 정책에 힘입었던가, 아니면 정부의 시장개입 때문에 가능하였던가라는 양자택일식으로 물어야 할 필연성은 없을 것이다. 신고전학파적 견해도 저개발국에서는 시장의 자원배분에 대한 조정능력(調整能力)이 부족하다는 점에서 조정실패에 대한 정부개입의 필요성을 인정하고 있다. 조정실패는 외부효과와 공공재로 인하여 발생하는 시장실패를 포괄할 뿐만 아니라, 시장제도의 미비나 정보 교환과 협력의 부족으로부터 야기될 수도 있다. 대표적인 발전국가론자인 암스덴(A. H. Amsden)에 의하면, 무상공여(無償供與)의 보조금을 배분한 중남미의 국가와 달리 동아시아국가는 수출이라는 성과를 기준으로 보조금을 배분하였기 때문에, 보조금을 받은 기업은 수출경쟁을 위해 효율을 추구하지 않을 수 없었고 해외의 선진적인 경영과 기술을 학습하였다. 암스덴은 동아시아국가의 개입이 기업활동에 관련된 불확실성과 위험을 줄이고 사업기회에 대한 정보를 제공, 확산하고 성장심리를 불어넣었다는 점에서 시장기능을 향상하였다고 평가한다. 그런 점에서 시장친화론(市場親和論)과 국가주도론의 절충론인 시장기능 향상론이 주목되는데, 정부의 정책은 시장의 조정기능을 보완, 촉진할 수 있으며 시장의 조정기능이 약한 경제발전의 초기 단계에 정부의 역할은 특히 유용하다는 것이다.[15)]

15) 신고전학파적 입장의 시장친화론은 *The East Asian Miracle*에서, 그보다 국가기능을 강조한 절충론인 시장기능 향상론(向上論)은 Masahiko Aoki, Kelvin Murdock and Masahiro Okuno-Fujiwara, "Beyond *The East Asian Miracle*: Introducing the Market-Enhancing View," *The Role of Government in East Asian Economic Development*, Oxford: Clarendon Press, 1997에 제시되어 있다. 이종화는 수출 주도의 개방정책이 높은 저축·투자율과 교육 수준, 거시경제의 안정, 그리고 사유재산권의 보호와 맞물려 동아시아의 고도성장이 이룩되었으며, 한국의 산업정책이 경제 전체의 생산성을 높이지는 못하였다는, 신고전학파 이론에 부합하는 연구 결과를 내놓았다(이종화 『동아시아 고도성장과 금융위기의 재조명』 아연출판사, 2003).

한국의 경제발전 경험은 이러한 절충론에 의하여 더욱 잘 설명될 수 있다. 박정희 정부 경제정책의 두 축을 국가주도성과 대외지향성이라고 본다면, 전자는 시장기능을 제한하는 방향으로, 후자는 국제시장조건에 부응하기 위해 시장기능을 존중하는 방향으로 작용하였던 것이다. 60년대 환율과 금리의 현실화라는 가격 왜곡의 해소 및 대외개방의 확대가 없었더라면, 자원배분의 비효율성이 현저해져 고도성장을 지속하기 어려웠을 것이다. 동시에 시장기능을 넘어서는 정부의 적극적인 지원이 없었더라면 제조업 수출경쟁력의 조속한 확보와 압축성장(壓縮成長)은 곤란하였을 것이다. 화학섬유업은 시장기능을 대신하는 정부의 적극적인 조정과 지원에 힘입어 제품 판로의 애로를 타개하고 자금조달의 난관을 넘어설 수 있었다.[16] 전자·조선·자동차·철강 등의 중공업도 마찬가지였다. 유망한 기업과 산업의 발굴은 금융시장이 하는 일인데, 금융시장이 성숙하지 못하여 국가가 대신 담당하였던 것이다. 시기적으로도 정책 이념이 변화하여, 박정희 집권기에는 국가주도성이 강하게 관철되었다면, 80년대에는 국가주도성이 약화된 반면 시장친화성은 강화되었다.

1960년대 초에도 한국은 빈곤의 악순환을 벗어나지 못하였고, 시장의 힘만으로는 자력적 경제성장을 신속히 달성하기 어려웠다. 선진국과의 격차를 축소하기 위해 자원을 성장잠재력(成長潛在力)이 큰 산업에 능률적으로 배분하는 시장의 동태적인 조정능력은 현저히 약하였다. 선진국과의 경제력 격차가 현저하였던 만큼 고도의 기술을 흡수하고 선진적 제도를 도입하는 이점은 컸지만, 그러한 기회를 활용하기 위한 시장의 조정능력은 심각한 한계를 가졌던 것이다. 금융시장의 미발달과 낮은 국민소득은 산업자본의 조달에 심각한 한계를 부여하였다. 당시 제대로 기능하는 자본시장은 없었고 금융기관은 저축을 효과적으로 동원하여 생산적으로 운용할 능력을 갖추지 못하였다. 그래서 정부가 앞장서서 외자를 도입하고 재정자금도 활용하여 성장잠재력이 큰 산업에 자금을 배분하였다. 기업의 신용 기반이 취약한 상황에서 장기 설비금융은 정부의 주도로 충분히 공급될 수 있었다. 또한 급격한 산업고도화에 따른 전문인력 수요를 노동시장의 기능만으로는 원활히 조달할 수 없어서, 정부의 인력개발정책이 요청되었다. 이처럼 국가가 시장의 미약한 조정기능을 보완하여 동태적 국제분업을 추구한 정책은 거센크론이 개념화한 후발성의 이점을 활용하였다.[17] 이러한 시장개입은 정태적으로

16) 李相哲 「韓國化學纖維產業의 展開過程(1961-1979)」 서울대 경제학박사학위논문, 1997.
17) 제1차 경제개발계획의 수립에 관여한 박희범(朴喜範)은 "원시산업(原始產業)의 특화를 강요당하고 있는 19세기적인 정태적 국제분업(靜態的 國際分業)에서 탈피하여 경제적 자립성과 성장률이 보다 높은 공업부분에서의 동태적(動態的) 국제분업을 궁극의 정책 목표로 하는 내포적 공업화(內包的 工業化)가 요청되는 것이다"라고 주장하였다(『韓國經濟成長論』, 고려대 亞細亞問題硏究所, 1968, 285쪽).

는 가격 왜곡이지만 동태적으로는 시장의 조정실패를 보완하여, 정태적이 아니라 동태적 효율을 추구한 기능으로 평가될 수 있다. 그런 점에서 국가와 시장이 협력하여 고도성장을 이루었다고 하겠다.

박정희정부는 수출 성과에 연계하여 기업에 보조금을 지급하였다. 금융산업이 기업가 역량과 사업 유망성을 잘 평가하지 못하는 상황에서 수출의 성과는 자금을 효율적으로 배분하는 유용한 기준이 될 수 있었다. 기업가에 대한 지원의 기준도 기본적으로 성과였고, 실패한 기업가는 다시 기회를 얻기 어려웠다. 새마을운동 등과 같이 수출과 무관한 사업도 진행과정을 점검하여 성과에 따라 보조금을 조정하였다. 이처럼 시장기능에 준하는 감독과 평가는 보조금의 효율성을 크게 높였다. 박정희보다 보조금을 더 잘 지급한 대한민국 대통령은 아직 보이지 않는다.

그래도 박정희정부의 시장개입은 광범하고도 강력하게 이루어졌으므로, 보조금의 부작용이 중남미국가보다 작더라도 가볍게 넘길 성질은 아니라고 생각된다. 시장가격에 훨씬 미달하는 수준으로 금융과 외자를 배정한 일은 희소한 자원의 비효율적 사용과 정경유착을 회피할 수 없었다. 1960년대 말의 부실기업 사태는 차관과 저리 융자의 비효율적 이용에 기인하였다. 70년대 중화학공업화를 위한 선별적이면서 강력한 자금 지원은 한층 막대한 비용을 요구하였다. 개발정책에 종속된 금융산업은 자율적인 자금중개기능을 배양할 수 없었고, 금융시장은 실물경제에 상응하게 성장하지 못하였다. 정부는 특정한 사업에 대하여 특혜적인 금융과 외자를 배정해주고 위험 부담을 안았는데, 대출에 따른 책임을 지지 않는 관료와 은행은 도덕적 해이와 부정의 유혹에 노출되었고, 기업은 수익성을 신중히 고려하지 않은 채 금융 차입의 극대화에 전력하였다. 정책금융을 받은 기업의 부실화가 금융산업의 부실화와 낙후를 낳는 일은 반복되고, 부실기업의 정리재원을 국민의 세금으로 마련하는 관행이 정착하고, 기업은 망해도 기업가는 살찐다는 말이 나돌았다. 이러한 가운데 정경유착이 심화하고 이권추구행위가 조장되었다. 그래서 축재한 정치인과 공직자가 많았다. 특혜적인 정책금융의 편중적인 지원은 대기업집단의 성장에 기여하였으나 중소기업의 열세를 낳았다. 대출의 사전 심사와 사후 감독을 효과적으로 수행하지 못하는 금융기관은 기업이 저금리로 과도하게 차입하여 비효율적으로 사용하는 관행에 제동을 걸지 못하였다. 이러한 국가주도적 개발전략의 비용을 편익이 능가할 수 있는 필요조건은 유능한 대통령과 정부이다.

정부의 노동운동 억압이 노동조합에 의한 시장 왜곡을 막아 노동시장의 경쟁성을 높였다는 평가도 있다. 하지만 그것은 노동자 권익의 침해를 낳고 노사관계의 자율적 발전을 막고, 나아가 기본권을 제약하는 출발이 되었다. 그럼으로써 후에 민주화와 노사관계 정상화를 위한 비싼 대가를 치렀다.

상의하달식(上意下達式)과 실적 위주의 군사독재 문화는 공업화 초기의 자원 동원과 성장목표 달성을 위한 추진력을 강화하였지만, 민간부문의 자율성과 창의성의 발휘를 제약하였다. 박정희정부는 국민총생산과 수출의 성장률 목표치를 달성하기 위한 수단과 방법의 정당성이나 후유증의 배려에 소홀하였기 때문에, 제도와 의식의 왜곡을 초래하였다. 왜곡된 제도와 의식에서 비롯된 구조적 비리는 시장의 공정성뿐만 아니라 효율성도 저해하였다.

시장의 힘만으로 경제발전의 애로를 타개하기 어려운 초기 개발국면에는 정부개입이 괄목할 성과를 거두었지만, 민간 자본이 축적되고 시장이 성장할수록 국가주도의 필요성은 줄어들고, 경제가 확대되고 복잡해질수록 관료가 그것을 통제하고 조정하기 힘들어졌다. 그리고 선진국과의 임금격차와 기술격차가 축소하여감에 따라, 국가주도로 후발성의 이점을 누리는 전략의 유효성은 점차 약화되었다. 게다가 저임금의 이점을 가진 개발도상국이 추격해오고 상대적 과잉인구가 감소하였으므로, 노동 통제에 힘입은 저임금에 국제경쟁력을 의존하는 전략의 유효성은 줄어들었다.

이처럼 정부개입은 장기적인 처방이 될 수는 없는데도 지속, 강화되어 그 폐단은 심화되었다. 정부의 특혜적인 지원은 자본주의의 강점인 경쟁의 압력 아래 민간의 자구노력에 의한 체질 강화(1950년대 말과 80년대 전반의 불황기에 이러한 메커니즘이 작동하였다)를 저해함으로써, 1960년대 말과 70년대 말에 기업부실화 문제 등을 낳았다. 그런 점에서 국가주도적 성장전략이 60년대의 시대적 요구에 부합하였지만, 일정 시점부터는 시장기능을 더욱 존중하여 민간부문과 금융산업의 자율성을 확대하고 생산요소의 질적 향상과 기술혁신을 중시하는 성장전략으로 점진적으로 전환하는 것이 바람직하였다고 생각된다. 그리고 경제성장에 상응하는 제도와 의식의 발전을 도모하여야 했다. 부실기업 문제가 심각해진 60년대 말이 정책 방향의 점진적인 전환을 개시해야 할 시점은 아니었을까. 그런데 70년대 8·3조치, 중화학공업의 특혜적 지원 등에서 드러나듯이, 오히려 국가주도성을 강화하고 성장지상주의를 고수하였다. 60년대 말부터 장기집권을 획책하여 72년 유신독재체제를 구축한 것은 정책적 전환을 어렵게 만들었다. 일제시대와 남북대결에 연원을 가지는 군사 문화는 박정희정부 경제정책의 강력한 추진력으로 작용하는 동시에 그 부작용을 잉태하였던 것이다. 그 결과 70년대 말 중화학공업의 과잉투자와 부실화라는 문제가 나타난 데다가 제2차 석유파동과 대통령 살해로 인한 정치적 혼란이 겹쳐서 1980년에는 성장률이 마이너스였다.

「3.」 국가주도적 개발전략의 수정과 대외 개방의 확대

(1) 국가주도적 개발전략의 시장친화적 전략으로의 수정

1960·70년대의 고도성장은 높은 물가상승을 동반하였다. 연평균 GNP디플레이터는 1962~70년간 17.5%, 1970~80년간 20.6%, 소비자물가는 1965~80년간 14.9% 상승하였다. 시장금리보다 훨씬 낮은 정책금융의 확대, 그리고 국제시세보다 낮게 유지한 투자재의 가격은 기업의 확장지향적 경영과 설비투자의 급격한 확대를 낳았다. 투자 수요의 급증에 저축률이 따라가지 못하여 발권력에 의한 자금 공급이 증대함에 따라, 인플레이션이 발생하였다. 인플레이션은 저축을 위축시킴으로써, 투자자금의 초과수요는 더욱 확대되었다. 외환 유입의 급증도 통화 증발의 중요한 요인이었다. 강력한 개발정책과 금융시장 억압이 인플레이션을 존속시킨 중요한 요인이었던 것이다.

고도성장과 높은 물가상승을 동반한 한국경제는 심한 경제적 기복을 겪었다. 제1차 경제개발계획을 수립한 직후의 인플레와 외환 고갈은 1950년대의 취약한 경제체질이 개발정책을 감당하기 힘든 데에 기인한 면이 있다. 64년 초 경기의 저점을 지난 이후 월남의 특수(特需)와 일본자본의 유입이 경기상승을 뒷받침하였다. 1970년대 초 국제환경의 악화와 기업 부실화로 인하여 침체하던 경기는 72년의 8·3조치 이후 상승국면으로 돌아섰다. 1973년 말 제1차 석유파동으로 외환위기가 날 뻔하였으나, 1974년 현대가 사우디아라비아에서 9.36억 달러의 건설공사를 수주한 이후 중동 건설 붐이 일어나고 76년부터 수출도 증대하여 호황국면을 맞이하였다. 정주영의 기업가 역량이 주역, 박대통령의 지원과 홍순길 사우디 주재 건설관의 노고가 조역이 되어 중동 붐을 열고(『조선일보』 2019. 7. 29), 근면한 노동자들이 그것을 유지시켰다. 77년에는 수출이 100억 달러를 넘어서고 경상수지가 호전되었다. 이 무렵부터 한국의 경제성장이 '한강의 기적'이라 불렸다. 호황으로 들뜬 분위기 속에서 경제적 내실을 도모하기보다 외형적 팽창에 치중한 경제 운용은 물가 앙등, 투기 확산, 중화학공업의 부실화를 낳았다. 과열된 경기가 78년 가을 이후 급속히 냉각하는 가운데 막대한 투자재원을 투입한 중화학공업이 부실화되어 그 가동률은 크게 떨어지고 수출경쟁력은 약화되었다. 게다가 79년 제2차 석유파동으로 국제유가가 폭등하여, 무역적자가 누적되었다. 그래서 10·26, 12·12, 5·18의 정치격변을 겪으면서 80년에는 경제성장률이 처음으로 마이너스를 기록하였다. 1979·80년의 경제위기는 제2차 석유파동에 촉발된 경기의 하강국면이 국가주도적 개발정책의 문제점과 결합되어 나타났던 것이다. 이처럼 심한 기복은 해외의존성이 강하여 국제환경의 변화에 민감한 경제체질, 경제안정을 희생하는 성장지상주의 정책, 사회 전반적으로 좋은 시절에 다가올 어려움을 대비하는 자세의 부족 등에 기인하였다.

이러한 경제위기에 대한 응급조치로서 1980년 두 차례에 걸쳐 과잉·중복업종에 대한 투자조정이 이루어져서, 발전은 한전이 독점하였고 자동차는 현대·대우에게만 주어지다 87년부터는 기아에게도 허용되었다. 1983~5년간에 후속 보완조치로서 채무상환의 연기, 구제금융의 제공, 금리 인하, 조세 경감 등의 특혜적인 지원이 이루어졌다. 83~6년간에 구조적 불황에 처한 해운업과 해외 건설업을 통폐합하고 그에 지원하였다. 85년부터 다섯 차례에 걸쳐 78개 부실기업의 정리를 위하여 19조 원에 달하는 금융·조세의 지원이 이루어졌다. 부실기업 정리에 제공된 특혜는 기업경영을 호전시킨 반면, 정부의 지원과 보호에 안주하려는 기업의 도덕적 해이를 조장하였다. 또한 채권금융기관을 배제한 기업구조조정은 금융기관의 기업경영에 대한 감시 유인을 약화시켰다.

경제위기는 이러한 응급조치로만 극복될 수 없었다. 1979·80년의 경제위기는 국가주도적 성장지상주의전략의 한계와 문제점을 명백히 드러내었기 때문에, 기존 성장전략의 근본적인 재검토를 요구하였다. 박정희정부는 1979년 4월 경제안정 종합시책을 발표하여 정책 전환을 모색하다 끝났다. 전두환정부는 정책의 최우선 순위를 물가안정에 두어서 통화 긴축을 추진하고 경상경비 지출과 공공투자를 축소하거나 연기하였다. 이것은 IMF와 세계은행이 요구하는 바였다. 70년대에는 중화학공업의 강력한 육성과 석유파동의 극복을 위하여 세출이 팽창하여 재정적자가 컸다. 그것이 인플레이션을 초래한 중요한 요인이었다. 1982~6년간 강력한 긴축재정은 재정 건전화를 달성하였다.(부표 6) 그에 힘입어 70년대에 연평균 20% 내외이던 물가상승률은 80년대에 7% 내외로 안정되었으며, 은행의 실질금리도 '+'를 유지하게 되었다. 그 반면 사회간접자본 투자의 축소는 80년대 말 이후 물류비용(物流費用)을 상승시켰다. 경제성장정책이 경제안정정책으로 전환하면서, 경제성장을 견인하기 위한 정부개입은 약화되었고 경제안정을 위한 민간 자율과 시장기능이 중시되었다.

1980년대 정부개입의 약화는 민간 자본 위상의 신장에 대응하였다. 70년대 중화학공업화에 편승하여 성장한 대기업은 80년대 전반 정부 지원과 경영합리화에 힘입어 내실을 강화하였다. 그래서 정부는 60·70년대의 자본축적을 위한 직접적인 개입방식과는 달리, 80년대 이래 기업 활동을 위한 안정적이고 경쟁적인 환경을 조성하는 역할을 수행하였다. 재정투융자는 사회간접자본으로 집중되어 자본축적을 간접적으로 지원하는 경향을 나타내었다.

1970년대 특정 전략산업에 대한 조세·금융의 특혜적 지원이 중화학공업의 과잉설비투자와 부실화를 낳았다는 반성이 제기됨에 따라, 1986년 특정 산업에 대한 선별적 지원의 근거이던 7개 주요 공업육성법을 폐지하는 대신에, 자율과 경쟁을 원칙으로 삼은 공업발전법을 제정하여 기능별 지원으로 전환하였다. 그 결과 선별적으로 제공되던 국민투자기금은 불특정 다수의 기업을 대상으로 하는 국산기계 구입자금 및 수출금융 지원으로 전환하였으며, 시장실패로 인하여 자력으로 산업합리화를 할 수 없는 경우에 한하여 정부가 간접적인 방식으로 개입하기로 하였다. 그리고 1980년대에는 구조불황·사양산업의 합리화, 중소기업의 육성 및 기술개발의 촉진을 통하여 성장·성숙산업의 국제경쟁력을 제고하고 첨단기술산업을 육성하는 산업구조 조정정책이 시행되었다. 주요 산업에 대한 투자세액 공제의 규모와 범위는 축소된 반면, 기술혁신을 위한 세제 지원은 강화되었다.

관치(官治)금융에 따른 대출의 경제성과 안전성에 대한 부실심사는 자금 배분의 비효율을 낳을 뿐만 아니라 부실채권의 누적을 통하여 금융기관의 부실화를 초래하였으므로, 금융자율화가 추진되었다. 1981~3년간 정부가 보유한 은행 주식을 매각하고 83년에 금융기관 민간 주주의 의결권을 제한하던 임시조치법을 폐지함에 따라, 시중은행은 민영화되었다. 정부가 금융기관의 인사권을 관장할 수 있도록 만든 법은 82년에 폐지되었다. 금융기관 설립에 관한 규제가 완화되어, 80년대 초에 5개이던 시중은행은 80년대 말에 11개로 증가하고 비은행금융기관도 급증하였다. 수출금융과 은행 일반대출 간의 이자율 격차가 축소되다가 82년부터 양자가 동일해졌다(부표 5). 84년 대출금 차등금리제의 도입으로 부분적으로 시행된 금리자유화는 91년 이후 단계적으로 확대되었다. 80년 이후 사채 금리와 은행 금리의 격차도 축소되었다. 물가상승률보다 낮던 은행 이자율은 그것에 준하게 수렴하였다. 금융업무 영역의 완화로 인하여 금융시장이 다원화되고, 비은행금융권의 금융중개가 더욱 빨리 증가하였다. 〈그림 11-4〉에 의하면, 1961·5년 금리현실화로 증가한 금융연관비율은 1970년대에 금융억압으로 2~3에 머물다가 80년대 이후 물가안정과 금융자율화의 진전, 그리고 1997·8년 외환·경제위기로 인한 금융구조조정에 힘입어 꾸준히 상승하였다.

그런데 금융자율화에 대한 실질적인 제약은 존속하였다. 은행 소유권은 민간에 이전되었지만, 은행장 선임을 비롯하여 경영은 여전히 정부의 강한 입김 속에 있었다. 2016년 김영란법 시행 이전에는 관료·정치인의 청탁을 막을 제도가 미비하고 규범이 미약하였다. 정부는 재벌을 비롯한 산업자본에 의한 은행의 사금고화(私金庫化)를 우려하여 1982년 말부터 동일인 소유한도를 8%로 정하고 94년 말부터 4%로 다시 낮추었다.

그림 11-4 금융연관비율의 추이

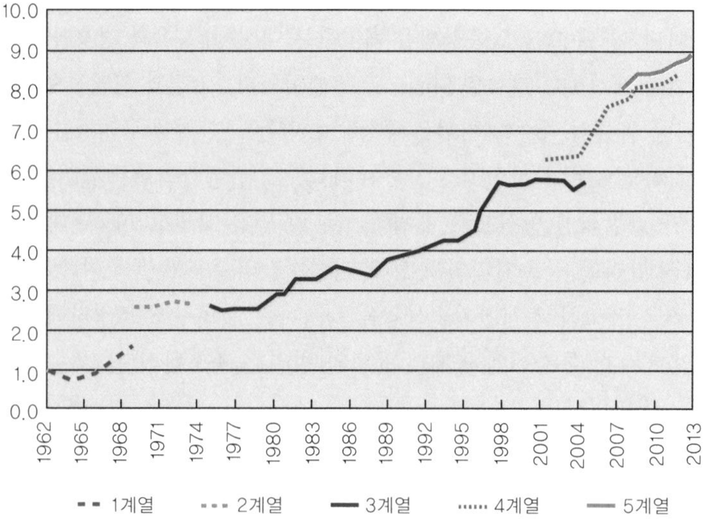

출전: 배영목·이헌창·이명휘「화폐와 금융제도」『한국의 장기통계』해남, 2018, 그림 S-k.

이런 조치는 책임경영을 어렵게 하는 대가를 치렀다. 지방은행에 대해서도 92년부터 15%의 동일인 소유한도제가 도입되었다. 90년대에 금리자유화는 상당히 진전하였지만, 금융산업의 안정을 이유로 업무영역, 점포 설치 등에 관한 규제는 그다지 완화되지 않았다. 그 결과 지나치게 분화된 소규모 금융기관이 난립하였다. 1976년 서울은행과 한국신탁은행의 합병 외에는 금융기관간 합병은 없었고, 그것도 성과를 거두지 못하였다. 따라서 국제적인 차원에서 대규모 은행은 없었다.

중화학공업에 대한 정책금융은 축소되었지만, 중소기업의 육성을 위한 정책금융은 확대되는 추세여서, 예금은행의 중소기업 대출의 비중은 1983년 33%로부터 93년 59%로 상승하였다. 또한 은행이 공급하는 정책금융적 성격이 강한 주택자금·수출산업설비자금·농업자금은 증대하였다. 산업구조 조정은 금융개입의 존속을 위한 명분을 제공하였다. 1986~8년간 78개 부실기업의 정리를 위한 산업합리화자금 7.3조 원이 시중은행을 통하여 공급되었다. 이러한 대규모 산업합리화자금과 부실채권을 떠맡은 시중은행의 수지 악화를 보전하기 위하여, 한국은행은 1.7조 원의 저리자금을 제공하였다.

박정희 집권기의 강력하고 포괄적인 정부개입은 광범위한 행정규제를 양산하였다. 1980년대 이후 이러한 규제가 이권추구행위를 조장하고 그로 인해 기업간 경쟁을 저해한다는 인식은 갈수록 확산되었다. 그래서 정부는 82년 이후 지속적으로 규제 완화를 추진하여왔다. 행정규제 완화 민간자문위원회의 92년 보고에 의하면 절차, 사업 활동, 기준, 진입 등의 순으로 행정규제가 많았다.

(2) 대외 개방의 확대

제2절에서 언급한 바와 같이, 1960년대 이후 추진한 대외지향적 성장전략은 시장개방을 요청하였지만, 정부는 국제수지의 만성적인 적자로 말미암아 수입자유화를 제한하였고, 유약한 한국인 자본의 보호와 육성을 위하여 자본시장의 개방을 늦추었다. 1977년 경상수지가 호전되자, 정부는 수입자유화율을 확대하는 등 한동안 정체하던 시장개방을 확대하였다.

1970년대 말·80년대 초의 격심한 불황과 대폭의 무역적자를 경험하면서도 시장개방은 지속적으로 추진되었다. 여기에는 새로운 국내외 요인이 작용하였다. 박정희정부의 정책 이념은 강한 국가주도성을 특징으로 한다면, 80년대 이후 정책 지향은 정부개입을 축소하여 자율적이고 경쟁적인 시장환경을 조성하려는 점에서 시장친화성을 가졌다. 국가주도적 정책은 대외적으로 유치산업을 보호하려는 중상주의적 이념과 결합하였다면, 시장친화적 정책은 대외적으로 시장개방의 추구와 결부될 때 일관성을 가진다. 그래서 무역적자의 누적에 대처하기 위하여 비교우위론에 입각한 수출촉진책과 무역시장 개방이, 외채위기를 타개하기 위하여 금융시장 개방이 본격적으로 검토되었다. 국내 제조업과 금융업이 성장하였기 때문에, 이러한 정책 변화가 추진될 수 있었다. 80년대 초에는 저렴한 농산물의 수입을 통한 저임금의 유지로 국제경쟁력을 강화한다는 논리 위에서 농산물시장의 개방론마저 대두하였다. 그리고 82년부터 대미 무역이 흑자로 전환함에 따라, 미국이 시장개방을 강력히 요구하였다. 이러한 시장친화적 정책 이념과 미국의 시장개방 압력의 묘한 결합이 80년대 이후 시장개방을 낳은 기본 요인이었다.

1978년경부터 시작된 개방화의 제2국면을 무역시장과 금융시장으로 나누어 살펴보자. 1978년부터 수입자유화의 확대와 관세율의 인하가 착실히 추진되었다. 1977년 52.7%이던 수입자유화율은 지속적으로 상승하여 87년에는 93.6%에 달하였다. 85년부터 미국이 농산물시장 개방 압력을 강화함에 따라, 농축산물 수입자유화율은 84년 68.3%로부터 91년 86.2%로 급증하였다. 91년에는 수입자유화율이 97.2%에 달하였는데,

농수산물 273개와 공산품 10개만이 자유화 유보 품목이었다. 1972~6년간 48%에 머물던 평균 관세율은 77년 이후 빠르게 인하되어 94년에는 7.9%가 되었다. 비관세장벽도 미국의 압력에 의하여 89년부터 완화되기 시작하였다. 수입수량 규제가 완화되었을 뿐만 아니라, 수입자격 제한이 완화되고 수입절차도 간소화되었다. 공산품의 국내 가격이 수입품의 국제 가격을 초과하는 비율로 본 명목보호율(名目保護率)은 82년 20.5%로부터 90년 13.6%로 낮아졌다.

금융시장의 개방이란 외환거래와 자본거래의 자유화 및 금융산업의 개방을 포괄한다. 1980년대 전반까지는 경상수지의 적자 기조가 지속함에 따라 국제수지의 방어 등을 위해 엄격한 외환관리체제가 유지되어왔다. 경상수지가 흑자로 돌아선 1986년 이후 외환거래에 대한 규제가 지속적으로 완화되었고 환율제도는 가격기능을 제고하는 방향으로 개편되었다. 1991년 말에는 원칙금지(原則禁止)·예외자유(例外自由)의 외환관리법 체계가 원칙자유·예외금지의 법체계로 전면 개정되었다. 90년 도입된 시장평균환율제도는 중앙은행의 일정한 공식과 방침에 따라 결정되던 환율을 외환시장의 수급에 따라 결정되도록 하였으나, 환율의 안정을 위해 변동폭을 제한하였다. 87년 이후 선물환(先物換) 거래의 자유화가 확대되고, 89년에는 외화콜시장이 개설되었다. 1988년부터 외환집중의무제도를 점진적으로 완화하여 95년에는 외환보유에 대한 민간의 등록의무를 폐지하기에 이르렀다. 95년 이후에는 경상외환거래의 자율화폭이 크게 확대되었다.

자본자유화는 직접투자, 증권투자, 해외대차거래 등에 관련된 자본이동에 대한 규제를 완화 내지 철폐하는 것이다. 민간 자본의 축적이 미약한 1960년대에는 한국인 자본의 육성이라는 과제가 직접투자를 규제한 정책 이념으로 자리를 잡을 수 있었다. 그런데 한국인 자본이 국내 경제의 중추를 담당할 정도로 성장하고 독점자본의 폐해가 확대된 데다가 첨단산업을 육성할 필요가 생김에 따라, 80년대부터 선진적인 기술과 경영기법을 전파하는 직접투자의 도입에 대한 규제가 크게 완화되어갔다. 1984년 외국인 투자의 허용업종 열거방식이 제한업종 열거방식으로 전환된 이래, 투자허용업종이 지속적으로 확대되어 80년대 말에는 제조업부문의 개방이 거의 완료되었고 89년 이후에는 서비스부문을 중심으로 외국인 투자의 자유화가 추진되었다. 합작투자에서는 내국인의 소유 비율을 50% 이상으로 하던 제한을 84년부터 완화하고, 자유송금을 보장하였으며, 91년에는 외국인 지분이 50% 이하인 제조업의 투자는 허가제 대신에 신고제를 적용하였다. 93년 외국인 투자개방 5개년 예시제가 도입된 이래 투자제한업종의 축소와 투자 절차의 간소화가 지속적으로 추진되었다.

직접투자는 그 규제가 크게 완화된 1984년부터 급증하였다. 1980년대에 직접투자의 70% 가까이가 석유화학·전기전자·운송용 기기·기계 등 제조업에 투입되었다. 직접투자 중 서비스업의 비중은 70년대 20% 미만이다가 80년대에 30% 이상으로 상승하였고, 1994~5년에는 제조업 투자를 능가하였다. 미국과 일본이 주된 투자국인 가운데 80년대 후반에 유럽의 투자가 활성화되었다. 저생산비의 이점을 노려 한국에 진출하던 외국인 자본이 80년대 말부터 임금·지가(地價)·물류비용 등의 상승으로 인하여 동남아, 중국 등 신흥개도국(新興開途國)으로 발길을 돌림에 따라 직접투자는 정체하다가 95년부터 다시 급증하였다.(부표 8)

1981년 자본시장 국제화 장기계획이 발표된 이후, 증권시장이 개방되기 시작하였다. 당시 국제수지의 악화와 외채위기에 몰려서 외자를 도입할 적극적인 방책을 마련해야 하였다. 이 계획에 따라 81년부터 국내 투자신탁회사가 외국인 전용 수익증권을 발매하였다. 84년 미국에서 Korea Fund, 87년 영국에서 Korea Europe Fund, 그리고 91년 Korea Asia Fund가 설립되어 국내 기업의 주식 관련 해외증권을 발행하였다. 애초에는 국내 자본시장의 취약한 기반을 고려하여 간접투자만 허용되었다. 86년 이후 무역수지 흑자의 달성 및 자본시장 개방 압력에 힘입어 92년부터 외국인이 국내 증권시장에서 직접 주식투자를 할 수 있게 되었다. 증권시장의 개방은 국내 경영권의 보호, 통화·물가 관리, 증권시장의 안정성이란 문제를 내포하므로, 외국인의 투자한도를 92년 상장기업 발행주수의 10%, 보호가 필요한 업종은 8%로 정하였고, 이후 단계적으로 확대하였다. 외환위기 이전에 정부는 국내 은행을 통한 자본·외환거래의 자유화를 적극 허용하되, 증권시장의 개방은 제한하였다.

외국인의 국내 채권투자는 1994년에 제한적인 범위에서 허용되고, 이후 단계적으로 허용 범위를 확대하였다. 1990년대에 들어 거주자의 외화증권 발행한도를 확대하고, 그 절차도 완화하였다. 95년부터 상업차관 도입의 규제가 완화되었고, 90년대에 단기무역신용 등 무역관련 자본 유입에 대한 규제도 지속적으로 완화되었다. 94년에는 기업의 해외에서의 현지금융 한도가 철폐되었다.

자본유입뿐만 아니라 자본수출의 자유화도 현저히 진전하였다. 해외 직접투자의 자유화는 1980년대 후반 경상수지의 대폭 흑자에 힘입어 진전하다가, 93년 말 이후 기업의 해외 진출 필요성 등을 고려하여 지속적으로 추진되었다. 96년에는 해외투자 제한업종이 폐지되었다. 해외 직접투자 잔액은 77년까지도 1억 달러에 미달하였으나, 88년에는 10억 달러, 95년에는 100억 달러를 넘었으며, 92년부터는 외국인 직접투자를 능가하였다. 동남아에 대한 투자는 생산비를 절감하기 위한 것이, 미국과 유럽에 대한 투자는 무역장벽을 회피하거나 선진 기술을 획득하기 위한 것이 주종을 이루었다. 85년부터 허용된 해외 증권투자에 대하여 1995~6년간에 투자한도를 완전 폐지하였다.

외국 자본에 의한 금융시장의 지배를 막기 위하여 외국 금융산업의 진출과 영업활동을 제한하던 정책은 1980년대에 들어와 국내 금융기관의 대외 진출에 상응하게 외국 금융기관의 국내 진출을 허용하라는 상호주의(相互主義)의 원칙에 입각한 요구에 의하여 수정되었다. 금융산업의 경쟁력을 높이기 위한 금융개방론의 대두, 경상수지 흑자의 실현도 금융산업 개방에 힘을 보태었다. 80년대 이후 미국계와 일본계를 중심으로 외국 은행의 국내 지점은 꾸준히 늘어, 96년 말에 48개의 외국 은행이 사무소 24개, 지점 67개 및 합작은행 1개 형태로 진출해 있었다. 83년에 미국자본과 합작한 한미은행의 설립이 허용되었던 것이다. 외국 은행 지점은 원래 외화의 대출을 주요 업무로 하여 영업을 허용받았는데, 80년대에는 원화예금을 받아 대출하는 등 영업을 확장하였다. 90년 한미금융회담 이래 외국계 은행의 운영에 관한 특별제한이 폐지됨으로써 외국 은행 지점은 국내 은행과 동등한 위치에서 경쟁할 수 있게 되었다. 1991년 9월 말 외국 은행 지점은 일반 은행 중에서 총자산으로는 9%, 예수금 기준으로는 4%, 대출금 기준으로는 10%를 차지하였다.

1968년부터 진출한 외국 손해보험회사는 업무 허용 범위를 점차 확대하였다. 외국 생명보험회사에 대해서는 87년에 국내 지점, 89년에는 합작회사와 현지법인 형태의 진출을 허용하고, 이후 영업 허용 범위를 확대하였다. 1981년 노무라(野村)증권사가 처음으로 서울에 사무소를 개설하였다. 외국 증권회사의 진출은 85년까지는 증권시장의 침체, 국제화 여건의 미비 등으로 부진하다가, 86년 이후 증권시장의 활황과 개방을 배경으로 활발하였다. 93년부터 투자신탁업과 투자자문업의 개방도 점차 확대되었다.

4. 고도성장의 요인과 역사적 배경

(1) 고도성장의 요인

Penn World Tables 및 Maddison의 추계를 참조하면, 고도성장기 직전 1인당 실질소득은 세계에서 상위 60%선에 머물다가 1990년대에는 20%선으로 도약해 있었다. 한국

표 11-6 한국 경제성장의 요인(1970~2001년) (단위: %)

구분	연평균 경제성장률				1인당 성장률에 대한 기여도			
	산출량	노동	물적 자본	인적 자본	1인당 성장률	1인당 자본량	1인당 인적 자본	총요소 생산성
총산업	8.67	4.05	10.99	0.57	4.61	2.26	0.39	1.97
제조업	10.4	3.45	11.51	0.39	6.95	2.85	0.25	3.85

출전: 李鍾和·宋喆鍾「韓國經濟 成長要因의 產業別 分析」『經濟學硏究』53-2, 2005, 116쪽.

을 후진국으로부터 신흥공업국 내지 중진자본주의국으로 부상시킨 고도성장의 요인은 무엇인가. 경제성장의 공급측 요인에 관한 연구 성과를 〈표 11-6〉에서 보면, 물적 자본의 투입 증가가 가장 큰 비중을 차지하였다. 〈그림 11-2〉에 나타난 바와 같이, 고도성장기에 외자와 국내 저축을 활용한 투자가 급증하였던 것이다. 인구가 빠르게 증가하는 가운데 15~64세 생산가능인구의 비중도 높아져서(표 11-26) 노동 투입과 저축이 빠르게 증가할 수 있었던 점에서, 고도성장기는 한국사상 경제성장에 가장 유리한 인구 구성을 가진 시기였다.

경제성장에 대한 요소 투입과 생산성의 기여도를 분리, 파악하는 일은 중요하나, 총요소생산성의 추정은 연구자에 따라 상당히 달랐다. 영(A. Young)과 크루그만(P. Krugman)은 한국을 포함한 동아시아의 성장이 압도적으로 요소 투입의 증가에 의거하였다고 보았는데, 이후 추계는 대체로 그보다 생산성 향상의 기여도를 높게 평가하였다. 〈표 11-6〉에 의하면, 1970~2001년간 경제성장률에 대한 총요소생산성 향상의 기여도는 23%로서 동아시아국가들과는 비슷하나, 30% 내외의 선진국보다는 낮다. OECD의 추계에 의하면, 한국의 총요소생산성 증가율은 1985~2010년간 3.8%여서 높은 편이었다. 〈표 11-6〉에 의하면, 제조업은 경제성장을 견인하고 생산성 향상의 기여도가 더욱 높았다. 고생산성의 다수 제조업이 급속하고도 성공적으로 도입되고 그럼으로써 노동과 자본의 투입이 급증할 수 있었다. 암스덴의 주장처럼 선진 기술의 학습·흡수는 비교적 원활히 이루어졌다고 보아야 한다. 그렇지 않았더라면 고도성장의 진입과 지속이 불가능하였을 터이다. 성장 요인 추계에서는 인적 자본의 기여도가 낮게 나타나지만, 인적 자본은 선진 기술의 흡수를 통하여 고생산성 산업의 급속하고도 성공적인 도입을 실현시킨 핵심적 요소였다.[18]

18) Jong Wha Lee, "Economic Growth and Human Development in the Republic of Korea 1945-1992," Human Development Report Occasional Papers 24, UNDP, 1996.

표 11-7 국내총생산의 지출 구성과 그 연평균 실질성장률 (단위: 억 달러, %)

구분	국내총생산의 지출 구성						연평균 실질성장률				
	1953	1961	1970	1980	1990	1997	53~61	61~70	70~80	80~90	90~97
국내총생산	13	21	81	628	2,536	4,426	4.1	8.7	7.6	9.1	7.1
소비지출	92.3	98.0	84.1	76.0	63.8	61.5	3.9	7.2	6.1	7.6	6.6
총고정자본형성	7.3	11.8	25.1	32.1	37.1	34.7	9.3	22.9	12.9	11.9	6.1
재화·용역 수출	2.0	5.4	14.1	33.9	29.8	51.2	10.2	27.4	20.3	10.9	15.8
(공제) 재화·용역 수입	9.9	15.0	23.8	41.3	30.3	44.2	-0.6	21.6	15.0	10.6	13.1

자료: 한국은행『국민계정』등.
주: 지출의 구성은 경상가격으로, 연평균 실질성장률은 불변가격으로 구함.

〈표 11-7〉을 통하여 경제성장의 수요측 요인을 살펴보자. 국내총생산의 지출을 보면, 수출의 증가율이 가장 높았다. 수출이 경제성장을 견인한 주요한 요인이었음을 알 수 있다. 총고정자본 형성의 증가율도 매우 높았는데, 투자 수요의 증대도 고도성장의 실현에 기여하였다. 그런 점에서 수출·투자주도형 경제성장이라 하겠다. 1964~71년간 민간제조업의 설비자금 1.3조 원 중 외화(外貨)자금은 29%를, 1973~9년간에는 18.6조 원 중 40%를, 1981~91년간에는 78.3조 원 중 20%를 차지하였다. 그런 점에서 외자의존적 경제성장이라 할 수도 있겠다. 수출산업의 육성과 성장, 그에 수반한 투자 수요의 증대는 성장률을 높이고, 경제성장은 다시 소비지출을 확대함으로써 고도성장을 뒷받침하였던 것이다.

고도성장을 지속하기 위해서는 외자와 수출에만 의존해서는 곤란하고, 투자와 소비의 내부 기반, 곧 내자(內資)와 내수(內需)도 확충하지 않으면 안 된다. 그런 점에서 국민소득의 신장이 소비지출과 국내 저축을 증대함에 주목할 필요가 있다. 〈그림 11-2〉에 나타난 바와 같이, 국내 저축률은 금리 현실화, 소득 수준의 향상 등에 의하여 급속히 신장되어 투자재원의 내부 원천이 확충되어갔고, 1986~9년간에는 국내 저축만으로 투자를 채울 수 있게 되었다.

〈표 11-7〉에 의하면, 소비지출의 구성비는 하락하였지만, 그 증가율은 높았다. 고도성장은 농촌과잉인구와 자연적으로 증가하는 인구를 위한 일자리를 마련하여, 인구 증가에도 불구하고 실업률은 지속적으로 줄었고 1인당 소득은 빠르게 성장하였다. 지급 비중이 높은 농업인구가 소득의 거의 모두를 화폐로 획득, 처분하는 비농업인구로 전환한 것도 소비시장을 크게 확대시켰다. 생산재의 내수도 증가하였다. 앞으로 언급

하겠지만, 1960년대의 경공업화는 그 소재와 생산재의 수입을 대체하는 중화학공업화를 촉진하였고, 70년대의 조립가공형 중화학공업화는 그 부품공업의 성장을 낳았다.

1950년대에 막대한 원조를 받으면서 연평균 4% 정도 성장하던 한국경제가 60년대 이후 원조가 사라지는 가운데 어떻게 자력으로 지속적 경제성장, 그것도 고도성장을 달성할 수 있었던가. 경제학자는 경제성장을 낳는 요인으로 물적·인적 자본, 기술, 정책과 제도, 문화, 무역, 지리와 국제관계, 사회적 역량 등을 거론한다.

고도성장기 직전까지 물적 자본의 축적은 우호적 조건이 아니었다. 일제시대와 1950년대에 수리(水利)를 중심으로 근대적 농업설비가 갖추어져 농업생산성은 대체로 인구와 비슷한 속도로 증가하였다. 그래서 농업은 경제성장을 위한 잉여를 제공하기는 어려웠으나, 높은 밀도의 인구를 부양할 수 있었다. 일제시대에 공업설비와 사회간접자본이 괄목할 만하게 구축되었지만, 해방 후 혼란기에 상당히 유실되었고 전쟁으로 인하여 심대하게 파괴되었다. 중화학공업은 대부분 북한에 위치하였다. 전후 원조에 힘입어 사회간접자본이 복구되었고 수입대체공업화가 진전하였지만, 1960년대 초에 한국이 최빈국(最貧國)에 머문 기본 원인은 자본이 부족하였기 때문이다. 1950년대에는 투자재원의 과반을 원조로 충당하여, 원조가 없었더라면 자본스톡의 증가마저 어려운 형편이었다. 그래서 1961년에도 한국은 1인당 경상 국민총생산이 85달러에 불과하여, 저(低)소득→낮은 저축률→낮은 투자율→저소득이라는 이른바 빈곤의 악순환으로부터 벗어나지 못하였다.

1960년대 이후 외자 도입에 따른 투자 증대가 고도성장을 실현한 하나의 요인이라는 점에서, 1인당 자본의 증가가 1인당 생산을 증대한다는 솔로(Robert Solow)의 고전적 성장이론은 설명력을 가진다. 1960년대 한국은 해로드-도마 모형이 제안한 대로 경제성장을 위해 저축률과 투자율의 증대에 노력하였다. 솔로 모형에서는 투자 증가로 유발된 1인당 생산의 증대가 한계를 맞이하며, 그 한계를 돌파하기 위해 외생적 기술진보가 필요하다. 그런 점에서 외자 도입이 낮은 투자율의 애로를 돌파하였다고 해도, 솔로 이론은 성장의 지속을 설명하는 데에 한계를 가진다. 솔로 이론의 문제점을 극복하기 위해 나온 내생적 성장이론은 성장의 지속을 이해하는 데에 도움을 준다. 내생적 성장이론에 의하면, 물적 자본의 축적이 인적 자본의 축적을 촉진하여 자생적인 성장 동력을 확보해간다. 제6절에서 언급하겠는데, 1960·70년대에는 외자로 수입한 자본재의 기술을 잘 학습한(learning by doing) 것이 기술발전의 주된 원천이었다. 그래서 〈표 11-6〉에서 제조업 총요소생산성의 기여도가 높았다. 고도성장으로 교육과 현장훈련의 기회가 확대되면서 인적 자본은 빠르게 축적되었다. 해방 이후 1980년대까지 초등·중등·고등교육이 차례로 급속히 보급되었다. 그리고 1980년대부터는 기업의 연구와 개발에 대한 투자가 급증하였다. 1960~92년간에 한국은 경제성장률과 인적 자원의 개발률이 모두 세계적으로 높은 나라였다.[19] 폴 로머(Paul Romer)는 지식을 축적하고 기술을 습득한 노동력이 기술과 사업의 혁신을 지속하는 선순환 성장구조를 중시하였는데, 그것이 한국 고도성장의 중요한 동인이었다. 그런데 1960년 이후 4.3조 달러가 가난한 나라에 지원되었으나, 가난을 탈피한 나라는 소수였다. 이것은 근대경제성장에 진입하기 위해 제도와 문화, 그리고 사회간접자본과 사회적 역량의 축적이 중요함을 드러낸다.

북한은 중화학공업지대를 인계받고 소련 등의 원조와 차관을 받아 물적 자본을 축적하여 1950년대에 고속성장을 달성하였지만, 그것을 지속할 수 없었다. 남북한간 경제 성과의 차이를 결정한 기본 요인은 제도였으며, 사회주의의 계획경제로 높은 성장률을 장기간 지속한 나라는 없다. 조선시대 재산권이 성장하고 1912년 일본의 근대 민법이 조선에 적용되고 1948년 민주 헌법이 마련되고 1954년 개헌을 통해 자유사기업주의(自由私企業主義)가 확립된 것은 근대경제성장을 위한 중요한 제도개혁이었다. 제도가 경제성장의 가장 중요한 동인(動因)이라는 가설이 경제학계에서 가장 폭넓은 지지를 받고 있지만, 구미에서 성립한 근대 경제제도를 도입한 많은 나라가 20세기 말까지 근대경제성장의 단계로 진입하지 못한 것은 제도만으로 경제성장을 설명할 수 없음을 드러낸다. 제도는 근대경제성장을 위한 필요조건이지 충분조건은 아닌 것이다.

근대경제의 확립을 위해서는 제도의 정비와 기술의 흡수를 통해 원조나 외자를 잘 활용하여 지속적인 성장을 도모할 수 있는 사회적 역량(social capability)이 있어야 한다. 한국의 사회적 역량은 압축성장을 통한 따라잡기(catch-up)의 실현에 이바지하였다. 사회적 역량은 명확히 정의되기 어려운 개념인데, 선진 기술을 흡수할 수 있는 능력, 그리고 지속적 성장에 필요한 제도를 정비하는 능력으로 볼 수 있다. 한국은 고도성장의 이전에 외부로부터 빌려 쓸 수 없는 사회적 역량을 갖춘 점에 주목할 필요가 있다. 후발성 이점을 활용한 따라잡기가 없이는 고도성장이 불가능하다.

한국이 경제개발을 시행한 다음 해인 1963년부터 고도성장을 개시, 지속한 것은 적절한 개발전략과 강한 추진력이 제공되면 경제적 변화를 야기할 수 있는 성장잠재력을 갖추고 있었음을 보여준다. 개발도상국을 중심으로 하는 74개국의 특성에 관한 아델만과 모리스의 연구에 의하면, 1961년에 한국은 1인당 국민소득으로는 60위에 불과하였지만, 문자해독률, 기초적 사회기구의 성격, 사회적 이동성, 매스컴 보급도 등을 포함

19) UNDP, *Human Development Report* 1996, p. 66.

한 사회·문화복합지표에서는 16위를 차지하였다. 한국은 1960년대 초에 매우 가난하였지만, 성장잠재력의 사회적 역량을 가졌던 것이다.[20] 제5장에서 살펴보았듯이, 조선왕조시대부터 경제발전을 뒷받침하고 나아가 민주화를 실현할 정치적·사회적 유산이 축적되어왔다.

이러한 사회적 역량은 인적 역량에 직결된다. 한국은 1960년경 이미 다른 개발도상국에 비해 취학률이 높고 문맹률이 낮았다. 여공은 열악한 작업조건 가운데 장시간 노동을 견뎌내고도 회사가 제공하는 야학에 참석하기도 하고 저임금의 상당 부분을 저축하는 강인함을 보여주었다. 중동에 간 건설노동자, 선진 기술을 습득한 기술자 등 남성 노동자도 강한 성취욕을 보여주었다. 1960년대 이후 외자를 통하여 자본과 기술이 동시에 유입되었을 때, 그것과 결합할 수 있던 양질의 노동력이 풍부하고 기업가역량이 존재한 것은 지속적 성장을 자력적으로 실현한 중요한 내적 요인이었다. 그리고 1975년까지 200만 명을 넘는 인원이 군대에서 초보적이나마 행정과 기술의 지식을 획득하고 집단규율에 적응하는 훈련을 거친 후에 제대하여 노동인구 대열에 참여하였다. 미국의 한 보고는 한국인의 군사기술의 습득·적응 능력이 뛰어나다고 평가하였다.

한국은 이처럼 근대경제성장을 위한 조건을 갖추어왔지만, 1960년대 초 원조가 감소하는 상황에서 경제자립의 전망은 불투명하고 제1차 경제개발계획의 목표 달성에 대한 전망은 비관적이었다. 그런 점에서 대외지향적 성장전략은 근대경제성장을 위해 부족한 생산요소인 자본과 기술을 도입하고 수출을 확대하는 데에 유효하여, 60년대 이후 원조에 대한 의존도를 낮추면서 고도성장을 달성하였다. 해외 시장의 개척은 국내 시장이 협소한 속에서도 규모의 경제를 실현시키고 수입수요 충족을 위한 외화를 제공하였다. 기술력은 부족하였지만, 기술은 외자로 도입한 자본재에 체현(體現)되어 있었고, 교육 수준이 높은 인력과 50년대 수입대체공업화의 경험은 기술의 습득에 유리한 자산이었다. 한국의 성공은 수입대체공업화보다 수출공업화가 선진 기술의 흡수와 기업 발전에 유리하였음을 보여준다. 수입대체공업화 위주로 경제성장을 장기지속한 나라는 없다. 개방경제를 지향하고 수출공업을 적극 육성한 나라들이 고도성장을 달성하였다.

세계 개발경제학계에서 수출주도 공업화보다는 경제적 자립을 지향한 수입대체공업화 전략이 호응을 얻고 있던 1960년대 초에 한국이 대외지향적 성장전략을 채택하

20) Irma Adelman and Cynthia Morris, *Society, Politics and Economic Development: A Quantitative Approach*, Baltimore: The Johns Hopkins University Press, 1967; Jonathan Temple and Paul A. Johnson, "Social Capability and Economic Growth," *Quarterly Journal of Economics* 113-3, 1998.

도록 유도한 역사적 배경은 무엇인가. 무엇보다도 60년대 초의 취약한 경제 형편이 수입대체공업화의 길로 계속 나아가도록 허용하지 않았던 점이 중요하다. 당시 국내 저축은 감가상각을 충당하는 데에 급급하였고, 자본스톡의 증가는 거의 해외 저축에 의존하였다. 천연자원이 부족하고 공업 기반이 취약하여 소비재·원자재·자본재 등의 도입에 따른 무역적자가 컸는데, 그 80% 정도는 원조로 충당되었다. 1958년 이후 저축갭과 외환갭을 메우는 데에 크게 기여한 무상원조의 감소는 심각한 불황을 초래하고 원조에 의존한 경제의 기반을 흔들었다. 이에 경제활동에 필수적인 자원·자본재 등을 수입할 외화를 얻기 위해서도 수출의 길로 나서야 하였다. 국내 시장의 협소와 원조의 감소로 인하여 수입대체공업화가 난관에 봉착하고 경제위기에 직면한 50년대 말의 상황에서 대외지향적 공업화를 추구하지 않고서는 경제발전을 성취하기가 곤란하였다. 그러한 가운데 1950년대 말에 경제제일주의, 수출지향적 공업화 및 경제개발계획의 수립이라는 정책 방향과 그것을 뒷받침하는 사회적 분위기가 이미 형성되고 있었다. 박정희정부의 경제개발정책은 이러한 시대적 상황과 사회적 여망에 부응한 것이었다. 1962년부터 시행된 경제개발계획의 원안(原案)은 국내 저축과 국내 수요를 중시하여 자립경제를 지향하는 성격이 강하였지만, 곧 난관에 직면하여 대외지향성을 강화한 계획으로 수정되었다. 한국은 자원이 풍부하거나 국내 시장이 컸다면, 수입대체공업화 전략에 안주하였을 공산이 크다. 제2차 세계대전 직후의 이스라엘 및 싱가포르와 마찬가지로 남한에게도 역경과 궁핍이라는 도전이 경제발전에 유리하게 작용하였다.

더 넓은 시야로 본다면, 식민지경제의 대일 종속성은 해방 후 원조의존적 경제체질을 규정지었고, 원조가 격감하는 가운데 이러한 경제는 장기적으로는 자립을 지향하더라도 당장은 수출의 확대를 통하여 무역적자와 외환갭을 줄여나가지 않을 수 없는 절박한 상황에 처하였다. 그런 점에서 식민지경제의 비자립성은 1960년대 이래 대외지향성을 요청하는 원인(遠因)이었다.

나라가 작고 자원이 빈약한 반도국가라는 지리조건은 20세기 후반 남한이 대외지향성을 적극 추구하도록 유도하였고, 그 이익을 크게 만들었다. 그런데 조선왕조는 무역에 유리한 지리적 조건을 활용하기는커녕 자국민의 해로무역을 금지하는 해금(海禁) 등으로 무역을 억제하였다. 박제가의 지적처럼, 조선이 가난한 중요한 원인은 해금이었다. 무역억제책은 중국의 조공무역체제에 편입된 데에 기인하고, 조선왕조는 지리적 위치로 인해 중국의 세계질서에 깊게 편입되지 않을 수 없었다. 1876년 개항 이후 무역 발전은 경제성장을 낳은 중요한 힘이었다.

한국의 외향적 성장전략이 뛰어난 성과를 거둔 배경으로서 제2차 세계대전 후의 유리한 국제경제환경을 빼놓을 수 없다. 제2차 세계대전 후에 강대국의 후진국에 대한 정치적 간섭이 불식된 것은 아니지만, 주권의 탈취를 통하여 제국주의의 이해를 일방적으로 강요하는 식민지체제가 붕괴하였다. 제2차 세계대전의 싹을 키운 국제금융위기의 재발을 막기 위한 논의를 거쳐 1944년에 미국 달러화를 기축통화(基軸通貨)로 하여 각국 통화가치를 표시하고 달러의 금태환을 보장하는 브레튼우즈협정이 체결되었다. 이에 기초하여 1945년에 IMF(국제통화기금), 1946년에 세계은행이 설립되어 경제개발자금을 제공하고 국제금융을 원활하게 하였다. 1948년 발족한 GATT는 관세 인하와 무역자유화에 관해 가맹국이 합의한 기준을 준수하기 위한 신사협정이었다. 브레튼우즈협정이 효력을 발휘한 1945~73년간은 세계 역사상 경제가 가장 빠르게 성장한 자본주의의 황금시대였다. 한국의 국가주도적·대외지향적 성장전략은 이 시기의 안정되고 번영하는 국제경제환경에서 후발성의 이점을 누리는 데에 적합하였다. 무역자유화의 진전 및 자본과 기술의 국가간 원활한 이동은 수출시장의 개척, 그리고 자본과 기술의 도입에 유리하게 작용하였던 것이다.

금과 달러 사이의 고정된 교환 비율을 보장한 브레튼우즈협정이 1973년 폐지된 것은 국제적 통화협력시대의 종말을 의미하였다. 게다가 자원민족주의의 대두와 산유국의 석유무기화정책은 73년 석유파동을 낳아서 세계경제는 에너지 고가격시대, 신보호무역주의 경향의 가속화, 경기침체와 인플레를 동반하는 스태그플레이션이 나타났다. 〈표 1〉에 의하면, 석유파동 이후 세계성장률이 낮아졌지만, 제2차 세계대전 이전보다는 높았다. 그리고 WTO체제의 협약에 의해 국내 산업을 보호, 육성하는 산업정책이 어려워졌다. 한국은 중국이 공업국가로 부상하기 전인 세계경제의 황금시대에 공업화를 통한 경제개발을 추진하여 운이 좋았다.

이처럼 자본축적, 정책과 제도, 문화, 지리와 국제관계, 그리고 사회적 역량이라는 요인 모두가 한국 고도성장에 대한 설명력을 가진다. 이 중 어느 것이 본질적이고 더욱 중요한 요인인가? 나쁜 제도로 경제발전을 지속할 수 없다는 점에서 제도가 본질적인 요인으로 사료된다. 그리고 제도의 설계·도입·활용에 이바지하는 인적 자본과 사회적 역량도 중요하다. 지리적 위치는 무역뿐만 아니라 선진적 기술·제도의 전파 경로, 그리고 선진 문명의 전파를 통한 사회적 역량의 축적에 영향을 미치는 점에서 중요한 의의를 가진다.

(2) 고도성장의 역사적 배경

일반적으로 사회와 경제의 발전은 지속적 축적의 산물이다. 자본과 사회적 역량의 축적, 그리고 제도의 진화에는 시간이 걸리는 것이다. 로마가 하루아침에 이루어지지 않은 것처럼 한국경제는 전근대, 개항기, 일제시대, 해방과 1950년대를 거치면서 단계적으로 근대경제성장을 위한 기반을 구축하여왔다. 그런 가운데 제2차 세계대전 후에 유리해진 국제환경 아래 박정희정부가 유효한 발전전략을 수립하여 효과적으로 추진하였기 때문에, 1963년 이후 고도성장이 달성되었다.

조선시대의 유산은 1960년대 이후의 경제발전과 연관짓기 쉽지 않지만, 표면적으로 드러나는 것보다 중요하게 작용하였던 것으로 보인다. 개항 이전에 법제도가 발달한 편이었고 문화 수준이 높은 편이었고 교육과 학문이 중시되었고 여론이 활발하였고 사회적인 교류와 정보 이동이 밀도 있게 이루어졌는데, 그것은 교육의 발전과 근대적 제도·기술의 수용에 유리한 유산이었다. 문자생활의 발달과 교육중시 관념은 인적 자원의 성장에 기여하였고, 관료국가 제도와 재산권 제도는 근대적 국가제도의 수립을 위한 기반이 될 수 있었다. 앞서 언급한 따라잡기를 위한 사회적 역량은 조선시대에서 초보적이나마 양성되었던 것이다. 개항기에는 국가제도의 근대적 개혁, 민주제 이념의 침투, 신분제의 해체, 시장과 기술의 발전, 근대적 조선인 기업의 출현, 유교의 지배력의 해체와 근대 학문의 도입, 교육 발전 등 다방면의 의미 있는 변화가 있었다. 이러한 변화는 식민지화로 무의미해진 것이 아니라 이후의 근대화를 지원하였다.

사회간접자본 구축, 제도 정비, 교육 확대, 공업화 등 식민지유산은 고도성장에 활용되었으나, 경제의 성숙을 제약한 면도 가졌다. 일제시대에 근대적 설비가 본격적으로 구축되었으나, 해방 후 정치적 혼란과 분단 및 전쟁으로 인하여 상당 부분 유실되었다. 일제시대에 근대적 교육이 확대되고 근대적 인력이 늘어났으나, 조선인의 숙련·기술자로의 상승은 제약을 받았다. 일제시대에 3% 정도의 성장이 이루어졌지만, 민족내적 동력을 결여하였다. 그 때문에 1950년대에 미국 원조에 의존하여 경제안정을 유지하여오면서 최빈국에 머물렀고, 원조가 감소하는 50년대 말부터는 자립적 기반을 구축하기 위하여 몸부림쳐야 하였다. 조선인이 자치와 민주주의의 경험을 가지지 못한 것은 정치와 사회의 발전에 불리하게 작용하였다. 저자는 식민지 경험이 한국 경제에 크게 유리하거나 불리하게 작용했다고 생각하지 않는다.

조선은 다른 식민지에 비해 3% 정도의 지속적 성장국면에 빨리 진입하였고 연평균 성장률이 높았으나, 해방 후 훨씬 급격한 경제적 침체를 경험하였다. 그리고 해방 후 빠르게 근대경제성장의 국면에 진입하고 민주주의체제를 확립한 특성도 가진다. 이것을 어떻게 설명해야 할까. 일제의 자본투자와 일제와의 무역성장이 다른 식민지보다 활발하였기 때문에 성장률이 높은 편이었다. 그래서 일본경제로부터 분리된 이후 침체가 심각하였다. 식민지화 후나 해방 후에 3% 정도의 지속적 성장국면에 빠르게 진입한 것은 그것을 뒷받침한 조선 내적인 요인도 작용하였기 때문이다.

1950년대의 성취도 무시되어서는 안 된다. 국민국가의 수립과 국민경제의 형성은 자력적 근대성장을 위한 필수적인 전제였다. 농지개혁을 통한 부의 균등한 분배, 그로 인한 사회적 동질성과 안정성의 향상은 공업화와 민주화를 위한 귀중한 자산이었다. 6·25전쟁은 인력과 물적 자본을 파괴한 반면, 인구 이동성을 높이고 노비를 소멸시키고 양반 관념에 타격을 가하여 사회적 동질성과 역동성을 높인 점에서 공업화에 기여하였다. 귀속기업체의 불하와 국내 산업의 보호를 통하여 한국인 자본이 성장하고 물가 안정을 이루면서 수입대체공업화가 진전하였는데, 이것은 1960년대에 수출지향적 성장정책을 추진할 수 있는 기반을 마련하였다. 50년대 말 원조경제의 위기에 대응하는 가운데 경제개발체제로의 전환이 시작하였다. 조선말기와 달리 1960년대 자력적 근대화에 성공한 것은 내적 기반이 한층 성숙하였던 데다가 국제환경이 훨씬 유리하였기 때문이다. 대외지향적 전략은 그에 호응한 민간 기업의 능동적 대응으로 수출의 순조로운 확대를 수반하였기 때문에, 흔들리지 않고 일관되게 추진될 수 있었던 것이다.

고도성장의 개시를 지원한 인적 역량도 장기간에 걸쳐 단계적으로 축적되어왔다. 근대화 초기 국면인 일제시대부터 근대 교육이 본격화되고 근대적 기업가와 노동자가 본격적으로 성장하였지만, 인적 자원의 형성에 대한 조선시대의 유산을 간과해서는 안 된다. 조선시대에 유교 이념의 전사회적 침투와 과거제는 교육에 대한 높은 가치를 부여하여, 교육기관이 보급되고 문자생활이 발달하였다. 배우기 쉬운 한글은 부녀자와 하층민의 문맹률을 낮추는 데에 기여하였다. 개항 후 근대 교육에 대한 관심이 점차 높아졌고, 갑오개혁으로 과거제가 폐지된 후에 근대 교육이 성장하는 가운데 서당은 1920년까지 늘었다. 중국 등 외국에 이주한 동포들의 교육열이 한결같이 높은 것도 그것이 식민지화 이전 조선사회에 내재하였음을 드러낸다.

일제시대에 경제성장이 교육 수요를 낳고 초등교육이 크게 확대되었지만, 해방 당시 문자해독률은 남자 67%, 여자 25%였고, 중등 이상 교육자의 비중은 매우 낮았다. 일본의 수준 높은 교육, 인적 자원 및 직업윤리는 한국의 인적 자원과 문화에 유리한 영향을 미쳤을 것이다. 〈그림 11-5〉에 나타난 바와 같이, 해방 후 교육은 비약적으로 확대되었다. 1948년 공포된 헌법은 모든 국민이 의무 초등교육을 받을 권리를 규정하였고,

그림 11-5 학교별 취학률의 추이

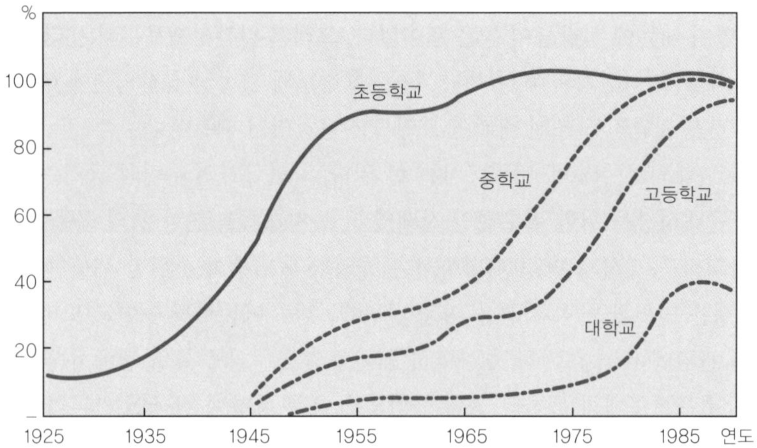

출전: 安秉直 · 金洛年「韓國經濟成長의 長期趨勢(1910-현재)」『광복50주년기념논문집』3 [그림 4].

1949년 의무교육이 시행되었다. 1954년 의무교육 6개년계획이 마련되어 1959년에는 적령 아동의 95%가 취학하였다. 또한 1954년부터 성인 문맹퇴치교육의 활발한 전개로 남자의 문자해독률은 1964년 90%를 넘고, 여자의 문자해독률은 1965년 70%를 넘었다.

일제시대에는 식민지 국민으로 묶어두기 위한 초등교육이 주로 확대되었지만, 해방으로 국민국가가 수립된 이후에는 중고등교육이 현저히 확대된 점이 주목된다. 1957년 중학교 입학시험이 시작된 직후부터 입시 경쟁은 치열하였다. 1950년대에 중고등교육은 재정 지원을 별로 받지 못하였지만, 교육열을 가진 학부형의 사친회(師親會)의 지원 등에 의존하여 빠르게 팽창하였다. 성인이 교육받은 평균 연수는 1947년 1년을, 1957년 3년을, 1967년 5년을, 1980년 7년을, 1998년 10년을 넘었다.[21] 그 결과 한국의 교육보급률은 해방 당시 다른 저개발국보다 높은 편이 아니었는데, 1960년대 초에는 한국보다 1인당 소득이 3~4배인 나라와 대등해졌다. 제2차 세계대전 이후 급속한 교육 확대로 1955년 소득에 비해 평균 취학연수가 예외적으로 높은 나라는 한국과 일본이었다. 1951~9년간 유학생은 5,021명인데, 그중 90%가 미국으로 갔다. 1956·7년간 미국의 외국인 유학생 중 한국인은 세 번째로 많았다 한다. 이러한 교육의 도약은 뒤이은 산업생산

21) 차명수「자본과 부」『한국의 장기통계 II』해남, 2018, 862~3쪽.

의 도약을 위한 기반을 조성하였으며, 한국의 성장잠재력을 집약적으로 보여주는 지표였다.[22)]

1950년대 교육 발전을 낳은 요인은 무엇일까. 첫째, 정부의 교육중시정책과 원조가 결합하여 교육 서비스의 공급을 확대시켰다. 둘째, 독립국가의 건설을 위한 지식의 수요가 창출되고 민족적 차별의 소멸이 사회적 지위의 상승수단으로서 교육의 의의를 강화하였기 때문에, 교육열은 고조되었다. 신분·인종·민족에 따른 차별 요인이 없는 데다가 지주계급을 해체한 농지개혁이 사회적 동질성과 경제적 형평성을 높임에 따라, 교육은 사회적 지위 상승의 사다리로서 중요한 의미를 가지게 되고, 남성에 국한되었으나, 노력과 능력에 따라 중산층으로 진입하고 출세할 수 있는 길이 활짝 열린 개방적이고 역동적인 사회가 형성되었다. 셋째, 조선시대에 배양된 교육 발전을 위한 문화적 토양은 20세기 경제성장이 제공한 교육의 경제적 인센티브와 결합하여 교육의 눈부신 발전을 낳았다.

경제개발전략을 효과적으로 추진할 수 있던 정부도 사회적 역량과 무관하지 않다. 제7장 제1절에서 일제시대에 이러한 발전국가가 성립하였다는 견해를 소개한 바 있다. 박정희정부의 강력한 통제력과 경제개입은 일제시대 군사 문화와 전시통제기(戰時統制期)의 유산과 무관하지 않다. 그런데 1930년대 전반까지는 정부가 시장에 별로 간섭을 하지 않고 적극적인 공업화정책이 없어서 발전국가로 보기 어렵고, 조선인이 전시통제에 강요당한 경험으로 발전국가의 원형을 곧바로 찾는 데에는 무리가 따른다.[23)] 제5장에서 식민지화 이전 민주제 국민국가의 수립에 이바지할 역사적 유산이 있었음을 언급하였다. 조선왕조국가는 경제개발이라는 발상을 할 수는 없었으나, 인민을 위한 경제안정책에 소홀하지는 않았다. 해방 후에도 국가 주도력을 강화하는 새로운 요인이 작용하였다. 6·25전쟁 이후 남북간 긴장된 대결과 체제 경쟁은 이데올로기적으로 응집된 정치적 공동체로서 강력한 남한국가를 만들었다. 제국주의자본의 압박으로 조선인 자본이 성장하지 못한 데다가 해방 후 노동자·농민운동이 탄압받고 농지개혁으로 지주계급이 해체됨에 따라, 정치권력에 대항할 뚜렷한 사회계층은 없었다.

해방 후 도입된 미국 제도·문화도 국가를 발전시켰다. 경제의 통제·조직화는 전시통제기의 유산과 강한 관련을 가진다면, 시장기능을 활용하는 정책은 해방 후 구미(歐美)경제학계로부터 유입된 경제지식과 미국의 정책적 권고에 주로 힘입었다. 박정

22) 木村光彦「近代朝鮮の初等教育」『アジア發展のカオス』勁草書房, 1997; 유영익『이승만: 생애·사상·업적의 새로운 조명』일조각, 2013, 196~9, 367쪽; 深尾京司『世界經濟史から見た日本の成長と停滯』岩波書店, 2020, 23~4쪽.
23)『경제사학』35(2003)에 수록된 김낙년과 주익종의 논문을 참조하라.

희정부는 해방 후 경력을 쌓은 엘리트들로 주로 충원되었으며, 구미 유학 등을 통하여 선진적인 경제지식을 습득한 학계·관계 등의 전문가가 증가하여 효율적인 경제정책의 추진을 위한 중요한 인적 자원이 되었다. 한국의 경제발전을 뒷받침한 국가제도는 식민지화 이전 국가제도를 발전시킨 전통, 식민지유산, 냉전체제, 미국의 영향 등의 종합적인 산물인 것이다.

한국은 정부와 국민이 일체가 되어 목표를 향하여 나아갈 수 있도록 하는 국민적 일체감(national identity)을 이루기 위한 풍부한 유산을 보유하고 있다. 한국은 중국 다음으로 통일된 정치적 실체로서 오랜 역사를 가지면서 독자적 언어를 공용하며 인종적·문화적으로 강한 동질성을 유지하여왔다. 조선시대에 유교에 의한 이념적 동질화가 강화되었고, 조선후기에 노비제가 급격히 해체되고 반상제(班常制)가 점차 동요, 해체되면서 사회적 동질화가 진전하였다. 그런 과정에서 성장한 정치공동체 의식은 일제에 대한 저항적 민족주의를 대두시켰다. 해방 후 보통선거권의 부여, 의무교육제도 등은 국민국가의 형식을 부여함으로써 국민적 일체감을 증진시켰다. 농지개혁은 사회적 동질성을 높였고, 4·19를 통한 민족적 민주주의 의식의 고양도 국민적 일체감을 높였을 것이다. 이렇게 형성된 강한 국민적 일체감은 1950년대 말·60년대 초의 심각한 경제위기에 대처하는 국민적 합의와 노력을 촉진하고, 나아가 경제개발의 추진력을 제공하였다.

5. 산업고도화

〈그림 11-6〉에 드러나듯이, 일본보다 늦게 공업화의 시동을 건 한국과 대만은 선진국 경제발전의 성과를 일본보다도 단기간에 압축적으로 흡수할 수 있었다. 그래서 고도성장기 한국의 산업고도화는 구미 선진국은 말할 나위도 없고 일본보다도 빠르게 진행하였다. 농업 취업자가 제조업 취업자의 7배로부터 양자가 비슷해지기까지 영국에서는 약 100년(1750~1850), 일본에서는 약 70년(1890년대 초~1960년대 초)이 걸린 반면, 한국에서는 1963년 농림어업 취업자가 제조업의 8배였는데, 1986년에는 더 적어졌다.

〈표 11-8〉에 의하면, 제조업이 고도성장을 주도하여 국내총생산에서의 비중은 1961년 13.6%로부터 90년에 29.2%로 급증하였다. 그 반면 농림어업은 낮은 성장률로 갈

그림 11-6 1인당 국민소득의 국가별 장기 추세(1990년 달러 기준)

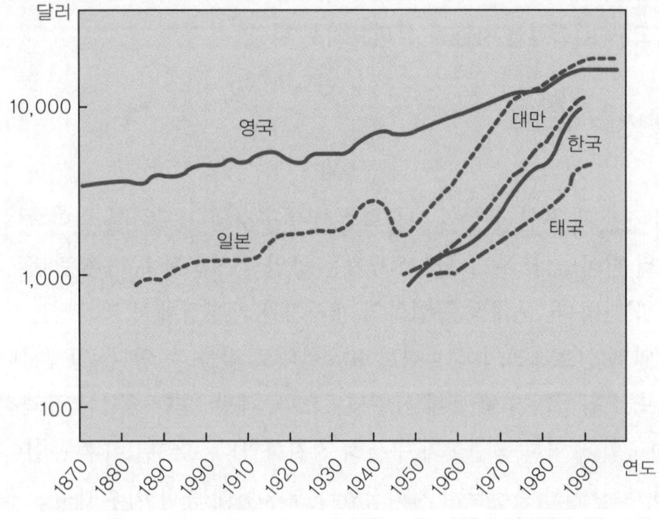

출전: 金昌男「東아시아 제국의 經濟發展戰略과 經濟發展類型」『經濟史學』23, 1997, 그림 2.

표 11-8 국내총생산의 산업별 구성과 연평균 실질성장률 (단위: 억 달러(경상), %)

구분	국내총생산의 지출 구성					연평균 실질성장률			
	1961	1970	1980	1990	1997	61~70	70~80	80~90	90~97
국내총생산	21	81	628	2,536	4,426	8.7	7.6	9.1	7.1
농림어업	39.1	26.6	14.7	8.7	5.7	3.5	1.1	3.2	2.2
광공업	15.5	22.5	29.7	29.7	25.9	17.1	14.8	11.6	7.6
제조업	13.6	21.0	28.2	29.2	25.7	18.3	15.9	12.1	7.7
건설·전기가스수도업	4.4	6.6	10.1	13.7	13.5	20.5	11.3	11.4	7.1
서비스업	41.0	44.2	45.5	47.9	51.3	9.7	7.3	8.5	8.7
경공업	73.7	60.8	46.4	34.1	22.8	15.8	12.8	8.7	-0.4
중화학공업	26.3	39.2	53.6	65.9	77.2	23.7	19.5	14.4	10.7

자료: 韓國銀行『國民計定』등.
주: 지출의 구성은 경상가격으로, 연평균 실질성장률은 불변가격으로 구함.

은 기간에 39.1%로부터 8.7%로 급감하였다. 정부가 제조업을 집중적으로 육성한 데다가 수출이 제조업에 의해 선도되었기 때문에, 제조업은 급성장하고 1차산업 비중은 급격히 축소되었던 것이다. 서비스업은 1950년대까지도 변변한 일자리를 구하지 못한 노동력의 배출구로서 팽창하였다가, 60년대 이래 공업 발전에 수반하여 점차 고도화되면서 양적 비중을 확대하여갔다. 이하에서는 2차산업의 중심인 제조업, 1차산업의 중심인 농업, 그리고 서비스업을 차례로 살펴보기로 한다.

(1) 공업 발전

공업화의 진전과 공업 구성의 고도화는 산업구조의 고도화를 의미하며, 고도성장을 실현한 주된 힘이었다. 우리나라 20세기는 공업의 성장이 특히 빨랐던 점에서 공업화의 세기라 할 만하다. 근대적 공업화의 개시기는 개항장에서 기계정미업이, 서울에서 근대적 면업과 연초제조업이 출현한 1890년대로 잡을 수 있다. 일제시대에는 일본인 자본의 주도로 공업화가 빠르게 진행되었으나, 해방 직후 공업이 급격히 위축되었다. 해방 후 한국인에 의한 공업화가 꾸준히 진전하였다. 1963년 이후 공업이 한층 가속적으로 성장하여 산업의 중추로서 자리잡았다. 1960년대 중반 이후 대규모 공장이 빠르게 늘어서 1970년대 후반과 1980년대 초에 대량생산체제가 주요 산업에서 확립되었다.

공업화의 20세기는 기업 발전의 세기이기도 했다. 개항 전 자본주의맹아는 미미한 존재였으나, 회사와 근대적 공장은 개항기에 출현하여 일제시대에 성장하였다. 법인은 1967년 11,467개였는데, 1992년 10만 개를, 2014년 60만 개를 넘었고, 주식회사가 압도적 비중을 차지하였다. 고도성장기에 대기업 체제가 성립하고 20세기 말에는 세계적 기업이 출현하였다. 20세기 시장 발전과 공업화의 환경은 기업 발전에 우호적이었고, 기업 발전은 경제성장의 동인이었다.

〈표 10-21〉과 〈표 11-8〉에 나타난 바와 같이, 1950년대부터 중화학공업이 줄곧 경공업보다 빠르게 성장하였다. 중화학공업은 1963년까지 제조업의 30%에 미달하였는데, 74년부터는 경공업과 대등한 비중을 차지하고 77년부터 그것을 능가하기에 이르렀고, 93년부터는 제조업의 70%를 상회하였다. 60년대에는 섬유업·합판업·신발업 등 노동집약적 경공업이 중심을 이루었고, 70년대에는 철강업·조선업·자동차공업·가전공업 등 자본집약적 중공업이 선도하였고, 80년대에는 산업용 전자·반도체 등 기술집약형 산업이 현저히 성장하였다.

1950년대는 무상원조에 의존한 수입대체공업화 시기였다면, 60년대에는 외자에 의존한 수출공업화 국면으로 전환하였다. 〈표 11-9〉에 의하면, 50년대에는 제조업 생산 증가에 대한 수입대체의 기여도가 수출의 그것을 압도한 반면, 60년대 이후 사정이 바뀌었다. 1963년 이후 수출의 기여도가 급증함에 따라 내수 확대의 기여도는 감소하는

표 11-9 산업생산 증가의 요인별 기여율 (단위: %)

연도	구분	국내 수요 확대	수출 확대	수입대체	I-O계수 변화
1955~63	제조업	61.6	10.6	34.6	-6.8
	식품가공	64.6	7.2	16.1	12.9
	경공업	78.9	16.1	52.3	-47.3
	중공업	45.4	8.9	28.6	17.1
	기계류	43.9	6.6	32.7	16.8
	전산업	78.0	9.2	15.9	-3.1
1963~75	제조업	50.4	39.9	8.9	0.8
	식품가공	88.2	12.1	2.8	-2.9
	경공업	47.2	52.9	1.8	-1.5
	중공업	42.9	33.8	19.9	3.5
	기계류	42.0	43.9	10.5	3.6
	전산업	64.4	32.4	6.3	-3.1
1975~85	제조업	36.6	56.4	8.1	-1.1
	식품가공	80.6	5.7	5.0	8.7
	경공업	30.1	64.4	2.9	2.6
	중공업	35.6	64.4	11.1	-11.1
	기계류	30.9	55.3	9.7	4.1
	전산업	49.7	45.0	5.7	-0.4

출전: 金光錫·洪性德「長期的 產業成長 및 構造變化要因의 分析(1955~85)」『韓國開發研究』12권 1호, 1990, 〈表 4〉.
주: 경공업과 중공업에는 각각 식품가공과 기계류가 배제됨.

추세였다. 산업별로 보면, 농림수산업과 사회간접자본 및 서비스업은 60년대 이후에도 내수 확대의 기여도가 압도적이었고, 수출의 기여도가 가장 높은 산업은 제조업이었다. 1963~75년간에는 경공업과 중공업 모두 수출 확대의 기여도가 수입대체의 그것을 압도하였지만, 중공업에 대한 수입대체의 기여도는 여전히 상당하였다. 1975~85년간이 되면, 중공업의 수입대체적 성격은 더욱 약화되고 수출지향성은 한층 강화되었다.

1962년까지도 수출품의 주종은 광산물이나 어패류 등의 1차산품이었다. 〈표 11-10〉에 의하면, 수출액은 1964년에 1억 달러, 71년에 10억 달러, 77년에 100억 달러, 88년에 600억 달러를 돌파하였다. 이렇게 수출액이 급증하는 가운데 공산품의 비중은 1961년 22%로부터 71년 87%로 급증하였다. 공업 발전을 수반하면서 달성된 수출 증대는 고도성장을 견인하였다. 수입 중 원자재와 자본재가 80% 내외를 차지하여 공업화를 지원

표 11-10 공산품 수출의 신장 (단위: 억 달러, %)

연도		1961	1962	1963	1964	1965	1966	1967	1968	1969	1970	1971	1972
수출액		0.41	0.55	0.87	1.19	1.75	2.50	3.20	4.55	6.23	8.35	10.7	16.2
비중	공산품	22.0	27.7	52.0	55.2	61.4	61.8	67.5	74.7	77.8	83.2	87.0	88.9
연도		1973	1974	1976	1978	1979	1980	1982	1984	1986	1988	1990	1992
수출액		32.3	44.6	77.2	127.1	150.6	175.0	218.5	292.4	347.1	607.0	650.2	766.3
비중	경공업품	63.4	54.1	57.9	53.6	50.3	48.4	43.4	38.0	41.6	39.4	38.7	32.4
	중공업품	23.8	32.5	29.8	35.1	38.6	41.6	47.7	53.2	50.1	53.9	55.2	60.4

자료: 關稅廳『貿易統計年報』.

하였다. 1962~5년간 수입 중 자본재의 비중은 23.5%에 불과하였지만, 60년대 후반부터는 30%를 넘어섰다.

수출공업화전략을 추진한 직후부터 수출이 급증하고 짧은 기간 내에 수출 주종품이 1차산품에서 공산품으로 전환하였기 때문에 고도성장이 가능하였다. 수출의 급증과 고도화의 원인은 무엇일까? 첫째, 정부의 강력한 지원책이 수출의 촉진에 기여한 것은 명백하다. 1965년경 1달러에 해당하는 수출품을 생산하기 위하여 한국의 기업은 평균 약 1.5달러의 비용을 지출할 정도로 출혈수출을 하였다. 저생산성에 기인한 출혈수출은 수출공업에 대한 세제와 금융의 지원을 통하여 메워졌다. 그런데 수출지원책이 정비되기 전인 1963년부터 수출이 도약한 것은 수출잠재력이 있었기 때문이다. 둘째, 공업화의 유산을 들 수 있다. 식민지기에 일본인 자본이 주도한 공업화가 진행되었고, 8·15해방 이후에 한국인 산업자본이 성장하고 1950년대 이후 소비재공업이 수입대체를 이루면서 성장하여 과잉설비의 문제까지 발생하였다. 이러한 공업생산력에 기초한 수출잠재력은 50년대에 환율 등 수출에 불리한 환경으로 인하여 제대로 활용되지 못하였지만, 수출육성책을 추진하는 가운데 현실화될 수 있었다. 셋째, 한국의 자원 부존상황으로 볼 때, 1차산업을 수출전략산업으로 삼기는 곤란하였던 반면, 교육 수준이 비교적 높은 저렴하고도 풍부한 노동력을 활용하여, 노동집약적인 경공업제품의 수출 증대를 추구하는 정책은 비교우위 조건에 부합하였다. 1960년대 초에도 공업화의 수준과 내실이 취약하였기 때문에, 수출잠재력의 중심은 양질의 인력에서 찾아야 할 것이다. 이런 인적 역량은 1970년대 이후 중화학공업이 수출산업으로 성장하는 데에도 이바지하였다.

정부의 공업육성전략은 보호와 지원을 통하여 자립 기반을 구축하는 동시에 수출

경쟁력을 확보하는 것이었다. 경공업이 먼저 이러한 요건을 충족하여, 〈표 11-10〉에 의하면, 1970년대까지는 수출을 주도하였다. 1963년부터 섬유류·잡화류·완구류 등의 수출이 급증하여, 64년 이후 오랜 동안 직물·의복이 최대 수출품이었다. 60년대에 소비재 경공업은 수출을 목적으로 육성된 반면, 비료·시멘트·정유·자동차·화섬사(化纖絲) 등을 생산하는 중화학공업은 수입대체를 위한 기간산업으로서 육성되었다. 정부는 제1차 경제개발계획기에 "자립경제 확립의 기반 조성을 목표"로 하여 "제조업 부문에 있어서 시멘트·비료·철강·정유·산알칼리 등 기간산업시설의 확충·강화를" 추진하였고, 제2차 계획기에도 "화학·철강·기계공업을 건설하여 공업고도화 기틀을 잡는다"는 목표를 세웠다. 그래서 60년대부터 중화학공업에 대한 은행대출금이 경공업에 대한 것보다 많았다. 1959~69년간 도입된 외자는 사회간접자본에 48%, 제조업에 46%가 배정되었는데, 제조업 중에는 중화학공업이 약 60%를 흡수하였다. 수입대체적 중화학공업이 중시되고 많은 투자재원을 배정받은 점에서 60년대의 공업화는 수출지향성과 수입대체성을 공유하였다. 이러한 적극적인 육성책에 힘입어 공업생산액 중 중화학공업의 비중은 64년 30%, 71년에 40%를 넘어섰다.(부표 3) 그런데 수출액에서 중화학공업의 비중은 73년에도 24%였다.

당초 경제기획원은 제3차 경제개발계획을 수립하면서 철강·기계·석유화학공업을 수입대체공업으로, 노동집약적인 전자·조선공업을 수출공업으로 육성할 방침을 세웠지만, 대통령비서실이 중화학공업의 수출지향화를 결정하였다. 단, 국내 화학섬유업 등에서 수요 기반을 확충한 석유화학공업은 1980년대까지 국내 자급을 목표로 육성되었다. 1970년대에 들어와 중화학공업화정책이 추진되면서 전반적 수출지향화로 전환한 배경은 무엇인가. 첫째, 70년대에 육성된 조선·자동차·전자 등의 중화학공업은 규모의 경제가 크게 작용하여 국내 시장만으로 적정 규모의 설비를 갖출 수 없었다. 이것은 60년대 수입대체형 중화학공업의 부실화로부터 얻은 교훈이기도 했다. 둘째, 70년대에 선진국의 성장률이 떨어지고 실업률이 올라가면서 신보호무역주의가 대두한 데다가 임금이 더욱 저렴한 후발개도국(後發開途國)이 경공업품 수출을 증대함에 따라, 경공업을 통한 수출의 지속적 확대는 점차 애로에 봉착하였다. 그러한 가운데 미국의 탈공업화 현상, 일본의 공해 문제 및 석유파동으로 인하여 선진국의 조립가공형·공해유발형·에너지 다소비형 중화학공업이 후진국으로 이전될 수 있는 여건이 마련되었다. 셋째, 자주국방의 요청이었다. 1969년 미국은 베트남에서와 같은 적극적 군사 개입을 자제하니 아시아 국가는 안보를 스스로 지켜야 한다는 닉슨 독트린을 발표하였다. 그 후 한국에 대한 군사원조가 감소하였다. 그로 인해 북한의 군사적 위협에 대한 자주

국방이 요청되었으므로, 국력을 신장하면서 군수산업으로 전환할 수 있는 중화학공업이 적극 육성되었다. 넷째, 유신독재를 합리화하기 위한 가시적(可視的)인 경제 성과, 곧 수출 확대와 고도성장의 달성 방침은 중화학공업화의 수출지향적인 성격을 강화하였다.

앞서 언급한 바와 같이, 1973년 중화학공업화 선언 이후 철강·화학·비철금속·기계·조선·전자의 6대 전략업종은 금융과 재정의 막대한 지원을 받았다. 기술집약적 수출산업을 중점적으로 육성한다는 방침 아래 기계공업과 전자공업을 집중적으로 육성하였다. 기계공업 중에서는 자동차·전기기계·정밀기계·플랜트·조선 등이, 전자공업에서는 통신기기·계측기 등의 산업용 기기와 반도체 및 일부 가전용 기기가 전략적인 업종으로 부각되었다. 이러한 육성책에 힘입어 중화학공업은 급성장하여 77년에는 부가가치 생산에서, 82년에는 수출에서 경공업을 앞질렀다. 70년대 5대 수출품 가운데 화학섬유, 전기기계, 철강 및 선박이라는 중화학공업 제품이 등장하였다. 홍원탁(洪元卓)의 연구에 의하면, 1960~85년간 수출품은 국내에서 생산 가능한 수입품에 비하여 더욱 노동집약적이었지만, 수출품의 자본집약도가 빠르게 상승하였다.[24] 수출품이 더욱 노동집약적인 것은 생산요소의 이용이 효율적이었음을 보여주며, 수출품의 자본집약도가 빠르게 상승한 것은 중화학공업화를 반영한다.

일반적으로 제조업, 그중에도 중화학공업의 발전은 산업연관(産業聯關)을 심화시킨다. 〈표 11-11〉에 의하면, 1960년대 후반과 70년대에 전·후방연쇄효과는 증대하는 추세였다. 중공업이 주로 조립가공산업으로 육성되었기 때문에 후방연쇄효과는 높아 선진국과 대등한 수준에 달하였지만, 부품·소재공업이 발달하지 못하여 전방연쇄효과는 낮았다. 소재와 생산재를 수입하고 조립가공하여 수출하는 중공업이 육성되었기 때문에, 〈표 11-11〉에 의하면, 중공업의 수입의존도는 높았고, 중화학공업화가 가장 강력히 추진되던 70년대 후반에 특히 높았다. 그래서 중화학공업제품의 수출 증대는 수입 증대를 초래하여 국제수지를 악화시키고 무역의존도를 높였다.

중화학공업에 대한 정책금융의 확대는 차입에 의존한 확장지향적 기업경영을 조장하였다. 1970년대 정책금융의 금리는 물가상승률에 미달할 정도로 특혜적이었다. 1974~9년간 민간 제조업의 설비투자액의 88.5%는 생산능력의 확장을 위한 것이었고 자동화·생력화(省力化)·보수(補修) 등 합리화 투자는 8.3%에 불과하였다. 그런 가운데 과잉투자 내지 중복투자가 초래되었다. 70년대에 중화학공업을 육성한다는 방향은 타당

24) Hong Wontack, "Market Distortions and Trade Patterns," KDI Working Paper No. 8807, 1988.

표 11-11 산업연쇄효과와 산업별 수입의존도 (단위: %)

연도	후방 연쇄효과	전방 연쇄효과	농림 어업	광업	제조업			전력 가스	서비스	전산업 평균
						경공업	중공업			
1960	(41.4)	(35.9)	5.6	1.9	17.5			9.2	3.7	8.3
1963	(42.2)	(36.4)	3.8	3.2	18.1			9.4	2.7	8.1
1966	(41.6)	(35.3)	3.2	2.0	18.2			7.3	2.4	8.0
1970	(43.0)41.6	(37.7)35.3	1.1	1.6	21.3	17.7	26.5	8.3	1.5	9.3
1975			2.3	4.0	25.2	18.4	31.8	6.2	2.7	13.7
1978	43.7	38.9	1.7	4.8	24.2	17.3	29.9	7.0	3.1	13.3
1980			2.2	0.6	22.7	14.3	29.4	4.1	6.7	14.2
1985	44.9	39.0	1.8	0.7	21.7	13.4	27.1	4.4	4.8	12.9
1988	45.3	38.7	1.4	0.7	19.3	13.7	22.7	5.1	4.0	12.0
1990			2.0	0.6	18.0	13.7	20.2	4.7	3.8	10.8
1993			1.8	0.5	16.9	13.5	18.3	4.6	3.5	10.0
1995			2.4	0.8	18.0	14.7	19.2	4.7	3.8	10.9

자료: 산업연쇄효과(產業連鎖效果)는 宋丙洛 『韓國經濟論』 표 9.9; 산업별 수입의존도는 국민계정으로부터 계산.
주: 1. 수입의존도=(수입중간재 투입액/총투입액)×100.
2. 괄호 안에는 건설업이 포함. 1965년의 연쇄효과를 1966년의 난 속에 기입.

하였지만, 시장기능을 억압하고 선별적 개입을 확대한 것이 정책의 효율성을 떨어뜨렸다. 특혜에 의존하여 방만하게 확장한 중화학공업은 1979년의 제2차 석유파동에 따른 수출 부진과 가동률 저하를 경험하면서 곤경에 처하였다. 제조업의 가동률은 79년 82%로부터 80년 72%로 하락하였다. 한층 심각한 타격을 입은 중화학공업체의 45%가 적자기업이었다. 외자를 도입하여 수출을 목적으로 육성한 중화학공업의 부실화는 국제수지를 악화시키고 외채를 급격히 누적시켰다.

1980년대 초에 가동률 저하로 어려움을 겪던 중화학공업은 점차 경쟁력을 회복하였다. 제3절에서 살펴보았듯이, 정부가 투자 조정과 막대한 지원으로 부실을 정리하면서 경제 자율화를 추구하는 가운데, 기업이 불황기에 자구 노력으로 효율성을 증대하였기 때문으로 보인다. 민간 제조업의 설비투자 중 합리화 투자는 1974~9년간 8.3%에 불과하였는데, 80~5년간에는 21.9%로 급증하였다. 수출을 위한 최종소비재를 생산하는 조립가공형 중공업의 성장은 그 부품공업의 발달을 낳았다. 수출가공의 대기업과 그 부품을 공급하는 중소기업 사이의 하청(下請)·계열(系列) 관계가 확대되어 국내 공업의 상호연관성이 증대하였다. 조립금속·기계장비산업의 내수 중 수입의존율은 70년

55% 수준에서 85년 52%에 이르기까지 별 변동이 없다가 90년에는 29%로 떨어졌다. 그 결과 〈표 11-11〉에 나타난 바와 같이, 80년대에는 중공업의 수입의존도가 크게 줄었다.

1980년대 기업은 경쟁력을 회복하던 상황에서 엔고(高)로 원화가치가 낮아지고 금리와 석유 가격도 낮아진 3저(三低) 환경을 맞이하였다. 1982~5년간 1달러당 240엔 내외이던 엔화의 가치가 85년 플라자회의를 계기로 급등하여 88년에는 128엔에 달함에 따라, 미국시장에서 일본 상품에 고전하던 한국 기업은 일시에 가격경쟁력을 회복하면서 대미 수출이 급신장하였다. 85년 1배럴당 27.7달러이던 석유 가격은 86년에 15.1달러로 격감하고 이후에 큰 변동이 없었다. 게다가 국제금리도 낮아졌다. 3저 환경은 중화학공업의 과잉설비와 수출 부진을 해소하고 외채위기를 극복하는 데에 결정적으로 기여하였다. 3저 호황에 힘입어 한국은 역사상 처음으로 1986~8년간 대규모 무역흑자를 실현하였고 연간 12% 정도의 고도성장을 달성하였다.

1970년대 중화학공업 육성책은 70년대 말 중화학공업의 부실화에 따른 경제위기를 초래하였다는 점에서 실패하였다는 평가가 80년대 중반까지 중론이었다. 그런데 80년대 후반의 삼저호황기에 자동차·가전제품·기계·철강 등의 중화학공업이 경쟁력을 가지게 되면서 수출과 성장을 주도함에 따라, 중화학공업 육성책은 바람직하지 못한 여러 부작용에도 불구하고 성공적이었다는 수정된 견해가 대두하였다. 그런데 중화학공업 육성을 위한 금융 억압과 막대한 특혜적 지원, 그로 인한 기업과 금융기관의 부실화, 그 정리를 위한 막대한 보조금, 가전제품·반도체 등과 같이 정부육성책과 직접적인 연관이 없이 성장한 중화학공업 분야 등을 고려한다면, 직접적 행정명령 대신에 보다 간접적이고 기능적인 유인책(誘引策)을 활용하는 것이 더욱 효율적이었으리라는 반론이 제기될 수 있다.[25] 3저 환경이 없었더라면, 경제적 곤경을 벗어나는 데에 더욱 긴 시간이 필요하였다. 아무튼 중화학공업 대기업의 출현 시점을 앞당긴 70년대 중화학공업의 적극적 육성책은 80년대 경제안정화정책, 기업의 내실화 노력 및 유리한 국제환경과 결합하여 행복한 결말을 볼 수 있었다.

1970년대 말의 경제위기가 산업정책의 적합성 여부의 차원에 국한되어 이해될 성질은 아니다. 조순은 60년대의 경제성장이 외자를 도입하여 노동이란 잉여자원을 동원한 외연적(外延的) 성장이었는데, 70년대에 저임금 노동력의 무제한 공급 요인이 소멸하였음에도 불구하고 외연적인 성장전략을 고수한 결과 비효율, 부실기업, 구조적 불균형의 문제가 발생하였다고 보았다. 그는 80년대에는 외연적 성장으로부터 생산요소

25) 사공일 『세계속의 한국경제』 김영사, 1993, 85~7쪽.

의 질적 향상-기술혁신, 경영합리화 등-을 통한 내연적 성장으로 전환해야 한다고 주장하였다.[26] 달리 말하면, 요소 투입이 주도하는 성장으로부터 생산성 향상이 주도하는 성장으로 전환하자는 것이다.

이하 중요 공업의 실태를 살펴보자. 〈부표 4〉에 의하면, 섬유·의복업과 음·식료품업은 1970년대까지도 최대 공업이었다. 음·식료품업은 58년부터, 섬유·의복업은 66년부터 비중이 하락하는 추세였다. 섬유·의복업은 1990년 전후에 생산과 수출의 최대 지위를 전자공업에 넘겼다. 정부는 63년에 섬유공업관리법을 제정하여 시설과잉의 조정, 노후시설의 개체(改替), 기술 향상을 지원함으로써 국제경쟁력을 확보하고자 했다. 63년 한국나일론이 생산을 개시한 이래, 화학섬유업이 면방업보다 급속히 성장하여 72년부터는 화학섬유 생산이 면방 생산을 능가하였다. 화학섬유업은 외국 차관을 중점적으로 배당받아 시설을 현대화하고 생산성을 향상시키는 가운데 수입원료에 대한 의존도를 감소하여 경영을 호전시켰다. 화학섬유의 중심을 이루는 합성섬유는 수입의존도가 66년 94%로부터 75년 20% 이하로 급감하고, 69년에 수출을 개시하고 73년에는 수출량이 수입량을 앞질렀다.

화학섬유업의 성장은 합섬원료 등을 만드는 석유화학공업의 성장에 결부되어 있다. 1964년 준공된 대한석유공사 울산공장이 석유화학제품의 원료인 나프타를 공급함에 따라, 정부가 주도하여 석유화학공업을 창설하고 적극 육성하였다. 72년 울산석유화학 콤플렉스가 완공된 이래 주요 중간원료와 기초원료의 수입의존도가 급격히 낮아졌다. 1967년 럭키금성과 미국 칼텍스의 합작으로 설립된 호남정유는 1969년 이후 여수에 원유정제시설을 갖추었고, 1986년 한국 단독 경영체제가 출범하여 1988년부터 화학섬유공장을 설립하였고, 2005년 GS칼텍스로 개명하였다. 그런 가운데 79년 여천석유화학 콤플렉스가 건설되었다. 이러한 콤플렉스는 원료부터 최종제품까지의 일관생산체계를 갖추었다. 화학섬유업과 석유화학공업은 정부의 지원에 힘입어 시설을 확장하면서 국제경쟁력을 갖춘 산업으로 성장하였다.

1953년 상공부 공업국은 강철공업 건설계획을 발표하였으나, 자금 조달 방도가 없어 실행하지 못하였다. 박정희정부는 석유화학공업의 육성을 통하여 경공업의 자립 기반을 확충하고자 했다면, 철강업의 육성을 통해서는 중공업의 자립 기반을 마련하고자 했다. 1965년 결성된 구미의 제철차관단이 사업의 위험성 때문에 소극적이자, 정부는 대일청구권자금 7,370만 달러를 투입하고 일본 설비를 도입하여 1970년 포항종합제철

26) 趙淳「內延的 成長에로의 轉換」『韓國經濟의 現實과 進路』比峰, 1981.

그림 11-7 강재(鋼材)와 승용차의 생산·내수·무역량의 추이

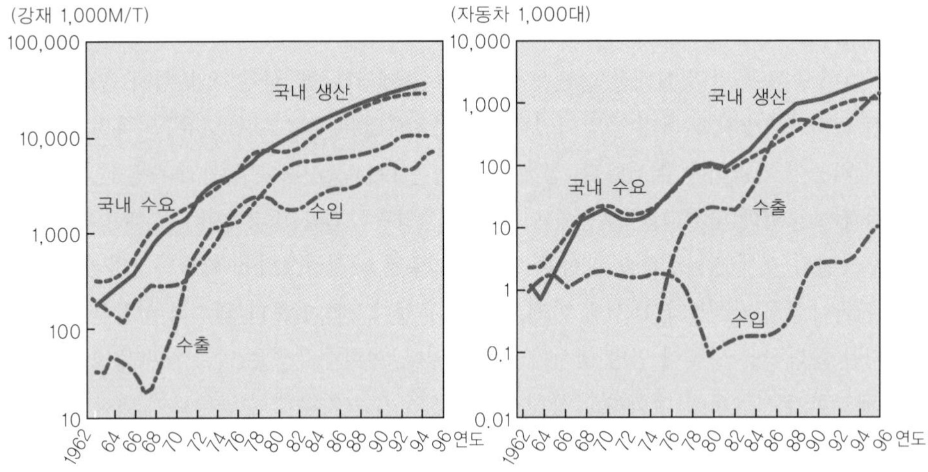

출전: 金昌男·渡邊利夫『現代韓國經濟發展論』[그림 4-2], [그림 4-8].

소(浦港綜合製鐵所)의 건설에 착수하였다. 철강업의 공정은 선철을 생산하는 제선공정, 선철과 고철을 원료로 중간제품을 생산하는 제강공정 및 각종 강재를 생산하는 압연공정으로 구성된다. 1970년 압연사업소는 55개였고, 그중 2만 톤 이상의 생산능력을 갖춘 업소는 10개에 불과하였다. 72년까지 강재의 생산은 내수를 충당하기에 이르렀지만, 제강능력은 빈약하였고, 제선능력의 부족은 더욱 심각하였다. 1973년 연산 100만 톤의 조강능력(粗鋼能力)을 갖춘 포항종합제철소가 완공되어 80년대 전반에 기술적으로 자립할 역량을 갖추었고, 규모를 확장하여 85년에 910만 톤에 달하였다. 그 밖에도 72년 5개 업체에 의한 43만 톤의 전기로 설비도 85년에는 14개 업체의 651만 톤으로 늘어났다. 이 과정에서 생산구조의 불균형은 개선되고 기술적 효율성도 향상하였다. 〈부표 4〉에 의하면, 제조업 중 철강업의 비중은 73년에 도약하고 그 이후 88년까지 증가 추세였다. 〈그림 11-7〉에 의하면, 70년대에 강재의 생산은 내수를, 수출은 수입을 따라잡았다. 조선업·자동차공업·건설업 등의 급성장으로 내수도 빠르게 성장하여, 철강산업의 수출 비율은 1980년 57%를 정점으로 하락하는 추세였다.

해방 후 자생적으로 성장하던 기계공업은 한일국교정상화에 따른 일본 기계의 대량 도입으로 인하여 크게 위축하였다. 1966년 기계공업진흥법 이후 국산화 정책이 추진되었으나, 1970년대 초까지의 공업화는 필요한 설비를 해외로부터 통째로 수입하는

표 11-12 자본재산업의 수급구조와 성장률 (단위: 수출입은 100만 달러, 기타는 10억 원, %)

연도	생산	수입	내수	수출	수출/생산	생산/내수	수입/내수
1966	7(1.7)	89	31	1	2.53	23.02	77.56
1967	11	114	42	3	7.26	26.93	75.02
1970	20(1.5)	250	96	3(0.4)	4.91	20.39	80.61
1972	29	306	146	14	18.51	20.09	83.63
1973	65(1.8)	478	246	24	14.78	26.34	77.55
1977	359(2.3)	1,201	911	61	8.16	39.42	63.80
1980	854(2.4)	1,705	1,756	208(1.3)	14.69	48.61	58.53
1981	1,176	1,761	2,185	290	16.87	53.84	55.24
1985	2,640(3.4)	2,574	4,467	483(1.7)	15.99	59.11	50.34
1987	4,886(4.3)	4,833	8,095	866	14.33	60.36	48.29
1988	5,429	5,750	8,615	1,375(2.3)	18.45	63.02	48.61
1967~72	26.3	22.8	29.2	65.2	연평균 성장률		
1973~80	52.4	24.0	36.4	40.6			
1981~88	26.0	16.4	22.0	26.6			
1967~88	35.1	20.8	29.1	41.4			

자료: 한국산업은행 조사부『자본재산업의 장기발전전망』1989, 〈표3〉〈표7〉〈표8〉.

주: 1. 생산란과 수출란의 괄호 속은 제조업에 대한 비중.

2. 자본재산업의 범위는 한국표준산업분류(韓國標準產業分類)에 의하면 기관·터빈 제조업(3821), 사무·계산·회계용기계 제조업(3825), 대부분의 서비스산업용기계 제조업(3826) 등을 제외한 기계제조업 전반.

턴키(turn-key)방식에 의존하였기 때문에, 〈표 11-12〉에 나타난 바와 같이, 자본재의 수입의존도는 높아지고 국내 자본재산업은 위축되었다. 1970년대 초까지 자본재산업은 간단한 기술의 조립생산 단계를 크게 벗어나지 못하였고, 농업·광업·섬유업 등에 사용될 기계를 주로 생산하였다. 1973년 장기기계공업육성계획(長期機械工業育成計劃)을 수립한 후 창원기계공업단지를 건립하여 턴키방식을 지양하고 플랜트의 국산화를 추진하였다. 정부의 육성책, 중화학공업화에 따른 내수 기반의 확대, 민간 기업의 활발한 투자, 활발한 기술도입, 포항제철소로부터의 소재 공급 등에 힘입어, 자본재산업은 급성장하면서 자급도를 높였고 나아가 70년대 이후 수출을 크게 늘렸다. 1970년대에 화학·건설·농업·공작기계의 생산이 빨리 신장하였고, 80년대 후반부터 자동차공업의 급성장에 힘입어 공작기계가 괄목할 만하게 성장하였다. 그런데 90년대에도 자동화·정밀기계의 수입의존도가 높아서, 무역수지를 악화시켰다. 86년부터 대일 무역 역조를 개선하기 위하여 기계류·부품·소재의 국산화시책을 추진하였지만, 기초기술력과 정책 의지의 부족으로 소기의 성과를 거두지 못하였다. 〈부표 4〉에 의하면, 기계공업의 비중은 한일국교정상화 이후 급감하였다가 70년대 초부터 90년대 중반까지 증가 추세였다.

〈부표 4〉에서 수송기계의 중심을 이룬 것은 조선과 자동차였다. 그 비중은 1960년대 이후 증가 추세였다. 자동차공업은 5,000여 종, 2만여 부품을 사용하는 후방연쇄효과가 큰 종합공업이며 자본·기술집약적 공업이다. 일제시대 한국인은 자동차 정비업에 종사하였고 만주사변 이후 부품업에 진출하였다. 6·25전쟁 이후에는 군수차량 보수용품을 공급하는 부품업이 발달하였다. 국제차량공업은 미군 지프의 개조 작업을 하다 엔진의 일부 부품 등을 국산화한 시발(始發)자동차를 1955~61년간 2,235대 생산하고 정부 보조금을 받았다. 1962년 정부는 자동차공업보호법을 제정하여 외제 자동차의 수입을 규제하고 부품의 국산화율 향상을 의무화하고 지원하였다. 1955년 설립되어 미군 차량을 수리하다 65년 새나라자동차를 인수한 신진자동차는 도요타자동차와 기술을 제휴하고 정부 지원을 받아 여러 자동차를 생산하였다. 신진 코로나의 국산화율이 67년에도 23.6%에 그치자, 정부는 67년 자동차산업의 신규 진입을 허용하여, 67년 아세아자동차와 현대가 진입하였다. 1944년 설립되어 자전거 부품을 만들던 경성전공은 52년 처음으로 자전거를 만들면서 기아로 개명하였다. 기아는 1961년 일본 혼다와 합작해 처음 오토바이를 생산하였고 62년 일본 모델로 3륜 화물차를 만들고 이후 개선하였다. 기아는 74년 마쓰다 모델로 브리사를 만들어 국내 시장 1위를 차지하였고, 76년 아세아자동차를 인수하였다. 신진자동차는 72년 GM 합작의 GM코리아, 83년 대우자동차, 2002년 한국GM으로 이어졌다. 자동차업계는 외국 회사와 모델·생산기술의 도입계약 및 합작을 통하여 국산화율을 66년 21%로부터 72년 60%로 높였다. 74년 발표된 장기자동차공업진흥계획은 고유 모델의 개발과 대량생산체제의 구축을 목표로 하는 육성책이어서 수출산업화의 기반을 닦았다. 현대자동차는 여러 외국 기업으로부터 다양한 기술을 일부씩 가져와서 독자적으로 통합하는 방식을 채택하면서 기술의 자주적 흡수·개발을 위한 노력을 기울였다. 그 결과 75년 국산화율 90%인 고유 모델의 포니를, 91년에는 성능이 우수한 알파엔진을 개발하였다. 현대는 포니의 개발·생산경험을 바탕으로 외국 기술자의 지원이 없이도 자동차를 설계, 생산하는 데에 필요한 지식을 확보하였다. 〈그림 11-7〉에 의하면, 60년대 후반부터 자동차의 생산이 빠르게 증가하여 77년부터 국내 수요량을 상회하고, 76년부터 수출이 증가하였다. 80년대에 생산과 수출의 급증은 부품공업의 성장을 낳았다. 한국은 일본 다음으로 국내 자본 주도로 기술적 독자성을 확보하면서 자동차공업을 발전시켰다.

이승만정부는 귀속기업체인 조선중공업을 1950년 대한조선공사(大韓造船公社)라는 국영기업으로 만들어 조선공업을 육성하려 했으나, 자금 · 기술의 부족과 계획의 불철저로 선박을 건조하지 못하였고 일본 중고선 수입에 그쳤다. 박정희정부는 1962~6년간 조선5개년계획을 수립하였으나, 67,000톤 건조 실적의 62% 달성에 그쳤다. 정부의 육성 의지에도 불구하고 대한조선공사는 1969년 부실기업이 되었는데, 기술력 부족이 결정적 문제였다. 1970년 정부는 중화학공업을 수출산업으로 육성하는 정책 기조를 정하는 가운데, 조선업을 경험과 준비가 없는 현대건설에게 맡겼다. 1970년 현대건설에 설립된 조선사업부의 준비를 거쳐 72년부터 4년여 만에 100만 톤급의 울산조선소가 건설되었다. 정주영의 기업가 역량에 힘입어 73년 설립된 현대조선중공업은 다음해 26만톤 원유운반선을 수출하였다.[27] 현대조선중공업도 한 기업에 의존하지 않고 영국, 덴마크 및 일본의 기술을 다면적으로 흡수하여 76년에는 고유 모델의 조선 능력을 확보하였다. 78년 해양·플랜트, 엔진기계 등으로 사업 영역을 확장하기 위해 현대중공업으로 상호를 변경하였다.

〈표 11-13〉에 의하면, 1960년대 중반까지도 미미한 비중을 차지하던 전자산업은 그 이래 비약적으로 성장하였고, 70년대 전반에 수출산업으로 전환하였다. 전자산업은 섬유산업을 88년부터 생산액에서, 94년부터 수출액에서 능가하여 최대 공업으로 부상하였다. 전자산업은 간단한 조립공업으로부터 기술집약산업이자 정보산업으로 발전하여왔다. 1958년 금성사(金星社, 현 LG전자)가 설립되고 59년부터 일본에서 부품은 물론 케이스까지 모두 수입하여 라디오를 조립, 생산하기 시작하였다. 그러자 한국정부는 61년 완성품의 수입을 금지하고 62년 국내에서 생산할 수 있는 부품의 수입을 금지하

표 11-13 전자산업의 성장

구분	1965년	1975년	1985년	1990년	1996년
수출액(백만 달러)	2	582	4,590	17,224	41,223
총수출에 대한 비중(%)	1.1	11.5	15.2	26.5	31.8
수출액/생산액(%)	18.2	67.7	63.0	59.6	67.2
생산액(억 원)	30	4,162	63,381	210,356	493,387
제조업 생산에 대한 비중(%)	0.7	4.2	8.2	11.9	13.6

자료: 產業硏究院 『한국의 산업–발전역사와 미래비전』 1997, 272쪽.

27) 배석만 「조선산업: 수출전문산업으로의 극적 전환」 『역사비평』 122, 2018.

였다. 동시에 농촌에 라디오 보급운동을 벌여서 국내 시장의 확대에 노력하였다. 흑백 텔레비전의 조립생산이 시작되던 66년에 전자산업을 수출전략업종으로 지정하였고, 68년에 전자공업진흥기본계획을 수립하고 69년에는 전자공업진흥법을 제정하였다. 필리핀은 1957년에, 태국은 1963년에 텔레비전의 생산을 시작하였으니, 한국은 출발이 늦었다. 1970년 마산수출자유지역의 설치를 계기로 일본의 전자부품·조립기업이 대거 진출하였다. 1971년 조성된 구미공업단지는 금성사, 삼성전자(三星電子) 등의 전자회사를 유치하여 전자·전기 생산의 중심기지가 되었다. 전자산업은 70년대에 컬러텔레비전, 전자레인지 등의 개발에 성공하였고, 80년대 이후 한층 다양한 가전(家電)제품을 생산하였을 뿐만 아니라 부품의 자체 생산을 확대하였다.

이러한 가전산업의 발전 위에서 1980년대 이후 극소전자화기술에 기초를 둔 컴퓨터·반도체·통신기기공업이 급성장하였는데, 그것은 제13장에서 언급한다.

무역이론에 의하면, 비교우위를 가진 산업에 특화하는 것이 효율적이며, 비교우위를 결정하는 기본 요인은 요소부존도(要素賦存度)이다. 한국이 노동집약적 경공업을 수출산업으로 육성한 전략은 노동력이 풍부한 요소부존조건에 적합하였다. 그런데 철강·자동차공업처럼 자본집약적이고 기술집약적인 중공업의 보호·육성책은 정태적(靜態的) 비교우위론에 역행하였지만, 그것은 수출산업으로서 성공적으로 자리잡았다. 이러한 사실은 후발성의 이점을 활용한 국가의 보호·육성책을 효과적으로 추진하면 비교열위에 있는 산업도 시간이 흐름에 따라 비교우위로 전환할 수 있음을 보여준다. 그런 점에서 동태적 비교우위에 주목할 필요가 있다. 자본의 도입과 기술의 흡수·개발을 통하여 생산성이 높은 산업의 경쟁우위(競爭優位)를 창출하여 국제분업에 능동적으로 참여할 수 있는 것이다. 한국의 산업정책은 생산성이 높은 산업의 경쟁우위를 창출하기 위한 것으로 이해할 수 있다.[28] 제2차 세계대전 후 일본 경제관료들은 자유무역 신봉자들이 주장하는 비교우위론에 입각한 발전전략으로는 선진국을 따라잡을 수 없다고 생각하였다. 박정희정부는 독일과 일본이 앞서 거둔 성공에 고무되었다. 그런데 정태적 비교우위에 역행하는 산업의 육성은 정부의 세심한 정책과 그에 대한 민간의 적극적인 호응이 없으면, 큰 비용을 치르고 실효를 거두지 못할 수가 있다. 1970년대 말 중화학공업의 곤경은 정태적인 비교우위에 역행한 전략의 문제점을 드러낸다. 정부정책은 산업의 경쟁력을 강화할 수 있지만, 경쟁력의 궁극적인 원천이 되기 어렵다고 한

28) 경쟁우위이론을 제시한 연구는 M. E. Porter, *The Competitive Advantage of Nations*, The Free Press, 1990. 경쟁우위이론을 한국의 경험에 적용한 연구는 Dong-Sung Cho, "The Competitive Advantages of Far Eastern Business," *Journal of Far Eastern Business*, Vol. 1, No. 1.

다. 한국의 경쟁력의 주요한 원천은 인적 자원이었고, 외향적 개발전략은 이러한 자원을 활용하여 생산성이 높은 산업의 경쟁우위를 창출하는 데에 유효하였던 것이다.

(2) 농업의 발전과 상대적 낙후

5·16 이후의 농업정책은 1950년대에 비해 적극적이지만, 수출과 고도성장을 견인할 전략산업인 공업에 정책지원을 집중한 점에서 농공불균형 성장전략이었다. 그 결과 도농간(都農間) 소득격차가 벌어지고 농산물 수입의 증가가 국제수지를 압박함에 따라, 1960년대 후반부터 적극적인 농업육성책이 추진되었다. 중농정책이 추진되던 60년대 후반과 70년대 전반에 도농간 소득격차가 가장 줄어들어 농가소득은 도시근로자 가구의 소득을 능가한 때도 있었다. 70년대 후반 이래 도농간 격차는 다시 확대되었다.

1960년대 후반에는 농공병진책(農工並進策)과 고미가정책(高米價政策)을 통한 소득향상과 식량 증산의 정책이 추진되었다. 전자는 경제작물의 재배를 통해 농가소득을 향상시키고 이를 원료로 하여 농산물 가공업을 발전시킨다는 목적을 가졌다. 그런데 국영 기업의 방만한 운영, 상업적 농산물에 대한 국내 수요의 부족, 값싼 원료의 안정적 확보 문제 등으로 인해 실효를 거두지 못하였다. 국제수지를 방어하기 위한 식량의 증산·자급정책으로서 1968년 고미가정책으로 전환하고 69년 이중곡가제(二重穀價制)가 시행되었다. 72년에 다수확의 통일벼 품종이 개발되어 쌀 자급에 이바지하였다. 그 연구개발의 성과는 다양한 신품종의 보급으로 이어졌다. 1972~81년간 제1차 국토종합개발사업의 일환인 4대강유역(流域) 종합개발을 통해 다목적댐이 건설되고 산림 녹화가 추진됨으로써, 가뭄과 홍수의 근본 대책을 마련하였다. 경지정리사업은 1964년부터 시작되어 지속적으로 추진되었다. 1970년부터 정신 쇄신을 통한 증산운동이자 소득증대운동으로서 새마을운동이 추진되었다. 새마을운동은 교통·통신 등 농촌 하부구조를 조성하고 농민의 잘 살아보자는 의지를 자극하였다. 거의 모든 새마을지도자가 민주적·합리적 방식으로 선정되고 1971~9년간 정부와 농민이 각각 1.4조 원에 가까운 경비를 대등하게 부담한 데에서 드러나듯이, 농민의 자발적 참여를 유도한 것은 사업 성공에 이바지하였다. 고건은 헌신적인 새마을지도자들의 존재를 사업 성공의 한 요인으로 들었는데(『중앙일보』 2013. 4. 15), 정부가 성과에 따라 보조금을 조정하였기 때문에 헌신적인 지도자는 격려를 받을 수 있었다. 그리고 고도성장으로 농축산물 시장이 급성장하고 사회간접자본이 구축되어가는 경제환경 덕분에 정신운동은 괄목할 성과를 거둘 수 있었다. 〈표 11-14〉에 의하면, 이러한 농업생산 기반의 확충에 힘입어 쌀 생산은

표 11-14 양곡도입과 식량자급도

연도	양곡생산량(M/T)		양곡도입량 (M/T)	양곡자급도(%)		
	양곡	쌀		전체 양곡	사료 제외	쌀
1965		3,501	570	93.9	98.8	100.7
1970	7,097	3,939	2,115	80.5	86.2	93.1
1975	7,295	4,669	3,012	73.1	79.1	94.6
1980	7,048	3,550	5,051	56.0	69.6	95.1
1985	7,102	5,626	7,336	48.4	71.6	103.3
1990	7,013	5,606	10,070	43.1	70.3	108.3
1995	5,816	4,695	14,492	29.1	55.7	89.5

자료: 農林部『農林業 主要統計』.

표 11-15 농업인구와 경지면적

연도	농가호수 (천 호)	농가인구 (천 명)	농가인구 비율(%)	시부(市部) 인구 비율(%)	경지면적 (천ha)	호당 경지 면적(ha)	호당 논 면적(ha)
1961	2,327	14,509	56.1	28.0	2,049	0.88	0.52
1965	2,507	15,812	55.8	33.6	2,256	0.90	0.51
1970	2,483	14,222	44.7	41.1	2,118	0.92	0.51
1975	2,379	13,244	37.5	48.2	2,240	0.94	0.54
1980	2,155	10,827	28.4	57.3	2,196	1.02	0.61
1985	1,926	8,521	20.9	65.4	2,144	1.11	0.69
1990	1,767	6,661	15.5	79.6	2,109	1.19	0.76
1995	1,501	4,851	10.9	85.5	1,985	1.32	0.80

주: 1960·1966년의 시부 인구 비율을 각각 1961·1965년의 난에 표기.

1988년까지 증가 추세였다.

가격지지정책은 양곡관리 특별회계의 적자 누적, 인플레이션 등으로 인하여 1970년대 후반부터 후퇴하였다. 80년대에 들어와 농업은 비교열위산업(比較劣位産業)으로서 육성할 필요가 없다는 견해도 대두하는 가운데, 미국의 시장개방 압력으로 인하여 농산물시장 개방이 확대되었다. 70년대 후반부터 양곡을 중심으로 하는 농산물 수입이 급증함에 따라, 자급도가 빠르게 하락하였다. 특히, 사료곡의 자급도가 낮았다. 그런 가운데 주곡의 증산과 가격지지에 의한 농업소득 증대 정책은 농외소득과 복합영농 및 축산·과수·채소 등 소득작물을 통한 농가소득 증대 정책으로 전환되었다.

도농간 소득과 생활편의시설의 격차가 존재하고 도시부문의 취업기회가 고도성장으로 인하여 확장됨에 따라, 농촌인구는 1960년대에 293만 명, 70년대에 725만 명이 도시로 유출하였을 것으로 추계된다. 그 결과 농가호수는 1967년 259만 호, 농업인구는 1966년 463만 명으로 정점에 달한 이래 계속 감소하였고, 도시화는 급진전하였다(표 11-15). 산업고도화과정에서 도농간 인구 이동이 이루어지기 마련이지만, 한국처럼 급격한 이동을 경험한 유례는 찾기 힘들다.

도농간 소득격차가 지속하고 노동력의 구성이 취약해졌지만, 농업생산은 증가하고 농가소득은 향상하였다. 〈표 11-16〉에 의하면, 1961~77년간 농업총생산의 성장률은 5% 내외로 한국사에서 가장 높았다가 농업육성책이 후퇴한 1970년대 후반부터 크게 떨어졌다. 농산물 재배면적은 1965년 323만ha로 정점을 이룬 뒤 감소하여 2015년 148만 ha였다. 1970년대에 쌀 자급의 목표가 달성되자마자, 자급적 농업은 고도성장기에 도시 인구와 그 소득의 증대를 배경으로 상업적 농업으로 전환하였고, 채소·과일·축산물의 생산이 빠르게 증가하였다. 농산물 산출액 중 "1961년 84%를 차지하던 곡물의 비

표 11-16 농업생산의 부문별 구성비와 성장률 (단위: 1985년 불변가격 10억 원, %)

구분		농업 총생산	경종(耕種)											축산	양잠
			식량작물						과실	채소	특용작물	전매작물	경종소계		
			미곡	맥류	잡곡	두류	서류	소계							
구성비	1956	4,057	53.4	10.0	1.6	3.0	5.0	73.0	1.4	11.5	1.6	1.4	90.5	8.9	0.5
	1961	5,430	52.2	11.7	1.4	2.6	5.4	73.4	2.0	11.1	1.0	1.6	90.5	9.1	0.4
	1966	7,216	45.1	11.6	1.1	2.4	8.6	68.8	2.7	14.2	0.9	2.4	90.5	9.0	0.5
	1971	7,752	42.8	10.3	0.8	2.6	6.3	62.8	3.2	16.7	1.5	2.8	88.4	10.4	1.2
	1977	10,622	45.0	6.0	0.4	2.6	3.9	58.0	3.8	15.6	2.2	3.9	85.0	13.8	1.2
	1983	12,110	38.6	3.3	0.4	2.0	2.3	46.6	5.6	17.5	1.9	3.1	76.0	23.6	0.4
	1991	12,456	36.0	1.3	0.3	1.5	1.4	40.5	7.1	19.5	1.8	3.0	73.2	26.7	0.1
성장률	1956~61	3.0	2.5	6.3	1.4	0.0	4.3	3.1	9.8	2.3	−7.4	5.4	3.0	3.3	−3.8
	1961~71	4.3	2.2	3.0	−2.1	4.3	5.9	2.7	9.4	8.6	8.9	10.2	4.1	5.7	17.0
	1971~77	5.3	6.2	−3.8	−3.7	5.3	−2.7	3.9	8.3	4.1	12.9	11.0	4.6	10.4	5.7
	1977~83	1.8	−0.8	−7.8	−1.0	−2.9	−6.4	−1.8	8.9	3.8	−0.9	−1.6	−0.0	11.3	−16.8
	1983~91	0.9	0.0	−10.3	−3.2	−2.5	−5.1	0.0	3.9	2.3	0.5	0.3	0.4	2.4	−12.8

출전: 黃修哲 「韓國農業의 產出, 投入 및 生產性 推計硏究: 1955~1992년」 서울대 경제학박사학위논문, 1996, 〈표 2-9〉 〈표 2-10〉 〈부표 3〉으로부터 작성.

주: 특용작물은 면화·참깨·들깨·유채·땅콩·양송이를, 전매작물은 엽연초·인삼을 포함함.

표 11-17 농업요소생산성의 상승률 (단위: %)

구분	1956~61	1961~66	1966~71	1971~77	1977~83	1983~87	1987~91
총요소생산성	1.1	3.3	−0.4	4.0	0.5	0.3	−1.1
토지생산성	2.5	3.6	2.8	5.6	2.3	2.9	−0.2
노동생산성	1.6	4.7	1.3	8.1	5.3	4.9	2.7

출전: 黃修哲 「韓國農業의 產出, 投入 및 生產性 推計硏究」 〈표 4-1〉 〈표 4-4〉.

표 11-18 농업생산요소의 투입지수와 구성비

구분		투입지수					구성비(%)								
		총계	노동	토지	경상재	고정자본	노동	토지	고정자본			경상재			
									소계	동물	농기계	소계	비료	농약	사료
지수와 구성비	1956	400	100	100	100	100	53.9	29.8	1.8	96.9	0.1	14.5	77.8	9.2	0.2
	1961	464	107	102	133	122	41.8	39.1	2.3	96.9	0.2	16.7	81.5	7.5	1.0
	1966	549	114	115	188	132	42.7	39.0	1.9	94.2	1.2	16.3	78.6	6.1	5.7
	1971	744	121	114	377	132	49.2	30.4	2.7	89.6	5.2	17.8	54.5	10.1	27.9
	1977	1,100	104	112	684	200	25.7	51.9	2.9	75.2	18.7	19.5	35.6	13.0	46.2
	1983	1,783	85	109	1,250	339	32.6	39.3	4.8	61.2	35.1	23.4	17.9	10.3	68.8
	1991	3,101	68	105	2,374	554	21.4	59.4	3.3	44.0	53.3	15.9	12.4	9.1	77.1
증가율(%)	1956~61	3.0	1.4	0.4	5.9	4.1				4.1	22.1		6.9	1.7	51.9
	1961~71	3.4	1.3	1.1	11.0	0.8				0.0	36.9		6.6	14.3	54.3
	1971~77	6.3	−2.6	−0.3	10.4	7.1				4.1	32.6		2.9	15.3	20.2
	1977~83	8.4	−3.3	−0.5	10.6	9.1				5.5	21.3		−1.4	6.5	18.2
	1983~91	7.2	−2.8	−0.4	8.4	6.4				2.0	12.1		3.5	6.6	9.9

출전: 黃修哲 「韓國農業의 產出, 投入 및 生產性 推計硏究」 〈표 3-18〉 〈표 3-25〉 〈표 3-26〉 〈부표 24〉로부터 작성.
注: 고정자본과 경상재의 내부 구성비의 합이 100에 미달한 것은 기타 항목도 포함되어 있기 때문임.

중은 이후 급격히 감소하고 1991년 이후에는 비곡물 생산액보다 적게 되었다. 한편, 축산업은 꾸준히 증가하여 2009년 비곡물 생산액을 추월하"였다. 2015년 축산업은 농산물 산출액의 43.2%를 차지하였으나 부가가치로는 25.5%였다.[29)]

〈표 11-17〉에 의하면, 1970년대 전반까지는 토지생산성이, 70년대부터는 노동생산성이 농업생산성의 상승을 주도하였다. 〈표 11-18〉을 보면, 1970년대 전반까지는 노동

29) 조석곤 · 이영훈 「농업」 『한국의 장기통계 I』 해남, 2018, 323~4쪽.

표 11-19 **농업생산요소의 농산물에 대한 상대가격의 변화율** (단위: %)

연도	노동 임금	경지 가격	고정자본 가격		경상재 가격			
			농기계	계	비료	농약	사료	계
1956~61	2.7	13.4	2.5	9.0	4.2	4.4	5.4	3.9
1961~71	3.4	−1.3	−4.7	2.9	−9.8	−8.0	−4.6	−7.4
1971~77	−3.6	16.8	−5.8	1.3	2.5	−7.8	−3.0	−0.9
1977~83	7.8	0.2	−0.7	3.3	−1.5	−2.3	−3.3	−2.5
1983~91	3.2	15.5	−3.1	−2.0	−7.2	−5.1	−3.6	−4.1

출전: 黃修哲「韓國農業의 産出, 投入 및 生産性 推計硏究」〈표 3-31〉.

력·비료·농약의 투입 증대 등을 통한 집약적 농법이 진전하였다면, 70년대 이후 경운기·트랙터·이앙기·콤바인 등의 농기계를 사용하여 노동생산성을 높이는 기계화 영농이 확산되었다. 1955~75년간 수리안전답(水利安全畓)은 54만ha로부터 89만ha로 증가하고, 1ha당 화학비료 투입은 92kg으로부터 396kg으로 증가하였다. 통일벼 등 다수확품종의 도입도 토지생산성을 높였다. 정부의 농업시험연구와 지도사업, 그리고 교육 수준을 향상한 농민의 영농능력의 증대도 농업생산성을 높였다.

이러한 요소투입 구성의 변화는 요소부존도와 상대가격의 영향을 받았다. 〈표 11-19〉에 나타난 바와 같이, 공업화가 진전하여 비료·농약·농기계를 저렴하게 공급할 수 있게 됨에 따라, 이들 품목의 투입이 증대하였다. 1960년대에 비료공장들이 준공되어 화학비료를 완전 자급할 수 있었다. 경지면적은 1968년 232만 정보로 정점에 도달한 이래, 〈표 11-15〉에 나타난 바와 같이, 계속 감소하였다. 경지보다도 급격한 농촌인구의 감소로 1인당 경지면적이 증가하여 1ha 이상 경작농가의 비중이 늘었으며 농업노동자의 임금이 상승하였다. 70년대 후반부터 농업노동력의 격감과 노임의 상승으로 인하여 노동절약적 농기계의 사용이 늘어나기 시작하였다.

공업을 중점적으로 육성하는 불균형개발전략이 추진되어 농업은 상대적으로 홀대를 받았지만, 공업화는 다음의 점에서 농업의 발전과 농가소득의 증진에 기여하였다. 첫째, 공업화는 국민소득을 증대시키고 도시화를 진전시킴으로써 농산물 수요를 확대시켰다. 둘째, 그것은 농기계·비료·농약 등의 공급을 확대하고 그 가격을 하락시킴으로써 그 투입을 증대시켜 노동생산성과 토지생산성을 상승시켰다. 셋째, 농외소득을 증대시켰다. 〈그림 11-8〉에 의하면, 농업소득의 비중은 1970년대 중반까지 80% 내외였다가 이후 격감하여 2010년대 47%, 2019년 25%였다. 도시부문에 취업한 자녀의 송금

그림 11-8 농가의 주요 경제지표의 추이

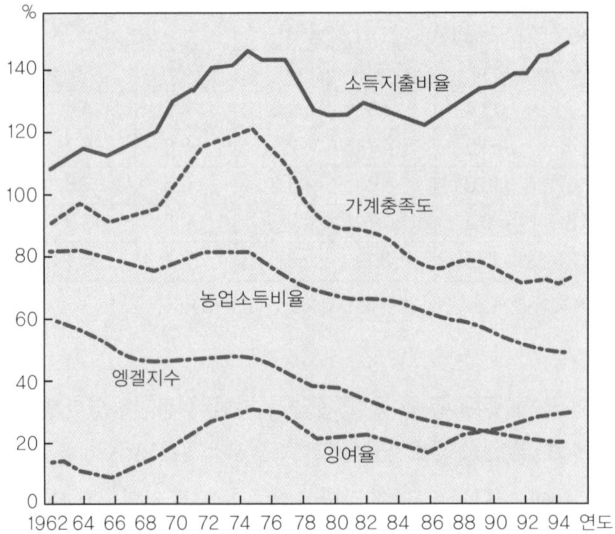

출전: 金昌男·渡邊利夫『現代韓國經濟發展論』[그림 6-5].
주: 소득지출비율=가처분소득/가계지출액, 가계충족도=농업소득/가계지출액, 농업소득비율=농업소득/농가소득, 엥겔지수=식료품소비지출/가계소비지출, 잉여율=(가처분소득−가계지출)/농가소득.

보조가 비농업소득을 상승시키는 중요한 요인이었고 농외 취업소득도 일정한 비중을 줄곧 유지하여왔다. 넷째, 농촌과잉인구를 줄였다. 1960년대 이래 호당 경지면적과 더불어 3ha 이상 농가의 비중은 증가하여왔고, 이들이 기계화 영농의 주체였다.

농가소득은 상승하는 추세였으나, 농업정책이 소극적으로 변한 1970년대 후반부터 도농간 소득격차는 확대되는 추세였다. 개방농정에 따른 농축산물의 수입 증가는 농가경제를 압박하였다. 농업소득보다 생활비가 빠르게 상승하였기 때문에, 〈그림 11-8〉에 의하면 농업소득의 가계비충족도(家計費充足度)는 70년대 후반부터 계속 하락하였다. 도시근로자가구 소득 대비 농가의 비중은 2005년 78.2%로부터 2014년 61.5%로 떨어졌다. 소작지의 증가도 농가경제에 불리하였다. 90년 소작지면적은 전체 농지의 28%인 50만여ha에 달하고, 소작료는 하락하여 논의 경우 수확량의 30~40% 정도, 밭의 경우 20~30% 정도였다. 중·상농은 시설 투자의 비효율로, 빈농은 가계비 부족으로 농가자산에서 부채가 차지하는 비율은 1975년 0.7%로부터 2000년 12.6%로 급증하였는데, 21세기에는 하락 추세여서 2011년 7% 이하로 떨어졌다.

1960년 58%이던 농가인구수는 1990년대 후반에 10% 미만으로 떨어지고, 2019년

4.3%였다. 도농간 소득격차가 커지고 농업의 발전전망이 비관적이기 때문에, 젊은 노동력의 이농현상이 현저하여, 농가의 평균 가구원수는 1980년까지 5명을 넘었지만, 이후 줄어 2000년부터는 3명 미만이었다. 농촌에서 65세 이상 인구의 비율은 1990년 9.0%에서 2019년 46.6%로 급속히 노동력이 노령화(老齡化)되었다. 농외소득의 비중이 증가하여 1991년에는 46%에 달했지만, 90년 일본은 86%, 대만은 65%였다. 전업농가는 1965년 90.8%에서 2010년 53.3%로 떨어졌고, 농외소득의 비중이 50%를 넘는 제2종겸업농가는 1970년의 12.6%에서 2010년 30.3%로 올랐다.

우루과이 라운드가 열리기 전까지는 농산물이 자유무역으로는 해결할 수 없는 비교역적 고려사항이었고, 선진국은 농업에 대한 지원·보호를 아끼지 않았다. 그런데 1993년 우루과이협상이 타결되면서 쌀은 일정 기간 관세화를 유예하되 다른 모든 농축산물은 예외없는 관세화의 원칙에 적용받게 되었다. 많은 농산물의 국내 생산비가 국제 시세보다 훨씬 높기 때문에, 농산물시장의 전면 개방은 농업에 심각한 위협을 가하고 있다. 농업인구의 감소와 농업기계화의 진전에 부응하여 1989년 이후 농업 경영규모의 확대 등을 통한 경쟁력 강화정책이 추진되었으나, 1인당 농지규모로 한국은 국제경쟁력을 가지기 어렵다.

농업·농촌 문제는 고용, 식량안보, 환경 보전, 국토 균형개발 등의 외부효과를 고려한 종합적 관점에서 접근되어야 한다. 세계 곡물재배면적이 1982년 이후 감소하여왔으므로, 식량의 지나친 대외 의존은 바람직하지 않다. 환경 파괴를 대개 수반하는 공업생산과는 달리, 농업은 인간생활에 가장 기초적인 재화를 공급할 뿐만 아니라 물과 토양과 대기와 생물을 보존하고 쾌적한 환경을 유지하고 국토 균형개발을 유도하는 등 다원적인 기능을 수행한다. 일본에서는 농림어업을 기간산업으로 하고 그 산물을 가공하는 2차산업과 그 제품을 판매하는 3차산업을 연계하고 나아가 관광업도 겸하는 대응이 이루어지고 있는데, 한국도 뒤따르고 있다. 농업은 전통적인 산업이지만, 생명공학기술과 접목하여 자본·기술집약적 농업으로 발전할 수 있고, 식물공장 시스템으로 전천후 생산을 할 수 있고, 정보통신기술과 접목하여 생산·유통을 효율화하고 있다. 농촌경제연구원의 『농업전망 2021』은 농업의 미래를 디지털농업으로 설정하였다. 또한 고품질·안전 농산물로 국제경쟁력을 확보할 수 있다. 1990년대 중반부터 친환경농업이 확산됨에 따라 화학비료의 사용량이 줄었다. 정부는 1992~2007년간 농업 분야의 투·융자사업에 127조 원을 투입하였는데, 이 기간에 소득은 120% 증가한 반면, 부채는 427% 증가하였다. 농업 경쟁력의 강화를 위한 기반의 조성이라기보다 개별 농가에 대한 보조금으로 주로 지급되어 사업의 효율성이 낮았던 것이다. 농촌 농업이 계속 위축되는 가운데, 취미의 도시농업은 성장하여 2014년에는 텃밭 6.7km^{2}에 108만 명이 참여하였다.

(3) 서비스업의 발전과 대량배분체제의 성립

근대적 산업설비가 부족한 1950년대에는 변변한 일자리를 구하지 못한 과잉노동력이 서비스업에 취업하고 원조에 기생한 유통업이 팽창함에 따라, 서비스업은 국민총생산의 40%를 넘었다. 그중 영세한 도소매·음식숙박업이 압도적인 비중을 차지하여, 내부 구성이 취약하였다. 고도성장을 개시한 초기에 서비스업의 비중은 감소하였는데, 열악한 서비스업 종사자들이 확장되는 제조업에 흡수되었던 것으로 보인다.

1960년대 중반부터 서비스업은 비중을 증가하면서 고도화하여왔다. 국민총생산에서 서비스업의 비중은 67년부터 40%를 확고히 넘어서고, 89년 50%를, 2006년 60%를 넘어섰다(부표 3). 서비스업의 고용 비중은 1978년부터 농림어업을 능가하고 79년에 40%를, 85년에 50%를, 93년에 60%를 넘어섰다. 한편으로 보면 서비스업은 고용 흡수 면에서의 역할이 갈수록 커져갔고, 다른 한편으로 보면 그 생산효율성의 향상은 제조업보다 저조하였다.

도소매·음식숙박업이 국내총생산에서 차지하는 비중은 70년대 후반부터 하락하는 추세였으나, 그 취업자의 구성비는 오히려 증가하는 추세였고 82년부터 20%를 넘어섰다. 1인당 부가가치가 낮은 도소매·음식숙박업은 영세한 자본의 소규모 업체를 많이 포함하여 도시비공식부문(都市非公式部門)의 중요한 구성요소를 이루었다. 1960년 국내총생산 중 도소매·음식숙박업, 금융·보험·부동산·사업서비스업, 운수·창고·통신업의 비중은 각각 14.8%, 1.8%, 4.6%였는데, 1989년부터 금융·보험·부동산·사업서비스업은 도소매·음식숙박업을 능가하고, 운수·창고·통신업은 그 과반을 차지하게 되었다. 전후 50년대에 에너지 등 사회간접자본을 복구하기 위한 투자가 활발하여 그 비중은 증대하였다. 고도성장기에 수출과 공업화를 직접 지원하는 전력의 개발, 수송시설·통신망 등 사회간접자본이 크게 확충되었다. 1980년대 이후 문화서비스업이, 1990년대 이후 보건·복지 서비스업이 지속적으로 성장하였다.

20세기에 교통혁명이 일어났다. 1876년 개항 직후부터 기선이, 20세기 초부터 자동차가 영업을 하였는데, 20세기 전반 교통 발달을 주도한 것은 철도였다. 해방 후에는 자동차에 의존한 도로 수송의 발전이 교통 발전을 주도하였다. 1963년 50억톤km이던 화물수송은 1993년 662억톤km를 넘었는데, 그간 철도의 분담률은 87.5%로부터 22.1%로 격감한 반면, 공로(公路)와 해운의 분담률은 각각 8.6%, 3.9%로부터 19.1%, 58.6%로 급증하였다. 1970년대에 고속도로 시대가 개막되고 버스가 시골 마을까지 들어가게 되면서, 도로 교통은 새로운 차원으로 발전하였다. 1963년 3만 대에 불과하던 자동차는 69년 10만 대를, 85년 100만 대를, 97년 1,000만 대를 넘었다. 승용차의 구성비는 63년 30% 미만이었는데, 85년 50%에 달하고, 95년 70%를 넘었다. 승용차는 1990년대에 농촌에도 널리 보급되었다. 도로연장은 66년에 3만km를, 96년에 8만km를 넘었고, 도로포장률은 71년에 10%를, 86년에 50%를, 92년에 80%를 넘었다.

20세기에는 통신혁명도 일어났다. 1884년 이후 우편과 전신, 이어서 전화 등 통신기구가 점차 보급되었다. 전화 가입자수는 1962년에 10만 명을, 1975년에 100만 명을, 1988년에 1,000만 명을 넘어서, 90년대에는 대부분의 가구가 전화를 가지게 되었다. 60년대 이후 라디오가, 70년대 이후 텔레비전이 널리 보급되었다. 1990년대에는 개인용 컴퓨터(PC)를 이용한 전자통신망이 확충되었다.

20세기 교통·통신혁명은 시장구조의 변혁을 초래하였다. 조선시대에 도매업이 미발달하였는데, 개항 이후 도·소매 기능의 분화가 진전되어, 상설점포를 가진 도매상인이 기선·철도와 우편·전신에 의존하여 성장하면서 원격지간 도매거래를 활발히 수행하였다. 20세기 후반에는 화물차·버스·승용차를 이용한 도로 교통이 급속히 발전하여, 일반 소매상인의 활동 반경도 확대하였다. 전화·라디오·텔레비전·PC 등의 보급은 거래의 정보와 편의를 크게 향상하였다. 농촌의 소매상인은 1960년대부터 점차 읍장(邑場)에 가지 않고 버스를 이용하여 대도시의 도매상으로부터 구매하게 되었으며, 나아가 자신의 화물차를 마련하고 고속도로를 경유하여 서울의 도매시장에 직접 접촉하기에 이르렀다. 이러한 과정에서 지방의 중간 도매업이 위축, 소멸되고 서울과 지방 대도시의 도매업은 성장하였다. 농촌의 소비자는 1970년대부터 점차 버스를 타고 읍소재지의 장을 보게 됨에 따라 소규모 장시가 급격히 소멸하였다. 상인은 발전된 교통·통신수단에 의존하여 5일장을 경유하지 않고 농산물을 수집하는 경로를 확대하였다. 1990년대에는 자가용으로 대도회지로 쇼핑하러 나가는 농민이 많아졌다. 요컨대, 20세기 전반까지는 도·소매 기능의 분화가 진전되어왔는데, 1970년대부터는 중간도매상업이 위축, 소멸되어 유통경로는 단축되는 추세였다.

1970년대 주요 공업에서 대량생산체제가 확립되었음을 앞서 언급한 바 있다. 1980년대 후반 경제호황과 노동운동 활성화의 시기에 소득 수준이 현저히 상승하였을 뿐만 아니라 저임금 노동자층이 대폭 축소됨으로써, 대중소비시대가 도래하였다. 이 무렵부터 여가와 소비생활을 즐기는 생산직 노동자가 빠르게 늘었던 것이다. 대량생산체제가 대중소비시대에 선행한 것은 해외 수요에 크게 힘입었기 때문이다.

대량생산·소비체제는 그에 상응하는 대량배분체제(大量配分體制)를 요청한다. 일반 도매상이 서울과 지방 대도시에 집중하면서 성장하였고, 제조업체의 직판점과 대리점뿐만 아니라 백화점, 슈퍼체인, 연쇄점 등 대형 소매업체도 성장하였다.[30] 1985년 서울 가락동농수산물종합도매시장의 개장은 대량배분시대의 개막을 상징하는 사건이었다. 이러한 농수산물 도매시장은 이후 지방 대도시로 확산되었다. 1970·80년대에 걸쳐 동대문시장은 남대문시장과 더불어 지방 도매시장에 타격을 가하면서 전국적인 도매거점으로 성장하였다. 1990년대 동대문에는 현대식 도·소매 대형 상가가 속속 개점하여 패션의류업은 성과를 거두었다.

개항 후부터 1980년대까지는 도매혁명, 1960년대 이후에는 소매혁명이 일어났다. 1906년 미스코시(三越)백화점의 경성출장소로 시작된 백화점은 1960년대 이후 대기업 직영 백화점의 대거 설립으로 급성장하여 1980년대에 전성시대를 맞이하였다. 셀프서비스에 의한 인건비의 절감과 대량 매입에 의한 가격 인하를 무기로 삼는 슈퍼마켓은 1964년 처음 출현하였고 1974년 이후 중추적인 소매기구로 성장하였다. 저렴한 가격을 실현한 대형할인점은 1993년 출현하고 이후 성장하여 21세기로의 전환기를 전후하여 슈퍼마켓, 나아가 백화점을 앞질렀다. 1989년 이후 영업시간을 연장한 편의점이 등장하고 21세기 1인 가구의 증가와 더불어 성장하였다. 이러한 유통의 혁신뿐만 아니라 소비자에 의한 자동차 이용의 보편화가 생산자·소비자간 거리를 단축함에 따라, 영세한 도·소매상의 도태가 가속화되고 지방에도 대형 소매점이 확산되었다. 소매혁명은 21세기의 전환기부터 전자상거래로 이어진다. 네그로폰테(N. Negroponte)는 *Being Digital*(1995)에서 퍼스컴·스마트폰 등의 개인용 디지털 기기를 이용하고 인터넷을 통해 연결되는 디지털사회에서는 중계 매개자가 대거 사라진다고 하였는데, 국내뿐만 아니라 세계 각지의 생산자와 소비자가 직거래할 수 있게 되었다. 이것은 제13장 제6절에서 다룬다.

30) 金宗炫『工業化와 企業家活動』比峰, 1992, 제6장 참조.

「6.」 성장동력의 내부 구축과 기술개발의 전개

(1) 경제적 종속성의 약화와 성장동력의 내부 구축

산업구조가 파행적이고 성장의 내부 동인을 가지지 못한 식민지경제로부터 국민경제로 전환하는 과정에서 경제적 종속이 변형되어 존속한 것은 불가피하였다. 1950년대의 경제적 종속성이란 원조를 통하여 최종소비재를 공급받거나 원자재와 시설재를 조달하는 것이 중심을 이루었다. 60년대 외향적 성장전략을 추진하면서부터 무상원조에 대한 의존도가 낮아진 반면 유상차관에 대한 의존도가 높아졌으며, 확대되는 공업생산에 필요한 자본재·중간재 등의 의존도가 높아졌다. 1960·70년대 성장전략의 대외적 측면은 차관으로 공업화에 필요한 소재·부품·생산설비를 수입하고 완제품을 생산, 수출하여 원리금을 상환하는 것이었다. 외자(外資)에 대한 의존과 그에 수반된 외채(外債) 문제가 표면으로 부각된 종속성을 보여준다면, 그 밑에는 수직적 분업체계로의 편입이 있었고, 종속성의 궁극적 원천은 기술력의 부족이었다. 기술력의 부족 때문에 생산설비와 핵심 부품을 수입해야 하고 수출공업은 국내의 저렴한 노동력에 의존한 조립가공 수준에 머물렀으며, 그로 인하여 무역수지의 적자가 초래되어 외채의 누적을 회피할 수 없었다.

수출을 성장의 엔진으로 삼은 데다가 수출공업화에 필요한 소재·부품·자본재를 수입하였으므로, 무역액이 국민총생산보다 빠르게 증가하였다. 수출입액이 국민총생산에서 차지하는 비중인 무역의존도는 1961~5년간에 20% 남짓하였는데, 계속 상승하여 1981년에 85%로 정점에 달하였고, 그 이래 하락하여 1980·90년대에는 60~70%에 머물렀다. 새로운 무역의존도 시계열은 21세기에 들어와 상승하여 2008년 82%에 달했다가 이후 하락하여 2018년 66%였다. 수출 증대를 통해 성장을 추구하였기 때문에 무역의존도가 높아졌고, 높은 무역의존도는 국제시장으로 통합이 진전됨을 의미하므로 부정적으로만 볼 필요가 없다. 그렇지만 지나치게 높은 무역의존도는 소재·부품·장비의 높은 대외의존도에 기인한 면이 있고, 국제환경의 변화에 민감한 취약성을 가진다.

수출을 성장의 중요한 축으로 삼는 전략을 마찬가지로 세워왔던 일본은 대기업과 중소기업의 긴밀한 계열화(系列化)로 소재산업·부품산업·조립산업을 통합한 one-set형 산업구조를 가졌다. 이것은 국내 최종수요 생산의 수입유발계수(輸入誘發係數)가 낮은 자급형 구조이다. 그에 반해 한국은 소재와 부품을 일본에서 수입하여 일본의 기계로 최종재를 조립하여 미국 등지에 수출하는 조립가공형 산업구조를 가졌다. 1970년대에 수출을 위한 조립가공형 중화학공업화가 추진되었기 때문에, 무역의존도는 한층 높아졌다. 1980년대 이후 중간재 산업의 성장으로 산업연관도는 확대되는 추세였다.

6·25전쟁 이후 미국·일본과의 무역 비중이 높아져 1970년 전후에도 70%를 넘었으나, 70년대 중반부터 하락하는 추세여서 2000년대 후반에는 20% 정도에 머물렀다. 그 반면 1990·2000년대에 중국의 비중이 급증하였다.(부표 7) 10대 상품의 수출 구성비는 1970년대부터 1990년대까지 80% 정도에 달하였다가, 2000년대에 떨어졌다.

외자가 주로 차관으로 도입되었기 때문에 다국적기업이 국내 산업을 직접 장악할 우려는 작았지만, 차관의 원리금 상환은 심각한 문제였다. 무역수지는 1985년까지 계속 적자였기 때문에, 외채는 누적되었다. 한국에서는 외자가 생산적으로 사용되도록 엄격히 관리되어왔고 경제가 빠른 속도로 성장하여 자본 도피가 심각한 정도는 아니라는 점에서, 외자의 활용정책에 대한 긍정적 평가가 유력하다. 그렇지만 70년대 후반부터 외채가 눈덩이처럼 불어난 것은 외자를 도입한 조립가공형 중화학공업의 과잉투자와 중복투자에 기인하였다. 80년대 전반에는 도입된 외자가 거의 외채를 갚는 데에 사용되었고 조건이 나쁜 외자라도 감수해야 하였던 점에서, 한국은 외채위기에 직면하여 있었다. 80년대 전반까지 외향적 성장전략의 첫 번째 난관은 국제수지의 적자와 외채의 누적이었던 것이다. 3저호황(三低好況)이 도래한 1986~8년간 다행하게도 무역수지 흑자를 대폭 달성하였기 때문에 외채의 늪으로부터 일단 벗어날 수 있었다(〈부표 9〉 참조). 물론 외자를 통한 생산력 기반의 확충과 국내 저축 기반의 확대가 외채위기를 극복할 수 있게 만든 기초적 요인이었지만, 국제환경이 호전되지 않았더라면 외채의 늪을 벗어나는 데에는 큰 진통을 겪었을 것이다. 아무튼 한국은 1980년대의 중남미국가와는 달리 외채 누적으로 인한 지불 불능과 채무 재조정의 사태에 이르지는 않았다.

기업은 외자를 도입하면서 설비투자를 왕성히 행하였지만, 자본축적이 진전하고 국내 저축이 빠른 속도로 신장한 결과, 규모를 확장하면서도 외국 자본에 대한 의존도를 높이지는 않았다. 기업부문 금융부채 잔액 중 해외 차입의 비중은 1970~84년간에는 10~15%에 머물렀고, 85년 이래에는 10% 이하로 내려갔다.

외채위기로부터 벗어나게 해준 3저호황기에서의 무역수지 흑자는 수출경쟁력의 강화와 수입대체의 진전에 기인하였다. 〈그림 11-9〉에 의하면, 1960년대에는 경공업제품인 비내구소비재(非耐久消費財)가 수출을 주도하였는데, 70년대 이래에는 중공업제품인 노동집약중간재와 내구소비재도 수출특화로 전환하였고 자본집약중간재와 자본재의 수입대체가 진전하여왔다.

그림 11-9 용도별 무역특화지수의 변동 추이

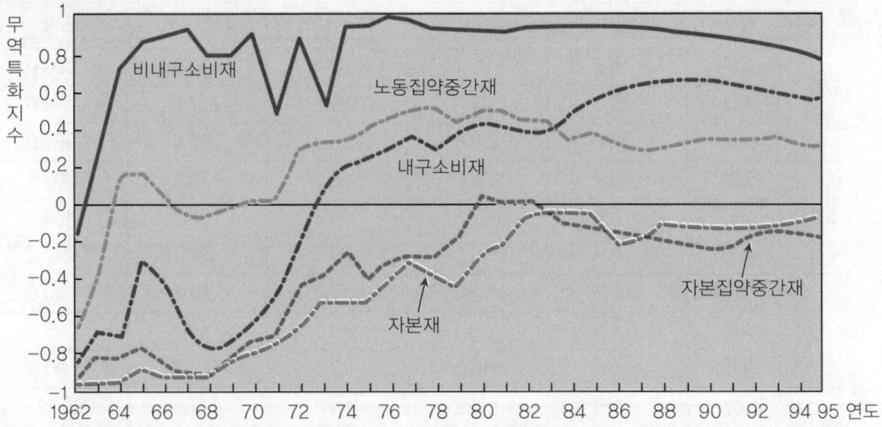

출전: 강철규·장석인 『가공무역과 산업구조』 산업연구원, 1987, 3쪽 등.
주: 무역특화지수=(수출−수입)/(수출+수입). +는 수출특화, −는 수입특화.

(2) 기술개발의 전개

수출특화와 수입대체의 진전 및 성장 동인의 내부 구축은 근원적으로 기술력의 향상에 기인한다. 암스덴에 의하면, 영국은 발명에 의하여, 독일과 미국은 기술혁신에 의하여, 한국을 비롯한 제2차 세계대전 후의 신흥공업국은 학습을 토대로 공업화를 진전시켰다.[31] 신흥공업국은 선진 기술을 학습하여 모방하였는데, 선진 제품의 조립에서 출발하여 마침내 핵심 부품까지 생산하게 되는 역행적 엔지니어링의 방식을 취하였다. 신흥공업국이 학습에 의한 공업화를 추진한 것은 선진국과의 기술격차가 현격하였기 때문이고, 그것이 성과를 거둔 것은 제2차 세계대전 후에 기술이전이 원활한 국제환경이 조성된 데다가 신흥공업국이 기술흡수능력을 어느 정도 갖추었기 때문이다.

〈표 11-20〉에 의하면, 1960·70년대에는 외자의 주된 형태가 차관임에 대응하여 자본재의 수입을 통해 주로 기술이 도입되었다. 섬유·의류·합판업 등은 외국의 선진 기술이 체현된 기계와 설비를 수입하고 그 가동에 필요한 기술을 잘 학습하여(learning by doing) 세계시장에서 경쟁할 만한 효율적인 생산을 보장받았다. 그래서 노동집약적인 경공업에 비교우위를 가진 60년대에는 기술의 도입과 개발의 유인은 작았다. 중화학공

31) A. H. Amsden 『아시아의 다음 巨人』 이근달 옮김, 시사영어사, 1990.

표 11-20 외국 기술 이전의 유형과 그 추이 (단위: 백만 달러)

구분		1962~66	1967~71	1972~76	1977~81	합계
외국인 직접투자	일본	8.3	89.7	627.1	300.9	1,026.0
	미국	25.0	95.3	135.0	237.5	491.0
	총계	45.4	218.6	879.4	720.6	1,864.0
기술도입	일본	–	5.0	58.7	139.8	203.5
	미국	0.6	7.8	21.3	159.2	188.9
	총계	0.8	16.3	96.6	451.4	565.1
기술자문	일본	–	12.1	7.7	20.8	40.6
	미국	–	3.1	6.0	16.7	25.8
	총계	–	16.8	18.5	54.7	90.0
자본재 수입	일본	148	1,292	4,423	14,269	20,132
	미국	75	472	1,973	6,219	8,739
	총계	316	2,541	8,841	27,978	39,676

출전: 金仁秀·成小美「科學技術: 政府政策과 企業戰略」『韓國經濟 半世紀』韓國開發硏究院, 1995 〈表 7-1〉.

업의 선진 기술을 획득하기 위해서는 장비에 체현된 기술의 획득뿐만 아니라 외국인 직접투자나 기술도입에도 의존해야 하였다. 중화학공업화를 추진한 70년대부터 전자·화학산업 등의 기술은 외국인 직접투자에 상당히 의존하였고, 정유·화학·전자·기계를 중심으로 하는 다양한 업종에서 기술도입이 증대되었다. 외국인 기술고문의 지도, 대대적인 해외 연수, 일부 기자재의 수입대체라는 방식으로 한국은 인적 자본을 활용한 해외 기술의 학습·토착화에 성과를 거두었다. 외국에서 공부하였거나 직장 경력을 가진 전문인력의 유입도 기술 흡수에 기여하였다. 포항제철, 현대자동차, 삼성전자 등의 기술적 성공은 엔지니어의 기술학습 열의를 잘 북돋워준 데에 힘입었다.

정부는 기업의 기술개발을 위한 유리한 환경의 조성에 노력하였을 뿐만 아니라, 1970년대까지 연구개발을 주도하였다. 경제개발5개년계획과 더불어 과학기술진흥5개년계획을 추진하였고, 1967년에는 과학기술진흥법을 제정하고 과학기술처를 발족하였다. 66년 정부출연 연구기관으로 설립된 한국과학기술연구원(KIST)은 초기의 기술개발을 주도하고 기업의 기술학습에 이바지하였다. 71년에는 한국과학원(KAIS, 현재 KAIST)을 설립하여 과학기술인력을 양성하였고, 78년에는 대덕연구단지를 건설하여 공공연구소와 기업연구소를 유치하였다. 고도성장기에 국가기술혁신체제(國家技術革新體制)가 잘 작동하였던 것이다.

표 11-21 연구개발지표의 추이

구분	1965	1970	1975	1980	1985	1990	1995
연구개발비 지출(억 원)	21	105	427	2,825	12,371	33,499	94,406
정부(억 원)	19	92	303	1,800	3,068	6,510	17,809
민간부문(억 원)	2	13	123	1,025	9,303	26,987	76,597
정부 : 민간부문	90:10	88:12	71:29	64:36	25:75	19:81	19:81
연구개발비/GNP(%)	0.26	0.38	0.42	0.77	1.58	1.88	2.71
연구자의 총수	2,135	5,628	10,275	18,434	41,473	70,503	128,315
연구원 1인당 연구개발비(천 원)	967	1,874	4,152	11,486	15,325	47,514	73,574
인구 1만명당 연구자의 수	0.7	1.7	2.9	4.8	10.1	16.4	28.6
기업부설연구소의 수	0	1	12	54	183	966	

자료: 과학기술처 『과학기술연감』 각 연도.

1960·70년대 경제성장에서 기술개발의 기여도는 낮은 수준에 머물렀다. 기술의 자체 개발은 대량의 자금을 요구하고 위험 부담이 크기 때문에, 선진국과의 기술격차가 큰 국면에서 해외 기술의 모방과 흡수를 통한 기술발전을 추구하는 것은 타당한 전략이라고 할 수 있다. 〈표 11-21〉에 의하면, 1970년대까지도 국민총생산에 대한 연구개발비의 비중은 1%에도 훨씬 미달하였고 민간 기업의 연구개발은 활성화되지 못하였다.

1980년대 이후 기술은 다음의 점에서 점차 결정적으로 중요한 생산요소로 부상하였다. 첫째, 경제성장에 수반하여 선진국과의 기술격차가 축소되면서 저임금 노동력과 선진 기술의 학습·흡수를 동인으로 하는 성장전략은 점차 한계에 직면하였으므로, 후발성의 이점에 의존하지 않는 성장 동인을 구축해야 하였는데, 기술개발은 그 관건이 된다. 둘째, 한국의 고도성장을 낳은 중요한 동인은 투자의 급속한 확대였지만, 90년대의 경제적 침체와 98년의 경제위기는 투자주도적인 성장의 애로를 드러낸다. 그 애로를 극복하기 위해서는 기술혁신이 주도하는 단계로 전환하지 않으면 안 되었다. 셋째, 80년대 이후 기술집약적인 첨단산업이 산업발전을 주도하게 되었다. 넷째, 86년 미국의 압력에 의해 지적 재산권을 보호하는 새로운 법률이 도입됨에 따라, 기술개발의 필요성은 더욱 절실해졌다.

1980년대 이후 정부와 기업은 기술이 국제경쟁력의 핵심이라 인식하여, 기술의 도입과 개발에 힘썼다. 정부는 1982년부터 예산을 지원하여 산업이 필요로 하는 기술의 연구개발사업을 추진하였다. 86년 공업발전법을 제정함으로써 정책의 핵심을 기술발전에 두었고 연구개발 단계의 조세·금융지원을 확대하였다. 1980년대에는 중소기업간 기술확산을 촉진하기 위해 관·민의 기술지원시스템으로 구성된 광범위한 네트워크가 구축되었다. 대기업과 중소기업 모두를 위한 각종 기술지원기관 기능을 공업진흥청이 조정하였다.

1969년 이후 정부는 선진 기술을 전파하는 직접투자의 유인책을 점차 확대하여 직접투자가 기복을 가지면서 증가 추세였으나, 1980년대까지 직접투자는 많지 않았다. 78년에는 기술도입을 자유화하고 이후 도입조건을 완화하며 84년에는 기술도입에 대한 인가제도를 신고제도로 바꾸었다. 기술도입의 자유화조치와 기업의 적극적인 기술도입으로 인하여, 80년 1억 달러를 넘은 기술료 지급액이 90년에 10억 달러, 2010년에 100억 달러를 넘어섰다.(부표 8) 기술도입건수로 볼 때는 일본이 많지만, 미국으로부터 대형 기술이 많이 도입되었다. 기술도입이 가장 활발한 업종은 기계, 전기·전자, 정유·화학의 순이었다. 87년부터는 고급 기술을 도입함에 따라 건당 지급 규모가 커졌다. 1990년대 이후 전기·전자산업이 기술도입액의 과반을 차지하였다. 기술수출은 1994년 1억 달러, 2004년 10억 달러, 2015년 100억 달러를 넘었는데, 전기·전자가 최대 비중을 차지하였다.

〈표 11-21〉에 의하면, 1980년대 이후 정부와 기업의 연구개발비가 빠르게 신장하여 1983년에는 국민총생산에 대한 비중이 1%를, 92년에는 2%를 넘어섰다. 70년대까지만 하더라도 총연구개발비 중에 정부의 부담률이 압도적이었지만, 80년대 전반에 민간 주도의 연구개발체제로 전환하였다. 민간 기업은 82년 이후 연구개발투자를 급증하여, 자체 연구개발에 적극 투자하였을 뿐만 아니라, 선진국에 현지법인을 설립하여 첨단기술을 배우고 획득하였으며, 중요 다국적기업과 기술적 연계를 확대하였고, 외국의 첨단기업을 합병, 인수하였다. 대기업이 연구개발을 주도하는 가운데, 90년대에 중소기업도 점차 자체 연구소를 설립하여 연구개발에 힘쓰고 일부는 일정 수준의 기술개발력을 갖추게 되었다. 80년대 이후 정부는 민간 기업이 개발 위험 때문에 투자하기 어려운 기술 분야의 개발투자를 주도하였다. 그런데 기초연구와 원천기술에 대한 정부의 투자는 불충분하였다. 1980년대 이후 연구비의 60% 내외는 개발연구에, 10~20%는 기초연구에, 20~30%는 응용연구에 쓰였다.

이처럼 기술개발에 힘쓰는 가운데 종전의 모방엔지니어링의 단계로부터 점차 탈피하여 자체 기술개발력을 향상하였고 연구개발투자에 성과를 거두었다. 김인수(金仁秀)에 의하면, 한국은 1960·70년대에 단순모방전략을 추구하다가 1980·90년대에 창의적인 모방으로 전환하게 되었다. 한국인의 국내 특허등록은 1958년 100건을, 79년 1,000건을, 1992년 1만 건을, 2006년 10만 건을 넘었다. 한국이 획득한 미국 특허등록수는

1969년 5개로부터 82년 14개, 92년 538개로 늘었다. 2019년 한국의 미국 특허등록은 22,135건으로 2018년과 마찬가지로 미국·일본에 이어 3위였다. 삼성은 2007~19년간 미국 특허등록 2위에, LG는 2016~9년간 10위권에 들었다. 2017년 한국은 100만 명당 특허출원 건수가 3,091건으로 1위여서, 지적 재산의 강국이 되었다. 첨단산업의 기술 수준도 연구개발과 기술도입에 힘입어 점차 향상하였다. 한 예를 들면, 현대·삼성·LG·대우는 자동차·조선·전자·항공기산업에 필요한 용접로봇을 처음에는 모두 수입에 의존하였지만, 외국 모델을 사용한 경험과 자체 연구개발 노력을 바탕으로 곧 비슷한 모델을 개발하여 증가하는 수요를 충족할 수 있었다. 나아가 외국에서 교육받은 고급 두뇌를 활용하고 다국적 기업과 기술을 제휴하여 독자적 모델을 개발하기 위한 연구에 노력하였다.

고도성장기 재벌에 의한 대규모 조립공업의 성장으로 제품기술은 발달하였던 반면, 기술집약적 중소기업의 낙후로 부품·기계설비·소재의 기반기술은 뒤떨어졌다. 그 결과 공업화에 필요한 소재·부품·생산설비의 해외의존도가 높았다. 1975~85년간 한국 제조업생산액 중 수입중간재 투입의 비중은 20%를 넘었는데, 일본의 경우는 10% 정도였다. 첨단산업은 선진국으로부터 기계설비와 중간재를 수입하여 조립·가공하는 특성을 가지므로, 특히 수입의존도가 높았다. 그로 인하여 제조업의 외화가득률은 80년대 중반까지 50%대에 머물다가 그 후반에 60%를 넘겼다. 〈그림 11-9〉에 의하면, 자본재와 자본집약 중간재를 수입하여 내구·비내구 소비재를 생산, 수출하는 가공무역구조가 개선되는 추세였는데, 자본재와 중간재는 90년대 후반 중국·동남아시장 덕분에 수출특화로 전환하였다.

한일국교정상화 이후 한국은 일본으로부터 고부가가치의 소재·부품·기계장비를 수입하여 상대적으로 저부가가치의 소비재를 만들어 미국으로 수출하는 무역구조를 유지하였다. 그 결과 1966~2004년간 한국의 최대수입국은 일본이었고, 67년부터 대일 무역적자는 대개 총무역적자의 과반을 차지하였고, 2010년까지 증가 추세였다. 적자를 지속하던 대미무역은 70년대에 수지균형을 이루고, 1982년부터 흑자 기조를 굳혔다.(부표 7)

7. 산업구조의 변화와 재벌의 성장

(1) 산업구조의 변화

제10장에서 언급한 바와 같이, 대규모 귀속기업체가 지분을 분산시키지 않고 불하된 것은 대기업 중심 체제의 형성을 위한 서막을 이루었다. 1950년대에 생산설비에 따른 원조 물자의 특혜적 배분, 금융의 편중 배분 등을 통해 대자본이 형성되었고, 면업 등 일부 업종에서는 시장집중이 상당한 정도로 진전하여 있었다. 박정희집권기에 정책금융과 외자가 특혜적으로 배분되고 중화학공업육성책이 추진되어, 대기업이 본격적으로 성장하고 재벌체제가 확립되었다.

제조업체수는 1960년대 전반에 빠르게 증가하여 60년 1만 5,204개로부터 66년 2만 2,718개로 증가하였는데, 60년대 후반과 70년대 전반에는 정체하여 75년에도 2만 2,787개였다. 〈그림 11-10〉에 의하면, 제조업체수가 정체하던 이 시기에 대기업이 현저히 성장하고 중소기업의 비중이 현저히 낮아졌다. 1966~77년간에 종업원 300명 이상의 대기업은 191개로부터 1,036개로 급증하였다. 제조업체 중 대기업의 부가가치 비중은 63년 47%로부터 71년 72%로 급증하였다. 1960년대 후반과 1970년대 전반에 걸쳐 대기업체제가 성립하였던 것이다. 현대 기업의 최대 특징은 생산과 판매의 수직적 통합, 그리고

그림 11-10 종업원 300인 이상인 대기업의 비중의 추이

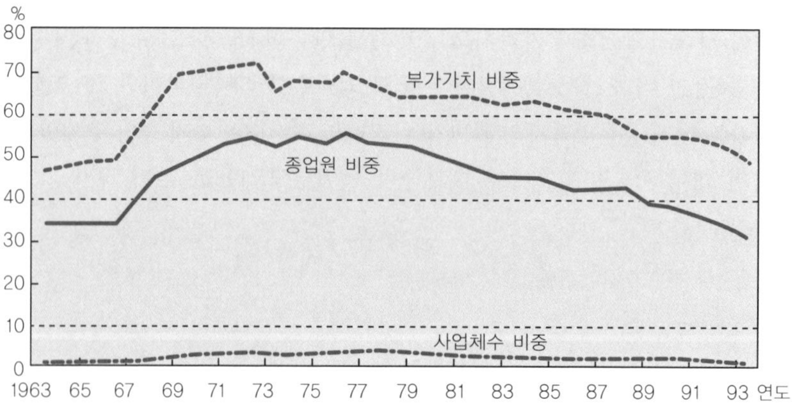

자료: 통계청 『통계로 본 한국의 발자취』 1995, 145, 147쪽.

자본과 노동력의 조달에서 시장의 대체인데, 고도성장기에 대기업은 판매기능을 강화하고 내부자본시장과 내부노동시장을 발전시켜왔다.

정부가 1966년 체계적이고 효율적인 중소기업정책을 위해 중소기업기본법을 제정하였음에도 불구하고, 대기업의 우위를 확립하고 중소기업을 위축시킨 요인은 무엇인가. 첫째, 규모의 경제를 가진 수출공업과 중화학공업을 집중 육성하는 성장전략이 무엇보다도 중요하다. 수출공업과 중화학공업은 60년대 후반부터 급증한 외자와 특혜적인 정책금융에 의존하여 대량생산에 적합한 기술과 설비를 도입함으로써 대기업으로 성장하였다. 이들 대기업은 고급 인력, 값싼 금융 등 양질의 생산자원을 거의 독식할 수 있었다. 둘째, 특혜적 지원으로 성장한 재벌의 문어발 확장은 중소기업의 섬유·의복·가죽업 등 업종을 잠식하였다. 대기업은 주요 수출품이던 노동집약적 경공업제품을 중소기업에게 낮은 공임으로 하청을 주어 이윤을 추구하였다.

1976년부터 기업체수가 빠르게 증가하여 80년에 3만 개, 87년에는 10만 개를 넘었다. 그러한 가운데 중소기업이 보다 빨리 증가하였고, 80년대에는 99명 미만의 소기업이 특히 빠르게 증가하였다. 〈그림 11-10〉에 나타난 바와 같이, 77년부터 기업체수나 종업원에서 중소기업의 비중은 증가 추세로 반전되었다. 1976~93년간 중소기업의 비중은 부가가치로 보면 30%로부터 50%로, 취업자수로 보면 44%로부터 69%로 증가하였다.

1970년대 후반 이후 중소기업 비중의 상승을 낳은 요인은 무엇인가. 첫째, 중소기업 지원책이 적극 추진되었다. 정부는 1975년에 중소기업계열화촉진법을 제정하여 중화학공업에서 대기업과 중소기업의 보완관계를 확대하고자 했고, 76년에 중소기업의 대출비율을 지도 사항으로부터 의무 사항으로 변경하였고, 78년에는 중소기업의 고유업종을 지정하는 제도를 실시하였고, 같은 해에 종합적 대책을 담은 중소기업진흥법을 제정하였다. 정부는 1982년 중소기업진흥 10개년계획을 수립하여 유망 중소기업의 발굴·지원 등을 통해 경쟁력 기반을 강화하고자 하고 대기업과의 계열화를 강력히 추진하였으며, 84년에는 하도급거래에서 중소기업을 보호하는 법률을 제정하였다. 86년에는 중소기업창업지원법과 신기술산업금융법이 제정되어 기술개발 가능성과 성장잠재력이 큰 중소기업에 대한 금융지원제도가 정비되었다. 전자를 근거로 중소기업 창업회사가 활발히 설립되고, 후자에 의거하여 신기술산업 금융회사의 육성을 위한 제도적 기반이 마련되었다. 1996년에는 중소기업청이 설립되어 체계적인 지원책을 도모하였다.

둘째, 중화학공업화가 심화됨에 따라 대·중소기업간의 보완관계가 확대되었다. 초기 단계의 중화학공업은 부품과 소재를 수입하여 조립하였기 때문에 부품공업의 발전을 그다지 자극하지 못하였다. 그렇더라도 조립가공형 거대 중화학공업의 성장은 부품 수요를 점차 촉진하였고 게다가 정부가 1970년대 말의 경제위기에 대한 반성으로 80년대에 부품공업을 육성함에 따라, 70년대 후반부터 중소 부품공업이 성장하고 수출 가공의 대기업과 그 부품을 공급하는 중소공업 사이의 하청(下請)·계열(系列)관계가 확대되었다. 중소 하청업체의 비중은 75년 17%로부터 80년 30%로 급증하였는데, 일반전자·전기전자·수송용 기기에서 그 비중이 특히 높았다.

중소기업의 중화학공업화는 1980년대 이래 착실히 진전하였다. 조립금속의 중소기업이 빠르게 성장하여 80년대 전반에 생산액에서 섬유·의복·가죽업을 능가하였다. 첨단산업 중에도 반도체 등은 대기업이 담당하지만, 공작기계·산업용 로봇 등은 중소기업이 담당한다. 그래서 1995년 첨단산업체수 중 중소업체의 비중은 97.4%에 달하였다.

다양한 중소기업 육성책에도 불구하고 대기업과의 노동생산성 격차는 오히려 확대되는 추세여서, 중소기업 종업원 1인당 부가가치생산은 1980년 대기업의 55%였으나, 1995년경에 40% 이하로 떨어졌다. 섬유·의복업에서는 대기업과의 생산성 격차가 축소된 반면에, 중화학공업에서는 그것이 확대되었다.

왜 중소기업은 계속 낙후되었던가? 첫째, 대기업은 양질의 금융·인력 등 핵심 생산요소를 집중하고 하청 중소기업에 대한 우월적 지위를 남용하였다. 둘째, 정부는 대기업이 중소기업의 기술 탈취를 막는 유효한 제도를 마련하지 못하였다. 셋째, 유망 중소기업을 육성하는 정책이 실효성 있게 추진되지 못한 것으로 보인다. 넷째, 중국의 공업화는 경쟁력이 약한 중소기업부터 존립하기 어렵게 만들었다.

1960년대 후반과 1970년대 전반에 대기업 주도 체제가 확립됨에 따라, 〈그림 11-11〉에 드러나듯이, 시장집중(市場集中)이 진전하였다. 경공업보다 중화학공업에서 독·과점화가 현저하였다. 1974년 1,543개 공산품의 83%가 독·과점적 시장구조를 가졌다. 국내 시장이 협소한 가운데 대량생산에 적합한 기술의 도입으로 대기업은 시장을 일거에 독·과점화하였던 것이다. 이렇게 급격히 진행된 시장집중은 경쟁제한적 법령에 의한 높은 진입 장벽, 사업자단체의 담합행위, 높은 수입 장벽 등으로 인하여 안정적으로 유지되어왔다.

〈표 11-22〉에 의하면, 상위 3사의 시장점유율이 60%를 넘는 독·과점의 출하액 비중은 1970년대에 증가하는 추세였다. 70년대 한국의 시장집중도는 선진 자본주의국보다 높았다. 상위 3사의 시장점유율이 60%를 넘는 독·과점상품 출하의 비중은 1982년 69%로 정점에 달한 이후 감소 추세로 전환하여 1994년에는 54%였다. 기업의 대규모화라는 독·과점을 진전시키는 요인과 시장 규모의 확대와 새로운 기업의 진입이라는 경

그림 11-11 중요 공업부문별 상위 5사 시장집중률

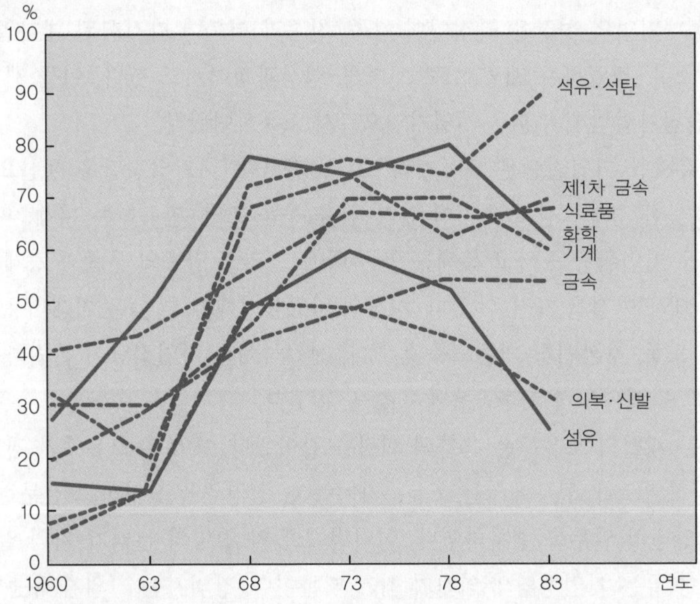

출전: 金炯基『韓國의 獨占資本과 賃勞動』까치, 1988, 100쪽.

표 11-22 상품시장의 집중도 (단위: 개, 10억 원, %)

연도	계		시장유형별 비중(%)							
			독점(獨占)		복점(複占)		과점(寡占)		경쟁	
	상품수	출하액	상품수	출하액	상품수	출하액	상품수	출하액	상품수	출하액
1970	1,492	1,252	29.6	8.7	18.7	16.3	33.2	35.1	18.5	39.9
1974	1,543	5,039	30.8	12.7	17.6	12.6	34.2	38.6	17.2	36.1
1977	2,109	13,920	31.6	16.3	20.1	11.0	32.0	33.9	16.3	38.8
1982	2,260	49,372	23.4	11.4	11.1	6.6	47.4	50.6	18.1	31.4
1985	2,516	73,924	20.8	9.4	10.7	9.1	38.7	38.5	29.8	43.0
1989	2,615	140,368	18.1	8.5	10.1	7.2	44.2	39.3	27.6	45.0
1994	3,132	281,944	15.3	5.1	8.2	5.6	44.4	43.4	32.1	45.9

출전: 尹暢晧·李奎億『産業組織論』(第3全訂版) 法文社, 1997 〈표 8-4〉.

쟁화를 진전시키는 요인이 상호작용하였는데, 82년까지는 전자가 우세하였고 83년부터는 후자가 우세하였다.

(2) 재벌의 성장

독·과점 대기업의 성장은 특정인이 가족·친족과 더불어 다각화된 대기업집단을 폐쇄적으로 소유·경영하는 재벌(財閥)의 형성·성장과정이기도 했다. 이들 재벌은 핵심적인 독·과점기업의 대부분을 계열기업으로서 소유하여왔다.

재벌과 유사한 기업집단은 전세계적으로 발견된다. 대기업집단은 생산요소시장이 발달하지 못한 경제발전의 초기에 인력·금융 등을 조달·활용하는 데에, 후진적인 정부를 상대로 기업활동을 하고 특혜를 얻는 데에, 그리고 정보의 부족과 경제적 불안에 대처하는 데에 이점을 가질 수 있다. 시장의 비효율성에 따른 높은 거래비용은 기업집단 내부의 노동·자본시장 의존도를 높였다. 선진국에서 기업집단이 존립하는 원인은 기술·브랜드·경영노하우의 공유에서 찾을 수 있다.

거의 모든 재벌의 소유주는 그룹의 회장을 맡아왔다. 대부분 소유주가 경영 전권(全權)을 행사하였으며, 일부에서는 소유주가 주요한 경영권을 장악하고 전문경영인이 실무적인 경영권의 일부를 행사하였다. 이처럼 소유와 경영의 분리가 거의 일어나지 않은 중요한 이유는 기업경영의 역사가 짧기 때문이다. 창업자는 거의가 유능한 기업가였지만, 오늘날 창업자의 손자, 나아가 증손자까지도, 일부는 사회적 물의를 빚어가면서, 재벌 총수를 승계하는 것은 어떻게 설명해야 할까? 첫째, 근대 일본의 천황처럼 거대 기업집단의 구심점 역할을 하는 것을 들 수 있는데, 대부분은 천황과 달리 전근대 중국의 황제처럼 군림하여 문제가 발생하기도 했다. 둘째, 1997년 외환위기 이전에는 기업경영권을 보호하고 재벌을 도산으로부터 막아주는 정책이 작용하였다. 셋째, 삼성은 2세대까지, LG는 3세대까지 성공적으로 경영하였지만 자질이 부족한 2·3세대 총수도 있었는데, 전반적으로는 재벌이 성장에 성공하였기 때문이다. 넷째, 혈연을 중시하는 가족주의문화는 재벌이 특정 가문의 대주주의 영향력이 강한 족벌(族閥)의 세습적인 성격을 가지게 만들었다. 한국의 재벌경영은 가족을 기저(基底)로 하고 그 주위를 친척·인척·지인(知人)이란 인간관계가 동심원적으로 둘러싸고, 주식 소유와 경영 지배를 배경으로 그들의 의사결정권한을 집중한다. 삼성, 현대, LG 등 경영권이 계승되면서 형제·자매간에 그룹이 분리되는 재벌은 적지 않았다. 이러한 기업문화는 서서히 변화한다.

제10장에서 언급한 바와 같이, 오늘날의 재벌은 거의가 1940년대와 50년대 초에 창업하였고, 그 상당수가 50년대에 다각화된 기업집단을 형성하기 시작하였다. 대기업이 급성장하던 1960·70년대에 재벌은 본격적으로 성장하였다. 60년대까지는 면방(綿紡)

표 11-23 한국 10대 재벌의 변천(매출액 기준)

순위	1960년	1972년	1979년	1987년	1994년	2001년
1	삼성	삼성	현대	현대	삼성	삼성
2	삼호	LG	LG	삼성	현대	현대
3	개풍	한진	삼성	LG	LG	LG
4	대한	신진	대우	대우	대우	SK
5	LG	쌍용	효성	SK	SK	현대자동차
6	동양	현대	국제	쌍용	쌍용	한진
7	극동	대한	한진	한화	한진	롯데
8	한국유리	한화	쌍용	한진	기아	한화
9	동립산업	극동	한화	효성	롯데	두산
10	태창방직	대농	SK	롯데	한화	금호

자료: 강명헌 『재벌과 한국경제』 나남, 1996년, 58쪽; 공정거래위원회 「2001년도 대규모 기업집단 지정」 2001.4.2 보도자료.

기업이 규모나 현대식 경영이라는 면에서 제조업계의 정상에 있었는데, 이들 고참 대기업은 70년대 이후 제품의 고급화에 성공하지도, 새로운 성장업종으로 다각화하지도 못하여 상대적 지위가 하락하였다. 그에 대신하여 두각을 드러내고 재벌로 성장한 기업군은 8·15 전후에 창업하고 경제개발계획에 호응하여 성장업종에 적극 진출하고 70년대의 중화학공업화 추진에 참여한 더욱 도전적인 유형이었다. 재벌은 해방 후 경제환경과 개발전략의 산물로서 형성되어, 경제적·정치적 환경의 변화에 적응하면서 진화하여왔다.

〈표 11-23〉에 의하면, 1960년대 재벌의 성장과정에서 그 부침은 격심하였다가, 70년대 후반부터 1996년까지 그 지위가 안정되어 있었다. 60년 이래 10대 재벌의 지위를 계속 유지한 것은 삼성과 LG(럭키금성)뿐이었다. 60년대에는 삼성이 전자산업에 진출하고 비료공장을 건설하였으며, LG가 전기전자사업을 확장하고 석유정제업에 진출하였으며, 건설회사로 출발한 현대가 자동차회사를 설립하였으며, 쌍용이 섬유에서 시멘트로 업종을 전환하였으며, SK(선경)·효성·코오롱 등이 합성섬유공장을 건설하였다. 70년대에는 현대가 조선·제철·중전기업, 삼성이 전자·조선·중공업, 대우가 중공업·조선·화학업, LG가 전자·전기기업에 진출하거나 사업을 확장하였다.

10대 재벌의 계열기업수는 1960년 66개, 1970년 75개, 1979년 250개로 증가하였다. 재벌의 다각경영체제는 70년대에 급진전하였던 것이다. 30대 재벌의 부가가치 생산의

표 11-24 고도성장기 제조업에서의 대기업집단 지배력의 추이

연도	계열기업수(개)				출하액 비중(%)				고용 비중(%)			
	5대	10대	20대	30대	5대	10대	20대	30대	5대	10대	20대	30대
1974			139				24.6				13.5	
1977	99	158	276	337	15.7	21.2	29.3	34.1	9.1	12.5	17.4	20.5
1982	89	153	223	271	16.9	23.8	31.4	36.0	9.1	12.8	17.9	22.4
1985	94	147	218	270	23.0	30.2	36.4	40.2	9.7	11.7	15.5	17.6
1989	91	141	215	262	21.4	27.3	32.3	35.4	9.9	12.1	14.9	16.9
1994					24.6	32.1	36.8	39.6	11.1	13.7	16.2	17.7

출전: 張志祥「經濟力集中」『韓國經濟論』(제3판) 裕豊, 1995, 〈표13.21〉 등.

GNP에 대한 비중이 1978년 17%, 1995년 16%로 추계된 데에서 드러나듯이, 1970년대에 재벌이 주도하는 경제가 확립되었다. 팽창지향적인 재벌의 과잉투자는 79년 경제위기를 초래한 내적 요인이었다. 80년대에 재벌은 불황과 특혜적 지원의 축소에 대처하여 자구노력을 하면서 계열기업을 일부 정리하였으며, 주로 계열기업의 규모 확대를 통하여 성장하였다. 〈표 11-24〉에 의하면, 80년대 전반에 30대 재벌의 계열기업수는 많이 줄었으나, 그 출하액으로 보는 경제력집중은 심화하였다. 5대 재벌인 현대·삼성·LG·대우·SK가 특히 빠르게 성장하여 80년대 중반부터 30대 재벌의 제조업 출하액의 과반을 차지하였다. 80년대 전반에 내실을 다진 재벌은 80년대 후반의 3저호황기에 매출액과 수익률의 현저한 신장을 거두었다. SK는 1980년 대한석유공사, 1994년 한국이동통신, 2012년 하이닉스 반도체를 인수하면서 계속 성장하여 5대 재벌에 진입하여 그 지위를 확고히 했다.

〈표 11-25〉에 의하면, 3저호황기 이후 재벌은 다시 확장을 추구하여, 재벌 계열기업의 수와 자산은 급증하였다. 5대 재벌은 강화된 규제에 대처하여 계열사수를 불리는 대신에 기존 계열사가 사업부를 신설하거나 자(子)회사를 거느리는 방식으로 다각화하였다. 그룹 규모의 확대에 주력한 재벌 기업은 비재벌 기업보다 부채비율이 높았고 영업이윤이 낮았다. 이러한 비효율적 과잉투자로 인하여 외환위기 직전의 1997년에는 30대 재벌 중 6개가 실질적인 부도를 경험하였다. 1997·8년 외환·경제위기로 재벌 정책은 변혁되었고, 20여 년간 안정적으로 존속한 재벌 구성은 급변하였다.

재벌은 제조업 진출을 통하여 급성장하였다. 시장 규모가 크고 수익성이 높은 독·과점상품은 대부분 재벌에 의해 장악되어왔다. 〈표 11-24〉에 의하면, 1970년대 이후 재

표 11-25 **3저호황기 이후 대기업집단 경제력의 추이**

연도	계열사 수		자산(조 원)		자본(조 원)		매출액(조 원)		순이익(조 원)	
	5대	30대	5대	30대	5대	30대	5대	30대	5대	30대
1987	176	493	30	57	5.8	10.4	45	72	290	393
1990	186	557	52	97	14	27	65	105	951	1,531
1994	208	616	111	199	30	50	147	212	1,449	1,615
1997	262	819	202	348	49	75	258	374	1,212	360
2000·1	180	544	264	423	103	167	368	510	5,374	3,285
2005	219	644	292	534	168	255	352	561	28,722	39,473
2010	297	936	527	1,011	314	517	544	942	39,119	46,252
2016	356	1,148	928	1,546	603	906	764	1,239	49,620	52,584

자료: 공정거래위원회 기업정보집단포털(http://groupopni.ftc.go.kr/).
주: 계열사 수와 자산은 2000년 통계이고, 자본, 매출액 및 당기순이익은 2001년 통계.

벌의 출하액 비중은 증가 추세였다. 30대 재벌이 생산한 시장지배적 품목은 88년 84개로 68.9%를 차지하였는데, 99년에는 87개로 67.4%를 차지하여 그간 별로 변하지 않았다. 재벌은 석유화학공업, 전자공업, 금속조립공업, 기계장비업 등 핵심 공업에 특히 강한 지배력을 행사하였고, 주요 재벌은 여기에 두루 참여하여 중복투자의 양상마저 보였다.

1980년대에 중화학공업에 대한 정책금융의 축소는 재벌에 대한 특혜를 축소하는 셈이었지만, 5대 시중은행이 민영화됨에 따라 재벌의 금융 지배력은 강화되었다. 시중은행의 소유지분 한도는 4%이지만, 재벌은 80년대부터 계열사에 주식을 위장분산하면서 그 한도를 초과하는 지분을 장악하여왔다. 소유 제한을 적용받지 않는 비은행금융기관에 대한 재벌의 지배력은 한층 강하였다. 1993년 4월 말 30대 재벌은 시중은행을 제외하고 모두 65개의 금융기관을 지배하고 있으며, 이들의 자본금이 시중은행을 제외한 전금융기관에서 차지하는 비중은 1990년 45%에 달하였다. 다수의 투자신탁회사와 종합금융회사가 재벌의 사금고(私金庫)로 전락하여 90년대에 재벌의 과잉투자를 조장하고 나아가 부실화의 길로 들어섰다.

한국의 재벌은 일본의 기업집단처럼 은행을 중핵(中核)으로 하여 계열기업을 소유할 수는 없지만, 피라미드형 주식 보유와 순환출자의 방식으로 계열기업을 늘리면서 장악하였다. 1973년부터 강제된 기업공개는 재벌의 지분을 낮추었을 뿐만 아니라 복잡한 지배구조를 형성하는 계기로 작용하였다. 30대 재벌의 자본금 중 총수(總帥) 일가와 계열사의 내부지분율은 1983년에 각각 17.2%, 40.0%였는데, 1996년에는 10.3%, 33.8%였다. 재벌의 팽창에 수반하여 총수 일가의 지분율이 꾸준히 감소하여, 계열사에 대한 지배는 출자에 점점 더 의존하게 되었다. 낮은 지분율로 많은 기업을 절대적으로 지배하는 경영은 한국 재벌의 특징이다.

자본·기술·경영인력이 부족한 개발시대의 여건 아래 박정희대통령은 대자본이 투입되는 중화학공업 등 전략 공업의 기획투자사업을 능력이 검증된 소수의 기업가에게 선별적으로 맡기고 집중적으로 지원하였다. 이러한 선별적 기업지원책으로 육성된 기업이 재벌로 성장하였다.[32] 그래서 정주영, 박태준 등이 뛰어난 기업가 역량을 발휘할 수 있었던 반면, 지원에서 배제된 기업가에게는 불리한 기회비용이 발생하였다.

1960·70년대 부상한 재벌의 창업자는 대개 뛰어난 경영력을 발휘하였지만, 특혜도 재벌의 자본축적에 크게 기여하였다. 첫째, 재벌은 수출산업과 중화학공업에 참여함으로써 저금리의 금융 지원, 시장환율보다 낮은 공정환율로 제공되고 저금리인 외자(外資)의 배정, 세제 혜택 등을 누리면서 성장하였다. 1970년대 초 채택된 중점산업 육성정책은 재벌로 지원을 편중시키는 결과를 낳았다. 수출활동에 주어진 특혜적 지원은 재벌이 내수시장을 독·과점적으로 지배하는 데에 활용되었다. 저리 융자를 이용한 토지투기는 자산 증식에 기여하였다. 둘째, 재벌은 1960년대 말에 부실화된 기업의 인수과정과 1985~8년간의 부실기업 정리과정에서 많은 보조금을 받았다. 그리고 60년대 말·70년대 초에 이루어진 국영기업의 민영화 과정에서 주식을 매점할 수 있었다. 셋째, 1975~8년간 재벌은 13개의 종합무역상사(綜合貿易商社)를 지정받아, 행정·금융·외환상의 혜택을 향유하여 무역업무 관련 자금·인력·정보를 집중하였다. 일본의 제도를 본받은 종합무역상사는 수출담당 비중이 75년 11.6%로부터 83년에 50.5%로 급증하였다가 그 후 하락하였는데, 중화학공업제품의 수출활동에 주력하였다.

외형 확장을 추구하는 재벌이 1997년 외환위기 이전까지 성장할 수 있던 것은 정부의 지원에 의거하여 최신 설비기계와 저임금 노동력을 결합한 대량생산체제가 규모의 경제를 누렸기 때문이다. 재벌의 다각경영은 한정된 자본과 고급 인력을 충분히 활용하고 새로운 전략산업으로의 진출에 따른 위험을 분산하는 범위의 경제를 가졌다. 삼성은 반도체 사업 초기에 그룹의 여유 자금의 대부분을 투입하였고, 현대 그룹의 자동차공업과 조선업은 건설업의 지원을 받았다. 금융시장이 미발달하고 고급 인력이 희소한 단계에서 기업집단 내부의 자본시장과 노동시장은 조선공업·자동차공업·반도체

32) 이승훈 『시장발전과 경제개발』 서울대학교출판문화원, 2009, 75쪽.

공업으로의 성공적인 진입에 기여하였다. 그리고 가족 소유와 중앙집중식 의사결정의 체제는 기업의 장기 성장을 중시하고 신속한 의사결정을 가능케 하고 왕성한 투자의욕을 낳았다. 그러한 가운데 세계적인 경쟁력을 갖춘 대기업들이 육성되어 20세기 말 이래의 세계화시대에 한국경제의 중요한 자산이 되었다. 그런 점에서 재벌체제는 한국의 경제발전에 기여하였다.

그런데 재벌체제의 부작용은 가볍지 않았다. 재벌의 성장은 그 자체의 이점뿐만 아니라 핵심 대기업집단을 거느림으로써 우수한 인력과 양질의 자금을 거의 독식한 데에도 크게 힘입었다. 재벌에 의한 납품단가 후려치기와 기술 탈취도 중소기업의 낙후를 낳았다. 중소기업이 취약한 가운데 1970년대에 재벌이 주도하는 경제체제가 급속히 확립되어, 대기업집단과 중소기업이 함께 번영하는 기업생태계가 만들어지지 못하였다. 그리고 국가가 재벌체제의 안정성을 보장하여, 재벌은 양적으로 팽창할수록 특혜적인 금융지원을 많이 받을 수 있을 뿐만 아니라 파산의 위협으로부터도 멀어졌다. 이러한 이점은 족벌경영체제를 후원하여 경영혁신과 경영인력 양성을 제약하였다. 계열기업간 내부거래는 계열기업 지배와 기업집단 유지의 수단이면서 부실 계열사에 대한 지원으로 이용되기도 했다. 공정거래위원회의 조사에 의하면, 1997년 4월부터 1년간 5대 재벌의 부당한 내부거래는 4조 원에 달하였다. 절대 권력을 행사하는 총수가 기업의 공금을 사적인 용도로 빼돌려도 그것을 막을 적절한 지배구조가 없었고, 기업회계가 투명하지 못하였다. 게다가 의사결정권이 지나치게 집중되어 투자의 과잉과 비효율성을 초래하기도 했다. 재벌은 각 계열사를 채무보증이라는 끈으로 묶어 파산으로부터 자유롭게 만들고자 했고, 재벌의 경영위기를 정부가 구제하는 관행은 재벌의 과잉투자와 채무보증을 부추겼다. 1997년 65조 원에 달한 30대 재벌의 채무보증은 연쇄 도산의 고리로 작용하였다. 이것은 1997·8년 외환·경제위기로 인도한 중요한 요인이었다.

재벌체제는 정경유착을 수반하였고 사회민주화를 제약하기도 했다. 1960·70년대 국가의 후원 아래 급성장한 재벌은 80년대에 내실을 갖추면서 관주도경제의 민간주도경제로의 전환을 요구하였고, 정부 개입의 약화에 수반하여 경제에 대한 주도력을 강화하였다. 재벌의 영향력은 전국경제인연합회와 같은 공식 기구뿐만 아니라, 임원의 학맥(學脈), 가족의 혼맥(婚脈), 그리고 정치권·관료·법조계·언론계·학계·군장성 등 기득권층과의 유대관계를 통하여 행사되었다. 재벌은 국부(國富)에 대한 상당한 지배력을 토대로 하고 기득권층과의 유대관계를 통해 사회적 의사결정에 강력한 영향력을 행사할 수 있었고, 그럼으로써 경제적 지배력을 보강하였다.

그 결과 시장지배자·경제엘리트와 권력자·정치엘리트의 유착에 의해 경제성장의 혜택이 그들 집단에 편중되는 정실(情實, Crony)자본주의가 성립하였는데, 그 폐해가 심하지 않은 이유는 무엇일까? 첫째, 대외지향적 체제 아래 한국 정실자본주의의 주축인 재벌은 국제경쟁력을 요구받아 효율성을 추구하였기 때문이다. 둘째, 재벌이 이바지한 경제성장이 일자리와 더불어 중산층을 늘렸기 때문이다. 그래서 분배를 크게 악화시키지는 않았다. 셋째, 1987년 민주화, 그리고 1997·8년 외환·경제위기 극복을 위한 개혁은 정실자본주의를 개선하였다.

대만은 한국보다 풍요로운 자연환경 덕분에 식민지기와 그 전에 1인당 소득이 높았다. 해방 후 그 격차가 확대되어 한국의 1인당 GDP는 1965년 이전까지 대만의 절반에 미달한 해가 대부분이었다. 1950년대 대만은 일본 및 필리핀과 더불어 경제성장률이 높았다. 50년대 말 미국 원조가 격감하자, 대만은 한국보다 신속히 수출육성책을 추진하여 61년부터 고도성장을 하였다. 1966년 이후 양국간 격차가 점차 줄어들고 2003년 이후 대만보다 높아졌다. 이것은 대기업을 육성한 한국 전략의 성공을 보여준다. 그렇다 해도 한국과 달리 중소기업이 성장을 주도한 대만은 1970년 이후 무역흑자가 정착하였고 한국보다 경제가 안정되고 소득분배가 평등하였다. 대만은 1973년 석유파동 이후 중소기업의 튼튼한 기반에 힘입어 중간재 부품공업을 비롯한 중화학공업의 육성에 성과를 거두었다. 중화학공업과 더불어 대기업의 육성책에도 성과를 거두었다. 21세기에 들어와 세계화가 진전되는 가운데 기술경쟁력을 갖춘 세계적 대기업이 더 우세한 한국은 1인당 GDP에서 대만을 앞지르게 되었으나, 여전히 중소기업의 취약함이 고용·수출·경제안정에 불리하게 작용하고 있다. 2016년 한국의 1인당 GDP는 대만보다 27% 높지만, 물가를 고려한 실질GDP는 대만이 한국보다 31%, 일본보다 28% 높다.

한국이 대만과 달리 대기업 위주의 발전 전략을 채택한 것은 중소기업의 취약함에도 기인한다. 압축성장을 통해 후진성을 탈피하는 국면에서는 재벌체제의 공(功)이 과(過)를 능가하였지만, 경제의 성숙을 도모해야 할 1980년대 후반부터는 재벌체제의 이점은 약화된 반면 그 부작용은 커져갔다. 생산요소시장이 발달함에 따라, 관련성이 약한 사업으로까지 다각화함으로써 범위의 경제를 누리기에는 어려운 단계를 맞이하였다. 계열사에 대한 출자라는 내부자본시장의 이점은 외부자본시장의 성장에 수반하여 약화되었다. 종전의 투자주도형 고도성장의 단계에서는 외형적 팽창력을 가진 족벌적 재벌체제가 기여하는 바도 있겠지만, 1997·8년 외환·경제위기로 다수 재벌이 도산하면서 고도성장시대가 막을 내리는 국면은 재벌의 확장지상주의 전략이 적합성을 상실하게 되었고 기술·경영혁신 등에 의한 생산성 향상을 도모하는 기업체제로 전환해야 하는 과제를 맞이하였다. 1990년대 이후 대기업집단과 중소기업의 동반 성장, 특히 세계적 기술력을 갖춘 중견기업의 육성이 절실한 과제라는 인식은 확산되고 있다.

독·과점의 규제법은 1976년 3월 공포된 '물가안정 및 공정거래에 관한 법률'에서 처음 마련되었다. 이 법은 가격규제법과 공정거래법이라는 이중적 성격을 가졌다. 이 법에 의하여 불공정거래를 규제한 사례는 없지만, 물가 안정을 위한 독과점가격 사전심사는 1978년까지 광범위하게 시행되었다. 가격통제는 시장의 조절기능을 경직시킨 결과, 1979년 제2차 석유파동 이후 가격자율화가 확산되어 심사대상 품목이 축소되었다.

1980년대 이후 경제정책의 방향이 산업에 대한 보호·지원·규제로부터 자율과 경쟁의 중시로 점차 전환하면서, 독·과점화와 경제력집중에 대한 규제가 본격화되었다. 81년부터 시행된 '독점규제 및 공정거래에 관한 법률'은 시장지배적 지위의 남용 금지, 경쟁제한적 기업결합의 제한, 불공정거래행위의 금지 등을 규정하였다. 86년 공정거래법의 1차 개정을 통하여 대규모 기업집단을 지정하고 계열사간 상호출자 금지, 출자총액제한제도 등 경제력집중 억제제도를 도입하였다. 90년 2차 개정으로 공정거래기구를 강화하였고, 92년 3차 개정으로 채무지급보증을 축소하였고, 94년 4차 개정으로 대기업집단의 소유지배구조에도 관심을 기울이게 되었고, 96년 5차 개정으로 대기업집단 소속 계열회사에 대한 채무보증 한도를 축소하였다. 1987년 30대 재벌의 여신한도 규제가 도입됨에 따라, 은행대출금의 점유율은 86년 28.6%로부터 95년 13.9%까지 하락하였다. 이러한 규제책에도 불구하고 대주주가 지배하는 핵심 계열회사가 그룹 내의 실질적인 지주회사로서 다른 계열회사의 지분을 소유하여 지배력을 행사하여왔다. 1991년에는 재벌의 문어발식 팽창이 국제경쟁력을 약화시킨다는 여론에 밀려 주력업체제도(主力業體制度)를 도입하였고, 1996년에는 재벌경영의 투명성을 높이기 위한 '신(新)재벌정책'을 추진하고자 했다. 1998년 경제위기 이전에 재벌정책이 실효를 거두지 못한 것은 기업지배구조를 개선하고 경영의 투명성·책임성을 높이려는 노력이 부족하였기 때문이다. 불공정거래의 시정도 미흡하였다.

8. 노사관계와 소득분배 및 국민생활의 질

경제활동의 궁극적인 목적은 삶의 질 내지 생활수준의 향상이다. 삶의 질을 결정하는 중심적 요인은 경제성장이다. 고도성장을 통한 1인당 소득의 급증은 생활수준의 향상을 낳은 일등 공신이었다. 삶의 질을 규정하는 다른 요인인 소득분배, 노사관계, 환경 등을 살펴보자.

(1) 노동자층의 성장과 노사관계의 변화

〈표 11-26〉에 의하면, 고도성장기 총인구보다 15세 이상 64세 이하의 생산가능인구가, 생산가능인구보다 경제활동인구가 빨리 증가하였다. 경제활동인구는 1963~97년간 연평균 2.8% 증가하였지만, 고도성장이 일자리를 풍부하게 제공한 결과 실업자수는 감소하여 그간 실업률은 8.1%로부터 2.6%로 하락하였다. 빠르게 증가하는 경제활동인구에게 넉넉한 일자리를 제공한 것은 고도성장의 큰 공적이다. 그런데 사회보장제도의 미비로 노동력을 재충전하여 새로운 일자리를 구하는 준비기간을 가지기 어려웠기 때문에, 실업률이 낮아진 면은 있었다. 1985~97년 실직자 중 81.8%가 비경제활동인구로 전환할 정도로 실망노동자가 많은 점도 실업률을 낮추었다. 그리고 영세한 자영업·기업처럼 낙후한 기술과 소자본에 의거한 경제활동인 도시비공식부문(都市非公式部門)에는 취업상태가 불안정하고 노동조건이 열악한 취업자가 많았다.

〈표 11-26〉에서 고도성장기 여성 경제활동참가율의 현저한 증가에 주목하자. 20세기의 두드러진 성과 중 하나는 여성 지위의 신장이며, 그 변화는 21세기까지 이어지고

표 11-26 경제활동인구와 실업의 추이 (단위: 천 명, %)

연도	총인구	15세 이상 인구(A)	생산가능 인구	경제활동인구(B)			경제활동 참가율(B/A)	실업률 (C/B)
					취업자	실업자(C)		
1963	27,262	14,551	13,735	8,230	7,563	667	56.6 (37.0)	8.1
1970	32,241	17,468	16,477	10,062	9,617	445	57.6 (39.3)	4.4
1975	35,281	20,918	19,701	12,193	11,692	501	58.3 (40.4)	4.1
1980	38,124	24,463	23,007	14,431	13,683	748	59.0 (42.8)	5.2
1985	40,806	27,553	25,811	15,592	14,970	622	56.6 (41.9)	4.0
1990	42,869	30,887	28,524	18,539	17,961	454	60.0 (47.0)	2.4
1995	45,093	33,659	31,000	20,797	20,377	419	61.9 (48.3)	2.0
1997	45,991	34,851	31,922	21,604	21,048	556	62.5 (49.5)	2.6
연평균 증가율								
1963~97	1.5	2.5	2.4	2.8	2.9	-0.5	-	-

자료: 통계청 『경제활동인구연보』 각 호.
주: 경제활동참가율의 괄호 속은 여성의 경제활동참가율.

표 11-27 가구 구성의 추이

(단위: 호, 명, %)

연도	총세대수	1세대	2세대	3세대 이상	1인	비혈연
1960	4,370,599 (5.7)	7.5	64.0	28.5	2.3	–
1970	5,576,277 (5.2)	6.8	70.0	23.2	–	–
1980	7,969,201 (4.5)	8.3	68.5	17.0	4.8	1.5
1990	11,354,540 (3.7)	10.7	66.3	12.5	9.0	1.5
2000	14,311,807 (3.1)	14.2	60.8	8.4	15.5	1.1
2018	19,979,188 (2.4)	18.0	46.5	4.5	29.3	1.7

자료: 국가통계포털(http://kosis.kr/).
주: 괄호 속은 세대당 인구수.

있다. 이러한 변화를 낳은 중요한 요인은 여성의 활발한 직장노동 참여와 정치적 권리 확보였다. 여성 참정권은 주체적 운동에 힘입어 1893년 뉴질랜드에서 처음 인정되고 특히 치열한 운동이 전개된 영국에서는 1918년 인정되었다. 그에 힘입어 보통선거가 1928년 영국에서 처음 시행되어 세계로 파급되었는데, 한국에서는 산업사회가 확립되기 전인 1948년 제헌헌법에서 보통선거가 명시되었다. 6·25전쟁으로 발생한 50여만 명의 과부는 생활전선에 뛰어들지 않을 수 없었고, 그 75%가 하층민이었다. 여성은 저부가가치의 경공업에 주로 종사하여 1981년 여성취업자의 평균 임금은 남성의 44.8%에 불과하였으며, 1996년 60%를 넘었으나, 2015~6년간 64%여서 여전히 OECD 국가 중 성별 격차가 가장 크다. 고도성장기 고등교육을 받은 여성이 급증함에 따라, 의사·교사 등 전문직 종사 여성은 1955년에는 남성의 18%에 불과하다가 1990년에는 61%로 급증하였다. 1987년 남녀간 고용의 평등한 기회와 대우를 보장하기 위한 남녀고용평등법이 제정되었다. 여성은 결혼 또는 출산과 더불어 전업주부가 되는 것이 일반적 관행이다가 1980년대부터 갈수록 결혼과 출산 후에도 직장에서 일하는 여성이 늘었고, 세기의 전환기부터 취업을 결혼보다 우선시하는 여성이 늘었다.

여성의 사회 진출은 핵가족화와 더불어 확대되었다. 〈표 11-27〉에 의하면, 3세대 이상의 직계가족의 비중은 1960년대부터 줄고 2세대 가구는 70년대부터 줄었다. 그 반면 70년대 이후 부부만의 1세대 가구와 1인 가구의 비중은 늘었다. 가구당 평균 인구수는 1925·1940년 국세조사에서 5.1명이고 1960년 5.7명인데, 60년대부터 뚜렷한 감소 추세였다. 급속한 공업화·도시화가 시작된 60년대를 전환점으로 핵가족화가 진행된 것이다. 1980년대 이후 1인 가구의 빠른 증가는 가족의 해체를, 21세기 비혈연 가구의 증가는 그 다음 단계로 새로운 생활공동체가 형성하는, 달리 보아 가족이 진화하는 조짐을 보여준다. 핵가족화의 귀결로 남성 중심의 친족(親族) 의식은 남녀가 동등한 권리를 가진 핵가족 의식으로 대체되었다. 1961·1979·1991년에 남녀가 평등해지는 방향으로 상속제도가 변하였다. 1991년에 호주의 법적 기능과 권한이 대폭 축소되었고, 2008년에 가부장제를 구현한 호주제도가 폐지되었다. 여성의 정치적 발언권의 강화는 21세기에 들어와 비로소 여성을 향한 성희롱과 폭력에 대한 사회적 관심과 법적 제재를 낳았는데, 폭력에 대한 관심과 제재는 여전히 더욱 미흡하다.

취업자의 구성을 보면, 농·림·수산직의 비중은 격감한 반면, 전문·기술직, 사무직, 서비스직, 생산·운수·노무직의 비중이 증가하였다. 산업구조의 고도화에 수반하여 취업구조도 고도화하는 추세였던 것이다. 취업자 중에서 자영업주의 비중은 감소하고 고용된 취업자의 비중[被雇傭率]은 1963~96년간 31.5%로부터 62.8%로 증가하였다. 1개월 미만 계약의 노동자는 1963년 40.4%로부터 2016년 7.5%로 계속 줄었다. 1개월 이상 1년 미만의 임시노동자의 비중은 1960년대에 줄다가 70년대부터 증가 추세로 바뀌어 1973년 13.7%에서 2001년 31.4%였다. 1년 이상 상용노동자의 비중은 증가 추세였다. 1980년대까지 생산직 노동자수가 빠르게 증가하였고, 70년대 후반부터는 화이트칼라 노동자층의 성장이 괄목할 만하였다. 63년에 169만 명이던 비농가의 피고용자는 90년에 1,000만 명을 넘어섰다. 고도성장기에 농민이 급감하고 임노동자가 급증함에 따라, 자본주의적 생산관계는 확대되었던 것이다. 농촌인구가 도시로 활발히 이동함에 따라, 도시근대부문의 노동력 공급의 주된 원천은 농촌으로부터 도시비공식부문으로 바뀌게 되었다.

대기업이 성장하고 대량생산체제가 성립함에 따라, 노동과정이 변화하고 자본에 의한 노동의 통제가 강화되었다. 1970년대 중반까지 기업의 노동통제는 일제시대 병영적(兵營的) 통제의 유산을 이어받은 단순한 통제 형태가 지배적이었다. 70년대 후반부터 80년대 초에 걸쳐 대기업을 중심으로 포드주의(Fordism) 노동과정, 즉 일관조립공정과 자동화설비가 도입되어 대량생산체제가 확립되었다. 이러한 과정에서 인사·노무관리의 제도화가 진전하여 위계질서를 갖춘 관료적 통제기구가 확립되었다. 포드주의와 더불어 작업을 효율적인 동작으로 표준화하고 임금률을 합리적으로 결정하는 과학적 관리의 테일러 시스템(Taylor system)이 품질관리운동과 결합되면서 본격적으로 시행되었다. 대량생산체제의 확립과 과학적 관리의 실시로 인해 육체노동이 단순화·동질화되고 육체노동과 정신노동의 체계적인 분리가 이루어진 결과, 노동강도와 노동생산성이 증가하였다. 기술이 고도화함에 따라, 구상과 실행의 분리가 더욱 진전하고 노동이 세분화하여 탈숙련화가 진전하였다.[33] 80년대 후반부터는 정보기술과 자동화기술

표 11-28 임금과 노동생산성의 추이(제조업)

연도	명목임금(월급, 원)	소비자물가지수	실질임금지수	노동생산성지수
1960	2,330	4.3	20.0	–
1965	4,600	8.9	19.3	–
1970	14,301	15.8	33.7	33.8
1975	38,378	32.0	44.4	56.6
1980	146,684	71.0	76.7	75.1
1985	269,652	100.0	100.0	100.0
1987	328,696	105.9	115.1	117.4
1990	590,760	130.2	168.3	156.1
1993	885,398	158.5	207.2	213.2
1997	1,326,241	193.0	254.9	333.2
연평균 상승률(%)				
1960~70	19.9	13.9	5.3	–
1970~80	26.2	16.2	8.6	8.3
1980~87	12.2	5.9	6.0	6.6
1987~90	21.6	7.1	13.5	10.0
1990~97	12.2	5.8	6.1	11.4

자료: 노동부 『매월노동통계조사보고서』 각 호; 통계청 『한국통계월보』 각 호; 한국생산성본부 『노동생산성지수』 각 호.

이 생산에 광범위하게 이용된 결과, 직접적 작업의 육체노동이 기계의 감시노동으로 변화하기도 했고, 제한적이지만 다기능을 가진 육체노동자가 출현하였다. 자동화는 일자리를 줄였다.

〈표 11-28〉에 의하면, 1960년대 이후 명목임금은 말할 나위도 없고 실질임금도 빠르게 상승하였다. 노동력의 질적 향상과 자본장비의 확충으로 인하여 노동생산성이 빠르게 상승한 데다가 고도성장으로 인하여 노동력 수요도 증가하였기 때문에, 임금은 빠르게 증가할 수 있었다. 실업률 감소와 임금 상승은 빈곤의 해소에 이바지하였다.

1960년대에는 노동생산성이 실질임금보다 빠르게 증가하였던 것 같은데, 생존비 수준에서 공급될 수 있는 남아도는 노동력이 풍부하였기 때문이다. 공업화로 농촌과잉인구가 점점 줄어듦에 따라, 70년대에 실질임금의 상승률은 노동생산성의 상승률에 대등하였다. 그래서 미숙련노동력의 무제한적 공급이 70년대 중반을 기점으로 변하였다는

33) 金炯基 『한국의 獨占資本과 賃勞動』 까치, 1988.

견해가 있다.[34] 노동자층의 현저한 세력 열세가 생산직의 임금 상승을 제약한 면은 있다. 해방 직후 조선노동조합 전국평의회가 와해된 이후 노동조합은 노동자의 권익을 수호하지 못하였으며, 박정희·전두환 정부는 선성장 후분배(先成長後分配) 및 국제경쟁력의 강화라는 명분 아래 노동운동을 탄압하였던 것이다. 그 때문에 1986년 이전에는 노동조합조직률이 낮은 수준에 머물렀고, 어용적(御用的) 노동조합이 많았다.

임금 수준이 상승하여 임금의 생계비 충족률은 높아지는 추세였지만, 주거·교육비 등도 상승하였다. 주당 노동시간은 증가 추세여서, 제조업의 경우 86년에 54.7시간에 달하였다(부표 11). 게다가 과학적 관리의 도입 등으로 인하여 노동강도는 계속 강화되어왔다. 장시간 노동과 열악한 작업환경 아래 산업재해율은 높았다. 1985년 이후 산업재해율은 뚜렷한 감소 추세를 보였는데(부표 11), 89년에도 재해자 천인율[=(재해자수/근로자수)×1,000]은 일본 5.3, 대만 8.8, 싱가포르 3.9에 비해 한국은 20.1로 세계적으로 높았다. 80년대까지 산업재해의 보상급여액이 치료와 재활을 하기에 부족할 뿐만 아니라 산업재해보상보험을 받기도 힘들었으며, 그러한 상황에서 기업은 원가를 높이는 산업재해 예방시설에 대한 투자를 경시하였다. 1990·1992년의 법 개정을 통하여 산재의 적용범위가 확대되고 급여 수준이 높아지고 예방사업이 강조되었다.

생계비에 못 미치는 저임금과 열악한 노동환경, 사용자의 강압적 노사관 및 정부의 노동운동에 대한 탄압은 한편에서는 생산직을 중심으로 노동자층의 치열한 투쟁을 유발하였고, 다른 한편에서는 종교계, 지식인, 학생 등의 노동운동 참여를 낳았다. 노동자층의 불만은 내면으로 쌓였다가 1960년의 4·19, 1979년의 10·26, 1987년 6월 이후의 정치적 격변을 계기로 폭발하는 양상을 보여왔다.

유신체제의 폭압적인 노동통제로 억눌린 노동자층의 불만은 1980년 봄의 짧은 정치적 해빙기에 격렬하게 분출하였지만, 독재체제가 부활하면서 다시 노동통제의 고삐를 죄었다. 국가보위법의 폐지로 인하여 단체교섭권과 단체행동권이 회복되었지만, 산업별 노동조합체제의 기업별 노동조합체제로의 전환, 제3자 개입금지, 노동쟁의조정법상의 규제 강화로 인하여 노동조합 활동은 위축되고 사용자의 부당노동행위는 만연하였다. 정부의 개입은 노사관계의 자율성을 저해하였던 것이다.

1987년 민주화 이후 노동운동이 활성화되고 정부는 노사관계의 자율성을 유도하는 방향으로 정책을 전환하였다. 87년 정치적 민주화와 노동법의 개정에 힘입어, 노동조합은 어용적인 성격을 탈피하여가고 노조조직률도 높아졌다. 87년 이래 노동자층은

34) Moo Ki Bai, "The Turning Point in the Korean Economy," *Deveolping Economies*, June 1982.

종교계나 지식인 출신의 노동운동가의 도움이 없더라도 노동조합과 노동운동을 영위할 수 있게 되었고, 노사관계는 세력 균형을 이루게 되었다. 노동억압체제의 붕괴과정에서 노동자층의 일시적 공세는 1988~90년간 제조업의 실질임금 상승률을 두 자릿수로 높였다. 제조업의 주당 노동시간은 1986년 54.7시간으로 정점에 달한 이후 감소하여 90년 50시간 미만으로 내려섰다(부표 11). 90년부터 노사분규가 급감하였으며, 1993·4년에는 노사간에 임금 인상률에 대한 전국 차원의 합의를 도출하는 등 자율적인 노사협력관계가 점차 정착하여왔다. 1997년 개정된 노동법에서는 복수노조, 제3자 개입 및 노동조합 정치활동을 허용하여 국제적 기준에 부합하게 노동법의 비민주적 요소를 제거하는 동시에, 긴박한 경영상의 이유로 하는 정리해고제와 변형근로제를 도입하여 노동시장의 유연성을 높여 국제경쟁력을 강화하고자 했다.

최저임금제도는 1894년 뉴질랜드에서 시작되었는데, 한국은 1986년 국제노동기구(ILO)가 인정하는 수준으로 최저임금제도를 정한 106번째 국가가 되었다. 최저임금제는 88년부터 노동자 10인 이상의 제조업체를 대상으로 시행되었고, 90년부터 10인 이상의 전 산업으로, 99년부터 5인 이상 사업체로, 2001년부터 모든 사업장으로 확장되었다. 88년에는 475원이던 최저 시간급이 계속 증가하여 2017년에는 6,470원이었다. 1987년까지는 월급 10만 원 미만 저임금의 생산직 노동자가 많았는데, 이들이 먼저 최저임금제의 혜택을 받았다. 최저임금제는 2000년대까지는 고용사정을 그다지 악화시키지 않고 저임금 노동을 해소하는 성과를 거두어왔다. 기업의 지불능력이 있었고 임금이 인상된 노동자의 생산성이 향상하고 경제도 빠르게 성장하였기 때문이다. 그런데 21세기의 저성장기에는 최저임금제가 임금노동자의 신규 채용을 억제하는 부작용을 낳았다는 연구도 있다.

(2) 소득과 부의 분배 및 사회보장제도

한국은 소득분배의 형평성을 유지하면서 고도성장을 달성하였다(shared growth)는 점에서 높은 평가를 받아왔다. 고도성장기 한국의 소득분배는 선진자본주의국과 대만보다 불평등하지만, 개발도상국 중에서는 평등한 편이었다. 한국의 소득분배가 평등한 편인 것은 역사적 유산에 힘입은 바 컸다. 일제시대에 민족간 소득분배가 매우 불평등하였고, 조선인은 대부분 가난하였다. 1950년대 농지개혁을 통한 지주제의 해체는 부와 소득의 분배의 형평성을 높이는 데에 결정적으로 기여하였다. 게다가 6·25전쟁에서의 재산 파괴로 인하여 재산 분포의 하향 평준화가 이루어졌다. 그 반면 50년대 도농

그림 11-12 소득분배의 추이

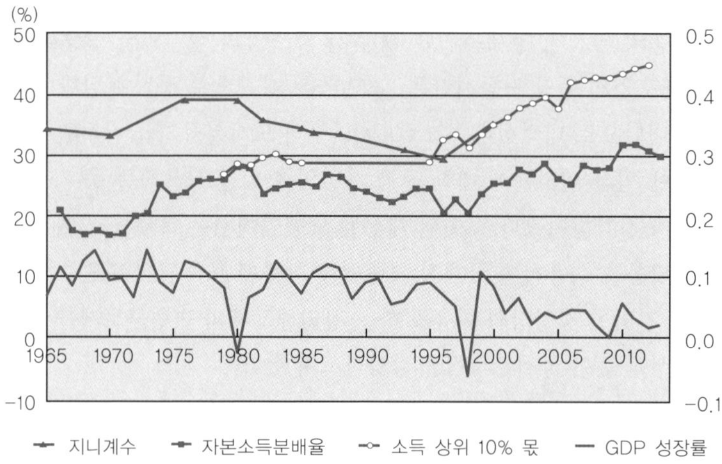

출전: 지니계수는 이정우 『불평등의 경제학』 후마니타스, 2010, 61쪽; 자본소득분배율은 Woojin Lee and Younghoon Yoon, "Capital in South Korea: 1966-2014," *Social Choice and Welfare* 49, 2017; 소득 상위 10%의 몫은 김낙년·김종일, "Top Incomes in Korea, 1933-2010: Evidence from Tax Statistics," 낙성대경제연구소 Working Paper 2014-03.

간 격차의 확대, 특혜적 지원에 따른 대자본의 성장은 소득분배를 악화시켰다. 그렇다 하더라도 박정희 장군은 전반적으로 가난하나 소득분배가 형평한 사회를 접수하였던 것이다.

〈그림 11-12〉에서 지니계수를 보면, 소득분배가 1970년대에 악화되었다가 1980년대에 개선되었다. 공업화 초기에는 희소한 자본의 수익률이 높아 일반적으로 재산소득이 빠르게 증가한다. 게다가 선성장 후분배의 이념에 입각하고 경제력집중을 조장한 정책은 소득분배를 악화시켰다. 그래서 1987년부터 시행된 제6차 경제계획부터 형평성의 제고를 중점 목표로 설정하였다. 그런데 고도성장을 통하여 높은 고용 수준을 유지하고 중산층이 두터워진 것이 소득 불평등을 완화하는 중요한 요인이었음을 간과해서는 안 된다. 그리고 자본의 축적에 수반하여 임금이 빠르게 상승하였다. 1980년대 3저 호황, 민주화로 인한 임금 상승 등은 소득분배를 개선시켰다.

1960년대 이래 소득분배의 변화를 노동소득분배율, 임금격차, 도농간·지역간 소득격차라는 항목으로 나누어 살펴보기로 한다. 농업과 도시 영세상업 등 자영업자 소득의 비중은 1960년대부터 급감하여 1973년부터 50% 미만, 2002년부터 20% 미만이었다. 그것을 제외한 노동소득분배율과 자본소득분배율은 증가하였는데, 자영업자 소득을 비례적으로 나누어주면, 〈그림 11-12〉에 나타난 바와 같이, 자본소득분배율은 70년대에 증가 추세이다가 80년대와 90년대 전반에 약간 감소하는 추세였고, 1998년 경제위기 이후 다시 증가 추세였다. 고도성장기에 자본축적은 진전되었지만, 1인당 자본의 증가에 수반하여 노동생산성이 향상하여 임금이 상승하였으며, 취업자가 빠른 속도로 증가하여 실업률이 하락하였기 때문에, 노동소득도 자본소득에 상응하게 증가하였다.

임금격차는 1973년경까지 확대되다가 이후 1994년까지 축소 추세였고, 그 후 다시 확대 추세로 바뀌었다. 한국은 학력별·성별 임금격차가 컸다. 학력별 임금격차는 1976년을 기점으로 확대 추세에서 축소 추세로 바뀌었는데, 고학력자의 공급 증가, 직업훈련의 발전, 기업의 격차 축소 노력, 그리고 1987년 이후 생산직노동자의 단체교섭력 강화가 주요 요인이었다. 성별 임금격차는 1980년대부터 축소 추세였다.[35] 1987년 민주화 이후 지불능력을 가진 대기업과 그렇지 못한 중소기업의 임금격차는 확대되는 추세였고, 1990년대 이후 세계화의 진전으로 세계적 경쟁력을 가진 노동자와 그렇지 못한 노동자의 임금격차는 확대되는 추세였다. 앞서 살펴본 바와 같이, 도농간 소득격차는 상대적인 중농(重農)정책에 힘입어 60년대 후반과 70년대 전반에 줄어들었다가, 가격지지정책이 약화되고 개방농정이 추진되는 70년대 후반부터 커졌다.

박정희정부는 효율적 지역개발 원칙에 입각하여 거점도시를 육성하여, 일제시대에 경인지역과 부산지역을 중심으로 진행된 공업화의 지역적 편중이 고도성장기에 심화함에 따라, 영남권에 비한 호남권의 소외 문제가 발생하였다. 1982~91년간 제2차 국토개발종합계획에서는 균형개발을 중시하게 되었다. 〈표 11-29〉에 의하면, 1970~93년간에 수도권과 부산·경남의 1인당 생산이 다른 지역보다 높았고, 지역간 그 격차는 축

표 11-29 시도별 1인당 지역총생산(GRP) 격차의 추이(서울=100)

연도	서울	부산	경기	강원	충북	충남	전북	전남	경북	경남	제주	변동계수
1970	100	102	64	54	60	54	52	48	52	62	56	0.302
1975	100	87	79	57	68	57	57	45	64	81	73	0.221
1980	100	83	86	61	62	57	52	61	63	95	60	0.228
1985	100	86	89	77	76	65	65	65	77	98	75	0.154
1990	100	88	111	82	93	83	75	89	94	131	78	0.143
1993	100	66	97	73	92	85	75	90	84	111	79	0.132

출전: 李廷雨「韓國의 地域間 經濟力 隔差: 長期趨勢와 韓日比較」『經濟發展硏究』3, 1997 〈표 6〉.

35) 박이택「한국에서 임금 불평등의 역사적 파동: 1971-2016」『경제사학』68, 2018.

소되는 추세였다. 1990년대 이후 영남의 성장세가 둔화되는 가운데, 수도권 대 비수도권의 격차가 사회 이슈로 대두하였다. 1977년 이후 서울의 대공장을 지방으로 이전하는 정책이 추진되었는데, 본사는 서울에 남았다. 1970~99년간 수도권 지역총생산의 비중은 37.2%로부터 46.3%로 급증한 반면, 영남권은 30.0%에서 28.6%로 약간 감소하였고 호남권은 15.3%에서 10.9%로 크게 감소하였다. 수도권의 경제력집중이 심화된 것은 고도성장기에 한국의 무역의존도가 급증하는 가운데 무역을 주도한 대기업 본부가 서울에 집중하고 이들과 정부에 의한 세계경제 차원의 의사결정이 이루어짐에 따라, 서울이 세계도시(world city)로서 발전하였기 때문이다. 20세기 말에 수도권의 중심부인 서울에는 금융·통신 등 생산자서비스업이 집중하고 그 주변 수도권에는 지식기반제조업이 집중하고 비수도권에는 일반 제조업이 입지하는 산업분포가 형성되었다. 그런데 21세기에 들어와 중국 제조업의 발전 등으로 인한 제조업의 위축은 비수도권 경제를 위축시켜, 수도권과 비수도권의 격차는 더욱 확대되었다. 무역에 크게 의존하는 한국은 세계도시로서 서울의 발전을 도모하지 않을 수 없는데, 비수도권경제의 활력 상실은 서울에도 유리하지 않으므로, 수도권과 비수도권이 공동 번영하는 방안의 모색은 시급한 과제이다. 지역균형발전 명분과 선거전략이 결합한 산물로서 2012년에 충청남도의 세종특별자치시가 행정중심복합도시로서 출범하였는데, 이것은 무거운 행정비용을 지불하는 정책이다.

한국의 가계자산에서 부동산의 비중이 높고 그 소유가 불평등하였다. 고도성장기 지가(地價)가 앙등하는 가운데 토지소유의 불평등이 심화한 것은 분배를 악화시켰다. 1963~89년간 12대 도시의 실질 지가의 상승률은 13.1%였다. 고도성장과 도시인구 증가로 공급이 비탄력적인 토지의 수요가 빠르게 증가한 데다가 토지 보유세율이 매우 낮아 수익성이 매우 높았기 때문에, 지가가 경제성장률보다 빠르게 상승하였다. 지가총액은 1964년 1.93조 원에서 2013년 5,848조 원으로 3,030배 급증하였다. 지가총액이 GDP에서 차지하는 비중은 1970년 547%, 1991년 597%로 특히 높았는데, 그 후 하락 추세여서 2013년 409%였다. 독일·미국·영국·프랑스의 경우 1배 내외였다. 2004년 말 전국 지가총액의 65%에 해당하는 사유지의 총가치 1,145조 원 중 상위 1%와 5%가 보유하는 비중은 37.8%와 67.9%였다. 주택까지 포함하면, 부동산 불평등은 한층 심각하다.

정부는 사회문제로 대두한 지가 폭등에 대처하기 위해 1967년부터 부동산투기의 억제 대책을 내었으나, 주로 행정규제로 대응하였다. 지가가 폭등하면 임시적인 부동산투기대책을 내었다가, 지가가 안정되고 불황이 닥치면 부동산투기를 조장하는 경기부양책으로 전환하곤 하였다. 돌이켜보면, 공급이 비탄력적이면서 인간 생존에 필수적인 토지·주택의 가격 폭등을 막기 위해서는 보유세율을 선진국 수준으로 인상할 필요가 있었다. 1988년 올림픽을 전후하여 서울 주택가격의 폭등으로 1억 원(물가 상승과 소득 증가를 고려하면, 2020년 10억 원에 상당하는 부담)이 넘는 아파트가 많아져 저축만으로 서울 집을 살 꿈을 상실하는 샐러리맨이 늘었다. 2000년대에는 서울에서 1억 원의 전셋집조차 마련하기 어려워져 결혼을 망설이는 젊은이가 늘었다. 89년에는 부동산투기의 체계적인 대책으로서 토지공개념(土地公槪念)에 입각한 법안이 마련되었으나, 정상지가상승률을 초과하는 유휴토지나 비업무용토지에 부과하는 토지초과이득세제(土地超過利得稅制), 그리고 택지초과소유부담금제(宅地超過所有負擔金制)는 헌법에 위반된다는 판정을 받았다. 1990년부터 종합토지세가 시행된 것은 토지공개념 입법의 성과였다. 그리고 200만 호 주택건설은 88·89년의 폭등세를 일시 잠재웠다.

노무현정부는 혁신도시 건설자금의 방출 등으로 인해 주택가격이 폭등하자, 그 대책으로 2005년 종합토지세를 종합부동산세와 재산세로 이원화하였다. 부동산세의 증가가 민주당에서 한나라당으로 정권 교체의 한 요인으로 거론되기도 하였다. 2008년 종합부동산세는 세대별 합산 규정이 가족생활 보호의 헌법 가치에 위배된다는 판결을 받았고, 이명박정부는 정책 변경과 경기부양을 위해 그 부담을 대폭 경감하였다. 2018년에도 한국의 실효보유세율은 0.16%로 OECD 12개국 평균인 0.37%의 절반이었다. 박근혜정부가 다시 부동산경기 부양책을 쓴 데에 이어, 문재인정부 때 금리 인하, 재정지출 증대 등이 가세하여, 2019·20년 주택가격은 다시 폭등하였다. 주택가격의 폭등을 방치, 조장한 정책은 자산불평등, 고물가, 자금 흐름의 왜곡, 저출산, 근로소득을 하찮게 만드는 사회가치관의 왜곡 등의 심각한 부작용을 낳아왔다. 2020년에는 대도시에 괜찮은 주택을 소유한 가정, 괜찮은 주택을 전세나 월세로 사는 가정, 그럴 수도 없는 가정 사이에 계층이 구분될 지경에 이르렀다. 문정부는 시행착오 후에 2020년 11월 결국 공시지가(公示地價) 현실화로 실효보유세율을 높이는 정책을 발표하였다. 주택공급정책과 병행한 '실효보유세율의 인상→주택가격의 안정 내지 하락→보유세액의 안정 내지 하락'이라는 선순환을 기대한다.

금융실명제가 시행된 1993년 이전에는 금융자산의 보유로부터 발생하는 이득의 탈세가 용이하였다. 또한 소득세법에 열거된 소득만을 과세 대상으로 규정하여 빠질 통로가 넓게 열려 있는 데다가 납세의식이 성숙하지 못하고 기업경영이 불투명하고 징세행정의 부정이 심하여, 과세가 형평하지 못하였다. 한국개발연구원은 1980~95년간 조세의 탈루·탈세를 국내총생산의 15% 내외로 추계하였다. 1990년대 이후 신용카드의 사용 확대가 소매업체의 세원포착률(稅源捕捉率)을 높였고, 국세통합전산망을 통한 다

표 11-30 빈곤층 인구의 추이

연도	1965년	1975년	1980년	1985년	1990년	1996년	2000년	2006년	2010년	2013년
절대빈곤선(1인 1월, 천 원)	1.5	8.8	18.4	27.1	55.5	232	232	401	504	572
절대빈곤인구(만 명)	1,175	519.8	364.4	347.6	331.6					
절대빈곤인구비(%)	40.9	14.6	9.8	8.6	7.7	5.9	11.5	9.0	9.6	9.0
상대빈곤인구비(%)	12.2	12.4	13.4			12.6	17.0	14.3	14.9	14.6

출전: 宋丙洛 『韓國經濟論』(제3판) 博英社, 1998, 표 13.13; 1996·2000년은 유경준·심상달 편, 『취약계층 보호정책의 방향과 과제』 한국개발연구원, 2004; 2006·2010·2013년의 빈곤인구비는 보건사회연구원 『빈곤통계연보』; 같은 해 최저생계비인 절대빈곤선은 1인 가구 기준이며 보건복지부 『최저생계비 계측조사 자료』.

양한 신고 관리가 추진되었다. 2002·3년 소득세 회피의 가능성이 있는 이자·배당소득에 대해 포괄주의로 전환하였다.

박정희 집권기의 경제성장은 빈곤의 해소에 크게 기여하였다. 그런 점에서 빈부격차가 심화되어온 남미와 동남아 국가의 성장 유형과는 달랐다. 〈표 11-30〉에 의하면, 육체적으로 필요한 최소한의 생필품을 충분히 획득하지 못하는 절대빈곤인구는 고도성장에 힘입어 1960·70년대에 격감하였고, 90년대 전반에 8% 이하로 떨어졌는데, 1998년 경제위기로 급증하였다가 21세기에 들어와 9% 남짓에서 정체하였다. 절대빈곤층 중에는 장애인, 무의탁 노인과 아동가장 등 생활무능력자도 있으며, 경제활동이 가능하지만 최저생활에 필요한 소득을 벌 수 없는 영세민 등이 있다. 중위 가처분소득의 50% 이하인 상대빈곤인구의 비중은 1970년대에 증가 추세이다가 80년대에 감소 추세로 전환하였는데, 93년경부터 다시 증가 추세로 바뀌었다.

〈그림 11-12〉에 의하면, 소득분배가 경제발전의 초기에는 근대 부문과 전통 부문의 격차 확대로 악화되다가 근대 부문이 전역으로 확산되면서 개선된다는 쿠즈네츠(S. Kuznets)의 가설이 고도성장기에는 적용될 수 있으나, 1990년대 후반 이후에는 자산격차의 확대, 세계화의 경쟁 격화에 따른 노동절약적 기술혁신으로 인한 양질 일자리의 감소와 실업률의 증대로 자본수익률이 경제성장률보다 훨씬 높아 불평등이 심화된다는 피케티(T. Piketty)의 가설이 부합한다. 구미·일본의 선진국에서는 1970년대까지는 쿠즈네츠 가설이, 80년대 이후에는 피케티의 가설이 대체로 맞는다. 피케티는 복지국가 이상의 강력한 누진세제가 소득분배 개선을, 신자유주의의 대두가 그 악화를 낳았다고 본다.

박정희정부에서 국방비의 부담이 무거운 데다가 재정지출은 경제성장을 지원하는 방향으로 편성되어왔으므로, 국방과 고정자본형성을 위한 지출의 비중은 높은 반면, 보건·사회보장·복지에 대한 지출의 비중은 낮았다. 중앙정부에 의한 보건·사회보장·복지의 지출은 1987년 민주화 이후 빠르게 증가하였다(부표 6).

최초로 도입한 사회보험제도는 1960년 공무원·군인연금법이다. 62년 극빈층을 위한 생활보호제도가 시행되었고, 64년 산업재해보험, 77년 건강보험이 도입되어 각각 점차 시행범위를 확대하였다. 69년 공포된 생활복지법은 사회복지에 관한 첫 포괄적인 제도였다. 박정희정부 아래 복지는 자조와 자활을 보조하는 성격을 가졌다. 1981~7년간 건강보험제도가 확대되고 국민연금의 도입 기반이 마련되었다. 삼저호황기를 거친 88년 이후에야 사회보험제도가 본격적으로 확대되었다. 77년에 전인구의 8.8%에 불과하던 건강보험제도는 89년의 확대 시행으로 전인구의 88.5%에 적용되었다. WHO는 한국이 전국민 의료보험을 세계에서 가장 단기간에 성공적으로 정착시켰다고 평가한다. 산재보험의 적용범위는 92년 5인 이상의 사업체로 확대되었다. 노령·질병·사망을 대비하는 국민연금이 88년 도입되어 95년 농어촌, 99년 도시 자영업자로 확대되었다. 국민연금 가입자는 도입된 해인 88년 443만 명으로부터 99년 1,626만 명으로 급증하였다. 95년부터 실업 때에 일정한 소득을 보장하는 고용보험이 시행되었다. 박정희정부 아래 선성장 후분배의 논리에 밀려 사회보장비의 국내총생산에 대한 비중은 1~2%에 머물렀으나, 장기간 고도성장은 사회보장제도의 발전을 위한 탄탄한 기반을 조성하였다.

(3) 국민생활의 질

〈표 11-31〉에 나타난 바와 같이, 고도성장에 수반하여 가계소비지출은 빠르게 신장하였다. 동시에 가계의 흑자가 늘어서 저축이 증대하였다. 하루 1인당 평균 영양공급

표 11-31 도시근로자가구의 월평균 가계수지와 소비지출 구성

연도	가계실질 지출지수	흑자율(%) (=흑자/가처분소득)	소비지출의 구성비(%)							
			식료품 (외식비)	주거	가구 집기	피복 신발	보건 의료	교육 오락	교통 통신	기타
1965	17.6	−2.2	64.0(0.8)	1.8	1.1	6.5	1.2	6.0	2.0	17.4
1970	30.5	5.6	46.5(0.9)	6.3	1.7	12.1	3.6	8.8	5.4	15.6
1980	46.6	22.5	43.0(1.8)	4.7	4.5	9.9	6.5	7.8	5.8	17.9
1990	100	25.3	32.7(7.0)	4.6	5.7	8.3	5.1	12.1	8.6	23.0
1997	157	29.6	28.7(10.9)	3.4	4.2	6.6	4.5	15.5	13.1	24.0

자료: 통계청『통계로 본 대한민국 50년의 경제사회상 변화』111~2쪽 등.

그림 11-13 내구소비재 보유가구의 비율

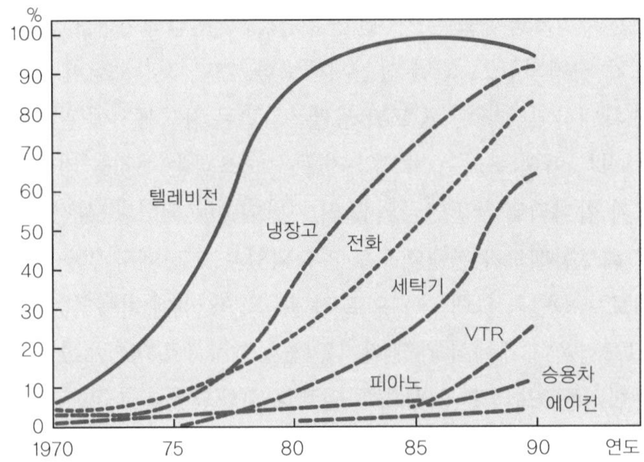

자료: 한국사회과학연구소 『다이어그램 한국경제』 의암출판, 1993, 183쪽.

량은 1964년에 2,000칼로리를, 69년에 2,300칼로리를 넘어 대부분이 60년대에 굶주림으로부터 벗어났고, 70년대 이래에도 영양사정은 호전하였다(부표 11). 70년대 초 통일벼의 보급으로 쌀 수확량이 크게 늘면서부터, 풋보리가 익을 6월쯤에 양식이 떨어지는 현상인 '보릿고개'가 역사학의 용어로 전환하였다. 소비지출의 구성은 소비생활의 향상을 보여준다. 식료품비의 비중이 급감하는 가운데 외식비는 급증하였다. 피복·신발비의 비중은 큰 변동이 없었고, 보건의료, 교육·오락 및 교통·통신의 지출 비중은 급증하였다. 〈그림 11-13〉에 의하면, 70년대 이후 텔레비전·냉장고·전화·세탁기 등의 내구소비재가 급속히 보급되었다. 의식주·의료보건생활의 진전은 건강을 향상하여, 출생 1년 이내의 사망률은 20세기 초에 20% 미만, 1960년대 10% 미만, 1990년대 전반에 1% 미만으로 떨어졌다. 기대수명은 1950년대 후반에 50세를, 60년대 후반에 60세를, 87년 70세를, 2008년 80세를 넘었다(부표 11). 절대 빈곤으로부터 탈피하여 생활수준의 현저한 향상을 실현한 것은 고도성장기의 중요한 성취였다.

그런데 소비지출의 내실을 보면, 중대한 문제점이 있다. 주택 가격의 폭등은 주거비의 지출을 급증시켰다. 〈표 11-31〉에서 주거비 지출은 5% 미만으로 낮게 잡히지만, 전세금이나 자가(自家)평가액의 이자수입을 가산한다면, 훨씬 높아져 1990년경부터 20%를 넘어섰다는 연구도 있다.

교육열과 교육제도의 문제로 인하여 개인의 사(私)교육비 부담이 무거워졌다. 한국교육개발원은 2003년 사교육비 지출을 교육부 예산의 54.8%에 달하는 13조 6,000억 원으로 추정하였다. 사교육비는 2009년 21조 6,000억 원으로 정점에 달한 후 하락 추세로 바뀌었으나, 2015년 17조 8,000억 원을 저점으로 다시 상승하여 2018년 19조 5,000억 원이었다. 학생 1인당 월평균 사교육비는 2009~15년간 24만 원 정도이다가 이후 올라 2018년 29만 원이었다. 1970년 중학교, 이어서 1974년 이후 고교 평준화가 추진되었는데, 교육 평준화 이후 공교육이 약화된 가운데 사교육비가 급증한 것으로 추측된다. 그 결과 사교육비를 부담할 능력이 없는 사람은 가난을 대물림하게 되었다. 교육·입시제도는 학부모에게 무거운 교육비 부담과 학생에게 과도한 스트레스를 안기면서도 창의적 인재의 양성과 기회 균등을 통한 계층 상승에 성과를 거두지도, 도덕예절과 체력의 함양에도 성공하지 못하였다. 정부 지원의 부족으로 대학과 전문대의 등록비가 비싼데도 불구하고 이들 고등교육기관 진학률은 1980년대에 30%를, 2004년에는 80%를 넘었고 그 취업률이 급격히 하락하기 시작한 2008년부터 하락 추세로 바뀌어 2016년에는 70% 미만으로 떨어졌다.

GNP(국민총생산)는 분배 상태, 여가, 공해 등의 항목을 반영하지 못하므로, 경제복지의 지표로서 불충분하다. 1986년까지 노동시간은 증가 추세였고, 일반 노동자는 여가를 즐길 경제력을 갖추지 못하였다. 87년 이후 임금 상승과 노동시간의 감소로 인해 노동자층도 포함하여 여가생활에 참여하는 인구의 비중이 늘었을 뿐만 아니라 1인당 여가 시간도 늘었다. 여성의 경제활동참가율이 증가함으로써 GNP가 증가하였지만, 가사노동과 직장노동의 이중 부담이나 가사생산물의 시장생산으로의 전환을 감안해야 한다.

고도성장기 농약과 화학비료의 사용 증가, 그리고 급격한 공업화와 도시화는 환경의 파괴와 공해의 확산을 낳고, 성장일변도(成長一邊倒) 정책은 그것을 방치하여왔다. 1967년 주요 하천 유역에서 생산된 쌀의 평균 수은 잔류량은 0.131ppm으로 조사되었고, 1967년 울산 중화학공업단지가 조성되어 조업을 시작한 지 수년이 지나지 않아 공해 문제가 발생하였다. 1970년대 이후 중화학공업의 급성장은 환경을 크게 오염시켰다. 1992년의 조사에 의하면, 우리나라 환경부하량은 선진국들과 비교할 수 없을 정도로 악화되어 있었다. 그 대응책으로서 1977년 환경보전법이 제정되었으며, 제5공화국 헌법은 환경권을 기본권으로 보장하였다. 1980년 설립된 환경청은 환경에 대한 국민적 관심이 높아지는 가운데 1990년에 환경처로 승격되고 1995년에는 환경부로 개편되었다. 환경오염이 심각한 수준에 도달한 1990년대부터 정부는 체계적인 환경정책을 수행하고자 했고, 환경통계의 정비와 환경 분야의 정보화에 힘쓰기 시작하였고 오염의 감축을 위한 투자를 하였다. 1980년 국내총생산의 0.03%이던 환경예산이 2005년에는 0.35%로 상승하였다. 그 결과 1990년대 후반부터 환경지표가 개선되었다. 자동차의 급증 등은 대기오염을 심화시켰는데, 1987년 이후 무연휘발유의 보급과 2000년 이후 천연가스버스의 도입은 대기오염을 완화하였다. 그런데 자동차 매연, 화력발전, 그리고 황사는 21세기 대기질을 악화시켜, 2016년 초미세먼지 오염도는 세계보건기구 권고기준의 2.6배였다. 산업폐수(産業廢水), 생활하수(生活下水) 등으로 인한 중금속, 합성세제(合成洗劑) 등은 수질을 오염시켰다. 1983년 4대강 수질오염도의 조사에 의하면, 1등급의 하천은 없고 2~3등급뿐이었다. 1991년 낙동강에 페놀이 유출된 사건은 수질 문제에 대한 국민적 관심을 환기시켰고, 이후 그 대책이 강구되었으나, 수질환경은 개선되지 않았다. 2,000만 수도권 시민의 젖줄인 팔당호(八堂湖)는 90년까지도 생물화학적 산소요구량(BOD)이 1.0ppm으로 1급수 수질을 유지하였지만, 94년 준농림지에 대한 규제가 풀리면서 팔당특별대책지역에 수천개소의 음식점, 숙박업소 등이 새로 생겨난 이후 그 수질이 급격히 악화되어 98년 4월에는 2ppm을 넘어섰다. 1990년대 중반 이후 4대강 수질은 정책적 노력으로 조금씩 나아졌다. 일제시대에 개선되던 산지 녹화가 해방 후에 연료 채취의 방치로 후퇴하였는데, 전후에 지속된 산지 녹화사업, 그리고 1973~87년간 강력한 치산녹화사업의 추진으로 한국은 산지 녹화의 성공 사례로 꼽힌다. 1990년대부터 자연생태계의 보존정책이 시행되었다. 서울에서는 자연·역사경관이 난개발로 망가지다가 21세기에 들어와서야 생태적으로 건강하고 쾌적한 환경을 조성하기 위한 다양한 조치가 취해졌다. 서울보다 뒤늦게 시작된 지방의 난개발은 지금도 진행중이다. 강남의 오폐수가 유입되던 양재천은 1990년대 후반에 생태하천으로 탈바꿈하였고, 2003~5년간 청계천이 생태하천으로 되살아났다. 이후 전국에 생태하천이 늘었다. 1978년 이후 서울의 쓰레기 매립장이던 난지도는 2001년 이후 생태공원으로 조성되었다. 그 후 전국에 생태공원이 늘었다. 환경오염이 공업화 초기에 악화되다가 경제가 성숙하면 완화된다는 가설이 있는데, 한국에도 적용된다.

1995년 쓰레기의 종량제와 분리수거, 2003년 생산자책임 재활용제, 2005년 음식 쓰레기 분리수거로 환경제도를 개선하였다. 그런데 온라인 물류와 플라스틱 사용의 급성장은 2018년 쓰레기 대란을 낳아 일회용품 사용규제 정책이 강화되었다. 그런데도 쓰레기 처리 문제는 심각해지고 있다.

참고문헌

김인수 『모방에서 혁신으로』 SIGMA INSIGHT, 2000.

金昌男 · 渡邊利夫 『現代韓國經濟發展論』 裕豊出版社, 1997.

박영구 『한국 중화학공업화 연구 총설』 해남, 2008.

박현채 외 『한국경제론』 까치, 1987.

邊衡尹 編著 『韓國經濟論』(제3판) 裕豊出版社, 1995.

사공일 『세계속의 한국경제』 김영사, 1993.

宋丙洛 『韓國經濟論』(제3판) 博英社, 1998.

오원철 『한국형 경제건설』 1·2·3·4·5·6, 기아경제연구소, 1995·1996·1997.

柳漢晟 『韓國財政史』 光教, 2002.

이승훈 『재벌체제와 다국적기업』 서울대학교출판부, 2005.

이영훈 『한국경제사 2: 근대의 이식과 전통의 탈바꿈』 일조각, 2016.

이제민 외 『한국의 경제발전 70년』 한국학중앙연구원출판부, 2015.

이한구 『한국재벌사』(개정판) 大明出版社, 2010.

장세진 『외환위기와 한국 기업집단의 변화』 박영사, 2003.

趙淳 『韓國經濟改造論』 茶山出版社, 1996.

D. C. 콜, 朴英哲 『韓國의 金融發展: 1945~80』 韓國開發研究院, 1984.

E. S. 메이슨 외 『韓國 經濟·社會의 近代化』 韓國開發研究院, 1981.

産業研究院 『한국의 산업·발전역사와 미래비전』 1997.

財務部 · 韓國産業銀行 『韓國外資導入 30年史』 1993.

堀化生·木越義則 『東アジア經濟史』 日本評論社, 2020.

Dong-Se Cha, Kwang Suk Kim and D. H. Perkins, eds., *The Korean Economy 1945-1995; Performance and Vision for the 21st Century*, Korea Development Institute, 1997.

Ha-Joon Jang, *The Political Economy of Industrial Policy*, New York: St. Martin's Press, 1994.

The World Bank, *The East Asian Miracle*, Oxford University Press, 1993.

제12장

북한 사회주의경제의 전개

1. 북한 사회주의경제의 운영방식

북한 사회주의경제의 운영원리는 남한 자본주의경제의 그것과 근본적으로 다르므로, 북한경제의 역사를 고찰하기에 앞서 그것을 개관할 필요가 있다.[1] 여기서는 1958년 사회주의적 개조의 완료 이후부터 2002년 경제관리 개선조치 이전까지의 사회주의 체제를 다룬다. 자본주의경제가 사유재산제도를 토대로 하고 시장을 통하여 자원을 배분한다면, 사회주의경제에서는 생산수단이 국유화되어 있고 계획이 자원배분의 주된 방법이다. 그런데 자원배분을 100% 시장이나 계획에 의존하는 경제는 없다. 자본주의 국가는 제2차 세계대전 이후 경제의 불안정성과 시장실패에 대처하기 위해 시장에 개입하여왔다. 코르나이(J. Kornai)는 사회주의경제를 계획에 의거한 사회주의부문인 제1경제, 그리고 계획에 포섭되지 않은 제2경제로 나눈다. 박정희정부가 자본주의국가 중에서는 경제개입을 가장 강력하고도 포괄적으로 수행하였다면, 사회주의적 개조의 완료 이후 북한에서는 제2경제의 비중이 동유럽 사회주의국가보다 훨씬 낮았다. 북한이 1958년 사회주의적 개조를 완료하면서, 사기업은 자취를 감추었고 모든 생산수단은 전(全)인민이나 협동조합의 소유가 되었다. 단, 소비재의 개인 소유는 보장되며, 농민의 텃밭 소유는 허용된다.

북한경제는 당의 지도와 통제에 따라 운영된다. 당이 경제정책의 수립과 집행에 관련한 기본적인 사항을 결정하고, 내각이 이를 수행한다. 내각에는 경제 운영에 관련된 많은 부서가 기능·산업별로 세분화되어 있다. 대체로 개별 기업은 내각의 각 부서

1) 황의각『북한경제론』나남, 1992, 69~79쪽을 주로 참조하였다.

로 나누어지는 부문별 관리체계와 각급 지방행정조직들로 이루어지는 지역별 관리체계에 이중으로 속해 있지만, 국민경제에서 중요한 위치를 차지하고 있는 기업들은 중앙정부가 직접 관리한다. 설비·자재·노동력 등의 배분은 모두 계획을 통해 실행되고, 이에 관련한 의사결정 권한은 중앙에 집중되어 있다. 이러한 중앙집중식 의사결정의 한계를 극복하기 위해 생산과 관리의 과정에서 대중의 혁명적 열의와 창의성을 이끌어내는 것이 무엇보다 강조된다. 북한 경제관리제도의 특징은 중앙집권적인 계획경제의 운영에 군중노선(群衆路線)을 결합하는 데에 있다. 대중의 문화적·경제적 욕구를 파악, 실현한다는 명분의 군중노선은 관료주의를 극복하려는 취지를 가지며, 노동강도를 강화하기 위한 정신운동으로 볼 수 있다. 사회주의에서 대외 무역은 국가 독점을 원칙으로 하고 계획에 따라 실행되며, 경제적 자립을 위한 수단으로서 기능한다. 상호경제원조회의(CMEA: COMECON) 내부 무역이 활발하던 동구 사회주의권에 비해 북한은 자력갱생(自力更生)의 원칙을 표방하고 경제성장 조건의 내부적 충족을 더욱 중시하여 무역의 존도가 낮았다.

공업부문의 기본적인 생산 단위는 공장 또는 기업소이다. 기업소는 경영 단위의 성격을, 공장은 생산기술의 특성을 반영한다. 그것은 소유 형태에 따라 국영 공장·기업소와 협동단체 공장·기업소로, 경영방법에 따라 독립채산제 기업소와 예산제 기업소로 분류된다. 북한은 1980년대 중반 이후 생산과정이 밀접히 연관되거나 지리적으로 인접한 공장과 기업소를 한데 묶어 연합기업소로 조직하여 운영하는 체계를 갖추었다. 노동에 대한 보수는 기본적으로 지출된 노동력에 따라 지급되고, 계획 목표를 초과 달성하면 보너스가 지급된다.

농업 관리의 기본 단위는 협동농장이고, 협동농장에서 생산의 기본 단위는 작업반이다. 실제 작업은 작업반을 구성하는 분조를 단위로 이루어진다. 협동농장에서 농민은 생산에 공헌한 비율을 기준으로 현금과 현물로 분배를 받으며, 계획 목표의 초과 달성에 대해서 보상을 받는다. 산업 전반에서 인센티브제도는 있었던 것이다. 작업반은 또한 당의 정치적 지도를 관철하는 단위이기도 하다.

경제계획의 수립과 집행은 국가계획위원회를 중심으로 하여 각 경제부서와 도, 시, 군 및 각 공장·기업소에 이르기까지 일원화되고 세부화된 체계 속에서 이루어진다. 계획화의 과정에 관한 자세한 설명은 제4절로 미룬다.

북한에서 재정과 금융은 사회적 부와 국민소득을 경제의 각 부문에 배분하고, 경제주체의 활동을 통제하는 기능을 수행한다. 중앙집권적 계획경제체제에서 예산이 국민소득에서 차지하는 비중은 60~75% 정도로 알려져 있는데, 북한에서도 예산은 경제의 계획적 발전을 보장하고 축적과 소비 간의 균형을 유지하는 중요한 수단이다. 은행의 기본 기능은 경제의 모든 부문에 걸쳐 물적·화폐적 자원의 계획적 이용에 대한 통제와 조절을 행하는 것이다. 그래서 북한의 모든 기관·공장·기업소·상점 등은 은행에 계좌를 개설하고, 거의 모든 거래를 은행을 경유하여 수행한다. 그런데 주민의 은행 이용은 저축과 예금 인출이라는 단순한 차원을 넘어서지 못하고 있다.

상업은 생산물의 성격과 유통조직을 기준으로 도매상업, 소매상업, 사회급양, 수매 등으로 구분된다. 도매상업은 대체로 중앙에서, 소매상업은 지방에서 관할한다. 사회급양은 근로자에게 음식물을 만들어 공급하는 것을 말한다. 그리고 수매란 국가가 협동경리와 주민의 부업경리로부터 농산물, 토산물 등을 사들이는 것을 말한다. 국가가 수매한 물자는 도시민에 배급되거나 공업원료로 사용된다.

시장은 국가계획에 포섭된 사회주의 시장과 그렇지 않은 농민시장으로 나눌 수 있다. 전자는 기업소간 자재 거래, 그리고 국영상점과 협동단체의 소비재 매매로 나눌 수 있다. 농민시장에서는 협동농장원에게 분배되거나 텃밭과 같은 개인의 부업경리에서 생산된 일부 농·축산물이 거래되며 수요와 공급에 따라 가격이 결정된다. 1960년 전후 농민시장의 거래액은 소매총액의 1%에 미달하였다.

가격은 상품생산에 투입된 노동량을 기준으로 결정되지만, 생필품의 경우 이보다 낮게, 기호품이나 사치품 등은 이보다 높게 책정된다. 북한에서 도매가격, 소매가격, 수매가격, 각종 요금과 운임 등을 모두 국가기관이 결정하며, 생산기관이나 기업소가 임의로 높이거나 낮출 수 없다. 가격은 수요와 공급을 조절하기보다는 교환의 척도, 경제 계산과 생산활동에 대한 통제의 수단으로 기능한다. 북한에서는 가격이 계획적으로 결정되고 국가권력이 침해할 수 없는 재산권제도가 없으므로, 화폐는 거래·지불수단의 기능을 수행하는 데 그쳐, 화폐·신용경제가 성숙할 수 없었다.

북한 인구수는 1960년 1,000만 명, 89년 2,000만 명을 넘었다. 총인구 대비 사망률은 1956년 2% 이하, 65년 1% 이하로 떨어졌으나, 0.5% 이하로 내려가지 않았다. 기대수명은 1953년 53세에서 1965년 60세를 넘었고 1989년 75세가 정점이었다. 출산율은 1969년 4% 이하, 1972년 3% 이하, 95년 2% 이하로 떨어져, 90년대에 소산소사(少産少死) 국면으로 이행하였다.

2. 사회주의화의 기반구축기(1945~50년)

해방 후 북한의 좌익세력은 동유럽국가나 중국과 마찬가지로 인민민주주의라는 과도적 단계를 거쳐 사회주의로 이행하려는 전략을 수립하였다. 인민민주주의 경제란 자본주의경제요소를 포함한 혼합경제구조를 유지하고 시장의 존재를 인정하되 계획을 중심으로 인민경제를 운영하는 것이다.

남한에서는 좌·우익간 계급대립이 격심한 와중에서 미군정의 후원을 받은 우익이 주도하는 권력이 성립하였지만, 북한의 좌익은 사회주의화의 기반을 상대적으로 순탄하게 닦아갔다. 북한의 사회주의개혁은 동유럽보다 단기간에 순조롭게 이루어졌다. 여기에는 내부와 외부의 요인이 작용하였다. 일제시대에 민족부르주아층의 운동역량은 약화된 반면에 좌익운동과 노동자·농민운동의 역량은 강화된 점이 기본적으로 중요하다. 남한에서는 좌익의 저항이, 동구에서는 부르주아층의 저항이 강하였기 때문에, 국가권력의 창출과정이 순탄하지만은 않았다. 1945년 10월 조선공산당 서북 5도 책임자 및 열성자대회는 인민민주주의혁명=반제·반봉건(反帝反封建) 민주주의혁명을 수행하여 민주기지(民主基地)를 창설한다는 전략적 방침을 수립하였다. 북한의 도 인민위원회는 이미 1945년에 일제·친일파·월남자의 토지를 수용하고 농민에게 경작권을 분배함으로써 사실상 토지개혁에 착수하고 있었다. 일제 말 국가 통제의 강화도 사회주의체제의 구축에 유리하게 작용하였다.

소련 군정(軍政)은 사회주의화의 기반 구축을 지원하였다. 소련은 1945년 11월 말 이후 한반도에 통일국가의 수립 가능성이 낮아지고 있다고 판단하고, 1946년 2월에 자국 이익을 보장해줄 임시 주권기관이 북한에 수립되도록 지원하였으며, 3월에는 그러한 주권기관의 정치적 기반을 다지는 방향으로 토지개혁이 단행되도록 유도하였다. 소련은 1946~9년간 5억 달러 이상의 무상원조·차관을 제공하였으며 상당수의 소련인 기술고문을 상주시켰다. 북한의 좌익세력은 소련 군정과 협력하여 사회주의화의 기반을 닦아갔다. 예컨대, 소련 군정의 토지개혁 방안은 조선공산당 계열의 사회주의 지식인이 마련한 것에 기초하였으며, 북한의 토지개혁 법령은 여기에 토지의 소유권을 농민이 가져야 한다는 북조선농민연맹의 요구를 반영한 형태로 결정되었다.

1946년 2월 수립된 북조선 임시인민위원회는 소련고문단의 지도 아래 3월에 토지개혁법령, 6월에 노동법, 7월에 남녀평등법, 8월에 중요산업국유화법(重要産業國有化法)을 제정하였다. 광범위한 개혁법령의 신속한 시행은 사회주의화의 기반을 공고히 하

표 12-1 북한의 토지개혁

몰수 대상	면적		호수		분배 대상	면적		호수	
	천 정보	%	천 호	%		천 정보	%	천 호	%
일본인, 일본국가	113	11.3	13	3.1	고용농민	22	2.3	17	2.4
민족반역자, 도망자	13	1.3	1	0.3	토지 없는 농민	603	61.5	443	61.1
5정보 이상 소유지주	238	23.8	30	7.0	토지 적은 농민	346	35.2	261	36.0
전부 소작시키는 자	263	26.3	146	34.5	이주한 지주	10	1.0	4	0.5
계속적으로 소작시킨 자	358	35.8	229	54.1	인민위원회	(19)	–		
교회, 사원, 종교단체	15	1.5	4	1.0					
합계	1,000	100	423	100	합계	1,000	100	725	100

출전: 국가계획위원회 『1946~1960 조선민주주주의 인민공화국 인민경제발전 통계집』 1961, 59~60쪽.

였다. 그리고 기술자 양성, 사회주의사상 보급 등을 위해 해방 당시 70% 정도의 문맹을 1949년 4월까지 완전히 퇴치하였다 한다. 1949년 문교 예산 21억 원 중 10억 3,000만 원은 주민이 헌납하였으니, 남한처럼 인민의 참여가 교육 발전에 이바지하였다. 그런데 유산자층의 배제는 지식인층을 약화시켰다.

사회주의화의 기반 구축을 위한 중심적인 사업은 토지개혁과 중요산업 국유화이다. 북한의 토지개혁은 1946년 3월 봉건제, 곧 지주제의 근절을 목표로 단행되었다. 북한에서는 토지 문제가 남한보다 덜 첨예하였지만, 1943년 말 총경지면적 198만 2,432정보 중 소작지는 58.2%(논 72.4%, 밭 53.8%)에 달하였다. 농가구성은 지주 4%, 자작농 25%, 자소작농 31%, 소작농 43%였다. 〈표 12-1〉에 나타난 바와 같이, '무상몰수 무상분배'의 원칙 아래 일본인 소유지, 조선인 지주의 소작지 등 100만 정보를 몰수하여 농지가 없거나 적은 농민 등에 분배하였다. 독립·문화발전 유공자 가족의 토지, 학교·연구기관·병원의 소유지, 묘지에 속하는 토지는 몰수 대상에서 제외되었고, 자경할 지주는 타군으로 이주한 후 분배를 받았다. 농지는 가족수와 노동력을 기준으로 균등하게 분배되었다. 핵심적인 토지개혁 담당기관인 농촌위원회는 고농(雇農)·빈농 중심의 5~9인의 위원으로 구성되어 일체의 사무를 관장하였다. 북한의 토지개혁은 3주간이라는 단기간에 수행되어 지주적 토지소유를 폐지하고 근로농민적 토지소유를 확립하였는데, 농민은 토지처분권을 가지지 못하였다. 북한의 농업현물세는 25%이고 추가 부담도 있어서 남한보다 무거웠지만 일제시대 소작료보다는 가벼웠는데, 세입의 근간을 이루었다.

중요산업국유화법에 의거하여 일본인뿐만 아니라 친일인사와 매판자본가로 지목된 인물이 소유하던 1,034개의 중요 산업시설이 일거에 국유화되었다. 그 결과 1946년 말 사회주의 경제형태가 차지하는 비중은 기업수의 90%, 공업총생산액[2]의 72%에 달하였다. 개인 수공업자와 민족자본가는 존속하였는데, 전자가 먼저 1947년 9월부터 생산합작사, 곧 초보적 수준의 생산협동조합으로 조직되기 시작하였다. 생산협동조합은 1947년 28개에서 1949년 말까지 567개로 증가하였다. 개인 수공업자의 협동화는 전쟁 중에도 계속되었는데, 소비재 부족을 메우기 위해 영세한 수공업자들을 조직할 필요가 있기 때문이었다.

이러한 경제제도의 개혁을 기반으로 정치권력을 공고화하는 작업이 이루어졌다. 1946년 8월 북조선노동당이 창립되고 1947년 2월에 북조선인민위원회가 수립되었다. 북한 당국은 1946년 2월에 창설된 북조선임시인민위원회가 인민민주주의 독재정권으로서 민주개혁을 통해 '반제·반봉건 민주주의혁명'을 수행하였다고 평가하며, 1947년 2월에 구성된 북조선인민위원회를 프롤레타리아 독재정권으로 규정하고 그 성립과 더불어 사회주의로 이행하는 과도기가 시작되었다고 파악한다. 1948년 9월에 조선민주주의인민공화국이 헌법 채택과 더불어 수립되었다.

'반제·반봉건 민주주의혁명'이 기본적으로 완료된 1947년 2월 이후에는 농민적 토지소유에 기초한 소상품 경제요소, 중요 산업의 국유화에 따른 국가경제요소, 사영(私營) 상공업부문의 자본주의 경제요소, 소비조합 등의 협동조합 경제요소 등을 혼합한 경제구조가 형성되어 있었다. 북한은 프롤레타리아 독재정권의 창설과 더불어 시작된 과도기에서 생산관계의 사회주의적 개조, 곧 농업의 협동화와 개인 상공업의 개조를 목표로 삼았지만, 6·25전쟁 이전까지는 그 '준비'에 머물렀다.

북한이 전쟁 전까지 사회주의적 개조를 본격적으로 추진하지 않은 이유는 다음과 같다. 첫째, "인민 대중의 사상적 준비 정도와 사회경제적 물질적 제(諸)조건에 비추어 과도기 첫 시기부터 생산관계의 사회주의적 개조를 전면적으로 실현할 수는 없었다. 당시 우리 당과 인민 앞에 가장 절박하게 나선 문제는 일제가 패망할 때 파괴한 경제를 시급히 복구하는 것이었다."[3] 둘째, 농민적 토지소유의 장점을 이용하여 농업생산력을 발전시키고, 이를 기초로 농업과 공업의 균형 발전을 이룬다는 전략이었다. 장기적으로는 농업 기계화로 생산력 기반을 확충하고 소비조합을 통해 농민의 자발적 참여를 유도함으로써 농업협동화를 달성한다는 구상을 하였다. 셋째, 1949년에 혼합경제구조

2) '공업생산물을 생산하는 기업소들에서 일정한 기간에 수행한 생산적 노동의 결과를 화폐로 표시한 규모'를 말한다. 각 기업의 최종생산물의 화폐가치를 집계한 것으로 국민경제 수준에서는 중복 계산이 발생한다.
3) 조선로동당 중앙위원회 당력사연구소 『조선로동당력사』 평양: 조선로동당출판사, 1991, 224~5쪽.

를 반(反)사회주의적으로 간주하는 견해가 제기되기도 하였지만, 전전까지는 남북한의 통일이 기본 과제로 인식되었기 때문이다. 조선 전체의 혁명은 '반제·반봉건' 단계이므로, 북한만 사회주의적 개조를 실행할 수 없다는 것이다. 그래서 전쟁 전까지 북한은 시장과 자본주의 요소를 혼합한 인민민주주의 경제론을 채택하였다.

북한은 1947년 12월 화폐개혁으로 북조선중앙은행이 발행한 화폐만 통용하기로 하여 경제를 통제할 토대를 마련하였다. 이어서 1948년 종래의 산업국을 산업성으로 격상하여 개편하고 기계관리국 등을 신설하여 중앙집권적 산업관리체계를 마련하기 시작하였다. 1947년부터 '인민경제의 부흥발전'을 위하여 경제계획을 집행하였다. '1947년 인민경제부흥발전계획'과 '1948년 인민경제계획'을 집행한 다음에 추진한 '1949~50년 2개년계획'은 전쟁으로 인해 종료하지 못하였다. 경제계획은 중요 산업의 국유화를 통해 공업부문에서 사회주의 경제형태가 지배적인 위치를 차지한 데에 기초하였다. 그러나 농업과 상업부문에서는 비사회주의 경제형태가 높은 비중을 차지하고 있었기 때문에, 경제계획은 지령적인 과제로 집행되지 못하고 주로 조절적인 기능을 수행하였다.

북한의 발표에 의하면, 1949년의 알곡[4] 생산량은 265만 톤으로, 44년에 비해 9.8%, 46년에 비해 39.8% 늘어났다. 1949년의 공업생산은 46년의 3.4배로 증가하여 해방 전의 수준을 거의 회복하였다 한다. 소련의 체계적 경제·기술원조, 양호한 산업설비 및 풍부한 전력·비료 등의 자원은 남한에 비해 산업생산의 회복에 유리하게 작용하였다.

3. 사회주의 경제체제의 수립(1953~9년)

(1) 사회주의 이행노선의 수립

6·25전쟁은 남·북한 모두에게 엄청난 피해를 입혔다. 북한에서는 8,700여 개의 공장이 파괴되었고, 37만 정보의 전답이 손상되었다. 사망·부상·실종자는 모두 300만 명 내외로 남한의 1.7배 정도로 알려져 있다. 북한 당국은 그 피해총액을 1949년 국민소득

4) 식량, 사료, 공업원료 등으로 사용하는 낟알로 된 농작물을 일컫는다. 여기에는 벼, 보리, 밀 등은 물론, 옥수수와 콩 등도 포함된다.

의 6배 정도라고 발표하였다. 전쟁은 남북통합을 먼 훗날의 과제로 밀어내고 남북간 체제의 이질화를 심화시켰다. 전후 남한의 자본주의는 자유주의적이고 반공적인 성향을 강화하였다. 북한에서는 전후 협동화 및 사회주의 이행 문제에 대한 계파간 논쟁의 결과, 전쟁이 남북분단의 고착화로 귀결한 상황에서 농업을 사회주의적으로 개조하는 것이 통일에서 멀어지는 것이 아니라 북한지역의 '민주기지'를 강화하여 통일의 가능성을 확대할 것이라는 당 주류의 입장이 관철되었다. 그 결과 북한은 사회주의경제로의 이행을 표방하면서 사회주의적 개조에 본격적으로 착수하였다. 북한은 전쟁 전에 인민을 경제적 계급에 따라 구분하였다가, 전후에는 핵심, 중간 및 적대라는 성분으로 구분하여 통제하였다.

북조선임시인민위원회가 창설된 1946년 이후 수년간 북한에는 조선공산당 계열인 국내파, 연안파(延安派), 동북항일연군(東北抗日聯軍) 계열인 만주파, 소련파 등 다양한 정치권력의 분파가 있었다. 이들 분파가 지향한 인민민주주의의 구체적인 내용과 사회주의 이행의 전망은 약간씩 달랐지만, 전쟁 전에는 특별한 의견 대립이 드러나지 않았다. 그런데 사회주의적 개조에 본격적으로 착수하면서 심각한 노선 갈등과 권력 투쟁이 나타났다. 권력 투쟁을 통하여 조선노동당에서 주류(主流)인 동북항일연군 계열은 국내파·연안파·소련파 세력을 제거하여 김일성의 단일지도체계를 만들어갔다.

휴전 직후인 1953년 8월 북한은 조선노동당 중앙위원회 제6차 전원회의(全員會議)를 개최하여 경제복구 건설노선을 토의하였다. 당내 주류는 농업협동화를 중심으로 사회주의적 개조에 착수할 것을 주장한 데에 반해, 비주류는 생산력의 기반을 갖추지 못한 가운데 사회주의적 개조는 시기상조라고 주장하였다. 또한 당내 주류가 중공업 중시의 노선을 내세웠던 데 반해 비주류는 경공업 중시의 노선을 취하였다. 이와 같이 의견이 대립하는 가운데 개최된 전원회의는 "중공업의 우선적 발전을 보장하면서 경공업과 농업을 동시에 발전시킨다"는 것을 경제건설의 기본 노선으로 하고 농업협동화를 추진한다는, 주류의 의견을 기본으로 하면서 비주류의 의견도 절충한 결정을 채택하기에 이르렀다.

1953년 전원회의의 결정 이후 북한은 생산관계의 사회주의적 개조에 착수하였다. 그런데 사회주의 이행과 건설의 전략을 둘러싼 노선 갈등은 소멸하지 않았다. 주류는 북한정권의 성격을 프롤레타리아 독재로 파악하였던 반면, 비주류는 '통일전선'의 독재로 파악하였다. 또한 주류가 농민·노동자 계급의 창발성(創發性)을 기반으로 사회주의경제를 발전시키려는 입장을 취한 반면, 비주류는 자본주의요소를 이용하여 사회주의경제를 발전시키려는 입장을 견지하였다. 이러한 대립은 점차 권력투쟁으로 연결되었다. 중국 대륙에서 항일투쟁을 하던 연안파, 그리고 소련 군정의 일원으로 들어와서 잔류한 소련파는 1956년 2월 소련공산당 제20차대회의 스탈린 비판을 계기로 김일성 반대운동을 본격적으로 전개하였다. 이들은 1956년 8월의 당중앙위원회 전원회의에서 개인숭배의 반대, 집단지도체제의 도입, 중공업 우선정책의 포기, 인민생활 개선 등을 주장하면서 김일성의 축출을 시도하였으나, 실패하여 오히려 축출당하였다. 이후 비주류세력의 전면적 숙청작업, 곧 '반종파투쟁'을 통하여 김일성은 권력의 정점에 있을 뿐만 아니라 직계인 만주파와 갑산계가 당·정부·군을 통일적으로 운영하게 되었다. '반종파투쟁'으로 김일성은 당내 비판세력을 제거하면서 절대적인 권위를 확립하였다.

'반종파투쟁'과 더불어 '주체사상'이 탄생하고, 그러한 가운데 북한은 본격적으로 사회주의경제로 이행하였다. 김일성은 1955년 12월의 연설을 통하여 소련파와 연안파를 각각 '교조주의'와 '형식주의'로 매도하면서 '사상에서의 주체'를 제기하였다. 주체사상은 인간의식이 물질환경에 의해 지배된다는 유물사관을 수정하여, 인간이 모든 것의 주인이며 모든 것을 결정한다는 인본주의를 기본 원리로 삼는다. 소련파와 연안파도 제거하면서 절대 권력을 구축한 김일성은 1957년 이후 중소분쟁 가운데 실리를 추구하는 중립노선을 걸으며 "사상의 주체, 정치의 자주, 경제의 자립, 군사의 자위, 학문의 주체"와 같은 구호를 내세웠다. '8월 종파사건'을 전후한 소련과 중국의 내정 간섭 및 원조 삭감 등의 상황은 '자립적 민족경제 건설노선'을 낳았다. "각국이 종합적인 산업기반을 확립해야 한다"는 스탈린의 '일국사회주의론', 그리고 중·소분쟁 가운데 중립노선의 선택은 주체사상과 자력갱생(自力更生) 전략을 낳은 배경을 이루었다. '자력갱생'의 전략 아래 원조 삭감으로 줄어든 자원 투입으로도 생산 증대를 달성하기 위해 '천리마운동'이 나왔다. 이 운동의 추진을 위해 최고지도자는 '현지 지도'를 통해 생산대중과 직접 접촉하였으며, 이는 '모범'의 창출과 집단적 혁신운동으로 이어졌다. 상층부의 권력 재편 이후 중간관리층을 대폭 교체하는 과정은 대중동원운동과 더불어 진행되었다. 시장을 철저히 억압한 사회주의적 개조, '자력갱생' 전략에 따른 경제의 폐쇄화, 그리고 천리마운동 등에서의 경영·기술 전문성의 무시는 북한경제의 추락을 재촉하였다.

(2) 생산관계의 사회주의적 개조

① 농업협동화

6·25전쟁 후 인민생활이 피폐한 상황에서 생산관계의 사회주의적 개조 문제가 전

면적으로 등장한 데에는 전쟁으로 촉발된 이념적 경직화 외에도 농업의 협동화를 요청한 여러 경제 사정이 있었다. 전쟁은 농업생산 기반을 크게 파괴하였다. 많은 농지와 관개시설이 손상되었고, 농업노동력과 가축이 크게 줄어들었다. 그 결과 농업생산량이 격감하여 식량조차 조달하기 어려운 빈농층이 늘어났다. 1949년 265만 톤이던 알곡 생산량은 53년에는 233만 톤, 54년에는 223만 톤 수준에 머물렀다. 전후 농가의 0.6%를 차지한 부농(富農)이 40%를 차지한 빈농을 고용하거나 고리대로 지배하여, 계층분화가 촉진될 우려가 커졌다. 또한 전쟁을 겪으면서 반역자·도주자 등의 토지 몰수, 소유자의 사망, 파괴된 토지의 복구 등을 통해 국가기관이 관리하게 된 '경작권지'가 1953년 7월 현재 53만 정보로 경지면적의 1/4가량을 차지할 정도로 크게 증가하였다. 국영 농목장이 확대되고, 전통적인 공동노동 관습에 기초한 '소겨리(공동 우경(牛耕))반'과 '품앗이반'을 발전시킨 '노력(勞力)협조반'이 널리 조직되기도 했다. 공업부문은 소련, 중국 등의 지원에 힘입어 비교적 빠른 속도로 복구되어, 농공간 불균형이 심화되었다. 이러한 사정은 농민적 토지소유에 기반을 둔 농업 발전의 구도를 재검토하도록 촉구하였다.

농업협동화는 다음 세 단계로 진행되었다. 1953년 8월부터 시작된 경험적 단계에서는 농업협동화를 적극적으로 지지한 빈농을 중심으로 각 군에 몇 개씩의 협동조합을 조직하여 일정한 경험을 쌓은 후에 협동화 운동을 대중적으로 발전시키고자 했다. 초기에 다양한 조직 형태와 관리방식을 가진 농업협동조합은 1954년 1월의 「농업협동경리의 조직문제에 관하여」라는 당중앙위원회 지시서에 의해, 사회주의국가에서 일반적으로 채택된 다음 세 가지 형태로 정리되었다. 제1형태는 토지 및 기타 생산수단을 통합하지 않고 작업만을 공동으로 하는 '노력협조반'이다. 제2형태는 토지·농기구·역축(役畜) 등을 공동으로 출자하여 통합한 다음 공동 경작하고 토지 출자분과 노동 일수에 따라 수확물을 분배하는 것이며, 제3형태는 토지와 기타 생산수단을 모두 협동조합의 소유로 이전하고 노동 일수에 따라 분배하는 것이다. 1954년 6월까지 1,091개의 농업협동조합이 결성되었다. 이때까지도 제2형태와 제3형태는 비슷하게 증가하였으나, 〈표 12-2〉에 의하면, 이후 제3형태가 급증하여 압도적인 우세를 차지하였다.

1954년 11월 당중앙위원회 전원회의가 농업협동화를 본격적으로 추진하기로 결정한 이후, 대중적 단계가 시작하였다. 여기서 김일성은 농업협동화의 필요성을 다음과 같이 제시하였다. 첫째, 노농(勞農)동맹을 공고히 하고 근로농민의 생활을 향상시키며 부농경영을 제한한다. 이로써 '북반부 민주기지'를 강화한다. 둘째, 농업과 공업을 균형적으로 발전시킨다. 농업부문을 계획화하지 않으면 농업을 급속히 발전시킬 수 없을 뿐 아니라 공업 발전에까지 지장을 줄 수 있다. 셋째, 농촌에서 모자라는 노동력과 축

표 12-2 북한의 농업협동화 진행과정

연월	협동조합수	협동조합의 비중(%)		협동조합의 평균 규모		형태별 구성(%)	
		농가호수	경지면적	농가호수	경지면적(정보)	제2형태	제3형태
1953년 12월	806	1.2	0.6	15	14	-	-
1954년 12월	10,098	31.8	30.9	33	57	21.5	78.5
1955년 12월	12,132	49.0	48.6	42	73	7.8	92.2
1956년 12월	15,825	80.9	77.9	55	88	2.5	97.5
1957년 12월	16,032	95.6	93.7	64	105	1.2	98.8
1958년 8월	13,309	100.0	100.0	80	130	0.0	100.0

자료: 김한주 『우리나라에서의 맑스-레닌주의 농업강령의 승리적 실현』 조선로동당출판사, 1960, 102, 104, 118쪽.

력 문제를 해결한다.

협동조합 농민에 대해서는 국가 투자의 증대, 영농자금의 대여, 노동자·군인·학생 등의 노동력 제공과 같은 정책 지원을 하고 개별 농민에 대해서는 높은 세율을 부과함으로써 농업협동화의 대중적 확산을 추진하였다. 개인 양곡상의 활동이 금지되고 빈농의 협동조합 가입으로 고용노동력을 구하기 어려워지면서, 부농경영의 기반은 점차 와해되었다. 이와 같이 북한의 농업협동화는 빈농을 중심으로 제3형태의 농업협동조합을 먼저 발전시키고, 다음에 고립된 부농 및 중농 상층을 협동조합에 가입하게 하는 방식으로 추진되었던 것이다. 농업협동화의 대중적 확산을 위한 강압적 조치에 대해 농민은 수매사업에 대한 비협조, 가축 도살, 태업 등의 소극적 반발을 보이거나, 황해도 일대의 '배천[白川]바람'과 같이 집단적인 탈퇴운동을 전개하기도 했다.

1956년 4월에 개최된 조선노동당 제3차대회는 제1차 5개년계획기간 중에 농업협동화를 완성한다는 방침을 결정하였다. 〈표 12-2〉에 의하면, 1956년 말 협동조합에 가입한 농가는 전체의 81%에 이르렀으며, 1957년에 농업협동화는 완성단계에 진입하였다. 아직 협동조합에 가입하지 않은 농민은 주로 부농, 도시 주변에서 상업을 겸하는 농민, 그리고 전후 북한에 편입된 '신해방지구'의 농민 등이었는데, 이들 역시 협동조합에 가입함으로써 농업협동화는 1958년 8월에 완료되었다. 북한은 농업협동화를 급속히 진행한 편이다. 중국은 농업협동화를 대략 4년 정도에 걸쳐 완료하였지만, 대다수 동유럽국가는 10년여에 걸쳐 진행하였던 것이다. 1959년에 개최된 전국농업협동조합대회는 규약을 개정하여 토지를 비롯한 모든 생산수단을 공동소유로 하고, 조합을 탈퇴하는 조합원은 이를 분할받지 못하도록 규정하였다.

1958년 8월 말 1만 3,309개로 조직된 농업협동조합의 평균 농가호수는 80호 정도였다. 북한 지도부는 이러한 규모로는 소유 관념을 극복하거나 경영의 효율성을 발휘하기 어렵다고 보고, 1958년 10월의 내각 결정을 통해 리(里)마다 하나의 협동조합을 만드는 사업을 전개하였다. 그 결과 1958년 말에 이르면, 협동조합은 3,843개로 줄고 그 평균 규모는 농가 300호, 경지 500정보 정도로 확대되었다. 이와 더불어 리(里)인민위원회 위원장이 농업협동조합의 관리위원장을 맡게 되었고, 소비조합·신용협동조합 등이 농업협동조합에 흡수되었다. 이로써 북한의 농업협동조합은 농민생활의 모든 영역을 포괄하는 조직으로 탈바꿈하였다. 농업협동조합 생산물은 공유재산이 되어, 계획지표에 해당하는 농산물 중에서 농민은 현물로 분배받고, 초과생산물은 국가가 화폐로 구매하여 분배하였다.

북한의 농업협동화는 생산관계의 사회주의적 개조의 주축을 이루는 동시에 공업화의 기반을 조성하는 과정이기도 했다. 1953년 말에 564만 명이던 농촌 인구는 1960년 말에는 479만 명으로 줄어들었다. 의도적인 이농정책이 추진되지는 않았지만, 농업협동화 과정에서 농민이 개별적으로 토지에 결부되어 있던 관계가 해체되고 여유 농산물을 처분할 수 있는 통로가 막힘으로써, 농업 인구가 도시로 대거 이동하였던 것이다. 〈그림 12-1〉에 의하면, 전후 10여 년간 농업 인구의 비중이 감소하는 가운데서도 식량

그림 12-1 식량작물 생산량과 농가인구 비율의 추이

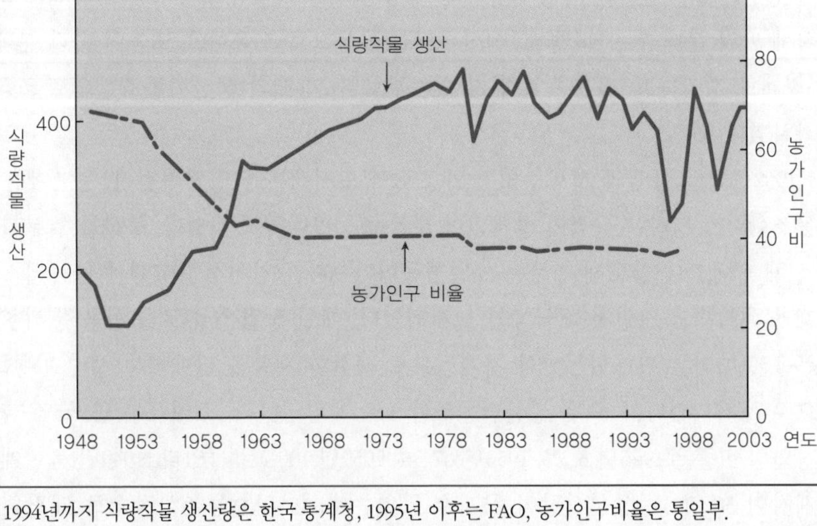

자료: 1994년까지 식량작물 생산량은 한국 통계청, 1995년 이후는 FAO, 농가인구비율은 통일부.

작물 생산은 급증하였다. 이런 경제발전에 대한 자신감을 토대로 김일성은 1959년 신년사에서 식량 문제의 해결을 공언하였다. 그런데 식량 생산이 더 증가한 61년에도 북한은 소련으로부터 양곡 29만 톤을 수입하였다. 〈그림 12-1〉에 의하면, 식량 생산은 농업협동조합의 성립기와 그 직후에는 빠르게 증가하였으나, 1960년대 중반부터 증가율이 둔화되고 1980년대에는 증가하지 못하면서 심한 기복을 보였다. 이것은 1950·60년대 북한 경제의 성공, 그리고 1980·90년대 추락을 보여주고 있다.

② 개인 상공업의 사회주의적 개조

전후 공업부문은 소련 및 중국 등의 지원에 힘입어 비교적 빠르게 복구되어, 1954년의 공업총생산액은 이미 1949년 수준에 근접하였다.

농업협동화가 대중적 단계에 들어서자 개인 상공업의 사회주의적 개조도 전면적으로 추진되었다. 한편으로는 농업협동화가 진전됨에 따라 개인 상공업의 기반이 붕괴하고, 다른 한편으로는 개인 상공업의 존속이 농업협동화에 부정적인 영향을 미치고 있었기 때문이다. 자금의 융자, 미납 세금의 면제, 원자재의 공급 등 협동조합에 대한 국가의 지원을 바탕으로 1956년까지 개인 수공업의 사회주의적 개조가 완료되었다. 자본주의적 상공업의 사회주의적 개조는 이보다 지체하였다. 민족자본가의 기업이라는 것은 소규모의 정미소, 대장간, 제지공장 등에 불과하였고 개인 상업도 대부분 행상에 지나지 않았지만, 이들은 부농처럼 협동화에 비협조적이었기 때문이다.

북한 당국은 1957년 9월에 생산협동조합을 생산수단을 공동소유로 하지 않고 작업만을 공동으로 하는 제1형태, 생산수단의 공동소유와 사적 소유가 병존하면서 노동과 출자에 따라 분배하는 제2형태, 생산수단을 공동으로 소유하고 노동에 따라 분배하는 제3형태로 정리하고, 자본주의적 기업을 주로 제2형태의 생산협동조합으로 조직하기 시작하였다.

1958년에는 상업의 사회주의적 개조로서 도시에는 국영백화점이, 농촌에는 농업협동조합이 운영하는 상점이 설치되어 생필품을 판매하게 되었다. 농산물 일부를 제외한 일체를 국가에 양도해야 하는 농업협동화가 90%를 넘어선 1957년에 양곡의 자유판매제가 폐지되고 전면적 배급제가 실시되었다. 개인 상업은 주로 구입을 통해 확보한 상품을 판매하는 판매협동반과 자체적으로 생산한 제품을 판매하는 생산판매협동조합으로 조직되었다가 모두 생산협동조합으로 개편되었다. 소매유통 중 국영·협동단체상업의 비중은 1946년 3.5%, 1953년 67.5%, 1959년 100%로 늘었다. 1949년 북한에는 정기시장이 382개소, 상설시장이 93개소 있었는데, 1950년 농촌시장으로 개편되었다.

표 12-3 북한 사회계층의 구성 (단위: %)

구분	1946년 말	1949년 말	1953년 12월 1일	1956년 9월 1일	1959년 12월 1일	1960년 말	1963년 10월 1일
노동자	12.5	19.0	21.2	27.3	37.2	38.3	40.1
사무원	6.2	7.0	8.5	13.6	13.4	13.7	15.1
농업협동조합원	–	–	–	40.0	45.7	44.4	42.8
개인 농민	74.1	69.3	66.4	16.6	–	–	–
협동단체 가입 수공업자	–	0.3	0.5	1.1	3.3	3.3	1.9
개인 수공업자	1.5	0.8	6.6	0.3	–	–	–
기업가	0.2	0.1	0.1	–	–	–	–
상인	3.3	1.7	1.2	0.6	–	–	–
기타	2.2	1.8	1.5	0.5	0.4	0.3	–

자료: 『조선중앙년감』 1961, 1964; 국토통일원 『북한경제통계집』 1986, 109쪽에서 재인용.

1958년 사회주의적 개조로 위축된 농촌시장은 농민시장으로 개편되어 곡물 거래가 금지되고 10일 간격으로 열렸다. 그 존속 논쟁이 있었으나, 1965년 허용 방침이 확정되었다. 1969년 김일성이 "개인 부업생산이 있는 이상 농민시장은 없을 수 없다"고 선언하여 농민시장 폐쇄 주장은 사라졌다. 북한정부는 공산주의화가 완전히 실현되면 농민시장이 사라진다고 보았다. 텃밭에서 나온 농산물, 가축 등이 주요 판매 상품이었고, 전국에 300~400개소였다. 그 거래는 소매 총액의 1% 미만이었다.

조선노동당 제3차대회 이후 개인 상공업의 사회주의적 개조는 빠른 속도로 진행하여 농업협동화와 마찬가지로 1958년 8월에 완료되었다. 〈표 12-3〉에 드러나듯이, 자영 농민, 상인, 기업가 등이 사라져 59년 말에 북한의 사회계층은 노동자, 사무원, 농업협동조합원 및 협동단체 가입 수공업자로 구성되었다. 그에 대응하여 53년 96%이던 사회주의 경제형태는 59년 100%에 달하였다.

(3) 경제계획과 산업 발전

전후 북한은 사회주의적 개조에 착수하면서 계획경제체제를 확립하여갔다. 1953년 8월 당중앙위원회 제6차 전원회의에서 김일성은 "전후 경제 건설에서 중공업의 선차적 복구발전을 보장하면서 경공업과 농업을 동시에 발전시키는 방향으로 나아가야 할 것"이라고 보고하였다. 경제의 복구·건설과정은 반 년 내지 1년 동안에 걸쳐 준비·

정리사업을 실시하는 첫째 단계, 전후 복구 3개년계획을 수행하여 전쟁 전의 수준을 회복하는 둘째 단계, 5개년계획을 통해 사회주의 공업화의 기초를 다지는 셋째 단계로 구분되었다. 전후 북한에서 경제 건설의 방향을 둘러싼 갈등이 수년간 지속하였지만, 3개년계획과 5개년계획은 대체로 원래 구상대로 실행되었다.

전후복구 3개년계획(1954~6)은 1954년 4월 최고인민회의에서 법령으로 채택되었다. 북한의 발표에 의하면, 3개년계획에서 공업총생산액의 계획 목표는 2년 8개월 만에 달성되었다. 국가중앙통계국은 통계를 단편적으로 제시하여 북한 경제의 파악에 애로를 준다. 〈표 12-4〉에 의하면, 1956년의 국영 및 협동단체 공업총생산액은 1953년에 비해 2.9배로 증가하였고, 계획기간 중 생산수단 생산은 4배, 소비재 생산은 2배, 국민소득은 2배로 증대하였다. 이 기간 급속한 공업 성장은 사회주의국의 원조에 힘입은 바 크다. 북한은 소련·중국·동유럽국가의 지원을 받아 김책제철소, 황해제철소, 흥남비료공장, 수풍발전소 등을 복구하였으며 희천공작기계공장, 기양기계공장, 평양방적공장 등을 건설하였다. 1954~6년간 북한의 총수입액 중 80% 이상은 소련과 중국을 중심으로 하는 사회주의국가로부터 받은 자금과 기술의 지원 등 유·무상의 원조품이었다. 소련 원조는 중공업을 중심으로 하는 공업프로젝트, 중국의 원조는 공업기계, 석탄 및 소비재를 위주로 하였다.

1956년 4월의 조선노동당 제3차대회는 "인민경제 각 분야에 걸쳐 사회주의적 부문들을 더욱 확대 발전시키며, 공업화의 기초 건설을 힘차게 추진하며, 경공업과 농업의 생산을 새로운 수준으로 제고하며, 인민들의 물질·문화생활을 계속 향상시킬 것"을 목표로 하여 5개년계획의 분야별 과업을 제시하였다. 공업화를 통한 경제력과 생활수준의 향상은 근대적 과제로서 남한 정부의 기본 목표이기도 했다. 그런데 3개년계획이 종료하던 1956년에 '8월 종파사건'이 발생함에 따라 5개년계획의 채택은 지연되었다. 1957년 최고인민회의 대의원의 재선출과 내각의 재조직을 거쳐 1958년 6월에 비로소 '인민경제발전 제1차 5개년계획(1957~61)'이 법령으로 채택되었다. 그렇지만 1956년 12월의 당중앙위원회 전원회의가 1957년 인민경제계획을 결정함으로써, 5개년계획은 사실상 1957년부터 착수되었다.

북한 당국이 발표한 5개년계획의 성과는 괄목할 만하였다. 공업총생산액의 목표는 2.5년 만에 달성되었고, 1957~60년간 공업총생산액은 연평균 36.6% 성장하여 3.5배로 증대하였다. 같은 기간 알곡 생산은 32% 증가하였고, 국민소득은 2.2배로 늘어났다. 공업화의 진전을 바탕으로 1957년 초부터 고무신, 옷감 및 양말의 배급제가 폐지되었고, 1958년 초부터는 양곡을 제외한 일체 소비품에 대한 배급제가 폐지되었다. 국정소

표 12-4 경제계획의 목표 및 실적(북한 발표)

경제계획	기본 과업	실적(계획 목표)
전후복구 3개년계획 (1954~56)	생산 수준과 효율성의 전전(戰前) 수준 도달 중공업의 우선적 발전과 경공업의 급속한 복구발전 도모	• 국민소득: 연평균 17% 성장 • 공업총생산: 2.85배 생산수단: 4.1배, 소비재: 2.1배 • 양곡수확고: 1.39배
제1차 5개년계획 (1957~61) ※1960년에 완수	사회주의의 경제적 기초를 구축 의식주 문제의 기본적 해결	• 국민소득: 2.2배 • 공업총생산: 3.5배(2.6배) 생산수단: 3.7배, 소비재: 3.3배 • 양곡수확고: 1.4배
제1차 7개년계획 (1961~67) ※1970년까지 연장	전면적 기술혁명과 문화혁명으로 주민생활의 획기적 향상 중공업 우선 발전과 경공업 · 농업의 병행발전	• 국민소득: 미발표(2.7배) • 공업총생산: 3.3배(3.2배) 생산수단: 3.7배(3.2배) 소비재: 2.8배(3.1배) • 양곡수확고: 미발표(600만~700만 톤)
6개년계획 (1971~76) ※1977년 완충기	기술혁명을 새로운 높은 단계로 전진시켜, 사회주의의 물질적 · 기술적 토대를 굳히고 노동자를 힘든 노동에서 해방	• 국민소득: 1.7배(1.8배) • 공업총생산: 2.5배(2.2배) 생산수단: 2.6배, 소비재: 2.4배 • 양곡수확고: 800만 톤(700만~750만 톤)
제2차 7개년계획 (1978~84) ※1985·6년 조정기	인민경제의 주체화 · 현대화 · 과학화를 통한 사회주의 경제토대 강화 주민생활 향상	• 국민소득: 1.8배(1.9배) • 공업총생산: 2.2배(2.2배) 생산수단: 2.2배(2.2배) 소비재: 2.1배(2.1배) • 양곡수확고: 1,000만 톤(1,000만 톤)
제3차 7개년계획 (1987~93) ※1994~6년 조정기	인민경제의 주체화 · 현대화 · 과학화 기술혁신의 촉진	• 국민소득: 미발표(1.7배) • 공업총생산: 1.5배(1.9배) 생산수단: (1.9배), 소비재: (1.8배) • 양곡수확고: 미발표(1.4배)

자료: 『조선중앙년감』 각 연도; 윤석범 엮음 『한국경제론 강의』 世經社, 2001, 630쪽 등.

매가격에 의한 판매제로 전환하였지만, 공급량이 할당되어 자유로운 구매가 이루어지지는 못하였다. 북한 당국은 5개년계획이 1959년에 실질적으로 완수되었다고 보아, 1960년을 완충기로 설정하고, 1961년부터 7개년계획을 추진하였다.

5개년계획 과정에서 북한은 중공업, 특히 기계공업의 발전에 주력하였다. 일제시대 북한에서는 중공업이 발달한 편이었지만, 1944년 공업생산 가운데 기계제작·금속

표 12-5 북한의 인민경제부문별 기본 건설투자 (단위: 백만 원(1957년도 4월 1일 불변가격), %)

구분		1954	1956	(1954~56)	1959	1960	(1957~60)	1961	1962	1963	1964	1965
기본건설투자액	공업	143	188	(177)	310	260	(257)	345	363	–	–	518
	농촌경리	21	37	(33)	82	70	(52)	75	69	108	177	191
	운수 · 체신	66	28	(47)	55	42	(39)	42	40	–	–	69
	상업 · 사회급양	4	5	(4)	12	14	(13)	12	6	–	–	8
	교육 · 문화	27	17	(21)	24	35	(23)	23	26	–	–	21
	과학 연구	1	2	(2)	2	2	(2)	1	–	–	–	3
	보건	4	4	(5)	17	13	(10)	5	–	–	–	11
	주택	35	51	(43)	70	86	(67)	53	110	–	–	50
	공공경리	26	15	(20)	40	42	(31)	36	–	–	–	47
	기타	3	4	(5)	8	3	(6)	1	–	–	–	–
	총액	330	351	(357)	620	567	(500)	593	650	686	756	827
공업구성	중공업	81.0	83.3	(81.1)	81.6	80.6	(82.6)	69.6	63.7	68.2	73.8	–
	경공업	19.0	16.7	(18.9)	18.4	19.4	(17.4)	30.4	36.3	31.8	26.2	–

자료: 『조선중앙년감』 각 연도; 국토통일원 『북한경제통계집』 1986, 168~9, 186~7쪽에서 재인용.

가공공업은 1.6%에 불과하였을 정도로 기형적이었다. 5개년계획을 추진할 당시 북한 지도부는 기계공업이 제일 약한 고리라고 인식하였다. 1956년 조선노동당 제3차대회에서 김일성은 "중공업을 우선적으로 발전시키지 않고서는 인민경제 전체 분야에서의 확대재생산을 보장할 수 없고," "기계공업을 급속히 발전시켜, 성장하는 공업 자체의 기술적 개선을 보장하도록 하며 인민경제 각 부문을 새로운 기술로 장비하도록 해야 한다"고 역설하였다. 북한의 '중공업 우선과 농업 및 경공업의 동시 발전'이라는 경제 건설의 기본 노선은 실질적으로는 중공업 우선의 불균형적 고속성장전략이었다. 〈표 12-5〉에 나타난 바와 같이, 기간 공업의 복구에 주력하였던 3개년계획에서와 마찬가지로 5개년계획에서도 공업부문 투자의 80% 정도가 중공업에 투입되었다.

중공업 우선의 공업화전략은 북한의 '따라잡고 앞지르기' 전략과 관련이 있다. 1958년 11월 김일성은 "다른 사회주의국가들이 세 차례의 5개년계획으로 이룩한 수준을 우리는 두 차례의 5개년계획으로 이룩해야 하겠다는 희망을 가지고 있었다"고 하였다. 북한은 남한보다 빨리, 그리고 의식적으로 따라잡기(catch-up)를 통한 압축성장의 전략을 추구하였던 것이다. 소련이 선진자본주의국과의 경제적 격차를 줄인 데에 고무된 중국은 1958년 대약진운동(大躍進運動)을 벌이면서 10년 내에 영국을, 15년 내에 미국을

표 12-6 북한의 무역수지와 외자 도입 (단위: 만 달러)

기간	수입	수출	무역수지	무상원조	차관
1945~49	10,600	7,630	−2,190	−	5,300
1950~53	4,200	3,100	−1,100	14,325	12,392
1954~56	13,480	11,080	−2,400	74,735	−
1957~60	67,080	50,200	−16,800	38,784	25,100
1961~70	257,350	243,020	−14,300	−	42,668
1971~76	601,000	422,000	−163,000	−	205,960
1978~84	1,057,000	934,000	−123,000	25,870	29,615

출전: 양문수 『북한경제의 구조』 서울대학교출판부, 2001, 276, 304쪽.

따라잡자는 목표를 제시하였는데, 북한은 이 구호를 차용한 것으로 보인다. 북한 지도부는 제한된 자금과 노동력으로 고속성장을 이루기 위해서는 기계공업을 중심으로 하는 중공업의 집중적인 발전이 필요하다고 보았다. 이것은 군대에 현대적 무기를 공급하여 국가의 자주 독립을 보장하려는 목적도 가졌다. 북한이 따라잡기의 방안으로 내세운 것은 증산(增産)을 위한 사회주의경쟁운동인 천리마(千里馬)운동이었다.

〈표 12-6〉에 나타난 바와 같이, 5개년계획에 착수할 당시 북한은 소련 등 사회주의국의 원조 감소에 직면하여 투자자금이 부족하였다. 세입총액 중 원조의 비중은 1953~6년간 20% 내외였는데, 1958년 4.2%, 1960년 2%로 떨어졌다. 그리고 전쟁으로 인구가 격감한 반면 노동력 수요가 증가하여, 노동력도 부족하였다. 게다가 북한은 경제관리제도의 운용에 어려움을 겪고 있었다. 1946년 11월에 제정된 국영기업장 관리령 제2조는 "기업장 책임자가 산업국장이 지시하는 생산책임량의 완수 및 당해 기업장 경리경영에 대한 독립채산의 책임"을 질 것을 규정하였다. 독립채산제 기업소는 법인 자격으로서 경영의 독자성을 가지고 거래하면서 자체로 채산을 맞춘다. 그런데 소련으로부터 도입한 지배인 유일관리제와 독립채산제, 도급제에 기초한 노동보수제 등은 원활히 기능하지 못하였다. 경제 계산의 능력을 갖춘 관리인력이 부족하였고, 노동 유동성이 높았으며, 자재 공급이 수시로 단절되었기 때문이다.

원조의 감소에 대처하기 위해 남한이 선택한 대외지향적 전략과는 반대로 북한은 '자력갱생(自力更生)'을 추구하였다. 사회주의경제는 일반적으로 경제적 자립을 중시하여, 이른바 '민주개혁'기(1945~9년)부터 자립경제의 방침이 나타났지만, 그 지향이 강화된 것이다. 독자적 외교노선을 추구하던 북한은 1962년에 COMECON을 사회주의 국제분업 체계의 중심 기구로 개편하려는 소련의 시도를 거부하면서 경제적 자립을 더욱 중시하게 되었다. 자력갱생의 원칙은 "생산수단에 대한 국내 수요를 자체적으로 충족하고 확대재생산의 물질적 조건을 자체 내부에서 해결하는" 것이다. 이 원칙 아래 수입은 자력갱생에 불가결한 자원을 확보하고 수출은 수입품의 결제수단을 구하는 의의를 가지는 데에 불과하였다. 자력갱생은 국민경제 차원에서 자기완결적인 재생산구조를 갖추는 것, 곧 '자립적 민족경제'를 추구하는 것으로부터 출발하였는데, 지역과 기업의 단위에서도 외부의 지원을 받지 않고 내부의 원천을 동원하여 주어진 과제를 달성할 것을 요구하는 논리로 나아갔다. 그런데 북한은 폐쇄경제의 지향으로 경제적 난관을 타개할 수 없었으므로, 〈표 12-6〉에서 드러나듯이, 무역의 확대를 피할 수 없었다.

지배인 유일관료제 등 기존 관리체제의 문제점에 대처하기 위해 북한 지도부는 원조가 삭감되고 전쟁으로 노동력이 부족해진 가운데 생산을 증대하기 위해 사회주의의 노력경쟁운동(勞力競爭運動)을 추진하였다. 소련은 1935년부터 스타하노프라는 노동영웅을 창출하여 대중의 모범으로 삼음으로써, 사회주의경제 건설에 높은 속도와 비약을 도모하는 노력경쟁운동을 전개하였다. 이러한 인민의 모범운동으로서 북한은 1946년에 돌격대운동을 시행하였다. 1956년 12월 당중앙위원회 전원회의를 계기로 전개된 천리마운동은 노동자의 사회생활 전반을 포괄하는 운동으로 확장되어, 군중노선이 사회적으로 제도화되는 주요한 계기를 마련하였다. 전원회의 직후 김일성이 평양 인근의 강선제강소를 방문하여 강재의 증산을 요구하자, 다음 해에 강선제강소는 6만 톤 생산에 적합한 분괴압연기로 12만 톤을 생산하였고, 김책제철소는 19만 톤을 생산할 수 있는 설비로 27만 톤을 생산하였다 한다. 강선제강소와 같은 모범의 창출과 그 대중적 확산을 통하여 천리마운동이 전개되었다. 북한은 처음에는 스타하노프운동과 유사한 성격의 천리마운동을 추진하였다가, 중국이 1958년부터 개인 차원의 노력경쟁운동을 집단적 혁신운동으로 변환한 대약진운동을 전개한 데에 영향을 받아 1959년부터는 집단적 혁신운동인 천리마작업반운동으로 전환하였던 것으로 보인다. 1959년 5월 당중앙위원회 상무위원회 확대회의의 결정에 따라 '공작기계 새끼치기운동'이 전개되었는데, 이는 각 공장·기업소에 있는 공작기계를 1년에 한 대 이상 새끼친다는 집단적 혁신운동이다.

천리마작업반운동은 스타하노프운동과 달리 고도화된 기계와 최신 기술의 뒷받침을 받지 못하여 대약진운동과 마찬가지로 성과를 거두기 힘들었다. 천리마작업반운동은 '대중적 경제관리'이고 기술혁신의 장점을 가진다고 선전되었으나, 정상적인 기업 운영의 파괴를 고무하고 고유 기술을 중시하면서 기술자의 견해를 보수주의로 비판하였기 때문에, 기술·경영역량의 발전을 저해하였다. 천리마작업반운동이 사상 교육을 통한 집단적 인간 개조를 전면에 내세우면서 전문성은 경시되었다. 그래서 나타난 경영·기술층의 반발을 누르면서 집단적 혁신운동을 지속하기 위해 창발성을 중시하는 혁명적 군중노선이 채택되었다. 이러한 운동을 추진하면서 북한 지도부는 투자 재원과 노동력 및 기술이 부족한 상황에서 도덕운동을 중시하기 시작하였고, '현지 지도'를 통해 노동자들과 직접 접촉하여 혁명정신을 떨칠 것을 호소하였다. 합리적인 경제 관리에 앞서 무엇보다 '사람과의 사업'이 중시되었고, 당과 정치가 경제 운영의 전면에 나서게 되었다. 천리마운동의 과업은 1960년대에는 청산리방법에, 70년대에는 사상·기술·문화혁명의 추진에 계승되었다.

이와 같은 모범의 창출과 집단적 혁신운동을 통해 북한은 강행적 성장(强行的成長, forced growth)에 박차를 가하였다. 사회주의국에서 널리 시도된 강행적 성장이란 사회 내의 자기발전적 운동이라기보다는 속도의 가속화가 관료기구에 의해 위로부터 강제된 성장을 말한다.[5] 축적을 위해 소비를 희생하고 억압장치를 통한 동원에 의존하는 강행적 성장은 북한 공업화의 초기에 고속 성장을 가져온 동시에 북한경제에 구조적 부진의 메커니즘을 내재화하기도 하였다.

4. 사회주의 공업화의 '달성'과 강행적·외연적 성장의 애로(1960~70년)

(1) 북한식 경제관리체계의 구축

1950년대 후반에 확립된 북한 사회주의경제에 나타난 특징은 1960년대에 강화되거나 제도화되었다. 첫째, 사회주의적 개조가 완료된 1958년에 이미 시장기능에 대한 억압이 다른 사회주의국가보다 강하였는데, 1964~5년간에는 계획의 일원화와 세부화가 추진되었다. 둘째, 집단적 혁신운동을 지속하기 위한 혁명적 군중노선은 1960년대에 들어서면서 청산리방법으로 제도화되었다. 셋째, 자립적 민족경제의 건설을 위해 사회주의적 공업화가 1960년대에 본격적으로 추진되었다.

5) J. Kornai, *The Socialist System: The Political Economy of Communism*, Princeton University Press, 1992, p. 197.

1960년 2월 김일성은 평안남도 강서군 청산리를 현지 지도하였다. 수령이 기층의 경제단위와 직접 접촉하는 직할 관리의 방식이 제도화되고 있었던 것이다. 여기서 도출된 청산리방법은 곧 당, 국가, 경제 기관의 사업을 관철하는 기본적인 방침으로 발전하였다. 청산리방법이란 "상부 기관이 하부 기관을 도와주고 윗사람이 아랫사람을 도와주며 늘 현지에 내려가 실정을 깊이 알아보고 문제 해결의 올바른 방도를 세우며 모든 사업에서 정치사업, 사람과의 사업을 앞세우고 대중의 자각적인 열성과 창발성을 동원하여 혁명 과업을 수행하도록 한다"는 것이다.

청산리방법에 따라서 공업부문은 대안(大安)의 사업체계를, 농업부문은 군 협동농장 경영위원회를 기본으로 하는 새로운 농업지도체계를 도입하였다. 1961년 11월 당중앙위원회 전원회의 직후 김일성은 대안에 있는 전기공장을 현지 지도하면서 북한에서 '경제관리에 주체사상과 군중노선을 구현하여 독창적으로 창조한 우리식의 공산주의적 경제관리 형태'라 자부한 '대안의 사업체계'를 제시하였다. 1946년 주요 산업 국유화를 계기로 도입된 지배인 유일관리제는 생산과정에 대한 노동자의 참여를 배제하고 지배인의 독단적인 기업경영을 초래함으로써 관료주의, 기관본위주의, 개인주의 등 바람직하지 못한 요소들을 조장하는 제도로 비판받고 폐지되었다. 대안 사업체계의 "본질적인 과제는 중앙의 지도적 역할을 높이고 집단적 지도체계를 강화하며 근로대중을 생산과 경제관리에 적극적으로 유인하는 데에 있다." 그 중요한 특징은 공장 당위원회를 중심으로 하는 집단관리체제에 의해 기업소를 관리, 운영한다는 점에 있다. 공장 당위원회의 집단적 지도는 경제 관리에서 민주주의를 보장한다고 주장되지만, 실제로는 당의 정치적 의도를 공장과 기업소에서 직접 구현하는 수단으로 기능하였다. 공장 당위원회는 기업의 생산과 관리에 대해 최종적인 책임을 지며, 각급 생산 단위에서 기업 운영에 관련한 모든 문제를 집단적으로 토의하게 되어 있었다. 기업소의 직접적인 관리·생산업무는 지배인과 기사장이 담당하였다. 또한 기사장을 참모장으로 하는 공장 참모부를 구성하여 생산과정을 통일적으로 지도하도록 하였고, 생산에 필요한 자재는 중앙의 관리당국이 통일적으로 공급하도록 하였으며, 노동자에 대한 상품 공급, 사회급양, 편의 봉사, 주택 보수 등의 후방공급사업을 담당하는 부서를 설치하였다.

사회주의적 개조가 이루어질 당시 군 인민위원회의 농촌경리부가 군내의 농업 전반을 관리하고 있었다. 그런데 1960년대에 들어서면서 군 인민위원회는 지시, 권고, 독촉 등의 행정적인 방법에 의존할 뿐 농업을 기술적으로 지도하지 못한다는 평가를 받았다. 1961년 12월에 김일성은 평안남도 숙천군을 현지 지도하고 이를 통해 '군 협동농장 경영위원회를 기본으로 하는 새로운 농업지도체계'를 창설하였다. 군 협동농장 경영위원회는 1962년 1월에 전국적으로 조직되었다. 새로운 농업지도체계는 중앙의 농업위원회로부터 도 농업경영위원회, 군 협동농장 경영위원회에 이르는 일관된 체계를 이루었다. 농업 협동경리들에 대한 기업적 지도를 실현하기 위해 경영의 모든 문제를 국가가 직접 틀어쥐고 조직하며 구체적으로 지도하는 방침이 채택되었다.

새로운 농업지도체계는 "당위원회의 집단적 지도 아래 농업경영을 관리하고, 상부 기관이 하부 기관을 돕고 일체의 활동에서 정치활동을 행하며, 농업경영을 기업적 방식으로 지도하고 관리한다"는 것을 지향하였다. 생산기술의 지도를 위해 농업기계부, 관개건설부, 농업기술부 등의 부서가 설치되어 군 농업기계 작업소, 농기구 공장, 관개 관리소 등을 직접 운영하도록 하였고, 농업 경영의 계획화를 위해 군 협동농장 경영위원회가 군내의 농업 계획을 담당하도록 하였다. 그리고 농업의 조직적 운영을 강화하기 위해 협동농장 경영과 국영기업 경영이 서로 연계되도록 하였다.

공업과 농업의 관리체계를 새로 구축한 이후 북한은 계획제도의 정비에 착수하였다. 김일성은 경제계획이 형식적으로 수립되었기 때문에 부문간 불균형이 발생하였다고 보아, 1964~5년간에 '계획의 일원화와 세부화'를 추진하였다. 계획의 일원화는 "국가 계획기관과 각급 계획부서들이 하나의 체계를 이루고 국가계획위원회의 통일적인 지도 밑에 계획화의 유일성을 철저히 보장하는 것"을 의미하며, 계획의 세부화는 "경제활동이 세세한 부분에 이르기까지 서로 맞물리도록 계획화하는 것"을 의미하였다. 계획의 일원화는 도 단위에 지구계획위원회를 설치하여 국가계획위원회, 지구계획위원회, 기업의 계획부서로 이어지는 체계를 형성하는 것으로 구체화되었다. 계획의 세부화는 각급 계획부서에서 자체적으로 세부계획을 수립하는 방식으로 추진되었다. 이전까지 북한의 계획화과정은 국가계획위원회가 '통제숫자'를 작성하여 하달하면 각급 기관 및 기업소가 이에 기초하여 '계획숫자'를 작성하여 올려보내고, 이를 국가계획위원회가 경제계획으로 입안하는 방식으로 진행되었으나, 1964년 이후부터는 '통제숫자'를 작성하기 전에 각급 기관과 기업소가 '예비숫자'를 작성하여 올려보내는 과정이 추가되었다. 또한 각급 계획기관으로 하여금 국가계획위원회의 경제계획에 기초하여 세부계획을 작성하도록 하고 이에 대해서도 법적 성격을 부여하였으며, 기업소가 예비숫자를 작성하는 과정과 실행계획을 수립하는 과정에서 집단적 토의를 진행하도록 하였다. 계획의 일원화와 세부화를 통해 중앙집권적 경제통제는 강화되었다.

1920년대 이후 사회주의계산논쟁에서 지적된 것처럼, 경제계획을 통하여 자원의 효율적 배분을 달성하기 어려우므로, 부문간 불균형은 관리체계의 개선이나 '계획의 일원화와 세부화'를 통해 해결될 문제는 아니었다. 그리고 '혁명적 군중노선'을 통하여 종전 관리체계의 문제점인 관료주의를 타파하고자 했지만, 집단관리체제로 기업을 효율적으로 운영하기는 어려운 일이었다.

(2) 경공업과 농업의 '동시 발전' 정책

북한은 1960년대에 들어와 중공업과 경공업, 공업과 농업 사이의 심각한 불균형을 시정하기 위해 노력하였다. 북한은 1960년을 완충기로 설정하고 7개년계획을 착수한 1961년부터 경공업에 대한 투자를 늘렸다. 〈표 12-5〉에 의하면, 공업 투자 중 경공업의 비중은 5개년계획기에는 20%에 미달하다가 1961년 이후 3년간 30%를 상회하였으며, 농업 투자 역시 1963년 이후 크게 증가하였다. 그렇지만 이러한 투자 증가는 부문간 불균형을 해소할 정도로 충분한 것은 아니었다. 북한에서 '중공업 우선, 경공업과 농업의 동시 발전'은 "사회주의경제 건설의 전기간에 걸쳐 확고히 견지하여야 할 전략적 노선"이며, "중공업의 성장 속도를 다른 부문에 앞세워 나가는 동시에 우선적으로 성장하는 중공업에 경공업과 농업의 발전을 밀접히 따라세우는 것"으로 해석되어왔다. 경공업과 농업에 대한 투자를 늘릴 만한 자금 여력도 별로 없었기 때문에, 북한 지도부는 경공업과 농업의 발전을 위해 투자를 대폭 늘리기보다는 각 지방의 내부 원천을 이용하기로 하였다. 그래서 경공업은 지방 공업의 육성으로, 농업은 '농촌테제'의 실행과 '작업반 우대제' 및 '분조관리제'의 도입으로 발전시키고자 했다.

1958년 6월 당중앙위원회 전원회의는 '대규모 중앙 공업 공장들의 건설에 계속 힘을 돌리면서 동시에 전인민적 운동으로 지방 공업을 발전시키는 병진정책'을 채택하고, '시·군마다 하나 이상의 중소 지방 공업 공장을 건설할 과업'을 설정하였다. 이에 "불과 몇 달 사이에 1,000여 개의 지방 공장이 새로 건설되어 군 평균 10여 개의 지방 산업공장들을 가지게 되었으며 이들이 인민소비품 생산의 절반 이상을 맡게 되었다."[6] 1962년 8월의 '지방 당 및 경제 일꾼 창성연석회의'에서 김일성이 "기계화를 다그치며, 지도 일꾼들과 노동자·사무원들의 기술기능 수준을 높이며, 생산 문화를 철저히 확립하며, 튼튼한 원료기지를 마련"함으로써 지방 공업을 더욱 발전시킬 것을 주창한 이후, 지방 공업의 체계적인 발전책이 모색되었다. 1964년 1월에 북한은 경공업위원회를 국가경공업위원회로 확장하고, 각 시·도에는 경공업위원회를, 각 시·군에는 지방 산업 경영위원회를 설치하여 지방 공업의 관리체계를 정비하였다. 1961~70년간 지방

6) 『경제사전』 2권(1970년판), 579쪽.

공업 기업소는 수적으로 근 2배로, 생산액에서 3배로 성장한 것으로 발표되었다. 1967년경 2,000여 개의 지방 산업공장이 존재하였는데, 이들 지방 공업은 영세하였다.[7)]

북한은 사회주의 공업화의 달성을 선언한 후에도 지방 공업을 통해 경공업을 발전시키고자 했는데, 지방 공업이 다음의 이점을 가진다고 보았기 때문이다. 첫째, 지방의 원료·설비·노동력 등을 효과적으로 동원하여 이용할 수 있게 한다. 둘째, 다양한 지방적 수요를 충족할 수 있다. 셋째, 국가의 추가적 투자가 없이 소비품 생산을 짧은 기간에 늘릴 수 있으므로, 중공업에 더 많은 국가 투자를 돌릴 수 있다. 넷째, 공업 생산의 지리적 배치를 개선할 수 있게 한다. 이로써 제품과 원료의 불합리한 수송을 없애고 노동력을 아껴 쓸 수 있게 하며 인구가 도시에 지나치게 집중하지 않도록 한다. 이는 또한 국방상으로도 중요한 의의를 가진다. 다섯째, 농·공업간의 경제적 연계를 강화하며 도·농간의 차이를 없애는 데에 이바지한다.

김일성의 현지 지도와 새로운 농업지도체계의 도입에도 불구하고, 〈그림 12-1〉에 의하면, 1961년경 이후 곡물 생산의 증가율은 둔화되었다. 그 중요한 원인은 농촌노동력이 부족하고 농업기계화가 진전하지 않은 점이다. 더욱 근본적인 요인은 소련과 중국에서와 마찬가지로 집단 농업경영으로 생산성의 지속적인 향상을 실현하기 위한 인센티브를 제공하기 어려운 점일 것이다.

이에 북한 지도부는 1964년 2월 당중앙위원회 전원회의를 통해 종합적인 농촌발전 구상인 '우리나라 사회주의 농촌 문제에 관한 테제(농촌테제)'를 채택하였다. 농촌테제는 '도시와 농촌의 차이를 점차 없애는 것이 사회주의 개조 이후의 과업'으로 제기되고 있다고 하면서 이를 수행하는 기본 원칙으로 다음 세 가지를 제시하였다. 첫째, 농촌에서 기술혁명과 문화혁명 및 사상혁명을 수행한다. 둘째, 농민에 대한 노동계급의 지도, 농업에 대한 공업의 지원, 농촌에 대한 도시의 지원을 강화한다. 셋째, 농업에 대한 지도와 관리를 공업의 선진적인 기업관리 수준에 접근시키며 전인민적 소유와 협동적 소유의 연계를 강화하고 협동적 소유를 전인민적 소유에 접근시킨다.

농촌 기술혁명을 위해 수리화·기계화·전기화·화학화 등을 기본 과업으로 설정하고 다음과 같은 당면 과제를 제시하였다. 첫째, 2~3년 안에 논 면적을 70만 정보까지 늘린다. 둘째, 앞으로 트랙터를 7만~8만 대(15마력 환산), 자동차(트럭)를 3만~3.5만 대로 늘

7) "그때 평안남도 개천군에 가보니 가정부인들이 모여서 살림집 웃방에다 베틀을 5~6대 차려놓고 천을 짜고 있었습니다. 문덕군에서는 종이공장을 차려놓았는데 아주머니들이 독을 서너 개 놓고 문 창호지를 만들고 있었습니다."(김일성 「지방공업을 발전시켜 인민소비품 생산에서 새로운 전환을 일으키자」 전국 지방산업일꾼대회에서의 연설, 1970년 2월 27일, 『김일성 저작선집』 제5권, 393쪽)

린다. 셋째, 가까운 연간에 모든 농가에 전기가 들어가도록 한다. 넷째, 정보당 화학비료 시비량을 가까운 연간에 500kg에 이르게 하며, 장차 1톤 이상으로 올린다. 국가계획위원회 중앙통계국의 발표에 의하면, 1963년 당시의 상황은 농가호수 107만 호, 경지면적 199만ha(논 58만ha), 협동농장 3,732개, 국영농장 190개, 트랙터 1만 8,000대, 트럭 2,200대, 농가에 대한 전기 보급률 70.8%(리 단위 93.3%), 화학비료 시비량 300kg/정보(논 420kg/정보, 밭 272kg/정보)였다.

이와 함께 협동농장의 경제 토대를 강화하며 농민생활을 향상하기 위한 당면 대책이 다음과 같이 제시되었다. 첫째, 1946년 토지개혁 이후 도입된 농업현물세를 1966년까지 완전히 폐지한다. 둘째, 1964년 이후 농촌의 기본 건설은 모두 국가자금으로 시행한다. 이전 5년간 농촌의 기본 건설투자에서는 국가가 60% 이상, 협동농장이 40% 정도를 부담하였다고 한다. 셋째, 이제부터 국가 부담으로 농촌에 문화주택을 건설한다.

1960년 2월 청산리 현지 지도를 통하여 김일성은 "협동농장 조합원의 생산 의욕을 더 북돋아주기 위해 계획을 초과 완수한 작업반에 대해 초과분만큼 더 분배해줄 것"을 지시하여, 작업반 우대제가 도입되었다. 나아가 김일성은 1965년 5월에 강원도 회양군 포천협동농장을 현지 지도하고 분조관리제를 도입할 것을 결정하였다. 분조관리제는 작업장 내 생산수단의 관리 책임과 성과에 대한 보상을 보다 정확히 하기 위한 것이었다. 작업반 내의 분조에게 "일정한 경지와 생산 도구를 고착시키고 국가 생산계획에 준하여 생산계획을 부여하며 이의 수행 정도에 따라 분배를 실시하는" 분조관리제는 1966년부터 모든 협동농장에서 실시되었다. 종래 단지 작업반의 작업을 수행하기 위해 편성된 단위에 불과하던 분조는 분조관리제의 도입으로 독자적으로 활동할 수 있는 노동조직 단위로 전환하였다. 분조의 규모는 군대의 분대 정도, 곧 15~20명 정도로 설정되었다. 농촌테제의 채택과 분조관리제의 도입에도 불구하고 농업생산은 여전히 정체하였다.

(3) 사회주의 공업화의 '달성'과 강행적 · 외연적 성장의 한계

북한은 스탈린의 '일국사회주의론'을 받아들여 '자립적 민족경제'가 사회주의경제의 목표 및 기본 방향과 일치한다고 보고 그 확립에 매진하였다. '자립적 민족경제'란 "생산의 인적 및 물적 요소들을 자체로 보장할 뿐 아니라 민족국가 내부에서 생산·소비적 연계가 완결되어 독자적으로 재생산을 실현하여 나가는 경제체계"인 동시에 "자기 인민을 위해 복무하며 자기 나라의 자원과 자기 인민의 힘에 의거하여 발전하는 주체적인 경제"로 정의된다. 근대에서 자립경제의 실현에 결정적인 산업은 공업이다. 따라서 북한에서 '자립적 민족경제'를 건설하는 과정은 사회주의 공업화와 다름없었다. '사회주의 공업화'란 "나라의 경제에서 공업 생산의 압도적 우세를 보장하고 인민경제의 전면적 기술 개건(改建)을 실현할 수 있는 자립적 체계가 선 현대적 공업의 창설 행정(行程)"으로 정의된다. '자립적 민족경제 건설노선'이 체계적으로 제시되는 것은 사회주의 공업화가 본격적으로 추진되기 시작한 1960년대 초부터이다.

북한 당국은 전후 복구 3개년계획을 성공적으로 완수한 다음해인 1957년부터 사회주의 공업화를 추진하여, 그 '기초 축성 단계'에 해당하는 5개년계획기와 '전면적 실현 및 완성 단계'에 해당하는 7개년계획기를 거쳐 14년 만에 '달성'하였다고 자평하였다. 1961년부터 시작된 7개년계획[8]의 기본 과업은 "승리한 사회주의제도에 의거하여 전면적 기술혁명과 문화혁명을 수행하며 인민생활을 획기적으로 향상시키는 것"으로 설정되었다. 7개년계획에서 공업총생산액 연평균 증가율의 목표치는 18%였다. 1961년과 1962년의 공업총생산 성장률은 각각 14%와 18%에 달하였으나, 1963년에는 8%에 그쳤다. 1963년 이후 목표 미달로 계획의 수행에 상당한 차질이 발생하자, 1966년 10월에 개최된 당대표자회의를 통해 7개년계획을 3년간 연장할 것을 결정하였다.

1970년 11월 제5차 당대회의 발표에 의하면, 1957~70년간 공업총생산은 연평균 19.1% 성장하여 1970년의 공업총생산액이 1956년의 11.6배로 늘었으며, 국민소득에서 공업의 비중이 1956년 25%로부터 1969년 65%로 높아졌다. 이로써 북한은 '사회주의 공업국가'로 변하였다고 선언하였다. 그런데 〈표 12-7〉에 의하면, 1950년대 9% 정도의 경제성장률이 1962년부터 크게 떨어져 60년대에는 3% 남짓이었다. 〈표 12-4〉에 의하면, 1960년대 이후 공업총생산액의 증가율은 갈수록 둔화되어왔다. 1990년대 이후에도 국민총생산에서 농림어업이 30% 내외를 차지하여 광공업에 대등한데도 식량 확보가 곤란하고 공업이 국제경쟁력을 갖추지 못한 것으로 보건대, 북한의 공업화는 불완전하다 하겠다.

제1차 7개년계획은 수행에 차질을 빚고 성과가 부진하였다. 그 요인은 무엇인가. 첫째, 자금 조달의 애로를 들 수 있다. 5개년계획기만 하더라도 북한은 소련으로부터 3억 2,000만 달러, 중국으로부터 5,250만 달러, 그리고 체코 등 동유럽국가로부터 2억 6,634만 달러에 달하는 원조와 차관을 받았으나, 1961~5년간에는 소련 및 동유럽 국가

8) 정식 명칭은 '7개년 인민경제발전계획'이나 1978년부터 제2차 7개년계획이 수행되었기 때문에 흔히 '제1차 7개년계획'으로 부르고 있다. '5개년 인민경제발전계획' 역시 처음에는 '제1차 5개년 인민경제발전계획'으로 불린 바 있다.

표 12-7 북한의 경제성장률과 1인당 실질GNP (단위: %, 1990년 달러)

기간	경제성장률	첫 해의 1인당 실질GNP
1954~60	9.3	1,153
1960~65	3.3	1,604
1965~70	3.3	1,663
1970~75	4.6	1,710
1975~80	2.2	1,854
1980~85	4.0	1,894
1985~89	2.7	2,109
1954~89	4.4	2,258(1989년)

출전: 金昔珍·金炳椽「北朝鮮のGDP推計」『アジア長期經濟統計 4: 韓國·北朝鮮』, 256, 518쪽.

그림 12-2 북한 무역액의 추이

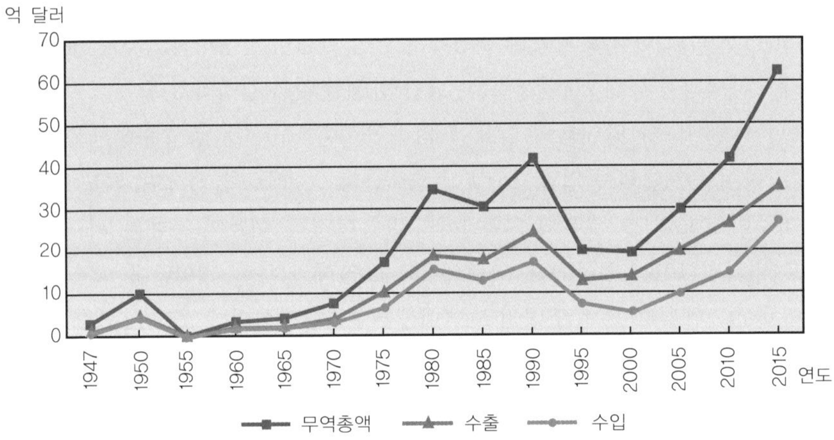

자료: 통계청 『통계로 본 대한민국 50년의 경제사회상 변화』 1998, 335~6쪽; 통계청, 통계정보시스템(www.kosis.kr).

로부터 새로운 원조 및 차관을 획득할 수 없었으며, 다만 중국으로부터 1억 500만 달러의 차관을 도입하였을 따름이었다. 이러한 난관을 북한은 대외 무역의 확대로 타개하고자 했다. 북한은 1962년 자력갱생의 자립적 민족경제 노선을 확립하였음에도 불구하고, 〈그림 12-2〉에 의하면, 무역의 증가 추세를 피할 수 없었다. 기술후진국이라 공업화에 필요한 자본재와 중간재의 수입 수요가 많았고, 공업화할수록 석유 수입이 증가하였기 때문이다. 1956년에 1.3억 달러였던 무역액은 1965년에 4.2억 달러로 증가하였다.

1965년에 이미 무역총액은 국민총생산의 20%를 차지하였고, 무역의존도는 1989년 소련의 붕괴 이전까지 큰 변화가 없었다.[9] 무역 확대에도 불구하고 투자 재원은 여전히 부족하였다. 결국 북한은 1966년에 소련과 '1967~70년간 경제·과학·기술협정'을 체결하고 이것을 계기로 7개년계획을 연장하였다. 소국인 남한에게 개방경제의 이점이 컸던 반면, 소국인 북한에게 폐쇄경제의 부작용은 컸다.

둘째, 군사력의 강화에 수반된 국방비의 과중한 부담도 계획의 차질을 낳았다. 북한은 1962년 12월의 당중앙위원회 전원회의를 통해 '경제 건설과 국방 건설의 병진노선'을 채택하고, 1966년 10월의 당대표자회에서 이를 철저히 관철할 것을 다시 결의하였다. 1962년 2월에는 전인민의 무장화, 전국의 요새화, 전군의 현대화와 간부화라는 4대 군사노선이 채택되었다. 〈표 12-8〉을 보면 북한의 세출예산 가운데 국방비의 비중은 1967년 이후 5년간 30% 이상에 이르렀고, 인민경제비의 비중은 감소하였다. 1972년부

표 12-8 북한 세출예산의 총액과 구성비 (단위: 만 원, %)

구분 연도	세출예산 총액 (실적치)	세출예산의 구성비			
		인민경제비	사회문화비	국방비	관리비
1961	233,800	73.0	21.4	2.5	3.1
1962	272,876	72.5	22.6	2.6	2.3
1963	302,821	74.0	21.5	1.9	2.6
1964	341,824	69.5	20.6	5.8	4.1
1965	347,613	68.0	19.7	8.0	4.3
1966	357,140	68.4	17.3	10.0	4.3
1967	394,823	49.9	17.5	30.4	2.2
1968	481,289	48.9	17.0	32.4	1.8
1969	504,857	47.5	19.7	31.0	1.8
1970	600,269	47.0	19.9	31.3	1.8
1971	630,168	44.2	22.9	31.1	1.8
1972	738,861	55.5	25.4	17.0	2.1
1973	831,391	57.2	25.3	15.4	2.1
1974	967,219	57.0	24.8	16.1	2.1
1975	1,136,748	57.2	24.3	16.4	2.1

자료: 연도별 예결산보고; 국토통일원『북한경제통계집』1986, 153~7쪽에서 재인용.

9) 이영훈「북한무역 및 남북교역이 북한경제성장에 미치는 효과 분석」『經濟分析』10-4, 한국은행 금융경제연구원, 2004, 107쪽.

터 국방비의 비중이 20% 미만으로 발표되었지만, 은밀히 군비를 강화하여 실제 군사비 지출은 훨씬 컸다고 지적되고 있다. 1978년에 GNP에 대한 군사비의 비중은 남한이 5.4%, 북한이 21.0%로 추정되었다.

'경제 건설과 국방 건설의 병진노선'은 1960년대 초·중반 북한의 대외 정세 인식을 반영하였다. 1962년에 북한 지도부는 베트남전쟁과 일본의 군국주의 부활 움직임 등으로 아시아지역에서 '미제국주의자들의 침략 책동'이 강화되고 있다고 판단하였다. 이즈음 남한에서는 1961년의 군사쿠데타로 집권한 정권이 수립되어 있었고, 흐루쇼프가 스탈린을 비판하고 평화공존을 주창한 1956년 이후 북한의 우방인 소련과 중국은 분쟁 상태에 있었다. 이런 가운데 1962년 10월에 발생한 쿠바 미사일 위기가 직접적인 계기가 되어 북한은 군사력 강화에 주력하게 되었다. 1962년 이후 북한은 중소분쟁에 중립적이던 태도를 버리고 중국에 밀착하기 시작하였는데, 베트남전쟁에 대해 사회주의국가들이 공동으로 대응하여야 한다는 북한의 주장을 중국이 받아들이지 않자, 1966년 이후 북한은 중국에 등을 돌리고 군사력 강화에 더욱 몰두하였다.

대외 정세가 이같이 요동하는 가운데 북한 내부에서는 친중과 친소, 경제 건설과 군비 강화 등에 관한 정책 대립과 함께 다양한 이론적 갈등이 표출되었다. 7개년계획을 예정대로 추진할 것인가 아니면 군사력 강화에 주력할 것인가, 그리고 재래식 무기를 증산할 것인가 아니면 소련의 지원을 얻어 군사 장비를 현대화할 것인가를 두고 논란이 벌어졌으며, 사회주의를 어떻게 해석할 것인가에 관련된 이론적 문제들이 쟁점화하였다. 1966년 10월의 당대표자회의는 내부 갈등을 미봉하는 데 그쳤으나, 김일성은 1967년 5월 당중앙위원회 전원회의에서 '유일사상 체계'를 제안하고 이후 그 확립에 장애가 되는 실용주의적 온건파 간부를 대대적으로 숙청하였다. 아울러 "항일유격대원처럼 살고 일하자"는 구호가 제시되었다. 항일유격대 정신의 강조는 심각해지는 경제적 애로를 도덕적 무장으로서 타개하려는 동기와 무관하지 않은 점에서, 혁명적 군중노선의 극한적 추구로 이해된다. 원래 마르크스-레닌주의의 하위 사상으로 여겨지던 주체사상의 위상이 1960년대부터 높아졌고, 1967년 12월의 최고인민회의에서 김일성은 "국가활동의 모든 분야에서 자주·자립·자위의 혁명정신을 더욱 철저히 구현하자"는 연설을 하였다. 이후 사상의 통제는 강화되고 사회는 경직되었다. 와다 하루키(和田春樹)는 1970년경에 전인민이 김일성을 사령관으로 받드는 유격대국가가 국가사회주의체제 위에 구축되었다가 그의 사후 정규군국가로 전환하였다고 평가하였다. 최고권력자의 교체와 더불어 빨치산 출신의 원로들이 퇴장하고 전문 관료들이 대거 등장하였다.

북한의 제1차 7개년계획은 이와 같은 격동을 거친 끝에 완료되었다. 그 성과가 부진한 것은 사회주의국의 원조 감소 및 예상하지 못한 군사비 지출 증가로 타격을 받았기 때문이기도 하지만, 근본적으로는 사회주의적 성장방식에 내재한 모순에 기인하였다. 제3절에서 언급하였듯이, 사회주의국이 일반적으로 축적을 위해 소비를 희생하고 강제 동원에 의존하는 강행적 성장을 추진하였는데, 이러한 성장방식은 일반적으로 초기에 고속성장을 가져오지만, 일정한 시점을 경과한 후에 구조적 부진의 메커니즘을 내재화하였다. 강행적 성장이 경제발전의 초기 단계에 성과를 거둘 수 있던 까닭은 제대로 활용되지 못한 방대한 유휴 인력과 자원을 강력한 관료기구에 의거하여 철저히 동원, 활용할 수 있어서, 생산요소 투입의 증가를 통하여 달성되는 외연적(外延的) 성장(extensive growth)의 수행에 유리하였기 때문이다. 남아도는 노동력과 자원의 동원을 통한 성장이 한계에 도달한 이후에는 생산성 향상을 통한 내포적(內包的) 성장(intensive growth)의 단계로 나아가야 하는데, 강행적 성장은 내포적 성장에는 적합하지 않다.[10] 관료기구의 억압장치를 통한 강제적 동원은 생산성 향상을 초래할 기술혁신과 경영합리화의 유인을 억제하기 때문이었다. 그래서 사회주의국가들은 공통적으로 1970년대 후반부터 경제성장률이 크게 하락하였다.

게다가 시장기구에 비하여 계획기구는 자원배분의 비효율을 초래하기 쉽다. 코르나이(J. Kornai)는 계획경제의 비효율성을 '연성예산제약(Soft Budget Constraint) 아래 부족(shortage)' 현상으로 특징지었다. 계획경제에서 국유기업은 국가 예산으로 운영되므로, 지속적으로 적자를 보더라도 국가에 의해 손실을 보전받는다. 그러한 기업의 예산제약은 느슨할 수밖에 없다. 기업의 관리자들은 생산요소의 투입을 과도하게 요구하게 되고, 이에 따라 개별 단위는 노동력과 자원의 잉여를 비축하여 효율적으로 활용하지 못하지만, 경제 전체에서는 부족이 파급되어 영속화한다는 것이다.[11] 또한 국유기업은 생산량을 기준으로 성과가 평가되므로, 양적 목표에 치중하고 제품의 질에 무관심한 경향이 있었다.

사회주의경제에서 일반적으로 발생하는 이러한 문제점이 북한에서는 언제 나타나 언제부터 심화되었던가는 충분히 구명되지 않았다. 〈표 12-7〉에서 1950년대 경제성장률이 높은 것으로 보건대, 5개년계획까지는 강행적 성장을 통한 자원의 동원이 효과적인 국면에 위치하였다. 그런데 제1차 7개년계획이 3년간 연장된 것은 그 부진을 드러

10) 사회주의국가의 외연적 성장과 내포적 성장에 관해서는 J. Wilczynski, *The Economics of Socialism*, London: George Allen & Unwin, 1970을 참조하라.
11) J. Kornai, *Economics of Shortage*, Amsterdam: North-Holland, 1980 참조.

낸다. 그래서 60년대 성장률이 하락하였다. 1960년대에는 유휴 자원의 동원을 통한 성장을 계속 추구하기 어려운 국면에 진입하였으며, 관리의 타성이 점차 체질화되어 비효율이 현저해져서, 강행적·외연적 성장이 한계에 직면하였던 것으로 보인다. 1965년에 알곡 배급량이 감소하였고, 70년대에 자재 부족이 심각해졌다.

북한의 특징적인 경제정책과 특수한 사정은 경제성장의 애로를 낳고 심화하였다. 사회주의국 원조의 감소 및 군사비 지출의 증가는 북한경제를 압박하였다. 혁명적 군중노선을 통한 강행적 성장의 가속화는 경영·기술 전문성을 무시하는 폐단을 누적하였고, 자력갱생 내지 자립적 민족경제의 추구는 국제무역을 통한 효율적 자원배분과 선진 기술의 이전을 가로막았다. 그리고 경공업의 발전 지체는 소비재의 부족을 심화하는 등 사회적 분업구조에 혼란을 가져왔다. 시장경제의 민주주의와 달리 견제수단이 없는 계획경제의 독재와 그것을 뒷받침한 관료체제는 일반적으로 타성과 기득권 형성에 따른 공적 시스템의 퇴화를 겪는데, 북한도 피할 수 없고 수령 독재로 더욱 심화되었다. 그것은 강행적 성장의 문제점을 심화하였다. 저명한 경제학자 로빈슨(Joan Robinson)이 북한 경제의 '기적'을 보고한 논문을 발표한 1965년은 강행적 경제성장의 효과가 사라지는 시점이었다.

5. 경제 침체와 제한적 개혁·개방 (1970·80년대)

(1) 경제 침체

사회주의 공업화를 '달성'한 북한이 새롭게 설정한 발전 과제는 "사회주의제도를 더욱 공고히 발전시키며 사회주의의 완전한 승리를 앞당긴다"는 것이었다. 북한은 1970년 11월 제5차 당대회를 통해 '사회주의의 완전한 승리'로 나아가는 첫 번째 계획으로 6개년계획(1971~6)을 실행하기로 결정하였다. 6개년계획에 착수할 당시 북한이 중시한 것은 기술혁명이었다.[12] 6개년계획에서 경제건설 분야의 기본 과업은 "공업화의 성과를 공고히 발전시키며, 기술혁명을 새로운 높은 단계로 전진시켜 사회주의의 물질

12) 1970년 제5차 당대회의 '당 중앙위원회 사업총화 보고'에서 3대 혁명은 기술혁명, 문화혁명, 사상혁명의 순으로 서술되고 있다.

기술적 토대를 더욱 튼튼히 하며, 인민경제의 모든 부문에서 근로자를 힘든 노동에서 해방한다"는 것으로 설정되었다. 이것은 "공업부문의 내부구조를 완비하고 공업의 주체성을 더욱 강화"함과 더불어 '3대 기술혁명'을 수행한다는 방침으로 연결되었다. '3대 기술혁명'이란 "중노동과 경노동의 차이, 농업노동과 공업노동의 차이를 훨씬 줄이며 여성들을 가정일의 무거운 부담에서 벗어나도록 한다"는 것이다. 3대 기술혁명의 수행을 위해 공업부문에서 종합적 기계화·반자동화·자동화를 추진하고, 농촌경영에서 기계화·화학화를 전면적으로 실시하며, 식료품 가공공업을 발전시키고 가전제품의 생산을 늘리는 등의 정책을 마련하였다.

1972년 12월에는 '사회주의의 완전한 승리를 향하여 전진하고 있는 새로운 현실'에 맞는 '사회주의헌법'을 채택하였다. 새로운 헌법은 '주체사상을 구현'하였으며, '국가주석'제를 도입하였다.[13] 종래의 내각은 정무원 기구로 변경되었다. 내각이 가지던 정책 결정권은 중앙인민위원회로 넘어가고, 정책을 집행하는 기능만이 정무원에 남겨졌다. 정무원의 헌법상 지위는 내각에 비해 낮아졌지만 이전에도 당이 실질적인 결정 권한을 행사하였으므로, 경제정책을 결정하고 집행하는 과정은 크게 달라지지 않았다.

1974년 2월 북한은 당중앙위원회 전원회의를 통해 "6개년계획을 앞당겨 완수하고 사회주의경제 건설의 10대 전망목표를 향하여 총진군"할 것을 결정하였다. 10대 전망목표는 1,200만 톤의 강철 고지(高地), 100만 톤의 유색금속 고지, 1억 톤의 석탄 고지, 500억kWh의 전력 고지, 2,000만 톤의 시멘트 고지, 500만 톤의 기계가공품 고지, 500만 톤의 수산물 고지, 500만 톤의 화학비료 고지, 10만 정보의 간석지 개간 고지, 1,000만 톤의 알곡 고지 등으로 제시되었다. 당시 남베트남의 패망이 확실해지면서 북한에서는 '혁명' 열기가 고조된 상태에 있었다. 1973년 2월 이후 당 간부 및 대학생을 선발하고 생산현장에 파견하여 3대 혁명을 지도하는 '3대 혁명 소조운동'을 전개하였다. 1974년 2월에는 '온 사회의 주체사상화'를 당 최고강령으로 선포하였으며, 1975년 12월에는 새로운 집단적 혁신운동으로 '3대 혁명 붉은기 쟁취운동'을 개시하였다.

1975년 9월 북한은 6개년계획에서의 공업총생산액 목표를 1년 4개월 앞당겨 완수하고 6개년계획기 동안 공업총생산액의 연평균 성장률이 16.3%에 달하였다고 발표하였다. 또한 농촌테제에서 설정한 기계화와 화학화의 목표 역시 6개년계획기에 달성되었고, 알곡 생산량 목표는 농촌테제 발표 10돌인 1974년에 달성된 것으로 발표하였다.

13) 1948년 9월에 성립한 '조선민주주의인민공화국 헌법'은 1970년까지 5차례에 걸쳐 부분적으로 개정되었다. 북한이 1972년 김일성 유일지배체제를 제도화한 '사회주의헌법'을 채택하기 직전에 남한에서 이른바 '10월 유신'이 단행된 사건은 공교롭다.

그러나 이러한 발표는 왜곡되거나 과장된 통계에 기초하였다. 철강, 시멘트 등 부문의 목표는 미달하였고 수송 및 국제수지상의 애로가 심각해졌다. 6개년계획은 1976년에 종료되었는데, 계획의 잔여기간에 부문간 불균형의 조정에 주력하였다. 부문간 불균형의 문제가 여전히 심각하였기 때문에 북한은 1977년도를 완충기로 설정하였다. 북한은 6개년계획을 통해 내포적 성장의 기반을 마련하지 못하였으며, 여전히 집단적 혁신운동에 의존함으로써 경제 부진의 구조를 더욱 심화시켰다.

여기서 북한의 식량 문제를 살펴보자. 농업협동화를 완료함과 동시에 단계적으로 추진된 농촌의 수리화·기계화·전기화·화학화는 잘 진척되지 못하였다. 농업기계화는 1970년대 후반 이후 별로 진전하지 않았으며, 전기화는 70년대 초에 완료되었다고 하나 전력이 원활히 공급되지 않았으며, 화학비료도 공급량이 부족한 데다가 그 유효성분의 함량이 부족하였다. 농촌 기술혁명의 추진 등에도 불구하고 식량 문제를 해소하기 어려웠던 북한은 1976년 결정된 '자연개조 5대 방침'과 1981년 결정된 '4대 자연개조사업'을 추진하여 농경지를 확장하고자 했다. 이러한 과정에서 수많은 다락밭이 개간되어 농경지는 확대되었지만, 그에 수반된 산림 황폐와 토사 유출은 곡물 증산에 오히려 역효과를 가져왔다. 특히, 농업생산 기반은 수·한재(水·旱災)에 매우 취약한 체질로 변하였다. 그 결과 79년 470만 톤에 도달한 북한의 곡물 생산은 80년대 후반부터 하락하여 95년에는 345만 톤까지 떨어졌다. 식량자급률은 1990년대에 80% 미만으로, 1994~8년간에는 70% 미만으로 떨어졌다. 1980년대 전반까지 식량 사정은 주민이 근근이 살아갈 정도의 수준이었지만, 80년대 후반부터 악화되어 87년부터 하루 두 끼 먹기 운동이 추진되었으며, 90년대에는 사람의 신진대사에 필요한 최소량마저 확보하지 못하였다.

1970년대 후반 북한은 사회주의국가와의 경제관계에서도 시장논리의 적용을 받기 시작하였다. 1970년대 초반에 현격히 침체된 소련과의 무역은 1976년 2월 '1976~1980년간 물품 상호공급과 대금지불에 관한 협약'이 체결되면서 급속히 신장하였다. 이와 더불어 세계시장 가격을 감안한 새로운 가격체계가 도입되었기 때문에 북한의 부담은 커졌다. 중국과의 무역은 1960년대 중반 이후 침체하다가 1970년대 초반에 급속히 확대되었지만, 1970년대 후반 이후 중국 역시 북한에 대해 세계시장 가격의 적용을 요구하기 시작하면서 불규칙하게 변동하였다.

1978년부터 착수된 제2차 7개년계획의 기본 과제는 "인민경제의 주체화·현대화·과학화를 다그쳐 사회주의 경제제도를 더욱 강화하며 인민생활을 한 계단 더 높인다"는 것이었다. 제2차 7개년계획이 초기 3년간에는 큰 차질 없이 진행되었지만, 북한경제는 80년대 초반부터 성장의 둔화로 불안정하다가 80년대 후반부터 심각한 부진에 빠졌다. 그래서 북한은 1981·3·4년의 공업총생산 증가지수를 발표하지 않았으며, 1984년에 종료된 제2차 7개년계획의 성과에 대해서는 목표치와 거의 동일한 실적치를 발표하였다. 이러한 경제난의 대응책으로서 과학기술의 발전, 무역과 대외경제 사업의 확대, 경공업의 발전을 통한 인민생활 수준의 향상 등이 강조되었다. 이것은 제2차 7개년계획이 종료된 후 2년간의 조정기를 거치고 착수된 제3차 7개년계획에서 주된 방침이 되었다.

(2) 대내 개혁과 대외 개방의 모색

1980년 10월 제6차 당대회에서 김일성은 '온 사회의 주체사상화'를 '우리 혁명의 총체적 임무'로 규정하고, '인민경제의 주체화·현대화·과학화'를 '경제건설에서 일관되게 견지하여야 할 전략적 노선'으로 제시하였다. 그리고 "완전히 승리한 사회주의 사회에 맞는 튼튼한 물질 기술적 토대를 마련하며 인민들의 물질·문화생활을 획기적으로 높이는 것"을 '1980년대 사회주의경제 건설의 기본 과업'으로 설정하였다. 제6차 당대회에서 김일성은 '1980년대에 도달하여야 할 사회주의경제 건설의 10대 전망목표'를 "한 해에 1,000억kWh의 전력, 1.2억 톤의 석탄, 1,500만 톤의 강철, 150만 톤의 유색금속(구리, 연, 아연 등의 비철금속), 2,000만 톤의 시멘트, 700만 톤의 화학비료, 15억 미터의 천, 500만 톤의 수산물, 1,500만 톤의 알곡을 생산하며, 앞으로 10년 동안에 30만 정보의 간석지를 개간한다"는 것으로 설정하였다.

이러한 경제발전 노선은 1990년대까지도 기본적으로 변하지 않았으나, 1964~5년 계획의 일원화와 세부화를 통해 경제 통제를 강화하던 방침은 1970년대에 변하기 시작하였다. 1972년의 헌법에 의해 내각을 개편한 정무원이 경제정책을 책임지고 집행하게 되었는데, 6개년계획의 실행과정에서 경제 부진이 드러남에 따라 정무원 각 부·위원회의 기능을 개선하기 위한 방안이 모색되기 시작하였다. 소련과 동유럽국가는 1960년대 중반 이후 생산연합과 산업연합의 조직을 도입하여 경제 관리와 계획의 대상 기업 수를 줄임으로써 비대해진 계획과 관리행정을 간소화하고 규모의 경제를 실현하고 연구개발과 생산을 긴밀히 연결하고자 했다. 그 영향을 받아 북한은 1973년에 본궁화학공장과 2·8비날론공장 및 여기에 원료를 공급하는 광산 및 화학공장들로 2·8비날론연합기업소를 조직하였다. 석유를 원료로 하는 합성섬유와 달리 비날론은 석탄과 석회를 원료로 섬유를 뽑아낸다. 이 실험적 시도는 제도적 조정을 제대로 이루지 못하여 경제 관료의 저항을 초래함으로써 실패하였다.

1980년대 초반 경제 침체에 빠진 북한은 제한적이나마 개혁과 개방을 모색하였다. 1980년대 중반에 북한이 실시한 개혁 조치들은 독립채산제를 강화하고 기업과 노동자에 대한 물질적 인센티브를 확대한다는 내용을 담고 있었다. 북한은 1985년 이후 연합기업소를 전면적으로 도입함으로써 계획관리체제를 개선하고자 했다. 그 도입 동기는 원료·반제품 등 자재 공급과 관련한 기업간 연계 및 수송 문제를 조정하여 자재 부족 문제를 타개하기 위해서였다. 연합기업소의 도입에 따라 기업관리의 기본적인 틀은 정무원의 각 부·위원회(지방 공업의 경우에는 각 도의 행정·경제지도위원회)－관리국·연합기업소－공장·기업소의 3단계 체제로 이루어졌다. 관리국은 연합하는 공장·기업소가 많을 때 조직된, 연합기업소 형태의 기업체로 간주되었다. 각 부·위원회는 연합기업소에 대해 계획의 작성과 실행, 자재 공급 등을 지도, 감독하고, 연합기업소는 상부의 계획적 지도기능의 일부를 직접 떠맡아 산하 기업에 대해 부분적인 지도기능을 수행하였다. 연합기업소와 그 산하 공장·기업소는 별도로 독립채산제를 실시하였다. 독립채산제가 강화되면서 목표 이윤과 초과 이윤의 일부분은 기업소 기금으로 유보되어 생산 확장과 기술 개발, 노동자의 복지와 문화사업 등에 사용되었으며, 초과 이윤의 일정 비율은 직장, 작업반, 개별 노동자에 대한 상금 기금으로 사용되었다. 그런데 연합기업소에 부여된 의사결정의 권한은 1960년대 중반 이후 기업연합체를 도입한 동독이나 불가리아의 경우에 비해서도 미약하여, 북한의 연합기업소는 계획 작성, 생산물가격의 설정과 생산물의 판매, 산하 기업의 개편, 연구개발의 조직화 등을 자체로 결정할 수 없었다. 집권적 계획경제 속에서 경제 관리의 효율을 높이려는 목적을 가진 연합기업소 체계는 제한적인 성과를 거두는 데에 그쳤다.

1980년대 중반 북한이 시급히 해결해야 하였던 또 다른 문제는 중공업우선정책에 따른 소비재의 부족이다. 북한은 1970년 2월과 1980년 6월의 '전국 지방산업 일꾼대회' 등을 통해 지방 공업을 발전시키기 위한 군중운동을 전개한 바 있었다. 1970년 '전국 지방산업 일꾼대회'에서 김일성은 "모든 군들에 지방 산업공장들을 새로 몇 개씩 더 꾸리기 위한 군중적 운동을 힘있게 벌일 것"을 주창하였다. 이러한 과정을 거쳐 북한의 지방 공업은 어느 정도 발전하였으나 주민이 필요로 하는 소비 물자를 제대로 공급할 수는 없었다. 이러한 상황에서 김정일이 1984년 8월 3일 평양의 경공업제품 전시장을 방문하여 인민소비품 생산을 전군중적 운동으로 확대할 것을 주창한 것을 계기로, '8·3 인민소비품 생산운동'이 시작하였다. 이 운동은 공장·기업소를 위시하여 각급 기관, 협동단체 등이 계획에 맞물려 있지 않은 유휴 자재나 폐품을 이용하여 주민에게 공급하는 소비품을 증산하자는 일종의 대중동원운동으로서, 계획의 틀 밖에서 생산되어 소비자에게 직접 판매된다는 특징을 가졌다. 북한의 발표에 따르면, 1984~9년간 8·3인민소비품 생산운동에 따른 판매 유통액은 매년 평균 20.8% 성장하여 1989년 8월에 국영상업망 소매상품 유통액의 9.5%를 차지하게 되었다. 8·3인민소비품의 가격은 시장이 아니라 정부기관에 의하여 결정되지만 그 생산과 판매는 법적 강제력을 가지는 계획에 편성되어 있지 않다는 점에서, 8·3인민소비품 생산운동은 자원배분기구의 탄력성을 증대하였다. 이 운동으로 농민시장은 성장하여, 시·군별로 1~2개소씩 열렸고, 대도시에서는 상설화되었다.

1990년 북한은 민법을 도입하여 소유권, 채권과 채무, 민사책임과 시효를 규정하였다. 민법은 수차례 개정되었다. 여기서 개인은 합법적으로 획득한 사적 소비재를 소유, 상속할 수 있는 권리를 규정하였다. 사회협동단체는 계획부문과 별도로 영리활동에 필요한 것을 소유하고 구성원의 협의로 재산을 처분할 수 있게 되었다. 그런데 북한이 사회주의체제를 고수하는 한, 국가의 침해를 막을 수 있는 수준의 재산권은 성립할 수 없다.

이러한 제한적 개혁이 북한의 경제관리체제를 본질적으로 변모시킬 수는 없었다. 생산 목표의 결정, 자금과 물자의 배분 등에 관한 권한은 여전히 중앙의 계획 당국이 장악하고 있었으며, 연합기업소라 할지라도 독자적으로 설비를 확충하거나 생산물을 판매할 수 없었다.

북한은 경제 침체로부터 벗어나기 위해 산업관리체계의 개편과 동시에 대외 개방을 모색하였다. 북한은 현대적인 기술과 장비의 도입을 통해 노동생산성을 향상하기 위하여 선진자본주의국가와 경제협력 관계를 확대하기 시작하였다. 김일성은 1975년 2월의 '공업부문 열성자대회'에서 "경제가 급속하게 발전하고 새로운 경제부문이 생기는 조건하에서는 사회주의시장에 계속 의거하면서 자본주의시장에도 적극적으로 진출하여 우리들에게 필요한 기계와 설비를 수입해야" 한다고 보고하였다. 북한의 대서방 접근은 중소분쟁의 와중에서 경제계획의 수행에 상당한 차질을 겪으면서 대외 경제관계를 다변화해야 할 필요에 의해 촉진되었다. 1970년 이후 중국이나 동유럽국가의 자금 지원은 기대하기 어려워졌고, 소련은 북한에 대해 공장 건설을 위한 차관을 제공하면서 그렇게 건설된 공장의 생산물로 상환하도록 요구하였다. 게다가 남한에 대한 경제적 우위를 자신하던 북한은 1972년 7·4남북공동성명 때에 고위 관료의 남한 방문을 통하여 남한의 경제발전을 관찰하고 그에 충격을 받았다. 그래서 1972년부터 선진자본주의국과의 교류와 경제협력을 적극 추진하였다. 1969년 닉슨 독트린, 1972년 중·미간 관계 개선 등으로 동·서 화해의 조류를 보인 것은 북한의 선진자본주의국에 대한 접근을 훨씬 용이하게 만들었다.

표 12-9 북한의 공업 생산과 수출의 부문별 구성 (단위: %)

구분	공업생산의 구성		수출의 구성	
	1960년	1980년	1960년	1980년
광역 및 금속공업	12.1	20.0	46.5	42.6
기계제작공업	21.3	33.7	5.3	5.5
화학공업	5.4	5.4	12.1	1.6
건설자재공업	5.9	7.0	5.9	21.0
섬유공업	16.8	18.0	3.7	7.5
식료품공업	19.4	9.0	6.3	14.7
기타	19.1	6.9	20.2	7.1

자료: 소련 과학아카데미 세계사회주의경제연구소, 국토통일원 역 『북한의 정치 경제』 1988, 215쪽.

1960년대까지 소련·중국과의 무역이 80% 이상을 차지하였으나, 1970~4년간 선진자본주의국과의 무역이 6배 이상 증대하면서 소련·중국의 비중은 1975년 51%로 줄었다. 그 결과 북한의 무역은 1967년 4.3억 달러로부터 74년 20.3억 달러로 급증하였다. 1969년까지의 차관은 모두 사회주의국으로부터 도입되었으나, 1970~6년간 도입한 차관 21억 달러의 58%는 선진자본주의국으로부터 제공되었다. 1973년 원유 가격의 대폭 상승, 1974년 이후 주된 수출상품인 비철금속의 가격 하락 등으로 교역조건이 크게 악화되고 게다가 자본재가 과도하게 수입되어, 〈표 12-6〉에 나타나듯이 무역적자가 급증하였다. 그로 인해 대외 부채가 급증한 북한은 1974년 지불 유예를 선언하였다. 서방 차관으로 석유화학공업을 육성하여 에너지도 보충하려는 계획은 석유파동으로 틀어졌다. 1975년부터 선진자본주의국과의 무역은 감소하였으나, 76년부터 소련과의 무역이 늘어 1980년 무역총액은 31억 달러에 달하였다. 북한의 비공산권 무역은 1970년 21%로부터 80년 45%까지 증가하였다가, 이후 하락하여 86년 30% 이하로 떨어졌다.

〈그림 12-2〉에 나타나듯이, 1960~80년대에 북한의 무역은 증가 추세였다. 소련의 붕괴 이전 북한의 무역의존도는 20% 정도로 낮지는 않았으나, 세계시장으로의 통합이 진전된 것은 아니었다. 북한의 대외 무역은 중공업화에 필요한 생산 설비, 석유 등 연료를 위주로 수입하고 그 수입에 필요한 외환의 확보를 위해 일차산품을 수출하는 것이었다. 북한은 가능한 한, 원료와 연료마저 자체로 조달하고자 했고 설비 수입을 줄여 부품 수입에 국한하고자 했다. 게다가 무역기회에 민감하게 반응하는 기업이 없고 국가가 무역을 관리하여, 〈표 12-9〉에서 드러나듯이, 수출경쟁력이 없는 기계공업 등을

집중적으로 육성하여왔으므로, 비교우위의 이익을 제대로 누리지 못해 무역적자는 누적되었다. 북한은 1960·70년대에 자력갱생의 원칙을 완화하였지 폐기한 것은 아니었다. 그 때문에 대외적으로는 비교우위를 무시하고, 대내적으로는 지역 및 기업 사이의 연계를 무시하는 중첩적인 비효율 구조가 형성되었다.

북한은 1970년대의 6개년계획 동안 서방의 차관을 도입하고자 했으나, 외채의 누적과 대외 신용도의 추락으로 차관 도입이 어려워졌다. 그 대안으로서 상환 부담이 없는 직접투자에 눈을 돌리게 되었다. 북한은 1984년 1월 최고인민회의의 결정을 통해 "앞으로 5~6년 안에 사회주의국가와의 무역을 10배 이상으로 증대시키는 한편 자본주의국가와의 경제기술 교류와 무역을 적극 발전시킬 것"을 천명한 데 이어, 9월에 합작회사운영법(합영법)을 제정하였다.

외국인 직접투자를 외국자본에 대한 경제적 예속으로 간주하고 자력갱생과 자립경제를 부르짖던 북한이 자본주의국 기업과의 합작투자를 공식적으로 허용한 것은 중대한 변화였다. 그런데 개방에 대한 소극적 태도, 외채 문제에 따른 낮은 국제 신용, 그리고 외국인 투자 법제 등 투자환경의 미비로 인하여 서방자본의 유치는 성과를 거두지 못하였다. 그래서 1986년 김일성은 재일조선인이 합영사업에 적극 참여할 것을 촉구하였다. 93년 말까지 합영법에 의한 투자는 모두 140여 건, 1.5억 달러 정도에 머물렀는데, 조총련계 재일교포와 합작으로 운영된 기업수가 대부분을 차지하여 이른바 '조·조합영(朝·朝合營)'으로 그치고 말았다. 북한은 중화학공업 투자를 희망하였으나, 합영사업은 경공업·농수산업·서비스업 위주였다. '조·조합영'도 심각한 관료주의, 당위원회가 지도하는 대안의 사업방식의 강요, 계약의 불이행 등으로 부진하였다.

6. 1990년대 경제위기

1985~6년을 조정기로 설정한 다음 1987년부터 착수된 제3차 7개년계획은 "인민 경제의 주체화·현대화·과학화를 계속 힘있게 다그쳐 사회주의 완전 승리를 위한 물질기술적 토대를 튼튼히 마련하는 것"을 기본 과업으로 설정하고, 공업생산 1.9배, 농업생산 1.4 배 이상, 국민소득 1.7배 등을 달성할 것을 목표로 삼았다. 북한이 이 계획을 통해 특별히 강조한 것은 과학기술의 발전, 무역 및 대외 경제사업의 확대, 인민 생활수

준의 향상 등이었다. 그러나 남한의 88년 올림픽에 대응한 '세계청년학생축전'의 준비 등에 재원을 고갈하여 제3차 7개년계획은 초기부터 목표 달성에 차질을 빚었다.

이미 구조적인 경제 침체에 빠진 북한경제는 1980년대 말 이후 소련과 동구의 사회주의체제가 붕괴하자 위기국면에 빠져들었다. 〈그림 12-2〉에 의하면, 북한의 무역은 소련과의 관계 개선에 힘입어 1985년부터 급증하다가 소연방의 붕괴를 기점으로 격감하였다. 소연방의 붕괴로 1991년부터 소련과 북한의 무역결제방식이 변함에 따라, 1990년 22.2억 달러로 무역총액의 53%를 차지하던 소련과의 무역은 1991년 7.8억 달러로 격감하였다. 종래 사회주의국간 무역은 정부간 의정서에 의해 상호 의무 공급물자를 청산결제(淸算決濟)하는 방식이었다. 게다가 소련과 중국은 원유 등 주요 원료의 대북한 수출에 대하여 국제가격의 50%에 미달하는 우호적인 가격을 적용하였다. 북한의 최대 교역상대국인 소련과 중국은 70년대 후반부터 국제시장가격을 감안한 가격체계의 도입을 요구, 관철하여오다가 소련/러시아는 1991년부터 국제가격의 적용과 달러 결제방식을 요구하였다. 1991년 이후 러시아와의 무역은 감소 추세였던 반면, 중국이 최대 교역국으로 부상하였다. 대외 무역의 격감은 북한의 '자립적 민족경제'에 심대한 타격을 가하였다. 북한은 필수적인 원료·연료·설비 부품을 제대로 수입할 수 없었다. 특히, 석유 수입의 격감은 석탄 생산의 지속적 감소와 더불어 전력 생산의 감소, 곧 에너지의 부족을 초래함으로써 주력 산업의 정상적인 가동도 불가능해졌다.

이러한 경제위기를 타개하기 위해 북한은 대외 개방을 확대하여 외국인 직접투자를 적극적으로 유치하고자 했다. 북한은 1991년 12월에 나진·선봉지역을 외국자본의 자유로운 활동을 보장하는 '자유경제무역지대'로 운영할 것을 선포하였다. 여기서 외국인 단독투자가 허용되고 외국 투자기업은 50년 이내의 범위에서 임대받은 토지를 양도, 저당할 수 있고 각종 조세 혜택을 부여받았다. 그런데 나진·선봉지역이 오지에 위치하고 사회간접자본이 미흡한 데다 중국의 경제특구에서보다 경영활동을 제한하는 요인이 많기 때문에, 외자 유치실적은 저조하였다. 1999년 3월까지 111건, 7.5억 달러의 투자계약이 체결되었으나, 투자가 집행된 것은 1.4억 달러에 불과하다. 그래서 새로운 돌파구로서 99년부터 남한 기업을 주요 입주 대상으로 삼아 개성공단을 완전개방식 경제특구로 개발하는 사업이 추진되어, 2004년에야 공장의 입주와 가동이 시작되었고 2006년 1단계 330만m^2(100만 평) 부지 공사가 완료되었다.

1993년에 종료된 제3차 7개년계획은 북한 당국이 목표를 달성하지 못하였음을 자인한 첫 번째 계획이었다. 북한은 1993년 12월의 당중앙위원회 전원회의를 통해 계획 기간중 공업 생산이 연평균 5.6% 성장하여 1.5배로 늘었다고 발표하였다. 그리고 앞으로 2~3년간을 사회주의경제 건설의 완충기로 삼고 이 기간에 농업 제일주의, 경공업 제일주의, 무역 제일주의로 나아가는 전략적 방침을 결정하였다. 1994년 7월에 김일성이 사망한 이후 북한은 4년이 넘도록 새로운 전망계획을 수립하지 못하였다. 그동안 농업·경공업·무역 제일주의 등은 구호로만 남았으며, 경제위기는 심각해졌다.

1995~8년간 잇따른 자연재해는 자연개조사업, 석유 수입의 급감에 따른 벌목을 통한 에너지원 확보, 그리고 소련과 동구권의 양수기 공급의 감소와 맞물려 악화하던 식량 사정을 파탄 상태로 내몰았다. 북한 당국은 1995~9년간을 '고난의 행군'으로 불렀는데, 원래 1930년대 김일성이 이끄는 항일세력이 일본군의 토벌을 피해 혹한과 굶주림에 시달리며 행군한 시기를 말한다. 당시 1인당 획득한 곡물로써 1,235칼로리밖에 얻을 수 없었고 약 40만 명이 굶어죽었다 한다. 제조업과 건설업의 생산 감퇴도 격심하였다. 그 결과 95년 이후 예산규모가 절반으로 위축되어 계획경제의 정상적인 운영이 불가능해졌다. 중앙 계획기관은 기초에너지와 식량을 제대로 배급하지 못하자, 계획경제체제는 균열하여 시장의 성장을 용인할 수밖에 없었다.

북한의 국내총생산은 1990~8년간 계속 감소하였다. 한국은행의 추계에 의하면, 1998년의 국내총생산은 1989년에 비해 40% 정도 감소한 것으로 보인다. 제조업이 가장 큰 타격을 받았다.

7. 북한 사회주의경제의 한계

북한경제의 성과를 평가하고 남한경제와 비교하기 위해서는 통계에 의존하지 않을 수 없지만, 남·북한간에 통계 작성방식이 달라 이 작업은 간단하지 않다. 북한의 국민소득은 다른 중앙계획경제와 마찬가지로 '일정한 기간의 사회총생산 가운데 소비된 생산수단을 보상한 나머지 부분, 즉 그 기간에 새로 창조된 가치'인 순물질생산(純物質生産, net material product)의 개념에 입각해 있다. 이것은 고정자본 감가상각을 제외하고 화물운수·생산적 체신(遞信)·상업 등을 제외한 대부분의 서비스 활동을 비생산적 노동으로 간주하여 포함하지 않는 점 등에서 남한의 국민소득 개념과는 차이가 있다. 그 외에도 북한이 제시한 통계와 외부 기관들의 추계가 다른 한계를 안고서, 남북한을 비교할 수밖에 없다.

그림 12-3 남·북한간 1인당 생산의 대비

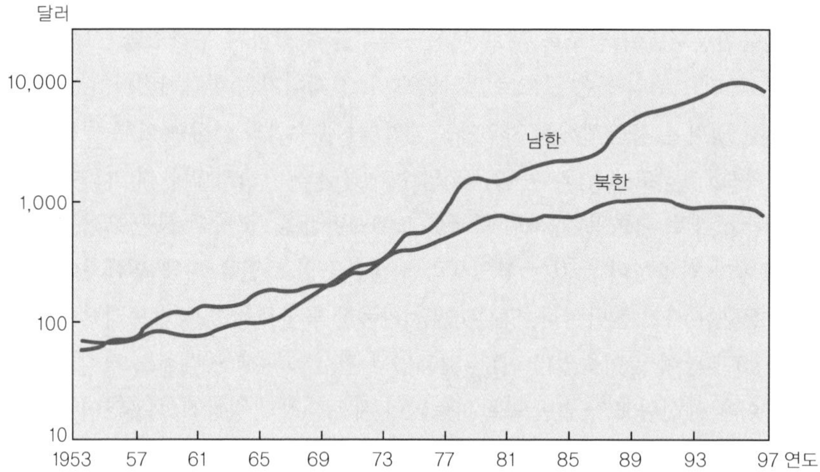

자료: 통계청 『통계로 본 대한민국 50년의 경제사회상 변화』, 304쪽.

남한정부가 무역환율로 북한의 국민총생산(GNP)을 추정하여 남·북한간 1인당 생산을 비교한 〈그림 12-3〉을 살펴보자. 〈표 12-7〉에 드러나듯이 북한은 종전 이후의 1950년대에 괄목할 만한 경제성장을 달성하여 남한보다 생활수준이 높아졌다. 남한은 경제위기들을 극복해가면서 1963년 이후 30여 년간 고도성장을 달성하였음에 반하여, 북한에서는 1960년대 이후 성장률이 점차 낮아졌고 1990~8년간에는 국민총생산이 감소하였다. 그래서 남한이 1인당 생산에서 북한을 추월하고 양자간 격차는 갈수록 커졌다. 추월 시점은 무역환율로 추정하면 1969년, 공식환율로 추정하면 1980년대이다.[14] 북한이 1954~89년간 연평균 4.4%로 성장한 것은 근대경제성장에 부합하나, 1인당 실질GNP가 1990년 2,258달러(1990년 물가)에 도달한 후 1990~7년간 감소한 데에 드러나듯이, 근대경제성장을 완수하여 근대경제를 확립한 것은 아니었다. 1998년 1인당 실질GNP는 1,267달러로 추정된다.

널리 알려진 바와 같이, 국민총생산이 후생복지를 충실히 반영하지는 못하며, 북한 사회주의체제는 의료·교육·주택 등의 대중적 수혜면에서 강점을 가졌을 수도 있다. 북한은 남한에 앞서 1973년 지하철을 개통하고 74년 칼라텔레비전을 방송하였다.

14) 深尾京司의 추정(『アジア長期經濟統計 4』 531~2쪽)에 의하면, 1966년 역전되었고, 1975년 남한의 절반 이하, 1985년 30% 이하로 떨어졌다.

70년대에 만주에서 북한으로 이민간 조선인도 있었다. 그런데 북한으로 보내진 재일동포의 소식은 1970년대 전반 북한의 생활수준이 높다는 인상을 주지는 않는다. 예컨대, 북한 주민이 담당 구역의 의사에게 무상으로 건강 관리와 치료를 받을 수 있도록 제도화되어 있으나, 경제난에 따른 의약품과 시설의 부족으로 제도의 취지대로 보건의료서비스를 받을 수 없었다. 1970년대에 남한의 생활수준이 소비재 산업의 발달로 북한을 앞지른 것으로 보인다. 게다가 90년대 경제위기로 남·북한간 1인당 생산의 격차는 10배 이상 벌어지고, 북한은 사회적 소득을 노동대중의 후생 증진을 위하여 사용할 여지가 줄어들었다.

전후 1950년대에 북한의 괄목할 경제 성과를 낳은 요인은 무엇인가. 첫째, 소련 등 사회주의권으로부터 많은 경제·기술원조를 받은 점을 들 수 있다. 1953~60년간 원조총액은 14.3억 달러에 달하였다. 둘째, 선진국에 대한 적극적 학습 태세를 들 수 있다. 1954년 말 해외 유학생이 4,200여 명, 1958년 말까지 북한에서 번역, 출판된 소련의 도서가 4,996종, 4,795만 부에 달할 정도로, 소련의 선진 기술과 학문을 광범하고 능동적으로 수용하였다. 셋째, 북한의 경제체제가 생산요소를 조직적으로 동원하여 투자에 집중할 수 있는 이점을 가진 점을 들 수 있다. 북한의 강행적 성장은 경제발전의 초기 단계에 인적·물적인 유휴 자원을 국가적으로 동원하고 활용하는 외연적 성장에 효과적이었다. 전후 북한은 낮은 인민 생활수준에도 불구하고 투자에 자원을 집중하였다. 1956~9년간 북한의 국내총생산 중 총투자의 비율은 35% 내외로 추정되며, 동기간 남한의 3~4배에 해당한다. 넷째, 북한은 남한보다 식민지유산으로 물려 받은 공업설비가 양호하였고 전력·지하자원이 풍부하였다. 다섯째, 북한이 신속히 광범위한 제도 개혁을 추진하고 문맹 퇴치에 성과를 거두어, 인민이 경제사업에 능동적으로 참여하였던 것으로 보인다. 소련의 독일에 대한 군사적 승리, 중국 공산당의 내전 승리, 북베트남의 프랑스·미국 격퇴, 그리고 소련과 북한의 초기 고도성장으로 보건대, 사회주의국가 건설 초기에서 인민의 능동적 참여로 거둔 뛰어난 성과는 드물지 않다. 여섯째, 공업·전력설비가 전쟁으로 심대한 손상을 입었으나, 전후 복구사업은 경제를 활성화시켰다.

일반적으로 사회주의체제에서는 유휴 자원의 동원에 의한 성장 요인이 소진되면 생산요소의 질적 향상과 경영·기술혁신에 의한 새로운 성장 동력의 구축에, 달리 말해 내포적 성장으로의 전환에 효과적으로 대응하지 못하여 경제성장률이 둔화된다. 경제의 확대와 고도화에 계획기구가 경직적으로 대처하면, 통제의 부작용과 계획의 비효율은 커지기 마련이다. 소련은 1928년부터 1970년대까지 공업화에 성과를 거두고 성장률이 높았는데, 북한이 그만한 성과를 거둔 시기는 그 절반에 불과하였다. 그 원인으로 기술력의 부족, 군사비의 한층 무거운 부담, 주체사상 등으로 인한 선진국 학습과 전문성의 경시, 그리고 다른 사회주의국보다도 폐쇄적인 경제체제와 국가의사결정체제를 생각해볼 수 있다. 북한은 1950년대에 사회주의경제를 구축하면서 다른 사회주의국가보다도 시장을 철저히 억압하고 자력갱생원칙(自力更生原則)을 추구하고 천리마운동 등으로 기술·경영의 전문성을 무시하였다. 1950년대 후반 이후 중국·소련간 갈등과 분쟁 속에서 독자적 공간을 확보하기 위해 주체사상을 내세우고 소련으로부터 경제원조가 감소하여 자력갱생원칙에 입각한 자립적 민족경제의 건설을 추구하면서, 경제의 폐쇄성과 비효율성은 증대하였다. 자력갱생원칙은 비교열위산업의 유지를 통한 비효율을 초래하였다. 북한식 경제관리체제가 구축되는 가운데 기술과 경영의 전문성이 무시되었고, 주체사상은 해외 기술의 도입을 저해하였다. 북한은 1956년부터 4년제, 58년부터 7년제, 75년부터 11년제 의무교육을 실시하였으나, 과학기술과 경영의 고급 인력의 양성에 성과를 거두지 못하였다. 남한·미국과의 군사적 대결에 기인한 경제와 국방의 병진건설노선(並進建設路線)은 과중한 군사비 부담을 초래하였고, 그에 관련된 중공업 우선 정책은 소비재산업을 위축시켰다. 시장 인센티브의 결여와 성장률의 둔화로 교통·통신 등 사회간접자본의 투자도 부진해졌다.

북한은 1974년 공산주의 이상을 위해 세계 최초로 조세제도를 철폐하였다. 국영기업의 거래수익금이나 기업 이익금으로 국가 예산을 충당할 수 있다고 보았기 때문이다. 그런데 경제가 제대로 작동하지 않자, 세외 부담제도가 생겨 증가하였다. 조선왕조는 유교 이상을 추구하여 농지세율을 낮추었으나, 16세기, 그리고 19세기 재정 악화로 규정 외 잡세가 늘었는데, 이 현상과 상통하여 흥미롭다.

1970년대 이후 북한은 갈수록 어려워지는 경제 사정에 대처하기 위해 대내적 개혁과 대외적 개방을 추구하여왔다. 공업관리체계를 연합기업소로 개편하였는데, 이것은 관리체계의 통합·간소화를 통한 효율화를 추구하는 것이며 시장경제화 개혁과는 차원이 다르다. 북한은 경제난이 단지 외부 요인에 기인하였을 따름이라고 인식하고 '우리식 사회주의'를 고수하겠다는 입장을 견지하여왔다. 노동자와 지배인에 대한 평가를 세밀화하고 분배의 평균주의를 경계하고 금전적 유인을 확대하였지만, 노동자의 태만은 심한 편이고, 지배인은 양적 목표에 매달리는 이상의 혁신 의욕이 약하였다. 중국은 1978년 이후 개혁·개방정책의 성공으로 경제발전을 이루고 북한도 따를 것을 권하였다. 베트남은 1986년 이후 개혁·개방정책으로 전환하고 95년 미국과 국교를 정상화하고 구미 자본을 유치하여, 경제발전을 이루었다. 북한이 중국과 베트남만큼의 개혁·개방을 하지 못한 것은 경제적으로 우월한 남한과 대치하여 폭넓은 개혁·개방이 초래할

체제 위험의 우려가 한층 컸기 때문일 것이다. 이처럼 대내적 개혁이 제한적일 뿐만 아니라 대외 개방을 위한 제약이 많은 상황에서, 북한경제의 낮은 효율성을 개선하기 위한 내부적 계기가 마련되기 어려웠고 외부 자본과 기술의 도입은 한계를 가질 수밖에 없다.

남·북한간 비교는 많은 시사점을 제공할 수 있다. 물론 상이한 체제간의 안이한 비교는 오해를 낳을 소지도 크다. 남·북한 모두 공업화를 통한 생활수준 향상을 주요한 과제로 삼았다. 북한의 '따라잡고 앞지르기' 전략은 남한의 압축성장을 통한 따라잡기(catch-up) 전략과 기본적으로 동일한 지향성을 가진다. 박정희정부의 남한경제는 자본주의경제로서는 계획성과 국가주도성이 특히 강한 편이었다. 박정희정부의 고도성장은 북한의 강행적 성장과 마찬가지로 유휴 자원의 동원과 활용에 뒷받침을 받았고 생산요소의 투입 증대에 주로 의존하였다는 점에서, 북한의 경제성장과 마찬가지로 외연적 성장이라 불리기도 한다. 북한의 1960년대 이후 경제적 부진과 침체가 계획경제의 비효율과 강행적·외연적 성장의 한계에 기인한 것과 마찬가지로, 남한의 70년대 말 경제위기는 국가주도성의 비효율과 외연적 성장의 한계를 드러낸다.

그런데 고도성장 기간은 남한이 훨씬 길었다. 남한은 간헐적인 경제위기에 직면한 반면, 북한경제는 1960년대 이후 성장률이 둔화되는 추세였으며 1990년대에 경제위기에 빠졌다. 원조의 감소와 군사비의 과다 지출이 북한경제를 침체시킨 중요한 요인으로 지목받지만, 남한은 그러한 부담을 안고 고도성장을 이루었다. 이처럼 남·북한간 성과 차이를 낳은 최대의 요인은 북한의 계획경제와 달리 남한경제가 시장기구를 토대로 하면서 정부의 강한 조정기능을 활용하였다는 점이다. 그런데 북한 계획경제 아래의 기업소는 시장의 규율과 평가를 받는 남한의 기업처럼 경제발전을 위한 엔진 역할을 하지 못하였다. 북한정부는 명예와 물질의 인센티브로 생산을 증대하고자 했으나, 양적 차원에서만 목표를 단기적으로 달성하는 데에 그쳤고, 무리한 목표 달성 노력은 부작용을 낳기도 했다. 요컨대, 국가로부터 침해당하지 않는 재산권의 유무, 그에 관련된 시장제도와 계획제도의 차이가 경제 성과에 결정적인 영향을 미친 것이다. 시장은 자원의 효율적 배분을 실현할 뿐만 아니라 개인의 자유를 지원한다. 사회주의자는 자본주의에서 무산자, 곧 프롤레타리아 자유의 한계를 극복하고자 의도하였으나, 계획경제는 개인의 자유를 전반적으로 억압하고 말았다.

원조의 감소에 직면하여 남한은 대외지향적 성장전략을 추진한 반면, 북한은 폐쇄적 민족경제를 추구하였는데, 이러한 전략의 차이도 경제 성과의 차이를 낳은 중요한 요인이었다. 남·북한이 국가 주도로 선진 경제를 따라잡으려고 하였던 점에서는 동일하나, 해외 자본·기술의 도입과 국제경쟁력의 확보를 그 기본 방안으로 삼은 남한과 달리 북한은 자력갱생의 원칙 아래 천리마운동과 같은 집단적 혁신운동에 주로 의존하였다. 남·북한이 모두 자립경제를 표방하였으나, 북한은 국내적 분업관련도가 높은 수입대체공업화를 추구한 나머지 비교우위의 경제논리를 무시한 반면, 남한은 정태적·동태적 비교우위를 활용하면서 국제분업에 적극 참여하는 동시에 금융적·기술적 자립을 향상하는 공업화로 자력적 성장기반을 구축하였다. 남한의 새마을운동이 성과를 거둔 반면, 마찬가지로 정신운동의 성격을 가진 천리마운동, 그리고 농촌의 기술·문화·사상혁명은 그러하지 못하였는데, 북한이 시장 유인을 활용할 수 없기 때문이다. 북한은 남한보다 일찍부터 기술혁명을 구호로 내세웠지만, 시장 유인을 활용할 수 없는 데다가 천리마운동으로 기술 전문성을 무시하여 기술발전의 성과를 거두지 못하였다. 대내적·대외적으로도 경쟁의 압력으로부터 벗어난 북한경제가 효율성을 지속적으로 증진하기는 어렵다.

요컨대, 계획기구에만 의존한 북한은 강행적·외연적 성장의 애로를 극복할 수 없었던 반면, 남한에서의 시장기능을 활용한 정부 개입은 자원의 동원에 효과적이면서 자원배분의 비효율을 줄일 수 있었다. 남한은 1979·80년 경제위기를 맞았지만, 정부개입의 완화와 더욱 시장친화적인 정책을 통하여 80년대에 경제적 상승국면을 맞이하였다. 그 반면 북한 경제는 1970년대 이후 계획체제의 경직성을 완화하였으나, 그 한계를 극복할 수가 없어서 갈수록 침체하였다.

이처럼 남·북한간 경제성장의 방식과 성과가 차이를 보인 것은 해방 후 서로 다른 체제로 나아갔던 사실에 기인하는 바가 크지만, 남과 북의 사회·정치·경제가 공통의 요소를 유지한 것이 있다면 그것은 조선시대 및 일제시대의 유산과 긴밀한 관련을 가질 것이다. 북한정부가 가족국가, 충효 및 인덕(仁德)정치를 내세우는 것은 봉건사상이라 비난한 유교 문화의 영향을 보여준다. 관료제도에 의해 통치되는 권위적 권력인 식민지통치기구는 해방 후 남·북한 권력구조에 깊은 흔적을 남겼다. 북한은 사회주의국가 중에도 통제력과 동원력이 강한 편이었고, 박정희정부는 어느 자본주의국가보다도 강력한 국가주도성으로 개발전략을 추진하였다. 남·북한의 경제전략에 공통적으로 계획과 동원과 통제를 부상시킨 직접적인 역사적 유산은 해방 직전 전시통제기(戰時統制期)의 경험으로 볼 수 있다. 조선시대와 일제시대에 시민사회가 성숙하지 못한 것은 남·북의 독재정치를 지원한 역사적 유산이었다. 일제시대에 민족부르주아층의 성장이 제약을 받은 데다가 해방 후 지주계급이 해체되었기 때문에, 남한의 독재나 북한의 국가 전제에 대항할 사회세력이 약하였던 것이다. 그리고 조선시대에 시장의 발전도가 낮은 데다가 일제시대에 조선인이 기반을 두던 시장의 성장이 제약을 받았기 때문에, 북한이 계획경제를 수립하고 박정희정부가 강력한 시장개입을 추구하는 데에 마찰이 적었을 것이다. 해방 전의 역사적 유산이 남·북의 사회·정치·경제에 미친 영향에 관한 구체적인 연구가 요망된다.

김일성은 인민이 빈곤을 탈피하여 쌀밥과 고깃국으로 배불리 먹는 것을 목표로 삼았다. 북한은 공업화의 성숙과 생활수준의 향상이라는 근대화의 과제를 추구하였으나, 아직 성취하지 못했다. 그런 점에서 북한의 역사는 근대를 초월한 것이 아니라, 사실상 근대화를 목표로 삼았으나 완수하지 못한 셈이었다.

사회주의적 개조가 완료된 1958년 이후 인민을 전면적으로 통제하는 전체주의 정치체제가 성립하였다. 북한 당국은 수령을 뇌, 당을 심장, 그리고 인민을 손발에 비유하였다. 그래서 스즈키 마사유키는 북한을 당과 국가 위에 수령을 추대하여 그 영도를 받는 수령제로 파악하였다. 1956년 반종파투쟁을 거치고 1967년 김일성이 '유일사상체계'를 제안한 이후 북한은 수령의 지시에 따르는 국가가 되었다. 김일성은 조선시대 군주보다 강하여 기독교의 유일신에 접근하는 도덕적 권위를 가지고자 하였고, 유격대 사령관과 같은 강력한 영도력을 발휘하였고, 일제시대의 천황처럼 신격화되고 총독과 같은 강한 통제력과 동원력을 행사할 수 있었다.

참고문헌

고승효 지음, 이태섭 옮김 『현대북한경제 입문』 대동, 1993.

김성보 『남북한 경제구조의 기원과 전개: 북한 농업체제의 형성을 중심으로』 역사비평사, 2000.

김연철 『북한의 산업화와 경제정책』 역사비평사, 2001.

김한길 『현대조선역사』 평양: 사회과학원 역사연구소, 1983.

徐東晩 『북조선 사회주의체제 성립사: 1945-1961』 선인, 2005.

양문수 『북한경제의 구조: 경제개발과 침체의 메커니즘』 서울대학교 출판부, 2001.

최신림·이석기 『북한의 산업관리체계와 기업관리제도』 산업연구원, 1998.

황의각 『북한경제론』 나남, 1992.

공산권문제연구소 『북한총람 '45~'68』 1968.

북한연구소 『북한경제론』 1979.

기무라 미쓰히코 지음, 김현숙 옮김 『북한의 경제』 혜안, 2001.

스즈키 마사유키 지음, 유영구 옮김 『김정일과 수령제 사회주의』 중앙일보사, 1994.

와다 하루키(和田春樹) 지음, 서동만 · 남기정 옮김 『북조선: 유격대국가에서 정규군국가로』 돌베개, 2002.

나탈리 바자노바, 양준용 역 『기로에 선 북한경제』 한국경제신문사, 1992.

엘렌 브룬·재퀴스 허쉬, 김해성 역 『사회주의 북한: 북한 경제발전연구』 지평, 1988.

소련과학아카데미, 통일원 역 『북한의 정치경제』 1988.

現代朝鮮問題講座 編輯委員會 편 『社會主義朝鮮の經濟』 1980(『북한의 경제』 도서출판 광주, 1988).

全洪澤·朴進 「北韓經濟의 歷史的 評價」 『韓國經濟 半世紀』 韓國開發硏究院, 1995.

木村光彦 編譯 『舊ソ連の北朝鮮經濟資料集: 1946-1965年』 東京: 知泉書館, 2011.

文浩一·木村光彦·川野邊希美·金昔珍·金炳椽 『アジア長期經濟統計 4: 韓國·北朝鮮』 제3부 朝鮮民主主義人民共和國, 東洋經濟新報社, 2019.

제4부

현대(1990년대 이후): 지식정보화시대 경제선진화와 남북통합으로의 길

제13장

지식정보화시대 경제선진화와 저성장·고령화·불평등화

1. 경제선진화의 과제와 지식정보화시대의 도래

(1) 삼저호황기의 성취와 경제선진화의 과제

1986~8년간 3저호황기(三低好況期)에 한국은 근대공업국가로서 확고한 기반을 구축하였고, 그러한 성취로 경제선진화의 과제가 부상하였다. 1989년 이후 남북간 경제교류의 확대는 남북통합을 위한 기반을 조성하였다. 1990년대에 한국이 지식정보화시대를 맞이하였을 뿐만 아니라 경제선진화와 남북통합이라는 과제에 직면한 점에서, 현대가 시작되었다고 보고자 한다. 경제선진화의 문턱에 다가선 21세기에 들어와 고령화시대를 대비하는 지속적 성장과 복지 확충의 과제가 갈수록 절실해지고 있다.

박정희 집권기에 한국은 국가주도의 대외지향적 전략에 힘입어 신흥공업국 내지 중진자본주의국으로 부상하였으나, 1979·80년의 경제위기는 국가주도적 전략의 문제점을 드러내었다. 그 결과 80년대에는 시장친화적(市場親和的) 정책 이념이 부상하여 성장지상주의정책이 경제안정정책으로 전환하면서 민간의 자율과 시장기능이 중시되었다. 그리고 심한 불황과 강한 국제경쟁 압력에 처한 기업이 내실을 다지는 가운데 국제환경의 호전에 힘입어 1986~8년간에 다액의 무역흑자가 실현되어 80년대 전반까지 눈덩이처럼 불어나던 외채가 크게 줄었다.

3저호황기 무역흑자의 실현과 외채위기의 극복은 외향적 성장전략의 성공을 최종적으로 확인한 사건이었다. 한국은 한편에서는 선진국의 공업기술과 기업경영을 잘 배우고 흡수하여 공업을 고도화하고 수출을 증대하였으며, 다른 한편에서는 국내 저축을 증대하여 투자재원의 내부 조달력을 높여나가서, 1980년대 후반에 외채의 수렁으로부터 벗어났다.

경제체질의 변화는 독재정치의 기반을 약화시켰다. 독재는 개발계획의 일사불란한 추진, 정부의 광범위한 시장개입, 그리고 노동통제에 유리한 면이 있다. 그런데 정부개입의 축소는 독재의 명분을 약화시켰다. 경영합리화와 기술혁신에 의존하는 성장단계에서는 노동자의 질적 향상과 참여의식이 필요하므로, 저임금 유지를 위한 노동통제의 개발독재(開發獨裁)는 새로운 노사관계에 적합하지 않게 되었다. 소득 수준의 향상과 중산층의 성장으로 자유의 제한은 용인되기 힘들어졌다. 1960년대 이후 고도성장의 달성과 자력적 성장 기반의 구축, 그에 따른 공업국가로 부상, 그리고 1980년대 후반 외채 문제의 극복과 민주화의 쟁취는 한국근대사의 중요한 성과이다.

1986~8년간 대규모 무역흑자의 달성은 한국 공업의 경쟁력을 입증한 사건으로 평가되겠지만, 그 경쟁력 기반은 다음의 점에서 취약하였다. 첫째, 무역흑자의 달성은 3저 현상이라는 외부적 조건의 덕을 많이 보았다. 세계시장에서 한국은 일본과 자동차·선박·전자 등 많은 품목에서 경합하였는데, 엔고(円高)가 80년대 후반의 수출 확대에 크게 기여하였던 것이다. 이후에도 엔화의 동향에 따라 중화학제품의 수출은 상당한 기복을 보였다. 둘째, 80년대에 중국·아세안 등 후발국이 공업화를 진전시켜 섬유류·신발류와 같은 경공업제품의 수출에서는 한국을 위협하게 되었다. 한국은 고급 기술의 제품에서는 일본과, 중·저급 기술의 제품에서는 중국·아세안국가와 힘들게 경쟁해야 하는 처지에 놓이게 되었다.

기본적으로 중요한 점은 산업발전으로 인해 후발성의 이점이 점차 약화되어, 한국은 학습과 모방에 의해서가 아니라 기술개발력을 배양함으로써 경제발전을 이루어야 할 국면을 맞이한 것이다. 선진국과의 기술격차를 줄이고 첨단기술산업에 진출하려는 후발국에 대해, 선진국은 기술이전을 기피하거나 기술이전비를 높이기 마련이다. 게다가 경제성장에 수반하여 인건비, 지가(地價) 등 생산비가 상승하면서 노동집약적이고 저기술의 산업은 비교우위를 점차 상실하였다. 1980년대 후반의 대호황기에 한국은 저임금 노동력과 선진 기술의 도입·학습을 동인으로 하는 기존의 성장전략에 더 이상 안주하기 어려운 국면에 들어섰고, 후발성의 이점에 의존하지 않는 새로운 성장 동인으로서 기술개발력을 배양해야 할 요청에 직면한 것으로 보인다. 달리 보면, 생산요소 투입의 증대가 주도하는 성장으로부터 기술혁신 등 생산성 향상에 의존하는 성장전략으로 전환해야 하였다.

후발성의 이점을 활용하기 힘들고 새로운 성장 동인으로서 기술개발력을 갖추어야 하는 단계로 접어들었다는 것은 선진국으로의 전환을 위한 도전에 직면하였음을 의미한다. 정부도 1987년부터 실시된 제6차 경제계획부터 기본 목표를 경제선진화로 잡았다. 선진국으로 오르기 위한 기본 과제로는 선진적 기술개발력의 확보 등을 통한 산업생산성의 향상, 그리고 선진 사회에 걸맞는 제도와 문화의 발전을 들 수 있다.

(2) 국제환경의 변화와 지식정보화시대의 도래

국제환경도 크게 변하였다. 그것은 국내 경제의 변화와 결부되어 새로운 구조변환을 요청하였다. 첫째, 사회주의체제의 변화와 붕괴로 이들 지역과 교류가 확대되었다. 중국은 1978년 이후 개혁·개방정책을 착실히 진전시켰다. 1985년부터 소련의 개혁·개방정책이 추진되면서 변화에 직면한 동구 사회주의체제는 89년 베를린장벽의 붕괴 이후 급속히 해체되었다. 1991년에는 사회주의 종주국인 소련이 해체되었다.

둘째, 아시아 후진지역의 고도성장은 한편으로는 국외 시장의 다변화와 확대를 낳았지만, 다른 한편으로는 국제경쟁의 격화로 경제구조 고도화의 필요성을 한층 절박하게 만들었다. 중국은 개혁·개방정책을 시작한 1978년부터 30년간 10% 내외의 고도성장을 달성하면서 제조업의 강력한 경쟁력을 확보하였다. 그 결과 중국의 국내총생산은 1978년 1,473억 달러로 일본의 15%에 불과하였으나, 2015년에는 108,660억 달러로 미국 다음의 규모가 되었다. 중국은 사회주의 정치체제이나 시장경제화 이래 당·송변혁기 이후 발전한 상업문화의 전통도 작용하여 민간은 한국인보다도 자본주의적 사고와 행동을 하게 되었다. 말레이시아·인도네시아·태국도 외향적 성장전략의 추진과 엔고에 직면한 일본기업의 동남아 현지생산의 확대 등에 힘입어 1980년대 후반부터 고도성장을 개시하였다. 인도는 1991년 대외 개방과 대내 자유화의 경제개혁 이후 고도성장을 달성하면서 정보통신산업의 강국으로 부상하였다.

특히, 중국의 부상은 한국에게 경제교류의 다변화를 낳고 경제의 고도화를 자극하는 새로운 기회를 제공하였다. 1876년 강화도조약 이전에 선진국 중국과의 교류가 압도적 의의를 가졌으나, 식민지기에는 일본에 예속되어 근대문명이 이식되었고, 1950~80년대에는 무역액의 과반을 미·일이 차지할 정도로 경제교류가 편중되었다. 1992년 한·중수교 이래 양국간 경제교류가 확대, 심화되었다. 그 결과 2005년에 중국은 한국의 최대 교역국으로 부상하였으며, 해외투자 대상국의 수위는 2002년에 미국에서 중국으로 이동하였다. 중국의 공업화는 한국경제의 위기를 초래할 수 있다는 우려도 낳았으나, 2000년대까지는 한국의 중간재·자본재공업에 성장기회를 제공하고 산업·기술고도화를 위한 자극제로 작용하는 순기능이 훨씬 컸다. 중국보다 경쟁우위의 산업과 기업은 성장의 호기를 맞이한 반면, 그렇지 못한 산업과 기업은 존폐의 기로에 내몰리고 있다. 2000~2012년간 전자부품을 중심으로 하는 정보통신산업의 수출 비중은 17.2%에서 39.0%로 급증한 반면, 저위기술산업은 23.5%에서 3.7%로 급감하였다. 중국은 한국의 주력 산업을 빠르게 추격하여, 2004년부터 철강 수출에서, 2012년부터 조선 수출에서 한국을 앞질렀다. 중국은 부품·자본재의 수입 대체에도 성과를 거두고 있다. 한·중간 기술격차는 빠르게 좁혀져, 2016년 한국의 기술은 중국에 비해 전자·정보통신에서 1.5년, 의료에 1년, 바이오에서 1.5년 앞섰으나, 항공우주에서 4.5년 뒤져, 전체 기술에서 1년 앞선 것으로 측정되었다. 중국의 인공지능은 미국에 이어 2위에 올라 있다. 2010년대 중국의 과학은 한국을 능가하였다. 한국은 일본 기술을 배워 일본과 경합하는 상품을 제조, 수출하였는데, 그 전략을 학습한 중국은 거대한 시장을 제공하는 대가로 기술을 흡수하는 전략을 성공적으로 구사하여, 빠르게 한국을 따라잡고 있다. 그 결과 한국 제조업 수출의 세계시장 점유율은 1990년 3.0%에서 2012년 4.1%로 성장하였다가 이후 하락하여 2016년 3.9%였다. 중국은 동기간 3.5%에서 16.9%로 급증하였다. 20세기 후반에는 북한과의 체제 경쟁, 그리고 일본에 다시 지배당할지 모른다는 우려가 남한을 분발하게 만들었다면, 21세기로 들어와서는 중국에 압도당할지 모른다는 위기의식이 그러한 자극을 제공하고 있다. 중국이 미국을 위협하는 강대국으로 부상하는 가운데, 2018년 이후 미국을 비롯한 서방 선진국은 중국 공산당과 연계하고 각국 기술을 훔친 혐의를 받으면서 세계적 정보통신 대기업으로 급성장한 화웨이(華爲)에 대한 무역·기술규제를 강화해왔다.

1980년대 이후 세계경제의 근본적인 변화의 물결이 한국에도 갈수록 거세게 밀어닥치면서, 한국경제의 구조전환을 요구하였다. 토플러(A. Toffler)는 농경의 성립이 제1의 물결, 산업혁명이 제2의 물결이라면, 20세기 후반 정보통신기술·생명공학 등 신기술에 의거한 산업발전, 정보화시대의 개막, 대량생산체제의 다품종소량생산체제로의 전환, 초국적기업의 성장에 따른 주권국가의 붕괴 등의 변화가 제3의 물결을 이룬다고 보았다. 벨(D. Bell)은 공업화 이후 사회(post-industrial society)를 지식·정보사회로 집약하였다. 정보는 가공되어 시장에서 거래되지만, 지식은 내재화되어 거래하기 어렵다. 드러커(P. F. Drucker)는 경제성장에 결정적인 생산요소가 경영혁명을 추진하는 창조적인 지식으로 바뀜에 따라, 인류사는 자본주의사회를 벗어나 지식사회로 전환하고 있다고 보았다. 수렵채집시대→농경시대→공업화시대→지식정보화시대로 넘어가면서, 지식의 중요성은 갈수록 커졌다. 수렵·채집에도 지식이 필요하였으며, 농경시대 농서(農書) 등을 통한 농법의 발전은 농업생산성을 높였다. 산업혁명 이후 과학이 산업생산성을 높였다. 과학이 기술 발전 등을 통해 생산성을 향상하는 효과는 갈수록 커졌는데, 과학 발전과 그 지식의 산업적 활용이 한층 고도화된 지식정보화시대에는 경제의 주도권이 자본의 소유자로부터 지식의 소유자와 정보의 장악자에게로 점차 이전되고 있다. 특히, 계산과 정보처리의 능력이 탁월한 컴퓨터의 보급과 전자통신망의 형성은 저렴한 비용으로 풍부한 정보를 제공하고 전자상거래를 출현, 성장시킴으로써 시장경제를 심화시켰다.

제러미 리프킨(Jeremy Rifkin)은 『제3차 산업혁명』(2011년)에서 인터넷 기술과 재생할 수 있는 에너지의 결합이 초래하는 변혁을 설명하였다. 리프킨의 용례가 세계적 호응을 얻은 결과, 2016년 다보스포럼에서는 21세기에 일어난 사물인터넷(IoT), 모바일(Mobile), 인공지능(AI), 빅데이터 등과 그 융합의 기술 발전에 입각한 산업 발전을 제4차 산업혁명으로 불렀다. 제3차 산업혁명의 디지털 기술은 제4차 산업혁명의 핵심 기반으로 자리잡고 시기적으로 연결된다. 제3·4차 산업혁명은 지식정보화시대를 확립하였다. 제3·4차 산업혁명과 지식정보화시대가 아직 학계의 공인을 얻었다고 보기 어렵지만, 근본적 기술변혁의 새로운 조류이고 경제에 근본 충격을 주고 있는 점에서 이 책에서는 그 용어를 사용한다.

1780년대 이후 영국에서 시작된 제1차 산업혁명은 석탄 연료에 의존한 증기기관과 면공업·철공업 등의 기계화 공장제라는 기술혁신을 통해 지속적 성장의 시대를 열었다. 전기의 발명과 석유의 사용에 뒷받침된 중화학공업의 기술혁신을 중심으로 하는 제2차 산업혁명은 1870년대부터 1970년대까지 경제성장을 이끌었다. 정보기술의 발전은 1990년대 세계경제의 호황을 주도하였고, 미국 국민총생산의 증가에 대한 정보산업의 기여도는 1948~99년간 11%, 그중 1995~9년간에는 29%에 달하였다. 제1·2차 산업혁명은 고용을 크게 창출하였으나, 제3·4차 산업혁명은 고용의 창출효과가 절약효과보다 적을 것으로 전망된다. 그래서 제3·4차 산업혁명은 제1·2차 산업혁명만큼 경제성장에 장기지속적 영향을 미칠 가능성은 낮다.[1] 제1차 산업혁명의 변혁적 의의가 가장 크고 제2차가 그 다음이다. 제3차와 제4차는 시기적·기술적으로 접속되고, 합하면 제2차만한 변혁적 의의를 가지므로, 훗날 역사학계는 제3차와 제4차를 합쳐서 제3차 산업혁명이라 부를지 모른다.

제1차 산업혁명의 핵심적 발명의 하나인 역직기(力織機)가 영국에서 특허를 얻은 지 116년이 지난 1901년 한국에 처음 도입되고 식민지기의 공업화가 해방 후에 크게 후

1) 로버트 J. 고든 『미국의 성장은 끝났는가』 이경남 옮김, 생각의 힘, 2017.

퇴한 데에서 드러나듯이, 한국의 제1차 산업혁명은 영국보다 1세기 이상 뒤졌다. 제2차 산업혁명은 구미에서 일어난 지 1세기를 지나지 않은 1970년대 전후에 우리의 힘으로 달성되었다. 1980년대 이후 세계적으로 정보통신산업·생명공학산업 등 지식집약산업의 성장이 현저한 가운데 한국도 압축성장을 하고 선진국과의 격차를 줄임에 따라 이러한 변혁의 소용돌이 속에 깊숙이 들어갔다.

앨런 튜링(Alan Turing)은 제2차 세계대전에서 독일 암호를 해독하는 기계로 컴퓨터를 처음 고안하였고, 1950년 인공지능(AI)을 발상하였다. 1966년 MIT공대의 바이젠바움(Joseph Weizenbaum)은 처음 인공지능의 대화하는 로봇, 곧 챗봇을 개발하였다. 1970년 마이크로 프로세서의 발명으로 개인용 컴퓨터(PC)가 출현하여 1977년부터 정보 처리에 널리 이용되었다. 1990년대에는 PC와 더불어 인터넷이 널리 보급되었다. 한국에서는 1980년대 이후 극소전자(micro-electronics)기술에 기초를 둔 반도체·컴퓨터·통신기기공업을 중심으로 첨단산업이 빠르게 성장하였다. 인터넷 이용과 전자상거래는 1998년 경제위기 이후 급성장하였다. 새로운 물결로서 대두한 지식정보화시대에서 한국은 출발이 늦었지만, 선진국과의 격차를 축소하여 21세기로 전환하는 시점에서는 선진국과 동시대적으로 발전하여왔다. 그런데 제4차 산업혁명의 진행에서 한국은, 2016년 스위스 금융기업 UBS가 25위로 평가한 데서 드러나듯이, 대응이 뒤떨어졌다.

사회주의체제의 변화와 붕괴가 시장경제체제에 대한 도전자를 도태시킴에 따라, 시장의 논리는 지구 전체의 국제경제관계를 규율하는 압도적인 힘으로 부상하였다. 1993년 우루과이 라운드의 타결과 95년 세계무역기구(WTO)의 출범은 국제경제교류에 대한 국민국가의 규제력을 크게 약화시켜 무역자유화를 진전시켰다. 게다가 교통·통신비용의 하락, 기술적 표준화의 진전, 금융의 발전 등은 국제경제교류, 나아가 세계시장의 통합을 새로운 차원으로 심화하였다. 기술 표준화의 진전으로 세계 각지의 공정들을 통합하여 만든 상품이 세계시장에 공급될 수 있었다. 인터넷을 통한 국제적 전자통신망의 형성과 발전은 국제적 거래비용을 현저히 절감시킴으로써 시장의 세계적 통합을 심화시켰다. 한국의 중소기업과 일반 소비자도 널리 보급된 전자통신망을 통해 세계시장에 직접 참여할 수 있게 되었던 것이다. 그 결과 1980년대 4.6% 수준이던 세계교역의 증가율은 1990년대 6.6%, 금융위기 직전까지의 2000년대 6.8%로까지 증가하였다. OECD 회원국간 금융·법률·회계·보험 등 서비스 교역의 비중은 1995년 20.3%에서 2015년에는 24.6%로 늘었다.

사실 세계화(globalization)는 20세기 후반에 처음 나타난 현상이 아니라, 기복을 가지면서 점진적으로 심화되었다. 약 25만 년 전에 아프리카에서 출현한 호모 사피엔스가 약 7만 년 전에 아프리카를 벗어난 이후부터 기원전 1만 년 전에 지구 전역에 거주하게 된 것이 넓은 의미로 최초의 세계화였다. 기원전 2000년경 유라시아를 아우르는 교역체계가 처음 성립하였으나, 16세기 유럽의 주도에 의한 세계시장의 형성은 세계화의 본격적 출발점이라고 할 수 있다. 산업혁명 이후 교통·통신과 무역의 발전은 세계화를 진전시켰다. 1800~1913년간 1인당 생산은 2.5배 증가하였는데 1인당 무역은 25배나 증가하였다. 공업국가간에 경기변동 양상이 같은 현상이 처음 나타난 19세기 후반은 세계화의 제1차 물결로, 상품과 생산요소의 시장뿐만 아니라 정보시장까지 통합되는 20세기 후반은 세계화의 제2차 물결로 불리기도 한다.

1990년대에 자본자유화의 확대, 정보통신혁명, 금융기술의 발전, 신흥공업국의 자금 수요의 증대와 선진국의 저금리 등은 국제적 자본이동을 급증시켰다. 1980년 544억 달러에 불과했던 세계의 해외직접투자는 1980년대 후반부터 급증하여 2000년에는 1조 3천억 달러, 미국 금융위기 직전인 2007년 사상 최대치인 1조 8,700억 달러에 달하였다. 국제자본시장을 통한 전세계의 조달자금은 90년 4,319억 달러부터 97년 1조 7,693억 달러로 4배 이상 증가하였다. 이것은 세계총생산의 증가율보다 3배나 높았다. 95년 하루 평균 세계 외환거래액은 89년에 비하여 배증한 1.7조 달러였다. 90년대에는 은행 대출로부터 국제채(國際債)의 발행, 국외 주식투자 등으로 전환하는 금융의 증권화 현상이 급진전하였으며, 환율·금리·주가의 변동 위험을 회피하기 위한 파생상품 거래가 급증하였고, 전세계 펀드의 관리금은 1990년 400억 달러로부터 2011년 1.7조 달러로 팽창하였다. 세계금융시장의 통합은 자금 조달에서 국경의 장벽을 약화하고, 금융기관간 경쟁은 국경을 넘어서게 되었다. 그 결과 1980년 12조 달러이던 전세계 금융관리자산은 2011년 200조 달러를 넘어 세계총생산의 3배에 달하게 되었다. 힐퍼딩(R. Hilferding)은 제1차 세계대전 전 독일에서 은행자본과 산업자본이 각각 독점화되어 융합된 금융자본의 성립을 지적하였고, 레닌(V. Lenin)은 금융자본 지배망의 전세계적 확산을 제국주의의 한 특징으로 보았는데, 1990년대 금융산업의 발전과 국제자본시장의 팽창은 세계적 차원에서 금융자본의 지배망을 완성시키고 그것의 산업자본에 대한 우위를 확립하였다.

금융의 국제화가 급진전하는 가운데 국제금융시장의 조정기능은 여전히 취약하였기 때문에, 국제적 금융불안정의 충격은 한층 강력해졌고 그 전염 속도는 한층 빨라졌으므로, 국민국가도 그 충격 앞에 무기력해졌다. 이러한 문제점은 1997년 한국을 포함한 동아시아의 금융위기로 나타났다. 1929년과는 달리 2007·8년 미국 금융위기의 신속한 세계적 확산은 한편으로는 금융 국제화의 위력을, 다른 한편으로는 세계 금융시장의 취약한 기능을 잘 보여준다. 이 충격으로 세계경제는 동반 추락하여 제2차 세계대전 이후 처음 마이너스 성장을 기록하였다. 1980년 544억 달러에 불과했던 세계의 해외직접투자는 1980년대 후반부터 급증하여 2000년에는 1조 3,000억 달러, 미국 금융위기 직전인 2007년 사상 최대치인 1조 8,700억 달러에 달하였다. 유럽 일부 국가의 엄청난 부채가 2008년 이후 드러나면서 유럽 재정위기가 나타났다. 1970년대 후반부터 2007년까지 금융은 실물경제보다 훨씬 빨리 성장하였는데, 2008년을 기점으로 금융시장에 대한 규제가 강화되어 금융 황금시대가 막을 내렸다는 견해도 있다. 1980년대 이후 구미국가에서의 소득불평등의 심화는 세계화의 반대 세력을 키웠고, 2008년 세계금융위기는 반세계화 흐름에 기폭제 역할을 하였고, 최대 무역국인 중국의 굴기(屈起)에 대한 최대 경제국인 미국의 견제와 2020년 코비드19의 대유행은 세계화 추세에 제동을 걸고 있다.

(3) 3저호황기 이후 한국의 미흡한 대응과 1997·8년 외환·경제위기

앞서 살펴본 바와 같이, 3저호황기 이후 국내외 조건은 후발성의 이점을 활용하고 요소투입 증대에 의존한 성장방식을 기술혁신 등 생산성 향상에 의존하는 성장체제로 전환할 것을 절실히 요청하였다. 국제환경의 급변은 신속한 대응을 요청하였다. 그런데 우리 사회는 이러한 사실을 절실히 자각하지는 못하였고, 대호황에 도취하여 자신의 실력을 과신하였으며, 경제 체질을 강화하고 비효율적인 구조를 개선하고 새로운 발전 동인을 마련하려는 능동적인 노력을 소홀히 하였다. 재벌은 호황기에 축적한 여유 자금으로 생산과정의 합리화와 연구개발에 힘쓰기보다는 생산설비의 확충과 부동산 투기에 열중하였다. 지가와 주가가 폭등하는 등 경기가 과열하였다. 억눌렸던 노동자의 요구가 1987년 민주화 이후 분출하여 1987~9년간 임금이 노동생산성보다 빠르게 상승하였다. 그 결과 1986~8년간 두 자릿수의 수출증가율이 1989~92년간 한 자릿수로 떨어지고 90년 이후 무역수지가 적자로 돌아섰으며, 기업경영이 악화되고 경제는 다시 침체기를 맞이하였다.

추락한 국제경쟁력과 침체된 경제의 회복이라는 과제를 안고 출범한 김영삼(金泳三)정부는 우루과이 라운드의 타결과 세계무역기구의 창설을 목격하면서 '국경 없는 무한경쟁시대(無限競爭時代)'에 대처하기 위하여 1995년부터 세계화전략을 추진하였다. 대내적으로는 경제활동에 대한 규제를 개혁하고 재벌과 금융의 개혁 및 노동시장의 유연화를 추구하며, 대외적으로는 개방 확대를 가속화하고 1996년 경제협력개발기구

(OECD)에 가입하였던 것이다. 김영삼정부 정책의 문제점은 기업경영의 불투명성, 금융의 불건전성, 정치권과 관료의 부당한 외압, 만연한 도덕적 해이 등과 같은 시장의 공정성과 효율성을 저해하는 요소를 방치한 채 정부의 조정·규제기능을 급속히 약화, 해체시킨 점이다. 달리 말하면, 시장질서를 손상하는 국가주도적 전략의 부정적 유산을 근본적으로 개혁하지 못한 채, 시장중심주의 전략에 매달렸다. 그래서 행정규제의 완화가 시장질서를 건전하게 정착시키는 방향으로 작용하지는 못하였다. 또한 금융시장의 자율적 자금배분기능과 위험관리기능을 향상하려는 노력은 소홀한 채 1990년대에 금융시장의 자유화와 개방화를 서둘렀던 결과, 대외적 충격에 대한 취약성은 커졌다. 구조개혁정책이 적합한 방향을 잡지 못한 가운데 3저호황기 이후 기업은 79년 경제위기 이전의 양적 팽창주의적 전략으로 되돌아갔고, 금융시장에서의 도덕적 해이는 만연하였다.

1980년의 경제위기와 이후 곤경을 견딘 다음에 3저 환경이라는 기회가 왔고, 기회 포착 후에 방심하여 1990년대에는 경제적 침체로부터 출발하고 1997·8년에 외환·경제위기를 만났다. 세기 말에 만난 위기의 내부적 기본 원인은 박정희 집권기의 경제질서를 수정하여가면서 그 부정적 유산을 극복하지 못한 채 그에 대신할 새로운 시대상황에 맞는 경제질서를 수립하지 못한 데에서 구할 수 있다. 20세기 말의 외환·경제위기는 재벌체제, 금융산업, 노동시장 등 경제질서 전반에 심대한 충격을 가하였을 뿐만 아니라 정치질서, 사회질서, 의식구조 등에도 큰 영향을 미쳤다. 그것은 박정희 집권기에 구축된 경제질서를 근본적으로 변화시킴으로써, 1960년대 고도성장의 시동 다음으로 중요한 의미를 가진 경제적 변혁을 몰고왔다. 1950년대 말의 경제위기가 개발체제의 성립 계기로 작용하였는데, 1997·8년 외환·경제위기 이후 지식과 정보의 창출·확산·활용에 의존한 지식기반산업이 빠르게 성장하고 금융 등의 시장이 심화되고 시장제도가 세계적 기준에 맞게 정비되었다. 1980·90년대는 개발체제가 선진적 경제질서로 전환하는 과도기로 설정할 수 있다. 한국이 2008년 세계적 금융위기의 타격을 다른 나라보다 약하게 받은 데에는 20세기 말 위기로 단련된 점도 작용하였다.

2. 시장중심주의정책과 전면적 개방체제로의 전환

박정희정부의 경제정책은 1979·80년의 경제위기를 겪으면서 변화하기 시작하였고, 1997·8년의 외환·경제위기를 맞으면서 근본적인 변혁을 겪었다. 그 변화 내용은 국가주도적 개발전략이 시장중심주의정책으로, 제한적 개방체제가 전면적인 것으로 전환하는 것으로 인식할 수 있다. 이러한 정책 전환은 한국이 개발시대를 벗어나 경제선진화를 지향하는 시대로 접어들었다는 인식에 기초하였다. 1987년부터 실시된 제6차 경제계획부터 근본 목표는 자립경제에서 경제선진화로 전환하였다. 전두환(全斗煥)정부의 시장친화적 정책 이념은 대내적 정부개입의 폐단을 시정하려는 노력으로부터 성립하였다면, 김영삼정부의 시장중심주의정책 이념은 세계화전략을 통해 대외 개방을 가속화하면서 확립되었다. 정책 전환의 마무리는 1998년 경제위기 이후로 미루어졌는데, 그것은 제4절에서 다루기로 한다.

(1) 국가주도적 개발전략의 시장중심주의정책으로의 전환

박정희정부의 국가주도주의 이념은 전두환정부에서 수정되다가, 김영삼정부의 세계화전략의 추진 이래 시장중심주의 이념으로 확고히 전환하였다. 김영삼정부가 출범하면서 시작한 신경제5개년(1993~7)계획은 발전계획이라기보다 개혁 프로그램이며 2년 정도 집행되다가 유명무실화되었다. 이 마지막 경제계획의 운명은 변화된 정부기능을 상징적으로 보여준다. 그리고 WTO체제의 협약에 의해 연구·개발 프로젝트 지원을 제외한 선별적 산업정책은 사라졌다.

오랜 개발독재의 유산으로 효과적인 견제와 감시를 받지 않는 가운데 비효율적으로 비대해진 정부조직을 작고 효율적으로 개편하는 작업이 진행되었다. 그 일환으로 1994년 말 재정경제원(財政經濟院)이 발족하여 경제기획원의 경제정책 기획기능과 재무부의 조세·금융권한을 총괄하였다. 그런데 정책수단과 권한이 한 부처에 집중되면서도 기획원 라인의 경제정책국과 재무부 라인의 금융정책국 사이의 교류·견제·조정이 원활하지 못하였다. 재경원의 이러한 한계는 97년의 외환위기를 막는 데에 애로로 작용하였다. 재경원의 조직 개편을 거쳐 2008년 기획재정부가 설립되었다.

시장중심주의 이념으로 전환한 김영삼정부는 행정규제의 완화 내지 해소를 가속적으로 추진하였다. 1993년 설치된 경제행정규제완화위원회, 행정쇄신위원회 등이 문

표 13-1 일반 은행의 여신건전성 추이 (단위: 억 원, %)

구분	87년 말	90년 말	92년 말	94년 말	95년 말	96년 말	97년 말
부실여신액	34,090	19,122	24,374	19,253	22,944	24,439	100,845
총여신 중 비중	5.4	2.0	1.6	0.9	0.9	0.8	2.7
무수익여신		72,463	103,472	117,227	124,839	118,739	226,427
총여신 중 비중		7.5	6.7	5.6	5.2	3.9	6.0

자료: 한국은행 은행감독원『감독업무정보』.

서의 개선, 행정절차의 개선 등 경미한 규제의 완화에 치우치고 금융 등의 핵심적인 규제의 개선에 미흡하다는 비판을 받아, 97년 4월에 발족한 규제개혁추진위원회는 98년 1월까지 모두 29개 분야 103건의 핵심적인 규제를 완화하였다.

규제와 간섭의 폐단이 특히 컸던 분야가 금융산업이다. 박정희정부에서 실물경제를 지원하기 위해 자금의 흐름을 직접 관리, 통제하는 규제로 희생되던 금융산업은 낙후되어 점차 경제발전에 대한 심각한 장애로 작용하였다. 1980년대 이후 금융자율화의 추진에 미흡한 점이 많아 1993~6년간 약 500건의 규제를 개선하였음에도 불구하고, 금융규제의 완화조치는 비핵심적 절차 사항에 치중한 점, 법령이 투명하지 못한 점 등에서 한계를 가졌다. 1997년 1월에 금융개혁위원회가 발족하여 단기 추진과제와 중장기 개혁과제를 논의하였지만, 이해관계집단의 대립으로 인하여 합의 도출에 실패하였다.

1980년대 이후 국가주도적 성장전략에서 시장중심주의정책으로의 전환은 정부규율을 해제하면서 시장규율을 제대로 확립하지 못한 데에 문제점을 안고 있었다.[2] 도덕적 해이를 막고 위험을 관리하는 노력이 부족하였던 것이다. 정치권과 관료의 은행 인사권에 대한 간섭, 그것을 매개로 하는 대출에 대한 영향력 행사는 명문화된 규제보다 심각한 폐단을 낳았다. 금융권은 이러한 요구에 순응하면서 도덕적 해이로 물들었고, 급변하는 환경에 대처하는 금융혁신능력과 위기관리능력을 배양하지 못하였다. 이러한 요인들은 금융산업의 부실화를 유발하였다. 〈표 13-1〉에 의하면, 부실여신액은 1980년대 후반에 격감하고 90년대에 정체하였다가, 97년 다수 재벌의 부도사태로 인하여 급증하였다. 원리금을 떼인 것으로 간주하는 '추정손실'과 구체적인 회수계획이 필요한 '회수 의문'을 합한 부실여신의 비율이 높은 편은 아니지만, 여기에다 6개월 이상 원리금 상환이 연체된 여신을 합한 무수익여신은 그 수배나 되었다. 경쟁력이 약한 은

2) 이병천「발전국가 자본주의와 발전 딜레마」『위기, 그리고 대전환』당대, 1998.

행은 거액의 부실채권을 떠안은 상태에서 효율성과 수익성을 높이기 어려웠다. 돌이켜 보건대, 정치권·관료의 외압과 금융기관의 도덕적 해이를 극복하기 어려웠다면, 외환·경제위기를 맞기 전에 국내 금융기관의 보호를 위해 허용하지 않던 외국 은행 본점의 개설을 1~2개 허용하여 국내 은행과 무한 경쟁에 돌입하게 허용하는 것과 같은 충격적인 요법이 필요하였다.

우리 사회의 심각한 폐단은 명문화된 제도의 미비라기보다 원칙과 법이 준수되지 않은 점이다. 원칙과 법이 무시되면 경제의 공정성뿐만 아니라 효율성도 결국 손상된다. 1994년에 한강의 성수대교가 무너지고, 95년 서울에서도 최고급의 삼풍백화점이 붕괴하였다. 외국 사업에서는 법을 준수하는 한국 건설업체가 국내 사업에서는 그러하지 않았던 것이다. 경부고속철 사업은 무계획성과 무책임한 관리와 부실공사를 종합한 대표적인 예이다. 89년 경부고속철의 기본 계획이 수립될 때 정부가 제시한 사업비는 5조 8,524억 원이었는데, 93년 사업비가 10조 7,400억 원으로, 97년에는 다시 18조 원 정도로 상향 조정되었다. 경부고속철은 애초 98년 말 개통될 계획이었으나, 2010년 완공되었다. 막대한 자원 낭비의 주된 요인은 정부가 경부고속철의 차종을 결정하기 전에 건설회사로 하여금 공구의 설계와 착공에 먼저 들어가게 하였던 데서 찾을 수 있고, 부차적으로 정부 관리와 기업 공사의 체질화된 부실함을 들어야 할 것이다. 98년 감사원은 사업비를 22조여 원으로 다시 상향 조정하고 설계 부실, 계획 변경, 과다 설계 등으로 인한 1,384억 원의 예산 낭비를 지적하였다. 2000년에는 고속철도의 선정에 관련된 거액의 로비사건이 드러났다. 지하 매설물은 도면조차 남겨놓지 않아 시민의 안전을 위협하였는데, 서울시는 1998~2002년간 그 정보를 통합한 전자지도를 만들었다.

금융실명제와 부동산실명제는 투명성과 공정성을 높이는 제도개혁이었다. 1993년 대통령의 긴급명령이란 형태로 금융실명제를 시행하여, 모든 금융거래를 실명으로 하도록 의무화하였다. 93년 가·차명 계좌자금은 33조 원으로 전체 금융자산의 10%, 총통화의 33%에 달하였다. 금융소득을 다른 소득과 합산하는 종합과세제는 2001년부터 시행되었다. 금융실명제는 실명거래를 통해 부정부패와 정경유착을 추방하고 종합과세제를 통해 조세 형평을 높이는 데에 이바지하였다. 금융실명제 이후 가공 인물의 계좌는 사라졌으나 타인 명의 계좌는 살아남아 탈세에 활용되기도 했는데, 2014년 차명 계좌도 금지되었다.

1989년 입법화된 토지공개념제도를 보완하는 동시에 조세 형평과 경제 정의를 증진할 목적으로 96년부터 부동산실명제가 실시되었다. 종전에 부동산의 비실명거래가 사실상 허용되었기 때문에, 명의신탁을 통한 투기·탈세·탈법·재산은닉 등 각종 위법행위가 성행하였다. 부동산의 권리를 실수요자 명의로 등기함으로써, 거래의 투명성을 낳고 투기에 따른 불로소득을 파악하고 토지종합전산망의 구축과 함께 종합과세제를 갖추는 데에 기여하였다.

1997년 외환위기에 대한 처방으로서 IMF는 시장중심적 제도개혁을 요구하였다. 김대중(金大中)정부도 시장경제의 발전을 정책 목표로 잡고 시장중심주의정책을 추진하였다. 김영삼정부가 신경제와 세계화전략을 내세울 때에는 그것을 뒷받침하는 이념에 대한 성찰이 부족하였다. 외환·경제위기라는 비싼 수업료를 치르고서야 한국사회는 시장의 효율적이고 안정적인 기능을 위해 신뢰, 자기책임, 건전성 감독 등의 시장규율이 전제되어야 함을 절감하였다.

(2) 세계화시대와 전면적 개방체제로의 전환

제2차 세계대전 후 성립한 GATT체제는 자유무역의 확산에 기여하였으나, 1970년대 이후 세계경제가 침체하면서 비관세장벽 등의 보호무역이 확산하였다. 비관세장벽의 철폐, 그리고 기존의 협상 대상에서 비교역적·공공적 성격으로 인하여 제외된 농산물과 서비스의 시장개방 등의 문제를 다루기 위하여, 86년부터 GATT의 8번째 다자간(多者間) 협상으로서 우루과이 라운드가 진행되었다. 우루과이 라운드는 주로 공산품을 대상으로 삼던 종전의 자유무역 규범과 달리 농산물과 서비스까지 포괄하였으며, 공산품 관세의 대폭 인하, 산업에 대한 정부의 지원·간섭의 배제, 그리고 외국인 투자에 대한 규제의 완화를 논의하였다. 80년대 후반 이후 한국의 농산물시장과 금융시장의 개방은 우루과이 라운드의 일환으로 이루어진 것이다. 우루과이 라운드는 93년 12월에 타결을 보았고, 가맹국간의 신사협정인 GATT와는 달리 법적 구속력을 가지면서 모든 분야의 국제교역을 관할하는 WTO(세계무역기구)가 95년 출범하였다. WTO체제 아래 상품·서비스·생산요소의 국제간 자유로운 이동에 대한 제약이 현저히 완화되고 국제적인 차원에서 시장원리에 입각한 자유경쟁이 강화되고 초국적자본은 더욱 자유로운 활동을 보장받게 되었다. 한국은 농업에 대한 개발도상국 특혜를 인정받아 높은 관세율과 보조로 농업을 보호할 수 있었다.

WTO를 통한 다자간 관세 철폐 협상이 선진국과 개발도상국의 견해차로 2001년 카타르 도하의 협상 이후 지지부진한 가운데, 특정 국가간에 배타적인 무역 특혜를 부여하는 FTA(자유무역협정)가 그 대안으로 떠오르게 되었다. 한국은 2004년에 처음으로 칠레와의 FTA를 실행하였고, 2010년에는 인도와의 17번째 FTA를 시행하였고, 2011년에는

EU와의 FTA가 발효되었다. 2012년에는 미국과 FTA가 발효되어, 한국과 FTA를 체결한 지역은 세계 GDP의 60%에 달하였다. 이후 2015년까지 터키, 호주, 캐나다, 중국, 뉴질랜드 및 베트남과의 FTA가 발효되었다. 2020년 한·중·일 등 15개국이 가입한 세계 최대 다자(多者) FTA인 RCEP(역내포괄적 경제동반자협정)가 출범하였는데, 세계 인구·GDP·무역의 약 30%를 차지한다. 2021년 출범하는 미국 바이든정부가 일본 주도의 TPP(환태평양경제동반자협정)에 재가입할 전망이 나오는 가운데 한국정부도 그 가입을 검토하고 있다.

1996년 김영삼정부는 세계화전략의 일환으로 주요 서방국가들이 1961년 창설한 OECD에 가입하였다. 그럼으로써 경제정책·제도·관행의 신뢰성과 투명성을 높이고 외국의 투자와 기술을 원활히 유치하고자 했다. 한국은 OECD에 가입하기 위한 서비스·자본 이동의 자유화라는 이행조건으로서 해외 은행·증권사의 국내 법인 설립, 외국인 주식회사의 총액한도 철폐, 1인당 주식투자 한도의 확대, 기업의 우호적 매수와 합병 등의 개방·개혁을 추진하였다.

1990년대에 자본자유화가 급진전한 결과 1986~9년간 489억 달러 수준이던 총자본거래가 90~3년간에 894억 달러, 94~6년간에 2,108억 달러로 급증하였다. 90년대에는 외화증권 발행의 증대로 장기자본이 대폭 유입하였을 뿐만 아니라, 기업의 단기 무역신용, 외국환은행의 단기 외화 차입, 외국인의 포트폴리오 투자 등 단기자본 유입도 크게 늘었다. 국내외 경제상황의 변화에 민감하게 반응하는 포트폴리오 투자를 단기성 자본거래로 분류한다면, 자본수지 흑자에서 단기자본수지의 비중은 1990~3년간 37%로부터 1994~6년간 62%로 급증하였다. 이처럼 자본자유화의 급진전과 경상수지의 대폭 적자로 인하여 자본유입이 급증하고 단기자본의 비중이 증대하였음에도 불구하고, 단기자본의 유출입에 대한 위험관리체제가 구축되지 않았고 무모한 해외 금융과 외환업무는 방치되었다. 금융시장의 안정성과 효율성을 향상하지 못한 채 급격한 자본자유화를 추진하는 가운데 대외 충격에 대한 경제적 취약성은 커져갔다.

자본수입뿐만 아니라 자본수출도 급증하여, 해외 직접투자 잔액은 1995년에 100억 달러, 2004년에 300억 달러, 2009년에 1,000억 달러를 초과하였다. 해외 투자는 대부분 생산비 절감을 목적으로 하였고, 부품 등 수출을 촉진하였다. 해외 주식투자 잔액은 1999년 10억 달러, 2005년 100억 달러를 넘었고, 2009년에는 723억 달러에 달하였다.

대외적으로는 세계무역기구가 출범하고 대내적으로는 세계화추진위원회가 발족한 1995년 초를 개방화의 제3국면의 기점으로 잡을 수 있다. 제3국면 개방화의 두 번째 계기는 96년 경제협력개발기구에의 가입이고, 그 세 번째 계기는 외환위기로부터 구제

해준 IMF와 맺은 협약의 이행이다. 97년 말 외환위기 이후 추진된 외환자유화·자본자유화·무역자유화는 전면적 개방체제로의 전환을 완결하였다. 이것은 제4절에서 자세히 다룬다.

3. 고도성장시대의 종언

1963년부터 시작된 고도성장의 시대는 외환위기가 일어난 1997년에 끝났다. 현대경제연구원은 잠재성장률을 1980~8년간 9.1%, 1989~97년간 7.4%, 1998~2007년간 4.7%, 2008~12년간 3.8%로 추계하였다. 잠재성장률은 인플레이션 등 부작용이 없이 달성할 수 있는 최대 성장률을 말한다. 선진국은 경제가 성숙하여 2000년 미국물가로 14,000달러 전후 수준에서 성장률이 둔화되었는데, 한국도 그러하였다.[3] 경제성장의 공급측 요인으로 보건대, 1990년대는 고도성장시대의 종반에 위치하였다. 첫째, 노동 투입의 빠른 증가가 더 이상 불가능해졌다. 인구증가율은 지속적으로 하락하여 85년부터 1% 수준에 머물다가 1997년부터 1% 미만으로 떨어지면서 뚜렷한 하락 추세를 보였다. 〈그림 13-1〉에 나타나듯이, 15~64세의 생산가능인구는 1970년 54.4%에서 1999년 71.7%로 증가하였으나, 이후 그 증가율은 둔화되었고, 2017년부터 하락 국면으로 바뀌었다. 노동시간은 87년부터 하락하는 추세였다. 대학 진학률은 1980년 27%에서 2004년에는 82%로 과도한 수준으로 증가하면서도 고등교육의 질적 향상은 크지 않았다. 그 결과 〈표 13-2〉에 의하면, 노동 투입의 증가율은 1990년대 후반부터 둔화하였다. 1970·80년대에는 취업자 중 20대가, 1990년대에는 30대가, 2000년대에는 40대가 가장 많았던 것으로 보건대, 2000년대까지 취업 인구의 연령 구성은 생산성에 유리해졌다가 2010년대부터 고령화 추세로 불리해지고 있다. 고령인구의 대부분은 서비스업 등 저생산성 업종에 취업하였다. 둘째, 자본축적에 따른 한계수익률의 저하로 자본 투입의 빠른 증가도 어려워졌다. 1990년대에는 높은 투자율이 성장률을 높였지만, 80년대보다 자본의 생산성과 수익률이 크게 하락하여 제조업의 매출액경상이익률은 낮은 수준에 머물렀다(부표 10). 〈표 13-2〉에 의하면, 자본 투입도 1990년대 후반부터 크게 감소하였다. 경제위기 이전

3) Barry Eichengreen, Dwight H. Perkins, and Kwanho Shin, *From Miracle to Maturity: The Growth of the Korean Economy*, Harvard University Asia Center, 2012.

그림 13-1 저출산·고령화의 추이

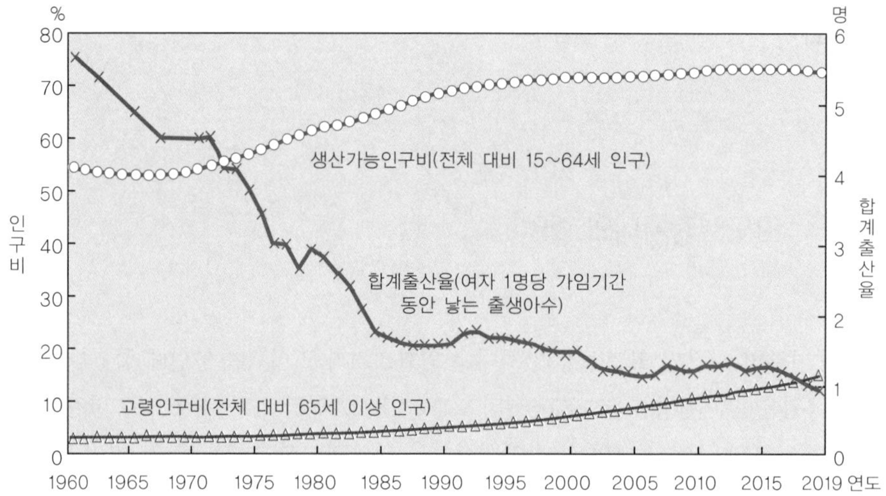

자료: 국가통계포털.

표 13-2 한국경제 성장 요인의 연평균 증가율의 추이 (단위: %)

기간	GDP 성장률	1인당 GDP 증가율	자본 질적 고려	노동 단순 투입	노동 질적 고려	총요소생산성 질적 고려
1961~70	7.7	4.7				1.6
1971~80	7.3	4.6				0.8
1981~85	7.5	6.1	9.5	0.7	2.7	2.5
1986~90	9.2		12.3	2.3	4.0	2.3
1991~95	7.5	4.1	11.6	2.5	4.2	0.8
1996~00	4.3		6.6	0.1	1.6	1.0
2001~05	4.5	2.9	4.7	0.0	1.3	2.0

자료: 한진희·신석하 「경제위기 이후 한국경제의 성장 둔화에 대한 실증적 평가」『KDI정책포럼』 201, 2008-13.
주: 1인당 GDP 증가율의 세 번째부터 다섯 번째의 수치는 1981~90, 1991~2000, 2001~04의 기간에 대한 것임.

35%를 넘던 국내총투자율은 2000년대에는 30% 전후로 하락하였다(부표 2). 외환위기 직전 14%에 달한 설비투자율은 그 후 대마불사(大馬不死) 신화의 종말과 투자 심리의 위축도 작용하여 2003년부터는 10% 미만으로 떨어졌다. 가계저축률은 고도성장기에 빠르게 증가하여 1991년에는 19.3%로 최고에 달하였으나, 그 후 고령인구의 증가 등으로

인해 빠르게 감소하여 2000년부터 10% 미만, 2007년부터는 5% 미만으로 떨어졌다. 셋째, 선진국과의 기술 격차가 축소되어 후발성의 이점을 누리기 어려워졌다. 〈표 13-2〉에 의하면, 총요소생산성의 상승률은 1980년대가 정점을 이루었다. 21세기에도 연구개발비가 계속 증대하여 2009년 GDP 대비 3%, 2017년 4%를 넘어서, 2012년 이후 이스라엘 다음 순위로 높아졌지만, 중소기업의 연구개발이 부족하고 정부의 연구개발 성과와 지원이 비효율적이라는 평가를 받고 있다.

경제위기 이전에 공급측 요인으로 추정한 잠재성장률보다 현실성장률이 높은 것은 총수요의 증가율이 높았기 때문으로 보인다. 1988~93년간에 수출수요보다 내수가 훨씬 빨리 증가하여, 무역의존도가 76.4%로부터 59.6%로 격감하였다. 1974년부터 30% 내외이던 국내총투자율은 89년부터 35%를 넘어섰다(부표 2). 1990년대에 투자수요와 소비수요의 급증은 다음의 점에서 한국경제의 지출잠재력을 초과하는 수준이라고 판단된다. 첫째, 무역적자와 외채 누적을 동반한 수입과 해외저축의 급증이 소비와 투자의 증대를 낳은 중요한 요인이었다. 둘째, 기업은 과도한 차입으로 투자율을 높인 반면, 그 투자효율은 낮아져서 자본의 한계수익은 크게 하락하였다.

현실성장률이 잠재성장률보다 높은 것은 경제의 거품이 발생하였기 때문이다. 거품은 인간의 합리적 판단을 넘어선 허영심에 의하여 자산가격이 그 내재가치(內在價値)를 초과하는 수준으로 평가될 때 발생한다. 거품경제의 추이는 부동산과 증권의 가격 동향에서 잘 드러난다. 〈그림 13-2〉에 나타난 바와 같이, 경기상승 국면에 지가(地價)와 주가(株價)가 급등하였는데, 지가가 폭등한 1964~9년간, 1977~8년간, 1988~90년간은 거

그림 13-2 지가와 주가의 추이

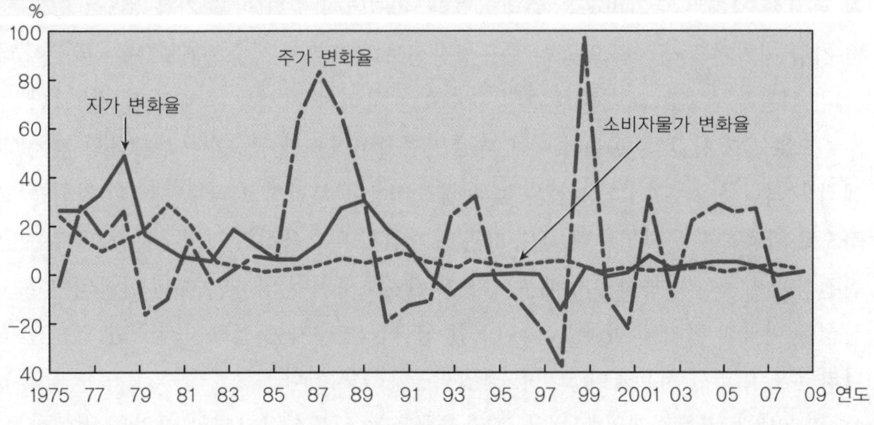

품이 발생한 것으로 보인다. 3저호황기에는 주가의 폭등이 현저하였다. 주가는 1979~80년간·1990~2년간·1995년 이후의 경기하강기에 폭락하였다. 주가의 기복이 격심한 것은 경제의 기복이 심하였을 뿐만 아니라 자본시장이 건전하게 육성되지 못하였기 때문이다. 경기가 침체하면 구조개혁에 주춤하고 경기부양에 쉽게 의존하는 정치권과 관료의 단견(短見)도 거품의 반복을 낳았다. 70년대 후반에는 중동건설경기, 80년대 후반에는 3저 현상이라는 외부 요인이 호황에 크게 기여하였는데, 그러한 처지를 성찰하지 못하였다.

주가와 달리, 거품지가는 불황기에도 붕괴되지 않고 유지되었을 뿐만 아니라 갈수록 토지투기지역이 확산되어왔다. 지가의 급등 추세는 기업의 외형확장적 투자를 조장하였고, 자산가치를 늘린 가계는 소비를 증대함으로써, 거품이 부풀었다. 지가 상승률이 높은 시기에 기업은 저금리로 대출받아 토지를 구입하면 자본이익을 획득할 수 있었을 뿐만 아니라 더 많은 대출을 위한 담보를 확보할 수 있었다. 지가 폭등으로 손쉽게 번 돈은 과소비를 낳았고, 1988~90년간 거품 이후 검소와 절약의 풍습은 빠르게 퇴색하였다. 지가 등귀의 시대는 고도성장시대와 더불어 종언을 고하고 있어서 1990년대에 실질지가는 하락하였다. 그런데 제11장 제8절에서 언급하였듯이, 대도시의 주택가격은 21세기에 들어와서도 상승 추세였다.

거품은 1990년대 고비용·저효율구조를 낳아 국제경쟁력의 약화와 경제 침체를 초래하였다. 고비용은 노동·금융·토지·물류(物流)의 비용이 높다는 것이며, 저효율은 자본과 노동을 효율적으로 활용하지 못함에 기인하였다. 80년대 전반 경제안정화를 위한 재정의 긴축적 운영으로 사회간접자본에 대한 투자가 부족한 상태에서 3저호황으로 경제 규모가 팽창함에 따라, 도로 병목현상이 심해져 물류비용이 증가하였다. 87~90년간 폭등한 지가는 토지비용을 증대시켰다. 1987년 민주화 이후 지불능력이 있고 노조가 강한 대기업의 생산직 임금이 노동생산성보다 빠르게 상승하기도 하는 현상이 나타났다. 거품현상으로 과도히 증가된 총수요는 금리와 지가를 경제의 잠재력보다 높은 수준으로 유지시켰다. 1989년 이후 매출액경상이익률과 금융비용부담률의 격차 확대에서 드러나듯이(부표 10), 기업은 높은 금융비용을 부담하고 과다 차입한 자금을 효율적으로 사용하지 못하였는데, 금융기관은 기업의 비효율적인 과잉투자를, 정부는 금융건전성을 감독하지 못하였기 때문이다. 맥킨지보고서에 의하면, 95년 한국의 총요소생산성은 미국의 절반에 머물렀고, 이러한 생산성의 격차는 철강을 제외한 모든 산업에 나타났다. 이러한 저효율이 고비용의 압박을 가중시켰다.

1990년대 거품경제와 고비용·저효율구조는 고도성장시대의 종언을 맞이하는 과정에서 겪는 진통으로 이해할 수도 있다.[4] 90년대 불황은 구조적 문제여서 기업은 구조조정과 혁신을 추구하고 정부는 경제체질의 변화를 추구했어야 했는데, 기업과 정부는 고도성장시대의 종언에 대비하는 패러다임의 전환을 이루지 못하고 안이하게 대응하였다. 기업은 90년대에 잠재성장률의 하락을 예상하지 못한 채 오히려 차입의존도를 높여 과도한 투자를 행하였기 때문에, 기업의 자금수요가 많아서 금리가 높았고 노동력의 수요가 커서 임금인상률도 높았다. 은행은 이러한 과잉차입을 감독하지 못하였다. 일반 소비자는 경제 장래의 낙관적 기대 위에서 소비를 증대하였다. 97년 말 외환·경제위기로 거품이 꺼지면서 과잉투자는 국민경제의 무거운 짐으로 다가왔다.

성장기여도가 높은 제조업의 비중 하락은 고도성장의 종언과 결부되어 있다. 계속 증대하던 제조업의 국내총생산에 대한 비중이 1988년 30.5%로 정점에 달한 이후 97년까지 하락한 반면 서비스·건설업의 비중이 급증하였다. 전산업의 취업자 중 제조업의 비중도 88년 27.7%로 정점에 달한 후 감소하였고, 93년에는 도소매·음식숙박업의 취업자수가 제조업을 능가하기에 이르렀다. 88년에도 50.9%를 차지하던 3차산업 취업자의 비중은 97년 67.6%까지 증가하였다. 80년대 말 이후 거품경제에 따른 총수요의 상승은 서비스산업의 성장 및 주택경기의 과열에 따른 건설업의 급성장을 낳았던 반면, 중소제조업체의 생산직 인력난을 가중하였다. 80년대 후반 이후 섬유·신발제조업 등 노동집약적 경공업은 고임금과 인력난으로 경쟁력이 현저히 약화되면서 급속히 쇠퇴하고 임금이 낮은 동남아 등지로 생산기지를 이전하였다. 그 반면 주력 중화학공업은 성장하여, 제조업의 비중 감소에도 불구하고 생산성 상승에 대한 그 기여도는 80년대 후반부터 높아지는 추세였다. 1998년 경제위기에 따른 거품의 붕괴, 중국 수출의 증대 등에 힘입어 제조업의 비중은 상승하여 2011년에는 30.9%에 달하였고 그 후에 하락하였다. (부표 3) 외환·경제위기로 촉발된 구조개혁과 중국 시장은 한국의 탈공업화 시점을 늦추었던 것이다.

4) 안승철 「'고비용·저효율구조' 개선과 기업경영 전략」『기업경영』 1996.12, 137쪽.

4. 20세기 말 외환·경제위기와 IMF의 지원 및 구조개혁

(1) 외환·경제위기와 IMF의 지원

〈표 13-3〉에 드러나듯이, 1997년 10월부터 원화가치가 폭락하고 가용(可用)외환 보유고가 격감하여, 한국은 대외 채무를 지불하기 어려운 처지로 빠져 들어갔다. 97년 11월에 한국경제는 외국의 신뢰를 상실하여 처음으로 외환위기를 맞았다. 정부는 11월

표 13-3 주요 경제지표의 분기별 동향

	대외부문			국내 금융부문			국내 실물부문			
	기말 환율 (원/달러)	가용 외환 보유액 (억달러)	경상 수지 (억달러)	회사채 금리 (3년물) (%)	부도율 (%)	기말 종합 주가	GDP 성장률 (%)	소비자 물가 변화율 (%)	제조업 평균 가동률 (%)	실업률 (%)
97년 1분기	895.0	211.4	−73.5	12.7	0.23	677.34	4.9	1.5	78.5	3.1
2분기	887.9	253.1	−27.2	11.7	0.23	745.40	6.2	1.0	80.0	2.5
3분기	914.4	224.2	−20.5	12.4	0.25	647.11	5.5	1.0	80.3	2.2
4분기	1,695.0	88.7	39.6	24.3	0.77	376.31	3.6	1.5	77.9	2.6
98년 1분기	1,383.0	241.5	107.1	19.0	0.54	481.04	−4.6	5.3	68.1	5.6
2분기	1,373.0	370.4	110.1	16.6	0.43	297.88	−8.0	0.3	66.6	6.9
3분기	1,391.0	433.7	97.4	12.5	0.41	310.32	−8.1	−0.1	66.8	7.4
4분기	1,204.0	485.1	89.0	8.3	0.17	562.46	−5.9	0.5	70.6	7.4
99년 1분기	1,227.0	544.5	60.6	8.6	0.11	618.98	5.8	0.0	70.8	8.4
2분기	1,157.6	604.3	61.5	8.1	0.12	883.00	11.2	0.2	75.9	6.6
3분기	1,216.4	654.8	66.0	10.4	0.78	836.18	13.0	0.0	79.6	5.6
4분기	1,138.0	740.5	56.8	9.9	0.37	1,028.07	13.0	1.1	79.8	4.6
00년 1분기	1,106.0	836.5	16.2	10.0	0.23	860.94	12.6	0.3	79.4	5.1
2분기	1,115.0	901.8	29.3	9.7	0.17	821.22	9.7	0.1	78.8	3.8
3분기	1,115.0	925.3	42.2	9.0	0.28	613.22	9.2	1.7	79.9	3.6
4분기	1,264.5	962.0	34.7	8.1	0.37	504.62	4.6	0.7	75.0	3.7

자료: 한국은행 「주요경제지표」.

주: 1. 회사채 금리(3년만기)는 분기 말 기준. 소비자물가변화율은 전분기 대비 기준. GDP성장률은 전년 동기 대비 기준.

2. 어음부도율은 전자결제분 포함 후 기준.

21일 IMF(국제통화기금)에 구제금융을 요청하였고, 12월 1일 IMF와 구제금융협약에 조인하였다. 195억 달러에 달하는 IMF의 긴급한 자금지원에도 불구하고 불안하던 외환사정은, 1998년 1월 한국정부와 외국 채권단이 단기 외채의 중장기 전환협정을 체결함에 따라 진정되기 시작하였다. IMF의 구제금융을 계기로 한국은 국가부도의 위기로부터 겨우 벗어났던 것이다.

1996년 하반기 이후 불황의 터널에 들어간 한국경제는 외환위기가 현실화된 97년 11월부터 불안한 조짐을 보였고, IMF의 요구조건을 이행하게 되면서 12월에 경제위기를 맞았다. 다수의 종합금융사가 영업을 정지당하고 국제결제은행(BIS) 기준의 위험가중자산에 대한 자기자본비율 8%를 확보하지 못한 은행이 강력한 구조조정을 요구당함에 따라, 금융시장이 경색되어 12월에 금리와 어음부도율이 치솟았다. 금융위기는 실물부문의 위축으로 전이되어 제조업 평균 가동률은 1997년 11월부터 하락하여 98년 초부터는 70% 이하로 떨어졌다. 그에 대응하여 실업률도 97년 11월부터 가파르게 상승하였다. 97년 말 IMF와 협약을 체결한 이래 외환위기는 해소되어갔음에도 불구하고 경제위기가 뒤를 이었던 것이다.

한국의 경제력이 건실하므로, 외환위기는 외부 충격과 정부 실책에, 경제위기는 IMF의 무리한 구조조정 요구에 기인한다는 견해가 있다. 1990년대에 한국경제는 거시지표로는 안정적이고 견실한 성장세를 보여주었다. 성장률은 높고 실업률은 낮고 재정수지는 거의 균형에 가까웠고 물가와 금리도 안정되어 있었다. 1994년 이후 무역적자와 경상수지적자가 증가하고 그로 인하여 단기외채가 급증한 점에서 우려할 만하였지만, 그것은 반도체 등 주력 수출품의 국제가격의 하락, 엔화의 약세라는 요인에 기인한다고 볼 수도 있었다. 그래서 전통적 경제이론으로 한국의 외환위기를 예측하기는 어려웠다.

외채의 국민총생산에 대한 비율이나 외채 부담의 경상외환수입에 대한 비율로 보면 97년의 사정은 80년대 전반보다 양호하였으므로, 한국경제 내부의 요인만으로 외환위기를 설명하기는 어렵다. 동남아시아의 외환위기와 홍콩·싱가포르의 국제금융시장의 경색이란 충격이 전이(轉移)되지 않았더라면, 97년 말에 외환위기가 초래되지 않았을 것은 분명하다. 한국·인도네시아·말레이시아·태국·필리핀에 대한 민간자본 유입이 급증하여 1996년 930억 달러의 순유입이었다가, 국제금융시장의 동남아시아에 대한 지나친 낙관론이 허구로 인식되면서 1997년에는 121억 달러의 순유출로 급변하였다. 동남아시아의 외환위기와 더불어 97년 10월 홍콩증시의 붕괴가 한국시장에 대한 낙관적 전망의 붕괴로 이어짐으로써, 금융자본의 행동이 돌변하였다. 이러한 사실은 2008

년 미국의 금융위기와 마찬가지로 국제금융시장의 취약한 조정기능을 드러낸다.

1991년 거품경제의 붕괴 이후 부실채권을 누적한 일본은행이 한국에 대한 대출금을 대거 회수하였던 것도 타격이었다. 그 잔액은 1997년 6월 말 237억 달러로부터 98년 6월 말 189억 달러로 감소하였던 것이다. 한국은 1979·1980년 경제위기 직후 냉전시대 후원자인 미국의 요청으로 일본에게 50억 달러를 빌려 외환위기를 막았던 적이 있었으나, 1997년 외환위기에서는 일본의 자금 지원 제안을 미국이 한국 자본시장의 개방을 위해 막았다 한다. 1997년 12월 19일 미국 안보회의에서 월가 출신의 루빈 재무장관은 한국 채권의 만기 연장 문제를 민간 금융기관에 맡겨야 한다고 주장하였으나, 안보 논리로 한국의 파산을 막아야 한다는 국방장관과 국무장관의 주장이 채택되었다. 이후 미국 정부가 나서서 각국 은행들의 외채 연장을 적극 유도하여, 한국은 국가부도를 피해 피해를 줄였다.

그런데 재벌의 과잉투자와 상호채무보증, 금융기관의 부실한 대출심사 및 정부의 금융건전성 감독의 부재라는 제도적 또는 미시구조적(微視構造的) 취약성이 없었더라면, 금융위기가 발생하지 않았을 것이다. 비교적 건실하여 퇴출당하지 않은 조흥·상업·한일·외환은행도 BIS 자기자본비율이 1~4%에 불과하였던 것이다. 동아시아 외환위기가 은행·기업의 취약한 재무구조가 초래한 해외 자금의 대규모 인출 사태에 기인하였다고 보는 것은 흔히 제3세대 외환위기모형으로 불린다.[5)]

또한 대기업집단마저 도산하는 심각한 경기하강 국면에 처하지 않았더라면 외부충격이 그렇게 강하게 한국경제를 압박하지는 않았을 것이며, 한국경제가 건실하였다면 구제금융을 받은 후에 외환위기가 경제위기로 전이되지는 않았을 것이다. 외부 충격이 없었더라도 금융산업과 기업의 부실화 등 구조적 문제가 갈수록 심각해질 처지였고, 근본적인 구조개혁이 없이는 깊어만 가는 경기침체의 늪으로부터 헤어나기 어려운 국면에 처해 있었다.

그런 점에서 1997년 외환위기는 국제금융시장의 취약성과 외부 충격, 한국경제의 구조적 문제점 및 정부 실책의 합작품으로 보아야 할 것이다. 저자는 외환위기의 원인을 경기하강이나 과잉투자·부실심사 등의 미시구조적 문제에 국한하지 않고 경제질서 전반의 문제에 결부시키고자 한다. 정부규율을 해체하면서 그에 대신할 시장규율을 제대로 확립하지 못한 데에서 과잉투자·부실심사 등의 문제가 발생하였다. 후발성의 이점에 의존하지 않는 새로운 성장 동인을 확보하려는 노력을 소홀히 하여 국제경쟁력

5) 정운찬 「한국경제, 거품의 붕괴와 제도화」『창작과 비평』 99, 1998 봄; 김인준·이영섭 「외환·금융위기와 IMF 경제정책 평가」『金融學會誌』 3(2), 1998.

이 약화되어갔고, 고도성장시대의 종언을 맞이하기 위한 패러다임의 전환을 이루지도 못하여 거품이 만연하였다. 그 때문에 경기하강이 심각한 지경에 이르렀던 것이다.

기업은 1986~8년간 호황기에 올린 높은 수익으로 자기자본을 확충함으로써 재무구조를 개선하였다. 그런데 1989·90년간 기업의 총차입금은 4배로 증가하였고, 그중 30대 재벌의 비중은 88년 22.8%로부터 90년 41.2%로 급증하였다. 90년대 초의 불황에 기업은 차입을 자제하였다가, 1994·5년간의 호황기에는 3저호황기와 달리 이익이 증가할수록 차입을 확대하여 자산규모를 늘리는 행태를 보였다. 전산업의 설비투자재원의 차입금 의존도는 1990년 47.8%로부터 96년 60.6%로 증가하고(96년 일본은 19.6%에 불과) 단기 차입의 비중이 증가하였다. 한국 제조업의 부채비율은 1980년 488%까지 증가한 이후 하락 추세여서 1989년 254%까지 내려갔다가 다시 상승 추세로 1997년 396%까지 올랐다. 1989년 이후 이익률은 하락 추세인 반면 과다 차입이 금리를 높여서 경영 적자가 커졌다.(부표 10)

1995년에는 대기업은 좋고 중소기업은 나쁜 경기양극화 양상이 나타났다. 96년 하반기에는 대기업도 중소기업도 나쁜 불황전면화 국면으로 접어들어, 제조업의 매출액 경상이익률은 96년 이후 격감하여 97년에는 마이너스였다(부표 10). 놀랍게도 그러한 가운데 재벌은 차입 의존도를 높이고 확장을 지향하여, 30대 재벌의 계열기업수는 95년 623개로부터 97년에는 819개로 급증하고 그 부채비율은 95년 말 348%로부터 97년에 519%로 급증하였다. 97년 말 결산 상장회사 488개사의 평균 부채비율은 340%에 달하여, 1년 전보다 88%나 올랐다. 추후에 276개 상장회사와 그 종속회사 1,407개사의 연결재무재표를 작성하여 재검토한 결과, 1997년도 순손실은 4조 원으로부터 8조 원으로 배증하였고, 연결 전에 337%이던 부채비율은 507%로 늘었다. 상장사들은 내부거래로 이익을 부풀렸던 것이다. 기업경영의 불투명성은 외환위기의 사전 예방을 저해하였다.

1990년대에 무역적자가 누적된 데다가 기업과 금융기관의 해외 차입이 급증함에 따라, 총외채는 93년 말 439억 달러로부터 96년 말 1,509억 달러로 증가하였고, 그간에 단기외채의 비중은 43.7%로부터 50.3%로 상승하였다(부표 9). IMF와 합의하여 새로 정한, 금융기관의 국외 금융과 해외 지점 차입까지 포함한 총대외지불부담은 96년 말 1,643억 달러, 97년 말 1,581억 달러였다. 그 밖에 94년에 한도를 철폐한 기업의 현지금융은 93년 말 180억 달러로부터 97년 말 530억 달러로 급증하였다. 외채가 급증하고 단기화되었을 뿐만 아니라 그에 관한 정보가 은폐된 것은 대외 신인도를 하락시켰다.

기업경영이 악화되는데도 금융기관은 정치권의 외압 및 자체의 무책임감으로 인해 대출의 사전적 심사기능과 사후적 감시기능을 제대로 수행하지 못하였다. 종합금융사의 경우 해외로부터 단기자금을 차입하여 상환 불능의 위험성이 높은 외국 중장기 채권을 매입하거나 국내 기업에게 장기대출을 하였다. 금융개방의 진전으로 증대한 단기자금 유입에 따른 위험은 커졌음에도 불구하고, 그 효과적 관리 체제가 마련되지 않았다. 이것은 외환위기를 초래한 중요한 정책 실패였다.

1970년대 말에 과도한 차입이 초래한 격심한 경영난에 몰린 바 있던 재벌은 왜 과다차입에 의거한 과잉투자를 반복하고, 경제위기와 외채위기를 경험한 바 있던 정부는 왜 그것을 방치하였을까. 첫째, 정부와 기업은 3저호황과 93~5년간 호황에 홀려 우리 경제의 실력을 과신하였고 개혁과 구조조정에 박차를 가하지 못하였다. 86~8년간 호황이 3저 현상이라는 외부 요인에 힘입었던 것과 마찬가지로 93~5년간의 호황도 엔화 강세, 중국·동남아시장의 확대라는 외부 요인에 힘입은 바 컸다. 게다가 대담하게 시설을 확장해둔 반도체공업이 엄청난 수익을 거두었던 것이다. 둘째, 금융의 자유화와 국제화의 진전은 자본조달의 기회를 넓혔다. 기업어음을 통한 자본조달은 94년 4.4조 원으로부터 96년 20.7조 원으로 증가하였다. 금융기관의 해외 차입을 통한 자본조달과 기업의 현지금융은 94년부터 급증하였다. 셋째, 재벌은 대외 개방이 급진전하는 가운데 경쟁력을 확보하기 위하여 생산 규모의 확대를 도모하였던 것으로 보인다. 제조업의 설비투자율은 1990년 15.0%에서 1996년 16.8%로 증가하는 가운데, 부채비율은 높아지고 자기자본수익률은 떨어졌다. 1996년 불황전면화 국면으로 진입한 이후에도 재벌이 확장 지향적 경영을 감행한 데에 대한 일반적 설명은 기업 규모를 확장하면 금융 등의 이점이 많았고 빚을 갚기 어려운 처지가 되더라도 정부가 망하지 않도록 지원하는 관행, 달리 표현해 바둑 고수에 적용되는 대마불사(大馬不死)의 신화를 믿었다는 것이다.

과도한 차입에 의존하고 그것을 비효율적으로 사용한 결과, 1997년 초부터 대기업집단이 도산하기 시작하였다. 1월에는 노동법 개정안의 기습통과에 따른 총파업 사태, 그리고 61개 금융기관에 약 60억 달러의 부채를 가진 한보의 부도가, 3~4월에는 30대 재벌에 속한 삼미와 진로의 부도가 발생하였다. 재벌은 망하지 않는다는 통념이 무너지기 시작한 것이다. 차입에 과도하게 의존한 기업의 부실화와 도산은 부실채권을 양산하여 금융업의 부실화를 초래하였다. 〈표 13-1〉에 의하면, 일반 은행의 부실여신은 97년 한 해에 2.4조 원으로부터 10.1조 원으로 급증하였다. 재벌이 망할 수 있게 됨에 따라, 은행은 망하지 않는다는 통념도 아울러 설 자리를 잃게 되었다. 비은행금융기관의 부실화도 진행되었다. 금융산업의 낙후와 재벌의 방만한 차입경영이라는 박정희정부의 부정적 유산을 개혁하지 못한 것은 97년 말 위기를 초래한 중요한 내적 요인이었다.

1997년 전반에 경제사정이 악화되어갔음에도 별 변화가 없던 외국 투자가의 한국경제에 대한 신뢰는 7월부터 일어난 사건에 의하여 손상을 입었다. 7월에 동남아 외환위기가 확산되는 가운데 기아자동차가 사실상 부도 상태에 빠짐에 따라, 8월 초 한국의 국가신용등급이 하향조정되었다. 그로 말미암아 민간부문의 해외 차입이 어려워지자, 정부는 금융기관 부채의 지급보증을 선언하였다. 이러한 선언은 민간부문의 신용위기가 국가의 신용위기로 확산되는 공식적인 길을 터놓고 말았다. 10조 원 빚의 기아가 노조의 간섭을 받는 방만한 경영을 한다는 금융계와 정부부처의 비판이 나오자, 1973년 종업원 지주제를 도입한 '국민기업'을 살리자는 여론은 범국민적으로 확산되고 대선을 앞둔 정치가도 편승하였다. 그에 밀려 10월에 정부는 부도 상태에 처한 기아그룹을 산업은행 출자를 통해 구제하기로 결정하였다. 이 결정은 외국 투자자의 신뢰를 크게 악화시켰다. 이 결정이 있던 다음날 설상가상으로 홍콩의 주가가 폭락하였다. 이에 따라 외국 투자가는 아시아경제를 불신하게 되고, 그들의 한국경제에 대한 신뢰는 순식간에 돌이킬 수 없이 무너졌다. 한국경제에 대한 낙관적 전망이 무너져가던 8~11월간 외국자본이 약 20억 달러 유출되었다. 나아가 한국경제를 불신한 외국 은행이 만기 외채의 연장을 거부하였던 것은 결정타였다. 그 때문에 외채 원리금의 상환을 위한 기업과 금융기관의 외환수요가 급증하자, 11월에 환율변동폭을 2.25%로부터 10%로 올렸음에도 불구하고 환율이 변동제한폭의 상한까지 상승하고도 외환의 거래는 이루어지지 않았다. 환율 방어에 100억 달러나 쓰는 가운데, 가용(可用)외환 보유고는 10월 말 223억 달러로부터 11월 말 73억 달러로 격감하였다. 결국 외환위기를 맞이한 정부는 12월 IMF와 긴급자금지원협약을 맺었다.[6)]

(2) 구조조정, 제도 개혁 및 대외 개방

IMF의 구제금융을 받으면서 받아들인 이행조건은 긴축정책, 구조조정 및 대외 개방의 확대로 나눌 수 있다. IMF는 고금리 및 통화·재정 긴축을 통해 총수요를 줄임으로써 자본유입을 촉진하고 경상수지의 흑자를 실현하고자 했다. 긴급한 구제 요청으로 수용할 수밖에 없었던 고강도 긴축정책은 IMF가 예상한 이상으로 심각한 경기침체를 초래하였다. 그에 따른 비판을 받고 IMF는 1998년 4월부터 점진적 금리 인하를 용인하였고, 10월에 통화정책의 권한을 한국정부에 넘겨주었다. 외환위기 이후 통화정책은 통화량 위주로부터 금리 위주의 선진국형 간접관리방식으로 전환하였다.

6) 朴大權·李昌鏞「한국의 外換危機: 展開過程과 教訓」『經濟學硏究』 46-4, 1998; 이제민『외환위기와 그 후의 한국경제』한울아카데미, 2018.

또한 IMF는 부실금융기관을 정리하고 금융감독을 강화하며, 기업경영의 투명성과 건전성을 높이며 노동시장을 유연화하라고 요구하였다. 이러한 구조조정과 제도 개혁의 방향은 한국경제의 건전화와 선진화를 위한 개혁과제에 부합한다는 평가를 받았다. 그것을 비판하는 진영에서는 기업개혁이 재벌의 강점을 약화시키고 노동시장의 유연화가 실업과 빈부격차를 확대하고 급속한 시장개방이 대외 충격에 따른 경제적 불안정을 증대시킨다는 점 등을 지적하였다.

1997년 말 IMF와 협약을 체결한 이후 정부는 금융·기업·노동·공공부문의 구조조정과 제도 개혁을 추진하여왔다. 그 목표는 부실 요인을 제거하여 경제위기로부터 벗어나고, 나아가 경제의 투명성·효율성·공정성을 높이는 일이었다. 경제위기를 초래한 직접적인 요인은 기업부실과 금융부실이 누적되는 악순환이었다. 금융기관이 기업의 방만한 차입경영을 제어하지 못하여 기업부실이 발생하였고, 그로 인해 금융부실이 초래되고 금융경색이 심해져 기업부실이 더욱 심화하였던 것이다. 따라서 금융부실과 기업부실의 악순환 고리를 단절하는 우선 과제는 금융개혁이었다.

금융개혁의 과제는 금융기관의 부실을 정리하여 그 자금중개기능을 회복하고 신용평가·위험관리능력을 향상하며, 금융감독을 강화하여 금융시스템의 안정을 도모하는 것이다. 정부는 공적 자금 64조 원을 조성하여 금융기관 부실을 우선 정리하였다. 은행 5개는 인가취소되고 6개는 합병되었다. 종금사 등 제2금융기관도 대대적으로 정리되었다. 정부는 1998년 9월 금융구조조정의 마무리를 선언하였으나, 구조조정에 소극적이던 대우그룹이 99년에 파산하고 기업개선작업이 효과적으로 추진되지 못하여 99년 말부터 다시 금융부실이 증가하고 기업부실이 확산되자, 2000년 11월부터 추가 공적 자금 40조 원을 조성하여 2단계 금융구조조정을 추진하였다. 정부는 금융기관의 건전성 기준을 국제기준에 부합되게 정비하고 금융감독체계를 강화하고 금융기관의 회계·공시제도를 정비하였다.

이러한 금융구조조정을 통해 1997년 말부터 2001년 말까지 전체 금융기관의 29%에 해당하는 613개의 부실금융기관이 정리되었으며, 외환위기 이후 5년간 금융기관은 약 100조 원의 부실채권을 정리하였다. 금융구조조정을 거치면서 은행의 BIS 자기자본비율은 11%로 상승하였다. 1998년 21조 원에 달한 은행의 영업적자가 이후 축소되고 2001년 은행은 5조 원의 순이익을 거두었다. 은행 영업의 개선은 금융기관의 합리화 노력뿐만 아니라 경기부양을 위해 가계대출을 조장한 정책에 의한 점에서 한계를 가진 성과였다. 외환위기 이전 은행의 기업대출은 70%, 가계대출은 30% 정도였으나, 그 후 가계대출이 늘어 2005년 말에는 기업대출을 앞지르게 되었다. 40조 원 정도이던 주택담보

대출이 급증하여 2016년 442조 원에 달하였다.

금융산업에 대한 응급조치가 일단락되면서부터 금융기관 주도로 기업구조조정이 이루어졌다. 그 당면 과제는 부실기업의 처리지만, 궁극 과제는 재벌개혁이었다. 1998년 회생할 수 없는 기업 55개에 대해 1차로 퇴출 판정을 내렸다. 회생가능한 기업에 대해 5대 재벌은 대규모 사업교환(big deal), 그 외 재벌은 기업개선작업(workout)이라는 방식이 채택되었다. 기업개선작업을 거친 104개 중 2000년 말에 70개가 조기종료하거나 퇴출하고 34개가 잔존하였다. 기업개선작업은 도덕적 해이를 방지하는 제도를 정비하지 않은 채 시행되어 부실기업의 퇴출을 지연시키는 부작용을 낳았다. 2000년에는 52개 기업을 2차로 퇴출 대상으로 지목하였다. 이처럼 기업부실이 충분히 제거되지 못하고 부실이 심화된 기업도 발생하여, 금융기관의 부실채권이 증가하였다.

정부는 재벌의 불투명한 경영구조와 과도한 사업 확장을 경제위기의 중요 원인으로 지목하였다. 그래서 1998년 1월에 재벌개혁의 원칙으로서 ① 기업경영의 투명성 제고, ② 상호지급보증의 해소, ③ 재무구조의 획기적 개선, ④ 주력사업으로의 집중 및 중소기업과 협력 강화, ⑤ 지배주주와 경영진의 책임 강화를, 8월에는 보완 과제로서 ① 산업자본의 금융지배 차단, ② 계열사간 순환출자와 부당내부거래의 방지, ③ 변칙 상속·증여의 차단을 제시하였다. 정부는 IMF의 요구를 받아들여, 외형의 확대와 기업간 횡적 결합을 중시하는 한국식 기업경영을 투명성, 전문성 및 효율성을 중시하는 미국식 경영으로 바꾸려고 하였다. 불투명한 기업경영의 현저한 예를 들면, 대우그룹이 무려 23조 원에 달하는 부실을 감추어 총자산 59조 원에 총부채 89조 원임은 도산 후의 특별감리를 통하여 드러났다. 회계 조작에 관련된 회계법인과 공인회계사에 대한 징계는 2000년 대우법인의 부실과 관련하여 처음 이루어졌다.

재벌개혁은 부실 정리뿐만 아니라 사업구조, 재무구조, 지배구조 등을 포괄하였다. 98년 정부의 종용으로 주력산업에 집중하기 위한 취지로 반도체·석유화학·발전설비 등 9개 업종의 대규모 사업교환이 추진되었다. 이렇게 탄생한 기업들이 대부분 통합후유증을 겪었고, 반도체 빅딜에 비판적인 견해가 강하였다. 외환위기 이후 반도체 등 사업을 확장하던 현대그룹은 2000년에 경영위기를 맞았다. 부당내부거래 차단 등의 조치가 취해졌다. 채무지급보증을 해소하고 부채비율을 200% 이하로 줄이라는 요구를 재벌은 이행하였다. 부채비율은 보유 자산과 비관련 사업의 매각, 외자 유치, 계열사간 유상증자 등으로 인해 감소하였다. 상호채무보증은 2000년까지 해소되었다. 기업 외부적으로는 적대적 인수합병(M&A)의 허용, 상호채무보증의 해소 등 시장규율을 강화하였고, 기업 내부적으로는 사외(社外)이사제도를 도입하고 지배주주의 책임과 소액주주의 권한을 강화하였고 기관투자가의 의결권 제한을 완화하였다. 외환위기 이후 지배구조의 개선을 위한 제도개혁이 본격화된 것은 재벌정책의 중요한 진전이라 평가할 만하다.

노동부문 개혁은 노동시장의 유연성을 높이는 것으로 집약된다. 1998년 노사정(勞使政)위원회를 통해 노동계는 전교조와 노조 정치활동의 합법화를 얻고 실업대책을 약속받은 대신에 정리해고제의 즉각적 시행과 파견근로제의 도입을 받아들였다. 97년 개정된 노동법에서는 정리해고를 2년간 유예한 후에 실시하되 사용자가 긴박한 경영상의 필요가 있을 때 인정하기로 하였는데, 98년 다시 개정된 노동법에서는 정리해고제를 즉각 도입하고 기업의 양도·인수·합병에도 허용하기로 하였다. 사업체 외부로부터 파견된 근로자의 고용도 노동조합의 입지와 고용안정성을 현저히 약화시키나, 노동계는 경제위기 때문에 노동시장을 유연화하자는 요구를 거부하지 못하였던 것이다.

경제위기 이후 실업이 급증함에 따라, 정부는 공공근로사업과 실직자 생활안정자금의 대부로 단기충격을 흡수하는 한편, 고용보험을 전사업장으로 확대, 적용하고 실업자 직업훈련을 실시하였다. 나아가 실업·산업재해·노령·질병·빈곤 등으로부터 국민을 보호하는 사회안전망을 구축하였다. 1964년부터 시행된 생활보호법은 근로능력을 가진 자를 제외하였으나, 2000년부터 시행된 국민기초생활보장법은 최저생계비 이하의 모든 저소득층에게 실제 소득과 최저생계비의 차액을 보장하도록 하였다. 1997년에 생계비 지급 대상자는 37만 명, 1인당 월평균 지급액은 13만 8,000원이었는데, 2000년에 기초생활 수급자는 149만 명 선정되었고 4인 가족의 최저생계비는 93만 원으로 잡았다.

경제위기를 초래한 기업·금융부실의 풍토를 조장하고 방치한 중대한 책임은 정치권과 정부에 있다. 권력의 부정부패를 효과적으로 막지 못하고서는 공정하고 효율적인 경제질서를 확립하기 어렵다. 2001년 자금세탁방지법이, 2002년 부패방지법이 시행되었으나, 사정(司正)기관이 권력으로부터 독립하여 권력형 비리를 척결하는 과제는 아직도 남아 있다. 정부 산하기관의 조직 축소와 인력 감축이 추진되어, 1997년 말 공공부문 정원의 20%에 해당하는 14만 명이 2001년까지 감축되었다. 그런데 작고 효율적인 정부를 만들기 위한 정부조직의 개편은 실효를 거두지 못하였으며, 인력의 감축은 주로 하위 직급의 해직으로 귀결되었다. 이것은 관료의 저항과 로비에 정치권이 동조하였기 때문이라고 지적되기도 한다. 정부운영시스템을 경쟁적이고 고객 위주인 방향으로 개선하려고 시도하였으나, 성과는 미흡하였다.

1980년대부터 지지부진하게 추진되던 공기업의 민영화는 경제위기 이후 가속화되어 98년 민영화 대상으로 선정된 11개 공기업 중 포항제철, 한국중공업, 한국통신 등 8

개는 2002년까지 민영화되었고, 한국전력, 한국가스공사 및 지역난방공사의 민영화는 중단되거나 부분적이었다. 공기업의 운영시스템을 개선하기 위한 시도도 있었다.

김대중정부는 IMF가 요구한 이상으로 대외 개방을 추진하였다. 외채 원리금의 상환과 투자재원의 조달을 위해 외자 도입이 절실한 사정뿐만 아니라 개방화를 통한 금융시장의 통합이 자본의 효율적 이용을 촉진한다는 효과를 고려하였기 때문일 것이다. 대외 개방은 외환자유화, 자본자유화 및 무역자유화로 이루어졌다. 1990년대에 들어와 점진적으로 추진되던 외환자유화는 외환위기 이후 급진전하였다. 98년 말에는 시장평균환율제도로부터 환율이 완전히 자유롭게 결정되는 자유변동환율제로 전환하였다. 99년에는 기업과 금융기관의 외환거래를, 2000년에는 개인의 외환거래를 자유화하였다. 그러면서 환투기와 자본유출의 위험에 대비하는 조치가 취해졌다.

자본자유화 조치로서 외국인의 주식투자 한도를 공공법인 외에는 모두 철폐하였고, 단기금융시장과 채권시장을 완전 개방하였고, 외국인 직접투자에 대한 제한 축소와 우대를 위한 외국인투자촉진법을 제정하였고, 적대적 인수합병(M&A)을 허용하였다. 98년에는 외국은행과 증권사의 국내 현지법인의 설립을 허용하였고, 기존 증권회사에 대한 지분참여 제한을 철폐하였다. 그 결과 1998년 222억 달러에 불과하던 외국인 직접투자 잔액이 급증하여 2005년부터 1,000억 달러를 넘게 되면서 외자계 기업들은 규모와 영향력을 확대하여왔다. 석유화학·제지·식품업에서 외자계는 50% 이상의 시장을 차지하게 되었다. 외국 자본은 제일은행·한미은행·외환은행을 인수하여 외국계 은행의 자산점유율은 1997년 말 4.2%로부터 2004년 10월 21.8%로 급증하였고, 국내 은행에 대한 외국 자본의 지분율은 2004년 9월 60%에 달하였다. 1997~2004년간 외국의 증권사와 생보사의 국내 시장 점유율은 각각 3.9%, 1.3%로부터 12.1%, 13.5%로 늘었다. 외자계 기업은 선진적 경영기법과 양호한 성과로 국내 기업에 자극을 주었다. 외국인의 유가증권 보유 비중은 부분 개방이 이루어진 1992~8년간 2.7%로부터 16.4%로 증가하였다가, 완전개방기에 급증하여 2000년부터 30%를 넘었다. 1998년 187억 달러에 불과하던 외국인의 주식 투자 잔액은 1999년 629억 달러에 달하였고, 2003년 1,000억 달러를, 2005년 2,000억 달러를 넘었다. 2000년대 한국의 자본시장 개방도는 OECD 평균보다 높아졌다. 게다가 주식 투자의 비중이 높아서 한국경제가 단기성 투기자본의 이동에 의하여 교란될 가능성이 한층 커짐에 따라, 외환거래와 자본이동의 효율적인 관리체계를 구축하는 과제가 대두하였다. 그래서 1994년 제정된 외국환거래법은 시장 규제의 대폭 완화를 특징으로 하였다면, 2009년 외국환거래법은 대외거래의 원활화뿐만 아니라 외환시장의 안정도 목적으로 삼았다. 무역자유화 조치로서 수입다변화제도를 폐지하였고,

무역관련 보조금 4개 항목을 폐지하였다.

(3) 경제위기의 극복

IMF의 요구에 따른 고강도 긴축정책은 금융시장을 경색시키고 기업 도산과 대량 실업을 낳아 심각한 경기침체를 초래하였다. 1998년의 성장률은 -5.1%였다. 1997년 말의 실업률은 3.1%, 실업자는 66만 명으로 높은 수준이 아니었으나, 경제위기가 진행되면서 실업은 급증하여 99년 2월에는 8.6%로 178만 명에 달하였다. 대량 실업은 건실한 중소기업의 도산과 더불어 경제위기의 최대 재앙이었다. 1997년 5대 재벌의 순이익은 급감하고 나머지 재벌은 적자를 보았고, 1998·9년에는 5대 재벌도 적자를 보았다.

1998년의 경기침체가 예상외로 심각하자, 정부는 IMF의 양해 아래 98년 4월 금리를 인하하고, 8월부터 금리 인하와 재정지출 확대 등 본격적인 경기부양책으로 정책기조를 전환하였다. 〈표 13-3〉에 나타난 바와 같이, 바닥을 헤매던 경기지표들은 98년 4분기부터 뚜렷이 개선되기 시작하였다. 제조업의 이익률은 96년 이후 급락하여 97·98년에는 적자를 보았다가, 1999년 이후 뚜렷이 호전되었다(부표 10). 급등하던 실업률은 99년 3월부터 하락하여 2000년 2분기부터 3%대로 낮아졌다. 금리는 외환위기 직후 30%를 넘어서기도 했으나, 98년 하반기에 하락하여 한 자릿수의 금리 기조가 정착하였다.

1997년 11월 이후 무역흑자의 지속은 경제를 수렁으로부터 끌어올리는 데에 큰 힘이 되었다. 원화가치의 폭락에 따른 수출경쟁력의 회복, 불황에 따른 수입의 격감 등에 힘입어 98년도부터 상당한 무역흑자를 달성하였다. 거품과 과도한 보호막이 사라지자, 제조업의 경쟁력은 부활하였던 것이다. 이것은 한국경제의 기초체력(fundamental)이 약하지는 않았음을 드러낸다. 구제 자금의 신속한 상환을 위해 전국 가구주의 23%인 349만 명이 동참한 금 모으기 운동에서 드러난, 외환·경제위기의 고통을 분담하려는 국민의식은 위기 극복에 도움을 주었다. 국제 시세로 세 달간 사들인 금 225톤으로 18억 달러를 확보하였고 한국은행의 금·은 비축을 4톤에서 7톤으로 늘렸다. 정부의 위기관리 능력과 금융·기업개혁은 대외신인도를 높임으로써, 경기회복에 유리하게 작용하였다. 1999년과 2000년에는 세계경제의 회복에 따른 수출의 호조와 민간 소비의 확대도 작용하여 경제성장률이 11.5%와 9.1%에 달하였다. 그 결과 외환위기를 만나면서 폭락한 국가신용등급은 99년 초부터 점차 상승하였다. 외환위기를 경험한 나라들이 대체로 V자형 경기변동을 경험한 가운데, 한국은 충격의 골도 깊었고 회복의 속도도 빨랐다.

무역흑자의 지속과 경기의 빠른 회복에 힘입어 IMF로부터 지원받은 195억 달러를 신속히 상환할 수 있었다. 그중 마지막으로 남은 1억 4,000만 달러를 2001년 8월에 상환하여 IMF관리체제로부터 완전히 벗어났다. 경상수지의 흑자에 힘입어 1997년 말 89억 달러이던 외환보유고는 이후 계속 증가하여 2001년 말에 1,000억 달러를 넘었으며, 총대외지불부담은 계속 감소하여 2001년 11월에 1,203억 달러였다.

그런데 1998년 중반 이후 주택담보대출과 신용카드 발급의 조장 등 경기부양책이 추진되고 기업·금융의 구조개혁정책이 이완되었다. 1969년 시작된 신용카드의 결제는 1999~2002년간 60조 원에서 619조 원으로 급증하였다가 신용불량자의 증가와 체크카드의 사용 정책으로 2004년 353조 원까지 떨어진 다음 상승하였다. 가계대출은 2000년 1분기 199조 원으로부터 2003년 4분기에 421조 원으로 급증하여 금융 불안의 요인이 되어왔고, 2002~6년간 아파트 가격을 상승시켰다. 그에 따른 주택 임차비의 상승도 가세하여 가계부채를 늘렸다. 가계부채는 2013년 1,000조 원을, 2018년 1,500조 원을 돌파하였다. 1997년 외환위기 이후 공적 자금이 168조 7,000억 원 투입되었으나, 도덕적 해이를 막는 제도가 정비되지 못해 2015년 11월까지 그 66%인 111조 원을 회수하였고 이자까지 고려하면 회수율은 절반 이하였다.

2001년까지는 높은 부채율과 낮은 이윤율의 악순환에 몰린 기업이 많아, 영업이익으로 금융비용을 감당하지 못하는 업체의 비중은 1999년 32.3%, 2001년 28.6%였다. 그래도 기업경영은 호전되는 추세여서 제조업 금융비용부담률(=금융비용/매출액)은 1998년 9.0%로부터 2003년 1.9%로 하락하고, 2002·3년에는 매출액경상이익률은 4.7%에 달하였다. 2002년부터 후자가 전자를 초과하게 되었다.(부표 10)

5. 시장질서의 발전과 기업의 동향

1997·8년 외환·경제위기 이후 경제성장을 위해 종전처럼 요소 투입의 증대에 의존하기 어렵게 되었다. 생산성의 향상을 도모하는 관건은 제도와 기술의 발전이다. 경제적·기술적 효율과 기술혁신에 이바지하는 제도 발전은 이 절에서, 기술 발전은 다음 절에서 다룬다.

국가주도적 전략의 부정적 유산이 외환·경제위기의 내인(內因)을 제공하였기 때문에 경제위기의 극복을 위해서도 그 개혁은 불가피하였다. 구조개혁정책의 기본 목표는 효율적이고 공정한 시장질서의 구축이었다. IMF의 구조개혁 요구와 경제위기는 한국사회의 타성과 이해관계집단의 반발을 극복할 수 있는 강력한 무기를 제공하여, 외환위기 이후 세계적 기준에 부합하는 시장질서로 변화하였다. IMF의 요구와 정부의 개방정책으로 시장이 전면 개방되고 외국자본이 대거 유입됨에 따라, 정부는 기업과 금융기관이 개방화에 적응할 수 있도록 기업의 회계기준·지배구조·퇴출제도, 은행의 BIS 자기자본비율 등의 제도를 국제투자자들이 요구하는 세계적 기준에 맞게 정비하였다. 금융실명제, 외환·경제위기에 따른 제도개혁, 그리고 부패·청탁 금지법제의 강화는 시장의 건전한 발전을 도모하는 소중한 환경을 제공하였다.

금융구조조정을 통해 부실금융기관은 퇴출되고 그 경영진은 책임을 진다는 인식이 확산되었다. 2001년부터 예금자도 손실을 분담하게 되었다. 시장규율이 강화된 것이다. 규제 완화와 금융 개방으로 금융기관간 경쟁이 국내외적으로 확산되는 가운데 금융기관의 대형화·겸업화·증권화가 진행되었다. 금융권이 은행과 증권사를 중심으로 통합되는 추세 가운데 은행간 인수와 합병으로 대형 은행이 출현하고, 증권회사도 대형화되었다. 1997년 33개 은행의 평균 자산은 30조 원이었는데, 2004년 19개 은행의 평균 자산은 93조 원이었다. 1997~2004년간 상위 4개 은행의 자산집중률은 37%로부터 63%로 높아졌다. 2000년에 금융산업의 겸업화·대형화를 위해 금융지주회사법이 제정되었다. 2001년 우리금융지주회사가 출범하였고, 2010년 5월에 금융지주회사는 10개에 달하였다. 2002년에는 금융당국의 승인을 얻으면, 산업자본이 시중은행 주식의 10%까지 소유할 수 있되, 소유한도 4% 초과분의 의결권을 포기하게 했다. 재벌은 망하지 않는다는 통념이 소멸하고 금융자산 가격의 규제가 폐지되는 등의 규제 완화로 금융시장의 위험은 커졌다. 그래서 금융기관은 선진적 위험관리기법을 도입하고, 위험 관리를 위한 다양한 금융상품을 제공하였다. 2008년 세계금융위기를 겪은 후인 2010년 은행 단기외채의 거시건전성과 파생상품 거래에 대한 규제를 도입하여 개방에 따른 위험 관리를 강화하였다. BIS규제를 받는 은행은 위험 부담이 큰 기업대출을 축소하는 가운데, 기업대출을 담당하는 국내 금융자본이 성장하지 못하였는데, 그것은 성장잠재력을 제약하고 있다.

외환위기는 한국 금융이 은행중심체제로부터 시장중심체제로 이행하는 계기로 작용하였다. 1973년부터 기업공개를 촉진하는 강력한 시책이 시행된 이후, 금융부문에서 시장의 역할은 증대하여 기업부채 잔액 중 유가증권의 비중은 1975년 1.8%로부터 1997년 30.6%로 증가하였다. 외환위기 이후 유가증권 비중의 증가 추세가 지속적이지는 않고 금융기관 차입이 여전히 더 많으나, 외국인 지분의 급증 등 자본시장 환경의 변화는 시장규율을 강화하였다.

채권시장은 1970년대 적극적인 자본시장 육성책 등으로 성장하였다. 재정적자를 보전하기 위한 국채(國債) 발행의 필요성이 증대하여, 강제 매도하던 국채는 1994년 제한된 경매제로, 1999년 완전 경매제로 전환하였다. 1997년 외환위기 이후 제도 개선으로 국채시장이 조성되고 회사채 발행의 한도가 확대되고 채권시장이 전면적으로 개방되자, 채권시장은 급성장하였다. 국채와 정부보증채를 거래하는 유통시장이 형성되어, 2000년 73조 원이던 국고채 발행잔액은 2005년 200조 원을, 2009년 300조 원을 초과하였다.

경제위기 이후 재벌체제는 재편되고 변화하였다. 1980년 기준 30대 재벌 중 2007년까지 사라진 재벌은 10개이며, 망한 재벌은 모두 과도한 부채로 영업 확장을 추구하였다. 10대 재벌에 포함된 기아와 대우의 도산과 더불어 재벌이 망하지 않는다는 신화는 무너졌다. 〈표 11-25〉에서 드러나듯이, 경제위기 이후 재벌은 비관련 다각화를 지양하고 사업구조의 집약화를 추진하여 계열기업을 줄이다가 2001년부터 꾸준히 늘렸다. 5대 재벌은 계열사 수에서는 30대 재벌 전체의 1/3 정도였지만, 1987~2016년간 자본금, 매출 및 순이익의 비중이 각각 55%로부터 67%로, 62.4%로부터 61.6%로, 74%로부터 94%로 늘었다. 30대 재벌의 총자산은 그동안 국내총생산의 47%로부터 94%로 증가하였다. 외환·경제위기 이후 재벌은 대마불사의 신화를 믿고 부채에 의존하여 외형 확장을 추구하기 힘들어졌음에도 불구하고, 재벌의 경제력집중도는 높아졌다. 외환·경제위기로 인한 개혁으로 단련된 재벌의 경제성과가 좋아졌던 것이다.

1999년 재벌 지배구조의 투명성을 높이기 위해 지주회사(持株會社, holding company)를 허용하였는데, 2000년 SK, 2001년 LG가 지주회사체제로 전환하였다. 2019년까지 지주회사체제를 도입한 44개 재벌 중 27개가 2019년 존속하였다.[7] 지주회사의 소유지배구조는 순환출자의 기업집단보다 투명하다. 그런데 지주회사제도가 재벌의 시장지배력을 강화하여, 재벌의 계열사는 늘었다. 경제위기 이후 금융권 차입을 통한 기업의 간접금융은 줄어든 반면, 유상증자, 회사채 발행 등 직접금융을 통한 자금조달은 급증하였다. 지배구조 개선을 유도하는 제도, 직접금융의 증대 및 외국인 지분의 증가는 주주중시라는 새로운 경영패러다임을 낳았다.

이러한 시장규율의 강화는 민주화와 시민사회의 성숙과 더불어 재벌체제의 투명성과 효율성을 높이는 방향으로 작용하나, 재벌의 지배구조와 경영 투명성을 개선하기 위한 제도개혁은 2000년대에도 실효를 보지는 못하였다. 10대 재벌의 경우 오너의 지분율

7) 김동운 『한국재벌과 지주회사체제 20년』 한국학술정보, 2020.

은 1993년 3.5%로부터 2012년 0.9%로 하락한 반면, 같은 기간에 내부지분율은 44.4%에서 55.7%로 높아졌다. 1990년대에 공개자본의 비중은 60%를 넘는 해가 대부분이었으나, 2001년부터 그 미만으로 떨어졌다.[8)] 1994년 상장법인이 주가 관리와 경영권 방어 등을 위해 자기 명의와 계산으로 자기가 발행한 주식을 취득하는 자사주(自社株)제도가 시행되었는데, 이것은 총수의 재벌 지배력을 강화하였다. 2020년 대주주 의결권을 제한하는 등의 상법이 재계의 반대를 받으면서 국회를 통과하였다. 2010년대에는 기업의 단기 이익만 노리는 엘리엇과 같은 헤지펀드의 부작용에 대한 우려도 나타났다. 그래서 재벌의 지배구조와 경영 투명성을 개선하면서도 기업의 장기 이익을 추구하는 주주자본주의를 정착시켜야 하는 과제가 남아 있다.

경제위기 와중에 중소 벤처기업의 급성장은 특기할 만하다. 벤처기업이란 일반적으로 고위험·고수익의 신규 사업으로 정의되나, 한국에서는 1997년 벤처기업 육성에 관한 특별조치법에서 지정된 요건에 충족하는 기업(벤처캐피털투자형, 연구개발 집약형, 특허 신기술형, 평가기관 우수평가형)으로 정의된다.

벤처기업의 효시는 한국과학기술원(KAIST) 출신 이범진이 1981년 설립한 큐닉스컴퓨터였다. 이 기업은 84년 소프트웨어 호환성을 가진 컴퓨터 완제품을 처음 만들어 성과를 거두고, 1996년에 매출 1,300억 원 정도의 중견기업으로 성장하였으나, 이후의 경제위기로 문을 닫았다. 이후 메디슨, 비트 컴퓨터, 다우기술, 미래산업 등이 출현하였는데, 이들이 한국 벤처의 1세대를 이루었다. 최초의 벤처캐피털은 74년 설립된 한국기술진흥공사라 할 수 있고, 80년대에 신기술사업 금융회사가 3개 설립되었다. 1980년대 후반의 3저호황은 벤처 창업을 촉진하였다. 86년에 제정된 중소기업창업지원법과 신기술산업금융법은 벤처캐피털회사의 법적 근거를 마련하였다. 80년대 후반과 90년대 전반에 벤처업계를 선도하는 기업들이 많이 출현하였다. 한국과학기술원과 서울공대 출신의 젊은 공학도가 1990년대 전반까지 벤처기업의 창업을 주도하였다. 과학기술 지식이 벤처기업의 태동에 결정적으로 기여하였던 것이다. 서울대 컴퓨터 동아리가 89년 처음 만든 아래한글은 한글의 대표적 워드프로세스로 존속하고 있다.

1990년대 전반까지도 벤처기업의 발전 전망은 가시화되지 않았다. 기술 후진성으로 투자 대상 기업이 부족한 데다가 투자회수시장도 미발달하여 대부분의 벤처캐피털회사들은 적자에 허덕였다. 90년대 경기침체기에 기술집약적 중소기업이 향후 경제를 이끌 세력이라는 주장이 대두하는 가운데, 벤처기업협회를 중심으로 제기된 벤처기업

8) 최정표 「외환위기 직후의 재벌개혁과 그 성과에 관한 연구」 『산업조직연구』 17-1, 2009.

육성방안이 96년부터 정부에 수용되면서 벤처 인프라가 갖추어지기 시작하였다. 1987년에 유망 중소기업의 주식거래를 위해 장외시장이 개설되었는데, 96년 여기에 전자주문결제에 의거한 경쟁매매방식이 도입되면서 코스닥시장이 출범하였다. 97년에 벤처기업특별법이 제정됨에 따라, 일정 조건을 갖춘 기업이 모두 벤처기업으로 인정되어 조세, 금융, 인력, 입지, 정보 등에서 다양한 지원을 받게 되었다. 이 법으로 장외시장이 활성화되고 기술을 담보로 하는 대출이 제도적 뒷받침을 받게 되었다.

외환위기 직전에 구축된 벤처 인프라는 그 후 경제환경의 변화와 결부하여 벤처기업의 급성장을 낳았다. 경제위기를 전후한 인터넷의 보급과 정보통신산업의 성장은 벤처의 사업기회를 확대하였다. 경제위기 직후 대기업의 구조조정과 재벌체제의 동요는 그 대안으로서 벤처 창업의 인센티브를 높였다. 그로 인해 재벌이 거의 독식하던 양질의 인력이 일시적으로 벤처기업으로 유입되기도 했다. 거래소시장의 전단계로 인식되던 코스닥시장은 벤처기업과 우량 중소기업의 자금조달시장으로 정착하였다.[9] 그런데 벤처기업에 직접적으로 대폭 지원한 정책은 벤처열풍과 더불어 코스닥시장의 거품, 그리고 정경유착에 따른 불공정한 지원과 도덕적 해이라는 부작용을 낳음으로써, 자본시장의 건전한 발달을 저해하고, 중소 벤처기업의 발전을 위한 호기를 활용하지 못한 셈이 되었다. 코스닥시장은 1999년 5월 그 활성화대책이 발표된 무렵부터 2000년 3월까지 급성장하였다가 그 후 침체하였다. 상부 지시로 2001년 2.2조 원으로 배증한 벤처자금 지원 중 절반이 심사·관리의 부실로 회수될 수 없다고 감사원은 지적하였다.

중소기업청에 등록한 벤처기업은 1998년 2,042개이다가 2001년 1만 개를 넘었는데, 이후 줄었다가 2005년부터 늘기 시작하여 2006년 1만 개, 2010년 2만 개를 넘었다. 벤처캐피털의 신규 투자는 2000년 2조 원으로 급증하였다가 이후 급감한 다음 2007년부터 서서히 회복되어 2010년 1조 원, 2015년 2조 원을 넘었다. 성공한 벤처의 대다수는 정보통신·전자·인터넷 등 첨단 정보산업에 종사하였다. 정부의 지원에 힘입어 도처에서 벤처기업전용단지와 산업기술단지가 설립되었다. 1980년대 말부터 활력을 잃은 구로공단은 2000년 서울디지털산업단지로 개명되고 벤처산업의 집적지로 변모하면서 활력을 되찾아, 2010년 712개에 불과하였던 입주업체는 2013년이 되면서 11,911개사로 급증하였다. 2005~16년간 매출액 1,000억 원을 넘는 벤처기업은 8배 증가하여 513개가 되었다. 그런데 세계 유일 기술을 보유한다고 생각한 벤처기업의 비중은 2012년 4.2%로부터 2016년 1% 미만으로 떨어져, 기술에 대한 자신감은 갈수록 떨어졌다. 2017·9년 벤

9) 성소미 『한국의 벤처』 比峰出版社, 2001.

처기업은 각각 35,187개, 36,503개이고 그 총매출은 모두 225조 원, 193조 원으로 삼성의 258조 원, 254조 원에 미달하지만 제2위 재벌보다는 많았고, 종업원은 76만 명, 80만 명으로 5대 재벌의 75만 명보다 많았다. 2019년 매출액 대비 연구개발비는 대기업 1.7%, 중소기업 0.7%, 벤처기업 4.9%였다. 2016~9년간 벤처기업의 국내 산업재산권은 104만 건으로 55%를 차지하였고, 국외 특허는 5.5만 건이었다. 2018·9년 영업이익률은 4.0%, 2.3%였다. 2015~9년간 매출 1,000억 원 이상 벤처기업은 474개에서 617개로 늘었고, 2019년 그 영업이익률은 5.9%였고, 그 수출액 598조 원은 전체의 5%였다. 매출 1조 원 이상 벤처기업은 13개였다. 2010년대 벤처기업은 양극화되고 있다.

99명 이하의 중소 제조업체는 계속 증가 추세였고, 100~199명의 중기업은 1988년까지 증가하다 이후 감소하였고 1998년부터 상승 추세로 바뀌었다. 200명 이상 중견기업과 대기업은 1988년까지 증가한 뒤 감소하여, 1989년 이후 제조업의 영세화가 심화되었다. 2005~17년간 매출 20억 이상의 기업과 1억 미만의 기업은 증가한 반면, 그 사이의 기업은 감소하였다는 산업연구원의 조사도 있다. 중소기업의 부가가치 비중은 지속적으로 증가하여 2000년대에 50%를 넘었으나, 외환위기 이후 대기업과 달리 중소기업의 수익성은 지속적으로 악화되어왔다. 제조업에서 1990년 중소기업의 노동생산성은 대기업의 54.9%였는데, 그 격차는 확대되어 2000년 38%, 2015년 32.4%였다. 2000~15년간 대기업과 중소기업의 노동생산성 증가율을 각각 5.0%, 3.7%였다. 중소기업의 위축은 고용사정을 악화시켰다.

1969년 이후 조성된 구미공단은 전자공업의 중심지였으나, 2000년대 LG와 삼성이 수도권으로 떠나며 침체하였다. 이후 중소기업간 협업을 다지는 시간을 지내며 성장하여, 구미산단은 2018년 생산 1.6조 원, 수출 16.6억 달러로 2009년 이후 조성한 5대 산단(구미·대구·포항·광주·장항) 중 1위였다. 연구·제조업체가 밀집한 구미산단은 창업의 중심지가 되고 있다. 구미 모델이 성공하여 확산하면, 중소기업의 활성화, 지역균형발전 및 일자리 창출에 이바지할 것이다.

중소기업의 보호와 육성을 위한 직접 지원 위주의 정책의 한계가 드러나 정부는 2004년부터 경쟁력 향상 위주의 정책으로 전환하고 있으나, 자율과 경쟁의 정책 기조가 제대로 정착하지 못해 중소기업에 대한 대규모 예산지원의 효율성은 여전히 낮았다. 정부는 대기업과 중소기업의 이분법적 정책의 문제점을 반성하여, 2010년 매출 400억~1,500억 원인 중견기업의 법적 근거를 마련하고 2013년 중견기업 성장의 사다리 구축 방안을 모색하고 2018년 육성 비전을 제시하였다. 2015년 중견기업은 제조업체 1,488개, 비제조업 2,070개여서, 전체 기업의 0.1%로 독일·일본 비중의 1/5에 불과하였다. 그 대부분 혁신역량이 미흡하였다. 2019년 중견기업의 매출액 증가율은 대·중소기업보다 낮았고 영업이익률도 3년 연속 감소하였고, R&D 집약도도 2%로 중소기업 2.6%보다 낮았다. 매출액 3,000억 원 미만 중견기업이 84%를 차지했고 1조 원 이상 기업은 110개로 정체 상태였다.

2008년 매출액 1조 원 이상 상장기업 147개 중 1980년 이후 창업한 회사는 1989년 세워진 (한국→웅진)코웨이와 1999년 설립된 네이버(NHN)뿐이었다. 카카오는 2000년 설립되어 카카오톡(Kakao Talk)으로 인기를 얻고 1995년 설립된 포털 업체인 다음(Daum)과 2014년 합병하였고 매출액이 2016년 1조, 2018년 2조를 돌파하였다. 카카오와 네이버의 급성장은 지식정보시대의 현상이다. 1997년 설립된 엔씨소프트는 1998년 리니지라는 온라인 게임으로 인기를 끌고 2000년부터 해외 서비스를 시작하고 2017년 매출액 1조를 넘었다. 1969년 설립된 만도는 자동차 부품을 설계, 제조하여 각국 기업에 공급하며 2018년 매출이 6조 원에 달하였다. 1987년 설립된 서울반도체는 삼성과 LG 다음으로 LED 생산력을 갖추어, 2013년과 2015년에 매출액 1조 원을 넘었다. 1999년 창업한 셀트리온은 의약품 생산에 큰 성과를 거두고 외국 자본을 유치하여 도약하였다. 1990년 설립된 한국콜마, 그리고 1992년 설립된 코스맥스는 화장품·의약품 생산으로 2016년 매출 1조 원을 넘었다.

한국사에서 기업가 역량이 특히 왕성하게 발휘된 시기는 박정희집권기였다. 그때 성공한 기업가는 재벌의 반열에 올랐다. 그 다음으로 벤처기업이 주목되는데, 그 대성공의 사례가 적은 것은 벤처 지원책의 문제점뿐만 아니라 박정희정부가 양성한 재벌체제의 압박에도 기인한다.

세계화와 기술 표준화의 진전으로 세계적 분업체제인 global value chain이 성장하여, 21세기 한국 수출품 중 중간재 비중이 증가 추세이다. 제2차 산업혁명인 중화학공업화는 대기업체제로 성과를 거둘 수 있었지만, 지금 진행 중인 제3·4차 산업혁명은 중소기업의 활약에 뒷받침받지 않고서는 한계를 가진다. 21세기에 다양한 신기술이 나타나고 인터넷·모바일·소프트웨어의 혁신이 중요해지는 상황에서 중소기업의 역할은 더욱 커지고 있다. 2015년 세계시장 점유율이 높은 상품 750개 중 대기업은 29%, 중견기업은 23%, 중소기업은 48%를 차지한다. 중소기업이 기술력을 갖추어 세계시장에 진출할 수 있도록 육성하고 이런 기술을 탈취당하지 않게 보호하는 것은 중소기업정책의 핵심이라 하겠다. 2017년 중소기업청의 중소벤처기업부로의 격상은 정부의 육성 의지를 반영한다.

6. 지식기반산업의 성장

20세기 초부터 중요한 경제적 과제는 공업화였다. 경공업이 성숙하자, 1970년대에는 중화학공업화를 과제로 삼아 그것이 공업의 50%를 돌파하였다. 1980년대 이후 중화학공업이 성숙하는 가운데 첨단기술공업이 한층 빠르게 성장하였다. 첨단산업은 기술집약도가 높고 기술혁신의 속도가 빠르며, 높은 부가가치를 창출할 뿐만 아니라 소득탄력성이 높아 성장잠재력이 크다. 정부는 86년 공업발전법의 관련 조항에 의거하여 첨단기술·제품의 범위를 정하였고, 89년 첨단산업발전5개년계획을 마련하여 극소전자(micro-electronics)기술·메카트로닉스(기계·전기·전자공학)·신소재(新素材)·정밀화학·생물산업·광(光)산업·항공산업의 장기 비전을 제시하고 그 육성에 힘써왔다.

〈표 13-4〉에 의하면, 제조업 중 첨단기술공업의 비중은 1980년 4.7%로부터 95년 11.0%로 급증하였다. 첨단기술공업의 수출은 80년 8억 달러로 총수출의 4.4%에 불과하였으나, 96년에는 246억 달러에 달하여 그 19.0%를 차지하였다. 80년대까지는 정밀화학이 중심을 이루었지만, 반도체공업이 급성장하여 90년대에는 정밀화학을 압도하였다. 현대 과학기술혁명의 성과인 극소전자기술에 기초를 둔 반도체·컴퓨터·통신기기공업은 80년대 이후 첨단산업의 성장을 주도하였다.

경제위기의 1998년 이후 새로운 산업발전 양상에 부합하는 포괄적인 특성이 고려되어, 신기술을 적용하고 인적 자본이 상대적으로 많이 투입된 지식기반산업의 육성이

표 13-4 첨단기술공업의 성장과 그 비중 (단위: 10억 원, %)

구분	1980년		1985년		1990년		1995년		연평균 증가율
	생산액	비중	생산액	비중	생산액	비중	생산액	비중	
제조업	36,279	100	77,033	100	177,309	100	364,821	100	16.6
첨단기술공업	1,713	4.7	4,549	5.9	13,779	7.8	40,050	11.0	23.4
반도체	217	0.6	596	0.8	2,809	1.6	17,541	4.8	34.0
컴퓨터·주변기기	1	0.0	289	0.4	1,018	0.6	4,448	1.2	70.9
통신기기	213	0.6	866	1.1	2,435	1.4	4,628	1.3	22.8
정밀화학	1,281	3.5	2,770	3.6	7,223	4.1	11,938	3.3	16.0
기타	1	0.0	28	0.0	294	0.1	1,495	0.4	62.8

출전: 한국산업은행 조사부 『첨단제품편람 1997』 14쪽.

표 13-5 지식기반산업의 성장(1995년 가격, 부가가치 생산액 기준) (단위: %)

구분	국내총생산에 대한 구성비					기간 평균 성장률			기간 평균 성장기여율			
연도와 기간	1985	1990	1995	1997	2000	85~90	90~97	98~00	85~90	90~95	95~97	98~99
농림어업	11.9	7.7	6.2	6.5	5.2	1.2	2.1	−0.4	1.8	1.3	4.4	2.6
제조업	24.8	28.1	29.4	29.8	34.2	11.3	8.1	9.7	31.3	31.0	34.8	60.5
지식기반 제조업	6.5	10.3	13.9	15.1	21.3	18.0	13.5	17.7	14.5	21.2	25.7	51.0
우주항공·의약	0.8	0.9	0.9	1.0	0.9	11.2	9.0	1.4	1.0	1.0	1.2	1.3
정보통신제조업	0.8	1.7	3.2	4.5	10.5	23.3	22.6	38.1	2.6	5.2	15.8	30.1
중고위 기술산업	4.9	7.7	9.8	9.5	9.8	18.1	11.6	6.4	10.9	15.0	8.7	19.6
일반 제조업	18.3	17.7	15.5	14.7	12.9	8.4	4.3	0.0	16.8	9.7	9.1	9.5
SOC·서비스업	62.3	63.6	64.0	63.8	60.3	9.4	7.6	2.2	66.7	67.7	60.9	36.8
지식기반 서비스업	16.3	17.7	20.1	20.6	21.5	11.3	9.3	5.6	21.8	25.3	24.6	19.9
정보통신 서비스업	1.1	1.5	2.4	3.0	4.5	13.6	18.2	19.3	1.9	4.0	7.5	9.3
금융보험업	3.1	4.7	6.6	6.6	6.5	20.1	12.0	3.7	8.1	10.4	7.8	6.1
사업서비스업	2.0	2.5	3.1	3.1	3.2	15.2	10.8	5.1	3.6	4.3	3.7	2.1
교육·연구	7.4	5.9	4.8	4.5	4.1	4.6	3.3	1.0	3.7	2.6	2.1	0.4
의료·복지	2.0	2.2	2.1	2.1	1.9	12.8	6.4	0.6	3.1	2.1	1.7	0.9
문화·오락	0.8	1.0	1.2	1.3	1.3	14.2	12.6	4.7	1.4	1.9	1.8	1.1
일반 서비스업	34.7	32.6	30.5	30.0	28.4	7.7	6.0	2.6	29.3	26.1	24.2	24.9
지식기반산업	22.8	28.1	34.0	35.7	42.8	13.4	10.9	10.9	36.3	46.5	50.3	70.9
정보통신산업	2.0	3.2	5.5	7.5	15.1	17.9	20.4	31.2	4.5	9.3	23.3	39.4
국내총생산	100.0	100.0	100.0	100.0	100.0	9.0	7.3	4.3	100.0	100.0	100.0	100.0

자료: 장석인『구조개혁을 통한 산업구조조정의 성과분석 및 향후 정책대응방향』産業硏究院, 2000, 130·132쪽의 표를 보완.

정책과제로 부상하였다. 〈표 13-5〉에 의하면, 지식기반산업의 국내총생산에 대한 비중은 1985년 22.8%로부터 2000년 42.8%로 급증하였다. 지식기반산업 중 제조업 생산은 1980년대 후반 서비스업의 절반에 불과하였으나, 훨씬 빠르게 성장하여 2000년에는 그에 대등해졌다. 지식기반제조업의 성장은 새로운 차원의 공업 고도화를 의미한다. 지식기반산업의 성장으로 지식기반경제가, 정보통신산업의 성장으로 정보화사회가 성립하였다. 지식기반경제란 지식과 정보의 창출·확산·활용이 국부(國富)의 창출과 경쟁력의 원천이 되는 경제를 말한다. 본서에서는 지식기반경제와 정보화사회가 성립한 시대를 지식정보화시대라 부르기로 한다. 지식기반산업은 1990년대, 특히 경제위기 이후 경제발전을 선도하였다. 4차 산업혁명 관련 모바일·로봇·3D프린팅·드론·가상현실(VR)·증강현실(AR)·블록체인·빅데이터·핀테크·인공지능(AI)·사물인터넷(IoT)·에너지(저장기술) 기업은 2008년 34,696개로 전체의 1.06%를, 2017년 63,536개로 1.58%를 차지하였다. 그 고용은 5~6% 비중을 차지하였고, 2017년 모두 115만 명으로 소기업 위주였다.[10] 통계청에 의하면, 2017년 조사 기업의 8%인 1,014개(제조업 40.4%, 정보통신업 26.1%, 도소매업 9.2%의 순)가 4차 산업혁명 관련 기술을 활용하였고, 활용 기술로는 모바일이 438개, 빅데이터 346개, 클라우드 332개, 사물인터넷 288개 순이었다.

1980년대 이후 정보통신산업은 첨단기술산업뿐만 아니라 더욱 범위가 넓은 지식기반산업의 성장을 주도하였다. 〈표 13-5〉에 의하면, 1985~2000년간 정보통신산업의 국내총생산에 대한 비중은 2.0%로부터 15.1%로 급증하였다. 정보통신제조업의 발전과정을 살펴보자. 1960년대 이후 가전(家電)공업이 발전한 기반 위에서 80년대 이후 개인용 컴퓨터(PC)·반도체·통신기기공업이 급성장하였다. 70년대 후반에 삼성전자와 금성사(현 LG전자)는 생산다양화의 일환으로서 외국 다국적기업의 컴퓨터의 판매·유지·보수를 담당하면서 컴퓨터 시스템에 관한 초보적인 지식을 습득하였고, 그러한 기반 위에서 70년대 말 하드웨어 제조에 착수하였다. 외국 기업의 판매 대리점이 하드웨어의 제조로 사업을 확장하기도 했다. 삼보, 큐닉스 등은 처음부터 소자본으로 하드웨어 제조를 시작하였다. 정부는 1981년 전자공업 고도화 장기계획을 수립하여, 전자산업을 반도체와 산업용 전자기기 중심으로 개편하고 부품·소재를 개발, 자급하고 기술혁신을 통한 기업체질을 강화하기 위하여 지원책을 마련하였다. 그리고 국내 기업을 보호하기 위하여 수입규제, 외국인 투자기업의 내수판매 제한 등의 조치를 취하였다. 초기에 기술 수준이 낮은 국내 기업은 터미널·모니터 등 주변기기의 생산을 위주로 하였고, 다국적기업과의 합작투자·기술도입계약·OEM(주문자 상표 부착 생산)수출방식을 이용하여 성장 가능성을 모색하였다. 80년대 중반 이후 컴퓨터공업은 개인용 컴퓨터의 국내보급과 수출 확대에 힘입어 급성장하였다. 그 과정에서 금성사·대우전자·대우통신·삼보컴퓨터·삼성전자·현대전자 등 대기업 주도의 구조가 정착되었다. 이들 기업은 대규모 조립생산 기반을 갖추어 컴퓨터의 OEM수출에 종사하고 기술 제고를 위하여 기술도입계약에 의존하였다. 90년대 초에 수출이 격감하고 내수시장의 경쟁이 격화하는 등 침체국면을 맞이하자, 6대 기업은 OEM수출품목의 다변화, 자사상표에 의한 수출, 해외의 현지생산을 추진하였으며, 도입 기술의 소화·개량 및 자체 기술개발을 위한 연구투자를 증대하였다. 한국의 컴퓨터공업은 수출지향적이어서 국제경쟁력의 확보를 지속

10) 이원복·정우성 「4차 산업혁명에 대한 지역의 수용력 연구」 산업연구원, 2019.

적으로 요구받았기 때문에 기술 수준을 높여갔는데, 정부의 비호 아래 국내 시장을 기반으로 전개된 중남미의 컴퓨터공업이 기술 수준의 낙후로 국제경쟁력을 확보하지 못한 것과 대조를 이루었다.[11)]

1965년부터 한국에 진출한 미국·일본계 회사가 반도체소자 등의 자재를 전량 수입하여 저렴한 노동력으로 단순조립하여 전량 수출하였다. 이에 자극을 받아 1970년 아남산업과 금성사가 반도체 조립생산을 개시하였다. 외국계 조립공업은 70년대 중반부터 임금이 더욱 저렴한 동남아로 투자처를 이전하였다. 외국계 기업이 생산의 현지화에는 불리함을 알 수 있다. 가전(家電) 생산이 급신장하여 그 핵심 부품인 반도체의 수요가 급증함에 따라, 74년 반도체웨이퍼 가공을 주목적으로 하는 한국반도체가 설립되면서 기존의 단순조립생산의 차원을 넘어 설계·제조공정을 내재화할 수 있는 계기를 마련하였는데, 다음 해에 자금난으로 삼성에 인수되었다. 금성은 웨이퍼 가공업에 76년 진출한 대한반도체를 79년 인수하고 미국 AT&T와 합작으로 반도체회사를 설립하였다. 83년에 현대, 86년에 대우도 반도체사업에 진입하였다. 정부는 76년 한국전자기술연구소(KIET)를 설립하여 업계에 기술을 지원하였다. 전자업계는 반도체의 가공기술을 선도하면서 상대적으로 설계가 간단하고 대량생산의 이점을 가진 정보저장용 메모리(DRAM) 분야를 전략품목으로 정하여 설비·개발투자를 집중하고 외국기술을 적극 도입하였다. 69년에 설립된 삼성전자가 먼저 83년에 64K DRAM을 개발하였을 때, 선진국과의 기술격차는 4.5년이었다. 한국전자기술연구소와 KIST 부설 한국전기통신연구소를 통합한 한국전자통신연구소가 1985년에 출범하여, 반도체 3사와 공동연구개발체제를 확립하면서 반도체공업은 도약의 발판을 마련하였다. 그리하여 90년대에 반도체의 생산과 수출이 급증하였다. 삼성은 스택 공정의 새로운 설계기술을 먼저 채택하고 1991·2년간 1조 2,500억 원을 투자하여, 세계 최초로 94년에 256M DRAM을, 96년에는 1G DRAM을 개발하였다. 1970년대 이후 미국과 일본이 반도체산업을 주도해왔는데, 1990년대 이후 한국과 대만이 신흥강자로 부상한 반면 일본 기업은 쇠퇴하였다. 삼성전자는 2002년 미국 Intel에 이어 반도체 매출의 2위를 차지하였다. 삼성은 DRAM에서 쌓은 기술을 바탕으로 2002년 이후 NAND FLASH, 그 기반의 차세대 저장장치에서도 1위를 지켜왔다. AMD와 SK하이닉스가 공동으로 2014년 차세대 메모리반도체인 HBM2를 처음 생산하였고, 삼성은 2018년 그 양산을 시작하였다. 2018·9년 세계 반도체 매출에서 삼성전자는 미국 인텔과 수위를 다투었고, SK하이닉스는 3위였다. 삼성은 2003년 아날로

11) 閔完基「한국 컴퓨터 산업의 전개과정에 관한 연구」서울대 경제학박사학위논문, 1993 등을 참조.

그를 디지털로 기민하게 전환하여 2006년 TV 시장에서 세계 1위에 올랐다.

디지털화된 전기적 정보를 연산하거나 처리(제어·변환·가공 등)하는 시스템반도체는 스마트폰과 산업의 스마트화로 수요가 증가하여 메모리반도체 시장의 2배 규모가 되었다. 삼성은 스마트폰사업과 동시에 시스템반도체사업에 진출하였고, SK하이닉스가 뒤를 이었다. 시스템반도체에서는 2019년에도 미국이 60%를 차지하였으며, 반도체의 설계기술도 미국이 주도하여왔다. 1980년대 후반부터 미국에서 반도체 설계만을 하는 벤처기업(fabless)들을 설립하기 시작했으며, 그 설계대로 반도체를 위탁생산하는 파운드리기업이 1987년 대만의 TSMC 설립과 함께 본격화되면서, 팹리스와 파운드리로 분화되는 추세이다. 시스템반도체에서 2019년 삼성전자는 11위이고, 한국의 시장점유율은 3.2%로 지난 10년간 정체하였다. 삼성은 2020년 반도체의 영업이익이 약 19조 원으로, 시스템반도체 압도적 1위의 인텔 26조 원, 파운드리 압도적 1위의 TSMC 22조 원에 이어서 3위를 차지한 가운데 시스템반도체의 역량을 키우는 전략을 세웠다. 2018년 한국의 팹리스 시장 점유율은 1.6%, 파운드리의 경우 16%였다. 반도체 설계와 소재·부품·장비 생산의 중소기업 육성은 여전한 과제이다.

정부는 1962년부터 통신사업5개년계획을 4차까지 추진하여 통신시설의 확충에 노력하였다. 한국전기통신연구소는 기업과 공동으로 기술개발체제를 구축하여, 1981년 전자교환기 개발에 착수하여 86년 세계에서 열 번째로 성공하였다. 이후 기술이 발전하여, 1가구 1전화 시대가 열렸다. 통신기기산업의 시장은 1990년대 초까지도 독점적인 통신사업자의 조달에 의존하였다. 정부는 1997년 한국통신프리텔·한솔PCS·LG텔레콤을 2세대 디지털 이동통신보다 고성능인 PCS의 사업자로 선정하여 상용화 서비스를 공급하였고, 기존의 SK텔레콤·신세기통신 등 5개 사가 경쟁하여 이동통신 시장이 대중화되었다. 2000년에는 2세대 이동통신보다 약 2~10배 빠른 데이터 전송속도를 지원하는 CDMA 이동통신서비스가 세계 최초로 상용화되어 3세대 이동통신으로 진화하였다. 이동전화업체의 급성장으로 1995~2000년간 통신기기공업의 부가가치는 16조 원으로부터 63조 원으로 급증하였고, 전산업에 대한 비중은 0.4%로부터 1.0%로 상승하였다. 동기간 수출은 22억 9,000만 달러로부터 88억 5,000만 달러로 증가하여 연평균 증가율이 31.0%에 달하였다. 1988년 휴대폰 시장에 진출한 삼성은 1996년 한국 시장의 1위, 2011년 노키아를 제치고 세계 시장의 1위가 되었으며, 스마트폰 세계시장에서 애플과 선두를 다투게 되었다. 2011년 한국전자통신연구원은 하나의 단말기를 통해 위성망·무선랜·인터넷 등을 모두 사용할 수 있는 4세대 이동통신을 개발하여 상용화하였다. SK텔레콤·KT·LG유플러스가 세계 처음으로 5세대 이동통신(5G)을 2018년 개통

표 13-6 지식기반산업과 디지털경제의 성장

연도와 성장률	1991	1994	1995	1996	1997	1998	1999	2000	성장률
실질GDP성장률	9.2	8.3			5.0	-6.7	10.7		5.9
정보통신산업 대GDP 비중	3.7	4.7			5.6	6.3	7.6		23.9
정보통신기기제조 대GDP 비중	1.4	2.3			2.7	3.3	4.2		28.1
정보통신서비스 대GDP 비중	2.1	2.1			2.4	2.5	2.8		19.7
소프트웨어·컴퓨터 관련 서비스	0.2	0.3			0.5	0.5	0.6		14.7
PC 보급대수(천 대)	2,203	4,459	5,349	6,304	6,931	8,269	11,530	15,000	
인터넷 이용자(천 명)		138	366	731	1,634	3,103	10,860	19,040	
인터넷호스트(천 개)		14	37	73	131	203	461	517	
인구 100명당 이동전화 가입자수	1	2	4	7	15	30	50	57	

주: 정보통신산업은 한국은행의 통계. 정보화지수는 한국전산원의 통계.

하고 2019년 상용화하여, 사물인터넷은 본격적으로 활용될 전망이다. 국내 통신기기 산업은 단말기 위주로 성장하여 이 분야의 경쟁력은 높으나, 첨단 장비 및 관련 핵심 부품의 기술경쟁력은 취약하다.

정보통신산업의 발전은 경제의 디지털화를 낳았다. 즉, 디지털기술과 인터넷의 확산에 의해 광범한 정보망이 형성되고 정보통신기술이 제조업·금융에 활용되어 경제 질서의 변혁이 초래되었다. 〈표 13-6〉에 나타난 바와 같이, 반도체·컴퓨터·통신기기공업 발전의 토대 위에서 개인용 컴퓨터(PC)의 보급과 인터넷의 이용이 확산되고 인터넷 산업이 성장하였다. 특히, 경제위기를 전후하여 경제의 디지털화가 급진전하였다. 1991년 220만 대이던 PC보급대수가 99년에 1,000만 대, 2001년에 2,000만 대를 넘어섰다. PC를 보유한 가구의 비율은 2000년에 71%였는데, 2007년부터 80%를 넘었다. 1994년 인터넷의 상업서비스가 시작하였을 때 그 이용자는 14만 명에 불과하였는데, 1998년 경제위기 후에 폭발적으로 증가하여 1999년에 1,000만 명, 2004년에 3,000만 명, 2013년에 4,000만 명을 넘어섰다. 인터넷 이용률은 2008년 76.5%에서 2019년 91.8%로 증가하였다. 1994년 음성·비음성 서비스를 디지털방식으로 통합한 종합정보통신망이 등장하였다. 1995년부터 구축되어 2000년 세계 최초로 완성된 초고속정보통신망은 인터넷의 확산에 결정적으로 기여하였다. 초고속인터넷 가입자는 1999년 28만 명에서 2000년 387만 명으로 급증하였고, 2002년 1,000만 명, 2015년 2,000만 명을 넘었다. 1984년 2,700대에 불과하던 이동전화는 1991년 16.6만 대, 1995년 164만 대, 1999년 1,398만 대였고, 2010년

5,000만 대를 넘었다.

정보통신혁명은 시장을 새로운 차원으로 심화, 통합시켰다. 인터넷 등 전자적 수단에 의존하는 상거래인 전자상거래는 1996년에 개시된 이래 급증하여, 2001년에는 전체 거래의 9%에 달하는 119조 원이었고, 2013년 1,204조 원에 달하였다. 그 90% 내외가 기업간 거래였다. 경제의 디지털화에 수반하여 사이버금융이 출현하였다. 1999년에 시작된 인터넷뱅킹서비스는 급성장하여 2001년 말 그 이용자가 1,131만 명(인구 대비 비율 24%)에 달하고 2015년 1분기에는 은행·우체국의 고객은 모두 1억 명을 넘었다. 1998년 1.9%에 불과하던 온라인 주식 거래의 비중은 2002년에 64%에 달해 세계에서 가장 높아졌고, 2000년에는 온라인 증권전문사가 등장하였다. 1984년 국가기간전산망 기본계획의 발표 이후 시작된 전자정부 개혁은 민원 처리, 행정과 납세, 범죄 정보 등에서 성과를 거둔 결과, 2010년 세계에서 가장 진전된 전자정부로 평가받았다.

1990년대 중반부터 인터넷 이용과 전자상거래가 급증하는 등, 경제의 디지털화 내지 정보화가 급진전한 점에서 지식정보화시대를 맞이하는 시점을 1990년대, 더욱 좁게는 경제위기를 전후한 시기로 보고자 한다. 한국전산원이 컴퓨터·인터넷·통신·방송 분야로 산정한 정보화 종합지수를 보면, 0~100의 범위 가운데 한국은 1995년 53으로부터 2000년 75로 올라 정보선진국과의 격차를 크게 줄였다. 그 국가 순위는 1998년 22위로부터 2005년 3위로 뛰어올랐다. 초고속정보통신 기반의 구축과 완성에 따른 인터넷 이용의 급속한 확산이 순위 상승의 주된 요인이었다.

정보 처리의 혁신을 낳은 디지털시대는 정보 사용자의 개인적 활용도를 높인 스마트시대로 인도하였다. 스마트폰은 2009년부터, 태블릿(Tablet) PC는 2010년부터 애플사에 의해 대중화될 수 있었다. 손으로 만지면서 모든 조작을 화면에서 하는 기술은 정보 접근 속도가 빨라진 개인 정보화 기기의 상용화 시대를 열었던 것이다. 스마트폰과 태블릿 PC는 미국과 수개월 시차를 두고 한국에서도 대중화되고 있다. 스마트폰의 가입자는 도입된 해인 2009년의 11월에 47만 명이었는데, 2011년 3월에 1,000만 명을, 그해 10월에 2,000만 명을, 2015년에는 4,000만 명을 돌파하였다. 발전된 이동통신기술로 무장한 스마트폰의 보급으로 언제 어디서나 무선인터넷과 소셜 네트워킹(social networking)이 가능해졌다. 이것은 트위터, 페이스북 등 마이크로 블로그 서비스를 통해 확대되었다. 2019년 삼성전자, 이어서 화웨이가 5G스마트폰을 출시하였다.

온라인 거래의 중심에는 거래의 매개체인 플랫폼(platform)이 존재한다. 플랫폼 경제에서는 이용자 규모와 이들이 축적한 정보가 주요 경쟁력이 되면서 규모의 경제가 작용하여 자연독점적 성격의 거대 플랫폼이 탄생하였다. 세계적으로 Amazon, Google,

Yahoo, 알리바바 등이, 한국에서는 네이버와 카카오가 대표적이다. 21세기에 들어와 인터넷망으로 연결된 플랫폼 기업들이 출현하여, 기업생태계를 조성하는 리더 역할을 하면서 수많은 중소기업에게 시장 진입 비용을 낮추어 사업기회를 제공하기도 하였다. 애플은 아이폰에 탑재한 iOS로 기업가치를 급증하였다. 네이버 재팬이 2011년 일본에서 출시한 모바일 메신저 프로그램인 Line은 전세계로 보급되어 2015년 이용자 6억을 돌파하였고 현재 110국이 사용하는 플랫폼이 되었다.

디지털혁명으로 온라인쇼핑은 급성장하였다. 스마트폰을 활용한 각종 상거래(social commerce)가 2010년 120억 원에서 2014년 5.5조 원으로 급성장하였다. 모바일쇼핑에 힘입어 국외 직접구매액은 2010년 2.7억 달러에서 2014년 15.5억 달러로 급증하였다. 온라인쇼핑은 계속 증가하여 2017년 1분기 22조 2,063억 원이고, 2018년 4분기 30조 원을, 2020년 3분기 40조 원을 넘었다. 각 시기 모바일쇼핑은 54%, 63%, 67%를 차지하여서 갈수록 인터넷쇼핑과의 격차를 늘렸다. 온라인 국외직접판매액은 2014년 6,791억 원에서 2019년 6조 원으로, 구매액은 동기간 1조 6,471억 원에서 3조 6,360억 원으로 급증하였다. 온라인시장이 급성장하는 가운데 오프라인시장이 위축되자, 2014년 신세계는 백화점, 대형마트, 창고형매장, 홈쇼핑채널 등을 통합하여 온라인과 오프라인을 넘나들며 구매하는 omni channel로 호평을 받았고, 2019년 GS도 온·오프라인 유통을 통합하였다. 롯데마트와 이마트도 온라인쇼핑에 진출하는 등 온·오프라인 유통의 통합이 확산되고 있다. 네이버·카카오·배달의민족·쿠팡 등의 플랫폼은 온라인시장 경쟁력의 핵심으로 부상하고 있다(『한겨레』 2021. 1. 6). 2020년 온라인 거래는 자동차를 제외한 소비의 약 40%를 차지하였는데, 미국의 경우 14%였다.

인터넷뱅킹은 1999년 시작되어 각 은행의 이용자를 합하면 2002년 860만 명에서 2014년 4,920만 명으로 증가하였다. 그 자금 이체의 모바일뱅킹은 2010년 10% 정도에서 2014년 47% 정도로 급증하였다. 2015년 우리은행은 스마트폰만으로 대출할 수 있는 제도를 마련하였다. 미국에서 인터넷전문은행이 1995년 등장하여 급성장하였는데, 2017년 4월 인터넷전문은행을 개설한 KT는 출범 100일 만에 예금과 대출 모두 6,000억 원을 넘었고, 2020년 누적 가입고객이 200만 명을 넘고 3분기 자산이 3.3조 원에 달했다. 2017년 7월 개설한 카카오뱅크는 2019년 7월 고객 1,000만 명을 넘고 수신 17.6조 원, 여신 4.6조 원에 달하였다. 2020년 11월 뱅킹앱 사용자수는 카카오뱅크 705만 명, 토스 633만 명, KB국민은행 스타뱅킹 591만 명, NH스마트뱅킹 546만 명 순이었다. 인터넷전문은행은 기술혁신력을 갖춘 기업이 운용해야 하는 필요성 때문에, 2019년 그 지분보유한도를 34%로 늘려, 산업자본의 은행 지배를 막는 원칙을 완화하였다.

현금을 대신하는 결제는 수표 결제에서 시작하여 전자 결제로 나아갔다. 2004년 353조 원까지 떨어졌다가 다시 상승한 신용카드 이용액은 2011년 541조 원, 2019년 778조 원이었다. 1999년 도입된 직불의 체크카드는 2004년 2.6조 원, 2010년 51.8조 원, 2019년 194조 원이었다. 2014~2016년간 현금 결제액은 17%에서 13.6%로 준 반면, 신용카드는 50.6%에서 54.8%로 늘었다. 스마트폰을 이용한 간편결제는 2016년 삼성페이가 출시되면서 보편화되었다. 현재 포털이나 SNS 회사가 제공하는 네이버페이, 카카오페이, 페이코, 금융사가 제공하는 신한FAN카드, KB국민앱카드, 포스트페이, 전자지급결제대행사(PG)가 제공하는 KG이니시스 K페이, 그리고 유통기업인 신세계 SSG페이, 롯데 L페이 등이 경쟁하면서 모바일 결제가 확대되고 있다. 2019년 국내 간편결제액에서 카카오페이, 네이버페이, 그리고 핀테크 스타트업인 비바리퍼블리카가 개발한 토스라는 3대 서비스가 80% 가까이 차지하며 회원수가 1억 명에 육박하였다. 2018년 전 산업의 고객 결제 중 현금 48.0%, 카드 49.4%, 간편결제 0.6%였다. 간편결제는 2016년 일평균 255억 원에서 2019년 1~9월간 1,656억 원으로, 간편송금은 71억 원에서 2,177억 원으로 급증하였다. 카드·모바일 결제는 자영사업자의 세원포착률을 높이는 외부경제를 낳았다. 중국이 디지털화폐로의 전환을 추진하는 가운데, 한국은행은 2021년 1월 디지털화폐의 박물관을 개관하고 2월 관련 법령의 제·개정에 관한 보고서를 발간하였다.

미국에서는 관측한 데이터를 토대로 기계가 스스로 학습하여 성능을 향상하는 Machine Learning 시스템이 1990년대부터 산업 수요를 가지게 되었다. 이어서 인간의 신경망과 비슷한 심층신경망의 고성능 컴퓨터와 Big Data가 결합한 Deep Learning이 2006년 이후 발전하여 세계에 충격을 주고 있다. 한국의 인공지능(AI) 대화 로봇으로는 2002년 개발된 심심이가 유명하다. 2013년 이후 한국전자통신연구원이 개발한 인공지능은 2016년 장학퀴즈에서 우승하였다. KT는 2017년 1월 인공지능 speaker 기가지니를 만들어, 18개월 만에 가입자 100만 명을 넘었다. 삼성전자는 2017년 인공지능 비서로 Bixby를 만들어 애플 및 구글과 경쟁하고 있다. LG전자, SK텔레콤, 네이버, 카카오 등도 인공지능 스피커를 개발하였다. 인공지능 특허출원수에서 미국과 중국이 선두를 다투고 있는데, 삼성전자가 2014년 이전 629건으로 3위, 2015년 이후 689건으로 4위였으며, LG전자가 2014년 이전 364건으로 9위였다. 2020년 세계경제포럼은 한국의 인공지능 경쟁력을 8위로 평가하였다. 인공지능의 발달에 직결되는 빅데이터의 국내 시장은 2013년 1,643억 원에서 2016년 3,440억 원으로 증가하였고, 다양한 데이터가 저장, 운영되는 Cloud 서비스는 2014년 24억 달러에서 2016년 34억 달러로 증가하였다. 2018년 10만 대 이상의 서버를 운영하는 초대형 데이터센터는 390여 곳인데, 한국에는 규제법의 영향으로 하나도 없다.

정보통신기술과 더불어 생명공학·환경·나노기술은 21세기에 들어와 산업발전을 선도할 신기술로서 주목을 받고 있다. 2001년에 정부는 정보통신산업, 생물산업, 항공우주산업, 환경산업, 나노기술 및 문화산업을 전략분야로 설정하여 육성할 계획을 수립하였다. 노무현정부는 디지털TV/방송·지능형 로봇·차세대 반도체·차세대 이동통신 등 10대 성장동력 기술을 선정하였는데, 2005년 과학기술부는 그 기술력이 미국에 4.2년 처진 반면 중국에 2.5년 앞선 것으로 추정했다. 2005년 기초·원천기술의 연구능력이 중시되는 21개 핵심 고기술에서 한국은 선진국 최고 수준의 64.7%에 머물고 평균 8.1년의 기술격차를 보였다. 한국의 과학기술 역량은 꾸준히 성장하여 21세기에 들어와 OECD 국가의 10위권에 도달하였다.

1982년 정부가 유전공학을 핵심 전략기술로 선정하고 83년 육성법을 제정하여 그 연구개발을 지원함에 따라, 식품·화학·제약회사들이 생명공학에 참여하기 시작하였다. 이들 기업은 생명공학의 기술력을 획득하기 위하여 외국 기업으로부터 기술사용권을 허가받거나 미국 등지에 현지 연구소를 설립하였고, 국내에 자체 연구소를 설립하기도 했다. 90년대 중반에는 생명공학 기본육성계획 등 지원이 본격화되었다. 발효부문을 추가한 넓은 의미의 생물산업 생산액은 92년 국내총생산의 0.03%인 827억 원, 99년 국내총생산의 0.19%인 9,130억 원이었다. 98년도 생물산업 내수의 분야별 비중은 생물의약 56.4%, 생물공정 12.5%, 생물화학 9.2%, 생물농업 8.5%, 생물식품 7.2%, 생물환경 6.2%의 순이었다. 80년대 개발된 기초기술을 토대로 90년대에는 모방제품이 생산되기 시작하였으나, 2006년에도 전반적 생명공학 기술력은 선진국의 60%에 불과하였다. 2001년 인간유전체지도의 99% 완성 이후 생명공학의 잠재력은 한층 높이 평가받았다. 한국이 복제·줄기세포 연구에서 세계적 전문가를 배출해가는 가운데, 2005년에 황우석 사건이 발생하여, 그 기세가 꺾였다. 바이오산업은 2000년 1조 1,795억 생산하여 6,101억 원 수출하고 3,306억 원 수입하였는데, 2013년에는 7.5조 원 생산하여 3.2조 원 수출하고 1.5조 원 수입하였으니, 연평균 생산 15.3%, 수출 13.5% 증가하였다.

바이오기술과 IT·NT(나노기술)의 융합은 전자, 화학, 에너지, 의료, 농업 등에 활용되는데, 21세기에 "혁신적인 바이오기술로 인해 인간 유전체 정보를 포함하는 바이오 정보가 바이오 빅데이터로 확대되고 디지털기술과 융합"하면서 바이오·스마트헬스케어산업이 급성장하여 바이오산업의 70% 정도 차지하게 되었다. 바이오기술과 디지털기술이 융합되는 smart health care산업은 미국 주도로 급성장하고 있다. 이런 추세도 반영하여 2019년 정부는 바이오헬스산업을 메모리 반도체와 미래자동차와 함께 차세대

3대 주력 산업으로 키우겠다고 발표하였다. 21세기 바이오헬스산업은 복제약, 신약 후보 물질의 발굴, 의약품 위탁 생산 등에서 급성장하였다. 한미약품은 2015년에만 4건의 신약 후보물질의 기술을 글로벌 제약기업에 이전하였다. 2012~6년간 바이오헬스사업체는 428개에서 505개로, 그 생산은 13.9억 원에서 17.9억 원으로 증가하고, 제조업 생산에서의 비중은 0.9%에서 1.3%로 늘었다.[12] 삼성은 2010년부터 바이오의약품을 새로운 성장동력으로 삼아 3만L 규모의 삼성바이오로직스를 가동하였고 2018년 총 36만L로 세계 최대 규모의 바이오의약품 시설을 갖출 목표를 달성하였다. 벤처케피털의 바이오·의료 투자는 2012년 1,052억 원에서 2019년 1억 444억 원으로 증가하였다. 바이오헬스산업의 수출은 2016년 67억 달러, 2020년 141억 달러로 급증하였다.

국내 환경산업의 생산은 환경규제의 강화와 환경오염방지 지출액의 지속적 증가로 1990년 3.2조 원으로부터 97년 7.5조 원으로 증가하였다. 그동안 수출은 0.1억 달러로부터 4.8억 달러로 늘었다. 90년대 말 우리나라는 제1세대 환경기술인 오염물질의 사후처리기술에서는 선진국의 중·고급 수준에 올라 있으나, 제2세대의 청정기술 및 제3세대의 무공해·환경복원기술에서는 낙후되어 있었다. 그래서 1962~94년간 모두 481억 원에 상당하는 203건의 환경기술을 도입하였다. 2006~18년간 환경사업체는 6,074개에서 58,235개로, 환경부문 종사자는 8.8만 명에서 45만 명으로, 매출액은 16조 원(오염관리 서비스 39%, 오염관리 생산 28%, 오염관리 건설 24%, 자원관리 생산 10%)에서 100조 원(자원순환관리 30%, 물관리 26%, 지속가능 환경·자원 19%)으로, 수출액은 1.3조 원에서 8.2조 원으로 증가하였다. 2008년 이명박정부는 원자력과 재생가능에너지의 비중을 높이는 저탄소 녹색성장의 정책을 제시하면서 환경산업을 새로운 성장동력으로 삼는 방침을 제시하였다. 2020년 문재인정부는 2025년까지 디지털 뉴딜에 13.4조 원, 그린 뉴딜(Green New Deal)에 12.9조 원을 투입하는 구상을 제시하였다. 미국 민주당이 2019년 발의한 지구온난화 대책의 의제이기도 한 그린 뉴딜은 환경친화적 생활공간, 생태계 및 에너지를 중심으로 한다.

10억분의 1m 크기의 영역에서 물질의 구조, 형상 등을 제어하는 나노기술의 파급효과가 광범위하여 선진 각국은 그것을 국가 핵심 기술로 선정하여 육성하고 있다. 한국정부는 1995년부터 기초 기반 연구를 지원하였고, 2001년에는 향후 10년간 인력의 개발과 양성, 장비의 구축에 1조 4,800억 원을 투입하는 나노기술 종합발전계획을 수립하

12) 최윤희 「산업 패러다임에 따른 미래 제조업의 발전전략/ IV. 융합바이오·스마트헬스케어의 미래 포지셔닝」 『KIET 산업경제』 2016년 4월; 김종기 등 『신융합시대 유망 신산업의 국내 성장역량 분석과 과제』 산업연구원, 2018.

였다. 경제위기 이후 나노기술 벤처기업의 창업이 늘어났고, 삼성전자, LG전자 등 대기업의 투자가 이루어졌다. 2008년 말 국내 나노기술은 미국의 75% 수준으로 미국, 일본, 독일에 이어 세계 4위로 도약하였다. 1994년 설립되어 IT·모바일·자동차산업에 필요한 소재·부품을 생산하는 아모텍(AMO)그룹은 주력 분야를 나노 소재에 집중하기 위해 코스닥에 상장한 다음해인 2004년에 아모그린텍이라는 회사를 설립하고 2012년 나노섬유를 개발하여 시행착오를 겪은 후에 상품화에 성과를 거두었다.[13] 아모그린텍은 2018년 850억의 매출을 올리고 5,000만 달러 수출의 탑을 수상하였다. 이 회사는 나노소재 기술의 1,000여 건의 국내외 특허를 보유하고 있고, 전기자동차·5G·차세대 IT·에너지저장장치(ESS) 등의 분야에 쓰이는 나노 소재 부품을 연구·개발한다.

나노기술은 반도체 미세공정에 활용된다. 2020년 세계 2위 종합반도체회사인 삼성전자가 세계 최초로 5나노로 CPU(중앙처리장치)를 만드는 공정을 상용화하고 3나노 공정기술을 개발하였으며, 파운드리 1위인 대만의 TSMC는 7나노로 CPU를 만들고 있다. 그런 가운데 1위 종합반도체회사인 인텔은 수년간 10나노 공정을 활용하는 기술력 부진에 대처하기 위해 2021년 1월 CEO를 교체하고 파운드리 전업의 TSMC에 위탁생산을 의뢰하였다.

1984년 미국에서 발명된 3D프린팅은 21세기에 들어와 갈수록 소비자의 다양해지는 욕구에 대응하는 다품종소량생산, 기계·부품생산, 의료·식품·패션업 등에서 제조업 혁명을 주도할 기술로 주목을 받고 있다. 1983년 설립된 CK산업은 사진현상기 제조로 성장하다 디지털 카메라의 등장으로 사양길로 접어들자, 2000년 캐리마로 개명하고 2005년 디지털 프린팅 시스템을 개발한 경험을 토대로 3D프린팅 시장에 진출하여 2009년 제품 개발에 성공하였다. 2010년대 후반 매출 10억~50억 원인 캐리마는 일본의 기업들과 거래를 하면서 기술력과 품질관리 능력을 향상하고 임플란트 등 의료품, 산업용 3D프린팅 등을 제작하여 국내외 시장에서 성과를 거두었다.

신기술산업이 두드러지게 성장한 1990년대 이후 전통산업은 정보통신기술, 사물인터넷(IoT), 로봇공학, 3D프린팅, 인공지능 등을 이용하여 생산공정과 거래유통을 혁신하고 있다. 세계의 지능형 로봇 시장은 2014년 164억 달러(제조용 62%, 서비스용 38%)에서 2018년 306억 달러(제조용 45%, 서비스용 55%)로 증가하였다. 중국·미국·독일·일본·한국의 순으로 시장이 컸다. 2010~6년간 한국 로봇 생산은 1.8조 원에서 4.5조 원으로, 수출은 2,289억 원에서 9,336억 원으로, 수입은 2,728억 원에서 6,214억 원으로 증가하였

13) 송용설·이자연「혁신성장을 위한 새로운 산업·기술 정책의 방향과 과제/ III. 기업 관점의 신정부 기업정책 방향과 과제」『KIET 산업경제』 2017년 11월.

다. 제조업용 로봇이 생산의 60% 정도를 차지하였다. 제조업이 보유한 산업용 로봇은 2007년 35,163대에서 2017년 250,182대로 증가하였는데, 전기·전자기기 제조업, 운송장비 제조업 순이었다. 서비스로봇은 일본과 유럽 기업이 주도하고 있는데, LG전자, 네이버, 삼성전자 및 현대차가 개발 중이다.

2011~6년간 IoT가전 제조업체는 2,535개에서 2,604개로, 그 종사자는 12.5만 명에서 11.6만 명으로, 그 부가가치는 15.9조 원에서 18.2조 원으로 변하였으며, IoT가전 서비스=스마트홈 사업체는 27,107개에서 34,612개로, 그 종사자는 28.9만 명에서 34.8만 명으로, 그 부가가치는 2.3조 원에서 2.1조 원으로 증가하였다. IoT가전의 핵심 플랫폼·솔루션 역량은 낮았다. 2019년 전 세계 스마트홈 시장은 전년 대비 28.3% 성장한 737억 달러, 한국 시장은 28.8억 달러로 추정되는데, LG전자, 삼성전자 등 대기업이 진출하였다.

사물인터넷과 인공지능을 활용하여 생산·유통과정을 자동화한 스마트공장이 출현하여 맞춤형 다품종 소량생산이 가능해졌는데, 한국은 2010년대에 그 초기 단계에 들어섰다. 2014년 설립된 스마트공장추진단은 2018년까지 7,903개의 구축을 지원하였다. LG전자는 2018년 협력사의 생산 자동화를 지원하여 성과를 거두었고, 2019년부터 4년간 협력사의 스마트공장을 만드는 데에 협력하기로 하였다. 2019년 KT의 5G 네트워크·빅데이터·인공지능 기술과 현대중공업그룹의 로봇 개발·선박 건조 기술을 결합하는 사업을 추진하고 있다. 2019년 정부는 2022년까지 스마트공장 3만 개를 목표로 삼고, 개명한 스마트제조혁신추진단을 출범하였다. 2019년까지 구축된 스마트공장은 1만 2,260개였다. 정부 지원책에 힘입어 2014~8년간 원예 스마트농업은 405ha에서 4,900ha로, 스마트축산은 23호에서 1,425호로 늘었다. 제조업 솔루션을 제공하는 사이버테크프랜드는 2001~20년간 국내외에서 300여 업체의 스마트공장 구축 사업을 수행하였고, 2010년대 후반 매출 10억~50억 원이었다. 2008년 설립된 유비엔은 2016년 원예 스마트팜(smart farm) 솔로션인 팜링크를 개발하여 보급하였는데, 2010년대 후반 매출 10억~50억 원이었다. 2018년 설립한 사원 10명의 알파도는 2021년 1월 인공지능과 빅데이터를 활용한 스마트축산의 알파도팜을 출시하였다. 2021년 1월 출범한 스마트팜 연구개발사업단은 정부 여러 부처의 사업을 통합하였다. 2020년에도 스마트공장·농장 구축 역량은 초보적이어서, 대부분 외국 솔루션에 의존하고 있다.

지식기반산업에는 신기술제조업뿐만 아니라 중고위 기술제조업도 포함되어 있다. 〈표 13-5〉에 의하면, 중고위 기술제조업의 비중은 1990년대 전반까지 빠르게 증가하였다가 그 후반에 정체하였다. 중소기업이 주종을 이루고 제조업의 경쟁력을 결정하는 데에 중요한 기계공업의 비중은 꾸준히 증가하여 1972년부터 3%를, 1989년부터 6%

를, 2006년부터 8%를 넘어섰다(부표 4). 80년대 후반 이후 빠른 임금상승과 함께 첨단기술이 기계공업에 응용됨에 따라 공장자동화기기의 국산화와 생산시스템 개발이 추진되었다. 기계를 만드는 공작기계공업은 국내 제조업의 발전, 공업발전법 등에 힘입어 성장하여, 생산이 1990년 1조 원, 2003년 2조 원, 2011년 6조 원을 넘었다. 21세기에는 범용공작기계가 거의 국산품으로 대체되어갔을 뿐만 아니라 수출되기에 이르렀다. 1990년대 경공업이 비교열위로 전환한 반면, 기계공업은 비교우위로 전환하였다. 대표적 수입품이던 공작기계는 2007년 수출특화로 바뀌었다. 소비재는 수출특화로부터 2000년대 전반 수입특화로 전환하여 2015년 수입은 수출의 3배였다. 그 반면 자본재와 중간재는 1990년대 후반 수출특화로 전환하였는데, 2015년 각각 무역특화지수는 0.37, 0.08이었다.[14)]

1966년 이후 기계 국산화정책이 추진되었는데, 1987년 이후 제1차 기계·부품·소재 국산화 5개년계획, 1992년 이후 제2차가 추진되었다. 그것은 대일 무역적자의 해소책이기도 했다. 제1차 부품·소재 발전기본계획은 2001년에, 2016년부터 제4차가 시작하였다. 1994년에 117조 원이던 부품·소재산업의 생산액은 2000년 200조 원을, 2010년 500조 원을 넘어섰다. 그 부가가치는 2001년 90조 원에서 2017년 281조 원으로 증가하였는데, 각각 제조업의 43.7%, 51.6%를 차지하였다. 그 수출액은 1996년 500억 달러, 2004년 1,000억 달러, 2010년 2,000억 달러를 넘고, 그 무역수지는 1997년부터 흑자로 전환하여 2009년에는 흑자가 500억 달러를 넘어섰다. 2018년 소재·부품의 수출은 3,162억 달러로 전체의 52.3%였다. 2000~7년간 부품·소재산업의 세계시장 점유율은 3.8%에서 4.2%로 상승하였는데, 전자·컴퓨터 부품의 점유율이 특히 높았다. 한국 부품·소재산업의 성장을 위한 시장을 제공해온 중국은 2000~7년간 그 세계시장 점유율은 3.5%에서 10.2%로 급증하면서 한국의 강력한 경쟁상대가 되었다. LG화학·삼성SDI·SK이노베이션은 2010년대에 전기차 배터리제조업에서 성과를 거두었다. LG는 기술개발 등에 힘입어 2020년 가전과 배터리에서 세계 1위에 올랐다.

2001년 105억 달러이던 소재·부품의 대일 적자는 2010년 243억 달러까지 늘어났으나 이후 줄어 2018년에는 151억 달러였다. 그 대일 의존도는 2001년 28.1%로부터 2018년 16.3%로 줄었다. 일본의 부품·소재 기업이 한국에 투자액을 2008년 6.2억 달러로부터 2010년 11.6억 달러로 늘린 것은 고무적이다. 2018년 10월 대법원의 일본 기업에 대한

14) 김낙년 「세계와 한국의 무역 동향, 1948~2013」 『한국의 무역 성장과 경제·사회 변화』 대한민국역사박물관, 2015, 60쪽; 오영석 『한국 산업의 경쟁력 구조 변화와 정책적 시사점』 2017, 32쪽. 오영석 『한국 산업의 경쟁력 구조 변화와 정책적 시사점』 2017, 32쪽; 조상용 「공작기계산업의 발전과정과 나아갈 방향」 『KIET 산업경제』 2019년 10월.

징용자 배상 판결을 결정적 요인으로 악화된 한일관계는 2019년 8월 일본의 수출 규제 조치로 이어졌다. 규제 조치 당시 세계시장을 석권한 메모리 반도체의 생산 장비와 소재의 국산화율은 17%, 50%에 불과하다. 반도체의 중요한 소재인 실리콘 웨이퍼, 감광재 및 차단재 세계시장의 일본 점유율은 각각 60%, 99%, 78%에 달한다. 일본은 스마트폰, 전기차, 친환경차 등 핵심 소재의 원천기술을 가진 것도 많다. 2006년 이후 세 차례 반도체 소재·부품·장비공업의 육성책을 발표하여 5.4조 원을 투입하였으나, 기술력과 정책 역량의 부족으로 성과가 부족하였다. 일본의 수출 규제 조치는 수입대체와 수입처의 다변화를 요구하여 일부 성과를 거두었다. 그런데 일본의 투자와 기술 협력의 약화는 그 발전을 저해한다.

2020년 소재·부품·장비공업은 생산 819조 원, 수출 3,409억 달러, 자급률 72.3%, 주요 신산업 자급률 46.9%였다. 정부가 선정한 소재·부품·장비의 100대 전략 품목의 기술 수준은 선진국의 평균 61%에 불과하고 기술 격차는 5년 내외이다. 2021년 1월 정부는 핵심전략기술 분야에서 국내 최고 기술력과 미래 성장 잠재력을 가진 소재·부품·장비공업기업 100개에 대해 연구개발을 지원할 계획을 밝히고, 우선 대기업 2개, 중견기업 14개, 중소기업 6개를 선정했는데, 분야별로는 반도체·디스플레이 7개, 기계금속 7개, 전기전자 분야 4개, 자동차 3개, 화학 1개였다. 그중 주성엔지니어링은 1993년 설립되어 2014년 이후 세계적 경쟁력을 갖춘 반도체 장비들을 개발해왔다. 국내 반도체 장비 업체는 후발주자이나, 삼성전자와 SK하이닉스의 대량 수요에 덕을 볼 수 있다.

현대는 2017년 수소자동차라는 친환경 자동차를 세계 처음으로 개발하였으며, 전기차 판매를 2015년 세계시장의 0.5%인 1.364대에서 2019년 6.4%인 98,737대로 늘렸다. 한국 자동차공업은 지속적으로 노사분규를 겪었고 자율주행차의 개발에서 미국, 일본 및 중국보다 크게 뒤졌다.

조선공업은 1990년대에 가격경쟁력의 향상으로 약진하여 2000년에는 수주·건조에서 세계 1위로 부상하였다. 현대가 1973년 설비 50만 톤의 조선소를 설립한 이후 조선업은 빠르게 성장하여, 세계 선박 건조량의 비중은 1980년 4%, 1990년 22%, 2000년 39%로 급증하였다. 현대중공업은 2000년 힘센엔진의 개발에 성공하고 조선강국의 지위를 다졌다. 조선업은 2002~8년간 선박 건조량에서 세계 1위를 차지하였으나, 중국의 조선업이 빠르게 성장하여 2010년 건조능력에서, 2012년 주문량에서 한국을 능가하였다. 조선업은 해양 자원을 발굴, 생산하는 장비와 설비를 생산하는 사업에 진출하여 활로를 찾았고, 박근혜정부는 2013년 해양플랜트 산업을 신성장동력으로 지정하고 이후 국책은행들은 정책자금 대출을 늘렸는데, 2015년 해양플랜트 기자재의 국산화율은 20%

정도로 낮았다. 조선업은 해양플랜트 사업의 부진으로 2016년 위기를 맞았으나, 자구 노력에 힘입어 2018·9년 1위를 되찾았다. 한국 조선업은 고부가가치 선박에서 경쟁력이 강하나, 부품의 국산화율이 여전히 낮다.

저위기술제조업으로 분류되는 섬유공업은 비중이 계속 하락하였지만, 1999년에도 부가가치의 8.2%, 고용의 15.2%를 차지하였고 2000년에도 137억 달러의 무역흑자를 실현하였다. 기술혁신이 빠르고 고부가가치를 창출하는 산업용 섬유의 세계 수출시장은 2000년 398억 달러에서 2017년 1,115억 달러로 증가하여 섬유 전체의 24.5%에서 32.8%로 올랐다. 국내 산업용 섬유는 자동차, 건설, 플라스틱제품, 농림수산업 등에 사용된다. 국내 생산은 2007년 33.3조 원에서 2018년 39.4조 원으로 연평균 3.8% 증가하여 섬유 전체의 증가율 1.5%보다 높았다. 효성은 2011년 탄소섬유의 개발에, 코오롱은 2015년 아라미드섬유의 개발에 성공하였다. 2019년에도 한국 기업은 아라미드섬유, 탄소섬유, PPS 섬유, 초고분자량 폴리에틸렌섬유만 생산하고 고성능섬유의 대부분은 기술개발·시제품 생산에 머물고 있다. 수출은 2000년 27.3억 달러에서 2018년 35.2억 달러로 연평균 3.0% 증가하여 섬유 전체의 0.2%보다 높아 섬유 전체 수출의 19.9%에서 30.6%로 올랐다. 수입은 2000년 6.0억 달러에서 2018년 31.0억 달러로 급증하였다. 고성능 섬유를 활용한 첨단 산업용 섬유는 기술이 선진국보다 크게 뒤져 수입이 급증하고 있으며, 중국 제품이 빠르게 가격 경쟁력을 확보하고 있다.[15)]

공업화의 성숙에 따른 경제의 서비스화는 세계적 추세여서, 2016년 미국, 영국, 프랑스 서비스업의 부가가치 비중은 각각 79.5%, 79.2%, 78.8%에 달하였으며, 제조업 강국인 일본과 독일도 각각 69.3%, 68.9%였다. 한국은 2019년 62.4%이니, 경제의 서비스화가 더욱 진행할 것이다. 1990~2005년간 서비스업의 국내총생산에 대한 비중은 49.5%로부터 56.3%로 상승하고, 고용에서의 비중은 46.7%로부터 65.1%로 급증하였다. OECD 국가는 2005년 서비스업의 국내총생산과 고용에서의 비중이 각각 70.3%, 70.5%였다. 21세기에 들어와 서비스업과 제조업의 노동생산성 격차는 확대 추세여서 2009년부터는 절반 이하로 떨어졌으며, 2016년 40%에 불과하여 OECD국가 중 최하위였다. 미국 서비스산업의 생산성을 100으로 설정하면, 한국은 2007년 47.9%, 2016년 49.4%로 OECD에서 하위권이다. 2016년 서비스산업의 R&D 투자규모는 약 4조 6,700억 원으로 전산업의 6.7%, 제조업의 10%에 불과하였다.

〈표 13-5〉에 의하면, 지식기반서비스업의 비중은 상승한 반면, 여타 서비스업의 비

15) 박훈 「국내외 산업용 섬유산업 현황과 정책과제」『KIET 산업경제』 2020년 1월.

중은 줄어들었다. 지식기반서비스업의 성장을 주도한 것은 정보통신서비스업, 금융보험업, 사업서비스업 및 문화·오락산업이었다. 1990년대 후반부터 통신서비스업이 이동통신서비스와 광역 인터넷서비스에 힘입어 급성장하였다. 회계·법률·경영자문·광고 등 기업활동을 지원하는 사업서비스업은 기업경쟁력의 핵심 요인이다. 그것은 선진국에서는 독립되어 있으나, 한국에서는 제조업체에 편입되어 있기 때문에 전문성이 낮고 영세하다. 사업서비스업은 컴퓨터 관련 서비스, 마케팅 관련 서비스의 순으로 비중이 컸고, 연구개발 관련 서비스의 비중은 낮았다. 2010년 서비스업과 사업서비스업의 고용 비중은 73.3%와 9.3%로 구미 선진국보다 모두 5% 내외 낮지만, 지식집약사업서비스업의 경우 4.9%로 3% 내외 낮았다. 부가가치의 비중은 58.0%와 5.9%로 20% 가까이와 8% 정도 낮았고, 지식집약사업서비스업의 경우 3.8%로 5% 정도 낮았다. 제3·4차 산업혁명은, 온라인 거래의 성장에서 알 수 있듯이, 서비스업에 큰 영향을 미치고 있다.[16)]

2006년 서비스산업 경쟁력 강화 종합 대책 등에서도 드러나듯이, 제조업에 편중된 정책지원은 2000년대에 변하였다. 문화콘텐츠산업의 부가가치액은 2008년 25.4조 원으로부터 2012년 35.2조 원으로 늘었으며, 한류에 관련된 콘텐츠의 수출액은 2005년 13억 달러로부터 2013년 49억 달러로 증가하였다. 2014년 정부는 보건·의료, 관광, 콘텐츠, 교육, 금융, 물류 및 소프트웨어라는 7대 유망 서비스업에 중점을 두기로 하였다. 2010년대 K웹툰의 세계적 성공은 네이버와 카카오의 포털이 제공한 경쟁적 시장이 창의적 아이디어와 소재를 격려하였기 때문이었다.

2020년 5월 코스피 시가총액 상위 10대 기업은 반도체(삼성전자·삼성전자우·SK하이닉스), 바이오(삼성바이오·셀트리온), 전기차 배터리(LG화학·삼성SDI), 인터넷(네이버·카카오), 그리고 LG생활건강이었다. 2010년 1월에도 10대에 포함된 기업은 삼성전자와 LG화학뿐이었고, 후자는 배터리에 진출하여 6위로 올랐다.(『조선일보』 2020. 5. 27) 웰빙(well-being)시대에 부상한 10위 LG생활건강을 제외하면, 모두 제3·4차 산업혁명의 신기술을 적극 활용하여 부상하였다. 제2차 산업혁명의 성과인 포스코와 현대차가 2010년 각각 2위와 3위에서 밀려났다. 지식정보화시대가 재계 서열을 급변시킨 것이다. 2020년 9월에는 LG생활건강이 11위로 내려온 반면, 현대차가 8위로 올랐다.

한국은 1998년 이래 해마다 무역흑자를 보았고 2018년까지 증가 추세였다(부표 7). 전국경제인연합회의 10대 수출국 조사에 의하면, 2019년 한국의 10대 수출품목 의존도는 46.3%인데, 다른 국가들의 평균은 36.0%였다. 반도체 의존도는 14.6%였다. 한국의 10

16) 이동희·박지혜 『국내 지식집약사업서비스업의 현황과 시사점』 산업연구원, 2014; 산업비전연구팀 『한국산업발전 비전 제3권 산업편: 서비스업』 산업연구원, 2019.

대 수출국 의존도는 70.3%인데, 다른 국가들의 평균은 65.3%였다. 중국 의존도는 25.1%였고 미국과 베트남까지 합하면 58.6%였다. 중국의 반도체 등 첨단공업의 발전은 수출 경쟁력의 기반을 흔들 수 있으므로, 수출품목·국가의 다변화는 한국 산업의 여전한 과제이다.

7. 노동시장의 유연화와 소득분배의 악화

임노동자 중 고용계약기간 1년 이상인 상용고(常傭雇)의 비중은 1960년대부터 증가하여 82년 68%로 정점에 달한 이후 급감하여 90년에 54%였고, 그동안 고용계약기간 1개월 이상 1년 미만의 임시고의 비중이 급증하였다. 이처럼 1983년경부터 노동시장은 유연화 방향으로 나아갔는데, 1990년대에 들어와 기술변화·정보화·세계화로 경제가 급변하고 불확실성이 증대함에 따라, 노동시장 유연화의 요구가 커졌다. 1998년 경제위기를 계기로 노동시장을 유연화하는 제도인 정리해고제와 파견근로제가 시행되었다.

1990년대에 대기업의 대졸 사원에게는 평생직장이 사라졌다. 외환위기 이후 일부 고위직과 선진적 서비스업종에서는 미국식 성과주의 노무관리가 정착하고 있고, 화이트칼라의 노동강도와 직장스트레스가 커졌다. 또한 임금 수준과 임금체계가 경기에 탄력적으로 움직이고 임금체계의 연공서열적 성격이 완화되고 연봉제와 성과급이 확산된 점에서, 임금유연성은 증대하였다. 일정 연령부터 임금을 삭감하는 대신에 정년을 보장하거나 연장하는 임금피크제는 2003년 신용보증기금에서 처음 도입되었고, 2013년 이후 고령화 문제와 결부되어 논의가 활발해졌으나, 그 보급은 여전히 제한적이다.

〈그림 11-12〉에 의하면, 소득불평등은 1980년대에 축소되다가 1990년대 후반부터 악화되었다. 통계청의 「가계동향조사」에 의하면, 2인 이상 도시 가구의 처분가능소득으로 계산한 지니계수는 1992년 0.245가 최저점이고 이후 증가 추세였다. 처분가능소득의 중위값의 50%에 미달하는 상대빈곤층의 비중은 1992년 6.5%로 최저점이었는데, 93년부터 7%를, 경제위기를 맞은 98년 10%를 넘었다. 전체 가구를 대상으로 하면, 지니계수와 상대빈곤율은 한층 높아서, 〈표 11-28〉에 의하면, 1998년 경제위기 이후 절대빈곤율은 9%를, 상대빈곤율은 14%를 넘었다. 임시·일용노동자, 영세사업체의 노동자, 그리고 자영업자 가운데 취업빈곤층이 늘었다. 98년 경제위기는 기업 도산과 실업 증가로

불평등을 심화시켰다. 2000~7년 가계 총자산의 지니계수는 0.58로부터 0.64로 올라 자산불평등도 심화되었다. 한국 가계 자산의 과반은 토지와 주택이었다. 중위소득의 50%와 150% 사이 도시가구의 중산층은 고도성장기에 두터워져 1987년 70%를 넘고 92년 75.2%로 정점에 달한 후에 하락 추세여서 98년 70% 미만이 되고 2008년 63.3%로 떨어졌다가, 2011년 67.7%로 올랐으나 다시 하락하여 2020년 2분기 58.3%였다.[17] 20세기에서 농지개혁 직후와 1990년대 전반이 소득분배가 가장 양호하였다. 농지개혁 직후는 빈민이 대다수였다면, 1990년대 전반은 중산층이 대다수였다.

소득분배의 악화를 낳은 중요한 요인은 대기업과 중소기업의 임금차, 그리고 정규직과 비정규직의 제도적 차별이다. 단순화하면, 대기업, 특히 재벌 기업의 정규직과 여타 노동자의 격차가 커졌다. 1980년 중소제조업의 평균임금은 대기업(종업원 300명 이상)의 91%였는데, 2014년 53%로 떨어졌다. 대기업에 다닌다는 이유만으로 발생하는 임금 차별은 6.3%에서 46.1%로 급증하였다.

1987년 민주화 이후 노조의 힘이 강하고 지불 능력이 있는 대기업 생산직 노동자에 대한 보호가 강화되었다. 노동력의 다기능화와 직무 순환을 통한 기능적 유연화도 진전하지 않았다. 1998년 경제위기 이후 정규직과 비정규직의 구분이 일반화되었다. 한국노동사회연구원의 조사에 의하면, 기간제·시간제고용, 간접고용 등의 비정규직의 비중은 1996년 43%로부터 2002년 56%로 급증하였다가 하락하여 2016년 41%였다. 통계청이 추정한 비정규직은 2003년 이후 33% 내외에 머물고 여성은 40%를 넘어서는 해가 대부분이었다. 비정규직은 제도적 보호가 약하여 고용·임금의 유연성이 높고 정규직보다 노동시간이 약간 길지만 임금이 훨씬 낮았다. 비정규직의 정규직에 대한 임금 비율은 2000년 54%에서 2010년 47%로 하락하였다가 2018년 51%로 올랐다. 대기업은 비정규직의 저임금과 하청 기업의 낮은 공임 덕분에 정규직 노동자에게 임금을 넉넉히 주면서 이윤을 낼 수 있었다. 중소기업 취업 1년 후 대기업으로 옮기는 비율은 2004·5년 3.6%에서 2015·6년 2.0%로, 비정규직에서 정규직으로 전환하는 비율은 15.6%에서 4.9%로 떨어졌다.

심한 성별·학력별 임금격차가 축소되었다가, 21세기에 들어와 개선되지 못한 주된 요인은 여성과 저학력자가 주로 비정규직에 고용된 점이다. 여성의 경제활동참가율은 1998년 경제위기로 49.8%에서 47.1%로 하락한 이후 증가 추세여서 2015년 51.9%였으나, OECD 평균인 63.0%보다 낮았다. 출산과 육아에 따른 경력 단절은 남녀간 임금격차

17) 유경준 「우리나라 빈곤 변화 추이와 요인 분석」 『KDI정책포럼』 215, 2009 등.

의 확대와 여성 비정규직의 증가를 낳은 중요한 요인이다. 학력과 연령이 동일한 남녀간 임금격차는 1970년 73.5%로부터 2007년 82.4%로 줄었다.

15~29세 청년의 실업률은 경제위기로 1999년 3분기 10.4%까지 올랐다가 이후 하락 추세를 보였으나 2002년 3분기 6.3%를 저점으로 증가 추세로 바뀌어 2014년부터 대개 9%를 넘고, 2015년부터 10%를 넘는 분기들이 나타났다. 2013년 청년 구직단념자의 비중는 15.6%로 OECD 평균 8.2%보다 높았다. 그 중요한 원인은 대기업의 정규직 일자리가 줄었기 때문이다.

1993년 산업연수생 제도는 외국인 노동자의 법적 지위를 부여하였다. 1998년 30.8만 명이던 체류외국인은 2007년 100만 명을 넘고 2019년 252만 명에 달하였다. 2015년 외국인 취업자는 93.8만 명인데, 대부분 비정규직이고 기계조작·조립종사자는 40%, 단순노무종사자는 32%를 차지하였다.

2010년대 노동생산성은 OECD 상위권의 절반인 반면, 노동시간은 가장 길었다. 2013년 주중 52시간과 주말 16시간 상한제가 시행되었다. 2018년 '저녁의 삶', 일자리 나누기 및 노동생산성의 향상을 목적으로 주 52시간 상한제가 시행되었으나, 기업·산업의 특수 사정을 배려해야 하는 과제를 남겼다.

소득분배의 악화를 낳은 근본적 요인은 성장의 고용 효과가 낮아지고 중산층을 보장하는 일자리가 줄어든 점이다. 3저호황기를 거친 후 임금 수준이 높아졌기 때문에, 노동집약적 산업의 해외 이전이 시작되고 대기업의 자본집약적 투자가 진전되었으며, 게다가 1990년대 이후 노동절약적 기술발전이 진전됨에 따라, 성장의 고용 효과는 갈수록 줄어들어 21세기에 고용 없는 성장이 정착되었다. 생산·투자·소비가 10억 원이 늘 때 증가하는 일자리는 1990년 71.2명이었는데, 2012년 11.6명이었다. 제조업의 고용은 1990년까지 증가하다가 이후 자동화의 진전과 탈공업화로 감소하였다. 대기업 정규직 보호의 강화로 그 일자리는 주는 반면, 비정규직 일자리는 증가하였다. 서비스업을 중심으로 영세 사업체가 증가하였는데, 여기에 저임금 취업자가 집중하였다. 세계화와 국내 개방의 진전은 세계적 경쟁력을 가진 사람에게는 더 큰 기회를, 그렇지 못한 사람에게는 더욱 무거운 경쟁의 부담을 안김으로써, 소득불평등을 심화시켰다.

성장의 고용 효과가 낮아지고 비정규직이 늘면서 기업의 성과가 가계소득 증대로 이어지는 통로가 원활히 작동하지 않아서, 1990~2012년간 국민총소득 중 기업소득은 16.1%에서 23.3%로 늘어난 반면 가계소득은 71.5%에서 62.3%로 줄었다. 제조업의 유형 고정자산 영업이익률은 2000년 16%로부터 2010년 21%로 상승하였다. 상위 10%의 소득 집중도는 1970~80년대에 걸쳐 비교적 낮은 수준을 안정적으로 유지해왔다가 1990년대 중반부터 높아지는 추세여서 1996년부터 30%를, 2006년부터 40%를 넘었다. 노동소득분배율은 1995년 63.5%로부터 2016년 56.2%로 하락하여 OECD 국가 중 가장 하락폭이 커서 2016년에는 낮은 편의 국가에 포함되었다. 노동소득분배율의 하락은 성장과 고용의 선순환을 약화시킨다. 그래서 문재인정부는 2018·9년간 최저 시간급을 6,470원에서 8,350원으로 크게 올렸는데, 일자리와 하위 20%의 가계소득이 줄자, 2020년 인상률을 2.9%로 낮추었다.

고도성장기에는 교육을 통해 계층 상승을 이룬 남성이 많았으나, 1990년대부터는 빈부 격차가 교육 격차를 낳아 대물림되는 현상이 현저해지고 있다. 1970년대에는 논 20마지기 정도 가진 농촌 중간층이 자녀 5명 내외를 모두 대학에 보내는 일은 흔하였지만, 20세기 말 이후에는 그 정도의 농가가 자녀 1명을 대학에 보내기도 어려워졌다. 공교육의 낙후와 사교육비의 증가, 1990년대 이후 중산층 일자리의 감소, 그리고 1998년 경제위기 이후 정규직과 비정규직의 격차 확대는 계층 상승의 기회를 좁혔다. 교육비 지출에서도 양극화 현상이 심화되어, 비정규직의 대물림 현상이 나타나고 있다. 장래 경제를 비관적으로 보는 한국인이 늘어가는 추세인 가운데 계층 상승의 가능성을 낮게 보는 비중이 1994년 5.3%로부터 2015년 62.2%로 급증하였다.

피케티는 복지국가 이상의 쇠퇴와 신자유주의의 대두가 분배 악화를 낳았다고 보았는데, 레이건과 대처의 신자유주의정책 이전에 미국과 영국의 경제는 침체하고 있었다. 그런데 오늘날 선진국에는 분배 악화와 중산층 감소를 피하기 힘든 경제적 요인이 작용하고 있다. 첫째, 공업화가 세계적으로 확산되고 세계화시대의 경쟁이 격화되면서 임금이 높은 선진국에서는 중·저위 기술산업이 경쟁력을 상실하게 되었다. 둘째, 전통 기계화기술의 고도화는 일자리를 줄이고, 제3·4차 산업혁명이 창출하는 일자리는 줄이는 일자리보다 훨씬 적다. 요컨대 경제적 번영을 낳은 경쟁과 기술발전의 심화가 1980년대 이후 분배를 악화시키고 양질의 일자리를 줄이는 단계로 접어든 것이다.

로버트 푸트남(Robert D. Putnam)은 1970년대를 경계로 American Dream이 위기에 처했다고 진단하였는데, 한국에서도 계층 상승의 기회는 1990년대 후반을 경계로 크게 좁아진 것으로 보인다. 미국이 한국에 앞서 불평등이 심화되면서 중산층이 줄었던 것이다. 앵거스 디턴(Angus Deaton)은 산업혁명 이후 지속적 경제성장을 이루면서 불평등이 심해졌고, 적절한 불평등은 계층 상승을 추구하는 인센티브를 제공하여 경제성장에 유리하지만, 기회 균등을 저해하는 지나친 불평등은 경제성장을 저해한다고 보았다. 1990년대 전반까지 한국의 불평등은 경제성장에 자극을 주었으나, 1990년대 후반 이후 심화된 불평등은 기회의 불평등뿐만 아니라 사회적·정치적 갈등과 대중영합주의

(populism)의 조장을 통해서도 경제성장을 저해할 수 있다.

8. 저성장·고령화시대 복지정책과 재정

박정희 집권기는 개발의 시대였다면, 1980년대는 경제 안정을 도모하고 개발의 완수를 목격한 시대였다. 1987년 민주화와 3저호황은 복지의 시대를 여는 중요한 계기였다. 88년 국민연금의 도입과 89년 의료보험의 확대 시행, 1990년대 국민연금의 확대 시행, 2000년 국민기초생활보장법, 2009년 근로장려세제의 시행, 그리고 2008년 노인장기요양보험의 시행은 복지의 중요한 대책이었다. 〈그림 13-3〉에 의하면, 1970년대 후반부터 국방비 비중은 줄고 복지비 비중은 느는 추세였다. 2000년대에 복지비 지출이 급증하여 경제비 지출을 추월하였다. 한국에서 사회복지지출의 GDP에 대한 비중은 1990년

그림 13-3 정부지출의 분야별 배분

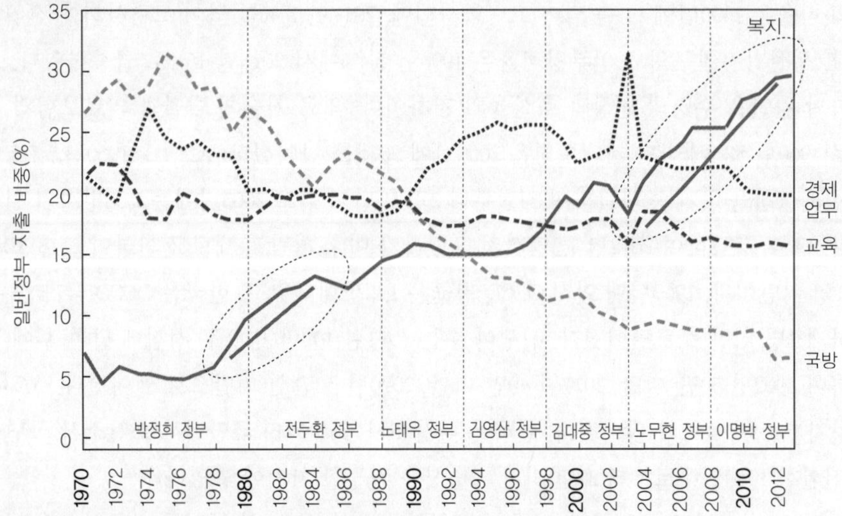

출전: 최병호 「우리나라 복지정책의 변천과 과제」 『예산정책연구』 3-1, 2014, [그림 1].

주: 1. 국민계정통계(SNA)에 따른 일반정부지출 대비 비중.

2. 10대 기능별 지출 중 해당 분야 기준(단, 복지는 보건과 사회보호의 합).

3. 2003년 경제업무 비중 급증은 동년부터 공적자금 원금과 이자지출이 정부재정에 반영(2006년까지)된 데 따름.

3.3%로부터 2014년 10.4%로 증가하였다. 그런데 제도적 혜택이 충분히 발휘되지 못한 점도 작용하여 2014년에도 복지비는 OECD 국가 평균인 21.6%에는 크게 못 미쳤으나, 그 증가율은 매우 빠르다. 1960·70년대 개발의 시대가 1980·90년대의 경제안정·성숙기를 거쳐 2000년대에 복지의 시대로 전환하였던 것이다.

1960~80년대는 고도성장, 생활수준의 향상, 실업률의 감소, 중산층의 확대 등의 점에서 한국경제의 황금시대였다. 한국은 1998년 경제위기를 신속히 극복하였으나, 21세기 경제성장률이 하락 추세여서 2001~5년간 평균 4.6%, 2006~10년간 평균 4.0%, 2010년대 전반 3%대, 2010년대 후반 3% 미만으로 급격히 하락하였다.

21세기에 잠재성장률은 다음의 요인으로 인해 낮아지는 추세이다. 첫째, 고령화가 빠른 속도로 진행하고 있다. 둘째, 노동절약적 기술혁신으로 인해 성장의 고용 효과가 갈수록 줄어들어 성장→고용→소득→소비→성장의 선순환이 약해지고 있다. 셋째, 복지비 지출은 증대 추세이고 지구온난화대책으로 화석연료의 사용을 줄여야 한다. 잠재성장률의 급락은 저출산·고령화의 급속한 진전, 노동시장의 경직성, 기업 투자의욕의 약화 등 정책 실패에 기인한다. 성장률의 저하는 복지의 확대에 부담을 준다.

한국경제는 고도성장이 끝난 21세기에 소득불평등화와 고령화의 도전에 직면하게 되었다. 〈그림 13-1〉에서 확인되는 고령화의 진행으로 1980년에 3.8%이던 65세 이상 인구의 비율은 2000년에 7%를 넘어 고령화사회에, 2017년 14%를 넘어 고령사회에 진입하였다. 생산가능인구의 노인부양비율은 1990년 7.4%에서 2015년 15%로 급증하였다. 고령화의 원인은 수명의 연장과 출산율의 저하이다. 의료 기술의 발달과 의료보험의 확대로 1960년 52.9세이던 기대수명은 2009년에 80세를 넘어섰다(부표 11). 1960년 5.7명이던 합계출산율은 계속 하락하여 84년부터 2명 미만이 되고 2005년에는 1.08명까지 떨어졌다. 그 후 상승하여 2012년 1.3명까지 올랐다가 이후 하락 추세로 전환하여 2018~20년간 1명 미만이다. 1960년대 이래 OECD 평균은 1.8명 내외였고, 한국은 OECD 국가 중 유일하게 1명 미만으로 떨어졌다. 신생아 수는 1971년 102만 명으로 정점에 달한 후에 감소하여 2002년 50만 미만, 2017년 40만 미만, 2020년 30만선 미만으로 떨어졌다. 2020년 사망자가 신생아보다 많아졌다. 한국은 다산소사(多産少死) 국면에서 소산소사 국면으로 전환한 1980년대로부터 20년 지나 저출산을 걱정할 처지에 놓였다.

1980년대까지도 존속하던, 가족이 제공하는 질 높은 노인 복지는 가족의식의 급변과 더불어 세기의 전환기부터 급격히 약화되고 있으며, 국가와 시장이 가족을 대신하여 노인 복지의 중추를 맡게 변화하고 있다. 핵가족화가 진전되는 가운데 65세 이상 노인만으로 이루어진 가구의 비중은 1995년 36%로부터 2010년 54%로 급증하였다. 65세

이상 1인가구는 2000년 54만, 2010년 107만, 2019년 153만으로 급증하여, 독거노인가구 비율은 3.8%, 6.1%, 7.5%로 증가하였다. 노인의 상대빈곤율은 2006년 52.3%로부터 2019년 66.6%로 증가하였으며, OECD 회원국 중 가장 높다. 그래서 노령층의 경제활동참가율은 높았고, 이들은 거의 저임금 노동자였다.

근대에 들어와 다산소사에서 소산소사로의 변천은 부모가 자녀의 수보다 질을 중시하게 되었다는 베커(Gary G. Becker)의 가설로 설명될 수 있다. 근대가 성숙한 1980년대 이후 자녀를 노동력으로 활용하기는 점차 어렵게 되는 반면 양육·교육비용이 증대하였고, 21세기로의 전환기에 노부모 봉양의 문화가 사라져서, 출산의 인센티브는 줄었다. 교육기간의 증대에 따른 초혼 연령의 상승, 여성의 경제활동참가율의 상승도 출산율을 낮추었다. 가치관이 가족주의에서 개인주의로 바뀜에 따라, 21세기로의 전환기에 결혼과 출산을 필수로 보는 풍습이 선택으로 간주하는 풍습으로 변하였다. 1970년대까지도 부모뿐만 아니라 가정의 다른 성인들, 마을, 그리고 자연이 협력하여 아이를 키웠으나, 도시화로 이런 풍조가 사라지는 가운데 늘어난 핵가족의 맞벌이 부부만의 자녀 양육은 더욱 힘들어졌다. 이런 현상은 세계 공통적인데, 한국에서는 그 변화가 급격하여 출산율이 급격히 하락하였다. 맞벌이 핵가족의 확대와 더불어 따로 사는 노부모가 손주를 돌보는 풍습이 확산되어, 새로운 형태의 가족 유대가 형성되고 있다.

21세기 한국의 출산율이 세계 최저로 떨어진 현상은 어떻게 설명해야 할까? 저출산은 권리 의식을 높인 여성이 출산에 따른 경력 단절과 양육 부담의 차별을 당하는 데에 반응한 면도 있다. 2014년 0~14세 아동 부모의 전일제 맞벌이 비중은 29.4%로 OECD 평균인 58.5%보다 훨씬 낮았고, 외벌이는 거의가 남자였고, 남성의 가사분담률은 16.5%로 OECD 평균인 33.6%보다 훨씬 낮았다. 20세기 중엽 태어난 사람은 대개 가난하고 엄하게 자랐으나 일자리를 구하기 쉽고 갈수록 풍족해져 자녀를 많이 낳고 싶었던 반면, 20세기 말에 태어난 사람은 대부분 풍족하고 편하게 자랐으나 안정된 직장에 취업하기 힘들어 지고 고령화로 퇴직 후 생계의 고민이 크니 출산 의욕이 약해질 수밖에 없다. 양육비 부담이 급증하여, 한국보건사회연구원에 의하면, 2009년 기준 자녀 한 명의 평균 양육비는 모두 2억 6,204만 원이었다. 양질의 일자리가 줄어드는 데다가 대도시 주택가격의 상승으로 전셋집조차 마련하기 어렵게 되었으므로, 결혼을 포기하거나 주저하는 젊은이가 늘었다. 독거노인 및 비혼 인구와 더불어 1인 가구가 급증하여 2020년 39%에 달했다.

1962년 경제개발계획과 더불어 추진되기 시작한 출산억제정책은 뒤늦게 1996년 폐지되었다. 김대중정부는 산전후 휴가를 90일로 연장하였고 육아휴직제도와 중학 의

무교육을 도입하였다. 2002~6년간 육아지원 예산은 2,461억 원에서 1조 574억 원으로 증가하였다. 2003년까지 최저생계비 120% 이하의 차상위 계층까지 보육료가 지원되다가 이후 지원 범위가 점차 확대되었다. 2006년부터 저출산·고령화사회 기본계획이 추진되었는데, 제1차(2006~2010년) 계획에서는 42.2조 원을 투입하여 출산·양육에 유리한 환경을 조성하고 고령사회 대응 기반을 구축함을 목표로 삼아, 보육·교육비 지원을 확대하였다. 제1차 계획에서는 저소득 가정을 중심으로 보육을 지원하였으나 제2차(2011~2015년)계획에서는 109.9조 원을 투입하여 맞벌이 가정을 대상으로 일-가정 양립 등 종합적 접근을 하였다. 그래서 2012년부터 5세 이하 유아에 대한 보육 지원이 점차 확대되었다. 제3차(2016~2020년) 계획에서는 197.5조 원을 투입하여 늦게 결혼하거나 결혼하지 않는 문제의 대책으로 청년 일자리, 주거 대책, 출생에 대한 사회적 책임이라는 종합적 접근을 하였고, 노후 대비를 위해 연금 확대, 실버산업 육성 등을 목표로 삼았다. 2006년 이후 300조 원 이상을 투입하였음에도 불구하고 2018~20년간 출산율이 1명 미만으로 떨어진 참담한 결과가 나왔다.

2004년 국민기초생활보장법의 사각지대에 대한 지원책으로서 최저생계비 120% 이하의 차상위계층에 대한 지원제도를 마련하였다. 2015년 차상위 계층의 범위가 최저생계비 120% 이하에서 중위소득 50% 이하로 확대되었다. 그리고 국민기초생활보장제도의 혜택을 받지 못한 취업빈곤층에게 근로 의욕을 자극하면서 생계비를 지원하기 위해 2009년부터 근로장려세제가 시행되었다. 1990년부터 생계 보조 수당의 명칭으로 저소득 중증 장애인에게 지급해오던 것이 2000년 장애수당제도로 개정되었으며, 2007년 지원 대상을 기초생활수급자에서 차상위계층까지 확대하였다. 2010년부터 장애인 연금이 장애 수당과 함께 장애인 복지 급여로 시행되고 있다.

군인연금은 1973년부터 적자가 시작되어 1977년에 고갈된 뒤 국방부 예산으로 채워주고 있다. 공무원연금은 1993년부터 적자였고 2000년 그 적자를 메워주는 제도가 마련되었다. 2010년과 2015년에 그 기여율을 높이고 지급률을 낮추기로 하였으나, 그 적자는 확대 추세이다. 2016년 두 연금을 지원하는 국고가 90조 원을 넘었다. 1975년 사학연금이 공무원연금에 준하는 제도로 성립하였는데, 2020년대에 적자로 전환될 전망이다. 국민연금 수급은 1993년 175만 명, 7,092억 원으로부터 2008년 1,090만 명, 40조 5,412억 원으로 급증하였다. 국민연금 급여율을 2007년 60%에서 2028년까지 40%로 점진적으로 감소하고 국민연금에 가입하지 못한 65세 이상 노인을 위한 기초노령연금제도를 2008년부터 시행한 노무현정부의 제도 개혁은 2030년대로 전망되던 국민연금의 고갈 시점을 12~20년 연기한 것으로 추정될 뿐만 아니라 사회안전망을 확충하였다. 2014년 기초노령연금제도의 지급 범위를 확충한 기초연금제도가 시행되었다. 국민연금 기금의 적립금은 1988년 5,300억 원에서 출발하여 2003년 100조 원, 2010년 300조 원을 넘고 2018년 500조 원을 돌파하였으나, 2050년대 고갈될 전망이다. 1999년 의약분업이 실태조사가 불충분한 상태에서 시행됨으로써, 국민건강보험의 적립금은 2001년 고갈되었다. 2002년부터 그 재정건전화를 위한 노력이 있었다. 2011년부터 흑자이던 건강보험은 2018년 적자로 돌아섰는데, 그 지원을 확대하였기 때문이다. 게다가 향후 고령 의료비 증가로 2018년 22조 원이던 적립금은 2026년경 고갈될 전망이다. 2008년 도입된 노인장기요양보험의 대상자는 2008년 14만 명, 2013년 40만 명, 2019년 73만 명으로 늘었으며, 재정 부담은 2013년 3.1조 원, 2019년 7.7조 원이었다.

경제성장과 더불어 조세부담률은 빠르게 증가하였다. 국민부담률(=세금+사회보장기여금/GDP)은 1995년 19%, 2000년 21%, 2007년 24%, 2016년 26%였는데, OECD 평균은 1995년 33%, 2016년 34%였다. 소득세의 비중은 1980년 26.7%에서 2010년 51.%로 늘었다. 전두환정부의 긴축재정으로 국가채무가 크게 줄어들었고, 재정 건전성은 1998년 경제위기의 극복을 위한 팽창적인 재정정책을 뒷받침하였다. 국가채무는 1998년 경제위기와 2008년 금융위기에 대처하기 위한 재정 투입 등으로 인해 급증하였다. 1980년대 개선된 통합재정수지는 1997~9년간 적자를 보다가 2000년부터 경제의 활력 있는 성장에 힘입어 흑자로 호전되었으나, 2008년 세계 금융위기를 기점으로 악화되었다가 다시 호전되었는데, 경제 침체와 국책사업으로 2019년 12조의 적자를 보았다.(부표 6) 관리재정수지(=통합재정수지-사회보장성기금수지)도 2019년 54.4원의 적자로 바뀌었다. 국가채무는 2008년 300조 원을, 2016년 600조 원를 넘어 GDP 대비 28%에서 36%로 급증하였다. 국가채무비율은 2019년 37.1%로 아직 높은 편이 아니나 그 빠른 증가율이 문제이다. 중앙정부와 지방정부의 채무, 그리고 공공기관의 직접 부채를 합한 국가부채는 2007년 571조 원이었는데 2013년 말에는 GDP 대비 78%인 1,117조 원에 달하였다. 공기업 부채는 2008년 201조 원에서 2012년 354조 원으로 급증하였는데, 방만한 정부 사업의 수행, 그리고 집권세력의 논공행상에 따라 임용된 공공기관장의 방만한 경영이 그 주된 요인이었다. 공공기관장의 낙하산 인사 관행은 아직까지도 존속한다. 2001~12년간 방만한 경영이 그 주된 요인이었다. 2001~12년간 지방정부 세출의 비중은 53.0%로부터 61.3%로 증가한 반면, 지방세의 비중은 21.8%에서 21.0%로 늘지 않았다. 지방자치단체의 재정자립도는 떨어졌는데, 방만한 지출로 인한 결손에 대한 지원까지 중앙정부에 손을 벌려왔다. 1980년대 후반 이후 소득 관련 조세의 비중 증가와 복지비 지출의 증대로 재정의 재분배 효과는 개선되었다.

일본은 한국과 달리 냉정한 경제합리주의 문화를 가짐에도 불구하고, 1991년 38%이던 국가부채 비율이 거품 붕괴 이후 장기불황대책과 고령화에 따른 복지비 증가로 2000년 100%를, 2010년 200%를 넘고 2020년 266%로 치솟았다. 한국은 아직 국가부채 비율이 낮지만 그 빠른 상승은 걱정된다. 한국은 일본보다 과학기술력이 낮고 가계와 해외의 순자산이 훨씬 적기 때문에, 재정 악화에 훨씬 큰 충격을 받는다. 한국은 2006년 국가재정법, 그리고 2007년 국가회계법과 디지털 예산·회계시스템으로 재정·회계의 효율성·투명성·건전성을 높였고, 나아가 재정 건전성의 확보에 성공한 스웨덴을 본받아 2016년 중장기 재정전략·개혁 방안을 마련하였다. 성장률이 저하하면서 실업률이 증가하고 고령화가 심화하고 연금 재정이 파탄을 맞고 통일비용과 지구온난화 대책비용도 마련해야 하는 장래에는 현재보다 재정지출 수요가 줄기는커녕 늘어날 전망이다. 그런데도 국가부채의 무절제한 증가를 획책하는 선거 전략은 일자리도 대도시 주택도 구하기 어려워 결혼 포기자도 많은 젊고 어린 세대에게 가중된 부담을 떠넘기는 점에서 무책임하다. 미래를 대비하기 위해 현재의 어려움을 얼마나 잘 견뎌내는가는 국가 경쟁력에 영향을 준다. 제2장 제8절에서 살폈듯이, 조선왕조는 유학 가르침에 따라 조세를 줄이고 빈곤 대책에 적극적이었는데, 경비팽창법칙이 작용하여 16세기와 19세기에 재정 악화로 규정외 수탈이 늘어 인민은 괴로워지고 국력은 약해졌다. 그 교훈을 새길 필요가 있다.

9. 대유행병의 경제사와 코비드(COVID)19

호모 사피엔스는 수많은 질병과 싸워왔고, 그 극복책이나 대응책을 마련하였기 때문에 번창하였다. 맬서스 법칙이 작용하는 전근대 농경시대에는 전염병에 의한 대량 사망은 인구 압박을 완화하여 생활수준을 높이는 효과를 낳았다. 14세기 흑사병(페스트)과 1918년 스페인독감은 감염병이 두 대륙 이상 확산된 팬데믹(pandemic)이었다. 페스트는 1347~52년간 유럽 인구의 30% 정도인 약 1,800만 명을 죽였다. 그것은 19세기 아시아에서 1,200만 정도의 사망자를 내었으나, 20세기 위생 개선과 항생제 개발로 대형 사고로 확대되지 않게 되었다. 스페인독감은 1918~20년간 세계 인구의 30% 이상 감염하여 3% 정도인 3,000~5,000만 명의 사망자를 낳았고, 집단면역으로 종식되었다. 한국에서도 740만 명이 감염되었으며 이 중 14만여 명이 사망한 것으로 알려져 있다. 1948년 설립한 WHO는 1968년 홍콩독감, 2009년 신종플루, 그리고 2020년 코비드19가 팬데믹이라고 선언하였다. 팬데믹 출현 주기가 짧아지고 있는 것이다. 1957·8년간 아시아독감, 그리고 1968·9년간 홍콩독감은 각각 100만 명 정도의 사망자를 낳았으나, 대유행의 기간은 짧았다. 2010년 8월까지 신종플루는 전 세계에서 확진자 163만 명, 사망자는 2만 명이었다.

2019년 12월 30일 중국은 새로운 유형의 코로나 바이러스(coronavirus)에 의한 호흡기 질환의 첫 감염자가 우한(武漢)에서 발생하였다고 WHO에 보고하였다. 코비드19는 무증상 감염의 강한 전파력 때문에 전 세계로 빠르게 확산되었다. 2020년 6월 28일 세계에서 확인된 감염자는 1,000만 명, 사망자는 50만 명을 넘었다. 세계의 누적확진자는 가속적으로 늘어 11월 8일 5,000만 명을 넘었고 사망자는 125만 명이었다. 10월 WHO는 76억 세계 인구의 10% 감염 가능성을 제기하였다. 12월 말까지 확진자는 8,305만 명, 사망자는 181만 명이었다. 바이러스는 변이하며 2021년 들어와 더욱 위세를 떨치고 있다. 그것은 스페인독감 이후 최대 팬데믹 재앙이다.

시장과 복지가 결합한 국가 의료보험의 한국·독일이 시장 의존의 민간 의료보험의 미국, 그리고 무상 공공의료의 영국·이탈리아·스페인보다 치료·방역(防疫)에 효과적으로 대응하였다. 한국은 방역에 성과를 거두었는데, 2015년 메르스 사태를 교훈으로 구축된 방역체제, 질병관리본부의 유능한 대처, 진단시약의 신속한 개발, 그리고 의료산업의 발달에 힘입었다. 2000년 이후 설립된 중소 바이오 기업인 씨젠·코젠바이오텍 ·솔젠트·SD바이오센서는 2020년 코비드19를 진단하는 시약을 신속히 개발하여 그 대책에 이바지하고 각국에 수출하였다. 11월 중순 이후 제3차 유행기에는 전국적으로 심각한 상황을 맞이하였는데, 12월말까지 확진자는 61,769명, 사망자는 917명이었다.

2020년 부동산·주식시장의 열풍으로 가계부채가 급증하여, 9월 1,940.6조 원으로 국내총생산(GDP)을 능가하였다. 9월 기업부채도 2,112.7조 원으로 GDP의 110%가 되었다. 중소기업의 53%가 영업이익으로 이자를 갚을 수 없는 상태가 되었다. 3월 24일 정부는 수출입·해외진출 기업에 약 20조 원의 긴급 금융지원을 결정하였다. 4월 22일 7대 기간산업에 40조 원, 그리고 소상공인에 35조 원의 지원을 발표하였다. 정부는 1차 재난지원금 14.3조 원을 5월부터 전국민을 대상으로 지급하였고, 소상공인과 고용취약층 등에게 9월부터 2차 7.8조 원을, 2021년 1월부터 3차 9.3조 원을 지급하였다. 정부는 1차 11.7조 원, 2차 12.2조 원, 3차 35.1조 원, 그리고 4차 7.8조 원의 추경을 집행하였다. 4차까지 집행되면 2020년 국가채무는 847조 원(GDP에 대한 비율: 43.9%)으로 증가한다. 국채는 2020년 100조 원 이상 발행될 전망이어서, 그 잔액은 2017년 547조 원에서 2020년 740조 원으로 급증할 전망이다. 10월 국회에서 한국은행 이주열 총재가 엄격한 재정준칙이 필요하다고 발언하자, 여당 의원들은 확장적 재정정책이 필요하다며 비판하였다. 기업·가계·정부부채의 급증은 경제의 중대한 불안 요소이며 회복에 지장을 줄 수 있다.

코비드19는 온라인·비대면(on-line+untact=ontact) 시장의 성장, 그리고 재택근무·원격진료·화상회의의 활성화를 초래하였다. 한국의 발달한 온라인 물류는 경제안정에 이바지하였다. 그런데 디지털경제와 여타 경제의 격차, 그리고 연령·성별·계층에 따른 빈부격차가 커지고 있다. 생산 위축으로 온실가스 배출이 줄었으나 의료 폐기물과 비대면 경제의 배달 쓰레기는 급증하였다. 코비드19는 세계적으로 국가의 통제력을 강화하였고, 한국 지자체의 역량을 향상시켰다.

페스트가 창궐한 14세기가 유럽 경기의 저점이라면 15세기는 인구가 증가하면서 상승기를 맞았으니, 팬데믹 페스트는 세계경제사의 진로에 영향을 미쳤다. 코비드19의 무증상 감염은 경제활동을 포함한 일상생활, 나아가 국제무역을 위축시켰다. 그 결과 세계의 생산 위축과 실업 증가는 역사상 가장 급속히 진행되어 1930년 세계대공황에 맞먹는 위협에 직면하였다. 미국의 경우 2020년 3월 실업수당 청구가 급증하여 26일 328만 건에 달하였고, 25일 정부와 의회는 2조 달러의 경기 부양책에 합의했는데, 역사상 최대 규모이다. 2020년 세계 경제성장률은 −4.2%, 미국은 −3.7%, 유로화 사용 19국은 −7.5%로 예상된다. 중국은 1분기 성장률이 −6.8%로 급락하였으나, 사회주의체제의 강력한 통제로 방역에 성공하여 2분기부터 빠르게 회복하고 연간 2.3% 성장하였다. 연간 2.3% 성장하였다. 대만은 방역 성공에 힘입은 경제활동의 지속과 반도체 등 수출 호조로 3.0% 성장하였다.

한국 성장률은 −1.0%로 OECD 37국 가운데 가장 선방하였으나, 1998년 경제위기에 이어 처음 만난 마이너스 성장률이었다. 선방한 요인을 순서대로 열거하면 방역 성과, 수출 선방, 온라인 물류, 그리고 정부지출이다. 정부지출 증대는 세계 일반적 현상이다. 2020년 팬데믹으로 2020년 수출은 5,166억 달러로 7.2% 줄었으나 팬데믹으로 세계 무역이 부진한 가운데 통신기기·반도체 덕분에 선방하였고, 무역흑자는 819.5억 달러로 2.6% 늘었다.

1796년 천연두 백신을 시작으로 개발된 많은 백신은 전염병의 위협을 줄였다. 백신만이 코비드19 팬데믹을 종식할 수 있다. 그 개발은 신속하여, 12월 이후 미국 화이자와 모더나의 백신 접종이 이루어졌고, 12월 영국 아르트라제네카의 백신은 영국정부의 승인을 받았다. 한국에서는 2021년 백신이 접종된다.

제14장

북한 사회주의경제의 변화와 남북교류의 진전

1. 1990년대 경제위기 이후 시장의 성장과 경제 회복

북한만큼 배급제를 오래 시행한 국가는 드문데, 1970년대 후반 이후 식량 사정의 악화로 배급 중 잡곡의 비율을 늘리다가 1987년과 1992년 배급량을 10% 줄였다. 이후 경제위기로 배급제가 무력화되었다. 1990년대 계획체제가 인민의 경제생활을 보장해 주지 못함에 따라, 그 범위를 벗어난 시장을 통한 자원배분은 확대되었다. 1984년 8·3 인민소비품 생산운동이 전개된 이후 농민시장의 공산물 유통은 활성화되었고, 90년대 심각한 경제난은 농민시장의 급성장을 낳았다. 90년대 후반에 농민시장은 군 단위별로 1~2개, 시 단위별로 3~5개 설치되어 북한 전역에 300~350개가 운영된 것으로 보인다. 원래 열흘마다 한 번씩 열렸지만, 90년대 중엽부터 매일 열리게 되었다. 원래 농민시장의 거래품목은 개인 텃밭에서 생산하는 채소류 등에 국한되었지만, 90년대에는 거래범위가 거래금지 품목이던 식량을 비롯하여 각종 공산품으로 넓혀졌다. 시장의 성장은 기근을 완화하는 효과도 낳았다. 거래품목은 주로 중국 등 제3국에서 유입되지만 사적 생산물과 공식 부문에서 흘러나온 상품도 상당량에 달하였다. 90년대 후반 일반 주민이 주곡의 절반 가까이를, 생필품의 과반을 농민시장에서 구입한 것으로 추정된다. 그렇다면 농민시장은 국영상업망의 단순한 보완수단이 아니라 대체수단으로서 자리 잡은 셈이다. 농민시장에서는 원래부터 수요와 공급에 의해 가격이 결정되었는데, 그 가격은 공정가격의 수십 배에 달할 정도였다. 상품의 지역간 이동이 활발해지고 상품거래에 대한 규제가 완화되면서, 1998년 이후 지역간 가격차는 줄어드는 추세였다. 특히 여성의 시장 참여가 활발해지고 있다.

1998년 9월에 개정된 '사회주의헌법'을 보면, 김일성의 사상을 국가지도원리로 규정함으로써 여전히 '우리식 사회주의'를 고수하는 가운데 다음과 같은 면에서 종전보다 느슨한 계획경제체제를 지향하였다. 개인의 소유·상업활동 범위를 다소 확대하였다. 독립채산제, 그리고 가격체계와 같은 경제적 지렛대의 활용을 강조하고 대외무역의 국가독점 원칙을 폐기하였다.

북한은 경제위기를 타개하기 위해 1998년부터 제1차 과학기술발전 2개년계획을 추진하여 2017년 제4차 계획이 끝났다. 과학기술을 중시하던 종전 전략을 더욱 강하게 추진하여, 그 예산지출은 2016년 5.2%, 2018년 7.3%였다. 그에 힘입어 소프트웨어 기술 위주의 정보산업이 성장하였다.

배급제의 무력화와 계획 외 시장의 성장으로 국가의 경제통제력이 약화된 데다가 경제위기로 인해 경제규모가 축소하여, 2000년 예산 규모는 1991년의 절반이었다. 2002년 사회주의체제를 사실상 개혁하는 '7·1경제관리 개선조치'가 취해졌다. 가격과 임금을 인상하여 시장가격 수준으로 현실화하고, 가격 설정에 생산원가와 아울러 새롭게 수요·공급사정을 고려하기로 했다. 그런데 임금보다 식품·생필품 가격이 빠르게 상승하여 김정일이 의도한 노동자 생활수준의 향상을 이루지 못하였다. 이중의 공정·무역환율을 폐지하고 시장환율이 채택되었다. 제대로 기능하지 못하던 배급제는 공식적으로 폐지되었다. 국정가격제가 유지되고 소유제도의 개혁이 미흡하였으나, 경영 자율성과 노동 인센티브의 강화로 노동 의욕은 높아졌다.

북한정부는 2002년에 기업 실적을 평가하는 지표로서 '번 수입 지표'를 도입하여 계획 외 생산과 유통을 허용하였다. 기업의 시장활동을 사실상 허용한 것이다. 아울러 '사회주의 물자교류시장'을 도입하여 처음으로 생산재시장을 공식으로 허용하였다. 2003년에는 농민시장의 불법적 변화를 제도화하는 차원에서 종합시장으로 개편하고 곡물과 공산물의 거래를 합법화하였다. 300개 이상의 종합시장을 개설하여 생산수단·군수품을 제외한 생필품·공산품의 거래도 허용하였다.

그런데 2004년부터 시장에 대한 통제를 다시 강화하였다. 2005년에는 배급제를 재개하고 시장 단속을 강화하였다. 2009년 11월에는 100대 1 비율의 화폐개혁을 단행하는 동시에 종합시장을 폐쇄하고 농민시장으로 되돌리고자 하였다. 이처럼 시장경제를 구속하고 신흥자산가의 화폐재산을 흡수하려는 시도는 물가 폭등, 상품 공급 위축 등 심각한 부작용을 낳아 좌절하였다. 시장은 2010년 6월경부터 회복하여 대표적인 종합시장들은 대규모 도매 기능을 담당하면서 소도시 시장을 포섭하는 유통망을 형성하게 되었다. 그러한 가운데 2012년 배급제를 사실상 포기하였다. 2010년대 가정은 소비 물자의 50% 이상을 시장에서 구입하게 되었다. 21세기에 들어와 중국 무역이 급성장하여

2010년대에 무역의존도가 50%에 접근하였다. 시장과 국제무역의 성장으로 외화 사용이 확대되고 그 추세는 2009년 화폐개혁으로 가속화되었다. 그래서 북한은 2012년 외화 사용을 금지하였으나, 성공하지 못하였다. 2013년 초에 시장에서 통용되는 화폐 중 달러가 50% 정도, 위안화[元貨]가 30% 내외로 추정된다.

시장의 성장과 그에 대한 북한의 통제 전략으로 계획부문과 시장부문의 이중구조가 형성되었다. 당·군·내각 경제는 계획경제로 묶어두지만, 주민 경제와 일부 내각경제는 시장 영역에 넘겨주었다. 군수산업과 중공업으로 대표되는 국가 기간산업은 계획경제로 통제되나, 소비재부문은 시장에 방임하였다. 소비재 시장뿐만 아니라 기업간 생산 원자재의 시장도 허용되어, 협동농장은 계획경제망뿐만 아니라 시장을 통해서도 농자재를 조달할 수 있다. 계획경제로 주민의 생계를 책임질 수 없는 상황에서 시장은 북한정부가 통제하기 어려운 수준으로 성장하여서 계획경제의 토대를 점차 침식하여 왔던 것이다. 1990년대 후반 이후 배급제의 붕괴와 시장의 성장은 전체주의체제의 변화를 낳고 있다.

북한의 국내총생산은 시장의 성장, 식량생산의 증가, 무역의 확대 등에 힘입어 1999년 이후 증가 추세로 바뀌었다. 〈그림 12-2〉에 나타난 2000년대 무역 급증은 남한 및 중국과의 무역에 힘입었다. 김정일이 사망한 2011년에 북한의 국민총생산은 32.4조원으로 추정되며, 남한의 1/43이다.

북한 영도자 지위를 3대 세습한 김정은은 2012년 우리식 경제관리방법을 제시하여 경제적 인센티브를 강화하고 기업과 농장의 경영 자율성을 확대하고 시장 기능을 도입하였다. 2013년 기업체는 생산한 소비품의 판매를 허용받았다. 2014년 중앙집중식 계획경제의 동요·축소와 더불어 무너진 대안의 사업체계를 대신하는 사회주의 기업책임관리제의 도입을 핵심으로 하여 경제 관리의 효율성을 제고하려는 경제개혁조치가 발표되었다. 2012년 상업에 우선 도입되었고 2013년 농업에 시범 적용된 바 있던 사회주의 기업책임관리제는 공장·기업소·협동단체들이 생산수단에 대한 사회주의적 소유에 기초해 실제적인 경영권을 갖고 기업활동을 창발적으로 하는 기업관리방법이라고 천명되었다. 일부 기업소의 부분적인 독립채산권을 인정하는 선에서 기업소의 자율성을 강화할 수 있는 관련 법규를 새롭게 제정하거나 기존의 법규를 수정 및 보완하였다. 기업은 완전계획형, 부분계획형, 사실상 계획을 벗어난 형식적 계획형이 존재할 뿐만 아니라 돈주나 외국기업이 투자할 수 있는 계약형 기업이 허용되었다. 계획형 기업에서도 인센티브 보수제가 확대되었다.[1] 협동농장에서 농민은 국가납부분을 제외하고

1) 이석기 등 『김정은 시대 북한 경제개혁 연구』 산업연구원, 2018; 위키백과사전.

분배받은 현물을 시장에 처분할 수 있게 되었다. 2015년부터는 개별 기관·기업소·단체가 무역회사를 설립하지 않고도 무역을 허가받을 수 있게 되었다. 김정은은 2016년 제7차 당대회에서 우리식 경제관리방법의 전면적 확립을 선언하였다. 계획부문과 시장부문의 이원적 경제운영은 2002년 조치에서 출발하여 2016년 우리식 경제관리방법으로 공식화하였다.

시장의 합법화로 그 참여자는 크게 늘었다. 2016년 종합시장은 404개이고, 비공식적 길거리장, 야간시장 등을 포함하면 1,000개에 달한다. 2018년 북한정부가 공식 인정한 시장은 436개이다. 시장 상인은 약 10만 명으로 추산된다. 종합시장의 합법화로 장사로 돈을 번 돈주[錢主]라는 상인층이 대두하고 도·소매업이 분화되었다. 북한은 2003년에도 유선전화 가입자가 4.4%에 불과할 정도로 남한보다 정보화에 크게 뒤떨어졌다. 휴대전화 통신 서비스는 2001년 처음 시작하였으나, 정부의 우려로 수년 만에 중단되었고, 2008년 재개된 후 급속히 보급되어 2012년 100만 대를, 2016년 300만 대, 2017년 400만 대를 돌파하였다. 휴대전화는 돈주와 시장 상인이 시장 동향을 파악하여 거래하는 데의 필수품이 되었다. 무역회사는 종전에 관련 기관·기업소 등의 자가 소비를 위한 수입을 하였는데, 정부가 종합시장을 허용하고 국영상점의 시장화를 추진함에 따라, 공장과 농장은 무역회사를 통해 제품을 판매하여 원자재를 조달할 수 있게 되었다.

21세기에 들어와 식당, 상점을 중심으로 사기업(私企業)이 늘었다. 그러한 가운데 상인으로부터 출발한 돈주는 자본가로 성장하였다. 2002년 조치 이후 돈주는 기업소에 사금융을 제공하였다. 2010년 제정된 기업소법이 2014년 개정되면서 기업소는 재정관리권을 가지게 되었고, 은행은 "주민 유휴 화폐자금을 동원, 이용할 수 있"게 되었다. 돈주의 기업 투자도 합법화되었다. 1만 달러 이상을 가지고서 20% 이상의 연리로 대부하거나 운수업, 도소매업, 식당, 공장, 무역업, 건설업에 투자하거나 경영에 참가하는 돈주가 늘어 2016년에는 수만 명에 달하였다. 시장경제에서 축재한 사람, 해외에서 돈을 조달할 수 있는 사람 등이 돈주가 되었다. 대규모 돈주는 생산설비와 자재의 자금을 대어주고 기업과 이윤을 나누기도 한다. 돈주가 노동자를 고용하기도 한다. 소규모 돈주는 대출과 환전(換錢)을 하며, 대규모 돈주는 예금 기능도 하여 소규모 돈주에게 사업자금을 대어주기도 한다. 그런 가운데 사금융시장이 성장하였다. 2000년대 말에 영리목적의 운송업자들이 등장하였다. 그런데 국가로부터 침해받지 않는 재산권이 성립하지는 않고 시장에 대한 국가의 감시체제가 작동하여, 사업자간 신뢰에 기반한 거래관계는 발달하지 못하고 사업자의 성장은 유력자의 후견에 의존하고 있다.[2)]

2) 정영철 「북한경제의 변화: 시장, 돈주, 그리고 국가의 재등장」『역사비평』 126, 2019; 최봉대 「북한의 자생적 개인사

1990년대부터 신용카드는 외국인을 대상으로 매우 제한된 곳에서 사용되었다. 2005년에 실리라는 IC현금카드가 발행되었는데, 사용 가맹점은 13개에 불과하고 외국인과 고위층을 대상으로 하였다. 2010년 조선무역은행은 일반 주민도 사용할 수 있는 전자결제카드 나래를 발행하였는데, 처음에는 외화만으로 결제하는 시스템이었다. 이듬해 고려은행도 '고려'카드를 발행하면서 외화뿐만 아니라 북한 원으로도 결제가 가능해졌다. 나래카드의 가맹점은 2년 만에 평양의 전 구역으로 확대되어 120곳을 넘었다. 정부는 민간에 잠겨 있는 것으로 추정되는 40억 달러 상당의 외화를 재정으로 흡수하기 위해 카드 사용의 확대 정책을 추진하여, 2019년까지 평양·원산 지역을 중심으로 신용카드는 물론 모바일결제를 위한 전자금융 인프라를 구축하였고 외화 획득을 위한 글로벌 전자상거래체제로의 확대를 목표로 삼고 있다.

북한은 2013년 전원회의에서 경제건설 및 핵무력건설 병진노선을 채택하였다. 북한은 국가경제발전 5개년전략(2016~20년)에서 핵·경제 병진노선을 중심으로 에너지 문제를 해결하고 기초공업부문을 정상화하고 농업과 경공업의 생산을 증대하여 인민생활을 향상한다는 중심 과업을 설정하였다. 김정은은 정보통신업과 생명공업 등 첨단산업을 육성할 의지를 가지고 과학기술 정보화 정책을 추진하였다. 그런데 개성공단의 중단과 핵 실험에 따른 국제적 제재로 인해 2017·8년간 북한의 국민총소득은 연평균 4% 내외 감소하였다. 2019년 1인당 국민소득이 141만 원이라고 한국은행은 추정하였는데, 남한의 1/27이다. 2021년 1월 8차 당대회에서 김정은은 5개년전략의 "목표는 거의 모든 부문에서 엄청나게 미달했다"고 평가하였다. 핵미사일 개발에 대한 국제적 제재와 코비드19로 인한 북중무역의 격감이 큰 타격이었다. 김정은은 핵·경제 병진노선을 견지하면서 '자력강 제일주의', 곧 자력갱생 원칙으로 난관을 돌파하려는 전략을 재천명하였다.

2. 남북경제교류의 진전

6·25전쟁 이후 꽁꽁 얼어붙었던 남북관계는 1970년대부터 서서히 풀리기 시작하

업자 집단의 비공식적 연결망 및 신뢰 구축 기제와 그 특성」『현대북한연구』 23-2, 2020.

였다. 1972년 7·4남북공동성명에서는 통일을 자주적 노력과 평화적 수단으로, 그리고 이념·사상·체제의 차이를 초월하여 추구한다는 원칙이 천명되었다. 1984년 이후 북한의 대서방정책의 유연화는 남북간 군사적 긴장의 완화에 기여하였다. 1988년 남한정부는 경제발전과 민주화를 이룬 자신감을 바탕으로 '7·7특별선언'을 통해 종전의 남·북 대결시대를 청산하고 상호 신뢰·화해·협력을 바탕으로 공동번영을 추구하는 정책적 기조전환을 표명하고 남북간 교역을 민족 내부교역으로 간주하는 방침을 채택하였다.[3] 1989년 제시된 '한민족공동체 통일방안'은 먼저 남북간 화해와 협력을 통해 공존공영하면서 경제적·사회적·문화적 민족공동체를 형성한 다음에 정치적 통일을 실현하자는 것이었다. 1991년 12월 '남북 사이의 화해와 불가침 및 교류협력에 관한 합의서'가 채택되고 다음 해 2월 그 효력의 발효가 선언되었다. 합의서의 제1장은 상호 체제의 인정·존중, 제2장은 내정 불간섭, 제3장은 비방·중상 중지, 제4장은 파괴·전복행위 금지, 제5장은 정전(停戰)상태의 평화상태로의 전환, 제6장은 국제무대에서의 협력을 명문화하였다. 그 후 북한의 핵 개발로 남북대화가 어려움에 봉착하고, 남북합의서가 실행되지 못하였다.

남북경협은 남한정부가 '7·7특별선언' 직후인 1988년 10월에 국내 민간 기업의 북한물자 교역과 남북한 경제인의 상호교류를 허용하면서부터 이루어졌다. 남북경협에서 중심적 지위를 차지하는 것은 물자교역이었다. 〈표 14-1〉에 의하면, 1989·90년에 2,000만 달러에 미달하던 남북교역은 1991년에 1억 달러를, 2005년에는 10억 달러를 넘어섰다. 남북관계가 군사적으로 긴장되어 있고 남북경협에 대한 제도적 뒷받침이 부족한 상태에서 남북교역이 이만큼 진전한 것은 그것이 쌍방에 유용하기 때문이다. 특히, 1991년 이후 대외 무역의 격감과 무역적자의 확대에 시달리던 북한에게는 흑자를 실현하면서 팽창하는 남북교역이 중요한 경제적 의미를 가졌다. 남북간 경제교류의 활성화는 화해와 협력을 조성하는 유력한 수단이었다.

〈그림 14-1〉에 의하면, 거래성 물자교역, 그 중에도 상업적 반출·입이 중심을 차지하였다. 주요 반입품은 1997년까지는 철강금속제와 광산품이었으나, 1998년부터는 섬유제품과 농림수산물이었다. 주요 반출품은 섬유제품, 화학제품 및 농수산물이었다. 자재를 북한으로 보내 가공한 뒤 완성품을 반입하는 위탁가공교역은 91년 개시된 이후 꾸준히 증가하여 2000년에는 1억 달러, 2005년에는 2억 달러를 넘었으며, 무역액 중 구

3) 독재정권 아래 경제가 불안정하던 1980년대 초까지는 남한사회가 북한사회에 대하여 자신감을 가지지 못하였고 남북관계에서 북한이 공세에 있었던 것으로 생각된다. 그런데 1986~8년간의 3저(低)호황기에 남한은 국제수지 흑자를 달성하여 외채위기를 극복하고 군부독재체제를 무너트렸으며, 1989년부터 동유럽의 사회주의체제가 붕괴함에 따라, 남한은 북한에 대해 경제·정치체제에서 자신감을 가지게 되어 수세로부터 공세로 전환하였던 것으로 보인다.

표 14-1	남북교역과 북중무역의 추이

(단위: 백만 달러, %)

연도	남한 반출액	남한 반입액	남북 교역액	남북교역/남한총무역	남북교역/북한총무역	대중무역액	북중무역/북한총무역
1989	0.069	18.655	18.724				
1990	1.188	12.278	13.466	0.01	0.3	–	–
1991	5.547	105.719	111.266	0.07	4.1	–	–
1992	10.563	162.863	173.426	0.11	6.4	–	–
1993	8.425	178.167	186.592	0.11	6.6	–	–
1994	18.249	176.298	194.547	0.10	8.5	–	–
1995	64.436	222.855	287.291	0.11	12.3	–	–
1996	69.639	182.4	252.039	0.09	11.3	–	–
1997	115.270	193.069	308.339	0.11	12.4	–	–
1998	129.679	92.264	221.943	0.10	13.3	–	–
1999	211.832	121.604	333.437	0.13	18.4	–	–
2000	272.8	152.4	425.1	0.13	17.8	488.0	20.4
2001	226.8	176.2	403.0	0.14	15.1	737.5	27.6
2002	370.2	271.6	641.7	0.20	22.1	738.0	25.4
2003	435.0	289.3	724.2	0.19	23.2	1,022.9	32.8
2004	439.0	258.0	697.0	0.15	19.6	1,385.2	39.0
2005	715.5	340.3	1,055.8	0.19	26.0	1,580.3	38.9
2006	830.2	519.5	1,349.7	0.21	31.1	1,699.6	39.1
2007	1,032.6	765.3	1,797.9	0.25	37.9	1,974.0	41.7
2008	888.1	932.3	1,820.4	0.21	32.3	2,787.3	49.5
2009	744.8	934.3	1,679.1	0.24	33.0	2,680.7	52.6
2010	868.3	1,043.9	1,912.2	0.21	31.4	3,465.7	56.9
2011	800.2	913.7	1,713.9	0.16	21.2	5,629.4	69.7
2012	897.2	1,074.0	1,971.1	0.18	22.4	6,012.5	68.5
2013	520.6	615.2	1,135.8	0.11	13.4	6,546.5	77.2
2014	1,136.4	1,206.2	2,342.6	0.21	23.5	6,864.0	69.0
2015	1,262.1	1,452.4	2,714.5	0.28	30.3	5,710.4	63.7
2016	147.0	185.5	332.6	0.04	4.8	6,056.4	88.2

자료: 통계청 북한통계포털(http://kosis.kr/bukhan/index.jsp).
주: 남한과 북한의 총무역은 남북교역액과 남한 · 북한의 대외 무역액을 합하였음.

성비는 1990년대 후반에 30% 정도로 특히 높았다. 위탁가공교역의 주종은 남한으로부터 반출된 섬유사와 직물 등을 북한이 의류제품으로 가공하여 남한에 반입하는 형태였

그림 14-1 남 · 북한간 물자교역 구성의 추이

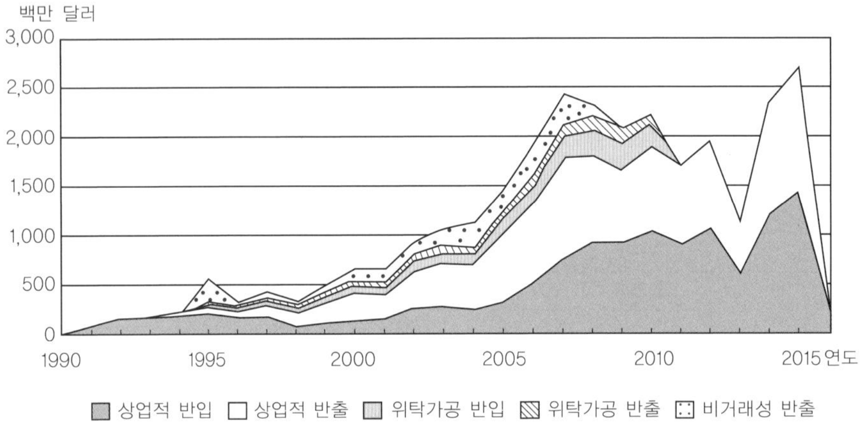

자료: 통계청 북한통계포털(http://kosis.kr/bukhan/index.jsp).

다. 위탁가공교역품은 96년부터 기계·전자제품 등으로 다변화되기 시작하였다. 1999년부터 남한 기술자가 방북하여 임가공 기술지도를 할 수 있게 되었다. 그리고 전자제품의 위탁가공이 증가하였는데, 생산설비를 북측에 판매하고 이를 위탁가공비로 상계(相計)하였다. 대가성이 없는 물자와 금전을 북한에 제공하는 비거래성 교역은 대부분 경수로사업, 금강산 관광사업 등 협력사업용 물자와 대북 지원물품의 반출로 구성되었다. 남북교역의 상당부분이 지원성교역이어서 순수 외화소득과 관련 있는 거래성교역에서는 매년 흑자였다. 흑자 규모는 2001년 1억 달러를, 2007년 5억 달러를 넘었고 1990~2003년간 약 16억 달러였다.

위탁가공교역은 북한에 관련 설비를 무역의 형태로 판매하고 이를 위탁가공의 대금과 결제하는 방식을 취하기도 하므로, 남한의 자본과 기술이 북한의 노동력과 결합하는 투자의 초보적 형태이다. 이것은 남북한 투자협력에 관련된 제도적 장치가 보장되지 못한 현실에서 남북간 경제교류의 확대에 기여하였다. 1992년 대우가 협력사업자 승인을 받은 것은 남북경협이 단순교역을 넘어 투자 단계로 격상하는 조치였다. 최초의 투자협력사업으로서 대우는 96년에 북한의 삼천리총회사와 합영(合營)으로 평양 남포에 민족산업총회사를 설립하여 셔츠, 블라우스, 가방 등을 생산하였다. 2001년 12월 말까지 남한 정부로부터 승인받은 경제분야의 '협력사업자'는 49개이며, 그중 24개 투자협력사업이 추진되었으나, 투자가 완료되어 운영된 것은 대우의 남포공장, 태창의

금강산 샘물사업 등에 불과하다. 이들 사업도 수익성을 확보하지 못하여 사실상 중단된 상태이다. 1998년 시작된 현대아산의 금강산 관광사업은 한때 흑자로 전환하기도 했으나, 2008년 민간인 피격사건으로 중단되었다. 2000년 이후 소프트웨어의 공동개발과 같은 협력사업이 추진되고 전기·전자분야에서 설비제공형 위탁가공교역이 시도되었다.

2004년부터 개성공단에서 남한 투자·관리자와 북한 노동자가 함께 제품을 만들기 시작하여, 2005년 18개이던 기업체가 2009년 100개를 넘었고, 생산액은 2007년 1억 달러, 2011년 4억 달러를 넘었다. 2013년 2월에 섬유 72개사, 기계·금속 23개사, 전기·전자 13개사, 화학 9개사 등 모두 123개사였다. 개성공단의 북한 노동자는 2006년 1만 명을, 2012년 5만 명을 넘었다. 임금, 사회보험료 및 복리후생비를 포함한 1인당 1개월 총급여는 초기 70달러 정도에서 150달러 정도로 올랐으나, 양질의 노동력인데도 여전히 저렴하였다. 2015년 124개 기업은 55,500명의 노동자를 고용하여 매달 700만~850만 달러의 급여를 지급하였다. 1992년 남북 직교역 추진에 관한 원칙적 합의가 있었으나, 90년대 후반에도 제3국을 통한 간접교역이 90% 이상이었다. 그런데 개성공단이 주된 통로가 되어 남북 직교역은 급증하였다. 2015년 남북교역액 27억 달러의 99%가 개성공단에서 이루어졌으며, 농림수산물, 섬유류, 전기전자제품 등이 중심을 이루었다. 2005~14년간 모두 32.6억 달러를 생산하였고, 북한에 3.8억 달러가 지급되었으며, 2015년 총매출액은 5억 달러에 달하였다. 2016년 남한 정부는 북한의 핵실험과 장거리 미사일 발사에 대응해 그 개발 자금의 원천 차단을 목적으로 개성공단의 운영을 중단하였다. 이후 남북경협이 중단되었다.

김영삼정부의 정경연계(政經連繫) 전략과 달리 김대중정부는 정경분리 원칙에 입각하여 '민간 주도, 정부 지원'의 구도 아래 교류협력을 추진하는 정책 방향을 제시하였다. 정치 문제는 당국간 대화와 협상을 통해 해결하고, 경제교류는 민간의 교류와 협력을 통해 진전시키고자 한 것이다. 김대중정부가 대북 포용의 이른바 햇볕정책을 추구한 결과, 교류협력이 활발해지고 남북한 정상회담이 개최되었다. 그런데 북한이 핵개발을 생존전략으로 활용하는 방침은 한반도의 긴장을 조성하였다. 북한은 남북간 경제협력의 활성화가 체제 유지에 악영향을 미칠 것을 우려하여 남북경협에 소극적이었다. 이명박정부는 엄격한 상호주의, 그리고 핵 폐기와 경제협력의 연계 정책을 추진한 결과 개성공단을 제외한 경제협력이 중단되었다. 2016년 박근혜정부는 북한의 핵과 미사일 개발에 대응하여 개성공단 운영을 전면 중단하였다. 문재인정부는 김대중·노무현정부의 대북 포용정책을 계승하되 한반도 비핵화와 평화체제를 구축한다는 전략 아래 남북관계의 개선에 힘썼으나, 북한은 핵 개발로 대외 위협을 막고 나아가 위협하는 전략을 포기하지 않고 있다. 1991년 12월 남북한은 한반도비핵화공동선언을 하고 다음해 2월 합의서를 교환하였으나, 북한은 남북교류의 수입도 활용하여 지속적으로 핵 개발을 추진하였는데, 핵을 포기하면서 체제와 권력층·군부의 안전을 보장받는 방안을 찾을 수 있을까? 남한에서는 정권이 바뀔 때 대북정책이 크게 변한 것도 장기적 관점에서 남북관계의 정상화와 개선에 불리하게 작용하였다.

〈표 14-1〉에 의하면, 2008년 이후 남북간 대립 등으로 남북교류가 정체한 반면, 21세기에 들어와 북한무역의 대중 의존도는 높아지고 있다. 북중무역은 2003년 10억 달러, 2012년 60억 달러를 돌파하였다. 북한은 중국에 주로 석탄을 수출하고 원유 및 석유제품을 구입하였다. 중국의 북한 투자도 급증하였다. 동북 3성의 제조업에 투입되는 북한 노동자가 늘었는데, 2015년 3만~4만 명의 노동자가 연간 1.5억 달러 내외를 벌어서 개성공단의 수입을 능가하였다. 중국은 북한의 주요 항만이나 섬을 장기 임대하였고 동해 어업권을 구매하였다.

참고문헌

양문수 『북한경제의 시장화: 양태, 성격, 메커니즘, 함의』 한울, 2010.

고려대학교 기초학문연구팀 『7.1조치와 북한』 높이깊이, 2005.

종장
한국경제의 과제와 장래

1. 선진국으로 가는 과제

21세기 한국경제의 중장기 과제는 선진국 진입, 고령화시대의 지속적 성장과 복지의 실현, 그리고 남북통합이다. 선진국이 되어야 남북통합을 성공적으로 수행할 수 있고, 선진국이 되려면 고령화시대의 지속가능한 복지사회를 건설해야 한다.

조선왕조는 비교적 평화로운 국제환경 아래 고도로 안정된 정치·사회·경제질서를 수립하여 500여 년간 존속하였으나, 그 때문에 역동적 변화가 어려웠다. 그 반면 해방 후 한국사회는 취약하였던 초기 조건과 급변하는 국제환경으로 인해 현재까지 역동적 변화를 겪어왔다. 박정희정부는 고도성장을 달성하였고, 3저호황기를 만나 한국은 근대산업사회로서 확고한 기반을 구축하였다. 3저호황기 이후 한국은 후발성의 이점에 의존하지 않는 새로운 성장 동인을 마련하고 국가주도적 성장전략이 남겨둔 왜곡된 제도를 개혁하면서 선진적인 경제질서를 수립해야 할 과제를 안고 있었다. 이러한 경제선진화의 도전에 효과적으로 대응하지 못하여 외환·경제위기를 맞았다. 1990년대 한국이 중진국의 함정에 빠지고 있다는 우려도 제기되었으나, 1997·8년 외환·경제위기에 따른 제도 개혁, 부상하는 중국의 자극 등이 중진국의 함정에 빠지려는 것을 건져주었다.

제11장에서 언급한 바와 같이, 1960년대 이후 경제발전, 중산층의 성장 등에 힘입어 1987년 이후 민주화가 진전되었다. 역사는 민주화되지 않고서 공업국가가 성립할 수 있으나 근대세계의 선진국이 될 수가 없음을 보여준다. 민주화되고서 아직 선진국이 되지 못한 나라도 많다.

선진국 또는 선진경제란 상대적 개념이어서 엄밀히 정의되기 어렵지만, 선진국을 지향하면서 그것을 형상화하는 작업을 빼놓을 수 없다. 쿠즈네츠(S. Kuznets)는 근대경제의 특성으로서 생산성의 향상에 따른 1인당 소득의 지속적인 성장, 산업구조 고도화·도시화 등과 같은 경제의 구조적 전환, 사회구조와 이데올로기의 변혁 등을 들었다. 그는 이러한 특성들이 서로 관련되어 있으며, 제도와 의식의 변혁이 특히 어렵다는 것 등을 지적하였다. 근대적 산업화가 전세계적으로 진행되고 지식정보화시대의 도래와 제4차 산업혁명의 진행을 목격하는 오늘날 선진경제란 고도로 발달한 근대경제 내지 지식정보사회라고 간주하여, 그 내용을 담아보자. 첫째, 선진경제가 되려면 1인당 국민소득이 세계적으로 가장 높은 그룹에 속할 뿐만 아니라 삶의 질이 높아야 한다. 그런 점에서 지속가능한 복지국가가 오늘날 선진국의 중요한 요건이다. 둘째, 높은 소득을 실현하기 위해서는 고생산성의 산업이 발전하고 경쟁력을 갖추어야 한다. 그러기 위해서는 기술개발력을 갖추어 선진 기술을 확보해야 한다. 셋째, 선진경제를 지탱할 수 있는 효율적이고 공정한 제도를 갖추어야 한다. 한국은 2006년에 1인당 소득이 2만 달러를 돌파하였으므로 이미 선진국이라는 주장도 있다. 저자는 1998년 경제위기 이후 제도개혁을 거쳐 세계적 대기업들이 늘어나고 무역흑자가 정착한 21세기에는 선진경제가 되었다고 생각한다. 그런데 세계적 대기업들이 있고 그에 힘입어 1인당 소득이 2017년 3만 달러를 넘은 것만으로 선진국이라고 자부할 수 있을까? 2020년까지도 대통령과 국회의원의 선거에서 공약(空約)이 남발하고, 정치의 선진화와 사회의 성숙을 이루지 못하였고, 지방자치가 미성숙하고, 권력자와 재벌뿐만 아니라 국민도 법질서의 존중 의식이 낮고, 권력에 대한 법치가 미흡하고, 부정부패와 불공정이 아직 심한 점 등에서 한국은 선진국이기에는 미흡하다고 저자는 생각한다. 이런 문제점은 경제의 성장과 성숙을 저해한다.

해방 직후 일본에 크게 뒤떨어진 바둑이 20세기 말에 세계 최강으로 부상한 것은 선진 일본의 학습을 통한 따라잡기, 그리고 개방적이고 경쟁적인 풍토의 중요성을 입증한다. 양궁·골프 등 세계 스포츠계에서 한국 여성의 활약은 강한 성취욕과 가족적 유대에 힘입었다. 성취욕과 가족적 유대는 고도성장을 뒷받침한 한국인 노동자의 장점이기도 하였다. 2002월드컵 4위를 성취한 히딩크식 전략은 선진국으로 진입하기 위한 전략의 수립에 시사하는 바가 크다. 첫째, 선수 선발 등에서 학연(學緣)과 부당한 외부 간섭의 배제, 선수간 공정한 경쟁체제 등은 제도의 정비에 해당하며 전략의 출발을 이룬다. 둘째, 기초 체력의 강화와 기본기의 습득은 과학기술의 발전, 산업고도화 및 인적 자본의 축적에 해당한다. 셋째, 과학적 선수 관리와 전술의 수립은 국가전략에 해당한다. 끝으로 비전과 지도력으로 구성원의 자발적 참여를 낳는 정치력도 필요하다.

박정희 대통령은 국민소득과 수출의 성장률 목표치를 달성하기 위한 수단과 방법의 정당성이나 후유증의 배려에 소홀하였기 때문에, 제도와 의식의 성숙을 제약하였다. 광범위하고 강력한 정부개입과 일사불란한 명령체계, 개발정책에 봉사한 관치금융, 대기업에 대한 특혜적인 지원, 노동 억압 등은 신흥공업경제로의 신속한 부상에 이바지하였지만, 정경유착, 금융산업의 낙후, 과도한 경제력집중, 대립적 노사관계 등의 부정적 유산을 남겨 한국경제의 선진화에 걸림돌로 작용하였다. 이러한 환경 속에서 원칙과 상식의 무시, 도덕적 해이 등 왜곡된 의식이 자리잡았다. 1980년대 이후에도 정부는 국민총생산의 증대라는 목표에 상응하는 관심을 제도와 의식의 개혁에 쏟지 않았다. 제도와 의식의 왜곡은 1997·8년 외환·경제위기의 내적 요인으로 작용하였다. 우리 사회는 경제위기라는 비싼 수업료를 지불하면서 정부실패, 공직자·재벌·금융기관의 도덕적 해이 등의 폐단을 뼈저리게 체험할 수 있었다. 제13장 제4~5절에서 살펴보았듯이, 외환·경제위기 이후 세계적 기준(global standard)에 부합하는 시장질서가 정착하고 있지만, 제도 개혁의 과제는 여전히 남아 있다.

제도발전을 폭넓은 차원에서 고찰하여보자. 제도란 인간 상호간 행동방식을 규율하는 게임의 규칙이다. 그것은 법 등의 공식적인 제약뿐만 아니라 사회관습, 공중도덕 등에 의한 비공식적인 제약도 포괄한다. 의식 등 문화는 제도를 결정하는 동시에, 제도의 영향을 받는다. 경제제도의 핵심은 시장제도이다. 노스(D. C. North)는 장기적 경제 성과가 제도의 진화방식에 근본적으로 영향을 받는다고 보았다.

좋은 제도란 효율성, 공정성 및 일관된 실행력을 가진 것으로 볼 수 있다. 이 세 요소는 서로 연관되어 있지만, 편의상 나누어 설명하기로 한다. 효율적 제도의 기본 요건은 거래비용을 절감하는 것이다. 재산권제도의 정비가 시장거래에 수반된 비용을 절감하는 핵심 요소이다. 은행과 기업집단의 소유권제도와 책임경영의 미비는 경영의 비효율성을 낳고, 관련 주식의 거래비용을 높였다. 소프트웨어산업의 낙후는 지적 소유권을 보호하지 못한 데에 기인하는 바 크다. 현대에는 공공성을 위해 소유권을 제한하기도 하지만, 한국사회는 재산권을 충실히 보장해주는 단계를 거쳐야 한다는 주장도 있다.

공정성은 효율성과 마찬가지로 그 자체로 삶의 질을 구성하는 요소이다. 공정하지 못한 제도가 효율적으로 작동하기도 어렵다. 이권(利權)추구와 같은 불공정한 행위는 정직하게 열심히 일할 인센티브를 저해한다. 지연·혈연·학연을 중시하는 관행은 인력의 효율적 활용을 저해하고, 인사제도와 국가정책에 대한 불신을 낳아왔다. 법조계의 비리 및 사정기관의 권력 영합은 국가의 기본 질서에 대한 불신으로 연결될 수도 있다.

사회적 편익과 비용을 제대로 반영한 보상체계를 확립하여 개인의 사리(私利)추구행위가 사회적 편익을 증대하는 환경을 조성하는 일은 제도의 효율성과 공정성을 모두 높인다. 종래 정치권과 관료에 청탁하여 얻은 이권이 기업 확장의 관건이 되는 일이 많았으므로, 이권추구행위가 성행하지 않을 수 없었다. 그 결과 기술혁신과 경영합리화를 위한 기업가정신의 발휘가 저해되었다. 전문성을 경시하고 연줄과 로비가 힘을 발휘하는 사회풍조는 시장경쟁의 압력으로부터 벗어난 공직자 등의 자기향상 노력을 위한 유인을 약화하였다. 2010년 이명박 대통령이 '공정한 사회'를 거론한 전후에 뿌리 깊은 불공정 관행에 관한 사회적 관심이 고조되었으나, 이명박정부 아래 박연차 로비사건의 검찰 수사가 용두사미로 끝나고 한화그룹에 대한 검찰 수사가 법무부 장관의 간섭을 받은 것 등은 공정한 사회가 되지 못하는 원인을 드러낸다. '공정성을 높이는 경제민주화'를 첫째 선거 공약으로 내세운 박근혜 대통령은 사적 이익을 위해 권력을 남용하여 처음으로 탄핵받아 파면되었다. 이권추구행위를 엄금하고 땀흘려 일해 사회적으로 기여한 만큼 보상하는 체제를 정비하여, 인간의 무한한 능력이 사회적 발전을 위하여 발휘되도록 유도해야 할 것이다.

고도성장기에 불공정한 환경 가운데 재산권 침해의 거대한 연쇄구조가 형성되었다. 재벌은 정치권·관료와 유착하여 이권을 추구함으로써 사업기회와 금융 등의 생산요소를 특혜적으로 획득하여 여타 기업의 권익을 침해하고, 정치권은 그 대가로 재벌로부터 준조세를 징수하였다. 정치권과 관료는 금융기관의 인사와 대출에 부당하게 간섭하고 재벌은 그것을 사금고처럼 이용하여, 예금주의 권익을 침해하였다. 정부는 재정지원을 통해 재벌과 금융기관의 도산을 막아주고 그들의 도덕적 해이를 조장함으로써, 일반 납세자의 권익을 침해하였다. 정치가는 재벌 등으로부터 받은 준조세의 일부로 선거철 유권자에게 향응을 베풀고 경조사에 성의를 표시하였다.

확대되던 부정부패와 정경유착은 김영삼정부 이후 점차 약화되면서 이러한 연쇄구조도 느리게 해체되어왔다. 그 중요한 계기로서 금융실명제, 민주화, 그리고 외환·경제위기의 충격으로 인한 시장규율의 강화를 들 수 있다. 제5공화국까지 선거비는 천문학적으로 증가하였는데, 2004년부터 시행된 국회의원 선거제도는 선거비를 크게 줄였다. 그런데 1995년 이후 준비가 부족한 채 전면 시행된 지방자치제 아래 지자체 관료는 중앙관료로 올라갈 통로가 사라진 채, 지역 유력자의 영향을 받는 선출직 지자체 단체장의 통제를 받아, 『목민심서』의 고발과 비슷한 양상으로 지방행정의 난맥상과 비리가 나타나 걱정된다.

명문화된 제도가 아무리 잘 정비되더라도 일관된 실행력을 가지지 못하면 의미가 없다. 언제부터인지는 몰라도 우리 사회에서 원칙대로 정직하게 살면 손해를 본다는 생각이 확산되었다. 우리 사회는 좀도둑에 대한 처벌과는 달리 일반 국민의 세금을 남용·횡령하거나 소액주주나 예금주의 재산권을 침해하는 행위에 대해 무척 관대하였다. 그리고 부정부패에 대한 처벌의 강도가 매우 약하였다. 이러한 제도적 환경에서 공직자 윤리가 바닥에 떨어진 것은 놀랄 일이 아니다. 부정부패로 걸린 정치인·관료·법조인은 자신만 그런가 하는 억울함을 감추지 않았고, 이런 부류에 대하여 정부는 쉽게 사면을 베풀었다. 많은 국민은 이들의 행적을 빨리 망각하였고, 나아가 국회의원으로 밀어주기까지도 하였다. 최근 고위공직자에 대한 국회 인사청문회에서 법 위반 사례와 위증이 끊이지 않고 있는데, 그 대책은 없다. 일류 백화점까지 쇠고기를 속여 파는 현실을 개선할 묘안이 없을까 하여, 1990년 일본인에게 쇠고기를 속여 팔지 않는 비결을 물었더니, 그는 놀라면서 어떻게 그럴 수 있는가 하고 반문하였다. 곰곰이 생각하니, 정직을 존중하는 의식, 그리고 부정과 사기를 저지르면 법적으로 엄중한 처벌을 받고 도덕적으로 용납받지 못하는 사회가 그 비결이었던 것이다. 우리의 현실에서는 부정과 사기로 적발될 확률이 낮은 데다가 벌칙이 가볍고 사회의 도덕적 제재가 약하기 때문에, 그 개선에 실효를 거두지 못하였다.

삼성이 법조계까지 돈을 뿌린 사실이 2007년에 드러나고, 2010년 4월에는 검찰의 스폰서 파문이 사회적 관심을 끌고, 서울대 교수의 이중 게재 논문이 전파를 타고, 지자체 단체장의 비리가 불거졌다. 대법원은 2004년 말 부정부패에 대한 온정적인 판결이 사법체제에 대한 신뢰를 손상시킨다고 지적하며 그 대책의 필요성을 지적하였고, 2009년 고액 뇌물·횡령에 대한 형량 기준을 발표하였다. 2011년 국민에게 5조 원의 부담을 남긴 저축은행 사태에 드러난 정경유착, 관료에 대한 민간 기업의 금품 향응, 2013년 사회를 경악시킨 원자력발전소를 둘러싼 총체적 비리와 부실 관리, 2014년 세월호의 참사, 2016년 드러난 최순실의 국정 농단과 엘시티의 부정한 정·관계 로비 등은 한국이 여전히 부패공화국임을 보여준다. 2000년 이후 대우조선에 7조 원 넘는 국민세금이 투입되었으나, 2016년 대우조선이 분식회계로 감춘 부채비율은 7,300%에 달했다. 국제투명성기구의 평가에 의하면, 2008년 한국은 180개국 중 40위이다가 2016년 9월 52위로 떨어졌고 2018년 45위였다. 2018년 보험 사기가 7,982억 원이고 미적발을 포함하면, 6조 원으로 추정된다. 의사와 설계사의 조직적 보험 사기는 한국에서만 일어나는데, 그 최대 원인은 사기에 대한 처벌이 너무 관대하기 때문이다. 방위사업 비리 발생의 악순환을 차단할 목적으로 2006년 방위사업청이 출범하였지만 비리 뉴스는 이어지고 있고, 2016년 이후 국방과학연구소 퇴직자 70여 명이 수많은 기밀을 누출한 사실은 2020년 드러났는데, 국가 기강의 해이가 비리로 연결된 사례이다.

2012년 1월 김영란 국민권익위원장은 '공직자의 청탁 금지법'을 추진하면서 국제투명성기구의 부패인식지수(CPI)에서 한국의 순위가 하락하고 있는 것에 대해 "횡령, 배임을 한 대기업 총수들을 계속 풀어주고 사면·복권하는 것이 결정적인 이유 중 하나"라고 하였다. 1990년 이후 경제비리로 기소된 재벌 총수 7명이 모두 집행유예를 선고받고 나아가 대통령의 특별사면을 받았는데, 2012년 한화그룹 김승연 회장 이후 법정구속되는 재벌 총수가 나타나고 있다. 정의의 최후 보루여야 할 법조계에서 전관예우 관행이 뿌리 깊고 학연 등의 연줄, 그리고 권력과 돈이 여전히 가볍지 않은 영향을 미치고 있다. 2013년의 한 설문조사를 보면, 검찰이 권력으로부터 독립된 신뢰할 만한 기관이라고 생각하는 사람은 절반도 되지 않았다. 부정부패로 잘 살 수는 없고 권력과 돈을 가진 사람도 법 앞에 평등한 법치사회를 만드는 것은 국가 선진화의 최우선 과제이다. 청탁금지법은 공직자 이해충돌 방지조항이 빠져 국회의원의 이해관계 분야에서의 의정활동을 방치한 채 2016년부터 시행되었는데, 한국의 만연한 청탁 문화를 개선하길 기대한다.

박근혜정부는 국가정보원의 대선 여론 조작 사건을 원칙대로 수사하던 검찰총장을 사생활 문제로 몰아내었다. 박대통령의 탄핵으로 탄생한 문재인정부의 여당은 조국을 비롯한 권력자에 대한 수사를 벌인 윤석열 검찰총장을 압박하고 나아가 2020년 12월 법무부 장관은 판사 사찰 등의 혐의로 검찰총장을 직무에서 배제하고 징계를 추진하였다. 이에 대해 대한법학교수회는 "검찰의 중립성을 보장하는 헌법 정신과 법치주의를 훼손한 행위"라는 비판 성명을 내었고, 조미연 판사는 "검찰의 독립성과 정치적 중립성을 몰각(沒却)하는 것"이라며 윤총장의 직무 배제를 무효화하였다. 그럼에도 불구하고 법무부는 징계를 강행하고 대통령은 정직을 재가하였으나, 홍순욱 판사는 징계 사유 대부분이 소명이 부족하거나 다툼의 여지가 있다며 징계의 집행정지를 결정하였다. 검찰총장이 집권세력에 대한 전면 수사를 벌이다 징계를 받고 법원이 그 징계를 막은 일은 한국 최초의 일로 헌정사적 사건이다. 윤총장 재임기 사건들은 권력으로부터 독립하여 국민의 신뢰를 받는 공정한 검찰상을 추구하는 검찰 구성원의 각성을 일깨워 검찰 문화의 성숙을 도모할지 모른다. 최재형 감사원장이 대통령의 탈원전 정책을 굳건히 감사한 일도 주목된다. 검찰과 감사원이 사정(司正)기능을 굳건히 수행하면, 법치의 확립과 부정부패의 근절로 정치와 국가의 선진화에 이바지할 것이다. 그러면 감사원장과 검찰총장을 임명한 문대통령의 공적이 된다.

2021년부터 경찰은 검찰의 수사지휘를 받지 않게 되어 권한이 커지고, 검찰의 직접수사 대상은 '부패·경제·공직자·선거·방위사업·대형참사'로 축소된다. 2020년 12

월 정부·여당은 검찰 견제를 명분으로 고위공직자범죄수사처의 설치를 강행 처리하면서 정치적 중립성의 명분이던 야당 거부권을 무력화하였다. 공수처장이 임명된 날 윤호중 법제사법위원장은 윤총장 문제를 거론하며 검찰수사권 폐지를 2021년 처리할 계획을 밝혔는데, 법조계·법학계의 충분한 논의와 사회적 합의를 거치지 않은 채 거대 여당의 입법 독주로 사법구조의 중대한 변화를 강행하려는 발상은 법치를 손상할까 걱정된다.

제도와 의식의 성숙을 저해한 역사적 배경은 무엇일까? 한국은 근대사회를 확립하지 못한 상태에서 식민지로 전락하여, 근대국가를 운영하고 시민사회를 통합하는 능력을 양성하지 못하였다. 박정희정부는 개발독재와 성장지상주의전략을 추구하는 과정에서 제도와 의식의 성숙을 도모하려는 노력이 부족하였다. 국가주도적 성장전략을 수정하고 정치적 민주화를 이루는 과정에서도 기득권층은 왜곡된 관행에 안주하였다. 시민사회질서가 성숙하지 못한 상태에서 정경유착을 조장하는 일본식 발전모형을 차용한 것도 제도의 공정성에 부정적인 영향을 미쳤다. 관행이나 의식은 시민사회의 성숙과 더불어 점진적으로 개선될 성질이지만, 정부가 공식적인 제도의 일관된 실행력, 효율성 및 공정성을 확보하면, 그 개선의 전기(轉機)가 마련될 것이다. 예컨대, 부정부패가 합리적 선택이 아니도록 그 처벌을 강화하면, 사회의 공정성과 도덕성은 높아질 것이다.

미시적으로는 제도의 일관된 실행력, 효율성 및 공정성을 높여야겠지만, 거시적으로는 효율적인 사회적 의사결정기구를 수립하는 과제가 시급하다. 민간자본의 축적이 미약하고 시장기능이 성숙하지 않은 단계에서는 정부가 경제적 의사결정을 주도하고 시장의 조정기능을 보완하였다. 이러한 의사결정기구는 후발성의 이점을 활용한 압축성장의 달성에는 유효하였지만, 점차 폐단을 누적하고 시대적 상황에 부적합하게 변하여 박정희 집권 말기의 경제위기를 초래하였다. 이후 정부실패의 인식이 확산되고 또한 경제와 더불어 성장한 재계가 발언권을 강화하면서 민간주도 경제를 요구함에 따라, 정부는 점차 경제적 의사결정에 대한 개입을 줄이고 그것을 시장기능에 위임하게 되었다. 그런데 3저호황기 이후 한국경제의 진로가 비틀거리다 암초를 만난 것은 사회적 의사결정기구의 결함을 드러낸다. 정부의 재량권은 약화되어갔지만, 공공성과 책임성이 수반되는 소유제도를 발전시키고 공정한 경쟁의 규칙을 확립하지 못하여, 시장기구가 효율적인 의사결정을 내리지 못하였다. 국가규율의 해체가 진행하는 가운데 시장규율이 확립하지 못하였기 때문에, 정치권·관료·재계 등 유력 집단이 이권 추구와 기득권 수호에 집착하여도, 사회적 의사결정기구가 그것을 저지하거나 조정하지 못하였다. 외환·경제위기 직전 재벌·금융개혁과 노동법 개정을 둘러싼 갈등과 좌절은 사회적 의사결정기구의 이러한 결함을 반영한다.

박정희·전두환 독재정부 아래 사회적 의사결정기구의 중심축은 대통령을 정점으로 하는 국가권력이었다. 1987년 민주화 이후 재벌을 정점으로 하는 재계가 다른 중심축을 이루었고 국회, 시민사회 및 노동계의 힘이 성장하여왔다. 1987년 민주화 이후 경제의 정치화 현상은 갈수록 두드러졌고 노무현정부 이후 국회는 권력의 중요한 축이 되었다.[1] 이후 정치 이해(利害)관계의 정책에 대한 영향은 강화되는 추세인데, 2020년 부산시장 보선을 앞두고 불거진 동남권 신공항의 선정 논란을 그 예로 들 수 있다. 문재인정부에서 재벌의 힘이 약화된 반면 노동계는 재계와 대등한 세력이 되었다. 그런 가운데 정당간 대화와 타협, 그리고 노사협력은 진전되지 않고 갈등이 증폭하는 추세이다. 그 근본 해결책은 사회의 성숙이다. 성숙한 시민사회가 대립이나 야합을 넘어서 대화와 타협을 통해 합의를 도출하는 정치의 성숙과 노사협력의 풍토를 양성할 수 있고, 성숙한 정치가 제도의 공정한 작동을 보장할 수 있다.

사회적 의사결정기구가 효율적이려면 미래를 대비하여 관리하는 능력을 향상해야 한다. 1977·8년의 들뜬 호황의 분위기에서 1~2년 후에 닥칠 경제위기를 예상하지 못하였고, 3저호황기에는 10년 전의 전철을 답습하여 거품을 키웠고, 1994·5년간 호황국면에는 그것을 지탱한 반도체의 호황이 끝난 이후를 생각하지 않았고, 96년 하반기부터 경제적 침체가 심각해지는데도 근본적인 대응을 하지 못하였다. 2013·4년에 곪아터진 원전 비리 및 세월호의 참사는 우리 사회의 안전 불감증, 허술한 관리, 인권 경시, 비리 등을 보여주며, 이전 국내 여객선 참사와 일본 원전 피해의 교훈을 망각하였음을 드러낸다. 사고에 대해 곧잘 졸속의 대책을 내고 쉽게 망각하며 지속적 축적과 개선의 노력이 부족한 정책 풍토는 우리 문화의 문제점을 드러낸다. 1967년 이후 대도시 주택가격의 폭등 문제가 종종 나타났는데도 2020년 다시 심각한 양상이고, 2002년 이후 저출산 대책에 막대한 재원을 쏟고도 오히려 출산율 저하를 겪고 있다. 정부마다 백년대계(百年大計)인 교육제도를 손대어왔는데, 학생과 학부모의 고통과 혼란을 가중시키면서도 지성·창의력·도덕성·체력의 함양에 여전히 성과를 거두지 못하고 있다. 조국 사건은 변화된 입시제도가 불공정을 조장하여 계층 상승의 기회를 줄임을 드러낸다. 국가부채의 빠른 증가와 국민연금 등의 고갈 전망의 대책은 도외시한 채, 정치인간 및 정당간 선심공약 경쟁은 21세기에 들어와 갈수록 심해지고 있다. 인간은 일반적으로 단기

1) 이장규 『대통령의 경제학』 기파랑, 2012, 476-481쪽.

적 이해관계에 집착하는 근시안적 성향을 가지는데, 감성의 영향력이 강한 문화를 가진 한국의 정책은 그런 성향이 심한 편으로 보인다.

기술발전과 산업고도화는 경제발전의 중심을 이룬다. 1997년 외환위기 이후 선진국 수준에 접근하는 제도발전을 이루었으므로, 향후 경제발전을 위한 최대의 과제는 기술발전 등을 통해 산업생산성을 높이는 일이다. 고도성장기에 한국은 선진 기술의 도입과 모방으로 가공·조립·생산기술은 선진국의 수준에 육박해 있지만, 기본설계기술·소재기술·소프트웨어기술 등 핵심 기술에서는 여전히 선진국과의 격차가 크다. 급속한 산업고도화로 오늘날 주력 전통산업은 성숙의 단계에 접어들었고 신기술산업인 정보통신산업은 탄탄한 기반을 구축하였다. 그런데 인공지능, 빅데이터산업, 자율자동차 등 제4차 산업혁명에 효과적으로 대응하지 못하고 있다. 서비스업은 제조업보다 생산성 향상의 여지가 크다. 제조업의 국제경쟁력을 유지, 강화하는 동시에 품질·가격면에서 차별화되고 전문화된 국제경쟁력을 갖춘 서비스업을 양성하는 것은 향후 한국경제의 지속적 성장을 위한 관건이다. 세계적 대기업들이 건재한 지금 세계적 경쟁력을 갖춘 중소기업의 양성은 부품·소재·기계산업과 서비스업의 발전, 그리고 제4차 산업혁명의 추진을 위해서도 시급한 과제이다.

기술과 산업의 발전을 위한 과제는 기업의 창업, 투자 및 혁신을 장려하고 인재를 양성하는 일이다. 해방 후 중·고등교육의 급속한 확대는 공업화와 고도성장에 크게 기여하였다. 교육의 양적 확대에 비해 질적 발전은 미흡하여 오늘날 지식기반산업의 발전을 제약하고 있다. 공교육은 위축되어 있고, 대학교육의 질도 그다지 향상되지 못하였다. 낙후된 공교육과 창의력을 평가하지 못하는 입시제도로 인해, 오바마 미국 대통령의 찬사와 달리, 학부모의 엄청난 경제적 부담과 학생의 과도한 스트레스에 비해 교육 성과는 낮다. 창의적 인재를 양성하는 교육제도를 갖추지 않고서는, 그리고 엘리트의 지성과 도덕성을 높이지 않고서는 한국의 미래가 어둡다.

여기서 경제발전 과제를 넓은 맥락에서 고찰해보자. 자원 배분, 나아가 경제 통합을 수행하는 중심 기구인 시장의 효율적이고 공정한 작동을 위한 제도 정비는 기본 과제이다. 정부는 근대에 들어와 경제에 대한 주도권을 시장에 넘겨주었지만, 여전히 중요한 역할을 수행한다. 정부는 시장의 공식적인 제도를 정하고, 미시적으로는 시장실패에, 거시적으로는 경제적 불안정에 대처하기 위해 경제에 개입하고, 나아가 사회보장제도 등을 포함한 소득재분배정책을 추진한다. 그런 점에서 좋은 시장제도를 마련하고 시장의 결함을 보완하는 정부기능의 향상은 경제발전을 위한 중요한 요건이다.

경제가 여타 영역으로부터 고립하여 존립, 변화하는 것은 아니므로, 경제발전을 사회발전이라는 폭넓은 차원에서 설정할 필요가 있다. 선진국이 되기 위해서는 시장과 국가뿐만 아니라 가정과 시민사회까지 포함하여 조화로운 발전을 도모해야 한다. 가정이란 사회의 기본 단위일 뿐만 아니라 소비와 저축 및 노동력 공급의 주체로서 경제의 기본 단위이다. 저자가 강조하고 싶은 점은 가정이 구성원 내부의 호혜(互惠)기능을 통해 건강한 사회구성원을 양성함으로써 사회와 경제의 활력을 위한 원천을 제공하고, 경제활동으로부터 퇴직한 후의 안식처를 제공함으로써 사회의 안정과 복지에 기여하는 것이다. 사회는 경제를 감싸고 있으면서 경제의 성과에 영향을 미친다. 정치가 후진적이고서는 제도의 공정성, 나아가 경제 성숙은 실현되기 어렵다. 국민이 후진적인 정치 행태에 준엄한 심판을 내리지 못한다면, 정치의 후진성은 극복되기 어렵다. 정직, 신용, 책임감, 협동과 참여 등의 사회적 자본은 정치, 나아가 경제의 성숙을 위한 전제 조건인 것이다. 시민단체의 부정부패감시운동은 국가와 시장의 건전성을 촉구하고, 소액주주운동은 기업의 투명성을 높일 것이다. 그리고 불우이웃에 대한 기부와 봉사의 관행은 소중한 사회복지기능을 수행한다. 단, 사회사업을 통한 금전·권력의 추구를 막는 문화를 양성하고 제도를 마련해야 한다. 21세기에 들어와 온라인 연계망의 확대는 사회를 성장시키는 순기능과 아울러, 오프라인 유대의 약화와 무기명 인신공격의 부작용을 낳고 있다. 우리는 건강한 가정, 효율적인 시장, 공정한 국가, 그리고 성숙한 시민사회가 서로 지원하면서 조화를 이루는 사회를 지향해야 한다.

20세기 후반 한국의 강한 가족 유대는 정부의 낮은 교육투자에도 불구하고 청소년의 높은 교육 수준을 달성하고, 사회보장제도의 미비에도 불구하고 노인 삶에 이바지하였다. 특히, 여성은 유능한 여공이자 헌신적인 딸·누나·아내·어머니·며느리로서 고도성장을 지원하였다. 21세기 들어 이혼율의 급증, 출산율 저하, 1인 가구의 급증 등은 이러한 강점의 약화를 보여준다. 20세기까지 아동 양육과 노인 복지는 가족이 주로 맡았지만, 21세기에 들어와 정부와 시장의 기능이 빠르게 확대되고 있다. 노인 복지는 1980년 경로우대제도로 시작하여 이후 확충되었는데, 사회보장제도와 효율적인 시장이 가족적 유대와 상호 보완해야 효율적이고 성숙하게 달성될 수 있다. 부모는 자녀의 양육에 힘쓰고 자녀는 보답하는 호혜의 선순환을 유도하는 제도를 설계하고 문화를 조성하는 것은 저출산·고령화의 근본 대책일 뿐만 아니라 부모의 높은 교육열을 지속시키는 방안이기도 하다.

조선시대 국가제도가 발전하였지만, 근대 국민국가는 해방 후에 수립되었다. 조선시대 국정 논의가 공개적이고 기록에 남아 역사의 엄정한 판단을 기다렸고 정책실명제가 작동하였는데, 대한민국은 오랜 역사 동안 그런 강점을 잘 복원하지 못하였다. 조선시대·일제시대에 시장이 뚜렷이 성장하는 추세였지만, 1960년대에도 자력적 근대경제성장을 수행하기에는 시장의 조정능력이 미흡하여 국가가 주도적 역할을 수행하였다. 국가와 시장이 협력하여 자력적 근대경제성장을 달성하였고, 80년과 98년의 경제위기를 거치면서 국가와 시장제도는 성숙하였다.

일제의 지배를 거친 후에 장기간 독재정치가 지속하여, 시민사회가 성숙하기 어려웠다. 예컨대, 준법정신은 결국 식민지체제나 독재체제를 지원한다는 회의와 냉소의 대상으로 전락할 수도 있었고, 경제성장 목표를 위해서는 원칙, 상식 등의 가치를 희생하여도 무방하였다. 1987년 민주화의 쟁취는 고도성장기에 성장한 시민사회의 힘을 보여준다. 그런데 사회적 존경에 바탕한 권위를 가진 인물이 드물고 사법부와 사정기관과 제도권 언론에 대한 신뢰도마저 높지 않는 저신뢰사회에서, 극한적 대립의 풍토가 가볍지 않은 사회적 비용을 낳고 있다. 원칙·신뢰·책임감 등을 중시하는 시민의식이나 이해갈등을 타협, 조정하는 역량의 배양은 앞으로의 과제이며 단기간에 형성되지 않는다.

2. 한국자본주의가 지향할 길

한국은 선진국의 학습을 통한 따라잡기(catch-up)에 성과를 거두었는데, 선진국이 되더라도 다른 나라를 배우는 일은 발전의 요건이다. 선진국일수록 공정하고 시장이 효율적이고 사회복지제도가 정비되어 있지만, 선진국의 경제질서도 역사적·문화적 환경 등으로 인하여 차이를 가진다. 여기서 경제뿐만 아니라 국가와 사회가 걸어온 세계사를 요약하고 그 가운데 한국을 살펴보자.

호모 사피엔스는 먼저 가족이 확장된 친족의 공동체라는 사회, 그리고 그 안정적 유지를 위한 도덕을 만들었다. 집단 확대에 기여한 종교는 도덕을 반영하게 되었다. 공동체간 교류·투쟁·결합을 거쳐 정치공동체인 국가가 성립하여 법제도를 만들었다. 국가에 대한 종교의 영향력은 약화 추세였고, 마침내 정교(政敎)분리가 이루어졌다. 국가 성립 이전에는 홉스가 『국가(*Leviathan*)』에서 설명한 대로 만인간 투쟁이 벌어졌고, 홉스는 강한 국가의 존재이유가 이런 야만 상태를 극복하고 사회질서를 세우는 일이라고 보았다. 그런데 국가의 힘이 너무 강해 사회가 견제할 수 없으면, absolutism→despotism→전체주의(totalitarianism)가 되어, 나치 독일이나 스탈린 소련에서는 수많은 사람이 지옥 같은 삶을 겪었다.

중국 전국시대에 세계 최초의 초기 근대국가로 평가되는 관료제·상비군·조세로 운영되는 영토국가가 성립하였는데, 이 국가는 제민(齊民)지배를 추구하여 가족 단위의 소경영이 일찍부터 성장하고 중간단체 등 사회의 성장이 억제되었다. 지리적 장벽이 없는 비옥하고 광대한 화북평원은 거대제국의 성립과 존속을 낳았다. 중국의 국가체제와 문화는 한반도에 그대로 도입되었다. 중국문명권에서는 국가주의와 가족주의가 발달하는 가운데 개인주의 문화가 성장하지 못하였다. 일본에서는 전국시대를 거친 다음 중앙집권 봉건제가 성립하였는데, 촌락공동체와 영국(領國) 단위로 자치역량과 아울러 공동체 의식 내지 집단주의가 성장하였다. 중국의 국가주의 문화는 사회주의체제의 성립과 존속을 지원하였다. 일본의 국가주의 = 집단주의는 국군주의적 팽창을 낳았고, 전후 정부 개입형 경제발전과 노사협력을 지원하였다. 한국의 국가주의·가족주의문화는 국가주도적 개발체제를 지원하였다.

유럽이 중국 전국시대 수준의 국가를 가지게 된 것은 2,000년 가까이 늦은 16세기 이후 절대왕정이 성립하면서부터였다. 그렇지만 고대 그리스의 민주정, 그리고 로마의 공화정과 민법체계는 아시아에서 출현하지 않은 문명으로 먼저 유럽, 나아가 전인류에게 선물이었다. 중국 지리환경과는 대조적으로 그리스는 국토의 대부분을 차지한 산지의 지리적 장벽으로 인해 수많은 도시국가가 분립하여 교류, 경쟁하는 가운데 다양한 정치체제가 성립하였고, 시민의 정치공동체로서 민주정이 아테네 등지에서 성립하였다. 역동적이고 개방적인 지중해에 위치한 식량 등 물산이 부족한 반도라는 지리 조건으로 인하여 아테네 등은 해양 진출과 무역에 적극적이었다. 시민사회와 국가가 힘의 균형을 이루는 공간에서 아테네는 법제를 발전시켜, 아세모글루(Daron Acemoglu)와 로빈슨(James A. Robinson)의 『좁은 회랑(*The Narrow Corridor: States, Societies, and the Fate of Liberty*)』(2019년)에 의하면, "한편으로 국가를 통제하고 일반 시민을 지배하는 엘리트의 힘을 제한하면서 다른 한편으로 국가의 역량을 확대하는" '족쇄 찬 리바이어던'을 만들어냈다. 아테네의 정치체제는 국가에 족쇄를 채우기 전에 이미 남성 시민에게 개방된 민회와 사법·행정기구로 이루어져 있어서 초보적 삼권분립이 성립하였다. 민주정이 발전하는 가운데 30세 이상 모든 남성 시민에게 개방된 평의회는 재정지출권을 가지고 정책을 집행할 행정관으로 구성된 위원회를 두었다. 로마에서는 민법이 발전하는 가운데 전문 법조인이 나타났다. 중국문명권에서는 행정과 사법이 분화하지 않았다. 그리스·로마에서는 국가주의와 가족주의뿐만 아니라 아시아에서는 보기 힘든 개인주의 문화가 싹터 유럽 중세에 성장하고 근대에 성숙하였다. 아시아는 유럽 근대문명의 충격 아래 개인주의 문화를 도입하였다.

기본권을 보장하는 법제는 민주주의의 요건인데, 경제학계는 재산권을 보장하는 제도가 경제성장에 유리하다고 본다. 아세모글루와 로빈슨은 경제성장에서 제도가 중요하다는 학설에 이바지하고 형평한 성장을 이루기 위한 조건으로 포용적 경제제도라는 매력적 개념을 만들었는데, 개념의 명확한 구체화를 위한 노력이 필요하다. 나아가 이들은 강한 사회와 강한 국가 사이에 힘의 균형이 성립한 좁은 회랑에서 구속받는 국가의 존재가 정치적 자유와 경제적 번영의 조건이라고 주장하였다. 좁은 회랑 이론은 경제성장을 탐구하는 경제학계의 시야를 넓혀주었다. 이 이론은 자유를 억압하는 중국체제의 번영이 한계에 도달할 것이라고 전망한다. 한국사에서는 강한 국가가 존속해왔으나, 1987년 민주화 이전에는 사회가 국가를 구속하는 힘이 약한 문제가 있었다. 저자는 사회와 국가의 이분법 논리가 지나치게 단순하다고 생각하여, 더 다원적인 시각으로 한국이 지향할 길을 논의한다.

거대한 선진 중국의 존재는 한국을 비롯한 동아시아 역사에 심대한 영향을 미쳤다. 그에 반해 로마제국의 붕괴 이후 유럽은 후진적인 봉건체제로 퇴행하였으나, 그 힘의 공백에서 자치도시가 성립하고, 군주와 봉건영주의 역학관계에서 의회가 성립하고, 로마의 유산으로 전문 법조인 집단이 성장하고, 교권이 세속권력과 대등한 세력이 되었다. 시장은 국가 이전에 성립하였는데, 유럽의 다원적이고 경쟁적인 정치체제 아래 원격지 무역이 성장하고 도시의 시민층이 성장하였다. 유럽에서는 절대왕정의 대두 이후 국제무역과 시민사회가 함께 성장하였고, 시민혁명을 통해 리바이어던에 족쇄를 채워 입헌군주정과 공화정이 성립하였다. 송대 이후 중국과 조선에서는 사대부가 성장하여 향촌사회를 지배하고 공론(公論)을 통해 조정을 견제하였는데, 사대부와 관료는 표리관계여서 국가로부터 자립한 사회가 성립하지는 않았다. 중국과 그 영향을 받은 조선에서는 조속히 발달한 국가가 사회와 시장의 성장을 억제하였던 반면, 유럽은 시장과 시민사회와 국가의 동반성장에 힘입어 근대를 창출하여 아시아를 지배하면서 근대문명을 전파하였다. 의회와 전문 법조계가 존재한 유럽에서 삼권분립의 근대 국가체제가 국민의 동의를 받은 법의 지배와 함께 확립되어 법치가 성숙하였다. 근대 법치는 국가와 최고권력자까지도 법의 구속을 받는다는 의미이며, 자유와 번영의 필요조건이다. 좁은 회랑 이론에서 강한 국가는 법을 집행할 역량을 말하는데, 국가를 구속하는 기본 도구인 법치를 별도로 설명하는 것이 좋았다.

정치적 자유와 경제적 번영의 조건을 설명하는 좁은 회랑 이론의 중요한 한계는 경제수준이 사회와 국가에 영향을 미친다는 것이다. 절대빈곤층이 대부분인 맬서스시대인 전근대에는 사회가 성숙하지 못해 민주정과 공화정이 성립하였다 해도 장기지속하기 어렵다. 그래서 전근대 민주정이나 공화정이 근대로 접속되는 사례는 없다. 법을 집행할 수 있도록 강한 국가와 국가를 통제할 수 있도록 강한 사회라는 좁은 회랑의 최대 성과는 민주화와 근대경제성장의 성취이다. 점차 많은 국가가 그 대열에 합류하고 있으니, 회랑이 좁다고만 할 수는 없다. 근대경제성장과 민주화를 이루고서 그 회랑을 벗어난 나라로는 경제적 곤경을 벗어나기 위한 제국주의적 침략의 유혹에 빠져 자유를 상실한 나치 독일과 국군주의 일본이 있다. 제국주의시대가 끝난 제2차 세계대전 이후 남미에는 한편으로는 포퓰리즘이 경제를 망치고 이어서 군부쿠데타가 자유를 유린하는 일이 빈발하였다. 소수 특권층과 빈곤한 대중으로 구성된 남미의 불평등사회가 자유와 번영을 보장하지 못한 것이다.

근대경제가 성숙하여 소득과 교육수준이 높고 고용과 분배가 양호하고 중산층이 두터운 단계에서는 사회와 국가가 성숙하여 좁은 회랑에서 동요할 때가 있을지언정 벗어나는 사례를 찾기 어렵다. 경제와 더불어 국가와 사회가 성숙하면, 회랑이 견고해지는 것이다. 강한 사회·국가 다음 단계로 성숙한 사회·국가를 설정할 필요가 있는 것이다. 한국이 유신독재를 경험한 것은 경제·정치·사회가 성숙하지 못한 탓도 있다. 그런데 1980년대 이후 선진국에서 실업이 증가하고 불평등이 심화되어 중산층이 위축하는 현상이 나타나고 있다. 그러면 사회가 분열되기 쉬운데, 어떻게 하면 자유와 번영을 지속할까가 좁은 회랑 이론의 문제의식이다.

세계경제를 차례로 주도한 영국과 미국은 개인주의 문화의 발달과 최고 선진국의 위상에 의해 자유방임주의 정책을 선호하였다. 그런데 세계대공황과 제2차 세계대전을 겪고 미국과 영국은 케인지언 경제학에 의거한 시장개입을 하고 복지를 확충하였다. 근대경제성장으로 생활수준이 향상된 위에서 영국에서는 요람에서 무덤까지 사회보장을 주창한 1942년 베버리지보고서가 제2차 세계대전 이후 채택되어, 복지국가의 이상이 선진국에 확산되었다. 유럽의 후진국으로 대공황의 피해를 겪은 스웨덴의 진보적 사회민주당정부는 위대한 총리들의 노력으로 야당과 협력하며 기업계·노동조합·농민단체와 사회적 합의를 이루었는데, 여기서 출현한 조합주의모형은 형평하게 혜택을 주는 성장을 성취한 복지국가를 건설하였다. 그 결과 1970년대 전반까지도 스웨덴은 수출지향적 민간부문과 사회적 서비스를 위해 확장된 공공부문의 결합, 경제 전반의 집단교섭을 통한 임금 결정, 노동시장에 대한 정부의 선별적 개입, 기업이윤의 국내 재투자를 장려한 조세체계 등을 통해 높은 고용수준과 가장 낮은 소득불평등을 달성한 복지국가의 모범으로 인식되었다. 서독은 공정한 자유경쟁을 보장하면서도 노동자의 경영 참여를 허용하고 빈곤층의 복지제도를 정비하는 사회적 시장경제를 지향하였다. 서독은 70년대까지 고임금과 고용안정성을 누리면서 강한 국제경쟁력을 갖추어왔다. 개입형 복지국가는 정치적 자유를 보장하면서 경제적으로 번영하였던 것이다.

제2차 세계대전 이후 일본은 국가주의·집단주의 유산의 관민·노사협력, 도쿠가와 시대 이후 발전시킨 직업전문성 윤리 등에 힘입어 1970년대에 제조업 경쟁력이 1위에 올랐다. 그 반면 미국은 경쟁력의 약화와 경제침체로 고뇌하였다. 영국은 양대전 사이에 세계경제의 주도권을 미국에 넘겨주고 제2차 세계대전 이후 내리막길을 걷다가 1970년대 실질성장률이 마이너스를 기록하는 등 복지국가의 문제점이 심각해졌다. 이런 배경에서 성립한 영국 대처(Margaret H. Thatcher)정부(1979~90년)와 미국 레이건(Ronald Reagan)정부(1981~9년)는 자유시장과 작은 정부를 이념으로 삼고 감세, 복지 등 재정지출 축소, 규제 완화, 공기업 민영화 등을 추진하여 경제 활력을 되찾았다. 이것은 신고전학파 경제학과 하이에크(F. Hayek)의 철학을 토대로 삼았는데, 신자유주의라고도 불린다.

1980년대 이후 가속화된 세계시장의 통합과 금융국제화는 시장개입을 최소화하고 금융자본과 첨단기술산업이 발달한 미국경제를 부상시킨 반면, 북구형 복지국가와 일본형 개입국가의 경제적 효율을 떨어트렸다. 스웨덴은 1980년대부터 복지비의 무거운 부담과 시장의 경직성에 따른 비효율로 인하여 경제적 활력이 현저히 약화되었다. 그래서 1994년부터 정부지출의 삭감, 연금 개혁, 필요한 만큼 지급하는 복지제도의 원칙을 기여한 만큼 지급하는 원칙으로의 전환 등의 개혁을 추진하여 98년부터 재정흑자 기조가 유지되고 노동생산성도 향상되었다. 덴마크·노르웨이·핀란드·아이슬란드도 스웨덴식 사회적 합의로 형평한 성장을 달성한 복지국가를 건설하였다. 이것을 노르딕 모델(Nordic Model)이라고도 한다. 서독도 80년대부터 높은 실업률로 시달리게 되어, 통일 독일은 노동시장을 유연화하고 실업 급여를 줄이는 등의 하르츠 개혁안을 2002년 성사시켜 2005년까지 순차적으로 시행하였다. 그 결과 노사협력의 전통을 살려 일자리 나누기와 임금 인상 억제 등으로 고용과 성장에서 높은 성과를 거두었으나, 고용조건이 좋지 않은 일자리가 늘어 그 대책 마련에 나서고 있다. 일본은 1990·1년 거품 붕괴 이후 20년간 장기불황을 경험하였다. 일본도 노동시장을 유연화하였는데 그로 인한 양질 일자리의 감소와 사회적 격차의 확대에 고심하고 있다. 이렇게 경제질서가 정부의 시장개입을 최소화한 미국· 영국식으로 접근했지만, 북유럽은 이전 노·사·정협력의 복지국가의 성격을 버리지 않았다.

대처정부와 레이건정부의 정책 전환은 불평등을 심화하는 대가를 치렀다. 1980년대 말 영국 경제지표의 악화는 대처를 물러나게 했다. 미국 금융규제의 완화는 한편으로는 금융기술의 발전을 낳고 다른 한편으로는 규제를 벗어난 금융산업의 탐욕적 이윤추구를 조장하여, 금융산업이 급성장하고 나아가 2001년 이후 거품경제를 낳아 2008년 미국발 세계금융위기로 인도하였다. 놀랍게도 1997·8년 외환·경제위기를 맞은 한국에게 도덕적 해이가 없는 시장 건전성의 교훈을 가르쳐준 미국은 이후 월가 금융산업의 사기에 가까운 탐욕, 경제학계의 그 합리화 및 정부의 방치로 인해 2008년 금융위기를 겪었고, 부실화된 금융기업의 처리과정에서 대마불사 논리가 작용하였다. 세계 최고 수준의 엘리트 집단이 도덕적 해이로 이런 대형사고를 낸 것은 세계적 경제학자까지도 이기적으로 행동한다는 인간 본성론 이외에는 설명할 방도가 없다. 미국의 엘리트는 1997년 동아시아 경제위기가 정실자본주의에 기인한다고 비판하였지만, 2008년 미국 금융위기가 정실자본주의에 기인한다는 미국 내 비판도 대두하였다.

2011년 미국 등 선진국에서 실업 증대와 소득불평등 심화에 대한 사회적 반발이 나타났다. 월가가 주요한 비판 표적이었다. 근대에 들어와 시장경제론에 밀렸던 도덕경제론이, 시장경제 아래 안정된 삶을 위협받게 된 사람이 갈수록 많아지는 21세기에 들어와 부활하고 있다고 볼 수 있다. 폴라니의 표현을 빌리면, 사회를 해체하려는 시장의 힘에 대해 사회가 반격하고 있다고 볼 수도 있다. 2016년 영국의 유럽연합 탈퇴 결정, 뒤이은 도널드 트럼프의 미국대통령 당선과 유럽 극우파의 득세는 세계화로 실직 등 생계난을 겪게 된 선진자본주의 국민의 반발이 자국중심주의로 치닫는 양상을 보여준다. 트럼프 정부에서 미국사회가 분열하여 민주주의가 후퇴하였다. 아세모글루와 로빈슨이 하이에크의 작은 정부가 아니라 강한 국가를 내세운 취지는 첨단금융산업의 탐욕이 서민의 고통을 낳고 거대 첨단기술산업의 독점이 혁신을 저해하는 일을 막기 위해 시장을 통제하여, 트럼프현상을 예방하는 일도 포함한다. 그러기 위해 대공황 이후 스웨덴이 그랬듯이 사회세력간에 슬기로운 타협을 만들어내고 국민의 정치적 참여를 확장하여 사회의 힘을 강화하자는 것이다. 성숙한 미국 민주주의가 힘든 과정을 거쳐 트럼프현상을 단임으로 끝냈으나, 실업과 불평등이 확대되면 사회의 분열로 그 어두운 그림자는 커질 것이다. 2021년 1월 취임한 바이든 대통령은 중산층 복원 정책이 필요하다고 믿고, 증권거래위원장으로 지목된 게리 겐슬러는 오바마정부 시절 금융위기를 수습하는 재무부 국장으로 일하며 고삐 풀린 미국금융과 파생상품의 위험을 목격하여 규제의 필요를 믿는 인사이다. 스웨덴식 사회적 합의를 거치지 않고도 선거로 복원된 미국의 성숙한 민주주의 국가가 시장개입을 확대할 것으로 보인다.

이처럼 구미 신진국은 날로 치열해지는 국제경쟁시대에 복지비 부담과 높은 실업률에 고뇌하다가 복지를 축소하고 노동시장의 유연화를 추구하였다. 그로 인해 고용안정성이 손상을 입고 소득불평등이 심해져 그 대책의 마련에 부심하면서, 2008년 이전 영·미식 작은 정부도 아니고 1980년대 이전 스웨덴·독일식 개입형 복지국가도 아닌 가운데 길로 수렴하면서 각국은 본래의 특성을 버리지 않고 있다. 이것은 새로운 좁은 회랑이라고 하겠다. 선진국에 진입하려는 우리는 이런 어려움을 직시할 필요가 있다.

우리가 선진국의 모형을 참조할 때, 그 성과뿐만 아니라 도입비용도 고려해야 한다. 문화적 마찰이 작거나 경제적 여건에 부합하는 제도는 도입비용을 줄여 정착하기가 쉽다. 박정희정부의 개발전략은 일본식 발전모형을 주로 차용(借用)하였는데, 일본과 문화적 유사점을 가지고 식민지 지배를 통해 일본제도의 유산을 안고 있었기 때문에, 일본식 모형을 마찰이 적게 도입할 수 있었다. 일본식 모형은 선진국을 따라잡는 역사의 산물이었으므로, 후발국으로서 압축성장을 추구하는 한국의 경제적 여건에 맞았다. 일본에서 1954년 이후 수출공업과 성장공업을 육성한 산업정책은 고도성장을 실현하여 제조업 경쟁력이 세계 최고 수준에 도달한 1970년대에 사라졌다. 산업정책은 한국에서처럼 금융산업에는 불리하게 작용하였다. 일본 기업은 은행차입에 대한 의존도가 높고 전문화를 중시하는 미국의 기업과 달리 부문간 횡적 협동을 중시하여 대기업집단과 종합상사를 발전시켰으며, 종신고용제와 연공서열제 등에 의거한 내부노동시장이 발달하였다. 전두환정부가 일본보다 강했던 국가주도적 전략을 수정하여 시장친화성이 증대하였지만, 1997년 외환위기 이전까지 한국경제는 문화적 유사성, 식민지유산 및 일본식 성장모형의 차용으로 인하여 일본과 유사점이 많았다. 정부는 산업정책, 행정규제 등을 통해 시장에 개입하고, 시장의 실패가 있을 때 행정지도를 하면서 법을 융통성 있게 집행하였다. 기업은 부문간 횡적 협동을 중시하여 재벌과 종합상사를 발전시켰고, 시장점유율의 극대화를 통한 확장을 중시하여 자본수익률이 낮고, 은행차입에 대한 의존도가 높았다. 또한 기업경영에 대한 주주의 영향력이 약하여 그 투명도가 낮았다. 일본식 발전모형을 차용하는 전략은 한국이 압축성장을 하여 후진성을 탈피하는 데에는 유효하였다. 그런데 그것은 정경유착, 관치금융, 재벌체제 등을 유도하여 1980년과 1998년의 경제위기로 인도하는 길을 닦았다.

3저호황기 이후 국제경쟁력의 추락과 경제침체의 대책으로 나온 김영삼 정부의 대내 개혁과 대외 개방의 전략은 대처·레이건정부의 정책이념을 도입한 것이다. 1997년 외환위기를 지원한 IMF는 한국에 미국식 시장중심적 경제질서를 권장, 요구하였다. 미국에서 정부는 시장개입을 최소화하며, 기업은 자본시장에 의존하여 주주의 이해관계를 중시하고 경영의 투명성과 전문성을 높였으며, 노동시장은 유연화되어 있다. 제13장에서 고찰하였듯이, IMF의 구조조정 요구는 한국경제의 정상화와 선진화를 위한 개혁과제에 부합하였다. 역설적이게도 1997년 외환위기 이후 미국제도의 영향으로 효율성·투명성·건전성을 높인 제도 덕분에 미국의 불건전한 금융행태로 촉발된 2008년 세계 금융위기의 피해를 줄일 수 있었다.

1990년대 후반부터 한국도 구미 선진국처럼 분배가 악화되고 중산층이 위축되고 있다. 이런 배경에서 2012년 대선 이후 복지정책이 주요 선거 전략으로 부상하였다. 경제불평등 문제의식이 강한 문재인정부는 복지를 확대하면서 2017년 "노동존중사회 실현을 위한 한국형 사회적 대화기구를 설치할 것"임을 선언한 이후 노사정위원회를 통한 합의를 추진하였다. 스웨덴형 조합주의모형을 도입하려는 이 시도는 문대통령의 친노동정책에도 불구하고 2019년 민주노총의 참여 거부로 무산되었다.

아직 우리보다 정치적·경제적·학문적으로 발달한 나라가 많은 현시점에서 우리가 선택할 바람직한 전략은 북한처럼 '우리식' 전략이 아니라 지금까지 남한이 해왔던 것처럼 우리보다 선진국을 배우면서 선진 각국의 성과와 여건을 검토하여 우리의 문화적·역사적 조건과 시대 환경에 적합한 선진화 모형을 모색하는 것이다. 우리의 토양에 일본이나 미국의 제도를 뿌린다고 해도 일본이나 미국과 똑같은 형태로 자라지 않으며, 토양의 차이로 인해 변형될 수밖에 없다. 1960년대 이후 한국이 괄목할 경제성과를 거둔 것은 일본식 발전모형을 차용하면서도 미국식의 효율적인 시장·행정제도를 참조하고 한국적인 토양과 여건에 맞는 개발전략을 수립하여 추진하였기 때문이다.

오늘날 일본을 선진국의 모범으로 삼는 지식인은 없지만, 세계적 기술력을 낳은 장인(匠人)정신 등의 직업윤리는 배울 필요가 있다. 미국은 노동시장의 유연성으로 실업률을 줄였지만, 고용이 불안정하고 복지제도가 축소하는 가운데 소득불평등이 심화되었다. 그런 점에서 미국을 이상적 목표로 삼고 싶지는 않지만, 기술·사업혁신으로 세계경제를 선도해온 경쟁력의 원천은 배워야 한다. 현재 스웨덴·독일 등 북구가 가장 살기 좋은 나라로 보인다. 한국 정부는 독일의 사회적 시장경제와 달리 경쟁 제한과 불공정 행위가 모두 심한 문제점을 시정할 필요가 있다. 스웨덴·독일에서의 노·사·정 합의와 일본에서의 노사협력은 유연화된 노동시장의 미국보다 양호한 직업훈련투자와 고용안정성을 보장하였다. 그런데 노·사·정 합의의 복지국가로 나아가기 위해서는 노사협력과 사회적 타협의 전통을 쌓고 정부가 성숙해야 하므로, 단기간에 스웨덴과 독일의 모형에 접근하기는 어렵다. 우리는 구미와 달리 개인주의 문화가 성숙하지 못하고, 일본과 달리 공동체 문화도 미약하다. 2019년 취업자의 연평균 근로시간은 1,967시간이고 OECD 평균은 1,665시간이어서 독일처럼 일자리를 나누는 문화를 양성할 필요가 있지만, 우리는 일자리 나누기 전통이 없는 데에서 드러나듯이, 집단이기주의는 있으되 노동자간 참된 연대의식은 약하다. 이것은 노동계에 국한된 현상이 아니라 사회의 미성숙을 드러낸다. 독일과 일본처럼 기업생산성과 고용안정성을 함께 높이도록 노사협력의 전통을 쌓는 일은 많은 노력을 요구한다.

한국은 전자정부로 행정이 효율적이나 정치가 성숙하지 못하며, 고도성장과 민주화로 사회가 강화되었으나 사회적 대화와 타협의 역량이 낮다. 그런 상황에서 성장률의 저하와 함께 실업이 늘고 불평등이 심해지고 중산층이 줄어들고 재정이 악화되는 상황을 맞아 좁은 회랑을 이탈할 가능성은 없을까? 자유와 번영을 함께 계속 누리기 위해 우리가 견지할 원칙은 무엇일까? 민주주의는 정치적 자유와 평등을 보장하고 시장경제는 경제적 자유를 전제하고 번영을 낳는 점에서, 상호 지원할 수 있다. 허시만(Albert O. Hirschman)의 『열정과 이해관계(*The Passions and the Interests*)』(1977년)에서의 통찰을 확장해 보면, 민주주의와 시장경제는 권력욕과 사회갈등의 파괴력을 완화하여 안정적 정치·경제활동을 보장한다. 민주주의는 다수파의 횡포를 낳는 반면, 시장경제는 경제적 불평등을 낳으나 개인의 양적·질적 선호까지 반영할 수 있는 점에서, 상호 보완할 수 있다. 법관이 부적절한 판결을 할 수 있고 법은 개선의 대상이나, 법치는 권력자와 시장지배자의 횡포를 막고 사회의 안정과 정의를 실현하는, 인류가 발견한 가장 안전한, 잘 작동하면 최상의 방안이다. 그런 점에서 시장경제와 민주주의의 상호 보완·견제를 통한 조화를 도모하면서 법치를 수호하는 체제 이상의 대안은 없다. 제1·2차 산업혁명을 수행한 국가에서는 시장지배자가 정치에 영향을 미치며 정치·법엘리트와 결탁하는 현상, 곧 정실자본주의가 나타났는데, 중산층의 성장과 더불어 사회가 성숙하면서 국민이 견제력을 발휘할 수 있었다. *The Economist*지가 2014년과 2016년 국가별 정실자본주의의 정도를 측정하고 순위를 매겼는데, 한국은 미국과 영국보다 양호하고 일본과 비슷하여 심한 편이 아니다. 이 평가는 선진국보다 한국사회 저변의 폭넓은 불공정과 부정을 제대로 반영하지 못한 느낌을 주나, 1987년 이후 민주화의 진전이 낳은 재벌에 대한 견제력과 1997·8년 외환·경제위기로 인한 제도 개혁이 정실도를 크게 개선하였다. Strong man이나 Big Brother가 자유를 억압하지 않고 포퓰리스트가 경제를 망치지 않도록, 선거 승리를 지상과제로 삼는 정치가에게 요청해서는 어렵고 피해를 고스란히 입을 국민의 선택에 달렸다. 그래서 사회의 성숙이 중요하다. 그런데 제3·4차 산업혁명으로 불평등이 심해져 미래를 대비할 여력이 있는 중산층이 줄고 현재 살아가기도 벅찬 빈곤층이 늘면, 기업 의욕과 재정 건전성을 손상하는 대폭적 보조금 지원책이 득세하기 쉽다. 그런 포퓰리스트가 비판 세력을 막기 위해 자유를 억압하면, 좁은 회랑을 이탈한다. 선진 미국의 트럼프현상은 그 불길한 전조가 아닐까? 양극화로 사회가 분열하면 법조계, 시장세력,

중산층 및 지식인 집단이 연대하여 서민 대중과 소통하여 양극화 해소에 힘쓰면서 정치에서의 견제력을 발휘해야 할 것이다

「3.」 저성장·고령화·불평등화시대 복지국가 건설의 과제

한국의 경제발전은 1987년 민주화를 낳은 중요한 요인이었다. 경제발전은 복지를 증진할 힘을 낳고, 민주화는 복지의 요구를 증대하였다. 그래서 2012년 대통령 선거에서 복지가 주된 쟁점으로 대두하였다.

1997·8년의 외환·경제위기를 기점으로 고도성장시대가 끝났다. 외환·경제위기 이후 경제불평등이 심화되고 중산층이 줄어들고 있다. 21세기에 성장률이 낮아질 뿐만 아니라 성장의 고용 효과는 약화되는 추세인 가운데 양질의 일자리는 줄어들고 있다. 저출산·고령화는 세계에서 가장 빠르게 진행되고 있다. 고령화의 심화는 부양인구 비율의 증대로 인한 노동 투입과 저축률의 감소 및 의료복지비의 증가를 낳는다. 경제성장에 보너스를 주던 인구 구성은 2020년경부터는 부담이 되어 가중될 것으로 전망된다. 기획재정부의 『대한민국 중장기 정책과제』(2013, 183~4쪽)는 "우리 미래에 가장 큰 위험 요인은 저출산·고령화현상이"고 그 최상의 대책은 적정출산율의 확보라고 진단하고, 노인·아동인구의 부양비가 낮은 2025년까지가 "저출산 추세를 반전시킬 수 있는 선제적 투자가 가능한 마지막 시기"라고 판단하였다. 2006~2017년간 126.6조 원을 저출산 대책에 썼고 관련 제도를 2,000개 정도나 만들었지만, 그동안 합계출산율은 1.25명에서 1.05명으로 떨어져 정부는 정책 실패를 인정하였다. 그것은 2018년 0.98명, 2019년 0.92명, 2020년 0.86명으로 세계 최저 기록을 갱신하고 있다. 2006~20년간 3차에 걸친 저출산·고령화사회 기본계획에 350조 원을 쏟아부었는데, 2021~5년간 또 196조 원이 투입되는 제4차 계획은 어떤 성과를 거둘까? 출산율을 높이기 위해서는 젊은이 고용사정의 개선, 집값과 교육비 부담의 경감, 출산 여성의 취업 차별의 개선 등의 난제를 해결해야 한다. 그것을 개선 내지 해결하지 못하고서 막대한 재원을 쏟는 정책이 얼마나 성과를 거둘 수 있을까? 1999년 다양한 가족을 법적으로 보장하여 비혼 출산을 늘린 프랑스의 정책을 도입할 필요도 있다.

비상한 대책과 노력이 없이는 21세기 중엽에 불평등과 사회갈등이 더욱 심화되고

재정이 파탄에 직면하고 생활수준이 하락할 수도 있다. 21세기 한국이 직면한 엄중한 경제적·사회적 도전에 대처하기 위해, 저자가 생각하는 기본 과제는 다음과 같다. 첫째, 대기업 정규직 노동시장의 유연화와 비정규직의 보호로 양자의 격차를 줄여, 양자의 구분이 무의미한 정도에 접근함이 바람직하다. 2018년 세계경제포럼은 140개국 가운데 한국의 경쟁력이 15위이나, 정리해고 비용 114위, 노동자 권리 108위, 그리고 노사협력 124위여서 노동 문제를 가장 심각한 약점으로 보았다. 2019년 OECD는 한국에서 정규직과 비정규직의 차별이 소득불평등을 낳을 뿐만 아니라 생산성 향상도 막고 여성 고용을 저해한다고 지적한 다음, 정규직의 과도한 보호를 완화하고 비정규직의 사회보장과 직업훈련을 확대하라고 권고하였다. 고용제도의 왜곡과 노사문화의 개선이라는 관련된 과제가 시급함을 보여주는데, 제도가 문화보다 개선하기 쉽다. 노동자의 과도한 보호는 기업의 일자리 창출을 억제하므로, 노동자의 적절한 보호와 노사협력문화의 정착으로 기업이 일자리를 많이 창출할 인센티브를 가지도록 노력함이 무엇보다 중요하다.

둘째, 기업의 창업·혁신·확장 의욕을 높이고 대기업과 중소기업이 함께 번영하는 기업 생태계의 조성에 힘써야 한다. 그래야 고용이 늘어 노동자 삶이 향상된다. 2021년 1월 국회를 통과한, 중대재해로 노동자가 다치거나 사망하면 회사 대표와 경영자를 처벌하는 법은 노동계와 재계 모두의 불만을 샀는데, 기업 의욕의 고취와 노동자의 보호를 조화하는 정책을 모색해야 한다. 독재시대에는 노동자 권리의 유린이 문제였으나, 민주화를 이룬 이제는 노동자 권리뿐만 아니라 노동자의 도덕적 해이와 노조의 불법행위로부터 기업을 보호하는 과제가 대두하였다. 셋째, 공교육의 정상화와 입시제도의 개혁으로 창의적 인재를 양성하고 가난한 인재에게 고등교육 기회를 확대해야 한다.

넷째, 21세기 중반 고갈이 예상되는 국민연금 등에서 드러나듯이, 우리 사회는 지속가능한 복지제도를 설계하는 역량이 부족하다. 지속가능한 복지제도를 마련하기 위해서는 조세부담률의 증가를 수용하는 국민적 합의, 그리고 정부의 공정하고 효율적인 재정 관리에 대한 신뢰가 전제되어야 한다. 예산이 정치논리에 영향을 받고 부실한 관리로 낭비되는 사례를 우리는 너무 많이 보고 듣고 있다. 해마다 국회의원의 지역구 예산 챙기기가 있었고, 이런 관행을 근절하자는 여론이 오래전부터 대두하였는데, 2019년 추경 예산안 심사 때 김재원 국회 예결위원장은 자신의 지역구 예산을 99억 원으로 5배 늘리는 데에 그치지 않고, 소속당 국회의원에게 내년도 예산 민원을 받겠다는 공문을 보냈다. 2020년도 513조 원의 예산안을 심의하면서 국회는 예산을 폐쇄된 공간에서 심사하는 관행을 고친다며 속기록을 작성하여 회의를 공개하는 심사를 진행한 지 하루

지나 여야 합의로 원래 밀실 심사로 되돌아갔다. 2021년도 558조 원의 예산도 여야의 밀실 심사로 처리되었으며, 물론 여야 실세의 지역구 예산 챙기기가 있어서 사회간접자본 예산이 5,000억 원 이상 증액되었다. 국회의원 특권을 선진국 수준으로 줄이는 등의 조치로, 고비용·저효율의 정치를 개선해야 한다.

다섯째, 산업설비와 제도가 세계적 수준으로 정비된 오늘날 문화적 성숙이 사회·국가·경제의 성숙을 위한 중요한 과제이다. 법제도가 정비되어도 법 준수의 문화가 없다면 무의미하다. 오늘날 정치가 윤리는 유학의 수기치인(修己治人)을 중시한 조선시대보다 나아 보이지 않는다. 문화는 제도와 기술혁신에도 영향을 미친다. 20세기 후반 경제발전을 이룬 중요한 문화적 요인은 교육열과 노동의욕의 성취동기가 강하고 선진국을 열심히 학습하는 자세였다. 선진국 수준으로 부유해진 오늘날 성취동기와 선진국 학습열의는 약화되고 있다. 1980년대까지는 허리를 졸라매어 앞으로 잘 살아보겠다는 의욕이 사회에 넘쳤는데, 그때보다 훨씬 부유해진 오늘날 현재 소비를 중시하여 미래지향적 투자의지는 약화되었다. 오늘날 한·일간 경제력 격차의 중요한 요인은 법 준수, 정직과 신뢰, 직업전문성, 노사협력, 유비무환(有備無患) 자세, 지속적 개선과 축적으로 잘못을 반복하지 않는 노력 등의 문화라 생각된다. 직업전문성을 중시하는 문화의 양성은 산업생산성을 높이고, 일자리 나누기와 노사협력의 문화는 고용을 호전시키고, 가족 친화적 문화와 지역공동체 문화의 육성은 저출산·고령화시대 복지대책에 이바지할 수 있다. 우리는 아직 구미의 합리성을 충분히 배우지 못했다. 한 예를 들면, 직장에서 지위가 노력과 능력보다 지대한 영향을 미친다. 성과보다 지위를 중시하는 문화는 정규직과 비정규직의 심한 차별도 낳았다. 한국인은 출세를 위한 교육열이 세계적으로 높지만, 지식 욕구는 낮다고 한다. 그래서 대학 진학률은 매우 높은 데에 비해 독서량은 매우 적다. 우리는 유교의 영향으로 도덕을 중시하는 관념을 가지면서도 교육·사회현실은 협동을 경시하고 남을 이겨야 하는 경쟁대상자로 삼게 가르친다.

한국은 고도성장기에 경제혁명을 이루었고 1987년 이후 민주혁명을 이루었다. 이제 성숙한 법치의 구현과 부정부패의 근절로 정치의 선진화를 이루고 정부 신뢰를 높이는 것이 우선 과제이다. 동시에 고령화시대에 지속가능한 복지사회를 수립하기 위한 현명한 제도 설계가 필요하다. 그러기 위해서는 인간사에서 경쟁과 협력, 자유와 평등, 자조(自助)와 부조, 성장과 복지, 개인주의와 사회적 유대, 가족제의 진화 방향, 세대간 갈등, 욕망과 행복 등에 관한 성찰이 필요하며 사회혁명을 이루어야 한다.

4. 남북통합의 과제

남북통합은 남한과 북한의 정치·경제체제가 동질화하여 하나의 국가로 되는 것을 의미한다. 나아가 남·북주민간에 소득격차와 사회적·문화적 이질성을 해소할 때, 완전한 의미의 통합을 이루었다고 평가할 수 있다. 경제교류와 경제공동체의 형성은 이데올로기와 무관하게 경제논리에 입각하여 진전할 수 있으면서 북한의 개방과 체제전환을 유도할 수 있다는 점에서 남북통합의 기반을 닦을 수 있다. 남북통합은 그 자체가 목적이라기보다, 남북한 주민 모두가 더욱 자유롭고 풍요한 삶을 누릴 수 있도록 하는 데에 목적이 있다.

남북통합의 방식을 결정하는 핵심적인 변수는 북한의 개혁·개방정책의 성공 여부, 남한의 사회적·경제적 역량, 남북한간 관계 및 주변 강대국의 태도이다. 이 변수들의 향배가 가변적이고 그 상호작용방식이 어떻게 전개될지 알 수 없으므로, 남북통합이 언제 어떠한 방식으로 이루어질지는 누구도 정확히 예측할 수 없다. 그렇지만 통일을 위한 준비를 지속적이고 착실히 추진하여 여건을 성숙시키며, 기회가 오면 놓쳐서는 안 될 것이다. 다만 모를 뽑아 올리는 농부처럼 무리하게 통일을 조장(助長)하려는 시도는 역작용을 초래할 수 있다.

여기서 정치·경제체제를 어떠한 방식으로 동질화할 것인가가 핵심적인 문제로 부상한다. 시장경제와 계획경제의 지금까지 실험을 보건대 자원배분기구로서 시장기구의 우월성은 부정하기 어렵고, 경제력으로 보건대 남한이 통합을 주도할 수밖에 없다. 이론적으로 보면, 하이에크의 지적처럼 중앙의 계획기구는 개인의 특수한 상황과 기호까지 파악할 수 없으므로, 경제 문제를 효율적으로 해결하는 데에 한계를 가진다. 사회주의국에서 기초 생활용품의 부족과 줄서기 현상의 만연은 계획기구가 자원배분에 비효율적임을 보여주었다. 게다가 계획경제는 정치적 자유를 억압할 소지가 크다. 시장은 경제 문제를 조정, 해소하는 데에 시행착오를 겪기도 하지만, 제한되고 분산적인 지식과 정보를 가진 각 개인이 경쟁을 통해 끊임없이 보다 나은 기회를 찾아서 모색하고 활용하는 장을 제공할 수 있다.

그런데 이상적인 완전경쟁시장도 자원배분의 효율성을 달성하는 데에 실패하는 영역을 가지기 때문에, 정부개입이 불가피하다. 자본주의가 초래하는 경제 불평등, 실업, 계급 대립, 경제위기 등 여러 심각한 문제를 완화하기 위하여 국가가 개입하여왔으므로, 시장기구에만 의존하는 자본주의체제는 존재하지 않는다. 그런 점에서 시장을 자원배분의 중심 기구로 삼더라도 정부가 형평과 복지를 위해 어느 범위까지 개입할 것인가라는 문제는 여전히 남는다.

우리는 독일의 통일을 실현한 기본적인 힘이 서독의 계몽된 민주주의, 공정한 경제질서 및 효율적인 정부라는 지적을 유념할 필요가 있다. 선진자본주의국가가 되면, 통일을 감당할 경제력이 향상할 뿐만 아니라, 공정성이 확립되고 사회보장제도가 정비된 사회에서 북한 주민이 보다 덜 고통스럽게 체제에 적응할 수 있다. 사회보장제도의 북한지역으로의 확대를 대비하기 위해서도 재정력을 갖출 필요가 있다.

남북통합을 평화적으로 이루도록 최선을 다해야 함은 두 말할 나위가 없다. 평화통일을 이루더라도, 북한체제가 붕괴하면 흡수의 방식을 취할 것이고, 그렇지 않으면 합의에 의존해야 한다. 1989년 베를린장벽의 붕괴로 흡수 통합을 이룬 독일은 귀중한 교훈을 제공한다. 그중에도 우리에게 중대한 시사를 주는 것은 통일 전 민족 동질성을 회복, 유지하기 위한 동·서독간의 접근 노력, 그리고 통일 후 막대한 통일비용과 후유증이다. 통일 전 동·서독간에는 광범위한 교류가 꾸준히 이루어졌다. 동·서독간 민간차원의 경제협력은 1946년부터 시작되었고, 이후에 제도적 장치를 정비하면서 확장되어왔다. 서독은 동독에 대하여 각종 원조의 경제협력을 추진하고 차관을 제공하였다. 서신 왕래, 전화, 상호 방문 등을 통한 인적 교류가 완전히 중단된 적은 없었다. 정기간행물과 방송매체를 통한 정보·문화의 교류는 문화적 동질성의 유지에 크게 기여하였다. 1969년 집권한 서독의 브란트 총리가 동방정책을 추진하여 1972년 동·서독간 기본협정을 이끌어내어 다방면의 교류·협력이 확대되었다.

남북한간은 동서독간과 달리 전쟁을 치러서 그 교류는 역사가 일천하고 범위가 훨씬 제한되어 있고 정치적 요인, 북한의 핵 개발 등에 의하여 많은 굴절을 겪어왔다. 남북한간에 상호이해를 증진하면서 민족동질성을 회복하려는 노력을 소홀히 할수록, 통일에 수반되는 후유증은 더욱 심각해질 것이다.

독일의 통일비용은 좁은 의미로는 동독에 대한 사회간접자본의 투자, 연금·실업보험 등 사회보험기구에 대한 지원금 및 소련군 철수비용이며, 넓은 의미로는 여기에다 동독의 1인당 생산성과 소득이 서독과 같아지기 위해 필요한 민간투자를 더한 것이다. 독일은 1989~2008년간 1.2조 유로(=2,160조 원)를 통일비용으로 지출하였다. 그 결과 동독 주민의 1인당 소득은 서독의 43%로부터 71%로 상승하였다. 동독인의 서독으로의 대량 이주를 억제하기 위하여 동독 화폐를 높게 평가하고 고임금을 유지하고 사회보장의 지원을 확대함에 따라, 통일비용이 당초 예상보다 4.5배로 커졌다. 고임금정책은 동독 기업의 경쟁력을 급격히 약화하였다. 독일은 동독 재정지원을 향후 20년간 지속해야 할 전망이다.

서독 인구는 동독의 4배였던 반면, 남한 인구는 북한의 2배이다. 게다가 남한의 경제력은 서독보다 취약할 뿐만 아니라, 남·북한간 경제력 격차는 동·서독간보다 훨씬 커서 1989년 서독의 1인당 국민소득은 동독의 2배 남짓인 반면 2019년 남한의 1인당 국민소득은 북한의 27배였다. 따라서 독일식으로 북한이 남한체제에 편입될 경우 북한 주민의 대량 이주를 방지하기 위해서는 독일보다 훨씬 무거운 부담을 져야 한다. 또한 북한의 대규모 군 병력을 무리 없이 경제활동에 참가시키기 위해 막대한 투자가 필요하다. 2010년에 대통령 직속 미래기획위원회는 통일비용을 북한의 급격한 붕괴의 경우 2040년까지 2,525조 원, 점진적 개방 후 통일에 이른다면 380조 원으로 추정하였다. 2014년 통일연구원은 3,440조 원으로 추산하였다.

남북통합은 중·단기적으로 경제적 위축과 사회적 혼란이라는 무거운 부담을 안기겠지만, 적지 않은 편익이 항구적으로 발생하여 언젠가 비용을 능가할 것이다. 남북대립이 요구한 과도한 군사비 지출은 평화적 목적으로 전용될 수 있다. 남과 북의 결합은 국토와 자원의 이용의 효율성을 높이고 경제 규모의 확대에 따른 이점을 제공하고, 자원의 공유와 국내 시장의 확대를 통해 대외의존도를 낮추는 효과도 가져온다. 골드만삭스는 남한의 기술·자금력과 북한의 천연자원·노동력의 결합이 강력한 시너지효과를 낼 것으로 기대하였다. 남북통합은 남한의 저출산·고령화 문제를 완화할 것이나, 북한에도 저출산·고령화현상이 나타나 그 효과가 크지 않을 전망이다. 북한은 출산율이 1970년 5.7명에서 70년대 후반에 3명 이하로 떨어져, 출산장려정책을 펴고 있는데, 21세기에는 2명 수준에서 정체하고 있다. 2013년 65세 이상 고령인구의 비중은 남한이 12.2%인데, 북한은 9.5%로 추정된다. 남한이 북한을 포기하여 중국이 북한을 점령할 때, 남한의 중국에 대한 군사적·정치적·경제적 열세가 심화되는 대가를 치르므로, 통일의 포기는 결코 장기적 이익, 곧 합리적 선택이 아니다.

통일의 준비과정으로서 교류·협력의 기반이 아직 공고하지 못하여 강한 적대·불신감의 지뢰밭이 가로막고 있고, 흡수에 의한 통일비용이 중압을 가할 것이라는 점을 감안할 때, 1989·94년에 남한정부가 제시한, 화해와 협력을 통해 공존공영을 이루고 점진적으로 경제·사회·문화적 민족공동체를 형성한 다음에 정치적 통일을 실현한다는 '한민족공동체 통일방안'은 현실성을 가진다. 통일을 향한 여정(旅程)의 첫 단계는 상호 신뢰를 쌓고 남북 교류·협력의 기반을 구축하는 것인데, 이 단계부터 착실히 밟아갈 필요가 있다. 경제교류협력의 활성화는 남북 경제공동체를 완성해 나가는 과정의 출발점이다. 시장 경험이 풍부한 탈북자가 남한 적응이 빠르고 소득이 높은 사실은 북한의 개혁·개방을 남한이 도울 이유를 제공한다.

남북한간에 경제체제가 본질적으로 다르고 경제력 격차가 크므로, 경제통합은 어려운 과제이며 다양한 문제를 안고 있다. 남북통합의 한 과정으로서 경제통합의 기본 과제는 제도의 변화를 통해 남북한간 경제체제의 차이를 해소하고 화폐부문·실물부문의 변화 등을 통해 남북주민간 소득격차를 줄여나가는 일이다. 북한의 개혁·개방과 시장경제화는 경제통합 비용을 줄인다.

5. 자본주의체제의 장래

우리는 근대산업사회의 확고한 기반을 구축한 3저호황기 이후 선진자본주의의 확립을 목표로 삼아왔지만, 이 목표에 도달한다고 해서, 오늘날 선진국의 현실이 보여주듯이, 이상사회가 도래하는 것은 아니다. 시장기구와 자본주의는 지금까지 경제제도 중 가장 효율적이지만, 여러 문제를 원초적으로 안고 있기 때문이다. 따라서 자본주의 체제에 내재한 문제점을 고찰하여 그 장래를 전망하는 것으로, 긴 여정을 마치고자 한다.

주류(主流)경제학인 신고전학파는 사람과 물질의 사이에 발생하는 희소성 문제와 풍요화 과제를 주로 다루지만, 폴 스위지는 사회과학으로서 경제학이란 사람간의 사회적 관계를 연구의 중심에 놓아야 한다고 주장하였다.[2] 그는 마르크스경제학에 입각하여 경제적 효율에 집착하는 신고전학파를 비판하고 노동과정에서 자본에 의한 노동의 지배, 분배과정에서의 착취, 독점자본과 제국주의 등의 분석에 주력하였던 것이다. 인간사에, 그리고 집단·국가간에 지배와 착취는 도처에 존재한다. 민주주의의 확산도 이 문제를 근본적으로 해소할 수 없었으며, 시장경제의 발달은 경제외적 강제를 경제적 지배로 대체하였다. 주류경제학은 지배, 착취 등의 문제를 분석할 도구를 제대로 개발하지 못하고 있으며, 사회학이나 정치학으로 넘기는 경향이 있다. 그런데 노동가치설과 그에 입각한 착취 이론을 주류경제학은 수용하지 않으며, 유토피아를 건설하려는 인류 최대의 실험인 사회주의체제는 좌절하였다.

2) P. M. Sweezy, *The Theory of Capitalist Development*, Oxford University Press, 1942, Introduction.

마르크스이론은 근대 자본주의가 생산의 무계획성 또는 이윤율의 저하로 인해 경제적 위기를 맞이하고 노자간(勞資間) 계급투쟁에 휘말려 멸망한다는 전망을 제시하였다. 이러한 전망과는 달리 자본주의적 세계체제는 번창하여왔다.

그런데 자본주의체제는 노사대립, 실업과 고용불안정, 소득과 부의 불평등, 환경오염, 경쟁 낙오의 중압 등과 같은 근원적으로 해소하기 어려운 문제들을 안고 있다. 중요한 점은 자본주의체제가 이러한 문제를 완화하려고 노력하는 주체를 낳는 자유를 제공하고 그것을 완화할 수 있는 물질적 여건을 만들어낸다는 것이다. 자본축적, 기술발전, 노동자보호제도 등은 노동자의 처지를 개선하였다. 독점자본의 성장은 강력한 노동조합을, 환경파괴는 그에 반대하는 시민운동을 낳았다. 노사협력의 전통을 쌓은 기업도 있다. 자본주의국가는 소득불평등을 개선하기 위한 소득재분배정책과 경쟁 낙오층을 지원하는 사회보장제도를 발전시켜왔다. 경제성장은 생활수준을 향상할 뿐만 아니라 환경 개선과 사회복지 등을 위해 투자할 수 있는 경제력을 마련한다. 그리고 사회주의의 도전에 따른 체제 경쟁은 계급 대립의 완화, 사회보장제도의 확충 등 자본주의의 모순을 시정하려는 노력을 촉구하였다. 이러한 시정 노력이 있었기에 자본주의는 번창할 수 있었다. 자본주의가 발달한 지역의 현대인은 유례가 없는 물질적 풍요와 정치적 자유를 누리고 있다. 마르크스주의자는 경제적 애로를 타개하고 사회적 모순을 완화할 수 있는 자본주의체제의 탄력적인 능력을 과소평가하였던 것이다.

그러나 자본주의체제의 안정된 미래를 보장하기 위해 해결해야 할 난제는 적지 않다. 시장의 강점은 자원의 효율적 배분기능이지만, 1990년대 후반 이후 도처에서 빈발하는 금융위기는 시장의 조정기능이 여전히 취약함을 드러낸다. 1989년 이후 사회주의 체제의 붕괴는 시장을 절대적으로 신뢰하는 관점을 강화하였다면, 세계에서 금융이 가장 발달한 미국의 2007·8년 금융위기는 그 관점에 타격을 가하였다. 그래서 국민국가의 차원에서, 그리고 세계적 차원에서 금융국제화에 따른 국민경제와 세계경제의 불안정에 대처하는 장치를 마련하려는 움직임이 대두하고 있다.

조선왕조시대에는 인구의 80% 이상이 농업에 종사하고서도 대중이 기근의 위협으로부터 벗어나지 못하였으나, 1963년 63.0%이던 농림어업 취업자의 비중이 고도성장기에 빠르게 줄어들어 1983년부터 30% 미만, 2001년부터 10% 미만으로 떨어졌음에도 불구하고 우리는 농·축·수산물을 풍족하게 소비할 수 있게 되었다. 공업화시대에 제조업이 농림어업에서 절약된 노동력을 흡수하여 1963년 취업자의 8.0%로부터 1991년 27.7%까지 증가하였으나, 그 후 하락 추세여서 2001년부터 20% 미만으로 떨어졌다. 그럼에도 우리는 공산품을 갈수록 다양하고도 풍족하게 소비하고 있다. 영국의 공업화 초기에 기계가 실업을 증가시킬 것이라는 우려와 반발이 있었으나, 공업과 서비스업의 다양한 발전은 그러한 우려를 잠재웠다. 서비스업 취업자는 계속 증가하여 1992년 50%, 2013년 70%를 넘었는데, 21세기에는 대형 소매점이 중·소형 도·소매점의 존립을 위협하고 나아가 전자상거래가 급성장하여 대형 소매점까지 위협하면서, 생산성을 향상한 서비스업도 고용 없는 성장에 동참하고 있다. 2018년 한국의 실업률은 3.6%로 낮지만, 청년 실업률은 8.8%로 높다. 그리고 구직포기자가 많아 경제활동참가율은 63.5%로 높지 않다.

2016년 다보스포럼에서는 21세기의 제4차 산업혁명으로 사무직을 중심으로 710만 직종이 사라지고 컴퓨터·수학·건축 관련 일자리를 중심으로 200만 직종이 창출되어, 인공지능·로봇이 사람을 대체하는 비율은 10%에서 45%로 높아지고 7세 아이들의 65%는 지금 없는 직업을 가질 것으로 전망하였다. 기계와 컴퓨터가 육체노동, 나아가 정신노동을 대체하고 있는데, 인공지능의 발달로 창의적인 정신노동마저 대체하고 있다. 인공지능은 1997년 세계 체스 참피언에 승리하였고 2016년 이후 바둑에서도 인간이 상대할 수 없는 존재가 되었다. 앞으로 인류는 인간처럼 사고력과 창의력을 점차 갖추어 가는 인공지능의 기계와 어떻게 공존할 수 있을까?

기술의 비약적 발전과 세계화에 따른 국제경쟁의 격화로 인간은 소비자로서 큰 혜택을 받은 반면, 생산자로서 중산층을 보장하는 양질의 일자리를 얻고 유지하기 힘들어졌다. 시장이 기업과 노동자에 요구하는 기대치는 훨씬 높아졌다.

20세기에 자유인의 평등한 공동체를 추구한 사회주의의 실험이 추진되다가 실패로 귀결되었으나, 근대경제성장으로 생활수준이 향상된 위에서 제2차 세계대전 이후 복지국가의 이상이 확산되었다. 그런데 서구 복지국가는 복지비 부담이 경제 활력을 약화하고 실업률이 높아져, 복지를 축소하고 노동시장을 유연화하였다. 그러자 양질의 일자리가 줄고 소득불평등이 심해졌다. 2010년대 높은 소득과 양호한 고용사정, 그리고 충실한 복지를 실현한 나라는 독일과 북구 노르딕 국가에 불과하다. 20세기로 진입하던 무렵 30세 정도이던 한국인의 기대수명은 2009년에 80세를 넘었다. 제1차 산업혁명 이후 수명의 증가는 근대 과학이 제공한 축복이나, 고령화의 심화는 선진국에게도 무거운 부담으로 작용하고 있다. 21세기 성장률의 저하, 고령화의 심화, 그리고 제3·4차 산업혁명에 따른 일자리 감소는 복지국가에게 심각한 도전을 안기고 있다.

근대에 들어와 핵가족화의 진행 등 가족 유대가 약화된 대신에 일자리, 소득 및 복지가 늘었다. 가족이 제공하는 복지를 국가와 시장이 완전히 대체할 수 없는데다가 지속적 성장이 끝나는 고령화 시대에는 국가가 복지를 충분히 제공할 재원을 확보하기 어려우므로, 앞으로 가족 유대가 강화될지 모른다. 구미 선진국에서는 결혼하지 않은 채 출산하고 동거하는 가족의 비중이 이미 높고, 다세대 가족과 비혈연 가족이 증가하는 추세이다. 〈표 11-27〉에 의하면, 2010년대 한국에서도 비혈연 가구가 증가 추세였다. 변화하는 환경에 대한 뛰어난 적응력은 만물 중 인류가 장구한 시간에 갈수록 번영해온 비결이다. 가족의 진화에 발맞추는 법제도의 변화가 요청된다.

지금 인류는 기초적인 물질생활의 문제를 완전하게 해결한 것도 결코 아니다. 농경의 성립은 인구 증가의 돌파구를 열었으나, 전근대에는 식량증가율이 인구증가율을 따라가지 못하여 기근·질병·전쟁 등이 인구 증가 추세에 제동을 걸었다. 산업혁명 이후 기술진보 덕분에 인구는 맬서스법칙의 제동을 받지 않고 지속적으로 증가할 수 있었고 나아가 생활수준이 지속적으로 향상하였다. 선진국에서는 생활수준의 향상에 수반하여 인구증가율이 둔화된 반면, 후진국에서는 생활수준의 향상을 수반하지 않으면서 보건의료의 개선으로 인구가 폭발적으로 증가하여왔다. 그래서 1900년 16억여 명이던 인구는 1999년에 60억 명을 돌파하여 20세기는 두 차례의 세계대전과 스페인독감의 팬데믹을 경험하고도 유례가 없이 높은 인구증가율을 기록하였다. 2011년에는 인구가 70억 명을 돌파하였다. 인구의 폭발적 증가는 식량, 공산물, 에너지 등의 소비를 증대시킴으로써 식량 문제, 환경 문제, 자원 문제 등을 야기할 소지를 안고 있다. 고전학파 경제학자는 인구 증가에 따라 수확체감의 법칙이 작용하여 경제가 침체할 것이라고 경고하였지만, 기술진보가 이 문제를 해결하였다. 그런데 기술발전이 인구폭발로 야기된 문제를 영구히 해결할 것이라는 보장은 없다.

홍수와 가뭄 등 기상이변은 인구의 증가와 농업투자의 감소로 야기되는 식량난을 심화시키고 있다. 곡물생산은 1980년대까지 지속적으로 성장하였지만, 1990년대에 1인당 곡물재배면적의 감소, 단위면적당 수확량의 정체, 낮은 곡물재고 등으로 인해 식량위기의 조짐이 나타났다. 게다가 식량배급 문제도 작용하여 21세기로 전환하는 무렵에도 해마다 1,800만 명이 굶주림과 그로 인한 질병으로 죽었다. 21세기에 들어와 식량 생산이 증가하였으나, 병충해와 기후변화의 위협, 곡물 독과점기업의 지배력 강화 등은 식량 문제를 불안하게 하고 있다. 2010년 세계 곡물 생산량과 재고량을 더하면 약 28.8억 톤으로 소비량인 24.9억 톤보다 많으나, 9억 명 이상이 굶주림에 시달렸다. UN의 지속가능한 발전목표(Sustainable Devlopment Goals) 2017년 보고서에 의하면, 1년간 5세 미만 유아 590만 명이 굶주림과 질병으로 사망하였고, 5~17세의 아동 1억 6,800만 명이 생계를 위해 일하였다.

로마클럽의 1972년 보고서인 『성장의 한계』는 당시 세계적 범위의 공업화와 인구 증가의 추세를 토대로 석유자원이 25년 이내로 고갈하는 등의 자원위기를 전망하였다. 그 후 석유 채굴의 활성화, 대체에너지 개발기술의 발전 등으로 인하여 현재까지도 석유자원위기는 발생하지 않았다. 1997년에 국제에너지기구는 2020년을 기점으로 석유 공급이 부족 상태에 빠질 것으로 전망하였으나, 2000년대에 퇴적암층에 존재하는 셰일 가스가 본격 개발되었다.

인구의 급증과 공업화의 확산으로 인하여 지구환경의 문제는 갈수록 심각해지고 있다. 1972년에는 유엔인간환경회의가 열려 유엔인간환경선언을 채택하고, 그 이행을 위해 다음 해에 유엔환경계획이 발족하였다. 대기 중에 프레온가스와 같은 오염물질이 증가하면서 성층권의 오존층이 파괴되어 자외선의 피해가 심각해지자, 1987년 몬트리올 의정서에 따라 프레온가스의 사용은 2000년 전면 금지되었다.

2015~9년간 지구 평균 기온은 산업화 초기인 1850~1900년간보다 1.1℃ 올랐다. 세계기상기구(WMO)는 2020년 지구 평균 기온이 14.9도로 산업혁명 이전보다 1.2도 상승했다고 보고하였다. 지구온난화는 이미 기상 이변을 낳아서, 태평양 적도 일대에서 해수면 온도가 평상시보다 0.5도 이상 높은 상태가 6개월 이상 지속되는 엘니뇨현상은 도처에 가뭄·홍수·혹한 등의 자연재해를 불러일으켰다. 1982·3년간 엘니뇨는 2,000여 명의 생명과 134억 달러의 재산을 앗아갔고, 1997·8년간 엘니뇨의 피해액은 270억 달러에 달한 것으로 추정된다. 지구온난화의 주요 요인은 인위적인 온실가스의 배출이고, 그 78%는 석유·석탄 등 화석연료의 소비로 배출되는 이산화탄소에 기인하였다. 산업혁명 이전 대기 중 이산화탄소의 농도는 약 280ppm이었는데 19세기부터 가속적으로 증가하여 2015년에는 373ppm, 2019년 410ppm이었다.

1988년 UN은 기후변화에 관한 정부간 협의체(IPCC)를 설립하여 1990~2014년간 5차의 평가보고서를 받아 국제적 대응방안을 강구하였다. 2차 평가보고서를 토대로 1997년 온실가스 배출량의 감축을 규정한 교토의정서가 채택되었으나, 37개국이 참여하고 이들 국가의 온실가스 배출 비중은 15%에 그쳤다. IPCC는 5차 평가보고서에서 2081~2100년간 전지구 평균기온이 온실가스 배출 정도에 따라 1995~2014년간에 비해 1.9~5.2℃ 오르고, 해수면이 52~91cm 상승할 것으로 전망하였다. 한반도의 경우 2100년 72~110cm 올라 국토의 0.4% 내외인 346~502km^2 침수될 전망인데, 인구밀집지대이고 많은 평야가 손상될 것이다. 그리고 폭염과 홍수, 그리고 극한기후로 식량과 물이 부족해지고 기반시설, 생물 다양성 및 자연환경이 훼손될 것이다. 그래서 2015년에 향후 지구온도의 상승을 산업혁명 이전에 비해 2도 미만으로 억제하도록 모든 국가에게 온실가스 감축 의무를 부과하는 파리기후협약이 체결되었다. 이에 따라 한국 역시 2030년까지 온실가스 배출량을 배출전망 대비 37% 수준을 감축한 5억 3,580만 톤 수준으로 결정하였다. 화석에너지에 주로 의존한 경제구조를 개편하는 부담을 주는 파리협약이 완수되어도 2.7도 올라간다는 분석이 나와 지구온난화가 앞으로 인류를 위협할 최대 문제라는 인식이 세계적으로 합의된 가운데, 2017년 트럼프 대통령은 미국 제조업의 이익을 위해 파리기후협약의 탈퇴를 선언하였다. 다행히 2021년 출범하는 바이든 행정부는 파리협약에 복귀한다. 2018년 스탠포드대학 과학자들은 지구온도 상승을 1.5도 제한하는 것이 2도까지 오르는 것보다 경제적 손실을 크게 줄일 수 있으며, 2.5~3도 상승하면 2100년경 1인당 생산이 15~25%, 4도 상승하면 30% 감소할 것이라고 추정한다. 46억 년 존속한 지구의 환경은 생활수준의 지속적 향상을 낳은 과학·기술의 위대한 발전을 이룬 근대의 불과 300년 만에 위기에 처할 전망이다. 2018년 IPCC는 1.5도 이내로 상승을 억제하기 위해서는 2010년 대비 온실가스 배출량을 45% 줄인 다음 2050년까지 순배출량을 제로로 만들어야 한다는 보고서를 제출하였다. 현기술로서는 엄청난 경제적 부담이어서, 그 근본 해결은 과학·기술의 발전에 의존할 수밖에 없다. 지구온난화와 코비드19 팬데믹은 인류가 운명공동체임을 일깨워준다.

공업화의 확산에 따른 에너지 사용의 증대가 지구온난화와 기상이변을 낳았는데, 개발도상국의 계속적인 공업화로 전세계적인 범위에서 공업화가 진전하는 가운데 화석연료로 인한 온실가스를 줄여야 한다면, 친환경 에너지의 개발과 에너지 절약적 기술혁신에 의존할 수밖에 없다. 저렴하면서도 환경에 친화적인 핵에너지에 대한 의존도가 높아졌는데, 2011년 일본의 쓰나미로 인한 후쿠시마 원전의 사고는 핵에너지 시설의 위험에 대한 경각심을 높였다. 한국은 1978년 고리 1호를 건설한 이후 원전이 계속 확충되어 2013년 에너지원의 26%를 담당하였는데, 박근혜정부는 2013년부터 원전 확대정책을 재검토하였다. 문재인정부는 탈원전 정책의 일환으로 2017년 고리 1호를 폐쇄하였다.

탄소 배출을 줄이는 제도의 시행, 화석연료를 대체하는 에너지원의 개발과 이용, 그리고 환경과 경제의 선순환을 낳는 녹색성장은 자원·환경 문제의 해결을 위한 관건이다. 2010년 전세계 태양열 에너지와 풍력 발전의 에너지 시장에서의 비중은 각각 0.2%와 1.3%에 불과하지만, 2008~19년간 풍력 에너지는 121GW에서 623GW로, 태양에너지는 146GW에서 586GW로 증가하였고, 2019년 바이오 에너지는 124GW였다. 2017년 세계 재생가능에너지의 비중은 26%인데, 그중 수력이 14%였다. 한국이 1987년부터 육성한 신재생에너지는 2010년 총발전량 4.7억MWh 중 1.2%, 2016년 총발전량 5.6억MWh 중 7.2%를 차지하였다. 유럽연합과 한국 등 7개국은 2010~25년간 방사성

폐기물이 없이 핵에너지를 생성할 수 있는 핵융합실험로를 건설하고 있는데, 그 상업적 성공까지는 오랜 기간이 걸릴 전망이다.

세계의 지속적 경제성장과 더불어 현대 문명의 필수 소비재인 플라스틱은 사용량이 크게 늘어 2014년 3억 1,000만 톤이 생산되고, 그대로 매립되거나 해양으로 배출되어 환경오염을 유발하고 있다. 한국은 2016년 연간 1인당 플라스틱 사용량이 약 98.2kg으로 세계 1위 수준의 플라스틱 소비국이고, 연간 해양에 배출하는 플라스틱 폐기물은 약 17만 톤이다. 해양 동식물들이 먹이로 섭취하는 플라스틱의 독성은 질병을 유발하고 있다. 2014년에 유엔환경계획은 플라스틱 해양쓰레기에 미세 플라스틱을 포함하고 지속적으로 감시와 연구가 필요함을 강조하였다. 2018년 한국은 쓰레기 대란을 맞아 폐기할 수 없는 1회용 플라스틱 사용을 줄이려는 노력을 시작하였다. 2019년 폐플라스틱의 기계적 재활용(재생원료·제품) 비율은 18.1%로 선진국보다 낮으며, 에너지회수는 40.8%로 향상되었다.

영국은 1750년대부터 1830년대까지의 산업혁명을 거치면서 성장률이 상승하여 1~2%의 성장을 지속하였다. 그렇게 보면, 인류가 굶어죽는 사람이 많았던 맬서스시대로부터 벗어나 최초의 산업혁명으로 생활수준이 지속적으로 향상되는 시대로 전환한 지는 2세기 정도이다. 대중이 굶주린 전근대에 인류는 경제안정을 위해 시장에 전적으로 의존할 수는 없었고 도덕경제론을 발전시켰다. 지속적 성장을 이룬 근대에 들어와 이기심의 원리에 입각한 시장에 자원배분을 맡겨도 경제적으로 풍족해졌을 뿐만 아니라 사회적으로도 안정되었다. 고전학파 경제학의 창시자인 애덤 스미스의 『국부론』(1776)은 자동조절적 시장에 대한 신뢰를 전제로 하는 경제사상으로 패러다임이 전환함을 보여준다. 이 책은 시장이 자동으로 자원의 효율적 배분을 달성하는 사회가 형성되고 산업혁명으로 근대경제성장의 시동을 걸기 시작하는 영국에서 나왔다. 오늘날 주류경제학인 신고전학파는 시장에 대해 고전학파보다 강한 신뢰를 보내고 있다. 신고전학파는 근대경제성장으로 생활수준이 지속적으로 향상되는 19세기 후반 서유럽에서 성립하였다. 20세기 후반은 인류 역사상 가장 번영한 자본주의의 황금기였다. 매디슨 프로젝트에 의하면, 세계의 평균성장률은 1820~1950년간 0.84%, 1950~2010년간 2.21%였다. 그런데 오늘날 2% 이상 지속적으로 성장하는 시대를 Old Normal로 부르고, 2007·8년 세계금융위기 이후 세계경제가 저성장·저금리·저물가·고실업률·고위험·정부부채 증가·규제 강화 등의 뉴노멀(New Normal) 시대에 돌입하였다고도 한다. 서유럽, 미국 및 일본의 선진국에서는 1970년대 이후 점차 저성장 기조가 정착하였다. 선진국의 경험으로 보건대, 2% 이상의 지속적 성장은 1.5세기 이내, 3% 이상의 성장은 1세기 이내였다. 한국은 2010년대 후반에 성장률이 3% 이하로 떨어졌고, 중국의 성장률도 21세기에 들어와 하락 추세이다. 앞으로 고령화, 고용 없는 성장, 온실가스 감축 등은 성장률을 낮추는 작용을 한다.

토마 피케티(Thomas Piketty)의 『21세기 자본론』(2013)에서 지적된, 1980년대 이후 자본수익률이 경제성장률보다 훨씬 높아 불평등이 심화되는 현상은 많은 상위 경제권 국가에서 확인되고 있다. 한국에서도 1990년대 이후 가난이 대물림하는 세습자본주의가 형성되려는 조짐이 나타나고 있다. *Science* 잡지는 이 저서에 대한 세계적 관심에 동참하면서도 세습되지 않는 지식과 정보가 부의 요소로 부상하면서 미래는 좀 더 평등한 사회가 될 것이라는 전망을 내놓았지만, 세계화시대 제3·4차 산업혁명의 확산과 심화는 실업과 불평등을 증대할 가능성이 높다. 실업과 불등평의 증대에 대한 대책에 힘쓰는 선진국도 그 증상의 완화에 그치고 그 추세를 막는 대책을 마련하지는 못하고 있다. 피케티는 『자본과 이데올로기』(2019)에서 불평등의 세습자본주의를 극복하기 위해 종원업이 기업지배권을 나누어 소유하고 강력한 누진소유세제로 자본이 세습되지 않게 하고 25세 이상 성인에게 미래를 준비하는 자산을 지원하는 사회연방주의를 제안한다. 이 급진적 제안은 투자와 혁신의 위축과 국제경쟁력의 약화라는 우려 등 여러 난제를 안고 있으나, 실업과 불평등이 심해질수록 사회적 영향력을 강화할지 모른다.

전근대의 맬서스 시대에는 굶주림이, 21세기 뉴노멀과 제4차 산업혁명의 시대에는 대량 실업과 소득불평등이 최대의 경제 문제이다. 20세기까지 세계사는 기복을 가지면서도 발전해왔으나, 21세기에는 지구온난화, 대량 실업, 불평등, 고령화에 따른 복지재정의 파탄, 강대국간 군사적 충돌 등의 문제가 인류 문명을 위협하여 역사가 퇴보할지 모른다.

만약 주류경제학이 제시하는 시장실패의 대책으로 이들 문제에 유효하게 대처하지 못할 전망이라면, 경제학의 패러다임을 재검토할 필요가 있다. 고성장과 저실업의 시대에는 불평등의 압박이 완화된다. 그런데 저성장의 가운데 고령화·실업·불평등이 심화되는 뉴노멀 시대에는 복지정책을 둘러싸고 빈부간·세대간 갈등이 격화될 전망이므로, 그 현명한 해결에 이바지하는 정치경제학을 발전시킬 필요가 있다. 지금 우리에게 가장 절실한 경제적 과제는 성장률을 높이는 자체보다 양질의 일자리를 늘리는 성장이다. 그러기 위해서는 기업 창업이 활발한 환경, 대기업과 중소기업이 공영하는 건강한 기업생태계, 그리고 노사협력과 일자리 나누기의 전통을 조성할 필요가 있다. 이런 대책에는 도덕적 판단이 요청된다. 그런 점에서 근대경제학의 태반을 제공한 도덕철학의 정신을 회복할 필요가 있다. 2012년 다보스포럼에서 조지 소로스(George

Soros)는 "인간의 삶에서 돈이 지배할 수 없는 것이 도덕성, 가족관계, 지적(知的) 성취감 같은 것들인데," 1980년대부터 "모든 것을 돈으로 계산하려는 자유방임형 자본주의체제가 대세(大勢)가 되면서 자본주의 시스템에 위기가 왔다"라고 진단하였다.

조선시대에는 유교의 영향력이 지나치게 강한 나머지 도덕 명분의 정치 분쟁이 심하고 경제합리주의가 경시되어 근대화의 준비에 지장을 받았다. 그 반동으로 20세기 후반에는 돈과 권력을 향한 치열한 경쟁에 대해 도덕적 규제가 약화되고 그런 풍토에서 자란 세대는 정직과 배려 등 도덕을 경시하게 되어, 사회적 비용은 커지고 있다. 도덕을 중시한 조선왕조는 예의의 나라로 일컬어졌는데, 경제지상주의의 대한국민은 예의가 없는 나라로 변질되었다. 그런 가운데 경제합리주의가 부족한 감성적 도덕의 정치 구호가 호소력을 발휘하기도 한다. 도덕성, 가족 유대 및 지적 성취감을 고취한 유교의 영향을 받은 세대가 고도성장기 경제발전뿐만 아니라 사회안정을 달성하였다. 그런데 식민지기, 전후 혼란기, 이어서 경제제일주의의 고도성장기를 거치며 유교 도덕이 해체되면서 그것을 대체하는 근대적 시민도덕이 잘 정착하지 못하였다. 애덤 스미스는 『도덕감정론』과 『국부론』에서 도덕과 경제합리주의의 수준 높은 조화를 이루었는데, 한국은 성숙한 민주시민사회를 확립하기 위해 여전히 그런 과제를 안고 있다.

자본주의가 계급투쟁과 이윤률 저하로, 또는 도덕성 문제로 몰락한다는 마르크스와 슘페터의 예언은 맞지 않았지만, 자본주의가 물질적 풍요만큼 인간의 행복을 증진하지 못하는 사실은 명백해졌다. 이스털린(Richard Easterlin) 등에 의하면, 절대빈곤선으로부터 탈피하면, 소득의 증가율만큼 행복이 증가하지는 않는다. 그리고 행복은 절대소득에 못지않게 상대소득에도 영향을 받으며, 돈으로 살 수 없는 부분도 있다. 자본주의가 발전할수록 가족·자연과의 유대는 약해졌고, 자본주의시대에 나타난 실업은 인간의 생존뿐만 아니라 실존을 위협한다. 산업혁명 이후 절대빈곤을 탈피하여 생활수준을 꾸준히 향상한 지금 저성장률 자체가 아니라 양질 일자리의 감소와 빈부 격차의 확대가 심각한 문제이다. 물론 성장률 저하는 고용사정을 악화시키는 점에서 우려된다. 한국에서는 1970년대 가난한 사람의 얼굴에 웃음이 있었지만, 1인당 실질소득이 10배 가까이 증가한 오늘날 자살률이 OECD 평균의 2배보다 높은 것은 왜일까? 가족·마을 등 공동체의 유대가 약화되었고, 사회의 공정성이 낮고, 경제성장과 주택가격 폭등에 수반하여 생활비와 욕망은 커진 반면 20세기 말 이후 직업안정성이 약화되었기 때문이 아닐까.

시장과 민주주의는 모두 가볍지 않은 문제점들을 안고 있으나 인류가 목격한 최상의 경제·정치제도이다. 21세기에 시장의 문제점이 심화되고 있지만, 시장보다 우월한 배분기구가 출현하지 않은 현단계에서는 시장을 중심에 두고 그것을 보완하는 장치를 마련하면서 형평과 고용안정을 달성하는 방안을 강구할 필요가 있다. 곧 교육 기회를 확대하여 균등하게 제공하며, 누구도 부당한 차별을 받지 않고 공정하게 경쟁할 수 있는 환경을 제공하며, 안정 속에서 성장을 지속하면, 형평을 어느 정도 높일 수 있다. 그래도 발생하는 절대빈곤은 소득재분배정책으로 완화할 수 있다. 아무리 노력해도 일자리를 구하기 어려운 장애인, 무의탁 노인 및 어린이 가장의 최저한의 생활은 사회보장제도로 지원해야 한다. 재산권을 존중하면서 약자를 배려하고 자조를 기본으로 하면서 상호부조로 지원하는 사회가 경쟁력을 가질 것이다. 현재 스웨덴·노르웨이·핀란드·덴마크·네덜란드는 노동시장을 유연화하면서 실업 대책 등의 복지를 높은 수준으로 유지하여 효율과 형평을 조화롭게 달성하고 있다. 이러한 선진국의 경험으로 보건대, 노동시장의 유연화로 효율을 추구하고 그 성과로 지속적 성장을 손상하지 않는 범위에서 충실히 복지 대책을 마련하며, 노사간 협력으로 일자리를 나누고 기업이 고용안정성을 높일 유인을 제공하는 것보다 나은 방안을 현재로서는 찾기 어렵다.

근대에 들어와 가족·촌락·국가 등 공동체로부터 개인이 자립하면서 기본권을 가지게 되었고, 이러한 자유인간 계약과 합의에 의한 공동체로서 사회와 국가가 성립하였다. 공산주의는 개인의 자유를 억압하면서 공동체의 건설을 지향한 점에서 문제가 있었지만, 공동체의 소속감 등 사회적 연대, 그리고 사랑과 봉사는 행복의 증진에 돈으로 할 수 없는 힘을 발휘하므로, 자유인간 유대를 강화하는 공동체를 건설하려는 인류의 이상은 포기되지 않을 것이다. 1인당 소득이 3만 달러를 넘어선 오늘날 한국에서는 사회적 합의로 제도와 불평등을 개선하면, 『예기(禮記)』에 나와 전근대 중국·조선인이 꿈꾼 이상사회인 대동(大同)사회나 토마스 모어(Thomas More, 1477~1535)가 꿈꾼 유토피아에 접근하는 사회를 만들 수 없을까? 타게 엘란데르(Tage Erlander)는 총리로 있던 1946~69년간에 스웨덴을 국민의 집(The people's home)으로 만드는 정책으로 대동사회에 접근한 복지국가를 건설하였다.

『구약성경』의 창조주는 아담과 하와를 에덴의 동산으로부터 추방하면서 "죽도록 고생해야 먹고 살리라"라는 운명을 인간에게 부여하였다. 선과 악을 알게 하는 나무 열매가 탐스럽고 사람을 영리하게 해줄 것 같아, 하와와 아담이 하나님의 분부를 어기고 그것을 따먹었기 때문이다. 역설적이지만, 인간은 점차 영리해져 자연의 제약을 극복해나가면서 이러한 징벌을 조금씩 완화할 수 있었다. 인류는 산업사회로 진입하여 지속적인 경제성장을 이루면서 비로소 주기적 기근의 위협으로부터 벗어났다. 그런데 고도의 기술발전과 물질적 풍요를 달성한 21세기에도 모두가 편하면서 풍족하게 사는 이

상향이 도래할 전망은 보이지 않는다. 인간은 행복을 구하기 위해서는 여전히 열심히 경제활동에 종사하는 동시에 태초부터 유래하는 욕망을 절제하고 배려심을 가지며 일용할 양식부터 감사하는 마음으로 살아가야 하지 않을까.

부표

중요 경제지표의 장기 추이

부표 1 국민소득과 경제성장률

연도	국민총생산(GNI, 경상)		국내총생산(GDP, 경상)		1인당 GNI (달러, 경상)	1인당 실질GDP (2011년 구매력, 달러)	실질GDP 성장률(%)
	억 원	억 달러	억 원	억 달러			
1953	483	14	477	13	66.50	1,139	
1954	669	15	663	15	69.57	1,188	7.5
1955	1,157	14	1,142	14	64.91	1,221	5.6
1956	1,530	15	1,515	15	65.57	1,196	0.6
1957	2,000	17	1,984	17	73.58	1,269	9.4
1958	2,092	19	2,076	19	81.09	1,313	6.6
1959	2,225	20	2,208	20	82.01	1,346	5.6
1960	2,521	20	2,499	20	80.18	1,339	2.3
1961	3,054	22	3,017	22	84.74	1,389	6.9
1962	3,700	24	3,659	24	90.89	1,402	3.9
1963	5,232	28	5,185	28	103.73	1,489	9.0
1964	7,476	30	7,397	30	107.26	1,588	9.5
1965	8,431	31	8,314	31	109.58	1,659	7.3
1966	10,890	39	10,661	38	130.97	1,812	12.0
1967	13,538	45	13,136	44	149.89	1,931	9.1
1968	17,397	55	16,929	54	178.36	2,136	13.2
1969	22,698	70	22,127	68	221.18	2,392	14.6
1970	28,474	83	27,966	82	257.80	2,574	10.1
1971	34,643	96	34,380	95	292.40	2,787	10.5
1972	42,770	109	42,677	109	324.90	2,931	7.2
1973	55,327	139	55,273	139	407.30	3,307	14.9
1974	79,334	196	79,050	195	565.30	3,558	9.5
1975	104,583	216	105,436	218	612.50	3,774	7.8
1976	144,087	298	144,728	299	830.40	4,201	13.2
1977	185,549	383	186,081	385	1,052.90	4,644	12.3
1978	252,275	541	251,545	540	1,463.60	5,067	11.0
1979	323,459	646	324,023	647	1,720.10	5,421	8.7
1980	393,636	648	397,251	654	1,698.50	5,247	−1.6
1981	489,930	719	496,698	729	1,857.10	5,536	7.2
1982	567,569	776	572,866	783	1,973.00	5,902	8.3
1983	673,701	868	680,801	877	2,174.90	6,586	13.4
1984	774,796	961	785,913	975	2,378.90	7,184	10.6
1985	861,972	990	881,297	1,012	2,426.50	7,665	7.8
1986	1,007,721	1,143	1,029,858	1,169	2,774.30	8,441	11.3
1987	1,202,238	1,462	1,216,978	1,480	3,512.20	9,400	12.7
1988	1,448,640	1,983	1,459,947	1,998	4,717.70	10,417	12.0
1989	1,653,141	2,462	1,658,018	2,470	5,800.60	11,040	7.1
1990	2,003,553	2,830	2,005,562	2,833	6,601.50	12,004	9.9
1991	2,422,345	3,302	2,424,811	3,305	7,626.60	13,116	10.8
1992	2,771,726	3,550	2,775,408	3,554	8,113.90	13,782	6.2
1993	3,147,604	3,921	3,151,813	3,926	8,872.40	14,577	6.9
1994	3,715,547	4,624	3,724,934	4,635	10,357.00	15,760	9.3
1995	4,353,848	5,647	4,369,888	5,668	12,522.40	17,095	9.6
1996	4,891,294	6,078	4,908,509	6,099	13,350.60	18,219	7.9
1997	5,390,908	5,668	5,420,018	5,699	12,334.20	19,118	6.2
1998	5,302,622	3,791	5,372,153	3,840	8,189.50	17,942	−5.1
1999	5,849,294	4,918	5,914,530	4,972	10,548.80	19,829	11.5
2000	6,472,742	5,725	6,516,344	5,764	12,178.70	21,419	9.1
2001	7,022,364	5,440	7,070,213	5,477	11,484.40	22,217	4.9
2002	7,818,288	6,248	7,847,413	6,272	13,114.60	23,731	7.7
2003	8,344,432	7,001	8,373,650	7,026	14,618.20	24,301	3.1
2004	9,068,647	7,923	9,084,392	7,936	16,476.90	25,391	5.2
2005	9,506,854	9,281	9,574,478	9,347	19,261.80	26,331	4.3
2006	10,026,647	10,494	10,056,015	10,524	21,663.70	27,549	5.3
2007	10,868,973	11,697	10,896,602	11,727	24,026.80	28,908	5.8
2008	11,545,097	10,471	11,542,165	10,468	21,345.30	29,501	3.0
2009	12,034,798	9,429	12,053,477	9,443	19,122.10	29,557	0.8
2010	13,245,869	11,456	13,226,112	11,439	23,117.70	31,321	6.8
2011	13,975,348	12,612	13,889,372	12,534	25,255.80	32,225	3.7
2012	14,551,703	12,913	14,401,114	12,780	25,723.70	32,791	2.4
2013	15,103,849	13,793	15,008,191	13,706	27,351.30	33,587	3.2
2014	15,704,933	14,911	15,629,289	14,840	29,383.90	34,492	3.2
2015	16,632,066	14,699	16,580,204	14,653	28,813.60	35,268	2.8
2016	17,471,435	15,055	17,407,796	15,000	29,394.30		2.9
2017	18,431,809	16,299	18,356,982	16,233	31,734.10		3.2
2018	19,058,375	17,321	18,981,926	17,252	33,563.70		2.9
2019	19,357,151	16,606	19,190,399	16,463	32,114.90		2.0

자료: 한국은행 경제통계시스템(https://ecos.bok.or.kr/); 1인당 실질GDP는 김낙년 「국민소득」 『한국의 장기통계』 해남, 2018, N15를 김낙년이 환산.
주: GNI=GDP+교역조건 변화에 따른 실질무역손익+국외순수취 요소소득.

부표 2 국내총생산의 지출구조와 저축·투자율(경상가격 기준)

(단위: %)

연도	최종소비지출		총고정 자본형성	재화·용역 수출	재화·용역 수입	총저축률		국내총 투자율
	정부	민간				민간	정부	
1953	8.0	86.5	7.3	1.7	9.7	–	–	14.7
1954	10.3	88.3	9.3	1.0	7.2	–	–	11.0
1955	8.8	87.9	10.4	1.3	9.9	–	–	11.7
1956	9.2	94.0	10.4	1.2	13.1	–	–	8.3
1957	10.8	85.0	10.8	1.2	11.5	–	–	14.3
1958	12.7	85.2	10.3	1.5	10.3	–	–	11.5
1959	14.0	84.3	11.4	1.9	9.8	–	–	10.1
1960	14.2	85.1	11.2	2.6	12.0	–	–	9.7
1961	13.3	83.9	11.7	4.0	14.0	–	–	11.7
1962	13.6	83.1	13.8	3.9	15.6	–	–	13.1
1963	10.5	80.6	13.5	3.9	14.7	–	–	17.8
1964	8.2	82.8	11.6	5.0	12.4	–	–	14.7
1965	9.0	83.4	15.2	7.1	14.3	–	–	14.0
1966	9.7	78.6	20.4	8.4	18.2	–	–	20.6
1967	9.9	79.2	22.1	9.1	19.7	–	–	21.0
1968	10.2	75.4	26.1	10.1	22.6	–	–	25.9
1969	9.9	72.2	26.6	10.6	22.5	–	–	28.8
1970	9.9	73.7	25.9	11.4	21.1	11.8	6.7	25.6
1971	10.2	75.4	23.4	12.7	23.0	9.7	5.9	24.6
1972	10.5	72.8	21.5	16.6	21.4	14.3	3.2	21.3
1973	8.9	68.7	24.3	23.9	27.7	19.4	3.5	25.8
1974	9.6	68.9	27.2	22.2	33.3	19.0	3.1	32.4
1975	11.1	69.1	27.2	22.7	31.3	16.1	3.3	28.7
1976	10.8	64.4	26.4	25.5	28.3	19.6	5.3	27.6
1977	10.7	61.1	29.3	26.0	27.9	23.3	5.2	30.0
1978	9.9	59.7	33.5	25.0	29.2	24.9	6.2	34.1
1979	9.8	60.0	34.5	23.7	30.9	23.4	7.0	37.3
1980	11.9	62.7	32.9	28.4	37.1	19.5	5.6	34.1
1981	12.1	62.8	29.0	29.9	37.2	19.0	5.7	32.4
1982	11.8	61.6	29.7	27.4	32.9	20.1	6.4	32.0
1983	11.1	58.5	30.3	27.9	30.0	22.6	7.6	32.6
1984	10.6	56.6	29.7	28.9	28.5	25.3	7.0	32.6
1985	10.6	55.9	29.5	26.9	25.8	25.6	6.9	32.7
1986	10.3	53.2	29.4	32.0	28.1	29.0	6.8	33.0
1987	10.0	50.8	30.2	34.8	28.2	31.9	7.3	32.6
1988	9.9	48.9	30.6	32.5	26.2	33.1	8.2	34.7
1989	10.8	50.6	32.7	27.4	25.6	30.7	8.0	36.7
1990	11.0	50.2	37.3	25.0	25.8	30.5	8.5	39.5
1991	10.8	50.3	39.0	23.8	26.0	31.4	7.6	41.2
1992	11.1	50.9	37.0	24.1	24.7	30.6	7.5	38.7
1993	10.7	51.1	36.4	23.7	23.2	30.4	7.7	37.6
1994	10.3	51.8	36.4	24.1	24.6	29.6	8.3	38.5
1995	10.0	52.0	37.1	25.7	26.7	28.8	9.0	39.1
1996	10.4	53.2	37.5	24.8	27.9	26.2	9.9	39.6
1997	10.2	53.4	35.6	28.3	29.2	26.3	9.8	37.3
1998	11.4	50.3	30.8	39.5	29.0	29.5	8.4	27.9
1999	11.1	52.6	30.0	32.6	27.2	27.3	8.4	31.3
2000	10.9	54.5	31.8	33.9	32.2	23.1	11.0	33.1
2001	11.8	55.4	30.8	31.8	30.4	22.3	10.0	31.9
2002	11.7	56.1	30.4	29.8	28.6	21.8	9.9	31.3
2003	12.2	54.1	31.3	31.4	29.8	23.4	9.9	32.5
2004	12.4	51.6	31.0	36.8	33.3	27.2	8.5	32.7
2005	12.9	52.3	30.5	35.3	33.0	24.8	9.3	32.8
2006	13.4	53.0	30.5	35.6	35.0	23.5	9.7	33.2
2007	13.4	52.5	30.2	37.4	36.5	23.3	10.4	33.3
2008	14.0	52.5	31.0	47.6	47.9	24.7	8.7	33.7
2009	14.7	51.7	30.9	45.2	40.9	26.0	7.5	29.5
2010	14.2	50.4	30.2	47.1	44.3	27.8	7.4	32.6
2011	14.4	51.2	30.2	53.3	52.2	26.7	7.9	33.2
2012	14.7	51.3	29.6	54.1	51.4	27.1	7.4	31.1
2013	15.0	50.5	29.1	51.3	46.7	27.8	7.0	29.7
2014	15.2	49.9	29.0	47.8	42.8	28.4	6.6	29.7
2015	15.1	48.5	29.0	43.0	36.1	29.7	6.7	29.5
2016	15.2	48.0	29.7	40.1	33.5	29.5	7.3	30.1
2017	15.4	47.5	31.5	40.9	36.2	29.2	7.8	32.3
2018	16.1	48.0	30.4	41.7	37.3	27.8	8.2	31.5
2019	17.2	48.5	30.0	39.9	37.0	27.8	6.9	31.2

자료: 한국은행 경제통계시스템(https://ecos.bok.or.kr/).
주: 총저축률=(제도부문별 총저축/국민총처분가능소득)×100.

부표 3 국내총생산의 산업별 구성과 공업구조(경상가격 기준)

(단위: %)

연도	농림어업	광공업		건설·전기 가스수도업	서비스업	공업구조	
		전체	제조업			경공업	중화학공업
1953	48.6	9.0	7.9	2.6	39.8	78.9	21.1
1954	41.4	11.5	10.4	3.1	44.0	78.4	21.6
1955	46.1	11.5	10.3	3.6	38.8	79.9	20.1
1956	48.8	11.6	10.4	3.2	36.5	80.2	19.8
1957	47.1	11.3	9.7	4.1	37.6	80.5	19.5
1958	42.9	12.8	11.0	4.1	40.3	78.6	21.4
1959	36.1	14.1	12.1	4.2	45.6	78.4	21.6
1960	39.3	14.7	12.3	3.9	42.0	76.6	23.4
1961	41.1	14.8	12.7	4.2	39.9	73.7	26.3
1962	39.5	14.9	12.6	4.4	41.3	71.4	28.6
1963	45.6	15.5	13.6	3.6	35.2	70.3	29.7
1964	48.6	16.8	14.9	3.4	31.2	69.6	30.4
1965	39.7	20.3	18.1	4.3	35.7	68.6	31.4
1966	36.8	19.9	17.8	4.7	38.6	65.9	34.1
1967	32.6	20.3	18.1	4.9	42.3	65.3	34.7
1968	30.8	20.5	18.8	5.8	42.9	62.0	38.0
1969	30.0	20.3	18.7	6.7	43.0	62.4	37.6
1970	29.0	20.7	19.0	6.5	43.8	60.2	39.8
1971	29.6	19.7	18.2	5.8	44.9	58.8	41.2
1972	28.6	21.4	20.2	5.5	44.6	63.5	36.5
1973	26.6	24.3	23.2	5.5	43.6	58.9	41.1
1974	26.4	24.0	22.8	5.0	44.6	49.1	50.9
1975	27.0	23.7	22.2	5.7	43.6	49.7	50.3
1976	25.6	25.1	23.9	5.7	43.6	48.4	51.6
1977	24.3	25.0	23.5	6.8	43.9	45.1	54.9
1978	22.3	25.1	23.7	8.8	43.8	43.4	56.6
1979	20.8	25.4	24.2	9.9	43.9	41.0	59.0
1980	16.0	26.0	24.7	10.0	48.0	41.3	58.7
1981	16.8	25.9	24.4	9.1	48.2	40.9	59.1
1982	15.7	25.8	24.4	9.7	48.8	39.5	60.5
1983	14.2	27.2	25.9	10.1	48.6	37.7	62.3
1984	13.3	28.6	27.5	10.0	48.1	36.8	63.2
1985	13.1	28.1	26.9	9.6	49.2	35.8	64.2
1986	11.6	29.4	28.2	9.3	49.7	35.2	64.8
1987	10.3	30.6	29.6	9.2	49.9	35.0	65.0
1988	10.2	31.3	30.5	9.1	49.4	31.5	68.5
1989	9.4	29.9	29.2	9.8	50.9	30.7	69.3
1990	8.4	28.4	27.7	11.8	51.4	28.3	71.7
1991	7.5	28.3	27.6	12.5	51.7	27.8	72.2
1992	7.3	27.3	26.8	12.1	53.3	27.7	72.3
1993	6.5	27.5	27.0	12.2	53.8	26.1	73.9
1994	6.2	28.3	27.8	11.5	54.0	25.4	74.6
1995	5.9	28.8	28.3	11.3	54.1	22.1	77.9
1996	5.5	27.6	27.2	11.5	55.4	21.7	78.3
1997	4.9	27.6	27.2	11.5	56.0	21.2	78.8
1998	4.6	28.1	27.8	10.4	56.9	21.0	79.0
1999	4.7	28.6	28.3	9.6	57.0	21.4	78.6
2000	4.3	29.6	29.3	8.9	57.2	19.9	80.1
2001	4.0	27.9	27.7	9.0	59.1	19.5	80.5
2002	3.6	27.6	27.3	9.1	59.8	19.2	80.8
2003	3.3	27.0	26.8	9.8	59.9	17.7	82.3
2004	3.3	29.0	28.8	9.3	58.5	15.9	84.1
2005	2.9	28.6	28.4	9.1	59.4	15.4	84.6
2006	2.8	28.1	27.9	8.9	60.3	15.1	84.9
2007	2.5	28.2	28.1	8.6	60.6	14.1	85.9
2008	2.4	28.4	28.2	7.4	61.9	14.0	86.0
2009	2.5	28.5	28.3	7.6	61.4	14.8	85.2
2010	2.4	30.3	30.2	7.2	60.1	13.3	86.7
2011	2.4	31.1	30.9	6.7	59.9	13.1	86.9
2012	2.4	30.6	30.5	6.8	60.3	13.5	86.5
2013	2.3	30.4	30.3	7.1	60.2	13.5	86.5
2014	2.2	29.6	29.5	7.5	60.6	13.9	86.1
2015	2.2	29.1	29.0	8.1	60.6	13.7	86.3
2016	2.0	29.0	28.8	8.5	60.5	13.7	86.3
2017	2.0	29.6	29.5	8.4	60.0	12.6	87.4
2018	1.9	29.2	29.1	8.0	60.9	13.1	86.9
2019	1.8	27.8	27.7	8.1	62.4	13.8	86.2

자료: 한국은행 『한국은행의 통계—어제와 오늘』 177쪽; 한국은행 경제통계시스템(https://ecos.bok.or.kr/).

부표 4 제조업 부가가치의 부문별 구성

(단위: 억 원, %)

연도	총액	음·식료품	섬유·의복	화학	철강	기계	전기·전자	수송용 기계
1953	43	21.4	26.5	4.9	0.2	3.0	0.7	4.7
1954	77	21.3	26.3	5.0	0.2	3.2	0.5	4.1
1955	131	26.9	23.4	4.5	0.3	3.4	0.3	4.0
1956	173	28.3	23.7	4.2	0.5	3.6	0.9	3.7
1957	220	29.7	23.2	4.1	0.8	3.2	0.9	4.1
1958	261	28.9	22.9	3.3	0.9	3.2	0.6	3.3
1959	305	25.9	22.1	3.6	1.4	3.0	0.9	3.1
1960	335	26.2	23.3	3.8	2.0	3.3	0.8	3.6
1961	397	23.6	21.8	4.0	1.7	4.2	1.3	4.6
1962	506	22.6	21.7	4.3	2.5	4.4	1.7	4.4
1963	732	23.1	21.1	6.3	2.8	3.7	1.8	4.9
1964	1,109	21.7	22.7	6.7	2.4	3.0	2.2	3.4
1965	1,438	19.2	27.1	5.3	2.9	3.0	2.1	4.1
1966	1,903	20.4	23.3	5.8	2.7	2.6	3.0	5.0
1967	2,405	19.6	23.2	6.7	2.5	3.1	3.5	4.9
1968	3,273	20.4	20.6	8.4	1.8	2.3	4.0	5.1
1969	4,332	20.9	19.9	8.4	1.8	1.6	4.4	5.8
1970	4,856	20.3	26.1	12.9	1.5	2.9	5.6	8.2
1971	5,730	18.6	26.9	13.5	2.2	2.9	6.7	6.9
1972	7,994	21.6	29.5	11.6	2.5	3.1	6.8	4.4
1973	11,878	15.4	30.4	11.2	4.5	3.5	9.1	4.9
1974	16,488	13.9	23.6	13.0	7.2	2.8	11.6	7.2
1975	21,227	13.7	24.6	14.7	3.7	4.1	9.9	7.9
1976	31,043	13.6	24.2	14.7	4.6	4.9	12.3	5.9
1977	39,211	13.2	21.2	15.6	4.9	5.4	12.6	6.0
1978	53,167	11.5	22.4	14.1	5.4	6.3	14.0	6.8
1979	70,142	11.4	21.4	13.8	7.3	5.7	15.3	5.6
1980	87,338	11.3	21.5	16.5	6.7	4.4	13.2	4.7
1981	108,453	11.2	20.9	15.3	7.5	4.3	13.7	5.7
1982	125,092	11.6	19.1	15.6	7.9	5.2	12.6	6.5
1983	156,387	10.8	17.6	15.1	7.8	5.6	13.4	6.9
1984	193,119	9.9	17.8	14.4	8.1	5.4	14.4	7.4
1985	213,523	9.6	17.1	14.7	7.9	5.4	14.2	8.2
1986	262,047	8.6	17.2	14.2	7.8	6.3	15.5	6.8
1987	325,247	7.9	17.6	14.1	8.6	6.1	16.8	7.3
1988	403,000	7.1	14.8	14.0	9.3	5.6	18.5	8.0
1989	440,950	7.5	13.3	13.9	9.2	6.9	18.2	7.9
1990	501,771	7.6	12.1	12.9	8.9	6.9	19.2	10.1
1991	610,788	7.6	11.7	14.3	9.1	6.4	15.8	10.0
1992	677,501	7.6	11.6	15.2	8.4	7.2	15.9	10.0
1993	776,655	7.8	10.1	15.0	8.5	5.9	16.9	10.6
1994	942,486	7.8	9.1	14.7	7.6	6.8	19.9	11.7
1995	1,127,495	6.6	7.8	15.4	8.0	7.9	22.6	10.5
1996	1,212,649	6.8	7.6	14.6	7.6	8.8	21.6	11.2
1997	1,336,666	6.6	7.6	14.8	7.3	8.4	20.1	11.4
1998	1,368,132	7.1	7.4	16.4	7.4	5.9	23.3	9.8
1999	1,518,485	6.6	7.7	15.4	7.2	6.0	25.4	10.4
2000	1,723,469	6.1	7.3	13.7	6.8	7.8	27.6	10.1
2001	1,759,003	6.1	7.2	14.0	7.1	7.4	26.5	10.9
2002	1,921,491	6.1	6.6	14.7	7.2	7.4	27.1	10.7
2003	2,020,063	5.8	5.7	14.6	7.2	7.9	27.5	10.4
2004	2,372,697	5.4	4.8	14.9	8.6	7.6	28.0	9.9
2005	2,464,200	5.2	4.6	15.2	8.4	7.7	27.6	10.3
2006	2,544,714	5.1	4.5	14.6	8.0	8.0	28.0	11.1
2007	2,776,778	4.8	4.2	14.6	8.4	7.9	27.7	12.2
2008	2,957,353	4.8	4.3	14.5	8.9	8.1	27.4	12.5
2009	3,106,772	4.9	4.5	14.9	7.5	8.0	28.4	12.7
2010	3,629,083	4.2	4.2	15.1	8.0	7.9	29.2	12.6
2011	3,921,915	4.1	4.2	15.2	8.1	7.8	28.9	12.7
2012	4,008,103	4.1	4.3	15.0	7.4	8.0	29.4	12.6
2013	4,170,154	4.3	4.3	15.0	6.8	8.1	30.1	12.3
2014	4,226,544	4.4	4.3	15.1	6.7	8.2	29.9	12.0
2015	4,411,335	4.6	3.9	16.1	6.1	8.4	29.1	12.3
2016	4,588,306	4.7	3.7	16.1	6.0	8.2	29.5	12.4
2017	4,946,449	4.5	3.3	15.1	6.0	9.0	33.4	10.3
2018	5,056,503	4.6	3.1	14.9	5.8	8.8	35.1	9.6
2019	4,859,456	4.9	3.4	15.4	5.7	9.1	32.2	11.0

자료: 한국은행 경제통계시스템(https://ecos.bok.or.kr/); 국가통계포털(http://www.kosis.kr).

부표 5 통화·금융·금리·물가

(단위: 십억 원, %)

연도	광의통화(M2)말잔	금융연관비율	소비자물가변화율	GDP디플레이터변화율	예금금리	대출금리	수출금융금리	회사채수익률	사채이자율
1953	–	6.9	64.3	–	4.8	18.3	–	–	–
1954	–	9.4	48.0	29.1	12.0	18.3	–	–	–
1955	–	8.8	26.9	63.0	12.0	18.3	–	–	–
1956	–	8.9	40.4	31.8	12.0	18.3	–	–	–
1957	–	8.1	−2.2	20.0	12.0	18.3	–	–	–
1958	–	10.2	3.4	−1.8	12.0	18.3	–	–	–
1959	–	12.2	8.0	0.9	10.0	17.5	–	–	–
1960	24.9	10.5	5.3	10.6	10.0	17.5	–	–	–
1961	39.7	14.0	3.7	13.0	15.0	17.5	13.9	–	–
1962	49.7	14.5	16.7	16.7	15.0	15.7	9.1	–	–
1963	53.5	11.0	26.6	29.8	15.0	15.7	9.1	–	52.4
1964	61.7	8.9	19.8	30.3	15.0	16.0	8.0	–	61.4
1965	93.7	12.1	13.5	4.8	26.4	26.0	6.5	–	58.8
1966	142.0	15.1	11.3	14.5	26.4	26.0	6.5	–	58.7
1967	229.1	19.8	10.9	12.9	26.4	26.0	6.0	–	56.4
1968	394.0	26.4	10.8	13.9	25.2	25.2	6.0	–	55.9
1969	609.6	32.7	12.4	14.1	22.8	24.0	6.0	–	51.2
1970	761.5	33.5	16.0	14.9	22.8	24.0	6.0	–	50.8
1971	985.0	31.7	13.5	11.2	20.4	22.0	6.0	–	46.3
1972	1,315.8	34.6	11.7	15.8	12.0	15.5	6.0	–	38.9
1973	1,790.6	36.8	3.2	12.7	12.0	15.5	7.0	–	39.2
1974	2,175.4	32.4	24.3	30.6	15.0	15.5	9.0	–	37.6
1975	2,723.3	31.1	25.3	23.6	15.0	15.5	7.0	–	41.3
1976	3,679.8	30.3	15.3	21.3	16.2	18.0	8.0	21.7	40.5
1977	5,155.7	33.0	10.1	14.4	14.4	16.0	8.0	19.6	38.1
1978	6,981.8	33.0	14.5	22.0	18.6	19.0	9.0	22.6	41.7
1979	9,058.6	32.0	18.3	18.5	18.6	19.0	9.0	27.8	42.2
1980	13,087.4	34.0	28.7	24.6	19.5	20.0	15.0	28.2	45.0
1981	17,814.1	34.3	21.4	16.6	16.2	17.0	15.0	26.9	35.4
1982	24,413.7	37.9	7.2	6.5	8.0	10.0	10.0	15.9	29.0
1983	30,006.7	36.9	3.4	4.8	8.0	10.0	10.0	14.2	24.7
1984	35,704.4	34.8	2.3	4.4	10.0	10.0~11.5	10.0	15.0	25.4
1985	42,161.5	36.0	2.5	4.0	10.0	10.0~11.5	10.0	13.6	23.4
1986	54,620.0	36.4	2.8	5.0	10.0	10.0~11.5	10.0	12.8	23.3
1987	71,161.0	36.7	3.0	4.9	10.0	10.0~11.5	10.0	12.62	24.4
1988	92,386.7	37.3	7.1	7.1	10.0	11.0~13.0	–	14.18	17.8
1989	116,204.2	39.6	5.7	6.0	10.0	10.0~12.5	–	15.17	19.1
1990	145,603.7	38.5	8.6	10.1	10.0	10.0~12.5	–	16.48	18.9
1991	174,029.9	39.1	9.3	9.5	10.0	10.0~12.5	–	18.89	21.0
1992	211,468.9	40.3	6.2	7.7	10.0	10.0~12.5	–	16.21	18.6
1993	248,271.0	42.3	4.8	6.2	8.5	8.5~12.0	–	12.63	15.1
1994	300,657.9	43.8	6.3	8.1	8.5~10.0	8.5~12.5	–	12.92	14.8
1995	370,600.4	44.1	4.5	6.9	7.5~10.0	9.0~12.5	–	13.79	15.2
1996	432,315.6	46.1	4.9	4.3	9.53	11.10	–	11.87	15.4
1997	517,306.9	48.9	4.4	4.1	12.08	15.32	–	13.39	28.6
1998	639,664.3	–	7.5	4.6	13.38	15.18	–	15.1	11.7
1999	672,544.4	–	0.8	−1.2	7.12	9.40	–	8.86	10.3
2000	707,698.9	–	2.3	1.1	7.09	8.55	–	9.35	9.8
2001	764,979.3	–	4.1	3.7	5.47	7.70	–	7.05	–
2002	872,075.6	–	2.8	3.1	4.71	6.70	–	6.56	–
2003	898,069.4	–	3.5	3.4	4.15	6.24	–	5.43	–
2004	954,722.5	–	3.6	3.0	3.75	5.9	–	4.73	–
2005	1,021,448.7	–	2.8	1.0	3.56	5.59	–	4.68	–
2006	1,149,262.1	–	2.2	−0.1	4.35	5.99	–	5.17	–
2007	1,273,611.9	–	2.5	2.4	5.01	6.55	–	5.70	–
2008	1,425,887.5	–	4.7	3.0	5.67	7.17	–	7.02	–
2009	1,566,850.0	–	2.8	3.5	3.23	5.65	–	5.81	–
2010	1,660,530.0	–	3.0	3.2	3.19	5.51	–	4.66	–
2011	1,751,458.4	–	4.0	1.6	3.69	5.76	–	4.41	–
2012	1,835,641.6	–	2.2	1.0	3.43	5.40	–	3.77	–
2013	1,920,795.0	–	1.3	0.9	2.73	4.64	–	3.19	–
2014	2,077,234.0	–	1.3	0.6	2.43	4.26	–	2.99	–
2015	2,247,375.0	–	0.7	2.4	1.74	3.53	–	2.08	–
2016	2,407,459.1	–	1.0	1.8	1.48	3.37	–	1.89	–
2017	2,530,353.6	–	1.9	–	1.56	3.48	–	2.33	–
2018	2,700,362.4	–	1.5	–	1.87	3.66	–	2.65	–
2019	2,913,609.6	–	0.4	–	1.75	3.45	–	2.02	–

자료: 한국은행 『한국은행의 통계—어제와 오늘』; 경제통계시스템(https://ecos.bok.or.kr/); 사채이자율은 한국은행 내부자료.

주: 1. 1965년 이전의 소비자물가 변화율은 서울의 소비자물가 변화로 표시.

2. 소비자물가 변화율은 연평균 기준이며, 회사채 수익률은 장외3년, AA-등급기준임.

(단위: %)

연도	총조세/GDP	총세출/GDP	지방재정 세출/GDP	중앙정부 세출구성			통합 재정수지/GDP	국가채무/GDP	재정 투융자/GDP	재정융자/GDP
				국방	경제지출	보건복지				
1953	5.6	12.7	-	-	-	-	-	-	2.7	1.5
1954	9.6	21.4	-	-	-	-	-	-	6.9	4.2
1955	11.8	24.6	-	-	-	-	-	-	4.0	1.6
1956	-	-	-	-	-	-	-	-	〃	〃
1957	7.3	17.6	-	-	-	-	-	-	10.8	3.4
1958	8.9	19.8	-	-	-	-	-	-	8.2	3.1
1959	12.0	18.1	-	-	-	-	-	-	-	-
1960	11.8	16.8	-	-	-	-	-	-	-	-
1961	9.4	18.9	-	-	-	-	-	-	-	-
1962	10.3	24.2	-	-	-	-	-	-	7.7	0.7
1963	8.4	14.0	-	-	-	-	-	-	5.4	1.2
1964	6.9	10.2	-	-	-	-	-	-	3.3	0.7
1965	8.4	11.3	-	-	-	-	-	-	3.6	0.5
1966	10.4	13.2	-	-	-	-	-	-	6.0	1.4
1967	11.7	13.8	-	-	-	-	-	-	6.2	1.5
1968	13.6	15.5	-	-	-	-	-	-	7.1	0.9
1969	14.2	16.8	-	-	-	-	-	-	8.2	1.8
1970	14.2	20.0	9.3	23.6	33.7	0.9	-1.0	10.7	6.9	1.1
1971	14.4	20.8	9.3	24.1	36.2	0.9	-2.2	14.6	6.5	1.3
1972	12.3	19.9	9.0	25.0	31.7	0.9	-4.5	18.8	7.7	0.9
1973	11.8	18.6	7.6	22.6	39.8	0.8	-1.6	18.1	5.2	1.0
1974	13.0	19.2	7.7	27.4	32.1	1.2	-3.8	19.0	6.5	1.5
1975	14.8	23.0	8.5	24.0	39.2	0.7	-4.4	21.9	8.2	1.9
1976	16.0	21.5	8.4	27.6	35.2	0.6	-2.8	20.8	7.9	1.7
1977	16.0	22.1	8.5	27.6	39.1	1.2	-2.6	20.5	7.4	1.9
1978	16.4	20.5	8.1	33.5	31.8	1.1	-2.5	18.8	7.3	2.3
1979	16.6	21.2	8.7	30.3	28.2	1.5	-1.4	16.1	9.1	2.2
1980	16.7	23.0	10.1	33.7	24.3	1.5	-3.0	19.0	8.3	2.2
1981	16.6	25.6	10.3	27.3	34.7	1.2	-4.3	19.3	10.7	2.7
1982	16.7	23.8	9.7	28.7	26.6	1.2	-3.9	21.1	8.1	3.7
1983	16.9	22.9	9.7	27.6	25.2	1.5	-1.4	19.7	6.7	3.5
1984	15.9	21.2	9.4	27.3	25.0	1.7	-1.2	17.2	7.3	4.5
1985	15.5	21.5	9.2	27.0	27.9	1.8	-0.8	16.4	9.0	5.2
1986	15.1	20.5	8.6	27.0	26.2	1.8	-0.1	14.7	7.6	3.7
1987	15.4	19.4	8.2	25.5	28.0	1.9	0.2	15.7	6.6	3.4
1988	15.7	19.6	8.4	24.6	27.4	2.2	1.1	13.1	5.4	2.9
1989	16.0	20.8	8.8	25.0	27.5	2.4	0.0	12.9	6.5	3.2
1990	16.8	21.4	9.5	22.0	28.2	2.4	-0.8	12.4	4.5	2.1
1991	16.1	22.3	10.2	21.0	24.3	2.1	-1.7	11.6	4.6	1.9
1992	16.4	23.1	10.6	19.8	24.3	2.0	-0.6	11.3	3.8	1.5
1993	16.2	22.8	10.4	18.5	25.7	1.9	0.3	10.6	3.5	1.3
1994	16.5	21.6	10	19.7	25.0	1.8	0.4	9.4	4.1	1.7
1995	16.8	22.0	9.8	17.1	30.6	1.7	0.3	8.3	5.1	2.0
1996	17.1	22.5	10	17.8	30.3	1.7	0.2	7.6	5.9	2.3
1997	16.7	23.3	10.2	17.2	32.1	1.7	-1.3	11.4	7.1	3.5
1998	16.2	26.4	10.7	15.2	34.4	1.7	-3.5	15.3	8.5	4.7
1999	16.3	25.7	10	14.9	35.9	2.0	-2.3	17.1	7.7	3.4
2000	17.9	24.7	10	14.4	37.4	2.2	1.0	17.5	6.6	3.1
2001	17.8	26.4	10.8	13.4	33.9	2.6	1.0	17.2	5.1	1.5
2002	17.8	26.1	10.6	12.8	36.1	2.4	2.9	17.0	3.9	0.1
2003	18.2	32.6	11.6	10.2	45.3	2.0	0.9	19.8	3.5	-0.3
2004	17.4	29.6	12	12.2	34.9	2.3	0.6	22.4	3.2	0.2
2005	17.8	29.5	12.2	12.9	31.5	2.2	0.5	25.9	3.0	0.3
2006	18.6	30.1	12.4	12.9	32.2	2.3	0.6	28.1	3.6	0.6
2007	19.6	29.7	13.5	13.8	22.8	2.8	3.4	27.5	3.2	0.7
2008	19.3	32.0	13.9	13.0	21.6	3.1	1.4	26.8	3.1	0.5
2009	17.4	34.9	15.8	12.8	23.7	3.6	-1.5	29.8	4.6	1.6
2010	17.2	31.0	13.7	13.3	21.3	4.0	1.3	29.7	2.9	0.2
2011	17.6	32.3	13.2	12.5	26.2	3.5	1.3	30.3	2.9	0.3
2012	17.8	32.7	13.5	12.3	24.2	3.6	1.3	30.8	2.9	0.4
2013	17.0	31.8	13.7	12.4	19.2	3.6	0.9	32.6	2.3	-0.1
2014	17.1	-	-	-	-	-	0.5	34.1	-	-
2015	17.4	-	-	-	-	-	0.0	35.7	-	-
2016	18.3	-	-	-	-	-	1.0	36.0	-	-
2017	18.8	-	-	-	-	-	1.3	36.0	-	-
2018	20.0	-	-	-	-	-	1.6	35.9	-	-

자료: 통계청『통계로 대한민국 50년의 경제사회상 변화』, 국가통계포털(http://www.kosis.kr); 財務部『財政投融資白書』; 한국은행 경제통계시스템(https://ecos.bok.or.kr/); 국회예산정책처『NABO 경제 및 재정통계』; 이재민 외『한국의 경제 발전 70년』한국학중앙연구원출판부, 2015, 334-5쪽.

주: 1990년대 이전 재정투융자는 GNP비율이며, 자본적 지출과 금융적 투융자지출을 포함한 광의의 개념에 따름. 국가채무는 1997년 이후 통계작성방식이 변하여 수치가 증가.

부표 7 국별 무역 구성과 무역수지

(단위: 백만 달러, %)

연도	수출 총액	비중(%)			수입 총액	비중(%)			무역수지			경상수지
		미국	일본	중국		미국	일본	중국	대미	대일	대중	
1946	0.1	–	19.1	–	4	–	4.8	–	–	0	–	–
1947	20	4.8	–	–	40	12.9	0.6	–	−4	−0.2	–	–
1948	16	5.8	15.9	–	20	16.3	5.9	–	−1	1	–	–
1949	12	4.2	16.1	–	16	18.3	13.0	–	−3	0	–	–
1950	13	4.9	75.5	–	2	10.5	69.1	–	1	8	–	–
1951	8	8.3	83.5	–	20	3.8	72.8	–	−0.2	−9	–	–
1952	33	33.1	54.1	–	117	11.3	59.2	–	−3	−52	–	–
1953	22	47.8	37.5	–	124	16.6	47.7	–	−10	−51	–	–
1954	37	56.3	32.9	–	154	22.0	38.2	–	−13	−47	–	–
1955	18	41.0	40.4	–	341	22.8	5.6	–	−71	−12	–	–
1956	25	44.4	33.1	–	386	22.5	5.4	–	−76	−13	–	−361
1957	22	18.4	48.7	–	442	24.8	7.6	–	−106	−23	–	−420
1958	16	17.4	59.4	–	378	55.3	13.2	–	−206	−40	–	−362
1959	20	10.8	64.0	–	304	48.6	10.7	–	−146	−19	–	−284
1960	33	11.1	61.5	–	344	38.9	20.5	–	−130	−50	–	−311
1961	41	16.7	47.5	–	316	45.4	21.9	–	−136	−50	–	−275
1962	55	21.8	42.8	–	422	52.2	25.9	–	−208	−86	–	−367
1963	87	28.0	28.6	–	560	50.3	28.4	–	−260	−134	–	−473
1964	119	29.9	32.1	–	404	50.0	27.4	–	−166	−72	–	−285
1965	175	35.2	25.1	–	463	39.3	36.0	–	−120	−123	–	−288
1966	250	38.3	26.5	–	716	35.4	41.0	–	−158	−228	–	−466
1967	320	42.9	26.5	–	996	30.6	44.5	–	−168	−358	–	−676
1968	455	52.0	21.9	–	1,463	30.8	42.7	–	−215	−525	–	−1,008
1969	623	50.7	21.4	–	1,824	29.1	41.4	–	−214	−623	–	−1,201
1970	835	47.3	28.1	0.8	1,984	29.5	41.0	1.7	−190	−579	−27	−1,149
1971	1,068	49.8	24.5	0.0	2,394	28.3	40.2	–	−146	−700	–	−1,326
1972	1,624	46.7	25.1	–	2,522	25.7	40.9	–	112	−623	–	−898
1973	3,225	31.7	38.5	–	4,240	28.3	40.7	–	−181	−485	–	−1,015
1974	4,460	33.5	30.9	–	6,852	24.8	38.3	–	−209	−1,241	–	−2,392
1975	5,081	30.2	25.4	–	7,274	25.9	33.5	–	−345	−1,141	–	−2,193
1976	7,715	32.3	23.3	0.0	8,774	22.4	35.3	0.0	530	−1,297	–	−1,059
1977	10,046	31.0	21.4	0.0	10,811	22.6	36.3	0.0	672	−1,779	–	−765
1978	12,711	31.9	12.1	0.0	14,972	20.3	40.0	0.0	1,015	−3,354	–	−2,261
1979	15,055	29.1	22.3	0.0	20,339	22.6	32.7	0.0	−229	−3,304	−6	−5,284
1980	17,505	26.3	17.4	0.1	22,292	21.9	26.3	0.1	−283	−2,819	−11	−4,787
1981	21,254	26.2	16.2	0.0	26,131	23.2	24.4	0.3	−489	−2,930	−65	−4,877
1982	21,853	28.0	15.2	0.0	24,251	24.5	21.9	0.4	168	−1,991	−85	−2,398
1983	24,445	33.3	13.7	0.0	26,192	24.0	23.8	0.3	1,854	−2,880	−64	−1,747
1984	29,245	35.8	15.7	0.1	30,631	22.4	25.2	0.7	3,604	−3,038	−188	−1,386
1985	30,283	35.5	15.0	0.1	31,136	20.8	24.3	1.5	4,265	−3,017	−438	−853
1986	34,714	31.3	15.6	0.4	31,584	20.7	34.4	2.0	7,335	−5,443	−498	3,130
1987	47,281	38.7	17.8	0.4	41,020	21.4	33.3	2.1	9,553	−5,220	−655	6,261
1988	60,696	35.3	19.8	0.6	51,811	24.6	30.7	2.7	8,647	−3,925	−1,015	8,885
1989	62,377	33.1	21.6	0.7	61,465	25.9	28.4	2.8	4,728	−3,992	−1,268	912
1990	65,016	29.8	19.4	0.9	69,844	24.3	26.6	3.2	2,418	−5,936	−1,683	−4,828
1991	71,870	25.8	17.2	1.4	81,525	23.2	25.9	4.2	−335	−8,764	−2,438	−9,655
1992	76,632	23.6	15.1	3.5	81,775	22.4	23.8	4.6	−197	−7,859	−1,071	−5,143
1993	82,236	22.1	14.1	6.3	83,800	21.4	23.9	4.7	210	−8,452	1,222	−1,564
1994	96,013	21.4	14.1	6.5	102,348	21.1	24.8	5.3	−1,026	−11,867	740	−6,335
1995	125,058	19.3	13.6	7.3	135,119	22.5	24.1	5.5	−6,272	−15,558	1,743	−10,061
1996	129,715	16.7	12.2	8.8	150,339	22.2	20.9	5.7	−11,635	−15,682	2,838	−20,624
1997	136,164	15.9	10.8	10.0	144,616	20.7	19.2	7.0	−8,356	−13,065	3,455	−8,452
1998	132,313	17.2	9.2	9.0	93,282	23.1	27.2	7.0	2,402	−4,603	5,460	39,031
1999	143,685	20.5	11.0	9.5	119,752	25.4	27.2	7.4	4,552	−8,280	4,818	23,933
2000	172,268	21.8	11.9	10.7	160,481	20.8	19.6	8.0	8,369	−11,362	5,656	11,787
2001	150,439	20.7	11.0	12.1	141,098	21.3	19.8	9.4	8,835	−10,128	4,887	9,341
2002	162,471	20.2	9.3	14.6	152,126	13.4	11.1	11.4	9,772	−14,713	6,354	10,345
2003	193,817	17.7	8.9	18.1	178,827	13.9	13.5	12.3	9,405	−19,037	13,201	14,990
2004	253,845	16.9	8.5	19.6	224,463	13.0	14.2	13.2	14,067	−24,443	20,178	29,382
2005	284,419	14.5	8.4	21.8	261,238	8.6	10.2	14.8	10,757	−24,376	23,267	23,181
2006	325,465	13.3	8.2	21.3	309,383	7.4	9.7	15.7	9,529	−25,392	20,902	16,082
2007	371,489	12.3	7.1	22.1	356,846	7.0	10.2	17.7	8,547	−29,880	18,957	14,643
2008	422,007	11.0	6.7	21.7	435,275	6.6	10.6	17.7	8,012	−32,704	14,459	−13,268
2009	363,534	10.4	6.0	23.9	323,085	9.5	15.0	16.8	8,610	−27,657	32,457	40,449
2010	466,384	10.7	6.0	25.1	425,212	9.5	15.1	16.8	9,413	−36,120	45,264	41,172
2011	559,632	10.1	7.1	24.2	524,413	8.5	13.0	16.5	11,639	−28,640	47,753	30,801
2012	547,869	10.7	7.1	24.5	519,584	8.3	12.4	15.5	15,184	−25,567	53,538	28,286
2013	559,632	11.1	6.2	26.1	515,585	8.1	11.6	16.1	20,540	−25,367	62,816	44,046
2014	572,665	12.3	5.6	25.4	525,515	8.6	10.2	17.1	25,002	−21,584	55,206	47,150
2015	526,757	13.3	4.9	26.0	436,499	10.1	10.5	20.7	25,808	−20,277	46,874	90,258
2016	495,425	13.4	4.9	25.1	406,193	10.6	11.7	21.4	23,246	−23,112	37,453	89,233
2017	573,694	12.0	4.7	24.8	478,478	10.6	11.5	20.5	17,860	−28,309	44,260	95,216
2018	604,860	12.0	5.0	26.8	535,202	11.0	10.2	19.9	13,852	−24,075	55,636	69,657
2019	542,333	13.5	5.2	25.1	503,259	12.3	9.5	21.3	11,476	−17,163	28,994	39,074

자료: 통계청 『통계로 대한민국 50년의 경제사회상 변화』; 무역협회 무역통계정보시스템(http://stat.kita.net/); 한국은행 경제통계시스템(https://ecos.bok.or.kr/).

부표 8 외자와 기술의 도입실적 (도착 기준)

(단위: 백만 달러)

연도	공공 차관	상업 차관	금융기관 차입			민간 기업 채무	외국인 직접 투자	외국인 증권 투자	기술 도입액	해외 직접 투자	외국인 주식거래 대금 (백만 원)
			계	은행 차관	외화 채권						
1959~61	5	0	0	0	0	0	0	0	0	–	–
1962	3	0	0	0	0	0	4	0	0	–	–
1963	43	24	0	0	0	0	6	0	0	–	–
1964	12	12	0	0	0	0	1	0	0	–	–
1965	5	35	0	0	0	0	22	0	0	–	–
1966	73	110	0	0	0	0	16	0	0	–	–
1967	106	124	0	0	0	0	28	0	1	–	–
1968	70	268	40	40	0	0	26	0	1	–	–
1969	139	410	30	30	0	0	49	0	2	–	–
1970	115	367	25	25	0	0	76	0	2	–	–
1971	303	345	90	90	0	0	40	0	4	–	–
1972	324	326	20	20	0	0	122	0	7	–	–
1973	403	461	49	49	0	0	318	0	12	–	–
1974	385	603	218	199	11	0	153	0	18	–	–
1975	477	801	200	200	0	0	207	0	27	–	–
1976	713	839	131	57	74	0	79	0	30	–	–
1977	3,640	3,837	300	230	70	0	84	0	58	–	–
1978	4,320	5,079	328	272	56	0	149	0	85	–	–
1979	5,270	5,707	1,522	1,478	44	0	191	0	94	–	–
1980	6,531	6,296	440	393	47	0	143	40	107	145	–
1981	7,861	6,440	2,196	2,076	120	43	153	60	107	57	–
1982	9,341	6,310	1,619	1,508	111	0	189	15	116	116	–
1983	10,292	6,155	2,121	1,848	273	113	269	188	150	169	–
1984	11,056	5,905	3,121	2,095	1,026	200	422	333	213	50	–
1985	11,376	5,742	3,862	2,494	1,386	478	532	982	296	113	–
1986	11,250	5,835	1,180	683	497	389	355	301	411	316	–
1987	9,837	4,799	777	777	0	315	1,064	–113	524	410	–
1988	8,707	3,627	9	9	0	110	1,284	–461	676	217	–
1989	7,636	2,802	208	0	208	50	1,090	29	889	571	–
1990	6,828	2,038	1,344	420	924	570	803	899	1,087	1,069	–
1991	6,207	1,481	4,077	1,986	2,092	1,165	1,396	3,155	1,184	1,319	–
1992	5,590	945	2,114	443	1,671	1,916	895	2,035	851	1,352	1,508,055
1993	4,437	–	2,662	524	2,139	3,857	1,044	5,697	946	1,450	4,329,257
1994	4,192	–	3,565	550	3,015	1,371	1,317	1,960	1,277	2,367	928,974
1995	3,852	677	6,906	433	6,473	3,849	1,970	2,204	1,947	3,217	1,317,984
1996	3,219	479	8,940	241	8,699	4,441	3,205	4,373	2,297	4,525	3,073,807
1997	10,189	1,594	19,419	11,719	7,700	7,324	6,971	777	–	3,829	423,995
1998	15,096	3,421	15,779	15,444	335	3,376	8,858	3,988	–	4,792	5,723,387
1999	18,962	11,382	5,133	1,583	3,550	7,202	15,545	5,860	–	3,385	1,516,210
2000	18,561	–	7,196	2,564	4,632	8,478	15,265	12,234	3,063	5,245	11,390,212
2001	17,877	–	2,168	1,042	1,126	10,851	11,288	6,500	2,643	5,297	7,447,074
2002	16,620	–	7,218	2,815	4,404	11,798	9,095	–1,605	2,722	3,979	–2,898,600
2003	11,506	–	8,234	1,116	7,118	8,587	6,471	12,591	3,237	4,740	13,774,006
2004	8,806	–	10,806	1,454	9,351	11,334	12,796	9,461	4,148	6,486	10,357,624
2005	5,752	–	–	–	–	–	11,566	–	4,524	7,188	–4,223,272
2006	4,680	–	–	–	–	–	11,247	–	4,838	11,620	–11,524,577
2007	3,821	–	–	–	–	–	10,516	–	5,103	22,219	–27,184,643
2008	5,752	–	–	–	–	–	11,712	–	5,670	23,843	–34,585,750
2009	4,680	–	–	–	–	–	11,484	–	8,438	20,084	30,374,786
2010	3,821	–	–	–	–	–	13,071	–	10,234	23,158	21,409,662

자료: 재무부·한국산업은행 『한국외자도입30년사』 1993; 한국은행 『외환통계연보』; 과학기술처 『과학기술연감』 각 연도; 한국은행 『경제통계시스템』.

부표 9 **외채의 구성** (단위: 백만 달러, %)

연도	총외채	단기		총대외자산	순외채	총외채/GNP	순외채/GNP	Debt Service Ratio		외환보유고
		계	비율					I	II	
1960	83	1	1.2	–	–	3.9	–	0.4	–	157.0
1961	83	0	0.0	–	–	3.9	–	0.4	–	207.0
1962	89	0	0.0	–	–	3.8	–	0.7	–	168.6
1963	157	22	14.0	–	–	5.8	–	0.9	–	131.5
1964	177	10	5.6	–	–	6.1	–	2.6	–	136.4
1965	206	3	1.5	–	–	6.9	–	5.0	–	146.3
1966	392	7	1.8	–	–	10.7	–	2.9	–	245.2
1967	645	66	10.2	–	–	15.1	–	5.2	–	356.6
1968	1,199	89	7.4	–	–	22.9	–	5.2	–	391.0
1969	1,800	194	10.8	–	–	27.2	–	7.8	–	552.9
1970	2,245	373	16.6	675	1,570	28.1	19.4	18.2	–	609.7
1971	2,922	479	16.4	–	–	31.2	–	20.4	–	568.1
1972	3,587	640	17.8	–	–	33.9	–	18.4	–	739.7
1973	4,257	701	16.5	1,497	2,760	31.5	20.1	14.2	–	1,094.4
1974	5,933	1,239	20.9	–	–	32.0	–	11.2	–	1,055.7
1975	8,443	2,409	28.5	1,693	6,750	40.5	31.4	12.0	–	1,550.2
1976	10,520	3,045	28.9	–	–	36.7	–	10.6	–	2,960.6
1977	12,649	3,715	29.4	5,049	7,600	33.8	20.1	10.2	–	4,306.4
1978	14,823	3,151	21.3	5,286	9,537	28.5	18.0	12.1	–	4,937.1
1979	20,287	5,456	26.9	6,294	13,993	32.5	22.1	13.6	16.0	5,708.1
1980	27,170	9,376	34.5	7,539	19,631	44.4	30.8	13.3	18.5	6,571.4
1981	32,433	10,227	31.5	7,963	24,470	49.0	34.3	14.3	20.1	6,891.0
1982	37,083	12,427	33.5	8,778	28,305	52.0	37.1	16.2	20.6	6,983.7
1983	40,378	12,115	30.0	9,504	30,874	50.8	36.5	15.7	18.8	6,909.7
1984	43,053	11,425	26.5	10,108	32,945	49.5	35.3	16.5	20.1	7,649.6
1985	46,762	10,732	23.0	11,222	35,540	52.1	36.8	18.7	21.7	7,748.6
1986	44,510	9,256	20.8	12,008	32,502	42.3	29.2	20.8	22.6	7,955.2
1987	35,568	9,291	26.1	13,156	22,412	27.6	16.0	29.6	30.8	9,192.9
1988	31,150	9,780	31.4	23,874	7,276	18.0	3.9	13.8	14.1	12,378.3
1989	29,368	10,948	36.8	26,356	3,012	13.9	1.3	9.7	10.9	15,245.2
1990	31,700	14,341	45.3	26,845	4,854	12.6	1.8	8.0	9.4	14,822.4
1991	39,135	17,237	44.0	27,186	11,94	13.4	3.9	4.6	6.0	13,733.0
1992	42,819	18,511	43.2	31,724	11,095	14.0	3.4	–	6.2	17,153.9
1993	43,870	19,165	43.7	35,996	7,874	14.4	2.2	–	9.1	20,262.4
1994	83,622	38,451	46.0	71,560	−12,062	19.3	−2.8	–	6.2	25,672.7
1995	113,002	54,856	48.5	94,380	−18,623	21.4	−3.5	–	5.4	32,712.1
1996	150,869	75,886	50.3	111,120	−39,749	26.5	−7.0	–	5.9	33,236.7
1997	167,281	63,757	38.1	106,148	−61,133	31.6	−11.6	–	6.4	20,405.5
1998	155,462	39,580	25.5	129,275	−26,187	44.2	−7.4	–	19.0	52,040.8
1999	144,765	43,058	29.7	146,095	1,330	31.8	0.3	–	25.3	74,054.5
2000	141,429	49,657	35.1	166,954	25,525	26.6	4.8	–	14.5	96,198.1
2001	121,346	40,293	33.2	163,675	42,329	24.1	8.4	–	14.7	102,821.4
2002	132,757	48,179	36.3	184,253	51,496	23.0	8.9	–	12.1	121,412.5
2003	141,650	50,805	35.9	230,086	88,436	22.0	13.7	–	12.7	155,352.4
2004	150,625	56,348	37.4	288,915	138,289	20.8	19.1	–	10.6	199,066.1
2005	161,413	65,911	40.8	317,070	155,656	19.1	18.4	–	9.8	210,390.7
2006	225,200	113,748	50.5	380,904	155,703	23.6	16.3	–	7.4	238,956.1
2007	333,428	160,249	48.1	417,077	83,649	31.7	8.0	–	6.9	262,224.1
2008	317,370	149,894	47.2	341,923	24,554	33.8	2.6	–	–	201,223.4
2009	345,677	149,215	43.2	414,677	69,000	41.3	8.2	–	–	269,994.7
2010	359,432	139,766	38.9	451,041	91,609	35.4	9.0	–	–	291,270.7

자료: 한국은행『외환통계연보』.

주: 1. Debt Service Ratio(元利金償還負擔率)는 외채 원리금상환액의 경상외환수입(經常外換受入)에 대한 비율. Debt Service Ratio II에는 단기외채 이자지급금이 포함.

2. 1994년 이후의 외채 및 대외자산은 1998년 외채통계 개편 후 기준.

부표 10 제조업의 경영실적과 기업의 자금조달 구성

(단위: 억 원, %)

연도	제조업 경영실적				기업부문 자금조달액과 그 구성							
	매출액 증가율	매출액 경상 이익률	부채 비율	금융 비용 부담률	조달 계 (억 원)	차입금	차입금: 금융 기관	유가증권 발행	유가증권 발행: 회사채	유가증권 발행: 주식/출자	해외 차입	기타
1960	–	4.1	238.5	–	–	–	–	–	–	–	–	–
1961	–	5.1	135.9	–	–	–	–	–	–	–	–	–
1962	–	7.3	153.5	3.38	–	–	–	–	–	–	–	–
1963	–	9.1	92.2	3.02	–	–	–	–	–	–	–	–
1964	–	8.6	100.5	4.89	–	–	–	–	–	–	–	–
1965	–	7.9	93.7	3.91	–	–	–	–	–	–	–	–
1966	–	7.7	117.7	5.65	–	–	–	–	–	–	–	–
1967	–	6.7	151.2	5.19	–	–	–	–	–	–	–	–
1968	–	6.0	201.3	5.90	–	–	–	–	–	–	–	–
1969	–	4.3	270.0	7.81	–	–	–	–	–	–	–	–
1970	–	3.3	328.4	9.15	6,928	26.0	19.8	9.9	0.7	9.1	19.4	44.7
1971	25.1	1.2	394.2	9.86	9,297	24.7	18.6	10.9	0.7	10.2	16.3	48.1
1972	33.3	3.9	313.4	7.08	9,538	26.2	15.9	20.5	3.1	17.4	11.2	42.1
1973	59.3	7.5	272.7	4.61	18,015	27.6	17.4	16.2	1.0	14.1	10.2	46.0
1974	57.2	4.8	316.0	4.46	22,030	37.5	29.7	11.1	0.1	9.9	7.9	43.4
1975	41.0	3.4	339.5	4.95	32,841	21.1	14.6	19.9	0.8	17.2	22.7	36.3
1976	38.6	3.9	364.6	4.87	34,552	28.7	17.1	21.5	1.9	15.6	14.7	35.1
1977	31.6	3.5	350.7	4.87	46,678	28.2	15.5	22.0	3.3	16.6	12.4	37.3
1978	36.5	4.0	366.8	4.83	69,629	41.5	27.5	24.9	4.4	17.4	4.1	29.5
1979	30.5	2.7	377.1	5.95	89,252	41.6	27.6	15.8	6.0	6.7	10.2	32.4
1980	37.2	−0.2	487.9	7.39	121,195	34.5	20.0	23.4	5.9	10.7	12.9	28.2
1981	33.9	0.0	451.5	8.01	138,503	29.3	14.8	27.7	7.6	11.1	1.2	41.1
1982	12.3	0.9	385.8	6.55	146,429	35.8	19.6	41.0	12.7	21.8	−1.3	23.9
1983	17.8	2.7	360.3	5.18	129,360	33.6	15.2	38.7	10.1	18.4	4.0	23.8
1984	17.9	2.7	343.3	5.00	137,056	52.3	18.7	31.5	10.0	17.7	−6.8	23.4
1985	9.8	2.5	348.7	5.31	146,891	48.5	30.6	32.2	13.9	10.8	−3.9	25.1
1986	16.8	3.6	351.2	4.89	159,646	38.8	29.0	30.4	8.5	14.0	0.8	28.3
1987	22.6	3.6	340.1	4.60	188,662	38.2	16.7	31.2	6.4	26.3	−3.2	33.5
1988	15.8	4.1	296.0	4.60	214,386	24.2	17.1	51.6	6.6	36.2	3.0	21.0
1989	7.0	2.5	254.3	5.08	384,840	35.5	14.8	53.4	12.8	24.7	−1.4	12.8
1990	18.8	2.3	286.3	5.12	507,484	38.4	15.8	42.7	21.5	14.2	5.3	13.7
1991	17.4	1.8	309.2	5.69	581,800	41.8	19.8	39.1	24.2	15.1	1.5	17.4
1992	10.3	1.5	319.7	6.31	548,887	36.3	15.1	41.1	12.1	15.8	4.2	18.6
1993	9.9	1.7	294.9	5.93	649,816	31.4	13.1	52.0	14.5	17.3	−1.3	18.4
1994	18.2	2.7	302.4	5.64	890,405	44.5	20.7	38.0	14.2	17.0	4.5	12.9
1995	20.4	3.6	286.8	5.57	1,002,610	31.8	14.9	49.7	15.3	17.5	5.8	12.7
1996	10.3	1.0	317.1	5.84	1,184,905	28.0	14.1	49.5	17.9	11.7	6.6	15.9
1997	11.0	−0.3	396.3	5.64	1,180,447	36.7	12.9	40.9	23.3	9.9	0.0	22.4
1998	0.71	−1.84	303.02	8.95	280,175	−56.6	0.9	178.6	163.9	52.5	−58.8	42.3
1999	8.02	1.68	214.66	6.89	529,948	4.1	29.3	48.2	−5.3	82.6	5.1	25.0
2000	15.2	1.29	210.57	4.70	657,591	17.9	35.4	28.2	−3.1	38.7	9.1	44.8
2001	1.69	0.35	182.20	4.16	506,450	−0.6	6.3	84.3	22.6	43.8	−18.3	34.6
2002	8.26	4.69	135.44	2.59	833,179	60.1	49.4	26.7	−9.4	38.6	−3.4	16.5
2003	6.12	4.68	123.39	1.87	766,251	38.8	42.5	36.7	−2.5	42.9	9.5	15.1
2004	17.1	7.79	104.24	1.31	637,853	17.6	11.1	42.4	0.2	46.0	11.5	28.4
2005	5.87	6.50	100.90	1.16	–	–	–	–	–	–	–	–
2006	6.26	5.69	98.88	1.21	–	–	–	–	–	–	–	–
2007	9.32	5.87	107.10	1.35	–	–	–	–	–	–	–	–
2008	20.43	5.89	123.23	1.42	–	–	–	–	–	–	–	–
2009	2.21	6.15	116.79	1.44	–	–	–	–	–	–	–	–
2010	17.53	6.89	108.28	1.20	–	–	–	–	–	–	–	–
2011	13.55	5.16	109.19	1.15	–	–	–	–	–	–	–	–
2012	4.21	5.24	101.04	1.13	–	–	–	–	–	–	–	–
2013	0.51	4.68	92.93	1.02	–	–	–	–	–	–	–	–
2014	−1.59	4.22	89.24	1.02	–	–	–	–	–	–	–	–
2015	−2.99	5.06	85.52	0.96	–	–	–	–	–	–	–	–
2016	−0.47	6.00	79.84	0.93	–	–	–	–	–	–	–	–
2017	9.01	–	76.99	0.83	–	–	–	–	–	–	–	–
2018	4.00	–	73.55	0.86	–	–	–	–	–	–	–	–

자료: 한국은행 『기업경영분석』; 『한국은행의 통계−어제와 오늘』 210쪽; 산업은행 『자금순환통계』 등.

주: 1. 매출액경상이익률=경상이익/매출액×100; 부채비율=(유동부채+고정부채)/자기자본×100; 금융비용부담률=금융비용/매출액×100.

2. 외화채권은 92년부터 해외차입에 포함되며, 그 전에는 구분되지 않고 유가증권에 포함.

부표 11 주요 국민생활지표

연도	주당 노동시간		산업 재해율 (%)	의사 1인당 인구수	기대 수명	주택 보급률 (%)	상수도 보급률 (%)	장애복지 시설 재소 인원 (명)	10만명당 교통사고 발생건수	1차 에너지 소비량(백만 TOE)	생활 쓰레기 배출량 (톤/일)
	평균	제조업									
1947	–	–	–	–	–	–	18.4	–	–	–	–
1948	–	–	–	5,651	–	–	–	–	–	–	–
1949	–	–	–	4,615	–	–	–	–	–	–	–
1955	–	–	–	3,505	41.9	–	16.1	–	23.1	–	–
1956	–	–	–	3,220	–	–	–	–	23.8	–	–
1957	–	–	–	3,144	–	–	15.6	–	19.6	–	–
1958	–	–	–	3,075	–	–	15.2	–	21.4	–	–
1959	–	–	–	3,138	–	–	15.7	–	23.4	–	–
1960	–	–	–	3,221	52.9	–	16.8	–	25.4	–	–
1961	–	–	–	3,066	–	–	17.1	2,611	23.0	–	–
1962	–	–	–	2,747	–	–	18.1	2,919	19.4	–	–
1963	–	–	–	3,012	–	–	18.3	5,532	22.2	–	–
1964	–	–	1.82	2,772	–	–	18.6	7,185	25.2	–	–
1965	–	–	5.91	2,645	56.3	81.3	20.9	6,205	46.9	–	–
1966	–	–	5.85	2,569	–	–	22.0	6,145	50.6	–	–
1967	–	–	5.42	2,456	–	–	24.7	6,304	64.2	13.9	–
1968	–	–	4.70	2,329	–	–	26.4	6,822	81.9	15.8	–
1969	–	–	4.72	2,250	–	–	29.1	6,917	102.8	17.6	–
1970	51.6	53.4	4.85	2,159	62.3	77.8	32.3	6,869	115.5	19.7	–
1971	50.6	52.0	5.34	2,029	62.7	–	35.3	7,578	143.1	20.9	–
1972	50.9	51.7	4.32	1,972	63.1	–	36.6	7,495	130.6	21.3	–
1973	50.7	51.4	4.50	2,008	63.5	–	38.0	7,203	127.5	25.0	–
1974	49.6	49.9	4.62	2,207	63.9	–	40.6	7,484	122.4	25.8	–
1975	50.0	50.5	4.39	2,100	64.2	74.4	42.4	8,491	165.3	27.6	–
1976	50.7	52.5	4.20	2,009	64.6	77.4	48.6	9,002	195.9	30.2	–
1977	51.4	52.9	4.60	1,925	65.0	77.2	51.0	9,734	216.6	34.2	–
1978	51.3	53.0	4.48	1,841	65.3	76.8	51.5	10,817	255.1	38.1	–
1979	50.5	52.0	3.61	1,764	65.6	76.5	52.8	10,731	303.5	43.2	–
1980	51.6	53.1	3.02	1,690	66.1	71.2	54.6	11,281	315.2	43.9	–
1981	51.9	53.7	3.41	1,631	66.7	70.5	57.0	12,685	318.6	45.7	–
1982	52.2	53.8	3.98	1,567	67.2	70.2	59.0	7,682	359.1	45.6	–
1983	52.5	54.4	3.98	1,508	67.7	70.2	61.0	8,021	426.0	49.4	–
1984	52.4	54.3	3.60	1,442	68.3	70.1	64.0	8,392	332.5	53.4	–
1985	51.9	53.8	3.15	1,379	68.9	69.8	67.0	9,326	359.8	56.3	57,518
1986	52.5	54.7	2.99	1,304	69.5	69.7	68.0	10,127	373.1	61.5	61,072
1987	51.9	54.0	2.66	1,218	70.1	69.2	70.0	11,141	422.0	67.9	67,031
1988	51.1	52.6	2.48	1,141	70.7	69.4	74.0	11,762	535.5	75.4	72,897
1989	49.2	50.7	2.01	1,067	71.2	70.9	78.0	12,028	602.6	81.7	78,021
1990	48.2	49.8	1.76	1,007	71.7	72.4	78.4	12,759	595.5	93.2	83,962
1991	47.9	49.3	1.62	951	72.2	–	80.1	13,131	614.3	103.6	92,246
1992	47.5	48.7	1.52	902	72.6	–	80.0	13,382	587.9	116.0	75,096
1993	47.5	48.9	1.30	855	73.1	–	81.1	13,533	590.4	126.9	62,940
1994	47.4	48.7	1.18	824	73.5	–	82.1	13,936	596.1	137.2	58,118
1995	47.7	49.2	0.99	789	73.8	86.0	82.9	14,840	551.9	150.4	47,774
1996	47.3	48.4	0.88	767	74.2	–	83.6	15,240	582.0	165.2	49,925
1997	46.7	47.8	0.81	736	74.7	–	84.5	9,326	535.9	180.6	47,895
1998	45.8	46.0	0.68	–	75.1	87.6	85.2	12,759	–	165.9	44,583
1999	47.5	49.7	0.74	–	75.5	86.1	86.1	14,840	–	181.4	45,614
2000	47.1	49.0	0.73	–	76.0	87.1	87.1	17,215	618.1	192.9	46,438
2001	46.6	48.0	0.77	622	76.5	87.8	87.8	17,720	550.3	198.4	48,499
2002	45.9	47.5	0.77	580	76.8	88.7	88.7	17,959	485.0	208.6	49,902
2003	45.6	47.4	0.90	555	77.3	89.4	89.4	18,432	503.2	215.1	50,736
2004	45.4	47.2	0.85	550	77.8	90.1	90.1	18,906	459.5	220.2	50,007
2005	44.9	46.6	0.77	530	78.2	90.7	90.7	19,668	445.1	228.6	48,398
2006	44.1	47.1	0.77	508	78.8	91.3	91.3	20,598	442.6	233.4	48,844
2007	43.4	46.1	0.72	493	79.2	93.2	92.1	21,709	436.6	236.5	50,346
2008	42.6	45.3	0.71	–	79.6	100.7	92.7	22,250	444.1	240.8	52,072
2009	42.5	46.0	0.70	–	80.0	101.2	93.5	23,243	471.7	243.3	50,906
2010	42.5	46.1	0.69	487	80.2	101.9	97.7	24,395	459.2	263.8	49,159
2011	43.4	44.6	0.65	477	80.6	102.3	97.9	25,345	445.4	276.6	48,934
2012	44.2	44.2	0.59	466	80.9	102.7	98.1	30,640	447.3	278.7	48,990
2013	43.2	43.9	0.59	458	81.4	103.0	95.7	31,152	428.8	280.3	48,728
2014	42.0	44.0	0.53	454	81.8	101.9	96.1	31,406	443.3	283.1	49,914
2015	42.0	43.9	0.50	441	82.1	102.3	96.5	31,222	458.4	287.5	51,246
2016	–	43.9	0.49	–	82.4	102.6	96.4	30,980	434.9	294.7	53,772
2017	–	–	0.48	522	82.7	103.3	96.8	30,693	420.5	302.1	53,490
2018	–	–	0.54	513	82.7	104.2	99.2	30,152	420.5	307.5	56,035

자료: 통계청 『통계로 본 대한민국 50년의 경제사회상 변화』; 통계청 『한국사회지표』; 통계청 『통계포털』; 노동부 『산업재해 발생현황』; 고용노동부 『고용노동통계』; 보건복지부 『보건복지통계연보』; 한국장애인고용공단 고용개발원 『장애인 통계』; 에너지경제연구원 「에너지통계연보」.

찾아보기

[ㄱ]

* (북)은 북한 사회주의경제를 말함.

[ㄴ]

[ㄷ]

[ㅂ]

[ㅅ]

[ㅇ]

[ㅈ]

[ㅊ]

[ㅋ]

[ㅌ]

[ㅍ]

[ㅎ]